Curso PRÁTICO de DIREITO do TRABALHO

Antônio Neto da Lapa
Ivan Kertzman

Curso PRÁTICO de DIREITO do TRABALHO

4ª edição revista ampliada atualizada

2021

EDITORA *Jus*PODIVM
www.editorajuspodivm.com.br

EDITORA *Jus*PODIVM
www.editorajuspodivm.com.br

Rua Território Rio Branco, 87 – Pituba – CEP: 41830-530 – Salvador – Bahia
Tel: (71) 3045.9051
• Contato: https://www.editorajuspodivm.com.br/sac

Diagramação: Ana Paula Lopes Corrêa *(aninha_lopescorrea@hotmail.com)*

Revisão Ortográfica: Emille Souza Dórea

Capa: Ana Caquetti

K39c Kertzman , Ivan
Curso Prático de Direito do Trabalho / Ivan Kertzman; Antonio Neto da Lapa. – 4. ed., rev., ampl. e atualz. – Salvador: Juspodivm, 2021.
944 p.

Bibliografia.
ISBN 978-65-5680-655-6.

1. Direito. 2. Direito do Trabalho. I. Ivan Kertzman, Lapa, Neto da Antonio. II. Título.

CDD 342.6

Agradeço a Deus,
À minha inseparável companheira Marília Piauhy
e aos meus filhos João Antônio e Júlia.
Também não poderia esquecer de
painho (Nilton), mainha (Carmem) e dos irmãos(ãs).
Quem tem família tem tudo.

In memoriam de minha irmã Rafaella ("Fafá"). Te amo.

Antônio Neto da Lapa

Nada mais perfeito que a alegria
das crianças para inspirar
um afetuoso pai a continuar
seguindo o seu caminho...

Agradeço especialmente
à minha doce Mariana,
que garante com sua revisão,
críticas e sugestões
o aprimoramento contínuo desta obra.

Ivan Kertzman

APRESENTAÇÃO

Caros leitores,

Esta obra encontra-se totalmente atualizada e de acordo com as seguintes alterações: Reforma Trabalhista (Lei 13.467/2017); vigência e posterior perda de validade da Medida Provisória 808/2017; Medida Provisória 881/2019 ("MP da Liberdade Econômica") e sua posterior conversão na Lei 13.874/2019; inovações legislativas decorrentes do período de pandemia do COVID-19 (que foram muitas); Nova Lei de Licitações (Lei 14.133/2021) e outras recentes alterações legais, bem como hodiernas decisões dos Tribunais Superiores sobre a matéria.

A obra pretende ser uma bússola para guiar seus passos rumo à tão sonhada aprovação no concurso público ou no exame da Ordem dos Advogados do Brasil (OAB) e, ainda, potencialização da advocacia.

Não ocuparemos seu valioso tempo com teses e teorias que não possuam relevância para sua aprovação, daí por que este manual apresenta-se como uma proposta facilitadora da vida de "oabeiros", "concurseiros" e advogados.

Disponibilizamos um roteiro de estudo para os principais concursos públicos que incluem o Direito do Trabalho em seus programas.

Esta obra é rica de exemplos práticos, sempre que necessários para uma melhor compreensão do tema exposto, bem como foi escrita com linguagem fácil, gráficos explicativos e didática singular.

Contem conosco, boa leitura e mãos à obra!

Os arquivos de atualização desta e das outras edições estão disponíveis no site da editora – www.editorajuspodivm.com.br.

Antônio Neto da Lapa
Ivan Kertzman

SUMÁRIO

PARTE I – INTRODUÇÃO AO DIREITO DO TRABALHO

1. História do Surgimento e Evolução do Direito do Trabalho 39
   1.1. História do Direito do Trabalho no Brasil por meio das Constituições 42
   1.2. Natureza Jurídica do Direito do Trabalho 45
2. Fontes do Direito do Trabalho 47
   2.1. Classificação Fundamental 47
   2.2. Aprofundando o Estudo das Fontes Formais 48
      2.2.1. Fontes Formais Heterônomas em Espécie 49
      A) Constituição Federal 49
      B) Leis 49
      C) Medidas Provisórias 50
      D) Tratados e Convenções Internacionais 51
         D.1) Convenções e Recomendações da OIT 51
      E) Sentença Normativa 52
      F) Laudo Arbitral 53
      2.2.2. Fontes Formais Autônomas em Espécie 55
      A) Convenção e Acordo Coletivo de Trabalho 55
         A.1) Convenção e Acordo Coletivo de Trabalho na Reforma Trabalhista ... 55
      B) Regulamento de Empresa 57
      C) Contrato de Trabalho e Costumes 57
   2.3. Hierarquia das Fontes 58
      2.3.1. Peculiaridade da Hierarquia de Normas Trabalhistas 59
      2.3.2. Critérios para Determinar a Norma mais Favorável 61
3. Interpretação do Direito do Trabalho 63
      A) Gramatical 63
      B) Teleológica 63
      C) Sistemática 64
      D) Histórica 65
      E) Extensiva 65
      F) Restritiva 65
4. Integração do Direito do Trabalho 67
   4.1. Métodos de integração 68
      4.1.1. O Direito Comum como Fonte Subsidiária de Integração Pós-Reforma Trabalhista 69

4.2. Detalhando cada método de integração previsto na CLT 71
A) Jurisprudência 71
A.1) Jurisprudência com a Reforma Trabalhista 71
B) Analogia ou Autointegração 72
C) Equidade 72
D) Usos e Costumes 72
E) Direito Comparado 73
F) Princípios 73
5. Aplicação do Direito do Trabalho 75
5.1. Aplicação do Direito do Trabalho no Tempo 75
5.2. Aplicação das Normas Materiais Oriundas da Reforma Trabalhista 78
5.3. Aplicação do Direito do Trabalho no Espaço 81
5.3.1. Lei do Pavilhão ou Bandeira e suas Exceções 82
6. Princípios 85
6.1. Princípios Peculiares do Direito Individual do Trabalho 85
A) Princípio Protetivo ou da Proteção 85
A.1) Princípio da Norma mais Favorável 86
A.2) Princípio da Cláusula ou Condição mais Favorável/Benéfica 88
A.3) Princípio do *In Dubio Pro Operario* 89
B) Princípio da Inalterabilidade Contratual Lesiva 89
C) Princípio da Irrenunciabilidade dos Direitos Trabalhistas 91
C.1) Possíveis Momentos da Renúncia 91
C.2) Renúncia via Norma Coletiva 93
C.3) Renúncia Para Empregados com Altos Salários (Hipersuficientes): Efeito da Reforma Trabalhista 95
D) Princípio da Imperatividade das Normas Trabalhistas 96
E) Princípio da Primazia da Realidade sobre a Forma 97
F) Princípio da Continuidade das Relações de Emprego 98
G) Princípio da Irredutibilidade Salarial 100
6.2. Princípios Gerais do Direito Aplicáveis ao Direito do Trabalho 101
A) Razoabilidade 101
B) Boa-Fé 101
C) Não Discriminação 101
D) Dignidade da Pessoa Humana 102

PARTE II – DIREITO INDIVIDUAL DO TRABALHO

1. Relação de Trabalho e Relação de Emprego – Diferenciação 105
1.1. Requisitos da Relação de Emprego 107

A) Pessoalidade 108
B) Onerosidade 108
C) Não Eventualidade ou Habitualidade 108
D) Subordinação 109
E) Alteridade 110
1.2. Aplicação Prática e Legal dos Requisitos da Relação de Emprego 112
1.3. Espécies de Empregados mais Exigidas no Exame da OAB e Concursos 113
A) Altos Empregados 113
A.1) Funções de Confiança 113
A.2) Trabalhadores Intelectuais 115
A.3) Empregados com Elevada Remuneração: Produto da Reforma Trabalhista 116
B) Diretores Estatutários e Sócios 119
C) Relação de Emprego entre Familiares 119
D) Aprendiz 120
D.1) Percentuais de Aprendizes e suas Peculiaridades 120
D.2) Requisitos de Validade do Contrato de Aprendizagem 121
D.3) Contratação Prioritária, Jornada, Prazos e FGTS 123
D.4) Extinção do Contrato de Aprendizagem e Normas Coletivas 124
D.5) Aprendizagem e Política Pública sobre Drogas 125
E) Estágio 126
F) Doméstico 129
F.1) Resumo Atual dos Direitos do Doméstico 131
F.2) Jornada de Trabalho 132
F.3) Descontos Salariais 134
F.4) Depósitos Fundiários (FGTS) 135
F.5) Peculiaridade do Vale-Transporte 135
F.6) Justa Causa e Despedida Indireta 136
F.7) SIMPLES do Empregador Doméstico 136
G) Teletrabalho e a Reforma Trabalhista 137
G.1) O Teletrabalhador enquanto Empregado 138
G.2) Transformação de Teletrabalhador em Trabalhador Presencial e Vice-Versa 139
G.3) Instrumentos de Trabalho do Teletrabalhador 139
G.4) Jornada de Trabalho do Teletrabalhador 141
H) Trabalhador Rural (Rurícola) 142
H.1) Indústria Rural 143
H.2) Trabalhadores em Reflorestamento 143
H.3) Trabalhadores no Turismo Rural 144

H.4) Horário Noturno e Intervalo Intrajornada dos Trabalhadores Rurais 144
H.5) Aviso Prévio dos Trabalhadores Rurais 146
H.6) Utilidades Salariais dos Rurícolas 147
H.7) Grupo Econômico no Meio Rural 148
H.8) Trabalhador Rural por Pequeno Prazo 149
I) Mãe Social 150
J) Trabalho da Mulher 151
J.1) Proteção à Maternidade 153
J.2) A Gestante, a Lactante e o Ambiente Insalubre – Reforma Trabalhista e o Entendimento do STF 156
K) Trabalho do Menor 158
L) Trabalho do Idoso 159
M) Trabalho dos Militares 160
N) Atividades de Direção nos Partidos Políticos 161
O) Motorista de UBER e similares 162
1.4. Relação de Trabalho não Empregatícia 165
A) Relação de Trabalho Avulso 165
A.1) Avulso não Portuário 168
A.2) Avulso Portuário 169
B) Relação de Trabalho Eventual 170
C) Relação de Trabalho Autônomo 171
C.1) O Autônomo e a Reforma Trabalhista 171
C.2) O Autônomo e a Portaria nº 349/2018 do MTE 172
D) Relação de Trabalho Voluntário 173
E) Salão-Parceiro e Profissional-Parceiro 173
1.5. Cooperativas de Mão de Obra 175
1.6. Trabalho Forçado, Obrigatório ou em Condição Análoga à de Escravo 176
2. Formalização e Análise do Contrato de Emprego 181
2.1. Carteira de Trabalho e Previdência Social 183
A) Importância como Meio de Prova 184
B) Informações que não Devem ser Registradas na CTPS 184
C) Imprescritibilidade do Direito de Registro da CTPS 185
D) Tempo Mínimo de Experiência da CTPS 185
E) Fiscalização Administrativa de Empregado sem Vínculo Registrado 185
F) Falsificação da CTPS 186
2.2. O Fim do eSocial 187
2.3. O Livro de Registro de Empregados e a Reforma Trabalhista 187
2.4. Contrato de Trabalho: Características 190
2.5. Contrato de Trabalho: Classificações 191

A) Contrato Expresso e Contrato Tácito 192
B) Contrato Individual e Contrato por Equipe 192
C) Contrato por Prazo Indeterminado e Contrato por Prazo Determinado ... 192
C.1) Contrato por Prazo Determinado da CLT 193
C.1.1) Regras Relativas aos Contratos por Prazo Determinado da CLT 194
C.2) Contrato por Prazo Determinado da Lei nº 6.019/74 e a Reforma Trabalhista 197
C.2.1) Ilegalidade da cobrança de comissão pela intermediação de mão de obra 200
C.2.2) Precauções contra possíveis fraudes 201
C.2.3) Aparente contradição na Lei nº 6.019/74 e sua resolução 202
C.3) Contrato por Prazo Determinado da Lei nº 9.601/98 204
C.4) Contrato por Obra Certa 205
D) Contrato de Trabalho Verde e Amarelo (MP nº 905 de 11/11/2019) 205
D.1) Beneficiários e Restrições Legais 206
D.2) Direitos do Empregado 208
D.3) Prazo de Contratação 208
D.4) Pagamento Antecipado e FGTS 209
D.5) Jornada de Trabalho 209
D.6) Direitos Devidos ao Empregado na Rescisão Contratual 210
D.7) Qualificação Profissional e Quitação de Obrigações 211
D.8) Seguro por Exposição ao Perigo e a Polêmica da Periculosidade 211
2.6. Contrato de Trabalho: Efeitos 212
A) Efeitos Próprios 212
A.1) Poderes do Empregador 213
A.1.1) Poder Diretivo 213
A.1.2) Poder Regulamentar 214
A.1.3) Poder de Fiscalização 214
A.1.4) Poder Disciplinar 215
B) Efeitos Conexos 216
B.1) Direitos Intelectuais 216
B.1.1) Trabalho Intelectual enquanto Razão de Ser do Contrato de Trabalho 217
B.1.2) Invenções sem Qualquer Ligação Direta ou Indireta com o Contrato de Trabalho 218
B.1.3) Trabalho Intelectual Favorecido pelos Instrumentos de Trabalho 219
B.2) Dano moral e a Reforma Trabalhista 220
B.2.1) Ainda sobre o Dano Moral e a Reforma Trabalhista 223

B.3) Assédio Moral 224
B.3.1) Classificação do Assédio Moral 225
B.4) Assédio Sexual 226
B.5) Dano Estético 226
B.6) O Acidente de Trabalho e seus Efeitos Conexos 227
B.6.1) Responsabilidade Subjetiva por Acidentes do Trabalho 228
B.6.2) Responsabilidade Objetiva por Acidentes do Trabalho 229
B.6.3) Requisitos da Responsabilidade do Empregador e Concausa 230
B.6.4) Dano Moral e Dano Estético Decorrente de Acidente do Trabalho 231
B.6.5) Danos Materiais em caso de Morte da Vítima 232
B.6.6) Danos Materiais em caso de Incapacidade da Vítima 232
B.6.7) PCMSO 233
B.7) Uso da Imagem do Empregado via Fardamento – Reforma Trabalhista 234
B.8) (Im)Possibilidade de Cumulação de Danos Extrapatrimoniais – Reforma Trabalhista 235
3. Empregador 237
3.1. Conceito legal e críticas 237
3.2. Diferenciação entre Empresa e Estabelecimento 238
3.3. Características do Empregador 238
A) Despersonalização ou Impessoalidade 238
B) Assunção dos Riscos (Alteridade) 239
3.4. Grupo Econômico e a Reforma Trabalhista 239
A) Responsabilidade do Grupo e "Lei da Liberdade Econômica" 242
B) Configuração do Grupo Econômico 244
3.5. Consórcio de Empregadores 245
3.6. Dono de Obra 247
3.7. Contrato de Subempreitada 248
3.8. Sucessão Trabalhista 249
A) Responsabilidade das Empresas Envolvidas na Sucessão e a Reforma Trabalhista 249
B) Cláusula de Isenção de Responsabilidade 251
C) Relação entre Sucessão de Empregadores e Hasta Pública 252
D) Sucessão nas Concessões de Serviços Públicos 252
E) Desmembramento de Municípios e Responsabilidade Trabalhista 253
3.9. Responsabilidade do Sócio Retirante 253
4. Terceirização 255

4.1. A Terceirização antes da Lei nº 13.429/2017 255
4.2. A Terceirização após a Lei nº 13.429/2017 257
A) Requisitos do Contrato de Terceirização e Outros Detalhes Importantes 259
B) Quarteirização 260
C) Requisitos para o Funcionamento da Empresa Prestadora de Serviços 261
4.3. A Terceirização no Serviço Público, as decisões do STF e a Nova Lei de Licitações 261
4.4. A Terceirização na Administração Pública Federal e o Decreto nº 9.507/2018 264
5. Jornada de Trabalho 269
5.1. Tempo Efetivo de Serviço e a Reforma Trabalhista 270
5.2. Fiscalização da Jornada de Trabalho 272
5.2.1. Empregados com Jornada Fiscalizada 272
A) Registro de Ponto por Exceção 274
B) Pequenas Variações no Sistema de Controle de Jornada 276
5.2.2. Empregados sem Jornada Fiscalizada e a Reforma Trabalhista 277
A) Atividade Externa Incompatível com Fixação de Horário de Trabalho 278
B) Empregados que Exercem Cargo de Gestão 278
C) Empregados em Regime de Teletrabalho 280
5.3. Trabalho em Sobrejornada ou em Regime de Horas Extras 281
5.3.1. Acordo de Prorrogação de Jornada 281
5.3.2. Necessidade Imperiosa de Serviço 282
A) Força Maior 282
B) Realização ou Conclusão de Serviços Inadiáveis e Aqueles Serviços cuja Inexecução possa Acarretar Prejuízo Manifesto 283
5.3.3. Prorrogação para Recuperar o Tempo Perdido Resultante de Causas Acidentais que Interromperam o Trabalho 284
5.3.4. Acordo de Compensação de Jornada 284
5.3.5. Semana Espanhola e Semana Inglesa 289
5.3.6. Jornada 12 x 36 e a Reforma Trabalhista 289
5.3.7. Hora Extra em Ambiente Insalubre e a Reforma Trabalhista 291
5.3.8. Detalhes para Concurso e OAB sobre o Cálculo das Horas Extras 293
A) Divisor para Apuração do Valor das Horas Extras 293
5.3.9. Supressão de Horas Extras Habituais 295
5.4. Trabalho em Regime de Sobreaviso 295
5.5. Trabalho em Regime de Prontidão 296
5.6. Trabalho em Regime de Revezamento ou em Turno Ininterrupto de Revezamento 297
5.7. Jornada *Part Time* e a Reforma Trabalhista 299
5.8. Jornada Intermitente: Produto da Reforma Trabalhista 301

A) Formalidade para Contratação e Convocação para o Trabalho 302
B) Pagamento e Férias 304
C) Jornada Intermitente e a Portaria nº 349/2018 do MTE 306
5.9. Horas *in itinere* e a Reforma Trabalhista 307
5.10. Jornada Especial do Bancário 308
A) Cargos de Confiança Bancários 309
6. Repouso Semanal Remunerado 311
6.1. Aprofundando a Questão do Trabalho "Preferencialmente" aos Domingos 313
A) O Trabalho aos Domingos no Comércio em Geral 313
B) O Trabalho aos Domingos para as Mulheres 313
C) O Trabalho aos Domingos em outras Atividades 314
D) A Situação Especial da Força Maior 315
6.2. RSR Embutido e RSR Pago em Separado 315
6.3. Feriados 316
7. Intervalos para Repouso e Férias 317
7.1. Intervalo Intrajornada e a Reforma Trabalhista 317
A) Cômputo ou não do Intervalo na Jornada de Trabalho 320
B) Consequências da não Concessão do Intervalo Intrajornada e a Reforma Trabalhista 320
7.2. Intervalos Intrajornada Especiais 322
A) Mecanógrafos e Digitadores 323
B) Trabalhadores em Câmaras Frigoríficas 323
C) Trabalhadores em Minas e Subsolos 324
7.3. Intervalos Interjornada 324
7.4. Férias 325
7.4.1. Pagamento das férias 327
A) Hipótese de Pagamento em Dobro das Férias 328
7.4.2. Duração das Férias e a Reforma Trabalhista 329
7.4.3. Fracionamento das Férias e a Reforma Trabalhista 330
7.4.4. Mais duas Novidades da Reforma Trabalhista sobre as Férias 331
7.4.5. Perda do Direito às Férias 333
7.4.6. Abono de Férias 333
7.4.7. Férias e Serviço Militar 334
7.4.8. Férias Coletivas 335
8. Salário e Remuneração 337
8.1. Gorjetas 339
A) Repercussões/Reflexos da Gorjeta 339
8.2. Parcelas Salariais e a Reforma Trabalhista 341
A) Adicionais 343

A.1) Adicional de Horas Extras 344
A.2) Adicional Noturno 345
A.3) Adicional de Insalubridade 348
A.3.1) Eliminação da Insalubridade 350
A.3.2) Insalubridade em Atividade Intermitente 351
A.3.3) Outros Entendimentos do TST Importantes para OAB e Concursos 351
A.3.4) Programa de Prevenção de Riscos Ambientais (PPRA) 352
A.3.5) Agente Nocivo Diverso do Apontado na Petição Inicial 353
A.4) Adicional de Periculosidade 353
A.4.1) Trabalhadores Expostos a Riscos de Roubo e Outras Espécies de Violência Física 356
A.4.2) Vigilantes 357
A.4.3) Trabalhadores Expostos à Energia Elétrica 357
A.4.4) Exposição Intermitente, Eventual e Proporcional 358
A.4.5) Outros Entendimentos do TST Importantes para OAB e Concursos 359
A.5) Adicional de Transferência 360
B) Gratificações 361
B.1) Gratificação por Tempo de Serviço 362
B.2) Gratificação Natalina ou Décimo Terceiro 363
B.3) Gratificação de Função 365
B.4) Gratificação Quebra de Caixa 367
B.5) Gratificação Semestral 368
8.3. Parcelas NÃO Salariais e a Reforma Trabalhista 368
A) Ajuda de Custo 370
B) Diárias para Viagem e a Reforma Trabalhista 371
C) Participação nos Lucros e Resultados (PLR) 372
D) Prêmios e Reforma Trabalhista 373
E) Salário-Família 374
F) *Stock Options* 377
G) Verbas Indenizatórias 377
H) Multas 377
I) Plano de Demissão Voluntária (PDV) e a Reforma Trabalhista 377
J) Abonos (inclusive do PIS) e Reforma Trabalhista 378
8.4. Importância da diferenciação entre parcelas salariais e parcelas não salariais 380
8.5. Utilidades e sua natureza salarial ou não salarial 381
8.5.1. Utilidades não salariais por força de lei 383

8.5.2. Percentual mínimo em dinheiro 384
8.5.3. Percentual de algumas utilidades salariais (inclusive rural e doméstico) 385
8.5.4. Utilidades mais cobradas em exame da OAB e Concursos 386
A) Alimento 386
B) Transporte 386
8.6. Irredutibilidade Salarial 387
8.7. Intangibilidade Salarial e Descontos Salariais 387
8.8. Salário Complessivo 389
8.9. Pagamento do Salário 390
8.10. *Truck System* 391
8.11. Equiparação Salarial e a Reforma Trabalhista 391
A) Identidade de Tarefas ou Trabalho de Igual Valor 393
B) Mesmo Empregador e Mesmo Estabelecimento 393
C) Tempo de Serviço na Função e na Empresa 395
D) Inexistência de Quadro de Carreira ou Plano de Cargos e Salários 397
8.11.1. Equiparação Salarial de Trabalhador Readaptado 399
8.11.2. Extinção da Equiparação Salarial em Cadeia 400
8.11.3. Equiparação Salarial e Discriminação 401
8.11.4. Equiparação Salarial no Serviço Público 401
8.11.5. Equiparação na Cessão de Empregados 402
8.11.6. Equiparação Salarial, Prescrição Total e Prescrição Parcial 402
8.11.7. Salário Substituição 403
8.12. Acúmulo de Funções 404
8.12.1. O Entendimento Dominante na Doutrina e na Jurisprudência 405
8.12.2. O Entendimento Minoritário na Doutrina e na Jurisprudência 407
9. Alteração do Contrato de Trabalho 409
9.1. Modalidades de Alteração Contratual 411
A) Alterações Subjetivas 411
B) Alterações Objetivas 412
B.1) Promoção 412
B.2) Rebaixamento 413
B.3) Reversão 413
B.4) Aproveitamento 414
B.5) Readaptação 414
B.6) Redução do Salário via Redução da Jornada 414
B.7) Alteração do Horário de Trabalho 415
B.8) Alteração Contratual no Âmbito Público 416
C) Alteração Unilateral e Alteração Bilateral 416

9.2. Transferência do Empregado ... 417
9.2.1. Distinção entre Transferência e Remoção ... 417
9.2.2. Transferência Lícita e ilícita ... 418
A) Extinção do Estabelecimento ... 418
B) Empregados que Exerçam Cargo de Confiança ... 418
C) Empregados com Cláusula de Transferência Implícita ou Explícita no Contrato de Trabalho ... 420
D) Transferência Provisória ... 421
E) Qualquer Transferência que Conte com a "Anuência" do Trabalhador ... 422
9.2.3. Ajuda de Custo por Transferência ... 423
9.2.4. Empregados que não Podem ser Transferidos ... 424
9.2.5. Empregados que não Podem ser Transferidos – Zona Grise ... 425
10. Interrupção e Suspensão do Contrato de Trabalho ... 427
10.1. Hipóteses de Interrupção do Contrato de Trabalho ... 428
A) Faltas Justificadas ... 428
B) Férias, Feriados, Repouso Semanal Remunerado e Licença Remunerada ... 431
C) *Lockout* ... 432
D) Incapacidade para o Trabalho por até 15 dias ... 432
E) Membro de Comissão de Conciliação Prévia (CCP) ... 433
F) Aborto não Criminoso ... 433
G) Licença-Maternidade ... 434
H) Afastamento por Interesse da Segurança Nacional ... 436
10.1.1. Retorno ao Trabalho ... 437
10.2. Hipóteses de Suspensão do Contrato de Trabalho ... 437
A) Suspensão Disciplinar ... 437
B) Falta Injustificada ... 437
C) Afastamento de Dirigente Sindical ... 437
D) Participação em Greve ... 438
E) Empregado Eleito Diretor ... 439
F) Acidente e Doença com Nexo Ocupacional ... 439
G) Acidente e Doença sem Nexo Ocupacional ... 442
H) Serviço Militar Obrigatório ... 443
I) Aposentadoria por Invalidez ou Auxílio por Incapacidade Permanente para o Trabalho ... 444
J) Participação em Curso de Qualificação ... 445
K) Mulher em Situação de Violência Doméstica ... 447
L) Prisão Preventiva do Empregado ... 447
10.2.1. Retorno ao Trabalho ... 448
10.3. Consequências da Interrupção e da Suspensão do Contrato de Trabalho ... 449

11. Extinção do Contrato de Trabalho 451
11.1. Extinção nos Contratos por Prazo Determinado 452
A) Extinção Antecipada <u>sem</u> Cláusula Assecuratória 452
B) Extinção Antecipada <u>com</u> Cláusula Assecuratória 454
11.2. Extinção nos Contratos por Prazo Indeterminado: Demissão 456
11.3. Extinção nos Contratos por Prazo Indeterminado: Dispensa sem Justa Causa 457
11.4. Distrato: Produto da Reforma Trabalhista 458
11.5. Plano de Desligamento Voluntário (PDV) e a Reforma Trabalhista 460
11.6. Dispensa por Justa Causa ou Justo Motivo 460
11.6.1. Verbas Rescisórias Pagas na Justa Causa 463
11.6.2. Hipóteses de Justa Causa e a Reforma Trabalhista 463
A) Ato de Improbidade 464
B) Incontinência de Conduta ou Mau Procedimento 464
C) Negociação Habitual 466
D) Condenação Criminal 467
E) Desídia 469
F) Embriaguez Habitual ou em Serviço 469
G) Violação de Segredo de Empresa 470
H) Indisciplina e Insubordinação 470
I) Abandono de Emprego 472
J) Ato Lesivo da Honra ou da Integridade Física Praticado contra Qualquer Pessoa 474
K) Ato Lesivo da Honra ou da Integridade Física Praticado contra o Empregador ou sua Pessoa 474
L) Jogos de azar 474
M) Perda Dolosa de Habilitação para o Exercício Profissional 475
N) Atos Atentatórios à Segurança Nacional 476
O) Descumprimento de Normas de Saúde e Segurança do Trabalho 477
11.7. Extinção do Contrato por Despedida ou Rescisão Indireta 477
11.7.1. Verbas Rescisórias Pagas na Despedida Indireta 477
11.7.2. Hipóteses de Despedida Indireta 478
A) Serviços Superiores às suas Forças, Defesos por Lei, Contrários aos Bons Costumes, ou Alheios ao Contrato 479
B) Rigor Excessivo 480
C) Perigo Manifesto de Mal Considerável 480
D) Não Cumprir o Empregador as Obrigações do Contrato 481
E) Ato Lesivo da Honra do Empregado ou seus Familiares 481
F) Ofensas Físicas ao Empregado 482
G) Redução do Trabalho para Afetar o Salário 482

11.7.3. Imediatidade na Rescisão Indireta 483
11.7.4. Necessidade de Afastamento ou não do Trabalho 483
11.7.5. Improcedência da Ação de Rescisão Indireta 485
11.8. Extinção por Culpa Recíproca 485
11.9. Extinção por Força Maior ou Caso Fortuito 487
11.10. *Factum Principis* 488
11.11. Falência e Recuperação de Empresas 490
11.12. Aposentadoria Espontânea 491
11.13. Morte do Empregador Constituído em Empresa Individual 492
11.14. Dispensa Coletiva ou em Massa: Produto da Reforma Trabalhista 494
11.15. Homologação da Rescisão Contratual e a Reforma Trabalhista 495
11.15.1. Limites aos Descontos sobre as Verbas Rescisórias 496
11.16. O Artigo 477 da CLT e a Reforma Trabalhista 496
11.17. Termo de Quitação Anual: Produto da Reforma Trabalhista 500
11.18. Multa do Artigo 467 da CLT 502
12. Aviso Prévio 505
12.1. Incidência do Aviso Prévio 506
12.2. Contagem do Prazo 507
12.3. Aviso Prévio Concedido pelo Empregador e Redução do Trabalho 507
12.4. Aviso Prévio Concedido pelo Empregado 509
12.5. (I)rrenunciabilidade do Aviso Prévio 510
12.6. Natureza do Aviso Prévio e Efeito Projetivo 511
12.7. As Garantias de Emprego e o Aviso Prévio 512
12.8. Retratação do Aviso Prévio 514
12.9. Justa Causa e Despedida Indireta Durante o Aviso Prévio 515
12.10. Aviso Prévio Proporcional ao Tempo de Serviço 517
12.11. Aviso Prévio dos Trabalhadores Rurais 519
13. Prescrição no Direito do Trabalho 521
13.1. Prazos Prescricionais e a Reforma Trabalhista 521
13.2. Reconhecimento de Ofício ou não da Prescrição 524
13.3. Direito Imprescritível 524
13.4. Prescrição Total, Parcial e a Reforma Trabalhista 525
A) Supressão e Alteração de Comissões 528
B) Equiparação Salarial 528
C) Horas Extras 528
D) Gratificação Semestral 528
13.5. Interrupção, Suspensão da Prescrição e a Reforma Trabalhista 529
13.5.1. Suspensão da Prescrição e Decadência na Pandemia do COVID-19 532

13.6. Prescrição Intercorrente e a Reforma Trabalhista ... 532
13.7. Prescrição do FGTS ... 534
14. Decadência no Direito do Trabalho ... 537
14.1. Principais Diferenças entre Prescrição e Decadência ... 537
14.2. Hipóteses de Decadência no Direito do Trabalho ... 538
15. FGTS ... 541
15.1. Beneficiários do FGTS e casos peculiares ... 543
A) Servidores Públicos ... 543
A.1) Ingresso Irregular no Serviço Público ... 544
B) Domésticos ... 545
C) Diretores sem Vínculo de Emprego ... 546
15.2. Alíquotas, Base de Cálculo e Multa Compensatória ... 547
15.3. Prazo para Recolhimento, Atualização e Juros ... 549
15.4. Hipóteses de Movimentação da Conta Vinculada ... 550
15.5. Administração do FGTS: Conselho Curador ... 553
15.6. Gestão da Aplicação do FGTS ... 557
15.7. Agente Operador do FGTS: Caixa Econômica Federal (CEF) ... 558
15.8. Reforma Trabalhista, Distrato e FGTS ... 559
16. Estabilidade ... 561
16.1. Estabilidade nos Contratos por Prazo Determinado e no Aviso Prévio ... 562
16.2. A Polêmica das Nomenclaturas ... 562
16.3. Estabilidade Decenal ... 563
16.4. Estabilidade do Servidor Público Celetista ... 564
16.5. Dirigente Sindical ... 565
A) Administração do Sindicato e Delegado Sindical ... 565
B) Necessidade de Comunicação para o Empregador ... 566
C) Categoria Diferenciada ... 567
D) Aviso Prévio e Extinção da Empresa ... 567
E) Transferência do Dirigente Sindical ... 568
16.6. Diretores de Cooperativa ... 569
16.7. Cipeiros Eleitos ... 570
A) Extinção da Estabilidade dos Cipeiros Eleitos ... 572
16.8. Estabilidade da Gestante ... 573
A) Irrenunciabilidade ... 574
B) Contrato por Prazo Determinado e Aviso Prévio ... 574
C) Exames Pré-contratuais, Contratuais e Pós-contratuais ... 574
D) Aborto, Natimorto, Adoção e Falecimento da Mãe ... 575
16.9. Empregado Acidentado ... 577

A) Estabilidade Fora dos Requisitos Clássicos 581
B) Contrato por Prazo Determinado e Aviso Prévio 581
16.10. Conselho Nacional de Previdência (CNP) 582
16.11. Conselho Curador do FGTS 583
16.12. Comissão de Conciliação Prévia (CCP) 584
16.13. Pessoas com Deficiência e Reabilitados 586
16.14. Portadores de Doenças Graves 587
16.15. Comissão de Representantes dos Empregados: Produto da Reforma Trabalhista 588
16.16. Consequências do Desrespeito aos Casos de Estabilidade 590
A) Casos que Requerem Inquérito Judicial para Apuração de Falta Grave 592
16.17. A Questão da Prescrição 593
17. Direitos Difusos, Coletivos e Individuais Homogêneos 595
A) Direitos Difusos 595
B) Direitos Coletivos em Sentido Estrito (*Stricto Sensu*) 596
C) Direitos Individuais Homogêneos 597
18. Direitos Constitucionais dos Trabalhadores 599
18.1. Artigo 7º da Constituição Nacional 600
18.1.1. Inciso I 600
18.1.2. Inciso II 600
18.1.3. Inciso III 601
18.1.4. Inciso IV 601
18.1.5. Inciso V 601
18.1.6. Inciso VI 602
18.1.7. Inciso VII 602
18.1.8. Inciso VIII 603
18.1.9. Inciso IX 603
18.1.10. Inciso X 603
18.1.11. Inciso XI 604
18.1.12. Inciso XII 604
18.1.13. Inciso XIII 605
18.1.14. Inciso XIV 605
18.1.15. Inciso XV 606
18.1.16. Inciso XVI 606
18.1.17. Inciso XVII 606
18.1.18. Inciso XVIII 606
18.1.19. Inciso XIX 607
18.1.20. Inciso XX 608
18.1.21. Inciso XXI 608

18.1.22. Inciso XXII 608
18.1.23. Inciso XXIII 608
18.1.24. Inciso XXIV 609
18.1.25. Inciso XXV 609
18.1.26. Inciso XXVI 610
18.1.27. Inciso XXVII 610
18.1.28. Inciso XXVIII 611
18.1.29. Inciso XXIX 611
18.1.30. Inciso XXX 612
18.1.31. Inciso XXXI 612
18.1.32. Inciso XXXII 612
18.1.33. Inciso XXXIII 612
18.1.34. Inciso XXXIV 612
18.2. Direitos Constitucionais dos Domésticos 613
18.3. Artigo 8º da Constituição Nacional 615
18.4. Artigo 9º da Constituição Nacional 616
18.5. Artigo 10 da Constituição Nacional 617
18.6. Artigo 11 da Constituição Nacional 617

PARTE III – DIREITO COLETIVO DO TRABALHO

1. Introdução 621
1.1. Princípios do Direito Coletivo do Trabalho 621
1.1.1. Liberdade Sindical 621
A) Convenção nº 87 da OIT 622
1.1.2. Interveniência Sindical 623
1.1.3. Prevalência do Negociado Sobre o Legislado: Reforma Trabalhista 623
A) O Artigo 611-A da CLT: Produto da Reforma Trabalhista 624
B) O Artigo 611-B da CLT: Produto da Reforma Trabalhista 627
1.1.4. Princípio da Adequação Setorial Negociada 630
1.1.5. Poder Normativo das Normas Coletivas 630
1.1.6. Lealdade e Transparência das Negociações Sindicais 631
2. Organização Sindical 633
2.1. Estrutura Sindical 633
A) Sindicatos 633
A.1) Diferença entre Prerrogativa e Dever do Sindicato 635
A.2) Diferença entre Sindicato e Associação 636
A.3) Condições de Funcionamento do Sindicato 637
B) Federações 637

C) Confederações 638
D) Centrais Sindicais 639
2.2. Custeio da Estrutura Sindical 641
A) Contribuição Confederativa 641
B) Contribuição Assistencial 641
C) Contribuição Sindical ou Imposto Sindical e a Reforma Trabalhista 642
C.1) Contribuição Sindical ou Imposto Sindical e a posição do STF 646
2.3. A Classificação em Categorias 647
A) Categoria Profissional e Categoria Econômica 647
B) Categorias Similar e Conexas 650
C) Categoria Profissional Diferenciada 651
3. Comissão de Representantes dos Empregados: Produto da Lei nº 13.467/2017 653
3.1. Atribuições da Comissão de Empregados 654
3.2. Metodologia de Eleição da Comissão de Empregados 655
3.3. Garantia de Emprego dos Empregados Eleitos e Mandato 657
4. Acordo e Convenção Coletiva 659
A) Convenção e Acordo Coletivo de Trabalho na Reforma Trabalhista 660
B) Mais Alterações da Reforma Trabalhista neste Assunto 661
C) Prazo e Vedação de Ultratividade: Reforma Trabalhista 663
D) Conteúdo Mínimo de uma Norma Coletiva 664
E) Disposições da OIT sobre a matéria 664
5. Greve 667
5.1. Procedimentos Preliminares Indispensáveis para a Greve 668
A) Tentativa de Negociação/Conciliação 669
B) Deliberação Autorizativa em Assembleia 669
C) Aviso Prévio sobre o Início da Greve 669
5.2. Efeitos da Greve Sobre o Contrato de Trabalho 670
5.3. Greve e Dispensa do Empregado 671
A) Greve Abusiva 671
B) Serviços cuja Paralisação Total Traga Prejuízos Irreparáveis 672
5.4. Greve e atos Criminosos 673
5.5. Greve em Atividades Essenciais 674
5.6. Militares e Servidores Públicos 677
5.7. *Lockout* ou Locaute 678
5.8. Greve Ambiental e Pandemia COVID-19 678

QUESTÕES POR PARTE

Questões da Parte I
Subtema 1 – História 683

Gabarito 685
Subtema 2 – Fontes 687
Gabarito 690
Subtema 3 – Interpretação do Direito do Trabalho 692
Gabarito 692
Subtema 4 – Integração do Direito do Trabalho 693
Gabarito 694
Subtema 5 – Aplicação do Direito do Trabalho 695
Gabarito 697
Subtema 6 – Princípios 699
Gabarito 704

Questões da Parte II
Subtema 1 – Relação de Trabalho e Relação de Emprego – Diferenciação 709
Gabarito 725
Subtema 2 – Formalização e Análise do Contrato de Emprego 731
Gabarito 736
Subtema 3 – Empregador 738
Gabarito 750
Subtema 4 – Terceirização 753
Gabarito 757
Subtema 5 – Jornada de Trabalho 759
Gabarito 765
Subtema 6 – Repouso Semanal Remunerado 768
Gabarito 769
Subtema 7 – Intervalos para Repouso e Férias 771
Gabarito 780
Subtema 8 – Salário e Remuneração 783
Gabarito 797
Subtema 9 – Alteração do Contrato de Trabalho 801
Gabarito 806
Subtema 10 – Interrupção e Suspensão do Contrato de Trabalho 808
Gabarito 818
Subtema 11 – Extinção do Contrato de Trabalho 822
Gabarito 836
Subtema 12 – Aviso Prévio 840
Gabarito 847
Subtema 13 e 14 – Prescrição e Decadência no Direito do Trabalho 849
Gabarito 857

Subtema 15 – FGTS 860
Gabarito 867
Subtema 16 – Estabilidade 870
Gabarito 879
Subtema 17 – Direitos Difusos, Coletivos e Individuais Homogêneos 882
Gabarito 883
Subtema 18 – Direitos Constitucionais dos Trabalhadores 885
Gabarito 893

Questões da Parte III
Subtema 1 – Princípios do Direito Coletivo do Trabalho 897
Gabarito 906
Subtema 2 – Organização Sindical 911
Gabarito 914
Subtema 3 – Comissão de Representantes dos Empregados: Produto da Lei nº 13.467/2017 916
Gabarito 917
Subtema 4 – Acordo e Convenção Coletiva 918
Gabarito 923
Subtema 5 – Greve 925
Gabarito 931

REFERÊNCIAS BIBLIOGRÁFICAS 935
Referências eletrônicas 936

ROTEIRO DE ESTUDOS

Caros leitores,

Disponibilizamos as nossas redes sociais para uma maior aproximação com o público, respondendo às dúvidas e "ouvindo" todas as críticas, sugestões e elogios sobre a obra.

Este canal ajudará bastante na evolução deste livro, que a cada edição será alterado de forma a atender às solicitações encaminhadas.

Pensando em atender às necessidades dos nossos leitores fizemos uma correlação entre os programas de Direito do Trabalho dos principais concursos e do exame da Ordem dos Advogados do Brasil (OAB) com os capítulos do livro, objetivando orientar o estudo dos nossos leitores.

Segue, assim, um roteiro completo de estudo deste livro, para a melhor preparação dos candidatos às vagas no serviço público e também para o exame da OAB.

Esperamos que seja útil.

Antônio Neto da Lapa

Instagram: antonionetodalapa

Facebook: Antonio Neto da Lapa

Ivan Kertzman

Facebook: Ivan Kertzman

Instagram: ivankertzman

ITENS DO EDITAL	Tópico do livro
AUDITOR FISCAL DO TRABALHO – EDITAL Nº 1 – MTE, DE 28 DE JUNHO DE 2013	
Direito do Trabalho	
1. Princípios e fontes do direito do trabalho.	Parte I, Capítulos 2 e 6.
2. Direitos constitucionais dos trabalhadores (artigo 7º da Constituição Federal de 1988).	Parte II, capítulo 18.
3. Relação de trabalho e relação de emprego. 3.1 Requisitos e distinção. 3.2 Relações de trabalho lato sensu (trabalho autônomo, eventual, temporário e avulso).	Parte II, capítulo 1, exceto: Item 1.4, alíneas "D", "E" e Item 1.5.
4. Sujeitos do contrato de trabalho stricto sensu. 4.1 Empregado e empregador (conceito e caracterização). 4.2 Poderes do empregador no contrato de trabalho. 4.3 Grupo econômico. 4.4 Sucessão de empregadores. 4.5 Responsabilidade solidária.	Parte II, capítulo II, Item 2.5, alínea "A"; Parte II, capítulo III, exceto: itens 3.5, 3.6 e 3.7.
5. Contrato individual de trabalho. 6.1 Conceito, classificação e características.	Parte II, capítulo 2, do início do capítulo até o Item 2.4.
6 Alteração do contrato de trabalho. 6.1 Alteração unilateral e bilateral. 6.2 O jus variandi.	Parte II, capítulo 9.
7. Suspensão e interrupção do contrato de trabalho. 7.1 Caracterização e distinção.	Parte II, capítulo 10.
8. Rescisão do contrato de trabalho. 8.1 Justa causa. 8.2 Rescisão indireta. 8.3 Dispensa arbitrária. 8.4 Culpa recíproca. 8.5 Indenização.	Parte II, capítulo 11.
9. Aviso prévio.	Parte II, capítulo 12.
10. Estabilidade e garantias provisórias de emprego. 10.1 Formas de estabilidade (todas, inclusive comissões de conciliação prévia) 10.2 Despedida e reintegração de empregado estável.	Parte II, capítulo 16.
11. Duração do trabalho. 11.1 Jornada de trabalho. 11.2 Períodos de descanso. 11.3 Intervalo para repouso e alimentação. 11.4 Descanso semanal remunerado. 11.5 Sistema de compensação de horas; 11.6 Férias. 11.7 Direito a férias e sua duração. 11.8 Concessão e época das férias. 11.9 Abono de Férias.	Parte II, Capítulos 5 (exceto Item 5.10), 6 e 7.
12. Salário mínimo. 12.1 Irredutibilidade e garantia. 12.2 Remuneração e Salário. 12.3 Conceito e distinções. 12.4 Composição do salário. 12.5 Modalidades de salário. 12.6 Formas e meios de pagamento do salário. 12.7 13º salário. 12.8 Equiparação salarial. 12.9 Princípio da igualdade de salário. 12.10 Desvio de função. 12.11 Trabalho noturno e trabalho extraordinário.	Parte II, capítulo 8.
13. FGTS.	Parte II, capítulo 15.
14. Prescrição e decadência.	Parte II, Capítulos 13 e 14.
15. Proteção ao trabalho da mulher. 15.1 Estabilidade da gestante. 15.2 Licença maternidade.	Parte II, capítulo 1, Item 1.3, alínea "J" e Capítulo 16, Item 16.8.

ITENS DO EDITAL	Tópico do livro
AUDITOR FISCAL DO TRABALHO – EDITAL Nº 1 – MTE, DE 28 DE JUNHO DE 2013	
Direito do Trabalho	
16. Direito coletivo do trabalho. 16.1 Convenção nº 87 da OIT (liberdade sindical).	Parte III, capítulo 1.
17. Organização sindical. 17.1 Conceito de categoria. 17.2 Categoria diferenciada.	Parte III, capítulo 2.
18. Convenções e acordos coletivos de trabalho.	Parte III, capítulo 4.
19. Direito de greve e serviços essenciais	Parte III, capítulo 5

ITENS DO EDITAL	Tópico do livro
EXAME DA ORDEM DOS ADVOGADOS DO BRASIL – EDITAL RELATIVO AO XXX EXAME DA OAB – AGOSTO DE 2019	
Direito do Trabalho	
TODO O LIVRO	Todos os capítulos.

ITENS DO EDITAL	Tópico do livro
ANALISTA JUDICIÁRIO TRT – ÁREA ADMINISTRATIVA TRT 12ª REGIÃO – 26/06/2017 – EDITAL	
Direito do Trabalho	
1. Princípios e fontes do direito do trabalho.	Parte I, Capítulos 2 e 6.
2 Direitos constitucionais dos trabalhadores (artigo 7º a 11º da Constituição Federal de 1988).	Parte II, capítulo 18.
3. Relação de trabalho e relação de emprego. 3.1 Requisitos e distinção. 3.2 Do Trabalho Doméstico	Parte II, capítulo 1, do início até o Item 1.2; Ler também deste Capítulo 1, o Item 1.3, alínea "F".
4. Sujeitos do contrato de trabalho stricto sensu. 4.1 Empregado e empregador (conceito e caracterização). 4.2 Contrato individual de trabalho. 4.3 Conceito, classificação e características.	Parte II, capítulo 2, do início até o Item 2.5, alínea "A"; Parte II, Capítulo3, exceto: itens 3.5, 3.6 e 3.7.
5. Alteração do contrato de trabalho. 5.1 Alteração unilateral e bilateral.	Parte II, capítulo 9.
6. Suspensão e interrupção do contrato de trabalho. 6.1 Caracterização, distinção e hipótese.	Parte II, capítulo 10.

ITENS DO EDITAL	Tópico do livro
7. Rescisão do contrato de trabalho: modalidades e efeitos.	Parte II, capítulo 11.
8. Aviso prévio.	Parte II, capítulo 12.
9. Estabilidade e garantias provisórias de emprego.	Parte II, capítulo 16.
10. Da duração do trabalho: horas extras, horas noturnas, intervalos interjornada e intrajornada, compensação de horas, banco de horas. 10.1. Das férias: duração, concessão, remuneração e abono; férias proporcionais.	Parte II, Capítulos 5 (exceto Item 5.10), 6 e 7.
11. Do salário e da remuneração: conceito e distinções; composição do salário; modalidades de salário; formas e meios de pagamento do salário; 13º salário; das parcelas indenizatórias. 11.1 Periculosidade e insalubridade.11.2 PPRA. PCMSO. 11.3 Da segurança e medicina no trabalho (equivale ao estudo sobre insalubridade, periculosidade, PPRA, PCMSO, Acidentes de Trabalho e CIPA)	Parte II, capítulo 8; Parte II, Capítulo 2, Item 2.5, alínea "B.6."
12. FGTS.	Parte II, capítulo 15.
13. Da proteção ao trabalho do menor.	Parte II, Capítulos 1, Item 1.3, alínea "K".
14. Proteção ao trabalho da mulher. 14.1 Estabilidade da gestante. 14.2 Licença maternidade.	Parte II, capítulo 1, Item 1.3, alínea "J" e Capítulo 16, Item 16.8.

ITENS DO EDITAL	Tópico do livro
ANALISTA JUDICIÁRIO TRT – ÁREA JUDICIÁRIA TRT 12ª REGIÃO – 26/06/2017 – EDITAL	
Direito do Trabalho	
1. Dos princípios, fontes (inclusive convenções da OIT), integração e aplicação direta e subsidiária inclusive no tempo e no espaço, do Direito do Trabalho.	Parte I, Capítulos 2, 4, 5 e 6.
2. Direitos constitucionais dos trabalhadores e demais direitos constitucionais aplicáveis à relação de trabalho.	Parte II, capítulo 18.
3. Relação de trabalho e relação de emprego. 3.1 Requisitos e distinção. 3.2 Relações de trabalho lato sensu (trabalho autônomo, eventual, temporário e avulso). 3.3 Dos sujeitos do contrato de trabalho stricto sensu: do empregado e do empregador: 3.4 conceito e caracterização; 3.5 empregado de confiança e altos empregados: tratamento jurídico; 3.6 dos poderes do empregador no contrato de trabalho e sanções disciplinares; regulamento de empresa. 3.7. Do grupo econômico; da sucessão da empregadoras; das responsabilidades solidária e subsidiária. 3.8. Do contrato individual de trabalho: conceito, classificação e características. 3.9 Contratos especiais de trabalho. 3.10 Trabalho presencial e teletrabalho. 3.11 Do dano moral: caracterização e critério de quantificação.	Parte II, capítulo 1, 2 e 3.
4. Da prestação de serviços a terceiros: conceito, limites, hipótese e efeitos (Terceirização).	Parte II, capítulo 4.
5. Da alteração do contrato de trabalho: alteração unilateral e bilateral; alterações quantitativas, qualitativas e circunstanciais; o jus variandi.	Parte II, capítulo 9.

ITENS DO EDITAL	Tópico do livro
ANALISTA JUDICIÁRIO TRT – ÁREA JUDICIÁRIA TRT 12ª REGIÃO – 26/06/2017 – EDITAL	
Direito do Trabalho	
6. Da suspensão e interrupção do contrato de trabalho: caracterização, distinção e hipóteses.	Parte II, capítulo 10.
7. Da rescisão do contrato de trabalho: das justas causas; da despedida indireta; da dispensa arbitrária; da culpa recíproca; do distrato; dos efeitos e da indenização; PDV ou PDI e efeitos.	Parte II, capítulo 11.
8. Aviso prévio.	Parte II, capítulo 12.
9. Da estabilidade e garantias provisórias do emprego: das formas de estabilidade e efeitos; da despedida e da reintegração de empregado estável.	Parte II, capítulo 16.
10. Da duração do trabalho; da jornada de trabalho e tempo à disposição; dos períodos de descanso; do intervalo para repouso e alimentação; do descanso semanal remunerado; do trabalho noturno e do trabalho extraordinário: caracterização e respectivos adicionais; compensação de horário e banco de horas. Horas in itinere; 10.1 Das férias: do direito a férias a da sua duração; da concessão, duração, gozo e época das férias; da remuneração e do abono de férias; das férias proporcionais; das férias coletivas.	Parte II, Capítulos 5 (exceto Item 5.10), 6 e 7.
11. Do salário mínimo: irredutibilidade a garantia. Do salário e da remuneração: conceito e distinções; composição do salário; modalidades de salário; formas e meios de pagamento do salário; 13º salário; das parcelas indenizatórias. 12.1. Da isonomia e equiparação salarial; do princípio da igualdade de salário; do desvio de função.	Parte II, capítulo 8.
12. FGTS.	Parte II, capítulo 15.
13. Prescrição e decadência.	Parte II, Capítulos 13 e 14.
14. Da segurança e medicina no trabalho (equivale ao estudo sobre insalubridade, periculosidade, PPRA, PCMSO, Acidentes de Trabalho e CIPA); 14.1 Doenças profissionais, doenças do trabalho e acidentes típicos do trabalho: caracterização e responsabilidade civil objetiva e subjetiva do empregador. Culpa concorrente, culpa exclusiva e concausas. Danos materiais, danos morais e dano estético	Parte II, capítulo 2, Item 2.5, alínea "B.6" até o final do capítulo; Capítulo 8, Item 8.2, alínea "A.3" a "A.4"
15. Proteção ao trabalho da mulher. 15.1 Estabilidade da gestante. 15.2 Licença maternidade.	Parte II, capítulo 1, Item 1.3, alínea "J" e Capítulo 16, Item 16.8.
16. Da proteção ao trabalho do menor.	Parte II, Capítulos 1, Item 1.3, alínea "K".
17. Direitos difusos e Direitos Coletivos	Parte II, capítulo 17.
18. Do direito coletivo do trabalho: da liberdade sindical (Convenção nº 87 da OIT) e o art.8º, da CF/88.	Parte III, capítulo 1.
19. Organização sindical: conceito de categorias econômica e profissional; categoria diferenciada; da contribuição sindical e sua repartição.	Parte III, capítulo 2.
20. Convenções e acordos coletivos de trabalho.	Parte III, capítulo 4.

ITENS DO EDITAL	Tópico do livro
ANALISTA JUDICIÁRIO TRT – ÁREA JUDICIÁRIA TRT 12ª REGIÃO – 26/06/2017 – EDITAL	
Direito do Trabalho	
21. Do direito de greve nos serviços em geral e nos serviços essenciais	Parte III, capítulo 5.

ITENS DO EDITAL	Tópico do livro
ANALISTA JUDICIÁRIO TST – ÁREA ADMINISTRATIVA EDITAL 01/2017	
Direito do Trabalho	
1. Dos princípios e fontes do Direito do Trabalho. Hierarquia das fontes.	Parte I, Capítulos 2 e 6.
2 Dos direitos constitucionais dos trabalhadores.	Parte II, capítulo 18.
3. Da relação de trabalho e da relação de emprego: características e diferenciação.	Parte II, capítulo 1, do início até o Item 1.2;
4. Dos sujeitos do contrato de trabalho stricto sensu: do empregado e do empregador: conceito e caracterização. Do grupo econômico e suas implicações no contrato de trabalho; da sucessão de empregadores; da responsabilidade solidária. Do contrato individual de trabalho: conceito, classificação e características.	Parte II, capítulo 2, do início até o Item 2.5, alínea "A"; Parte II, Capítulo3, exceto: itens 3.5, 3.6 e 3.7.
5. Terceirização.	Parte II, capítulo 4
6 Da alteração do contrato de trabalho: princípio informador; alteração unilateral e bilateral; o jus variandi.	Parte II, capítulo 9.
7. Da suspensão e interrupção do contrato de trabalho: caracterização e distinção; hipóteses de suspensão e de interrupção do contrato de trabalho.	Parte II, capítulo 10.
8. Hipóteses de rescisão do contrato de trabalho.	Parte II, capítulo 11.
9. Do aviso prévio: prazo e efeitos no contrato de trabalho.	Parte II, capítulo 12.
10. Da duração do trabalho; da jornada de trabalho; dos períodos de descanso; do intervalo para repouso e alimentação; do descanso semanal remunerado; 10.1 Das férias: do direito a férias e da sua duração; período concessivo e período aquisitivo de férias; da remuneração e do abono de férias.	Parte II, Capítulos 5 (exceto Item 5.10), 6 e 7.
11. Do salário-mínimo; irredutibilidade e garantia. Do salário e da remuneração: conceito e distinções; composição do salário; modalidades de salário; formas e meios de pagamento do salário; adicionais salariais; 13º salário. 11.1 Periculosidade e insalubridade. 11.2 PPRA. PCMSO. 11.3 Da segurança e medicina no trabalho (equivale ao estudo sobre insalubridade, periculosidade, PPRA, PCMSO, Acidentes de Trabalho e CIPA)	Parte II, capítulo 8; Parte II, Capítulo 2, Item 2.5, alínea "B.6."
12. FGTS.	Parte II, capítulo 15.

ITENS DO EDITAL	Tópico do livro
ANALISTA JUDICIÁRIO TST – ÁREA ADMINISTRATIVA EDITAL 01/2017	
Direito do Trabalho	
13. Da proteção ao trabalho do menor.	Parte II, Capítulos 1, Item 1.3, alínea "K".
14. Prescrição e decadência.	Parte II, Capítulos 13 e 14.
14. Proteção ao trabalho da mulher. 14.1 Estabilidade da gestante. 14.2 Licença maternidade.	Parte II, capítulo 1, Item 1.3, alínea "J" e Capítulo 16, Item 16.8.
15. Do direito coletivo do trabalho: da liberdade sindical (Convenção nº 87 da OIT).	Parte III, capítulo 1.
16. Organização sindical: conceito de categorias econômica e profissional; categoria diferenciada.	Parte III, capítulo 2.
17. Convenções e acordos coletivos de trabalho.	Parte III, capítulo 4.
18. Da representação dos empregados.	Parte III, capítulo 3.

ITENS DO EDITAL	Tópico do livro
ANALISTA JUDICIÁRIO TST – ÁREA JUDICIÁRIA EDITAL 01/2017	
Direito do Trabalho	
1. Princípios e fontes do Direito do Trabalho. Hierarquia das fontes do Direito do Trabalho.	Parte I, Capítulos 2 e 6.
2. Direitos constitucionais dos trabalhadores.	Parte II, capítulo 18.
3. Relação de trabalho e relação de emprego: requisitos e distinção; relações de trabalho lato sensu. Sujeitos do contrato de trabalho stricto sensu: empregado e empregador: conceito e caracterização; poderes do empregador no contrato de trabalho. Grupo econômico e sua repercussão nas relações de emprego; da sucessão de empregadores: conceito, caracterização e sua implicação ao contrato de trabalho; da responsabilidade solidária por créditos trabalhistas. 3.1. Contrato individual de trabalho: conceito, classificação, modalidades e características. 3.2. Dano moral nas relações de trabalho. 3.3 Teletrabalho.	Parte II, capítulo 1, 2 e 3.
4. Terceirização.	Parte II, capítulo 4.
5. Alteração do contrato de trabalho: alteração unilateral e bilateral; o jus variandi. Transferência do empregado: conceito, limitações e características.	Parte II, capítulo 9.
6. Suspensão e interrupção do contrato de trabalho: caracterização, distinção e reflexos no contrato de trabalho. Hipóteses de suspensão e de interrupção do contrato de trabalho.	Parte II, capítulo 10.
7. Rescisão do contrato de trabalho. Modalidades de rescisão do contrato de trabalho.	Parte II, capítulo 11.

ITENS DO EDITAL	Tópico do livro
ANALISTA JUDICIÁRIO TST – ÁREA JUDICIÁRIA EDITAL 01/2017	
Direito do Trabalho	
8. Aviso prévio: prazo de duração.	Parte II, capítulo 12.
9. Estabilidade e garantias provisórias de emprego: espécies de estabilidade; despedida e reintegração de empregado estável.	Parte II, capítulo 16.
10. Duração do trabalho; jornada de trabalho; períodos de descanso; intervalo para repouso e alimentação; descanso semanal remunerado: base de cálculo; trabalho noturno e trabalho extraordinário; sistema de compensação de horas. Turnos ininterruptos de revezamento: conceito e implicações no contrato de trabalho; 10.1 Férias: direito a férias e duração; período concessivo e período aquisitivo de férias; remuneração e abono de férias; férias coletivas.	Parte II, Capítulos 5 (exceto Item 5.10), 6 e 7.
11. Salário mínimo: irredutibilidade e garantia. Salário e remuneração: conceito e distinções; composição do salário; modalidades de salário; formas e meios de pagamento do salário; adicionais salariais; gorjetas: conceito e natureza jurídica; 13º salário. Equiparação salarial: caracterização, requisitos, excludentes; princípio da igualdade de salário; desvio e acúmulo de função.	Parte II, capítulo 8.
12. FGTS.	Parte II, capítulo 15.
13. Prescrição e decadência.	Parte II, Capítulos 13 e 14.
14. Da segurança e medicina no trabalho (equivale ao estudo sobre insalubridade, periculosidade, PPRA, PCMSO, Acidentes de Trabalho e CIPA)	Parte II, capítulo 2, Item 2.5, alínea "B.6" até o final do capítulo; Capítulo 8, Item 8.2, alínea "A.3" a "A.4"
15. Proteção ao trabalho da mulher. 15.1 Estabilidade da gestante. 15.2 Licença maternidade.	Parte II, capítulo 1, Item 1.3, alínea "J" e Capítulo 16, Item 16.8.
16. Da proteção ao trabalho do menor.	Parte II, Capítulos 1, Item 1.3, alínea "K".
17. Do direito coletivo do trabalho: da liberdade sindical (Convenção nº 87 da OIT).	Parte III, capítulo 1.
18. Organização sindical: conceito de categorias econômica e profissional; categoria diferenciada.	Parte III, capítulo 2.
19. Convenções e acordos coletivos de trabalho.	Parte III, capítulo 4.
20. Do direito de greve; dos serviços essenciais; greve do servidor público	Parte III, capítulo 5.
21. Da representação dos empregados.	Parte III, capítulo 3.

PARTE I

INTRODUÇÃO AO DIREITO DO TRABALHO

1

HISTÓRIA DO SURGIMENTO E EVOLUÇÃO DO DIREITO DO TRABALHO

Sumário: 1. História do Surgimento e Evolução do Direito do Trabalho – **1.1.** História do Direito do Trabalho no Brasil por meio das Constituições – **1.2.** Natureza Jurídica do Direito do Trabalho.

Didaticamente, seguindo a doutrina especializada[1], podemos dividir a história do direito do trabalho em 03 períodos: **Pré-Industrial; Revolução Industrial**; e **Constitucionalismo Social.**

O período **Pré-Industrial**, por sua vez, se ramifica em subperíodos, são eles: **escravidão; servidão** e **corporações de ofício.**

No subperíodo da **escravidão** não havia como se cogitar sobre o surgimento do Direito do Trabalho, já que inexistia liberdade de contratar, vez que o escravo não possuía autonomia de vontade e nem mesmo era tratado como ser humano, mas sim como *res* ("coisa").

Na subfase da **servidão**, compreendida aproximadamente entre os séculos X e XIII, ganhou destaque a figura do Senhor Feudal, o qual acolhia o servo, proporcionando-lhe proteção. Como contraprestação, o servo prestava serviços com elevadíssimo grau de subordinação, sujeitando-se, até mesmo, a conceder sua primeira noite de núpcias ao Senhor Feudal[2].

Nessa subetapa o servo já passa a ser considerado pessoa (e não "coisa" como na anterior) e adquire uma incipiente liberdade, a qual não pode ser caracterizada até então como o que conhecemos hoje pelo nome de autonomia da vontade, motivo pelo qual ainda não existem os pressupostos fáticos necessários para o surgimento do Direito do Trabalho.

1. Por exemplo: DELGADO, Mauricio Godinho.
2. Este direito era conhecido como "Direito de Pernada" ou *Jus Primae Noctis* ("direito da primeira noite").

Com a subfase das **corporações de ofícios**, o trabalhador, assim como na servidão, continua a ter o *status* de pessoa, mas nessa subfase ainda não existiam direitos para os trabalhadores e muito menos o direito do trabalho, enquanto ciência. As corporações de ofício eram formadas por Mestres (proprietários da corporação), Companheiros (uma classe intermediária) e Aprendizes (trabalhadores explorados).

Na fase da **Revolução Industrial, séculos XVIII e XIX,** surgiu a máquina a vapor e, com esta, a produção em massa. Foi nessa fase que **nasceu o Direito do Trabalho, isso deve ficar claro, pois esse tema já foi exigido em exames da OAB e concursos, conforme se verifica abaixo:**

▸ **Aplicação em Concurso e/ou OAB:**

(FCC - TST – Juiz do Trabalho Substituto – 2017 – ADAPTADA)

Em relação à Formação Histórica do Direito do Trabalho, considere:

II. O Direito do Trabalho deve ser considerado produto cultural do século XIX e das transformações e condições sociais, econômicas e políticas que colocam a relação de trabalho subordinada como núcleo do processo produtivo característico daquela sociedade e que tornaram possível o aparecimento deste ramo novo da ciência jurídica, com características próprias e autonomia doutrinária.

Resposta: Item correto.

Com a Revolução Industrial, inspirada nos ideais da Revolução Francesa, emergem os postulados da igualdade, liberdade e fraternidade. Dentre esses, ganha especial importância para a ciência trabalhista os ideais de liberdade e igualdade, afinal a crença hipotética de que todos são iguais e livres, independentemente de sua condição social, trouxe o cenário necessário para a celebração de contratos entre empregados e empregadores, os quais, defendia-se na época, eram livres e iguais para pactuar as condições de trabalho.

Baseados na suposta igualdade e liberdade entre empregados e empregadores, iniciou-se uma franca exploração da mão de obra, afinal esses ideais existiam apenas no plano teórico, pois, na prática, os empregados hipossuficientes (do ponto de vista econômico) aceitavam tudo que lhes era imposto pelo empregador, tanto para conseguir uma vaga de emprego, quanto para se manter nela.

Diante de tamanha exploração, legitimada pelos valores apregoados pela Revolução Francesa, criou-se um contexto fático que reclamava a intervenção do Estado no sentido de limitar a exploração do homem pelo homem, já que trabalhadores estavam sendo submetidos à jornadas de mais de doze horas de trabalho, bem como cresciam de forma alarmante os acidentes de trabalho.

Face a tantos abusos, até mesmo a Igreja Católica se manifestou por meio de suas encíclicas, ganhando especial importância no panorama histórico trabalhista a *Enciclíca Rerum Novarum*, editada pelo Papa Leão XIII, vez que a mesma influenciou vários países no sentido de valorizar a dignidade humana do trabalhador por meio de salários dignos. Dessa forma, o referido documento marcou uma fase de transição para a justiça social.

Sobre o tema, segue uma questão que indica uma das formas pelas quais o mesmo poderá ser exigido na OAB ou em um Concurso Público:

▸ Aplicação em Concurso e/ou OAB:

(FCC – MANAUSPREV – Procurador Autárquico – 2015 – ADAPTADA)

Em relação à Formação Histórica do Direito do Trabalho, considere:

II. A *Encíclica Rerum Novarum* do Papa Leão XIII que considerou o trabalho como um elemento de dignidade humana preconizando por um salário justo é considerada um marco da doutrina social da Igreja Católica e suas ideias tiveram grande relevância no surgimento do Direito do Trabalho.

Resposta: Item correto

Nessa ordem de ideias, inicia-se a terceira etapa/fase do Direito do Trabalho, denominada de **Constitucionalismo Social**, a qual foi marcada pelo Intervencionismo Estatal (ou Dirigismo Contratual), que consiste na limitação da liberdade no direito de contratar, protegendo a parte hipossuficiente e, consequentemente, refletiu no surgimento do aspecto protetivo do Direito do Trabalho não só no conteúdo da legislação ordinária, mas também nas Constituições Federais, daí o nome de Constitucionalismo Social.

Com a etapa do Constitucionalismo Social começaram a ficar patentes as diferenças entre o Direito do Trabalho e o Direito Civil, até porque se iniciou o franco surgimento de leis trabalhistas com natureza imperativa, que intervinham não só para proteger o empregado, mas também para restringir o poder do empregador de criar livremente o conteúdo do contrato de trabalho. Da mesma forma, o caráter social acentuado do Direito do Trabalho trouxe a criação dos sindicatos e, consequentemente, do Direito Coletivo do Trabalho.

A seguinte questão demonstra uma das formas pelas quais este assunto poderá ser exigido na OAB ou em um Concurso Público:

▶ **Aplicação em Concurso e/ou OAB:**

(MPT - MPT - Procurador do Trabalho – 2017 – ADAPTADA)

Analise as assertivas abaixo expostas:

I - São características que diferenciam o Direito do Trabalho da matriz civilista da qual se desprendeu na evolução europeia ocidental desde fins do século XIX até a década de 1970, pelo menos: presença crescente de norma jurídica trabalhista interventiva nos contratos de trabalho; predominância de normas jurídicas imperativas em seu conteúdo; origem estatal ou coletiva negociada dessas normas trabalhistas imperativas; restrição normativa ao poder unilateral do empregador na fixação do conteúdo do contrato de trabalho; subdivisão em dois segmentos jurídicos, pelo menos, o Direito Individual do Trabalho e o Direito Coletivo do Trabalho; caráter social e teleológico do novo campo jurídico estruturado.

Resposta: Item correto

Ainda sobre a fase do Constitucionalismo Social, do ponto de vista histórico, vale registrar que a Primeira Constituição do mundo a prever direitos sociais de cunho trabalhista foi a Constituição Mexicana de 1917. Em seguida nasceu a Constituição Alemã de Weimar em 1919, ano no qual também foi assinado o Tratado de Versalhes, que afirmou que o trabalho não deveria ser considerado como mercadoria. Além disso, o referido tratado foi responsável pela criação da OIT (Organização Internacional do Trabalho).

Seguindo o percurso histórico do Direito do Trabalho, surgiu, em 1927, na Itália, a *Carta Del Lavoro*, a qual influenciou o sistema jurídico laboral de vários países, inclusive o nosso. Por fim, vale citar ainda a Declaração dos Direitos Humanos de 1948, a qual também positivou em seu conteúdo vários dispositivos sobre Direito do Trabalho.

1.1. História do Direito do Trabalho no Brasil por meio das Constituições

Sob um prisma constitucional, a primeira Constituição de nosso país, isto é, a **Constituição Imperial de 1824**, sequer chegou a tratar sobre o Direito do Trabalho, até porque, nesse período, ainda existia a escravidão. A referida Norma Ápice apenas trouxe uma previsão genérica sobre a liberdade de trabalho. Com esta informação já seria possível acertar a seguinte questão de concurso:

▸ **Aplicação em Concurso e/ou OAB:**

(FCC – MANAUSPREV – Procurador Autárquico – 2015 – ADAPTADA)

Em relação à Formação Histórica do Direito do Trabalho, considere:

IV. Todas as Constituições do Brasil apresentaram normas de Direito do Trabalho e de proteção ao trabalhador, sendo que a Constituição de 1946 ficou marcada pela valorização do direito coletivo com a proibição de interferência do Poder Público na organização sindical e enumerou uma série de disposições referentes aos direitos individuais dos trabalhadores no Título da Ordem Social.

Resposta: Item errado.

Um evento histórico digno de lembrança é a **Proclamação da República**, em 15 de novembro de 1889. Nessa época a legislação trabalhista existente em nosso país ainda era incipiente (inexpressiva), o que é perfeitamente adequado ao contexto histórico do momento, afinal a escravidão havia sido abolida recentemente (13.05.1888).

Em seguida, veio a primeira **Constituição Republicana no ano de 1891**, que também não trouxe a previsão de normas trabalhistas, limitando-se a prever de forma genérica o direito à liberdade de associação. Após esse ano, desembarcaram no Brasil grandes contingentes de imigrantes europeus, os quais, com seus ideais, formaram os primeiros movimentos operários (que já existiam na Europa), influenciando, por conseguinte, no conteúdo de cunho trabalhista que veio a aparecer na próxima Constituição.

Outro marco que convém ser recordado é a **Revolução de 1930**, que levou Getúlio Vargas ao poder, afinal com esse líder a proteção dos trabalhadores ganhou destaque, tanto que em 26 de novembro de 1930, por meio do Decreto nº 19.433, foi instituído o **Ministério do Trabalho**, que para boa parte da doutrina representa o surgimento do Direito do Trabalho no Brasil. Importante pontuar, nesse momento, que o referido ministério foi extinto em 07 de janeiro de 2019, por meio da Medida Provisória nº 870, posteriormente convertida na Lei 13.844 de 18 de junho de 2019, sendo as competências, a direção e a chefia das unidades administrativas incorporadas aos Ministérios da Economia, da Cidadania e da Justiça e Segurança Pública, nos termos do art. 83, *caput* e incisos da supracitada lei.

Voltando à linha histórica, a **Constituição de 1934** tratou pela primeira vez de direitos sociais, prevendo o direito ao salário mínimo e também à pluralidade sindical. Inclusive, foi a única Constituição brasileira que previu a pluralidade sindical no direito coletivo do trabalho. Colhemos a seguinte questão que inquiriu sobre a Constituição de 1934:

▸ **Aplicação em Concurso e/ou OAB:**

(TRT 1º Região – Juiz do Trabalho Substituto – 2016 - ADAPTADA)

Em relação à Formação Histórica do Direito do Trabalho, considere:

IV. O marco da inserção constitucional de normas de Direito do Trabalho ocorreu com a Constituição Federal do Brasil de 1934, culminando com a valorização do direito coletivo e introdução de regras que favorecem o caminho da normatização autônoma na Constituição de 1988.

Resposta: Item correto.

Poucos anos depois entrou em vigência a **Constituição de 1937**, marcada por forte intervencionismo estatal, inclusive nos sindicatos. **Aqui nasceu a unicidade sindical, que vigora até os dias atuais.** Foi a única Constituição a prever o instituto da sucessão trabalhista em suas normas.

Calha abrir um novo parêntese na história das Constituições para registrar que, no ano de 1939, surgiu no Brasil a Justiça do Trabalho, inicialmente como órgão do Poder Executivo, vindo posteriormente, como se verá, a integrar o Poder Judiciário.

Na mesma linha de pensamento, em 01 de maio de 1943 foi promulgada a Consolidação das Leis do Trabalho - CLT, que representa a sistematização das leis esparsas de cunho trabalhista existentes na época. A publicação da CLT na referida data foi uma homenagem ao dia do trabalho, o qual, não só no Brasil, mas também em outros países (como Portugal, por exemplo) ocorre em primeiro de maio.

Voltando às Constituições, no ano de **1946** foi promulgada uma **nova Carta Magna**, a qual retomou as diretrizes democráticas, bem como fez com que a Justiça do Trabalho passasse a integrar o Poder Judiciário e ainda previu, entre outros direitos, a participação nos lucros e resultados e a proibição de discriminação salarial em razão do sexo. Mais uma vez, com essas simples informações o candidato acertaria uma valiosa questão de concurso, como a seguinte:

▸ **Aplicação em Concurso e/ou OAB:**

(TRT 1º Região – Juiz do Trabalho Substituto – 2016 - ADAPTADA)

Em relação à Formação Histórica do Direito do Trabalho, considere:

I. Constituição brasileira de 1946 expressou o intervencionismo estatal com características do sistema corporativo, instituindo o sindicato único, vinculado ao Estado e proibindo a greve, vista como recurso antissocial e nocivo à economia nacional e restringindo direitos trabalhistas previstos nas constituições anteriores.

Resposta: Item errado.

A **Constituição Federal de 1967**, por seu turno, manteve os direitos trabalhistas das Constituições precedentes, assim como previu o Fundo de Garantia por Tempo de Serviço - FGTS e o salário-família, mas proibia a greve no serviço público.

Enfim, chegamos à **Carta Cidadã de 1988**, a qual preconizou um capítulo específico apenas sobre os direitos sociais, do artigo 6º ao artigo 11, sendo que nesses artigos encontra-se a base de todo o Direito do Trabalho, que será estudado de forma oportuna ao longo desta obra.

▸ Aplicação em Concurso e/ou OAB:

(FCC - TST - Juiz do Trabalho Substituto - 2017 - ADAPTADA)

Em relação à Formação Histórica do Direito do Trabalho, considere:

IV. A Constituição Federal de 1988 inovou ao trazer princípios básicos de organização sindical que não estavam presentes nas Cartas Magnas de 1937 e 1967, como a unicidade sindical compulsória por categoria profissional ou econômica e a contribuição sindical obrigatória às empresas e aos trabalhadores.

Resposta: Item errado.

1.2. Natureza Jurídica do Direito do Trabalho

Importa saber, de início, o que significa a expressão denominada natureza jurídica.

O Ministro do Tribunal Superior do Trabalho, Maurício Godinho Delgado[3], assim se expressou sobre o tema:

> A pesquisa acerca da natureza de um determinado fenômeno supõe a sua precisa definição – como declaração de sua essência e composição – seguida de sua

3. DELGADO, Maurício Godinho. *Curso de direito do trabalho*. 4ª ed. São Paulo: LTr, 2005. p. 70.

> classificação, como fenômeno passível de enquadramento em um conjunto próximo de fenômenos correlatos. Definição (busca da essência) e classificação (busca do posicionamento comparativo), eis a equação compreensiva básica da idéia (sic) de natureza.

Compreender a essência/natureza jurídica do direito do trabalho resume-se, pois, a enquadrá-lo em dois grandes troncos do direito, ou seja, saber se o direito do trabalho é ramo do direito público ou do direito privado.

O problema é que até os dias atuais existem ferrenhas críticas sobre a validade desta distinção (público e privado). Não é o objetivo deste manual se aprofundar nas críticas sobre a tentativa de classificação dos ramos do Direito em Direito Público e Direito Privado.

Por tal razão, informamos ao leitor que tem prevalecido entre os teóricos do Direito do Trabalho a tese de que esse seria um ramo do **Direito Privado**, vez que predominaria em tais relações jurídicas a regulação de interesses imediatos de particulares, bem como suas fontes normativas podem ser produzidas não só pelo Congresso Nacional, mas também por negociação coletiva sindical. **Essa linha de pensamento deve ser utilizada para concursos públicos.**

2

FONTES DO DIREITO DO TRABALHO

Sumário: 2. Fontes do Direito do Trabalho - **2.1.** Classificação Fundamental – **2.2.** Aprofundando o Estudo das Fontes Formais: **2.2.1.** Fontes Formais Heterônomas em Espécie: **A)** Constituição Federal; **B)** Leis; **C)** Medidas Provisórias; **D)** Tratados e Convenções Internacionais: **D.1)** Convenções e Recomendações da OIT; **E)** Sentença Normativa; **F)** Laudo Arbitral; **2.2.2.** Fontes Formais Autônomas em Espécie: **A)** Convenção e Acordo Coletivo de Trabalho: **A.1)** Convenção e Acordo Coletivo de Trabalho na Reforma Trabalhista; **B)** Regulamento de Empresa; **C)** Contrato de Trabalho e Costumes – **2.3.** Hierarquia das Fontes: **2.3.1.** Peculiaridade da Hierarquia de Normas Trabalhistas; **2.3.2.** Critérios para Determinar a Norma mais Favorável.

A palavra fonte é suscetível de diversas acepções. Nesse passo, o senso comum informa que fonte é igual à nascente, ou seja, é todo lugar donde brota alguma coisa. Logo, juridicamente, fonte jurídica corresponde ao nascedouro, à origem das normas sejam positivadas, sejam consuetudinárias (do costume).

Enfim, por fonte se entende, pois, aquilo de onde se extraiu o sistema jurídico, aquilo de que ele se constituiu, ou seja, seu conteúdo.

2.1. Classificação Fundamental

O termo fonte pode ser compreendido em um **sentido formal** ou em um **sentido material.** No sentido material, as fontes do direito correspondem aos fenômenos e ideias que pressupõem ou antecedem a criação da norma jurídica. São os fatores culturais, políticos, econômicos e sociais que condicionam a criação da norma. No caso do direito do trabalho, de forma ainda mais específica, podemos afirmar que se constitui em exemplo de fonte material as manifestações dos operários por si ou por seus sindicatos.

Já as fontes formais são uma consequência da captação pelo legislador do espírito do povo, dos anseios mais amplos da nação. Assim as fontes formais são representadas pelas regras jurídicas, que são imperativos gerais, abstratos e dotados de coercibilidade.

Para exemplificar, vale citar o seguinte brocardo jurídico *"ubi societas ibi ius"* que equivale a *"onde há sociedade, há o direito"*, esse brocardo pretende informar que o direito é um produto da sociedade, logo a existência das sociedades precede a existência do direito, que nasce para regular seus conflitos. A sociedade é a fonte material. O direito é a fonte formal. Fica claro, portanto, que a fonte material vem antes (momento pré-jurídico), ao passo que a formal vem depois (momento jurídico).

2.2. Aprofundando o Estudo das Fontes Formais

Existe uma pequena discussão jurídica acerca da existência única ou plural de nascedouros das fontes jurídicas formais. Existem duas teorias sobre o assunto. A Teoria Monista e a Teoria Dualista ou Pluralista.

A Teoria Monista é defendida por um dos maiores juristas do século XIX, o alemão Hans Kelsen, que sustenta que as fontes formais derivam de um único centro de positivação/criação, o Estado. Por isto o nome de Teoria Monista, a palavra monista é formada pelo prefixo mono, que significa "um".

A Teoria Pluralista ou Dualista, amplamente aceita, rejeita a tese do monopólio jurídico estatal, defendendo, por conseguinte, a existência de diversos centros de positivação jurídica, pois além do Estado, também criam normas jurídicas o costume e os instrumentos negociais coletivos (como é o caso do acordo coletivo e da convenção coletiva de trabalho).

A constatação da existência plural de centros de positivação normativa, fez com que estes fossem classificados em fontes formais autônomas e fontes formais heterônomas.

Heterônomas são as regras jurídicas cujos destinatários **não possuem nenhuma participação imediata** na sua criação. Via de regra, as fontes heterônomas são aquelas de origem estatal, como a Constituição, leis, decretos etc.

Autônomas são as regras cujos destinatários imediatos participam ativamente da elaboração do conteúdo da própria norma, como exemplo dessas, temos os **costumes**, os **acordos e convenções coletivas de trabalho**, que são criados para reger a vida laboral dos atores sociais e jurídicos.

▸ Atenção!

É muito importante que os candidatos ao exame da OAB e aos concursos públicos simplesmente memorizem quais fontes são consideradas autônomas e quais fontes são consideradas heterônomas, vez que as questões de concurso costumam buscar este tipo de competência, conforme veremos mais à frente.

2.2.1. *Fontes Formais Heterônomas em Espécie*

A) Constituição Federal

Situa-se no ápice normativo de qualquer país, todas as demais normas devem ser editadas com observância da Constituição Federal, sob pena de padecerem do grave vício de inconstitucionalidade.

Nossa constituição prevê um extenso e valioso elenco de direitos sociais voltados aos trabalhadores. Desde o artigo 1º da Carta Cidadã encontra-se registrado como um dos fundamentos da República Federativa do Brasil o *"valor social do trabalho e da livre iniciativa"*.

O artigo 7º, por seu turno, prevê de forma exemplificativa, em seus 34 incisos, diversas garantias aos trabalhadores. Até mesmo ao tratar da ordem econômica, em seu artigo 170, a Lei Maior afirma que a ordem econômica deve ser *"fundada na valorização do trabalho humano"*.

Enfim, toda a legislação infraconstitucional deve observar o elenco mínimo de garantias deferidas aos trabalhadores brasileiros. Obviamente, as leis infraconstitucionais podem deferir outras vantagens não previstas na Constituição Republicana.

B) Leis

Encontram-se imediatamente abaixo da Constituição na pirâmide hierárquica de normas, das quais são espécies: as leis complementares, as leis ordinárias, as leis delegadas e o decreto legislativo.

As **leis complementares e ordinárias** possuem algumas diferenças quanto ao aspecto formal e quanto ao aspecto material. Quanto a este aspecto (material), as hipóteses de exigência de edição da lei complementar estão taxativamente previstas na Constituição. Por exemplo, o artigo 14, § 9º da Carta Constitucional, prevê que Lei Complementar estabelecerá outros casos de inelegibilidade e os prazos de sua cessação. Já as leis ordinárias possuem hipóteses de edição residual, ou seja, tudo o que não for regulamentado por lei complementar, decreto legislativo e resoluções (artigos 51 e 52 da CRFB), representa o campo material legislativo ocupado pelas leis ordinárias.

Quanto ao aspecto formal, a diferença entre leis complementares e ordinárias encontra-se no *quórum* de aprovação das mesmas, haja vista que a lei complementar é aprovada pelo *quórum* de maioria absoluta (maioria dos membros da casa legislativa) e as leis ordinárias são aprovadas pelo *quórum* de maioria relativa ou maioria simples (maioria dos votantes). Assim, no Senado Federal, que conta com 81 senadores, para se aprovar uma Lei Complementar é necessário o apoio de 41 deles. Já para aprovar uma Lei ordinária se exige apenas o apoio da maioria dos votantes (se apenas 49 votaram, basta 25).

Merece registro também um caloroso embate doutrinário sobre a existência ou não de hierarquia entre as leis complementares e ordinárias. Alguns constitucionalistas entendem que a primeira é hierarquicamente superior à segunda, vez que exige um *quórum* de aprovação mais elevado.

De outro lado, a maior parte da doutrina moderna entende que inexiste qualquer hierarquia entre lei complementar e ordinária, até porque ambas encontram seu fundamento de validade na Constituição, que, simplesmente, delimitou âmbitos materiais diversos de produção legislativa. **Registramos nossa adesão a esta última corrente e é ela que deve ser considerada válida nos concursos públicos.**

As leis delegadas serão elaboradas pelo Presidente da República que deverá solicitar a delegação ao Congresso Nacional (art. 68 da CF). Tal solicitação será submetida ao crivo do Congresso Nacional que, em caso de aprovação, delegará os poderes de legislar (criar leis) ao Presidente da República por meio de Resolução, que especificará o conteúdo da delegação e os termos de seu exercício.

Os decretos legislativos possuem idêntica natureza jurídica às leis ordinárias, todavia seu conteúdo (aspecto material) volta-se a algumas matérias de competência exclusiva do Congresso Nacional, conforme artigo 49 da CRFB que, prevê, por exemplo, ser da competência exclusiva do Congresso Nacional autorizar o Presidente e o Vice-Presidente da República a se ausentarem do País, quando a ausência exceder a 15 dias.

C) Medidas Provisórias

De acordo com a Constituição Federal de nosso país são necessários dois requisitos para editar medida provisória: **relevância e urgência.** É o que se percebe mediante a leitura do artigo 62 da Constituição: *"Em caso de relevância e urgência, o Presidente da República poderá adotar medidas provisórias, com força de lei, devendo submetê-las de imediato ao Congresso Nacional".*

Sabemos que, em regra, a atividade de legislar pertence ao próprio Poder Legislativo, contudo, em casos especiais, poderá o Poder Executivo exercer essa atividade.

Nesta ordem de ideias, a edição de uma medida provisória situa-se em um contexto de exceção ao processo legislativo, que, como visto, caberia ao Poder Legislativo. Logo, para editá-la, mostra-se imprescindível que sua formulação seja relevante e urgente, sob pena de desvirtuação do instituto.

D) Tratados e Convenções Internacionais

Os Tratados são acordos formais entre duas ou mais pessoas internacionais, geralmente Estados, por meio dos quais se modificam, extinguem ou criam direitos e obrigações. As convenções, por seu turno, são espécies de tratados a que posteriormente aderem seus membros.

A Corte Constitucional, STF, há anos pacificou entendimento de que esses diplomas internacionais ingressam na ordem jurídica com o *status* de norma infraconstitucional desde que sejam devidamente ratificados. A ratificação se dá por meio de um Decreto Legislativo do Congresso Nacional, seguido da promulgação que se opera através da edição de um decreto expedido pelo Chefe do Poder Executivo.

De saída, os Tratados e Convenções Internacionais sobre direitos humanos que forem aprovados, em cada Casa do Congresso Nacional, em dois turnos, por três quintos dos votos dos respectivos membros serão equivalentes às emendas constitucionais (inovação trazida com a Emenda Constitucional nº 45/2004).

D.1) Convenções e Recomendações da OIT

A Organização Internacional do Trabalho (OIT) foi criada em 1919, como parte do Tratado de Versalhes, que foi responsável pelo encerramento da Primeira Guerra Mundial.

Esse organismo internacional teve como base fundadora a crença de que a paz universal apenas pode ter como alicerce a justiça social.

Possui uma estrutura tripartite, composta de representantes de governos, de organizações de empregadores e de trabalhadores.

O Brasil é um dos membros fundadores da OIT e participa das Conferências Internacionais do Trabalho desde sua reunião inicial.

A OIT é responsável pela criação de normas internacionais do trabalho por meio da edição de **Convenções** e **Recomendações**. Ambas, antes de ingressarem no mundo jurídico do Direito Internacional do Trabalho, necessitam de prévia aprovação pela Conferência Internacional do Trabalho por duas vezes, em dois anos seguidos.

As **Convenções** da OIT possuem natureza de Tratados Internacionais, motivo pelo qual suas normas tornam-se obrigatórias para todos os Estados membros que as ratificarem (a ratificação é facultativa).

Já as **Recomendações** possuem natureza opinativa, vez que funcionam como típica sugestão para os países membros, indicando-lhes o que pode ser feito para o aperfeiçoamento do seu direito interno.

A Constituição da OIT, em seu artigo 19, item 5, "b" e item 6, "b", trata sobre o prazo máximo que os Estados-membros possuem para submeter Convenções e Recomendações, respectivamente, aos órgãos internos responsáveis pela aprovação das mesmas, conforme se observa a seguir[1]:

> Cada um dos Estados-Membros compromete-se a submeter, dentro do prazo de um ano a partir do encerramento da sessão da Conferência (ou, quando, em razão de circunstâncias excepcionais, tal não for possível, logo que o seja, sem nunca exceder o prazo de 18 meses após o referido encerramento), a recomendação/convenção à autoridade ou autoridades em cuja competência entre a matéria, **a fim de que estas a transformem em lei ou tomem medidas de outra natureza.** – Grifo nosso.

E) Sentença Normativa

A sentença normativa é uma fonte formal heterônoma peculiar ao direito do trabalho, já que não se faz presente em nenhum outro ramo do direito brasileiro.

A sentença normativa não se confunde com a jurisprudência. Esta nasce a partir da reiteração de julgados pelos Tribunais em casos análogos. Aquela nasce para decidir uma lide específica e só tem validade para ela. A jurisprudência ajuda a solucionar uma lide (ação judicial) com partes determinadas. A sentença normativa soluciona uma lide com partes indeterminadas, integrantes de uma coletividade.

Por meio da sentença normativa os Desembargadores e Ministros do Judiciário Trabalhista põem fim à conflitos coletivos trabalhistas, isto é, sempre que os sindicatos[2] das categorias econômicas e profissionais não conseguirem transigir, o conflito pode ser solucionado por meio de uma sentença normativa

1. Disponível em: <http://www.oitbrasil.org.br/content/constituição-oit-e-declaração-de-filadélfia>.
2. **O sindicato da categoria econômica é o sindicato patronal e o sindicato da categoria profissional é o sindicato dos empregados.**

que terá força de lei para as coletividades durante um prazo determinado, assim como a convenção ou acordo coletivo teria.

Tendo em vista esta natureza híbrida da sentença normativa, pois embora seja sentença, produz normas gerais, abstratas e obrigatórias como se lei fosse, o doutrinador Pierro Calamandrei afirmou com precisão que a sentença normativa tem *"corpo de sentença, alma de lei."*

F) Laudo Arbitral

A sentença arbitral ou laudo arbitral é a decisão proferida por um árbitro, escolhido pelos interessados para decidir um impasse. O artigo 114, § 1º, da Constituição Federal, informa: *"Frustrada a negociação coletiva, as partes poderão eleger árbitros."*. A decisão do árbitro, materializada na sentença/laudo arbitral, que decide um **conflito coletivo**, é considerada fonte formal heterônoma.

Entendemos ainda que o laudo arbitral, produzido em **conflitos coletivos**, demonstra também uma natureza de fonte autônoma nas hipóteses em que *"decidida a arbitragem pela livre faculdade dos agentes destinatários das normas pretendidas e se absorver, na comissão arbitral, a representação direta dos destinatários das normas."*, conforme ensina Germano Campos Silva.

Após a Reforma Trabalhista, a arbitragem, que antes estava restrita ao direito coletivo do trabalho, ganhou espaço também no direito individual do trabalho, de acordo com o artigo 507-A da CLT, o qual facultou a inserção de cláusula compromissória nos contratos de trabalho daqueles empregados que recebam remuneração superior a duas vezes o limite dos benefícios do Regime Geral de Previdência Social, ou seja, duas vezes o teto do INSS.

Vale salientar que na hipótese de arbitragem em conflito individual de trabalho, o mesmo não é considerado fonte do direito do trabalho.

Com o objetivo de facilitar a memorização das fontes formais heterônomas, segue o gráfico abaixo:

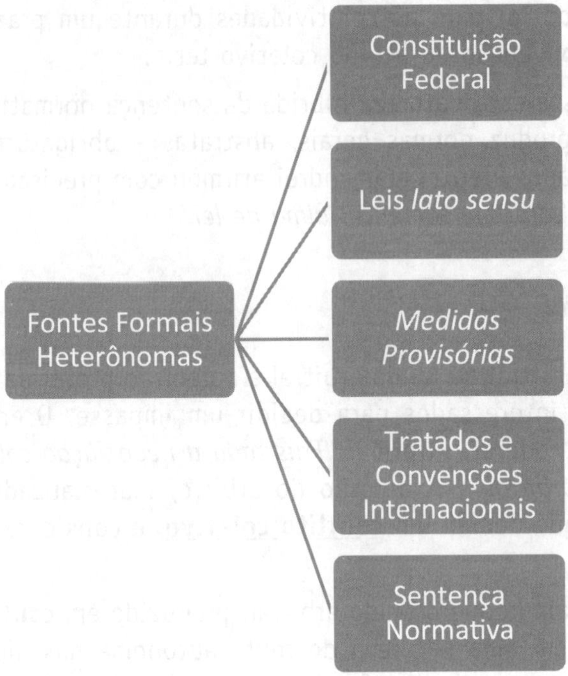

Por fim, para demonstrar como as questões sobre este tema costumam ser exigidas, segue:

> **▸ Aplicação em Concurso e/ou OAB:**
>
> **(Método Soluções Educacionais - Prefeitura de Planalto da Serra - MT – Procurador – 2019)**
>
> Sobre as fontes do Direito do Trabalho marque a alternativa incorreta:
>
> a) As fontes formais justrabalhistas classificam-se em heterônomas e autônomas;
>
> b) O laudo arbitral, não obstante considerado fonte heterônoma, tem, ao mesmo tempo, importantes características claramente próximas às fontes autônomas justrabalhistas;
>
> c) São algumas das fontes heterônomas do Direito do Trabalho: Constituição, Lei, Tratados e Convenções Internacionais favorecidos por ratificação e adesão internas, Acordos Coletivos de Direito do Trabalho;
>
> d) Heterônomas seriam as normas cuja produção não se caracteriza pela imediata participação dos destinatários principais das normas regras jurídicas.
>
> *Resposta:* C

2.2.2. *Fontes Formais Autônomas em Espécie*

A) Convenção e Acordo Coletivo de Trabalho

Eis aqui mais um traço peculiar do direito do trabalho. Por meio das convenções e acordos coletivos do trabalho permite-se a resolução de lides coletivas entre empregadores e empregados.

A **convenção coletiva de trabalho** é o acordo formal coletivo pelo qual dois ou mais sindicatos, representativos dos patrões e empregados, estipulam condições de trabalho aplicáveis durante certo lapso temporal aos sujeitos representados pelos sindicatos.

O **acordo coletivo de trabalho** se formalizará sempre que o sindicato representativo da categoria profissional (ou seja, dos empregados) celebrar um contrato formal com uma ou mais empresas de determinada categoria econômica, estipulando condições de trabalho aplicáveis no âmbito das participantes do referido acordo coletivo.

Nota-se que na convenção coletiva faz-se necessário a presença de pelo menos dois sindicatos (um da categoria profissional e outro da categoria econômica), ao passo que para a existência válida de um acordo coletivo basta a existência do sindicato profissional entabulando acordo com uma ou mais empresas. Infere-se, ainda, que o âmbito de aplicação do acordo coletivo é mais restrito do que na convenção coletiva.

Sistematizando:

Convenção Coletiva: Sindicato dos Empregados + Sindicato Patronal (tem que ter dois sindicatos)

Acordo Coletivo: Sindicato dos empregados + Empresa(s)

A.1) Convenção e Acordo Coletivo de Trabalho na Reforma Trabalhista

A Lei nº 13.467/2017, também conhecida como **Reforma Trabalhista**, inseriu o § 3º no artigo 8º da CLT, que segue transcrito:

> § 3º No exame de convenção coletiva ou acordo coletivo de trabalho, a Justiça do Trabalho analisará exclusivamente a conformidade dos elementos essenciais do negócio jurídico, respeitado o disposto no art. 104 da Lei nº 10.406, de 10 de janeiro de 2002 (Código Civil), e balizará sua atuação pelo princípio da intervenção mínima na autonomia da vontade coletiva.

Esse artigo visa privilegiar o **Princípio da Prevalência do Negociado Sobre o Legislado**[3], buscando deixar claro que na área do Direito Coletivo do Trabalho as partes estão em posição isonômica, não havendo que se falar em hipossuficiência do trabalhador, vez que o mesmo sempre estará representado por seu sindicato.

A referida alteração seguiu a linha de pensamento das duas últimas decisões do STF sobre a matéria: uma reconhecendo a validade da quitação geral na adesão ao Plano de Desligamento Voluntário (PDV), conforme Recurso Extraordinário (RE) 590.415; e outra reconhecendo a validade da supressão das horas *in itinere,* consoante Recurso Extraordinário (RE) 895.759.

Em ambos os casos, o Supremo Tribunal Federal reconheceu a validade de cláusulas de normas coletivas que eram claramente prejudiciais aos trabalhadores, vez que, segundo a retro mencionada Corte, no processo de negociação coletiva seria comum que as partes abrissem mão de algum direito, para ter uma contrapartida em outro direito.

Nesse contexto, para o STF, apenas a existência de algum vício de consentimento na celebração da negociação coletiva, poderia invalidá-la. Foi justamente esse entendimento que ficou positivado no § 3º do artigo 8º da CLT.

Por conseguinte, ao analisar a validade ou invalidade de uma norma coletiva, deverá a Justiça do Trabalho, inicialmente, limitar-se a verificar os requisitos de validade de um negócio jurídico, presente no artigo 104 do Código Civil, a saber: agente capaz (onde se pressupõe uma vontade manifestada livremente); objeto lícito, possível, determinado ou determinável; forma prescrita ou não defesa em lei.

Segue questão abaixo sobre essa positivação advinda da Reforma Trabalhista:

▸ **Aplicação em Concurso e/ou OAB:**

(TRT2 - FCC - Analista Judiciário - Área Judiciária – 2018 – ADAPTADA)

Acerca das fontes do Direito do Trabalho, considere:

III. No exame de convenção coletiva ou acordo coletivo de trabalho, a Justiça do Trabalho, além de analisar a conformidade dos elementos essenciais do negócio jurídico (agente capaz, objeto lícito, possível, determinado ou determinável e forma prescrita ou não defesa em lei), poderá anular cláusulas coletivas com base em juízos de valor sobre o pactuado, bali-

3. Este Princípio e seus desdobramentos foram aprofundados na Parte III desta obra, que trata do Direito Coletivo do Trabalho, especificamente no tópico sobre "Princípios do Direito Coletivo do Trabalho".

zando sua atuação pelo princípio da intervenção adequada na autonomia da vontade coletiva.

Resposta: Item incorreto

B) Regulamento de Empresa

O empregador possui em suas mãos o chamado poder diretivo, que se desdobra, entre outros, no poder regulamentar, que consiste na faculdade de estabelecer determinadas regras gerais, dentro da empresa, as quais devem ser observadas por todos os empregados.

As condições mais benéficas ao empregado que porventura existam no regulamento de empresa, incorporam-se para sempre (*ad eternum*) aos contratos de trabalho em vigor. Alteração posterior do referido regulamento, lesiva aos empregados, só terá validade para os contratos de trabalho celebrados após tal alteração. Forte em tais razões, o Tribunal Superior do Trabalho editou a Súmula nº 51, itens I e II, vejamos:

> I – As cláusulas regulamentares, que revoguem ou alterem vantagens deferidas anteriormente, só atingirão os trabalhadores admitidos após a revogação ou alteração do regulamento.
>
> II – Havendo coexistência de dois regulamentos de empresa, a opção do empregador por um deles tem efeito jurídico de renúncia às regras do sistema do outro.

Exemplificando, caso um benefício previsto no regulamento da empresa de concessão de um plano de saúde aos empregados seja revogado, tal revogação só pode ser aplicada aos trabalhadores contratados posteriormente.

C) Contrato de Trabalho e Costumes

A rigor não seria possível enquadrar os contratos de trabalho como fonte do direito, vez que, segundo a teoria dos contratos, os mesmos são fonte de obrigações e não de direito.

Todavia, para efeito de concursos e OAB, caso uma questão exija o enquadramento do contrato de trabalho, deve-se enquadrá-lo como fonte formal autônoma.

O Direito Consuetudinário ou dos costumes, por sua vez, também deverá ser considerado como uma fonte autônoma do Direito do Trabalho.

Para melhor memorização das fontes formais autônomas, segue o esquema abaixo:

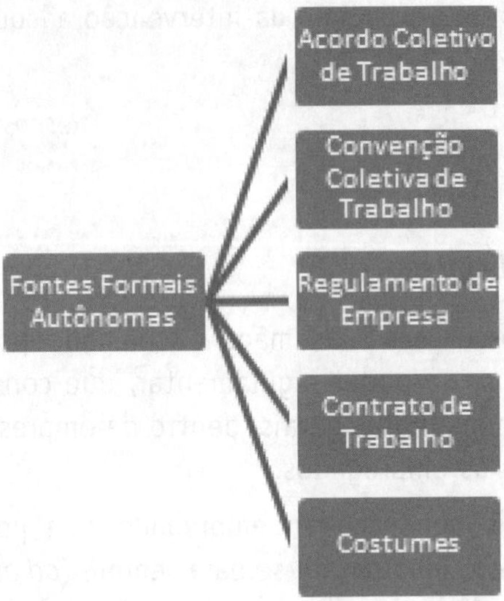

De saída, vamos observar uma questão sobre este tópico:

> ▸ **Aplicação em Concurso e/ou OAB:**
>
> **(FCC - TRT - 15ª Região (SP) - Técnico Judiciário - Área Administrativa - 2018) No Direito do Trabalho, as sentenças normativas da Justiça do Trabalho, os costumes e a Convenção Coletiva de Trabalho são classificados, respectivamente, como fontes:**
>
> **a)** formal autônoma, material heterônima e formal autônoma.
>
> **b)** material autônoma, formal heterônima e formal autônoma.
>
> **c)** formal autônoma, material heterônima e material heterônima.
>
> **d)** material heterônima, formal autônoma e material heterônima.
>
> **e)** formal heterônima, formal autônoma e formal autônoma.
>
> *Resposta:* E

2.3. Hierarquia das Fontes

A hierarquia é um importante instrumento de organização das fontes do direito, afinal, não raras vezes, para uma mesma situação fática podem ser aplicáveis, em tese, mais de uma norma, donde surge o conflito entre fontes normativas.

E, é justamente por meio da hierarquia normativa que se buscará resolver o aparente conflito de leis, já que estas se encontram organizadas por meio de um rígido critério hierárquico, onde cada norma encontra fundamento de validade naquela que lhe é superior.

Neste passo, a hierarquia clássica é, costumeiramente, descrita por meio da figura geométrica de um triângulo, onde no ápice encontra-se a Constituição Federal, em seguida vêm as leis complementares, leis ordinárias, leis delegadas e medidas provisórias, todas no mesmo patamar hierárquico. Por fim, na base da pirâmide, encontramos os contratos.

Assim, a hierarquia piramidal tradicional das normas é rígida e inflexível e, portanto, sempre será observada como disposto no seguinte esquema:

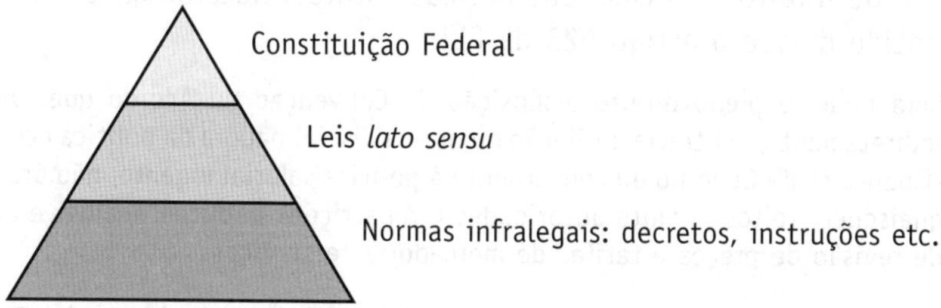

2.3.1. Peculiaridade da Hierarquia de Normas Trabalhistas

A mesma disposição hierárquica não se verifica necessariamente em sede de normas trabalhistas, pois o Direito do Trabalho é norteado pelo Princípio da Norma mais Favorável, que foi criado com a finalidade de balancear a desigualdade existente entre empregado e empregador, fortalecendo aquele através da possibilidade de aplicar-lhe a norma que mais lhe favorecer e não necessariamente aquela que se encontre hierarquicamente superior na pirâmide normativa.

Nestes termos, diante de um caso concreto aplicar-se-á, em regra, a norma que mais beneficiar o obreiro, que passará a ocupar automaticamente o ápice da pirâmide normativa. Logo, infere-se que o vértice da pirâmide de normas é variável, pois não será ocupado permanentemente pela Carta Magna, mas sim pela norma mais favorável ao empregado.

Para ilustrar, a doutrina costuma utilizar uma pirâmide, conforme abaixo:

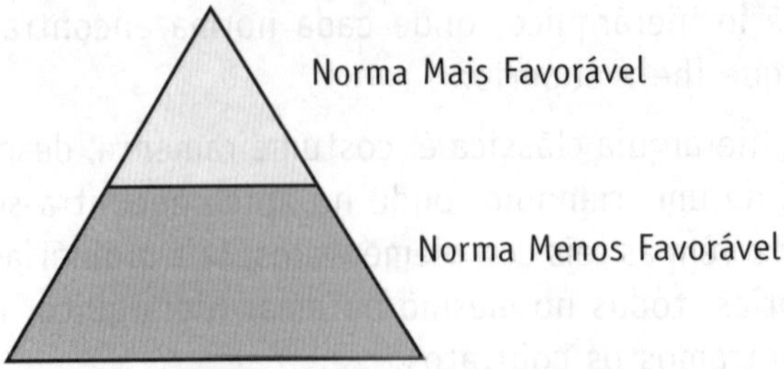

Impende citar uma hipótese em que não se aplica o critério hierárquico especial trabalhista, aplicando-se consequentemente o critério hierárquico tradicional do direito, é o caso das normas estatais heterônomas proibitivas. Nesse sentido dispõe o artigo 623 da CLT:

> Será nula de pleno direito disposição de Convenção ou Acordo que, direta ou indiretamente, contrarie proibição ou norma disciplinadora da política econômico-financeira do Governo ou concernente à política salarial vigente, não produzindo quaisquer efeitos perante autoridades e repartições públicas, inclusive para fins de revisão de preços e tarifas de mercadorias e serviços.

Outra exceção à aplicação deste princípio foi introduzida pela **Reforma Trabalhista**, especificamente no artigo 620 da CLT, que aduz: *"As condições estabelecidas em acordo coletivo de trabalho sempre prevalecerão sobre as estipuladas em convenção coletiva de trabalho".*

O referido artigo prevê, expressamente, a prevalência do acordo coletivo sobre a convenção coletiva, ainda que aquele não seja o mais benéfico ao trabalhador, o que espelha a intenção do legislador na flexibilização.

Segue questão sobre o tema:

▶ Aplicação em Concurso e/ou OAB:

(IPEFAE - Prefeitura de São João da Boa Vista - SP – Procurador – 2020) Segundo a clássica doutrina trabalhista e a atual regra prevista na CLT, havendo, sobre um mesmo tema, vários diplomas, dentre legais e contratuais, qual deles deverá ser aplicado na relação de emprego?

a) sempre o mais benéfico, independentemente de onde esteja previsto o instituto.

b) a regra legal, ainda que mais prejudicial.

c) o mais benéfico porém, com a reforma trabalhista, ainda que mais prejudicial, prevalecerá a previsão do acordo coletivo de trabalho sobre a convenção coletiva de trabalho.

d) o mais benéfico porém, com a reforma trabalhista, ainda que mais prejudicial, prevalecerá a previsão da convenção coletiva de trabalho sobre o acordo coletivo de trabalho.

Resposta: C

Por fim, mais uma exceção ao princípio em estudo encontra-se nos **empregados hipersuficientes**[4]. Isso porque as convenções, acordos e contratos destes podem conter determinações menos favoráveis, mas que serão aplicadas no caso concreto.

2.3.2. Critérios para Determinar a Norma mais Favorável

Duas correntes teóricas destacam-se na tentativa de explicar o critério determinador da norma mais favorável, são elas: a **Teoria do Conglobamento** e a **Teoria da Acumulação.**

Segundo a teoria da Acumulação, diante do conflito de normas, deve o aplicador analisar os diplomas em conflito e retirar de cada um aquilo que for mais favorável ao obreiro. Acumulam-se, por conseguinte, as normas, de cada diploma, que forem mais favoráveis.

Esta corrente teórica é duramente criticada pela doutrina, afinal o procedimento de fracionar e selecionar as melhores normas, para o empregado, de dois diplomas e, posteriormente, juntá-las e aplicá-las ao caso concreto equivale à criação de uma terceira norma pelo Julgador. E, francamente, tal conduta violaria o Princípio da Separação dos Poderes, pois o judiciário estaria legislando ao criar uma terceira norma decorrente da junção de outras duas.

O critério mais aceito para se determinar qual é a norma mais benéfica é o do Conglobamento, por meio do qual deve o intérprete analisar cada conjunto normativo globalmente, após essa análise determinar-se-á o conjunto normativo que seja mais benéfico ao laborante para, em seguida, aplicá-lo ao caso concreto.

4. Consideram-se hipersuficientes aqueles empregados portadores de diploma de nível superior e que percebam salário mensal igual ou superior a duas vezes o limite máximo dos benefícios do Regime Geral de Previdência Social. Esta nova categoria de empregados foi produto da **Reforma Trabalhista** e será estudada pormenorizadamente na Parte II, capítulo 1, item 1.3 e subitem A.3.

Sistematizando:

Acumulação: junta/acumula o que tem de melhor em cada norma e aplica.

Conglobamento: Na análise de duas normas, aplica-se apenas uma, a que for mais benéfica como um todo.

3

INTERPRETAÇÃO DO DIREITO DO TRABALHO

Sumário: 3. Interpretação do Direito do Trabalho: **A)** Gramatical – **B)** Teleológica – **C)** Sistemática – **D)** Histórica – **E)** Extensiva – **F)** Restritiva.

Inexiste na CLT qualquer artigo que faça referência aos métodos de interpretação aplicáveis ao Direito do Trabalho, daí porque aplicamos subsidiariamente o artigo 5º da Lei de Introdução às Normas do Direito Brasileiro, *ex vi*: *"Na aplicação da lei, o juiz atenderá aos fins sociais a que ela se dirige e às exigências do bem comum."*

Assim, caso o Juiz do Trabalho esteja em dúvidas sobre como aplicar a lei, ele a aplicará atendendo aos fins sociais a que ela se dirige e as exigências do bem comum. Para atingir tais finalidades, existem métodos interpretativos, vamos a eles.

A) Gramatical

Também conhecida como interpretação literal, tradicional, filológica ou ainda *"verba legis"*, tem como finalidade extrair um significado da norma por meio da análise dos seus elementos gramaticais.

A doutrina majoritária reconhece este método interpretativo como sendo o mais frágil, daí porque deve-se evitar seu uso de forma isolada.

B) Teleológica

Também chamada de finalística ou *"mens legis"*, busca entender qual a real intenção/finalidade da lei, adaptando-a à realidade social existente. No caso da legislação trabalhista, a finalidade ou teleologia consiste na proteção do hipossuficiente, o trabalhador.

Nesses termos, qualquer interpretação que não favoreça o trabalhador deverá ser descartada, pois fere a teleologia inspiradora das normas trabalhistas.

Vale conferir uma questão sobre este tema:

▸ **Aplicação em Concurso e/ou OAB:**

(TRT – 2ª Região – Juiz do Trabalho Substituto – 2016 – ADAPTADA)

I- O sistema interpretativo teleológico propugna por uma interpretação conforme a finalidade da norma, tendo por objetivo adaptar a finalidade da norma as exigências sociais vigentes para que o intérprete procure a *ratio* do preceito para determinar o seu sentido, sendo bastante utilizada no campo do Direito do Trabalho.

Resposta: Item verdadeiro.

C) Sistemática

É aquela que leva em consideração todo o ordenamento jurídico, analisado de forma global, em seu conjunto. Temos como exemplo a conceituação de direitos difusos, que possui previsão no Código de Defesa do Consumidor (CDC), ao passo que a CLT é omissa sobre tema.

Em que pese a referida omissão, através de uma interpretação sistemática, os direitos difusos possuem aplicabilidade na área trabalhista.

Vamos observar uma questão sobre este tópico:

▸ **Aplicação em Concurso e/ou OAB:**

(FCC – TRT – 15ª Região – Juiz do Trabalho Substituto – 2015)

As normas jurídicas requerem interpretação, por mais claras que pareçam, sendo que cabe ao julgador estabelecer sua exata extensão e definir a possibilidade de sua aplicação a cada caso concreto. Quando o intérprete se utiliza do método buscando estabelecer uma conexão entre os diversos textos normativos, considerando o sistema normativo como um todo e inserindo a norma estudada, para conjuntamente verificar seu sentido, trata-se da interpretação

a) sistemática.

b) lógica.

c) extensiva.

d) teleológica.

e) restritiva.

Resposta: A

D) Histórica

É aquela que verifica o momento histórico que levou à criação de determinada legislação, ou seja, os costumes da época, bem como as circunstâncias econômicas, sociais, políticas e culturais.

A CLT afirma, em seu artigo 198, que o homem pode carregar até 60 Kg individualmente. Podemos utilizar uma interpretação histórica para compreender com reservas o referido artigo, já que na época de sua criação predominavam os trabalhos braçais e, além disso, a medicina do trabalho não possuía a evolução que possui atualmente, sendo certo que o deslocamento manual do referido peso, com habitualidade, poderá provocar doenças lombares de cunho ocupacional, por exemplo.

E) Extensiva

Também conhecida como ampliativa, serve para dar um alcance mais amplo do que aquele previsto na lei, já que o legislador disse menos do que deveria ter dito.

Por exemplo: quando as férias são pagas fora do período concessivo, impõe-se seu pagamento de forma dobrada, contudo a CLT não afirma de forma expressa que o terço de férias, neste caso, também deverá ser pago de forma dobrada. Por meio de uma interpretação extensiva, pode-se inferir que o terço de férias também deverá ser pago de forma dobrada, conforme determinado pela Súmula nº 450 do TST:

> É devido o pagamento em dobro da remuneração de férias, incluído o terço constitucional, com base no art. 137 da CLT, quando, ainda que gozadas na época própria, o empregador tenha descumprido o prazo previsto no art. 145 do mesmo diploma legal.

F) Restritiva

também denominada de limitativa, trata-se de método interpretativo por meio da qual a lei é interpretada nos exatos termos em que foi escrita.

A título exemplificativo, podemos afirmar que normas punitivas, como é o caso do artigo 482 da CLT – sobre justa causa, sempre deverão ser interpretadas de forma restritiva.

4

INTEGRAÇÃO DO DIREITO DO TRABALHO

Sumário: 4. Integração do Direito do Trabalho – **4.1.** Métodos de integração: **4.1.1.** O Direito Comum como Fonte Subsidiária de Integração Pós-Reforma Trabalhista – **4.2.** Detalhando cada método de integração previsto na CLT: **A)** Jurisprudência: **A.1)** Jurisprudência com a Reforma Trabalhista – **B)** Analogia ou Autointegração – **C)** Equidade – **D)** Usos e Costumes – **E)** Direito Comparado – **F)** Princípios.

Há séculos atrás muitos pensadores do direito acreditavam que este era um ramo da ciência completamente analítico e minucioso, portanto o ordenamento jurídico seria capaz de regular por meio de normas todas as situações fáticas que viessem a surgir. Vigorava entre esses pensadores a crença no "dogma da completude"[1], ou seja, eles estabeleceram como verdade fundamental do sistema jurídico a hipótese de que este era perfeito e completo para regular os comportamentos humanos. Esse pensamento recebeu, com razão, duras críticas e logo foi superado.

Em verdade, é pacífico atualmente que todo e qualquer ordenamento jurídico possui lacunas, ou seja, sempre aparecerão situações fáticas carentes de regulação jurídica, até porque a sociedade se desenvolve num ritmo absurdamente superior às leis que a regem.

O jurista Maurizio Marchetti[2] definiu através de interessante fórmula matemática o que vem a ser uma lacuna: **DIREITO – LEI = LACUNA.**

Assim sendo, integrar ou colmatar significa preencher as lacunas deixadas pelo legislador, já que, como dito, este não prevê todas as demandas sociais.

Não é demais lembrar, por oportuno, o **Princípio da Indeclinabilidade da Jurisdição**, segundo o qual o juiz não pode recusar-se a julgar alegando a ausência de normas, motivo pelo qual, diante do aparente vazio normativo para julgar uma lide, cabe ao magistrado valer-se dos meios de integração, preenchendo a lacuna.

1. Também chamado de Princípio da Completude do Ordenamento Jurídico.
2. MARCHETTI, Maurizio. Analogia e criação judicial. São Paulo: Komedi. 1998. p.49.

4.1. Métodos de integração

Alice Monteiro de Barros[3] divide os métodos de integração em dois tipos: **autointegração (ou analogia)** e **heterointegração.**

Autointegração ou analogia ocorre sempre que o intérprete, para preencher uma lacuna, recorre a outro dispositivo legal aplicável a caso semelhante.

A heterointegração, por sua vez, ocorre sempre que o intérprete, ao preencher lacunas, socorrer-se da equidade, costumes, princípios gerais do direito, princípios do direito do trabalho, jurisprudência e direito comparado.

A chave mestra para conhecer os métodos de integração no Direito do Trabalho encontra-se no artigo 8º, *caput*, da Consolidação das Leis do Trabalho, o qual listou todos os métodos de integração cabíveis no Direito Material do Trabalho. O referido artigo elencou como hipóteses de integração justamente aquelas que narramos acima como autointegração e heterointegração. Vale conferir o dispositivo legal:

> As autoridades administrativas e a Justiça do Trabalho, **na falta de disposições legais ou contratuais, decidirão, conforme o caso, pela jurisprudência, por analogia, por equidade e outros princípios e normas gerais do direito, principalmente do direito do trabalho e, ainda, de acordo com os usos e costumes, o direito comparado**, mas sempre de maneira que nenhum interesse de classe ou particular prevalece sobre o interesse público.

Da leitura do dispositivo, constata-se que os métodos de integração previstos na norma são os seguintes: jurisprudência, analogia, equidade, princípios gerais do direito, princípios do direito do trabalho, usos e costumes e direito comparado.

Vale salientar que essa enumeração constante do artigo supracitado, representa uma ordem preferencial. Desse modo, o aplicador da norma deve recorrer primeiro à jurisprudência, caso essa não seja suficiente para preencher a lacuna, passa-se à analogia e assim sucessivamente.

Veja abaixo como essa disposição da CLT pode ser cobrada em concursos:

▸ Aplicação em Concurso e/ou OAB:

(TRT2 - FCC - Analista Judiciário - Área Judiciária – 2018 – ADAPTADA) Acerca do Direito do Trabalho, considere:

3. BARROS, Alice Monteiro de. Curso de Direito do Trabalho. 7ª ed. São Paulo: LTr, 2011, pp.116.

I. As autoridades administrativas e a Justiça do Trabalho, na falta de disposições legais ou contratuais, decidirão, conforme o caso, apenas pela jurisprudência, por analogia, por equidade, pelo direito comparado e outros princípios e normas gerais de direito, admitindo-se, excepcionalmente, que um interesse de classe ou particular prevaleça sobre o interesse público.

Resposta: Item incorreto

Existe um MNEMÔNICO muito famoso no mundo dos concursos cuja autoria desconhecemos, o que nos impede de fazer a citação. Segue o referido método para auxiliar na memorização das espécies de integração no Direito do Trabalho:

"PED JUDA" (para lembrar da expressão "PEDE AJUDA")

P rincípios e normas gerais do direito
E quidade
D ireito do trabalho e seus Princípios

J urisprudência
U sos e costumes
D ireito comparado
A nalogia

4.1.1. O Direito Comum como Fonte Subsidiária de Integração Pós-Reforma Trabalhista

Antes da **Reforma Trabalhista**, o artigo 8º da CLT possuía um parágrafo único que, com clareza solar, afirmava que o **direito comum** só poderia ser aplicado de forma subsidiária ao direito de trabalho, caso fosse compatível com os princípios fundamentais deste.

Entretanto, a Lei nº 13.467/2017 (**Reforma Trabalhista**) transformou o referido parágrafo único em parágrafo primeiro do artigo 8º, cuja redação passou a ser a seguinte: *"O direito comum será fonte subsidiária do direito do trabalho"*.

Sem muita dificuldade, percebe-se que a inovação legislativa suprimiu o trecho que exigia compatibilidade com os princípios trabalhistas para que as normas do direito comum fossem aplicadas.

Diante dessa inovação, vislumbramos duas hipóteses interpretativas.

Primeira, considerando que o legislador retirou do texto legal o requisito de compatibilidade com os princípios trabalhistas, é possível se entender que, após a reforma, o direito comum poderá ser aplicado ainda que seja incompatível com o Direito do Trabalho.

Segunda, em que pese a alteração legal, pode-se continuar a entender que o direito comum somente será aplicável ao Direito do Trabalho caso seja compatível com seus princípios, afinal se o legislador assim não desejasse deveria ter alterado a lei para fazer constar de forma expressa sua intenção de aplicação do direito comum, ainda que incompatível. Registramos nossa adesão a essa linha interpretativa, por ser mais consentânea com o Princípio Protetivo em sua vertente do *In Dubio Pro Operario* (que será explicado em tópico próprio).

Segue uma questão simulada sobre **Reforma Trabalhista:**

▸ **Aplicação em Concurso e/ou OAB:**

(QUESTÃO DO MESTRE – SIMULAÇÃO DE PROVA FUTURA) A Lei nº 13.467/2017, denominada de Reforma Trabalhista, tocou em vários institutos do direito material do trabalho, inclusive na integração. Diante deste contexto, marque a alternativa correta, considerando a literalidade da CLT:

a) As autoridades administrativas e a Justiça do Trabalho, na falta de disposições legais ou contratuais, decidirão, conforme o caso, pela analogia, por equidade e outros princípios e normas gerais do direito, principalmente do direito do trabalho e, ainda, de acordo com os usos e costumes, o direito comparado, mas sempre de maneira que nenhum interesse de classe ou particular prevalece sobre o interesse público;

b) As autoridades administrativas e a Justiça do Trabalho, na falta de disposições legais ou contratuais, decidirão, conforme o caso, pela jurisprudência e ainda por outros princípios e normas gerais do direito, principalmente do direito do trabalho e, ainda, de acordo com os usos e costumes, o direito comparado, mas sempre de maneira que nenhum interesse de classe ou particular prevalece sobre o interesse público;

c) O direito comum será fonte subsidiária do direito do trabalho;

d) O direito comum será fonte subsidiária do direito do trabalho, desde que compatível com este;

e) O direito comum será fonte subsidiária do direito do trabalho, mesmo que incompatível com este;

Resposta: C

4.2. Detalhando cada método de integração previsto na CLT

A) Jurisprudência

A rigor, a jurisprudência serve apenas para auxiliar na interpretação da legislação. Portanto, não é método de integração da lei. Apesar dessa realidade, o artigo 8º da CLT, de forma atécnica, prevê a jurisprudência como uma hipótese de integração da lei material trabalhista.

Para fins de Exame da OAB e Concursos Públicos, não existe dúvida: jurisprudência é método de integração do Direito Material do Trabalho.

A.1) Jurisprudência com a Reforma Trabalhista

O descompasso entre o direito e a realidade social faz com que existam demandas sociais para as quais não existe norma legal (lacunas), motivo pelo qual os Tribunais interpretam as normas de forma a preencher esses vazios e, para tanto, muitas vezes acabam criando obrigações ou restringindo direitos.

Por exemplo: apenas com a **Reforma Trabalhista** nosso país passou a ter normas que regulamentam o fenômeno da terceirização. Todavia, o TST, desde 1986, com o enunciado nº 256 (que depois foi transformado em Súmula nº 331), vem regulamentando o fenômeno. Ao agir desta forma, o TST atuou criando direitos e obrigações não previstos em lei. Com a **Reforma Trabalhista**, o TST fica impedido de atuar de forma semelhante.

A Lei nº 13.467/2017, popularmente chamada de **Reforma Trabalhista**, inseriu o § 2º no artigo 8º da CLT, por meio do qual as Súmulas do TST e as jurisprudências dos Tribunais Regionais do Trabalho tiveram sua atuação reduzida, devendo auxiliar tão somente na interpretação das leis trabalhistas e, mesmo assim, **sem restringir direitos previstos em lei ou ainda criar obrigações não previstas em lei**. Vale conferir:

> Artigo 8º, § 2º, da CLT: Súmulas e outros enunciados de jurisprudência editados pelo Tribunal Superior do Trabalho e pelos Tribunais Regionais do Trabalho **não poderão restringir direitos legalmente previstos nem criar obrigações que não estejam previstas em lei.**

Segue abaixo questão pós **Reforma Trabalhista** que trata do tema:

▸ **Aplicação em Concurso e/ou OAB:**

(TRT2 - FCC - Analista Judiciário - Área Judiciária – 2018 – ADAPTADA) Acerca do Direito do Trabalho, considere:

II. Súmulas e outros enunciados de jurisprudência editados pelo Tribunal Superior do Trabalho e pelos Tribunais Regionais do Trabalho não poderão restringir direitos legalmente previstos nem criar obrigações que não estejam previstas em lei.

Resposta: Item correto

B) Analogia ou Autointegração

Ocorre quando na falta de lei específica, utiliza-se lei semelhante. Como exemplo, temos o intervalo intrajornada de 10 minutos a cada 90 minutos trabalhados para trabalhadores em mecanografia, que são os datilógrafos. Inexiste dispositivo legal na CLT que conceda o mesmo direito aos digitadores, todavia por analogia pode-se estender esse direito aos mesmos.

A analogia se subdivide em **analogia legal interna** e **analogia legal externa**. A primeira ocorre quando o aplicador da lei, no processo de integração, busca preencher a lacuna por meio de dispositivo legal existente no próprio Direito do Trabalho, por isso é chamada de "interna", afinal utiliza uma norma do próprio ramo trabalhista para suprir o vazio legal. Já na segunda, o pensador do direito, preencherá a lacuna utilizando-se de norma do direito comum, isto é, de norma que não pertence ao ramo trabalhista.

C) Equidade

Para Miguel Reale[4], conceitua-se equidade como a justiça do caso concreto, assemelhando-se à "régua de lesbos"[5], ajustando-se às minucias de cada lide posta a apreciação do judiciário.

A equidade somente poderá ser utilizada quando a própria lei determinar. No Direito Material do Trabalho, como vimos, esta autorização veio expressa no *caput* do artigo 8º da CLT.

D) Usos e Costumes

O costume é a prática reiterada de uma conduta no seio da sociedade. Por exemplo: no caso dos trabalhadores rurais, a legislação pertinente afirma que

4. REALE, Miguel. Lições preliminares de direito. 27ª ed. São Paulo: Saraiva, 2002, pp. 298.
5. Régua especial de que se serviam os operários para medir certos blocos de granito, por ser feita de material especial ele se adéqua as irregularidades do objeto. Definição encontrada em: <http://www.dicionarioinformal.com.br/r%C3%A9gua%20de%20lesbos/>.

o intervalo intrajornada seguirá os usos e costumes da região, assegurando-se, tão somente um intervalo intrajornada de no mínimo 01 hora.

Percebe-se que a lei estabeleceu apenas um patamar mínimo, respeitando, no caso dos rurícolas, os usos e costumes de cada região.

E) Direito Comparado

Por meio do Direito Comparado podemos analisar a legislação estrangeira, valendo-se da mesma para preencher eventuais lacunas.

A utilização desse procedimento, principalmente em países integrantes do Mercosul, pode ser muito útil, tendo em vista que todas as nações do referido bloco possuem identidade conceitual nos mais importantes institutos de direito do trabalho.

Com efeito, o conceito de empregado, empregador e contrato de trabalho, por exemplo, nos ordenamentos jurídicos dos países que compõem o Mercosul, não incorrem em qualquer discrepância, pois todos oferecem, em linhas gerais, a mesma definição.

F) Princípios

Também são modalidade de integração do Direito Material do Trabalho, mas, devido a sua importância, serão analisados em capítulo próprio.

Para efeito de memorização, segue um gráfico para relembrar todos os métodos de integração, à luz do *caput* do artigo 8º da CLT:

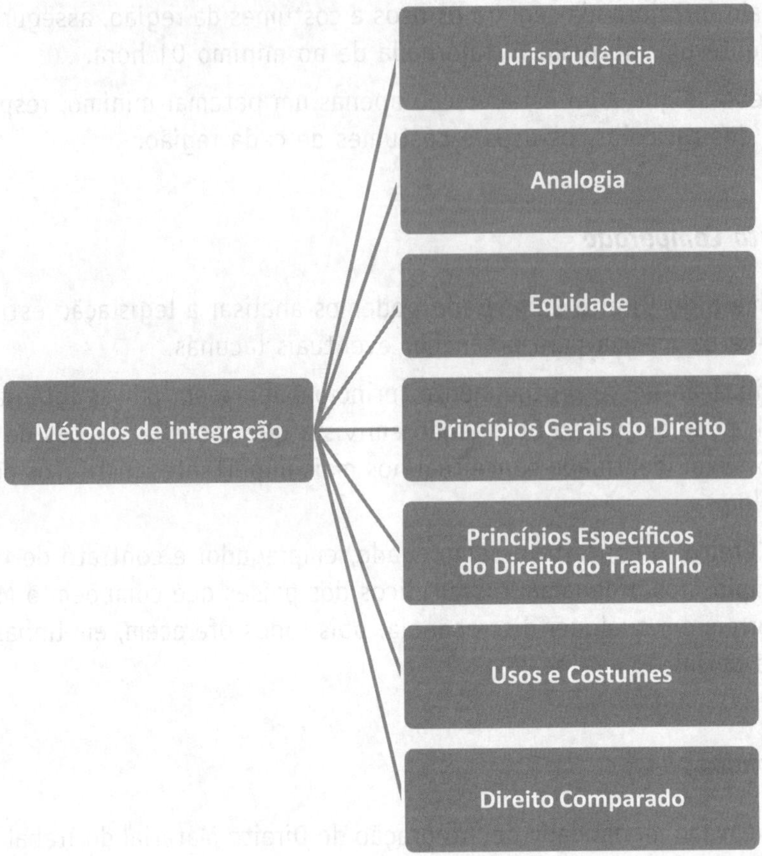
Métodos de integração
Jurisprudência
Analogia
Equidade
Princípios Gerais do Direito
Princípios Específicos do Direito do Trabalho
Usos e Costumes
Direito Comparado

5

APLICAÇÃO DO DIREITO DO TRABALHO

Sumário: 5. Aplicação do Direito do Trabalho - **5.1.** Aplicação do Direito do Trabalho no Tempo – **5.2.** Aplicação das Normas Materiais Oriundas da Reforma Trabalhista – **5.3** Aplicação do Direito do Trabalho no Espaço – **5.3.1** Lei do Pavilhão ou Bandeira e suas Exceções.

Todo o estudo que fizemos acerca da interpretação e integração de normas jurídicas tem em mira uma única finalidade: sua aplicação ao mundo dos fatos. Pois pela aplicação unimos a norma, que é uma criação abstrata, aos fatos concretos.

Notamos então que aplicar o direito equivale a submeter os fatos à regra jurídica. Este processo é realizado por meio do que se convencionou chamar de **subsunção**.

5.1. Aplicação do Direito do Trabalho no Tempo

É válido no direito do trabalho o brocardo jurídico *"tempus regit actum"*, que significa "o tempo que rege o ato", indicando que os atos jurídicos serão regidos pelas normas que estiverem em vigor quando do seu acontecimento.

Assim toda norma que venha a surgir é imediatamente aplicável aos casos que estejam acontecendo quando a norma surgiu, ficando intocáveis os casos que já tenham sido resolvidos definitivamente (coisa julgada) sob a vigência de outra norma, bem como os direitos adquiridos e o ato jurídico perfeito, como é um caso de um contrato de trabalho que já tenha se encerrado.

Vejamos a seguinte aplicação em prova:

▸ Aplicação em Concurso e/ou OAB:

(CESGRANRIO – Profissional Jr. De Direito – 2015)

Alcir é empregado de uma empresa especializada na comercialização de instrumentos para lutas marciais, a qual fabrica alguns dos seus produtos através de unidades de produção espalhadas pelo Brasil. Após longo tempo de trabalho, ele resolve pedir o desligamento da empresa. Por força de política interna, antecipando-se a essa decisão, a empresa decide efetuar a sua demissão sem justa causa, com o pagamento dos seus direitos rescisórios previstos em lei. Ocorre que, seis meses após o seu desligamento, Alcir tem ciência da modificação dos critérios de pagamento do aviso prévio, que passa a sofrer majoração, considerando o tempo de serviço prestado ao empregador. Após tratativas com a empresa, ele tem como resposta a negativa de seu pleito.

Ao consultar especialista em matéria trabalhista, obtém a seguinte resposta:

a) A lei trabalhista sempre retroage para beneficiar o trabalhador; assim, o pagamento majorado é devido.

b) A modificação dos critérios de pagamento do aviso prévio por lei somente tem efeito após a sua publicação, eficácia e vigência.

c) As modificações impostas ao aviso prévio indenizado por lei são devidas somente aos trabalhadores sindicalizados.

d) O pagamento do aviso prévio majorado deve ser aplicado às categorias que estenderam o benefício por acordo coletivo depois da vigência da lei.

e) Os direitos trabalhistas previstos constitucionalmente são indisponíveis e, majorados por lei, aplicam-se aos trabalhadores, sem distinção temporal.

Resposta: B

Merece registro, em sede de direito intertemporal, o **Princípio da Aderência Contratual**, pelo qual as cláusulas contratuais, firmadas expressa ou tacitamente, aderem de forma absoluta ao contrato de trabalho, não podendo ser suprimidas, salvo se não causar prejuízo ao obreiro.

Neste sentido o artigo 468 da CLT:

> Nos contratos individuais de trabalho só é lícita a alteração das respectivas condições por mútuo consentimento, e ainda assim, desde que não resulte prejuízos ao empregado, sob pena de nulidade da cláusula infringente desta garantia.

A título de exemplo, importa frisar que a jurisprudência tem entendido que os direitos previstos nos regulamentos de empresa, criam, automaticamente, os mesmos direitos nos contratos de trabalho vigentes, os quais se incorporam definitivamente aos contratos de trabalho dos empregados, como típicos direitos adquiridos. Neste sentido a Súmula nº 51, itens I e II, do TST, vejamos:

> I – As cláusulas regulamentares, que revoguem ou alterem vantagens deferidas anteriormente, só atingirão os trabalhadores admitidos após a revogação ou alteração do regulamento.
>
> II – Havendo coexistência de dois regulamentos de empresa, a opção do empregador por um deles tem efeito jurídico de renúncia às regras do sistema do outro.

Pelo teor da Súmula acima transcrita, constata-se que as empresas podem alterar seus regulamentos, inclusive para suprimir/retirar vantagens nele previstas, todavia esta alteração prejudicial só atinge os trabalhadores contratados após a realização da mesma, pois em relação aos trabalhadores antigos, como dito acima, trata-se de um direito adquirido.

A única exceção a esta regra, que impede que as alterações nos regulamentos da empresa que forem prejudiciais aos empregados se apliquem aos contratados antes da modificação, é a alteração nas regras dos **planos de previdência privada dos trabalhadores**. Assim, mesmo uma alteração lesiva aos empregados no regramento do plano de previdência complementar da empresa atingirá os empregados contratados anteriormente à mudança.

Afirmamos isso, porque o artigo 202, § 2º, da Constituição Federal de 1988 dispõe que "as contribuições do empregador, os benefícios e as condições contratuais previstas nos estatutos, regulamentos e planos de benefícios das entidades de previdência privada não integram o contrato de trabalho dos participantes (...)".

Desta forma, como as condições contratuais dos planos de previdência privada não integram o contrato de trabalho dos empregados, não há que se falar em alteração lesiva do contrato de trabalho em relação às alterações nas regras de tais planos.

Convém observar que só existe aderência absoluta de direitos concedidos por meio de cláusulas contratuais, pois o mesmo efeito não ocorre quando um direito é concedido via dispositivo legal. Em outras palavras, direitos concedidos através de cláusulas contratuais são irrevogáveis, ao passo que direitos concedidos por meio de lei poderão cair por terra quando a respectiva lei deixar de existir (entenda-se: perder sua vigência).

É que as leis da mesma forma que são promulgadas e entram em vigência, podem ser revogadas e perder a vigência, respeitando-se sempre, obviamente, os direitos adquiridos enquanto a norma vigeu. Noutras palavras, as leis produzem efeitos contratuais somente enquanto vigorarem no direito pátrio.

Um exemplo bastante didático auxiliará no entendimento, vamos a ele: Lembrem-se das sucessivas alterações legais referentes aos salários. Sempre que a lei muda o salário mínimo muda também.

5.2. Aplicação das Normas Materiais Oriundas da Reforma Trabalhista

A CLT é um diploma misto, possuindo tanto normas de Direito Material do Trabalho, quanto normas de Direito Processual do Trabalho. A **Reforma Trabalhista** modificou inúmeros dispositivos de Direito Material e também de Direito Processual do Trabalho.

A questão que se propõe, neste livro, é saber em que medida as normas de Direito Material do Trabalho, oriundas da **Reforma Trabalhista (Lei nº 13.467/2017)**, atingem os contratos de trabalho. Sobre isso, existem dois pontos pacíficos e um ponto polêmico.

É pacífico que em relação àqueles contratos de trabalho que se encerraram antes da entrada em vigor da **Reforma Trabalhista**, aplicar-se-ão as normas trabalhistas anteriores à reforma. Em síntese, não há como a **Reforma Trabalhista** ser aplicada a contratos de trabalho que se encerraram antes de sua vigência, haja vista que a lei não tem efeitos retroativos.

Também é pacífico que em relação àqueles contratos que se iniciaram depois da entrada em vigor da **Reforma Trabalhista**, aplicar-se-ão as normas trabalhistas oriundas da reforma. Assim sendo, uma vez em vigor a **Reforma Trabalhista**, a mesma terá eficácia (efeitos) para os contratos de trabalho efetivados desde então, pois assim não restará violada a cláusula pétrea constitucional que tutela (protege) o negócio jurídico perfeito (aquele negócio/contrato já encerrado antes da vigência da reforma).

O **ponto polêmico**, que ainda segue indefinido na doutrina, refere-se aos contratos de trabalho que se iniciaram antes da **Reforma Trabalhista** e continuaram a existir após a **Reforma Trabalhista.** Nessa polêmica existem três correntes doutrinárias que merecem registro.

<u>A primeira corrente</u> defende que as normas de direito material, introduzidas pela reforma, que sejam prejudiciais ao trabalhador, aplicam-se **indistintamente** aos contratos de trabalho que já haviam sido celebrados antes da reforma e continuaram a existir após a reforma.

Endossa esta linha de pensamento, por exemplo, o despacho do Ministério do Trabalho, publicado em 14 de maio de 2018, o qual aprovou o Parecer nº

00248/2018/CONJUR-MTB/CGU/AGU, segundo o qual as disposições da **Reforma Trabalhista** (Lei nº 13.467/2017) se aplicam a todos os contratos de trabalho vigentes, inclusive aqueles iniciados antes da vigência da referida lei.

A segunda linha de pensamento argumenta o oposto, ou seja, que as normas de direito material, introduzidas pela reforma, que sejam prejudiciais ao trabalhador, **NÃO** se aplicam aos contratos de trabalho que já haviam sido celebrados antes da reforma e continuaram a existir após a reforma, afinal, conforme esse posicionamento, as normas oriundas da reforma só podem ser aplicadas aos novos contratos de trabalho, isto é, aos contratos de trabalho firmados a partir da entrada em vigor da reforma (que ocorreu em 11.11.2017, um sábado).

Os que defendem esta segunda maneira de pensar, argumentam que o TST, em situação semelhante, ocorrida no passado, com os eletricitários, teria seguido o entendimento de que a lei nova mais gravosa só seria aplicável aos contratos novos, isto é, firmados após sua vigência.

Com efeito, os eletricitários possuíam adicional de periculosidade calculado sobre o salário base, acrescido de outras parcelas de natureza salarial que porventura fossem recebidas (como é o caso das horas extras). Até que a Lei nº 12.740/2012 prejudicou esta categoria, restringindo o cálculo da periculosidade apenas ao salário base (sem o acréscimo de qualquer outra parcela de natureza salarial).

Neste contexto, o TST entendeu que a nova base de cálculo do adicional de periculosidade dos eletricitários, por ser menos benéfica, deveria ser aplicada apenas aos novos contratos de trabalho, conforme Súmula 191, III, do TST:

> Súmula nº 191 TST
>
> (...)
>
> III – A alteração da base de cálculo do adicional de periculosidade do eletricitário promovida pela Lei nº 12.740/2012 **atinge somente contrato de trabalho firmado a partir de sua vigência**, de modo que, nesse caso, o cálculo será realizado exclusivamente sobre o salário básico, conforme determina o § 1º do art. 193 da CLT.

A terceira vertente, mais técnica e com mais adesão doutrinária, leva em consideração se o direito material do trabalhador, atingido pela **Reforma Trabalhista**, estava previsto na legislação trabalhista ou no contrato de trabalho.

Caso o direito estivesse previsto apenas na legislação trabalhista, o mesmo poderia ser reduzido ou suprimido pelas alterações oriundas da **Reforma Trabalhista**, afinal não existe direito adquirido à aplicação de um arcabouço legislativo que foi revogado.

De outra banda, se o direito material estivesse previsto no contrato de trabalho ou no regulamento de empresa, por exemplo, a **Reforma Trabalhista** não poderia prejudicá-lo, afinal estaríamos diante de um caso clássico de direito adquirido, o qual estaria protegido por uma relação contratual consolidada no tempo.

Como exemplos práticos desta terceira linha de pensamento, podemos citar duas modificações inseridas pela Lei 13.467/2017: a extinção do pagamento de horas no intinerário (*in itinere*), e a proibição de incorporação das gratificações de funções de confiança[1].

Assim, os empregados que auferiam pagamento de horas de trajeto **apenas** pela obrigatoriedade emanada do dispositivo legal anteriormente vigente, não teriam direito adquirido ao referido recebimento, logo seriam atingidos pela supressão proveniente da Reforma Trabalhista. Contudo, para aqueles trabalhadores que possuíam o pagamento das horas *in itinere* previsto no contrato de trabalho ou regulamento empresarial, sua extinção não se mostra possível, eis que consolidada a cláusula mais benéfica no bojo da relação contratual.

No que pertine à incorporação da gratificação de função, é obrigatória sua manutenção para os trabalhadores que já ocupavam a função de confiança há mais de dez anos quando do surgimento da lei reformista, afinal o preenchimento do requisito temporal faz surgir um verdadeiro direito adquirido. Todavia, para os que ainda não haviam atingido a marca de dez anos na função, a incorporação pelo lapso temporal decenário apenas seria admissível caso prevista em cláusula contratual ou regulamento de empresa.

Por fim, sobre o tema em análise, o Tribunal Superior do Trabalho (TST) publicou, em 21 de junho de 2018, a **Instrução Normativa nº 41/2018**, com a finalidade de tratar sobre a aplicação das normas oriundas da **Reforma Trabalhista** aos processos laborais. Esta Instrução Normativa foi extremamente importante para pacificar muitas polêmicas relativas à aplicação dos novos **dispositivos processuais** provenientes da referida reforma.

No entanto, em se tratando de normas de **Direito Material do Trabalho**, a mencionada **Instrução Normativa nº 41/2018** afirmou, em sua Exposição de Motivos, que a aplicação da lei nova aos casos concretos deverá ser fruto da *"construção jurisprudencial"* dos Tribunais do Trabalho. A nosso ver, o TST, perdeu a oportunidade de trazer a tão sonhada segurança jurídica sobre os temas de Direito Material do Trabalho alterados pela **Reforma Trabalhista**, até

1. Estes exemplos foram retirados integralmente do artigo *"Aplicabilidade da reforma trabalhista aos contratos celebrados antes da sua vigência"*, do professor e Juiz do Trabalho do TRT 5º, Joalvo Magalhães. O mencionado artigo pode ser consultado no seguinte sítio: https://www.jota.info/opiniao-e-analise/colunas/pensando-direito/aplicabilidade-da-reforma-trabalhista-aos-contratos-celebrados-antes-da-sua-vigencia-2-01032018

porque o surgimento de uma construção jurisprudencial sólida levará anos. Vale transcrever o trecho da Instrução Normativa nº 41/2018:

> Quanto ao Direito Material, a Comissão entendeu que se trata de disposição que comporta o enfrentamento jurisdicional, para que, operando-se a construção jurisprudencial, seja definida a aplicação da lei nova aos casos concretos.

5.3. Aplicação do Direito do Trabalho no Espaço

Durante muito tempo prevaleceu a ideia de que a escolha da norma de direito material a ser aplicada ao trabalhador dependeria do local da prestação de serviços (*lex loci executionis* – lei do local da execução dos serviços). Assim sendo, exemplificativamente, caso um trabalhador brasileiro seja contratado aqui no Brasil, para prestar serviços na China, o referido trabalhador seria regido pela lei chinesa.

Ocorre que o critério da *lex loci executionis* caiu por terra, não sendo mais aplicável, vez que foi substituído por outro critério, mais benéfico ao trabalhador.

Com efeito, para fins de exame da OAB e Concursos Públicos, o candidato deve estar atento à Lei nº 7.064/1982 e sua alteração por meio da Lei nº 11.962/09, as quais, em conjunto, garantem aos trabalhadores os direitos previstos pela legislação nacional, salvo se a legislação estrangeira for mais benéfica para o empregado.

Sistematizando:

> Para trabalhadores contratados no Brasil, para prestar serviços fora do Brasil ou mesmo transferidos para fora do Brasil, aplica-se a lei brasileira, salvo se a lei estrangeira foi mais benéfica. Temos aqui uma clara aplicação do Princípio da Norma Mais Favorável.

Vale registrar que a Lei nº 7.064/1982 não se aplica aos empregados contratados para prestar serviços de natureza transitória, assim considerado aquele que não ultrapassar 90 (noventa) dias, **desde que** o trabalhador tenha ciência expressa dessa transitoriedade e também que receba, além da passagem de ida e volta, diárias durante o período de trabalho no exterior, as quais, seja qual for o respectivo valor, não terão natureza salarial.

Finalmente, existem alguns artigos da Lei nº 7.064/1982 que, por vezes, são exigidos de forma literal em provas de OAB e concursos, motivo pelo qual seguem abaixo transcritos para conhecimento do leitor e facilitação da aprovação:

Art. 2º - Para os efeitos desta Lei, considera-se transferido:

I - o empregado removido para o exterior, cujo contrato estava sendo executado no território brasileiro;

II - o empregado cedido à empresa sediada no estrangeiro, para trabalhar no exterior, desde que mantido o vínculo trabalhista com o empregador brasileiro;

III - o empregado contratado por empresa sediada no Brasil para trabalhar a seu serviço no exterior.

Art. 3º - A empresa responsável pelo contrato de trabalho do empregado transferido assegurar-lhe-á, independentemente da observância da legislação do local da execução dos serviços:

I - os direitos previstos nesta Lei;

II - a aplicação da legislação brasileira de proteção ao trabalho, naquilo que não for incompatível com o disposto nesta Lei, quando mais favorável do que a legislação territorial, no conjunto de normas e em relação a cada matéria.

Parágrafo único. Respeitadas as disposições especiais desta Lei, aplicar-se-á a legislação brasileira sobre Previdência Social, Fundo de Garantia por Tempo de Serviço - FGTS e Programa de Integração Social - PIS/PASEP.

5.3.1. Lei do Pavilhão ou Bandeira e suas Exceções

O Código Bustamante, que é uma Convenção de Direito Internacional Privado, consubstancia-se no fundamento legal da regra do Pavilhão ou Bandeira, aplicável ao **trabalho marítimo** e **aeronáutico**, segundo o qual a norma aplicável aos contratos de trabalho em tais meios de transporte seria aquela do país em que se encontra matriculada/registrada a aeronave ou embarcação. Todavia, esta regra comporta algumas exceções, valendo destacar, para as finalidades desta obra, duas delas.

A primeira exceção encontra-se no **Princípio do Centro de Gravidade** ou, como chamado no direito norte-americano, ***most significant relationship***, o qual afirma *"que as regras de Direito Internacional Privado deixarão de ser aplicadas, excepcionalmente, quando, observadas as circunstâncias do caso, verifica-se que a causa tem uma ligação muito mais forte com outro direito."*[2]

Por exemplo, imaginemos um navio chinês (com matrícula na China), mas que esteja prestando serviços em vários países, inclusive e PRIMORDIALMENTE no Brasil, isto é, passando mais tempo em águas brasileiras. Neste caso, estamos diante de um fato misto ou multinacional, o qual gera efeitos em vários países.

2. Trecho retirado de uma decisão do TST que aplicou a referida exceção: Processo: ED-RR - 12700-42.2006.5.02.0446 Data de Julgamento: 06/05/2009, Relatora Ministra: Maria Cristina Irigoyen Peduzzi, 8ª Turma, Data de Publicação: DEJT 22/05/2009.

Ocorre que, apesar deste fato repercutir efeitos em inúmeros países, existe um deles que se sobressai (o Brasil, no caso), pois é onde são gerados mais efeitos e que, portanto, faz surgir a relação jurídica mais importante. Assim, nesta hipótese, aplica-se a legislação trabalhista brasileira e não a legislação do país onde a embarcação está matriculada.

A segunda exceção que afasta a regra do pavilhão ou bandeira reside na chamada "**Bandeira de Favor**", que se verifica quando o navio ou aeronave está matriculado em um país, entretanto a empresa que o explora pertence a nacionalidade diversa.

Tal contexto, muitas vezes, é criado pelo empregador apenas para afastar os direitos materiais do país onde os serviços são prestados (pois são mais benéficos), buscando-se, consequentemente, a aplicação dos direitos materiais do país onde a embarcação ou aeronave está matriculada/registrada (pois são mais prejudiciais), o que caracteriza fraude.

Sobre esta exceção, segue uma jurisprudência que ilustra bem a situação[3]:

> O entendimento doutrinário e jurisprudencial no sentido de se afastar a aplicação da 'lei do pavilhão' em casos em que o país onde está matriculado o navio não guarda qualquer relação com o 'armador', isto é, aquele que explora a atividade econômica atrelada à embarcação, situação denominada 'bandeira de favor'.

A propósito, importa mencionar que em 09 de abril de 2021, o Decreto nº 10.671/2021, promulgou o texto da **Convenção sobre Trabalho Marítimo (CTM).** Em razão da importância do referido diploma normativo, todo País Membro, como é o caso do Brasil, exigirá que os navios que arvoram sua bandeira tenham uma cópia da CTM disponível a bordo para eventuais consultas, consoante Norma A5.1.1.

A Convenção sobre Trabalho Marítimo, ao tratar sobre as regras relativas à responsabilidade pelo fornecimento de mão de obra, no item 5.3, afirma que sem prejuízo do princípio da responsabilidade de todo País Membro pelas condições de trabalho e de vida da gente do mar nos navios que arvoram sua bandeira, o País Membro será também responsável por assegurar o recrutamento e colocação de gente do mar, bem como a proteção da seguridade social dos que são seus nacionais ou residentes ou domiciliados em seu território.

A norma A2.1 da CTM, que regulamenta os acordos de emprego de "gente do mar", registra que estes, ao assinarem um contrato de emprego, terão possibilidade de examinar o acordo e obter orientação sobre ele antes de assiná-lo,

3. Dados relativos ao processo onde a jurisprudência foi retirada: 0000735-18.2012.5.09.0008, TRT da 9ª Região, 3ª Turma, 18296-2012-008-09-00-9 (RO).

além de outras facilidades necessárias para lhe assegurar que assinou livremente um acordo com suficiente compreensão de seus direitos e responsabilidades.

Finalmente, caso um acordo ou convenção coletiva faça parte do contrato de emprego de gente do mar, uma cópia do referido acordo deverá estar disponível a bordo.

6

PRINCÍPIOS

Sumário: 6. Princípios - **6.1.** Princípios Peculiares do Direito Individual do Trabalho: **A)** Princípio Protetivo ou da Proteção: **A.1)** Princípio da Norma mais Favorável; **A.2)** Princípio da Cláusula ou Condição mais Favorável/Benéfica; **A.3** Princípio do *In Dubio Pro Operario;* **B)** Princípio da Inalterabilidade Contratual Lesiva; **C)** Princípio da Irrenunciabilidade dos Direitos Trabalhistas: **C.1)** Possíveis Momentos da Renúncia; **C.2)** Renúncia via Norma Coletiva; **C.3)** Renúncia Para Empregados com Altos Salários (Hipersuficientes): Efeito da Reforma Trabalhista; **D)** Princípio da Imperatividade das Normas Trabalhistas; **E)** Princípio da Primazia da Realidade sobre a Forma; **F)** Princípio da Continuidade das Relações de Emprego; **G)** Princípio da Irredutibilidade Salarial – **6.2.** Princípios Gerais do Direito Aplicáveis ao Direito do Trabalho: **A)** Razoabilidade; **B)** Boa-Fé; **C)** Não Discriminação; **D)** Dignidade da Pessoa Humana.

Toda a ciência jurídica se estrutura sobre normas e princípios. Estes, a nosso sentir, são superiores às normas, vez que essas, via de regra, tratam de temas específicos, regulando-os. Os princípios, por sua vez, são diretrizes essenciais que informam todo o sistema jurídico, guiando, até mesmo, o legislador na atividade de produção das normas jurídicas, a fim de que essas não violem os princípios basilares do judiciário.

Em resumo, os princípios representam o espírito, a essência, dos sistemas jurídicos nos quais se encontram ancorados, logo toda atividade legislativa deve obedecer aos valores representados pelos princípios jurídicos, que são verdadeiros faróis para guiar o legislador, o intérprete e o aplicador da norma jurídica.

Evidenciada a importância dos princípios jurídicos, passemos à análise dos princípios específicos do Direito do Trabalho.

6.1. Princípios Peculiares do Direito Individual do Trabalho

A) Princípio Protetivo ou da Proteção

É válido mencionar que o Direito do Trabalho nasceu com a finalidade de corrigir ou pelo menos amenizar a desigualdade existente no plano fático entre empregados e empregadores.

Para tanto, o legislador positivou inúmeros direitos fundamentais inerentes à classe obreira que são, inclusive, irrenunciáveis pelos próprios trabalhadores. Percebe-se, destarte, a primeira expressão do Princípio Protetivo ou Tutelar já no momento da elaboração/criação das leis trabalhistas.

Todo o direito material do trabalho é – de uma forma ou de outra – expressão desse sagrado princípio. Não é por acaso que a doutrina trabalhista predominante afirma, com razão, que o princípio em análise deve ser considerado Princípio Mestre ou Cardeal de todo o direito individual do trabalho.

Com efeito, a ciência trabalhista não teria razão de ser se não fosse esse princípio, afinal a proteção destinada ao obreiro tem em mira simplesmente igualá-lo de forma substancial ao empregador.

É do Princípio Protetivo que dimanam, direta ou indiretamente, todos os outros princípios do Direito do Trabalho, bem como as regras interpretativas, a atividade do legislador, as presunções, enfim, todo e qualquer expressão jurídica que vise igualar no plano jurídico a flagrante desigualdade existente no plano fático entre empregado e patrão.

Embora, como dito acima, entenda-se que todos os outros princípios derivam indiretamente do Princípio Protetivo, a doutrina, tradicionalmente, tem elencado a existência de três subprincípios dentro do princípio protetivo: princípio da cláusula mais benéfica; princípio da condição mais benéfica; e princípio do *in dubio pro operário*, os quais serão estudados abaixo.

A.1) Princípio da Norma mais Favorável

A mais importante manifestação desse princípio dá-se no contexto da hierarquia de normas, isto é, à luz desse princípio aplica-se ao caso concreto, em regra, não aquela norma que seja hierarquicamente superior, mas sim aquela que atribua mais vantagens ao obreiro.

Segundo a doutrina trabalhista, o fundamento deste princípio foi adotado pela nossa Carta Magna, conforme se infere do *caput* do artigo 7º: *"São direitos dos trabalhadores urbanos e rurais, além de outros que visem à melhoria de sua condição social"*.

Por tais razões, por exemplo, embora nossa Constituição preveja o pagamento de férias acrescidas de um terço (1/3), caso venha a ser promulgada lei ordinária determinando que as férias devam ser pagas com acréscimo de um meio (1/2), diante de um caso concreto há que se aplicar a norma infraconstitucional, que concede um pagamento mais vantajoso.

Ainda no que tange ao processo de hierarquização da norma trabalhista mais benéfica, devemos informar que a doutrina tem divergido sobre a aplicação da já estudada Teoria da Acumulação ou sobre a aplicação da Teoria do Conglobamento.

Para a Teoria da Acumulação, a norma mais favorável será encontrada retirando-se, de cada conjunto legislativo, os dispositivos mais benéficos ao trabalhador e, em seguida, combinando-os quando de sua aplicação ao caso concreto.

Para a Teoria do Conglobamento, deve o pensador do direito, para achar a norma mais favorável, cotejar/comparar de forma global as disposições cuja aplicação se busca. Após esta comparação, verificar-se-á qual norma é, analisando todo o conjunto, mais favorável ao obreiro.

Os acórdãos mais recentes do Tribunal Superior do Trabalho têm adotado a Teoria do Conglobamento. No mesmo sentido encontramos a doutrina predominante da ciência laboral. Por isto, é essa teoria que deverá ser utilizada para responder questões de OAB e Concursos.

Vamos conferir a seguinte questão:

▸ **Aplicação em Concurso e/ou OAB:**

(INSTITUTO AOCP - TRT - 1ª REGIÃO (RJ) - Analista Judiciário - Oficial de Justiça Avaliador Federal – 2018 - ADAPTADA)

I. Em relação ao princípio da aplicação da norma mais favorável, a Teoria do Conglobamento defende que através da comparação das diversas regras sobre cada instituto ou matéria, respeitando-se o critério da especialização, deve ser buscada a norma mais favorável ao caso.

Resposta: Item correto

Finalmente, vale repetir o que já dissemos em momento pretérito deste manual, isto é, o **Princípio da Norma mais Favorável foi enfraquecido com a Reforma Trabalhista**, especificamente porque o artigo 620 da CLT prescreve o seguinte: *"As condições estabelecidas em acordo coletivo de trabalho sempre prevalecerão sobre as estipuladas em convenção coletiva de trabalho"*. O referido artigo prevê, expressamente, a prevalência do acordo coletivo sobre a convenção coletiva, ainda que aquele não seja o mais benéfico ao trabalhador, o que espelha a intenção do legislador na flexibilização.

Outro duro golpe sofrido por este princípio consistiu na criação da figura jurídica dos empregados hipersuficientes[1] (novidade da **Reforma Trabalhista**), os quais por possuírem nível superior e receberem salário mensal igual ou

1. Os empregados hipersuficientes serão estudados na Parte II, capítulo 1, subtópico A.3.

superior a duas vezes o limite máximo dos benefícios do Regime Geral de Previdência Social podem ser regidos por uma norma desfavorável.

A.2) Princípio da Cláusula ou Condição mais Favorável/Benéfica

Observe-se, inicialmente, que este princípio se refere à condição mais benéfica e não a norma mais benéfica. Isto é, aliás, a diferença primordial entre estes princípios. Em um, busca-se a aplicação da norma mais favorável ao obreiro (Princípio da Norma mais Favorável); no outro, tem-se em mira a aplicação da condição/cláusula mais benéfica (Princípio da Condição mais Favorável).

Surge uma condição ou cláusula mais benéfica sempre que o empregador oferece algo a mais do que legislação determina que seja concedido. Por exemplo, algumas empresas fornecem, por meio de regulamento de empresa, um adicional por tempo de serviço. A CLT, em nenhum momento, determinou que as empresas pagassem adicional por tempo de serviço, entretanto algumas concedem essa condição/cláusula mais benéfica.

Uma vez disponibilizada uma condição/cláusula mais benéfica, a mesma torna-se direito adquirido, integrando o patrimônio jurídico do empregado enquanto o mesmo permanecer na empresa.

Podemos encontrar outro exemplo deste princípio na Súmula nº 202 do TST, vejamos:

> GRATIFICAÇÃO POR TEMPO DE SEVIÇO. COMPENSAÇÃO. Existindo, ao mesmo tempo, gratificação por tempo de serviço outorgada pelo empregador e outra da mesma natureza prevista em acordo coletivo, convenção coletiva ou sentença normativa, o empregado tem direito a receber exclusivamente, **a que lhe seja mais benéfica.** – Grifo acrescido

A Súmula supra, pressupõe a existência de duas gratificações, uma prevista em norma coletiva e outra mais benéfica prevista em cláusula do contrato do empregado. Esta última gratificação, oferecida pelo empregador, tornou-se uma condição/cláusula do contrato de trabalho, que por ser mais vantajosa para o obreiro deve ser aplicada.

Como leciona Mauricio Godinho Delgado[2], Ministro do TST, *"este princípio importa na garantia de preservação, ao longo do contrato, da cláusula contratual*

2. DELGADO, Mauricio Godinho. *Curso de Direito do Trabalho*. 15ª ed. São Paulo: LTr, 2016, pp. 112.

mais vantajosa ao trabalhador, que se reveste do caráter de direito adquirido (Art. 5º, XXXVI, CF/88)".

Eis uma questão sobre este tópico:

▸ **Aplicação em Concurso e/ou OAB:**

(FCC – TRT 16ª Região – Analista Judiciário – Área Judiciária - 2018) Invocando a regra da condição mais benéfica ao empregado, que se insere no princípio da proteção peculiar ao Direito do Trabalho, é correto afirmar:

a) Havendo conflito entre duas normas jurídicas, prevalece a mais favorável ao empregado.
b) Havendo dúvida quanto ao alcance da norma tutelar, julga-se a favor do empregado.
c) As normas legais não prevalecem diante de normas instituídas por convenção ou acordo coletivo, por terem esta destinação mais específica.
d) A supressão de direitos trabalhistas instituídos por regulamento de empresa só alcança os empregados admitidos posteriormente.
e) As condições estabelecidas em convenção coletiva de trabalho, quando mais favoráveis, prevalecem sobre as estipuladas em acordo.

Resposta: D

A.3) Princípio do In Dubio Pro Operario

Este princípio possui aplicação exclusiva no campo da interpretação das normas de Direito Material do Trabalho. Desta forma, sempre que de um artigo de lei for possível extrair-se duas ou mais interpretações, cabe ao aplicador da norma **optar por aquela interpretação que seja mais favorável ao trabalhador.**

É comum ler-se em questões de concurso ou de exame da OAB que o princípio em estudo tem aplicação quando do julgamento das ações trabalhistas. Assim, supostamente, caberia ao juiz, no momento do julgamento da reclamação trabalhista, caso estivesse em dúvida, julgar a favor do trabalhador. Isto é um grave equívoco. Este princípio não serve para isto, afinal o juiz tem o dever de julgar pelas regras do ônus da prova.

B) Princípio da Inalterabilidade Contratual Lesiva

O contrato de trabalho pode ser alterado de forma unilateral ou bilateral, sendo que esta última hipótese é a regra geral.

Neste sentido, o artigo 468, *caput*, da CLT:

> Art. 468 – Nos contratos individuais de trabalho só **é lícita a alteração das respectivas condições por mútuo consentimento, e ainda assim desde que não resultem, direta ou indiretamente, prejuízos ao empregado**, sob pena de nulidade da cláusula infringente desta garantia. – Grifo nosso.

Percebendo o legislador que o empregado, em virtude da premente necessidade de trabalhar para sobreviver, poderia facilmente renunciar a direitos básicos criados para lhe assegurar um mínimo de existência digna, criou o Princípio da Inalterabilidade Contratual Lesiva ao Empregado.

À luz desse princípio, extraído do artigo 468, *caput*, da CLT, são necessários dois requisitos para que uma alteração contratual trabalhista seja válida: **a) MÚTUO CONSENTIMENTO; b) AUSÊNCIA DE PREJUÍZO FINANCEIRO OU MORAL AO EMPREGADO.**

Neste passo, para efeito de argumentação, ainda que o obreiro através de ato de vontade livre e desimpedido aceite uma alteração contratual que lhe seja lesiva, presumir-se-á, de forma relativa (*juris tantum*), que a manifestação de vontade do empregado foi viciada em função de sua hipossuficiência, pelo que será nula de pleno direito (*ipso iure*) a alteração contratual lesiva.

Entretanto, como dito, a presunção de vício na manifestação de vontade do obreiro é relativa, deste modo, sempre que o empregado possuir interesses alheios ao contrato de trabalho (ou extracontratuais) que o motivem na aceitação de uma alteração prejudicial, ela será considerada válida.

Pensemos, por exemplo, em um trabalhador que pediu transferência da pequena cidade onde trabalhava, para ir morar em uma grande capital, com custo de vida elevado e sem nenhum aumento de salário. Esse pedido foi feito porque sua esposa estava residindo na referida capital. Nessa situação, a alteração foi lesiva do ponto de vista salarial, todavia houve um interesse extracontratual que motivou o ato ("estar perto da esposa"), tornando-o legítimo.

Essa alteração contratual acima exemplificada, embora seja aparentemente lesiva, pois causará redução real do salário do trabalhador (já que em capitais, em regra, o custo de vida é maior), é, em realidade, benéfica ao obreiro, que preferiu perder um pouco do seu poder de compra para ficar mais próximo da esposa.

Por fim, vale lembrar que a jurisprudência tem entendido que os direitos previstos nos regulamentos de empresa, criam, automaticamente, os mesmos direitos nos contratos de trabalho vigentes, os quais se incorporam definitivamente aos contratos de trabalho dos empregados, como típicos direitos adquiridos. Neste sentido a Súmula nº 51, itens I e II, do TST, vejamos:

> I – As cláusulas regulamentares, que revoguem ou alterem vantagens deferidas anteriormente, só atingirão os trabalhadores admitidos após a revogação ou alteração do regulamento.
>
> II – Havendo coexistência de dois regulamentos de empresa, a opção do empregador por um deles tem efeito jurídico de renúncia às regras do sistema do outro.

Pelo teor da Súmula acima transcrita, constata-se que as empresas podem alterar seus regulamentos, inclusive para suprimir/retirar vantagens nele previstas, todavia esta alteração prejudicial só atinge os trabalhadores contratados após a realização da mesma, pois em relação aos trabalhadores antigos, como dito acima, trata-se de um direito adquirido.

C) Princípio da Irrenunciabilidade dos Direitos Trabalhistas

Neste princípio notamos com clareza o caráter imperativo da grande maioria das normas trabalhistas, que, no mais das vezes, não podem ser renunciadas ou transacionadas em desfavor do obreiro.

Este princípio, por certo, instrumentaliza de forma eficaz a teleologia (finalidade) da criação da ciência trabalhista, qual seja a busca pela igualdade substancial entre empregados e empregadores, já que no plano factual existe uma patente assimetria/desigualdade.

Através deste princípio, o trabalhador ganha uma vantagem jurídica que se reflete em uma eficaz tutela de seus direitos, afinal os direitos historicamente conquistados não podem ser renunciados ou transacionados e, caso o sejam, presume-se que tal renúncia ou transação foi viciada, restando fulminada de nulidade.

C.1) Possíveis Momentos da Renúncia

Afigura-se imprescindível analisar a validade de uma renúncia obreira sob três prismas: **renúncias no ato da contratação; renúncias durante o contrato de trabalho**; e **renúncias após a extinção do contrato de trabalho.**

No **ato de admissão** e **durante a vigência do contrato de emprego** a renúncia a direito laborais, em regra, é nula, haja vista que incide, respectivamente, o Princípio da Proteção e o Princípio da Inalterabilidade Contratual Lesiva.

Todavia, quando se trate de direitos renunciáveis, é perfeitamente possível a renúncia no curso do contrato de trabalho. É o caso do obreiro que transfere sua residência para um local próximo à empresa e em face disto renuncia ao recebimento do vale-transporte.

Da mesma forma, o empregado pode ter sua jornada de labor aumentada, desde que exista previsão de compensação de jornada mediante acordo coletivo ou individual, conforme prevê o artigo 7º, inciso XIII, da Carta Magna.

Mesmo em sede de direitos renunciáveis, como no exemplo do vale-transporte, o obreiro deve formalizar sua renúncia de forma livre e desembaraçada, ou seja, sem haver qualquer tipo de coação física ou psicológica, pois caso alguma dessas reste verificada, a renúncia será invalidada por meio de uma simples reclamação trabalhista, desde que reste provada a existência da alegada coação sobre o obreiro.

Após a **extinção do contrato de labor** alguns doutrinadores têm entendido que a renúncia aos direitos trabalhistas é admitida[3]. Segundo estes doutrinadores, após a extinção do contrato de emprego cessaria a subordinação do obreiro, assim como sua dependência econômica do empregador. Entendemos, *data venia*, que esse entendimento é muito simplista, além de afastar-se da realidade fática vivenciada por um empregado quando de sua dispensa.

Com efeito, após a extinção do vínculo de emprego aumenta ainda mais a hipossuficiência e a fragilidade financeira do trabalhador, afinal as verbas rescisórias (chamada pelo senso comum de "meus tempos") constituem-se em tudo que o empregado possui para sobreviver até que consiga novo emprego.

Tal circunstância, obviamente, vicia a vontade obreira, pelo que concluímos que quando da extinção do pacto laboral os direitos do trabalhador também são irrenunciáveis, ainda que ele assine ou rubrique qualquer documento renunciando-os, principalmente quando ponderamos que vivemos em um país assolado pelo desemprego e de estabilidade econômica facilmente abalável[4].

Resumindo:

> Para efeito de Concursos e prova da OAB, a irrenunciabilidade vigora tanto nos atos que envolvem a contratação (fase pré-contratual), quanto durante a execução do contrato de trabalho e, ainda, após a extinção do contrato de trabalho.

3. CAIRO JÚNIOR, José Cairo. *Curso de Direito do Trabalho: relações individuais e coletivas de trabalho*. 4ª Ed. Juspodivm: Salvador. p. 117.
4. No mesmo sentido: BARROS, Alice Monteiro de. *Curso de direito do trabalho*. 5ª Ed. rev. e ampl. São Paulo: LTr. 2008. p.202.

C.2) Renúncia via Norma Coletiva

Interessante questão surge em saber se há possibilidade de existir renúncia de direitos trabalhistas, via convenção ou acordo coletivo.

Alguns doutrinadores admitem esta possibilidade argumentando que em uma negociação coletiva não existe subordinação entre as partes, vez que os sindicatos litigam em pé de igualdade, com a mais ampla manifestação de vontade.

Este setor doutrinário argumenta que a irrenunciabilidade tem sua origem na hipossuficiência do empregado, que, para permanecer no seu posto de trabalho, renunciaria a seus direitos se necessário fosse. Se tal hipossuficiência desaparecesse, não haveria que se cogitar de qualquer irrenunciabilidade, pois as partes seriam livres para negociar em pé de igualdade, sendo justamente isto que ocorre nas negociações entre sindicatos.

É fato que a força sindical obreira no Brasil é uma realidade, tanto que já conseguiu eleger até mesmo um Presidente da República. Ademais, vemos diuturnamente greves estourando em todo o país, o que demonstra a pujança dos sindicatos para forçar uma negociação coletiva benéfica aos obreiros.

Logo, se nos meandros de uma negociação coletiva, o sindicato profissional manifesta renúncia a algum direito dos trabalhadores, entendemos que tal renúncia é válida, pois muitas vezes, em mesa de negociação, a parte concede de um lado para ganhar de outro. Este parágrafo reflete nossa posição doutrinária.

Com a **Reforma Trabalhista** deixou de existir polêmica sobre o assunto, afinal foi inserido na CLT o artigo 611-A, o qual de forma expressa pontua diversos assuntos nos quais a convenção coletiva e o acordo coletivo de trabalho terão prevalência sobre a lei, ainda que prejudiciais ao trabalhador, quando, **<u>entre outros</u> (a enumeração do artigo é apenas exemplificativa)**, dispuserem sobre:

- Pacto quanto à jornada de trabalho, observados os limites constitucionais;
- Banco de horas anual;
- Intervalo intrajornada, **respeitado o limite mínimo de trinta minutos para jornadas superiores a seis horas;**
- Adesão ao Programa Seguro-Emprego (PSE);
- **Plano de cargos, salários e funções** compatíveis com a condição pessoal do empregado, bem como identificação dos cargos que se enquadram como funções de confiança.

Todos os direitos acima listados se inserem na órbita do Princípio da Prevalência do Negociado sobre o Legislado, conforme disposição expressa do artigo 611-A.

Para concursos públicos e exame da OAB, o leitor deverá seguir o entendimento legislado oriundo da Reforma Trabalhista.

Antes mesmo da multicitada **Reforma Trabalhista** já havia algumas decisões do STF validando cláusulas de normas coletivas prejudiciais aos trabalhadores, como ocorreu nos casos de supressão das horas *in itinere* (RE nº 895.759) e na adesão ao Plano de Desligamento Voluntário (RE nº 590415).

Todavia, a fundamentação do STF para validar tais cláusulas consistiu no reconhecimento de que no processo de negociação coletiva seria comum/normal que as partes abrissem mão de algum direito, para ter uma contrapartida em outro direito. Em simples palavras: **perde-se de um lado, para ganhar de outro.** Vejam que o STF vinha decidindo exatamente conforme nosso posicionamento doutrinário.

Esse entendimento do STF, para os padrões do Direito do Trabalho, já era considerado prejudicial para o trabalhador, daí porque recebia críticas de parte da doutrina.

Ocorre que a **Reforma Trabalhista** conseguiu ser ainda mais prejudicial do que o entendimento do STF, pois inseriu no artigo 611-A, o § 2º, para o qual ***"A inexistência de expressa indicação de contrapartidas recíprocas** em convenção coletiva ou acordo coletivo de trabalho não ensejará sua nulidade por não caracterizar um vício do negócio jurídico."*.

Assim sendo, ainda que não existam contrapartidas da classe empresarial expressas na norma coletiva, a perda de direitos por meio da negociação coletiva, nos temas arrolados no artigo 611-A, será plenamente permitida, salvo a ausência dos requisitos de validade do negócio jurídico, por exemplo, uma norma coletiva que foi fruto de negociação com um sindicato de empregados que havia sido subornado pela categoria patronal.

O mesmo artigo supracitado em seu § 3º dispôs que *"se for pactuada cláusula que reduza o salário ou a jornada, a convenção coletiva ou o acordo coletivo de trabalho deverão prever a proteção dos empregados contra dispensa imotivada durante o prazo de vigência do instrumento coletivo."*.

O dispositivo mencionado acima impede que os empregados sejam dispensados de forma arbitrária, isto é, sem um motivo justificado, de acordo com as previsões das normas coletivas, sempre que houver cláusula que reduza o salário ou a jornada. O óbice criado para a dispensa, nesse caso, não tem tanto efeito protetivo, afinal os empregadores estarão em posição jurídica de vantagem, com normas coletivas que permitem redução salarial e de jornada, circunstância na qual realmente inexiste interesse na dispensa, pois a mão de obra está abaixo do seu custo normal.

C.3) Renúncia Para Empregados com Altos Salários (Hipersuficientes): Efeito da Reforma Trabalhista

A interpretação conjunta dos artigos 444, parágrafo único da CLT e artigo 611-A da CLT, ambos oriundos da **Reforma Trabalhista**, leva-nos à conclusão que para os empregados portadores de diploma de nível superior e que percebam salário mensal igual ou superior a duas vezes o limite máximo dos benefícios do Regime Geral de Previdência Social, é livre a pactuação direta com o empregador (sem intervenção sindical) sobre temas como: jornada de trabalho; remuneração por produtividade; plano de cargos e salários; participação nos lucros; banco de horas anual; intervalo intrajornada (respeitado o limite mínimo de trinta minutos para jornadas superiores a seis horas); teletrabalho; regime de sobreaviso; trabalho intermitente etc. (os temas estão elencados no artigo 611-A da CLT[5]).

A inovação legislativa partiu do pressuposto de que os empregados com nível superior e alto salários (aquele que é igual ou superior a duas vezes o limite máximo dos benefícios do Regime Geral de Previdência Social[6]) não são hipossuficientes e, por tal razão, podem negociar inúmeros direitos diretamente com o empregador (sem chancela sindical), com a mesma eficácia legal e preponderância sobre os instrumentos coletivos.

Pensamos que o valor do salário auferido pelo empregado não altera a natureza jurídica dos seus direitos, que deveriam continuar sendo, em regra, irrenunciáveis/inegociáveis por meio de acordo individual.

Entender que os empregados que recebem valor igual ou superior a R$ 12.202,12 podem livremente dispor (e renunciar se for o caso) sobre os direitos trabalhistas relacionados no artigo 611-A da CLT significa fechar os olhos para a vulnerabilidade do trabalhador, que depende do emprego para pagar suas contas e, por isso, com certa facilidade, consentiria com algumas negociações que importam em renúncia de direitos apenas para manter-se no emprego.

---

5. O artigo 611-A foi estudado de forma aprofundada na Parte III (Direito Coletivo) desta obra, item 1.1.3, subitem A.
6. Por exemplo,no ano de 2020 o limite máximo dos benefícios do Regime Geral de Previdência Social foi de R$ 6.101,06, conforme se infere do site oficial: https://www.gov.br/previdencia/pt-br/assuntos/noticias/previdencia.

A circunstância de o empregado ter um alto salário não diminui sua subordinação jurídica ao empregador. A hipossuficiência continua a existir, apesar da elevada remuneração recebida.

Apesar da crítica acima tecida, para fins de concursos e prova da OAB, vale o que está na lei, ou seja, para os empregados portadores de diploma de nível superior e que percebam salário mensal igual ou superior a duas vezes o limite máximo dos benefícios do Regime Geral de Previdência Social, é livre a pactuação direta com o empregador (sem intervenção sindical) sobre os temas previstos no artigo 611-A da CLT.

Vejamos a seguinte questão de concurso sobre esta alteração da **Reforma Trabalhista:**

▸ **Aplicação em Concurso e/ou OAB:**

(VUNESP - PGE-SP - Procurador do Estado – 2018 - ADAPTADA) Em relação ao Direito Trabalho decorrente da "reforma trabalhista", julgue a alternativa:

O hipersuficiente (empregado portador de diploma de nível superior e que perceba salário mensal igual ou superior a duas vezes o limite máximo dos benefícios do Regime Geral de Previdência Social) poderá estipular livremente com o empregador a relação contratual. A estipulação resultante, contudo, não preponderará sobre os instrumentos coletivos.

Resposta: Item incorreto

D) Princípio da Imperatividade das Normas Trabalhistas

As normas trabalhistas são, pela sua essência, imperativas, cogentes, de ordem pública, não podendo ser afastadas pela simples vontade das partes.

No contrato de trabalho, em regra, não resta muito espaço para a autonomia de vontade, diferente, por exemplo, do direito civil. As normas de proteção à saúde do trabalhador ganham destaque, neste aspecto, como aquelas que regulam os períodos de descanso e o fornecimento de equipamentos de proteção.

Vemos muita semelhança entre esse princípio e o princípio da irrenunciabilidade, afinal em razão da imperatividade das normas trabalhistas, as mesmas, são, em regra, irrenunciáveis.

O princípio da imperatividade também costuma ser lembrado nos Concursos Públicos e Exame de ordem:

▸ Aplicação em Concurso e/ou OAB:

(FCC – TRT 20ª Região – Analista Judiciário – 2016)

A restrição à autonomia da vontade inerente ao contrato de trabalho, em contraponto à soberania da vontade contratual das partes que prevalece no Direito Civil, é tida como instrumento que assegura as garantias fundamentais do trabalhador, em face do desequilíbrio de poderes inerentes ao contrato de emprego, é expressão do princípio da:

a) autonomia privada coletiva.

b) condição mais benéfica.

c) primazia da realidade.

d) imperatividade das normas trabalhistas.

e) prevalência do negociado em face do legislado.

Resposta: D

E) Princípio da Primazia da Realidade sobre a Forma

Eis outro Princípio Basilar para a proteção do obreiro. Este princípio ensina que deve o aplicador da norma voltar sua atenção para os aspectos fáticos realmente vivenciados pelas partes no dia a dia do ambiente do trabalho, ainda que algum documento fraudulento indique o contrário.

É que muitas vezes empregadores agem de má-fé, exigindo, por exemplo, que seus empregados assinem um recibo salarial no valor R$ 1.500,00, quando de fato recebem a título de salário o valor de R$ 2.000,00.

Nessa hipótese, deve o obreiro propor reclamação, com base no princípio em estudo, alegando que embora os contracheques indiquem um salário de R$ 1.500,00 a justiça não deve aceitar a referida prova documental, afinal a mesma não está em sintonia com a realidade, pois seu salário real era de R$ 2.000,00.

Via de regra, o Princípio da Primazia da Realidade se efetiva por meio de prova testemunhal.

Diante desse princípio, constata-se que o conteúdo do contrato de trabalho transcende os aspectos meramente formais e documentais, já que seu verdadeiro e real conteúdo será formado pelos fatos que efetivamente ocorrem na rotina de trabalho.

Logo, sempre que houver descompasso entre o cenário fraudulento arquitetado documentalmente pelo empregador e a realidade vivenciada pelo obreiro, prevalecerá esta, desde que provada em audiência instrutória perante o Magistrado do Trabalho.

Com a questão abaixo podemos vislumbrar como este assunto é exigido:

▸ **Aplicação em Concurso e/ou OAB:**

(IADES - CRN - 3ª Região (SP e MS) – Advogado – 2019) Em uma ação trabalhista, o reclamante afirma que diariamente prestava duas horas de jornada extraordinária sem, entretanto, receber os valores destas e os respectivos reflexos. Em sede contestatória, a empresa negou tal fato e apresentou cartões de ponto que demonstravam horários de entrada e saída uniformes (ponto britânico); por sua vez, o reclamante fez provas testemunhais que comprovavam o alegado na peça exordial. Ao analisar a lide, o juiz condenou a empresa ao pagamento das horas extras e dos respectivos reflexos. Tendo por base o caso hipotético apresentado, assinale a alternativa que corresponde ao princípio do direito do trabalho aplicado em sentença.

a) Indisponibilidade de direitos

b) Continuidade da relação de emprego

c) Primazia da realidade

d) Imperatividade das normas trabalhistas

e) Intangibilidade salarial

Resposta: C

F) Princípio da Continuidade das Relações de Emprego

Esse princípio ensina que as relações de emprego nasceram para durar pelo máximo de tempo possível, até porque quanto mais perdurar o vínculo de emprego melhor será para o trabalhador.

O princípio em análise já teve mais força e eficácia jurídica antes da edição da Lei nº 5.107/66, que instituiu o regime do Fundo de Garantia por Tempo de Serviço como uma alternativa à estabilidade, até então existente para todos os empregados que possuíssem mais de dez anos de trabalho na mesma empresa.

Desta forma, o artigo 492 da CLT (que foi revogado tacitamente pelo artigo 7º, inciso I e III, da CF/88), previa a chamada estabilidade decenal, pela qual todo empregado que completasse mais de dez anos de empresa não poderia ser dispensado a não ser por motivo de falta grave ou circunstância de força maior devidamente comprovada.

É obvio que a referida estabilidade, na época em que existia, fortalecia o vínculo de emprego, dificultando seu rompimento e, por conseguinte, valorizando o Princípio da Continuidade da Relação de Emprego.

Entrementes, a retrocitada Lei nº 5.107/66, hoje substituída pela Lei nº 8.036/1990, precarizou as relações de emprego, substituindo a estabilidade decenal celetista pelo regime do FGTS.

Os dois direitos que existem atualmente para fortalecer o referido princípio são o aviso prévio proporcional ao tempo de serviço e multa de 40% do FGTS, vez que oneram os valores a serem custeados pelo empregador quando do rompimento do vínculo, forçando-o a repensar sobre a necessidade de dispensar o empregado ou aproveitá-lo por mais algum tempo, mantendo-o na empresa.

Um importante efeito prático do princípio da continuidade das relações de emprego vem cristalizado na Súmula nº 212 do TST:

> O ônus de provar o término do contrato de trabalho, quando negados a prestação de serviço e o despedimento, é do empregador, pois o princípio da continuidade da relação de emprego constitui presunção favorável ao empregado.

Finalmente, este princípio também traz o sentido de que mesmo nas sucessões empresariais, os direitos adquiridos pelos empregados na empresa sucedida, continuam intocáveis também com a empresa sucessora, que não poderá suprimi-los. Por exemplo, quando Banco Bobina (que é o banco sucessor) adquire o Banco Rolo (banco sucedido), os empregados do banco sucedido continuam a laborar no banco sucessor com todos os direitos que já tinham sido adquiridos no banco sucedido.

Vamos conferir a seguinte questão:

▸ Aplicação em Concurso e/ou OAB:

(FCC - PGE-TO - Procurador do Estado – 2018)

Os princípios exercem um papel constitutivo da ordem jurídica, cuja interpretação leva em consideração os valores que os compõem. Nesse sentido, o entendimento jurisprudencial adotado pelo Tribunal Superior do Trabalho de que o encargo de provar o término do contrato de trabalho, quando negados a prestação de serviço e o despedimento é do empregador está embasado no princípio

a) protetor.

b) da primazia da realidade.

c) da irrenunciabilidade.

d) da continuidade da relação de emprego.

e) da boa-fé contratual subjetiva.

Resposta: D

G) Princípio da Irredutibilidade Salarial

A irredutibilidade de salários encontra-se elevada ao patamar constitucional, expressamente registrada no inciso VI, do artigo 7º, da Carta da República, *in verbis*: *"Art. 7º. São direitos dos trabalhadores urbanos e rurais, além de outros que visem à melhoria de sua condição social: (...) VI –* ***irredutibilidade do salário, salvo o disposto em convenção ou acordo coletivo de trabalho****"*.

Pela leitura do dispositivo, infere-se que, em regra, o salário é irredutível, ressalvada a autorização sindical, mediante convenção coletiva ou acordo coletivo.

A redução salarial jamais poderá ocorrer por acordo individual entre empregado e empregador.

Ademais, o princípio em tela só garante a irredutibilidade *nominal*[7] *do salário*, não garantindo a *irredutibilidade do valor real*, ou seja, este não é obrigado a aumentar conforme a inflação como ocorre com o benefício previdenciário, nos termos do art. 201, § 4º, da CF.

Segue uma questão sobre o tema:

▸ Aplicação em Concurso e/ou OAB:

(INSTITUTO AOCP - TRT - 1ª REGIÃO (RJ) - Analista Judiciário - Oficial de Justiça Avaliador Federal – 2018 - ADAPTADA)

7. *Salário Nominal* é o salário medido em quantidade de moeda, por exemplo, R$ 930,00 mensais. *Salário Real* é o salário quantificado em termos de poder de compra do trabalhador, isto é, quanto se consegue comprar com R$ 930,00 em janeiro de 2017 e quanto se consegue comprar com os mesmos R$ 930,00 de dezembro de 2017.

III. O princípio da vedação à redução Salarial não sofre qualquer tipo de mitigação, não podendo Acordo Coletivo de Trabalho ou Convenção Coletiva de Trabalho dispor sobre redução salarial.

Resposta: Item incorreto

6.2. Princípios Gerais do Direito Aplicáveis ao Direito do Trabalho

É importante que o candidato a Concursos ou prova da OAB saiba que alguns princípios gerais do direito também se amoldam ao Direito do Trabalho.

Não vamos nos estender sobre estes princípios, pois pertencem a outras áreas do direito, todavia, frisamos, mostra-se imprescindível que o leitor saiba que eles são aplicáveis ao direito do trabalho, pois existem questões que averiguam esse conhecimento.

A) Razoabilidade

Temos aqui um conceito jurídico ligado à ideia do bom senso, motivo pelo qual o referido princípio tem sido utilizado na prática forense para afastar pretensões de empregados e patrões que são praticamente sobre-humanas. Por exemplo, um empregado que afirma laborar 16 horas por dia, de domingo a domingo e sem férias, ao longo de anos de vínculo, provavelmente estará faltando com a verdade (alegação desarrazoada), pois somente um super-herói conseguiria viver tamanho sacrifício.

B) Boa-Fé

Constitui-se na convicção de agir com justiça e lealdade com relação a terceiros. Aplica-se ao direito do trabalho o artigo 422 do Código Civil, que enuncia: *"Os contratantes são obrigados a guardar, assim na conclusão do contrato, como em sua execução, os princípios de probidade e boa-fé".*

C) Não Discriminação

Deriva do princípio geral da igualdade, segundo o qual o trabalhador não pode ser preterido por motivos de raça, sexo, religião ou qualquer outro elemento preconceituoso nas relações de trabalho.

Nossa Constituição Federal agasalhou o mencionado princípio em seu art. 7º, XXX: *"proibição de diferença de salários, de exercício de funções e de critério de admissão por motivo de sexo, idade, cor ou estado civil".*

Vamos ver uma aplicação prática deste princípio em prova:

▸ **Aplicação em Concurso e/ou OAB:**

(IBEJ – IPREV – Procurador Previdenciário – 2017) Acerca dos princípios específicos do Direito do Trabalho, podemos afirmar o que se segue, **exceto:**

a) a adoção de medidas tendentes a facilitar o acesso ao mercado de trabalho às mulheres e aos negros constitui violação ao princípio da não discriminação, que proíbe diferença de critério de admissão por motivo de religião, crença, raça ou sexo;

b) o princípio da continuidade da relação de emprego confere suporte teórico ao instituto da sucessão de empregadores;

c) de acordo com a jurisprudência consolidada do Tribunal Superior do Trabalho, o ônus de provar o término do contrato de trabalho, quando negados a prestação de serviço e o despedimento, é do empregador, pois o princípio da continuidade da relação de emprego constitui presunção favorável ao empregado;

d) o princípio da primazia da realidade sobre a forma autoriza a descaracterização de um contrato de prestação civil de serviços, desde que despontem, ao longo de sua execução, todos os elementos fático-jurídicos da relação de emprego;

e) dentre os mais importantes princípios especiais do Direito Individual do Trabalho indicados pela doutrina, incluem-se o princípio da proteção, o princípio da irrenunciabilidade dos direitos trabalhistas e o princípio da norma mais favorável;

Resposta: A

D) Dignidade da Pessoa Humana

A Convenção Americana sobre Direitos Humanos, de 1969, estabelece, em seu art. 11, § 1º, que *"Toda pessoa humana tem direito ao respeito de sua honra e ao reconhecimento de sua dignidade"*.

No mesmo sentido, nossa Carta Magna afirma, em seu artigo 1º, inciso III, que um dos fundamentos da República Federativa do Brasil é a "dignidade da pessoa humana".

PARTE II

DIREITO INDIVIDUAL DO TRABALHO

1

RELAÇÃO DE TRABALHO E RELAÇÃO DE EMPREGO – DIFERENCIAÇÃO

Sumário: 1. Relação de Trabalho e Relação de Emprego – Diferenciação - **1.1.** Requisitos da Relação de Emprego: **A)** Pessoalidade - **B)** Onerosidade - **C)** Não Eventualidade ou Habitualidade - **D)** Subordinação - **E)** Alteridade – **1.2.** Aplicação Prática e Legal dos Requisitos da Relação de Emprego – **1.3.** Espécies de Empregados mais Exigidas no Exame da OAB e Concursos: **A)** Altos Empregados: **A.1)** Função de Confiança; **A.2)** Trabalhadores Intelectuais; **A.3)** Empregados com Elevada Remuneração: Produto da Reforma Trabalhista - **B)** Diretores Estatutários e Sócios - **C)** Relação de Emprego entre Familiares - **D)** Aprendiz: **D.1)** Percentuais de Aprendizes e suas Peculiaridades; **D.2)** Requisitos de Validade do Contrato de Aprendizagem; **D.3)** Contratação Prioritária, Jornada, Prazos e FGTS; **D.4)** Extinção do Contrato de Aprendizagem e Normas Coletivas; **D.5)** Aprendizagem e Política Pública sobre Drogas - **E)** Estágio - **F)** Doméstico: **F.1)** Resumo Atual dos Direitos do Doméstico; **F.2)** Jornada de Trabalho; **F.3)** Descontos Salariais; **F.4)** Depósitos Fundiários (FGTS); **F.5)** Peculiaridade do Vale-Transporte; **F.6)** Justa Causa e Despedida Indireta; **F.7)** SIMPLES do Empregador Doméstico - **G)** Teletrabalho e a Reforma Trabalhista: **G.1)** O Teletrabalhador enquanto Empregado; **G.2)** Transformação de Teletrabalhador em Trabalhador Presencial e Vice-Versa; **G.3)** Instrumentos de Trabalho do Teletrabalhador; **G.4)** Jornada de Trabalho do Teletrabalhador - **H)** Trabalhador Rural (Rurícola): **H.1)** Indústria Rural; **H.2)** Trabalhadores em Reflorestamento; **H.3)** Trabalhadores no Turismo Rural; **H.4)** Horário Noturno e Intervalo Intrajornada dos Trabalhadores Rurais; **H.5)** Aviso Prévio dos Trabalhadores Rurais; **H.6)** Utilidades Salariais dos Rurícolas; **H.7)** Grupo Econômico no meio Rural; **H.8)** Trabalhador Rural por Pequeno Prazo - **I)** Mãe Social - **J)** Trabalho da Mulher: **J.1)** Proteção à Maternidade; **J.2)** A Gestante, a Lactante e o Ambiente Insalubre – Reforma Trabalhista e o Entendimento do STF - **K)** Trabalho do Menor - **L)** Trabalho do Idoso – **M)** Trabalho dos Militares – **N)** Atividades de Direção nos Partidos Políticos - **O)** Motorista de UBER e similares **1.4.** Relação de Trabalho não Empregatícia: **A)** Relação de Trabalho Avulso: **A.1)** Avulso não Portuário; **A.2)** Avulso Portuário - **B)** Relação de Trabalho Eventual - **C)** Relação de Trabalho Autônomo: **C.1)** O Autônomo e a Reforma Trabalhista; **C.2)** O Autônomo e a Portaria nº 349/2018 do MTE - **D)** Relação de Trabalho Voluntário - **E)** Salão-Parceiro e Profissional-Parceiro – **1.5.** Cooperativas de Mão de Obra – **1.6.** Trabalho Forçado, Obrigatório ou em Condição Análoga à de Escravo.

Na linguagem popular/comum as palavras “trabalhador” e “empregado” são utilizadas como sinônimas. Tanto que, ouvimos expressões como: “Fulano é *trabalhador* daquele supermercado" ou então "Fulano é *empregado* daquele supermercado". Percebam que em ambos os contextos trabalhador e empregado possuem o mesmo sentido.

Entretanto, do ponto de vista jurídico-trabalhista, a palavra "trabalhador" e a palavra "empregado" ganham significados profundamente distintos. Frisamos: "relação de trabalho" não se confunde com "relação de emprego".

Para o Direito do Trabalho, todas as pessoas que exercem alguma atividade são consideradas "trabalhadoras". Simplificando mais ainda: todo mundo que trabalha é considerado trabalhador, **mas**, para ser considerado como "empregado" é necessário que o trabalhador desenvolva suas atividades preenchendo os requisitos da "subordinação", "pessoalidade", "não eventualidade" e "onerosidade" (mais a frente estudaremos cada um destes requisitos).

É possível perceber, deste modo, que "relação de trabalho" é gênero, do qual "relação de emprego" é espécie. É importante ter esta distinção em mente, afinal todos os princípios e direitos trabalhistas que já estudamos e que ainda vamos estudar, aplicam-se apenas aos trabalhadores inseridos em uma "relação de emprego".

O Direito do Trabalho existe, primordialmente, para aqueles que estão inseridos em uma "relação de emprego". Por tal razão, vamos estudar todos os requisitos cumulativos necessários para que surja uma "relação de emprego", vez que, repetimos, os direitos trabalhistas previstos na CLT estão restritos àqueles que se encaixem em uma "relação de emprego", que são também chamados de "empregados".

Inclusive, decisão recente do STF, de 25/09/2020, sobre o tema 550 - Competência para processar e julgar controvérsia a envolver relação jurídica entre representante e representada comerciais – gerou a seguinte tese de repercussão geral: "Preenchidos os requisitos dispostos na Lei 4.886/65, compete à Justiça Comum o julgamento de processos envolvendo relação jurídica entre representante e representada comerciais, uma vez que não há relação de trabalho entre as partes".

Nesse julgamento prevaleceu o entendimento do ministro Luís Roberto Barroso no sentido da competência da Justiça Comum, em função do consolidado entendimento jurisprudencial daquela E. Corte de que nem toda relação entre o contratante de um serviço e o seu prestador caracteriza relação de trabalho. Dessa forma, em relação à representação comercial autônoma, não seria formado vínculo entre as partes, seja de emprego ou relação de trabalho, mas tão somente relação comercial regulamentada pela Lei 4.886/1965, que define a competência da Justiça Comum[1].

1. Competência para julgar litígio sobre contratos de representação comercial é da Justiça Comum. http://portal.stf.jus.br/, 2020. Disponível em: <http://portal.stf.jus.br/noticias/verNoticiaDetalhe.asp?id

Vale esclarecer outrossim que na hipótese do advogado alegar o princípio da primazia da realidade, argumentando que a relação de representação comercial servia apenas para "mascarar" um vínculo empregatício, a competência continuará sendo da Justiça do Trabalho.

Apesar da distinção aqui realizada entre "trabalho" e "emprego", é importante que o leitor saiba que em algumas questões de Concurso e Exame da OAB, por vezes, estas palavras são utilizadas sem muito rigor técnico, cabendo ao candidato, pelo contexto nas quais as referidas palavras estão inseridas, identificar quando se trata de relação de emprego e quando se trata de relação de trabalho não empregatícia.

A distinção aqui retratada, pela sua importância, foi alvo da Recomendação nº 198 da Organização Internacional do Trabalho (OIT), a qual, em seu preambulo, afirma o seguinte: *"Considerando as dificuldades de estabelecer se existe ou não uma relação de trabalho em situações onde os respectivos direitos e obrigações relativas às partes não estão claras, onde houve uma tentativa de disfarçar as relações de trabalho, ou onde existam inadequações ou limitações na estrutura legal, ou em suas interpretações ou aplicações, e notando que situações existem onde arranjos contratuais podem ter o efeito de privar trabalhadores de sua proteção devida (...).".* O texto da convenção, com clareza solar, ressalta sua preocupação que relações de emprego que estejam ocultas/disfarçadas, circunstância que, caso existente, estaria privando empregados dos seus direitos legais.

Por fim, impende noticiar que a Convenção nº 155, artigo 3º, entende que o termo "trabalhadores" abrange todas as pessoas empregadas, incluindo os funcionários públicos.

1.1. Requisitos da Relação de Emprego

Caracterizar[2] significa fazer a caracterização de, distinguir, descrever com exatidão. Vemos, pois, que o empregado deve ser distinguido dos demais trabalhadores e tal diferenciação não é aleatória, haja vista que obedece a requisitos estabelecidos nos artigos 2º e 3º da CLT, que são: **pessoalidade**, **onerosidade**, **subordinação, não eventualidade** e, para alguns doutrinadores, ainda existiria cumulativamente o requisito da **alteridade.**

Conteudo=452494&ori=1#:~:text=O%20Supremo%20Tribunal%20Federal%20(STF,n%C3%A3o%20da%20Justi%C3%A7a%20do%20Trabalho.>. Acesso em 27/10/2020.

2. "caracterizar", in Dicionário Priberam da Língua Portuguesa [em linha], 2017, http://www.priberam.pt/dlpo/dlpo.aspx?pal=caracterizar [consultado em 26-08-2017].

Para que exista o vínculo de emprego, faz-se necessário a presença cumulativa, pelo menos, dos seguintes requisitos: pessoalidade, onerosidade, subordinação e não eventualidade. A ausência de quaisquer destes requisitos é suficiente para descaracterizar o vínculo empregatício.

A) Pessoalidade

O contrato de emprego tem como uma de suas notas distintivas o caráter da infungibilidade, ou seja, deve o empregado executar seus serviços pessoalmente (ou *intuitu personae*).

Se o empregado pode se fazer substituir, eventualmente, por outras pessoas em suas atividades, resta evidenciada a falta de pessoalidade.

Por exemplo: Se um operador de caixa estiver cansado na segunda-feira, porque foi para uma festa no domingo e, em razão disso, enviar um amigo para trabalhar em seu lugar, sendo tal fato aceito pelo empregador, percebe-se que a relação é impessoal (oposto de pessoalidade). Tal indicador nos leva a suspeitar de que não existe uma relação de emprego.

B) Onerosidade

Ao empregado cabe a obrigação de executar serviços e ao empregador, por sua vez, cabe entre outras obrigações a contraprestação/pagamento de um salário, que remunere os serviços prestados.

Se determinada pessoa labora (presta serviços) sem vontade de auferir salário, não existirá relação de emprego.

Aqueles que prestam serviços por amor ao próximo, por filantropia ou benemerência não podem ser considerados empregados, mas sim trabalhadores voluntários.

Não podemos deixar de mencionar que o salário se caracteriza por ser uma verba alimentar, afinal presume-se que o trabalhador dele necessita para sobreviver. Ademais, todo contrato de emprego é marcado pela presença do sinalágma, o que significa que as partes envolvidas (empregado e empregador) possuem direitos e deveres ou prestações e contraprestações.

A principal prestação/obrigação do empregado é trabalhar, ao passo que a principal obrigação/contraprestação do empregador é justamente pagar os salários.

C) Não Eventualidade ou Habitualidade

Considera-se como eventual o trabalhador que é contratado em virtude de acontecimento certo, determinado ou determinável, sendo, portanto, desnecessário sua presença permanentemente nos quadros da empresa.

O trabalhador eventual é contratado, como o próprio nome indica, para determinado evento, por exemplo, para pintar os muros da empresa. Encerrada a pintura, ele segue sua vida, buscando novos locais que possuam necessidade de receber sua atividade.

De outro lado, o empregado preenche o requisito da não eventualidade ou habitualidade quando as atividades por ele exercidas possuem uma periodicidade certa, mesmo que não sejam diárias e os serviços são necessários às atividades normais do empregador. Um professor, por exemplo, que ministra uma aula por semana ou até mesmo por quinzena, em uma escola particular, pode ser considerado empregado, pois o trabalho, nessa situação, não é reputado eventual, tendo periodicidade definida.

Qualquer pessoa que esteja inserida na dinâmica de uma empresa, de forma que sua presença se faça necessária com habitualidade, acaba por preencher o requisito em análise. Diversamente, aquela pessoa que presta um serviço esporádico (exemplo: consertar a rede de esgoto quando houver entupimento) será enquadrado na hipótese de trabalhador eventual.

Observa-se aqui que **a não eventualidade difere-se do requisito da continuidade, que não é exigido para a caracterização do trabalhador empregado**, mas apenas para o empregado doméstico. Registre-se, novamente, que em relação aos empregados apenas se exige a não eventualidade, não sendo necessário que o trabalho se realize de forma ininterrupta/contínua.

A jurisprudência majoritária sempre considerou que, para a caracterização da continuidade, é necessário que a empregada doméstica trabalhe ao menos 3 vezes por semana na residência de seu empregador.

Felizmente, a Lei Complementar 150, de 01/06/2015, que regulamentou a EC 72/2013, conhecida como PEC das domésticas, pôs fim à discussão sobre a continuidade do emprego doméstico, definindo que o empregado doméstico é quem trabalha **por mais de dois dias na semana para uma mesma casa ou família** (art. 1°).

D) Subordinação

Com a lei Áurea, em 13.05.1888, o trabalho escravo foi, finalmente, abolido. Esse fato é importante para que possamos salientar, desde já, que a subordinação em tela não tem em mira a pessoa física do empregado, seu corpo, seu ser, mas tão somente a execução dos serviços prestados e seu resultado.

A subordinação decorre de existência de estruturas hierárquicas em toda e qualquer relação de emprego, algumas mais complexas, outras mais simples. A subordinação é um efeito reflexo do poder diretivo do empregador, a quem cabe organizar, gerenciar e direcionar a atividade empresarial, podendo, inclusive, aplicar sanções disciplinares (advertências, suspensão e dispensa por justa causa) aos empregados rebeldes/insubordinados.

Ora, em uma economia relativamente instável, como é o caso da brasileira, o mínimo que se poderia outorgar ao empregador é o direito de gerir sua empresa e, para tanto, detém o poder de dar ordens sobre como deseja que os serviços sejam executados pelos empregados, os quais tem o dever jurídico de subordinação.

> ▸ **Fique atento!**
>
> Algumas questões de concurso afirmam que a subordinação do empregado é do tipo "econômica" ou "técnica", o que se constitui em famosa "pegadinha" para induzir os candidatos a erro. A subordinação do empregado, em verdade, qualifica-se como jurídica, pois decorre do próprio contrato de trabalho.

Segue abaixo um gráfico para auxiliar na memória visual do leitor, a fim de que memorize os elementos fático-jurídicos da relação de emprego:

E) Alteridade

Significa que os riscos do empreendimento pertencem exclusivamente ao empregador, o qual tem o ônus de suportar a possibilidade de insucesso do seu negócio. Um efeito prático dessa característica reside no fato de ser impossível deixar de pagar o salário do empregado sob o argumento de que não houve lucro.

Como dito em outra passagem dessa obra, pequena parcela da doutrina elenca este requisito da alteridade como necessário para a caracterização do vínculo de emprego. Não concordamos com esta vertente, pois acreditamos que alteridade seja uma característica do empregador (que sofre os riscos do seu negócio) e não do empregado. Inclusive, a maioria das questões do Exame da OAB e de Concursos seguem esta linha, ou seja, de que os requisitos da relação de emprego são apenas 04: **subordinação, não eventualidade (ou habitualidade), onerosidade e pessoalidade.**

Contudo, por extrema cautela, se dentre as opções de resposta em uma questão objetiva de Concurso ou OAB houver alguma que contemple os requisitos essenciais da relação de emprego (subordinação, não eventualidade, onerosidade e pessoalidade) e outra opção que contemple além dos requisitos essenciais, o requisito da alteridade, assinale esta última, por estar mais completa. Estamos registrando este alerta, pois já vimos questões de concurso neste sentido (situação rara, mas que já ocorreu).

O tema relativo aos requisitos da relação de emprego é recorrente em provas de Concurso e também de Exame da Ordem, segue um exemplo:

▸ Aplicação em Concurso e/ou OAB:

(GUALIMP - Prefeitura de Porciúncula - RJ - Procurador Adjunto – 2019) Analise as alternativas abaixo e assinale a CORRETA, no que diz respeito ao conceito de "EMPREGADO".

a) Considera-se empregado, toda pessoa física que prestar serviços de natureza eventual a empregador, sob a dependência deste e mediante salário.

b) Considera-se empregado, toda pessoa física que prestar serviços de natureza não eventual a empregador, sob a dependência deste e mediante salário.

c) Considera-se empregado, toda pessoa física que prestar serviços de natureza eventual a empregador, sob a dependência deste, independente de salário.

d) Considera-se empregado, toda pessoa física que prestar serviços de natureza não eventual a empregador, sob a dependência deste, independente de salário.

Resposta: B

De saída, sobre os requisitos da relação de emprego, a Recomendação nº 198 da OIT, sugere a adoção formal (por meio de leis, regulamentos etc.), de indicadores específicos para aferir a existência de uma relação de trabalho, conforme notamos no seguinte trecho do artigo 13:

> i.(a) o fato de que o trabalho: é realizado de acordo com as instruções e sobre o controle de outro grupo; envolvendo a integração do trabalhador na organização da empresa; é executado unicamente ou principalmente para o benefício de outra pessoa; deve ser realizado pessoalmente pelo trabalhador; é realizado dentro de horas de trabalho específicas ou dentro do local de trabalho especificado ou acordado pelo grupo que requisitou o trabalho; é de uma duração particular e tem uma certa continuidade; requer a disponibilidade do trabalhador; ou envolve a provisão de ferramentas, materiais e maquinário pelo grupo requisitado para o trabalho;
>
> ii.(b) pagamento periódico da remuneração para o trabalhador; o fato de que tal remuneração constitui a única ou principal fonte de renda do trabalhador; provisão de pagamento em espécie, como alimentação, aluguel ou transporte; reconhecimento de autorizações tais como descanso semanal e feriados anuais; pagamento pelo grupo que requisitou o trabalho para curso empreendido pelo trabalhador a fim de realizar o trabalho; ou ausência do risco financeiro para o trabalhador.

1.2. Aplicação Prática e Legal dos Requisitos da Relação de Emprego

A CLT em seu artigo 3º conceitua o empregado da seguinte forma: *"Artigo 3º. Considera-se empregado toda pessoa física que prestar serviços de natureza não eventual a empregador, sob a dependência deste mediante salário."*

A expressão "prestar serviços", indica a principal obrigação jurídica do empregado, qual seja uma obrigação de fazer. E esta obrigação de fazer deve seguir um padrão mínimo de qualidade, isto é, o empregado não vai prestar serviço de qualquer forma, mas sim de acordo com as orientações emanadas do empregador.

A partir da exegese do artigo 3º, discernimos a diferença entre o empregado e os outros trabalhadores, vez que aqueles devem prestar serviços subordinados, não eventuais, mediante a percepção de salário (onerosidade) e pessoalmente.

Analisando cada situação fática, cabe ao jurista verificar se determinado trabalho prestado por uma pessoa se encaixa nos requisitos instituidores de uma relação de emprego. Caso exista este "encaixe" estaremos diante de típica relação de emprego, ao revés estaremos diante de uma relação de trabalho.

Impende registrar, que o Princípio da Primazia da Realidade deve sempre nortear a análise do Jurista, destarte, pouco importa se formalmente o obreiro é chamado de cooperado, representante comercial, trabalhador autônomo ou, até mesmo, sócio, pois, se estiverem presentes, de fato, os requisitos necessários para o surgimento da figura do empregado, estaremos diante de uma relação de emprego, ainda que, formalmente, o empregado esteja registrado como representante comercial, por exemplo.

O artigo 9º da Recomendação nº 198 do TST, em igual sentido, privilegia a Primazia da Realidade: *"Com a finalidade da proteção das políticas nacionais para os trabalhadores em uma relação de trabalho, a determinação da existência de tal relação* ***deve ser guiada primeiramente pelos fatos relacionados com o tipo de trabalho*** *e a remuneração do trabalhador, não resistindo como a relação é caracterizada em qualquer acordo contrário, contratual ou que possa ter sido acordado entre as partes."*.

1.3. Espécies de Empregados mais Exigidas no Exame da OAB e Concursos

A) Altos Empregados

A doutrinadora mineira Alice Monteiro de Barros[3] define com riqueza de detalhes quem são os denominados altos empregados:

> Ocupantes de cargo de confiança, investidos de mandato que lhes confere poderes de administração para agir em nome do empregador. Situam-se entre eles os diretores gerais, administradores, superintendentes, gerentes com amplos poderes e, em síntese, todos os que exercem função diretiva e ocupam um posto de destaque.

Nenhuma relação de emprego subsiste por muito tempo sem que exista confiança (fidúcia). As partes, empregado e empregador, devem confiar umas nas outras, vez que, como ensina o Direito Civil, a boa-fé se presume, a má-fé deve ser provada.

Entrementes, alguns tipos de empregados gozam de especial destinação de confiança, são verdadeiros depósitos de confiança por parte do empregador, tanto que, não raras vezes, são confundidos com os próprios patrões.

Tais empregados, **cuja subordinação chega a ser mais sutil/amena**, mas não desaparece, são os altos empregados, os quais recebem tratamento adequado da CLT.

A.1) Funções de Confiança

O artigo 62, inciso II, da CLT, afirma que não serão abrangidos pelas normas referentes à duração do trabalho *"os gerentes, assim considerados os exercentes*

3. BARROS, Alice Monteiro de. *Curso de Direito do Trabalho*. 7ª ed. São Paulo: LTr, 2011, pp. 213.

de cargos de gestão, aos quais se equiparam, para o efeito do disposto neste artigo, os diretores e chefes de departamento ou filial.". Assim sendo, aqueles que exercem cargos de gestão, em regra, segundo a CLT, estão excluídos do direito à percepção de horas extras.

Estes empregados que exercem a função de confiança máxima (gerentes gerais, por exemplo) devem receber um *plus* salarial denominado gratificação de função de, no mínimo, 40% do salário normal de um cargo de confiança. Caso esta gratificação de 40% não seja paga ou, ainda, venha a ser paga em valor inferior ao determinado em lei, o exercente da função de confiança passará a ter direito às horas extras, conforme determina o parágrafo único do artigo 62:

> Parágrafo único – O regime previsto neste capítulo será aplicável aos empregados mencionados no inciso II deste artigo, quando o salário do cargo de confiança, compreendendo a gratificação de função, se houver, for inferior ao valor do respectivo salário efetivo acrescido de 40% (quarenta por cento).

Como sempre, devemos estar atentos ao Princípio da Primazia da Realidade, afinal poderá ocorrer de um empregador, apenas formalmente, nomear um de seus empregados como gerente, pagando-lhe, inclusive, a gratificação de função de 40%, só para vampirizar a energia de trabalho deste por meio de horas extras, sem o respectivo pagamento.

Percebendo-se tal fraude trabalhista, torna-se nula a nomeação do simples empregado como gerente, por atentar contra a realidade dos fatos. Temos aqui, a simples aplicação do artigo 9º da CLT.

A Súmula 372 do TST prevê que quando o empregado perceber a gratificação de função por dez ou mais anos, se o empregador, sem justo motivo, revertê-lo a seu cargo efetivo, não poderá retirar-lhe a gratificação tendo em vista o princípio da estabilidade financeira.

Ocorre que a **Reforma Trabalhista** inseriu o § 2º no artigo 468, em sentido diametralmente oposto à referida Súmula do TST, deixando claro que a reversão do empregado que exerce cargo de confiança ao seu cargo efetivo, **com ou sem justo motivo**, não assegura ao empregado o direito à manutenção do pagamento da gratificação correspondente, **que não será incorporada, independentemente do tempo de exercício da respectiva função.**

Segue a nova redação do artigo 468 da CLT:

> Art. 468 – Nos contratos individuais de trabalho só é lícita a alteração das respectivas condições por mútuo consentimento, e ainda assim desde que não resultem, direta ou indiretamente, prejuízos ao empregado, sob pena de nulidade da cláusula infringente desta garantia.

§ 1º – Não se considera alteração unilateral a determinação do empregador para que o respectivo empregado reverta ao cargo efetivo, anteriormente ocupado, deixando o exercício de função de confiança.

§ 2º **A alteração de que trata o § 1º deste artigo, com ou sem justo motivo, não assegura ao empregado o direito à manutenção do pagamento da gratificação correspondente, que não será incorporada, independentemente do tempo de exercício da respectiva função.** – Grifo nosso.

Observemos agora uma aplicação prática em prova:

▸ Aplicação em Concurso e/ou OAB:

(CESPE - MPU - Analista do MPU – Direito – 2018 - ADAPTADA) À luz da Consolidação das Leis do Trabalho (CLT) e do entendimento dos tribunais superiores, julgue o item a seguir, referente a aspecto pertinente ao contrato de trabalho.

Conforme a CLT, empregado que recebe gratificação de função há mais de dez anos perderá tal retribuição caso seja revertido ao cargo efetivo anteriormente ocupado.

Resposta: Item correto

A.2) Trabalhadores Intelectuais

Quanto maior for a intelectualidade necessária para a execução dos serviços, como consequência, maior será a confiança gozada pelo referido empregado. Um claro exemplo de trabalho intelectual encontra-se justamente na figura do advogado empregado, como é o caso de um advogado empregado do setor jurídico de determinada empresa.

Os trabalhadores intelectuais, em razão da sua singular capacitação profissional, possuem mais liberdade e autonomia na discussão das cláusulas do seu contrato de trabalho, tanto que, na prática, é mais fácil fraudar um vínculo de emprego de um trabalhador intelectual, formalizando-o como se fosse um trabalhador autônomo. Por isso, o Princípio da Primazia da Realidade também avulta de importância nesse cenário.

É no contexto dos trabalhadores intelectuais que a doutrina aplica o conceito de parassubordinação, que reflete justamente um modelo de subordinação de menor intensidade.

A parassubordinação situa-se entre o trabalho subordinado clássico e o trabalho autônomo, como um meio termo. A parassubordinação, nestes casos, quando aliada aos demais elementos fático-jurídicos da relação de emprego (onerosidade, pessoalidade e não eventualidade) é suficiente para fazer surgir um vínculo empregatício.

Mostra-se interessante pontuar que o Direito Trabalhista Italiano traz previsão específica para o trabalho parassubordinado, sendo que tais empregados possuem um patamar de direitos assegurados pela legislação inferior aos previstos para o clássico trabalhador subordinado.

Sobre o trabalho intelectual, nossa Constituição Pátria, em seu artigo 7º, inciso XXXII, **proíbe** a *"distinção entre trabalho manual, técnico e intelectual ou entre os profissionais respectivos;"*.

Quando estudarmos equiparação salarial, o leitor se lembrará que é possível a equiparação salarial de trabalho intelectual, desde que atendidos os requisitos do artigo 461 da CLT, vez que pode ser avaliado por sua perfeição técnica, cuja aferição terá critérios objetivos.

Analisemos agora a seguinte assertiva de Concurso sobre o tema:

> ▸ **Aplicação em Concurso e/ou OAB:**
>
> **(FCC – Analista Judiciário – Área Judiciária – TRT 24ª Região – 2017 – ADAPTADA)** Tendo em vista as peculiaridades do trabalho intelectual, julgue os itens:
>
> I – não é possível a equiparação salarial de trabalho intelectual, uma vez que não há critérios objetivos para avaliação da perfeição técnica nesse tipo de trabalho;
>
> II – A Constituição proíbe a possibilidade de distinção entre trabalho manual, técnico e intelectual ou entre os profissionais respectivos.
>
> *Resposta:* Item "I" errado e Item "II" correto

A.3) Empregados com Elevada Remuneração: Produto da Reforma Trabalhista

A multicitada **Reforma Trabalhista** inseriu na CLT o artigo 507-A, segundo o qual:

> Nos contratos individuais de trabalho cuja **remuneração seja superior a duas vezes o limite máximo estabelecido para os benefícios do Regime Geral de Previdência Social, poderá ser pactuada cláusula compromissória de arbitragem**, desde que por iniciativa do empregado ou mediante a sua concordância

expressa, nos termos previstos na Lei nº 9.307, de 23 de setembro de 1996. – Grifo nosso.

De logo, convém conceituar a **cláusula arbitral** ou **cláusula compromissória**, que é um acordo prévio através do qual as partes em um contrato obrigam-se a se submeter à arbitragem para resolver eventuais **problemas futuros** oriundos de determinado contrato.

Vale salientar, para evitar deslizes nas provas, que a cláusula arbitral ou cláusula compromissória **difere** do **compromisso arbitral**, por meio do qual as partes submetem ao julgamento do árbitro um **conflito atual**.

Em outras palavras, a cláusula arbitral ou cláusula compromissória surge antes do eventual litígio, ao passo que o compromisso arbitral surge quando o litígio já existe.

A literalidade da lei possibilitou a instituição de cláusula arbitral ou cláusula compromissória e não de compromisso arbitral. Segue o esquema abaixo para auxiliar na distinção:

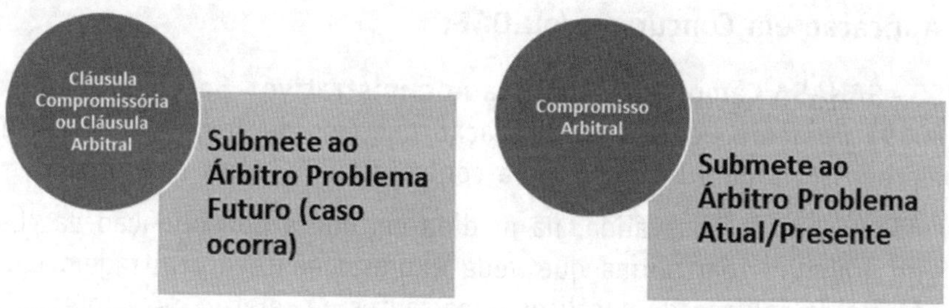

O artigo em análise possibilitou que os empregados que recebem remuneração superior a duas vezes o limite máximo estabelecido para os benefícios do Regime Geral de Previdência Social (RGPS), poderão pactuar **cláusula compromissória de arbitragem**, desde que por iniciativa do empregado ou mediante a sua concordância expressa.

O limite máximo dos benefícios do RGPS é anualmente modificado, não havendo necessidade de memorizar tal valor para fins de concurso público. Só para exemplificar, em 2020, o limite máximo ou teto dos benefícios do RGPS foi de R$ 6.101,06. Logo, segundo o artigo 507-A da CLT, aqueles que ganhem remuneração superior a R$ 12.202,12, no ano de 2020, poderão se sujeitar à cláusula compromissória de arbitragem, desde que seja por iniciativa própria ou mediante concordância expressa.

Essa inovação da **Reforma Trabalhista** desrespeitou o princípio da irrenunciabilidade, que torna indisponíveis a imensa maioria dos direitos trabalhistas. Esta irrenunciabilidade/indisponibilidade existe para todos os empregados, independentemente do seu salário. O valor do salário auferido pelo trabalhador não modifica a natureza jurídica do direito.

Ademais, a Lei nº 9.307/96 (que regulamenta a arbitragem) só autoriza a arbitragem em direitos patrimoniais disponíveis. Assim sendo, como a maioria dos direitos trabalhistas são patrimoniais indisponíveis, a referida alteração da **Reforma Trabalhista** criou uma situação delicada do ponto de vista interpretativo.

Defendemos que a arbitragem só poderá ter como objeto aquela pequena parcela de direito patrimoniais disponíveis do empregado. Entretanto, existe setor doutrinário que defende que a arbitragem se aplica a todos os direitos do empregado, sejam disponíveis ou não.

Essa divergência não terá grande relevância para provas de concursos e exame da OAB, os quais cobrarão mais a literalidade da norma.

Segue abaixo questão que aborda essa alteração da **Reforma Trabalhista**, a fim de propiciar um treino mental para nosso leitor:

▸ Aplicação em Concurso e/ou OAB:

(FCC - SANASA Campinas - Analista Administrativo - Serviços Jurídicos - 2019) De acordo com a Consolidação das Leis do Trabalho, a cláusula compromissória de arbitragem para contratos individuais de trabalho

a) não é considerada válida, na medida em que a Consolidação das Leis do Trabalho tem norma que veda expressamente a arbitragem como forma de solução de conflitos decorrentes da relação de emprego.

b) em nenhuma hipótese é considerada válida, tendo em vista que a arbitragem não pode ser usada para solução de controvérsias envolvendo direitos indisponíveis, como são em regra os decorrentes da relação de emprego.

c) é considerada válida, desde que a remuneração do empregado seja superior ao limite máximo de benefício do Regime Geral da Previdência Social, e conte com a concordância expressa do empregado, valendo apenas para direitos disponíveis.

d) é considerada válida apenas na hipótese de haver concordância expressa do empregado, previsão em norma coletiva, independente do salário do trabalhador, mas sempre terá que ter assistência pelo Sindicato.

e) é considerada válida, desde que a remuneração do empregado seja superior a duas vezes o limite máximo de benefício do Regime Geral da Previdência Social, e conte com a concordância expressa do empregado.

Resposta: E

B) Diretores Estatutários e Sócios

Parte da doutrina enquadra esta categoria na condição de altos empregados, todavia vemos equívoco nessa classificação, afinal ser Diretor Estatutário e/ou Sócio é incompatível com o estado de subordinação de um empregado, salvo na hipótese de fraude trabalhista.

Há empregados que podem chegar a cargos de direção da empresa em que trabalham ou, até mesmo, a tornar-se sócio da mesma. Por exemplo, a Lei nº 6.404/76 (Lei de Sociedades Anônimas) permite que empregados sejam eleitos diretores de sociedades anônimas. Caso tal circunstância ocorra, o contrato de emprego deve ser imediatamente suspenso, encerrando-se, por conseguinte, a prestação de serviços subordinados e o recebimento de salários.

Tal período em que o empregado foi eleito como Diretor não será sequer computado como tempo de emprego, todavia a lei nº 8.036/90, em seu artigo 16, **faculta** (mera liberalidade) ao empregador realizar os recolhimentos fundiários na conta vinculada do ex-empregado, ora diretor.

Caso a nomeação como diretor ou sócio seja apenas formal, continuando a existir a prestação de serviços subordinados, por certo, perdurará uma típica relação de emprego, mediante aplicação do Princípio da Primazia da Realidade.

O TST editou a Súmula nº 269 sobre o assunto: *"O empregado eleito para ocupar cargo de diretor tem o respectivo contrato de trabalho suspenso, não se computando o tempo de serviço desse período, salvo se permanecer a subordinação jurídica inerente a relação de emprego."*

Interessante, sobre este tema, é a tese defendida, entre outros, pela professora Alice Monteiro de Barros[4], segundo a qual o diretor de sociedade anônima, pode ser diretor-órgão (que não possui vínculo trabalhista) e diretor-empregado (que possui vínculo trabalhista). Esta qualificação dependerá da forma como os serviços são prestados, se com subordinação ou sem subordinação.

C) Relação de Emprego entre Familiares

Algumas questões de concurso, tentando induzir o candidato a equívoco, afirmam não ser possível a relação de emprego entre familiares, o que não é verdade.

Logo, é plenamente possível a relação de emprego entre familiares, desde que exista subordinação jurídica na relação de emprego e não apenas motivação afetiva. Todavia, caso a entidade familiar esteja realizando esforços conjuntos,

4. BARROS, Alice Monteiro de. *Curso de Direito do Trabalho.* 7ª ed. São Paulo: LTr, 2011, pp. 216.

não existiriam interesses contrapostos, de modo que a colaboração mútua afastaria a subordinação, requisito para que seja reconhecido o vínculo de emprego.

D) Aprendiz

Conceitua-se aprendiz como aquele que está aprendendo um ofício ou arte, isto é, um principiante em alguma atividade laboral útil à comunhão nacional.

A partir do conceito exposto, percebe-se que a empresa que contrata um aprendiz tem uma dupla obrigação: pagar salário, que jamais poderá ser inferior ao salário mínimo/hora (obrigação inerente a toda relação de emprego) e proporcionar ao aprendiz uma formação profissional que lhe propicie subsistir no mercado de trabalho, é o que a CLT chama de formação técnico-profissional-metódica.

A formação técnico-profissional-metódica consiste em atividades teóricas e práticas, organizadas mediante nível de complexidade progressivo, propiciando, destarte, a aprendizagem. Não é por acaso, que o verbete método, que integra a locução citada, significa técnica, processo de ensino.

Segundo o artigo 49 do Decreto nº 9.579/2018, a formação técnico-profissional do aprendiz será regida pelos seguintes princípios:

> I - garantia de acesso e frequência obrigatória no ensino fundamental;
>
> II - horário especial para o exercício das atividades; e
>
> III - capacitação profissional adequada ao mercado de trabalho.
>
> ***Parágrafo único. Ao aprendiz com idade inferior a dezoito anos é assegurado o respeito à sua condição peculiar de pessoa em desenvolvimento.***

D.1) Percentuais de Aprendizes e suas Peculiaridades

Em face da importante função social desse contrato de trabalho, o artigo 429 da CLT determina quantitativos mínimos e máximos para a contratação de aprendizes:

> Os estabelecimentos de qualquer natureza são obrigados a empregar e matricular nos cursos dos Serviços Nacionais de Aprendizagem número de aprendizes equivalente **a cinco por cento, no mínimo, e quinze por cento, no máximo**, dos trabalhadores existentes em cada estabelecimento, cujas funções demandem formação profissional. – Grifo nosso.

Para o cálculo da porcentagem referida no artigo 429 da CLT, acima citado, as frações de unidade serão arredondadas para o número inteiro subsequente, conforme artigo 51, §1º, do Decreto nº 9.579/2018.

Por exemplo, se uma empresa possui uma função que demande formação profissional e existem 25 vagas para a mesma, o percentual máximo de 15% corresponde a 3,75%. Arredondando-se esta fração para o número inteiro subsequente, teremos o número 4. Logo, a empresa poderá contratar até 4 aprendizes.

Os percentuais de aprendizes, mínimo e máximo, não são aferidos pela quantidade total de empregados existentes em cada estabelecimento, mas sim pelo número de vagas em cada função que demande formação profissional. O parâmetro a ser observado para definir as funções que demandem formação profissional será a CBO (Classificação Brasileira de Ocupações) do Ministério do Trabalho.

Ficam excluídos do cômputo da base de cálculo percentual mencionada, isto é, dos percentuais mínimos e máximos de aprendizes, os empregados que tenham sido contratados sob o regime de trabalho temporário (Lei nº 6.019/74).

Finalmente, convém registrar que ficam dispensadas da contratação de aprendizes as **microempresas** e as **empresas de pequeno porte**, bem como as **entidades sem fins lucrativos** que tenham por objetivo a educação profissional (artigo 56 do Decreto nº 9.579/2018).

D.2) Requisitos de Validade do Contrato de Aprendizagem

O contrato de aprendizagem é especial, afinal para sua validade faz-se necessário 03 requisitos, indispensáveis:

- Forma escrita, com a respectiva anotação na CTPS[5] (Carteira de Trabalho e Previdência Social), sob pena de ser considerado um contrato de trabalho típico, com todas as consequências financeiras daí decorrentes;
- Matrícula e frequência do aprendiz à escola, caso não tenha concluído o ensino médio;
- Inscrição em programa de aprendizagem desenvolvido sob a orientação de entidade qualificada em formação técnico-profissional-metódica.

Cabe ressaltar que nas localidades em que não houver oferta de ensino médio, para a validade do contrato de aprendizagem, a contratação do aprendiz poderá ocorrer sem a frequência à escola, desde que ele já tenha concluído o ensino fundamental.

5. Vale salientar que a anotação de toda e qualquer CTPS se dará, preferencialmente, por meios informatizados, vez que a Lei nº 13.874, de 20 de setembro de 2019 ("Lei da Liberdade Econômica"), determinou, através da reformulação do artigo 14 da CLT, que a CTPS será emitida pelo Ministério da Economia preferencialmente em meio eletrônico.

A contratação do aprendiz deverá ser efetivada diretamente pelo estabelecimento que se obrigue ao cumprimento da cota de aprendizagem ou, supletivamente, pelas entidades sem fins lucrativos que tenham por objetivos a assistência ao adolescente e à educação profissional, registradas no conselho municipal dos direitos da criança e do adolescente.

Quando a CLT fala que o aprendiz deverá estar inscrito em "programa de aprendizagem", o leitor deve ter em mente que os mesmos poderão ser ofertados pelas seguintes entidades:

- Entidades do "Sistema S", a exemplo do SENAT (Serviço Nacional de Aprendizagem do Transporte) e SENAC (Serviço Nacional de Aprendizagem Comercial);
- As escolas técnicas e agrotécnicas de educação; e
- As entidades sem fins lucrativos que tenham por objetivos a assistência ao adolescente e à educação profissional, registradas no conselho municipal dos direitos da criança e do adolescente.

Em conclusão, para fins de memorização, vamos sistematizar os requisitos de validade do contrato de trabalho de um aprendiz:

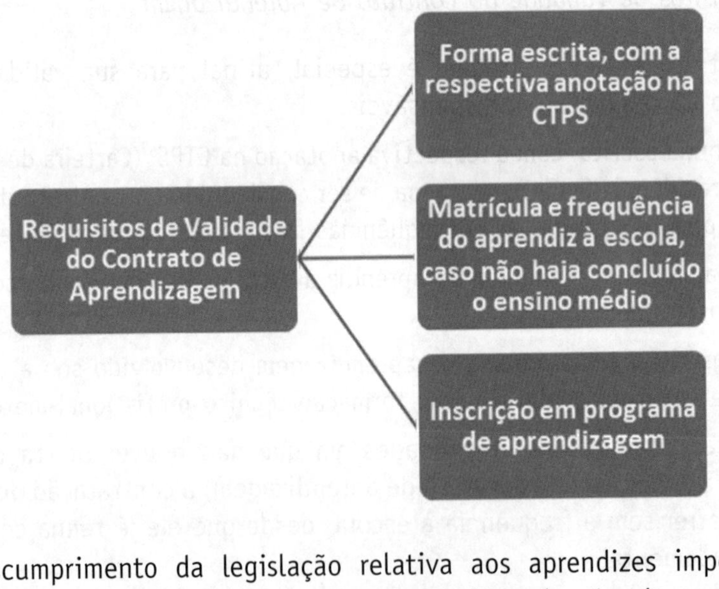

O descumprimento da legislação relativa aos aprendizes importará na nulidade do contrato de aprendizagem, estabelecendo vínculo empregatício diretamente com a empresa, salvo quando o empregador for pessoa jurídica de direito público (Decreto nº 9.579/2018), pois neste caso, em regra, o vínculo só se perfectibiliza por meio de concurso público.

Segue uma questão sobre o contrato de aprendizagem:

▸ **Aplicação em Concurso e/ou OAB:**

(VUNESP - PauliPrev - SP - Procurador Autárquico – 2018) De acordo com as normas veiculadas na Consolidação das Leis do Trabalho, é correto afirmar, em relação à contratação do empregado aprendiz:

a) o contrato de trabalho do aprendiz dispensa anotação na Carteira de Trabalho e Previdência Social.

b) o contrato de trabalho pode ser por prazo indeterminado.

c) a idade máxima prevista para o trabalhador aprendiz é a mesma em caso de trabalhador com ou sem deficiência.

d) nas localidades em que não houver oferta de ensino médio, para a validade do contrato de aprendizagem, a contratação do aprendiz poderá ocorrer sem a frequência à escola, desde que ele já tenha concluído o ensino fundamental.

e) a contratação do aprendiz gera vínculo de emprego com a empresa tomadora do serviço.

Resposta: D

D.3) Contratação Prioritária, Jornada, Prazos e FGTS

Podem ser sujeitos do contrato de aprendizagem os candidatos que tenham entre 14 e 24 anos, salvo para os portadores de deficiência, aos quais não se aplica a idade máxima (artigo 428, *caput* e § 5º). Apesar desta regra geral de idade, existe uma faixa etária cuja contratação foi priorizada pelo legislador, consoante se infere da leitura do artigo 53 do Decreto nº 9.579/2018, abaixo transcrito:

> Art. 53. A contratação de aprendizes deverá atender, **prioritariamente, aos adolescentes entre quatorze e dezoito anos**, exceto quando:
>
> I - as atividades práticas da aprendizagem ocorrerem no interior do estabelecimento e sujeitarem os aprendizes à insalubridade ou à periculosidade, sem que se possa elidir o risco ou realizá-las integralmente em ambiente simulado;
>
> II - a lei exigir, para o desempenho das atividades práticas, licença ou autorização vedada para pessoa com idade inferior a dezoito anos; e
>
> III - a natureza das atividades práticas for incompatível com o desenvolvimento físico, psicológico e moral dos adolescentes aprendizes.

> Parágrafo único. As atividades práticas da aprendizagem a que se refere o caput deverão ser designadas aos jovens de dezoito a vinte e quatro anos.

Dessa forma, os empregadores deverão priorizar a contratação de aprendizes/adolescentes que possuam entre 14 e 18 anos, salvo quando houver alguma vedação constitucional e/ou legal (exemplo: proibição de trabalho insalubre, perigoso, penoso e noturno para os menores de 18 anos) ou alguma circunstância prática que inviabilize a contratação do aprendiz/adolescente (exemplo: atividade incompatível com o desenvolvimento físico, psicológico e moral, como é o caso da função de aprendiz de *sommelier*[6] ou aprendiz de vigilante atuando em casa de lenocínio[7]).

Quanto ao **prazo de duração** do contrato de aprendizagem, sabe-se que seu prazo máximo é de dois anos, exceto quando o aprendiz for deficiente (portador de necessidades especiais), circunstância na qual não existirá prazo máximo (Artigo 428, § 3º, CLT[8]).

A **jornada de trabalho do aprendiz**, que em regra é de 06 horas, pode ser aumentada em mais duas 02 horas, totalizando 08 horas, desde que o aprendiz tenha concluído o 1º grau ("ensino fundamental"), e se incluam nas oito horas diárias aquelas destinadas à aprendizagem teórica.

São vedadas a prorrogação e a compensação de jornada de trabalho para o aprendiz.

Na hipótese de o aprendiz menor de dezoito anos ser empregado em mais de um estabelecimento, as horas da jornada de trabalho em cada um dos estabelecimentos serão totalizadas.

Por fim, a alíquota de **FGTS** do contrato de aprendizagem é de apenas 2% da remuneração paga ou devida, no mês anterior, ao aprendiz.

D.4) Extinção do Contrato de Aprendizagem e Normas Coletivas

Conforme artigo 433 da CLT, extingue-se o contrato de aprendizagem nas seguintes hipóteses:

- Desempenho insuficiente ou inadaptação do aprendiz, salvo para o aprendiz com deficiência quando desprovido de recursos de acessibili-

---

6 Especialista em vinhos. Nesse caso não se recomenda a contratação de aprendiz menor de idade, em razão do contato com o álcool.

7. Nome técnico para "cabarés" ou "casas de tolerância".

8. Artigo 428, § 3º: *"O contrato de aprendizagem não poderá ser estipulado por mais de 2 (dois) anos, exceto quando se tratar de aprendiz portador de deficiência"*.

dade, de tecnologias assistivas e de apoio necessário ao desempenho de suas atividades;

- Falta disciplinar grave;
- Ausência injustificada à escola que implique perda do ano letivo;
- A pedido do aprendiz.

Nas hipóteses de extinção ou rescisão do contrato de aprendizagem, o empregador deverá contratar novo aprendiz, sob pena de violar os percentuais das cotas de aprendizagem.

Em remate, as convenções e os acordos coletivos apenas estenderão suas cláusulas sociais ao aprendiz quando expressamente previsto e desde que não excluam ou reduzam o alcance dos dispositivos tutelares que lhes são aplicáveis.

D.5) Aprendizagem e Política Pública sobre Drogas

Como vimos no tópico anterior, em razão da relevância social do contrato de aprendizagem, o artigo 429 da CLT fixou quantitativos mínimos e máximos para a contratação de aprendizes.

Vale repetir que os estabelecimentos de qualquer natureza são obrigados a empregar e matricular nos cursos dos Serviços Nacionais de Aprendizagem número de aprendizes equivalente **a cinco por cento, no mínimo, e quinze por cento, no máximo**, dos trabalhadores existentes em cada estabelecimento, cujas funções demandem formação profissional.

Em 05 de junho de 2019, a Lei nº 13.840/2019, inseriu o parágrafo 3º no artigo 429 da CLT, para permitir que os empregadores possam preencher vagas que antes eram exclusivas de empregados aprendizes, também com adolescentes usuários do Sistema Nacional de Políticas Públicas sobre Drogas – SISNAD.

As condições a serem preenchidas pelos referidos adolescentes, para que usufruam da vaga de emprego, deverão constar em instrumento de cooperação a ser celebrado entre os gestores do SISNAD de cada localidade e os empregadores ("estabelecimentos") que irão receber os referidos jovens.

A finalidade da inovação legislativa em apreço é clara: utilizar o trabalho como instrumento de reinserção social de usuários e dependentes de drogas. Vemos aqui uma importante alteração legislativa, digna de aplausos.

Segue a literalidade do §3º do artigo 429 da CLT:

> § 3º Os estabelecimentos de que trata o caput poderão ofertar vagas de aprendizes a adolescentes usuários do Sistema Nacional de Políticas Públicas

sobre Drogas - SISNAD nas condições a serem dispostas em instrumentos de cooperação celebrados entre os estabelecimentos e os gestores locais responsáveis pela prevenção do uso indevido, atenção e reinserção social de usuários e dependentes de drogas.

E) Estágio

O estágio **não se enquadra no conceito de relação de emprego por expressa disposição legal**, mas trataremos do mesmo neste momento para que o leitor possa fazer um paralelo com o aprendiz, sem confundir os institutos.

O artigo 1º da Lei de Estágio (Lei 11.788/2008) define o estágio como um ato educativo escolar supervisionado, desenvolvido no ambiente de trabalho, que visa à preparação do estudante.

Podem ser estagiários os seguintes estudantes:

Quanto às modalidades de estágio, existem duas: **estágio curricular ou obrigatório**, que é aquele previsto no projeto pedagógico do curso como requisito para a formação do estudante. É o caso, por exemplo, do estágio obrigatório nos cursos de direito, por meio dos núcleos de prática jurídica, onde os estudantes treinam com casos reais que chegam para atendimento. Já no caso das atividades de extensão, de monitorias e de iniciação científica na educação superior, somente serão equiparadas ao estágio em caso de previsão no projeto pedagógico do curso; o **estágio extracurricular ou não**

obrigatório constitui-se em faculdade do estudante realiza-lo ou não, sendo que nossa análise, para fins trabalhistas, restringe-se justamente a esta espécie de estágio não obrigatório.

Para que o estágio não obrigatório seja válido, o mesmo pode ser formalizado de duas formas: por meio de um **Termo de Compromisso Triangular** (três partes), onde serão partes o estagiário, a parte concedente de estágio e a instituição do ensino onde estuda o estagiário; ou por intermédio de **Termo de Compromisso Plurilateral** (com quatro partes), onde serão partes o estagiário, a parte concedente de estágio, a instituição do ensino onde estuda o estagiário e o agente de integração (exemplo CIEE – Centro de Integração Empresa Escola).

As principais características do contrato de estágio estão sistematizadas no gráfico abaixo:

Quanto à jornada de trabalho do estagiário, a mesma varia de acordo com a evolução educacional do estagiário. Assim, no caso dos estudantes da educação especial (estudantes da Associação de Pais e Amigos dos Excepcionais – APAE, por exemplo) e estudantes dos anos finais do ensino fundamental, na modalidade profissional de educação de jovens e adultos, a jornada máxima será de 04 horas diárias e 20 horas semanais.

Já no caso dos estudantes do ensino superior, da educação profissional de nível médio e do ensino médio regular, a jornada máxima será de 06 horas diárias e 30 horas semanais.

Outra particularidade sobre a jornada de trabalho do estagiário refere-se aos cursos que alternam teoria e prática, pois nestes cursos, no período onde não existem aulas presenciais, a jornada poderá ser dilatada para até 40 horas por semana, desde que isso esteja previsto no projeto pedagógico do curso e da instituição de ensino (artigo 10, § 1º, da Lei de Estágio).

De modo idêntico ao contrato de aprendizagem, a duração do estágio, na mesma parte concedente, não poderá exceder 2 (dois) anos, exceto quando se tratar de estagiário portador de deficiência, aos quais, inclusive, é resguardado o percentual de 10% das vagas. Ainda quanto à jornada de trabalho durante o período de verificação de aprendizagens (provas), quer periódicas, quer finais, a carga horária do estágio deverá ser reduzida pelo menos à metade, afinal o estágio não pode ser um empecilho ao desenvolvimento dos estudos.

Importante pontuar ainda que a concessão de bolsa ou outra forma de contraprestação que venha a ser acordada, bem como do auxílio-transporte, é compulsória na hipótese de estágio não obrigatório. Contudo, a eventual concessão de benefícios relacionados a transporte, alimentação e saúde, entre outros, não caracteriza vínculo empregatício.

Visando assegurar a qualidade do estágio no que diz respeito ao processo de aprendizagem do estagiário, a legislação criou uma proporção entre o número de empregados e o limite máximo de estagiários por estabelecimento, da seguinte forma:

Número de estagiários	Nº de empregados por estabelecimento	Nº de estagiários por estabelecimento
	1 a 5	1
	6 a 10	2
	11 a 25	5
	Acima de 25	Até 20%

É extremamente importante frisar que não se aplica a limitação acima indicada aos estágios de nível superior e de nível médio profissional, conforme artigo 17, § 4º da Lei de Estágio.

Também é importante indicar que o limite de estagiários informado no quadro acima é aferido por estabelecimento. Assim que, se uma empresa tem 04 filiais (estabelecimentos), a proporção entre empregados e estagiários deverá ser medida em cada filial (ou estabelecimento).

Por fim, os estagiários possuem direito a um recesso de 30 (trinta) dias, que deverá ser usufruído, preferencialmente, no mesmo período das férias escolares. Durante o recesso o estagiário receberá como pagamento a mesma bolsa que recebe durante a prestação de serviços. O lapso de 30 dias de recesso aplica-se para estágios com duração igual ou superior a um ano, nas hipóteses de estágio inferior a um ano as férias serão gozadas proporcionalmente aos meses trabalhados.

O contrato de trabalho do estagiário também não costuma ser esquecido nos concursos:

▸ **Aplicação em Concurso e/ou OAB:**

(VUNESP - AVAREPREV-SP - Procurador Jurídico – 2020) Assinale a alternativa correta sobre a lei de estágio.

a) A duração do estágio, na mesma parte concedente, não poderá exceder 1 (um) ano.

b) Quando se tratar de estagiário portador de deficiência, a duração do estágio, na mesma parte concedente, não poderá exceder 2 (dois) anos.

c) A concessão de benefícios relacionados a saúde, caracterizará vínculo empregatício.

d) As atividades de extensão, de monitorias e de iniciação científica na educação superior, desenvolvidas pelo estudante, não poderão ser equiparadas ao estágio.

e) O estagiário poderá receber bolsa ou outra forma de contraprestação que venha a ser acordada, sendo compulsória a sua concessão, na hipótese de estágio não obrigatório.

Resposta: E

F) Doméstico

Compreende-se como empregado doméstico aquele que presta serviços de forma **contínua**, **subordinada**, **onerosa** e **pessoal** e **de finalidade não lucrativa** à pessoa ou à família, no âmbito residencial destas, por mais de 2 (dois) dias por semana (artigo 1º da LC 150/2015).

Comparando-se os elementos da relação de emprego doméstico com os elementos da relação de emprego não doméstico, percebe-se que são todos iguais, salvo o elemento **não eventualidade** que, no caso dos domésticos, é substituído por **continuidade**, como já explicado anteriormente.

Enquanto o trabalho do empregado doméstico é continuo (transcorre por mais de 2 vezes na semana), o trabalho do **diarista** é descontínuo, pois é aquele que ocorre por **até 2 (dois) dias na semana**. Apesar de óbvio, convém registrar que o diarista não é um empregado e, consequentemente, não tem direitos trabalhistas.

Do conceito legal de doméstico podemos destacar os seguintes elementos: prestação de serviço de natureza não lucrativa; à pessoa física ou à família, no âmbito residencial das mesmas; com continuidade.

São exemplos de domésticos, dentre outros: babá, motorista residencial, jardineiro residencial, cozinheiros e camareiros de âmbito residencial, uma enfermeira que cuide de um idoso no âmbito residencial etc.

Diante de eventuais omissões sobre a regulamentação do trabalho doméstico, o artigo 19 da Lei Complementar nº 150/2015 de forma expressa determina a aplicação subsidiária da CLT.

Encontramos uma questão interessante sobre o assunto em estudo:

▸ **Aplicação em Concurso e/ou OAB:**

(FCC – Analista Judiciário – Área Administrativa – TRT 11ª Região – 2017) Matias é motorista da família Silva prestando seus serviços três dias da semana, no qual leva e busca as crianças na escola. Felícia é jardineira exercendo suas atividades para a família Silva quatro vezes por semana. Gilberto faz faxina na residência da família Silva uma vez por semana. E, por fim, Deise é acompanhante da matriarca da família Silva duas vezes por semana. Nestes casos, observando-se o requisito temporal e considerando que os demais requisitos legais estão presentes, tratam-se de empregados domésticos:

a) Matias e Felícia, apenas.

b) Matias, Felícia e Deise, apenas.

c) Matias, e Deise, apenas.

d) Matias, Felícia, Gilberto, apenas.

e) Matias, Felícia, Gilberto e Deise.

Resposta: A

F.1) Resumo Atual dos Direitos do Doméstico

A seguir listaremos todos os direitos que os domésticos possuem atualmente, tanto aqueles que essa categoria já possuía, como aqueles oriundos da Emenda Constitucional nº 72/2013 e da edição da Lei Complementar nº 150/2015. Conhecer este rol de direitos é importante, afinal muitas questões de Concursos e do Exame da Ordem são respondidas apenas com o conhecimento dos mesmos, vejamos:

a) Registro da CTPS em até 48 horas após a admissão[9];
b) Salário-mínimo, ainda que seja o salário mínimo/hora;
c) Jornada de trabalho não superior a 8 horas diárias e 44 horas semanais;
d) Horas Extras, com no mínimo 50% de acréscimo sobre o valor da hora normal;
e) Seguro contra acidentes de trabalho;
f) Irredutibilidade do salário;
g) Adicional noturno, com adicional de 20% do valor da hora normal;
h) Décimo terceiro salário;
i) Repouso semanal remunerado, preferencialmente aos domingos;
j) Férias, acrescidas de 1/3 constitucional;
k) Férias em dobro, quando concedidas ou pagas fora do prazo;
l) Salário-família;
m) Vale transporte;
n) FGTS e seguro desemprego;
o) reconhecimento das convenções e acordos coletivos de trabalho;
p) proibição de qualquer discriminação relativamente ao salário e critérios de admissão do trabalhador portador de deficiência;
q) É vedada a contratação de menor de 18 anos para desempenho de trabalho doméstico;
r) relação de emprego protegida contra despedida arbitrária ou sem justa causa;
s) assistência em creches e pré-escolas;

9. Para as trabalhadoras domésticas este prazo continua sendo de 48 horas, uma vez que a Lei nº 13.874, de 20 de setembro de 2019 ("Lei da Liberdade Econômica") não alterou a legislação das domésticas, mas tão somente a CLT.

t) proteção ao salário, constituindo crime sua retenção dolosa;

u) redução dos riscos inerentes ao trabalho;

v) aviso prévio proporcional ao tempo de serviço.

F.2) Jornada de Trabalho

Em regra, os domésticos possuem jornada de 08 horas por dia e 44 horas por semana. Entretanto, a LC nº 150/2015 admitiu também a possibilidade de jornada no sistema 12 x 36, desde que a permissão seja formalizada por meio de acordo individual por escrito entre as partes. As horas extras serão pagas com adicional de, no mínimo, 50%.

O empregado doméstico também poderá ser contratado por meio de **contrato *part time* (por tempo parcial)**, aquela cuja jornada de trabalho semanal não ultrapasse **25 horas**, hipótese na qual a remuneração será proporcional à quantidade de horas trabalhadas, respeitado o valor da hora do salário mínimo.

No contrato *part time* dos domésticos permite-se a realização de horas extras, desde que exista acordo escrito neste sentido, respeitando-se o limite máximo de uma hora extra por dia e desde que não ultrapasse o limite máximo de 06 horas diárias.

A LC nº 150/2015 também regulamentou a **jornada de trabalho dos domésticos que acompanham os empregadores em viagem**, deixando claro que durante as viagens considera-se como jornada de trabalho **apenas as horas efetivamente trabalhadas,** as quais poderão, inclusive, ser compensadas em outro dia.

O acompanhamento do empregador pelo empregado em viagem será condicionado à prévia existência de acordo escrito entre as partes.

A remuneração-hora do serviço em viagem será, no mínimo, 25% (vinte e cinco por cento) superior ao valor do salário-hora normal.

Vale salientar, conforme artigo 2º, parágrafo 7º, da LC nº 150/2015, que os intervalos de trabalho, o tempo de repouso, as horas não trabalhadas, os feriados e os domingos livres em que o empregado que mora no local de trabalho nele permaneça não serão computados como horário de trabalho. Tal previsão legal nos parece óbvia, afinal se não existe trabalho em determinado período de tempo, não pode o mesmo ser computado na jornada do trabalhador.

Relativamente ao **banco de horas**, a multicitada Lei Complementar autorizou a sua criação, mediante acordo escrito entre empregado e empregador, as quais poderão ser compensadas no prazo de até **01 (um) ano.**

Um detalhe que convém ser citado, sobre o banco de horas, refere-se ao fato de que as primeiras 40 (quarenta) horas extras mensais não poderão ir para o banco de horas anual, pois deverão ser pagas, permitindo-se sua dedução apenas para o caso de redução do horário de trabalho ou para o caso de dedução de dia útil não trabalhado, isso **durante o mês**.

Em relação ao **intervalo intrajornada**, o artigo 13º da Lei Complementar nº 150/2015 criou dois regimes: um para o empregado que não mora no local de trabalho e outro para o empregado que mora no local de trabalho.

Na hipótese do empregado morar no local de trabalho, o período de intervalo poderá ser fracionado/desmembrado em 2 (dois) períodos, desde que cada um deles tenha, no mínimo, 1 (uma) hora, até o limite de 4 (quatro) horas ao dia, ou seja, somados os dois intervalos, poderão ter até o máximo de 04 horas por dia.

Por exemplo, o empregador pode conceder um intervalo de 01 hora e outro de 03 horas ou então dois intervalos de uma hora cada, dentre outras possibilidades.

Na situação do empregado que não reside no local de trabalho, vez que tem sua própria moradia, o intervalo intrajornada será de no mínimo 01 hora e, no máximo, duas horas, admitindo-se, entretanto, a redução do intervalo para 30 minutos, desde que convencionado por escrito.

Quanto ao **intervalo interjornada**, ou seja, o intervalo entre o fim da jornada de um dia e o início da jornada do dia seguinte, não existe nenhuma inovação, seguindo a regra de 11 horas.

Da mesma forma, quanto à **jornada noturna**, foram repetidas as disposições da CLT, logo o horário noturno compreende-se entre 22h00min de um dia e 05h00min do dia seguinte, com adicional de 20% e também com o instituto da hora *ficta* noturna, que considera a hora como tendo 52'30" (cinquenta e dois minutos e trinta segundos).

Sobre o **registro da jornada de trabalho** frisa-se que a LC nº 150/2015 tornou o registro obrigatório por qualquer meio idôneo, seja o manual, mecânico ou eletrônico.

O efeito prático desta inovação encontra-se nas regras do ônus da prova, afinal caberá ao empregador juntar ao processo judicial o controle de horário do empregado doméstico, sob pena de considerar-se verdadeira a jornada alegada na petição inicial (ou reclamação trabalhista). Temos aí uma presunção relativa ou *juris tantum*, admitindo, portanto, prova oral que supra a ausência do registro de jornada.

Caso o registro da jornada esteja invariável (ou britânico), isto é, como horários idênticos de início e final da jornada, o mesmo também será considerado inválido, presumindo-se verdadeira a jornada da peça inicial. Também temos aqui uma presunção relativa ou *juris tantum*, motivo pelo qual igualmente poderá ser produzida prova oral que supra a existência do registro inválido de jornada.

Sobre os detalhes ligados ao registro do horário de trabalho doméstico, segue uma questão:

> **▸ Aplicação em Concurso e/ou OAB:**
>
> **(FGV – OAB – Exame de Ordem Unificado XXII – 2017)** Suely trabalha na casa de Rogério como cuidadora de seu pai, pessoa de idade avançada e enferma, comparecendo de segunda a sexta-feira, das 8:00 às 17:00 h, com intervalo de uma hora para refeição. De acordo com o caso narrado e a legislação de regência, assinale a afirmativa correta.
>
> a) O controle escrito não é necessário, porque menos de 10 empregados trabalham na residência de Rogério.
>
> b) A lei de regência prevê que as partes podem acertar, por escrito, a isenção de marcação da jornada normal, assinalando apenas a eventual hora extra.
>
> c) A Lei é omissa a respeito, daí por que a existência de controle deve ser acertado entre as partes envolvidas no momento da contratação.
>
> d) Rogério deve, por força de Lei, manter controle escrito dos horários de entrada e saída da empregada doméstica.
>
> *Resposta:* D

Finalmente, de acordo com a Convenção nº 155, artigo 3º, letra "c", da OIT, a expressão "local de trabalho" abrange todos os lugares onde os trabalhadores devem permanecer ou onde têm que comparecer, e que estejam sob o controle, direto ou indireto, do empregador. Tal entendimento apenas reforça tudo que falamos acima sobre a jornada de trabalho do doméstico, vez que considera-se "local de trabalho" não somente a residência do empregador, mas todo e qualquer lugar onde esteja executando ou aguardando ordens.

F.3) Descontos Salariais

O artigo 18 da Lei Complementar nº 150/2015 afirma ser vedado ao empregador doméstico efetuar descontos no salário do empregado por fornecimento de alimentação, vestuário, higiene ou moradia, bem como por despesas com transporte, hospedagem e alimentação em caso de acompanhamento em viagem.

Excepcionalmente, poderão ser descontadas as despesas com moradia, quando essa se referir a local diverso da residência em que ocorrer a prestação de serviço, desde que essa possibilidade tenha sido expressamente acordada entre as partes.

Ainda sobre o fornecimento de moradia ao doméstico, o legislador foi extremamente cauteloso, deixando claro que o fornecimento da mesma na própria residência do patrão ou em morada anexa, de qualquer natureza, não gera ao empregado doméstico qualquer direito de posse ou de propriedade.

Enfim, permite-se (faculta-se) ao empregador efetuar descontos no salário do empregado nos casos de adiantamento salarial e, mediante acordo escrito entre as partes, para a inclusão do empregado em planos de assistência médico-hospitalar e odontológica, de seguro e de previdência privada, não podendo a dedução ultrapassar 20% (vinte por cento) do salário.

F.4) Depósitos Fundiários (FGTS)

O empregador doméstico depositará 8% a título de depósito mensal de FGTS, mais o percentual de 3,2% que equivale a uma antecipação da multa de 40%, devida na hipótese de extinção do contrato sem justa causa ou por culpa do empregador.

Com este expediente de depósitos mensais adicionais de 3,2%, o legislador facilitou a vida do empregador doméstico, que não precisará arcar, de uma só vez, com a multa de 40% na extinção do vínculo.

Caso o contrato de trabalho se encerre por justa causa, por pedido de demissão do doméstico, por término de contrato a prazo, aposentadoria ou falecimento do empregado doméstico, o empregador será restituído quanto aos depósitos no importe mensal de 3,2%.

Finalmente, caso a extinção contratual se concretize por culpa recíproca, o empregador será restituído em 50% dos valores de antecipação da multa e a outra metade caberá ao empregado.

F.5) Peculiaridade do Vale-Transporte

A obrigação de fornecer o vale-transporte, poderá ser substituída, a critério do empregador, pela concessão, mediante recibo, dos valores para a aquisição das passagens necessárias ao custeio das despesas decorrentes do deslocamento residência-trabalho e vice-versa.

Resumindo, o empregador poderá fazer o pagamento do vale-transporte em dinheiro (art. 19, parágrafo único, da LC nº 150/2015).

F.6) Justa Causa e Despedida Indireta

Ao tratar das hipóteses de justa causa, no artigo 27, a LC nº 150/2015 repetiu quase que integralmente o artigo 482 da CLT que trata sobre a matéria.

As duas únicas novidades sobre justa causa são as seguintes: **primeira**, criação de nova hipótese de justa causa consistente na *"submissão a maus tratos de idoso, de enfermo, de pessoa com deficiência ou de criança sob cuidado direto ou indireto do empregado"* (inciso I); **segunda**, limitou o abandono de emprego aos empregados que faltam por 30 dias corridos (inciso IX), sendo que na CLT não existe um prazo previsto legalmente.

No que tange à despedida indireta (ou rescisão indireta), parágrafo único do art. 27, mais uma vez a Lei Complementar dos domésticos praticamente repetiu o artigo 483 da CLT que trata sobre esta temática, tendo acrescentado apenas mais duas hipóteses de despedida indireta, a saber: **primeira**, no fato do *"empregador praticar qualquer das formas de violência doméstica ou familiar contra mulheres (...)* (inciso VII)"; **segunda**, possibilidade da despedida indireta quando o doméstico estiver submetido a trabalho degradante (inciso II).

F.7) SIMPLES do Empregador Doméstico

De acordo com a Lei Complementar 150, de 01/06/2015, o empregador doméstico deve efetuar o recolhimento de sua contribuição previdenciária patronal com a alíquota de 8%, incidente sobre o salário-de-contribuição do empregado doméstico a seu serviço. Deve, ainda, recolher 0,8% referente a seguro contra acidente do trabalho e, em mesmo documento de arrecadação do Simples Doméstico, o FGTS de 8% e 3,2%, referente à multa por rescisão do contrato de trabalho (já mencionada anteriormente), totalizando o custo de 20%.

O empregador doméstico é responsável por descontar a contribuição que cabe ao seu empregado e também reter o seu imposto de renda, quando cabível, recolhendo-os, juntamente com a suas contribuições, até o dia 07 do mês subsequente, no mesmo documento de arrecadação do Simples Doméstico, antecipando-se o prazo quando não for dia útil.

Deve, ainda, elaborar mensamente até o dia 07 do mês seguinte, por meio eletrônico, a declaração ao eSocial, contendo todos os pagamentos efetuados durante o mês ao empregado doméstico a seu serviço.

G) Teletrabalho e a Reforma Trabalhista

O vocábulo teletrabalho é constituído da junção da palavra "tele" com a palavra trabalho. Etimologicamente, *"tele"* possui origem grega, que significa "longe". Essa análise linguística nos ajuda a compreender melhor o significado dessa modalidade de trabalho.

O teletrabalho, que foi regulamentado pela **Reforma Trabalhista**, é aquele no qual o empregado está preponderantemente **longe** do estabelecimento empresarial do empregador, sendo que, além disso, faz-se necessário que o empregado se comunique por meio de aparelhos tecnológicos.

O artigo 75-B da CLT, inserido pela **Reforma Trabalhista**, dispõe no mesmo sentido:

> Art. 75-B. Considera-se teletrabalho a prestação de serviços **preponderantemente fora das dependências do empregador, com a utilização de tecnologias de informação e de comunicação** que, por sua natureza, não se constituam como trabalho externo.
>
> Parágrafo único. **O comparecimento às dependências do empregador para a realização de atividades específicas que exijam a presença do empregado no estabelecimento não descaracteriza o regime de teletrabalho.** – Grifo nosso.

Fica claro, na definição legal, que é um trabalho realizado **predominantemente** fora da empresa, com a utilização de tecnologias de informação e comunicação (exemplo, *Palm Top*[10]). E mesmo que o trabalhador execute alguns serviços específicos no estabelecimento empresarial, não deixa de ser teletrabalhador.

Os requisitos configuradores do teletrabalho seguem dispostos no gráfico abaixo:

10. "Computador pessoal pequeno o suficiente para ser segurado numa das mãos e operado com a outra". Esta definição foi encontrada em: http://www.dicionarioinformal.com.br/palmtop/

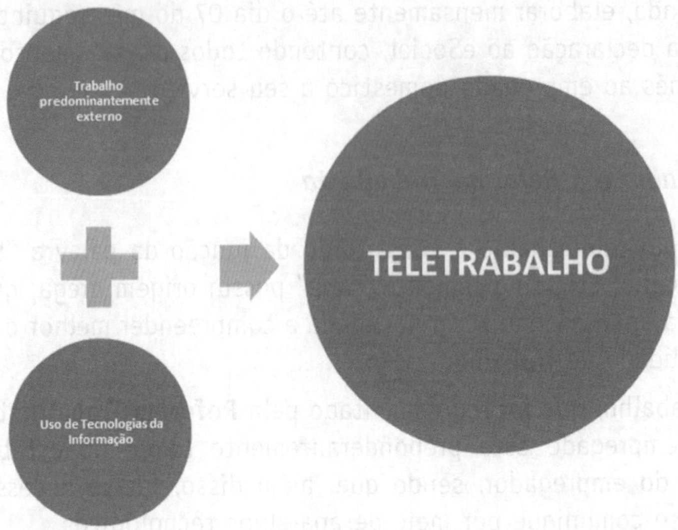

O artigo 75-C da CLT, também inserido pela **Reforma Trabalhista**, determina que a prestação de serviços na modalidade de teletrabalho deverá constar expressamente do contrato individual de trabalho, que descreverá as atividades que serão executadas pelo empregado.

Observa-se que foi criado um requisito solene para este contrato de trabalho, contrariando uma das características dos contratos de trabalho, que é justamente a consensualidade/informalidade ou ausência de solenidade.

O legislador reformista demonstrou certa preocupação com a **saúde dos teletrabalhadores**, haja vista ter determinado que cabe aos empregadores instruir aqueles de maneira expressa e ostensiva, quanto às precauções a tomar a fim de evitar doenças e acidentes de trabalho, conforme artigo 75-E da CLT. O empregado, inclusive, deverá assinar termo de responsabilidade comprometendo-se a seguir as instruções fornecidas pelo empregador para evitar moléstias ocupacionais.

G.1) O Teletrabalhador enquanto Empregado

Tradicionalmente, a figura do empregado sempre foi representada por um trabalhador assalariado e subordinado que prestava seus serviços dentro de um estabelecimento empresarial.

Entretanto, a dinâmica das relações de emprego fez surgir novas categorias de trabalhadores, entre eles os teletrabalhadores, os quais se enquadram no conceito de empregado, afinal a subordinação que, normalmente, era exercida apenas de forma presencial, modernamente, também pode ser exercida a distância, por meio de instrumentos tecnológicos de fiscalização, conforme dispõem o artigo 6º e parágrafo único da CLT:

> Art. 6º Não se distingue entre o trabalho realizado no estabelecimento do empregador, o executado no domicílio do empregado e o realizado a distância, desde que estejam caracterizados os pressupostos da relação de emprego.
>
> Parágrafo único. Os meios telemáticos e informatizados de comando, controle e supervisão se equiparam, para fins de subordinação jurídica, aos meios pessoais e diretos de comando, controle e supervisão do trabalho alheio.

G.2) Transformação de Teletrabalhador em Trabalhador Presencial e Vice-Versa

Para as empresas que possuem empregados presenciais, mas que desejam convertê-los em teletrabalhadores faz-se necessário que o empregado concorde com a referida alteração contratual (mútuo acordo), a qual deverá ser formalizada por intermédio de um aditivo contratual.

De outro lado, poderá ser realizada a alteração do regime de teletrabalho para o presencial, por determinação do empregador (independente de concordância do empregado), garantido prazo de transição mínimo de quinze dias, com correspondente registro em aditivo contratual.

G.3) Instrumentos de Trabalho do Teletrabalhador

O artigo 75-D da CLT, fruto da **Reforma Trabalhista**, afirma que a responsabilidade pela aquisição, manutenção ou fornecimento dos equipamentos tecnológicos e da infraestrutura necessária/adequada à prestação do trabalho remoto (ou teletrabalho), bem como ao reembolso de despesas arcadas pelo empregado, serão previstas em contrato escrito. Temos aqui uma inovação, no mínimo, polêmica.

Ora, os riscos do negócio pertencem ao empregador – alteridade –, cabendo ao mesmo arcar com os custos da aquisição, manutenção e fornecimento dos equipamentos e infraestrutura necessária ao teletrabalhador. Da mesma forma, o reembolso das despesas assumidas por essa modalidade de empregado, indispensáveis à prestação dos serviços, trata-se de mais uma obrigação do empregador.

Todavia, a literalidade do artigo 75-D da CLT, traz uma possível interpretação gramatical de que o empregado poderá arcar com os custos da aquisição, manutenção e fornecimento dos equipamentos e infraestrutura necessária ao teletrabalho, caso exista previsão contratual neste sentido. O mesmo entendimento aplica-se ao reembolso de despesas, que também foi relegado às previsões contratuais firmadas entre empregado e empregador.

Acreditamos que a melhor interpretação deste artigo é a teleológica/finalística, motivo pelo qual o mesmo deve ser entendido em conjunto com a principal característica do empregador, que é a alteridade (os riscos do empreendimento pertencem ao empregador). Logo, no máximo, pode-se aceitar que o empregado trabalhe com seus próprios equipamentos, a fim de que seja, posteriormente, reembolsado pelo empregador. Sendo que os referidos reembolsos, obviamente, não teriam natureza salarial, mas sim indenizatória.

Em que pese essa polêmica interpretativa sobre este novo dispositivo legal inserido pela **Reforma Trabalhista**, o candidato deverá ficar atento à literalidade do artigo, afinal as questões objetivas costumam exigir o conhecimento literal do mesmo:

> Art. 75-D, da CLT. As disposições relativas à responsabilidade pela aquisição, manutenção ou fornecimento dos equipamentos tecnológicos e da infraestrutura necessária e adequada à prestação do trabalho remoto, bem como ao reembolso de despesas arcadas pelo empregado, serão previstas em contrato escrito.
>
> Parágrafo único. As utilidades mencionadas no caput deste artigo não integram a remuneração do empregado.

Segue uma questão de concurso para que nosso leitor teste seus conhecimentos:

▸ Aplicação em Concurso e/ou OAB:

(UFMA - Administrador - 2019) Sobre a prestação de serviços pelo empregado em regime de teletrabalho, é correto afirmar:

a) Poderá ser realizada a alteração entre regime presencial e de teletrabalho, desde que o empregador determine, sem mútuo acordo entre as partes, e desde que seja registrado em aditivo contratual.

b) A prestação de serviços na modalidade de teletrabalho deverá constar expressamente do contrato individual de trabalho, o qual especificará as atividades que serão realizadas pelo empregado.

c) O comparecimento às dependências do empregador para a realização de atividades específicas que exijam a presença do empregado no estabelecimento descaracteriza o regime de teletrabalho.

d) As disposições relativas à responsabilidade pela aquisição, manutenção ou fornecimento dos equipamentos tecnológicos e da infraestrutura necessária e adequada à prestação do trabalho remoto, bem como ao reembolso de despesas arcadas pelo empregado, não precisam ser previstas em contrato escrito.

e) O empregador não tem nenhuma responsabilidade ou dever sobre precauções a tomar a fim de evitar doenças e acidentes de trabalho em regimes de teletrabalho.

Resposta: B

G.4) Jornada de Trabalho do Teletrabalhador

O artigo 62 da CLT trata dos empregados que, em regra, estão excluídos do controle/fiscalização de jornada e, consequentemente, não possuem direito ao recebimento de horas extras.

O referido artigo possuía apenas duas categorias de trabalhadores que, em regra, não estavam protegidos por uma limitação de jornada: os trabalhadores externos e os exercentes de cargo de gestão (exemplo: Gerente). Ocorre que a **Reforma Trabalhista** inseriu os teletrabalhadores no inciso III do artigo 62, motivo pelo qual, em regra, os mesmos também estão excluídos da possibilidade do recebimento de horas extras.

O gráfico abaixo resume a situação atual dos trabalhadores excluídos, em regra, do recebimento de horas extras:

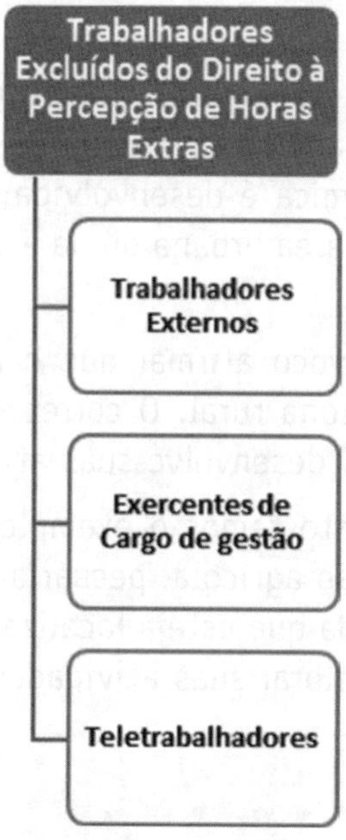

Em que pese a previsão do artigo 62 da CLT, não podemos olvidar (esquecer) o Princípio da Primazia da Realidade, afinal ainda que um empregado seja enquadrado em qualquer das categorias acima, o que importa é se no mundo dos fatos realmente não havia possibilidade de controle/fiscalização da jornada de trabalho, caso contrário, o empregado terá direito às horas extras.

Por exemplo, apesar do teletrabalhador estar fora do ambiente de trabalho, ele deverá utilizar tecnologias de informação e de comunicação. Assim sendo, caso o empregador exija que o teletrabalhador faça *login* (entrar no sistema mediante matrícula pessoal e intransferível) diariamente no mesmo horário e também realize *logout* (sair do sistema mediante matrícula pessoal e intransferível) diariamente no mesmo horário, entendemos que estará existindo um controle de horário por meio telemático/informatizado, fazendo surgir, em consequência, direito ao recebimento de horas extras.

H) Trabalhador Rural (Rurícola)

O trabalhador rural é regido pela Lei nº 5.889/1973, que foi recepcionada pela Carta Magna, sendo a CLT aplicada apenas subsidiariamente, nas omissões, naquilo em que for compatível.

O enquadramento de um trabalhador rural não ocorre apenas pela presença dos requisitos de uma relação de emprego (pessoalidade, subordinação, não eventualidade e onerosidade), mas também pela peculiaridade de que o empregador, neste caso, **deverá** explorar atividade agroeconômica.

Atividade agroeconômica é gênero, que possui como espécies, por exemplo, a atividade agrícola, pastoril ou pecuária. É importante deixar claro que a pedra de toque se centra na atividade desenvolvida pelo empregador e não no local onde a atividade agroeconômica é desenvolvida. Portanto, pouco importa se essa atividade é exercida na área urbana ou na área rural para a caracterização de um empregador rural.

Assim sendo, é um equívoco afirmar que o empregador rural desenvolve suas atividades **apenas** na zona rural. O correto é afirmar que o empregador rural, **preponderantemente**, desenvolve suas atividades na zona rural.

Nessa linha de pensamento temos o exemplo do **Prédio rústico**, que é o imóvel destinado à exploração agrícola, pecuária e extrativa ou agroindustrial (enfim, agroeconômica), ainda que esteja localizado na zona urbana. Portanto, o empregador rural pode explorar suas atividades em um prédio rústico.

> **▸ Cuidado!**
>
> É importante diferenciar a atividade rural, enquanto segmento de mercado com fins lucrativos (que é o que está sendo tratado neste tópico), daquelas situações

nas quais algumas pessoas possuem chácaras ou sítios voltados ao lazer, sem fins lucrativos. Pois neste último caso, os trabalhadores são domésticos, afinal temos um trabalho de âmbito familiar e residencial sem finalidade lucrativa.

H.1) Indústria Rural

Também são considerados trabalhadores rurais, por determinação legal, aqueles que laboram na denominada indústria rural, a qual ocorre quando houver exploração industrial em estabelecimento agrário.

Segundo o Decreto Lei nº 73.626/74, amoldam-se ao conceito de indústria rural aquelas atividades que compreendem o primeiro tratamento dos produtos agrários sem transformá-los em sua natureza, tais como:

- O beneficiamento, a primeira modificação e o preparo dos produtos agropecuários e hortigranjeiros e das matérias-primas de origem animal ou vegetal para posterior venda ou industrialização;
- O aproveitamento dos subprodutos oriundos das operações de preparo e modificação dos produtos de origem agrária.

Resumindo, a indústria rural engloba o primeiro tratamento dos produtos agrários, **sem transformar sua natureza**, e o aproveitamento de subprodutos oriundos das operações de tratamento dos produtos agrários.

Temos como exemplo de operários da indústria rural, entre outros, aqueles que trabalham nas seguintes atividades: as indústrias de fabricação de polpas de frutas; o uso de palhas de coqueiro para fabricação artesanal; e a colheita do palmito e seu acondicionamento em conservas.

Percebam que em todos esses exemplos acima citados não existe a transformação da natureza do produto. No caso da polpa de fruta, a mesma continua sendo fruta, só que despolpada. No caso do artesanato, a palha de coqueiro não é transformada em um novo produto, pois continua sendo palha de coqueiro, simplesmente submetida à criatividade do artesão; o palmito também continua sendo palmito, só que em conserva.

H.2) Trabalhadores em Reflorestamento

Serão igualmente abrangidos pelo conceito de rurícola os empregados de empresas de reflorestamento que atuarem no plantio, no corte de árvores e no reflorestamento propriamente dito, conforme posicionamento da OJ nº 38 da SDI-1 do TST:

> O empregado que trabalha em empresa de reflorestamento, cuja atividade está diretamente ligada ao manuseio da terra e de matéria prima, é rurícola e não industriário, nos termos do Decreto n.º 73.626, de 12.02.1974, art. 2º, § 4º, pouco importando que o fruto de seu trabalho seja destinado à indústria. Assim, aplica-se a prescrição própria dos rurícolas aos direitos desses empregados.

H.3) Trabalhadores no Turismo Rural

A lei dos rurícolas também enquadra em suas disposições os trabalhadores que se ativem na *"exploração do turismo rural ancilar à exploração agroeconômica"*, ou seja, na exploração do turismo rural que sirva para impulsionar a exploração agroeconômica.

O turismo rural constitui-se de um conjunto de atividades turísticas ligadas ao meio rural, comprometida com a produção agropecuária, agregando valor aos produtos e serviços oriundos do campo.

Depreende-se que sempre que o turismo rural for uma mola propulsora da exploração agroeconômica, servindo para o desenvolvimento deste, o explorador desta atividade será empregador rural e, por extensão, seus empregados serão rurícolas.

Diante de todas as modalidades de empregados rurais até aqui expostas, segue abaixo o gráfico resumido que indica quem pode ser um rurícola:

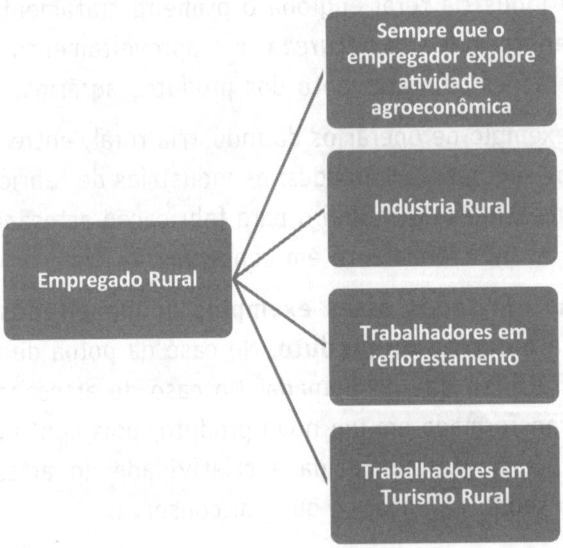

H.4) Horário Noturno e Intervalo Intrajornada dos Trabalhadores Rurais

O trabalhador rural tem horário noturno diverso daquele fixado para o trabalhador urbano, regido pela CLT. Neste caso, considera-se horário noturno aquele desenvolvido das 22h00min às 05h00min. Naquele (rurais), o horário de labor noturno variará conforme o tipo de rurícola, pois na atividade agrícola/lavoura é localizado entre 21h00min e 05h00min, já na pecuária dá-se entre às 20h00min e 04h00min.

O adicional noturno é de 25% para o trabalhador rural, ao passo que para o trabalhador urbano regido pela CLT o percentual é de 20%. Entrementes, o rurícola não goza da denominada hora ficta noturna de 52min30s, a qual existe para os celetistas.

A hora ficta noturna consiste numa criação legal que determinou que a hora de trabalho noturna dos empregados urbanos não terá 60 (sessenta) minutos, mas tão somente 52min30s.

As diferenças relativas ao horário noturno seguem estampadas no quadro abaixo, para fins de facilitação do aprendizado:

EMPREGADO	Horário Noturno	Adicional Noturno	Hora Noturna
URBANO	22h às 05h	20%	52min30s
RURAL	Pecuária 20h às 04h Agricultura 21h às 05h	25%	60 minutos

O **intervalo intrajornada** dos rurícolas varia conforme os usos e costumes da região, assegurando-se, todavia, um intervalo de pelo menos uma hora para repouso ou alimentação. Por exemplo, na região Sul da Bahia os usos e costumes indicam que o intervalo intrajornada deve ser 01h30min, ao passo que no Estado do Amazonas, os usos e costumes podem indicar um intervalo para descansos de 03 horas.

Fica claro que a Lei dos Rurais fixou apenas a quantidade mínima de intervalo intrajornada, deixando maiores detalhes sobre este direito relegado às peculiaridades de cada região. De acordo com as regras do ônus da prova, cabe à parte que invocar o costume provar sua vigência.

A Convenção nº 141 da OIT, com vigência no Brasil desde 27/09/75, que trata sobre Organizações de Trabalhadores Rurais, emprega à expressão "trabalhadores rurais" um conceito mais abrangente. Para efeito dessa Convenção, trabalhadores rurais seriam todas as pessoas dedicadas, nas regiões rurais, a tarefas agrícolas ou artesanais ou a ocupações similares ou conexas, tanto se tratando de assalariados (aqui a figura típica da qual tratamos), quanto se tratando de pessoas que trabalhem por conta própria, como arrendatários, parceiros e pequenos proprietários (art. 2º).

Além disso, defende que todas as categorias de trabalhadores rurais, quer se tratem de assalariados ou de pessoas que trabalhem por conta própria, têm o direito ao desenvolvimento de organizações de trabalhadores rurais livres e viáveis, capazes de proteger e defender os interesses de seus afiliados e de garantir sua contribuição efetiva ao desenvolvimento econômico e social, sem necessidade de prévia autorização, e o direito de a elas se afiliarem, tendo como única condição a observância de seus estatutos (art. 3º).

Sobre o empregado rurícola, segue uma aplicação em concurso:

▸ **Aplicação em Concurso e/ou OAB:**

(TRT 1ª Região – Juiz do Trabalho Substituto – 2016) Em relação às relações de trabalho rural, conforme previstas na Lei nº 5.889/73, é correto afirmar:

a) Empregador rural é apenas a pessoa, física ou jurídica, proprietária de terras que explore atividade agroeconômica, em caráter permanente ou temporário, diretamente ou por prepostos.

b) O Trabalho noturno na lavoura, permitido apenas aos empregados maiores de 16 anos, é aquele compreendido entre 21 horas de um dia e 5 horas do dia seguinte.

c) O adicional noturno será de, pelo menos, 25% sobre a remuneração normal.

d) Dadas as peculiaridades das atividades desenvolvidas, são incompatíveis com o trabalho rural as regras de equiparação salarial previstas no artigo 461 da CLT.

e) A indenização devida ao trabalhador safrista, pelo término normal do contrato, é de uma remuneração mensal.

Resposta: C

H.5) Aviso Prévio dos Trabalhadores Rurais

O artigo 15 da Lei nº 5.889/73 prevê para os rurícolas o instituto do aviso prévio: *"Durante o prazo do aviso prévio, se a rescisão tiver sido promovida pelo empregador, o empregado rural terá direito a um dia por semana, sem prejuízo do salário integral, para procurar outro trabalho."*

Nota-se, portanto, clara divergência das disposições celetistas, afinal o artigo 488 da CLT determina que o empregado optará entre sair duas horas mais cedo diariamente ou se ausentar 07 dias consecutivos quando do cumprimento do aviso prévio. Como visto acima, a Lei dos Rurais, por sua vez, determina a liberação do empregado um dia por semana durante o aviso prévio.

A Lei nº 12.506/2011 regulamentou o aviso prévio proporcional ao tempo de serviço, prevendo o aviso prévio mínimo de trinta dias para contratos inferiores a 01 ano, bem como o acréscimo de mais 03 dias para cada ano de trabalho, a partir do primeiro ano[11].

Em que pese a lei em questão ser omissa quanto à possibilidade de aplicação aos rurícolas, a doutrina vem entendendo pela sua extensão aos mesmos, motivo pelo qual os trabalhadores rurais permanecerão com o direito a uma folga semana por todo o período de aviso prévio proporcional ao tempo de serviço.

H.6) Utilidades Salariais dos Rurícolas

O artigo 9º da Lei dos Rurais determina que só poderão ser descontadas do empregado rural as seguintes parcelas, **calculadas sobre o salário mínimo:**

- Até o limite de 20% (vinte por cento) pela ocupação da moradia;
- Até o limite de 25% (vinte por cento) pelo fornecimento de alimentação sadia e farta, atendidos os preços vigentes na região.

As deduções acima especificadas deverão ser previamente autorizadas pelo trabalhador rural, sem o que serão nulas de pleno direito.

Sempre que mais de um empregado residir na mesma moradia, o desconto de 20% será dividido proporcionalmente ao número de empregados residentes na morada, vedada, em qualquer hipótese, a moradia coletiva de famílias.

Uma vez rescindido ou findo o contrato de trabalho, o empregado rural será obrigado a desocupar a casa dentro de trinta dias.

Sobre as utilidades salariais, também não existe correspondência entre a Lei dos Rurícolas e a legislação afeta aos trabalhadores urbanos (regidos pela CLT). O quadro abaixo servirá de guia para que o leitor identifique as diferenças:

11. Conforme entendimento da Nota Técnica 184/2012 do MTE.

EMPREGADO	Dedução Moradia	Dedução Alimentação	Permissão para desconto
URBANO	25% do salário contratual	20% do salário contratual	Não é obrigatória
RURÍCOLA	20% do salário mínimo	25% do salário mínimo	Obrigatória

H.7) Grupo Econômico[12] no Meio Rural

A Lei dos Rurícolas também traz previsão sobre o grupo econômico, o qual é uma associação entre empresas/fazendas do meio rural que decidem atuar conjuntamente para aumentar sua lucratividade e competitividade no mercado.

O Artigo 3º, § 2º, da Lei 5.889/73, traz a seguinte previsão legal:

> Sempre que uma ou mais empresas, embora tendo cada uma delas personalidade jurídica própria, estiverem sob direção, controle ou administração de outra, ou ainda quando, mesmo guardando cada uma sua autonomia, integrem grupo econômico ou financeiro rural, serão responsáveis solidariamente nas obrigações decorrentes da relação de emprego.

Infere-se do artigo acima que a legislação em estudo adotou tanto o conceito de **grupo econômico por subordinação ou vertical**, quanto o conceito de **grupo econômico por coordenação ou horizontal.**

Existirá um **grupo econômico por subordinação ou vertical** sempre que uma das empresas do grupo atuar como controladora, exercendo subordinação/controle sobre as demais empresas do grupo. Da empresa controladora emanam as ordens que devem ser seguidas pelas empresas controladas.

De outro lado, existirá um **grupo econômico por coordenação ou horizontal** sempre que as empresas coligadas atuarem em pé de igualdade na tomada de decisões. É dizer, "ninguém manda em ninguém", tudo se decide em um debate onde as empresas estão em posição de igualdade.

A questão seguinte serve de teste para verificação do aprendizado:

▸ Aplicação em Concurso e/ou OAB:

(TRT 4ª Região – Juiz do Trabalho Substituto – 2016 – ADAPTADA) Assinale a assertiva correta sobre grupo econômico, conforme a lei dos rurícolas.

12. Este assunto será ainda mais detalhado no capítulo que trata sobre a figura "empregador".

I – A existência de direção, controle ou administração ostensiva de uma empresa sobre as demais caracteriza grupo econômico em regime de subordinação.

II – A Lei nº 5.889/1973, que estatuiu normas reguladoras do trabalho rural, definiu a responsabilidade solidária das empresas integrantes de grupo econômico, em regime de subordinação, apenas.

III – A Lei nº 5.889/1973, que estatuiu normas reguladoras do trabalho rural, admite a existência de grupo econômico por subordinação e por coordenação.

Resposta: "I" e "III" corretas;
"II" errada.

H.8) Trabalhador Rural por Pequeno Prazo

O artigo 14-A da Lei 5.889/1973 buscou simplificar a contratação dos trabalhadores rurais por pequeno prazo para o exercício de atividades de natureza temporária.

A teleologia/finalidade do referido artigo é trazer uma maior quantidade de rurícolas para o mercado formal de trabalho e, consequentemente, fazê-los desfrutar da proteção oriunda do regime da Previdência Social, bem como da "poupança forçada" que surge em face dos depósitos de FGTS.

Neste caso, mostra-se interessante a leitura atenciosa do artigo 14-A da Lei 5.889/1973:

> Art. 14-A. O produtor rural pessoa física poderá realizar contratação de **trabalhador rural por pequeno prazo** para o exercício de atividades de natureza temporária.
>
> § 1º A contratação de trabalhador rural por pequeno prazo que, dentro do período de 1 (um) ano, superar 2 (dois) meses fica convertida em contrato de trabalho por prazo indeterminado, observando-se os termos da legislação aplicável.
>
> § 2º A filiação e a inscrição do trabalhador de que trata este artigo na Previdência Social decorrem, automaticamente, da sua inclusão pelo empregador na Guia de Recolhimento do Fundo de Garantia do Tempo de Serviço e Informações à Previdência Social – GFIP, cabendo à Previdência Social instituir mecanismo que permita a sua identificação.
>
> § 3º O contrato de trabalho por pequeno prazo deverá ser formalizado mediante a inclusão do trabalhador na GFIP, na forma do disposto no § 2º deste artigo, e:
>
> **I – mediante a anotação na Carteira de Trabalho e Previdência Social e em Livro ou Ficha de Registro de Empregados; ou**

> **II – mediante contrato escrito, em 2 (duas) vias, uma para cada parte, onde conste, no mínimo:**
>
> a) expressa autorização em acordo coletivo ou convenção coletiva;
>
> b) identificação do produtor rural e do imóvel rural onde o trabalho será realizado e indicação da respectiva matrícula;
>
> c) identificação do trabalhador, com indicação do respectivo Número de Inscrição do Trabalhador – NIT.
>
> § 4º A contratação de trabalhador rural por pequeno prazo só poderá ser realizada por produtor rural pessoa física, proprietário ou não, que explore diretamente atividade agroeconômica.

A principal característica dessa forma de contratação encontra-se na flexibilização dos requisitos formais para a contratação, afinal além da tradicional possibilidade de registro da CTPS[13], a lei possibilitou que no lugar da CTPS o vínculo poderá ser formalizado em **simples contrato escrito**, em 2 (duas) vias, uma para cada parte, onde conste, no mínimo: a) expressa autorização em acordo coletivo ou convenção coletiva; b) identificação do produtor rural e do imóvel rural onde o trabalho será realizado e indicação da respectiva matrícula; c) identificação do trabalhador, com indicação do respectivo Número de Inscrição do Trabalhador – NIT.

Por fim, são assegurados ao trabalhador rural contratado por pequeno prazo, além de remuneração equivalente à do trabalhador rural permanente, os demais direitos de natureza trabalhista.

I) Mãe Social

A empregada em análise é regulamentada pela Lei nº 7.644/87. A tarefa de uma mãe social consiste no acolhimento e atendimento de crianças de baixa renda por meio de uma instituição social para a qual trabalha, gerando vínculo de emprego com a mesma.

Por meio deste tipo de contrato de emprego especial, a mãe social é inserida em uma casa lar (ou equivalente) com a função de residir na mesma e prestar assistência/cuidado a um determinado número de menores abandonados.

Deverá receber pelo menos um salário mínimo, com a devida anotação na CTPS, repouso semanal remunerado, férias anuais, 13º salário, FGTS ou indenização e previdência social, inclusive em caso de acidente de trabalho.

---

13. Vale repetir que a anotação de toda e qualquer CTPS se dará, preferencialmente, por meios informatizados, vez que a Lei nº 13.874, de 20 de setembro de 2019 ("Lei da Liberdade Econômica"), determinou, através da reformulação do artigo 14 da CLT, que a CTPS será emitida pelo Ministério da Economia preferencialmente em meio eletrônico.

A lei permite ainda que estes menores que estão lotados em uma casa lar sejam colocados no mercado de trabalho como estagiários, aprendizes ou empregados, em estabelecimentos públicos ou privados. Do salário que o menor auferir, num desses vínculos, 40% serão destinados às suas despesas pessoais; até 40% reverterão para a casa lar que o mantém; e até 30% serão depositados em caderneta de poupança em seu nome, para ser levantada/sacada ao completar 18 anos de idade (conforme artigo 12, parágrafo único, incisos I, II e III).

J) Trabalho da Mulher

Em todos os sistemas jurídicos, a trabalhadora recebe uma atenção especial da legislação trabalhista, diferente e mais vantajosa daquelas estabelecidas para os homens. No caso do Brasil, a Constituição Federal, no seu artigo 7º, inciso XX, defende a *"proteção do mercado de trabalho da mulher, mediante incentivos específicos, nos termos da lei;"*.

Partindo da premissa de que as mulheres, historicamente, foram alvo de diversas modalidades de discriminação no trabalho, a CLT, no artigo 373-A, proibiu diversas condutas de conotação preconceituosa.

Desta forma, veda-se publicar ou fazer publicar anúncio de emprego no qual haja referência ao sexo, à idade, à cor ou situação familiar, salvo quando a natureza da atividade a ser exercida, pública e notoriamente, assim o exigir, como é o caso de atividade que exija transporte manual de peso superior a 25 quilos.

É que a CLT permite que as mulheres transportem objetos com peso de até **20 quilos para trabalhos contínuos** ou de até **25 quilos para trabalho ocasional/eventual**. Não se compreende nesta limitação de peso a remoção de material feita por impulsão ou tração de vagonetes sobre trilhos, de carros de mão ou quaisquer aparelhos mecânicos.

A legislação trabalhista também proíbe que o empregador recuse emprego, promoção ou motive a dispensa do trabalho em razão de sexo, idade, cor, situação familiar ou estado de gravidez, salvo quando a natureza da atividade seja notória e publicamente incompatível.

Na mesma linha de ideias, o empregador jamais deverá considerar o sexo, a idade, a cor ou situação familiar como variável determinante para fins de remuneração, formação profissional e oportunidades de ascensão profissional.

Considera-se ato absolutamente ilegal e discriminatório a exigência de atestado ou exame, de qualquer natureza, para comprovação de esterilidade ou gravidez, na admissão ou permanência no emprego.

A existência de revistas íntimas[14] nas empregadas, pelo empregador ou seus prepostos também é expressamente vedada, por atentar contra a dignidade humana da trabalhadora.

Mostra-se oportuno conferir uma questão sobre este tema:

▸ Aplicação em Concurso e/ou OAB:

(GUALIMP - Prefeitura de Areal – RJ - Procurador Municipal - 2020) Considerando as regras celetistas para a proteção do trabalho da mulher, ressalvadas as disposições legais destinadas a corrigir as distorções que afetam o acesso da mulher ao mercado de trabalho e certas especificidades estabelecidas nos acordos trabalhistas, são vedados todos os atos e ações abaixo especificados, estando INCORRETO o conteúdo da alternativa:

a) Publicar ou fazer publicar anúncio de emprego no qual haja referência ao sexo, à idade, à cor ou situação familiar, em toda e qualquer situação.

b) Recusar emprego, promoção ou motivar a dispensa do trabalho em razão de sexo, idade, cor, situação familiar ou estado de gravidez, salvo quando a natureza da atividade seja notória e publicamente incompatível.

c) Considerar o sexo, a idade, a cor ou situação familiar como variável determinante para fins de remuneração, formação profissional e oportunidades de ascensão profissional.

d) Exigir atestado ou exame, de qualquer natureza, para comprovação de esterilidade ou gravidez, na admissão ou permanência no emprego.

Resposta: A

Relativamente ao trabalho em sobrejornada, o artigo 384 da CLT foi revogado pela **Reforma Trabalhista**, motivo pelo qual a mulher submetida a trabalho em jornada extraordinária **não terá mais um intervalo de 15 minutos antes do início da jornada extraordinária**, para recompor suas energias.

14. Embora estejamos tratando sobre o trabalho da mulher, convém frisar que a proibição de revistas íntimas também se estende aos homens. Ademais, convém informar que a Lei nº 13.271 de 2016 dispõe sobre a proibição de revista íntima de funcionárias nos locais de trabalho e trata da revista íntima em ambientes prisionais, na qual existe a imposição de multas aos infratores.

J.1) Proteção à Maternidade

A empregada gestante poderá se ausentar do trabalho para realizar, no mínimo, **06 (seis) consultas médicas**, bem como os exames necessários ao pré-natal, garantindo-se, nestas hipóteses, a ausência ao trabalho pelo tempo que for necessário.

Conforme ensina o artigo 396 da CLT, com redação dada pela Lei nº 13.509 de 2017, a mulher terá direito a **02 (dois) intervalos intrajornada especiais de 30 minutos cada**, para amamentar seu filho, inclusive se advindo de adoção, até que este complete 06 (seis) meses de idade, sendo que esse período de tempo poderá ser dilatado, a critério da autoridade médica, quando o exigir a saúde do filho.

Sobre estes intervalos de 30 minutos para amamentação, a **Reforma Trabalhista** trouxe previsão no sentido de que os horários nos quais a empregada gozará desses intervalos deverão ser definidos em **acordo individual entre a mulher e o empregador** (artigo 396, § 2º da CLT).

Para aquelas empresas que possuam **estabelecimentos com mais de 30 empregadas** torna-se obrigatório a existência de local apropriado onde seja permitido às empregadas guardar sob vigilância e assistência os seus filhos no período da amamentação. Sendo que os locais destinados à guarda dos filhos das trabalhadoras durante o período da amamentação deverão possuir, no mínimo, **um berçário, uma saleta de amamentação, uma cozinha dietética e uma instalação sanitária (banheiro).**

A exigência acima descrita poderá ser suprida por meio de creches mantidas, diretamente ou mediante convênios, com outras entidades públicas ou privadas, pelas próprias empresas, em regime comunitário, ou a cargo do SESI (Serviço Social da Indústria), do SESC (Serviço Social do Comércio), da LBA (Legião Brasileira de Assistência) ou de entidades sindicais.

À luz do artigo 10, inciso II, alínea "b", do ADCT, é vedada a dispensa arbitrária ou sem justa causa da empregada gestante desde a confirmação da gravidez até cinco meses após o parto. Em que pese a dicção legal falar que a **estabilidade** se inicia com a "confirmação da gravidez", a doutrina e jurisprudência tem entendido de forma pacífica que a estabilidade se inicia desde a concepção do feto, ou seja, independentemente de as partes saberem ou não do estado gravídico.

Assegura-se à empregada gestante um **salário-maternidade** de, no mínimo, 120 dias, cujo início poderá ocorrer entre o 28º dia antes do parto e a ocorrência deste. O salário-maternidade é um benefício previdenciário custeado pela Previdência Social, pois a empresa pode se reembolsar dos salários pagos durante o período de afastamento do trabalho em razão do parto (licença-

-maternidade), do valor devido à Previdência Social, relativo às contribuições previdenciárias.

Assim, para sermos didáticos, vamos diferenciar os institutos do salário-maternidade e da licença-maternidade:

1) Salário-maternidade – benefício previdenciário concedido à empregada em razão do parto, natimorto, aborto ou adoção, que consiste do pagamento de valor correspondente ao período autorizado legalmente pela Autarquia Previdenciária.
2) Licença-maternidade – período da legislação trabalhista em que se permite a ausência laboral da trabalhadora em razão do parto, natimorto, aborto ou adoção, nem sempre coincidindo com o período autorizado do salário-maternidade.

Para as empregadas que trabalhem em empresas que aderiram ao Programa Empresa Cidadã (de adesão facultativa), será possível prorrogar a licença-maternidade por mais 60 dias, desde que a empregada faça um requerimento neste sentido até o final do primeiro mês após o parto, podendo o custo adicional ser abatido do imposto de renda das empresas tributadas pelo lucro real.

O salário-maternidade, espécie de benefício previdenciário, não sofreu qualquer alteração com o citado programa. Ressalte-se que a prorrogação opcional de 60 dias não tem natureza de benefício previdenciário, vez que não é financiada pela Previdência Social. Neste caso, o salário-maternidade é de apenas 120 dias, enquanto a licença-maternidade é prorrogada em mais 60 dias, totalizando 180 dias, devendo a empresa se ressarcir do custo adicional gerado com valor a pagar de imposto de renda.

Em caso de aborto não criminoso, comprovado mediante atestado médico, a segurada terá direito ao salário-maternidade correspondente a duas semanas (art. 93, § 5º, Regulamento da Previdência Social, aprovado pelo Decreto 3.048/99). Em caso de natimorto, comprovado por atestado de óbito, será garantido o salário-maternidade por 120 dias (art. 343, § 5º, da IN 77/2015).

A empregada ou empregado que **adotar ou obtiver guarda judicial** para fins de adoção de criança (até o limite de 12 anos), e em decorrência desse evento se afastar de suas atividades, fará jus ao salário-maternidade, que também terá o prazo de 120 dias, sendo que em caso de adoção ou guarda judicial conjunta ocorrerá a concessão de licença-maternidade a **APENAS** um dos adotantes ou guardiães empregado ou empregada. Salienta-se, ainda dentro do tema, que a empregada que adotar ou obtiver guarda judicial **não terá direito à estabilidade da gestante**.

Chamamos a atenção dos estudantes que a partir da Lei 12.873/2013, que modificou e incluiu artigos na Lei nº 8.213/91, os homens que adotarem crianças ou obtiverem guarda para fins de adoção também fazem jus ao salário-maternidade pelo prazo de 120 dias.

A avançada Lei 12.873/2013 garantiu, ainda, que no caso de **falecimento da segurada ou segurado** que fizer *jus* (direito) ao recebimento do salário-maternidade, **o benefício será pago**, por todo o período ou pelo tempo restante a que teria direito, **ao cônjuge ou companheiro** sobrevivente **que tenha a qualidade de segurado**, exceto no caso do falecimento do filho ou de seu abandono, observadas as normas aplicáveis ao salário-maternidade (art. 71-B, da Lei 8.213/91).

Esta redação deixa claro que o homem passa a ter direito ao salário-maternidade também em caso de morte da mulher no parto ou durante o gozo do salário-maternidade, desde que ele seja segurado do RGPS ou mantenha esta qualidade. A lei faz alusão, também, ao pagamento para mulher em caso de morte do homem, somente sendo isso possível em caso de falecimento do homem adotante. Vejam que § 3º, do artigo 71-B, da Lei nº 8.213/91, dispõe que se aplica o salário-maternidade em caso de falecimento do segurado para quem adotar ou obtiver guarda judicial para fins de adoção. Assim, o cônjuge ou companheiro do adotante passa a ter direito ao gozo deste benefício.

A Lei Complementar nº 146, de 25/06/2014 determinou que o direito a estabilidade provisória da gestante, nos casos em que ocorrer o falecimento da genitora, será assegurado a quem detiver a guarda do seu filho. Dessa forma, durante o período da estabilidade de 5 meses após o parto, fica vedada a dispensa arbitrária ou sem justa causa do empregado que detenha a guarda da criança.

Calha observar como este tema vem sendo exigido nas provas:

▸ Aplicação em Concurso e/ou OAB:

(FCC – Analista Judiciário – Área Administrativa – TRT 2/2018) De acordo com a Consolidação das Leis do Trabalho, à empregada que adotar ou obtiver guarda judicial para fins de adoção de criança ou adolescente será concedida licença-maternidade

a) de 180 dias mediante apresentação da Certidão de Nascimento da criança e do termo judicial de guarda à adotante ou guardiã, sendo que a adoção ou guarda judicial conjunta ensejará a concessão de licença-

-maternidade a apenas um dos adotantes ou guardiães empregado ou empregada.

b) de 120 dias mediante apresentação do termo judicial de guarda à adotante ou guardiã, sendo que a adoção ou guarda judicial conjunta ensejará a concessão de licença-maternidade aos dois adotantes ou guardiães empregado ou empregada.

c) de 120 dias mediante apresentação do termo judicial de guarda à adotante ou guardiã, sendo que a adoção ou guarda judicial conjunta ensejará a concessão de licença-maternidade a apenas um dos adotantes ou guardiães empregado ou empregada.

d) dependendo da idade da criança que poderá variar de 30 a 180 dias, independentemente da apresentação do termo judicial de guarda à adotante ou guardiã, sendo que a adoção ou guarda judicial conjunta ensejará a concessão de licença-maternidade a apenas um dos adotantes ou guardiães empregado ou empregada.

e) dependendo da idade da criança que poderá variar de 30 a 180 dias, mediante a apresentação do termo judicial de guarda à adotante ou guardiã, sendo que a adoção ou guarda judicial conjunta ensejará a concessão de licença-maternidade aos dois adotantes ou guardiães empregado ou empregada.

Resposta: C

J.2) A Gestante, a Lactante e o Ambiente Insalubre – Reforma Trabalhista e o Entendimento do STF

Por meio da **Reforma Trabalhista**, a trabalhadora **gestante e lactante**, no que diz respeito a sua exposição à insalubridade, passou a ter um tratamento diferenciado, conforme previa a redação dada ao artigo 394-A da CLT, a seguir transcrito:

> Art. 394-A. Sem prejuízo de sua remuneração, nesta incluído o valor do adicional de insalubridade, a empregada deverá ser afastada de:
>
> I - atividades consideradas insalubres em grau máximo, enquanto durar a gestação;
>
> II - atividades consideradas insalubres em grau médio ou mínimo, quando apresentar atestado de saúde, emitido por médico de confiança da mulher, que recomende o afastamento durante a gestação;
>
> III - atividades consideradas insalubres em qualquer grau, quando apresentar atestado de saúde, emitido por médico de confiança da mulher, que recomende o afastamento durante a lactação.

Assim, para as atividades consideradas **insalubres em grau máximo**, a lei reformadora determinava o afastamento automático da **gestante**, enquanto durasse a gestação.

O tratamento seria distinto quando a **gestante** estivesse exposta a **atividades e operações insalubres em grau médio ou mínimo**, pois nesta hipótese apenas conseguiria seu afastamento do ambiente de trabalho insalubre caso apresentasse atestado de saúde emitido por médico de sua confiança, o qual deveria recomendar expressamente o distanciamento do referido ambiente enquanto perdurasse o estado gravídico.

Para as empregadas que estivessem, por sua vez, em período de **lactação/amamentação**, o legislador trouxe a seguinte disciplina legal: as mesmas somente deveriam ser afastadas de atividades e operações consideradas insalubres **em qualquer grau**, caso apresentassem atestado de saúde emitido por médico de sua confiança, que recomendasse o afastamento durante a lactação/amamentação.

Essas inovações da Reforma Trabalhista referente ao tratamento da mulher gestante e lactante foram alvo de acirradas críticas doutrinárias desde a tramitação do projeto de lei nº 13.467/2017, o qual já vinha sendo rotulado como inconstitucional neste aspecto. Este debate constitucional, enfim foi enfrentado pelo STF.

Com efeito, o ministro Alexandre de Moraes, do Supremo Tribunal Federal, em 30 de abril de 2019, deferiu liminar na Ação Direta de Inconstitucionalidade (ADI) nº 5938 para suspender o trecho do artigo 394-A da CLT que admite a possibilidade de trabalhadoras grávidas e lactantes desempenharem atividades insalubres nas hipóteses acima estudadas.

Segundo o ministro Alexandre de Moraes, a proteção da mulher grávida ou da lactante em relação ao trabalho insalubre caracteriza-se como direito social protetivo tanto da mulher quanto da criança. Valendo trazer a seguinte citação da decisão: ***"A proteção à maternidade e a integral proteção à criança são direitos irrenunciáveis e não podem ser afastados pelo desconhecimento, pela impossibilidade ou pela própria negligência da gestante ou lactante em juntar um atestado médico, sob pena de prejudicá-la e prejudicar o recém-nascido".***

Em 29 de maio de 2019, o plenário do STF, por 10 votos a 1, confirmou a liminar no Ministro Alexandre de Moraes, confirmando-se a inconstitucionalidade do trecho do artigo 394-A da CLT que exigia apresentação de atestado médico para que a mulher gestante ou lactante fosse afastada do trabalho. Desse modo, atualmente a redação do art. 394-A da CLT foi alterada para excluir a necessidade de apresentação de laudo médico nos incisos II e III com referência a ADI nº 5938:

> Art. 394-A. Sem prejuízo de sua remuneração, nesta incluído o valor do adicional de insalubridade, a empregada deverá ser afastada de:
>
> I - atividades consideradas insalubres em grau máximo, enquanto durar a gestação;
>
> II - atividades consideradas insalubres em grau médio ou mínimo durante a gestação.
>
> III - atividades consideradas insalubres em qualquer grau durante a lactação.

Assim sendo, para fins de **concursos públicos, advocacia e exame da OAB**, o leitor deverá ter o seguinte entendimento: encontra-se proibido o trabalho das mulheres gestantes e lactantes em ambientes insalubres, de qualquer grau, diante da decisão proferida pelo STF na ADI nº 5938.

Com este posicionamento o STF privilegiou o artigo 6º da Constituição Federal, que prevê a proteção à maternidade e à infância, e ainda o artigo 7º, que garante a proteção do mercado de trabalho da mulher e redução dos riscos inerentes ao trabalho, por meio de normas de saúde, higiene e segurança.

K) Trabalho do Menor

Nos primórdios da revolução industrial apareceram as primeiras aflições sobre o trabalho do menor, o qual era intensamente explorado por meio de jornada de trabalho extenuante e salários inferiores aos maiores de idade.

Nossa Constituição, no seu artigo 7º, inciso XXXIII, proíbe o trabalho noturno, perigoso ou insalubre a menores de dezoito e de qualquer trabalho a menores de dezesseis anos, salvo na condição de aprendiz, a partir de quatorze anos. **Essa proteção ao trabalhador adolescente subsiste ainda que o mesmo já tenha sido emancipado civilmente.**

O trabalho do menor não poderá ser realizado em locais prejudiciais à sua formação, ao seu desenvolvimento físico, psíquico, moral e social e em horários e locais que não permitam a frequência à escola, pois assim tutela-se a moralidade do adolescente e também seu completo desenvolvimento físico e mental.

O Artigo 405 da CLT proíbe que o menor labore nos locais e serviços perigosos ou insalubres, bem como nos prejudiciais à sua moralidade.

Considera-se prejudicial à moralidade do adolescente, o trabalho prestado, de qualquer modo, em teatros de revista, cinemas, boates, cassinos, cabarés, dancings e estabelecimentos análogos; também se considera de moralidade duvidosa o trabalho executado em empresas circenses, em funções de acróbata, saltimbanco, ginasta e outras semelhantes, e também o consistente na venda, a varejo, de bebidas alcoólicas.

Outrossim considera-se danoso à moralidade do menor, o trabalho de produção, composição, entrega ou venda de escritos, impressos, cartazes, desenhos, gravuras, pinturas, emblemas, imagens e quaisquer outros objetos que possam, a juízo da autoridade competente, prejudicar sua formação moral.

Segundo o artigo 406 da CLT, O **Juiz de Menores** poderá autorizar o trabalho em teatros de revista, cinemas, boates, cassinos, cabarés, dancings e estabelecimentos análogos, bem como em empresas circenses, em funções de acróbata, saltimbanco, ginasta e outras semelhantes, **em duas hipóteses: primeiro**, desde que a representação teatral tenha fim educativo ou a peça de que participe não possa ser prejudicial à sua formação moral; **segundo**, desde que se certifique ser a ocupação do menor indispensável à própria subsistência ou à de seus pais, avós ou irmãos e não advir nenhum prejuízo à sua formação moral.

Sempre que a autoridade competente verificar que o trabalho executado pelo adolescente é prejudicial à sua saúde, ao seu desenvolvimento físico ou a sua moralidade, poderá ela obrigá-lo a deixar/abandonar o serviço, devendo a respectiva empresa, quando for possível, proporcionar ao menor todas as facilidades para mudar de função.

> **Cuidado!**
>
> Ao menor é lícito firmar recibo de quitação do salário, todavia no caso de rescisão do contrato de trabalho, é vedado ao menor de 18 (dezoito) anos, sem assistência dos seus responsáveis legais, dar quitação ao empregador pelo recebimento da indenização que lhe for devida.

Por fim, a **Reforma Trabalhista**, modificou a questão das férias do adolescente, pois antes da mesma, menores de 18 anos e maiores de 50 eram obrigados a tirar, de uma só vez, os 30 dias de férias. Doravante, permite-se ao trabalhador de qualquer idade, **desde que o mesmo concorde**, parcelar as férias em até três vezes, sendo que um deles não poderá ser inferior a quatorze dias corridos e os demais não poderão ser inferiores a cinco dias corridos, cada um.

L) Trabalho do Idoso

O Estatuto do Idoso (Lei nº 10.741/2003) considerou como idosa a pessoa com 60 (sessenta) anos ou mais, tutelando-a, nas relações de emprego entre os artigos 26 e 28.

O artigo 26 do Estatuto do Idoso determina que o idoso tem direito ao exercício de atividade profissional, respeitadas suas condições físicas, intelectuais e psíquicas.

Seguindo a mesma linha, o artigo 27 estabelece que na admissão do idoso em qualquer trabalho ou emprego, é vedada a discriminação e a indicação de limite máximo de idade (inclusive para concursos), ressalvados os casos em que a natureza do cargo o exigir.

Um benefício, para o acesso ao mercado de trabalho, foi deferido ao idoso por meio do Estatuto em análise, vez que o primeiro critério de desempate em concurso público será a idade, dando-se preferência ao de idade mais elevada.

Em conclusão, o artigo 28 do Estatuto do Idoso determina que o Poder Público criará e estimulará programas de profissionalização especializada para os idosos, aproveitando seus potenciais e habilidades para atividades regulares e remuneradas, ou seja, para atividades úteis à comunhão nacional.

M) Trabalho dos Militares

A Lei nº 6.880/1980, que trata sobre o Estatuto dos Militares, registra em seu artigo 5º que a carreira militar deve ser **inteiramente devotada** às finalidades principais das forças armadas. Logo, todo militar da ativa que executa atividades paralelas, em seu horário de folga, como segurança, vigia ou vigilante, por exemplo, está cometendo ato que viola a legislação retromencionada.

Vale citar o artigo 5º do Estatuto dos Militares:

> A carreira militar é caracterizada por atividade continuada e **inteiramente devotada** às finalidades precípuas das Forças Armadas, denominada atividade militar. (Grifo nosso)

Em que pese a vedação legal acima citada, faz parte da realidade trabalhista brasileira a presença cotidiana de militares da ativa que, para complementar sua renda, ativam-se adicionalmente em outras atividades. Tais militares, apesar de cometerem ato ilegal, possuem direito a pleitear o reconhecimento de vínculo empregatício, conforme entendimento da Súmula nº 386 do TST:

> Preenchidos os requisitos do art. 3º da CLT, é legítimo o reconhecimento de relação de emprego entre policial militar e empresa privada, independentemente do eventual cabimento de penalidade disciplinar prevista no Estatuto do Policial Militar.

Esse tema é recorrente em provas de Concurso e também no Exame da Ordem, segue um exemplo:

▸ **Aplicação em Concurso e/ou OAB:**

(VUNESP - DAEM - Procurador Jurídico - 2019) Pedro é policial militar da ativa no Estado de São Paulo e nos dias de folga trabalha como vigilante na Joias Ouro Ltda, três dias por semana, em jornada de 8 horas diárias, recebe salário mensal e não pode ser substituído por qualquer preposto. Pedro recebe ordens diretas de João Carlos, gerente da loja. Pedro não teve a CTPS anotada pela loja.

Com relação ao reconhecimento de vínculo empregatício, nesta situação hipotética, é correto afirmar que:

a) não estão preenchidos os requisitos da relação de emprego, portanto Pedro não pode ter reconhecido o vínculo empregatício.

b) estão preenchidos os requisitos da relação de emprego, contudo Pedro não pode ter reconhecido o vínculo empregatício, por exercer uma função pública que exige dedicação exclusiva.

c) estão preenchidos os requisitos da relação de emprego, e Pedro deve ter reconhecido o vínculo empregatício, independentemente de eventual infração administrativa do Estatuto da Polícia Militar.

d) estão preenchidos os requisitos da relação de emprego, contudo Pedro não pode ter reconhecido o vínculo empregatício exclusivamente por ser policial militar.

e) estão preenchidos os requisitos da relação de emprego, contudo Pedro poderá receber infração administrativa, que uma vez recebida anulará o eventual reconhecimento do vínculo empregatício.

Resposta: C

N) Atividades de Direção nos Partidos Políticos

A Lei nº 13.877 de 27 de setembro de 2019, alterou o artigo 44-A da Lei nº 9.096/95, para dispor que as atividades de direção exercidas nos órgãos partidários e em suas fundações e institutos, bem como as de assessoramento e as de apoio político-partidário, assim definidas em normas internas de organização, **não geram vínculo de emprego, desde que remuneradas com valor mensal igual ou superior a 2 (duas) vezes o limite máximo do benefício do Regime Geral de Previdência Social.**

Nada impede que o partido político venha a ressarcir despesas comprovadamente realizadas no desempenho de atividades partidárias, sem que isso implique em reconhecimento de vínculo de emprego.

Em igual sentido, a mesma lei (Lei nº 13.877/2019), acrescentou a alínea "f" ao artigo 7º da CLT, dispondo que a legislação consolidada, em regra, não se aplica *"às atividades de direção e assessoramento nos órgãos, institutos e fundações dos partidos, assim definidas em normas internas de organização partidária."*.

Em resumo, ambas as alterações se complementam em seus sentidos, haja vista que deflui da interpretação conjunta a inaplicabilidade da CLT para os trabalhadores que atuem em atividades de **direção, assessoramento** e **apoio** exercidas nos órgãos político-partidários e em suas fundações e institutos, assim definidas em normas internas de organização, **desde que os referidos prestadores de serviços sejam remunerados com valor mensal igual ou superior a 2 (duas) vezes o limite máximo do benefício do Regime Geral de Previdência Social.**

A propósito, vale informar que a Portaria nº 1.409/2019, trouxe regras para a execução do artigo 44-A da Lei nº 9.096/1995, acima citado no primeiro parágrafo deste tópico. De acordo com o artigo 2º da referida Portaria as normas internas dos partidos políticos disciplinarão, dentre outros, os seguintes aspectos sobre essa contratação sem regime celetista:

- As atividades de direção, assessoramento e apoio político-partidário a serem desempenhadas com base nessa modalidade de contratação;
- A quantidade ou os critérios para as contratações a serem realizadas por diretório ou unidade partidária;
- As hipóteses de alteração, suspensão, interrupção e extinção do contrato;
- As vantagens, os direitos, os deveres, as proibições e as responsabilidades dos contratados;
- As obrigações do contratante para com os contratados;
- Os prazos de vigência das contratações e a possibilidade ou não de prorrogação.

Por fim, o artigo 3º da Portaria nº 1.409/2019, esclarece ser permitida a contratação de pessoas que foram empregadas em órgãos, institutos e fundações dos partidos políticos, sem exigência de prazo mínimo entre a extinção do contrato de trabalho e a nova contratação.

O) Motorista de UBER e similares

Situação delicada e complexa é aquela que envolve a relação entre o motorista e o aplicativo UBER, sendo que a presente reflexão também vale para qualquer outra empresa *startup*[15] que desenvolva sua atividade de forma semelhante ao UBER, a exemplo da Lyft.

15. O termo *startup* surgiu há algum tempo nos Estados Unidos e se expandiu para o mundo, referindo-se a empresas de tecnologia da informação e comunicação alocadas no espaço da

O debate, neste caso, cinge-se à caracterização da atividade do motorista do UBER, alocando-o como trabalhador autônomo (*independent contractors*) ou como empregado.

A UBER (e demais empresas similares) defendem que seus motoristas são pequenos empreendedores que trabalham de forma autônoma, definindo, inclusive, seus dias e horários de trabalho, sempre com ampla liberdade, daí porque supostamente não haveria subordinação e, consequentemente, não haveria vínculo de emprego. Ousamos discordar.

A nosso ver, o motorista do UBER enquadra-se no conceito de empregado, preenchendo todos os requisitos legais. Existe onerosidade, afinal existe o pagamento. Verifica-se presente a pessoalidade, já que o motorista do UBER não pode se fazer substituir por outro. Salta aos olhos a não eventualidade, vez que o motorista se ativa habitualmente e, principalmente, na atividade fim da empresa. A subordinação, por sua vez, também ocorre, só que na modalidade de subordinação estrutural, que é mais tênue.

De acordo com o ministro Maurício Godinho Delgado[16], *"o requisito fático-jurídico da subordinação, previsto no artigo 3º da CLT, não deve ser interpretado apenas na perspectiva subjetiva, baseada em "profundas e irreprimíveis ordens" do tomador de serviços ao trabalhador. O conceito tem ainda aspecto objetivo – no qual o trabalhador realiza os objetivos sociais da empresa – e estrutural – em que o prestador do serviço se encontra inserido na organização, dinâmica e cultura do empreendimento."*.

A subordinação estrutural fica evidenciada, no caso do UBER e similares, em razão da existência de um algoritmo no aplicativo que controla não só a **qualidade** do serviço do motorista (por meio da avaliação dos clientes), mas também a **quantidade** de horas prestadas. Por meio deste controle, a UBER **sanciona** com o descredenciamento aqueles motoristas que não atingirem requisitos mínimos de qualidade no desempenho dos serviços prestados[17].

Entendemos que a UBER e empresas similares exercem típico poder diretivo sobre o negócio, estabelecendo, até mesmo, os critérios de remuneração de seus motoristas, afinal decide o valor cobrado pelo transporte e também a parte que cabe a cada um, sem direito de negociação sobre qualquer cláusula contratual. Típico contrato de adesão com franco desequilíbrio de poder. Vale

internet com ideias de negócios diferentes e com alto potencial de crescimento. Conceito retirado de: https://investorcp.com/investimento-coletivo/o-que-e-startup/

16. Conceito disponível em: http://www.tst.jus.br/noticias/-/journal_content/56/10157/359205?refererPlid=10730

17. No mesmo sentido, o pensador Cássio Casagrande, conforme artigo publicado em: https://www.jota.info/opiniao-e-analise/artigos/e-aprovada-na-california-lei-que-considera-empregados--os-trabalhadores-de-aplicativos-20092019

ressaltar ainda que o motorista se sujeita ao poder regulamentar ou normativo estabelecido pela *startup*, tanto que pode ser desativado caso seja qualificado pelos clientes com baixa reputação.

Por oportuno, calha registrar que se aplica à legislação brasileira, conforme permissão do artigo 8º da CLT, o Direito Comparado Norte Americano, especificamente o artigo 621 do *Labor Code* (Código Laboral) da Califórnia, o qual possui norma específica para situações como aquelas do UBER, o que facilita ainda mais o reconhecimento do vínculo de emprego no caso em análise. Embora nossa legislação trabalhista preveja os requisitos para uma relação de emprego, especificamente na situação dos motoristas de aplicativos vemos uma lacuna, o que possibilitaria a integração do sistema mediante a aplicação da legislação estrangeira[18].

Com efeito, segundo Rodrigo Carelli, o artigo 621 do *Labor Code*, afirma que *"qualquer indivíduo que fornece trabalho ou serviços em troca de remuneração tem o status de empregado e não de trabalhador autônomo, a menos que a empresa contratante demonstre todas as seguintes condições"*. Logo, para o referido artigo da lei laboral californiana, qualquer pessoa física que preste serviços, presume-se (relativamente) que seja um trabalhador empregado, salvo se o suposto empregador conseguir comprovar que:

- A pessoa está livre do controle e direção da entidade contratante, ou seja, que não existe subordinação;
- Que o trabalhador desenvolve atividades que estão fora da atividade fim da empresa; e
- Que o trabalhador desenvolve, habitualmente, uma outra ocupação da mesma natureza, no caso, que o empregado também trabalhe como motorista para outra empresa.

Nossos Tribunais Regionais do Trabalho vêm tratando este tema de forma bastante oscilante, havendo algumas decisões que reconhecem o vínculo de emprego, assim como outras em sentido oposto. Segue abaixo uma decisão que reconheceu o vínculo de emprego:

> No entendimento desta Relatora não há dúvidas de que a reclamada controla e desenvolve o negócio, estabelecendo os critérios de remuneração de seus motoristas. Em contraposição, está o motorista, que se sujeita às regras estabelecidas pela UBER e ao seu poder disciplinário, como por exemplo, a desativação do trabalhador, com baixa/má reputação. A própria reclamada admite em sua defesa que, caso seja reconhecido o vínculo, deverá ser considerado que a dispensa do

18. Opinião Procurador Rodrigo Carelli, com a qual concordamos, disponível no seguinte artigo: https://www.jota.info/opiniao-e-analise/artigos/e-aprovada-na-california-lei-que-considera-empregados-os-trabalhadores-de-aplicativos-20092019

obreiro se deu por mau procedimento, em virtude de seguidos cancelamentos de viagens. (TRT 3º, 11ª Turma, processo nº 0010806-62.2017.5.03.0011, julho/2019)

Por fim, segue abaixo o trecho de uma notícia, retirada do site do Conselho Superior da Justiça do Trabalho (CSJT)[19], sobre um acórdão do TRT 15ª Região que negou reconhecimento do vínculo de emprego:

> Outro ponto importante para o convencimento do Juízo foi a declaração do autor de que não mantém contato com nenhum representante da reclamada, "sendo este mais um elemento que conduz à conclusão da falta de ingerência da reclamada na forma da execução do contrato". O colegiado ponderou também que o autor trabalha "no horário que lhe aprouver e da forma que lhe seja mais conveniente, possuindo liberdade e autonomia para fixar sua jornada de trabalho e inclusive de suspender as atividades sem sequer comunicar à reclamada e sem sofrer qualquer tipo de consequência". Ainda no que diz respeito à jornada, o motorista lembrou que chegou a ficar uma semana sem trabalhar, devido a uma cirurgia, sem que houvesse nenhuma ingerência da empresa.

1.4. Relação de Trabalho não Empregatícia

A relação de trabalho não empregatícia é aquela para a qual estão ausentes alguns dos requisitos configuradores da relação de emprego, faltando-lhe ou elemento subordinação, ou o elemento não eventualidade, ou o elemento onerosidade ou o elemento pessoalidade.

Para os referidos trabalhadores não se estendem os direitos previstos na legislação trabalhista.

A) Relação de Trabalho Avulso

O artigo 12, inciso VI, da Lei nº 8.212/91, define como avulso aquele trabalhador que presta serviços a diversas empresas, de natureza urbana ou rural, sem vínculo empregatício.

Já o artigo 9º, VI, alínea "a" do Regulamento da Previdência Social, aprovado pelo Decreto 3.048/99 define que o trabalhador avulso é aquele que, **sindicalizado ou não**, presta serviços de natureza urbana ou rural, sem vínculo empregatício, a diversas empresas, com a **intermediação obrigatória do sindicato** da categoria **ou**, quando se tratar de atividade portuária, do **órgão gestor de mão de obra** (OGMO), assim considerados:

19. Informação disponível em: http://www.csjt.jus.br/web/csjt/noticias-dos-trts/-/asset_publisher/q2Wd/content/motorista-de-uber-nao-tem-direito-a-reconhecimento-de-vinculo-de--emprego-decide-a-decima-camara-do-trt-15?inheritRedirect=false

I – o trabalhador que exerce atividade portuária de capatazia, estiva, conferência e conserto de carga, vigilância de embarcação e de serviços de bloco;

II – o trabalhador de carga e descarga (estiva) de mercadorias de qualquer natureza, inclusive carvão e minério;

III – o trabalhador em alvarenga (embarcação para carga e descarga de navios);

IV – o amarrador de embarcação;

V – o ensacador de café, cacau, sal e similares;

VI – o trabalhador na indústria de extração de sal;

VII – o carregador de bagagem em porto;

VIII – o prático de barra em porto;

IX – o guindasteiro;

X – o classificador, o movimentador e o empacotador de mercadorias em portos.

O § 7º do art. 9º do Decreto 3.048 define algumas categorias de trabalhadores avulsos, conforme segue:

a) **capatazia** - a atividade de movimentação de mercadorias nas instalações dentro do porto, compreendidos o recebimento, a conferência, o transporte interno, a abertura de volumes para a conferência aduaneira, a manipulação, a arrumação e a entrega e o carregamento e a descarga de embarcações, quando efetuados por aparelhamento portuário;

b) **estiva** – a atividade de movimentação de mercadorias nos conveses ou nos porões das embarcações principais ou auxiliares, incluindo transbordo, arrumação, peação e despeação, bem como o carregamento e a descarga das mesmas, quando realizados com equipamentos de bordo;

c) **conferência de carga** – a contagem de volumes, anotação de suas características, procedência ou destino, verificação do estado das mercadorias, assistência à pesagem, conferência do manifesto e demais serviços correlatos, nas operações de carregamento e descarga de embarcações;

d) **conserto de carga** – o reparo e a restauração das embalagens de mercadoria, nas operações de carregamento e descarga de embarcações, reembalagem, marcação, remarcação, carimbagem, etiquetagem, abertura de volumes para vistoria e posterior recomposição;

e) **vigilância de embarcações** – a atividade de fiscalização da entrada e saída de pessoas a bordo das embarcações atracadas ou fundeadas ao largo, bem como da movimentação de mercadorias nos portalós, rampas, porões, conveses, plataformas e em outros locais da embarcação;

f) **bloco** – a atividade de limpeza e conservação de embarcações mercantes e de seus tanques, incluindo batimento de ferrugem, pintura, reparo de pequena monta e serviços correlatos.

A legislação previdenciária, de forma acertada, enquadrou o avulso como um trabalhador não empregado, afinal falta-lhe o requisito da pessoalidade, isso porque o avulso presta serviços a diversas empresas, as quais, quando da contratação, sequer conhecem os trabalhadores avulsos, vez que a mão de obra destes é intermediada pelo sindicato ou pelo Órgão Gestor de Mão de Obra (OGMO).

Como dissemos acima, a mão de obra do avulso é intermediada, logo, constata-se que a relação contratual existente é triangular, formada entre trabalhador avulso, empresa tomadora de serviços e sindicato (que intermedia a mão de obra) ou formada entre avulso, empresa tomadora de serviços e OGMO (que também intermedia a mão de obra).

O avulso não portuário tem seu trabalho intermediado pelo sindicato, enquanto o avulso portuário tem como intermediador de mão de obra o OGMO.

Cabe registrar que apesar do avulso ser um trabalhador que não preenche os requisitos do vínculo de emprego, a Constituição Federal no seu artigo 7º, XXXIV, equiparou os trabalhadores avulsos (independentemente de serem sindicalizados) aos trabalhadores com vínculo empregatício. Portanto, os avulsos possuem todos os direitos trabalhistas existentes para qualquer outro empregado.

Calha observar como este tema vem sendo exigido nas provas:

▸ Aplicação em Concurso e/ou OAB:

(VUNESP - Prefeitura de São José dos Campos - SP – Procurador - 2019) Nos termos da Constituição Federal,

a) o trabalhador avulso tem os mesmos direitos assegurados ao trabalhador temporário.

b) não há diferença entre o trabalho avulso e o trabalho eventual.

c) o trabalhador avulso tem igualdade de direitos com o trabalhador que possui vínculo empregatício.

d) o trabalhador avulso deve ser contratado diretamente pela empresa tomadora dos serviços, sem qualquer intermediação.

e) os direitos do trabalhador avulso precisam estar previstos em convenção ou acordo coletivo de trabalho.

Resposta: C

A.1) Avulso não Portuário

Este tipo de trabalhador, regido pela Lei nº 12.023/2009, exerce tarefas de movimentação de mercadoria, no âmbito urbano ou rural (mas sempre fora dos portos), tais como: carga e descarga de mercadorias a granel e ensacados; costura; pesagem; embalagem; empilhamento; operação de equipamentos para carga e descarga.

Como dito acima, nesta relação contratual triangular, o intermediador de mão de obra é o sindicado, o qual possui uma escala de trabalho dos trabalhadores avulsos cadastrados. Conforme seja solicitado pela empresa tomadora de serviço o sindicato envia os trabalhadores avulsos para execução das tarefas. Eis a relação contratual:

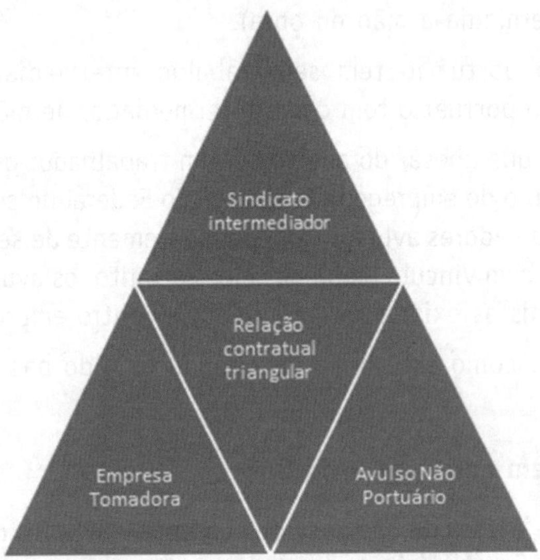

A empresa tomadora de serviços recebe o trabalhador avulso enviado pelo sindicato, e, como contrapartida, paga ao sindicato os valores devidos pelo serviço daquele trabalhador. O sindicato, por sua vez, tem o dever de repassar ao trabalhador avulso suas verbas salariais e pagar todos os direitos trabalhistas que lhe são devidos.

Com efeito, o artigo 6º da Lei nº 12.023/2009, elencou os deveres da empresa tomadora de serviços da seguinte forma:

> I – pagar ao sindicato os valores devidos pelos serviços prestados ou dias trabalhados, acrescidos dos percentuais relativos a repouso remunerado, 13º salário e férias acrescidas de 1/3 (um terço), para viabilizar o pagamento do trabalhador avulso, bem como os percentuais referentes aos adicionais extraordinários e noturnos;

> II – efetuar o pagamento a que se refere o inciso I, no prazo máximo de 72 (setenta e duas) horas úteis, contadas a partir do encerramento do trabalho requisitado;
>
> III – recolher os valores devidos ao Fundo de Garantia por Tempo de Serviço, acrescido dos percentuais relativos ao 13º salário, férias, encargos fiscais, sociais e previdenciários, observando o prazo legal.

Tendo a empresa tomadora de serviço cumprido a parte que lhe cabe, resta ao sindicato, consoante artigo 5º da Lei nº 12.023/2009, cumprir seus deveres para com os trabalhadores avulsos, quais sejam:

> I – divulgar amplamente as escalas de trabalho dos avulsos, com a observância do rodízio entre os trabalhadores;
>
> II – proporcionar equilíbrio na distribuição das equipes e funções, visando à remuneração em igualdade de condições de trabalho para todos e a efetiva participação dos trabalhadores não sindicalizados;
>
> III – repassar aos respectivos beneficiários, no prazo máximo de 72 (setenta e duas) horas úteis, contadas a partir do seu arrecadamento, os valores devidos e pagos pelos tomadores do serviço, relativos à remuneração do trabalhador avulso;
>
> IV – exibir para os tomadores da mão de obra avulsa e para as fiscalizações competentes os documentos que comprovem o efetivo pagamento das remunerações devidas aos trabalhadores avulsos;
>
> V – zelar pela observância das normas de segurança, higiene e saúde no trabalho;
>
> VI – firmar Acordo ou Convenção Coletiva de Trabalho para normatização das condições de trabalho.

Caso o sindicato intermediador não cumpra sua obrigação de repassar aos trabalhadores avulsos, no prazo máximo de 72 (setenta e duas) horas úteis, contadas a partir do seu arrecadamento, os valores devidos e pagos pelas empresas tomadoras do serviço, serão responsáveis, pessoal e solidariamente, os dirigentes da entidade sindical.

Preocupado em combater qualquer conduta que viesse a ferir o Princípio da Liberdade Sindical, na sua vertente de liberdade de associar-se ou não ao sindicato, a legislação do avulso não portuário vedou qualquer distinção entre trabalhadores sindicalizados e não sindicalizados para efeito de acesso ao trabalho (artigo 5º, § 2º, da Lei 12.023/2009).

A.2) Avulso Portuário

Esta categoria é regulamentada pela Lei nº 12.815/2013, sendo que dentre as atividades desenvolvidas pelos trabalhadores avulsos portuários encontram-se: **<u>capatazia</u>**, atividade de movimentação de mercadorias nas instalações dentro do porto, compreendendo o recebimento, conferência, transporte interno, abertura de volumes para a conferência aduaneira, manipulação, arrumação e entrega, bem como o carregamento e descarga de embarcações, quando efetuados por aparelhamento portuário; **estiva**, atividade de movimentação de mercadorias nos conveses ou nos porões das embarcações; **conferência de carga**, contagem de volumes, anotação de suas características, procedência ou destino, verificação do estado das mercadorias, assistência à pesagem, conferência do manifesto e demais serviços correlatos, nas operações de carregamento e descarga de embarcações etc.

Também no caso dos avulsos portuários existe uma relação contratual triangular, o intermediador de mão de obra é o Órgão Gestor de Mão de Obra (OGMO), que aloca os trabalhadores avulsos portuários conforme as necessidades da empresa tomadora, que neste caso é um Operador Portuário. Para fixação, observe a relação contratual:

O Operador Portuário (empresa tomadora dos serviços) tem a incumbência de recolher/pagar ao órgão gestor de mão de obra os valores devidos pelos serviços executados, referentes à remuneração por navio, acrescidos dos percentuais relativos a décimo terceiro salário, férias, Fundo de Garantia do Tempo de Serviço – FGTS, encargos fiscais e previdenciários, no prazo de vinte e quatro horas da realização do serviço, para viabilizar o pagamento ao trabalhador portuário avulso (artigo 2º, inciso I, da Lei 9.719/98).

O órgão de gestão de mão de obra é reputado como de utilidade pública, sendo-lhe proibido ter fins lucrativos, prestar serviços a terceiros ou exercer qualquer atividade não vinculada à gestão de mão de obra nos portos.

B) Relação de Trabalho Eventual

Afigura-se importante distinguir a figura do trabalhador eventual do empregado, vez que a CLT é restrita a este último e não a trabalhadores eventuais.

O trabalhador eventual é aquele contratado para determinadas ocasiões/eventos/acontecimento. Encerrando-se a missão ou evento de curta duração que gerou sua contratação, o mesmo será imediatamente desligado. É o caso do pedreiro que é contratado para fazer reparos no teto do supermercado. Assim que o teto estiver consertado, terminado estará o evento que ensejou sua contratação.

Outra forma de identificar o trabalhador eventual é observar a atividade da empresa na qual está prestando serviços. Caso os serviços sejam prestados na atividade fim da empresa (atividade principal) o trabalhador será não eventual. Se os serviços estiverem sendo prestados na atividade meio da empresa (atividade acessória/secundária), o trabalhador será eventual.

C) Relação de Trabalho Autônomo

Ao trabalhador autônomo não se aplicam os direitos previstos na CLT, afinal, como já dito ao longo desta obra, o autônomo não é empregado, pois falta-lhe o requisito da subordinação jurídica.

Com efeito, autonomia e subordinação são conceitos opostos, pois o autônomo trabalha por conta própria, suportando os riscos de sua atividade. Ao passo que o empregado subordinado trabalha por conta alheia, submetendo-se à vontade do empregador, recebendo ordens.

A história tem demonstrado que alguns empregadores, para evitar o pagamento de direitos trabalhistas, contratam pessoas com a roupagem jurídica de autônomos, quando na verdade são empregados. É dizer, formalmente aparentam ser autônomos, mas na prática são amplamente subordinados, como típicos empregados.

Essa fraude pode ser desfeita mediante aplicação do Princípio da Primazia da Realidade, reconhecendo-se o vínculo de emprego que estava ocultado por meio de um contrato que garantia suposta autonomia ao trabalhador.

C.1) O Autônomo e a Reforma Trabalhista

Sobre o trabalhador autônomo, a Reforma Trabalhista, inseriu na CLT o artigo 442-B, segundo o qual: *"A contratação do autônomo, cumpridas por este todas as formalidades legais, com ou sem exclusividade, de forma contínua ou não, afasta a qualidade de empregado prevista no art. 3º desta Consolidação"*.

A literalidade deste artigo demonstra uma extrema falta de técnica legislativa, haja vista que dá a entender, partindo de uma interpretação gramatical, que se as formalidades legais para a contratação de um autônomo forem cumpridas, estará afastada a qualidade de empregado.

Ora, o simples fato de existir contrato de prestação de serviços autônomo escrito, ou qualquer outra formalidade legal não afasta de forma absoluta o vínculo de emprego, afinal a relação jurídica deve ser analisada sob o prisma do Princípio da Primazia da Realidade.

Dessa forma, o que importa é o que ocorre de fato na relação contratual existente entre as partes. Assim, ainda que as formalidades legais tenham sido totalmente cumpridas entre as partes, poderá existir vínculo de emprego desde que exista, por exemplo, subordinação do suposto autônomo.

Segue uma questão em que foi cobrado o conhecimento sobre essa inovação da Reforma Trabalhista:

▸ **Aplicação em Concurso e/ou OAB:**

(INTEGRI - FIEC - Procurador Jurídico – 2019 - ADAPTADA) Sobre o contrato individual de trabalho é correto afirmar:

A contratação do autônomo, cumpridas por este todas as formalidades legais, com ou sem exclusividade, de forma contínua ou não, não afasta a qualidade de empregado.

Resposta: Item incorreto

C.2) O Autônomo e a Portaria nº 349/2018 do MTE

Através de uma portaria do extinto Ministério do Trabalho, o Governo Federal tentou restabelecer algumas disposições legais sobre a contratação do trabalhador autônomo e outros temas que estavam previstos na Medida Provisória nº 808/2017, que perdeu a validade sem que fosse analisada pelo Congresso.

O texto da referida Portaria nº 349/2018 é importante para concursos públicos e para o exame da OAB, motivo pelo qual segue abaixo transcrito:

> § 1º Não caracteriza a qualidade de empregado prevista no art. 3º da Consolidação das Leis do Trabalho o fato de o autônomo prestar serviços a apenas um tomador de serviços.
>
> § 2º O autônomo poderá prestar serviços de qualquer natureza a outros tomadores de serviços que exerçam ou não a mesma atividade econômica, sob qualquer modalidade de contrato de trabalho, inclusive como autônomo.
>
> § 3º Fica garantida ao autônomo a possibilidade de recusa de realizar atividade demandada pelo contratante, garantida a aplicação de cláusula de penalidade, caso prevista em contrato.
>
> § 4º Motoristas, representantes comerciais, corretores de imóveis, parceiros, e trabalhadores de outras categorias profissionais reguladas por leis específicas

relacionadas a atividades compatíveis com o contrato autônomo, desde que cumpridos os requisitos do caput, não possuirão a qualidade de empregado prevista o art. 3º da Consolidação das Leis do Trabalho.

§ 5º Presente a subordinação jurídica, será reconhecido o vínculo empregatício.

D) Relação de Trabalho Voluntário

Segundo a Lei nº 9.608/98, em seu artigo 1º, considera-se serviço voluntário a **atividade não remunerada** prestada por pessoa física a entidade pública de qualquer natureza ou a instituição privada de fins não lucrativos que tenha objetivos cívicos, culturais, educacionais, científicos, recreativos ou de assistência à pessoa.

Podemos destacar alguns elementos importantes para a caracterização do trabalho voluntário: atividade não remunerada; exercida por pessoa física (pessoa jurídica não pode); em favor de pessoa jurídica de direito privado sem fins lucrativos ou de entidade pública de qualquer natureza.

O serviço voluntário não gera vínculo empregatício, nem obrigação de natureza trabalhista previdenciária ou afim. No caso do serviço voluntário é bastante claro que falta o requisito da onerosidade, daí porque é inviável sua caracterização como vínculo de emprego.

A formalização do trabalho voluntário se concretizará mediante a celebração de **termo de adesão** entre a entidade, pública ou privada, e o prestador do serviço voluntário, dele devendo constar o objeto e as condições de seu exercício.

Apesar de não haver onerosidade no trabalho voluntário, o prestador do serviço voluntário poderá ser ressarcido pelas despesas que comprovadamente realizar no desempenho das atividades voluntárias.

E) Salão-Parceiro e Profissional-Parceiro

Com edição da Lei nº 13.352/2016, que altera a Lei nº 12.592/2012, possibilitou-se aos salões de beleza celebrar **contratos de parceria, por escrito**, com os profissionais que desempenham as atividades de Cabeleireiro, Barbeiro, Esteticista, Manicure, Pedicure, Depilador e Maquiador.

O salão de beleza é denominado de **salão-parceiro**, ao passo que o profissional contratado é chamado de **profissional-parceiro.**

Trata-se de alteração inovadora, vez que autoriza a contratação de profissionais para executarem atividade fim da empresa, excluindo-os, todavia, da qualidade de empregados regidos pela CLT. Não é por acaso que o § 11 do artigo 1-A da Lei nº 12.592/2012, afirma que o profissional-parceiro não terá relação de emprego ou de sociedade com o salão-parceiro enquanto perdurar a relação de parceria entre os mesmos.

O contrato de parceria deverá ser firmado por escrito e homologado pelos sindicatos das categorias profissional e patronal. Caso ausentes estes, o Ministério do Trabalho e Emprego[20] fará esse papel, perante duas testemunhas.

O artigo 1º-C da lei em análise, determina que se configurará vínculo empregatício entre a pessoa jurídica do salão-parceiro e o profissional-parceiro quando: não existir contrato de parceria formalizado na forma descrita nesta Lei; e quando profissional-parceiro desempenhar funções diferentes das descritas no contrato de parceria.

Além das duas hipóteses acima citadas, previstas em lei, a doutrina também tem entendido que existirá vinculo de emprego sempre que, de fato, estiverem presentes os elementos configuradores da relação de emprego (especialmente subordinação, neste caso), em que pese a existência de documentação regular sobre a formalização da parceria. Aplica-se ao caso o Princípio da Primazia da Realidade sobre a Forma.

Finalmente, são cláusulas obrigatórias do contrato de parceria, as que estabeleçam o seguinte:

- Percentual das retenções pelo salão-parceiro dos valores recebidos por cada serviço prestado pelo profissional-parceiro;
- obrigação, por parte do salão-parceiro, de retenção e de recolhimento dos tributos e contribuições sociais e previdenciárias devidos pelo profissional-parceiro em decorrência da atividade deste na parceria;
- condições e periodicidade do pagamento do profissional-parceiro, por tipo de serviço oferecido;
- direitos do profissional-parceiro quanto ao uso de bens materiais necessários ao desempenho das atividades profissionais, bem como sobre o acesso e circulação nas dependências do estabelecimento;
- possibilidade de rescisão unilateral do contrato, no caso de não subsistir interesse na sua continuidade, mediante aviso prévio de, no mínimo, trinta dias;

20. A Lei nº 13.844, de 18.06.2019, estabeleceu a nova organização básica dos órgãos da Presidência e dos Ministérios, tendo extinguido o referido Ministério, atrelando-o ao Ministério da Economia, sob o nome de Secretaria de Trabalho. Entretanto, como a legislação trabalhista não foi atualizada neste detalhe, optamos por continuar utilizando a terminologia que continua constando nas leis laborais, ou seja, Ministério do Trabalho e Emprego.

- responsabilidades de ambas as partes com a manutenção e higiene de materiais e equipamentos, das condições de funcionamento do negócio e do bom atendimento dos clientes;
- obrigação, por parte do profissional-parceiro, de manutenção da regularidade de sua inscrição perante as autoridades fazendárias.

1.5. Cooperativas de Mão de Obra

As cooperativas são sociedades sem fins lucrativos que podem dispensar a presença de capital social e cujas cotas de cada cooperado são intransferíveis a terceiros estranhos à sociedade, ainda que por herança. Os cooperados são sócios da cooperativa que integram.

Existem inúmeras modalidades de cooperativas, tais como de produção, de crédito e, o que tem importância no nosso estudo, as cooperativas de trabalho (ou de mão de obra), cuja principal função é fornecer mão de obra para empresas (empresa tomadora).

A Cooperativa de Trabalho poderá ser constituída com número mínimo de 07 (sete) sócios, podendo adotar por objeto social qualquer gênero de serviço, operação ou atividade, desde que previsto no seu Estatuto Social.

Em uma cooperativa que obedece aos ditames legais, o cooperado deve ser um trabalhador autônomo e, como reflexo desta realidade, não pode ser subordinado ao diretor da cooperativa ou à empresa tomadora da mão de obra fornecida pela cooperativa.

O artigo 442, parágrafo único, da CLT, deixa claro que *"qualquer que seja o ramo de atividade da sociedade cooperativa, não existe vínculo empregatício entre ela e seus associados, nem entre estes e os tomadores de serviços daquela"*.

Infelizmente muitas cooperativas foram desvirtuadas, isto é, foram criadas cooperativas formais, mas na prática inexistentes, apenas para fraudar a legislação trabalhista, fornecendo para a empresa tomadora dos serviços uma mão de obra tipicamente subordinada.

Diante dessa realidade, a Justiça do Trabalho tem atuado para distinguir "cooperativas de verdade" de "cooperativas fraudulentas", com base no artigo 9º da CLT que leciona que *"serão nulos de pleno direito os atos praticados com o objetivo de desvirtuar, impedir ou fraudar a aplicação dos preceitos contidos na presente Consolidação"* e também com apoio do Princípio da Primazia da Realidade.

Constatando-se a existência de uma cooperativa fraudulenta, forma-se o vínculo de emprego com a empresa tomadora dos serviços da cooperativa.

Ainda, o art. 17, § 1º da Lei nº 12.690/2012, Lei das Cooperativas, aduz que a Cooperativa de Trabalho que intermediar mão de obra subordinada e os contratantes de seus serviços estarão sujeitos à multa de R$ 500,00 (quinhentos reais) por trabalhador prejudicado, dobrada na reincidência, a ser revertida em favor do Fundo de Amparo ao Trabalhador - FAT. E, as penalidades serão aplicadas pela autoridade competente do Ministério do Trabalho e Emprego, de acordo com o estabelecido no Título VII da CLT.

Apesar de óbvio, vale ressaltar que existem várias cooperativas de trabalho, conforme a lei, que prestam relevantes serviços à população, como é o caso das cooperativas de taxistas, presentes nas grandes cidades do Brasil. O cooperativismo não deve ser combatido jamais, mas sim a deturpação deste valioso instituto, que por vezes é utilizado para precarizar mão de obra.

Segue uma questão do Exame da Ordem sobre este tema:

▸ **Aplicação em Concurso e/ou OAB:**

(FGV – Órgão – Exame de Ordem Unificado – XX – 2016) Um grupo de trabalhadores que atua voluntariamente na área de informática se reúne, e seus integrantes, desejosos de não se manterem na condição de empregados, resolvem criar uma cooperativa de serviço, na qual existe participação e ganho de todos, sendo conjunta a deliberação dos destinos da cooperativa. Sobre a situação narrada, de acordo com a Lei de Regência, assinale a afirmativa correta.

a) A cooperativa não poderá participar de licitações públicas.

b) A quantidade mínima de sócios, para ser constituída a cooperativa, é de 7 (sete).

c) O cooperativado que trabalhar entre 22h00min e 5h00min não receberá retirada noturna superior, porque não é empregado.

d) O cooperativado é contribuinte facultativo da Previdência Social.

Resposta: B

1.6. Trabalho Forçado, Obrigatório ou em Condição Análoga à de Escravo

A Convenção nº 29 da Organização Internacional no Trabalho (OIT), que foi ratificada pelo Brasil, em seu artigo 2º, define o trabalho forçado ou obrigatório como *"todo trabalho ou serviço exigido de um indivíduo sob ameaça de qualquer penalidade e para o qual ele não se ofereceu de espontânea vontade."*.

Uma vez que nosso país, como dito acima, ratificou a referida convenção, passou a existir um compromisso jurídico no sentido de suprimir a utilização do trabalho forçado ou obrigatório, em todas as suas formas, no mais breve espaço de tempo possível (artigo 1º, Convenção 29 da OIT). O trabalho degradante, por seu turno, equipara-se ao trabalho em condições análogas à escravidão em algumas situações, a saber: *"desde o constrangimento físico e/ou moral a que é submetido o trabalhador – seja na deturpação das formas de contratação e do consentimento do trabalhador ao celebrar o vínculo, seja na impossibilidade desse trabalhador de extinguir o vínculo conforme sua vontade, no momento e pelas razões que entender apropriadas – até as péssimas condições de trabalho e de remuneração: alojamentos sem condições de habitação, falta de instalações sanitárias e de água potável, falta de fornecimento gratuito de equipamentos de proteção individual e de boas condições de saúde, higiene e segurança no trabalho; jornadas exaustivas; remuneração irregular, promoção do endividamento pela venda de mercadorias aos trabalhadores (truck system)."*[21].

A mesma Convenção, primando pela precisão conceitual, fez questão de deixar claro que a expressão "trabalho forçado ou obrigatório" não compreenderá as seguintes situações:

- Qualquer trabalho ou serviço exigido em virtude das leis sobre o serviço militar obrigatório e que só compreenda trabalhos de caráter puramente militar;
- Qualquer trabalho ou serviço que faça parte das obrigações cívicas normais dos cidadãos de um país plenamente autônomo;
- Qualquer trabalho ou serviço exigido de um indivíduo como consequência de condenação pronunciada por decisão judiciária, contanto que esse trabalho ou serviço seja executado sob a fiscalização e o controle das autoridades públicas e que dito indivíduo não seja posto à disposição de particulares, companhias ou pessoas privadas;
- Qualquer trabalho ou serviço exigido nos casos de força maior, isto é, em caso de guerra, de sinistro ou ameaças de sinistro, tais como incêndios, inundações, fome, tremores de terra, epidemias, e epizootias, invasões de animais, de insetos ou de parasitas vegetais daninhos e em geral todas as circunstâncias que ponham em perigo a vida ou as condições normais de existência de toda ou de parte da população;
- Pequenos trabalhos de uma comunidade, isto é, trabalhos executados no interesse direto da coletividade pelos membros desta, trabalhos que, como tais, podem ser considerados obrigações cívicas normais dos membros da coletividade, contanto, que a própria população ou seus representantes diretos tenham o direito de se pronunciar sobre a necessidade desse trabalho.

21. Nesse sentido: http://www.mpf.mp.br/atuacao-tematica/ccr2/coordenacao/comissoes-e-grupos-de-trabalho/escravidao-contemporanea-migrado-1/notas-tecnicas-planos-e-oficinas/.pdf

De forma extremamente excepcional, a Convenção nº 29 da OIT, entre os artigos 9 e 11, traz algumas hipóteses onde admite-se o trabalho forçado, desde que seja prestado apenas por adultos do sexo masculino fisicamente aptos, cuja idade presumível não seja inferior a dezoito anos nem superior a quarenta e cinco, observando-se ainda a existência de prévio atestado, sempre que possível por médico da administração pública, constatando que as pessoas envolvidas não sofrem de qualquer doença infecto-contagiosa e de que estão fisicamente aptas para o trabalho exigido e para as condições em que será executado (artigo 11 da Convenção nº 29 da OIT). Esta excepcionalidade já foi exigida em concursos públicos.

O trabalho forçado, pela gravidade que possui, não se constitui apenas em ilícito trabalhista, mas também em ilícito penal, pois foi tipificado no artigo 149 do Código Penal:

> Artigo 149: **Reduzir alguém a condição análoga à de escravo, quer submetendo-o a trabalhos forçados ou a jornada exaustiva, quer sujeitando-o a condições degradantes de trabalho, quer restringindo, por qualquer meio, sua locomoção em razão de dívida contraída com o empregador ou preposto:**
>
> Pena – reclusão, de dois a oito anos, e multa, além da pena correspondente à violência.
>
> § 1º Nas mesmas penas incorre quem:
>
> **I – cerceia o uso de qualquer meio de transporte por parte do trabalhador, com o fim de retê-lo no local de trabalho;**
>
> II – **mantém vigilância ostensiva no local de trabalho ou se apodera de documentos ou objetos pessoais do trabalhador, com o fim de retê-lo no local de trabalho.**
>
> § 2º A pena é aumentada de metade, se o crime é cometido:
>
> I – contra criança ou adolescente;
>
> II – por motivo de preconceito de raça, cor, etnia, religião ou origem. – Grifo nosso.

Parecendo desconsiderar a vergonhosa persistência do trabalho em condição análoga à de escravo em nosso país, o extinto Ministério do Trabalho editou a Portaria nº 1.129/2017, com a intenção de dificultar a caracterização do ilícito em estudo, vez que passou a exigir, por exemplo, *"a manutenção de segurança armada com o fim de reter o trabalhador no local de trabalho em razão de dívida contraída com o empregador ou preposto."*.

Pelo conceito da portaria, se o empregador/explorador utiliza meios diversos da segurança armada para coagir o trabalhador, ele não estaria incidindo no ilícito relativo à condição análoga a de escravo.

A Portaria nº 1.129/2017 também tentou modificar a forma de inclusão e divulgação da "**Lista Suja do Trabalho Escravo**"[22], a qual contém os nomes dos empregadores flagrados utilizando mão de obra em tal circunstância.

22. Quatro empresas e uma pessoa física inseridas na "Lista Suja" doaram valores nas eleições de 2014, ajudando a eleger 13 políticos, conforme notícia divulgada em: <http://

A "Lista Suja" é confeccionada por auditores-fiscais do trabalho, tendo a portaria procurado repassar essa competência, para divulgação da lista e inclusão de novos nomes, ao Ministro do Trabalho, o que não nos parece acertado, afinal sujeita um imprescindível instrumento de combate ao trabalho escravo às possíveis influências políticas que rondam quem ocupa esse cargo.

Em 24 de outubro de 2017, a Ministra do STF Rosa Weber, concedeu liminar na Arguição de Descumprimento de Preceito Fundamental (ADPF) nº 489, ajuizada pelo partido Rede Sustentabilidade, para suspender os efeitos de portaria ministerial sobre trabalho escravo.

A revogação efetiva da indigna e vexatória Portaria MTE nº 1.129/2017 ocorreu em 20/12/2019, através da publicação em Diário Oficial da SEPRT Nº 1.417 de 19 de dezembro de 2019, que a revogou em seu art. 1º, inciso XCV.

Sobre o tema da escravidão e suas mutações ao longo dos anos, consideramos importante o julgamento pelo Supremo Tribunal Federal do Inquérito nº 3.412/2012, com Relatoria do Ministro Marco Aurélio e redação da ministra Rosa Weber, uma vez que conceitua o que eles chamam de "escravidão moderna", *ex vi*:

> A "escravidão moderna" é mais sutil do que a do século XIX e o cerceamento da liberdade pode decorrer de diversos constrangimentos econômicos e não necessariamente físicos. Priva-se alguém de sua liberdade e de sua dignidade tratando-o como coisa e não como pessoa humana, o que pode ser feito não só mediante coação, mas também pela violação intensa e persistente de seus direitos básicos, inclusive do direito ao trabalho digno. A violação do direito ao trabalho digno impacta a capacidade da vítima de realizar escolhas segundo a sua livre determinação. Isso também significa "reduzir alguém a condição análoga à de escravo.

A Organização das Nações Unidas (ONU), por sua vez, entende o termo "escravidão" em sentido amplo, de forma a abranger inúmeras violações de direitos humanos, motivo pelo qual se trata de conceito que abarca não somente aquela tradicional noção de escravidão, mas também a escravidão dos dias atuais, tais como vendas de crianças, prostituição infantil, pornografia infantil, exploração de crianças no trabalho, mutilação sexual de crianças, utilização de crianças no conflito armado, servidão por dívidas, vendas de órgãos humanos, dentre outros.[23]

www.correiobraziliense.com.br/app/noticia/politica/2017/11/04/internas_polbraeco,638579/lista-suja-do-trabalho-escravo-ajudou-a-eleger-13-politicos.shtml.>

23. Este pensamento foi retirado da dissertação "Trabalho Análogo ao de Escravo", disponível em: http://www.mpf.mp.br/atuacao-tematica/ccr2/coordenacao/comissoes-e-grupos-de-trabalho/escravidao-contemporanea-migrado-1/notas-tecnicas-planos-e-oficinas/DissertacaoTrabalhoAnalogoaodeescravo.pdf

2

FORMALIZAÇÃO E ANÁLISE DO CONTRATO DE EMPREGO

Sumário: 2. Formalização e Análise do Contrato de Emprego **- 2.1.** Carteira de Trabalho e Previdência Social: **A)** Importância como Meio de Prova – **B)** Informações que não Devem ser Registradas na CTPS – **C)** Imprescritibilidade do Direito de Registro da CTPS – **D)** Tempo Mínimo de Experiência da CTPS – **E)** Fiscalização Administrativa de Empregado sem Vínculo Registrado – **F)** Falsificação da CTPS – **2.2** O Fim do eSocial – **2.3.** O Livro de Registro de Empregados e a Reforma Trabalhista – **2.4.** Contrato de Trabalho: Características – **2.5.** Contrato de Trabalho: Classificações: **A)** Contrato Expresso e Contrato Tácito – **B)** Contrato Individual e Contrato por Equipe – **C)** Contrato por Prazo Indeterminado e Contrato por Prazo Determinado: **C.1)** Contrato por Prazo Determinado da CLT: **C.1.1)** Regras Relativas aos Contratos por Prazo Determinado da CLT; **C.2)** Contrato por Prazo Determinado da Lei nº 6.019/74 e a Reforma Trabalhista: **C.2.1)** Ilegalidade da cobrança de comissão pela intermediação de mão de obra; **C.2.2)** Precauções contra possíveis fraudes; **C.2.3)** Aparente contradição na Lei nº 6.019/74 e sua resolução; **C.3)** Contrato por Prazo Determinado da Lei nº 9.601/98; **C.4)** Contrato por Obra Certa – **D)** Contrato de Trabalho Verde e Amarelo (MP nº 905 de 11/11/2019); **D.1)** Beneficiários e Restrições Legais; **D.2)** Direitos do Empregado; **D.3)** Prazo de Contratação; **D.4)** Pagamento Antecipado e FGTS; **D.5)** Jornada de Trabalho; **D.6)** Direitos Devidos ao Empregado na Rescisão Contratual; **D.7)** Qualificação Profissional e Quitação de Obrigações; **D.8)** Seguro por Exposição ao Perigo e a Polêmica da Periculosidade; – **2.6.** Contrato de Trabalho: Efeitos: **A)** Efeitos Próprios: **A.1)** Poderes do Empregador: **A.1.1)** Poder Diretivo; **A.1.2)** Poder Regulamentar; **A.1.3)** Poder de Fiscalização; **A.1.4)** Poder Disciplinar – **B)** Efeitos Conexos: **B.1)** Direitos Intelectuais: **B.1.1)** Trabalho Intelectual enquanto Razão de Ser do Contrato de Trabalho; **B.1.2)** Invenções sem Qualquer Ligação Direta ou Indireta com o Contrato de Trabalho; **B.1.3)** Trabalho Intelectual Favorecido pelos Instrumentos de Trabalho; **B.2)** Dano moral e a Reforma Trabalhista: **B.2.1)** Ainda sobre o Dano Moral e a Reforma Trabalhista; **B.3)** Assédio Moral: **B.3.1)** Classificação do Assédio Moral; **B.4)** Assédio Sexual; **B.5)** Dano Estético; **B.6)** O Acidente de Trabalho e seus Efeitos Conexos: **B.6.1)** Responsabilidade Subjetiva por Acidentes do Trabalho; **B.6.2)** Responsabilidade Objetiva por Acidentes do Trabalho; **B.6.3)** Requisitos da Responsabilidade do Empregador e Concausa; **B.6.4)** Dano Moral e Dano Estético Decorrente de Acidente do Trabalho; **B.6.5)** Danos Materiais em caso de Morte da Vítima; **B.6.6)** Danos Materiais em caso de Incapacidade da Vítima; **B.6.7)** PCMSO; **B.7)** Uso da Imagem do Empregado via Fardamento – Reforma Trabalhista; **B.8)** (Im)Possibilidade de Cumulação de Danos Extrapatrimoniais – Reforma Trabalhista

O artigo 442 da CLT enuncia que o *"contrato individual de trabalho é o acordo tácito ou expresso, correspondente à relação de emprego"*.

O acordo ou ajuste expresso pode ocorrer de forma escrita ou de forma verbal. O **acordo expresso escrito** ocorrerá sempre que existir um contrato de trabalho assinado por empregado e empregador, com cláusulas aplicáveis à relação de emprego.

O **acordo expresso verbal** se caracteriza pela troca de palavras, por meio das quais as partes definem direitos e deveres do vínculo de emprego, sem, todavia, deixar a vontade oral formalizada em um pedaço de papel (contrato). Neste caso verifica-se o que popularmente é chamado de "contrato de boca", em alusão à oralidade do ajuste.

Já no **ajuste tácito** empregado e empregador não entram em detalhes sobre o vínculo de emprego quer oralmente, quer por escrito. Nesta situação existem comportamentos de ambas as partes que, quando analisados juridicamente, levam-nos a concluir sobre a existência de um vínculo de emprego.

Por exemplo, um jardineiro aproxima-se do jardim de uma bela residência e começa a cuidar das plantas, não tendo o proprietário feito qualquer oposição. Após terminar o serviço pede ao proprietário que lhe pague qualquer valor pelo serviço, tendo recebido uma pequena quantia. O mesmo jardineiro continua a visitar a residência em outros dias da semana (três dias ou mais) para cuidar das plantas e receber um pequeno pagamento pelo serviço.

No exemplo acima traçado surgiu um vínculo de emprego tácito de natureza doméstica, pois se trata de serviço de âmbito familiar e prestado por mais de dois dias na semana. A qualquer momento o jardineiro poderá acionar a Justiça do Trabalho para requerer direitos trabalhistas, pois a relação de emprego surgiu de forma tácita.

Tenha o contrato de emprego surgido de forma expressa ou de forma tácita, caberá ao empregador formalizar o mesmo na Carteira de Trabalho e Previdência Social (**CTPS**) do empregado, a qual será emitida pelo Ministério da Economia **preferencialmente em meio eletrônico**, conforme artigo 14 da CLT, com redação dada pela Lei nº 13.874/2019, também conhecida como "Lei da Liberdade Econômica"[1].

Apenas de forma excepcional, a CTPS poderá ser emitida em meio físico, desde que a referida emissão física ocorra:

- Nas unidades descentralizadas do Ministério da Economia que forem habilitadas para tanto;

1. A Medida Provisória nº 881/2019, ao ser convertida em lei, resultou na citada Lei nº 13.874/2019.

- Mediante convênio, por órgãos federais, estaduais e municipais da administração direta ou indireta;
- Mediante convênio com serviços notariais e de registro, sem custos para a administração, garantidas as condições de segurança das informações.

2.1. Carteira de Trabalho e Previdência Social

O artigo 13 da CLT ensina que *"a Carteira de Trabalho e Previdência Social (CTPS) é obrigatória para o exercício de qualquer emprego, inclusive de natureza rural, ainda que em caráter temporário, e para o exercício por conta própria de atividade profissional remunerada"*. Logo, salta aos olhos a obrigatoriedade da CTPS não só para trabalhadores empregados, mas também para trabalhadores autônomos.

Os procedimentos para emissão da CTPS ao interessado serão estabelecidos pelo Ministério da Economia em regulamento próprio, **privilegiada a emissão em formato eletrônico** (Artigo 15 da CLT, com redação dada pela Lei nº 13.874/2019).

De acordo com o artigo 16 da CLT, a CTPS terá como identificação única do empregado o número de inscrição no Cadastro de Pessoas Físicas (CPF). A comunicação pelo trabalhador do número de inscrição no CPF ao empregador equivale à apresentação da CTPS em meio digital, dispensando o empregador da emissão de recibo.

Todo empregado, ao ser admitido na empresa, deve apresentar sua CTPS, a fim de que o empregador efetue as anotações devidas no prazo de 5 (cinco) dias úteis e, em seguida, devolva o referido documento ao trabalhador.

O Artigo 29 da CLT, com redação oriunda da Lei nº 13.874/2019 ("Lei da Liberdade Econômica"), dispõe sobre o assunto da seguinte forma:

> O empregador terá o prazo de 5 (cinco) dias úteis para anotar na CTPS, em relação aos trabalhadores que admitir, a data de admissão, a remuneração e as condições especiais, se houver, facultada a adoção de sistema manual, mecânico ou eletrônico, conforme instruções a serem expedidas pelo Ministério da Economia.

A falta de cumprimento pelo empregador, das obrigações constantes no artigo 29 da CLT, cujo *caput* foi citado acima, acarretará a lavratura do auto de infração pelo Fiscal do Trabalho, que deverá, **de ofício**, comunicar a falta de anotação ao órgão competente, para o fim de instaurar o processo de anotação.

Os registros eletrônicos gerados pelo empregador nos sistemas informatizados da CTPS em meio digital equivalem às anotações da própria Carteira de Trabalho. Sendo que o trabalhador deverá ter acesso às informações da sua CTPS no prazo de até 48 horas a partir de sua anotação.

A) Importância como Meio de Prova

À luz do artigo 40 da CLT, as Carteiras de Trabalho, regularmente emitidas e anotadas, servirão de prova:

- Nos dissídios (processos) na Justiça do Trabalho entre a empresa e o empregado por motivo de salário, férias ou tempo de serviço;
- Para cálculo de indenização por acidente do trabalho ou moléstia profissional

O TST também já se manifestou por meio da Súmula nº 12 sobre o valor probante da CTPS nos seguintes termos: *"As anotações apostas pelo empregador na carteira profissional do empregado não geram presunção juris et de jure, mas apenas juris tantum".*

Quando a Súmula afirma que as anotações da CTPS possuem **presunção relativa ou *juris tantum***, significa que tudo que estiver registrado na Carteira de Trabalho presume-se como verdadeiro. Trata-se de uma presunção relativa, isto é, que admite prova em contrário.

Por exemplo, se a CTPS está registrada com salário de R$ 1.500,00 presume-se que este é o verdadeiro salário do trabalhador. Todavia, reafirmamos, esta presunção é relativa, admitindo prova em sentido oposto, afinal o empregado pode invocar o Princípio da Primazia da Realidade para argumentar que, de fato, seu salário era de R$ 2.000,00 e não R$ 1.500,00 como consta na CTPS.

Uma **presunção** *iure et de iure* **ou absoluta** é aquela que não admite prova em contrário. Como vimos, o entendimento sumulado do TST **não confere** tamanha força probatória ao conteúdo da Carteira de Trabalho.

B) Informações que não Devem ser Registradas na CTPS

O artigo 29, § 4º, da CLT, de forma taxativa afirma ser vedado ao empregador efetuar anotações desabonadoras à conduta do empregado em sua Carteira de Trabalho e Previdência Social, a exemplo de informações sobre punições recebidas durante a vigência do vínculo de emprego ou então sobre eventual dispensa por justa causa.

A violação desta obrigação sujeita o empregador não só a uma punição administrativa (por meio dos Auditores Fiscais do Trabalho), mas também a uma possível ação de indenização por dano moral, dependendo do conteúdo da anotação pejorativa. Ainda, o §5º do retromencionado artigo prevê a multa do art. 52 da CLT, para o caso de descumprimento dessa determinação, que é no valor de metade do salário mínimo.

C) Imprescritibilidade do Direito de Registro da CTPS

O direito de ter a CTPS registrada não se sujeita a prazo prescricional, vez que a referida pretensão é protegida por ação declaratória (que é imprescritível).

Portanto, todo trabalhador pode ingressar com ação judicial para a anotação do seu vínculo de emprego, independentemente do prazo que já tenha transcorrido entre o pedido judicial de anotação da CTPS e data na qual o vínculo tenha ocorrido (artigo 11, § 1º da CLT).

> **Fique atento!**
>
> O que não prescreve é somente o direito de anotação da CTPS. Qualquer outro direito de caráter patrimonial se sujeita aos prazos prescricionais previstos em lei.

D) Tempo Mínimo de Experiência da CTPS

A Consolidação das Leis do Trabalho, em seu artigo 442-A, permite que o empregador, para fins de contratação, exija do candidato a emprego comprovação de experiência prévia por tempo de até 6 (seis) meses no mesmo tipo de atividade. Segue o artigo:

> Art. 442-A. Para fins de contratação, o empregador não exigirá do candidato a emprego comprovação de experiência prévia por tempo superior a 6 (seis) meses no mesmo tipo de atividade.

E) Fiscalização Administrativa de Empregado sem Vínculo Registrado

Dentre as incumbências das autoridades fiscais da Secretária Especial de Trabalho encontra-se, por exemplo, a investigação e punição das empresas que porventura contratem empregados sem o devido registro formal do vínculo de emprego.

Dentre as possíveis teses de defesa da empresa autuada por manter um empregado sem que o vínculo de emprego esteja devidamente registrado, encontra-se o argumento de inexistência de vínculo de emprego, isto é, a empresa poderá alegar que o trabalhador não se encontra com sua CTPS anotada porque não ostenta a qualidade de empregado, tratando-se, por exemplo, de um mero trabalhador eventual.

Neste passo, o artigo 39 da CLT determina que Delegacia Regional do Trabalho (DRT) encaminhará à Justiça do Trabalho o processo administrativo, onde a empresa reclamada esteja alegando justamente inexistência de vínculo de emprego, bem como outros processos administrativos onde os meios administrativos não sejam suficientes para aprofundar a investigação sobre a existência ou não de vínculo empregatício. Segue a transcrição do dispositivo:

> Art. 39 da CLT: Verificando-se que as alegações feitas pelo reclamado versam sobre a não existência de relação de emprego ou sendo impossível verificar essa condição pelos meios administrativos, será o processo encaminhado a Justiça do Trabalho ficando, nesse caso, sobrestado o julgamento do auto de infração que houver sido lavrado

Se não houver acordo, o Juízo, em sua sentença ordenará que a Secretaria efetue as devidas anotações uma vez transitada em julgado, e faça a comunicação à autoridade competente para o fim de aplicar a multa cabível. De igual modo ocorrerá caso seja verificada a falta de anotações na Carteira de Trabalho e Previdência Social, devendo o Juiz, nesta hipótese, mandar proceder, desde logo, àquelas sobre as quais não houver controvérsia.

F) Falsificação da CTPS

Consoante ensina o artigo 49 da CLT, considera-se crime de falsidade ideológica, por exemplo, prestar informações falsas à autoridade responsável pela emissão da CTPS ou anotar dolosamente em Carteira de Trabalho e Previdência Social ou registro de empregado, ou confessar ou declarar em juízo ou fora dele, data de admissão em emprego diversa da verdadeira.

Comprovando-se falsidade nas declarações para emissão de Carteira de Trabalho e Previdência Social, ou nas respectivas anotações feitas pelo empregador, o fato será levado ao conhecimento da autoridade que houver emitido a carteira, quer tenha sido a emissão no formato digital (que é a regra), quer tenha sido no formato físico, que se constitui em exceção após a "Lei da Liberdade Econômica" (Lei nº 13.874, de 20 de setembro de 2019).

De acordo como artigo 51 da CLT, incorrerá em multa de valor igual a 3 (três) vezes o salário-mínimo aquele que, comerciante ou não, vender ou expuser à venda qualquer tipo de carteira igual ou semelhante ao tipo oficialmente adotado.

Já o artigo 52 da CLT, por seu turno, registra que o extravio ou inutilização da Carteira de Trabalho e Previdência Social por culpa da empresa, a sujeitará à multa de valor igual à metade do salário mínimo.

2.2. O Fim do eSocial

Didaticamente, podemos afirmar que o *eSocial* é um programa instituído pelo Governo Federal que tentou simplificar e unificar o envio de informações pelo empregador em relação aos seus empregados. Ocorre que a finalidade divergiu, e muito, da prática, haja vista que o *eSocial* ficou conhecido no meio contábil e trabalhista por ser um programa de difícil manuseio e entendimento.

Por tais razões, o artigo 16 da Lei nº 13.874/2019 ("Lei da Liberdade Econômica") traz a informação de que o *"Sistema de Escrituração Digital das Obrigações Fiscais, Previdenciárias e Trabalhistas (eSocial) será substituído, em nível federal, por sistema simplificado de escrituração digital de obrigações previdenciárias, trabalhistas e fiscais."*.

Assim, restou reconhecido que o objetivo do *eSocial*, que era facilitar o trânsito de dados referentes às obrigações fiscais, previdenciárias e trabalhistas, reduzindo, consequentemente, a burocracia para os empregadores, não se efetivou, motivo pelo qual a legislação determinou sua substituição.

Entrementes, na prática, o comando legal ainda não foi cumprido, uma vez que o eSocial continua operando normalmente e, por enquanto, sem previsão de efetiva substituição.

2.3. O Livro de Registro de Empregados e a Reforma Trabalhista

Em qualquer atividade profissional será obrigatório para o empregador o registro dos respectivos trabalhadores, podendo ser adotados **livros, fichas ou sistema eletrônico**, conforme instruções expedidas pelo Ministério do Trabalho[2].

Ao elaborar o registro dos trabalhadores, em uma das formas citadas acima, o empregador deverá fazer constar do seu conteúdo, além da qualificação civil ou profissional de cada trabalhador, os dados relativos à sua admissão no emprego, duração e efetividade do trabalho, as férias, acidentes e demais circunstâncias que interessem à proteção do empregado.

2. A Lei nº 13.844, de 18.06.2019, estabeleceu a nova organização básica dos órgãos da Presidência e dos Ministérios, tendo extinguido o referido Ministério, atrelando-o ao Ministério da Economia, sob o nome de Secretaria de Trabalho. Entretanto, como a legislação trabalhista não foi atualizada neste detalhe, optamos por continuar utilizando a terminologia que continua constando nas leis laborais, ou seja, Ministério do Trabalho.

A empresa que mantiver algum trabalhador sem o devido registro em **livros, fichas ou sistema eletrônico**, ficará sujeita às penalidades previstas pelos artigos 47 e 47-A, que foram alterados pela Reforma Trabalhista (Lei nº 13.467/2017).

Conforme ensina a redação atual do artigo 47 da CLT, o empregador que mantiver empregado não registrado em livros, fichas ou sistema eletrônico ficará sujeito a multa no valor de R$ 3.000,00 (três mil reais) por empregado não registrado, **acrescida de igual valor em cada reincidência.**

De acordo com o §1º desse mesmo artigo o valor final da multa aplicada será de R$ 800,00 (oitocentos reais) por empregado não registrado, quando se tratar de microempresa ou empresa de pequeno porte.

Além da multa acima prevista, que incide quando o empregador tiver algum empregado não registrado nos livros, fichas ou em sistema eletrônico, existe outra multa, prevista no artigo 47-A da CLT, que se aplica ao empregador que efetuar o registro de forma incompleta.

Assim sendo, quando o empregador, ao efetuar o registro nos livros ou equivalentes, incorrer em omissão em algum dado essencial, ou seja, na hipótese de não serem informados dados relativos à qualificação civil ou profissional do trabalhador, admissão no emprego, duração e efetividade do trabalho, a férias, acidentes e demais circunstâncias que interessem à proteção do trabalhador, o empregador ficará sujeito à multa de R$ 600,00 (seiscentos reais) por empregado prejudicado.

No que diz respeito **apenas** à multa por falta/ausência de registro de algum dos empregados nos livros, fichas ou em sistema eletrônico, a mesma constitui-se em exceção ao **critério da dupla visita** (artigo 47, § 2º, da CLT).

O critério da dupla visita significa que os Auditores Fiscais do Trabalho, nos casos previstos em lei, farão sempre duas visitas: a primeira para instruir o empregador sobre o que fazer para sanar alguma irregularidade; a segunda para verificar se as medidas cabíveis foram adotadas. Caso contrário, aí sim o auto de infração deve ser lavrado.

Para promover a instrução/orientação dos responsáveis no cumprimento das leis de proteção do trabalho, a fiscalização deverá observar o critério de dupla visita nos seguintes casos: a) quando ocorrer promulgação ou expedição de novas leis, regulamentos ou instruções ministeriais, sendo que, com relação exclusivamente a esses atos, será feita apenas a instrução dos responsáveis; b) em se realizando a primeira inspeção dos estabelecimentos ou dos locais de trabalho, recentemente inaugurados ou empreendidos (art. 627 da CLT).

Como vimos acima, a gravidade da ausência de registro do empregado nos livros, fichas ou em sistema eletrônico, foi considerada tão grave que constou como uma exceção ao critério da dupla visita, logo o Auditor Fiscal do Trabalho poderá lavrar o auto de infração já na primeira visita, quando verificar a ausência de registro.

Fizemos a seguinte questão simulada para que o candidato possa fazer uma verificação de aprendizado:

▸ **Aplicação em Concurso e/ou OAB:**

(QUESTÃO DO MESTRE – SIMULAÇÃO DE PROVA FUTURA) Sobre o livro de registro de empregados e sua importância para a rotina dos empregadores brasileiros, assinale a alternativa correta:

a) O que importa é que a CTPS seja corretamente registrada, tratando-se o livro de registro de mera formalidade, sem qualquer imposição legal.

b) o empregador que mantiver empregado não registrado em livros, fichas ou sistema eletrônico ficará sujeito à multa fixa, independente do porte da empresa.

c) A multa por falta de registro dos empregados nos livros, fichas ou em sistema eletrônico, constitui-se em exceção ao critério da dupla visita.

d) A multa por registro incompleto dos empregados nos livros, fichas ou em sistema eletrônico, constitui-se em exceção ao critério da dupla visita.

Resposta: C

Segue abaixo outra questão para fixação do conteúdo acima trabalhado:

▸ **Aplicação em Concurso e/ou OAB:**

(IBFC - EBSERH - Advogado (HU-FURG) - 2016) Considere as disposições da Consolidação das Leis do Trabalho e assinale a alternativa correta sobre o processo de multas administrativas.

a) A fim de promover a penalização dos responsáveis no cumprimento das leis de proteção do trabalho, a fiscalização deverá observar o critério de dupla e tripla visita.

b) O critério de dupla visita se aplica nos casos de promulgação ou expedição de novas leis, regulamentos ou instruções ministeriais, sendo que, com relação exclusivamente a esses atos, será feita apenas a instrução dos responsáveis.

c) O critério de tripla visita se aplica em se realizando a primeira inspeção dos estabelecimentos ou dos locais de trabalho, recentemente inaugurados ou empreendidos.

d) O critério de dupla visita se aplica nos casos de promulgação ou expedição de novas leis, regulamentos ou instruções ministeriais, sendo que, com relação exclusivamente a esses atos, será feita apenas a autuação dos responsáveis.

e) O critério de tripla visita se aplica em se realizando a terceira inspeção dos estabelecimentos ou dos locais de trabalho, recentemente inaugurados ou empreendidos.

Resposta: B

2.4. Contrato de Trabalho: Características

Sobre as características do contrato de trabalho observamos certa variação na enumeração das mesmas entre os pensadores do direito do trabalho. Por tal razão, utilizaremos nesta obra a lista de características indicadas pelo Ministro do TST Mauricio Godinho Delgado[3], quais sejam: **natureza jurídica de direito privado; de trato sucessivo; consensual; celebrado** *intuitu personae* **(ou personalíssimo); sinalagmático; oneroso; com alteridade; e complexo.**

O contrato de trabalho caracteriza-se como de **direito privado**, vez que predomina em tais relações jurídicas a regulação de interesses imediatos de particulares, bem como suas fontes normativas podem ser produzidas não só pelo Congresso Nacional, mas também por negociação coletiva sindical.

O **sinalágma** também está presente no contrato de trabalho, afinal verifica-se a existência obrigações mais ou menos equivalente entre as partes, já que o empregado dá sua força de trabalho (típica obrigação de fazer), ao passo que o empregador paga o salário (típica obrigação de dar).

Igualmente é um **contrato de execução ou trato sucessivo**, vez que as obrigações das partes, em regra, perduram por um lapso de tempo indeterminado, tendo o empregador a obrigação de pagar salário, que se renova periodicamente, e o empregado a obrigação de prestar serviços para continuar recebendo salário.

Para melhor entender o que é trato sucessivo, mostra-se interessante fazer uma comparação com o contrato de compra e venda à vista, onde as obriga-

3. DELGADO, Mauricio Godinho. *Curso de Direito do Trabalho*. 15ª ed. São Paulo: LTr, 2016, pp. 474.

ções contratuais encerram-se de forma instantânea (é o oposto do contrato de trato sucessivo), pois o comprador paga o valor e, no mesmo momento, o vendedor entrega a mercadoria.

A **consensualidade** ou **informalidade** também está presente, regra geral, nos contratos de trabalho, isso porque o contrato de trabalho nasce independentemente de qualquer formalidade ou solenidade.

Com efeito, a simples declaração de vontade oral das partes já é suficiente para o surgimento do contrato de trabalho ou então a simples existência de condutas que, quando analisadas em um contexto, são capazes de fazê-lo surgir tacitamente.

Vale mencionar que a consensualidade existe em quase todos os contratos de trabalho, entretanto, **excepcionalmente**, alguns exigem forma escrita para serem válidos, como é o caso do contrato de aprendizagem.

Trata-se também de um **contrato infungível**, **personalíssimo** ou ***intuitu personae***, afinal é pessoal em relação à figura do empregado, que não pode ser substituído por outra pessoa no ambiente de trabalho.

A **onerosidade** é outra característica marcante do contrato de trabalho, afinal ambas as partes envolvidas assumem vantagens (direitos) e desvantagens (obrigações). O oposto dessa característica é o contrato voluntário ou gracioso, onde uma parte possui apenas vantagens e outra suporta somente desvantagens.

O contrato de trabalho é marcado ainda pela **alteridade**, pela qual os riscos do empreendimento pertencem exclusivamente ao empregador. Daí porque não pode o empregador, em um mês onde teve prejuízo, pedir o parcelamento do salário do empregado, afinal, frisamos, os riscos da atividade pertencem apenas ao empresário.

Por fim, o contrato de trabalho é **complexo**, haja vista que o mesmo pode se associar a outros contratos, como é o caso do contrato de comodato de um automóvel. Por exemplo, determinado empregado, ao ser promovido para supervisor, recebe um veículo da empresa para que possa executar seus serviços, sem impedimento de usar o automóvel também para fins pessoais, quando não estiver trabalhando. Nessa situação, o empregado deverá assinar também um contrato de comodato de veículo.

2.5. Contrato de Trabalho: Classificações

Existem várias classificações relativas aos contratos de trabalho, mas restringiremos nossa análise apenas para aquelas mais exigidas em Concursos e Exame da Ordem dos Advogados do Brasil.

A) Contrato Expresso e Contrato Tácito

Como vimos no início deste capítulo, o contrato ou **ajuste expresso** pode ocorrer de forma escrita ou de forma verbal.

Já no **ajuste tácito** o contrato de trabalho se forma pela presença dos elementos essenciais da relação de emprego (subordinação, não eventualidade, onerosidade e pessoalidade), sem, todavia, haver qualquer declaração de vontade verbal ou escrita neste sentido. O contrato nasce pelo comportamento das partes.

B) Contrato Individual e Contrato por Equipe

O contrato individual de trabalho representa a grande maioria dos contratos existentes no mundo dos fatos, sendo firmado entre um empregado e um empregador.

Já o por equipe ou plúrimo nada mais é do que a reunião de vários contratos individuais, todos independentes, mas que devido ao contexto no qual se apresentam, passaram a ser tratados com uma nomenclatura distinta pela doutrina e jurisprudência. Como exemplo, temos orquestras ou bandas de música.

Percebe-se que no contrato de equipe, apesar de cada trabalhador representar um contrato individual, o sucesso do trabalho depende do esforço conjunto de todos.

C) Contrato por Prazo Indeterminado e Contrato por Prazo Determinado

Como já dissemos ao longo dessa obra, os contratos de trabalho nasceram para vigorar para prazo indeterminado, representando, destarte, a regra geral.

Em razão do Princípio da Continuidade das Relações de Emprego, presume-se que os contratos de trabalho nasceram para vigorar por prazo indeterminado.

Um importante efeito prático desse princípio e da presunção de que, em regra, os contratos nasceram para vigorar por prazo indeterminado, vem enunciado na Súmula nº 212 do TST:

> O ônus de provar o término do contrato de trabalho, quando negados a prestação de serviço e o despedimento, é do empregador, pois o princípio da continuidade da relação de emprego constitui presunção favorável ao empregado.

Os contratos por prazo indeterminado são mais benéficos para o trabalhador, pois, nestes casos, sempre que houver dispensa sem justa causa, o empregado receberá a multa compensatória de 40% do FGTS, além do aviso prévio proporcional ao tempo de serviço.

Os **contratos por prazo determinado**, por sua vez, constituem-se em exceção no direito do trabalho, daí porque só poderão ser celebrados nas hipóteses taxativamente previstas em lei.

Quando da extinção dos contratos por prazo determinado, em razão do decurso do lapso temporal neles previsto, o empregado não receberá a multa compensatória de 40% do FGTS (mas poderá sacar o FGTS depositado ao longo do vínculo), bem como o empregador não necessitará conceder aviso prévio para encerrar o vínculo de emprego.

No entanto, permanece o dever de o empregador pagar ao empregado décimo terceiro e férias proporcionais, acrescidas de 1/3, quando a extinção do contrato pelo decurso do prazo.

Para melhor compreensão dos contratos por prazo determinado, vamos fracionar o estudo dos mesmos em quatro tópicos distintos, já que existem quatro leis mais importantes, para fins de concurso e prova da OAB, sobre o tema, são elas: **CLT; Lei nº 6.019/74; Lei nº 9.601/98; e Lei nº 2.959/56 ("obra certa").**

C.1) Contrato por Prazo Determinado da CLT

Nos contratos por prazo determinado as partes sabem desde o início o dia de término da relação de trabalho ou, pelo menos, a sua previsão aproximada.

A CLT não determina que seus contratos por prazo determinado devam ser celebrados por escrito, motivo pelo qual, teoricamente, é possível que os mesmos sejam firmados verbalmente.

O grande problema da contratação por prazo determinado de forma verbal reside na dificuldade que o empregador terá de comprovar que contratou o empregado nesta modalidade de contrato, caso seja acionado judicialmente, afinal é ônus da prova que lhe cabe.

O empregador não pode realizar contratos por tempo determinado, segundo a CLT, em quaisquer situações, vez que as hipóteses nas quais poderão ser celebrados são taxativamente previstas em lei, conforme artigo 443, § 2º da CLT:

> § 2º – O contrato por prazo determinado só será válido em se tratando:
>
> a) de serviço cuja natureza ou transitoriedade justifique a predeterminação do prazo;
>
> b) de atividades empresariais de caráter transitório;
>
> c) de contrato de experiência.

Salta aos olhos, pela leitura do artigo acima, as três hipóteses nas quais a CLT permite a celebração de contratos a termo (ou por prazo determinado):

serviços cuja natureza ou transitoriedade justifique a predeterminação do prazo; atividades empresariais de caráter transitório; e contrato de experiência. A seguir explicaremos cada uma delas.

Os **Serviços cuja Natureza ou Transitoriedade Justifique a Predeterminação de Prazo** referem-se a atividades cuja necessidade é passageira/transitória, como exemplo temos a contratação de garçons na época do verão, para bares que ficam na beira da praia ou então a contratação de um novo empregado apenas pelo período em que outro empregado está de férias.

Em ambos os exemplos a empresa não necessita de um empregado por prazo indeterminado. No primeiro exemplo, precisa de garçons apenas no período da alta estação (verão), enquanto no segundo exemplo precisa de mão de obra apenas para substituir um empregado que está de férias.

Sobre as **Atividades Empresariais de Caráter Transitório** é interessante observar que a expressão *"de caráter transitório"* se refere às atividades empresariais, donde se conclui que a referida transitoriedade está ligada à atividade desenvolvida pela empresa.

Em resumo: a própria empresa é passageira. A própria atividade empresarial é transitória. A empresa vai existir por um breve momento.

Ora, como a própria empresa não vai existir por prazo indeterminado, é óbvio que os contratos de trabalho a ela ligados também não precisarão ser celebrados por prazo indeterminado, motivo pelo qual, nessa hipótese, a CLT admite a contratação por prazo determinado.

Ilustrativamente, durante a copa do mundo sediada no Brasil, em 2014, ao redor dos estádios de futebol foram abertos pequenos restaurantes que funcionaram somente durante a copa do mundo, tratando-se de hipótese onde a própria empresa é transitória/passageira, logo os trabalhadores dessa empresa poderão ser contratados por prazo determinado.

No **Contrato de Experiência** empregado e empregador irão se "experimentar", isto é, se testar, a fim de que o empregador analise se o empregado em período de prova (ou experiência) se encaixa no perfil de contratação que ele procura. Da mesma forma, o empregado irá analisar se a empresa onde está trabalhando corresponde às suas expectativas.

C.1.1) Regras Relativas aos Contratos por Prazo Determinado da CLT

Os contratos por prazo determinado não poderão ser estipulados por período superior a dois anos, esta é a regra geral. A exceção fica por conta do contrato de experiência que terá o prazo máximo de 90 (noventa) dias.

Qualquer contrato por prazo determinado que exceda o prazo estipulado, **por um dia que seja**, automaticamente converte-se em contrato por prazo indeterminado.

> **Fique atento!**
>
> O prazo máximo do contrato de experiência é de 90 (noventa) dias e não de 03 (três) meses, até porque o mês pode ter 28, 29, 30 ou 31 dias, logo três meses pode totalizar um prazo superior a 90 dias.

Os contratos por prazo determinado da CLT podem ser **prorrogados por uma única vez**, respeitado sempre o prazo máximo (02 anos em regra e 90 dias no contrato de experiência). Em função disso, da segunda prorrogação em diante o contrato será considerado por prazo indeterminado.

Por exemplo, um contrato com prazo máximo de dois anos, pode ter sido firmado por um ano e prorrogado por mais um ano; ou então pode ter sido firmado por seis meses e prorrogado por mais um ano e meio. No caso do contrato de experiência, pode ter sido firmado por 30 dias e prorrogado por mais 60 dias; ou ainda ter sido firmado por 45 dias e prorrogado por mais 45 dias.

Vale perguntar: e se o contrato for firmado, por exemplo, por 08 meses e prorrogado por mais 07 meses, poderia ele sofrer nova prorrogação, tendo em vista que ainda faltam mais 09 meses para completar o prazo máximo de 02 anos (ou 24 meses)? Não, afinal só se admite uma prorrogação.

A prorrogação em análise pode ser expressa ou tácita. Contudo, a hipótese de sua ocorrência deve constar do conteúdo contratual originário (30 dias, prorrogáveis, automaticamente, por mais 60 dias, por exemplo), sob pena de ser necessária uma manifestação expressa das partes nessa direção (assinatura de um adendo ou aditivo contratual).

Um contrato a termo somente pode ser, licitamente, sucedido por outro se transcorridos 06 meses do contrato anterior. Celebrados dois contratos a termo em lapso temporal inferior a seis meses do término do primeiro contrato, o segundo contrato será considerado por tempo indeterminado. Isto é o que doutrina chama de **regra da sucessividade**.

A finalidade da referida regra é evitar fraudes trabalhistas, impedindo que empregadores se utilizem de sucessivos contratos por prazo determinado quando precisam, na verdade, de trabalhadores por prazo indeterminado.

Caso o contrato a termo seja rescindido (encerrado) antes do prazo, sem justa causa, por iniciativa do empregador, o mesmo deverá pagar metade dos valores das remunerações a que teria direito o empregado até o final do contrato de trabalho (artigo 479 da CLT).

Na hipótese da rescisão antecipada do contrato ser promovida pelo empregado, sem motivo justo, caberá ao mesmo indenizar o empregador pelos prejuízos que este vier a sofrer. A CLT, no artigo 480, não quantifica o valor desta indenização devida pelo empregado, limitando-se a afirmar que ela não poderá exceder àquela que teria direito caso a rescisão antes do prazo tivesse sido concretizada pelo empregador.

Por fim, o artigo 481 da CLT permite que os contratos por prazo determinado possuam **cláusula assecuratória do direito recíproco de rescisão**. Se existente esta cláusula, significa que a rescisão antecipada por uma das partes, faz com que sejam aplicadas as regras da rescisão do contrato por prazo indeterminado.

Resumindo, se uma das partes extinguir o contrato a termo de forma antecipada (sem justo motivo) deve-se observar se existe ou não cláusula assecuratória do direito recíproco de rescisão. Não existindo a referida cláusula, deverá o empregador pagar metade dos salários que seriam devidos até o fim do contrato. Mas, caso exista, as partes serão regidas pelas regras relativas aos contratos por prazo indeterminado. Vale conferir uma questão sobre o tema:

▸ Aplicação em Concurso e/ou OAB:

(FGV – OAB – Exame de Ordem Unificado XXI – 2016) Verônica foi contratada, a título de experiência, por 30 dias. Após 22 dias de vigência do contrato, o empregador resolveu romper antecipadamente o contrato, que não possuía cláusula assecuratória do direito recíproco de rescisão. Sobre o caso, de acordo com a Lei de Regência, assinale a opção correta.

a) O contrato é irregular, pois o contrato de experiência deve ser feito por 90 dias.

b) Verônica terá direito à remuneração, e por metade, a que teria direito até o termo do contrato.

c) Verônica, como houve ruptura antecipada, terá direito ao aviso prévio e à sua integração ao contrato de trabalho.

d) O contrato se transformou em contrato por prazo indeterminado, porque ultrapassou metade da sua vigência.

Resposta: B

C.2) Contrato por Prazo Determinado da Lei nº 6.019/74 e a Reforma Trabalhista

A lei nº 6.019/74 disciplinou o trabalho temporário exclusivamente no meio urbano, valendo salientar, desde logo, que o trabalho temporário é uma espécie de terceirização, tema que será objeto de capítulo próprio.

No trabalho temporário, constata-se uma **relação contratual triangular**, onde figuram o trabalhador temporário, a empresa tomadora de serviços (aquela que vai receber o trabalhador temporário em suas dependências) e a empresa de trabalho temporário (que envia o trabalhador temporário para a tomadora de serviços), conforme gráfico abaixo:

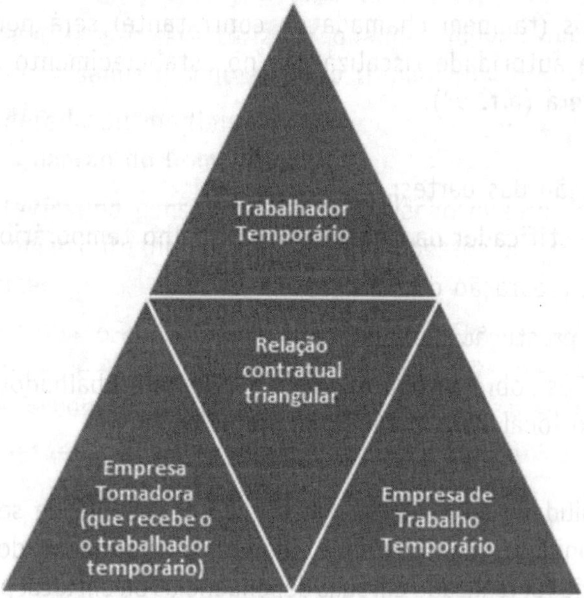

A empresa de trabalho temporário é a empregadora do trabalhador temporário, mas este é enviado por aquela para prestar serviços no estabelecimento da empresa tomadora. Percebe-se, portanto, que a empresa de trabalho temporário é uma intermediadora de mão de obra, isto é, ela *"vende"* a mão de obra de seus empregados para outras empresas que desejam pagar pela mesma.

O artigo 2º da Lei nº 6.019/74, alterado pela Lei nº 13.429/2017 (que fez parte do "pacote" de reformas trabalhistas), define o trabalho temporário da seguinte forma:

> Trabalho temporário é aquele prestado por pessoa física contratada por uma empresa de trabalho temporário que a coloca à disposição de uma empresa tomadora de serviços, para atender à necessidade de substituição transitória de pessoal permanente ou à **demanda complementar de serviços**. – Grifo nosso.

PARTE II • *Direito Individual do Trabalho*

A alteração promovida no artigo acima serviu para possibilitar a contratação por meio da referida lei em qualquer hipótese de necessidade temporária da empresa tomadora. Desde então, qualquer empresa tomadora pode solicitar trabalhadores temporários não só para substituição transitória/passageira de pessoal permanente (hipótese que sempre existiu), mas também para atender à *"demanda complementar de serviços"*.

Esta nova previsão legal sobre *"demanda complementar de serviços"*, na prática, permite a intermediação indiscriminada de trabalhadores temporários para as empresas tomadoras, afinal qualquer circunstância se amolda à essa hipótese genérica.

O contrato celebrado entre a empresa de trabalho temporário e a tomadora de serviços (também chamada de contratante) será por escrito, ficará à disposição da autoridade fiscalizadora no estabelecimento da tomadora de serviços e conterá (art. 9º):

- Qualificação das partes;
- Motivo justificador da demanda de trabalho temporário;
- Prazo da prestação de serviços;
- Valor da prestação de serviços;
- Disposições sobre a segurança e a saúde do trabalhador, independentemente do local de realização do trabalho.

É responsabilidade da empresa contratante (tomadora de serviços) propiciar (garantir) as condições de segurança, higiene e salubridade dos trabalhadores, quando o trabalho for realizado em suas dependências ou em local por ela designado.

O artigo 9º, § 2º, incluído pela Lei nº 13.429/2017, determina que a empresa contratante estenda ao trabalhador da empresa de trabalho temporário o mesmo atendimento médico, ambulatorial e de refeição destinado aos seus empregados.

Com a inclusão acima referida, o legislador forçou a empresa tomadora a estender aos trabalhadores temporários, os mesmos cuidados que dispensa aos seus empregados no que tange, por exemplo, a atendimento médico e ambulatorial.

Uma das alterações mais polêmicas constou no § 3º, do artigo 9º, permitindo a intermediação de mão de obra (terceirização) tanto em atividade meio, quanto em atividade fim da empresa tomadora. Vale a transcrição: *"O contrato de trabalho temporário pode versar sobre o desenvolvimento de atividades-meio e atividades-fim a serem executadas na empresa tomadora de serviços."*. Portanto, inexistem dúvidas que, após a mencionada alteração legislativa, a terceirização pode ocorrer em atividade meio e atividade fim.

O prazo máximo de duração de um contrato de trabalho temporário era de três meses, entretanto após a Lei nº 13.429/2017, o mesmo foi ampliado para 180 (cento e oitenta) dias, consecutivos ou não, o qual poderá ser prorrogado por mais 90 (noventa dias), consecutivos ou não, **quando comprovada a manutenção das condições que o ensejaram.**

Por simples operação matemática, percebe-se que, atualmente, o prazo máximo do trabalho temporário é de até 270 (duzentos e setenta) dias, que equivale a 180 (cento e oitenta) dias, prorrogados por mais 90 (noventa dias) dias.

Vale conferir uma questão sobre o prazo do contrato temporário:

▸ **Aplicação em Concurso e/ou OAB:**

(FMP Concursos – Procurador do Estado do Acre – 2017) De acordo com a Lei n° 13.429, de 31.03.2017, em relação ao contrato de trabalho temporário firmado com o mesmo empregador, é CORRETO afirmar que

a) não poderá exceder ao prazo de cento e oitenta dias, podendo ser prorrogado por até noventa dias.

b) não poderá exceder ao prazo de duzentos e setenta dias, podendo ser prorrogado por até trinta dias.

c) não poderá exceder ao prazo de cento e oitenta dias, sem possibilidade de prorrogação.

d) poderá exceder ao prazo de cento e oitenta dias, podendo ser prorrogado por igual prazo.

e) não poderá exceder ao prazo de cento e oitenta dias, podendo ser prorrogado por igual prazo por ato do Ministério do Trabalho.

Resposta: A

O trabalhador temporário que cumprir o prazo máximo de 270 (duzentos e setenta) dias, somente poderá ser colocado à disposição da mesma tomadora de serviços em novo contrato temporário, após 90 (noventa dias) do término do contrato anterior. **A contratação anterior ao referido prazo caracteriza vínculo empregatício com a empresa tomadora de serviços. Portanto, aqui, a regra de sucessividade só existe entre as mesmas partes, sendo de 90 dias.**

Não se aplica ao trabalhador temporário enviado para trabalhar na tomadora de serviços, o contrato de experiência previsto na CLT. Logo, um trabalhador temporário jamais poderá ser contratado por período de experiência.

A empresa contratante ou tomadora é **subsidiariamente** responsável pelas obrigações trabalhistas referentes ao período em que ocorrer o trabalho temporário. Nestes termos, se a empresa de trabalho temporário deixar de pagar alguma verba trabalhista ao trabalhador temporário, este poderá ajuizar reclamação trabalhista não só contra a empresa de trabalho temporário, mas também contra a empresa tomadora de serviços, a qual responderá, repetimos, de forma **subsidiária**.

De forma expressa, o artigo 19-B, também incluído pela Lei nº 13.429/2017, afirma que as disposições da lei de trabalho de temporário não se aplicam às empresas de vigilância e transporte de valores, vez que as mesmas são regidas por legislação especial e, subsidiariamente, pela Consolidação das Leis do Trabalho.

Segue a seguinte questão para fixação do conhecimento:

▸ **Aplicação em Concurso e/ou OAB:**

(VUNESP - Prefeitura de São Roque - SP – Advogado - 2020) Determinada empresa, objetivando suprir a necessidade transitória de mão de obra motivada pelo acidente de trabalho de uma de suas empregadas, poderá adotar a seguinte providência:

a) contratação de outro empregado por prazo determinado, desde que também seja do sexo feminino.

b) contratação de trabalhador avulso, por meio de empresa prestadora de serviços, considerando que referida possibilidade está amplamente positivada.

c) contratação de trabalhador temporário, por meio de empresa de trabalho temporário, por tempo nunca superior a 180 (cento e oitenta) dias, prorrogáveis por 90 (noventa) dias quando comprovada a manutenção das condições que a ensejaram.

d) contratação de trabalhador temporário, por meio de empresa de trabalho temporário, por tempo nunca superior a 3 (três) meses, prorrogáveis por igual período.

e) contratação de aprendiz, que já esteja no final do curso, mediante contrato de experiência.

Resposta: C

C.2.1) Ilegalidade da cobrança de comissão pela intermediação de mão de obra

Como dito logo no tópico anterior, a empresa de trabalho temporário é a empregadora do trabalhador temporário, mas este é enviado por aquela para prestar serviços no estabelecimento da empresa tomadora. Percebe-se, portanto, que a empresa de trabalho temporário é uma intermediadora de mão de obra, isto é, ela envia seus empregados para trabalharem em outras empresas.

Pois bem, a empresa de trabalho temporário não pode, em hipótese alguma, cobrar valores de seus empregados por essa intermediação de mão de obra que realiza, sob pena de cancelamento do registro para funcionamento, sem prejuízo das sanções administrativas e penais cabíveis. Neste sentido, o artigo 18 da Lei nº 6.019/74:

> Art. 18 - É vedado à empresa do trabalho temporário cobrar do trabalhador qualquer importância, mesmo a título de mediação, podendo apenas efetuar os descontos previstos em Lei.
>
> Parágrafo único. A infração deste artigo importa no cancelamento do registro para funcionamento da empresa de trabalho temporário, sem prejuízo das sanções administrativas e penais cabíveis.

C.2.2) Precauções contra possíveis fraudes

Receoso com a possibilidade de fraudes no contexto do trabalho temporário, o legislador vedou que uma pessoa jurídica possa ser contratada como empresa de trabalho temporário, caso seus titulares ou sócios, nos últimos 18 meses, tenham prestado serviços à contratante (empresa tomadora) na qualidade de empregado ou trabalhador sem vínculo empregatício, salvo se os referidos titulares ou sócios forem aposentados (artigo 5º-C, da Lei nº 6.019/74).

A preocupação em tela foi salutar e tem em mira aquelas empresas tomadoras que não estejam preocupadas com condutas éticas. Com efeito, o legislador vedou que algumas empresas tomadoras dispensem empregados ou rescindam contratos de trabalhadores não empregados, ao mesmo tempo em que lhes exigem a criação de pessoas jurídicas de trabalho temporário para prestação de serviços de intermediação de mão de obra. Com este impedimento temporário (por 18 meses), o legislador evitou a fraude da "**pejotização**", isto é, a contratação de empregados sob a forma de pessoa jurídica para mascarar um vínculo de emprego.

Em sentido semelhante, o legislador também registrou que o empregado que for dispensado da empresa tomadora de serviços, não poderá prestar serviços para esta mesma empresa na qualidade de empregado de empresa prestadora de serviços antes do decurso de prazo de dezoito meses, contados a partir da dispensa do mesmo (artigo 5º-D, da Lei nº 6.019/74).

Mais uma vez, a preocupação do legislador, neste particular, merece aplausos, haja vista que impediu que empresas tomadoras pudessem dispensar seus empregados apenas para, em seguida, recontratá-los por meio de uma empresa prestadora de serviços. Esta disposição legal obsta temporariamente (por 18 meses) a transformação de empregados diretos da tomadora e empregados terceirizados da mesma tomadora.

Finalmente, um último detalhe: O artigo 17 da Lei nº 6.019/74 proíbe que as empresas de prestação de serviço temporário contratem estrangeiros com visto provisório de permanência no País.

Abaixo questão de prova sobre o tema abordado nesse tópico:

▸ **Aplicação em Concurso e/ou OAB:**

(FCC - TRT - 6ª Região (PE) - Analista Judiciário - Área Administrativa - 2018) Marcela, supervisora do setor de embalagens da Empresa de Lâmpadas CTMR Ltda. foi injustamente dispensada, sendo contratada uma empresa de serviços terceirizados. Marcela foi contratada imediatamente como empregada da empresa terceirizada. Neste caso, é correto afirmar que Marcela

a) não poderá prestar serviços para sua antiga empregadora na qualidade de empregada da empresa prestadora de serviços terceirizados, podendo, entretanto, prestar serviços para outras tomadoras de serviços da terceirizada.

b) não poderá prestar serviços para sua antiga empregadora na qualidade de empregada da empresa prestadora de serviços terceirizados, em hipótese alguma, sob pena de configuração de fraude às leis trabalhistas.

c) poderá prestar serviços para a Empresa de Lâmpadas, na qualidade de empregada da empresa prestadora de serviços terceirizados, desde que cumpra o prazo de carência de doze meses, contados a partir de sua demissão.

d) poderá prestar serviços para a Empresa de Lâmpadas, na qualidade de empregada da empresa prestadora de serviços terceirizados, desde que cumpra o prazo de carência de dezoito meses, contados a partir de sua demissão.

e) poderá prestar serviços para a Empresa de Lâmpadas, mas não na qualidade de empregada da empresa prestadora de serviços terceirizados, e, sim, através de pessoa jurídica própria, abrindo uma empresa.

Resposta: D

C.2.3) Aparente contradição na Lei nº 6.019/74 e sua resolução

A Lei nº 13.467/2017 inseriu na multicitada Lei nº 6.019/74 o artigo 4º-C, §1º, o qual fere o Princípio Constitucional da Isonomia, em sua vertente de isonomia salarial, vez que possibilita que empresa contratante (tomadora de serviços) e empresa contratada (prestadora de serviços) criem salários diferentes para trabalhadores temporários e empregados da empresa tomadora, ainda que os mesmos exerçam idênticas atribuições. É o que se infere da leitura do dispositivo legal:

> Artigo 4º-C § 1º, da Lei nº 6.019/74: Contratante e contratada poderão estabelecer, **se assim entenderem**, que os empregados da contratada farão jus a salário equivalente ao pago aos empregados da contratante, além de outros direitos não previstos neste artigo. – Grifo nosso.

Ocorre que o legislador reformador olvidou-se de excluir o artigo 12, "a", da Lei nº 6.019/74, o qual possui sentido diametralmente oposto ao artigo acima transcrito, haja vista que determina que NÃO PODE HAVER DISTINÇÃO SALARIAL entre o trabalhador temporário e o empregado da empresa tomadora de serviços que desempenha a mesma função ou pertença à mesma categoria. Segue a citação do referido artigo:

> Art. 12 da Lei nº 6.019/74: Ficam assegurados ao trabalhador temporário os seguintes direitos: **a) remuneração equivalente à percebida pelos empregados de mesma categoria da empresa tomadora ou cliente** calculados à base horária, garantida, em qualquer hipótese, a percepção do salário mínimo regional; - Grifo nosso.

Portanto, salta aos olhos que existe um conflito entre o artigo 4º-C, §1º e o artigo 12, "a", da Lei nº 6.019/71. Tal conflito, apenas aparente, é solucionado pela aplicação dos princípios trabalhistas, especialmente o Princípio Protetivo, em sua linha do Princípio *In Dubio Pro Operario*, o qual possui aplicabilidade justamente em questões interpretativas de Direito Material, e ensina que o aplicador da norma deverá optar, em caso de dúvidas hermenêuticas, pelo dispositivo legal que seja mais favorável ao empregado.

Logo, diante da contradição (antinomia) aparente de normas, prevalece a aplicação do artigo 12, "a", da Lei nº 6.019/74, inclusive porque, como já dito, privilegia o Princípio da Isonomia Salarial.

Por fim, muitas questões de concurso público e Exame da OAB, não se enveredarão por este assunto com este nível de profundidade, limitando-se, muitas vezes, a transcrever os dispositivos legais envolvidos nesta polêmica interpretativa. Assim sendo, caso uma questão transcreva o artigo 12, "a" ou o artigo 4º-C, §1º, da Lei de Trabalho Temporário, ambos podem ser assinalados como corretos, pois, formalmente, ambos estão vigentes e válidos no ordenamento jurídico.

C.3) Contrato por Prazo Determinado da Lei nº 9.601/98

A Lei nº 9.601/98 admite a contratação por tempo determinado, pelo prazo máximo de dois anos, admitindo várias prorrogações, desde que se respeite o prazo máximo retro mencionado.

É uma lei mais benéfica para o empregador, haja vista que permite a contratação por prazo determinado de forma indiscriminada, independentemente de qualquer justificativa do empregador. Apesar disso, trata-se de modalidade de contratação a termo que não tem tido muita aplicabilidade prática, vez que para ser celebrado necessita de autorização do sindicato da classe trabalhadora, obtida por meio de acordo ou convenção coletiva de trabalho, circunstância que não tem se verificado na maioria das normas coletivas em razão da barreira protetiva criada pelos sindicatos.

Os trabalhadores contratados por prazo determinado, nos termos dessa lei, deverão representar acréscimo na mão de obra da empresa. Infere-se, de forma lógica, que a presente modalidade de contratação jamais deverá ser utilizada para substituir a mão de obra existente.

A indenização devida em caso de rescisão antecipada desta espécie contratual deve constar do instrumento normativo negociado que autorizou a contratação.

Segue um gráfico que indica os principais detalhes da Lei nº 9.601/98:

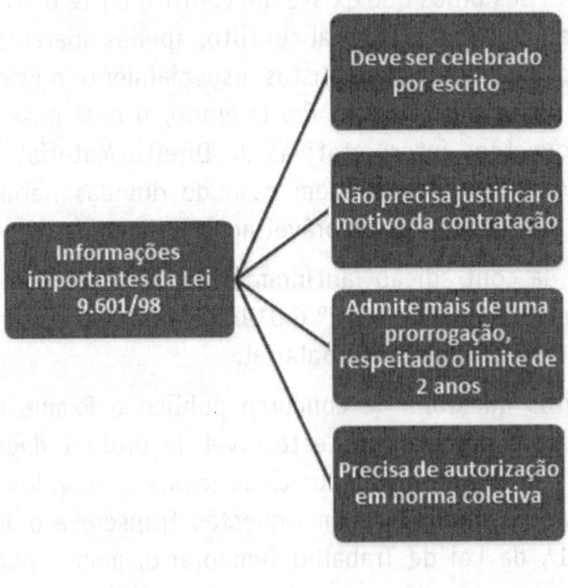

C.4) Contrato por Obra Certa

Encontra-se regulamentado pela Lei nº 2.959/56, somente podendo ser concretizado por um empregador que atue, em caráter permanente, no ramo de construção civil.

A doutrina majoritária, diante da omissão na Lei nº 2.959/56, tem entendido que o prazo máximo deste contrato é de dois anos, permitindo-se uma única prorrogação respeitado seu prazo máximo (2 anos).

A Lei nº 2.959/56 traz em seu artigo 2º uma polêmica indenização decorrente do término da obra ou serviço:

> Rescindindo o contrato de trabalho em face do término da obra ou serviço, tendo o empregado mais de 12 (doze) meses de serviço, **ficar-lhe-á assegurada a indenização por tempo de trabalho na forma do art. 478 da Consolidação das Leis do Trabalho, com 30% (trinta por cento) de redução.** – Grifo nosso.

O artigo 478 da CLT prevê uma indenização em razão a rescisão (extinção) do contrato de trabalho por prazo indeterminado. A referida indenização seria de um mês de remuneração por ano de serviço efetivo, ou por ano e fração igual ou superior a 6 (seis) meses.

Entendemos, com apoio em Alice Monteiro de Barros[4], que a indenização prevista no referido artigo 478 da CLT não possui mais aplicabilidade nos dias atuais, vez que foi substituída pelo regime geral de FGTS.

Logo, a previsão de indenização do artigo 2º da Lei nº 2.959/56 já não produz efeitos, afinal, repetimos, a indenização do artigo 478 da CLT, foi substituída pelo regime de FGTS.

D) Contrato de Trabalho Verde e Amarelo (MP nº 905 de 11/11/2019)

A Medida Provisória nº 905, de 11/11/2019, instituiu, dentre outras novidades, o "***Contrato de Trabalho Verde e Amarelo***", todavia a mesma foi revogada pela Medida Provisória nº 955, de 20 de abril de 2020. Esta MP revogadora, por sua vez, não foi apreciada pelo Congresso no prazo constitucional (máximo de 120 dias), perdendo sua vigência. Mesmo assim, a MP nº 905, perdeu sua eficácia por também não ter sido apreciada pelo Congresso no prazo limite previsto na Carta Magna.

Em resumo: já não existe em nosso ordenamento jurídico as regras relativas ao "Contrato de Trabalho Verde e Amarelo". Vale lembrar que a referida contra-

4. BARROS, Alice Monteiro de. *Curso de Direito do Trabalho*. 7ª ed. São Paulo: LTr, 2011, pp. 501-502.

tação poderia ser fixada por até 24 meses, tratando-se de típica hipótese de contrato por prazo determinado.

Ocorre que durante o tempo em que a MP nº 905 esteve vigente, vários empregadores contrataram trabalhadores sob a modalidade do "Contrato de Trabalho Verde e Amarelo", cabendo-nos, nesta obra, refletir sobre os efeitos jurídicos que podem ser gerados por este imbróglio político-legislativo.

A primeira interpretação possível consiste na hipótese de que a partir da revogação da MP nº 905/2019, todos os contratos "verde e amarelo" vigentes deveriam ser automaticamente convertidos em contratos por prazo indeterminado, com as normas jurídicas que lhe são aplicáveis, uma vez que representam a regra geral de contratação.

A segunda interpretação possível defende que os contratos firmados durante a vigência da MP nº 905/2019 deverão ser mantidos e reputados válidos pelo tempo previsto no instrumento de contratação (máximo de 24 meses), haja vista que quando o contrato foi firmado, as regras que lhe originaram estavam válidas e vigentes.

Não existe consenso doutrinário sobre tema e, muito menos, posicionamento do TST, que ainda não emitiu qualquer decisão sobre esta matéria específica. Entendemos que a segunda vertente seja mais plausível, pois privilegia a boa-fé das partes, que seguiram as normas trabalhistas vigentes no momento da celebração do vínculo, bem como privilegia a segurança jurídica.

Por fim, embora as regras do contrato "verde e amarelo" não estejam mais vigentes, ainda assim mantivemos, nos tópicos seguintes, nossa explicação sobre essa modalidade de contratação, posto que, como vimos acima, continua a produzir efeitos remanescentes na seara trabalhista.

D.1) Beneficiários e Restrições Legais

O Contrato de Trabalho Verde e Amarelo tinha como finalidade estimular a criação de novos postos de trabalho para jovens entre 18 e 29 anos de idade, para fins de registro do **primeiro emprego** em Carteira de Trabalho e Previdência Social.

Esta modalidade de contratação era inaplicável aos menores aprendizes, contratos de experiência, trabalhadores intermitentes e trabalhadores avulso, vez que a legislação determinou que tais vínculos não poderiam se caracterizar como hipótese de primeiro emprego (art. 1º, parágrafo único, MP nº 905). Assim sendo, em nenhuma das situações retromencionadas poderia ocorrer a contratação por meio do Contrato de Trabalho Verde e Amarelo.

Frisamos que o contrato em tela era utilizado **exclusivamente** para novos postos de trabalho. Com esta imposição legal, salta aos olhos que a intenção do legislador era favorecer a inserção no mercado de trabalho de pessoas que não possuíam prévia experiência profissional em seu currículo.

A contratação total de trabalhadores na modalidade Contrato de Trabalho Verde e Amarelo ficava limitada a 20% do total de empregados **da empresa** (e não do estabelecimento), levando-se em consideração a folha de pagamentos do mês corrente de apuração.

Caso o percentual de 20% do total de empregados da empresa representasse uma fração, deveria ser computado como unidade a fração igual ou superior a cinco décimos e desprezada a fração inferior a esse valor.

Por exemplo, imaginem que a empresa "X" tenha 12 empregados. No caso, 20% de 12 empregados serão 2,4% (fração inferior a cinco décimos), logo só poderiam ser contratados dois empregados. Entretanto, caso esta mesma empresa "X" tenha 14 empregados, 20% corresponderá a 2,8 empregados (fração igual ou superior a cinco décimos), hipótese que permitia a contratação de três empregados.

As **empresas com até dez empregados** ficavam autorizadas a contratar dois empregados na modalidade Contrato de Trabalho Verde e Amarelo. Caso a empresa viesse a crescer e, consequentemente, aumentasse seu quantitativo de empregados para mais de dez trabalhadores, passava a ser regida pelo percentual de 20%, citado nos parágrafos anteriores.

Os empregados que já estejam inseridos em outras formas de contrato de trabalho, uma vez dispensados, não poderiam ser recontratados pelo mesmo empregador, na modalidade Contrato de Trabalho Verde e Amarelo, pelo prazo de 180 dias, contado da data de dispensa. Esta proibição visava evitar, por exemplo, tentativas de fraudes por meio de alguns empregadores, os quais poderiam dispensar empregados apenas com a finalidade de recontratá-los com os benefícios financeiros do Contrato de Trabalho Verde e Amarelo.

Essa proibição acima citada não se aplicava aos empregados que estivessem contratados como menores aprendizes, contratos de experiência, trabalhadores intermitentes e trabalhadores avulsos, os quais poderiam, após a dispensa, ser recontratados por meio do contrato verde e amarelo, independentemente do prazo de 180 dias.

À luz do artigo 3º da revogada MP nº 905, poderiam ser contratados na modalidade Contrato de Trabalho Verde e Amarelo, os trabalhadores com salário-base mensal de até um salário-mínimo e meio (que à época imediatamente anterior a revogação era de R$ 1.567,50). Apesar dessa limitação salarial, seria garantida a manutenção do contrato de trabalho quando houvesse aumento salarial além do teto, após doze meses de contratação.

D.2) Direitos do Empregado

O artigo 4º da MP nº 905, como não poderia deixar de ser, assegurava aos empregados inseridos no Contrato de Trabalho Verde e Amarelo os direitos previstos na Constituição Nacional.

Da mesma forma, expressamente garantia a manutenção dos direitos previstos na CLT e nas convenções e nos acordos coletivos da categoria a que pertencessem, naquilo que não fosse contrário às disposições da revogada MP nº 905/2019.

D.3) Prazo de Contratação

O prazo máximo era de até vinte e quatro meses, **a critério do empregador**, o qual poderia, respeitando o prazo máximo, fazer quantas prorrogações desejasse. Por exemplo, o empregado poderia ser contratado por seis meses, sendo que o referido contrato poderia ser prorrogado por mais três períodos, de seis meses cada, até totalizar o máximo de 24 meses.

Assim sendo, era inaplicável o artigo 451 da CLT, que afirma que os contratos por prazo determinado só poderão prorrogados uma única vez, sob pena de passarem a ser tratados como contratos por prazo indeterminado.

O Contrato de Trabalho Verde e Amarelo poderia ser utilizado para qualquer tipo de atividade, transitória ou permanente, e para substituição transitória de pessoal permanente.

O contrato em questão seria convertido automaticamente em contrato por prazo indeterminado quando ultrapassasse o prazo de 24 meses, passando a incidir as regras do contrato por prazo indeterminado previsto na CLT, a partir da data da conversão.

Para empregadores que, por exemplo, haviam celebrado o Contrato de Trabalho Verde e Amarelo pelo prazo 12 meses e, durante esse período, houve a perda de efeitos da MP nº 905/2019, defendemos que o contrato poderá ser cumprido regularmente até o prazo previsto (no exemplo, 12 meses), inexistindo, todavia, direito à prorrogação até o máximo de 24 meses, haja vista que não há como se falar em prorrogação diante da supressão da MP, a qual era a base legal para a dita prorrogação.

Portanto, findo o contrato após o prazo de 12 meses, cabe ao empregador extinguir o vínculo normalmente pelo decurso do prazo ou permitir a continuidade do vínculo, que seria necessariamente ditado pelas regras atinentes aos contratos por prazo indeterminado.

O artigo 16 da MP nº 905/2019, permitia a contratação de trabalhadores pela modalidade de Contrato de Trabalho Verde e Amarelo no período de 1º de janeiro de 2020 a 31 de dezembro de 2022. Todavia, deixava assegurado aquele prazo máximo de até 24 meses, ainda que o termo final do contrato seja posterior a 31 de dezembro de 2022.

Com a revogação pela MP 955/2020 em 20/04/2020, o dia anterior a essa data passou a ser o limite para contratação nessa modalidade de contrato.

Vale salientar que era vedada a contratação, sob a modalidade de que trata a Medida Provisória em análise, de trabalhadores submetidos à legislação especial.

Finalmente, competia ao Ministério da Economia coordenar, executar, monitorar e avaliar a possível edição de normas complementares relativas ao Contrato de Trabalho Verde e Amarelo (art. 18, MP nº 905/2019).

D.4) Pagamento Antecipado e FGTS

Ao final de cada mês, o empregado recebe o pagamento imediato da remuneração, décimo terceiro salário proporcional e férias proporcionais com acréscimo de um terço. Caso o período trabalhado seja inferior a um mês, desde que acordado pelas partes, os referidos pagamentos ocorreriam ao final do referido período.

A indenização sobre o saldo do FGTS (multa rescisória do FGTS), pode ser paga, por acordo entre empregado e empregador, de forma antecipada, mensalmente, ou em outro período de trabalho acordado entre as partes, desde que seja inferior a um mês. Logo, percebe-se que o período de pagamento não poderia superar o módulo mensal.

A mencionada multa rescisória do FGTS será paga sempre por metade, ou seja, apenas 20% sobre o saldo do FGTS, sendo o seu pagamento irrevogável, independentemente do motivo de demissão do empregado, **mesmo que por justa causa.**

A alíquota mensal de FGTS, no Contrato de Trabalho Verde e Amarelo, é de dois por cento, independentemente do valor da remuneração.

D.5) Jornada de Trabalho

O artigo 8º da MP nº 905/2019 abria as portas para a possibilidade da jornada de trabalho do Contrato de Trabalho Verde e Amarelo ser acrescida de até duas horas extras, desde que estabelecido por acordo individual, convenção coletiva ou acordo coletivo de trabalho.

A remuneração da hora extra será, no mínimo, cinquenta por cento superior à remuneração da hora normal.

Era permitida a adoção de regime de compensação de jornada por meio de acordo individual, tácito ou escrito, para a **compensação no mesmo mês.**

O **banco de horas**, por sua vez, poderá ser pactuado por **acordo individual escrito**, desde que a compensação ocorra no período máximo de **seis meses.**

Quando da rescisão do Contrato de Trabalho Verde e Amarelo, caso ainda remanesçam horas extras não compensadas, o trabalhador terá direito ao pagamento das mesmas, calculadas sobre o valor da remuneração a que faça jus na data da rescisão.

D.6) Direitos Devidos ao Empregado na Rescisão Contratual

As verbas rescisórias devidas ao empregado serão calculadas com base na média mensal dos valores recebidos pelo empregado no curso do respectivo contrato de trabalho.

A multa rescisória de 20% do FGTS, na hipótese de não ter sido acordado entre as partes o seu pagamento antecipado mensal, será paga quando da extinção contratual, assim como as demais verbas trabalhistas previstas na CLT que lhe forem devidas.

Embora se trate de um contrato por prazo determinado, **não se aplica ao mesmo o artigo 479 da CLT**, que obriga o empregador que, sem justa causa, despedir o empregado a pagar-lhe, a título de indenização, e por metade, a remuneração a que teria direito até o termo do contrato. Assim sendo, os mesmos serão tratados como se possuíssem cláusula assecuratória do direito recíproco de rescisão antes de expirado o termo ajustado, o que atrai a aplicabilidade dos princípios que regem a rescisão dos contratos por prazo indeterminado.

Por fim, os contratados na modalidade de Contrato de Trabalho Verde e Amarelo poderão ingressar no Programa Seguro-Desemprego, desde que preencham os requisitos para tanto.

Do ponto de vista previdenciário, vale acrescentar que o seguro desemprego passou a integrar o salário de contribuição, contar como tempo de contribuição e também para o período de carência. Sendo que o período de graça só se inicia após sua cessação.

D.7) Qualificação Profissional e Quitação de Obrigações

Conforme aduzia o artigo 13 da MP nº 905/2019, os trabalhadores contratados na modalidade Contrato de Trabalho Verde e Amarelo receberiam **prioritariamente** ações de qualificação profissional, conforme disposto em ato do Ministério da Economia.

Permitiu-se ao empregador comprovar, perante a Justiça do Trabalho, **acordo extrajudicial de reconhecimento de cumprimento das suas obrigações trabalhistas** para com o trabalhador, nos termos do disposto no artigo 855-B da CLT, o qual regulamenta o processo de homologação de acordo extrajudicial, que deverá ser iniciado por petição conjunta, sendo obrigatória a representação das partes por advogados distintos.

D.8) Seguro por Exposição ao Perigo e a Polêmica da Periculosidade

De acordo com o artigo 15 da multicitada Medida Provisória, o empregador poderia contratar, nos termos do disposto em ato do Poder Executivo federal, e **mediante acordo individual escrito com o trabalhador, seguro privado de acidentes pessoais** para empregados que viessem a sofrer o infortúnio, no exercício de suas atividades, em face da exposição ao perigo previsto em lei.

O referido seguro teria cobertura para as seguintes hipóteses:

- morte acidental;
- danos corporais;
- danos estéticos; e
- Danos Morais.

A redação do §3º, artigo 15, merece nossa atenção especial, haja vista ter esclarecido que mesmo na hipótese de o empregador optar pela contratação do seguro privado de acidentes pessoais, permaneceria obrigado ao pagamento de adicional de periculosidade de **cinco por cento** sobre o salário-base do trabalhador.

Tamanha redução do adicional de periculosidade, apenas em razão da contratação de um seguro privado de acidentes sociais, violava o princípio que veda o retrocesso social, uma vez que está desprotegendo o bem mais importante do trabalhador: a saúde. Tal alteração, ao mesmo tempo, privilegiava as já abastadas instituições financeiras, pois as mesmas venderiam como nunca o referido seguro, já que os empregadores o utilizariam com a finalidade de pagar o adicional de periculosidade de apenas cinco por cento.

O §4º do artigo 15, também possuía redação que implicava em retrocesso social. Registrava que o adicional de periculosidade somente seria devido quando houvesse **exposição permanente do trabalhador, caracterizada pelo**

efetivo trabalho em condição de periculosidade por, no mínimo, 50% de sua jornada normal de trabalho.

Esta alteração buscava excluir os trabalhadores inseridos em Contrato de Trabalho Verde e Amarelo da incidência da Súmula nº 364, I, do TST, *ex vi*: *"Tem direito ao adicional de periculosidade o empregado* ***exposto permanentemente ou que, de forma intermitente****, sujeita-se a condições de risco. Indevido, apenas, quando o contato dá-se de forma eventual, assim considerado o fortuito, ou o que, sendo habitual, dá-se por tempo extremamente reduzido."*.

Vê-se que o entendimento Sumulado considera perigosa a exposição permanente e também a intermitente/descontinua, excluindo o pagamento da periculosidade apenas na hipótese de contato eventual (de vez em quando).

2.6. Contrato de Trabalho: Efeitos

Da mesma forma que se verifica com qualquer negócio jurídico, o contrato de trabalho produz efeitos jurídicos, os quais se traduzem em obrigações e direitos para as partes envolvidas.

Estes efeitos oriundos do pacto de emprego classificam-se, segundo a doutrina especializada[5], em **efeitos próprios** e **efeitos conexos**.

Nessa senda, próprios são os efeitos peculiares a todo e qualquer contrato de trabalho. Os exemplos clássicos de efeitos próprios são as obrigações do empregado e do empregador de, respectivamente, prestar serviços e pagar salário. É inimaginável um contrato de emprego sem tais efeitos, vez que os mesmos fazem parte dos elementos mínimos constitutivos necessários ao surgimento de uma relação jurídica laboral.

Diversamente disso, conexos são os efeitos que não precisam necessariamente integrar a estrutura de toda relação jurídica laboral, mas que podem validamente integrar-se a essa.

São efeitos conexos, por exemplo, os direitos intelectuais devidos ao obreiro, os danos morais, estéticos e o assédio moral, os quais não possuem natureza tipicamente trabalhista, mas podem surgir em uma relação de emprego, sendo, consequentemente, um efeito acessório ou conexo.

A) Efeitos Próprios

Como dito acima, os efeitos próprios são aqueles inerentes a todo contrato de trabalho. Por parte do empregador podemos exemplificar com os seguintes: dever

5. Por todos: DELGADO, Maurício Godinho. *Curso de Direito do Trabalho.* 15ª ed. São Paulo: LTr, 2016, pp. 478.

de pagar salário, de registrar a CTPS (que deverá ocorrer, preferencialmente, por meio de sistemas informatizados[6]), de observar as normas sobre saúde e segurança do trabalho (fornecer os Equipamento de Proteção Individual – EPI), de exigir lealdade (boa-fé) do empregado e de dirigir/comandar a atividade empresarial.

Por parte do empregado, podemos exemplificar com os seguintes: o dever de prestar serviços e o consequente direito de receber salários; dever de devolver os instrumentos de trabalho após o encerramento do contrato; e dever de seguir as ordens do empregador, desde que lícitas.

Frisamos que a enumeração dos efeitos próprios realizada acima é meramente exemplificativa, afinal existem dezenas deles oriundos do contrato de trabalho. Nossa opção na exemplificação acima se guiou por meio daqueles efeitos próprios que mais foram citados em questões de concurso e OAB, sendo que, dentre todos, o mais citado em provas é o poder empregatício do empregador, que será tratado no tópico seguinte.

A.1) Poderes do Empregador

Todo cidadão que ousa empreender ou investir no mercado econômico brasileiro sabe, de antemão, que apenas dois destinos lhe esperam: ou o empreendimento não logrará êxito e, por certo, chegará à falência; ou o empreendimento será exitoso e haverá lucro.

Diante desses riscos inerentes a toda atividade econômica, o mínimo que a legislação poderia assegurar ao empregador é o direito de decidir sobre o funcionamento da empresa.

Com efeito, o poder do empregador consiste justamente na prerrogativa legal que lhe é outorgada para dirigir a atividade empresarial, sendo que essa direção se expressa por meio do poder diretivo, poder regulamentar, poder fiscalizatório e poder disciplinar.

A.1.1) Poder Diretivo

O artigo 2º da CLT conceitua a figura do empregador da seguinte forma: *"Considera-se empregador a empresa, individual ou coletiva, que, assumindo os riscos da atividade econômica, admite, assalaria e* ***dirige*** *a prestação pessoal de serviço."*

6. De acordo com o artigo 14 da CLT, com redação da Lei nº 13.874, de 20 de setembro de 2019 ("Lei da Liberdade Econômica"), onde se determinou que a CTPS será emitida pelo Ministério da Economia, preferencialmente, em meio eletrônico.

É por meio desse poder que o empregador encontra respaldo legal, por exemplo, para comandar/dirigir a forma pela qual os empregados deverão executar suas tarefas.

Cumpre salientar, que o poder diretivo não é exercido sobre a pessoa do empregado, mas sim sobre o trabalho que esse executa, organizando-o de acordo com os desejos do empregador.

Também são expressões do poder diretivo a possibilidade do empregador determinar e alterar os horários de trabalho dos empregados; exigir o uso de uniformes; determinar o horário de funcionamento da empresa etc.

O Informativo nº 170 do TST, dentre outras informações, consigna o entendimento de que o uso do **polígrafo** viola a intimidade e a vida privada dos empregados, causando danos à sua honra e à sua imagem, haja vista que extrapola o exercício do poder diretivo do empregador, por não ser reconhecido pelo ordenamento jurídico brasileiro como forma de controle de empregados.

A.1.2) Poder Regulamentar

Por meio do poder regulamentar o empregador cria regras gerais de conduta que devem ser observadas no interior do estabelecimento empresarial.

São exemplos de manifestação do poder regulamentar não só as regras criadas de forma específica para algumas funções dentro da empresa, mas também a expedição de regras gerais, voltadas para todos os empregados, como é o caso do regulamento de empresa, das circulares e das ordens de serviço.

Muitas empresas possuem regulamentos de empresa onde consta, por exemplo, a proibição de fumar no ambiente de trabalho ou então a proibição de atender celular no ambiente de trabalho. Todas essas proibições derivam do poder regulamentar do empregador.

A.1.3) Poder de Fiscalização

De nada adiantaria traçar regras a serem cumpridas com subordinação jurídica pelo obreiro, se ao empregador não fosse deferido o justo direito de fiscalizar seu cumprimento.

Nessa esteira, serão formas de controle ou fiscalização utilizadas pelo empregador: circuito interno de câmeras, relógio de ponto, detector de metais, e até mesmo, a prestação de contas para algumas funções, como é o caso do Operador de Caixa.

O grande problema é que sob o argumento de fiscalizar o trabalho do empregado, muitas empresas passaram a exceder os limites da razoabilidade, causando, por conseguinte, transtornos psíquicos e constrangimentos morais ao trabalhador.

Uma questão que merece ser ponderada diz respeito ao monitoramento/fiscalização do e-mail do empregado. O entendimento do Tribunal Superior do Trabalho caminha no sentido de se permitir o monitoramento do *e-mail* corporativo, isto é, aquele *e-mail* criado pela própria empresa e fornecido ao empregado para facilitar seu trabalho e sua comunicação com a estrutura empresarial. De outro lado, se o correio eletrônico for pessoal, não é lícito seu monitoramento sob o pretexto de utilização do poder fiscalizatório.

A.1.4) Poder Disciplinar

Por intermédio do poder de fiscalização ou controle, o empregador verifica se as ordens emanadas do poder diretivo e regulamentar estão sendo respeitadas. Em caso de descumprimentos das diretrizes empresariais, surge ao empregador a permissão para exercitar o poder punitivo ou disciplinar.

As sanções (punições) podem ser uma advertência escrita ou verbal (no caso de faltas leves); suspensão, para faltas medianas, até o máximo de 30 dias, sob pena de rescisão injusta (sem justa causa) do contrato de trabalho, caso ultrapasse esse limite máximo de dias, conforme artigo 474 da CLT; e aplicação de justa causa, no caso de faltas graves.

Vale notar, que é o próprio empregador quem analisa a infração cometida e, em seguida, aplica a penalidade que entender cabível. Logo, havendo excessos ou equívocos na aplicação da penalidade, a mesma poderá ser questionada judicialmente.

Desse modo, de forma culposa ou dolosa (*intuito perseguitório*), pode o empregador cometer excessos na punição, caso em que, nasce para o obreiro a possibilidade de socorrer-se da Justiça do Trabalho para que a legalidade da sanção aplicada seja examinada.

Vale salientar que a legislação trabalhista não permite a utilização de penalidades que violem a dignidade, a intimidade ou outros direitos da personalidade do empregado, ou ainda punições de caráter discriminatório. Logo, qualquer ato do empregador nesse sentido poderá ser questionado judicialmente.

Para encerrar esse tópico, calha conferir uma questão sobre os poderes inerentes à figura do empregador:

▸ **Aplicação em Concurso e/ou OAB:**

(FCC – TRT 2ª Região – Analista Judiciário – 2016 – ADAPTADA) No que tange aos poderes atribuídos ao empregador no contrato de trabalho é INCORRETO afirmar:

a) O poder disciplinar do empregador não pode ser exercido de forma ilimitada e não pode caracterizar arbitrariedade ou abuso de direito.

b) No exercício pelo empregador do poder disciplinar, a suspensão do empregado por mais de 30 dias consecutivos não importa na rescisão injusta do contrato de trabalho.

c) O exercício pelo empregador do seu poder de controle ou fiscalizatório não deve implicar violação à intimidade, à vida privada, à honra e à imagem do empregado.

d) O estabelecimento pelo empregador de regulamento de empresa ou de plano de cargos e salários caracteriza exteriorização do seu poder de organização.

e) correios eletrônicos poderão ser monitorados, desde que tenham natureza empresarial/corporativa.

Resposta: B

B) Efeitos Conexos

Os principais efeitos conexos para fins de Concurso e OAB são: os direitos intelectuais, os danos morais, estéticos e o assédio moral.

B.1) Direitos Intelectuais[7]

A nossa Carta Magna enquadra como uma das hipóteses de Direitos Fundamentais os chamados direitos intelectuais, tanto que o artigo 5º, inciso XXVII, assevera que *"aos autores pertence o direito exclusivo de utilização, publicação, ou reprodução de suas obras, transmissível aos herdeiros pelo tempo que a lei fixar."*.

Desde 10.12.1948, por meio da Declaração Universal dos Direitos do Homem, consta que *"todo homem tem direito à proteção dos interesses morais e materiais*

7. A forma pela qual os tópicos relativos ao trabalho intelectual foram divididos seguiram a inspiração de: DELGADO, Mauricio Godinho. *Curso de Direito do Trabalho*. 15ª ed. São Paulo: LTr, 2016, pp. 480.

decorrentes de qualquer produção científica, literária ou artística da qual seja autor.".

A CLT, em nenhum momento, trata sobre os efeitos dos direitos intelectuais sobre o contrato de trabalho, motivo pelo qual, para compreendermos este efeito, devemos nos valer das regras existentes na legislação específica, qual seja: Lei de Propriedade Industrial (Lei nº 9.279/1996).

Para melhor entendimento do assunto, temos que analisar este efeito conexo em três circunstâncias distintas: quando o trabalho intelectual é a razão de ser do próprio contrato de trabalho; quando as invenções criadas não possuem qualquer ligação direta ou indireta com o Contrato de Trabalho; e, por fim, quando o trabalho intelectual é favorecido pelos instrumentos de trabalho.

B.1.1) Trabalho Intelectual enquanto Razão de Ser do Contrato de Trabalho

A Lei nº 9.279/1996, também conhecida como Lei de Propriedade Industrial, em seu artigo 88, determina que a invenção e o modelo de utilidade **pertencem exclusivamente ao empregador** quando decorrerem de contrato de trabalho que tenha por objeto a pesquisa ou a atividade inventiva, ou resulte esta da natureza dos serviços para os quais foi o empregado contratado.

Assim sendo, quando o empregado cria algo novo, sendo que este é o objeto do seu contrato de trabalho, a criação do empregado, para fins comerciais/lucrativos, pertence ao empregador.

Em regra, o empregado não tem direito a nenhum pagamento a mais pela atividade inventiva, pois o salário contratado retribui toda e qualquer criação, salvo se o empregador, por liberalidade, pactuar, por exemplo, algum prêmio para cada invenção do empregado. Nesse sentido, o artigo 89 da Lei nº 9.279/1996:

> O empregador, titular da patente, **poderá** conceder ao empregado, autor de invento ou aperfeiçoamento, participação nos ganhos econômicos resultantes da exploração da patente, mediante negociação com o interessado ou conforme disposto em norma da empresa. – Grifo nosso

De forma clara, o artigo acima destacado salienta que o empregador *"poderá"* (mera faculdade) conceder ao empregado autor de invento ou aperfeiçoamento participação nos ganhos, a qual não tem natureza salarial e nem se incorpora ao salário do empregado, a qualquer título.

O artigo 88, § 2º, da Lei nº 9.279/1996, pontua que **salvo prova em contrário**, consideram-se desenvolvidos na vigência do contrato a invenção ou o modelo de utilidade, cuja patente seja requerida pelo empregado até um ano após a extinção do vínculo empregatício.

Por meio do artigo de lei acima referido, o legislador criou uma presunção relativa no sentido de que se o empregado requereu a patente de alguma criação até um ano após a extinção do vínculo empregatício, é porque, em verdade, o objeto foi criado durante o contrato de trabalho, todavia o empregado ocultou este fato maliciosamente com a finalidade de requerer sua patente somente após a extinção do vínculo empregatício.

Vamos conferir uma questão sobre o trabalho intelectual:

▸ **Aplicação em Concurso e/ou OAB:**

(FGV – OAB – Exame de Ordem Unificado XXI – 2016) Um cientista é contratado como empregado para trabalhar no setor de pesquisa de uma empresa, visando desenvolver atividade inventiva. Após três anos, com uso de equipamentos e insumos da empresa, o trabalhador inventa um novo maquinário, cuja patente é requerida e, em breve, introduzida no processo de produção, com previsão de alto lucro. Na hipótese, caso nada tenha sido disposto a respeito, assinale a afirmativa correta.

a) A invenção pertence exclusivamente ao empregado, mas os lucros deverão ser divididos.

b) A invenção pertence exclusivamente ao empregador, dada a atividade para a qual foi contratado o empregado.

c) A invenção pertence ao empregado e ao empregador, que dividirão os lucros.

d) A invenção pertence ao empregador, mas é dado ao empregado pedir indenização por dano material, a ser arbitrado pela justiça.

Resposta: B

B.1.2) Invenções sem Qualquer Ligação Direta ou Indireta com o Contrato de Trabalho

A conclusão nesta hipótese não é muito difícil de ser percebida, afinal, por uma questão de equidade e justiça, se o empregador não participou em nada da criação do invento ou modelo de utilidade, esse pertence integralmente ao empregado para fins de exploração comercial.

Sobre o tema, a Lei de Propriedade Industrial, em seu artigo 90, dispara:

> Pertencerá exclusivamente ao empregado a invenção ou o modelo de utilidade por ele desenvolvido, desde que desvinculado do contrato de trabalho e não decorrente da utilização de recursos, meios, dados, materiais, instalações ou equipamentos do empregador.

B.1.3) Trabalho Intelectual Favorecido pelos Instrumentos de Trabalho

Nesta hipótese a produção de inventos ou modelos de utilidade não faz parte do objeto do contrato de trabalho, mas o empregado por meio da utilização de ferramentas existentes no ambiente de trabalho ou quaisquer outros objetos consegue criá-los.

Sobre o assunto, mais uma vez, socorremo-nos da Lei de Propriedade Industrial, em seu artigo 91:

> A propriedade de invenção ou de modelo de utilidade será comum, em partes iguais, quando resultar da contribuição pessoal do empregado e de recursos, dados, meios, materiais, instalações ou equipamentos do empregador, ressalvada expressa disposição contratual em contrário.

Interpretando o artigo acima, constata-se que na hipótese em estudo, o obreiro, além da sua remuneração normalmente recebida, deva participar dos lucros porventura angariados pelo empregador, em virtude do invento, à razão de 50%.

As implicações do trabalho intelectual como um todo costumam ser alvo de quesitação em concurso público:

▸ Aplicação em Concurso e/ou OAB:

(TRT 4ª Região – Juiz Substituto – 2016 – ADAPTADO) Considere as assertivas abaixo sobre efeitos conexos do contrato de trabalho.

I – Pertencerá exclusivamente ao empregado a invenção ou o modelo de utilidade por ele desenvolvido com utilização das instalações do empregador, desde que desvinculado do contrato de trabalho.

II – O empregador, titular da patente, poderá conceder ao empregado, autor de invento ou aperfeiçoamento, participação nos ganhos econômicos resultantes da exploração da patente, mediante negociação com o interessado ou conforme disposto em norma da empresa, o que não será incorporado ao salário.

Resposta: Item I errado; Item II correto

B.2) Dano moral e a Reforma Trabalhista

O dano moral surge a partir da violação de direitos da personalidade (o nome, a imagem, a honra etc.) e tem, segundo a doutrina, dupla finalidade: pedagógica e compensatória.

Pedagógica, vez que por meio da indenização ensina-se o infrator a não cometer os mesmos ilícitos com outras pessoas.

Compensatória, uma vez que tem por finalidade amenizar a angústia/constrangimento vivido pelo ofendido, trazendo ao mesmo um sentimento de justiça.

A **Reforma Trabalhista** também tocou nesse tema, valendo salientar, para melhor a entender, que os artigos incluídos sobre o assunto utilizam a expressão "dano extrapatrimonial", que é gênero da qual "dano moral" é apenas uma espécie.

Vale frisar: nos artigos que comentaremos ao longo deste tópico, a **Reforma Trabalhista** utilizou a expressão dano extrapatrimonial, logo englobou também o dano moral.

Nesses termos, foi incluído o artigo 223-G na CLT, que criou moduladores a serem observados pelo juiz quando do arbitramento do dano extrapatrimonial. O quadro abaixo descreve, segundo a **Reforma Trabalhista**, quais moduladores deverão ser ponderados pelo juiz quando do arbitramento de dano extrapatrimonial:

Moduladores do Dano Extrapatrimonial

- A natureza do bem jurídico tutelado
- A intensidade do sofrimento ou da humilhação
- A possibilidade de superação física ou psicológica
- Os reflexos pessoais e sociais da ação ou da omissão
- A extensão e a duração dos efeitos da ofensa
- As condições em que ocorreu a ofensa ou o prejuízo moral
- O grau de dolo ou culpa
- A ocorrência de retratação espontânea
- O esforço efetivo para minimizar a ofensa
- O perdão, tácito ou expresso
- A situação social e econômica das partes envolvidas
- O grau de publicidade da ofensa

Uma das partes mais polêmicas da **Reforma Trabalhista** sobre o assunto em análise refere-se à criação de faixas de valores de dano extrapatrimonial, às quais deve o julgador se adequar, retirando deste a possibilidade de analisar os detalhes do caso concreto e, consequentemente, fixar uma indenização adequada. Em síntese, a **Reforma Trabalhista** tarifou o dano moral.

Com efeito, segundo o **artigo 223-G, § 1º**, da CLT, caso o juiz julgue procedente o pedido, fixará a indenização a ser paga, a cada um dos ofendidos, em um dos parâmetros abaixo, vedada a acumulação:

> § 1º Se julgar procedente o pedido, o juízo fixará a indenização a ser paga, a cada um dos ofendidos, em um dos seguintes parâmetros, vedada a acumulação:
>
> I - ofensa de natureza leve, até três vezes o último salário contratual do ofendido;
>
> II - ofensa de natureza média, até cinco vezes o último salário contratual do ofendido;
>
> III - ofensa de natureza grave, até vinte vezes o último salário contratual do ofendido;
>
> IV - ofensa de natureza gravíssima, até cinquenta vezes o último salário contratual do ofendido;

A tarifação do dano extrapatrimonial, acima transcrita, tem viés nitidamente discriminatório, afinal vinculou o valor do dano à **posição social do empregado ofendido**, ou seja, quanto maior for o salário contratual do ofendido, maior será a indenização arbitrada.

Este critério legal acabou monetizando a dignidade humana do trabalhador, o que nos parece inaceitável, uma vez que a natureza humana é uma só, independentemente do patamar social e financeiro do sujeito de direitos.

A maneira como a Reforma Trabalhista regulamentou a matéria possibilitou que de um fato idêntico sofrido por dois trabalhadores da mesma empresa, surjam indenizações por danos morais distintas, apenas porque um dos sujeitos possui salário diferente. Para o legislador a dor tem preço e este preço varia de acordo com a posição social do ofendido.

Por uma questão de honestidade científica, devemos informar ao leitor que existem posições doutrinárias que defendem esta tarifação diretamente proporcional ao salário contratual do ofendido, afinal, para este setor doutrinário, a indenização para atingir seus efeitos, realmente deve ser majorada conforme seja maior o salário da vítima. Obviamente, não concordamos com esse posicionamento.

Caso o ofendido seja uma **pessoa jurídica**, a indenização será fixada com observância dos mesmos parâmetros anteriormente citados (art. 223-G, §1º), mas tendo como base o **salário contratual do ofensor (e não do ofendido)**. Cabe lembrar que mesmo antes da **Reforma Trabalhista** já se admitia que a pessoa jurídica fosse vítima de dano moral (Súmula nº 227 do Superior Tribunal de Justiça), não havendo, portanto, nenhuma inovação nesse particular.

A **Reforma Trabalhista** também inseriu o §3º no artigo 223-G, o qual possibilitou que as indenizações previstas no parágrafo primeiro do mesmo artigo poderão ser arbitradas em dobro, desde que exista **reincidência entre partes idênticas**. Segue a literalidade do referido dispositivo legal: *"na **reincidência entre partes idênticas**, o juízo poderá elevar ao dobro o valor da indenização"*.

Esta previsão de elevação da indenização ao dobro, em caso de reincidência, mais parece uma anedota (piada) jurídica. Afirmamos isso com muita tranquilidade, haja vista que, na prática, é quase impossível existir reincidência entre partes idênticas.

Para haver reincidência entre partes idênticas, seria necessário que um empregado dispensado acionasse judicialmente o empregador em razão deste ter praticado alguma ação ou omissão causadora de dano moral. Supondo que o referido empregado obtivesse êxito nesse processo, para haver a reincidência prevista na lei reformista, seria necessário que o mesmo empregador recontratasse o mesmo empregado que lhe acionou na justiça para um novo vínculo de emprego e, em seguida, praticasse outra vez ações ou omissões causadoras de dano moral, dando lugar, consequentemente, para novamente ser condenado por outro dano moral. Só assim haveria reincidência entre as mesmas partes. Percebam que se trata de algo irreal, quase impossível de acontecer na prática.

Ainda, existe a previsão do art. 223-F, no sentido de que a reparação por danos extrapatrimoniais pode ser pedida cumulativamente com a indenização por danos materiais decorrentes do mesmo ato lesivo. Contudo, em caso de cumulação, o juízo, discriminará os valores das indenizações. E, para a composição das perdas e danos, os lucros cessantes e os danos emergentes, não interferem na avaliação dos danos extrapatrimoniais.

Tradicionalmente, o Supremo Tribunal Federal (STF) mostra-se contrário à tarifação do dano extrapatrimonial, conforme já sinalizado, desde o ano de 2009, no julgamento da Ação de Descumprimento de Preceito Fundamental (ADPF) nº 130, a qual declarou a inconstitucionalidade da lei de imprensa. Um dos motivos da declaração de inconstitucionalidade da mencionada lei residiu justamente na previsão de um dano moral tarifado em seu teor. Por tais motivos, nos filiamos ao segmento doutrinário que vem argumentando ser inconstitucional a tarifação do dano moral realizada pela **Reforma Trabalhista**.

B.2.1) Ainda sobre o Dano Moral e a Reforma Trabalhista

Outra alteração bastante contestada da **Reforma Trabalhista** sobre o assunto em análise veio no artigo 223-A da CLT, que dispõe: *"Aplicam-se à reparação de danos de natureza extrapatrimonial decorrentes da relação de trabalho* ***apenas*** *os dispositivos deste Título."*.

O referido artigo determina que o dano extrapatrimonial seja regulado **somente** pela CLT, o que leva à exclusão das regras sobre esse instituto de qualquer outro ramo do direito, inclusive da Constituição, afinal o texto fala *"apenas"* dos dispositivos da CLT, sem exceção. Mais uma vez, a doutrina vem reputando o referido artigo inconstitucional, vez que busca excluir a aplicação da própria Carta Magna, além de tentar impedir a aplicação do Código Civil em uma matéria cujo berço é civilista.

Acreditamos que a principal intenção do legislador com a introdução do artigo 223-A na CLT foi excluir a aplicação do Código Civil, já que é por meio desse que tem havido profícua aplicação subsidiária ao Direito do Trabalho das noções de responsabilidade objetiva, isso sempre que o empregador exercer atividade de risco ou então nos casos onde a responsabilidade objetiva decorrer da lei (danos ao meio ambiente de trabalho, por exemplo), conforme ensina o artigo 927, parágrafo único, do Código Civil.

Em conclusão, vamos fazer uma rápida verificação de aprendizagem com a seguinte questão:

▸ **Aplicação em Concurso e/ou OAB:**

(VUNESP – Assistente Jurídico – Prefeitura de Andradina – 2017) No direito do trabalho, a indenização por dano moral:

a) abrange a indenização por dano estético.

b) é calculada em função do tempo de serviço do empregado.

c) não pode ser superior à indenização por dano material.

d) abrange apenas a violação da honra subjetiva ou objetiva do empregado.

e) também se aplica em favor do empregador constituído sob a forma de pessoa jurídica.

Resposta: E

B.3) Assédio Moral

Tudo que afirmamos no tópico anterior sobre a **Reforma Trabalhista** também vale para esse tópico, afinal o assédio moral também é espécie de dano extrapatrimonial.

O assédio é o **ato abusivo e repetitivo** voltado contra um ou mais empregados determinados, com a intenção de desestabilizar o ambiente de trabalho, tornando-o fonte de sofrimento para o trabalhador.

O Jornal Trabalhista Consulex, publicou uma entrevista com 870 homens e mulheres vítimas de assédio no ambiente de trabalho, onde se revelou como cada sexo reage a essa situação[8]:

Reações à opressão de acordo com o sexo da vítima		
Sintomas	**Mulheres (%)**	**Homens (%)**
Crises de choro	100	---
Dores generalizadas	80	40
Palpitações, tremores	80	40
Sentimento de inutilidade	72	40
Insônia ou sonolência excessiva	69,6	63,6
Depressão	60	70
Diminuição da libido	60	15
Sede de vingança	50	100
Aumento da pressão arterial	40	51,6
Dor de cabeça	40	33,2
Distúrbios Digestivos	40	15
Tonturas	22,3	3,2
Ideia de Suicídio	16,2	100
Falta de apetite	13,6	2,1
Falta de ar	10	30
Passa a beber	5	63
Tentativa de suicídio	---	18,3

8. Tabela retirada do seguinte site: <http://www.ambito-juridico.com.br/site/index.php?n_link=revista_artigos_leitura&artigo_id=1452>.

Salta aos olhos, destarte, que o assédio traz consequências negativas para o bem-estar psíquico das vítimas, quer sejam homens ou mulheres.

B.3.1) Classificação do Assédio Moral

O assédio moral segue, basicamente[9], a seguinte classificação: assédio moral vertical descendente; assédio moral vertical ascendente; e assédio moral horizontal.

O **assédio moral vertical descendente** é aquele em que o superior hierárquico é o assediador e a vítima é um trabalhador subordinado, tratando-se de uma imposição de poder.

Já no **assédio moral vertical ascendente** o superior hierárquico é a vítima e o subordinado é o assediador. Um exemplo claro e muito comum ocorre quando um grupo de jogadores de futebol se reúnem com o objetivo de boicotar o técnico da equipe, perdendo jogos propositadamente, buscando sua expulsão do time.

O **assédio moral horizontal** é aquele que se verifica entre colegas de trabalho de igual hierarquia. Essa hipótese é muito comum entre colegas de trabalho que estão disputando uma mesma promoção, sendo que, muitas vezes, uma das armas utilizadas para conseguir a promoção em detrimento do outro é justamente a concretização de atos e condutas que configuram assédio moral.

Segue uma questão sobre assédio moral:

▸ Aplicação em Concurso e/ou OAB:

(IESES – Órgão IFC-SC – 2016) O Assédio moral no trabalho que ocorre quando o ato de assediar parte dos colegas de mesmo nível ou classe de um mesmo campo laboral será considerado:

a) Assédio moral vertical.
b) Assédio moral horizontal.
c) Assédio moral típico ou puro.
d) Assédio moral angular.

Resposta: B

9. Existem outras classificações, mas para efeito de Exame da Ordem e Concursos, estas são suficientes.

B.4) Assédio Sexual

Tudo que afirmamos no tópico "B.2" sobre a **Reforma Trabalhista** também vale para esse tópico, afinal o assédio sexual também é espécie de dano extrapatrimonial.

O assédio sexual, ao contrário do assédio moral, está tipificado como crime, conforme se observa do artigo 216-A do Código Penal:

> Art. 216-A – Constranger alguém com o intuito de obter vantagem ou favorecimento sexual, prevalecendo-se o agente da sua condição de superior hierárquico ou ascendência inerentes ao exercício de emprego, cargo ou função.
>
> Pena – detenção, de 1 (um) a 2 (dois) anos.
>
> § 2º A pena é aumentada em até um terço se a vítima é menor de 18 (dezoito) anos.

Da leitura do tipo legal emerge sua característica principal, a saber: existe assédio sexual quando o constrangimento é provocado por sujeito que ostenta condição hierárquica superior à vítima, valendo-se da mesma para tentar constranger a vítima a praticar atos libidinosos. O agente assediador é sempre o empregador ou superior hierárquico da vítima.

Esse assédio tipificado pelo ordenamento jurídico penal também é chamado de assédio sexual por chantagem ou *quid pro quo* (que significa "isto por aquilo"), onde o assediante (sempre superior hierárquico) exige da vítima determinadas condutas, sob ameaça de que venha a perder ou deixar de ganhar determinados benefícios.

De outro giro, apesar de óbvio, vale frisar que o assédio sexual se caracteriza também, caso preenchidos seus requisitos, entre pessoas do mesmo gênero. Por exemplo, gerente que assedia um trabalhador ou então o caso de uma Supervisora que assedia uma subordinada.

B.5) Dano Estético

Tudo que afirmamos no tópico "B.2" sobre a **Reforma Trabalhista** também vale para este tópico, afinal o dano estético também é espécie de dano extrapatrimonial.

O dano estético, por seu turno, decorre da existência de alguma **deformidade física**. Essa é sua pedra de toque. Não se analisa a dor ou o constrangimento que a deformidade física causou ou pode causar (isso é objeto do dano moral), mas simplesmente a presença da deformidade física, que pode ser uma mutilação ou cicatriz, por exemplo.

O fundamento jurídico do dano estético vem plasmado na parte final do artigo 949 do Código Civil, mais especificamente na locução *"além de algum outro prejuízo que o ofendido prove haver sofrido"*, nessa expressão, segundo a doutrina, encontra-se a previsão legal do dano estético.

B.6) O Acidente de Trabalho e seus Efeitos Conexos

Acidente do trabalho é o que ocorre pelo exercício do trabalho a serviço da empresa ou de empregador doméstico ou pelo exercício do trabalho dos segurados especiais, provocando lesão corporal, perturbação funcional que cause a morte e a perda ou a redução, permanente ou temporária, da capacidade para o trabalho.

Nesse item do livro não vamos tratar da estabilidade provisória do empregado acidentado, afinal isso será alvo de explicação no capítulo sobre estabilidade no emprego, mais especificamente item 16.9, para onde remetemos o leitor caso tenha interesse no assunto.

As doenças ocupacionais equiparam-se a acidente de trabalho e os acidentes de trajeto, aqueles ocorridos no deslocamento casa/trabalho/casa, também são considerados acidentes do trabalho.

Até a publicação da Lei Complementar nº 150, de 01/06/2015, apenas o empregado e o trabalhador avulso poderiam sofrer acidente do trabalho. Com a regulamentação da chamada PEC das Domésticas pela referida lei, os empregados domésticos passaram a fazer jus aos benefícios acidentários.

Exemplo de acidente típico: empregado eletricista cai da escada durante a reparação da iluminação da empresa.

Doenças ocupacionais são as doenças ocorridas em virtude da atividade do trabalhador. São equiparadas ao acidente de trabalho, dividindo-se em doença profissional e do trabalho, conforme a seguinte conceituação legal:

- **Doença profissional** é a produzida ou desencadeada pelo exercício do trabalho peculiar a determinada atividade e constante da respectiva relação elaborada pelo Ministério da Previdência Social (atualmente, o Ministério do Desenvolvimento Social e Agrário absorveu toda a estrutura do INSS, após a reforma ministerial promovida pela Lei nº 13.341, de 29/09/2016); **Exemplo:** LER – a lesão por esforço repetitivo, sofrida pelo digitador.
- **Doença do trabalho** é a adquirida ou desencadeada em função de condições especiais em que o trabalho é realizado, e com ele se relaciona diretamente. **Exemplo:** A disacusia neurossensorial (perda da audição induzida por ruído) do trabalhador da construção civil.

A empresa é responsável pela adoção e uso das medidas coletivas e individuais de proteção e segurança da saúde do trabalhador, constituindo contravenção penal, deixar a empresa de cumprir as normas de segurança e higiene do trabalho.

Vale esclarecer que não são consideradas doenças do trabalho:

- A doença degenerativa;
- A inerente a grupo etário;
- A que não produza incapacidade para o trabalho;
- A doença endêmica adquirida por segurado habitante de região em que ela se desenvolva, salvo comprovação de que é resultante de exposição ou contato direto determinado pela natureza do trabalho.

Vamos a um exemplo dessa última hipótese (doença endêmica): Não se pode considerar o segurado, habitante da região amazônica, atingido por doença do trabalho, quando picado pelo mosquito transmissor da malária, eis que se trata de doença endêmica da região. A situação, entretanto, poderia gerar a caracterização de doença do trabalho, se o referido segurado, por força do seu trabalho, teve de se expor ao contato direto com os citados insetos, hipótese aplicável aos "caça-mosquitos" (trabalhadores que possuem a tarefa de exterminar os referidos insetos).

É bom saber que as Normas Regulamentadoras (NR) do MTE, relativas à segurança e medicina do trabalho, são de observância obrigatória pelas **empresas privadas e públicas e pelos órgãos públicos da administração direta e indireta, bem como pelos órgãos dos Poderes Legislativo, Judiciário e Ministério Público,** que eventualmente possuam empregados regidos pela Consolidação das Leis do Trabalho (NR 1 – item 1.2.1.1).

B.6.1) Responsabilidade Subjetiva por Acidentes do Trabalho

Em regra, para que o empregado seja indenizado pelo empregador em razão de um acidente ou doença ocupacional, deverá ficar processualmente demonstrada a culpa do empregador, o que, segundo a doutrina, pode ocorrer de duas formas:

- Culpa por violação à norma legal; e
- Culpa por violação ao dever geral de cautela.

O artigo 157 da CLT observa bem essas duas dimensões da Culpa:

> Art. 157 – Cabe às empresas:

> I – cumprir e fazer cumprir as normas de segurança e medicina do trabalho; (aqui está a possível culpa por violação legal)
>
> II – instruir os empregados, através de ordens de serviço, quanto às precauções a tomar no sentido de evitar acidentes do trabalho ou doenças ocupacionais; (Aqui está a culpa por possível violação ao dever geral de cautela) – Os acréscimos entre parêntesis são nossos.

Da mesma forma o artigo 7º, inciso XXII, da CF reafirma a necessidade de que o empregador implemente o dever geral de cautela: *"XXII – redução dos riscos inerentes ao trabalho, por meio de normas de saúde, higiene e segurança;"*

Existem três graus de culpa: culpa grave; culpa moderada ou mediana; e culpa levíssima.

A **culpa grave** ficará caracterizada quando houver um descaso muito evidente para com a saúde e segurança do trabalhador.

A **culpa moderada ou mediana** é aquela evitável por uma pessoa de diligência normal (o padrão do homem médio).

Já a **culpa levíssima** consiste naquela situação que só seria evitada por uma pessoa extremamente diligente, isto é, uma pessoa que seja mais diligente do que de costume.

Qualquer que seja o grau de culpa, o empregador responderá civilmente perante o trabalhador e seus familiares, já que o artigo 7º, inciso XXVIII da Carta Magna, abarca a responsabilidade por culpa *lato sensu* (em sentido amplo), não podendo o intérprete restringir onde o legislador não restringiu. Eis o teor do artigo 7º, inciso XXVIII: "*seguro contra acidentes de trabalho, a cargo do empregador,* sem excluir a indenização a que este está obrigado, quando incorrer em dolo ou ***culpa***.".

Quanto maior for o grau de culpabilidade do empregador, maior deverá ser a indenização arbitrada.

B.6.2) Responsabilidade Objetiva por Acidentes do Trabalho

O fundamento legal da responsabilidade objetiva encontra-se, principalmente, no artigo 927, parágrafo único, do Código Civil:

> Artigo 927: Aquele que, por ato ilícito (arts. 186 e 187), causar dano a outrem, fica obrigado a repará-lo.
>
> Parágrafo único. Haverá obrigação de reparar o dano, **independentemente de culpa**, nos casos especificados em lei, ou quando a atividade normalmente desenvolvida pelo autor do dano implicar, por sua natureza, risco para os direitos de outrem. – Grifo nosso

Salta aos olhos, pela leitura do dispositivo legal acima citado, que existe responsabilidade objetiva ou nos casos especificados em lei ou quando a natureza da atividade desenvolvida pelo trabalhador implicar riscos.

A primeira hipótese, **responsabilidade objetiva decorrente de lei**, pode ser exemplificada pelos danos ambientais. Assim que, se determinada empresa, por acidente, provoca o vazamento de material radioativo e contamina seus empregados, ela deverá responder objetivamente por isso, ou seja, independentemente de culpa.

A segunda hipótese, quando a **atividade normalmente desenvolvida pelo empregado**, por sua natureza, **implica riscos**, estará presente, por exemplo, com aqueles empregados que trabalham como *"motoboy"* ou assemelhados, já que se trata de atividade evidentemente perigosa.

B.6.3) Requisitos da Responsabilidade do Empregador e Concausa

Para que o empregado seja indenizado, ele deverá provar, em caso de **responsabilidade subjetiva** três requisitos:

- O **dano** (decorrente de doença ocupacional ou acidente do trabalho);
- **Nexo causal e Nexo Concausal;**
- **Culpa** por parte do empregador.

Se for **responsabilidade objetiva ou sem culpa** só se exige a prova de dois requisitos: **o dano e o nexo causal.**

Na prática, todos esses requisitos (dano, nexo e culpa), quase sempre serão comprovados por meio de laudo pericial proferido pelo perito que vier a ser nomeado pelo juiz em um processo judicial do trabalho.

O perito, em seu laudo, será responsável por afirmar se realmente existe alguma doença ocupacional ou se o acidente se caracteriza como sendo oriundo do trabalho. Nesse caso, as consequências da doença ou do acidente representam o requisito "**dano**". Da mesma forma é o perito quem vai fixar a extensão do dano, deixando claro em seu laudo se a incapacidade é permanente ou provisória e ainda definitiva ou temporária.

Igualmente toca ao laudo pericial informar se aquela doença ocupacional surgiu por razões alheias ao trabalho (pode ser uma doença hereditária, por exemplo) ou se surgiu por causa do tipo de trabalho prestado (este é o requisito do **nexo causal**).

O **nexo causal** corresponde à ligação direta entre o dano sofrido e o trabalho desenvolvido. Significa que o dano advindo à saúde do trabalhador teve como fator determinante a execução do contrato de trabalho.

Afigura-se importante chamar a atenção do leitor para o **nexo concausal, causa concorrente** ou **concausa**. Nesta situação, não se pode afirmar que o trabalho foi a única causa da doença, mas pode-se afirmar que o trabalho serviu para agravar uma doença pré-existente ou então para antecipar o seu surgimento. Afirmar que o trabalho foi uma **causa concorrente**, equivale a dizer que o mesmo foi uma das causas para o agravamento ou surgimento precoce da doença ocupacional.

Cabe ao perito (ou *expert*), em seu laudo, definir se existe ou não concausa, afinal, em caso de existência, o empregador também responderá pela existência da doença ocupacional.

A existência de causa concorrente é um detalhe que deve ser ponderado pelo juiz para arbitrar uma indenização que, na prática, deverá ser menor do que naqueles casos onde existe nexo causal, pois nestes o trabalho foi fato gerador da enfermidade.

Finalmente, caso seja uma hipótese de responsabilidade subjetiva, o próprio laudo poderá apontar a **culpa**, dizendo, por exemplo, que a empresa não possuía uma política adequada de prevenção de doenças ocupacionais e/ou acidentes, porque não havia, hipoteticamente, ginástica laboral.

B.6.4) Dano Moral e Dano Estético Decorrente de Acidente do Trabalho

Qualquer acidente do trabalho ou doença ocupacional sofrido pelo empregado, onde fiquem comprovados os requisitos ensejadores da responsabilização do empregador, gerará o respectivo dever de indenizar moralmente, afinal a simples existência de lesões físicas ou psíquicas decorrentes do trabalho criam uma presunção *juris tantum* (relativa) de abalo moral em favor do empregado, cabendo a aplicação supletiva dos artigos 186 e/ou 927 do Código Civil para fundamentar a concessão do referido dano. Segue a transcrição dos referidos artigos:

> Artigo 186: Aquele que, por ação ou omissão voluntária, negligência ou imprudência, violar direito e causar dano a outrem, ainda que exclusivamente moral, comete ato ilícito.
>
> Artigo 927: Aquele que, por ato ilícito (arts. 186 e 187), causar dano a outrem, fica obrigado a repará-lo.

Caso em razão da doença ocupacional ou do acidente do trabalho advier alguma deformidade física ou mutilação, também será cabível o pedido de **dano estético**, conforme explicado no item anterior desse capítulo (item B.5).

B.6.5) Danos Materiais em caso de Morte da Vítima

Essa questão será resolvida por meio da aplicação subsidiária do artigo 948 do Código Civil:

> Art. 948. No caso de homicídio, a indenização consiste, sem excluir outras reparações:
>
> I – no pagamento das despesas com o tratamento da vítima, seu funeral e o luto da família;
>
> II – na prestação de alimentos às pessoas a quem o morto os devia, levando-se em conta a duração provável da vida da vítima.

O inciso I do artigo acima citado possui fácil compreensão, vez que está tratando do **dano emergente** (aquele prejuízo já sofrido e mensurável), que engloba todas as despesas médicas e farmacêuticas existentes para tentar evitar o óbito do trabalhador, assim como todas as despesas resultantes do seu funeral.

Ainda no referido inciso I, a expressão *"luto da família"* seria hipótese de **lucro cessante**, conforme exemplo retirado da obra de Raimundo Simão de Melo[10], onde ele cita o caso de um filho, trabalhador autônomo, que não conseguiu trabalhar durante alguns dias para prover os cuidados do pai que havia falecido em acidente de trabalho e, por isso, deixou de ganhar o dinheiro relativo a estes dias, ou seja, sofreu um pequeno desfalque patrimonial. Este lucro cessante (aquilo que o filho deixou de ganhar) poderá ser requerido, pois estaria permitido no mencionado dispositivo legal.

O inciso II refere-se, por sua vez, à prestação da **pensão fixa aos familiares que dependiam do trabalhador falecido.** Esse pensionamento será devido pelo empregador e não se confunde com o pensionamento previdenciário (pensão por morte) oriundo do INSS, tratam-se de valores distintos e incompensáveis.

B.6.6) Danos Materiais em caso de Incapacidade da Vítima

No tópico anterior vimos as consequências ou efeitos jurídicos decorrentes daquelas doenças ocupacionais ou acidentes de trabalho que levam o empregado a óbito. Agora, veremos aqueles casos nos quais o empregado permanece vivo, todavia passa a ser portador de alguma sequela que o incapacita de forma

10. MELO, Raimundo Simão de. *Direito ambiental do trabalho e a saúde do trabalhador: responsabilidades legais, dano material, dano moral, dano estético, indenização pela perda de uma chance, prescrição*. 5. ed. São Paulo: LTr, 2013, pp. 215.

permanente ou de forma provisória. Essas situações são resolvidas mediante aplicação do artigo 950 do Código Civil:

> Art. 950. Se da ofensa resultar defeito pelo qual o ofendido não possa exercer o seu ofício ou profissão, ou se lhe diminua a capacidade de trabalho, a indenização, além das *despesas do tratamento* e lucros cessantes até ao fim da convalescença, incluirá pensão correspondente à importância do trabalho para que se inabilitou, ou da depreciação que ele sofreu.
>
> Parágrafo único. O prejudicado, se preferir, poderá exigir que a indenização seja arbitrada e paga de uma só vez.

O artigo em análise também não se olvida (esquece) dos **danos emergentes** relativos às "despesas com tratamento", ou seja, os gastos da vítima com médicos, remédios, fisioterapia, enfermeiros, curativos e o que mais se fizer necessário.

O empregado/vítima também deverá ser indenizado com os "lucros cessantes", que compreende justamente o valor que o empregado deixou de receber durante o período de recuperação da convalescença.

O empregado sobrevivente também receberá uma **pensão** paga pela empresa, a qual não se compensa com qualquer outro benefício previdenciário oriundo do INSS ou de outro órgão de previdência privada, vez que as referidas pensões decorrem de relações jurídicas distintas, uma nascida da relação jurídica de trabalho e outra com fundamento na relação jurídica previdenciária.

Se a **incapacidade** que acometeu o trabalhador for **provisória**, pois existe prognóstico de cura, a pensão somente será paga enquanto perdurar a incapacidade. Todavia, se a **incapacidade for permanente**, pois não existe previsão de cura, a pensão será paga enquanto estiver vivo o trabalhador.

Se a **incapacidade for total**, vez que o empregado está completamente inabilitado para seu ofício ou profissão, o valor da pensão mensal será igual à última remuneração percebida na época do infortúnio, acrescida de juros e correção monetária, bem como dos reajustes convencionais da categoria profissional.

Se a **incapacidade for parcial**, o valor da pensão mensal será proporcional à perda de capacidade que sobreveio ao trabalhador, o que geralmente é fixado em laudo pericial. Por exemplo, o laudo pode fixar que o empregado perdeu 50% de sua capacidade laboral, neste caso a pensão será de 50% da última remuneração mensal quando do infortúnio.

B.6.7) PCMSO

O Programa de Controle Médico de Saúde Ocupacional (PCMSO) está previsto na Norma Regulamentar nº 07 do MTE.

O referido documento deverá ser confeccionado por médico do trabalho e possui como finalidade criar métodos de prevenção da saúde física e metal dos empregados, levando em consideração as peculiaridades de cada função, exigindo que eles, por exemplo, realizem exames médicos admissionais, exames quando da modificação de suas funções, exames periódicos e exames demissionais.

A legislação trabalhista exige que todos os empregadores elaborem e implementem o PCMSO, independentemente da quantidade de empregados que possuam e do ramo de atividade em que atuem, sob o risco de serem alvos de penalidades que podem ir desde uma multa até a interdição da atividade.

B.7) Uso da Imagem do Empregado via Fardamento – Reforma Trabalhista

O Tribunal Superior do Trabalho possui entendimento firme no sentido de que a farda do empregado não pode ter propagandas de outras empresas que não sejam a própria empregadora, sob pena de considerar-se que a imagem do empregado está sendo utilizada com fins comerciais, para divulgar outras empresas, sem a respectiva contraprestação.

Tal prática, sempre que comprovada em um processo judicial trabalhista gerava uma indenização pelo uso indevido e não autorizado da imagem do empregado com fins comerciais.

O TST defende que o direito à imagem é um dos direitos da personalidade, cuja proteção possui privilégio constitucional (artigo 5º, inciso V e X), daí porque a determinação do uso de uniformes com logotipos de produtos pertencentes aos fornecedores do empregador, sem que haja prévia anuência por escrito do empregado ou mesmo compensação pecuniária, viola seu direito de uso da imagem, conforme disposto no artigo 20 do Código Civil:

> **Salvo se autorizadas**, ou se necessárias à administração da justiça ou à manutenção da ordem pública, a divulgação de escritos, a transmissão da palavra, ou a publicação, a exposição ou **a utilização da imagem de uma pessoa** poderão ser proibidas, a seu requerimento **e sem prejuízo da indenização que couber**, se lhe atingirem a honra, a boa fama ou a respeitabilidade, **ou se se destinarem a fins comerciais.** – Grifo nosso.

Essa construção jurisprudencial do TST caiu por terra com a **Reforma Trabalhista**, vez que foi inserido na CLT o artigo 456-A, o qual dispõe em sentido oposto:

> Art. 456-A. **Cabe ao empregador definir o padrão de vestimenta no meio ambiente laboral, sendo lícita a inclusão no uniforme de logomarcas da própria empresa ou de empresas parceiras e de outros itens de identificação relacionados à atividade desempenhada.**

Parágrafo único. A higienização do uniforme é de responsabilidade do trabalhador, salvo nas hipóteses em que forem necessários procedimentos ou produtos diferentes dos utilizados para a higienização das vestimentas de uso comum. – Grifo nosso.

B.8) (Im)Possibilidade de Cumulação de Danos Extrapatrimoniais – Reforma Trabalhista

Como já foi dito ao longo desse manual, o dano extrapatrimonial é gênero, que comporta, dentre outras espécies, o dano moral, o assédio e o dano estético.

Seria possível, por exemplo, cumular pedidos de dano moral, assédio e dano estético? Já faz décadas que a doutrina vem respondendo **sim** a essa pergunta, todavia a **Reforma Trabalhista** tocou em mais esse detalhe.

É que o já citado artigo 223-G, § 1º, acrescido na CLT, de forma expressa veda a cumulação de pedidos de danos extrapatrimoniais, vale conferir a redação do dispositivo:

> Art. 223-G. Ao apreciar o pedido, o juízo considerará:
>
> (...)
>
> § 1º Se julgar procedente o pedido, o juízo fixará a indenização a ser paga, a cada um dos ofendidos, em um dos seguintes parâmetros, **vedada a acumulação**: – Grifo nosso.

O referido texto de lei veda a cumulação de indenizações por dano extrapatrimonial, o que viola o Princípio da Isonomia (Igualdade), afinal se um trabalhador sofreu dano moral e estético, ele só poderá reclamar um **ou** outro. Ao passo que outro trabalhador que sofreu apenas dano moral, reclamará seu dano sofrido e, na prática, terá prestação jurisdicional similar ao outro trabalhador que sofreu dano moral e estético.

A referida disposição também infringe o princípio que proíbe o enriquecimento sem causa, afinal se o empregador deu causa a mais de uma espécie de dano extrapatrimonial, deveria responder por todas.

Por esses motivos, parcela da doutrina vem entendendo que o trecho do artigo que veda a cumulação de danos extrapatrimoniais também seria inconstitucional. O STF até o momento não se pronunciou sobre o assunto. Contudo, os Tribunais Regionais do Trabalho têm exercido o controle difuso de constitucionalidade para declarar a inconstitucionalidade do art. 223-G, § 1º, I a IV, da CLT.

O pleno do Tribunal Regional do Trabalho da 23ª Região – TRT23 (MT), em 19/09/2019, aprovou por unanimidade a edição da Súmula nº 48 daquele Tribunal, qual seja:

> SÚMULA Nº 48 - ARGUIÇÃO DE INCONSTITUCIONALIDADE. CONTROLE DIFUSO DE CONSTITUCIONALIDADE. ART. 223-G, § 1º, I A IV, DA CLT. LIMITAÇÃO PARA O ARBITRAMENTO DE INDENIZAÇÃO POR DANO EXTRAPATRIMONIAL. INCOMPATIBILIDADE MATERIAL COM A CR/88. INCONSTITUCIONALIDADE. É inconstitucional a limitação imposta para o arbitramento dos danos extrapatrimoniais na seara trabalhista pelo § 1º, incisos I a IV, do art. 223-G da CLT por ser materialmente incompatível com os princípios constitucionais da isonomia e da dignidade da pessoa humana, acabando por malferir também os intuitos pedagógico e de reparação integral do dano, em cristalina ofensa ao art. 5º, V e X, da CR /88

Já o TRT da 8ª Região (PA/AP), por votação unânime do seu plenário, em 14/09/2020, proferiu acordão que declarou a inconstitucionalidade do referido artigo por fundamentos semelhantes ao da súmula, ressaltando ainda o princípio da reparação integral dos danos garantidos na Carta Magna em vigor.

3

EMPREGADOR

Sumário: 3. Empregador - **3.1.** Conceito legal e críticas – **3.2.** Diferenciação entre Empresa e Estabelecimento – **3.3.** Características do Empregador: **A)** Despersonalização ou Impessoalidade – **B)** Assunção dos Riscos (Alteridade) – **3.4.** Grupo Econômico e a Reforma Trabalhista – **A)** Responsabilidade do Grupo e "Lei da Liberdade Econômica" - **B)** Configuração do Grupo Econômico – **3.5.** Consórcio de Empregadores – **3.6.** Dono de Obra – **3.7.** Contrato de Subempreitada – **3.8.** Sucessão Trabalhista: **A)** Responsabilidade das Empresas Envolvidas na Sucessão e a Reforma Trabalhista – **B)** Cláusula de Isenção de Responsabilidade – **C)** Relação entre Sucessão de Empregadores e Hasta Pública – **D)** Sucessão nas Concessões de Serviços Públicos – **E)** Desmembramento de Municípios e Responsabilidade Trabalhista - **3.9.** Responsabilidade do Sócio Retirante.

3.1. Conceito legal e críticas

O artigo 2º da CLT traz o conceito de empregador ao dispor que *"considera-se empregador a empresa, individual ou coletiva, que assumindo os riscos da atividade econômica, admite, assalaria e dirige a prestação pessoal de serviços"*.

De início, cabe salientar uma falha técnica no *caput* do artigo 2º da CLT, qual seja a afirmação de que *"considera-se empregador a empresa (...)"*, afinal o empregador não se limita à figura da *"empresa"*, pois, de fato, pode ser uma pessoa física ou jurídica, ou mesmo um ente despersonalizado, como a massa falida e o condomínio.

O parágrafo primeiro do artigo 2º, por sua vez, ensina que: "equiparam-se *ao empregador, para os efeitos exclusivos da relação de emprego, os profissionais liberais, as instituições de beneficência, as associações recreativas ou outras instituições sem fins lucrativos, que admitirem trabalhadores como empregados"*.

Vemos aí outra impropriedade técnica, haja vista que profissionais liberais, instituições de beneficência e congêneres, são empregadores típicos, como outro qualquer, não havendo que se falar em "empregadores equiparados".

Para fins de questões objetivas de concurso público e Exame da OAB estas críticas não possuem tanta importância, vez que se costuma utilizar a literalidade do artigo 2º da CLT. As críticas aqui veiculadas, quando exigidas, se amoldam mais ao perfil de questões abertas, que admitem uma reflexão sobre o tema.

3.2. Diferenciação entre Empresa e Estabelecimento

Segundo Fábio Ulhoa Coelho[1], *"conceitua-se empresa como sendo atividade, cuja marca essencial é a obtenção de lucros com o oferecimento ao mercado de bens e serviços"*.

O estabelecimento, por sua vez, é apenas uma unidade física da empresa. Com efeito, uma empresa pode ter vários estabelecimentos.

Ter esta distinção em mente é importante, afinal algumas regras da CLT são voltadas apenas ao estabelecimento, por exemplo, o artigo 429 da CLT determina quantitativos mínimos e máximos para a contratação de aprendizes por **estabelecimento**:

> Os **estabelecimentos** de qualquer natureza são obrigados a empregar e matricular nos cursos dos Serviços Nacionais de Aprendizagem número de aprendizes equivalente **a cinco por cento, no mínimo, e quinze por cento, no máximo**, dos trabalhadores existentes em **cada estabelecimento**, cujas funções demandem formação profissional. – Grifo nosso.

3.3. Características do Empregador

A) Despersonalização ou Impessoalidade

Vimos que a pessoalidade é elemento indispensável para caracterização da figura do empregado. De outro modo, tratando-se de empregador, predomina a característica da **impessoalidade** ou **despersonalização**, isto é, para o empregado não importa quem seja o empregador, mas sim que as obrigações trabalhistas sejam cumpridas.

Em razão dessa característica é que se fundamenta, por exemplo, a sucessão de empregadores, afinal, como dito, para o empregado o que interessa é que seus direitos sejam observados, independentemente de quem esteja ostentando formalmente a condição de empregador em sua CTPS.

1. COELHO, Fábio Ulhoa. *Curso de Direito Comercial: direito de empresa*. São Paulo: Saraiva, 2011, p. 33.

Da mesma forma, se determinada empresa muda toda sua composição societária, isso é irrelevante para o empregado, vez que não existe um vínculo de pessoalidade com os sócios, mas sim um vínculo impessoal/despersonalizado com a figura do empregador.

B) Assunção dos Riscos (Alteridade)

Não cabe ao obreiro, hipossuficiente da relação laboral, arcar com os elevados riscos e custos de uma atividade empresarial, vez que o sucesso ou insucesso do negócio pertence exclusivamente ao empregador.

Frisamos, é do empregador a responsabilidade pelo êxito ou falência do seu empreendimento, não podendo ser transferido ao obreiro tal risco.

Nesta vereda, ainda que existam prejuízos comprovados por meio de perícia contábil na empresa, nenhum desconto salarial poderá ser realizado nos contracheques do empregado, afinal **inexiste** o instituto jurídico trabalhista da "distribuição dos prejuízos".

Por isso não foi recepcionado pela Carta Magna o artigo 503 da CLT, que previa a possibilidade de descontos nos salários dos obreiros quando houvesse prejuízos devidamente comprovados, afinal, como já dito, é do empregador os riscos da atividade.

No mesmo sentido encontra-se o artigo 7º, inciso VI da CF/88, que inadmite a redução salarial, salvo por meio de convenção ou acordo coletivo de trabalho.

3.4. Grupo Econômico e a Reforma Trabalhista

O grupo econômico é uma associação entre empresas que decidem atuar conjuntamente para aumentar sua lucratividade e competitividade no mercado. O novo enquadramento legal, inserido pela **Reforma Trabalhista**, vem disposto no § 2º do artigo 2º da CLT, vejamos:

> Sempre que uma ou mais empresas, tendo, embora, cada uma delas, personalidade jurídica própria, estiverem sob a direção, controle ou administração de outra, ou ainda quando, mesmo guardando cada uma sua autonomia, integrem grupo econômico, serão responsáveis solidariamente pelas obrigações decorrentes da relação de emprego.

Infere-se do artigo acima, que a CLT, após a **Reforma Trabalhista**, adotou tanto o conceito de **grupo econômico por subordinação ou vertical**, quanto o conceito de **grupo econômico por coordenação ou horizontal**, sendo este último uma novidade da **Reforma Trabalhista**.

Toca-nos informar ao leitor que na Lei dos Rurais já existia a previsão sobre grupo econômico por subordinação e também por coordenação. Logo, a inovação promovida pela referida reforma situa-se apenas no âmbito dos trabalhadores urbanos (regidos pela CLT).

Existirá um **grupo econômico por subordinação ou vertical** sempre que uma das empresas do grupo atuar como controladora, exercendo subordinação/controle sobre as demais empresas do grupo. Da empresa controladora emanam as ordens que devem ser seguidas pelas empresas controladas, conforme gráfico abaixo:

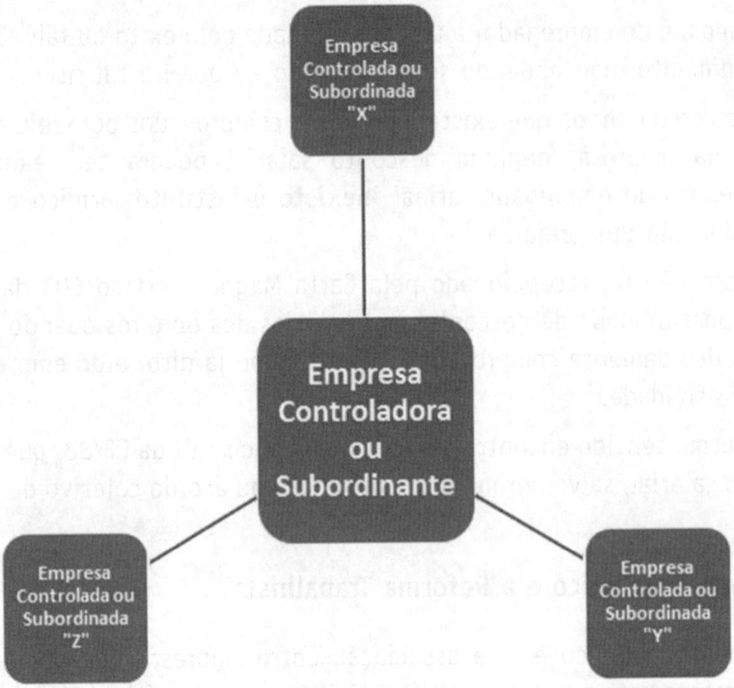

De outro lado, existirá um **grupo econômico por coordenação ou horizontal** sempre que as empresas coligadas atuarem em pé de igualdade na tomada de decisões. É dizer, "ninguém manda em ninguém", tudo se decide em um debate onde as empresas estão em posição de igualdade, conforme gráfico abaixo:

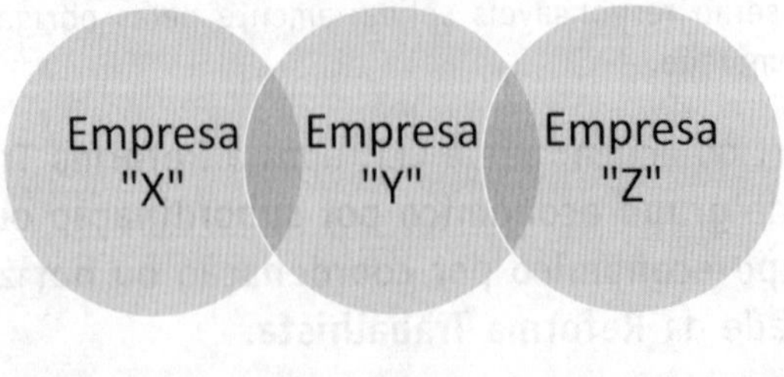

Todas as empresas do grupo econômico devem exercer a mesma atividade empresarial? Não necessariamente. Podemos ter, por exemplo, um grupo econômico formado por uma *Lan House*, um Hospital e uma indústria de confecções.

O principal efeito da existência de um grupo econômico, seja por subordinação, seja por coordenação, reside na **responsabilidade solidária** das empresas do grupo. Na prática, se uma empresa do grupo deixa de pagar alguma verba trabalhista, o empregado poderá acionar na justiça, no polo passivo do processo, todas as empresas do grupo econômico e não somente aquela que descumpriu a legislação, afinal, como dito, todas respondem de forma solidária.

Vale frisar, o empregado lesado em seus direitos trabalhistas pode acionar judicialmente a empresa para a qual trabalhava diretamente, bem como todas as outras empresas que porventura componham o grupo econômico.

Isso ocorre, porque a doutrina adotou a **teoria do empregador único**, segundo a qual apesar do empregado ter sua CTPS registrada por determinada empresa do grupo, juridicamente seu empregador é o grupo econômico como um todo e não aquela empresa especificamente responsável pela assinatura da CTPS.

O grupo é o empregador, apenas por uma questão de organização, contabilidade e gestão, determina-se que uma das empresas do grupo formalize o vínculo na CTPS. Vale lembrar que a anotação de toda e qualquer CTPS se dará, preferencialmente, por meios informatizados, vez que a Lei nº 13.874, de 20 de setembro de 2019 ("Lei da Liberdade Econômica"), determinou, através da reformulação do artigo 14 da CLT, que a CTPS será emitida pelo Ministério da Economia, preferencialmente, em meio eletrônico. Frisamos, esta determinação, vale para todo e qualquer empregador e não apenas para os grupos econômicos.

É também com base na teoria do empregador único que se possibilita que o grupo econômico possa exigir que o trabalhador, durante sua jornada, preste serviços em todas as empresas do grupo, afinal o empregador é o grupo. Neste sentido dispõe a Súmula 129 do TST:

> A prestação de serviços a mais de uma empresa do mesmo grupo econômico, durante a mesma jornada de trabalho, não caracteriza a coexistência de mais de um contrato de trabalho, salvo ajuste em contrário.

Diante das novidades introduzidas pela **Reforma Trabalhista** criamos a seguinte questão simulada, a fim de que o leitor possa verificar sua absorção de conhecimento:

▸ **Aplicação em Concurso e/ou OAB:**

(QUESTÃO DO MESTRE – SIMULAÇÃO DE PROVA FUTURA) Marília foi empregada da empresa Urano Satélites S/A, que é parceira da empresa Plutão Lunetas S/A, as quais agem em conjunto na tomada de decisões. Após um ano de contrato de trabalho Marília foi dispensada sem justa causa, mas não recebeu as verbas rescisórias devidas. Nessa situação, conforme previsão contida na Consolidação, após a reforma trabalhista:

a) A empresa Plutão não responde por nada, pois a CLT só prevê grupo econômico por subordinação.

b) A empresa Plutão responde de forma solidária, pois a CLT prevê tanto o grupo econômico por subordinação, quanto o grupo econômico por coordenação.

c) A empresa Plutão responde de forma subsidiária, pois a CLT prevê tanto o grupo econômico por subordinação, quanto o grupo econômico por coordenação.

d) Apenas a empresa Urano responderá pois era a efetiva empregadora.

e) apenas a empresa Plutão responderá, pois como parceira pode fazer o pagamento e depois ajuizar ação de regresso.

Resposta: B

A) Responsabilidade do Grupo e "Lei da Liberdade Econômica"

Como vimos no tópico anterior, a legislação consolidada, de forma expressa e literal, determina que as empresas que compuserem um mesmo grupo econômico, responderão de forma solidária pelos créditos trabalhistas eventualmente não pagos por quaisquer das empresas que compõe o grupo.

Logo, se uma empresa do grupo deixa de pagar alguma verba trabalhista, o empregado poderá acionar na justiça, no polo passivo do processo, todas as empresas do grupo econômico e não somente aquela que descumpriu a legislação, afinal, como dito, todas respondem de forma solidária.

A Lei nº 13.874/2019 ("Lei da Liberdade Econômica"), tratando do tema da desconsideração da pessoa jurídica, reformulou o artigo 50 do Código Civil e, dentre outras alterações, afirmou no parágrafo quarto do referido artigo que a mera existência de grupo econômico sem a presença dos requisitos do desvio de finalidade ou confusão patrimonial não autoriza a desconsideração da personalidade da pessoa jurídica.

Diante da referida alteração, alguns pensadores da área trabalhista, passaram a afirmar que não seria mais possível a responsabilização solidária das empresas que integram o grupo econômico, a não ser que ficasse comprovada a existência de desvio de finalidade ou confusão patrimonial. Ousamos discordar de tal argumentação por alguns motivos.

Primeiro, a CLT possui norma própria para regular o fenômeno do grupo econômico (art. 2º, §2º), onde se prevê a existência de responsabilidade solidária entre todas as empresas que fazem parte do grupo. A CLT, em nenhum momento, exige que se comprove desvio de finalidade ou confusão patrimonial para que as empresas do grupo respondam solidariamente. Caso o legislador celetista desejasse incluir tais requisitos, o teria feito, por exemplo, por meio da Reforma Trabalhista (Lei nº 13.467/2017).

Segundo, as normas oriundas do Direito Civil só poderiam ser aplicadas ao Direito Material do Trabalho caso existisse omissão (o que não ocorre) e, concomitantemente, fossem compatíveis com os princípios norteadores do Direito Material do Trabalho, o que também não se verifica neste caso, vez que a aplicação de tal norma violaria o Princípio Protetivo.

Terceiro e último, a referida alteração no Código Civil, ao tratar do grupo econômico, não busca regular o fenômeno do grupo econômico em si, mas tão somente os requisitos para a desconsideração das pessoas jurídicas que o integram.

Segue questão de concurso sobre esse aspecto específico do tema grupo econômico:

▶ Aplicação em Concurso e/ou OAB:

(VUNESP - Prefeitura de São José dos Campos - SP - Procurador - 2019) A responsabilidade solidária das empresas que integram o mesmo grupo econômico do empregador

a) depende da configuração do grupo econômico como empregador único.

b) emerge de dispositivo da Consolidação das Leis do Trabalho e não depende da prestação de serviços a todas as empresas do grupo.

c) pressupõe a existência de uma empresa mãe, que comanda as demais integrantes do grupo.

d) pressupõe a desconsideração da personalidade jurídica do empregador.

e) pressupõe a sucessão de empresas ou de empregadores.

Resposta: B

B) Configuração do Grupo Econômico

Calha destacar o § 3º, do artigo 2º, da CLT, inserido pela **Reforma Trabalhista**, o qual dificultou o reconhecimento do grupo econômico, ao dispor que mera identidade de sócios não é suficiente, por si só, para configurar sua existência. Segue a transcrição do dispositivo legal:

> § 3º **Não caracteriza grupo econômico a mera identidade de sócios**, sendo necessárias, para a configuração do grupo, a demonstração do interesse integrado, a efetiva comunhão de interesses e a atuação conjunta das empresas dele integrantes. – Grifo nosso.

Portanto, após a **Reforma Trabalhista**, uma pessoa pode ser sócia majoritária (controladora) das empresas "X", "Y" e "Z", mas isso não é suficiente para configurar a existência de grupo econômico entre as mesmas, sendo necessário comprovar, adicionalmente, a efetiva comunhão de interesses e a atuação conjunta das empresas que supostamente compõem o grupo econômico.

Por fim, a configuração do grupo econômico não requer necessariamente a existência de documento formal instituidor do grupo, registrado em cartório, junta comercial ou qualquer outra repartição, afinal aplica-se o Princípio da Primazia da Realidade, segundo o qual o que realmente importa é se o grupo econômico existe de verdade, independentemente dos documentos espelharem ou não essa realidade.

Idealizamos a seguinte questão simulada, a fim de que o leitor possa fazer uma verificação de aprendizagem sobre as novidades da **Reforma Trabalhista**:

▶ **Aplicação em Concurso e/ou OAB:**

(QUESTÃO DO MESTRE – SIMULAÇÃO DE PROVA FUTURA) Júlia foi empregada do Hotel Mar e Sol, tendo sido dispensada após 05 anos de vínculo de emprego, sem receber as horas extras que havia prestado. Ao procurar um advogado, este incluiu no polo passivo, além do Hotel Mar e Sol, o Posto de Gasolina Solar, vez que as referidas empresas possuem os mesmos sócios, motivo que, por si só, levou o advogado a alegar a existência de grupo econômico. Diante desta situação e das normas emanadas da reforma trabalhista, o Juiz,

a) Reconhecerá a existência de grupo econômico, afinal se possuem os mesmos sócios pertencem às mesmas pessoas.

b) Reconhecerá a existência de grupo econômico, vez que, neste caso, o Código Civil cria uma identidade de empresas.

c) Não reconhecerá o grupo econômico, vez que não basta a mera identidade de sócios, sendo necessárias, para a configuração do grupo, a demonstração do interesse integrado, a efetiva comunhão de interesses e a atuação conjunta das empresas dele integrantes.

d) Reconhecerá a existência de grupo econômico, pois tal reconhecimento será benéfico ao trabalhador, que é hipossuficiente.

Resposta: C

3.5. Consórcio de Empregadores

O consórcio de empregadores consiste na união de patrões com o objetivo de contratar empregados, para que estes prestem serviços a todos os empregadores integrantes do consórcio.

Essa modalidade de empregador surgiu no meio rural, servindo tanto para incentivar a formalização de trabalho no campo, quanto para que pequenos produtores rurais pudessem dividir os custos da mão de obra empregada.

Por exemplo, os produtores rurais "X", "Y" e "Z" se unem e criam um consórcio rural, por meio do qual contratam dois empregados, um para o plantio e outro para colheita. Esses dois empregados, por sua vez, dentro da sua jornada de trabalho, realizarão os trabalhos de plantio e colheita para os três empregadores que integram o consórcio. Apenas um dos empregadores não poderia custear estes dois trabalhadores, mas unidos em um consórcio torna-se possível.

O fundamento legal do consórcio de empregadores rurais encontra-se no artigo 25-A da Lei nº 8.212/91:

> Art. 25A. Equipara-se ao empregador rural pessoa física o consórcio simplificado de produtores rurais, formado pela união de produtores rurais pessoas físicas, que outorgar a um deles poderes para contratar, gerir e demitir trabalhadores para prestação de serviços, exclusivamente, aos seus integrantes, mediante documento registrado em cartório de títulos e documentos.
>
> § 1º O documento de que trata o *caput* deverá conter a identificação de cada produtor, seu endereço pessoal e o de sua propriedade rural, bem como o respectivo registro no Instituto Nacional de Colonização e Reforma Agrária – INCRA ou informações relativas a parceria, arrendamento ou equivalente e a matrícula no Instituto Nacional do Seguro Social – INSS de cada um dos produtores rurais.
>
> § 2º O consórcio deverá ser matriculado no INSS em nome do empregador a quem hajam sido outorgados os poderes, na forma do regulamento.

Para criar um consórcio de empregadores rurais, os proprietários rurais interessados deverão celebrar um contrato ("pacto de solidariedade") manifestando esse interesse, o qual possuirá uma cláusula de solidariedade, deixando claro que todos são responsáveis pelo cumprimento das obrigações trabalhistas e previdenciárias. O referido contrato deverá ser registrado em Cartório de Títulos e Documento.

A CTPS do empregado será registrada por um dos empregadores integrantes do consórcio, conforme fique decidido no instrumento contratual firmado por eles.

Em que pese haver previsão legal apenas para o consórcio de empregadores rurais, parcela expressiva da doutrina e da jurisprudência aceitam a aplicação analógica do dispositivo legal acima citado para a criação de consórcios de empregadores urbanos.

Nesses termos, três empregadores domésticos "A", "B" e "C" podem se reunir e criar um consórcio urbano, por meio do qual contratam um empregado doméstico. Esse doméstico, dentro da sua jornada de trabalho, poderá prestar serviços para os três empregadores que integram o consórcio. Essa possibilidade é interessante, afinal somente um dos empregadores domésticos não poderia custear o trabalhador, mas unidos em um consórcio torna-se possível.

Segue uma questão extensa e detalhista sobre consórcio de empregadores, um verdadeiro teste de conhecimentos:

▸ **Aplicação em Concurso e/ou OAB:**

(TRT 23ª Região – FCC – Juiz do Trabalho Substituto – 2015) Sobre consórcio de empregadores, considere:

I. O consórcio de empregadores é figura relativamente nova no direito brasileiro e encontra regulação legal restrita ao ambiente rural. Sua institucionalização atende aos anseios não só dos empregadores, mas, também, àqueles dos trabalhadores, a uns e outros resguardando contra vicissitudes decorrentes das atividades peculiares ao campo, naturalmente descontínuas.

II. O consórcio simplificado de produtores rurais é formado pela união de produtores rurais pessoas físicas, que outorgam a um deles poderes para contratar, gerir e demitir trabalhadores para prestação de serviços, exclusivamente, aos seus integrantes.

III. O Direito do Trabalho não permite que se deixe o empregado ao desamparo; consequentemente, se o exame da situação concreta revela que a prestação de serviços se desenvolveu em violação das normas trabalhistas, não pode o produtor rural, que usufruiu daquele benefício, eximir-se de sua responsabilidade para com o empregado. Assim, os demais integrantes do consórcio, além daquele a quem tenham sido outorgados os poderes previstos em lei, têm responsabilidade subsidiária pelos direitos trabalhistas dos empregados.

IV. O consórcio de empregadores rurais ganha corpo com o pacto de solidariedade, registrado em cartório de títulos e documentos e que deverá conter a identificação de cada produtor, seu endereço pessoal e o de sua propriedade rural, também com o respectivo registro no INCRA ou informações relativas a parceria, arrendamento ou equivalente e a matrícula no INSS de cada um dos produtores rurais. Ainda, o consórcio deverá ser matriculado no INSS em nome do empregador a quem hajam sido outorgados os poderes.

Está correto o que consta APENAS em

a) III e IV.
b) I, II e IV.
c) I e II.
d) I, III e IV.
e) I, II e III.

Resposta: B

3.6. Dono de Obra

O dono da obra poderá ser uma pessoa física ou jurídica, a qual contrata uma empreiteira (construtora ou incorporada) para realizar uma atividade de construção civil.

Nesse caso, o dono de um imóvel em construção ou reforma, **em regra**, não assume a responsabilidade pelos trabalhadores contratados pelo empreiteiro para executar os serviços de construção civil.

A título de exemplo, imaginemos que a pessoa física ou jurídica "X" (dona da obra) venha a celebrar um contrato com a empreiteira "Y" para construir um determinado imóvel. Após o término da obra, a empreiteira "Y" dispensa alguns empregados sem, todavia, pagar corretamente as verbas rescisórias.

Nesse contexto, ordinariamente, apenas a empreiteira "Y" responderá pelos débitos trabalhistas inadimplidos, não havendo uma responsabilização solidária ou subsidiária de "X", vez que se caracteriza como "dono da obra".

Excepcionalmente, existem duas hipóteses onde o dono da obra responderá em conjunto com o empreiteiro responsável pela construção civil.

A primeira hipótese ocorrerá se o dono da obra for uma empresa construtora ou incorporadora, pois neste caso estaria transferindo parte de sua própria atividade empresarial.

Portanto, se uma empresa de construção civil ou de incorporação, atuando como dona da obra, contrata outra empresa para executar parte dos serviços de construção civil, aquela (a dona da obra) responderá pelos créditos trabalhistas eventualmente não pagos pela empresa contratada. Neste sentido a O.J. nº 191 da SDI-1 do TST:

> Diante da inexistência de previsão legal específica, o contrato de empreitada de construção civil entre o dono da obra e o empreiteiro não enseja responsabilidade solidária ou subsidiária nas obrigações trabalhistas contraídas pelo empreiteiro, **salvo sendo o dono da obra uma empresa construtora ou incorporadora.** – Grifo nosso.

A segunda hipótese de responsabilização do dono da obra ocorrerá sempre que este contratar um empreiteiro sem idoneidade econômico-financeira, pois neste caso o dono da obra escolheu mal (culpa *in eligendo*) quando optou por uma empreiteira sem higidez financeira suficiente para arcar com os direitos trabalhistas, devendo responder subsidiariamente por uma escolha tão negligente. Esta exceção não se aplica à Administração Pública Direta e Indireta.

Esta segunda hipótese de responsabilização do dono da obra foi fruto de uma tese jurídica aprovada no julgamento do já extinto Incidente de Recurso Repetitivo nº 190-53.2015.5.03.0090, o qual possui **efeitos vinculantes em todo o país.** Vale citar a tese vinculante aprovada no referido incidente, que é plenamente válida para não só para a advocacia, mas também para a OAB e concursos:

> **Exceto ente público da Administração Direta e Indireta**, se houver inadimplemento das obrigações trabalhistas contraídas por empreiteiro que contratar, sem idoneidade econômico-financeira, o dono da obra responderá subsidiariamente por tais obrigações, em face de aplicação analógica do artigo 455 da CLT e *culpa in elegendo*. – Grifo nosso.

3.7. Contrato de Subempreitada

O artigo 455 da CLT estatui ser o empreiteiro principal responsável juntamente com o subempreiteiro pelos créditos inadimplidos dos trabalhadores deste último (subempreiteiro).

Salienta-se que o referido artigo não é expresso sobre o grau de responsabilidade existente entre empreiteira e subempreiteira, ou seja, o artigo 455 da CLT não afirma se a responsabilidade é solidária ou subsidiária. Segue a transcrição do artigo:

> Art. 455 – Nos contratos de subempreitada responderá o subempreiteiro pelas obrigações derivadas do contrato de trabalho que celebrar, cabendo, todavia,

> aos empregados, o direito de reclamação contra o empreiteiro principal pelo inadimplemento daquelas obrigações por parte do primeiro.
>
> Parágrafo único – Ao empreiteiro principal fica ressalvada, nos termos da lei civil, ação regressiva contra o subempreiteiro e a retenção de importâncias a este devidas, para a garantia das obrigações previstas neste artigo.

O entendimento prevalecente no TST, sobre esse tema, caminha no sentido de que o empreiteiro principal responde de forma solidária juntamente com o subempreiteiro.

3.8. Sucessão Trabalhista

A sucessão no Direito do Trabalho pressupõe a mudança de um dos polos da relação de emprego, no caso o polo do empregador. Pois em toda sucessão existe a **empresa sucedida** (que deixa de ser empregadora) e a **empresa sucessora** (que passa a ser empregadora).

Vale ilustrar com o seguinte exemplo, que realmente ocorreu: existiu no Estado da Bahia o BANEB (Banco do Estado da Bahia), que foi adquirido/comprado pelo Banco Bradesco. Nessa situação, o BANEB é a empresa sucedida e o Banco Bradesco a empresa sucessora.

Outras situações que também são exemplos de sucessão de empregadores ocorrem, na fusão, na cisão, na incorporação e no arrendamento.

Para que o Direito do Trabalho considere existente a sucessão de empregadores, três requisitos devem ser preenchidos de forma cumulativa:

- **Mudança de empregador** (a empresa sucedida era a empregadora, mas a nova empregadora é a empresa sucessora);
- **A empresa sucessora deve continuar no mesmo ramo de atividade da empresa sucedida** (lembre-se do exemplo dado acima, onde a empresa sucedida era o banco BANEB e a empresa sucessora – Bradesco – continuou com a atividade bancária);
- **Continuidade dos contratos de trabalho da empresa sucedida com a empresa sucessora** (os empregados do BANEB devem continuar trabalhando no Bradesco).

A) Responsabilidade das Empresas Envolvidas na Sucessão e a Reforma Trabalhista

Em regra, a empresa sucedida não possui nenhuma responsabilidade pelos débitos trabalhistas dos empregados envolvidos na sucessão de empregadores, os quais são transferidos integralmente à empresa sucessora.

Em outras palavras, a empresa sucessora arcará com todos os créditos e débitos, inclusive trabalhistas, da que foi sucedida. Como consequência, caso exista um empregado com salários pendentes durante a época em que a empresa sucedida era empregadora, os referidos débitos passam a ser de responsabilidade da empresa sucessora, diante da existência de sucessão trabalhista.

Apenas para exemplificar e consolidar ainda mais o que já explicamos, mostra-se oportuno informar que o TST possui Orientação Jurisprudencial no mesmo sentido do nosso ensinamento:

> OJ nº 261 da SDI-1: As obrigações trabalhistas, inclusive as contraídas à época em que os empregados trabalhavam para o banco sucedido, são de responsabilidade do sucessor, uma vez que a este foram transferidos os ativos, as agências, os direitos e deveres contratuais, caracterizando típica sucessão trabalhista.

Os fundamentos legais que sustentam o instituto da sucessão de empregadores encontram-se nos artigos 10 e 448 da CLT:

> Art. 10 – Qualquer alteração na estrutura jurídica da empresa não afetará os direitos adquiridos por seus empregados.
>
> Art. 448 – A mudança na propriedade ou na estrutura jurídica da empresa não afetará os contratos de trabalho dos respectivos empregados.

Convém registrar ainda que a doutrina e a jurisprudência têm ampliado, **excepcionalmente**, as possibilidades de responsabilização do antigo titular do empreendimento (empresa sucedida) em duas situações:

- Existência de fraudes comprovadas no contexto sucessório; e
- Quando a sucessão trouxer consigo redução/comprometimento das garantias de pagamento dos créditos trabalhistas oriundos do contrato de trabalho.

Sobre a primeira hipótese de excepcionalidade na responsabilização da empresa sucedida (sucessão fraudulenta), a **Reforma Trabalhista** acompanhou o pensamento já consolidado na doutrina e na jurisprudência, vindo a positivar o artigo 448-A na CLT:

> Art. 448-A. Caracterizada a sucessão empresarial ou de empregadores prevista nos arts. 10 e 448 desta Consolidação, as obrigações trabalhistas, inclusive as contraídas à época em que os empregados trabalhavam para a empresa sucedida, são de responsabilidade do sucessor.
>
> **Parágrafo único. A empresa sucedida responderá <u>solidariamente</u> com a sucessora quando ficar comprovada fraude na transferência.** – Grifo nosso.

No que tange a essa alteração promovida pela **Reforma Trabalhista**, vemos como positivo o fato de fazer constar no texto da lei uma percepção doutrinária e jurisprudencial que já existia há tempos.

Entretanto, também existe um ponto negativo, vez que o legislador perdeu a oportunidade de fazer constar na CLT a outra situação excepcional que igualmente enseja a responsabilidade da empresa sucedida, a repetir: Quando a sucessão trouxer consigo redução/comprometimento das garantias de pagamento dos créditos trabalhistas oriundos do contrato de trabalho. Essa hipótese continua firme em doutrina e jurisprudência, as quais declaram, nessa circunstância, a **responsabilidade subsidiária** da empresa sucedida.

Vale observar a seguinte questão, que trata sobre o tema da responsabilidade das empresas envolvidas em uma sucessão:

▶ **Aplicação em Concurso e/ou OAB:**

(VUNESP - FITO - Advogado - 2020) Sobre a sucessão empresarial ou de empregadores prevista na CLT, assinale a alternativa correta.

a) As obrigações trabalhistas, exceto as contraídas à época em que os empregados trabalhavam para a empresa sucedida, são de responsabilidade do sucessor.

b) As obrigações trabalhistas, inclusive as contraídas à época em que os empregados trabalhavam para a empresa sucedida, são de responsabilidade do sucessor e do sucedido.

c) A empresa sucedida responderá solidariamente com a sucessora quando ficar comprovada fraude na transferência.

d) A empresa sucedida responderá subsidiariamente com a sucessora quando ficar comprovada fraude na transferência.

e) As obrigações trabalhistas, inclusive as contraídas à época em que os empregados trabalhavam para a empresa sucedida, são de responsabilidade do sucedido.

Resposta: C

B) Cláusula de Isenção de Responsabilidade

É corriqueira nos contratos de sucessão de empregadores a existência de cláusula de isenção de responsabilidade ou de não responsabilização.

Por meio da referida estipulação contratual, a empresa sucessora, faz constar de forma expressa no contrato que o início de sua responsabilidade trabalhista somente começará a partir da efetiva transferência/sucessão, não tendo, portanto, nenhuma responsabilidade pelo passivo pretérito à transferência/sucessão, ou seja, não tendo responsabilidade pelas verbas trabalhistas que não foram adimplidas pela empresa sucedida.

Essa cláusula, do ponto de vista trabalhista, é absolutamente inválida, embora possua plena validade na área cível, gerando, consequentemente, direito de regresso da empresa sucessora em face da empresa sucedida, sempre que aquela for condenada judicialmente a pagar débitos trabalhistas relativos ao período em que não era a responsável.

C) Relação entre Sucessão de Empregadores e Hasta Pública

A Lei nº 11.101/2005, também conhecida como Lei de Falência, em seu artigo 141, inciso II, preleciona que quando uma empresa for adquirida/arrematada em hasta pública, não é possível efetivar-se a responsabilização da empresa arrematante. Segue a transcrição da disposição legal:

> Art. 141. Na alienação conjunta ou separada de ativos, inclusive da empresa ou de suas filiais, promovida sob qualquer das modalidades de que trata o art. 142:
>
> (...)
>
> **II – o objeto da alienação estará livre de qualquer ônus e não haverá sucessão do arrematante nas obrigações do devedor, inclusive as de natureza tributária, as derivadas da legislação do trabalho e as decorrentes de acidentes de trabalho.** – Grifo nosso.

Logo, o arrematante não se transforma em sucessor para fins de responsabilidade trabalhista, nos termos da Lei de Falência.

D) Sucessão nas Concessões de Serviços Públicos

A concessão é o encontro de vontades entre a Administração Pública e um particular, por meio da qual o Poder Público transfere ao particular a execução de um serviço público, para que este o exerça em nome da sua pessoa jurídica, mediante tarifa paga pelo usuário. Como exemplo, temos o serviço de transporte público municipal de ônibus.

Em sede de concessão de serviços públicos, a sucessão poderá ocorrer quando o novo concessionário adquire não só atribuições, mas também bens materiais da antiga concessionária, situação na qual, o novo concessionário passará a responder por todo o passivo trabalhista[2].

2. Com este pensamento: BARROS, Alice Monteiro de. *Curso de direito do trabalho*. 5ª ed. rev e ampl. São Paulo: LTr, 2009, p. 397.

E) Desmembramento de Municípios e Responsabilidade Trabalhista

Essa hipótese não tem muita aplicabilidade prática, mas possui relevância teórica e pode ser exigida em concursos e prova do Exame da OAB, até porque o TST lhe conferiu especial importância, criando uma Orientação Jurisprudencial apenas para traçar os limites da responsabilidade trabalhista em questão.

Com efeito, na rara hipótese de desmembramento de um município já existente, cada uma das novas entidades municipais responsabiliza-se pelos direitos trabalhistas do empregado no período em que figurarem como reais empregadoras. Não há que se falar, portanto, em sucessão.

Vamos conferir a O.J. nº 92 da SDI-1 do TST:

> Em caso de criação de novo município, por desmembramento, cada uma das novas entidades responsabiliza-se pelos direitos trabalhistas do empregado no período em que figurarem como real empregador.

3.9. Responsabilidade do Sócio Retirante

O artigo 10-A da CLT prevê expressamente a **responsabilidade subsidiária** do sócio retirante, relativamente às obrigações trabalhistas do período em que figurou como sócio e apenas para aqueles processos trabalhistas distribuídos até dois após a averbação dos atos constitutivos referentes à exclusão do sócio.

Cabe pontuar que a responsabilidade do sócio retirante não é automática, haja vista que o juiz, antes de buscar patrimônio daquele que se retirou, deverá antes buscar patrimônio da própria pessoa jurídica devedora. Caso nada encontre, passa-se aos sócios atuais e, finalmente, persistindo a escassez patrimonial, aos sócios retirantes. O legislador criou, a toda evidência, um benefício de ordem em favor do sócio retirante.

Deve-se observar que se considera sócio retirante, para efeitos trabalhistas, somente aquele que teve a sua exclusão da sociedade devidamente averbada no contrato social perante o órgão responsável. Assim sendo, o sócio que se retira apenas de fato, mas sem formalizar a referida averbação, continua sendo sócio para fins legais, não tendo direito ao benefício de ordem acima explicado.

Sempre que ficar comprovado que existiu algum tipo de **motivação fraudulenta** para a retirada do sócio, este responderá **solidariamente** com os demais. Por exemplo, determinado sócio pode ter sido excluído, em conluio com os remanescentes, apenas para que aquele que saiu fosse utilizado como repositório de bens dos demais, como instrumento de ocultação patrimonial.

De saída, segue a transcrição do artigo 10-A da CLT, o qual resume nossa explicação:

> Art. 10-A. O sócio retirante responde subsidiariamente pelas obrigações trabalhistas da sociedade relativas ao período em que figurou como sócio, somente em ações ajuizadas até dois anos depois de averbada a modificação do contrato, observada a seguinte ordem de preferência:
>
> I - a empresa devedora;
>
> II - os sócios atuais;
>
> III - os sócios retirantes;
>
> Parágrafo único. O sócio retirante responderá solidariamente com os demais quando ficar comprovada fraude na alteração societária decorrente da modificação do contrato.

Segue abaixo questão de concurso que aborda a responsabilidade do sócio retirante:

▶ Aplicação em Concurso e/ou OAB:

(FURB - FURB - SC - Advogado - 2019) Sobre a responsabilidade do sócio retirante da sociedade relativamente aos débitos trabalhistas dessa sociedade, assinale a alternativa correta:

a) O sócio retirante responderá subsidiariamente em ações ajuizadas até cinco anos depois de averbada a modificação do contrato.

b) O sócio retirante responderá sempre de forma solidária pelas obrigações trabalhistas.

c) O sócio retirante responderá subsidiariamente, independentemente de qualquer ordem de preferência.

d) O sócio retirante responderá subsidiariamente em relação aos sócios atuais, mas solidariamente em relação à empresa devedora.

e) O sócio retirante responderá solidariamente com os demais quando ficar comprovada fraude na alteração societária decorrente da modificação do contrato.

Resposta: E

4

TERCEIRIZAÇÃO

Sumário: 4 – Terceirização – **4.1.** A Terceirização antes da Lei nº 13.429/2017 – **4.2.** A Terceirização após a Lei nº 13.429/2017: **A)** Requisitos do Contrato de Terceirização e Outros Detalhes Importantes – **B)** Quarteirização – **C)** Requisitos para o Funcionamento da Empresa Prestadora de Serviços - **4.3.** A Terceirização no Serviço Público e as decisões do STF - **4.4.** A Terceirização na Administração Pública Federal e o Decreto nº 9.507/2018.

4.1. A Terceirização antes da Lei nº 13.429/2017

Na terceirização existe uma **relação contratual triangular**, onde figuram o **trabalhador terceirizado**, a empresa **tomadora de serviços ou cliente ou contratante** (aquela que vai receber o trabalhador terceirizado em suas dependências) e a **empresa prestadora de serviço ou contratada** (que envia o trabalhador terceirizado para as dependências da tomadora de serviços), conforme gráfico abaixo:

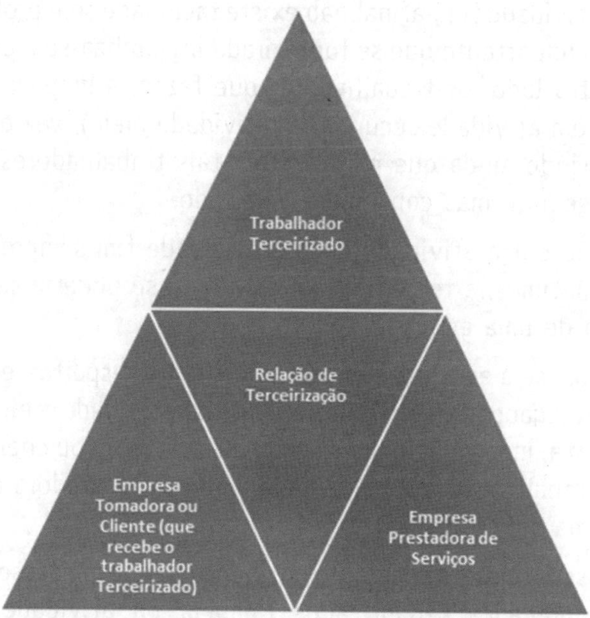

Não é difícil perceber que a **empresa prestadora de serviços** é a empregadora do **empregado terceirizado**, em que pese este trabalhar nas dependências da **empresa tomadora de serviços** ou **cliente.**

Em outras palavras, a **empresa tomadora de serviços** contrata mão de obra por meio de outra empresa (a **empresa prestadora de serviços**), a qual é uma **empresa intermediadora de mão de obra**, ou seja, tem como objeto "vender" a mão de obra humana. Por isso, salta aos olhos que a terceirização é uma forma de intermediação de mão de obra.

Tradicionalmente, a doutrina trabalhista condena o instituto da terceirização, vez que *coisifica* o ser humano, transformando-o em mercadoria. Da mesma forma, a jurisprudência buscou restringir este fenômeno, criando hipóteses bem específicas nas quais seria permitida a terceirização.

Resumidamente, podemos afirmar que a terceirização só seria permitida (considerada lícita) nas atividades meio. Ao passo que nas atividades fins seria proibida (considerada ilícita).

Toda empresa possui dois tipos de atividade: **atividade fim** e **atividade meio**. A **atividade fim** é aquela que é imprescindível para a existência da empresa, sendo tão essencial que se for retirada a empresa deixa de existir. Já **atividade meio** consiste em uma ocupação de importância secundária/acessória, tanto que se for retirada a empresa continua a existir, mesmo sem ela.

Por exemplo, em uma Faculdade de Direito, o que é atividade fim e o que é atividade meio?

Docência é atividade fim, afinal não existe faculdade sem professor, trata-se de atividade tão importante que se for retirada inviabiliza-se a continuidade da empresa. De outro lado, os trabalhadores que fazem a limpeza e a segurança estão inseridos em atividade secundária (atividade meio), vez que a faculdade continuará existindo ainda que não existam tais trabalhadores. Ficará menos limpa e mais insegura, mas continuará existindo.

Essa distinção entre atividade meio e atividade fim sempre foi imprescindível, afinal, repetimos, a terceirização, em regra, só poderia ser realizada nas atividades meio de uma empresa.

Nesses termos, se a empresa tomadora ou cliente respeitasse essa restrição, contratando empregados terceirizados apenas na atividade meio, existiria uma terceirização **lícita**, motivo pelo qual a empresa tomadora ou cliente responderia pelos créditos trabalhistas não pagos pela empresa prestadora de serviços tão somente de forma **subsidiária**.

Entretanto, se a empresa tomadora ou cliente **<u>não</u>** respeitasse essa restrição, contratando empregados terceirizados também na atividade fim, existiria uma terceirização **ilícita**, motivo pelo qual a empresa tomadora ou cliente responderia pelos créditos trabalhistas não pagos pela empresa prestadora de serviços de forma **solidária**.

Responsabilidade subsidiária significa que a empresa tomadora, quando Ré/Reclamada em um processo trabalhista movido por um empregado terceirizado, somente terá seu eventual patrimônio atingido após esgotarem-se as buscas patrimoniais empreendidas contra a empresa prestadora de serviços.

O leitor deve perceber que na responsabilidade subsidiária existe uma ordem na execução dos bens, afinal primeiro busca-se patrimônio da empresa prestadora de serviços e, somente caso não se encontre patrimônio desta, volta-se a execução processual contra os bens da empresa tomadora ou cliente.

Já na **responsabilidade solidária**, que se aplicava nos casos de terceirização em atividade fim, quando a empresa tomadora era Ré/Reclamada em um processo trabalhista movido por um empregado terceirizado, o seu eventual patrimônio era atingido (penhorado) concomitantemente com o patrimônio da empresa prestadora de serviços. Portanto, no momento de constrição patrimonial, dentro da fase de execução, atacava-se, de uma só vez, o patrimônio da empresa tomadora e da prestadora de serviços.

Era assim que se explicava o fenômeno da terceirização, a partir dos conceitos de atividade fim e atividade meio, pois em atividade fim, em regra, a terceirização era considerada ilegal, motivo pelo qual a empresa tomadora de serviços responderia de forma solidária com a empresa prestadora de serviços. Ao passo que na atividade meio a terceirização era considerada legal, motivo pelo qual a primeira responderia de forma subsidiária com a segunda (prestadora de serviços).

Após a vigência da Lei nº 13.429, em 31 de março de 2017, houve alterações substanciais, conforme se vê no tópico que segue.

4.2. A Terceirização após a Lei nº 13.429/2017

A Lei nº 13.429/2017 promoveu alterações na Lei nº 6.019/74, a qual servia para reger apenas o trabalho temporário, todavia, após as referidas alterações passou a reger, conforme seu artigo 1º, não só as relações de trabalho temporário, mas também as relações *"(...) na empresa de prestação de serviços e nas respectivas tomadoras de serviço e contratante (...)"*, ou seja, passou a reger a terceirização.

A empresa prestadora de serviços ou contratada, como visto acima, é a empregadora do empregado terceirizado, responsável por intermediar a mão de obra deste para a empresa tomadora ou cliente ou contratante.

O artigo 4º-A da Lei nº 6.019/74 define a terceirização da seguinte forma "*considera-se prestação de serviços a terceiros* ***a transferência feita pela contratante da execução de quaisquer de suas atividades,*** **inclusive sua atividade principal**, *à pessoa jurídica de direito privado prestadora de serviços que possua capacidade econômica compatível com a sua execução.*". O trecho grifado em negrito, deixa claro que a terceirização pode ocorrer na atividade fim ou atividade principal da empresa contratante ou tomadora.

O parágrafo 2º do referido artigo deixou claro que não se configura vínculo empregatício entre os trabalhadores ou sócios das empresas prestadoras de serviços, **qualquer que seja o seu ramo**, e a empresa contratante ou tomadora.

A expressão "*qualquer que seja o seu ramo*", existente na lei, reforça ainda mais o entendimento de que a terceirização pode ser realizada de forma indiscriminada, quer em atividade fim, quer em atividade meio, considerando-se lícita em qualquer hipótese.

O artigo 5º-A da Lei nº 6.019/74, por seu turno, não deixa dúvidas sobre a possibilidade de terceirização nas atividades fins: "a contratante é a pessoa física ou jurídica que celebra contrato com empresa de prestação de serviços relacionados **a quaisquer de suas atividades, inclusive sua atividade principal.**".

Ademais, o Supremo Tribunal Federal, ao julgar a Arguição de Descumprimento de Preceito Fundamental (ADPF) nº 324 e o Recurso Extraordinário (RE) nº 958252, em 30 de agosto de 2018, com repercussão geral reconhecida, ou seja, com efeitos vinculantes em todo o país, decidiu, por maioria, que é lícita a terceirização em todas as etapas do processo produtivo, seja atividade meio ou fim. Logo, inexiste dúvida de que a terceirização é lícita, quer seja em atividade meio ou fim.

Quanto à responsabilidade da empresa tomadora ou contratante, essa passou a ser subsidiariamente responsável pelas obrigações trabalhistas referentes ao período em que ocorrer a prestação de serviços. **Logo, a empresa contratante, quer realize terceirização em atividade meio, quer realize terceirização em atividade fim, responderá de forma subsidiária.**

O artigo 5º-D da Lei 6.019/1974 afirma que o empregado que for dispensado pela empresa tomadora não poderá prestar serviços para esta mesma empresa na qualidade de empregado de empresa prestadora de serviços antes do decurso de prazo de **18 (dezoito meses)**, contados a partir da dispensa do empregado. Percebe-se, neste caso, que a legislação proibiu, pelo prazo de 18 meses, que a empresa tomadora dispense algum empregado direto, para depois recontratá-lo como um terceirizado, por meio de empresa prestadora de serviços, pois tal conduta seria uma clara fraude trabalhista.

O tema da terceirização, pela sua importância, merece uma questão minuciosa, que avalie vários detalhes do instituto, para ajudar na fixação do conhecimento:

▸ **Aplicação em Concurso e/ou OAB:**

(IESES - SCGás - Advogado - 2019) Assinale a alternativa correta a respeito das novas regras advindas da terceirização disciplinadas nas Leis 13.429/17 e 13.467/17:

a) A contratante não poderá estender ao trabalhador da empresa de prestação de serviços os benefícios de alimentação, transporte, treinamento e atendimento médico destinado aos seus empregados, sob pena de reconhecimento do vínculo empregatício.

b) O empregado que for demitido da empresa contratante não poderá prestar serviços para esta na qualidade de terceirizado antes do decurso de prazo de dez meses, contados a partir da sua demissão.

c) Considera-se prestação de serviços a terceiros a transferência feita pela contratante da execução de quaisquer de suas atividades, inclusive sua atividade principal, à pessoa jurídica de direito privado prestadora de serviços que possua capacidade econômica compatível com a sua execução.

d) A contratante é a pessoa física ou jurídica que celebra contrato com empresa de prestação de serviços relacionados a quaisquer de suas atividades, inclusive sua atividade principal, sendo solidariamente responsável pelas obrigações trabalhistas referentes ao período em que ocorrer a prestação de serviços por parte dos trabalhadores.

Resposta: C

A) Requisitos do Contrato de Terceirização e Outros Detalhes Importantes

Segundo o artigo 5º-B da Lei nº 6.019/74, o contrato de prestação de serviços ou terceirização conterá:

- Qualificação das partes (empresa tomadora e empresa prestadora de serviços);
- Especificação do serviço a ser prestado
- Prazo para realização do serviço, quando for o caso;
- Valor.

Qualquer que seja o ramo da empresa tomadora de serviços, não existe vínculo de emprego entre ela e os trabalhadores contratados pelas empresas de trabalho temporário.

A empresa contratante ou tomadora não poderá utilizar os trabalhadores intermediados pela empresa prestadora de serviços em **atividades distintas** daquelas que foram objeto do contrato de terceirização. É que o contrato de terceirização ou prestação de serviços, como visto acima, deve possuir cláusula que indique as tarefas a serem executadas pelo empregado terceirizado, não podendo este fazer atividades distintas daquelas que constam no contrato.

Os serviços contratados do empregado terceirizado poderão ser executados nas instalações físicas da empresa contratante ou em outro local, de comum acordo entre as partes.

A empresa contratante ou tomadora tem o **dever/obrigação** de garantir as condições de segurança, higiene e salubridade dos trabalhadores, quando o trabalho for realizado em suas dependências ou local previamente convencionado em contrato.

A empresa tomadora ou contratante **poderá (faculdade)** estender ao trabalhador da empresa de prestação de serviços o mesmo atendimento médico, ambulatorial e de refeição destinado aos seus empregados, existente em suas dependências ou local por ela designado.

Ainda, nos contratos que impliquem mobilização de **empregados da contratada em número igual ou superior a 20% (vinte por cento)** dos empregados da contratante, esta **poderá** disponibilizar aos empregados da contratada os serviços de **alimentação e atendimento ambulatorial em outros locais apropriados e com igual padrão de atendimento**, com vistas a manter o pleno funcionamento dos serviços existentes.

B) Quarteirização

A quarteirização ocorre quando uma empresa que é prestadora de serviços solicita há outra empresa (também prestadora de serviços) que envie mais trabalhadores para suprir uma demanda da empresa cliente ou contratante.

Na quarteirização a empresa de prestação de serviços contrata outra empresa do mesmo segmento para suprir uma necessidade da empresa cliente, ocasionando uma quarteirização.

Em outras palavras, a empresa prestadora de serviços recebe, por não ter a mão de obra disponível para a empresa cliente, trabalhadores de outra empresa e os envia para a empresa cliente.

Esse fenômeno veio permitido no Artigo 4º-A, § 1º, ao prever a subcontratação realizada pela empresa prestadora de serviços nos seguintes termos: *"A empresa prestadora de serviços contrata, remunera e dirige o trabalho realizado por seus trabalhadores,* **ou subcontrata outras empresas para realização desses serviços.**".

C) Requisitos para o Funcionamento da Empresa Prestadora de Serviços

Todos os requisitos para o funcionamento de uma empresa prestadora de serviços estão estampados no artigo 4º-B da Lei nº 6.019/74. Trata-se de um artigo que exige memorização, especialmente porque tem sido alvo de perguntas em concursos e Exame da OAB. Por tal motivo, segue a transcrição do mesmo:

> Art. 4º-B. São requisitos para o funcionamento da empresa de prestação de serviços a terceiros:
>
> I - prova de inscrição no Cadastro Nacional da Pessoa Jurídica (CNPJ);
>
> II - registro na Junta Comercial;
>
> III - capital social compatível com o número de empregados, observando-se os seguintes parâmetros:
>
> a) empresas com até dez empregados - capital mínimo de R$ 10.000,00 (dez mil reais);
>
> b) empresas com mais de dez e até vinte empregados - capital mínimo de R$ 25.000,00 (vinte e cinco mil reais);
>
> c) empresas com mais de vinte e até cinquenta empregados - capital mínimo de R$ 45.000,00 (quarenta e cinco mil reais);
>
> d) empresas com mais de cinquenta e até cem empregados - capital mínimo de R$ 100.000,00 (cem mil reais); e
>
> e) empresas com mais de cem empregados - capital mínimo de R$ 250.000,00 (duzentos e cinquenta mil reais).

4.3. A Terceirização no Serviço Público, as decisões do STF e a Nova Lei de Licitações

No âmbito público o fenômeno da terceirização tinha como principal dispositivo legal o artigo 71 da Lei nº 8.666/93 (antiga Lei de Licitações e Contratos), o qual dispõe o seguinte:

> Art. 71. O contratado é responsável pelos encargos trabalhistas, previdenciários, fiscais e comerciais resultantes da execução do contrato.
>
> § 1º A inadimplência do contratado, com referência aos encargos trabalhistas, fiscais e comerciais não transfere à Administração Pública a responsabilidade por seu pagamento, nem poderá onerar o objeto do contrato ou restringir a regularização e o uso das obras e edificações, inclusive perante o Registro de Imóveis.
>
> § 2º A Administração Pública responde solidariamente com o contratado pelos encargos previdenciários resultantes da execução do contrato, nos termos do art. 31 da Lei nº 8.212, de 24 de julho de 1991.

A interpretação do referido artigo sempre foi causa de celeuma na doutrina, especialmente entre os teóricos do direito administrativo e do direito do trabalho, já aqueles defendem, de forma predominante, que o ente público não poderia ser responsabilizado pelo inadimplemento de verbas trabalhistas por parte do contratado, ao passo que os pensadores do direito de trabalho argumentavam pela responsabilização dos entes públicos.

Em que pese a divergência acima anunciada, o longo dos anos consolidou-se o entendimento, nos Tribunais Superiores, no sentido de que a Administração Pública poderia ser responsabilizada pelos créditos trabalhistas devidos pelo contratado apenas quando houvesse prova de sua omissão em fiscalizar o contrato (culpa *in vigilando*).

Com efeito, o Supremo Tribunal Federal, por meio da ADC nº 16/2010, firmou entendimento de que a Administração Pública responderá subsidiariamente perante os trabalhadores da empresa contratada, **apenas** caso fique comprovado que a Administração Pública agiu de forma **culposa** na fiscalização do cumprimento das obrigações trabalhistas por parte da empresa contratada.

Portanto, os entes integrantes da Administração Pública direta e indireta responderão subsidiariamente caso reste evidenciada a sua conduta culposa na fiscalização do cumprimento das obrigações contratuais e legais da prestadora de serviço como empregadora. **A aludida responsabilidade não decorre de mero inadimplemento das obrigações trabalhistas assumidas pela empresa regularmente contratada, devendo-se comprovar a culpa do Poder Público.**

O Poder Público terá atuado com culpa na fiscalização (*in vigilando*) quando o poder público não vistoriar se a empresa prestadora de serviços está cumprindo as obrigações trabalhistas para com seus empregados. Assim sendo, o Poder Público deverá, por exemplo, exigir relatórios mensais da empresa prestadora de serviços com cópia de recibos que comprovem o pagamento dos direitos trabalhistas.

Em março de 2017, o Plenário do Supremo Tribunal Federal concluiu o julgamento do Recurso Extraordinário nº 760931, com repercussão geral reconhecida, que discutia a responsabilidade subsidiária da administração pública por encargos trabalhistas gerados pelo inadimplemento de empresa terceirizada.

Com o voto do ministro Alexandre de Moraes, o recurso da União foi parcialmente provido, confirmando-se o entendimento adotado na Ação de Declaração de Constitucionalidade (ADC) nº 16, **que veda a responsabilização automática da administração pública**, só cabendo sua condenação se houver prova inequívoca de sua conduta omissiva ou comissiva na fiscalização dos contratos.

Adequando-se ao entendimento do STF, a Súmula nº 331, item V, do TST, passou a prever que a responsabilidade dos entes públicos da Administração Direta e Indireta não decorre do mero inadimplemento da empresa contratada, devendo ser evidenciado nos autos a conduta culposa na fiscalização da mesma relativamente ao cumprimento dos direitos trabalhistas, vejamos:

> V - Os entes **integrantes da Administração Pública direta e indireta respondem subsidiariamente**, nas mesmas condições do item IV, **caso evidenciada a sua conduta culposa no cumprimento das obrigações da lei 8.666, de 21.06.1993, especialmente na fiscalização** do cumprimento das obrigações contratuais e

legais da prestadora de serviço como empregadora. **A aludida responsabilidade não decorre de mero inadimplemento das obrigações trabalhistas assumidas pela empresa regularmente contratada.** – Grifo nosso.

Diante desta contextualização, chegamos à nova Lei de Licitações, a qual manteve a essência do já citado artigo 71 da revogada[1] Lei nº 8.666/93. Vale conferir a nova redação do artigo 121 da nova Lei de Licitações (Lei nº 14.133/21):

> Art. 121. Somente o contratado será responsável pelos encargos trabalhistas, previdenciários, fiscais e comerciais resultantes da execução do contrato.
>
> § 1º A inadimplência do contratado em relação aos encargos trabalhistas, fiscais e comerciais não transferirá à Administração a responsabilidade pelo seu pagamento e não poderá onerar o objeto do contrato nem restringir a regularização e o uso das obras e das edificações, inclusive perante o registro de imóveis, ressalvada a hipótese prevista no § 2º deste artigo.
>
> § 2º **Exclusivamente nas contratações de serviços contínuos com regime de dedicação exclusiva de mão de obra, a Administração responderá** solidariamente pelos encargos previdenciários e **subsidiariamente pelos encargos trabalhistas se comprovada falha na fiscalização do cumprimento das obrigações do contratado.** – Grifo nosso.

O artigo 121, parágrafo segundo, em seu trecho final, positivou em seu conteúdo o entendimento reiterado dos Cortes Superiores, ou seja, a Administração Pública responderá pelos encargos trabalhistas tão somente se comprovada falha na fiscalização do cumprimento das obrigações do contratado. Neste particular, portanto, nada mudou.

Debruçando-se ainda sobre parágrafo segundo do artigo 121, em sua primeira parte, constata-se que as hipóteses de responsabilização subsidiária do Poder Público ficaram restritas às *"contratações de serviços contínuos com regime de dedicação exclusiva de mão de obra"*.

O conceito de *"contratações de serviços contínuos com regime de dedicação exclusiva de mão de obra"* vem descrito no artigo 6º, inciso XV da Lei nº 14.133/21:

> Art. 6º Para os fins desta lei, consideram-se:
>
> XVI - serviços contínuos com regime de dedicação exclusiva de mão de obra: aqueles cujo modelo de execução contratual exige, entre outros requisitos, que:
>
> a) os empregados do contratado fiquem à disposição nas dependências do contratante para a prestação dos serviços;
>
> b) o contratado não compartilhe os recursos humanos e materiais disponíveis de uma contratação para execução simultânea de outros contratos;

1. Embora afirmemos que a Lei nº 8.666/93 está revogada, em verdade sua revogação integral ocorrerá apenas em 01.04.2023, quando então será substituída pela nova Lei de Licitações (Lei nº 14.133/21). Até que a substituição integral ocorra, estamos em um período de transição, conforme artigo 193 da Lei nº 14.133/21.

c) o contratado possibilite a fiscalização pelo contratante quanto à distribuição, controle e supervisão dos recursos humanos alocados aos seus contratos;

Assim sendo, a Administração Pública responderá subsidiariamente pelos créditos trabalhistas, desde que os serviços do trabalhador terceirizado ocorram apenas nas dependências da empresa contratada, até porque com tal restrição geográfica se facilitaria a fiscalização do ente público, inclusive quanto a sua distribuição, controle e supervisão dos trabalhadores terceirizados.

A previsão legal acima, na prática, abarca a imensa maioria das hipóteses de terceirização no segmento público, daí porque restará apenas, a ser provado, para que surja a responsabilização subsidiária, a falha na fiscalização do cumprimento das obrigações do contratado.

O multicitado dever de fiscalização, por parte do ente público, constava expressamente no artigo 67 da revogada Lei nº 8.666/93, o qual foi mantido na atual Lei de Licitações, conforme artigo 171:

> Art. 117. **A execução do contrato deverá ser acompanhada e fiscalizada por 1 (um) ou mais fiscais do contrato**, representantes da Administração especialmente designados conforme requisitos estabelecidos no art. 7º desta lei, ou pelos respectivos substitutos, permitida a contratação de terceiros para assisti-los e subsidiá-los com informações pertinentes a essa atribuição. - Grifo nosso.

4.4. A Terceirização na Administração Pública Federal e o Decreto nº 9.507/2018

A primeira observação a ser feita consiste no fato de que o Decreto em epígrafe dispõe sobre *"a execução indireta, mediante contratação, de serviços da administração pública federal direta, autárquica e fundacional e das empresas públicas e das sociedades de economia mista controladas pela União"*.

Nesta toada, convém esclarecer que o Decreto nº 9.507/2018 somente se aplica ao âmbito da União, não se aplicando aos Estados, Distrito Federal e Municípios. O Decreto igualmente não se aplica aos Poderes Judiciário, Legislativo, Tribunal de Contas e Ministério Público.

Ultrapassada esta observação inicial, vale destacar que o Decreto em análise não permite a terceirização de forma indiscriminada no âmbito da Administração Pública Federal direta, autárquica e fundacional, pois existem as seguintes restrições no artigo 3º:

> Art. 3º Não serão objeto de execução indireta na administração pública federal direta, autárquica e fundacional, os serviços:
>
> I - que envolvam a tomada de decisão ou posicionamento institucional nas áreas de planejamento, coordenação, supervisão e controle;

II - que sejam considerados estratégicos para o órgão ou a entidade, cuja terceirização possa colocar em risco o controle de processos e de conhecimentos e tecnologias;

III - que estejam relacionados ao poder de polícia, de regulação, de outorga de serviços públicos e de aplicação de sanção; e

IV - que sejam inerentes às categorias funcionais abrangidas pelo plano de cargos do órgão ou da entidade, exceto disposição legal em contrário ou quando se tratar de cargo extinto, total ou parcialmente, no âmbito do quadro geral de pessoal.

As restrições acima impostas são bastante óbvias, haja vista que excluiu da possibilidade de terceirização justamente os assuntos de maior relevância para a Administração Pública, tais como aqueles relativos ao seu posicionamento institucional, áreas estratégicas e o poder de polícia, os quais deverão ficar sob a tutela direta dos ocupantes dos cargos públicos e, ocasionalmente, de empregos públicos.

O § 1º, do artigo 3º, acima citado, por seu turno, registra que *"Os serviços auxiliares, instrumentais ou acessórios de que tratam os incisos do caput poderão ser executados de forma indireta, vedada a transferência de responsabilidade para a realização de atos administrativos ou a tomada de decisão para o contratado."*.

A dicção legal do mencionado parágrafo primeiro afirma que a Administração Pública pode contratar serviços que venham a auxiliar, por exemplo, em temas estratégicos ou áreas institucionais, sem, todavia, transferir o poder de decisão final, que sempre deverá estar nas mãos da Administração Pública.

Acabamos de estudar as restrições à terceirização no âmbito da Administração Pública Federal direta, autárquica e fundacional. Passaremos agora ao estudo das restrições à terceirização por parte das estatais, isto é, das empresas públicas e sociedades de economias mistas, as quais foram alvos de restrições mais frouxas e menos rigorosas, o que é normal vez que são pessoas jurídicas de direito privado e, em muitos casos, submetem-se ao regime jurídico das empresas privadas (Art. 173, §1º, II, CF/88).

Com efeito, o *caput* do art. 4º do Decreto nº 9.507/2018, logo em seu início, bloqueia, as empresas públicas e sociedades de economia mista de terceirizarem serviços *"que demandem a utilização, pela contratada, de profissionais com atribuições inerentes às dos cargos integrantes de seus Planos de Cargos e Salários"*. Entretanto, no mesmo *caput*, logo em seguida, excepciona a regra criada, afirmando que a terceirização poderá ocorrer mesmo se o profissional terceirizado executar tarefas coincidentes com aquelas dos cargos integrantes dos Planos de Cargos e Salários, desde que seja para privilegiar os princípios da eficiência, economicidade e razoabilidade e, ainda, se enquadre em uma das seguintes hipóteses:

- Caráter temporário do serviço;
- Incremento temporário do volume de serviços;

- Atualização de tecnologia ou especialização de serviço, quando for mais atual e segura, que reduzem o custo ou for menos prejudicial ao meio ambiente; ou
- Impossibilidade de competir no mercado concorrencial em que se insere.

O pressuposto para terceirizar nas estatais, como visto, é bem mais flexível, pois a proibição de que a terceirização não ocorra em tarefas idênticas àquelas existentes nos cargos previstos no Plano de Cargos e Salários, poderá ser afastada de forma discricionária com uma simples alegação de que o ato está baseado nos amplíssimos princípios da eficiência, economicidade e razoabilidade, bem como esteja situado em uma das hipóteses acima destacadas. Tamanha flexibilidade, apesar de ser entendível, deve ser analisada com prudência, a fim de que a terceirização não seja utilizada de forma indiscriminada para burlar a regra maior, de acesso aos cargos por concurso público.

O §3º, do artigo 4º, afirma ainda que a vedação de contratação de empregados terceirizados que atuem em tarefas idênticas àquelas existentes nos cargos previstos no Plano de Cargos e Salários, não subsistirá quando se tratar de cargo extinto ou em processo de extinção.

O artigo 4º, em seu §4º, ainda tratando da terceirização nas estatais, registra que: *"O Conselho de Administração ou órgão equivalente das empresas públicas e das sociedades de economia mista controladas pela União estabelecerá o conjunto de atividades que serão passíveis de execução indireta, mediante contratação de serviços."*. Tal previsão é absolutamente coerente, afinal é o Conselho de Administração que, habitualmente, ratifica o Plano de Cargos e Salários e, consequentemente, cria e extingue os cargos. Desta forma, quem tem competência para criar ou extinguir os cargos, por extensão, também tem a atribuição de decidir o que será passível ou não de terceirização (execução indireta), observadas as restrições legais.

Com vistas a tutelar a moralidade no âmbito da Administração Pública Federal direta, autárquica, fundacional e das empresas públicas e das sociedades de economia mista controladas pela União, o artigo 5º vedou a contratação de pessoa jurídica na qual haja administrador ou sócio com poder de direção que tenham relação de parentesco com:

- Detentor de cargo em comissão ou função de confiança que atue na área responsável pela demanda ou pela contratação; ou
- Autoridade hierarquicamente superior no âmbito de cada órgão ou entidade.

Os contratos de terceirização deverão possuir algumas cláusulas obrigatórias, as quais estão listadas no artigo 8º do multicitado Decreto, vejamos:

Art. 8º Os contratos de que trata este decreto conterão cláusulas que:

I - exijam da contratada declaração de responsabilidade exclusiva sobre a quitação dos encargos trabalhistas e sociais decorrentes do contrato;

II - exijam a indicação de preposto da contratada para representá-la na execução do contrato;

III - estabeleçam que o pagamento mensal pela contratante ocorrerá após a comprovação do pagamento das obrigações trabalhistas, previdenciárias e para com o Fundo de Garantia do Tempo de Serviço - FGTS pela contratada relativas aos empregados que tenham participado da execução dos serviços contratados;

IV - estabeleçam a possibilidade de rescisão do contrato por ato unilateral e escrito do contratante e a aplicação das penalidades cabíveis, na hipótese de não pagamento dos salários e das verbas trabalhistas, e pelo não recolhimento das contribuições sociais, previdenciárias e para com o FGTS;

V - prevejam, com vistas à garantia do cumprimento das obrigações trabalhistas nas contratações de serviços continuados com dedicação exclusiva de mão de obra:

a) que os valores destinados ao pagamento de férias, décimo terceiro salário, ausências legais e verbas rescisórias dos empregados da contratada que participarem da execução dos serviços contratados serão efetuados pela contratante à contratada somente na ocorrência do fato gerador; ou

b) que os valores destinados ao pagamento das férias, décimo terceiro salário e verbas rescisórias dos empregados da contratada que participarem da execução dos serviços contratados serão depositados pela contratante em conta vinculada específica, aberta em nome da contratada, e com movimentação autorizada pela contratante;

VI - exijam a prestação de garantia, inclusive para pagamento de obrigações de natureza trabalhista, previdenciária e para com o FGTS, em valor correspondente a cinco por cento do valor do contrato, com prazo de validade de até noventa dias, contado da data de encerramento do contrato; e

VII - prevejam a verificação pela contratante, do cumprimento das obrigações trabalhistas, previdenciárias e para com o FGTS, em relação aos empregados da contratada que participarem da execução dos serviços contratados, em especial, quanto:

a) ao pagamento de salários, adicionais, horas extras, repouso semanal remunerado e décimo terceiro salário;

b) à concessão de férias remuneradas e ao pagamento do respectivo adicional;

c) à concessão do auxílio-transporte, auxílio-alimentação e auxílio-saúde, quando for devido;

d) aos depósitos do FGTS; e

e) ao pagamento de obrigações trabalhistas e previdenciárias dos empregados dispensados até a data da extinção do contrato.

Vemos como positivas as cláusulas obrigatórias do contrato de terceirização, especialmente porque protegem o trabalhador, estabelecendo, por exemplo, que o pagamento mensal pela contratante (que é Poder Público Federal) ocorrerá apenas após a comprovação do pagamento das obrigações trabalhistas, previdenciárias e para com o FGTS por parte da contratada. Assim, a empresa prestadora de serviços não receberá o pagamento devido pelo Poder Público Federal, enquanto não comprovar a quitação das obrigações trabalhistas e previdenciárias.

Da mesma forma, o Poder Público Federal **deverá** exigir a prestação de garantia, inclusive para pagamento de obrigações de natureza trabalhista, previdenciária e para com o FGTS, em valor correspondente a cinco por cento do valor do contrato.

Tais valores ficarão em posse do Poder Público Federal, por até 90 dias, após o encerramento do contrato. Destarte, caso ocorra inadimplência de verbas trabalhistas e/ou previdenciárias, o Poder Público Federal utilizará este valor para quitação do saldo devedor.Na hipótese da empresa contratada (prestadora de serviços) não apresentar a documentação comprobatória do cumprimento das obrigações trabalhistas, previdenciárias e para com o FGTS, a contratante (Poder Público Federal) comunicará o fato (ausência de comprovação da quitação) à contratada e reterá o pagamento da fatura mensal, em valor proporcional ao inadimplemento, até que a situação esteja regularizada.

Após a contratante efetuar a comunicação à contratada, sobre a ausência de documentos que comprovem a quitação das obrigações trabalhistas, previdenciárias e para com o FGTS, a contratada deverá comprovar em até 15 dias a quitação das referidas obrigações. Caso persista a omissão, a contratante poderá efetuar o pagamento diretamente aos empregados da contratada que tenham participado da execução dos serviços contratados, sendo que o sindicato representante da categoria dos trabalhadores deverá ser notificado pela contratante para acompanhar o pagamento das verbas.

5

JORNADA DE TRABALHO

Sumário: 5. Jornada de Trabalho – **5.1.** Tempo Efetivo de Serviço e a Reforma Trabalhista – **5.2.** Fiscalização da Jornada de Trabalho – **5.2.1.** Empregados com Jornada Fiscalizada: **A)** Registro de Ponto por Exceção – **B)** Pequenas Variações no Sistema de Controle de Jornada – **5.2.2.** Empregados sem Jornada Fiscalizada e a Reforma Trabalhista: **A)** Atividade Externa Incompatível com Fixação de Horário de Trabalho – **B)** Empregados que Exercem Cargo de Gestão – **C)** Empregados em Regime de Teletrabalho – **5.3.** Trabalho em Sobrejornada ou em Regime de Horas Extras – **5.3.1.** Acordo de Prorrogação de Jornada – **5.3.2.** Necessidade Imperiosa de Serviço: **A)** Força Maior – **B)** Realização ou Conclusão de Serviços Inadiáveis e Aqueles Serviços cuja Inexecução possa Acarretar Prejuízo Manifesto – **5.3.3.** Prorrogação para Recuperar o Tempo Perdido Resultante de Causas Acidentais que Interromperam o Trabalho – **5.3.4.** Acordo de Compensação de Jornada – **5.3.5.** Semana Espanhola e Semana Inglesa – **5.3.6.** Jornada 12 x 36 e a Reforma Trabalhista – **5.3.7.** Hora Extra em Ambiente Insalubre e a Reforma Trabalhista – **5.3.8.** Detalhes para Concurso e OAB sobre o Cálculo das Horas Extras: **A)** Divisor para Apuração do Valor das Horas Extras – **5.3.9.** Supressão de Horas Extras Habituais – **5.4.** Trabalho em Regime de Sobreaviso – **5.5.** Trabalho em Regime de Prontidão – **5.6.** Trabalho em Regime de Revezamento ou em Turno Ininterrupto de Revezamento – **5.7.** Jornada *Part Time* e a Reforma Trabalhista – **5.8.** Jornada Intermitente: Produto da Reforma Trabalhista: **A)** Formalidade para Contratação e Convocação para o Trabalho – **B)** Pagamento e Férias - **C)** Jornada Intermitente e a Portaria nº 349/2018 do MTE – **5.9.** Horas *in itinere* e a Reforma Trabalhista – **5.10.** Jornada Especial do Bancário: **A)** Cargos de Confiança Bancários.

A regulamentação da jornada de trabalho é uma das maiores preocupações do Direito do Trabalho, afinal foi justamente por causa de jornadas extensas/ extenuantes que massas de trabalhadores adoeceram, sofreram mutilações decorrentes de acidentes laborais e, até mesmo, faleceram durante a revolução industrial, de tão grande que era a fadiga física e mental.

Quando se fala em **jornada de trabalho**, tecnicamente, deve-se entender como a quantidade de **horas diárias** de trabalho, isto é, o número de horas que o trabalhador realizou em um dia. Por tal motivo não soa bem falar-se em jornada semanal ou mensal, por exemplo.

Em que pese o rigor técnico acima defendido, existem questões de concurso que falam em "jornada semanal" ou "jornada mensal", daí porque, em tais casos, o leitor deverá entender que nem sempre a melhor técnica é seguida como deveria. Não é por acaso que a própria CLT, por vezes, comete o mesmo equívoco, utilizando a expressão *"jornada semanal"* (artigo 59, § 2º, CLT).

O conceito de **horário de trabalho**, por seu turno, refere-se ao período de tempo compreendido entre a hora de início e a hora de término de uma jornada de trabalho, ou seja, de um dia de trabalho. Por exemplo, o horário de trabalho de determinado empregado se inicia às 07h00min e se encerra às 17h00min do mesmo dia, com um intervalo intrajornada (para descanso) de duas horas.

5.1. Tempo Efetivo de Serviço e a Reforma Trabalhista

Computa-se no horário de trabalho, não só o tempo efetivamente trabalhado, mas também aquele espaço de tempo no qual o empregado encontra-se à disposição do empregador.

Nesses termos, enquanto o empregado permanecer à disposição do empregador, executando tarefas ou não, estará sendo computada sua jornada de trabalho. Da mesma forma, pouco importa se o empregado estiver fora ou dentro do estabelecimento empresarial, o que importa é que naquele período o empregado estará à disposição do empregador.

Segue um exemplo bastante elucidativo: existem algumas empresas que, pelas peculiaridades do seu setor de atuação, em determinadas épocas do ano possuem uma alta queda na produtividade. É o caso de hotéis praianos durante o inverno. Algumas empresas, nestas épocas de baixa produtividade, costumam receber alguns empregados no trabalho e, logo em seguida, dispensá-los daquele dia, em razão da desnecessidade do seu trabalho, fazendo constar ele foi dispensado por "desnecessidade do serviço em razão de baixa demanda".

Pois bem, nessa hipótese o salário é devido independente do fato do empregado ter ou não executado tarefas, afinal o que importa é que aquele horário do seu dia estava disponibilizado para empresa, estava à disposição da mesma, tratando-se, portanto, de jornada de trabalho.

O artigo 4º, *caput*, da CLT, resume esse debate da seguinte forma: *"Considera-se como de serviço efetivo o período em que o empregado esteja à disposição do empregador,* aguardando ou executando ordens, *salvo disposição especial expressamente consignada."*.

O TST também considera como tempo à disposição do empregador, integrando consequentemente a jornada de trabalho, o tempo utilizado entre a portaria da empresa e o local de trabalho dentro da empresa, desde que se gaste mais de 10 (dez) minutos nesse percurso. Segue a Súmula nº 429 do TST nesse sentido:

> Considera-se tempo à disposição do empregador, na forma do artigo 4º da CLT, o tempo necessário ao deslocamento do trabalhador entre a portaria da empresa e o local de trabalho, desde que supere o limite de 10 (dez) minutos diários.

Por exemplo, se determinado empregado passa pela portaria da empresa às 07h00min, em seguida percorre parte da empresa até chegar efetivamente no seu local de trabalho às 07h20min, podemos afirmar que, nesse caso, a jornada se iniciou efetivamente 07h00min.

A **Reforma Trabalhista**, por sua vez, inseriu o § 2º no artigo 4º da CLT, para fazer constar algumas situações que, expressamente, não serão consideradas como integrantes da jornada de trabalho, não se considerando nem mesmo como tempo à disposição do empregador. Segue a transcrição do § 2º e seus incisos, todos acrescidos pela **Reforma Trabalhista:**

> § 2° Por não se considerar tempo à disposição do empregador, não será computado como período extraordinário o que exceder a jornada normal, ainda que ultrapasse o limite de cinco minutos previsto no § 1º do art. 58 desta Consolidação, **quando o empregado, por escolha própria, buscar proteção pessoal, em caso de insegurança nas vias públicas ou más condições climáticas, bem como adentrar ou permanecer nas dependências da empresa para exercer atividades particulares, entre outras:**
>
> I – práticas religiosas;
>
> II – descanso;
>
> III – lazer;
>
> IV – estudo;
>
> V – **alimentação;**
>
> VI – atividades de relacionamento social;
>
> VII – **higiene pessoal;**
>
> VIII – **troca de roupa ou uniforme**, **<u>quando não houver obrigatoriedade de realizar a troca na empresa</u>**. – Grifos nossos.

Essa inovação da reforma contrariou o trecho final da Súmula nº 366 do TST, a qual considerava como integrante da jornada o tempo despendido na **troca de uniforme, lanche, higiene pessoal etc.** Essa súmula será comentada nos tópicos seguintes.

Segue uma questão sobre o tema para fins de treinamento:

▸ **Aplicação em Concurso e/ou OAB:**

(IESES - Prefeitura de São José - SC - Analista Jurídico - 2019) Assinale a alternativa correta sobre a caracterização de serviço efetivo disposta na CLT:

a) Para a CLT considera-se como serviço efetivo o simples fato de o empregado estar à disposição do empregador nas dependências da empresa, como por exemplo, estar executando atividades pessoais enquanto aguarda ordens de trabalho.

b) Por não se considerar tempo à disposição do empregador, não será computado como período extraordinário o que exceder a jornada normal, quando o empregado, por exigência da empresa, troca de roupa ou uniforme nos vestuários do estabelecimento do empregador.

c) Considera-se como de serviço efetivo o período em que o empregado esteja à disposição do empregador, aguardando ou executando ordens, salvo disposição especial expressamente consignada, como por exemplo, na hipótese de o empregado, por escolha própria, permanecer nas dependências da empresa para exercer atividades particulares, como por exemplo, estudar.

d) Para a CLT somente se considera como serviço efetivo o período em que o empregado esteja executando as tarefas decorrentes do contrato de trabalho.

Resposta: C

5.2. Fiscalização da Jornada de Trabalho

Quanto à fiscalização da jornada de trabalho existe uma classificação básica: empregados que podem ter sua jornada controlada/fiscalizada e empregados que não podem ter sua jornada controlada/fiscalizada, os quais serão estuados nos tópicos que seguem.

5.2.1. Empregados com Jornada Fiscalizada

Os empregados que possuem jornada fiscalizada/controlada são aqueles cujo horário de trabalho pode ser aferido (medido) pelo empregador, o qual terá ciência do momento em que o labor se inicia e também do momento em que o mesmo se encerra.

O artigo 74, § 2º da CLT, enuncia que para os estabelecimentos com mais de 20 (vinte) trabalhadores será obrigatória a anotação da hora de entrada e de saída, em registro manual, mecânico ou eletrônico, conforme instruções expedidas pela Secretaria Especial de Previdência e Trabalho do Ministério da Economia, **permitida** a pré-assinalação do período de repouso. Percebam que a lei fala em "**permissão**" para a pré-assinalação do horário de repouso e não em "**obrigação**".

Cabe salientar que, historicamente, o artigo 74, §2º da CLT, exigia que os estabelecimentos com mais de 10 empregados deveriam manter algum sistema de controle de horário, todavia este número foi elevado para 20 empregados por estabelecimento, por meio da Lei nº 13.874/2019 ("Lei da Liberdade Econômica"), a qual reformulou alguns artigos da CLT, a exemplo do já citado artigo 74.

Portanto, quando determinada empresa possuir mais de 20 empregados em um estabelecimento, ela é obrigada a manter algum sistema de controle de horário, quer manual, quer mecânico ou mesmo eletrônico.

É oportuno frisar que a norma em análise tem em mira o estabelecimento e não a empresa. Logo, se uma empresa possui 04 estabelecimentos com 18 empregados em cada, ela não tem obrigação de manter alguma modalidade de controle de jornada.

Afigura-se igualmente importante perceber que os estabelecimentos que possuem **menos** de 20 empregados poderão manter algum sistema de controle de jornada, apesar de não serem obrigados pelo artigo 74, § 2º, da CLT.

Em razão da imposição legal no sentido de que os estabelecimentos com **mais** de 10 empregados (atualmente, com mais de 20 empregados, como vimos) devem manter algum sistema de controle de jornada, nasceu o entendimento jurisprudencial de que a ausência injustificada dos registros de jornada, quando obrigatórios, gera a presunção relativa de que a jornada alegada pelo trabalhador em sua reclamação trabalhista é verdadeira, sendo ônus do empregador produzir a prova necessária para derrubar essa presunção.

A Súmula nº 338, item I do TST, cristalizou esse entendimento:

> Súmula nº 338, I – É ônus do empregador que conta com mais de 10 (dez) empregados o registro da jornada de trabalho na forma do art. 74, § 2º, da CLT. **A não-apresentação injustificada dos controles de frequência gera presunção relativa de veracidade da jornada de trabalho, a qual pode ser elidida por prova em contrário.** – Grifo nosso.

Entendemos que a referida Súmula, mesmo após as alterações promovidas pela Lei nº 13.874/2019 ("Lei da Liberdade Econômica"), continua válida e aplicável. Somente deverá ser adequada, quando de sua aplicação aos processos judiciais trabalhistas, em seu aspecto quantitativo, pois apenas a partir de 20 empregados por estabelecimento que o empregador

terá o ônus de registrar a jornada de trabalho. Em síntese, a essência finalística do verbete sumulado não foi alterada, mas tão somente o detalhe quantitativo relativo ao número de empregados existentes em cada estabelecimento.

A expressão *"presunção relativa"*, existente na Súmula nº 338, item I, significa que se admite prova em contrário, tanto que a própria súmula assevera que a referida presunção poderá ser elidida (eliminada) por prova em contrário.

O entendimento do TST também tem trilhado o caminho de considerar inválido/nulo como meio de prova, os registros de horário que sejam "britânicos", isto é, que apresentem horário de entrada e saída invariáveis (que nunca se alteram).

Esse entendimento da Alta Corte Trabalhista é bem lógico e privilegia o bom senso, até porque, nenhum ser humano, conseguiria entrar e sair do estabelecimento exatamente no mesmo minuto, todos os dias, ao longo de anos de trabalho.

Por isso o TST tem entendido que se presume haver fraude nestes pontos britânicos, razão pela qual, mais uma vez, surge a presunção relativa de que a jornada alegada pelo trabalhador em sua reclamação trabalhista é verdadeira, sendo ônus do empregador produzir a prova necessária para lançar por terra esta presunção. Nesse sentido a Súmula nº 338, Item III do TST:

> Súmula nº 338, III – Os cartões de ponto que demonstram horários de entrada e saída uniformes são inválidos como meio de prova, invertendo-se o ônus da prova, relativo às horas extras, que passa a ser do empregador, prevalecendo a jornada da inicial se dele não se desincumbir.

A) Registro de Ponto por Exceção

Como vimos no tópico anterior, os **estabelecimentos** que possuam mais de 20 (vinte) empregados deverão registrar a hora de entrada e de saída, em registro manual, mecânico ou eletrônico, permitida a pré-assinalação do período de repouso.

Entretanto, o artigo 74, §4ª, da CLT, com redação proveniente da "Lei da Liberdade Econômica", assevera que *"fica permitida a utilização de registro de ponto por exceção à jornada regular de trabalho, mediante acordo individual escrito, convenção coletiva ou acordo coletivo de trabalho."*.

Nesses termos, mesmo aqueles estabelecimentos que porventura contenham mais de 20 empregados, poderão deixar de efetuar, como regra, o registro de jornada dos trabalhadores, desde que possuam autorização em **acordo indivi-**

dual escrito ou em normas coletivas. Assim, somente será necessário registrar o horário de trabalho no dia em que houver prestação de horas extras.

Por exemplo, Marimbondo trabalha regularmente entre 08h00min e 18h00min na empresa Floresta S.A., com duas horas de intervalo intrajornada, de segunda a sexta-feira, e aos sábados entre 08h00min e 12h00min, sem intervalo. Sempre que Marimbondo cumprir essa jornada regular, não será necessário registrar seu horário de trabalho. Todavia, no dia em que realizar horas extras, estas deverão ser registradas.

Com este exemplo, fica bastante claro o porquê do nome de registro de ponto por exceção, haja vista que só se registra o que é exceção, como é o caso das horas extras, que não está compreendida na jornada regular.

As empresas que optarem pelo sistema de registro de ponto por exceção, na prática, inviabilizarão a aplicação da Súmula nº 338, item III, do TST, que trata dos pontos britânicos, afinal, inexistirá, como regra, registro de horário regular de trabalho, e, consequentemente, sequer haverá a possibilidade de que os horários possam ser considerados invariáveis.

Outra questão a ser ponderada diz respeito ao natural conflito de interesses entre capital (empregador) e trabalho (empregado), haja vista que, na rotina empresarial, no dia em que houver realização de horas extras, caberá ao empregado requerer o registro das mesmas. Porém, sabe-se que a hipossuficiência do trabalhador, que precisa do emprego para sobreviver, poderia impedi-lo de exigir o referido registro de jornada suplementar nos dias em que viesse a ocorrer prestação de horas extras, em face do risco de perder o posto de trabalho apenas porque está "cobrando" seus direitos. Esse é um ponto negativo deste sistema.

Ultrapassada esta análise de cunho social, vemos tal alteração, sob certa ótica, vantajosa para o obreiro. Em muitos processos trabalhistas, empregados postulam horas extras, com base no princípio da primazia da realidade, alegando que as folhas de ponto não representam o horário efetivamente trabalhado. Em tais situações, considerando que a folha de ponto possua horários variáveis, cabe ao empregado o ônus de comprovar que os horários registrados não correspondem àqueles efetivamente cumpridos.

De outro lado, para as empresas que optarem pelo sistema de registro de ponto por exceção, o empregado que reivindicar horas extras, com base no princípio da primazia da realidade, argumentará, por exemplo, que as folhas de ponto não correspondem à realidade, vez que fazia horas extras diariamente, em que pese o empregador não permitir o registro das horas extras no ponto.

Pois bem, na prática, é muito mais fácil, por meio da primazia da realidade, retirar o valor probante de uma folha de ponto que não possui registros de horário (justamente o que propõe o sistema de registro de ponto por exceção), do que retirar o valor probante de uma folha de ponto que possui registros de horários variáveis, já que, nestes casos, existem mais chances de haver contradições na produção da prova oral (Reclamante e testemunhas), quando comparadas com a prova documental (folhas de ponto).

Por fim, o artigo 74, §3º, da CLT, afirma que se o trabalho for executado fora do estabelecimento, o horário dos empregados constará do registro manual, mecânico ou eletrônico em seu poder, sem prejuízo de que o horário também possa ser anotado em registro de empregados. **Tal dispositivo legal refere-se aos trabalhadores externos ("trabalho executado fora do estabelecimento") que possuem sua jornada fiscalizada.** Logo, inexiste qualquer ligação deste dispositivo para com os trabalhadores que exercem atividade externa incompatível com a fixação de horário de trabalho, os quais serão estudados mais adiante neste capítulo.

B) Pequenas Variações no Sistema de Controle de Jornada

O legislador, guiado pelo princípio da razoabilidade, seguiu o entendimento de que **pequenas variações** na jornada de trabalho não serão contabilizadas nem para efeito de horas extras e nem para efeito de descontos salariais.

Nesse sentido, o artigo 58, § 1º, da CLT, positivou o entendimento de que **não serão descontadas nem computadas** como jornada extraordinária as variações de horário no registro de ponto não excedentes de **cinco minutos**, observado o **limite máximo de dez minutos diário.**

Mostra-se imprescindível pontuar que caso esse limite máximo de 10 (dez) minutos seja ultrapassado, considera-se como hora extra a totalidade de tempo que exceder a jornada e não apenas a parte que ultrapassar os 10 (dez) minutos. O TST editou a Súmula nº 366 sobre o tema:

> Não serão descontadas nem computadas como jornada extraordinária as variações de horário do registro de ponto não excedentes de cinco minutos, observado o limite máximo de dez minutos diários. Se ultrapassado esse limite, será considerada como extra a totalidade do tempo que exceder a jornada normal, pois configurado tempo à disposição do empregador, **não importando as atividades desenvolvidas pelo empregado ao longo do tempo residual (troca de uniforme, lanche, higiene pessoal etc).** – Grifo nosso.

Atenção! **APENAS** o trecho acima grifado/sublinhado na Súmula foi contrariado pela **Reforma Trabalhista**, afinal o artigo 4º, § 2º, deixou claro que não se considera tempo à disposição do empregador, entre outras hipóteses, aquelas situações em que o empregado adentrar ou permanecer nas dependências da empresa para exercer atividades particulares, tais como: práticas religiosas;

descanso; lazer; estudo; alimentação; atividades de relacionamento social; higiene pessoal; troca de roupa ou uniforme, quando não houver obrigatoriedade de realizar a troca na empresa.

Encontramos uma questão que trata sobre as variações do registro de ponto:

▸ **Aplicação em Concurso e/ou OAB:**

(Quadrix - CREA-TO - Advogado - 2019) Com base no que dispõe a Consolidação das Leis do Trabalho (CLT) e o direito do trabalho, julgue o item.

Não serão descontadas nem computadas como jornada extraordinária as variações de horário, no registro de ponto, não excedentes a cinco minutos, observado o limite máximo de dez minutos diários.

Resposta: Item Correto

5.2.2. Empregados sem Jornada Fiscalizada e a Reforma Trabalhista

O artigo 62 da CLT exclui algumas categorias da possibilidade, em regra, do recebimento de horas extras, intervalos para descanso (ou intrajornada) e das regras relativas ao horário noturno.

É o caso dos **exercentes de cargo de gestão** (gerentes etc.), os **exercentes de atividade externa** e, após a **Reforma Trabalhista**, com a inclusão do inciso III no artigo 62 da CLT, "os empregados em regime de teletrabalho".

Segue a transcrição do artigo 62 da CLT:

> Art. 62 – Não são abrangidos pelo regime previsto neste capítulo:
>
> I – **os empregados que exercem atividade externa incompatível com a fixação de horário de trabalho**, devendo tal condição ser anotada na Carteira de Trabalho e Previdência Social e no registro de empregados;
>
> II – **os gerentes, assim considerados os exercentes de cargos de gestão**, aos quais se equiparam, para efeito do disposto neste artigo, os diretores e chefes de departamento ou filial.
>
> III – **os empregados em regime de teletrabalho.** – Grifo nosso.

Assim sendo, vale repetir, os empregados acima elencados no artigo 62 da CLT **presumem-se** excluídos do direito do recebimento de horas extras, intervalos para descanso (ou intrajornada) e das regras relativas ao horário noturno.

Essa **presunção** existe porque o legislador, levando em consideração as peculiaridades dessas categorias de trabalhadores, entendeu que os mesmos, normalmente, não possuem qualquer tipo de controle ou fiscalização sobre sua jornada de trabalho.

Frisamos que se trata de uma simples **presunção**, afinal impõe-se sempre analisar cada caso à luz do Princípio da Primazia da Realidade, a fim de se verificar se o empregado, de fato, possui ou não sua jornada fiscalizada/controlada.

Passaremos agora para uma análise pormenorizada de cada categoria citada no artigo 62 da CLT.

A) Atividade Externa Incompatível com Fixação de Horário de Trabalho

Algumas atividades, pela sua própria natureza, são exercidas fora do estabelecimento empresarial, como é o caso do empregado Vendedor Viajante ou do empregado Vendedor Pracista, os quais elaboram seus próprios roteiros e horários de trabalho, definindo inclusive quais clientes serão ou não atendidos naquele dia.

Em tais situações, a natureza da atividade externa impede seu controle e fiscalização pelo próprio empregador, o qual não poderia ter ciência do que o empregado estaria ou não fazendo durante o horário em que supostamente deveria estar dedicado à jornada de trabalho.

A parte final do artigo 62, inciso I, da CLT, determina ao empregador o dever de anotar na CTPS do trabalhador externo a referida condição, isto é, que o trabalho é exercido externamente e de forma incompatível com a fixação de horário. Idêntica informação também deverá constar no livro de registro de empregados.

Embora não seja um tema pacífico, tem predominado na doutrina que as formalidades impostas pela CLT para os trabalhadores externos (anotação na CTPS e no livro de registro de empregados) configuram uma questão **probatória** e não da **essência** do ato. Assim sendo, a ausência da referida formalidade poderia ser suprida por outros elementos de prova, inclusive testemunhal.

Modernamente tem crescido de forma vertiginosa os casos de trabalhadores que são alçados à condição de externo, com hipotética impossibilidade de fiscalização horário, mas que, factualmente, possuem a sua jornada controlada por instrumentos tecnológicos, tais como *Palm Top* com avançada tecnologia, que podem registrar no sistema empresarial o horário de início e término da jornada de cada trabalhador externo, bem como possuem GPS para fiscalizar a rota percorrida pelo empregado.

Em situações como essas, impõe-se a aplicação do Princípio da Primazia da Realidade, devendo-se desconsiderar a anotação na CTPS e no livro de registro de empregados para privilegiar-se a realidade dos fatos.

B) Empregados que Exercem Cargo de Gestão

O empregado abrangido por esse inciso é aquele exercente de cargo de gestão que é a maior autoridade dentro do estabelecimento empresarial, de modo que ele fiscaliza o trabalho de todos, mas, na prática, não deve ser fiscalizado por ninguém.

Por isso, os empregados que exercem funções gerenciais intermediárias dentro do estabelecimento não se encaixam no conceito em questão, mas tão somente aquele empregado que exerce a função gerencial do ápice do estabelecimento. Afinal, os gerentes intermediários, normalmente, possuem sua rotina de trabalho fiscalizada pelos gerentes gerais, estes sim, autoridades máximas do estabelecimento.

Por exemplo, em um supermercado existe o gerente geral do estabelecimento, bem como existe o gerente do setor de perecíveis, o gerente do setor de mercearia, o gerente do setor de hortifrúti (setor no qual são comercializados os produtos provenientes de hortas, geralmente, frutas, legumes e hortaliças) etc. Nessa situação, o exercente de cargo de gestão citado pelo artigo 62, II, da CLT, é o gerente geral.

Outro exemplo, agora consubstanciado na Súmula nº 287 do TST reforça nosso ensinamento:

> A jornada de trabalho do empregado de banco gerente de agência é regida pelo art. 224, § 2º, da CLT. Quanto ao gerente-geral de agência bancária, presume-se o exercício de encargo de gestão, aplicando-se-lhe o art. 62 da CLT.

Percebam que a súmula em destaque diferencia o empregado *"gerente de agência"* (gerência intermediária, por exemplo "gerente de pessoa jurídica") do empregado gerente geral (gerência máxima), deixando claro que apenas esse último é regido pelo artigo 62 da CLT.

É imperioso salientar ainda que os exercentes de cargo de gestão, para se considerarem como tal, além de, obviamente, exercerem a referida função, deverão receber além do salário efetivo, uma gratificação de função de no mínimo 40% sobre o valor do mesmo, afinal se o suposto gerente não receber gratificação de função ou receber gratificação inferior a 40%, deixará de ser considerado gestor e, consequentemente, passará a ter direito às horas extras, intervalos para descanso e adicional noturno, se for o caso.

Graficamente, podemos resumir os requisitos legais e as consequências do preenchimento deles da seguinte forma:

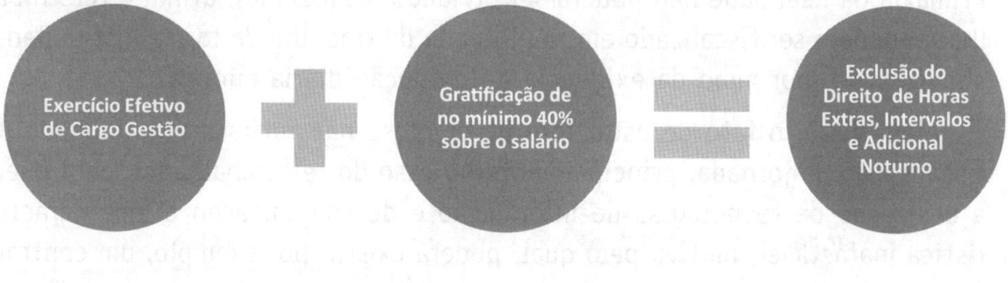

Não é demais relembrar que o Princípio da Primazia da Realidade jamais poderá ser esquecido, afinal se o suposto gerente geral de fato não possui poderes de mando e gestão é porque, em realidade, não é um verdadeiro gerente, motivo pelo qual passará a ter direito às horas extras, intervalos e adicional noturno.

A Súmula 372 do TST prevê que quando o empregado perceber a gratificação de função por dez ou mais anos, se o empregador, sem justo motivo, revertê-lo a seu cargo efetivo, não poderá retirar-lhe a gratificação tendo em vista o princípio da estabilidade financeira. A gratificação referida nessa súmula não é apenas a gratificação decorrente do exercício de cargo de gestão máximo, mas sim qualquer gratificação pelo exercício de qualquer função de confiança, seja uma gerência intermediária ou mesmo uma gerência geral.

Ocorre que a **Reforma Trabalhista** inseriu o § 2º no artigo 468, em sentido diametralmente oposto à referida Súmula do TST, deixando claro que a reversão do empregado que exerce cargo de confiança ao seu cargo efetivo, **com ou sem justo motivo**, não assegura ao empregado o direito à manutenção do pagamento da gratificação correspondente, **que não será incorporada, independentemente do tempo de exercício da respectiva função.**

C) Empregados em Regime de Teletrabalho

O teletrabalho, que foi regulamentado pela **Reforma Trabalhista**, é aquele no qual o empregado está preponderantemente **longe** do estabelecimento empresarial do empregador, sendo que, além disso, faz-se necessário que o empregado se comunique por meio de aparelhos tecnológicos.

As peculiaridades desse tipo de trabalhador já foram tratadas de forma minuciosa em tópico pretérito dessa obra (Parte II, capítulo 1, subitem 1.3, alínea "G"), para o qual remetemos o leitor.

Neste momento da obra mostra-se importante repetir que o Princípio da Primazia da Realidade não poderá ser olvidado (esquecido), afinal o teletrabalhador poderá ser fiscalizado em sua jornada de trabalho de forma dissimulada, por exemplo, por meio da exigência de produção diária mínima.

Além disso, o fato de estar fora da empresa não retira a possibilidade de fiscalização da jornada, principalmente no caso do teletrabalhador, para quem a utilização de tecnologias de informação e de comunicação é uma característica inafastável, motivo pelo qual, poderá existir, por exemplo, um controle virtual ou por *webcam*.

5.3. Trabalho em Sobrejornada ou em Regime de Horas Extras

5.3.1. Acordo de Prorrogação de Jornada

Em regra, a jornada de trabalho é de oito horas por dia e quarenta e quatro horas por semana, motivo pelo qual as horas laboradas além desses limites são consideradas como extraordinárias ou em sobrejornada.

Nesse contexto, o artigo 59 da CLT ensina que a duração diária do trabalho poderá ser acrescida de horas extras, **em número não excedente de 02**, por acordo individual, convenção coletiva ou acordo coletivo de trabalho. A **Reforma Trabalhista** inseriu pequena alteração nesse artigo, vez que substitui a expressão "contrato coletivo" por "convenção coletiva ou acordo coletivo de trabalho".

A referida alteração não trouxe nenhuma mudança substancial, apenas substituiu uma expressão antiga e de pouco rigor técnico, por outra mais atualizada e de melhor técnica legislativa.

A remuneração da hora extra será, pelo menos, 50% (cinquenta por cento) superior à da hora normal.

Vale frisar, para fins de concursos e exame da OAB, que o acordo de prorrogação de jornada pode ser formalizado de três maneiras:

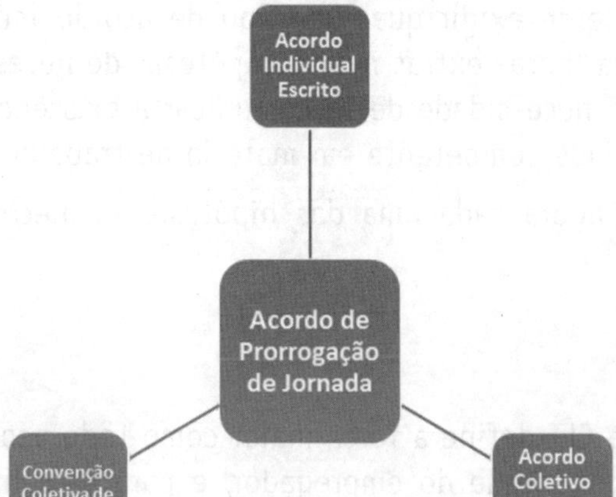

No acordo de prorrogação, permite-se ao empregador aumentar a jornada, mas terá que pagar as horas extras decorrentes, não podendo efetuar a compensação de horários. Todavia, havendo acordo de compensação de horários, as horas extras de um dia poderão ser compensadas em outro dia.

Portanto, o leitor deve ter em mente que prorrogação de jornada é um instituto jurídico e compensação de horários é outro instituto. Ainda neste capítulo, trataremos de forma minuciosa sobre a compensação de jornada.

5.3.2. Necessidade Imperiosa de Serviço

O artigo 61 da CLT afirma que quando houver necessidade imperiosa de serviços poderá a duração do trabalho exceder do limite legal ou convencionado, seja para fazer face a **motivo de força maior, seja para atender à realização ou conclusão de serviços inadiáveis ou cuja inexecução possa acarretar prejuízo manifesto.**

Sistematizando as informações do artigo, podemos afirmar que existem 03 hipóteses que caracterizam necessidade imperiosa de serviços:

- Motivo de força maior;
- Realização ou conclusão de serviços inadiáveis;
- Serviços cuja inexecução possa acarretar prejuízo manifesto;

Pois bem, nas 03 (três) hipóteses acima o empregador poderá exigir a realização de horas extras além do limite legal ou convencional, **independentemente de possuir algum acordo individual escrito com o empregado ou mesmo alguma norma coletiva permitindo a prorrogação de jornada.**

O § 1º do artigo 61 da CLT, alterado pela **Reforma Trabalhista**, manteve a desnecessidade de se exigir qualquer tipo de acordo individual ou norma coletiva para realizar horas extras nestas hipóteses de necessidade imperiosa. Todavia, suprimiu a necessidade de se comunicar a existência da necessidade imperiosa à autoridade competente em matéria de trabalho.

Vamos analisar agora cada uma das hipóteses de necessidade imperiosa de serviço.

A) Força Maior

O artigo 501 da CLT define a força maior como todo acontecimento inevitável, em relação à vontade do empregador, e para a realização do qual ele não colaborou, direta ou indiretamente.

Por exemplo, imagine que um transatlântico repleto de turistas que navegava em direção à cidade de Santos, em face de uma tormenta climática, tenha que mudar seu curso dirigindo-se à pequena Una, no período de inverno, época na qual existem poucos empregados contratados.

Em face da demanda imprevista, os hotéis da pequena cidade ficam repletos e, em razão dos poucos empregados contratados na época de inverno, passam a exigir horas extras durante os dias em que transatlântico ficará ancorado, esperando acalmar-se a tormenta climática.

Vemos nesse exemplo típico caso de força maior, o qual autoriza a realização de horas extras, independente de qualquer documento escrito que autorize.

A lei não informa qual o limite máximo de horas extras no caso de força maior, todavia a solução mais citada em doutrina foi a da doutrinadora Alice Monteiro de Barros[1], a qual prevê uma limitação de jornada de trabalho de no máximo 12 horas por dia, ou seja, permite-se até 04 horas extras por dia.

Calha informar que a imprevidência (falta de cuidado) do empregador exclui a razão de força maior, afinal a força maior só ocorrerá se o empregador não concorrer direta ou indiretamente para seu surgimento.

Por fim, em relação à jornada extraordinária do **trabalhador menor de idade**, diante do caso de **força maior**, esta será admitida de forma excepcional, até o máximo de 12 (doze) horas, **desde que o trabalho do menor seja imprescindível ao funcionamento do estabelecimento.**

B) Realização ou Conclusão de Serviços Inadiáveis e Aqueles Serviços cuja Inexecução possa Acarretar Prejuízo Manifesto

Por questões didáticas estamos tratando das duas últimas hipóteses de necessidade imperiosa de forma conjunta, vez que ambas tratam de situações críticas/emergenciais pelas quais passam o empregador, fazendo-se necessário a realização de horas extras pelos trabalhadores, a fim de se evitar ruína financeira (ou prejuízo manifesto).

Por exemplo, empregados que trabalham com armazenamento de produtos em câmaras frigoríficas não podem se negar a realizar horas extras se no final do expediente chegar um caminhão carregado de produtos perecíveis para serem acondicionados nas câmaras frias, afinal negar serviço nessa circunstância causaria prejuízo manifesto pela deterioração dos produtos.

Esse exemplo, de uma só vez, abarca tanto o conceito de "conclusão de serviços inadiáveis", quanto o conceito de "serviços cuja inexecução possa acarretar prejuízo manifesto".

Para essas hipóteses, diferentemente da hipótese de força maior, o legislador previu expressamente o limite máximo da jornada de trabalho em 12 (doze) horas por dia (artigo 61, § 2º, CLT).

1. BARROS, Alice Monteiro de. *Curso de Direito do Trabalho*. 7ª ed. São Paulo: LTr, 2011, pp. 663.

5.3.3. Prorrogação para Recuperar o Tempo Perdido Resultante de Causas Acidentais que Interromperam o Trabalho

Essa situação vem regulamentada no artigo 61, § 3º, da CLT, tratando-se de mais uma hipótese que permite a realização de horas extras independentemente de autorização por meio de acordo individual ou em normas coletivas.

Nessa hipótese, sempre que ocorrer **interrupção do trabalho**, em razão da superveniência de **causas acidentais** ou de **força maior**, que ocasionem a impossibilidade de realização do trabalho, permite-se a prorrogação da jornada até o máximo de 2 horas por dia, durante o número de dias indispensáveis à recuperação do tempo perdido, desde que não exceda de 10 horas diárias, em período não superior a 45 dias por ano.

Esta prorrogação de horário para recuperar o tempo perdido em razão da interrupção das atividades por causa acidentais ou de força maior, **depende de prévia autorização da autoridade competente do MTE.**

Para exemplificar essa previsão teórica, basta imaginarmos uma indústria que fique com suas atividades paralisadas por 10 dias em razão das fortes chuvas que cobriram a única estrada possível para se chegar à mesma. Após o período de paralisação, para recuperar o tempo perdido e colocar em dia a demanda empresarial, os empregados poderão fazer até duas horas extras por dia em período não superior a 45 dias, desde que a autoridade do MTE tenha autorizado as horas extras referidas nessa hipótese.

5.3.4. Acordo de Compensação de Jornada

Nos **acordos de prorrogação de jornada**, estudados nos tópicos anteriores, permite-se ao empregador prorrogar a jornada, mas terá que pagar as horas extras decorrentes, não podendo compensá-las.

Entretanto, havendo **acordo de compensação de jornada**, o que é permitido no artigo 59, § 2º, da CLT, as horas extras de um dia poderão ser compensadas em outro. Este parágrafo segundo não foi modificado pela **Reforma Trabalhista.**

O acordo de compensação de jornada é gênero, do qual são espécies: acordo típico de compensação de jornada e banco de horas.

O **acordo típico de compensação de jornada** é aquele que permite a compensação normalmente dentro de uma semana ou, no máximo, até dentro de um mês. Nesse caso as horas extras prestadas em determinada semana, poderão ser compensadas na outra semana ou até no máximo um mês. **Antes** da **Reforma Trabalhista**, os acordos típicos de compensação de jornada poderiam ser realizados por **acordo individual** expresso (escrito ou verbalmente).

O **banco de horas** também é uma espécie de compensação de jornada, só que permite a compensação de horários em prazo bem mais dilatado. **Antes** da **Reforma Trabalhista** existia apenas uma modalidade de banco de horas, o qual permitia a compensação dentro do módulo anual (no prazo de um ano) e só poderia ser instituído por meio de norma coletiva.

O banco de horas sempre foi visto pela doutrina trabalhista como um instituto danoso para o empregado, pois existe dificuldade de controle por parte deste sobre a quantidade de horas extras prestadas e, consequentemente, sujeitas à compensação de jornada pelo lapso de um ano.

Antes da Reforma Trabalhista poderíamos sistematizar as espécies de compensação de jornada da seguinte forma:

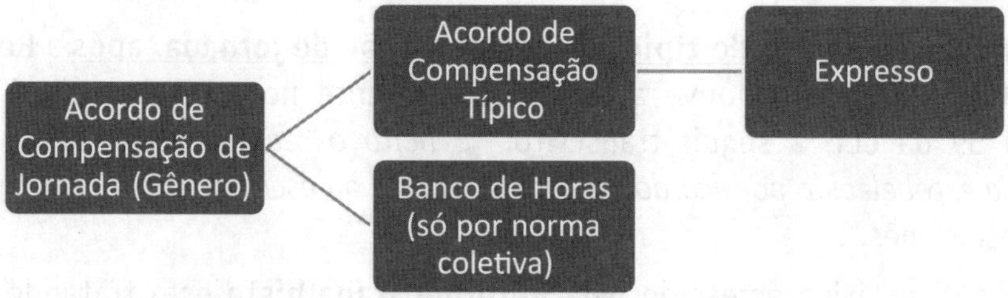

Após a Reforma Trabalhista houve algumas mudanças substanciais nesses institutos.

Em relação ao banco de horas, **após** a **Reforma Trabalhista**, passaram a existir duas modalidades:

- **Banco de horas** firmado por **acordo individual**, onde as horas deverão ser compensadas em até seis meses (artigo 59, § 5º, da CLT);
- **Banco de horas** instituído por meio de **negociação coletiva**, onde as horas deverão ser compensadas em período superior a 06 meses e até 01 ano (artigo 59, § 2º, da CLT);

Seguem abaixo as transcrições do § 2º e do § 5º do artigo 59, os quais dão fundamento a essas duas modalidades de banco de horas. Recomendamos muita atenção à literalidade dos dispositivos legais abaixo citados, pois é comum que os artigos de lei, de forma geral, sejam frequentemente "copiados" e "colados" em prova de concurso e exame da OAB:

> § 2º Poderá ser dispensado o acréscimo de salário se, por força de acordo ou convenção coletiva de trabalho, o excesso de horas em um dia for compensado pela correspondente diminuição em outro dia, de maneira que não exceda, no período máximo de um ano, à soma das jornadas semanais de trabalho

> previstas, nem seja ultrapassado o limite máximo de dez horas diárias. (**prevê o banco de horas por meio de norma coletiva, já existia antes da Reforma**) – Comentário nosso.
>
> § 5º O banco de horas de que trata o § 2º deste artigo poderá ser pactuado por acordo individual escrito, desde que a compensação ocorra no período máximo de seis meses. (**prevê o banco de horas por meio de acordo individual, foi inserido pela Reforma**) – Comentário nosso.

Independentemente da modalidade de banco de horas ajustada, na hipótese de rescisão do contrato de trabalho sem que tenha havido a compensação integral da jornada extraordinária, **o trabalhador terá direito ao pagamento das horas extras não compensadas, calculadas sobre o valor da remuneração na data da rescisão.**

Em relação ao acordo típico de compensação de jornada, após a **Reforma Trabalhista**, também houve alteração consistente no acréscimo do § 6º do artigo 59 da CLT, a seguir transcrito: *"É lícito o regime de compensação de jornada estabelecido por acordo individual,* tácito *ou escrito, para a* compensação no mesmo mês.".

Esse dispositivo acrescido pela **Reforma Trabalhista** está tratando, como dito, do acordo típico de compensação de jornada, afinal está regulamentando a compensação dentro do próprio mês. A novidade consistiu em considerar legal a compensação típica ainda que celebrada de forma tácita, isto é, ainda que sem manifestação por escrito ou verbal das partes.

O acordo de compensação típico celebrado de forma tácita consiste naquele que surge pelo comportamento das partes verificado no dia a dia de trabalho. Por exemplo, aquele empregador que passa a exigir horas extras em determinada semana, mas permitindo ao empregado compensar em outra semana que esteja dentro do módulo mensal. Tudo isso sem qualquer tipo de conversa sobre o assunto e muito menos sem a celebração de algum acordo individual de compensação.

Portanto, o acordo típico de compensação, dentro de até um mês, pode ser expresso (verbal ou escrito) ou tácito.

A Súmula nº 85, item III, do TST, acompanhando a CLT pré-reforma, não permitia acordo de compensação de forma tácita. Por isso, o empregador que o fizesse deveria pagar o adicional de horas extras, sem o valor da hora. Atualmente nada mais precisa ser pago, pois, como visto, o acordo de compensação tácito foi permitido.

Afigura-se importante salientar que o artigo 59-B, parágrafo único, inserido pela **Reforma Trabalhista**, afirma que **a prestação de horas extras habituais**

não descaracteriza o acordo de compensação de jornada e o banco de horas. Essa alteração contraria frontalmente o que vem previsto na Súmula nº 85, item IV, do TST.

A referida alteração concebida pela **Reforma Trabalhista** contraria a lógica, pois, em tese, as horas extras nasceram para ser esporádicas, existindo apenas quando houvesse uma necessidade empresarial transitória. Se, na prática, os trabalhadores precisam prestar horas extras habitualmente, em verdade a empresa precisa contratar novos empregados para fazer o serviço que está sendo realizado em sobrejornada.

O artigo 59-B, *caput*, da CLT, preleciona que o não atendimento das exigências legais para compensação de jornada, inclusive quando estabelecida mediante acordo tácito, não implica a repetição do pagamento das horas excedentes à jornada normal diária se não ultrapassada a duração máxima semanal, sendo devido apenas o respectivo adicional.

Diante das novidades oriundas da **Reforma Trabalhista**, segue o novo gráfico sobre as espécies de compensação de jornada, o qual auxiliará na memorização dos novos detalhes:

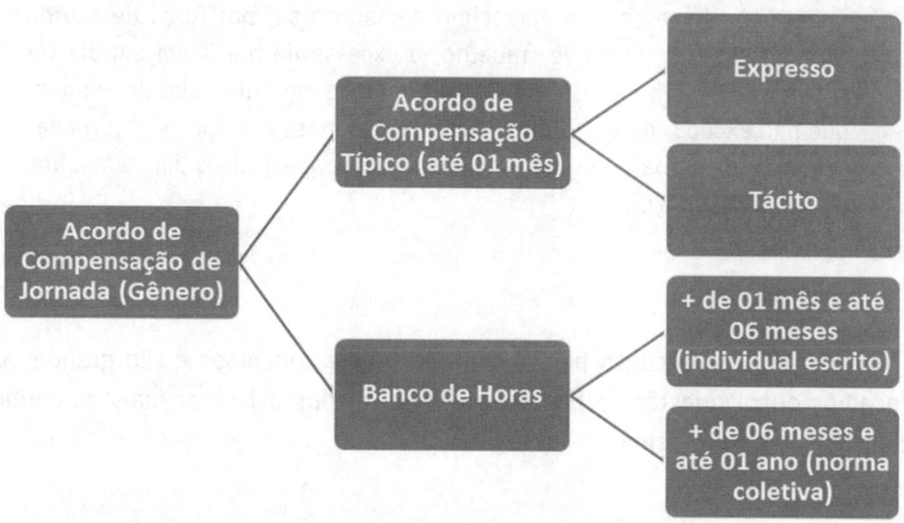

Finalmente, o acordo individual para compensação de jornada (enquanto gênero) é válido, nas hipóteses citadas ao longo deste tópico, **salvo** se houver norma coletiva em sentido contrário, até porque de nada adiantaria a existência de uma norma coletiva se a mesma pudesse ser contrariada mediante meros acordos individuais.

Diante das alterações promovidas pela **Reforma Trabalhista** no sistema de compensação de jornada trouxemos a seguinte a questão para fixação:

▸ Aplicação em Concurso e/ou OAB:

(IADES - BRB - Advogado - 2019) Acerca da jornada de trabalho e do sistema de compensação de horas, considerando as alterações promovidas pela reforma trabalhista (Lei nº 13.467/2017), assinale a alternativa correta.

a) A duração normal do trabalho poderá ser acrescida de horas suplementares, em número não excedente de duas, mediante acordo escrito entre empregador e empregado, ou mediante contrato coletivo de trabalho.

b) A prestação de horas extras habituais não descaracteriza o acordo de compensação de jornada e o banco de horas.

c) O não atendimento das exigências legais para compensação de jornada, inclusive quando estabelecida mediante acordo tácito, implica a repetição do pagamento das horas excedentes à jornada normal diária se não ultrapassada a duração máxima semanal, sendo devido apenas o respectivo adicional.

d) É ilícito o regime de compensação de jornada estabelecido por acordo individual, tácito ou escrito, para a compensação no mesmo mês.

e) Poderá ser dispensado o acréscimo de salário se, por força de acordo ou convenção coletiva de trabalho, o excesso de horas em um dia for compensado pela correspondente diminuição em outro dia, de maneira que não exceda, no período máximo de seis meses, a soma das jornadas semanais de trabalho previstas, nem seja ultrapassado o limite máximo de 12 horas diárias.

Resposta: B

A relevância do assunto para exame da OAB e concursos é tão grande que colocamos outra questão, a fim de que o leitor possa treinar mais os conhecimentos sobre este tema:

▸ Aplicação em Concurso e/ou OAB:

(VUNESP - Prefeitura de Itapevi - SP - Analista de Gestão de Pessoas - 2019) A CLT, alterada pela Lei nº 13.467/2017, trata, em seu artigo 59, §§ 1º a 6º, de horas extras. Assinale a alternativa que apresenta as informações corretas a respeito desse dispositivo.

a) A remuneração da hora extra deve ser, pelo menos, 20% superior à da hora normal.

b) Se houver rescisão do contrato de trabalho e as horas extras não tiverem sido pagas ou compensadas, elas serão pagas no momento da rescisão com base na remuneração da época em que elas ocorreram.

c) O acréscimo de remuneração pode ser dispensado, em troca de horas compensadas em outro dia, desde que não ultrapassem 10 horas diárias.

d) Os empregados sob regime de tempo parcial não poderão prestar horas extras.

e) O banco de horas só poderá ser usufruído se for pactuado em acordo coletivo.

Resposta: C

5.3.5. Semana Espanhola e Semana Inglesa

Tanto a semana espanhola, quanto a semana inglesa são exemplos de acordo de compensação típico de jornada, vez que a compensação ocorre de forma intrassemanal (dentro da mesma semana) ou, no máximo, dentro do módulo semanal (de uma semana para a outra, que é o caso da semana espanhola, adiante explicada).

Na **semana inglesa**, o excesso de horas em um dia é compensado pela diminuição em outro dia da mesma semana (intrassemanal), quando, por exemplo, os trabalhadores executam seus serviços com uma hora a mais de labor por dia de segunda-feira a quinta-feira, visando não trabalhar aos sábados.

Portanto, em vez de trabalhar 08 horas de segunda-feira a sexta-feira e 4 horas ao sábado, o trabalhador pode ajustar com o empregador uma jornada de 9 horas de segunda-feira a quinta-feira e mais 08 horas na sexta-feira, totalizando as mesmas 44 horas semanais e descansando aos sábados.

A **semana espanhola**, por seu turno, ocorre quando o empregado trabalha 48 horas em uma semana, para, na semana seguinte, trabalhar 40 horas por semana. Percebe-se, claramente, que o empregado trabalhou 4 horas a mais em uma semana e, como consequência, trabalhou quatro horas a menos na semana seguinte.

Em razão da **Reforma Trabalhista** essas modalidades de acordo típico de compensação podem ser celebradas de forma expressa (verbalmente ou por escrito) ou de forma tácita.

5.3.6. Jornada 12 x 36 e a Reforma Trabalhista

Por meio da jornada 12 x 36 o empregado trabalha 12 horas seguidas e folga, logo após, 36 horas. Trata-se de uma jornada muito comum em hospitais e também na categoria dos vigilantes, sendo popularmente chamada de "plantão", vez que alguns empregados costumam falar que deram um plantão de 12 horas.

No regime de 12 x 36 a jornada mensal tem um total de 180 horas, número mais favorável para o trabalhador do que o limite constitucional de 220 horas, que ocorre no caso daqueles trabalhadores que, normalmente, trabalham 08 horas por dia e 44 horas por semana.

Antes da **Reforma Trabalhista** a jornada 12 x 36 somente poderia ser permitida por meio de convenção coletiva ou acordo coletivo de trabalho, todavia com o advento da referida reforma, a mesma passou a ser permitida também por meio de **acordo individual.**

Antes da Lei 13.467/2017 (**Reforma Trabalhista**) sequer havia previsão na CLT sobre o regime 12 x 36, o qual estava previsto, por exemplo, em outras leis específicas, como a lei do bombeiro civil (Lei nº 11.901/09) e lei dos empregados domésticos (LC nº 150/2015).

Segue abaixo o artigo 59-A, *caput*, da CLT, sobre a jornada 12 x 36:

> Art. 59-A. Em exceção ao disposto no art. 59 desta Consolidação, é facultado às partes, **mediante acordo individual escrito, convenção coletiva ou acordo coletivo de trabalho**, estabelecer horário de trabalho de doze horas seguidas por trinta e seis horas ininterruptas de descanso, observados ou indenizados os intervalos para repouso e alimentação. – Grifo nosso.

Outra alteração oriunda da reforma no regime 12 x 36 refere-se ao pagamento do trabalho em feriados e sobre as prorrogações do horário noturno.

Antes da **Reforma Trabalhista** o salário pactuado como contraprestação ao empregado submetido à jornada 12 x 36 não englobava o pagamento do labor em feriados, ou seja, se as 12 horas de trabalho coincidissem com um dia de feriado, caberia ao empregador conceder a respectiva folga para compensar esse trabalho em feriado ou então fazer o pagamento dessas horas trabalhadas no feriado em dobro (com adicional de 100%).

Após a **Reforma Trabalhista** houve uma alteração prejudicial ao empregado, afinal caso as 12 horas de trabalho coincidam com um feriado, o pagamento delas considera-se abrangido pela remuneração pactuada mensalmente, não sendo necessário conceder folga compensatória ou fazer o pagamento de forma dobrada.

Da mesma forma, **antes** da **Reforma Trabalhista**, se o empregado no regime 12 x 36, trabalhasse na prorrogação do horário noturno, isto é, iniciasse o labor no horário noturno e perdurasse nele além do horário noturno, essas horas, além das 05 horas da manhã, também deveriam ser pagas com o adicional noturno.

Após a **Reforma Trabalhista** as horas noturnas por prorrogação lamentavelmente deixaram de existir para o trabalhador em regime 12 x 36, circunstância que torna ainda mais extenuante o trabalho por doze horas seguidas.

Essas alterações precarizantes sobre o labor em feriados e sobre a prorrogação do horário noturno no regime 12 x 36 constam no artigo 59-A, parágrafo único da CLT, acrescido pela Lei nº 13.467/2017:

> Parágrafo único **A remuneração mensal pactuada** pelo horário previsto no caput deste artigo abrange os pagamentos devidos pelo descanso semanal remunerado e pelo descanso em feriados, e **serão considerados compensados os feriados e as prorrogações de trabalho noturno**, quando houver, de que tratam o art. 70 e o § 5º do art. 73 desta Consolidação – Grifo nosso.

Para facilitar sua aprovação no exame da OAB ou no concurso público, segue uma questão sobre o regime 12 x 36 de acordo com as mudanças introduzidas pela reforma:

▸ Aplicação em Concurso e/ou OAB:

(FUNDATEC - IMESF - Assessor Jurídico - 2019) A jornada de trabalho de 12 horas de trabalho e 36 horas de descanso:

a) Somente é admitida nos casos excepcionais previstos em lei.

b) Somente é admitida se prevista em convenção coletiva.

c) Pode ser prevista, por escrito, nos contratos individuais de trabalho.

d) Pode ser acertada verbalmente nos contratos individuais de trabalho.

e) Pode ser prevista nos contratos individuais de trabalho, desde que homologada pelo sindicato da categoria.

Resposta: C

5.3.7. Hora Extra em Ambiente Insalubre e a Reforma Trabalhista

O *caput* do artigo 60 da CLT, não alterado pela **Reforma Trabalhista**, determina que em atividades insalubres só pode haver prorrogação de horário se houver autorização da autoridade competente, mediante licença prévia:

> Art. 60 da CLT: Nas atividades insalubres, assim consideradas as constantes dos quadros mencionados no capítulo "Da Segurança e da Medicina do Trabalho", ou

que neles venham a ser incluídas por ato do Ministro do Trabalho, Industria e Comercio, **quaisquer prorrogações só poderão ser acordadas mediante LICENÇA PRÉVIA das autoridades competentes em matéria de higiene do trabalho**, as quais, para esse efeito, procederão aos necessários exames locais e à verificação dos métodos e processos de trabalho, quer diretamente, quer por intermédio de autoridades sanitárias federais, estaduais e municipais, com quem entrarão em entendimento para tal fim. – Grifo nosso.

A medida prevista no *caput* do artigo 60 era a regra, para a qual não havia nenhum tipo de exceção. Contudo, mais uma vez a **Reforma Trabalhista** promoveu alterações danosas aos trabalhadores, vez que criou uma exceção ao acrescentar o parágrafo único ao referido artigo 60 da CLT.

Com efeito, esse parágrafo autorizou a jornada 12 x 36 em ambiente insalubre, independentemente de prévia inspeção (licença prévia) da autoridade competente, expondo, com tal autorização, a saúde e a vida de vários trabalhadores, *ex vi*: *"Excetuam-se da exigência de licença prévia as jornadas de doze horas de trabalho por trinta e seis horas ininterruptas de descanso."*.

Sobre o trabalho em sobrejornada e em ambiente insalubre, formulamos a questão que segue a fim de que o leitor possa exercitar os conhecimentos adquiridos:

▸ **Aplicação em Concurso e/ou OAB:**

(QUESTÃO DO MESTRE – SIMULAÇÃO DE PROVA FUTURA) Jasão trabalhava como repositor de câmaras frias, que possuem temperaturas negativas, no Supermecado Max, fazendo sempre movimentação de mercadorias do ambiente quente para o frio, submetendo-se a choques térmicos. Nos festejos natalinos, o natural aumento da demanda fez com que o empregador exigisse horas extras de Jasão. Diante desta situação, assinale a alternativa correta:

a) Jasão não poderá fazer horas extras jamais, pois o ambiente é insalubre.

b) Jasão poderá fazer horas extras, afinal trata-se de um aumento da demanda que justifica a hipótese.

c) Jasão poderá fazer horas extras, desde que autorizado em norma coletiva.

d) Jasão poderá fazer horas extras caso exista uma licença prévia do MTE ou então caso ele desenvolva seus serviços no regime 12 x 36.

e) Jasão não poderá fazer horas extras, afinal é obrigação do empregador contratar mais empregados para a época de natal.

Resposta: D

5.3.8. *Detalhes para Concurso e OAB sobre o Cálculo das Horas Extras*

O artigo 7º, inciso XVI, da CF/88, determina que a remuneração do serviço extraordinário deverá ser superior, no mínimo, em cinquenta por cento à hora do serviço prestado em horário normal.

Percebe-se que a Carta Magna fixou um percentual mínimo de 50% para remuneração das horas extras, não havendo nenhum impedimento de que outras normas coletivas ou regulamento de empresa, por exemplo, prevejam um adicional de horas extras em percentual maior, até porque incide o Princípio da Norma Mais Benéfica.

O Tribunal Superior do Trabalho entende que quando as horas extras forem prestadas em ambiente insalubre ou durante o período noturno, estas condições mais gravosas deverão ser levadas em consideração quando do cálculo delas, conforme se comprova por meio das Orientações Jurisprudenciais abaixo citadas:

> OJ nº 47 da SDI-1 do TST: A base de cálculo da hora extra é o resultado da soma do salário contratual mais o adicional de insalubridade.
>
> OJ nº 97 da SDI-1 do TST: O adicional noturno integra a base de cálculo das horas extras prestadas no período noturno.

A) Divisor para Apuração do Valor das Horas Extras

Para os empregados sujeitos à **jornada de 44 horas por semana**, o total de horas trabalhadas em um mês são 220 horas, portanto, nesse caso, para encontrar o valor da hora de trabalho, divide-se o valor do salário pelo total de horas do mês (220).

Por exemplo, imagine um empregado que labora 44 horas por semana e recebe um salário mensal de R$ 1.200,00. Para achar o valor da hora de trabalho basta dividir o valor do salário (R$ 1.200,00) pela quantidade de horas trabalhadas em um mês (220 horas).

Matematicamente falando seria: 1.200,00 ÷ 220 = R$ 5,45. Este é o valor da hora normal de trabalho. Para saber o valor da hora extra, basta acrescentar 50% ao valor da hora normal.

Para empregados que laboram 40 horas por semana, o total de horas trabalhadas em um mês são 200 horas, logo para encontrar o valor da hora de trabalho, divide-se o valor do salário pelo total de horas do mês (200). É o que ensina a Súmula nº 431 do TST:

> Para os empregados a que alude o art. 58, *caput*, da CLT, quando sujeitos a **40 horas semanais de trabalho, aplica-se o divisor 200** (duzentos) para o cálculo do valor do salário-hora. – Grifo nosso.

Por exemplo, imagine um empregado que labora 40 horas por semana e recebe um salário mensal de R$ 1.200,00. Para achar o valor da hora de trabalho basta dividir o valor do salário (R$ 1.200,00) pela quantidade de horas trabalhadas em um mês (200 horas).

Matematicamente falando seria: 1.200,00 ÷ 200 = R$ 6,00. Este é o valor da hora normal de trabalho. Para saber o valor da hora extra, basta acrescentar 50% ao valor da hora normal.

Para empregados que laboram 06 horas por dia, o total de horas trabalhadas em um mês são 180 horas, assim sendo para encontrar o valor da hora de trabalho, divide-se o valor do salário pelo total de horas do mês (180), conforme ensinamento da OJ nº 396 da SDI-1:

> Para o cálculo do salário hora do empregado horista, submetido a turnos ininterruptos de revezamento, considerando a alteração da jornada de 8 para **6 horas diárias, aplica-se o divisor 180**, em observância ao disposto no art. 7º, VI, da Constituição Federal, que assegura a irredutibilidade salarial. – Grifo nosso.

Por exemplo, imagine um empregado que labora 06 horas por dia e recebe um salário mensal de R$ 1.200,00. Para achar o valor da hora de trabalho basta dividir o valor do salário (R$ 1.200,00) pela quantidade de horas trabalhadas em um mês (180 horas).

Matematicamente falando seria: 1.200,00 ÷ 180 = R$ 6,66. Este é o valor da hora normal de trabalho. Para saber o valor da hora extra, basta acrescentar 50% ao valor da hora normal.

Em relação aos empregados comissionistas, isto é, que recebem salário variável por comissão (como ocorre com a maioria dos vendedores), o divisor-hora é encontrado somando-se as horas da jornada diária e multiplicando-se pela quantidade de dias efetivamente trabalhados no módulo mensal. A Súmula nº 340 do TST segue neste sentido:

> O empregado, sujeito a controle de horário, **remunerado à base de comissões**, tem direito ao adicional de, no mínimo, 50% (cinquenta por cento) pelo trabalho em horas extras, calculado sobre o valor-hora das comissões recebidas no mês, **considerando-se como divisor o número de horas efetivamente trabalhadas**. – Grifo nosso.

Por exemplo, se um empregado comissionista labora 10 horas por dia por 25 dias no mês, seu divisor seria 250, que corresponde ao total de horas trabalhadas em um mês.

O empregado que recebe remuneração mista, ou seja, uma parte fixa e outra variável, tem direito a horas extras pelo trabalho em sobrejornada. Em relação à parte fixa, são devidas as horas simples acrescidas do adicional de horas extras. Em relação à parte variável, é devido somente o adicional de horas extras, aplicando-se à hipótese o disposto na Súmula n.º 340 do TST, bem como OJ nº 397 da SDI-1 do TST, que segue abaixo transcrita:

> O empregado que recebe remuneração mista, ou seja, uma parte fixa e outra variável, tem direito a horas extras pelo trabalho em sobrejornada. **Em relação à parte fixa, são devidas as horas simples acrescidas do adicional de horas extras. Em relação à parte variável, é devido somente o adicional de horas extras**, aplicando-se à hipótese o disposto na Súmula n.º 340 do TST. – Grifo nosso.

5.3.9. Supressão de Horas Extras Habituais

Quando as horas extras são prestadas de forma habitual, assim consideradas aquelas que se estendam por pelo menos um ano, entende-se que o empregado adequou seu orçamento doméstico aos valores recebidos mensalmente não só a título de salário base, mas também a título de horas extraordinárias, daí porque caso o empregador decida suprimir a possibilidade do empregado continuar a fazer a horas extras, ocasionará uma completa necessidade de reprogramação financeira na vida do trabalhador, devendo indenizá-lo por isso na forma da Súmula nº 291 do TST:

> A supressão total ou parcial, pelo empregador, de serviço suplementar prestado com habitualidade, durante pelo menos 1 (um) ano, assegura ao empregado o direito à indenização correspondente ao valor de 1 (um) mês das horas suprimidas, total ou parcialmente, para cada ano ou fração igual ou superior a seis meses de prestação de serviço acima da jornada normal. O cálculo observará a média das horas suplementares nos últimos 12 (doze) meses anteriores à mudança, multiplicada pelo valor da hora extra do dia da supressão.

5.4. Trabalho em Regime de Sobreaviso

O sobreaviso ocorre naquelas situações em que o empregado permanece em sua residência, à disposição do empregador, aguardando a possibilidade de ser chamado para o serviço. Essa previsão vem descrita no artigo 244, § 2º, da CLT:

> Considera-se de "sobreaviso" o empregado efetivo, que **permanecer em sua própria casa, aguardando a qualquer momento o chamado para o serviço.** Cada escala de "sobreaviso" será, no máximo, de vinte e quatro horas. As horas de "sobreaviso", para todos os efeitos, serão contadas à razão de 1/3 (um terço) do salário normal. – Grifo nosso.

As escalas de sobreaviso, isto é, o tempo máximo em que o empregado pode permanecer em sua casa à disposição do empregador é de 24 horas.

Configurado o sobreaviso o empregado terá direito ao valor de 1/3 da hora normal de trabalho para cada hora de sobreaviso. Na prática, a cada 03 horas de sobreaviso, o empregado recebe o valor correspondente a 01 hora de trabalho efetivo.

O instituto do sobreaviso está previsto legalmente apenas para os empregados ferroviários, todavia a construção jurisprudencial tem estendido este benefício a todo e qualquer empregado que se amolde aos requisitos legais. Nesse sentido, a Súmula nº 229 do TST, apenas de forma exemplificativa, estende o sobreaviso aos eletricitários.

É importante registrar que o TST tem entendido que o simples fato do empregado usar instrumentos telemáticos ou informatizados (exemplos, *BIP* e *pager*), entregues pelo empregador, não caracteriza, apenas por isso, o regime de sobreaviso, uma vez que a simples existência destes equipamentos não é suficiente para comprovar que o empregado esteja em sua residência aguardando ordens. É o que se infere da Súmula nº 428, I, do TST: *"O uso de instrumentos telemáticos ou informatizados fornecidos pela empresa ao empregado, por si só, não caracteriza o regime de sobreaviso."*.

O TST ampliou o conceito de sobreaviso, considerando que se encontra em tal situação não apenas o empregado que está em sua residência, mas também aqueles que estejam em regime de plantão, submetidos a controle por instrumentos telemáticos, aguardando a qualquer momento o chamado para o trabalho.

É fácil notar que o TST aplicou uma interpretação teleológica ou finalística ao instituto do sobreaviso, afinal não importa se o empregado está ou não em sua residência, mas sim se ele tem condições de chegar à empresa, em tempo razoável, quando convocado pela mesma. Nesse sentido a Súmula nº 428, II, do TST:

> Considera-se em sobreaviso o empregado que, à distância e submetido a controle patronal por instrumentos telemáticos ou informatizados, permanecer em regime de plantão ou equivalente, aguardando a qualquer momento o chamado para o serviço durante o período de descanso.

5.5. Trabalho em Regime de Prontidão

Enquanto nas horas de sobreaviso o empregado encontra-se à distância aguardando ordens, no regime de prontidão o empregado permanece nas dependências da empresa aguardando a possibilidade de ser chamado para o serviço.

Na prontidão, o empregado permanece nas dependências da empresa, por exemplo, em uma "sala de conforto", que possui televisão, jogos, cama, sofás etc. Aguardando a possibilidade de ser chamado para o serviço.

Assim como no sobreaviso, o regime de prontidão foi criado para os ferroviários, os quais comumente permaneciam à beira da estrada (que era seu local de trabalho) aguardando a possibilidade de serem convocados para o serviço. Mesmo assim, aplica-se o regime de prontidão a todo empregado que preencha os seus requisitos e não apenas aos ferroviários.

O artigo 244, § 3º, da CLT assim define este instituto:

> Considera-se de "prontidão" o empregado que ficar nas dependências da estrada, aguardando ordens. A escala de prontidão será, no máximo, de doze horas. As horas de prontidão serão, para todos os efeitos, contadas à razão de 2/3 (dois terços) do salário-hora normal.

As escalas de prontidão, ou seja, o tempo máximo em que o empregado pode permanecer nas dependências da empresa aguardando a possibilidade de ser convocado para o serviço é de 12 horas.

Configurado esse regime o empregado terá direito ao valor de 2/3 da hora normal de trabalho para cada hora de prontidão.

Finalmente, quer no regime de sobreaviso, quer no regime de prontidão, assim que o empregado for acionado para prestar serviços e iniciar a execução dos mesmos, passa-se a contar a jornada normal de trabalho, devendo receber o valor integral da hora de trabalho.

5.6. Trabalho em Regime de Revezamento ou em Turno Ininterrupto de Revezamento

O artigo 7º, inciso XIV, da CF/88, prevê "*jornada de seis horas para o trabalho realizado em turnos ininterruptos de revezamento, salvo negociação coletiva.*".

Salta aos olhos, destarte, que o trabalho em regime de revezamento possui jornada mais benéfica, de seis horas por dia, salvo se existir uma norma coletiva que majore a jornada para sete ou oito horas por dia, conforme entendimento da Súmula nº 423 do TST:

> Estabelecida jornada superior a seis horas e limitada a oito horas por meio de regular negociação coletiva, os empregados submetidos a turnos ininterruptos de revezamento não têm direito ao pagamento da 7ª e 8ª horas como extras.

Configura-se o regime de revezamento pela união de dois requisitos: que o empregado trabalhe em alternância de turnos, integral ou parcialmente; e que a empresa funcione 24 horas por dia, em turnos ininterruptos. Os dois requisitos são imprescindíveis, todavia o principal deles é o primeiro, afinal o empregado que trabalha alternando turnos, ora durante o dia, ora durante a noite, submete seu organismo a uma constante inversão do horário biológico, o que é prejudicial para a saúde, motivo que justificaria uma jornada mais benéfica, de 06 horas por dia, salvo negociação coletiva.

Embora o nome desse instituto seja turno ininterrupto de revezamento, não se pode interpretar a expressão "ininterrupto" de forma literal e rigorosa, afinal o fato da empresa paralisar suas atividades para o intervalo de descanso (intrajornada) ou mesmo para o descanso semanal remunerado, não descaracteriza o instituto. Vide Súmula nº 360 do TST:

> A interrupção do trabalho destinada a repouso e alimentação, dentro de cada turno, ou o intervalo para repouso semanal, não descaracteriza o turno de revezamento com jornada de 6 (seis) horas previsto no art. 7º, XIV, da CF/1988.

Por fim, quando o empregado está sujeito à alternância de turnos, quer seja uma alternância integral (uma jornada durante dia e outra durante a noite), quer seja uma alternância parcial (parte da jornada durante o dia e a outra parte durante a noite), considera-se preenchido o requisito da alternância de turnos, afinal ambas as hipóteses de alternâncias são prejudiciais ao empregado. A OJ nº 360 da SDI-1 trilha este pensamento:

> Faz jus à jornada especial prevista no art. 7º, XIV, da CF/1988 o trabalhador que exerce suas atividades em sistema de alternância de turnos, ainda que em dois turnos de trabalho, que compreendam, **no todo ou em parte, o horário diurno e o noturno**, pois submetido à alternância de horário prejudicial à saúde, sendo irrelevante que a atividade da empresa se desenvolva de forma ininterrupta. – Grifo nosso.

Vejamos uma questão sobre os turnos ininterruptos de revezamento:

▸ Aplicação em Concurso e/ou OAB:

(FCC – Técnico Judiciário – Área Administrativa – TRT 23/2016) Estabelecida jornada superior a seis horas e limitada a oito horas por meio de regular negociação coletiva, os empregados submetidos a turnos ininterruptos de revezamento:

a) têm direito ao pagamento da 7ª e 8ª horas como extras, sendo devido o referido adicional em sua integralidade.

b) não têm direito ao pagamento da 7º e 8ª horas como extras.

c) têm direito ao pagamento apenas da 7ª hora como extra.

d) têm direito ao pagamento apenas da 8ª hora como extra.

e) têm direito ao pagamento da 7º e 8ª horas como extras, sendo devido apenas 50% do referido adicional.

Resposta: B

5.7. Jornada *Part Time* e a Reforma Trabalhista

Sabemos que, em regra, a jornada semanal padrão é de 44 horas, para qual não se pode pagar o valor inferior a um salário mínimo. Essa jornada semanal padrão é chamada de *full time* (todo o tempo ou tempo integral).

Como alternativa à jornada *full time*, foi criada a jornada *part time* (parte do tempo), que permite ao empregado trabalhar algumas horas durante a semana e receber seu salário de forma proporcional às horas trabalhadas. Por exemplo, um empregado poderá trabalhar 22 horas por semana e receber meio salário mínimo.

Antes da **Reforma Trabalhista** a jornada *part time* tinha limite semanal máximo de 25 horas e não se permitia a realização de horas extras para os empregados contratados em tal situação.

Após a referida reforma passaram a existir duas modalidades de jornada *part time*:

- Jornada *Part Time* de até 30 horas por semana, sem possibilidade de horas extras;
- Jornada *Part Time* de até 26 horas por semana, com possibilidade de realização de até mais 06 horas extraordinárias, podendo totalizar até 32 horas.

O artigo 58-A da CLT, alterado pela **Reforma Trabalhista**, ratifica o que acabamos de ensinar:

> Considera-se trabalho em regime de tempo parcial aquele cuja duração não exceda a trinta horas semanais, sem a possibilidade de horas suplementares semanais, ou, ainda, aquele cuja duração não exceda a vinte e seis horas semanais, com a possibilidade de acréscimo de até seis horas suplementares semanais.

Por uma questão de isonomia (igualdade) salarial, o salário a ser pago aos empregados sob o regime de tempo parcial será proporcional à sua jornada, em relação aos empregados que cumprem, nas mesmas funções, tempo integral (artigo 58-A, § 1º).

No caso daqueles empregados que já estão laborando em regime de tempo integral (*full time*), a alteração para o regime de tempo parcial será feita mediante opção manifestada perante a empresa, na forma prevista em instrumento decorrente de negociação coletiva (artigo 58-A, § 2º).

O artigo 58-A, § 4º, inserido pela **Reforma Trabalhista**, deixou claro que se o empregador optar por um contrato inferior a 26 horas, ele terá que pagar como extra o que superar o limite contratado. Por exemplo, se um empregado foi contratado para meia jornada (22 horas semanais), tudo que ele fizer além de 22 horas é considerado como hora extra, sujeitando-se ao limite máximo de 06 horas extras. Vale conferir a dicção do referido dispositivo legal:

> Na hipótese de o contrato de trabalho em regime de tempo parcial ser estabelecido em número inferior a vinte e seis horas semanais, as horas suplementares a este quantitativo serão consideradas horas extras para fins do pagamento estipulado no § 3º, estando também limitadas a seis horas suplementares semanais.

A **Reforma Trabalhista** também inovou sobre esse tema ao criar um **acordo de compensação típico** no âmbito de regime de tempo parcial, permitindo a compensação no módulo semanal.

Por exemplo, um empregado foi contratado para trabalhar 22 horas por semana e fez, adicionalmente, 06 horas extras em determinada semana. Na **semana seguinte** ele poderá trabalhar 06 horas a menos, ou seja, poderá trabalhar 16 horas. Se a compensação não for feita na semana seguinte, o acordo de compensação perde sua eficácia, tendo o empregador que pagar como extra as horas feitas além do contratado, pois só se admite, nesse caso, a compensação dentro do módulo semanal, conforme preleciona o artigo 58-A, § 5º, da CLT:

> As horas suplementares da jornada de trabalho normal poderão ser compensadas diretamente **até a semana imediatamente posterior à da sua execução**, devendo ser feita a sua quitação na folha de pagamento do mês subsequente, caso não sejam compensadas. – Grifo nosso.

A **Reforma Trabalhista** ainda promoveu duas importantes inovações na temática das férias do trabalhador em regime de tempo parcial.

Primeiro, na sistemática anterior à reforma, o trabalhador em regime de tempo parcial não poderia vender 1/3 das férias (abono pecuniário de férias), mas a Lei nº 13.467/2017 passou a permitir expressamente tal possibilidade no § 6º do artigo 58-A: *"É facultado ao empregado contratado sob regime de tempo parcial converter um terço do período de férias a que tiver direito em abono pecuniário."*

Segundo, os trabalhadores em regime de tempo parcial passaram a ter direito às mesmas férias dos trabalhadores em tempo integral. Antes da **Reforma Trabalhista** um trabalhador em tempo parcial poderia gozar, no máximo, 18 dias de férias, todavia, como visto, com a reforma, o prazo de férias passou a ser um só, tanto para o trabalhador em tempo integral, quanto para o trabalhador em tempo parcial, que poderá gozar férias de até 30 dias corridos. É o que consta do § 7º do artigo 58-A, acrescido pela **Reforma Trabalhista**: *"As férias do regime de tempo parcial são regidas pelo disposto no art. 130 desta Consolidação."*.

Diante da profunda remodelagem no instituto do contrato *part time*, colacionamos a questão que segue para fins de verificação de aprendizagem:

▸ **Aplicação em Concurso e/ou OAB:**

(FCC - TRT - 21ª Região (RN) - Técnico Judiciário - Área Administrativa - 2017) No tocante ao trabalho em regime de tempo parcial e de acordo com as alterações introduzidas pela Lei n° 13.467/2017, considere:

I. Entende-se por trabalho em regime de tempo parcial aquele cuja duração não exceda a trinta horas semanais, sem a possibilidade de horas suplementares semanais.

II. Pode haver a prestação de horas extras neste regime desde que a duração não exceda a vinte e seis horas semanais, com a possibilidade de acréscimo de até seis horas suplementares semanais.

III. Não é facultado ao empregado contratado sob regime de tempo parcial converter um terço do período de férias a que tiver direito em abono pecuniário.

IV. As horas suplementares da jornada de trabalho normal poderão ser compensadas diretamente até a semana imediatamente posterior à da sua execução, devendo ser feita a sua quitação na folha de pagamento do mês subsequente, caso não sejam compensadas.

Está correto o que consta APENAS em

a) I e III.

b) I, III e IV.

c) II, III e IV.

d) II e IV.

e) I, II e IV.

Resposta: E

5.8. Jornada Intermitente: Produto da Reforma Trabalhista

O artigo 443, *caput*, da CLT, foi alterado pela **Reforma Trabalhista** para prever a possibilidade de contratação do empregado para prestação de trabalho intermitente. Vale conferir o texto da lei:

> Artigo 443, *caput*, da CLT: O contrato individual de trabalho poderá ser acordado tácita ou expressamente, verbalmente ou por escrito, por prazo determinado ou indeterminado, **ou para prestação de trabalho intermitente**. – Grifo nosso.

A doutrina aponta grande semelhança entre o contrato de trabalho intermitente e o *zero-hour contract*, muito utilizado na Inglaterra, cuja principal característica é a convocação do empregado de acordo com a demanda empresarial. O principal efeito dessa convocação proporcional à demanda do empregador encontra-se na remuneração, a qual terá como base apenas as horas efetivamente trabalhadas.

A justificativa para a criação dessa modalidade de contratação, segundo o Poder Público, consiste em tentar trazer para a formalidade aqueles trabalhadores que, normalmente, trabalham informalmente, fazendo "bicos", permitindo que as empresas possam contratar formalmente o empregado para ser remunerado por hora de trabalho, o qual sequer possuirá um salário certo para planejar sua vida financeira, afinal suas horas de trabalho variaram de acordo com a demanda empresarial.

Esta nova modalidade de contratação e de jornada de trabalho relativizou a alteridade enquanto característica do empregador, afinal, classicamente, o empregador é aquele que assume os riscos da atividade econômica. Ao deixar a quantificação jornada de trabalho sujeita à existência de necessidade do empregador, transferiu-se parte dos riscos do negócio para o empregado.

O artigo 443, § 3º, da CLT, considera como intermitente o contrato de trabalho no qual a prestação de serviços, com subordinação, não é contínua, pois alterna períodos de prestação de serviços e de inatividade (de acordo com a demanda empresarial), determinados em horas, dias ou meses, independentemente do tipo de atividade do empregado e do empregador.

O período de inatividade não será considerado tempo à disposição do empregador, podendo o trabalhador prestar serviços a outros contratantes.

A norma legal excepcionou os aeronautas da incidência da jornada intermitente, vez que os mesmos possuem lei própria.

A) Formalidade para Contratação e Convocação para o Trabalho

O artigo 452-A, *caput*, da CLT, inserido pela **Reforma Trabalhista** criou requisitos para a celebração do contrato intermitente, daí porque fugiu à característica da consensualidade ou não informalidade.

Com efeito, o contrato de trabalho intermitente deve ser **celebrado por escrito**[2] e deve conter especificamente o valor da hora de trabalho, que **não**

2. Em que pese o artigo 452-A da CLT exigir apenas contrato por escrito, a Portaria nº 349/2018 do MTE, em seu artigo 2º, requer também que o contrato esteja registrado na Carteira de Trabalho e Previdência Social, ainda que previsto em acordo coletivo de trabalho ou convenção coletiva.

pode ser INFERIOR ao valor horário do salário mínimo ou àquele devido aos demais empregados do estabelecimento que exerçam a mesma função em contrato intermitente ou não.

É interessante frisar que o trabalhador intermitente, como dito acima, não poderá receber o valor da hora de trabalho **INFERIOR** ao valor horário do salário mínimo ou àquele devido aos demais empregados do estabelecimento que exerçam a mesma função. **Todavia**, dadas as características especiais do contrato de trabalho intermitente, não constitui discriminação salarial pagar ao trabalhador intermitente remuneração horária ou diária **SUPERIOR** à paga aos demais trabalhadores da empresa contratados a prazo indeterminado, conforme dicção da Portaria nº 349/2018 do MTE em seu artigo 2º, §3º. Assim sendo, o trabalhador intermitente pode auferir salário-hora superior a outros trabalhadores que executam a mesma função.

O § 1º do artigo 452-A, acrescido pela **Reforma Trabalhista**, afirma que o empregador convocará o empregado em jornada intermitente, por qualquer meio de **comunicação eficaz**, para a prestação de serviços, informando qual será a jornada, com, pelo menos, **três dias corridos de antecedência.**

Como vimos, no trabalho intermitente o trabalhador não sabe quando estará trabalhando e quando estará em inatividade, portanto, no período de inatividade o empregado não sabe quando será chamado para trabalhar, daí porque deverá ser chamado com antecedência de 03 dias corridos para se preparar.

Uma vez recebida a convocação, o empregado terá o prazo de um dia útil para responder ao chamado do empregador, presumindo-se, no silêncio, a recusa (§ 2º do artigo 452-A). É bom frisar que apesar do empregado poder recusar o chamado/convocação, isso não é suficiente para descaracterizar o elemento da subordinação, inerente a toda relação de emprego. Não custa ainda chamar a atenção do leitor para destacar que o prazo de "um dia útil" não é a mesma coisa de prazo de "24 horas", pois este último é contado da hora de determinado dia, até a mesma hora do dia seguinte.

Vejamos uma questão simulada sobre o assunto:

▸ Aplicação em Concurso e/ou OAB:

(DIRECTA - Câmara de Cosmópolis - SP - Procurador Legislativo - 2019) Sobre contrato de trabalho intermitente é correto afirmar:

a) O empregador convocará, por qualquer meio de comunicação eficaz, para a prestação de serviços, informando qual será a jornada, com, pelo menos, 5 dias corridos de antecedência.

b) O período de inatividade será considerado tempo à disposição do empregador.

c) Recebida a convocação, o empregado terá o prazo de 3 dias úteis para responder ao chamado, presumindo-se, no silêncio, a recusa.

d) A recusa da oferta não descaracteriza a subordinação para fins do contrato de trabalho intermitente.

e) Aceita a oferta para o comparecimento ao trabalho, a parte que descumprir, sem justo motivo, pagará à outra parte, no prazo de trinta dias, multa de 20% da remuneração que seria devida, permitida a compensação em igual prazo.

Resposta: D

Segue outra questão com diferente abordagem sobre o tema:

▸ **Aplicação em Concurso e/ou OAB:**

(VUNESP - FAPESP - Procurador - 2018) O contrato de trabalho intermitente

a) não se aplica aos aeronautas, pois são regidos por legislação própria.

b) se aplica indistintamente a qualquer atividade, não havendo restrições, desde que devidamente pactuado entre empregado e empregador.

c) pressupõe o trabalho subordinado, contínuo e remunerado, mediante acordo ou convenção coletiva de trabalho.

d) não pode ser pactuado por prazo indeterminado, sendo indispensável a forma escrita.

e) pressupõe a não alternância de períodos de prestação de serviços e de inatividade, determinados em dias ou meses.

Resposta: A

B) Pagamento e Férias

O § 6º do artigo 452-A da CLT, inserido pela **Reforma Trabalhista**, determina que ao final de cada período de prestação de serviço, o empregado receberá o pagamento imediato das seguintes parcelas:

> Artigo 452-A, § 6º, CLT:
>
> (...)

I – remuneração;

II – férias proporcionais com acréscimo de um terço;

III – décimo terceiro salário proporcional;

IV – repouso semanal remunerado; e

V – adicionais legais.

Na hipótese de o período de prestação de serviços (convocação) exceder um mês, o pagamento das parcelas acima especificadas não poderá ser estipulado por período superior a um mês, devendo ser pagas até o quinto dia útil do mês seguinte ao trabalhado (artigo 2º, §2º, da Portaria nº 349/2018 do MTE).

Seguindo a linha que veda o salário complessivo, o recibo de pagamento deverá conter a discriminação dos valores pagos relativos a cada uma das parcelas acima referidas.

O empregador efetuará o recolhimento da contribuição previdenciária e o depósito do Fundo de Garantia do Tempo de Serviço, com base nos valores pagos no período mensal e fornecerá ao empregado comprovante do cumprimento dessas obrigações.

Como qualquer outro empregado, os trabalhadores em jornada intermitente, a cada doze meses, adquirirão direito a usufruir, nos doze meses subsequentes, um mês de férias, período no qual não poderá ser convocado para prestar serviços pelo mesmo empregador.

De acordo com o artigo 2º, §1º, da Portaria nº 349/2018 do MTE, o empregado intermitente, mediante prévio acordo com o empregador, poderá usufruir suas férias em até três períodos, sendo que um deles não poderá ser inferior a quatorze dias corridos e os demais não poderão ser inferiores a cinco dias corridos, cada um.

Diante destas alterações promovidas pela **Reforma Trabalhista** elaboramos a seguinte questão sobre o trabalho intermitente:

▸ Aplicação em Concurso e/ou OAB:

(QUESTÃO DO MESTRE – SIMULAÇÃO DE PROVA FUTURA) Roneuris está buscando um trabalho formalizado, todavia apenas tem encontrado empresas que não garantem um salário fixo, mas sim um salário proporcional à demanda empresarial e as consequentes horas de trabalho vertidas pelos empregados. Diante desse cenário, responda a seguinte questão sobre o trabalho intermitente e a reforma trabalhista:

I – O recibo de pagamento do trabalhador intermitente deverá conter a discriminação dos valores pagos relativos a cada uma das parcelas efetivamente recebidas.

II – O empregador efetuará o recolhimento da contribuição previdenciária e o depósito do Fundo de Garantia do Tempo de Serviço, na forma da lei, com base nos valores pagos no período mensal e fornecerá ao empregado comprovante do cumprimento dessas obrigações.

III – O período de inatividade, na jornada intermitente, não será considerado tempo à disposição do empregador, podendo o trabalhador prestar serviços a outros contratantes.

IV – A cada doze meses, o empregado adquire direito a usufruir, nos doze meses subsequentes, um mês de férias, período no qual não poderá ser convocado para prestar serviços por nenhuma empresa.

Está correta a seguinte alternativa

a) I e II estão corretas;

b) I, II e III estão corretas;

c) I, II e IV estão corretas;

d) Todas corretas.

Resposta: B

C) Jornada Intermitente e a Portaria nº 349/2018 do MTE

Através de uma portaria do Ministério do Trabalho, o Governo Federal tentou restabelecer algumas disposições legais sobre a jornada intermitente e outros temas que estavam previstos na Medida Provisória nº 808/2017, que perdeu a validade sem que fosse analisada pelo Congresso.

Alguns trechos da referida Portaria nº 349/2018 já foram analisados nos subtópicos anteriores. Abaixo explicaremos mais alguns pontos que consideramos relevantes para concursos públicos e para o exame da OAB.

Neste passo, a portaria em análise exigiu algumas **cláusulas indispensáveis** para a validade do contrato intermitente, conforme se observa da leitura do artigo 2º e seus incisos:

> Art. 2º O contrato de trabalho intermitente será celebrado por escrito e registrado na Carteira de Trabalho e Previdência Social, ainda que previsto em acordo coletivo de trabalho ou convenção coletiva, e CONTERÁ:
>
> I - **identificação**, assinatura e domicílio ou sede das partes;

II - **valor da hora ou do dia de trabalho**, que não poderá ser inferior ao valor horário ou diário do salário mínimo, nem inferior àquele devido aos demais empregados do estabelecimento que exerçam a mesma função, assegurada a remuneração do trabalho noturno superior à do diurno; e

III - o **local** e o **prazo** para o pagamento da remuneração. – Grifo nosso.

Enquanto as cláusulas acima citadas são obrigatórias, existem algumas outras que são **facultativas**, consoante se constata pelo texto do artigo 3º da Portaria nº 349/2018:

Art. 3º É **FACULTADO** às partes convencionar por meio do contrato de trabalho intermitente:

I - locais de prestação de serviços;

II - turnos para os quais o empregado será convocado para prestar serviços; e

III - formas e instrumentos de convocação e de resposta para a prestação de serviços. – Grifo nosso.

A Portaria nº 349/2018 também dispôs que durante o período de inatividade o empregado intermitente poderá prestar serviços de qualquer natureza a outros tomadores de serviço, que exerçam ou não a mesma atividade econômica, utilizando outro contrato de trabalho intermitente ou outra modalidade de contrato de trabalho.

No contrato de trabalho intermitente, o período de inatividade não será considerado tempo à disposição do empregador e não será remunerado, hipótese em que restará descaracterizado o contrato de trabalho intermitente caso haja remuneração por tempo à disposição no período de inatividade.

Por fim, as verbas rescisórias e o aviso prévio serão calculados com base na média dos valores recebidos pelo empregado no curso do contrato de trabalho intermitente.

5.9. Horas *in itinere* e a Reforma Trabalhista

A regra é que o tempo despendido pelo empregado até o local de trabalho e para o seu retorno, por qualquer meio de transporte, não será computado na jornada de trabalho.

Todavia, excepcionalmente, existia o deferimento das horas *in itinere* (ou no itinerário), desde que fossem preenchidos dois requisitos cumulativos: local de difícil acesso ou não servido por transporte público regular; e que o empregador forneça a condução.

Todos esses detalhes para o recebimento das horas *in itinere* perderam sua relevância, afinal a **Reforma Trabalhista** aboliu esse instituto jurídico, consoante se infere do artigo 58, § 2º, da CLT, que foi alterado pela referida reforma:

> **O tempo despendido pelo empregado desde a sua residência até a efetiva ocupação do posto de trabalho e para o seu retorno**, caminhando ou por qualquer meio de transporte, inclusive o fornecido pelo empregador, **não será computado na jornada de trabalho**, por não ser tempo à disposição do empregador. – Grifo nosso.

5.10. Jornada Especial do Bancário

A Lei nº 13.874/2019 ("Lei da Liberdade Econômica") revogou a Lei Delegada nº 4, de 26 de setembro de 1962, a qual extinguia o trabalho aos sábados em bancos. Assim sendo, as agências bancárias poderão abrir aos sábados, o que não significa dizer que os bancários deverão trabalhar aos sábados, tendo em vista a vedação do artigo 224 da CLT.

Portanto, continua válida a regra geral no sentido de que a duração normal do trabalho dos empregados em bancos, casas bancárias e Caixa Econômica Federal será de 6 (seis) horas continuas nos dias úteis, com exceção dos sábados, perfazendo um total de 30 (trinta) horas de trabalho por semana.

É interessante notar que o dia de **sábado**, para o bancário, considera-se **dia útil não trabalhado** e não hipótese de descanso semanal remunerado. A Súmula nº 113 do TST é clara sobre este detalhe: *"O sábado do bancário é dia útil não trabalhado, não dia de repouso remunerado. Não cabe a repercussão do pagamento de horas extras habituais em sua remuneração."*.

Esta jornada diferenciada, mais benéfica, de apenas 06 horas por dia, também se aplica aos empregados de portaria e de limpeza, tais como porteiros, telefonistas de mesa, contínuos e serventes, empregados em bancos e casas bancárias (artigo 226 da CLT).

No mesmo sentido, os empregados de empresa de crédito ("financeiras"), bem como os empregados de empresas de processamento de dados que pertençam ao mesmo grupo econômico bancário (desde que não prestem serviços para outros bancos ou outras empresas não bancárias) são abrangidos pela jornada especial dos bancários, conforme indicam os entendimentos sumulados abaixo:

> Súmula nº 55 do TST: As empresas de crédito, financiamento ou investimento, também denominadas **financeiras**, equiparam-se aos estabelecimentos bancários para os efeitos do art. 224 da CLT. – Grifo nosso.
>
> Súmula nº 239 do TST: **É bancário o empregado de empresa de processamento de dados que presta serviço a banco integrante do mesmo grupo econômico**, exceto quando a empresa de processamento de dados presta serviços a banco e a empresas não bancárias do mesmo grupo econômico ou a terceiros. – Grifo nosso.

De outro lado, à luz da Súmula nº 117 do TST, *"não se beneficiam do regime legal relativo aos bancários os empregados de estabelecimento de crédito perten-*

centes a categorias profissionais diferenciadas.". Um exemplo de aplicação prática dessa súmula encontra-se nos condutores de veículos rodoviários (motoristas), desenhistas técnicos, vendedores pracistas e viajantes, vez que todos integram o conceito de categoria profissional diferenciada.

Da mesma forma, os vigilantes outrossim não podem ser considerados bancários, conforme consta da Súmula nº 257 do TST: *"O vigilante, contratado diretamente por banco ou por intermédio de empresas especializadas, não é bancário."*.

Ainda pontuando sobre algumas categorias que são excluídas da abrangência do conceito de trabalhadores bancários, mostra-se relevante a OJ nº 379 da SDI-1 do TST, a qual entende que os **empregados de cooperativas de crédito não se equiparam a bancário**, para efeito de aplicação do artigo 224 da CLT, em razão da inexistência de expressa previsão legal, considerando, ainda, as diferenças estruturais e operacionais entre as instituições financeiras e as cooperativas de crédito.

A) Cargos de Confiança Bancários

Na estrutura organizacional bancária existem dois tipos de cargos de confiança ou, em outras palavras, dois tipos de gerência: **gerência intermediária e gerência máxima (ou gerência geral).**

As **gerências intermediárias**, a exemplo, da função de "gerente de contas de pessoas físicas" ou "gerente de contas de pessoa jurídica", representam aqueles empregados que estão subordinados ao gerente geral, mas que também possuem bancários comuns (sem função de confiança, como é o caso dos escriturários) que lhe devem obediência/subordinação.

Esses empregados investidos das funções atinentes às gerências intermediárias devem receber uma gratificação de função de, pelo menos, 1/3 (um terço) do salário do cargo efetivo, conforme artigo 224, § 2º, da CLT:

> § 2º – As disposições deste artigo não se aplicam aos que exercem funções de direção, gerência, fiscalização, chefia e equivalentes, ou que desempenhem outros cargos de confiança, desde que o valor da gratificação não seja inferior a 1/3 (um terço) do salário do cargo efetivo.

Caso a gratificação seja inferior a 1/3, restará desconfigurada a gerência intermediária e o referido bancário terá direito às horas extras que ultrapassem a 8ª (oitava) hora de trabalho do dia.

O caixa bancário, ainda que na modalidade de caixa executivo, não exerce cargo de confiança (gerência intermediária). Motivo pelo qual, se perceber gratificação igual ou superior a um terço do salário do posto efetivo, essa remunera apenas a maior responsabilidade do cargo e não as horas extraordinárias realizadas.

O **gerente geral**, por seu turno, enquadra-se na previsão legal do artigo 62, II, da CLT, motivo pelo qual o mesmo não possui direito a horas extras ou intervalos, afinal, por ser a autoridade maior do estabelecimento bancário, o gerente geral fiscaliza todos, mas não é fiscalizado por ninguém, inclusive em seu horário de trabalho.

Vale lembrar também que o gerente geral deverá receber uma gratificação de função de, pelo menos, 40% do salário do cargo efetivo.

Tanto na gerência intermediária, quanto na gerência geral, impõe-se a aplicação do Princípio da Primazia da Realidade, quando cabível. Ora, caso o empregado ostente apenas formalmente o título de gerente, mas de fato não possua subordinados e não tenha poder decisório, ele poderá ser reconhecido como um bancário comum, tendo direito às horas extras laboradas após a 8ª (oitava) hora de trabalho.

A Súmula nº 102 do TST, a seguir transcrita, resume vários pontos já citados acima. Mesmo assim, devido a sua importância para concursos e exame da OAB, o leitor deverá prestar atenção à mesma:

> Súmula nº 102 do TST
>
> I - A configuração, ou não, do exercício da função de confiança a que se refere o art. 224, § 2º, da CLT, dependente da prova das reais atribuições do empregado, é insuscetível de exame mediante recurso de revista ou de embargos.
>
> II - O bancário que exerce a função a que se refere o § 2º do art. 224 da CLT e recebe gratificação não inferior a um terço de seu salário já tem remuneradas as duas horas extraordinárias excedentes de seis.
>
> III - Ao bancário exercente de cargo de confiança previsto no artigo 224, § 2º, da CLT são devidas as 7ª e 8ª horas, como extras, no período em que se verificar o pagamento a menor da gratificação de 1/3.
>
> IV - O bancário sujeito à regra do art. 224, § 2º, da CLT cumpre jornada de trabalho de 8 (oito) horas, sendo extraordinárias as trabalhadas além da oitava.
>
> V - O advogado empregado de banco, pelo simples exercício da advocacia, não exerce cargo de confiança, não se enquadrando, portanto, na hipótese do § 2º do art. 224 da CLT.
>
> VI - O caixa bancário, ainda que caixa executivo, não exerce cargo de confiança. Se perceber gratificação igual ou superior a um terço do salário do posto efetivo, essa remunera apenas a maior responsabilidade do cargo e não as duas horas extraordinárias além da sexta.
>
> VII - O bancário exercente de função de confiança, que percebe a gratificação não inferior ao terço legal, ainda que norma coletiva contemple percentual superior, não tem direito às sétima e oitava horas como extras, mas tão somente às diferenças de gratificação de função, se postuladas.

6

REPOUSO SEMANAL REMUNERADO

Sumário: 6. Repouso Semanal Remunerado – **6.1.** Aprofundando a Questão do Trabalho "Preferencialmente" aos Domingos: **A)** O Trabalho aos Domingos no Comércio em Geral – **B)** O Trabalho aos Domingos para as Mulheres – **C)** O Trabalho aos Domingos em outras Atividades – **D)** A Situação Especial da Força Maior – **6.2.** RSR Embutido e RSR Pago em Separado – **6.3.** Feriados.

O Repouso Semanal Remunerado (RSR) ou Descanso Semanal Remunerado (DSR) consiste no período de descanso de 24 horas que deverá ocorrer uma vez por semana, preferencialmente aos domingos.

Como o próprio nome indica, trata-se de um descanso/repouso **remunerado**, vez que o empregado não trabalha, mas recebe por esse dia.

Para ter direito ao descanso semanal remunerado o empregado deverá laborar todos os dias previstos para sua jornada semanal de trabalho, sem faltas injustificadas, bem como ser pontual, pois caso exista uma falta sem justificativa ou atrasos sem motivo, o empregado perderá o direito de receber o pagamento pelo descanso semanal remunerado.

Sistematizando, os requisitos para usufruir do DSR são frequência e pontualidade, conforme artigo 6º, da Lei nº 605/49: *"Não será devida a remuneração quando, sem motivo justificado, o empregado não tiver trabalhado durante toda a semana anterior, cumprindo integralmente o seu horário de trabalho."*.

O gráfico a seguir resume os principais detalhes sobre o DSR:

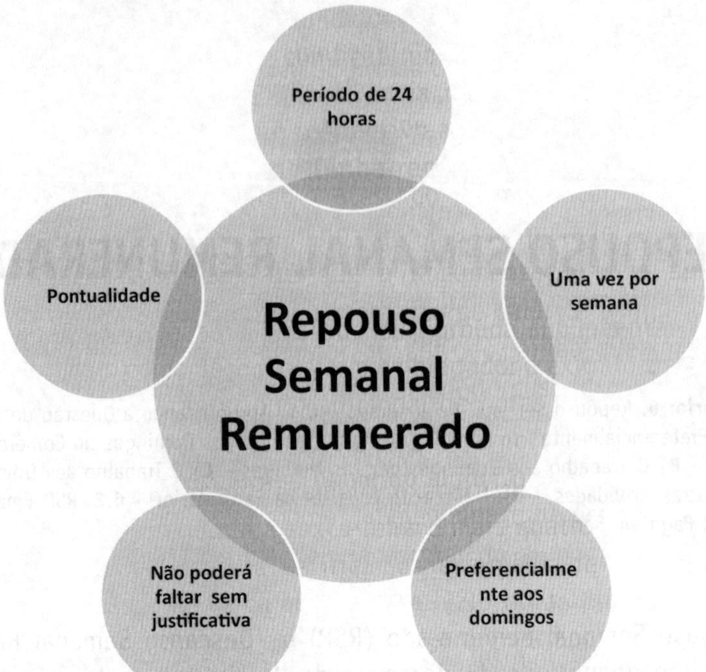

Como dissemos acima, o descanso semanal remunerado deverá ocorrer preferencialmente ao domingo, entretanto, o relevante e obrigatório (inegociável) é que o descanso ocorra no sétimo dia de trabalho, ou seja, após seis dias de trabalho.

Por exemplo, se um empregado começou a laborar na quarta-feira, seu descanso deverá ocorrer no máximo até terça-feira da outra semana (que é o sétimo dia). Assim, se a empresa quiser prorrogar o descanso para além de terça feira, deverá fazer o pagamento relativo ao descanso semanal remunerado, que não foi concedido dentro do prazo máximo previsto. Nesses termos, a OJ nº 410 da SDI-1: *"Viola o art. 7º, XV, da CF a concessão de repouso semanal remunerado após o sétimo dia consecutivo de trabalho, importando no seu* pagamento em dobro.".

Finalmente, caso o empregado trabalhe no dia destinado ao descanso semanal remunerado o empregador deverá fazer o pagamento pelo referido dia em dobro ou então conceder a respectiva folga compensatória, conforme Súmula nº 146 do TST: *"O trabalho prestado em domingos e feriados, não compensado, deve ser pago em dobro, sem prejuízo da remuneração relativa ao repouso semanal."*.

6.1. Aprofundando a Questão do Trabalho "Preferencialmente" aos Domingos

O artigo 7º, inciso XV, da nossa Constituição Nacional garante o *"repouso semanal remunerado,* preferencialmente *aos domingos;"*, cabendo a nós, nesta passagem da obra, tecer algumas considerações sobre o alcance da expressão "preferencialmente".

A doutrina tem entendido que o DSR deverá ser concedido, em regra, aos domingos, pois a expressão "preferencialmente" trouxe implicitamente este mandamento. Todavia, excepcionalmente, quando a atividade explorada pelo empregador possuir autorização para funcionar aos domingos, impõe-se a criação de escalas de revezamento a fim de que periodicamente possa se fazer o descanso coincidir com o domingo.

A Portaria nº 417/1966 do MTE aplica-se às empresas que possuem autorização para funcionar aos domingos e feriados, sendo que a referida portaria determina que a folga deva coincidir com o domingo, no mínimo, **a cada sete semanas de trabalho.**

A) O Trabalho aos Domingos no Comércio em Geral

O comércio em geral possui autorização expressa na Lei nº 10.101/2000 para funcionar aos domingos, sendo que a própria lei regulamentou a questão, esclarecendo que o descanso no domingo deverá coincidir, pelo menos uma vez, no **período máximo de 03 semanas.**

O artigo 6º, parágrafo único, da Lei nº 10.101/2000 é claro sobre o assunto:

> Art. 6º **Fica autorizado o trabalho aos domingos nas atividades do comércio em geral**, observada a legislação municipal, nos termos do art. 30, inciso I, da Constituição.
>
> Parágrafo único. **O repouso semanal remunerado deverá coincidir, pelo menos uma vez no período máximo de três semanas, com o domingo**, respeitadas as demais normas de proteção ao trabalho e outras a serem estipuladas em negociação coletiva. – Grifo nosso.

B) O Trabalho aos Domingos para as Mulheres

O artigo 386 da CLT traz uma proteção especial para as mulheres no que tange ao labor dominical, pois afirma que havendo trabalho aos domingo será organizada uma escala de **revezamento quinzenal** para que o descanso coincida com o domingo.

Segue a transcrição do referido artigo: *"Havendo trabalho aos domingos, será organizada uma escala de revezamento quinzenal, que favoreça o repouso dominical."*.

C) O Trabalho aos Domingos em outras Atividades

Para as demais atividades, isto é, aquelas que não possuam autorização para funcionar aos domingos, a regulamentação legal vem nos artigos 67 e 68 da CLT, os quais seguem transcritos e devem ser lidos com atenção:

> Art. 67 - Será assegurado a todo empregado um descanso semanal de 24 (vinte e quatro) horas consecutivas, o qual, **salvo motivo de conveniência pública ou necessidade imperiosa do serviço**, deverá coincidir com o domingo, no todo ou em parte.
>
> Parágrafo único - Nos serviços que exijam trabalho aos domingos, com exceção quanto aos elencos teatrais, será estabelecida escala de revezamento, mensalmente organizada e constando de quadro sujeito à fiscalização.
>
> Art. 68 - O trabalho em domingo, seja total ou parcial, na forma do art. 67, será sempre subordinado à permissão prévia da autoridade competente em matéria de trabalho.
>
> Parágrafo único - A permissão será concedida a título permanente nas atividades que, por sua natureza ou pela conveniência pública, devem ser exercidas aos domingos, cabendo ao Ministro do Trabalho, Industria e Comercio, expedir instruções em que sejam especificadas tais atividades. Nos demais casos, ela será dada sob forma transitória, com discriminação do período autorizado, o qual, de cada vez, não excederá de 60 (sessenta) dias.

A CLT afirma que o descanso deverá coincidir com o domingo (no todo ou em parte), salvo motivo de conveniência pública, necessidade imperiosa de serviços e atividades que, pela sua natureza, exijam funcionamento ao domingo.

Em qualquer uma das hipóteses excepcionais de labor ao domingo deverá haver autorização/permissão prévia do MTE[1], a qual poderá ser uma autorização permanente ou uma autorização provisória.

A **autorização/permissão do MTE concedida a título <u>permanente</u>** existirá naquelas atividades que por sua natureza ou pela conveniência pública devam ser exercidas aos domingos, a exemplo de distribuição de serviços essenciais (água e energia, por exemplo), serviços hospitalares, serviços de comunicação em TV e Rádio etc.

A **autorização/permissão do MTE concedida a título <u>provisório</u>** para funcionamento aos domingos existirá para as demais atividades, sendo que cada autorização não poderá ser superior a 60 dias.

---

1. Como já frisamos em outros momentos desta obra, convém lembrar que o Ministério do Trabalho e Emprego foi extinto, sendo que suas atribuições são desenvolvidas pela Secretária Especial de Trabalho.

D) A Situação Especial da Força Maior

Havendo algum motivo de força maior (algum evento inevitável) teremos a única situação na qual o trabalhador poderá trabalhar aos domingos independentemente de autorização prévia do extinto MTE, permanecendo, contudo, a imposição de se justificar posteriormente perante órgão no prazo de 10 dias[2] (artigo 8º, alínea "a", Decreto Lei nº 27.048/49).

6.2. RSR Embutido e RSR Pago em Separado

Quando um empregado é mensalista ou quinzenalista, o pagamento do repouso semanal remunerado já se encontra embutido no valor do salário, de forma que no contracheque não haverá um pagamento específico sob a nomenclatura de "RSR". Em síntese, no valor do salário já está remunerado o RSR, não se fazendo necessário um acréscimo sob essa nomenclatura.

Diversamente disso, quando o empregado é diarista, horista, comissionista (que recebe comissões), entre outros, o valor do RSR não estará embutido no valor mensal do salário, motivo pelo qual haverá no contracheque um pagamento específico sob a nomenclatura de RSR.

O artigo 7º, § 2º, da Lei nº 605/49, esclarece o assunto:

> Art. 7º A remuneração do repouso semanal corresponderá:
>
> a) para os que trabalham por dia, semana, quinzena ou mês, à de um dia de serviço, computadas as horas extraordinárias habitualmente prestadas;
>
> b) para os que trabalham por hora, à sua jornada norma de trabalho, computadas as horas extraordinárias habitualmente prestadas;
>
> c) para os que trabalham por tarefa ou peça, o equivalente ao salário correspondente às tarefas ou peças feitas durante a semana, no horário normal de trabalho, dividido pelos dias de serviço efetivamente prestados ao empregador;
>
> d) para o empregado em domicílio, o equivalente ao quociente da divisão por 6 (seis) da importância total da sua produção na semana.
>
> (...)
>
> **§ 2º Consideram-se já remunerados os dias de repouso semanal do empregado mensalista ou quinzenalista cujo cálculo de salário mensal ou quinzenal**, ou cujos descontos por falta sejam efetuados na base do número de dias do mês ou de 30 (trinta) e 15 (quinze) diárias, respectivamente. – Grifo nosso.

2. No mesmo sentido: CASSAR, Vólia Bomfim. *Direito do Trabalho*. 8ª ed. rev. e atual. São Paulo: Método, pp. 701.

Segue uma questão sobre o tópico em estudo:

▸ Aplicação em Concurso e/ou OAB:

(FCC – Analista Judiciário – Área Administrativa – TRT 9/2016) Xisto, Justo e Tiago prestam serviços para a Empresa X Ltda., sendo o primeiro empregado mensalista, o segundo diarista e o terceiro empregado quinzenalista. O descanso semanal remunerado já está incluído, sem que haja acréscimo na remuneração do seu repouso semanal para

a) Xisto, apenas.

b) Xisto, Justo e Tiago.

c) Justo e Tiago, apenas.

d) Xisto e Tiago, apenas.

e) Tiago, apenas.

Resposta: D

6.3. Feriados

Feriado é uma data em que determinada ocasião é comemorada por uma nação, comunidade, religião, grupo étnico ou categoria trabalhista.

Os governos podem instituir feriados em nível federal, estadual e municipal, dependendo da extensão da importância comemorada.

No comércio em geral, conforme artigo 6º-A da Lei 10.101/2000, autoriza-se o trabalho em feriado desde que autorizado em convenção coletiva de trabalho e observada a legislação municipal. É bom salientar que o referido artigo não fala em acordo coletivo de trabalho, mas apenas em convenção coletiva de trabalho, esse detalhe é importante, afinal muitas questões objetivas trabalham com a literalidade do artigo de lei. Segue a transcrição do mesmo:

> Art. 6º-A. **É permitido o trabalho em feriados nas atividades do comércio em geral**, desde que autorizado em **convenção coletiva de trabalho** e **observada a legislação municipal**, nos termos do art. 30, inciso I, da Constituição. – Grifo nosso.

Para as demais categorias aplica-se o artigo 70 da CLT, que veda o trabalho em dias feriados nacionais e feriados religiosos, salvo por autorização de autoridade competente em matéria de trabalho ou por regulamentação municipal.

7

INTERVALOS PARA REPOUSO E FÉRIAS

Sumário: **7.** Intervalos para Repouso e Férias - **7.1.** Intervalo Intrajornada e a Reforma Trabalhista: **A)** Cômputo ou não do Intervalo na Jornada de Trabalho – **B)** Consequências da não Concessão do Intervalo Intrajornada e a Reforma Trabalhista – **7.2.** Intervalos Intrajornada Especiais: **A)** Mecanógrafos e Digitadores – **B)** Trabalhadores em Câmaras Frigoríficas – **C)** Trabalhadores em Minas e Subsolos – **7.3.** Intervalos Interjornada – **7.4.** Férias – **7.4.1.** Pagamento das férias: **A)** Hipótese de Pagamento em Dobro das Férias – **7.4.2.** Duração das Férias e a Reforma Trabalhista – **7.4.3.** Fracionamento das Férias e a Reforma Trabalhista – **7.4.4.** Mais duas Novidades da Reforma Trabalhista sobre as Férias – **7.4.5.** Perda do Direito às Férias – **7.4.6.** Abono de Férias – **7.4.7.** Férias e Serviço Militar – **7.4.8.** Férias Coletivas.

Os intervalos para repouso ou descanso possuem como finalidade propiciar descanso ao empregado, para que recarregue suas energias e prossiga com sua rotina.

Esses intervalos poderão ocorrer durante a jornada de trabalho (**intervalo intrajornada**) ou entre duas jornadas de trabalho (**intervalo interjornada**).

7.1. Intervalo Intrajornada e a Reforma Trabalhista

Para empregados que possuam jornada de trabalho superior a 06 horas por dia, garante-se, como regra, um intervalo de no mínimo 01 hora e no máximo 02 duas. Excepcionalmente, mediante acordo individual e acordo ou convenção coletiva de trabalho, o intervalo intrajornada poderá ser **majorado** para além de 02 horas.

A redução do limite mínimo de uma hora de intervalo intrajornada pode ocorrer em duas hipóteses:

- **1ª hipótese:** O limite mínimo de uma hora para repouso ou refeição poderá ser reduzido por ato do MTE, respeitado o limite mínimo de 30 minutos, quando ouvido o Serviço de Alimentação de Previdência Social, se verificar que o estabelecimento atende integralmente às exigências concernentes à organização dos refeitórios, e quando os respectivos empregados não estiverem sob regime de trabalho prorrogado a horas suplementares;

- **2ª hipótese:** mediante convenção ou acordo coletivo de trabalho, poderá haver a redução do intervalo intrajornada, respeitado o limite mínimo de trinta minutos para jornadas superiores a seis horas (**Hipótese criada pela Reforma Trabalhista**).

Em relação à primeira hipótese, a CLT fala que deverá ser ouvido o *"Serviço de Alimentação de Previdência Social"*. Ocorre que não existe (jamais existiu) esse setor dentro da previdência. Mesmo assim, para provas objetivas, que lidam com a literalidade da lei, essa informação deverá ser considerada verdadeira.

Como já salientado, a segunda hipótese (acima citada) foi introduzida por meio do artigo 611-A, inciso III, da CLT, inserido pela **Reforma Trabalhista.** Essa inovação contrariou frontalmente a Súmula nº 437, II, do TST, que inevitavelmente perdeu sua aplicabilidade.

Passando agora para aqueles empregados que possuam jornada de trabalho com mais de 04 horas e até 06 horas, aos quais garante-se um intervalo intrajornada de 15 minutos nessas situações.

Nesse particular, convém realçar que caso o empregado ultrapasse **habitualmente** a jornada que deveria ser de no máximo 06 horas de trabalho, terá direito ao intervalo intrajornada mínimo de 01 hora e não de quinze minutos. Vide Súmula nº 437, IV, do TST:

> IV – Ultrapassada habitualmente a jornada de seis horas de trabalho, é devido o gozo do intervalo intrajornada mínimo de uma hora, obrigando o empregador a remunerar o período para descanso e alimentação não usufruído como extra, acrescido do respectivo adicional, na forma prevista no art. 71, *caput* e § 4º da CLT.

Em relação àquelas jornadas que possuem até 04 horas de trabalho por dia, inexiste direito a qualquer espécie de intervalo.

O artigo 71 da CLT regula boa parte da matéria que estamos explicando, motivo pelo qual se mostra interessante a transcrição do mesmo para fins de revisão e memorização do leitor:

> Art. 71 – Em qualquer trabalho contínuo, cuja duração exceda de 6 (seis) horas, é obrigatória a concessão de um intervalo para repouso ou alimentação, o qual será, no mínimo, de 1 (uma) hora e, salvo acordo escrito ou contrato coletivo em contrário, não poderá exceder de 2 (duas) horas.

§ 1º – Não excedendo de 6 (seis) horas o trabalho, será, entretanto, obrigatório um intervalo de 15 (quinze) minutos quando a duração ultrapassar 4 (quatro) horas.

§ 2º – Os intervalos de descanso não serão computados na duração do trabalho.

§ 3º O limite mínimo de uma hora para repouso ou refeição poderá ser reduzido por ato do Ministro do Trabalho, Indústria e Comércio, quando ouvido o Serviço de Alimentação de Previdência Social, se verificar que o estabelecimento atende integralmente às exigências concernentes à organização dos refeitórios, e quando os respectivos empregados não estiverem sob regime de trabalho prorrogado a horas suplementares.

§ 4º A não concessão ou a concessão parcial do intervalo intrajornada mínimo, para repouso e alimentação, a empregados urbanos e rurais, implica o pagamento, de natureza indenizatória, apenas do período suprimido, com acréscimo de 50% (cinquenta por cento) sobre o valor da remuneração da hora normal de trabalho.

O gráfico abaixo resume a regra geral relativa aos intervalos intrajornada:

Jornada até 04 horas	• Inexiste intervalo
Jornada de 04 até 06 horas	• Intervalo de 15 min
Jornada acima de 06 horas	• Intervalo entre 01h e 02h

Sobre as modificações oriundas da **Reforma Trabalhista**, estudadas nesse tópico, segue uma questão arquitetada para auxiliar na fixação do conhecimento:

▸ Aplicação em Concurso e/ou OAB:

(QUESTÃO DO MESTRE – SIMULAÇÃO DE PROVA FUTURA) Sobre a majoração ou redução do intervalo intrajornada e as alterações introduzidas pela Lei nº 13.467/2017:

I – Mediante convenção ou acordo coletivo de trabalho, poderá haver a redução do intervalo intrajornada, respeitado o limite mínimo de trinta minutos para jornadas superiores a seis horas.

II – O limite mínimo de uma hora para repouso ou refeição poderá ser reduzido por ato do MTE, quando ouvido o Serviço de Alimentação de Previdência Social, se verificar que o estabelecimento atende integralmente às exigências concernentes à organização dos refeitórios, e quando os respectivos empregados não estiverem sob regime de trabalho prorrogado a horas suplementares.

III – A não concessão ou a concessão parcial do intervalo intrajornada mínimo, para repouso e alimentação, a empregados urbanos e rurais, implica o pagamento, de natureza salarial, apenas do período suprimido, com acréscimo de 50% (cinquenta por cento) sobre o valor da remuneração da hora normal de trabalho

Assinale a alternativa correta:

a) Todas estão corretas;

b) Todas estão erradas;

c) I e II estão corretas;

d) I e III estão corretas;

e) II e III estão corretas;

Resposta: C

A) Cômputo ou não do Intervalo na Jornada de Trabalho

A regra é que os intervalos não são computados (incluídos) na jornada de trabalho. Em outras palavras, o intervalo não faz parte da jornada de trabalho, sendo algo a parte. Por tal motivo, o artigo 71, § 2º, aduz que *"Os intervalos de descanso não serão computados na duração do trabalho."*.

Entretanto, de forma excepcional existem alguns intervalos que são computados na jornada de trabalho. Por exemplo, empregados que trabalham movimentando mercadorias do ambiente frio para o quente (e vice-versa) possuem direito a um intervalo/pausa de 20 minutos a cada 01h40min de trabalho. Este intervalo de 20 minutos é computado (incluído) na jornada de trabalho, devendo ser deduzido da jornada diária.

Da mesma forma, sempre que o empregador conceder algum intervalo que a lei não determine/obrigue, o mesmo passa a integrar a jornada de trabalho, isto é, será computado/incluído na jornada de trabalho, nos termos da Súmula nº 118 do TST:

> Os intervalos concedidos pelo empregador na jornada de trabalho, não previstos em lei, representam tempo à disposição da empresa, remunerados como serviço extraordinário, se acrescidos ao final da jornada.

B) Consequências da não Concessão do Intervalo Intrajornada e a Reforma Trabalhista

Tradicionalmente, o TST, por meio de alguns itens da Súmula 437, considerava que a violação do intervalo intrajornada gerava para o empregador a consequência de pagar o intervalo violado de forma integral, com acréscimo de 50% e ainda com reflexos/repercussões em outras parcelas, pois se tratava, para o TST, de verba com natureza salarial.

Por exemplo, o empregado tinha direito a um intervalo intrajornada de 01 hora, mas só gozava 40 minutos. Neste caso, o empregador deveria pagar todo o intervalo intrajornada (01 hora) e não apenas a parte suprimida (20 minutos), bem como fazer o acréscimo de 50% e ainda o pagamento dos reflexos/repercussões em décimo terceiro, férias, FGTS, INSS e RSR.

A **Reforma Trabalhista** modificou substancialmente a matéria, alterando o § 4º do artigo 71 da CLT. A referida remodelação veio no sentido oposto ao de alguns itens da Súmula nº 437 do TST, afinal transformou o pagamento do intervalo intrajornada em de **natureza indenizatória** e, quando o intervalo for concedido parcialmente, deve ser pago em Juízo apenas a parte suprimida ou não concedida.

Vamos repetir o exemplo acima citado, só que sob a ótica da **Reforma Trabalhista**. Por exemplo, o empregado tinha direito a um intervalo intrajornada de 01 hora, mas só gozava 40 minutos. Nesse caso, o empregador irá pagar apenas os 20 minutos que o empregado não gozou, bem como fazer o acréscimo de 50%, sem qualquer pagamento de reflexos/repercussões, afinal a verba passou a ter natureza indenizatória.

Segue a redação do artigo 71, § 4º, da CLT:

> § 4º A não concessão ou a concessão parcial do intervalo intrajornada mínimo, para repouso e alimentação, a empregados urbanos e rurais, **implica o pagamento, de natureza indenizatória, apenas do período suprimido**, com acréscimo de 50% (cinquenta por cento) sobre o valor da remuneração da hora normal de trabalho. – Grifo nosso.

As alterações relativas ao intervalo intrajornada introduzidas pela **Reforma Trabalhista** fazem parte do conteúdo da questão abaixo, elaborada especialmente para nossos leitores:

▸ Aplicação em Concurso e/ou OAB:

(VUNESP - Prefeitura da Estância Turística de Guaratinguetá - Procurador - 2019) Assinale a alternativa correta, no que diz respeito aos intervalos de refeição e descanso, de acordo com a CLT.

a) Será obrigatório um intervalo de 15 (quinze) minutos quando a duração do trabalho ultrapassar 4 (quatro) horas e não exceder de 6 (seis) horas.

PARTE II • Direito Individual do Trabalho

b) Será obrigatório um intervalo de 30 (trinta) minutos quando a duração do trabalho ocorrer entre 4 (quatro) horas até 6 (seis) horas.

c) A não concessão do intervalo intrajornada mínimo, para repouso e alimentação, implica o pagamento da remuneração com acréscimo de 50% (cinquenta por cento) sobre o valor da remuneração da hora normal de trabalho.

d) Os intervalos de descanso serão computados na duração do trabalho.

e) Os períodos de intervalos de refeição e descanso poderão ser reduzidos e/ou fracionados, desde que respeitado o limite mínimo de 30 (trinta) minutos para as jornadas de 6 (seis) horas.

Resposta: A

Segue agora uma questão específica sobre a supressão do intervalo intrajornada:

▸ **Aplicação em Concurso e/ou OAB:**

(FCC – Analista Judiciário – Oficial de Justiça Avaliador – TRT 15/2018) Eunice trabalha em uma indústria alimentícia que fabrica doces e chocolates. Nos meses de janeiro e fevereiro, em razão da produção de chocolates para a Páscoa, trabalhou de 2a a 6a feira, das 9h às 18h, gozando diariamente de 15 minutos para repouso e alimentação. Nesse contexto, Eunice faz jus a

a) uma hora integral, acrescida de 50% sobre a remuneração da hora normal de trabalho, tendo tal pagamento natureza salarial.

b) uma hora integral, acrescida de 50% sobre a remuneração da hora normal de trabalho, tendo tal pagamento natureza indenizatória.

c) 45 minutos, acrescidos de 50% sobre a remuneração da hora normal de trabalho, tendo tal pagamento natureza indenizatória.

d) 45 minutos, acrescidos de 50% sobre a remuneração da hora normal de trabalho, tendo tal pagamento natureza salarial.

e) 45 minutos, sem acréscimo, pois não se trata de hora extra, mas sim de pagamento de natureza meramente indenizatória.

Resposta: C

7.2. Intervalos Intrajornada Especiais

Além do intervalo intrajornada padrão, acima estudado, que se aplica a todos os empregados, existem outros intervalos intrajornada especiais que se aplicam apenas a determinados empregados em face das peculiaridades das tarefas que executam no desempenho de sua função.

A não concessão de qualquer dos intervalos especiais, que serão abaixo estudados, gera o dever de pagamento dos mesmos com acréscimo de 50%.

A) Mecanógrafos e Digitadores

O artigo 72 da CLT concedeu aos empregados que executam **serviços permanentes** de mecanografia (datilografia, escrituração ou cálculo) um intervalo de 10 minutos a cada 90 minutos de trabalho consecutivos.

O artigo em referência não incluiu os digitadores em sua previsão, todavia, por aplicação analógica, a Súmula nº 346 do TST estendeu o referido benefício também aos digitadores:

> Súmula nº 346 do TST: Os digitadores, por aplicação analógica do art. 72 da CLT, equiparam-se aos trabalhadores nos serviços de mecanografia (datilografia, escrituração ou cálculo), razão pela qual têm direito a intervalos de descanso de 10 (dez) minutos a cada 90 (noventa) de trabalho consecutivo.

A razão de ser da pausa em análise é bastante lógica, afinal os empregados que trabalham com mecanografia e digitação executam movimentos repetitivos com os dedos, circunstância que poderá causar doenças ocupacionais resultantes do esforço repetitivo. Por isso, o intervalo em estudo serve justamente para propiciar um descanso/relaxamento nas mãos, diminuindo-se, em consequência, as chances de eclosão de uma doença ocupacional.

B) Trabalhadores em Câmaras Frigoríficas

Segundo o artigo 253 da CLT, tanto os empregados que trabalham dentro das câmaras frigoríficas, quanto aqueles que movimentam mercadorias do ambiente quente ou normal para o frio (e vice-versa), possuem direito a um intervalo especial de 20 minutos a cada 01h40min de trabalho contínuo.

Os trabalhadores que atuam nas referidas condições sujeitam-se a choques térmicos (variação de temperatura), circunstância que é prejudicial para a saúde, sendo fato gerador, inclusive, de insalubridade. Daí porque a norma em comento propiciou um intervalo especial para tais trabalhadores, a fim de que a temperatura corporal se estabilize mais rapidamente nesses intervalos.

O artigo 253, *caput*, da CLT, que regula a matéria, segue abaixo:

> Para os empregados que trabalham no interior das câmaras frigoríficas **e** para os que movimentam mercadorias do ambiente quente ou normal para o frio e vice-versa, depois de 1 (uma) hora e 40 (quarenta) minutos de trabalho contínuo,

> será assegurado um período de 20 (vinte) minutos de repouso, computado esse intervalo como de trabalho efetivo. – Grifo nosso.

O TST, por meio da Súmula nº 438 do TST, estendeu o intervalo especial em análise para todos os trabalhadores que se submetam a ambiente artificialmente frio:

> O empregado submetido a **trabalho contínuo em ambiente artificialmente frio**, nos termos do parágrafo único do art. 253 da CLT, **ainda que não labore em câmara frigorífica**, tem direito ao intervalo intrajornada previsto no *caput* do art. 253 da CLT. – Grifo nosso.

C) Trabalhadores em Minas e Subsolos

O trabalho em minas e subsolos caracteriza-se como penoso, tratando-se de um ambiente prejudicial à saúde do empregado.

Essa peculiaridade fez com que o legislador criasse uma pausa/intervalo especial de 15 minutos a cada 03 horas consecutivas de trabalho, na forma do artigo 298 da CLT:

> Em cada período de 3 (três) horas consecutivas de trabalho, será obrigatória uma pausa de 15 (quinze) minutos para repouso, a qual será computada na duração normal de trabalho efetivo.

7.3. Intervalos Interjornada

O intervalo interjornada é aquele que existe entre duas jornadas de trabalho. Sua previsão legal encontra-se no artigo 66 da CLT: *"Entre 2 (duas) jornadas de trabalho haverá um período mínimo de 11 (onze) horas consecutivas para descanso."*.

Convém atentar-se para a soma do intervalo interjornada com o descanso semanal remunerado. Afinal, se o empregado, por exemplo, laborou até sábado e deverá retornar ao trabalho na segunda-feira, ele deve ter um descanso total de 35 horas, que corresponde a 11 horas do intervalo interjornada mais 24 horas do repouso semanal remunerado.

A Súmula nº 110 do TST se manifestou sobre esta soma do RSR com o interjornada. Embora a súmula refira-se ao regime de revezamento, é pacífica a sua aplicação a todo e qualquer regime de trabalho:

> Súmula nº 110 do TST: No regime de revezamento, as horas trabalhadas em seguida ao repouso semanal de 24 horas, com prejuízo do intervalo mínimo de 11 horas consecutivas para descanso entre jornadas, devem ser remuneradas como extraordinárias, inclusive com o respectivo adicional.

A não concessão do intervalo interjornada no todo ou em parte gera o dever de pagamento das respectivas horas, com acréscimo de 50%.

Vejamos uma questão sobre o intervalo interjornada:

▸ Aplicação em Concurso e/ou OAB:

(FGV – Analista Judiciário – Oficial de Just. Avaliador – TRT 12/2017) Dalton é empregado da empresa OMEGA Ltda. e, em determinado dia, cumpriu a sua jornada regular das 6:00 às 15:00 horas, com intervalo de 1 hora para refeição. Contudo, excepcionalmente e por ordem expressa do empregador, teve de estender a jornada até as 20:00 horas por conta de um importante trabalho que estava finalizando, sendo que a sobrejornada foi anotada no ponto. No dia seguinte, Dalton chegou à empresa no seu horário normal para trabalhar, às 6:00 horas. A norma coletiva da categoria de Dalton é silente a respeito. Diante da situação concreta e do entendimento consolidado do TST, é correto afirmar que:

a) Dalton terá direito a 1 hora extra com adicional de 50% em razão do intervalo interjornada desrespeitado;
b) a hora extra a que porventura Dalton tenha direito pelo sobrelabor não terá reflexo no FGTS diante de sua natureza indenizatória;
c) uma vez que a situação foi excepcional, não há direito ao pagamento de horas extras;
d) Dalton receberá 2 horas extras, que é o máximo de sobrejornada que o empregador pode exigir;
e) no caso apresentado, se as horas extras forem compensadas em até 12 meses, Dalton não fará jus a qualquer pagamento.

Resposta: A

7.4. Férias

Nossa Constituição no artigo 7º, Inciso XVII, afirma que todos os empregados possuem direito ao *"gozo de férias anuais remuneradas com, pelo menos, um terço a mais do que o salário normal;"*.

O empregado adquirirá direito ao gozo de férias anuais remuneradas após cada período de 12 meses de trabalho. Esse período no qual o empregado adquire direito às férias é chamado de **período aquisitivo**.

Após a aquisição do direito às férias, o empregado, automaticamente, passará a ter direito de gozá-las (usufruí-las). O gozo das férias ocorrerá durante o **período concessivo**, que é o período no qual as férias serão concedidas. O período concessivo encontra-se nos 12 meses seguintes ao final do período aquisitivo.

Por exemplo, um empregado é contratado em fevereiro de 2016, sendo que ao integralizar um ano de serviço em fevereiro de 2017, o mesmo completa seu primeiro período aquisitivo. Conquistado o período aquisitivo, automaticamente, se inicia o período concessivo, no qual o empregador deverá conceder as férias. Nesse exemplo, o período concessivo se estende até fevereiro de 2018.

Para ilustrar ainda mais, traçamos o gráfico abaixo:

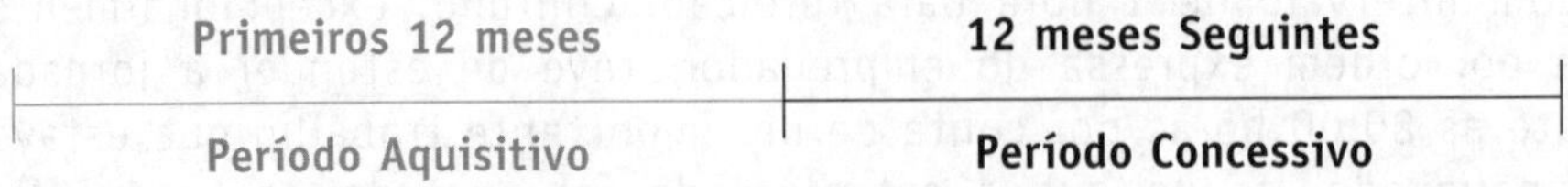

Cabe ao empregador, dentro do período concessivo, escolher o momento em que o empregado gozará de suas férias (artigo 136 da CLT). Logo, as questões de concurso que afirmam que é direito do empregado escolher o momento do gozo de suas férias estão equivocadas.

A concessão das férias será informada, por escrito, ao empregado, com antecedência de, no mínimo, 30 (trinta) dias, a fim de que ele possa planejar seu lazer, bem como de seus familiares. O empregado deverá assinar recibo que comprove esse prazo mínimo informativo sobre o início das férias.

A concessão das férias será anotada no livro ou nas fichas de registro dos empregados, bem como em sua CTPS.

Sobre o gozo das férias, é importante pontuar que **os membros de uma família**, que trabalharem no mesmo estabelecimento ou empresa, terão direito a gozar férias no mesmo período, **se assim o desejarem** e **se disto não resultar prejuízo para o serviço**, conforme artigo 136, § 1º, da CLT.

O artigo 138 da CLT determina que durante as férias, o empregado não poderá prestar serviços a outro empregador, salvo se estiver obrigado a fazê-lo em virtude de contrato de trabalho regularmente mantido com aquele.

Os **empregados estudantes**, menores de 18 anos, também possuem regra favorável quanto ao gozo das férias, vez que possuem o direito de fazê-las coincidir com as férias escolares.

Vamos conferir uma questão sobre o instituto das férias:

▸ Aplicação em Concurso e/ou OAB:

(FGV – Técnico Judiciário – Área Administrativa – TRT 12/2017) Conceição completou o seu período aquisitivo de férias junto ao empregador GAMA Ltda. e agora aguarda a marcação de suas férias. Conceição tem um filho de 16 anos que é estudante do ensino médio. Diante dos termos da CLT, é correto afirmar que:

a) o empregador é quem marcará o mês de férias, dentro do período concessivo, como achar mais adequado;

b) por ter filho menor de 18 anos, a empregada tem o direito de tirar as férias juntamente com as férias escolares do menor;

c) é o empregado quem define o aproveitamento das férias no período que melhor lhe aprouver;

d) a maternidade é uma das causas que impede a conversão de 1/3 das férias em dinheiro;

e) por ser mãe, Conceição poderá fracionar as férias em 2 períodos.

Resposta: A

7.4.1. Pagamento das férias

O valor pago a título de férias corresponde ao valor do salário do empregado (acrescido das demais verbas de natureza salarial), somado mais 1/3 do próprio salário devidamente acrescido das verbas salariais eventualmente recebidas.

Assim, se o empregado recebe salário de R$ 1.200,00 por mês, suas férias terão o valor de R$ 1.600,00 (que corresponde ao valor do salário, mais um terço do próprio salário).

Outro exemplo: se o empregado recebe salário de R$ 1.200,00 e ainda tem uma média mensal de horas extras no importe de R$ 300,00, o valor que será utilizado para cálculo das férias é de R$ 1.500,00, afinal temos aí a soma do salário acrescido do valor médio das horas extras, as quais são verbas de natureza salarial.

Portanto, nesse novo exemplo, o valor das férias será de R$ 2.000,00. Chegamos a esse valor somando o valor do salário (R$ 1.200,00) com as verbas de natureza salarial (R$ 300,00 de horas extras). Em seguida, sobre essa soma acrescentamos o valor de 1/3.

Para aqueles empregados que recebem salário variável, de acordo com sua produtividade, como é o caso dos comissionistas e daqueles que recebem salário por tarefa, o valor da remuneração para cálculo das férias, será encontrado de acordo com a média auferida nos 12 meses que integram o período aquisitivo, sendo que os valores serão atualizados de acordo com a época do gozo das férias.

Sobre o tema mostra-se relevante o artigo 142 da CLT:

> Art. 142 – O empregado perceberá, durante as férias, a remuneração que lhe for devida na data da sua concessão.
>
> § 1º – Quando o **salário for pago por hora** com jornadas variáveis, **apurar-se-á a média do período aquisitivo**, aplicando-se o valor do salário na data da concessão das férias.
>
> § 2º – Quando o **salário for pago por tarefa** tomar-se-á por base a **media da produção no período aquisitivo** do direito a férias, aplicando-se o valor da remuneração da tarefa na data da concessão das férias.
>
> § 3º – Quando o **salário for pago por percentagem, comissão ou viagem**, apurar-se-á a **média percebida pelo empregado nos 12 (doze) meses que precederem à concessão das férias.** – Grifo nosso.

Para aqueles empregados que trabalhem, por exemplo, apenas 08 meses e logo sejam dispensados sem justa causa ou peçam demissão, o empregador deverá fazer o **pagamento das férias proporcionais** a 08 meses de trabalho. A Súmula nº 261 do TST confirma nosso ensinamento nos seguintes termos: *"O empregado que se demite antes de complementar 12 (doze) meses de serviço tem direito a férias proporcionais."*.

O cálculo aqui é bastante simples: calcula-se o valor das férias, com o respectivo terço. Encontrado o valor, divide-se por 12 (número de meses que precederam à concessão das férias) e em seguida multiplica-se pela quantidade de meses trabalhados (incluída a projeção do aviso prévio).

A) Hipótese de Pagamento em Dobro das Férias

De acordo com a Consolidação das Leis do Trabalho o empregador que não conceder as férias para o empregado ou que o fizer após o período concessivo, é obrigado a pagar o valor equivalente em dobro. É o que dispõe os artigos 134 e 137:

> Art. 134. As férias serão concedidas por ato do empregador, em um só período, nos 12 (doze) meses subsequentes à data em que o empregado tiver adquirido o direito.
>
> Art. 137. Sempre que as férias forem concedidas após o prazo de que trata o artigo 134, o empregador pagará em dobro a respectiva remuneração.

Segundo a doutrina, além da concessão das férias fora do período concessivo, existem outras situações que poderão ensejar o pagamento em dobro das férias, a saber:

- Forçar o trabalhador a gozar somente 20 dias de férias, convertendo 10 dias em abono de férias;

- Não fazer o pagamento das férias no prazo legal, que é o prazo de 02 dias antes de iniciar-se o gozo das férias.

No primeiro caso, existe violação do artigo 143 da CLT, que defere exclusivamente ao empregado a faculdade de vender ou não 1/3 de suas férias. Logo, se o empregador impuser esta conversão de 1/3 das férias em abono pecuniário, surgirá o dever de pagar as férias em dobro.

No segundo caso, a ilegalidade é gritante (violação do artigo 145 da CLT), afinal fazer com que o empregado entre no gozo das férias sem o respectivo pagamento, equivale a transformar um período que deveria ser de lazer, em momento de transtorno.

7.4.2. Duração das Férias e a Reforma Trabalhista

Na CLT anterior à **Reforma Trabalhista** existiam duas possibilidades de duração das férias, conforme o empregado fosse regido pela jornada padrão de 44 horas por semana (*full time*) ou conforme fosse regido pela jornada de trabalho parcial (*part time*).

Por exemplo, na jornada *full time*, o empregado poderia usufruir de até 30 dias de férias, ao passo que na jornada *part time* as férias seriam de no máximo 18 dias.

A **Reforma Trabalhista** extinguiu essa dualidade de duração das férias, unificando seu aspecto quantitativo independentemente de ser uma jornada *full time* ou *part time*.

Portanto, independentemente da jornada de trabalho do empregado, suas férias serão regidas pelo artigo 130 da CLT, o qual traça uma relação entre a **quantidade de <u>faltas injustificadas</u> do empregado e a duração das suas férias**:

> Art. 130 – Após cada período de 12 (doze) meses de vigência do contrato de trabalho, o empregado terá direito a férias, na seguinte proporção:
>
> I – 30 (trinta) dias corridos, quando não houver faltado ao serviço mais de 5 (cinco) vezes;
>
> II – 24 (vinte e quatro) dias corridos, quando houver tido de 6 (seis) a 14 (quatorze) faltas;
>
> III – 18 (dezoito) dias corridos, quando houver tido de 15 (quinze) a 23 (vinte e três) faltas;
>
> IV – 12 (doze) dias corridos, quando houver tido de 24 (vinte e quatro) a 32 (trinta e duas) faltas.
>
> § 1º – É vedado descontar, do período de férias, as faltas do empregado ao serviço.
>
> § 2º – O período das férias será computado, para todos os efeitos, como tempo de serviço.

O legislador, nesse caso, ponderou que se o empregado faltou por diversas vezes de forma **injustificada** já houve, de certa forma, um descanso. Logo, quando das férias, admite-se uma redução delas de acordo com a quantidade de vezes em que ele tiver faltado sem motivo justo.

Esta relação entre faltas injustificadas e duração das férias costuma ser exigida em prova de concurso e Exame da OAB com certa frequência, motivo pelo qual fizemos um gráfico que correlaciona a quantidade de faltas injustificadas com a duração das férias:

Faltas injustificadas	Duração das Férias
Até 5	30
De 6 a 14 (+ até 09 faltas)	24 (- 06 dias de férias)
De 15 a 23 (+ até 09 faltas)	18 (- 06 dias de férias)
De 24 a 32 (+ até 09 faltas)	12 (- 06 dias de férias)
Mais de 32 faltas	Perde o direito às férias

Segue um "***macete***" para memorizar com mais facilidade este quadro: memorize apenas a primeira linha do quadro que ensina que até 05 faltas, o empregado continua com 30 dias corridos de férias. Para as linhas seguintes do quadro, basta observar que o número de faltas cresce de 09 em 09 dias, ao passo que a duração das férias diminui de 06 em 06 dias.

Caso o empregado tenha mais de 32 faltas injustificadas, perderá o direito às férias.

7.4.3. Fracionamento das Férias e a Reforma Trabalhista

O artigo 134, § 1º, da CLT, alterado pela **Reforma Trabalhista**, passou a permitir, desde que exista concordância do empregado, a possibilidade das férias serem fracionadas em 03 períodos. Devendo-se observar, tão somente, que um dos períodos não pode ser inferior a 14 dias e os demais períodos não podem ser inferiores a 05 dias.

Segue a transcrição do artigo 134, § 1º, da CLT:

> **Desde que haja concordância do empregado**, as férias poderão ser usufruídas **em até três períodos**, sendo que **um deles não poderá ser inferior a 14 (quatorze)**

dias corridos e os demais não poderão ser inferiores a cinco dias corridos, cada um. – Grifo nosso.

Não consideramos essa alteração da Reforma Trabalhista prejudicial ao empregado, até porque já era um pleito de muitas categorias, pois assim consegue-se ampliar mais o gozo das férias ao longo de um ano.

A **Reforma Trabalhista** também eliminou/revogou o § 2º do artigo 134, que vedava o fracionamento das férias para menores de 18 anos e maiores de 50 anos. Assim sendo, não existe nenhum impedimento para o fracionamento das férias, independentemente da idade.

As inovações referentes às férias, em face da **Reforma Trabalhista**, integram o conteúdo da questão abaixo, para o treino dos nossos leitores:

▸ **Aplicação em Concurso e/ou OAB:**

(FUNDATEC - IMESF - Assessor Jurídico - 2019) O parcelamento das férias do empregado:

a) É vedado aos menores de 18 anos.

b) É vedado aos maiores de 50 anos.

c) É vedado aos trabalhadores em geral.

d) Pode ocorrer em até três períodos.

e) É faculdade do empregador, não dependendo de concordância do empregado.

Resposta: D

7.4.4. Mais duas Novidades da Reforma Trabalhista sobre as Férias

A **Reforma Trabalhista** inseriu o § 3º no artigo 134, o qual vedou o início das férias no período de 02 (dois) dias que antecede feriado ou dia de repouso semanal remunerado.

Trata-se de uma inovação benéfica para o trabalhador, pois dificulta que o início de suas férias seja "desperdiçado" com dias de feriado ou RSR, vez que nesses já haveria folga de qualquer jeito.

Segue o artigo 134, § 3º: *"É vedado o início das férias no período de 02 (dois) dias que antecede feriado ou dia de repouso semanal remunerado."*.

A outra novidade da **Reforma Trabalhista** diz respeito à revogação do artigo 143, § 3º, da CLT, que vedava ao trabalhador em regime de tempo parcial a possibilidade de vender 1/3 de suas férias, ou seja, converter 1/3 de férias em abono pecuniário.

Dessa forma, atualmente, o trabalhador em regime de tempo parcial poderá vender 1/3 de férias, caso queira.

Segue mais uma questão sobre as férias e as alterações introduzidas pela **Reforma Trabalhista**. A referida questão foi inserida abaixo para facilitar sua aprovação:

▸ Aplicação em Concurso e/ou OAB:

(CESPE - Prefeitura de Boa Vista - RR - Procurador Municipal – 2019 - ADAPTADA) João, de dezoito anos de idade, foi contratado como frentista em um posto de gasolina localizado em Boa Vista – RR. O contrato de trabalho foi firmado em regime de tempo parcial para uma jornada de vinte e cinco horas semanais.

Considerando essa situação hipotética, julgue os itens seguintes de acordo com a Constituição Federal de 1988 e a CLT.

I. João somente tem direito a 18 dias de férias por trabalhar apenas em meio período;

II. É vedado a João converter um terço do período de férias a que tiver direito em abono pecuniário.

Resposta: Itens incorretos

Vejamos agora uma questão sobre o início das férias de acordo com a Reforma Trabalhista:

▸ Aplicação em Concurso e/ou OAB:

(FCC – Analista Judiciário – Área Administrativa – TRT 2/2018) Considere a seguinte hipótese: Gabi é empregada da fábrica de velas "V", laborando de segunda a sexta-feira das 9:00 às 18:00 com uma hora para descanso intrajornada. Sua empregadora pretende conceder férias para Gabi no mês de outubro deste ano. De acordo com a Consolidação das Leis do trabalho, é VEDADO o início das férias no período

a) de dois dias que antecede feriado, apenas.

b) que antecede o repouso semanal remunerado, apenas.

c) de três dias que antecede feriado ou dia de repouso semanal remunerado.

d) de dois dias que antecede feriado ou dia de repouso semanal remunerado.

e) de cinco dias que antecede feriado ou dia de repouso semanal remunerado.

Resposta: D

7.4.5. Perda do Direito às Férias

O artigo 133 da CLT traz algumas situações nas quais o empregado perderá o direito às férias. Todas as hipóteses referem-se a situações nas quais o empregado ficou sem trabalhar durante o período aquisitivo por um lapso superior a 30 dias.

Em virtude da importância deste artigo, segue abaixo transcrito:

> Art. 133 – Não terá direito a férias o empregado que, no curso do período aquisitivo:
>
> I – deixar o emprego e não for readmitido dentro de 60 (sessenta) dias subsequentes à sua saída;
>
> II – permanecer em gozo de licença, com percepção de salários, por mais de 30 (trinta) dias;
>
> III – deixar de trabalhar, com percepção do salário, por mais de 30 (trinta) dias, em virtude de paralisação parcial ou total dos serviços da empresa; e
>
> IV – tiver percebido da Previdência Social prestações de acidente de trabalho ou de auxílio-doença por mais de 6 (seis) meses, embora descontínuos.

7.4.6. Abono de Férias

É facultado ao empregado converter 1/3 (um terço) do período de férias a que tiver direito em abono pecuniário, no valor da remuneração que lhe seria devida nos dias correspondentes.

É importante ter em mente que o abono de férias deverá ser requerido pelo empregado até 15 (quinze) dias antes do término do período aquisitivo.

O abono de férias tem natureza não salarial, não integrando a remuneração para qualquer fim, desde que não seja superior a 20 dias, conforme artigo 144 da CLT:

> O abono de férias de que trata o artigo anterior, bem como o concedido em virtude de cláusula do contrato de trabalho, do regulamento da empresa, de convenção ou acordo coletivo, desde que não excedente de vinte dias do salário, não integrarão a remuneração do empregado para os efeitos da legislação do trabalho.

7.4.7. Férias e Serviço Militar

O empregado conscrito, isto é, convocado para o serviço militar obrigatório, possui a vantagem de ter considerado, para fins de contagem do período aquisitivo, o período de trabalho anterior à sua apresentação para o serviço militar obrigatório, desde que retorne ao trabalho em até 90 dias, após a data de sua baixa na junta das forças armadas.

O artigo 132 da CLT delineou esta hipótese:

> O tempo de trabalho anterior à apresentação do empregado para serviço militar obrigatório será computado no período aquisitivo, desde que ele compareça ao estabelecimento dentro de 90 (noventa) dias da data em que se verificar a respectiva baixa.

Nesses termos, se o empregado retorna ao serviço até 90 dias após a baixa nas forças armadas, ele aproveitará os meses de trabalho anteriores à sua conscrição para retomar a contagem do seu período aquisitivo.

Existe nesta hipótese do alistamento militar obrigatório, uma típica hipótese de **suspensão das férias**, haja vista que o empregado teve a contagem do seu período aquisitivo paralisado durante a conscrição, retomando-a (a contagem) após a baixa, caso retorne em até 90 dias.

Sobre as férias e o serviço militar obrigatório, segue uma questão para análise:

▸ Aplicação em Concurso e/ou OAB:

(FCC – Técnico Judiciário – Área Administrativa – TRT 20/2016) Plutão, empregado da Construtora Piramidal Olímpica S/A, foi convocado e prestou o serviço militar compulsório. Nesse caso, sobre a suspensão do período aquisitivo de férias durante o período correspondente à prestação de serviço militar obrigatório, é correto afirmar:

a) Haverá suspensão, desde que ele retorne ao emprego nos 90 dias seguintes à cessação do serviço militar obrigatório.

b) Haverá suspensão, desde que ele compareça ao estabelecimento no prazo de 60 dias, contados da data em que se verificar sua baixa.

c) Não haverá suspensão, porque não há previsão legal para suspensão de período aquisitivo de férias, mas apenas de interrupção.

d) A suspensão depende de haver previsão em norma coletiva da categoria, porque não há previsão legal para esta suspensão.

e) Haverá suspensão, desde que ele se apresente dentro do período aquisitivo de gozo relativo ao período concessivo que se pretende a suspensão.

Resposta: A

7.4.8. *Férias Coletivas*

As férias coletivas ocorrem, normalmente, quando existe baixa demanda no mercado ou quando existe excesso de produção (sem a respectiva vazão), motivo pelo qual o empregador, para evitar dispensa, determina a paralisação de toda a empresa ou de alguns estabelecimentos ou de alguns setores da mesma.

As férias coletivas poderão ser fracionadas em dois períodos anuais, desde que nenhum deles seja inferior a 10 dias corridos.

O artigo 139 da CLT, § 1º, traça as principais diretrizes sobre as férias coletivas:

> Art. 139 – Poderão ser concedidas férias coletivas a todos os empregados de uma empresa ou de determinados estabelecimentos ou setores da empresa.
>
> § 1º – As férias poderão ser gozadas em 2 (dois) períodos anuais desde que nenhum deles seja inferior a 10 (dez) dias corridos.

Existem **três formalidades** a serem observadas para que se considere legal a concessão das férias coletivas:

- Comunicação ao MTE[1] com antecedência de 15 dias;
- Comunicação ao sindicato da categoria também com antecedência de 15 dias;
- Afixação nos locais de trabalho da comunicação enviada ao MTE/Sindicato.

Essas três formalidades estão registradas no artigo 139, § 2º e § 3º, da CLT, a seguir citados:

> § 2º – Para os fins previstos neste artigo, **o empregador comunicará ao órgão local do Ministério do Trabalho, com a antecedência mínima de 15 (quinze) dias**, as datas de início e fim das férias, precisando quais os estabelecimentos ou setores abrangidos pela medida.
>
> § 3º – **Em igual prazo, o empregador enviará cópia da aludida comunicação aos sindicatos** representativos da respectiva categoria profissional, e providenciará a **afixação de aviso nos locais de trabalho.** – Grifo nosso.

1. Importante relembrar, como já feito em momentos anteriores desta obra, que o referido ministério foi extinto em 07 de janeiro de 2019, por meio da Medida Provisória nº 870, posteriormente convertida na Lei 13.844 de 18 de junho de 2019, sendo as competências, a direção e a chefia das unidades administrativas incorporadas aos Ministérios da Economia, da Cidadania e da Justiça e Segurança Pública. O Ministério da Economia, por sua vez, criou a Secretária Especial de Trabalho, que tem exercido as atividades do extinto MTE.

Mostra-se oportuno evidenciar que o empregador tem a obrigação apenas de comunicar o MTE e o sindicato, não havendo qualquer necessidade de aprovação/autorização dos mesmos. Algumas questões de concursos e exame da OAB tentam induzir os candidatos a equívoco, por isso muita atenção nessa diferenciação.

Relativamente aos empregados com período aquisitivo incompleto, quando da data da concessão das férias coletivas, aplica-se o artigo 140 da CLT, o qual ensina que *"os empregados contratados há menos de 12 (doze) meses gozarão, na oportunidade, férias proporcionais, iniciando-se, então, novo período aquisitivo."*.

As férias coletivas foram amplamente utilizadas, como uma medida de contenção de despesas por parte das empresas, no período emergencial pelo qual passou nosso país durante a pandemia COVID-19.

Segue uma oportuna questão sobre as férias coletivas:

▸ Aplicação em Concurso e/ou OAB:

(FGV – Analista Judiciário – Área Judiciária – TRT 12ª/2017) A empresa Alfa S.A. informou a todos os empregados, por meio de comunicação interna e cartazes no estabelecimento, que concederá férias coletivas de 30 dias a todos. À luz da legislação em vigor, é correto afirmar que:

a) as férias coletivas poderão ser fracionadas em 3 períodos, desde que nenhum deles seja inferior a 10 dias;

b) somente se estiver previsto em norma coletiva é que poderá haver concessão de férias coletivas;

c) o empregador em tela precisa informar acerca do início e fim das férias ao Ministério do Trabalho e ao sindicato dos empregados com antecedência mínima de 15 dias;

d) por determinação legal, mesmo nas férias coletivas, um dos setores da empresa precisa continuar funcionando para receber eventual visita da fiscalização do Trabalho;

e) a CLT prevê que, em havendo concessão de férias coletivas, serão os empregados, excepcionalmente, que marcarão o período de férias.

Resposta: C

8

SALÁRIO E REMUNERAÇÃO

Sumário: 8. Salário e Remuneração – **8.1.** Gorjetas: **A)** Repercussões/Reflexos da Gorjeta – **8.2.** Parcelas Salariais e a Reforma Trabalhista: **A)** Adicionais: **A.1)** Adicional de Hora Extra; **A.2)** Adicional Noturno; **A.3)** Adicional de Insalubridade: **A.3.1)** Eliminação da Insalubridade; **A.3.2)** Insalubridade em Atividade Intermitente; **A.3.3)** Outros Entendimentos do TST Importantes para OAB e Concursos; **A.3.4)** Programa de Prevenção de Riscos Ambientais (PPRA); **A.3.5)** Agente Nocivo Diverso do Apontado na Petição Inicial **A.4)** Adicional de Periculosidade: **A.4.1)** Trabalhadores Expostos a Riscos de Roubo e Outras Espécies de Violência Física; **A.4.2)** Vigilantes.; **A.4.3)** Trabalhadores Expostos à Energia Elétrica; **A.4.4)** Exposição Intermitente, Eventual e Proporciona; **A.4.5)** Outros Entendimentos do TST Importantes para OAB e Concursos; **A.5)** Adicional de Transferência – **B)** Gratificações: **B.1)** Gratificação por Tempo de Serviço; **B.2)** Gratificação Natalina ou Décimo Terceiro; **B.3)** Gratificação de Função; **B.4)** Gratificação Quebra de Caixa; **B.5)** Gratificação Semestral – **8.3.** Parcelas NÃO Salariais e a Reforma Trabalhista: **A)** Ajuda de Custo – **B)** Diárias para Viagem e a Reforma Trabalhista – **C)** Participação nos Lucros e Resultados (PLR) – **D)** Prêmios e a Reforma Trabalhista – **E)** Salário-Família – **F)** *Stock Options* – **G)** Verbas Indenizatórias – **H)** Multas – **I)** Plano de Demissão Voluntária (PDV) e a Reforma Trabalhista – **J)** Abonos (inclusive do PIS) e Reforma Trabalhista **- 8.4.** Importância da diferenciação entre parcelas salariais e parcelas não salariais – **8.5.** Utilidades e sua natureza salarial ou não salarial – **8.5.1.** Utilidades não salariais por força de lei – **8.5.2.** Percentual mínimo em dinheiro – **8.5.3.** Percentual de algumas utilidades salariais (inclusive rural e doméstico) – **8.5.4.** Utilidades mais cobradas em exame da OAB e Concursos: **A)** Alimento – **B)** Transporte – **8.6.** Irredutibilidade Salarial – **8.7.** Intangibilidade Salarial e Descontos Salariais – **8.8.** Salário Complessivo – **8.9.** Pagamento do Salário – **8.10.** *Truck System* – **8.11.** Equiparação Salarial e a Reforma Trabalhista: **A)** Identidade de Tarefas ou Trabalho de Igual Valor – **B)** Mesmo Empregador e Mesmo Estabelecimento – **C)** Tempo de Serviço na Função e na Empresa – **D)** Inexistência de Quadro de Carreira ou Plano de Cargos e Salários – **8.11.1.** Equiparação Salarial de Trabalhador Readaptado – **8.11.2.** Extinção da Equiparação Salarial em Cadeia – **8.11.3.** Equiparação Salarial e Discriminação – **8.11.4.** Equiparação Salarial no Serviço Público – **8.11.5.** Equiparação na Cessão de Empregados – **8.11.6.** Equiparação Salarial, Prescrição Total e Prescrição Parcial – **8.11.7.** Salário Substituição – **8.12.** Acúmulo de Funções – **8.12.1.** O Entendimento Dominante na Doutrina e na Jurisprudência – **8.12.2.** O Entendimento Minoritário na Doutrina e na Jurisprudência.

Antes de tudo, é importante diferenciar, tecnicamente, salário e remuneração.

O salário compreende todos aqueles valores que são pagos diretamente pelo empregador, ao passo que o conceito de remuneração é mais amplo, abrangendo a própria noção de salário.

A remuneração compreende tanto os valores que são pagos pelo empregador ("salário"), quanto aqueles valores eventualmente pagos por terceiros, cujo maior exemplo é a gorjeta (que é paga por clientes, que são terceiros).

Vejamos o que o *caput* artigo 457 da CLT fala sobre o assunto:

> Art. 457 da CLT – Compreendem-se na remuneração do empregado, para todos os efeitos legais, além do salário devido e pago diretamente pelo empregador, como contraprestação do serviço, as gorjetas que receber.

Diante da literalidade do artigo acima transcrito, podemos afirmar, para que o leitor memorize com mais facilidade, o seguinte[1]:

Caso determinado empregado não receba gorjeta, então a remuneração será igual ao seu salário, afinal, como não existem gorjetas, tudo que o empregado recebeu foi pago pelo empregador.

Frisamos: salário é toda contraprestação paga pelo empregador, seja esta contraprestação o salário fixo, ou as horas extras, ou as comissões, ou as gratificações, ou as diárias etc. Tudo que é pago pelo empregador, é salário.

O § 1º do artigo 457, ao tratar sobre o salário, arrematou: *"Integram o salário a importância fixa estipulada, as gratificações legais e as comissões pagas pelo empregador."*.

Calha informar que o pagamento do salário, qualquer que seja a modalidade do trabalho, em regra, **não deve ser estipulado por período de tempo superior a um mês**. A exceção fica por conta das comissões, percentagens e gratificações, as quais podem ser pagas em período superior a um mês.

De saída, a Convenção nº 100 da OIT, em seu artigo 1º, também traz o conceito de remuneração, o qual, pela sua importância, para OAB e Concursos

1. Gráficos semelhantes a este são comuns na doutrina, tratando-se de uma afirmação corriqueira.

Públicos, merece ser transcrito: *"para os fins da presente convenção: a) o termo 'remuneração' compreende o salário ou o tratamento ordinário, de base, ou mínimo, e todas as outras vantagens, pagas direta ou indiretamente, em espécie ou in natura pelo empregador ou trabalhador em razão do emprego deste último;"*.

8.1. Gorjetas

Legalmente, conceitua-se como gorjeta não só a importância espontaneamente dada pelo cliente ao empregado, mas também o valor cobrado pela empresa, como serviço ou adicional, a qualquer título, e destinado à distribuição aos empregados (§ 3º do artigo 457 da CLT).

Como a gorjeta faz parte da remuneração do empregado, deverá constar na Carteira de Trabalho e Previdência Social do trabalhador, já que o artigo 29, § 1º, da CLT, impõe a anotação das gorjetas pela sua **estimativa** ou **média**. Segue o artigo: *"As anotações concernentes à remuneração devem especificar o salário, qualquer que seja sua forma de pagamento, seja ele em dinheiro ou em utilidades, bem como a* estimativa *da gorjeta."*.

Em sentido *semelhante, a Portaria nº 349/2018, em seu artigo 7º, registrou que "as empresas anotarão na Carteira de Trabalho e Previdência Social de seus empregados o salário fixo e a* ***média dos valores das gorjetas referente aos últimos doze meses.****"*

A) Repercussões/Reflexos da Gorjeta

A gorjeta, quando recebida pelo empregado, traz o benefício de causar repercussões/reflexos em outras verbas, por exemplo, décimo terceiro salário, férias, INSS e FGTS, os quais, ao serem calculados, deverão observar não só o valor do salário fixo do trabalhador, mas também a sua média de gorjetas recebidas.

Por exemplo: se um garçom recebe salário fixo de R$ 1.500,00 e possui uma média de gorjetas de R$ 500,00 por mês, seu décimo terceiro será de R$ 2.000,00, pois este valor representa a soma total da sua remuneração.

A rotina de provas de concursos e Exame da OAB tem exigido dos candidatos especial atenção não só das verbas nas quais as gorjetas repercutem/refletem, mas também daquelas que não sofrem qualquer repercussão em face da existência da gorjeta. Esta peculiaridade foi objeto da Súmula 354 do TST:

> As gorjetas, cobradas pelo empregador na nota de serviço ou oferecidas espontaneamente pelos clientes, integram a remuneração do empregado, **não servindo**

de base de cálculo para as parcelas de aviso-prévio, adicional noturno, horas extras e repouso semanal remunerado.

Na tentativa de ajudar o leitor a memorizar as verbas nas quais as gorjetas não causam reflexos, criamos a expressão mnemônica "RAAH", em alusão a uma grande risada/gargalhada, a qual representará a alegria no dia da aprovação, conforme abaixo:

- R – Repouso Semanal Remunerado
- A – Aviso Prévio
- A – Adicional Noturno
- H – Horas Extras

Vejamos a seguinte questão sobre os reflexos das gorjetas:

▸ **Aplicação em Concurso e/ou OAB:**

(FGV – Analista Judiciário – Área Judiciária – TRT 12/2017) Marco Antônio exerce a função de garçom no Restaurante Beira Mar, recebendo, mensalmente, a título de remuneração, o valor equivalente ao piso salarial da categoria, além da quantia relativa ao rateio das gorjetas espontaneamente dadas pelos clientes. Considerando a realização habitual de trabalho extraordinário pelo empregado em questão, é correto afirmar, à luz da legislação e da jurisprudência uniforme do TST, que:

a) somente se a gorjeta for fiscalizada pelo empregador ela será considerada para fins de horas extras;

b) o valor das gorjetas não serve de base de cálculo para pagamento das horas extraordinárias;

c) não haverá qualquer integração porque ela só ocorre no caso de gorjeta compulsória, cobrada na nota, e não com a gorjeta espontânea, como é o caso;

d) as horas extraordinárias deverão ser quitadas considerando- se as gorjetas pagas;

e) garante-se que metade do valor das gorjetas integre a base de cálculo da sobrejornada.

Resposta: B

8.2. Parcelas Salariais e a Reforma Trabalhista

A remuneração do empregado não representa somente a quantia fixa paga pelo empregador (também chamado de salário base), mas também outras parcelas, as quais podem ter natureza salarial ou natureza não salarial.

Apenas as verbas com natureza salarial, desde que pagas com habitualidade, causam repercussões/reflexos no pagamento, por exemplo, de férias, décimo terceiro, FGTS, aviso prévio e INSS.

Por tal razão, para o empregador, pagar verbas com natureza salarial é custoso, pois além da verba em si, existem inúmeros custos acessórios, consistentes nos já citados reflexos/repercussões.

Por exemplo: se um repositor de loja recebe salário fixo de R$ 1.500,00 e possui uma média mensal R$ 300,00 de horas extras (que é parcela de natureza salarial), seu décimo terceiro e suas férias, por exemplo, serão calculados sobre o valor total oriundo da soma dos recebimentos, ou seja, R$ 1.800,00.

Da mesma forma, seus depósitos de FGTS e recolhimentos de INSS terão como base o valor do salário base acrescido das demais parcelas de natureza salarial, que nesse exemplo representa o valor total de R$ 1.800,00.

Sempre que um dispositivo legal afirmar que determinada verba **"integra a remuneração"**, isso significa que ela possui natureza salarial.

Além do próprio salário ajustado entre empregado e empregador, que obviamente possui natureza salarial, o gráfico abaixo elenca as principais parcelas **COM** natureza salarial, as quais são também chamadas de **sobre salários** ou **complementos salariais:**

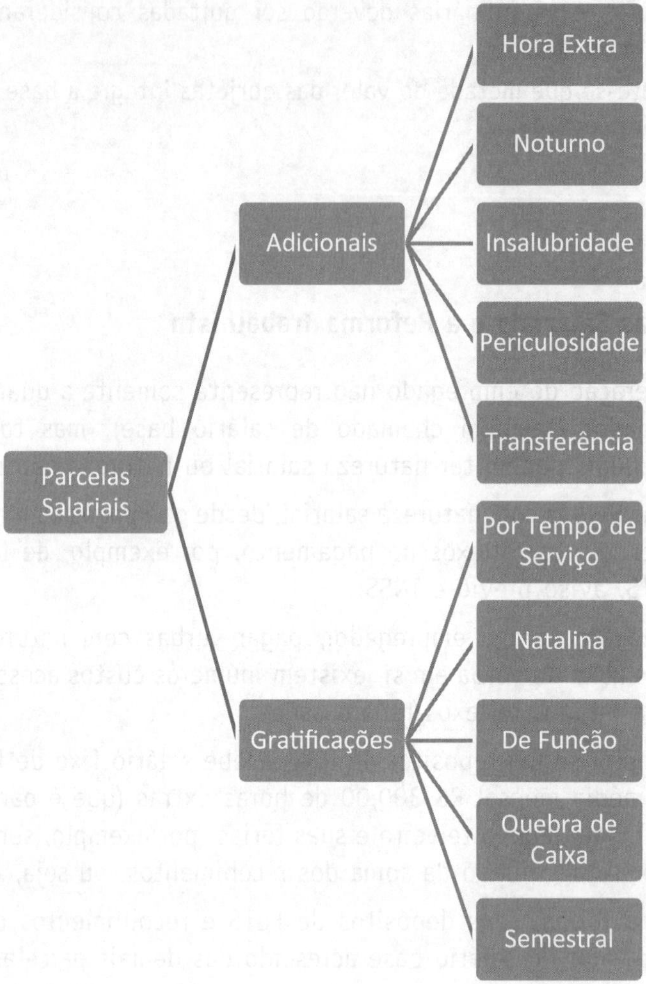

É imprescindível mencionar que a Lei nº 13.467/2017 (**Reforma Trabalhista**) transformou os "**prêmios**" e "**abonos**" em parcelas **SEM** natureza salarial, conforme alteração realizada no artigo 457, §2º, da CLT:

> As importâncias, ainda que habituais, pagas a título de ajuda de custo, auxílio-alimentação, vedado seu pagamento em dinheiro, diárias para viagem, **prêmios e abonos não integram a remuneração do empregado**, não se incorporam ao contrato de trabalho e não constituem base de incidência de qualquer encargo trabalhista e previdenciário. – Grifo nosso.

O parágrafo primeiro do artigo 457, por sua vez, afirma que *"Integram o salário a importância fixa estipulada, as gratificações legais e as comissões pagas pelo empregador."*.

Em que pese a literalidade do dispositivo legal acima citado, o leitor deve ter em mente que integram o salário, para fins de repercussões/reflexos, desde que recebidas habitualmente, todas as parcelas elencadas no gráfico exposto no início deste tópico e não somente as elencadas no § 1º do artigo 457. Mesmo assim, é importante saber a literalidade do retro referido parágrafo, pois o mesmo pode aparecer transcrito em uma questão de concurso, circunstância na qual deverá ser considerado correto.

Diante dessas alterações promovidas pela **Reforma Trabalhista** mostra-se pertinente a questão que segue:

▸ **Aplicação em Concurso e/ou OAB:**

(VUNESP - Prefeitura de São José dos Campos - SP - Procurador - 2019) Integram o salário do empregado

a) todas as importâncias variáveis que decorrem do contrato de trabalho.

b) as gorjetas e as ajudas de custo.

c) os prêmios e os abonos pagos pelo empregador.

d) as gratificações legais e as comissões.

e) as gorjetas e as diárias de viagem que superam 50% do salário contratual.

Resposta: D

Traçadas estas explicações, vamos agora ao estudo de cada uma das **parcelas salariais**, **sobre salários** ou **complementos salariais.**

A) Adicionais

Os adicionais são parcelas salariais devidas pelo empregador, em razão do mesmo exigir do empregado a prestação de serviços subordinados em circunstâncias gravosas/prejudiciais ao próprio trabalhador.

Não é por acaso que todo adicional é tarifado pela lei, por exemplo, as horas extras são mais custosas do que as horas normais. O trabalho em ambiente insalubre, da mesma forma, requer um pagamento a mais quando comparado com o trabalho em condições normais.

A tarifação legal dos adicionais existe, destarte, para compensar o trabalho em circunstâncias desfavoráveis ao trabalhador.

A natureza jurídica dos adicionais é de "**salário-condição**", isso porque depende de certas circunstâncias/condições para que surja o respectivo dever de pagamento. Por exemplo, a condição para pagamento do adicional de transferência é a existência de transferência provisória. **Sendo suprimida a condição, extingue-se também o respectivo adicional, independentemente do tempo pelo qual o empregado tenha recebido.**

A.1) Adicional de Horas Extras

Para compensar o trabalho prestado em jornada suplementar (ou jornada extraordinária), bem como desencorajar o empregador a exigir o trabalho nessas circunstâncias, a legislação criou o adicional de horas extras, que representa o percentual de 50% a ser acrescido sobre a hora normal de labor.

Quando um trabalhador, por exemplo, executa suas tarefas ao longo de 8 (oito) horas diárias de segunda a sexta-feira e mais quatro horas aos sábados, totalizando 44 horas por semana, verificamos uma média de 7,33 horas em cada dia da semana. Prosseguindo na matemática, 7,33 horas diárias multiplicadas por 30 dias, nos dá o resultado de 220. Eis aí o divisor daqueles trabalhadores que trabalham 44 horas por semana.

E qual a importância deste divisor? Para calcular o valor da hora extraordinária e seu adicional.

Assim, considerando que um empregado receba salário de R$ 1.000,00 e que ele tenha jornada de 44 horas por semana. Para encontrarmos o valor da sua hora de trabalho basta dividirmos o seu salário (R$ 1.000,00) pelo divisor (220 horas por mês), cujo resultado será R$ 4,54. Esse é o valor da hora de trabalho.

O valor da hora extraordinária, por sua vez, corresponde ao valor da hora de trabalho (R$ 4,54), acrescido do adicional de 50% sobre o valor da hora de trabalho (R$ 2,27). Portanto, nesse exemplo, por meio de uma simples soma, encontramos o valor da hora extra, que equivale a R$ 6,81 (R$ 4,54 + 2,27).

Maiores detalhes sobre esta verba salarial já foram objeto de explicação detalhada no capítulo sobre jornada de trabalho. Mesmo assim, segue uma questão para fins verificação do aprendizado:

▸ **Aplicação em Concurso e/ou OAB:**

(FCC – Técnico Judiciário – Área Administrativa – TRT 3/2015) É parcela que repercute no cálculo das férias acrescidas de 1/3 do empregado:

a) abono e rendimento do PIS/PASEP.

b) salário-família pago no valor previsto em lei.

c) adicional de horas extras recebidas habitualmente.

d) participação nos lucros ou resultados.

e) diárias para viagem que não excedam de 50% do salário percebido pelo empregado e não se sujeitam à prestação de contas.

Resposta: C

A.2) Adicional Noturno

Segundo Claudia Moreno[2], professora associada ao Departamento de Saúde Ambiental da Faculdade de Saúde Pública da Universidade São Paulo, a imposição de horários sociais contrários ao nosso ritmo biológico pode agravar ou contribuir para o desenvolvimento de distúrbios.

Salta aos olhos, sem maiores dificuldades, que trabalhar durante o período noturno é prejudicial para o ser humano, pois historicamente nosso organismo foi condicionado a repousar durante a noite e trabalhar durante o dia, daí porque quando existe essa inversão de horários a saúde humana é afetada.

Em face desse efeito danoso, a CLT (que rege os trabalhadores urbanos), no artigo 73, estabeleceu o adicional noturno no valor de 20% em relação à hora diurna de trabalho. Considera-se horário noturno, o período compreendido entre 22h00min horas de um dia e 05h00min horas do dia seguinte.

A legislação consolidada também criou o instituto da **hora ficta noturna**, por meio do qual se considera que a hora de trabalho noturno tem apenas 52'30" (cinquenta e dois minutos e trinta segundos). Obviamente, uma hora possui 60' (sessenta minutos), mas, por ficção legal, para os que trabalham no período noturno, criou-se uma hora mais benéfica, pois possui menos minutos, a hora ficta noturna.

Percebe-se que com a hora ficta noturna de 52'30" o empregado ganha 7'30" (sete minutos e trinta segundos). Tal quantidade de minutos, tão específica, não é por acaso, pois quando se economiza 7'30", por hora, em uma jornada de 08 horas, na prática essa jornada fica reduzida para apenas 07 horas.

A CLT também criou as **horas noturnas por equiparação**, que são aquelas que ocorrem após o prolongamento do horário noturno, além do limite legal. Nessa

2. Notícia no *site* do UOL: https://noticias.uol.com.br/saude/ultimas-noticias/redacao/2013/03/25/ritmo-social-em-descompasso-com-biologico-pode-ocasionar-disturbios.htm?cmpid=copiaecola.

hipótese, quando um empregado prolonga o seu trabalho além das 05h00min da manhã, as horas prolongadas também deverão ser pagas com adicional de 20%, como se estivessem compreendidas no período noturno. Nesse sentido a Súmula nº 60 do TST:

> I – O adicional noturno, pago com habitualidade, integra o salário do empregado para todos os efeitos.
>
> II – Cumprida integralmente a jornada no período noturno e prorrogada esta, devido é também o adicional quanto às horas prorrogadas. Exegese do art. 73, § 5º, da CLT.

Caso o trabalhador que realiza trabalho em regime extraordinário, o faça durante o período noturno, deve-se integrar o adicional noturno na base de cálculo das horas extras.

A referida situação parece-nos bem óbvia, afinal a hora extra realizada no período noturno é mais desgastante do que a hora extra realizada no período diurno, motivo pelo qual a primeira deve ser calculada levando-se em consideração a integração do adicional noturno, conforme OJ nº 97 da SDI-1: *"O adicional noturno integra a base de cálculo das horas extras prestadas no período noturno."*.

O empregador pode transferir empregado que trabalha no período noturno para o período diurno, não havendo nenhuma ilegalidade nessa alteração contratual, pois apesar de implicar a perda do adicional noturno, traz um horário de trabalho melhor para a saúde do trabalhador. Nesse mesmo sentido, a Súmula nº 265 do TST: *"A transferência para o período diurno de trabalho implica a perda do direito ao adicional noturno."*.

Para os trabalhadores rurais existe uma diferença de tratamento no que diz respeito ao instituto em análise, conforme se infere do quadro abaixo, para fins de facilitação do aprendizado:

EMPREGADO	Horário Noturno	Adicional Noturno	Hora Noturna
URBANO	22h às 05h	20%	52min30s
RURAL	Pecuária 20h às 04h	25%	60 minutos
	Agricultura 21h às 05h		

Vale conferir uma questão sobre o adicional noturno:

▸ Aplicação em Concurso e/ou OAB:

(INSTITUTO AOCP - TRT - 1ª REGIÃO (RJ) - Analista Judiciário - Área Administrativa - 2018) Henrique foi contratado pela Loja de Conveniência Aki Tem Tudo, que funciona 24 horas, para exercer a função de atendente no horário das 21h de um dia às 6h do outro, com 1 hora de intervalo para repouso e alimentação. Diante dessa realidade contratual, é correto afirmar que

a) Henrique terá direito ao pagamento do adicional noturno de 20% sobre o valor da hora normal, devendo ser considerada a hora reduzida de 52 minutos e 30 segundos, além de horas extras noturnas. É devido o adicional respectivo e a computação da hora reduzida das 22h até as 5h. O adicional noturno integrará a base de cálculo das horas extras prestadas em período noturno, vez que laboradas em condições de maior desgaste físico e mental. O adicional noturno, porque pago com habitualidade, integra o salário do empregado para todos os efeitos.

b) Será devido a Henrique o pagamento do adicional noturno de 20% sobre o valor da hora normal, devendo ser considerada a hora reduzida de 52 minutos e 30 segundos, além de horas extras noturnas. É devido o adicional respectivo e a computação da hora reduzida das 22h até as 5h. O adicional noturno integrará a base de cálculo das horas extras prestadas em período noturno, vez que laboradas em condições de maior desgaste físico e mental. Adicional noturno e adicional horas extras, porque pagos com habitualidade, integram o salário do empregado para todos os efeitos.

c) Henrique terá direito ao pagamento do adicional noturno de 20% sobre o valor da hora normal, devendo ser considerada a hora reduzida de 52 minutos e 30 segundos. É devido o adicional respectivo e a computação da hora reduzida das 22h até as 6h. É devida uma hora extra normal, sem considerar, para o cálculo respectivo, o adicional noturno. Adicional noturno e adicional horas extras, porque pagos com habitualidade, integram o salário do empregado para todos os efeitos.

d) Será devido a Henrique o pagamento do adicional noturno de 20% sobre o valor da hora normal, devendo ser considerada a hora reduzida de 52 minutos e 30 segundos, além de horas extras noturnas. É devido o adicional respectivo e a computação da hora reduzida das 22h até as 6h. O adicional noturno integrará a base de cálculo das horas extras prestadas em período noturno, vez que laboradas em condições de maior desgaste físico e mental. Adicional noturno e adicional horas extras, porque pagos com habitualidade, integram o salário do empregado para todos os efeitos.

e) Henrique terá direito ao pagamento do adicional noturno, de 20% sobre o valor da hora normal, devendo ser considerada a hora reduzida de 52 minutos e 30 segundos, além de horas extras noturnas. É devido o adicional respectivo e a computação da hora reduzida das 22h até as 6h. O adicional noturno não integrará a base de cálculo das horas extras. Adicional noturno e adicional horas extras, porque pagos com habitualidade, integram o salário do empregado para todos os efeitos.

Resposta: D

A.3) Adicional de Insalubridade

A legislação consolidada, em seu artigo 189, define como insalubres aquelas atividades ou operações que, por sua natureza, condições ou métodos de trabalho, deixem os empregados expostos a agentes nocivos à saúde, acima dos limites de tolerância fixados em razão da natureza e da intensidade do agente e do tempo de exposição aos seus efeitos.

A existência de insalubridade no local de trabalho está ligada à exposição do empregado a agentes **físicos** (ruídos que podem gerar dano auditivo, por exemplo), **químicos** (alguns produtos de limpeza muito fortes, com natureza cáustica, por exemplo) e **biológicos** (sangue de pacientes em hospitais, por exemplo).

Cabe ao Ministério do Trabalho (MTE)[3], exercendo sua competência regulamentar, definir quais atividades se caracterizam ou não como insalubres, por meio de normas que sirvam de guia para caracterização da mesma, bem como os limites de tolerância aos agentes agressivos, os Equipamentos de Proteção Individual (EPI) e o tempo máximo de exposição do empregado aos agentes insalubres.

A regulamentação do MTE, definindo o que se enquadra ou não como insalubre, é tão importante que Supremo Tribunal Federal (STF) editou a Súmula 460, declarando ser indispensável, para a configuração da insalubridade não só a existência de uma perícia que a identifique, mas também que a atividade esteja prevista como insalubre pelo MTE, por meio de sua atividade regulamentadora:

> Para efeito do adicional de insalubridade, a perícia judicial, em reclamação trabalhista, não dispensa o enquadramento da atividade entre as insalubres, que é ato da competência do Ministro do Trabalho e Previdência Social.

---

3. A Lei nº 13.844, de 18.06.2019, estabeleceu a nova organização básica dos órgãos da Presidência e dos Ministérios, tendo extinguido o referido Ministério, atrelando-o ao Ministério da Economia, sob o nome de Secretaria de Trabalho. Entretanto, como a legislação trabalhista não foi atualizada neste detalhe, optamos por continuar utilizando a terminologia que continua constando nas leis laborais, ou seja, Ministério do Trabalho e Emprego.

Portanto, para a caracterização da insalubridade são necessários **dois requisitos indispensáveis**: perícia realizada por médico do trabalho ou engenheiro do trabalho e também que a atividade esteja classificada como insalubre na relação oficial do MTE, a qual consta na Norma Regulamentar nº 15 (NR – 15).

Apenas de forma excepcional admite-se que a insalubridade seja caracterizada com a ausência do requisito prova pericial, isso somente quando não for possível a realização da perícia, quer porque a empresa encerrou suas atividades, quer porque o setor onde o trabalhador prestava serviços foi desativado. Neste sentido a OJ nº 278 da SDI-1:

> A realização de perícia é obrigatória para a verificação de insalubridade. Quando não for possível sua realização, como em caso de fechamento da empresa, poderá o julgador utilizar-se de outros meios de prova.

Acabamos de ver uma situação na qual a prova pericial, excepcionalmente, deixou de ser um requisito obrigatório para a caracterização da insalubridade, entretanto inexiste qualquer possibilidade de se abrir mão da necessidade de que a atividade esteja prevista como insalubre na relação oficial do MTE (NR-15).

À luz do artigo 192 da CLT existem três graus/níveis de insalubridade, os quais variam de acordo com a gravidade do agente insalubre ao qual esteja exposto o trabalhador:

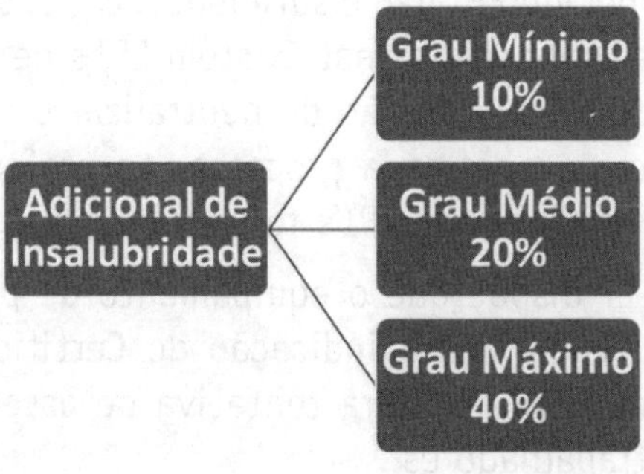

Os percentuais de insalubridade indicados no gráfico acima incidem sobre o **<u>salário mínimo</u>** (artigo 192 da CLT), **salvo se existir norma coletiva ou regulamento de empresa que preveja um critério de cálculo mais benéfico.**

É verdade que o STF, na Súmula Vinculante nº 4, em regra, considera inconstitucional a utilização do salário mínimo como indexador de base de cálculo de vantagem de servidor público ou empregado, todavia, mesmo assim, o próprio STF permitiu que a insalubridade continuasse sendo calculada sobre o salário mínimo, até que viesse nova norma alterando ou substituindo o artigo 192 da CLT, o que ainda não ocorreu.

A.3.1) Eliminação da Insalubridade

A neutralização ou eliminação da insalubridade ocorrerá, segundo o artigo 191 da CLT, de duas maneiras:

- Com a adoção de medidas que conservem o ambiente de trabalho dentro dos limites de tolerância;
- Com a utilização de equipamentos de proteção individual (EPI) por parte do trabalhador, que diminuam a intensidade do agente agressivo a limites de tolerância.

Como exemplo da primeira hipótese, temos uma indústria de confecção de bolas de futebol que automatiza uma parte da linha de produção onde havia contato dos empregados com o produto químico cola, que era necessário para unir o gomo às bolas.

Já para a segunda hipótese, podemos citar um supermercado que possua câmaras frigoríficas (temperaturas abaixo de 0º Celsius), as quais são adentradas por alguns empregados, para os quais a empresa fornece japonas (tipo de casaco específico para frio), óculos de proteção, botas, luvas, calças térmicas etc. Tudo isso para neutralizar o choque térmico e eliminar a insalubridade.

Ainda se valendo desse último exemplo, convém registrar que o simples fato do empregador ter fornecido EPI não é suficiente, por si só, para considerar que a insalubridade foi neutralizada, afinal existem EPI's de péssima qualidade, os quais não logram êxito na sua missão de neutralizar o agente insalubre. Cabe ao perito judicial que atua em cada processo, ao proferir seu laudo pericial, analisar a validade e eficácia dos EPI's fornecidos pelas empresas.

O artigo 167 da CLT dispõe que o equipamento de proteção só poderá ser posto à venda ou utilizado com a indicação do Certificado de Aprovação do Ministério do Trabalho, em uma clara tentativa de assegurar a qualidade dos EPI's fornecidos aos trabalhadores.

Quanto à fiscalização do uso de EPI, não basta que o empregador forneça o EPI, sendo necessário que aquele fiscalize o uso deste, exigindo que o empregado o utilize de forma correta, podendo, inclusive, aplicar justa causa em caso de desobediência do trabalhador. Sobre a necessidade de fiscalização do uso do EPI, segue o entendimento sumulado do TST:

> Súmula nº 289 do TST – O simples fornecimento do aparelho de proteção pelo empregador não o exime do pagamento do adicional de insalubridade. Cabe-lhe

> tomar as medidas que conduzam à diminuição ou eliminação da nocividade, entre as quais as relativas ao **uso efetivo** do equipamento pelo empregado. – Grifo nosso.

Uma vez comprovada a insalubridade, caberá às Delegacias Regionais do Trabalho notificar as empresas, estipulando prazos para sua eliminação ou neutralização.

Caso seja neutralizada a insalubridade, o empregado perderá o direito de receber o respectivo adicional, uma vez que por se tratar de salário-condição não cria no seu beneficiário o direito adquirido ao recebimento, ainda que tenha sido recebido por vários anos seguidos. Nesse particular seguem dois entendimentos sumulados do TST:

> Súmula nº 80 do TST – A eliminação da insalubridade mediante fornecimento de aparelhos protetores aprovados pelo órgão competente do Poder Executivo exclui a percepção do respectivo adicional.
>
> Súmula nº 248 do TST – A reclassificação ou a descaracterização da insalubridade, por ato da autoridade competente, repercute na satisfação do respectivo adicional, sem ofensa a direito adquirido ou ao princípio da irredutibilidade salarial.

A.3.2) Insalubridade em Atividade Intermitente

Intermitente é aquilo que tem intervalos, sendo descontínuo/descontinuado/inconstante. Afigura-se importante entender o significado dessa palavra, afinal o TST por meio da Súmula nº 47 entende que *"o trabalho executado em condições insalubres, em caráter intermitente, não afasta, só por essa circunstância, o direito à percepção do respectivo adicional."*.

Conclui-se, destarte, que ainda que o empregado tenha contato descontínuo com o agente insalubre, ele poderá, de acordo com os detalhes do caso concreto, ter direito ao adicional de insalubridade.

A.3.3) Outros Entendimentos do TST Importantes para OAB e Concursos

Além dos dispositivos legais, Súmulas e Orientações Jurisprudenciais que já analisamos sobre esse assunto, existe mais uma Súmula e mais uma Orientação Jurisprudencial, que merecem ser comentadas, em razão de sua importância para o Exame da Ordem e Concursos.

Com efeito, a Súmula nº 448, II, do TST, deixou claro que a higienização/limpeza de instalações sanitárias (banheiros) de uso público ou coletivo de grande circulação, bem como a consequente coleta de lixo destes lugares, configura trabalho insalubre em grau máximo. Ao passo que a mera limpeza em residências e escritório não configura trabalho insalubre. Segue o verbete sumulado:

> Súmula nº 448, II – A higienização de instalações sanitárias de uso público ou coletivo de grande circulação, e a respectiva coleta de lixo, por não se equiparar à limpeza em residências e escritórios, enseja o pagamento de adicional de insalubridade em grau máximo, incidindo o disposto no Anexo 14 da NR-15 da Portaria do MTE nº 3.214/78 quanto à coleta e industrialização de lixo urbano.

A OJ nº 173 da SDI-1 do TST, por seu turno, registra que não existe previsão legal para a percepção do adicional de insalubridade **apenas** por exposição à radiação solar. Entretanto, o **calor** gerado pela referida radiação solar sobre os empregados que trabalham em ambiente externo (expostos ao sol) poderá, na prática, ficar acima dos limites de tolerância previstos pelo MTE, situação na qual o empregado receberá o adicional de insalubridade. Segue a transcrição da referida Orientação Jurisprudencial:

> OJ nº 173 SDI-1
>
> I – Ausente previsão legal, indevido o adicional de insalubridade ao trabalhador em atividade a céu aberto, por sujeição à radiação solar (art. 195 da CLT e Anexo 7 da NR 15 da Portaria Nº 3214/78 do MTE).
>
> II – Tem direito ao adicional de insalubridade o trabalhador que exerce atividade exposto ao calor acima dos limites de tolerância, inclusive em ambiente externo com carga solar, nas condições previstas no Anexo 3 da NR 15 da Portaria Nº 3214/78 do MTE.

A.3.4) Programa de Prevenção de Riscos Ambientais (PPRA)

O Programa de Prevenção de Riscos Ambientais (PPRA) está previsto na Norma Regulamentar nº 09 do MTE.

O referido documento deverá ser confeccionado por Serviço Especializado em Engenharia de Segurança e em Medicina do Trabalho – SESMT, ou por qualquer pessoa que a critério do empregador tenha capacidade para elaborá-lo e tem como finalidade prevenir e controlar as possibilidades de riscos ambientais no ambiente de trabalho, propondo mecanismos para fazer o ambiente de trabalho mais seguro. A legislação relativa à segurança do trabalho elegeu os seguintes agentes como geradores de riscos ambientais: físicos, químicos e biológicos.

A legislação trabalhista exige que todos os empregadores elaborem e implementem o PPRA, independentemente da quantidade de empregados que possuam e do ramo de atividade em que atuem, sob o risco de ser alvo de penalidades que podem ir desde uma multa até a interdição da atividade.

A.3.5) Agente Nocivo Diverso do Apontado na Petição Inicial

Ao postular adicional de insalubridade, o advogado o faz de acordo com as informações transmitidas pelo cliente, o qual além de não possuir conhecimento técnico sobre o tema, nem sempre consegue responder às perguntas da entrevista formulada pelo advogado de forma satisfatória.

Assim que, por vezes, ocorre, por exemplo, de o advogado postular insalubridade apenas em razão de trabalho em câmaras frigoríficas, todavia o perito verifica somente a existência de insalubridade em função de contato com algum produto químico de natureza cáustica, sendo que esta realidade não foi citada na petição inicial.

Em síntese, a petição inicial apontou um agente insalubre, mas a perícia verificou outro totalmente diverso. Para a Súmula nº 293 do TST, esta divergência entre o agente insalubre retratado na causa de pedir e o agente insalubre encontrado pelo perito, não prejudica o pedido relativo ao adicional de insalubridade. Segue a Súmula nº 293 do TST: *"A verificação mediante perícia de prestação de serviços em condições nocivas, considerado agente insalubre diverso do apontado na inicial, não prejudica o pedido de adicional de insalubridade."*.

A.4) Adicional de Periculosidade

À luz do artigo 193 da CLT são consideradas atividades ou operações perigosas aquelas que, por sua natureza ou métodos de trabalho, impliquem risco acentuado em virtude de exposição permanente do trabalhador a inflamáveis, explosivos, energia elétrica, roubos ou outras espécies de violência física nas atividades profissionais de segurança pessoal ou patrimonial e a atividade dos trabalhadores em motocicleta.

Além dessas hipóteses previstas na CLT, consideram-se também como perigosas as atividades que exponham o trabalhador a radiações ionizantes (exemplo, trabalhadores expostos a RAIO-X) e substâncias radioativas, a qual é mais frequente no ambiente de trabalho de empresas nucleares.

Sistematizando:

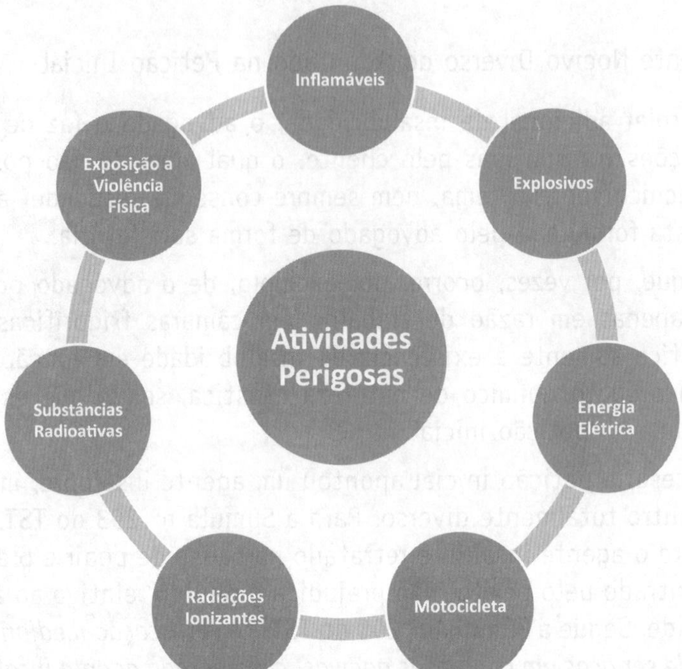

Diversamente da insalubridade, que possui vários percentuais de pagamento, o trabalho em condições de periculosidade assegura ao empregado um adicional invariável de **30% (trinta por cento) sobre o salário base**, sem os acréscimos resultantes de gratificações, prêmios ou participações nos lucros da empresa.

Da mesma forma que ocorre com a insalubridade, igualmente compete ao MTE, por meio do seu poder regulamentar, estabelecer o rol (lista) das atividades consideradas perigosas, o que foi feito por meio da Norma Regulamentar nº 16 (NR-16).

Mais uma vez, assim como na insalubridade, a constatação da periculosidade também requer a realização de perícia por meio de médico do trabalho ou engenheiro do trabalho.

Logo, existem dois requisitos concomitantes: previsão no rol do MTE e perícia por profissional habilitado.

Excepcionalmente, apontaremos três situações nas quais se torna desnecessária à realização de perícia para constatação da periculosidade.

A primeira refere-se ao trabalhador em motocicleta, afinal, nesse caso, deve-se provar apenas que o empregado laborava sobre uma motocicleta, sendo desnecessária a prova técnica. A propósito, o TST tem jurisprudência, aplicável de forma analógica ao caso em comento, onde deixa claro que em algumas hipóteses a periculosidade decorre naturalmente do tipo de atividade exercida pelo trabalhador, não sendo necessário a realização de perícia:

> RECURSO DE EMBARGOS REGIDO PELA LEI Nº 11.496/2007. ADICIONAL DE PERICULOSIDADE - PERÍCIA TÉCNICA - DISPENSA. O artigo 195 da Consolidação das Leis do Trabalho dispõe sobre a necessidade de perícia técnica para a caracterização e classificação da periculosidade e da insalubridade, de forma que, em regra, não é permitido ao juiz dispensar a prova técnica. **Entretanto, tratando-se de hipótese em que a periculosidade decorre naturalmente da atividade exercida, entendo que, ante a desnecessidade de realização de qualquer medição ou constatação, é dispensável a prova pericial para o reconhecimento do direito ao adicional respectivo.** Na situação dos autos, conforme ressaltado pela Turma, a prova oral foi suficiente para que se concluísse pelo enquadramento jurídico das atividades exercidas pelo reclamante em uma das hipóteses previstas na NR 16 do Ministério do Trabalho. Dessa forma, não há que se falar em nulidade da decisão que deferiu o pagamento de adicional de periculosidade sem a realização de perícia técnica. Recurso de embargos conhecido e desprovido. (TST - E-RR: 57003720025090025 5700-37.2002.5.09.0025, Relator: Renato de Lacerda Paiva, Data de Julgamento: 06/10/2011, Subseção I Especializada em Dissídios Individuais, Data de Publicação: DEJT 14/10/2011).

A segunda está ligada ao segurança ou vigilante que trabalha tentando evitar roubos ou outras espécies de violência física[4].

A terceira tem em mira aquelas raras situações em que o empregador, espontaneamente (por mera liberalidade), paga o adicional de periculosidade, hipótese na qual fica incontroversa a existência de trabalho nessas condições, conforme Súmula nº 453 do TST:

> **O pagamento de adicional de periculosidade efetuado por mera liberalidade da empresa**, ainda que de forma proporcional ao tempo de exposição ao risco ou em percentual inferior ao máximo legalmente previsto, **dispensa a realização da prova técnica** exigida pelo art. 195 da CLT, pois torna incontroversa a existência do trabalho em condições perigosas. – Grifo nosso.

4. Hipótese citada por: CASSAR, Vólia Bomfim. *Direito do trabalho*. 9. ed. São Paulo: Método, 2014, pp. 837.

Vamos observar agora uma questão sobre as atividades perigosas:

▸ Aplicação em Concurso e/ou OAB:

(CS-UFG - AparecidaPrev - Médico Perito Previdenciário - 2018) Quanto à Periculosidade, prevista na Consolidação das Leis do Trabalho (CLT), considera-se que:

a) as atividades de exposição permanente do trabalhador em motocicleta são consideradas perigosas.

b) o direito do empregado ao adicional de periculosidade cessará com o controle do risco à sua saúde ou integridade física.

c) a exposição do trabalhador a roubos ou outras espécies de violência física nas atividades profissionais são consideradas atividades ou operações perigosas.

d) o trabalho em condições de periculosidade assegura ao empregado um adicional de 40% (quarenta por cento) sobre o salário.

Resposta: A

A seguir veremos alguns detalhes sobre as atividades perigosas que, pela sua importância para concursos e Exame da Ordem, serão detalhadas em tópicos próprios.

A.4.1) Trabalhadores Expostos a Riscos de Roubo e Outras Espécies de Violência Física

Relativamente aos empregados que trabalham expostos a roubos ou outras espécies de **violência física** nas atividades profissionais de segurança pessoal ou patrimonial, a Portaria nº 1.885/2013 do MTE aprovou o Anexo 3 da NR-16, que caracterizou as atividades que podem ser consideradas perigosas.

Nesses termos, são considerados profissionais de segurança pessoal ou patrimonial os trabalhadores que atendam a uma das seguintes condições, conforme o anexo supracitado:

> a) empregados das empresas prestadoras de serviço nas atividades de segurança privada ou que integrem serviço orgânico de segurança privada, devidamente registradas e autorizadas pelo Ministério da Justiça, conforme lei 7102/1983 e suas alterações posteriores.
>
> b) empregados que exercem a atividade de segurança patrimonial ou pessoal em instalações metroviárias, ferroviárias, portuárias, rodoviárias, aeroportuárias e de bens públicos, contratados diretamente pela administração pública direta ou indireta.

As atividades ou operações que expõem os empregados a roubos ou outras espécies de violência física, desde que atendida uma das condições transcritas acima, são as constantes do quadro abaixo, o qual foi retirado do Anexo 3 da NR-16 do MTE:

ATIVIDADES OU OPERAÇÕES	DESCRIÇÃO
Vigilância patrimonial	Segurança patrimonial e/ou pessoal na preservação do patrimônio em estabelecimentos públicos ou privados e da incolumidade física de pessoas.
Segurança de eventos	Segurança patrimonial e/ou pessoal em espaços públicos ou privados, de uso comum do povo.
Segurança nos transportes coletivos	Segurança patrimonial e/ou pessoal nos transportes coletivos e em suas respectivas instalações.
Segurança ambiental e florestal	Segurança patrimonial e/ou pessoal em áreas de conservação de fauna, flora natural e de reflorestamento.
Transporte de valores	Segurança na execução do serviço de transporte de valores.
Escolta armada	Segurança no acompanhamento de qualquer tipo de carga ou de valores.
Segurança pessoal	Acompanhamento e proteção da integridade física de pessoa ou de grupos.
Supervisão/fiscalização Operacional	Supervisão e/ou fiscalização direta dos locais de trabalho para acompanhamento e orientação dos vigilantes.
Telemonitoramento/ telecontrole	Execução de controle e/ou monitoramento de locais, através de sistemas eletrônicos de segurança.

A.4.2) Vigilantes

Quanto aos vigilantes, o artigo 193, § 3º, da CLT, declara que serão descontados ou compensados do adicional de periculosidade previsto na CLT para os vigilantes, outros da mesma natureza eventualmente já concedidos por meio de acordo coletivo.

A.4.3) Trabalhadores Expostos à Energia Elétrica

Em relação a esses trabalhadores avulta de importância duas orientações jurisprudenciais do TST. A OJ nº 324 da SDI-1 do TST, a qual limita o adicional de periculosidade aos empregados que trabalhem em Sistema Elétrico de Potência (SEP) ou em sistema elétrico equiparado a este. Nesse sentido, a OJ retro mencionada:

> É assegurado o adicional de periculosidade **apenas aos empregados que trabalham em sistema elétrico de potência em condições de risco**, ou que o façam

> com equipamentos e instalações elétricas similares, que ofereçam risco equivalente, ainda que em unidade consumidora de energia elétrica. – Grifou-se

A OJ nº 347 da SDI-1 do TST, por seu turno, estende o adicional de periculosidade aos empregados de empresa de telefonia que atuem como cabistas, instaladores e reparadores de linhas e aparelhos. Segue a Orientação Jurisprudencial em comento:

> É devido o adicional de periculosidade aos empregados cabistas, instaladores e reparadores de linhas e aparelhos de empresas de telefonia, desde que, no exercício de suas funções, fiquem expostos a condições de risco equivalente ao do trabalho exercido em contato com sistema elétrico de potência.

A.4.4) Exposição Intermitente, Eventual e Proporcional

Quando o trabalhador se expõe ao agente perigoso (seja ele qual for) de maneira permanente ou mesmo de forma intermitente/descontínua, sujeita-se às condições de risco, devendo receber o adicional de periculosidade.

Todavia, quando a exposição for eventual (de vez em quando), ocasional ou fortuita, a atividade não será considerada perigosa.

Da mesma forma, não será considerada perigosa aquela atividade na qual o empregado apesar de ter contato habitual com o agente perigoso, o faz de forma extremamente reduzida.

Diante do efeito nocivo das atividades perigosas, o TST mostra-se inflexível quanto à possibilidade de redução do adicional de periculosidade por meio de norma coletiva, ainda que seja de maneira proporcional ao tempo de exposição ao agente perigoso. A Reforma Trabalhista seguindo essa linha determinou que constitui objeto ilícito de convenção coletiva ou de acordo coletivo de trabalho, a supressão ou a redução do adicional de periculosidade (art. 611-B, XVIII da CLT).

Tudo que explicamos acima vem resumido na Súmula nº 364 do TST, que merece ser lida para fins de memorização:

> I – Tem direito ao adicional de periculosidade o empregado exposto permanentemente ou que, de forma intermitente, sujeita-se a condições de risco. Indevido, apenas, quando o contato dá-se de forma eventual, assim considerado o fortuito, ou o que, sendo habitual, dá-se por tempo extremamente reduzido.
>
> II – Não é válida a cláusula de acordo ou convenção coletiva de trabalho fixando o adicional de periculosidade em percentual inferior ao estabelecido em lei e proporcional ao tempo de exposição ao risco, pois tal parcela constitui medida de higiene, saúde e segurança do trabalho, garantida por norma de ordem pública.

Segue uma questão sobre o adicional de periculosidade:

▸ **Aplicação em Concurso e/ou OAB:**

(FGV – OAB – XXII Exame – 2017) Na convenção coletiva de determinada categoria, ficou estipulado que o adicional de periculosidade seria pago na razão de 15% sobre o salário-base, pois, comprovadamente, os trabalhadores permaneciam em situação de risco durante metade da jornada cumprida. Sobre a cláusula em questão, assinale a afirmativa correta.

a) A cláusula não é válida, pois se trata de norma de ordem pública.

b) A validade da cláusula depende de homologação judicial.

c) A cláusula é válida, porque a Constituição da República garante eficácia aos acordos e às convenções coletivas.

d) A legalidade da cláusula será avaliada pelo juiz, porque a Lei e o TST são silentes a respeito.

Resposta: A

A.4.5) Outros Entendimentos do TST Importantes para OAB e Concursos

Além dos dispositivos legais, Súmulas e Orientações Jurisprudenciais que já analisamos sobre a periculosidade, existe mais uma Súmula e mais uma Orientação Jurisprudencial que merecem nossa atenção.

Por meio da OJ nº 385 da SDI-1, o TST firmou entendimento no sentido de que os empregados que desenvolvem suas tarefas em edifícios terão direito ao adicional de periculosidade, caso exista o armazenamento de líquidos inflamáveis acima dos limites de tolerância.

Vale chamar a atenção para o fato de que o adicional de periculosidade, nessa hipótese, não ocorre porque o empregado trabalha em altura, sobre um edifício, afinal sequer existe previsão legal para o pagamento de periculosidade para aqueles que trabalham em altura. O fato gerador da insalubridade é o armazenamento de líquido inflamável. É o que se infere da OJ em debate:

> É devido o pagamento do adicional de periculosidade ao empregado que desenvolve suas atividades em edifício (construção vertical), seja em pavimento igual ou distinto daquele onde estão instalados tanques para armazenamento de líquido inflamável, em quantidade acima do limite legal, considerando-se como área de risco toda a área interna da construção vertical.

Em relação à Súmula nº 447 do TST, consolidou-se o entendimento de que os tripulantes de aeronaves que permanecerem a bordo, durante o abastecimento, não fazem *jus* ao recebimento do adicional de periculosidade. Nesse sentido, a súmula retro referida:

> Os tripulantes e demais empregados em serviços auxiliares de transporte aéreo que, no momento do abastecimento da aeronave, permanecem a bordo não têm direito ao adicional de periculosidade a que aludem o art. 193 da CLT e o Anexo 2, item 1, "c", da NR 16 do MTE.

A.5) Adicional de Transferência

Esse adicional existe para compensar as despesas oriundas do trabalho prestado em lugar diverso daquele no qual o empregado estava trabalhando.

Por exemplo, determinado empregado reside e trabalha em Salvador, mas foi transferido para a filial de Santa Catarina para substituir um colega de trabalho que entrou em gozo de férias. Nesse caso, trata-se de uma transferência provisória, pois a mesma vai durar apenas o período de férias.

O adicional em tela é de **25% sobre o salário base** e só incide nas transferências provisórias, jamais nas transferências definitivas.

Pouco importa se o empregado que vai ser alvo de transferência exerce cargo de confiança ou possui previsão em seu contrato para ser transferido conforme necessidade da empresa, pois esses detalhes não influenciam na percepção do referido adicional.

Vale repetir, o que importa é que a transferência seja provisória, pois se for, deverá haver o pagamento do adicional de 25% sobre o salário base. A OJ nº 113 da SDI-1 consolidou o entendimento sobre este assunto:

> O fato de o empregado exercer cargo de confiança ou a existência de previsão de transferência no contrato de trabalho não exclui o direito ao adicional. O pressuposto legal apto a legitimar a percepção do mencionado adicional é a transferência provisória.

Segue uma questão sobre o adicional de transferência:

▸ Aplicação em Concurso e/ou OAB:

(FGV – Exame de Ordem 2017.1) Célio e Paulo eram funcionários da sociedade empresária Minério Ltda. e trabalhavam no município do Rio de Janeiro. Por necessidade de serviço, eles foram deslocados para trabalhar em outros municípios. Célio continuou morando no mesmo lugar, porque o município em que passou a laborar era contíguo ao Rio de Janeiro. Paulo, no entanto, mudou-se definitivamente, com toda a família, para o município em que passou a trabalhar, distante 350 km do Rio de Janeiro. Dois anos depois, ambos foram dispensados. A sociedade empresária nada pagou aos funcionários quando das transferências de locais de trabalho, salvo a despesa com a mudança de Paulo. Ambos ajuizaram ações trabalhistas. A partir da hipótese sugerida, assinale a afirmativa correta.

a) Célio e Paulo não têm direito ao adicional de transferência.

b) Apenas Paulo tem direito ao adicional de transferência.

c) Apenas Célio tem direito ao adicional de transferência.

d) Ambos têm direito ao adicional de transferência.

Resposta: A

B) Gratificações

As gratificações constituem-se em parcelas com natureza salarial paga pelo empregador, quer porque a lei assim determina (décimo terceiro salário, por exemplo), quer porque o próprio empregador elege um fato como relevante para concedê-la, por exemplo, ter cinco anos de trabalho na empresa e, como consequência, receber uma gratificação por tempo de serviço.

Do conceito acima, percebe-se a existência de gratificações legais (possuem origem na lei, seja autônoma ou heterônoma) e de gratificações convencionais (concedidas pelo empregador).

O artigo 457, § 1º, da CLT, afirmava, antes da Reforma Trabalhista, que "Integram o salário não só a importância fixa estipulada, como também as comissões, percentagens, **gratificações ajustadas**, diárias para viagens e abonos pagos pelo empregador.".

Ocorre que a **Reforma Trabalhista** remodelou o § 1º do artigo 457 que passou a ter a seguinte dicção: *"Integram o salário a importância fixa estipulada, as gratificações legais e as comissões pagas pelo empregado"*.

Nota-se, claramente, que a expressão *"gratificação ajustada"* foi substituída pela expressão *"gratificações legais"*. Diante dessa mudança o leitor deverá ficar atento para o novo texto da lei, que por certo será alvo de questões de OAB e concursos públicos.

Ademais, em que pese essa alteração, todas as gratificações (legais, de função ou convencionais) continuam tendo natureza salarial, afinal o parágrafo segundo do artigo 457 da CLT (que será estudado mais adiante), de forma expressa, enumerou as verbas que não possuem natureza salarial, não tendo elencado as gratificações entre as mesmas.

Vamos agora ao estudo das gratificações em espécie.

B.1) Gratificação por Tempo de Serviço

Não existe nenhum dispositivo legal na CLT que defira este benefício aos trabalhadores, daí porque os empregados que o recebem possuem o referido direito previsto no próprio contrato de trabalho, em regulamento de empresa ou em norma coletiva.

Normalmente aparece com os nomes de anuênio, triênio e quinquênio. Sendo que na hipótese do anuênio, o empregado recebe um aumento de 1% após o primeiro ano de trabalho. Na hipótese do triênio, recebe um aumento de 3% após três anos de trabalho. E, finalmente, na hipótese do quinquênio, recebe um aumento de 5% após cinco anos de trabalho. Reafirmamos que esses percentuais e períodos de tempo dependerão dos detalhes previstos na norma que os institua, afinal podem variar de região para região do país.

Parte da doutrina diz que se trata de benefício **espontâneo**, pois não existe lei que o exija. Todavia, trata-se de equívoco doutrinário, afinal tanto o regulamento de empresa, quanto as normas coletivas são fontes do Direito do Trabalho, tratando-se de típica legislação autônoma. Inclusive, quando uma empresa paga o referido benefício por estar previsto em uma norma coletiva, percebe-se que o pagamento é obrigatório (e não espontâneo), haja vista que decorre de uma imposição do acordo coletivo ou da convenção coletiva de trabalho.

Por se tratar de uma verba de natureza salarial integra o salário para todos os efeitos legais, isto é, causa repercussões/reflexos, por exemplo, em décimo terceiro, férias, FGTS, INSS e aviso prévio.

De acordo com a Súmula nº 226 do TST, a gratificação por tempo de serviço integra o cálculo das horas extras.

A gratificação por tempo de serviço não repercute no cálculo do repouso semanal remunerado. A propósito, qualquer verba que tenha pagamento fixo, isto é, que não dependa de apuração, não trará reflexos/repercussões no repouso semanal remunerado.

Por exemplo, um empregado que receba triênio, terá um pagamento mensal de mais 3%. Trata-se de um pagamento invariável, que não varia de um mês para o outro. Em situações semelhantes, não existe repercussão/reflexo em repouso semanal remunerado.

Diversamente, um pedido de horas extras trará repercussões/reflexos no repouso semanal remunerado, pois é uma verba que depende de apuração mensal, afinal em um mês o empregado fará 10 horas extras por exemplo, ao passo que em outro mês fará 20 horas extras.

Assim sendo, como o pagamento da gratificação por tempo de serviço é algo que não depende de apuração mensal, tratando-se, portanto, de um pagamento invariável, não haverá repercussões no repouso semanal remunerado.

Nesse sentido, a Súmula nº 225 do TST: *"As gratificações por tempo de serviço e produtividade, pagas mensalmente, não repercutem no cálculo do repouso semanal remunerado."*

De saída, a Súmula 202 do TST previu a situação daqueles empregados que possuem a previsão de duas gratificações por tempo de serviço, uma concedida pelo empregador e outra prevista, por exemplo, em norma coletiva. Nessa situação, não se permite o recebimento das duas gratificações, cabendo ao empregado receber apenas a que lhe seja mais benéfica. Vejamos a Súmula 202 do TST:

> Existindo, ao mesmo tempo, gratificação por tempo de serviço outorgada pelo empregador e outra da mesma natureza prevista em acordo coletivo, convenção coletiva ou sentença normativa, o empregado tem direito a receber, exclusivamente, a que lhe seja mais benéfica.

B.2) Gratificação Natalina ou Décimo Terceiro

Esse instituto é disciplinado pelas Leis nº 4.090/62 e 4.749/65, e ainda pelo Decreto Lei nº 57.155/65, não estando, destarte, regulado pela CLT.

O décimo terceiro salário deverá ser pago em duas parcelas, sendo a 1ª parcela entre fevereiro e novembro e a 2ª parcela até 20 de dezembro.

O valor do décimo terceiro corresponderá ao montante da remuneração recebida pelo empregado no mês de dezembro, sendo que seu cálculo levará em consideração não apenas o salário base do empregado em dezembro, mas sim todas as verbas de natureza salarial recebidas pelo empregado.

Na hipótese de o empregado não ter laborado (trabalhado) em todos os meses do ano, receberá o décimo terceiro proporcional aos meses trabalhados, na proporção de 1/12 avos da remuneração por mês trabalhado. Assim sendo, se o empregado laborou por 9 meses, já incluído nesse prazo o aviso prévio, receberá 9/12 avos de décimo terceiro. Para efeito de cálculos, a fração igual ou superior a 15 dias de trabalho será havida como mês integral.

Vamos a um exemplo concreto: o empregado tinha salário de R$ 1.200,00. Foi dispensado após nove meses de trabalho, já incluído nesse prazo o aviso prévio, seu décimo terceiro será de 9/12 da remuneração por mês trabalhado, gerando décimo proporcional de R$ 900,00.

A operação matemática é a seguinte: divide-se o salário (R$ 1.200,00) pela quantidade de meses que compõem um ano (12 meses) e multiplica-se pelos meses trabalhados (no nosso exemplo, 09 meses), assim chegamos ao resultado: R$ 900,00.

Para efeito de cálculo, considera-se como se fosse um mês a fração igual ou superior a 15 dias. Logo, para um empregado que trabalhou por 08 (oito) meses e 20 dias, o cálculo é exatamente igual ao do empregado que trabalhou por 09 (nove) meses completos.

O empregado poderá requerer o adiantamento de metade do seu décimo terceiro (aquela primeira parcela) para que seja pago em conjunto com as férias. Para tanto, esse pedido deverá ser feito durante o mês de janeiro do ano correspondente. Tendo o empregado preenchido o requisito (pedido feito no mês de janeiro), o empregador é obrigado a pagar a primeira parcela do décimo terceiro em conjunto com as férias, pois se trata de **direito potestativo**.

No caso dos empregados que auferem salário variável (os comissionistas, por exemplo), o valor do décimo terceiro será encontrado pela **média duodecimal**. A média duodecimal é encontrada somando-se as parcelas variáveis recebidas ao longo do ano e, em seguida, dividindo-as por 12 (quantidade de meses do ano). O artigo 2º do Decreto 57.155/1965 detalha esse cálculo da seguinte forma:

> Art. 2º **Para os empregados que recebem salário variável, a qualquer título, a gratificação será calculada na base de 1/11 (um onze avos) da soma das importâncias variáveis devidas nos meses trabalhados até novembro de cada ano.** A esta gratificação se somará a que corresponder à parte do salário contratual fixo.
>
> Parágrafo único. **Até o dia 10 de janeiro de cada ano, computada a parcela do mês de dezembro, o cálculo da gratificação será revisto para 1/12 (um doze avos) do total devido no ano anterior, processando-se a correção do valor da respectiva gratificação com o pagamento ou compensação das possíveis diferenças.** – Grifo nosso.

Vamos ao seguinte exemplo: Asdrubal recebia salário exclusivamente à base de comissões e recebeu R$ 22.000,00 por mês, entre janeiro de novembro. Logo, multiplica-se R$ 22.000,00 por 11 (de janeiro a novembro) e depois se divide, novamente, por 11, encontrando-se o valor do décimo terceiro em R$ 22.000,00.

Todavia, com as vendas de natal, Asdrubal consegue salário total comissionado de R$ 40.000,00 no mês de dezembro. Para essa hipótese, a compensação/correção das diferenças será feita da seguinte forma: multiplica-se R$ 22.000,00 por 11 (de janeiro a novembro), soma-se mais R$ 40.000,00 (salário de dezembro) e divide-se tudo por 12 meses, encontrando-se o valor de R$ 23.500,00. Todavia, como Asdrubal já recebeu R$ 22.000,00 em dezembro, ser-lhe-á devido apenas a diferença, ou seja, R$ 1.500,00 a ser recebido em janeiro a título de complementação do valor do décimo terceiro.

Por fim, quando parte da remuneração for paga em utilidades, o valor da quantia efetivamente descontada correspondente às referidas utilidades, será computado para fixação da respectiva gratificação (art. 5º do Decreto nº 57.155/1965).

Analisemos a seguinte questão relativa ao décimo terceiro salário:

▸ Aplicação em Concurso e/ou OAB:

(FCC – Analista Judiciário – Área Judiciária – TRT 23/2016) Sobre a gratificação de Natal,

(A) deve ser paga em duas parcelas, a primeira juntamente com as férias do empregado e a segunda até o dia 20 de dezembro.

(B) pode ser paga em uma única parcela, desde que o trabalhador assim o requeira e o pagamento seja realizado até o dia 20 de dezembro.

(C) a primeira parcela deve ser paga entre os meses de fevereiro e novembro, a critério do empregador, salvo se o empregado, até o mês de janeiro, solicitar que esta parcela coincida com suas férias.

(D) sendo solicitado pelo trabalhador até o mês de janeiro, a segunda parcela deve ser paga juntamente com a remuneração das férias, desde que estas já tenham sido programadas.

(E) o empregador pode definir a época da primeira parcela, desde que entre os meses de fevereiro e novembro, devendo o pagamento ser feito a todos os empregados na mesma data.

Resposta: C

B.3) Gratificação de Função

A principal gratificação de função se encontra no artigo 62, inciso II, da CLT, o qual afirma que não serão abrangidos pelas normas referentes à duração do trabalho *"os gerentes, assim considerados os exercentes de cargos de gestão, aos quais se equiparam, para o efeito do disposto neste artigo, os diretores e chefes de departamento ou filial."*. Assim sendo, aqueles que exercem cargos de gestão, em regra, segundo a CLT, estão excluídos do direito à percepção de horas extras.

Esses empregados que exercem a função de confiança máxima (gerentes gerais, por exemplo) devem receber um *plus* salarial denominado gratificação de função de, no mínimo, 40% do salário normal de um cargo de confiança. Caso esta gratificação de 40% não seja paga ou, ainda, venha a ser paga em valor inferior ao determinado em lei, o exercente da função de confiança passará a ter direito às horas extras, conforme determina o parágrafo único do artigo 62:

> Parágrafo único – O regime previsto neste capítulo será aplicável aos empregados mencionados no inciso II deste artigo, quando o salário do cargo de confiança, compreendendo a gratificação de função, se houver, for inferior ao valor do respectivo salário efetivo acrescido de 40% (quarenta por cento).

Como sempre, devemos estar atentos ao Princípio da Primazia da Realidade, afinal poderá ocorrer de um empregador, apenas formalmente, nomear um de seus empregados como gerente, pagando-lhe, inclusive, a gratificação de função de 40%, só para vampirizar a energia de trabalho deste por meio de horas extras, sem o respectivo pagamento.

Percebendo-se tal fraude trabalhista, torna-se nula a nomeação do mero empregado como gerente, por atentar contra a realidade dos fatos. Temos aqui, a simples aplicação do artigo 9º da CLT.

A Súmula nº 372 do TST prevê que quando o empregado perceber a gratificação de função por dez ou mais anos, se o empregador, sem justo motivo, revertê-lo a seu cargo efetivo, não poderá retirar-lhe a gratificação tendo em vista o princípio da estabilidade financeira.

Ocorre que a **Reforma Trabalhista** inseriu o § 2º no artigo 468, em sentido diametralmente oposto à referida Súmula do TST, deixando claro que a reversão do empregado que exerce cargo de confiança ao seu cargo efetivo, **com ou sem justo motivo**, não assegura ao empregado o direito à manutenção do pagamento da gratificação correspondente, **que não será incorporada, independentemente do tempo de exercício da respectiva função.**

Segue a nova redação do artigo 468 da CLT:

> Art. 468 – Nos contratos individuais de trabalho só é lícita a alteração das respectivas condições por mútuo consentimento, e ainda assim desde que não resultem, direta ou indiretamente, prejuízos ao empregado, sob pena de nulidade da cláusula infringente desta garantia.
>
> § 1º – Não se considera alteração unilateral a determinação do empregador para que o respectivo empregado reverta ao cargo efetivo, anteriormente ocupado, deixando o exercício de função de confiança.
>
> § 2º A alteração de que trata o § 1º deste artigo, com ou sem justo motivo, não assegura ao empregado o direito à manutenção do pagamento da gratificação correspondente, que não será incorporada, independentemente do tempo de exercício da respectiva função.

Considerando as novidades introduzidas pela Lei nº 13.467/2017 (**Reforma Trabalhista**) segue a questão abaixo, para fins de avaliação do leitor:

▸ **Aplicação em Concurso e/ou OAB:**

(VUNESP - SERTPREV - SP - Procurador Jurídico - 2019) Determinada empresa, na data de 25.06.2019, quando o empregado acabara de completar dez anos de exercício da função de confiança, resolveu revertê-lo ao cargo efetivo, anteriormente ocupado. Nessa hipótese, de acordo com a legislação trabalhista, o empregado

a) não terá direito à manutenção da gratificação correspondente.

b) terá direito à manutenção da gratificação correspondente, pois o cargo foi exercido por dez anos.

c) terá direito a uma indenização compensatória, calculada pela média da gratificação recebida ao longo dos anos em que exerceu a função de confiança.

d) terá direito a indenizações por dano moral e material, sendo a primeira calculada em função do maior valor dos benefícios pagos pela Previdência Social.

e) terá direito a pleitear a rescisão indireta do contrato por descumprimento das obrigações do empregador.

Resposta: A

B.4) Gratificação Quebra de Caixa

Essa espécie de gratificação não possui previsão na CLT, motivo pelo qual os empregados que a recebem são beneficiados por previsão em norma coletiva, regulamento de empresa ou contrato de trabalho.

Cuida-se de uma gratificação devida apenas aos trabalhadores que manuseiam numerários nos caixas das empresas, os famosos "operadores de caixa".

Essa gratificação tem como finalidade compensar os operadores de caixa do risco de "quebra" no seu caixa, isto é, das eventuais diferenças no caixa, afinal quando faltarem valores poderá o operador de caixa responder pelos mesmos, inclusive com descontos nos seus salários. Em se tratando de uma falta de numerário dolosa (com intenção), o caixa deverá ressarcir a empresa mediante descontos no seu salário, sem prejuízo de eventual ação penal cabível.

Diversamente disso, caso seja uma falta de numerário culposa (sem intenção), deverá haver autorização prévia no contrato de trabalho que permita o desconto salarial, sob pena de ser ilegal o referido abatimento.

Como vimos acima, essa gratificação ostenta natureza compensatória, pois tem sua razão de ser no risco do empregado sofrer um possível prejuízo. O TST firmou entendimento sobre sua natureza salarial por meio da Súmula nº 247: *"A parcela paga aos bancários sob a denominação 'quebra de caixa' possui natureza salarial, integrando o salário do prestador de serviços, para todos os efeitos legais."*.

Em que pese o entendimento sumulado referir-se apenas aos bancários, aplica-se também de forma analógica aos operadores de caixa de qualquer categoria profissional.

Como o pagamento da gratificação de quebra de caixa é algo que não depende de apuração mensal, tratando-se, portanto, de um pagamento invariável, não haverá repercussões no repouso semanal remunerado.

B.5) Gratificação Semestral

Como o próprio nome indica, estamos diante de uma gratificação que é paga de seis em seis meses.

Essa espécie de gratificação também não possui previsão na CLT, motivo pelo qual os empregados que a recebem são beneficiados por previsão em norma coletiva, regulamento de empresa ou contrato de trabalho.

Embora seja uma parcela de natureza salarial, recebe tratamento diferenciado quanto às repercussões/reflexos em outras verbas, motivo pelo qual recomendamos especial atenção ao leitor para fins de OAB e concursos. Nesse sentido, segue a Súmula nº 253 do TST:

> A gratificação semestral não repercute no cálculo das horas extras, das férias e do aviso prévio, ainda que indenizados. Repercute, contudo, pelo seu duodécimo na indenização por antiguidade e na gratificação natalina.

Vale frisar: mesmo a gratificação semestral possuindo natureza salarial, o entendimento do TST é no sentido de que ela não repercute/reflete no cálculo das **horas extras, das férias e do aviso prévio, ainda que indenizados**. Repercute, contudo, pelo seu duodécimo na indenização por antiguidade e na gratificação natalina.

É pacífico na doutrina que a Gratificação Semestral repercute/reflete sobre INSS e FGTS.

Por fim, esta gratificação semestral não se confunde com a participação nos lucros, que é instituto distinto, que será estudado mais adiante.

8.3. Parcelas NÃO Salariais e a Reforma Trabalhista

Algumas verbas trabalhistas, por expressa disposição legal, não possuem natureza salarial. Estas verbas que não possuem natureza salarial têm como principal característica o fato de não causarem repercussões/reflexos em outras verbas.

A **Reforma Trabalhista** reformulou o § 2º do artigo 457 da CLT, fazendo-o passar a ter a seguinte redação:

> As importâncias, ainda que habituais, pagas a título de **ajuda de custo, auxílio--alimentação, vedado seu pagamento em dinheiro, diárias para viagem, prêmios e abonos não integram a remuneração do empregado**, não se incorporam ao contrato de trabalho e não constituem base de incidência de qualquer encargo trabalhista e previdenciário.

Percebe-se que a **Reforma Trabalhista** ampliou o elenco de verbas que não possuem natureza salarial. Cabendo ao leitor se atentar para esta alteração, a qual, diante da novidade, será alvo de provas da OAB e concursos públicos.

Além das verbas sem natureza salarial enumeradas na CLT, existem outras que também não possuem natureza salarial, sendo que as principais parcelas com natureza não salarial seguem elencadas no gráfico seguinte:

Considerando as alterações promovidas na natureza de inúmeras verbas trabalhistas em razão da vigência da Lei nº 13.467/2017 (**Reforma Trabalhista**), inserimos a questão abaixo para que o leitor teste seus conhecimentos:

▸ **Aplicação em Concurso e/ou OAB:**

(Prefeitura de Rondonópolis - MT - Procurador Jurídico - 2019) Tendo em vista o disposto na legislação trabalhista em vigor acerca de salário e remuneração, é correto afirmar:

a) Quando o salário do trabalhador é composto de dinheiro mais utilidades (prestações "in natura"), o empregador deve pagar, no mínimo, 50% (cinquenta por cento) em espécie.

b) Os prêmios e abonos não integram a remuneração do empregado, não se incorporam ao contrato de trabalho e não constituem base de incidência de qualquer encargo trabalhista e previdenciário.

c) O valor relativo à assistência prestada por serviço médico ou odontológico, próprio ou não, desde que concedido na mesma modalidade de plano e cobertura para todos os empregados da empresa, não integra o salário.

d) A gorjeta não integra a remuneração do empregado, para todos os efeitos legais, por não ser paga diretamente pelo empregador.

Resposta: B

Nos tópicos abaixo, trataremos de cada uma das parcelas não salariais listadas no gráfico exibido antes da questão acima.

A) Ajuda de Custo

A ajuda de custo mais conhecida no Direito do Trabalho é aquela cuja finalidade é ressarcir o empregado das despesas realizadas em razão da transferência, ou seja, aquela mudança de local de trabalho que implica necessariamente em mudança de domicílio.

Toda mudança de domicílio traz consigo despesas básicas, tais como despesas com transporte do trabalhador e sua família, transporte de mobília etc. Tudo isto é englobado sob o nome de ajuda de custo.

O fundamento legal da ajuda de custo está no artigo 470 da CLT: *"As despesas resultantes da transferência correrão por conta do empregador."*. Essas *"despesas"* consistem naquilo que a doutrina chama de ajuda de custo.

É bom frisar que a Primazia da Realidade deve sempre ser ponderada, afinal se o empregador paga um valor sob a nomenclatura de ajuda de custo, mas de fato observa-se, pelo contexto, que se trata de uma verba de natureza salarial, poderá o empregado postular judicialmente sua integração ao salário.

B) Diárias para Viagem e a Reforma Trabalhista

As diárias representam valores fixos pagos ao empregado para custear despesas em viagens que são realizadas na execução do contrato de trabalho.

É importante salientar que os valores recebidos a título de diárias não exigem prestação de contas por parte do empregado, vez que este decidirá como gastar as diárias sem intervenção do empregador.

Tradicionalmente as diárias sempre possuíram natureza não salarial, todavia caso o valor total das diárias recebidas em um mês ultrapassasse 50% do salário do empregado, a mesma já passava a ter natureza salarial.

Mais uma vez a **Reforma Trabalhista** alterou este panorama, afinal a alteração realizada no § 2º do artigo 457 da CLT simplesmente declara que as diárias não integram a remuneração do empregado, não se incorporando ao contrato de trabalho e não constituindo base de incidência de qualquer encargo trabalhista e previdenciário.

Assim sendo, atualmente, não tem relevância o valor total de diárias recebido durante o mês pelo empregado, vez que ainda que seja superior a 50% da remuneração mensal continuará tendo natureza não salarial.

Em face dessa alteração introduzida pela **Reforma Trabalhista** verificou-se também uma alteração no artigo 28, § 9º, alínea "h", da Lei nº 8.212/91, que passou a prever que as diárias deixam de integrar o salário-de-contribuição, independentemente do valor pago, uma vez que deixaram de ter natureza salarial.

Sobre as diárias e as inovações oriundas da Lei nº 13.467/2017 colacionamos a questão abaixo para que o leitor verifique seus conhecimentos:

▸ Aplicação em Concurso e/ou OAB:

(FCC - TST - Técnico Judiciário - Área Administrativa - 2017) Antonio é empregado da Empresa X e, em determinado mês, recebeu diárias para viagem no importe de 70% do seu salário. De acordo com a CLT, alterada pela Lei n° 13.467/2017,

a) tendo em vista que ultrapassou 50% do salário, a regra é que metade do valor recebido terá natureza salarial, logo 35%, no caso.

b) somente o que ultrapassar 50% do salário terá natureza salarial, logo, 20%, no caso.

c) tendo em vista que ultrapassou 50% do salário, a integralidade da diária para viagem terá natureza salarial.

d) as diárias para viagem, ainda que habituais não integram a remuneração do empregado, não constituindo base de incidência de qualquer encargo trabalhista e previdenciário.

e) as diárias para viagem sempre integram a remuneração do empregado, servindo de base de incidência de encargos trabalhistas e previdenciários.

Resposta: D

C) Participação nos Lucros e Resultados (PLR)

O artigo 7º, inciso XI, da CF/88, garante aos trabalhadores urbanos e rurais a *"participação nos lucros, ou resultados, desvinculada da remuneração, e, excepcionalmente, participação na gestão da empresa, conforme definido em lei."*.

A PLR, também conhecida como **gratificação de balanço**, não está prevista na CLT, tendo sido regulamenta pela Lei nº 10.101/2000, a qual em seu artigo 3º, § 2º veda seu pagamento em mais de duas vezes no mesmo ano civil e em periodicidade inferior a um trimestre civil, ou seja, a PLR só pode ser paga em duas parcelas no ano, desde que seja em trimestres diferentes.

A participação nos lucros ou resultados será objeto de negociação entre a empresa e seus empregados, através de um dos procedimentos a seguir descritos, escolhidos pelas partes de comum acordo:

- comissão paritária escolhida pelas partes, integrada, também, por um representante indicado pelo sindicato da respectiva categoria;
- convenção ou acordo coletivo.

A comissão paritária acima referida trata-se de uma comissão formada por representantes dos empregados, bem como dos empregadores, na mesma proporção.

A finalidade desse instituto é criar nos empregados um maior desejo de trabalho e, consequentemente, de produtividade, afinal quanto mais a empresa produzir maiores serão as chances de crescimento dos seus lucros e, por fim, maior será a PLR recebida pelos empregados.

É ilegal vincular-se o pagamento da PLR à necessidade de o empregado estar trabalhando quando da data do seu pagamento, afinal mesmo que dispensados deverão receber a participação nos lucros de forma proporcional, haja vista que contribuíram para os lucros da empresa no período em que ainda estavam trabalhando. Com igual pensamento encontra-se a Súmula 451 do TST:

> Fere o princípio da isonomia instituir vantagem mediante acordo coletivo ou norma regulamentar que condiciona a percepção da parcela participação nos lucros e resultados ao fato de estar o contrato de trabalho em vigor na data prevista para a distribuição dos lucros. Assim, inclusive na rescisão contratual antecipada, é devido o pagamento da parcela de forma proporcional aos meses trabalhados, pois o ex-empregado concorreu para os resultados positivos da empresa.

A natureza não salarial da PLR restringe-se ao âmbito laboral e relativo às contribuições previdenciárias, vez que incide imposto de renda de forma exclusiva (entenda-se: separado das verbas com natureza salarial). Haverá isenção do imposto de renda se o valor pago de PLR ANUAL for de até R$ 6.000,00.

D) Prêmios e Reforma Trabalhista

Os prêmios ou bônus constituem-se em vantagens recebidas pelo trabalhador em razão de ter atingido, por exemplo, uma meta.

Percebe-se, nesse contexto, que é uma contraprestação ligada à competência do empregado (no sentido de eficiência e produtividade), que se sobressaiu aos olhos do empregador.

O prêmio sempre foi visto pela doutrina e pela jurisprudência como uma parcela de natureza salarial, entretanto a **Reforma Trabalhista** transformou a natureza jurídica dos prêmios, que passaram a ter natureza não salarial (artigo 457, § 2º, CLT).

Diante dessa alteração introduzida pela **Reforma Trabalhista** verificou-se também uma alteração no artigo 28, §9º, alínea "z", da Lei nº 8.212/91, que passou a prever que os prêmios deixam de integrar o salário-de-contribuição, uma vez que não possuem mais natureza salarial.

O artigo 457, § 4º, da CLT, introduzido pela **Lei nº 13.467/2017 (Reforma Trabalhista)**, conceitua o prêmio da seguinte forma:

> Artigo 457
>
> (...)
>
> § 4º Consideram-se prêmios as liberalidades concedidas pelo empregador em forma de bens, serviços ou valor em dinheiro a empregado ou a grupo de empregados, em razão de desempenho superior ao ordinariamente esperado no exercício de suas atividades.

E) Salário-Família

O salário-família é o benefício devido ao segurado empregado, inclusive o doméstico, e ao trabalhador avulso de baixa renda, na proporção do respectivo número de filhos, de enteado e/ou menor tutelado, desde que comprovada a dependência econômica dos dois últimos, até 14 anos, ou inválidos, de qualquer idade. Ressaltamos que o empregado doméstico passou a fazer jus a este benefício, após a regulamentação da EC 72/2013, pela Lei Complementar 150/2015. Este diploma legal garantiu a extensão do salário-família aos trabalhadores domésticos.

A invalidez do filho, do enteado ou do menor tutelado, desde que comprovada a dependência econômica dos dois últimos, maior de quatorze anos de idade será verificada em exame médico-pericial realizado pela Perícia Médica Federal, para o pagamento deste benefício.

O pagamento do salário-família ao empregado, inclusive o doméstico, será efetuado pela empresa ou pelo empregador doméstico, juntamente com o salário, e no caso do trabalhador avulso, será pelo sindicato ou órgão gestor de mão de obra, por meio de convênio. Nos casos em que esses empregados estiverem aposentados por incapacidade permanente ou em gozo de auxílio por incapacidade temporária, o pagamento será realizado pelo INSS, juntamente com o benefício.

Já com relação ao trabalhador rural aposentado por idade aos sessenta anos, se do sexo masculino, ou cinquenta e cinco anos, se do sexo feminino, o pagamento do benefício também será pelo Instituto Nacional do Seguro Social, juntamente com a aposentadoria. Também será pago pelo INSS e junto com a aposentadoria em relação aos demais empregados, inclusive os domésticos, e aos trabalhadores avulsos aposentados aos sessenta e cinco anos de idade, se homem, ou aos sessenta anos, se mulher.

Entendemos que o salário-família também deve ser pago aos aposentados voluntariamente por tempo de contribuição, por força das alterações promovidas pela a EC 103/2019.

O direito à cota do salário-família é definido em razão da remuneração que seria devida ao empregado no mês, independentemente do número de dias efetivamente trabalhados. Todas as importâncias que integram o salário-de-contribuição são consideradas como parte integrante da remuneração do mês para fins de percepção do salário-família, exceto o 13º salário e o adicional constitucional de 1/3 de férias.

Para ter direito a esse benefício o empregado deve ter um salário de contribuição inferior ou igual a R$ 1.425,56 (mil quatrocentos e vinte e cinco reais e cinquenta e seis centavos). O valor da cota do salário-família por filho ou por enteado e por menor tutelado, desde que comprovada a dependência econômica dos dois últimos, até quatorze anos de idade ou inválido, é de R$ 48,62 (quarenta e oito reais e sessenta e dois centavos).

Quando o salário do empregado não for mensal, o salário-família será pago, juntamente com o último pagamento relativo ao mês. As cotas do salário-família não serão incorporadas, para qualquer efeito, ao salário ou ao benefício.

Quando o pai e a mãe são segurados empregados, domésticos ou trabalhadores avulsos, ambos têm direito ao salário-família, mesmo que trabalhem na mesma empresa.

O salário-família do trabalhador avulso independe do número de dias trabalhados no mês, devendo o seu pagamento ser correspondente ao valor integral da cota. Já em relação aos segurados empregados, nos meses de admissão e demissão, a cota do salário-família é devida proporcionalmente aos dias trabalhados.

O empregado, inclusive o doméstico, ou o trabalhador avulso deve dar quitação à empresa ou ao empregador doméstico de cada recebimento mensal do salário-família, na própria folha de pagamento ou por outra forma admitida, de modo que a quitação fique claramente caracterizada.

O salário-família correspondente ao mês de afastamento do trabalho será pago integralmente pela empresa, pelo empregador doméstico ou pelo sindicato ou pelo órgão gestor de mão de obra, conforme o caso, e, ao mês da cessação de benefício, pelo INSS.

Não há necessidade de cumprimento de carência para iniciar o recebimento do salário-família. E, para ter direito a este benefício, a legislação previdenciária exige que os filhos estejam vacinados e regularmente matriculados na escola.

O pagamento do salário-família será devido a partir da data de apresentação da certidão de nascimento do filho ou da documentação relativa ao enteado e ao menor tutelado, desde que comprovada a dependência econômica dos dois últimos, e fica condicionado à apresentação anual de atestado de vacinação obrigatória dos referidos dependentes, de até seis anos de idade, e de comprovação semestral de frequência à escola dos referidos dependentes, a partir de quatro anos de idade.

Já no caso do empregado doméstico basta apenas a certidão de nascimento do filho ou a documentação relativa ao enteado e ao menor tutelado, desde que comprovada a dependência econômica dos dois últimos.

O Tribunal Superior do Trabalho, por meio da Súmula nº 254, tem entendido que o termo inicial para a percepção do benefício é a apresentação da certidão de nascimento ("prova da filiação") ou, por extensão, documentação relativa ao equiparado ou inválido. Vejamos o entendimento sumulado:

> O termo inicial do direito ao salário-família coincide com a prova da filiação. Se feita em juízo, corresponde à data de ajuizamento do pedido, salvo se comprovado que anteriormente o empregador se recusara a receber a respectiva certidão.

Se o segurado não apresentar o atestado de vacinação obrigatória e a comprovação de frequência escolar do filho ou equiparado, o benefício do salário-família será suspenso, até que a documentação seja apresentada. Contudo, caso após a suspensão do pagamento do salário-família, o segurado comprovar a frequência escolar regular no período, ainda que fora de prazo, caberá o pagamento das cotas relativas ao período suspenso.

A comprovação de frequência escolar será feita mediante apresentação de documento emitido pela escola, em nome do aluno, onde conste o registro de frequência regular ou de atestado do estabelecimento de ensino, comprovando a regularidade da matrícula e frequência escolar do aluno.

Para efeito de concessão e manutenção do salário-família, o segurado firmará termo de responsabilidade, no qual se comprometerá a comunicar à empresa, ao empregador doméstico ou ao INSS, conforme o caso, qualquer fato ou circunstância que determine a perda do direito ao benefício, por exemplo, o falecimento do filho, e ficará sujeito, em caso de descumprimento, às sanções penais e trabalhistas.

A falta de comunicação oportuna de fato que implique cessação do salário-família, bem como a prática, pelo empregado, de fraude para o seu recebimento, autoriza a empresa, o INSS, o sindicato ou órgão gestor de mão de obra, conforme o caso, a descontar os pagamentos de cotas devidas com relação a outros filhos ou, na falta delas, do próprio salário do empregado ou da renda mensal do seu benefício, o valor das cotas indevidamente recebidas, na forma da legislação previdenciária.

A empresa e o empregador doméstico deverão conservar, durante cinco anos, os comprovantes dos pagamentos e as cópias das certidões correspondentes, para exame pela fiscalização da Previdência Social.

O direito ao salário-família cessa automaticamente:

- por morte do filho, do enteado ou do menor tutelado, a contar do mês seguinte ao do óbito;
- quando o filho, o enteado ou o menor tutelado completar quatorze anos de idade, exceto se inválido, a contar do mês seguinte ao da data do aniversário;

- pela recuperação da capacidade do filho, do enteado ou do menor tutelado inválido, a contar do mês seguinte ao da cessação da incapacidade; ou
- pelo desemprego do segurado.

F) Stock Options

Também conhecido pelo nome de "opção de compra", refere-se a um instituto de direito empresarial que se mistura com a relação de emprego.

O empregado recebe do empregador um pacote de ações (determinada quantidade de ações), mas não necessita adquiri-lo prontamente, tendo a opção de comprá-las no futuro, pelo preço do dia em que foram oferecidas (preço antigo), caso tenha havido valorização da ação.

Sérgio Pinto Martins define este instituto da seguinte forma: "É uma participação na valorização futura das ações da empresa. O prazo costuma ser de três, cinco ou dez anos. Caso o empregado deixe a empresa antes disso, perderá o direito.".

O TST entende que essa verba não tem natureza salarial, devendo assim ser considerada para efeito de concurso e exame da OAB.

G) Verbas Indenizatórias

As verbas indenizatórias em geral sempre terão natureza não salarial, como é um caso, por exemplo, de uma indenização por dano moral, por assédio moral ou assédio sexual.

Da mesma forma, considera-se de natureza indenizatória aquelas parcelas que são fruto da conversão de uma obrigação de fazer em uma obrigação de dar (no sentido de dar/pagar dinheiro). Como exemplo temos o aviso prévio indenizado e as férias indenizadas.

H) Multas

As multas também não possuem feição salarial. Nesse caso, podemos exemplificar com as multas do artigo 467 e artigo 477, § 8º da CLT, bem como as multas normativas (aquelas previstas em normas coletivas).

I) Plano de Demissão Voluntária (PDV) e a Reforma Trabalhista

Também conhecido pelo nome de Plano de Dispensa Incentivada (PDI), trata-se de outra parcela que, quando recebida, não tem natureza salarial. Antes de falarmos sobre esse instituto, temos que fazer uma pequena contextualização para exemplificar. Vamos lá!

Os empregados antigos (com muito tempo no serviço) de algumas empresas públicas (exemplo: Caixa Econômica Federal) e sociedades de economia mista (exemplo: Petrobras) ganham o dobro ou o triplo do que outro empregado contratado para a mesma função nos dias atuais.

Isso ocorre porque outrora essas pessoas jurídicas concediam muitos direitos em seus regulamentos internos que não são concedidos atualmente.

Portanto, para essas instituições é prejuízo manter um empregado antigo na ativa, trabalhando. Esses empregados antigos, por sua vez, sabem que são muito bem pagos, motivo pelo qual não pretendem pedir desligamento/demissão, ao contrário, desejam permanecer trabalhando até completarem, no mínimo, o tempo necessário para a aposentadoria.

A solução encontrada por tais empregadores foi a criação de um incentivo financeiro para que estes trabalhadores antigos peçam desligamento. Eis a principal finalidade da criação do PDV ou PDI.

Por exemplo, os Correios podem lançar um PDV informando que o empregado que pedir desligamento vai receber todas as verbas rescisórias normais, bem como um valor extra de R$ 100.000,00 (cem mil reais), que serve de incentivo para que ele solicite seu desligamento. Esse valor extra é concedido em razão da adesão ao PDV e não possui natureza salarial.

O Supremo Tribunal Federal (RE 590415) entende que a cláusula de quitação geral existente no PDV/PDI é válida e, consequentemente, o empregado que adere ao PDV ou PDI não teria mais qualquer direito a ser questionado na Justiça do Trabalho, vez que houve quitação ampla e irrestrita por meio da cláusula de quitação existente no PDV ou PDI.

Por fim, a **Reforma Trabalhista**, seguindo o entendimento do STF sobre assunto, inseriu na CLT o artigo 477-B, segundo o qual:

> Plano de Demissão Voluntária ou Incentivada, para dispensa individual, plúrima ou coletiva, previsto em convenção coletiva ou acordo coletivo de trabalho, **enseja quitação plena e irrevogável dos direitos decorrentes da relação empregatícia, salvo disposição em contrário estipulada entre as partes.** – Grifo nosso.

J) Abonos (inclusive do PIS) e Reforma Trabalhista

Define-se abono como um adiantamento de reajuste salarial realizado pelo empregador. Nesse sentido, trata-se de instituto que se encontra em desuso, pois era muito comum em épocas de inflação desenfreada, onde o salário ficava defasado rapidamente.

Em tais conjunturas, o empregador, antes mesmo da data-base da categoria acabava adiantando uma parte do reajuste salarial, a pedido dos empregados, já que eles haviam perdido seu poder de compra em face da inflação.

Sempre foi tratada como verba de natureza salarial, contudo após a **Reforma Trabalhista** os abonos passaram a ter natureza não salarial.

A Reforma Trabalhista, no que tange aos abonos, a fim de evitar uma antinomia no ordenamento jurídico, isto é, uma contradição ou incoerência no sistema jurídico, realizou alterações também na legislação previdenciária, especificamente no artigo 28, alínea "z", da Lei nº 8.212/91, que passou a prever que os abonos deixam de integrar o salário-de-contribuição, uma vez que passaram a ter natureza não salarial.

Convém salientar que o abono em análise não se confunde com o **Abono do PIS** (conhecido como Abono PIS/PASEP[5]), cujo valor será de até um salário mínimo, devido aos empregados que preencham os seguintes requisitos:

- Estar cadastrado no PIS há pelo menos cinco anos;
- Ter recebido remuneração mensal média de até dois salários mínimos durante o ano-base (ano anterior ao pagamento);
- Ter exercido atividade remunerada para pessoa jurídica, durante pelo menos 30 dias, consecutivos ou não, no ano-base considerado para apuração (ano anterior ao pagamento);
- Ter seus dados informados pelo empregador (pessoa jurídica) corretamente na Relação Anual de Informações Sociais (RAIS).

O Abono do PIS/PASEP sempre teve natureza não salarial, mesmo antes da Reforma Trabalhista, não se tratando, nesse caso, de uma novidade.

Como visto acima, o abono do PIS é garantido aos empregados que recebam remuneração mensal média de até dois salários mínimos durante o ano-base (ano anterior ao pagamento). Ocorre que a Emenda Constitucional nº 103/2019 ("Reforma da Previdência"), tentou modificar este limite remuneratório, a fim de que o referido abono fosse pago apenas àqueles que tivessem renda bruta mensal igual ou inferior a R$ 1.364,43, que seriam corrigidos pelos mesmos índices aplicados aos benefícios do regime geral de previdência social.

O Senado Federal, todavia, aprovou um destaque no último momento da votação, garantindo a manutenção do texto original, mantendo previsão do artigo 239 da Carta Magna, que outorga o abono do PIS para os trabalhadores que recebam média remuneratória mensal de até dois salários mínimos.

5. A sigla "PIS" significa Programa de Integração Social, ao passo que "PASEP" significa Programa de Formação do Patrimônio do Servidor Público.

Resumindo: a Emenda Constitucional nº 103/2019 ("Reforma da Previdência") não alterou em nada as regras para recebimento do abono do PIS.

8.4. Importância da diferenciação entre parcelas salariais e parcelas não salariais

Embora já tenhamos traçado as principais diferenças entre verbas com natureza salarial e verbas sem natureza salarial, convém frisar tal distinção em razão da sua importância para provas da OAB e Concursos Públicos.

Quando a parcela recebida pelo empregado tiver **natureza salarial** e for **concedida com habitualidade** (aquilo que se repete, que não é esporádico), existirão reflexos/repercussões em outras parcelas.

Lembremos que o adicional de horas extras possui natureza salarial. Logo, sempre que for pago com habitualidade, existirão reflexos/repercussões em: aviso prévio; décimo terceiro integral e proporcional; férias integrais e proporcionais, mais um terço; FGTS mais multa de 40%; e RSR (repouso semanal remunerado).

Exemplo prático: um empregado "A" possui salário base de R$ 2.000,00 por mês, bem como recebe uma média de R$ 500,00 reais de horas extras por mês. Como se trata de uma parcela salarial paga com habitualidade, a mesma causará reflexos/repercussões nas parcelas acima citadas e, como consequência, o décimo terceiro deverá ser pago levando em consideração não só o salário de R$ 2.000,00, mas também a média de horas extras de R$ 500,00. Resultado: o décimo terceiro será de R$ 2.500,00.

Da mesma forma, o FGTS será calculado tomando-se como base o valor total de R$ 2.500,00; O aviso prévio, por sua vez, também será calculado tomando-se como base o valor de R$ 2.500,00 e assim sucessivamente em todas as parcelas que receberão os reflexos.

Fica claro, portanto, que as parcelas salariais são mais vantajosas para os empregados do que as parcelas não salariais, afinal as parcelas salariais causam duplo benefício: um benefício consistente no recebimento da própria parcela e outro benefício consistente nos reflexos/repercussões que causam em outras parcelas.

As **parcelas NÃO salariais** causam apenas o benefício consistente no recebimento da própria parcela, afinal NÃO trazem reflexos/repercussões no recebimento de outras parcelas.

De saída, é importante registrar que a utilidade não salarial pode possuir natureza indenizatória, por isso é comum que o candidato leia em uma questão de concurso ou exame da ordem que determinada utilidade possui natureza indenizatória. Quando estiver escrito que possui natureza indenizatória, entenda que o contexto indica que sua natureza é não salarial.

8.5. Utilidades e sua natureza salarial ou não salarial

O empregador pode conceder ao seu empregado, além do salário em espécie (em pecúnia), algum tipo de utilidade que o beneficia, por exemplo: pode dar a posse de um veículo a fim de que o empregado use não só no trabalho, mas também na sua vida pessoal; pode conceder uma casa para moradia; pode conceder plano de saúde etc. Resumindo, utilidade é tudo que não for dinheiro, mas que possua algum proveito.

Pois bem, o cerne desse assunto consiste em descobrir quando a utilidade fornecida possui natureza salarial (chamando-se de salário *in natura* ou em utilidades) e quando a utilidade fornecida possui natureza não salarial. Entendendo isso, o leitor dificilmente errará uma questão de concurso ou do exame da ordem, sobre esse tema.

É imprescindível saber se a utilidade fornecida possui natureza salarial ou não salarial, afinal, como vimos no tópico anterior dessa obra, quando houver natureza salarial, existirá também reflexos/repercussões em outras parcelas. De outro lado, quando a utilidade fornecida tiver natureza não salarial, não haverá repercussões/reflexos em outras verbas.

Para saber a natureza (salarial ou não salarial) da utilidade fornecida pelo empregador, basta analisar se a utilidade fornecida pelo empregador é necessária para a execução dos serviços, como se fosse um instrumento/ferramenta de trabalho; ou se é um luxo, isto é, algo desnecessário para o trabalho.

O gráfico abaixo simplifica o entendimento e facilita a memorização:

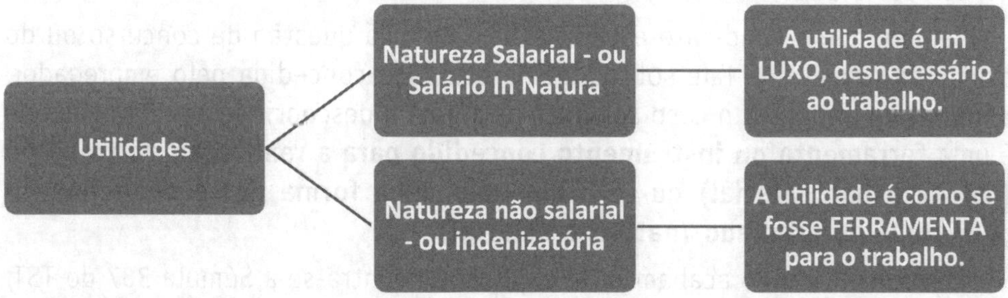

Vamos ao primeiro exemplo: determinada empresa contrata um vendedor com salário de R$ 2.000,00, concedendo também um veículo para que ele visite os clientes e faça as vendas. Nesse caso, o veículo (que é uma utilidade) tem natureza não salarial, afinal trata-se de um instrumento/ferramenta necessária para a realização do trabalho, consistente nas visitas aos clientes.

Vamos ao segundo exemplo: imagine que determinada faculdade de direito, com receio de perder um excelente professor para uma faculdade concorrente, além dos salários pagos mensalmente, fornece para o mesmo a posse de um veículo luxuoso, como reconhecimento pelos bons serviços prestados. Ora, nesse caso, o veículo não é necessário para a execução dos serviços do professor, trata-se de um luxo, fornecido como reconhecimento pelos serviços prestados. Assim sendo, é inegável, nessa hipótese, a natureza salarial.

Vale relembrar que sempre que a utilidade tiver natureza salarial, trata-se de salário em utilidade ou salário *in natura*. Diante da natureza salarial, a utilidade trará repercussões/reflexos em outras verbas, tais como: décimo terceiro, férias, FGTS e INSS.

Tratando, de forma exemplificativa, sobre as utilidades com natureza salarial, encontramos o artigo 458, *caput*, da CLT:

> Além do pagamento em dinheiro, compreende-se no salário, para todos os efeitos legais, a alimentação, habitação, vestuário ou outras prestações "in natura" que a empresa, por força do contrato ou do costume, fornecer habitualmente ao empregado. Em caso algum será permitido o pagamento com bebidas alcoólicas ou drogas nocivas.

A expressão "por força do contrato de trabalho" existente no artigo acima quer significar justamente que a utilidade foi fornecida como uma contraprestação do contrato de trabalho, um pagamento pelo trabalho prestado, possuindo, portanto, natureza salarial.

O §1º do artigo 458 da CLT, aspirando ao equilíbrio contratual, registra que os valores atribuídos às prestações *in natura* deverão ser **justos e razoáveis**, não podendo exceder, em cada caso, os dos percentuais das parcelas componentes do salário-mínimo.

Sempre que o candidato estiver diante de uma questão de concurso ou do exame da ordem que fale sobre alguma utilidade concedida pelo empregador, é importante analisar o caso concreto de forma a descobrir se aquela utilidade é uma **ferramenta ou instrumento concedido para a realização do trabalho (natureza não salarial)** ou se é **um luxo, uma forma de reconhecimento pelo trabalho prestado (natureza salarial).**

Reafirmando tudo acabamos de explicar, encontra-se a Súmula 367 do TST, itens I e II:

> I – A habitação, a energia elétrica e veículo fornecidos pelo empregador ao empregado, quando indispensáveis para a realização do trabalho, não têm natureza salarial, ainda que, no caso de veículo, seja ele utilizado pelo empregado também em atividades particulares.
>
> II – O cigarro não se considera salário utilidade em face de sua nocividade à saúde.

Vale chamar a atenção para o item I da Súmula acima transcrita, a qual deixa claro que o veículo foi fornecido para a execução do trabalho, sendo "indispensável" para a realização do trabalho (como se fosse uma ferramenta de trabalho), possuindo, em consequência, natureza não salarial, ainda que também seja utilizado pelo empregado em atividade particular.

Vale conferir uma questão sobre o salário *in natura*:

> **Aplicação em Concurso e/ou OAB:**
>
> **(FGV – Exame de Ordem 2016.1)** João trabalha na área de vendas em uma empresa de cigarros. Recebe do empregador, em razão do seu cargo, moradia e pagamento da conta de luz do apartamento, além de ter veículo cedido com combustível. Tal se dá em razão da necessidade do trabalho, dado que João trabalha em local distante de grande centro, sendo responsável pela distribuição e venda dos produtos na região. Além disso, João recebe uma quota mensal de 10 pacotes de cigarro por mês, independentemente de sua remuneração, não sendo necessário prestar contas do que faz com os cigarros.
>
> A partir do caso narrado, assinale a afirmativa correta.
>
> a) Os valores relativos à habitação, à energia elétrica e ao veículo integram a remuneração de João, por serem salário-utilidade, mas não o cigarro, por ser nocivo à saúde.
>
> b) Os valores de habitação e veículo integram a remuneração de João. A energia elétrica e o combustível, não, pois já incorporados, respectivamente, na habitação e no veículo. O valor do cigarro não é integrado, face à nocividade à saúde.
>
> c) Nenhum dos valores da utilidade integram a remuneração de João.
>
> d) Tratando-se de salário in natura, todos os valores integram a remuneração de João, pois são dados com a ideia de contraprestação aos serviços.
>
> *Resposta:* C

8.5.1. Utilidades não salariais por força de lei

Existem algumas utilidades sobre as quais nem é cabível analisar se possuem natureza salarial (pois são um luxo) ou não salarial (pois são ferramentas de trabalho), vez que a própria lei determina taxativamente que possuem natureza NÃO salarial.

O artigo 458, § 2º, traz um rol exemplificativo de utilidades que sempre deverão ser consideradas como não salariais:

> § 2º Para os efeitos previstos neste artigo, não serão consideradas como salário as seguintes utilidades concedidas pelo empregador:
>
> I – vestuários, equipamentos e outros acessórios fornecidos aos empregados e utilizados no local de trabalho, para a prestação do serviço.

PARTE II • Direito Individual do Trabalho

> II – educação, em estabelecimento de ensino próprio ou de terceiros, compreendendo os valores relativos a matrícula, mensalidade, anuidade, livros e material didático.
>
> III – transporte destinado ao deslocamento para o trabalho e retorno, em percurso servido ou não por transporte público.
>
> IV – assistência médica, hospitalar e odontológica, prestada diretamente ou mediante seguro-saúde.
>
> V – seguros de vida e de acidentes pessoais.
>
> VI – previdência privada.
>
> VII – (VETADO)
>
> VIII – o valor correspondente ao vale-cultura.

As utilidades listadas no artigo de lei acima transcrito jamais possuirão natureza salarial. O legislador excluiu essa possibilidade, a fim de incentivar a concessão pelos empregadores. O leitor deve dispensar especial atenção a este artigo, pois é cobrado com frequência em provas de concurso e exame da OAB.

A **Reforma Trabalhista** acrescentou ao artigo 458 o § 5º, o qual frisou que os valores relativos à assistência médica ou odontológica e as despesas resultantes desses serviços possuem natureza não salarial, **mesmo quando concedido em diferentes modalidades de planos.**

Tal dispositivo foi alterado também no artigo 28, § 9º, alínea "q", da Lei 8.212/91, excluindo do salário de contribuição os gastos com despesas médicas, **mesmo quando concedido em diferentes modalidades de planos.** Essa alteração é bastante relevante na esfera previdenciária, pois o Fisco frequentemente autuava as empresas que concediam planos diferenciados para seus empregados, pois na redação anterior à reforma a legislação exigia que a cobertura do plano de saúde abrangesse a totalidade dos empregados.

Segue a transcrição do artigo 458, § 5º, da CLT:

> O valor relativo à assistência prestada por serviço médico ou odontológico, próprio ou não, inclusive o reembolso de despesas com medicamentos, óculos, aparelhos ortopédicos, próteses, órteses, despesas médico-hospitalares e outras similares, **mesmo quando concedido em diferentes modalidades de planos e coberturas, não integram o salário do empregado para qualquer efeito nem o salário de contribuição**, para efeitos do previsto na alínea q do § 9º do art. 28 da Lei nº 8.212, de 24 de julho de 1991. – Grifo nosso.

8.5.2. Percentual mínimo em dinheiro

O artigo 82 da CLT determina que o salário não pode ser pago totalmente em utilidades. Assim, pelo menos **30% do salário mínimo** deverá ser pago em dinheiro.

Em relação aos empregados que recebem salário superior ao mínimo legal, seguimos o entendimento de Maurício Godinho Delgado, para quem, em tais situações, aplica-se exatamente a mesma regra, isto é, deve-se garantir o recebimento em dinheiro de pelo menos 30% do salário mínimo e não 30% do salário contratual recebido pelo empregado.

Assim sendo, se um empregado possui salário contratual de R$ 5.000,00, ele deverá receber em dinheiro pelo menos 30% do valor do salário mínimo vigente e não 30% do seu salário contratual de cinco mil reais.

8.5.3. Percentual de algumas utilidades salariais (inclusive rural e doméstico)

O Artigo 458, § 3º, fixou os percentuais máximos em relação à habitação e a alimentação enquanto salário-utilidades.

Com efeito, a dicção legal, nesse caso, afirma que a habitação não poderá exceder a 25% do salário contratual, ao passo que a alimentação não poderá exceder 20% do salário-contratual.

Tratando-se de habitação coletiva, o valor do salário-utilidade a ela correspondente será obtido mediante a divisão do justo valor da habitação pelo número de coabitantes, vedada, em qualquer hipótese, a utilização da mesma unidade residencial por mais de uma família (artigo 458, § 4º).

Quanto aos **rurícolas** existem algumas distinções no que tange ao salário utilidade. Assim, apenas admite-se o desconto de utilidades fornecidas por meio de autorização expressa do empregado.

Os percentuais citados na legislação dos rurícolas também divergem daqueles da CLT, haja vista que o desconto relativo à moradia/habitação limita-se a 20% do salário mínimo, ao passo que o desconto relativo à alimentação "sadia e farta" se limita a 25% do salário mínimo.

Vale frisar que no caso dos trabalhadores rurais os percentuais acima citados também incidirão sobre o salário mínimo, ainda que o trabalhador rural tenha salário superior ao mínimo legal.

Em relação ao **trabalhador doméstico**, o artigo 18 da Lei Complementar 150/2015 afirma ser vedado ao empregador doméstico efetuar descontos no salário do empregado por fornecimento de alimentação, vestuário, higiene ou moradia, bem como por despesas com transporte, hospedagem e alimentação em caso de acompanhamento em viagem.

Todavia, poderão ser descontadas as despesas com moradia quando essa se referir a local diverso da residência em que ocorrer a prestação de serviço, desde que essa possibilidade tenha sido **expressamente acordada entre as partes**. O leitor deve observar que, no caso do doméstico, a lei não fixa percentual máximo a título de moradia, fazendo apenas uma previsão genérica.

Faculta-se ainda ao empregador doméstico efetuar descontos no salário do empregado em caso de adiantamento salarial e, mediante acordo escrito entre as partes, para a inclusão do empregado em planos de assistência médico-hospitalar e odontológica, de seguro e de previdência privada, não podendo a dedução ultrapassar 20% do salário (Artigo 18, § 1º, LC nº 150/2015).

8.5.4. Utilidades mais cobradas em exame da OAB e Concursos

A) Alimento

Em regra, o "vale refeição" ou "ticket refeição/alimentação" possuía natureza salarial, conforme dispõe a Súmula nº 241 do TST: *"O vale para refeição, fornecido por força do contrato de trabalho, tem caráter salarial, integrando a remuneração do empregado, para todos os efeitos legais."*.

Apenas em duas hipóteses excepcionais essa verba passava a ter natureza não salarial: primeira, quando a empresa se inscrevia no PAT (Programa de Alimentação do Trabalhador); segunda, quando existisse norma coletiva que expressamente informasse que a alimentação fornecida pela empresa não possuía natureza salarial.

A **Reforma Trabalhista** praticamente sepultou esse debate, afinal o § 2º do 457 da CLT (alterado pela referida reforma), de forma expressa, deixou registrado que o pagamento do auxílio alimentação, ainda que habitual, não tem natureza salarial. A única hipótese de o auxílio-alimentação ter natureza salarial é se for pago em dinheiro. Vejamos a redação do artigo 457, § 2º:

> **As importâncias, ainda que habituais, pagas a título de ajuda de custo, auxílio-alimentação, vedado seu pagamento em dinheiro**, diárias para viagem, prêmios e abonos não integram a remuneração do empregado, **não se incorporam ao contrato de trabalho e não constituem base de incidência de qualquer encargo trabalhista e previdenciário. – Grifo nosso.**

B) Transporte

O vale-transporte deve ser fornecido pelo empregador para todo empregado que o solicitar, não havendo necessidade dessa solicitação ocorrer necessariamente por escrito (o que apenas facilita a prova da solicitação), cabendo também de forma verbal.

Ao solicitar o vale-transporte o empregado informará seu endereço residencial, bem como os meios de transporte necessários ao seu deslocamento.

Caso o empregador forneça veículos adequados ao transporte coletivo dos empregados, ele ficará desobrigado quanto ao vale-transporte.

O vale-transporte possui natureza não salarial, ainda que seu valor equivalente seja pago em dinheiro, pois neste sentido decidiu o STF no Recurso Extraordinário nº 478410.

O empregado contribuirá com o valor de 6% do seu salário básico até o limite do custo do benefício, conforme previsto no artigo 4º, parágrafo único, da Lei nº 7.418/85.

Relativamente ao ônus da prova, o Tribunal Superior do Trabalho entende que cabe ao empregador comprovar que o empregado não preencheu os requisitos para a percepção do vale transporte, consoante se infere da Súmula nº 460: *"É do empregador o ônus de comprovar que o empregado não satisfaz os requisitos indispensáveis para a concessão do vale-transporte ou não pretenda fazer uso do benefício."*.

8.6. Irredutibilidade Salarial

A Lei Maior de 1988, em seu art. 7º, VI, dispõe que constitui direito dos trabalhadores a *"irredutibilidade do salário, salvo o disposto em convenção ou acordo coletivo"*, motivo pelo qual o salário mensal do trabalhador não poderá ser reduzido, salvo se, em épocas de crise financeira, com interveniência sindical, por meio de acordo ou convenção coletiva, for convencionado uma redução salarial.

Na hipótese de trabalhadores que recebam salário por comissão, a vedação da redução salarial restringe-se ao percentual respectivo, motivo pelo qual não poderá um vendedor ter sua comissão reduzida de 5% para 3%, por exemplo, salvo o disposto em norma coletiva, como informado acima.

Ressalte-se que a irredutibilidade salarial abrange apenas o valor nominal do salário, não abarcando o valor real do mesmo que sofre influência da inflação.

8.7. Intangibilidade Salarial e Descontos Salariais

Pelo Princípio da Intangibilidade do Salário fica vedado ao empregador efetuar descontos aleatórios, salvo aqueles decorrentes de adiantamento, previstos em lei ou no contrato de trabalho, conforme artigo 462 do CLT: *"Ao empregador é vedado efetuar qualquer desconto nos salários do empregado, salvo quando este resultar de adiantamentos, de dispositivos de lei ou de contrato coletivo."*. Esse artigo merece especial atenção, pois costuma ser exigido em provas de forma literal.

Pela literalidade do próprio dispositivo legal, o empregador poderá efetuar descontos oriundos de "adiantamentos", ou seja, quando o empregado durante o mês pede para que valores do salário sejam antecipados (é o famoso "vale"), os quais serão descontados quando do pagamento no final do mês.

O desconto também será permitido quando resultar de "dispositivos legais", por exemplo, desconto de imposto de renda, de INSS ou então de pensão alimentícia determinada judicialmente.

À luz do *caput* do artigo 462 da CLT, o desconto será igualmente permitido quando resultar de "contratos coletivos", isto é, de acordo ou convenção coletiva de trabalho, o que ocorre, por exemplo, quando um empregado se filia ao sindicato e permite o desconto da mensalidade sindical.

Agora, preste muita atenção ao § 1º do artigo 462, pois ele responde a seguinte pergunta: quando um empregado causa prejuízos (garçom que quebra um copo, por exemplo), os referidos prejuízos poderão ser descontados do salário?

A resposta é depende.

Se o prejuízo foi causado de forma dolosa (com intenção) o desconto pode ser realizado no salário, independentemente de existir permissão no contrato de trabalho.

Caso o prejuízo tenha sido causado de forma culposa (sem intenção) o desconto poderá ser realizado no salário apenas se tiver havido previsão no contrato de trabalho neste sentido. Vale conferir a dicção do § 1º do artigo 462: "§ 1º – *Em caso de dano causado pelo empregado, o desconto será lícito, desde de que esta possibilidade tenha sido acordada ou na ocorrência de dolo do empregado.*"

A lei não fixa nenhum percentual máximo mensal para desconto dos valores relativos aos prejuízos causados pelo emprego. O único limite legalmente fixado que existe reside na limitação dos descontos (quaisquer que sejam) sobre as verbas rescisórias, que conforme o artigo 477, § 5º, não pode ser superior ao valor de uma remuneração do trabalhador.

Ainda sobre o tema de descontos, o entendimento do TST é no sentido de que os descontos autorizados pelo empregado para plano de saúde, mensalidades de clubes/associações, empréstimos consignados e outros similares, são válidos, independentemente do momento em que a autorização tenha sido concedida, quer no início ou mesmo durante a execução do contrato de trabalho, salvo se o empregado tiver sido forçado/coagido a anuir com algum destes descontos.

Inclusive, nessas hipóteses de descontos supramencionados, a presunção é de que o desconto foi autorizado de forma livre pelo trabalhador, portanto se determinado empregado alegar que só autorizou o desconto porque foi coagido, o ônus da prova de tal alegação lhe pertence.

É interessante conferir o entendimento firme do TST sobre a matéria:

> Súmula 342 do TST – Descontos salariais efetuados pelo empregador, com a autorização prévia e por escrito do empregado, para ser integrado em planos de assistência odontológica, médico-hospitalar, de seguro, de previdência privada, ou de entidade cooperativa, cultural ou recreativo-associativa de seus trabalhadores, em seu benefício e de seus dependentes, não afrontam o disposto no art. 462 da CLT, salvo se ficar demonstrada a existência de coação ou de outro defeito que vicie o ato jurídico.

Vamos agora traçar um gráfico simples que resume as hipóteses excepcionais nas quais se permite a realização de desconto no salário do empregado. O gráfico abaixo elenca tanto as hipóteses previstas na CLT, quanto outras elencadas pela doutrina e aceitas pela jurisprudência:

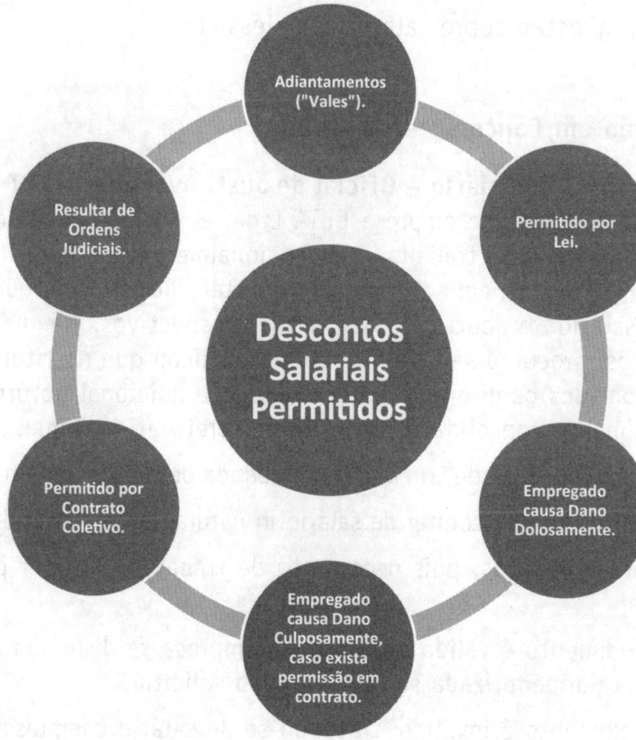

8.8. Salário Complessivo

Quando o salário é pago ao empregado, o mesmo deve vir discriminado com todas as parcelas salariais e não salariais eventualmente existentes, por exemplo: salário base, horas extras, adicional noturno etc.

O salário complessivo consiste justamente no pagamento feito pelo empregador ao empregado sem o devido detalhamento das verbas que estão sendo pagas, circunstância que não é permitida pelo ordenamento laboral.

Assim, o comprovante de pagamento deve discriminar, de forma clara e individual, o que está sendo pago ao empregado, não sendo admitido em nenhuma hipótese, o pagamento de determinada importância englobando diversas parcelas, o que configuraria o salário complessivo, sendo nula qualquer estipulação nesse sentido.

Nessa linha de pensamento se posicionou o TST por meio da Súmula nº 91: *"Nula é a cláusula contratual que fixa determinada importância ou percentagem para atender englobadamente vários direitos legais ou contratuais do trabalhador."*.

Caso se verifique na prática o salário complessivo, o Julgador deverá entender que aqueles valores correspondem unicamente ao salário base do empregado.

Segue uma questão sobre salário complessivo:

▸ **Aplicação em Concurso e/ou OAB:**

(FGV – Analista Judiciário – Oficial de Just. Avaliador – TRT 12/2017) Rogério é empregado da empresa BETA Ltda. e, no mês de maio de 2017, realizou horas extras e trabalhou, excepcionalmente, em horário noturno. Ao receber o contracheque do mês em questão, Rogério viu que havia as rubricas "salário" e "outros", com valores respectivos. Na dúvida sobre seus direitos, procurou seu chefe, que lhe explicou que no título "outros" estavam somados os direitos de horas extras e adicional noturno. Diante do entendimento consolidado pelo TST, é correto afirmar que:

a) trata-se a hipótese de truck system, vedada pelo ordenamento jurídico;

b) neste caso pode se cogitar de salário in natura, que é admitido pela Lei;

c) a hipótese é válida, pois o contrato de trabalho deve ter por base a fidúcia;

d) o procedimento é válido desde que a empresa se disponha a fornecer planilha pormenorizada se o empregado solicitar;

e) o procedimento é inválido, tratando-se de salário complessivo.

Resposta: E

8.9. Pagamento do Salário

O artigo 463 da CLT, de forma taxativa, assevera que o salário será pago em moeda corrente do País, que no nosso caso é o Real. O empregador que não observar essa regra e, por exemplo, pagar em dólar, suportará a consequência jurídica de se considerar o salário como não pago. E, quando o pagamento houver sido estipulado por mês, deverá ser efetuado, até o quinto dia útil do mês subsequente ao vencido (§1º, art. 459 da CLT).

O pagamento do salário deverá ser efetuado contra recibo, assinado pelo empregado. Em se tratando de analfabeto, mediante sua impressão digital, ou, não sendo esta possível, a seu rogo, ou seja, através de uma testemunha que assine pelo obreiro. Também terá força de recibo o comprovante de depósito em conta bancária, aberta para esse fim em nome de cada empregado, com o consentimento deste, em estabelecimento de crédito próximo ao local de trabalho.

Em regra, o pagamento dos salários será efetuado em dia útil e no local do trabalho, dentro do horário do serviço ou imediatamente após o encerramento deste, salvo quando efetuado por depósito em conta bancária.

8.10. *Truck System*

O empregador não pode, em hipótese alguma, condicionar o pagamento do salário à compra de mercadorias vendidas por ele mesmo.

Isso ocorre, com certa frequência, principalmente, no meio rural, onde certos fazendeiros montam "mercearias/mercadinhos" e **exigem** que seus empregados comprem no comércio que existe dentro da própria fazenda.

Segue um exemplo para aclarar mais a explicação: um fazendeiro pode ter uma "mercearia/mercadinho" dentro da fazenda, entretanto a aquisição de produtos pelos empregados deverá ter caráter facultativo e, mesmo assim, deverá observar a média de preços do mercado em geral.

Quando o empregador obriga o empregado a comprar produtos nos termos acima explicados, é como se o salário estivesse sendo pago por meio das mercadorias cuja compra está sendo compulsória/obrigatória. Essa prática é denominada de *truck system*, a qual é vedada pelo artigo 462, § 2º e § 4º, da CLT:

> Art. 462 (...)
>
> § 2º: É vedado à empresa que mantiver armazém para venda de mercadorias aos empregados ou serviços estimados a proporcionar-lhes prestações "in natura" exercer qualquer coação ou induzimento no sentido de que os empregados se utilizem do armazém ou dos serviços.
>
> § 4º – Observado o disposto neste Capítulo, é vedado às empresas limitar, por qualquer forma, a liberdade dos empregados de dispor do seu salário.

8.11. Equiparação Salarial e a Reforma Trabalhista

Em razão do Princípio da Isonomia (Igualdade), como um reflexo natural na área trabalhista, surgiu o Princípio da Isonomia ou Igualdade Salarial, o qual determina que quando trabalhadores realizam o mesmo trabalho, deverão receber também o mesmo salário, respeitados determinados requisitos.

Aquele trabalhador que está buscando a equiparação é chamado de "equiparando", ao passo que o trabalhador com o qual o "equiparando" busca equiparar-se é chamado de "paradigma" ou "modelo".

Desse modo, se o empregado "A" afirma que faz exatamente os mesmos trabalhos de "B", requerendo o recebimento do salário deste, podemos afirmar que "A" é o equiparando e "B" é o modelo ou paradigma.

Os requisitos necessários para que o trabalhador consiga ganhar um pedido de equiparação foram alterados pela **Reforma Trabalhista** e serão estudados passo a passo nos tópicos seguintes. Por ora, entendemos importante a transcrição do artigo 461 da CLT, que trata justamente da equiparação salarial, e sofreu profundas alterações:

> Art. 461. Sendo idêntica a função, a todo trabalho de igual valor, prestado ao mesmo empregador, no mesmo estabelecimento empresarial, corresponderá igual salário, sem distinção de sexo, etnia, nacionalidade ou idade.
>
> § 1º Trabalho de igual valor, para os fins deste Capítulo, será o que for feito com igual produtividade e com a mesma perfeição técnica, entre pessoas cuja diferença de tempo de serviço para o mesmo empregador não seja superior a quatro anos e a diferença de tempo na função não seja superior a dois anos.
>
> § 2º Os dispositivos deste artigo não prevalecerão quando o empregador tiver pessoal organizado em quadro de carreira ou adotar, por meio de norma interna da empresa ou de negociação coletiva, plano de cargos e salários, dispensada qualquer forma de homologação ou registro em órgão público.
>
> § 3º No caso do § 2º deste artigo, as promoções poderão ser feitas por merecimento e por antiguidade, ou por apenas um destes critérios, dentro de cada categoria profissional.
>
> § 4º O trabalhador readaptado em nova função por motivo de deficiência física ou mental atestada pelo órgão competente da Previdência Social não servirá de paradigma para fins de equiparação salarial.
>
> § 5º A equiparação salarial só será possível entre empregados contemporâneos no cargo ou na função, ficando vedada a indicação de paradigmas remotos, ainda que o paradigma contemporâneo tenha obtido a vantagem em ação judicial própria.
>
> § 6º No caso de comprovada discriminação por motivo de sexo ou etnia, o juízo determinará, além do pagamento das diferenças salariais devidas, multa, em favor do empregado discriminado, no valor de 50% (cinquenta por cento) do limite máximo dos benefícios do Regime Geral de Previdência Social.

Vamos ver abaixo cada um dos requisitos da equiparação salarial, salientando sempre o que foi modificado pela **Reforma Trabalhista**. Frisamos que a leitura do artigo acima é importante, pois o mesmo será comentado nos tópicos que seguem.

Por fim, desde que atendidos os requisitos para equiparação (que serão estudados nos tópicos abaixo), é perfeitamente possível a **equiparação salarial de trabalho intelectual**, que pode ser avaliado por sua perfeição técnica, cuja aferição terá critérios objetivos.

A) Identidade de Tarefas ou Trabalho de Igual Valor

O primeiro requisito para a equiparação salarial é que, de fato, equiparando e paradigma realizem as mesmas tarefas, tanto no aspecto quantitativo, como no aspecto qualitativo.

Parafraseando o § 1º do artigo 461, podemos afirmar que trabalho de igual valor será o que for feito com igual produtividade e com a mesma perfeição técnica, entre os trabalhadores envolvidos no pedido de equiparação.

A Súmula nº 6, Item III, do TST, caminha no mesmo sentido, afirmando que a equiparação salarial só é possível se o empregado e o paradigma exercerem a mesma função, desempenhando as mesmas tarefas, não importando se os cargos têm, ou não, a mesma denominação.

Por exemplo, o empregado "A" exerce a função de repositor, todavia, de fato, realiza exatamente as mesmas tarefas do empregado "B", que é encarregado e tem salário superior. Calha notar que ambos fazem as mesmas tarefas, tanto do ponto de vista da quantidade, quanto do ponto de vista da qualidade. Nesse caso, existe entre os empregados um trabalho de igual valor ou identidade de tarefas.

O requisito em análise já existia antes da **Reforma Trabalhista** e continua existindo da mesma forma, não tendo sido alterado por ela.

Sobre o ônus da prova mostra-se interessante mencionar que quando a empresa contesta o pedido equiparatório argumentando, por exemplo, que o empregado paradigma desempenha as tarefas com uma melhor qualidade e de forma mais técnica, em relação ao equiparando, a empresa atrai para si o ônus probatório, vez que se trata de fato impeditivo da equiparação salarial.

Tal pensamento também vem registrado na Súmula nº 6, item VIII, do TST: *"É do empregador o ônus da prova do fato impeditivo, modificativo ou extintivo da equiparação salarial."*.

B) Mesmo Empregador e Mesmo Estabelecimento

O *caput* do artigo 461 da CLT afirma que *"sendo idêntica a função, a todo trabalho de igual valor,* prestado ao ***mesmo empregador***, ***no mesmo estabele-***

***cimento empresarial**, corresponderá igual salário, sem distinção de sexo, etnia, nacionalidade ou idade.".*

Quanto ao requisito denominado de "mesmo empregador", trata-se de requisito óbvio, afinal, por exemplo, o operador de caixa do "Supermercado JOÃO" jamais poderá pedir equiparação com o operador de caixa do "Supermercado "JÚLIA", ainda que este ganhe mais, afinal tratam-se de empresas distintas.

Antes da **Reforma Trabalhista** havia apenas o requisito de "mesmo empregador", sendo que após a **Reforma Trabalhista** foi acrescida a expressão "mesmo estabelecimento". Com tal alteração, o pedido de equiparação, para ser viável, requer que o equiparando e o paradigma não só trabalhem na mesma empresa/ empregador, mas também no mesmo estabelecimento.

Anteriormente à **Reforma Trabalhista**, poderia ocorrer por exemplo, de uma grande rede de supermercados possuir na mesma cidade 04 estabelecimentos. Era perfeitamente possível que um empregado de um dos estabelecimentos pedisse equiparação em relação ao empregado de outro estabelecimento.

Essa alteração promovida pela reforma lançou por terra o item X da Súmula nº 6 do TST, que permitia a equiparação desde que os estabelecimentos do mesmo empregador estivessem na "mesma localidade". Entedia-se como "mesma localidade" não só o mesmo município, mas também aqueles municípios distintos que, comprovadamente, pertençam à mesma região metropolitana.

Todavia, repetimos, após a **Reforma Trabalhista** o requisito tornou-se mais restritivo, afinal equiparando e paradigma deverão trabalhar não só para o mesmo empregador, mas também no mesmo estabelecimento.

A equiparação salarial e seus novos requisitos instituídos pela **Reforma Trabalhista**, por certo, serão alvo de provas do exame da OAB e de concursos públicos, como fica demonstrado no exemplo abaixo:

▸ Aplicação em Concurso e/ou OAB:

(VUNESP - EBSERH - Advogado - 2020) Tício de Abreu, admitido pela Empresa Comercial ABC, no dia 05.12.2018, sempre teve salário inferior ao do colega Tales de Mileto, admitido um ano antes, para o exercício da mesma função. Considerando que ambos os empregados trabalham em filiais distintas, mas localizadas no mesmo município, assinale a alternativa correta em relação à eventual postulação de equiparação salarial de Tício de Abreu com Tales de Mileto.

a) Não haverá direito à equiparação salarial, pois ambos trabalham em estabelecimentos distintos.

b) A equiparação salarial será devida se houver a mesma produtividade e perfeição técnica.

c) A equiparação salarial será devida se for confirmada a identidade de funções e observados os demais requisitos legais, pois trabalham na mesma localidade.

d) Só não haverá direito à equiparação salarial se a empregadora tiver plano de cargos e salários devidamente homologado pela Superintendência Regional do Trabalho.

e) Não haverá direito à equiparação salarial, pois Tales de Mileto é mais antigo na função.

Resposta: A

C) Tempo de Serviço na Função e na Empresa

Neste caso temos um requisito temporal e objetivo, o qual determina que não será possível o pleito equiparatório sempre que o paradigma/modelo estiver desempenhando a função há mais de dois anos quando comparado com o equiparando.

Quando o "modelo/paradigma" exerce a função cuja equiparação se busca há mais de dois anos, comparado com o "equiparando", é como se houvesse uma diferença de tempo razoavelmente grande em favor do "modelo" que lhe garante uma experiência a mais na função, um conhecimento mais aprofundado sobre a função. Tal circunstância impede a equiparação.

Este requisito temporal relativo **à diferença de tempo na função** já existia antes da **Reforma Trabalhista**, não se tratando de novidade.

Ocorre que a **Reforma Trabalhista**, além de repetir o requisito relativo à diferença de tempo na função, inovou ao criar outro requisito temporal consistente na **diferença de tempo na empresa ("no serviço")**.

Com efeito, com a **Reforma Trabalhista**, caso o paradigma/modelo possua mais de 04 anos na empresa ("no serviço"), quando comparado com o equiparando, resta inviabilizada a possibilidade de equiparação.

Essa alteração contrariou expressamente a Súmula nº 6, item II, do TST, segundo a qual que *"para efeito de equiparação de salários em caso de trabalho igual, conta-se o tempo de serviço* na função e não no emprego.".

O artigo 461, § 1º, passou a ter o seguinte trecho: *"(...)* entre pessoas cuja diferença de tempo de serviço para o mesmo empregador não seja superior a quatro anos *e a diferença de tempo na função não seja superior a dois anos.".*

O gráfico abaixo resume os dois requisitos temporais atualmente existentes:

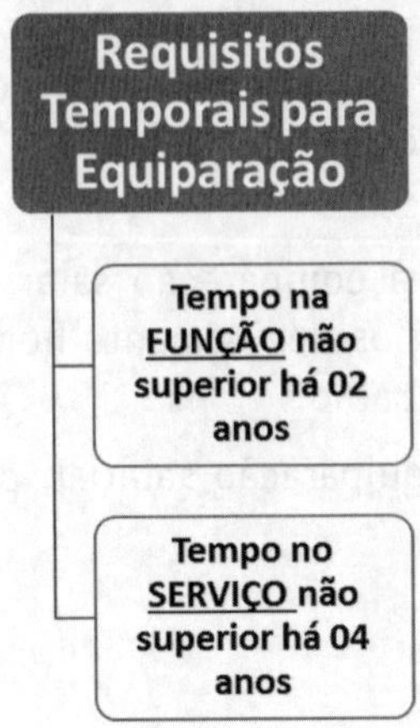

Segue um exemplo para fixar a teoria: o empregado Nárnia, contratado em 01.06.2005, exerce a função de gerente de setor desde 01.06.2010, enquanto o empregado Lión, contratado em 01.07.2010, exerce a função de encarregado de setor desde 01.08.2011. Apesar das funções terem nomes distintos e salários distintos (pois o encarregado ganha menos), ambos fazem exatamente as mesmas tarefas. Nesse caso a equiparação é inviável, afinal analisando a diferença de tempo na empresa ("no serviço"), não foi respeitado o prazo máximo de 04 anos.

Os novos requisitos temporais para a equiparação salarial, são objeto de quesitação nas provas de OAB e concursos. Por tal razão trouxemos a seguinte questão sobre esse tópico:

▸ Aplicação em Concurso e/ou OAB:

(FCC - TST - Analista Judiciário - Taquigrafia - 2017) João ingressou com reclamação trabalhista contra a Empresa B pleiteando equiparação salarial com o paradigma Antonio, alegando que este ganha salário 10% a maior. De acordo com a CLT, alterada pela Lei nº 13.467/2017,

a) sendo idêntica a função, a todo trabalho de igual valor, prestado ao mesmo empregador, no mesmo estabelecimento empresarial, corresponderá igual salário, sem distinção de sexo, etnia, nacionalidade ou idade, entre pessoas, entre outros requisitos, cuja diferença do tempo de serviço para o mesmo empregador não seja superior a quatro anos e a diferença de tempo na função não seja superior a dois anos.

b) sendo idêntica a função, a todo trabalho de igual valor, prestado ao mesmo empregador, no mesmo estabelecimento empresarial, corresponderá igual salário, sem distinção de sexo, etnia, nacionalidade ou idade, entre pessoas, entre outros requisitos, cuja diferença do tempo de serviço para o mesmo empregador não seja superior a dois anos e a diferença de tempo na função não seja superior a quatro anos.

c) a equiparação salarial prevalecerá mesmo quando o empregador tiver pessoal organizado em quadro de carreira ou adotar, por meio de norma interna da empresa ou de negociação coletiva, plano de cargos e salários dispensada qualquer forma de homologação ou registro em órgão público.

d) trabalho de igual valor, para fins de equiparação salarial, será o que for feito com, pelo menos, 80% da produtividade e com a mesma perfeição técnica, entre pessoas cuja diferença de tempo de serviço para o mesmo empregador não seja superior a quatro anos e a diferença de tempo na função não seja superior a dois anos.

e) no caso de comprovada discriminação por motivo de sexo ou etnia, o juízo determinará, além do pagamento das diferenças salariais devidas, multa, em favor do empregado discriminado, no valor de 20% do limite máximo dos benefícios do regime geral da previdência social.

Resposta: A

D) Inexistência de Quadro de Carreira ou Plano de Cargos e Salários

A legislação consolidada, mesmo antes da **Reforma Trabalhista**, de forma expressa, afirmava não ser possível, do ponto de vista jurídico, a equiparação salarial, quando a empresa possuísse quadro de carreira com cláusula que previsse promoções pelos critérios de merecimento e antiguidade, de forma alternada.

A Súmula nº 6, Item I, do TST, por sua vez, interpretando a CLT, afirmava que só era válido o quadro de pessoal organizado em carreira **quando homologado** pelo Ministério do Trabalho, excluindo-se, apenas, dessa exigência o quadro de carreira das entidades de direito público da administração direta, autárquica e fundacional **aprovado por ato administrativo** da autoridade competente.

A **Reforma Trabalhista** manteve o entendimento de que havendo quadro de carreira não é possível pleitear-se a equiparação, todavia tornou desnecessária a exigência de homologação ou aprovação do mesmo por qualquer órgão ou autoridade, contrariando frontalmente o entendimento sumulado do TST (visto acima).

Assim sendo, as pessoas jurídicas de direito privado e as pessoas jurídicas de direito público ficam livres para criar seus quadros de carreira sem a necessidade de homologação ou aprovação.

Outra inovação da **Reforma Trabalhista** diz respeito aos critérios de promoção que devem estar previstos no quadro de carreira. Antes da reforma, deveria haver, necessariamente, critério de promoção por merecimento e por antiguidade, de forma alternada, ou seja, ora promovia-se pela competência (merecimento), ora promovia-se pela antiguidade. Com a **Reforma Trabalhista**, os empregadores estão livres para preverem a promoção por merecimento e por antiguidade ou apenas por um desses parâmetros, isto é, apenas por antiguidade ou apenas por merecimento.

Vale a transcrição, para fins de consolidação do entendimento, do artigo 461, § 2º e § 3º:

> § 2º Os dispositivos deste artigo não prevalecerão quando o empregador tiver pessoal organizado em quadro de carreira ou adotar, por meio de norma interna da empresa ou de negociação coletiva, plano de cargos e salários, **dispensada qualquer forma de homologação ou registro em órgão público.**
>
> § 3º No caso do § 2º deste artigo, as promoções poderão ser feitas por merecimento e por antiguidade, **ou por apenas um destes critérios**, dentro de cada categoria profissional. – Grifo nosso.

A equiparação salarial e seus novos requisitos instituídos pela **Reforma Trabalhista**, por certo, serão alvo de provas do exame da OAB e de concursos públicos, motivo pelo qual não poderíamos deixar de elaborar uma questão sobre o tema:

▸ Aplicação em Concurso e/ou OAB:

(QUESTÃO DO MESTRE – SIMULAÇÃO DE PROVA FUTURA) A sociedade empresária Êxitus Ltda. foi abarcada por convenção coletiva de sua categoria, a qual trouxe previsão de um plano de cargos e salários. Nele, as promoções seriam feitas no máximo a cada dois anos, exclusivamente pelo critério de merecimento. No período de vigência dessa norma, Walter ajuizou uma ação requerendo equiparação salarial a Fernando, referente ao período da norma coletiva. Diante da situação concreta e da Lei nº 13.467/2017, assinale a afirmativa correta.

a) O pedido de equiparação salarial não é possível juridicamente porque a sociedade empresária possui plano de cargos e salários previsto em norma coletiva.

b) A equiparação salarial é possível se atendidos os demais requisitos legais, porque o plano de cargos e salários em questão não tem validade.

c) A observância ou não da convenção ficará a cargo de cada juiz, porque inexiste previsão legal ou jurisprudencial a respeito.

d) O plano de cargos e salários é nulo, pois deveria prever promoção por antiguidade e merecimento, de forma alternada.

Resposta: A

8.11.1. Equiparação Salarial de Trabalhador Readaptado

Vamos iniciar a explicação dessa hipótese por meio de um exemplo.

Imagine que determinado operador de caixa de um banco tenha que se afastar por uma doença ocupacional nos dedos e punhos, resultante dos movimentos repetitivos da digitação. Após ficar afastado por um ano, o referido trabalhador retorna ao banco, pois recebeu alta do INSS, o qual, quando da alta previdenciária, apenas recomendou que ele deveria ser readaptado em outra função que não envolvesse digitação.

Diante desse contexto, o gerente do banco readapta o referido operador de caixa na função de escriturário, que é hierarquicamente inferior e tem salário menor, mas o empregado readaptado continua recebendo como se fosse operador de caixa, que é superior.

Nesse caso, os outros escriturários não poderão pedir equiparação salarial com o operador de caixa readaptado como escriturário, afinal o § 4º da CLT veda o pedido de equiparação salarial onde o modelo/paradigma seja um trabalhador readaptado, vejamos:

> Artigo 461, § 4º, CLT: O trabalhador readaptado em nova função por motivo de deficiência física ou mental atestada pelo órgão competente da Previdência Social não servirá de paradigma para fins de equiparação salarial.

Segue questão que aborda o requisito estudado nesse tópico:

▸ **Aplicação em Concurso e/ou OAB:**

(Instituto Consulplan - CODESG - SP - Advogado - 2019) Francisco é auxiliar administrativo na empresa Raio Forte há cinco anos, possuindo como qualificação apenas a formação no ensino médio. João é engenheiro civil e trabalha na mesma empresa há seis meses e, após sofrer acidente de trabalho, foi readaptado na função de auxiliar administrativo por motivo de deficiência física, deficiência devidamente atestada e comprovada. Ambos trabalham no mesmo estabelecimento, com a mesma carga horária. Assim, na qualidade de advogado, Francisco lhe questiona os seus direitos sobre equiparação salarial. Diante das informações e de acordo com a CLT, alterada pela Lei nº 13.467/2017, assinale a afirmativa correta.

a) Francisco não terá direito à equiparação, uma vez que o trabalhador readaptado em nova função por motivo de deficiência física ou mental atestada pelo órgão competente da Previdência Social não servirá de paradigma para fins de equiparação salarial.

b) Francisco faz jus à equiparação salarial, pois sendo idêntica a função, a todo trabalho de igual valor, prestado ao mesmo empregador, no mesmo estabelecimento empresarial, corresponderá igual salário, sem distinção de sexo, etnia, nacionalidade ou idade.

c) Independentemente se o empregador tiver pessoal organizado em quadro de carreira ou adotar, por meio de norma interna da empresa ou de negociação coletiva, plano de cargos e salários, dispensada qualquer forma de homologação ou registro em órgão público, Francisco terá direito à equiparação pela diferença de tempo de serviço para o mesmo empregador.

d) Francisco não tem direito à equiparação, pois é vedada a indicação de paradigmas remotos. Contudo, no caso de comprovada discriminação por motivo de sexo ou etnia, o juízo determinará, além do pagamento das diferenças salariais devidas, multa, em favor do empregado discriminado, no valor de 100% do limite máximo dos benefícios do Regime Geral de Previdência Social.

Resposta: A

8.11.2. Extinção da Equiparação Salarial em Cadeia

A Súmula nº 6, item VI, do TST criou a chamada equiparação em cadeia.

Quando um empregado obtém êxito em um pleito equiparatório, por meio de reclamação trabalhista, o mesmo pode ser apontado, por outros empregados, como paradigma, isso com base na sentença judicial que o favoreceu.

Portanto, outros empregados poderiam ajuizar reclamações trabalhistas semelhantes utilizando como paradigma o reclamante/autor da ação jurídica anterior.

Tal contexto se amolda ao que se convencionou chamar de equiparação salarial em cadeia.

A **Reforma Trabalhista**, mais uma vez, contrariou de forma direta e expressa o item VI da Súmula nº 6 do TST, sepultando o instituto da equiparação salarial em cadeia, nos termos do artigo 461, § 5º, da CLT, que foi inserido pela **Lei nº 13.467/2017 (Reforma Trabalhista)**:

> Artigo 461, § 5º, CLT: A equiparação salarial só será possível entre empregados contemporâneos no cargo ou na função, **ficando vedada a indicação de paradigmas remotos, ainda que o paradigma contemporâneo tenha obtido a vantagem em ação judicial própria**. – Grifo nosso.

8.11.3. Equiparação Salarial e Discriminação

O artigo 461, § 6º, da CLT, inserido por meio da **Reforma Trabalhista**, trouxe inovação positiva no cenário jurídico brasileiro, vez que além de combater a violação da isonomia salarial, combate também um dos maiores males do século XXI: a discriminação.

Segue a dicção legal do referido dispositivo legal:

> Artigo 461, § 6º, da CLT: **No caso de comprovada discriminação por motivo de sexo ou etnia**, o juízo determinará, além do pagamento das diferenças salariais devidas, **multa, em favor do empregado discriminado, no valor de 50% (cinquenta por cento) do limite máximo dos benefícios do Regime Geral de Previdência Social**. – Grifo nosso.

Nesses termos, restando comprovado judicialmente que houve algum tipo de discriminação por motivo de sexo ou etnia, o empregado receberá além das diferenças salariais decorrentes da equiparação, uma multa de 50% do limite máximo dos benefícios do Regime Geral de Previdência Social.

Entendemos que o legislador previu as hipóteses de discriminação por "sexo" ou "etnia" apenas de forma exemplificativa, logo, na prática, qualquer espécie de discriminação deverá gerar a incidência da mesma multa.

8.11.4. Equiparação Salarial no Serviço Público

O entendimento do TST trilha o caminho da impossibilidade de equiparação salarial na **Administração Pública Direta, Autárquica e Fundacional**, independentemente dos trabalhadores serem regidos pela CLT ou por estatuto próprio, nos termos da Orientação Jurisprudencial nº 297 da SDI-1:

> O art. 37, inciso XIII, da CF/1988, veda a equiparação de qualquer natureza para o efeito de remuneração do pessoal do serviço público, sendo juridicamente impossível a aplicação da norma infraconstitucional prevista no art. 461 da CLT quando se pleiteia equiparação salarial entre servidores públicos, independentemente de terem sido contratados pela CLT.

Diversamente disso, teremos um desfecho distinto, caso estejamos diante de empregados das empresas públicas e sociedades de economia mista, vez que nessa situação a equiparação salarial é plenamente possível, conforme leciona a Súmula nº 455 do TST:

> À sociedade de economia mista não se aplica a vedação à equiparação prevista no art. 37, XIII, da CF/1988, pois, ao admitir empregados sob o regime da CLT, equipara-se a empregador privado, conforme disposto no art. 173, § 1º, II, da CF/1988.

Embora a Súmula fale apenas em sociedade de economia mista, é pacífico que a mesma pode ser aplicável às empresas públicas.

8.11.5. Equiparação na Cessão de Empregados

É bastante rotineira no âmbito público a cessão ("empréstimo") de empregados entre os órgãos que o compõe, sendo que esse detalhe não obsta/impede a equiparação.

O entendimento pacífico do TST caminha no sentido de que a cessão de empregados não exclui o direito à equiparação salarial, embora exercida a função em órgão governamental estranho à cedente, desde que esta responda pelos salários do paradigma e do equiparando/reclamante.

8.11.6. Equiparação Salarial, Prescrição Total e Prescrição Parcial

A **prescrição total**, conforme Súmula nº 294 TST, decorre de parcelas não previstas em lei, isto é, decorre da supressão de parcelas que deveriam ter sido pagas em razão do contrato de trabalho. Sendo que neste caso o prazo prescricional de cinco anos é contado da data da supressão da parcela.

Por exemplo, se um 14º salário (que não tem previsão legal, mas tinha previsão contratual) foi unilateralmente suprimido em janeiro de 2008, o trabalhador poderia ter reclamado judicialmente até janeiro de 2013. Portanto, se o mesmo foi dispensado em 2015 e só ajuizou reclamação em 2016 nada poderá ser reclamado pois existe prescrição total.

Já a **prescrição parcial** decorre do não pagamento de parcelas previstas em lei, por exemplo o 13º salário, sendo que neste caso a prescrição quinquenal (05 anos) é contada da data do ajuizamento da reclamação e não da data da supressão da parcela.

Pois bem, no caso da equiparação salarial temos um direito previsto em lei, especificamente artigo 461 da CLT, logo a prescrição aplicável é a parcial e só alcança as diferenças salariais vencidas no período de 05 anos que precedeu o ajuizamento.

8.11.7. Salário Substituição

O empregado substituído é aquele que deixa a função e o empregado substituto é aquele que substitui o substituído.

Segundo a Súmula nº 159 do TST o empregado substituto terá direito ao salário do empregado substituído desde que a substituição não tenha caráter meramente eventual (esporádica).

Nas férias de algum empregado, por exemplo, outro poderá ser alocado em seu lugar para o período de férias. Nessa situação entende-se que a substituição não tem caráter eventual, logo o empregado substituto deverá receber o salário que seria devido ao substituído, conforme entendimento que segue:

> Súmula nº 159 do TST
>
> I – Enquanto perdurar a substituição que não tenha caráter meramente eventual, inclusive nas férias, o empregado substituto fará jus ao salário contratual do substituído.
>
> II – Vago o cargo em definitivo, o empregado que passa a ocupá-lo não tem direito a salário igual ao do antecessor.

À luz do item II da Súmula acima transcrita, se a substituição for definitiva, o empregado que passa a ocupar o cargo vago não tem direito ao mesmo salário do seu antecessor.

Por fim, segue uma questão sobre o tema:

▸ Aplicação em Concurso e/ou OAB:

(FGV – Analista Judiciário – Oficial de Just. Avaliador – TRT 12/2017) Rosa era engenheira em uma empresa, ganhava R$ 18.000,00 mensais e foi dispensada por justa causa. Um mês após a ruptura contratual, a empresa contratou Regina para o seu lugar, com salário de R$8.500,00. Após saber do salário de sua antecessora, Regina queixou-se ao setor de Recursos Humanos, afirmando que deveria receber o mesmo salário. De acordo com o entendimento consolidado pelo TST, é correto afirmar que:

a) Regina não tem razão, pois se tratava de cargo vago;

b) a forma de reparar a injusta lesão é a equiparação por equivalência;

c) a empregada tem razão, pois vigora o princípio da isonomia;

d) a substituta teria de receber, no mínimo, 60% do salário da antecessora;

e) não existe direito ao mesmo salário porque Rosa foi dispensada por justa causa, situação de caráter personalíssimo.

Resposta: A

8.12. Acúmulo de Funções

Um caso frequente, mas ainda mal compreendido na seara trabalhista é o que se refere ao acúmulo de funções, que ocorre sempre que o empregado é contratado para exercer uma função específica, todavia, na prática, o empregador acaba exigindo outras tarefas/atividades inerentes a outras funções.

Oportuno sobre o assunto é o entendimento de Maurício Godinho Delgado[6], que afirma que o conceito de **função** não se confunde com **tarefa**, sendo esta uma atividade laboral específica, estrita e delimitada, enquanto que aquela consiste na reunião coordenada e integrada de um conjunto de tarefas, incluindo atribuições, poderes e atos materiais concretos, formando um todo unitário. Nessa vereda, uma mesma função pode ser formada por várias tarefas, e nisso nada existe de ilegal.

Daí que o pensador do direito não pode confundir acúmulo de funções com o acúmulo de tarefas, vez que se o trabalhador acumula várias tarefas, mas todas são inerentes à sua função, nada existe a ser postulado em Juízo, pois a situação é legal. Entretanto, se o trabalhador acumula tarefas inerentes à função para qual foi contratado e ainda outras tarefas relativas a outras funções, aí existirá um acúmulo de funções e, esse fato, pode ser interpretado como ilegal.

Importa consignar que a caracterização do acúmulo de funções ocorrerá sempre que as atividades desempenhadas não tenham relação de afinidade com a função contratada, já que muitas vezes, para uma mesma função, existe uma tarefa principal e outras correlatas, que são secundárias.

Como regra, o empregado deve exercer somente as atividades inerentes à função para a qual foi contratado e pela qual é remunerado. Por vezes, todavia, vislumbram-se hipóteses em que o trabalhador para desempenhar sua função tenha que realizar outras atividades afins ou correlatas. Temos como exemplo o caso de uma secretária de escritório, a qual tem como função principal recepcionar clientes, mas também pode ter como funções correlatas atender telefones e manter limpa sua área de trabalho.

Portanto, sempre que o empregado exercer tarefas que não guardem relação de compatibilidade com a função contratada poderemos estar diante de claro ilícito funcional, caracterizador de acúmulo de funções, hipótese na qual o obreiro poderá fazer *jus* a uma indenização (típico dano emergente) que lhe venha a compensar o desgaste físico e mental necessário para realizar as atividades relativas a uma função que não foi contratada.

---

6. DELGADO, Maurício Godinho. *Curso de Direito do Trabalho*. 3ª ed. São Paulo: LTR, 2002, pp. 1009-1010.

Em que pese esse entendimento aqui demonstrado, informamos que ainda predominam nos Tribunais Trabalhistas entendimentos no sentido de que o ordenamento jurídico não ampara o pedido de acúmulo de funções. Nesse sentido existem três principais vertentes teóricas, as quais serão demonstradas a seguir.

8.12.1. O Entendimento Dominante na Doutrina e na Jurisprudência

A primeira vertente teórica, defendida por muitos doutrinadores, afirma que acúmulo de funções, apesar de ilegal, não pode ser deferido ao trabalhador que o postula, tendo em vista que inexiste previsão no ordenamento jurídico para tanto, salvo no que tange aos radialistas, regidos pela Lei nº 6.615/78.

No mesmo sentido encontramos vasto acervo jurisprudencial, valendo a citação de um deles:

> ACÚMULO DE FUNÇÕES. INEXISTÊNCIA DE NORMA LEGAL, REGULAMENTAR, COLETIVA OU CONTRATUAL. IMPOSSIBILIDADE DE ARBITRAMENTO DE ACRÉSCIMO SALARIAL. **Não havendo previsão legal, normativa, contratual ou regulamentar, não há falar-se em arbitramento de acréscimo salarial decorrente de acúmulo de funções.** Processo 0266500-84.1999.5.05.0018 RO, ac. nº 019874/2004, Relatora Desembargadora DALILA ANDRADE, 2ª. TURMA, DJ 17/08/2004. – Grifo nosso.

A segunda linha de pensamento, contrária à indenização do trabalhador que labora em flagrante acúmulo de funções, estriba-se no artigo 456 da CLT, que dispõe:

> Artigo 456: A prova do contrato individual do trabalho será feita pelas anotações constantes da carteira profissional ou por instrumento escrito e suprida por todos os meios permitidos em direito.
>
> Parágrafo único. **A falta de prova ou inexistindo cláusula expressa e tal respeito**, entender-se-á que o empregado se obrigou a todo e qualquer serviço compatível com a sua condição pessoal. – Grifo nosso.

Sérgio Pinto Martins[7], por exemplo, entende por meio da interpretação do parágrafo único do artigo 456 da CLT, que à falta de prova ou inexistindo cláusula expressa a tal respeito, entender-se-á que o empregado se obrigou a todo e qualquer serviço compatível com a sua condição pessoal. Portanto, para o referido autor, poderia o laborista exercer qualquer trabalho, sem que exista necessidade de pagamento do adicional por acúmulo de função, salvo nas excepcionais hipóteses em que exista previsão em lei específica ou na norma coletiva da categoria.

---

7. Informação disponível em: <http://www.cartaforense.com.br/conteudo/colunas/adicional-de--acumulo-de-funcao/12163>.

E que não se argumente que o empregado é remunerado pela unidade de tempo (geralmente mês) e não por tarefa, pois esse argumento seria irreal e desprestigiaria a primazia da realidade, afinal, é de conhecimento notório, que o empregado é remunerado não só pela unidade de tempo que coloca à disposição do patrão, mas sobretudo/principalmente pela atividade que ele desempenha. Tanto que as empresas os classificam em funções, hierarquias, trabalhadores manuais e técnicos e, ainda, altos e baixos empregados.

Até mesmo o Tribunal Superior do Trabalho tem endossado esse entendimento:

> A empresa carioca Auto Viação Vera Cruz Ltda. não terá de pagar adicional por acúmulo de função para motorista que também exercia a função de trocador. O adicional foi concedido pelo Tribunal Regional do Trabalho da 1ª Região (RJ), mas a Quarta Turma do Tribunal Superior do Trabalho (TST) reformou a decisão, que havia determinado o pagamento de 50% do salário dos cobradores para o motorista.
>
> De acordo com o TRT, o contrato era para a função de motorista, e a empresa não negou que ele desenvolvia as duas atividades. Para o Regional, houve alteração contratual prejudicial ao trabalhador, já que o motorista guardava e conferia dinheiro, "além do próprio ato de cobrança em si, o qual atrapalha a função de dirigir".
>
> O relator do processo na Quarta Turma, ministro Fernando Eizo Ono, disse que, no TST, a questão tem sido decidida à luz do disposto no artigo 456, parágrafo único, da CLT. De acordo com o dispositivo, se não há prova ou cláusula expressa a tal respeito, será entendido que o empregado se obrigou a todo e qualquer serviço compatível com a sua condição pessoal.
>
> Por unanimidade, a Turma determinou a exclusão da condenação ao pagamento de diferenças salariais e reflexos decorrentes do exercício da função de cobrador. (Ricardo Reis/CF) Processo: RR-18700-15.2005.5.01.0222

A terceira e última linha de pensamento que se posiciona contrária à indenização do trabalhador vítima de acúmulo de funções é aquela que se fundamenta no Princípio do Maior Rendimento.

Esse princípio fora criado pelo uruguaio Américo Plá Rodriguez e tem sido deturpado por alguns doutrinadores da área trabalhista, os quais têm afirmado que maior rendimento ou máxima colaboração por parte do empregado significaria justamente uma permissão principiológica para o acúmulo de funções, pois o funcionário que assim trabalha estaria simplesmente agindo com lealdade, boa-fé e contribuindo para o crescimento econômico da empresa e, consequentemente, do país.

Todos os argumentos acima listados refletem a opinião dominante, logo deverão ser utilizados para fins de concurso público e exame da OAB.

8.12.2. O Entendimento Minoritário na Doutrina e na Jurisprudência

Em que pese inexistir na CLT um dispositivo legal de modo expresso que defira uma indenização pelo acúmulo de funções, tal detalhe não se mostra suficiente para impedir o deferimento do pleito, na visão minoritária da doutrina, pois o sistema jurídico como um todo reprova o acúmulo de funções.

Foi em razão da existência de lacunas que a própria CLT, no seu artigo 8º, permitiu aos aplicadores da norma preencherem os vazios normativos eventualmente existentes por meio de jurisprudência, analogia, equidade, princípios, usos e costumes e ainda por meio do direito comparado.

No caso do acúmulo de funções, podemos invocar a aplicação supletiva do artigo 884 do Código Civil, que veda o enriquecimento sem causa: *"Aquele que, sem justa causa, se enriquecer à custa de outrem, será obrigado a restituir o indevidamente auferido, feita a atualização dos valores monetários."*

Nessa visão, os trabalhadores que são contratados para exercer uma função, mas realizam atividades inerentes a outras funções estão gerando enriquecimento sem causa ao empregador, que paga por uma função, mas que recebe os benefícios oriundos de duas ou mais funções.

Além disso, a própria CLT, ao tratar das hipóteses de despedida indireta, afirma que considera ilícito patronal a determinação de que o empregado preste serviços alheios ao contrato:

> Art. 483 – O empregado poderá considerar rescindido o contrato e pleitear a devida indenização quando: a) **forem exigidos serviços** superiores às suas forças, defesos por lei, contrários aos bons costumes, **ou alheios ao contrato**. – Grifo nosso.

Portanto, para quem se alia a esse entendimento, é indubitável que o acúmulo de funções é francamente ilegal, na proporção em que se constitui em típico abuso do *jus variandi* empresarial, haja vista que o trabalhador que terá que assumir responsabilidade e encargos além daqueles que foram originariamente contratados, isso sem nenhuma compensação salarial.

No mesmo sentido se encontra o artigo 468 da CLT, informando o seguinte:

> Art. 468 – Nos contratos individuais de trabalho só é lícita a alteração das respectivas condições por mútuo consentimento, e ainda assim desde que não resultem, direta ou indiretamente, prejuízos ao empregado, sob pena de nulidade da cláusula infringente desta garantia.

Segundo esse artigo, para que exista alteração contratual faz-se necessário dois requisitos: **mútuo consentimento** e **ausência de prejuízo ao trabalhador**. Esse binômio necessário para que nasça de maneira válida uma alteração contratual, tem sido chamado pela doutrina de **Princípio da Inalterabilidade Contratual Lesiva.**

Aplicando-se esse princípio ao caso do acúmulo de funções, salta aos olhos de quem defende essa teoria que quando o empregado é contratado para exercer uma função, mas, apesar disso, é compelido a exercer tarefas alheias a outras funções existe uma alteração contratual em sua cláusula funcional que lhe é prejudicial, já que lhe aumenta a carga de trabalho sem o correspondente aumento da contraprestação salarial.

Com o mesmo pensamento aqui demonstrado como minoritário, alguns Tribunais têm se posicionado em nosso país, consoante se nota a seguir:

> ACÚMULO DE FUNÇÕES. REMUNERAÇÃO ADICIONAL. O **exercício simultâneo de tarefas alheias àquelas inerentes à função do empregado, enseja remuneração adicional**, a fim de evitar o enriquecimento sem causa. Essa remuneração adicional tem fundamento nos princípios da boa-fé e da equivalência das prestações. Processo 0001284-17.2013.5.05.0101 RecOrd, ac. nº 214353/2014, Relator Desembargador PAULINO COUTO, 5ª. TURMA, DJ 23/09/2014. (grifo nosso)

Até mesmo o artigo 456 da CLT pode ser utilizado por esta corrente para aclarar a suposta ilegalidade que paira sobre o acúmulo de funções, haja vista que à luz do seu parágrafo único, o empregado somente se obriga a todo serviço compatível com sua condição social na hipótese de **inexistir** cláusula expressa a esse respeito.

A chave hermenêutica para bem interpretar esse artigo, de acordo com essa corrente doutrinária, é a seguinte: a que cláusula expressa refere-se o parágrafo único do artigo 456? Nesta visão, se referiria à cláusula funcional do trabalhador, ou seja, à cláusula que define a função para a qual foi contratado o obreiro.

Portanto, se um trabalhador é contratado para ser "Operador de Caixa" em um supermercado e consta em sua Carteira de Trabalho e Previdência Social no campo destinado à função essa especificação, não pode o mesmo ser compelido a exercer a função de "Embalador/Empacotador", afinal existe cláusula expressa a respeito de sua função, qual seja "Operador de Caixa".

O Princípio Protetivo, em sua vertente denominada *in dubio pro operario/misero*, afirma que sempre que de um artigo da legislação trabalhista for possível extrair-se duas ou mais interpretações, deve-se optar por aquela que seja mais favorável ao trabalhador.

Por fim, o Princípio do Máximo ou Maior Rendimento também não legitima o acúmulo de funções, para essa corrente de pensamento. Isso porque o máximo ou maior rendimento defendido pelo referido princípio aplica-se apenas à função ocupada pelo empregado.

9

ALTERAÇÃO DO CONTRATO DE TRABALHO

Sumário: 9. Alteração do Contrato de Trabalho – **9.1.** Modalidades de Alteração Contratual – **A)** Alterações Subjetivas – **B)** Alterações Objetivas: **B.1)** Promoção; **B.2)** Rebaixamento; **B.3)** Reversão; **B.4)** Aproveitamento; **B.5)** Readaptação; **B.6)** Redução do Salário via Redução da Jornada; **B.7)** Alteração do Horário de Trabalho; **B.8)** Alteração Contratual no Âmbito Público – **C)** Alteração Unilateral e Alteração Bilateral – **9.2.** Transferência do Empregado – **9.2.1.** Distinção entre Transferência e Remoção – **9.2.2.** Transferência Lícita e ilícita – **A)** Extinção do Estabelecimento – **B)** Empregados que Exerçam Cargo de Confiança – **C)** Empregados com Cláusula de Transferência Implícita ou Explícita no Contrato de Trabalho – **D)** Transferência Provisória – **E)** Qualquer Transferência que Conte com a "Anuência" do Trabalhador – **9.2.3.** Ajuda de Custo por Transferência – **9.2.4.** Empregados que não Podem ser Transferidos – **9.2.5.** Empregados que não Podem ser Transferidos – Zona Grise.

Como o contrato de trabalho caracteriza-se por ser de trato sucessivo, prolongando-se, em regra, por tempo indeterminado, é comum que ao longo do vínculo as partes envolvidas (empregado e empregador) desejem repactuar algumas cláusulas/condições para se adequar às vicissitudes da vida.

Há que se observar, todavia, que nesse campo das alterações do contrato de trabalho, nem tudo que as partes almejam pode ser alvo de negociação, vez que o artigo 468 da CLT impõe barreiras:

> Nos contratos individuais de trabalho só é lícita a alteração das respectivas condições por **mútuo consentimento, e ainda assim desde que não resultem, direta ou indiretamente, prejuízos ao empregado**, sob pena de nulidade da cláusula infringente desta garantia. – Grifo nosso.

Esse artigo de lei nos faz rememorar os já estudados Princípios Protetivo e da Irrenunciabilidade, os quais, em conjunto, fortalecem juridicamente o empregado devido à sua fragilidade fática.

Assim, percebendo o legislador que o empregado, em virtude da premente necessidade de trabalhar para sobreviver, poderia facilmente renunciar a direitos básicos criados para lhe assegurar um mínimo de existência digna, criou o **Princípio da Inalterabilidade Contratual Lesiva.**

À luz desse princípio, extraído do *caput* do artigo 468 da CLT são necessários dois requisitos para que uma alteração contratual trabalhista seja válida: **mútuo consentimento** e **ausência de prejuízo financeiro ou moral ao empregado.** Segue o gráfico para memorização:

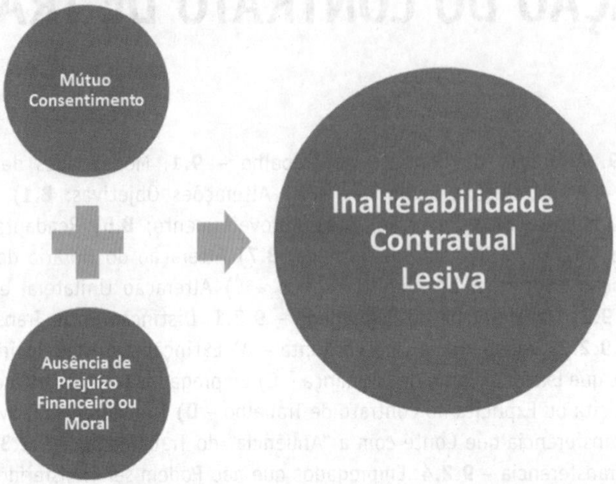

Nesse passo, para efeito de argumentação, ainda que o obreiro através de ato de livre vontade e desimpedido aceite uma alteração contratual que lhe seja lesiva/prejudicial, presumir-se-á, de forma relativa (*juris tantum*), que a manifestação de vontade obreira foi viciada em função de sua hipossuficiência, pelo que será nula de pleno direito (*ipso iure*) a alteração contratual lesiva.

Como dito acima, a presunção de vício na manifestação de vontade do obreiro é relativa, desse modo, sempre que o empregado possuir interesses alheios ao contrato de trabalho, extracontratuais portanto, a alteração bilateral, ainda que imediatamente danosa ao obreiro será válida.

Pensemos em um trabalhador do comércio submetido à jornada legal de oito horas diárias, que curse a faculdade de direito e que, visando aprofundar-se nos estudos, entra em acordo com o empregador para trabalhar apenas por meio período.

Essa alteração contratual embora seja imediatamente lesiva, pois causará redução substancial de seu salário, é mediatamente benéfica ao obreiro, que preferiu renunciar à metade do seu salário para dedicar-se aos estudos acadêmicos.

Para iniciarmos os testes relativos aos conhecimentos expostos, buscamos uma questão sobre o *caput* do artigo 468 da CLT:

▸ **Aplicação em Concurso e/ou OAB:**

(IADES – Analista I – Advogado – CRF – DF/2017) Tendo em vista a Consolidação das Leis do Trabalho no que se refere ao assunto contrato individual de trabalho, assinale a alternativa correta.

a) Mesmo em caso de necessidade de serviço, o empregador não poderá transferir o empregado para localidade diversa da que resultar do contrato.

b) As despesas resultantes da transferência correrão por conta do empregado.

c) Ao empregador é permitido transferir o empregado, mesmo sem a anuência deste, para localidade diversa da que resultar do contrato, não se considerando transferência a que não acarretar necessariamente a mudança do domicílio dos empregados.

d) Nos contratos individuais de trabalho, só é lícita a alteração das respectivas condições por mútuo consentimento e, ainda assim, desde que não resultem, direta ou indiretamente, prejuízos ao empregado, sob pena de nulidade da cláusula infringente dessa garantia.

e) Considera-se alteração unilateral a determinação do empregador para que o respectivo empregado retorne ao cargo efetivo anteriormente ocupado, deixando o exercício de função de confiança.

Resposta: D

9.1. Modalidades de Alteração Contratual

A doutrina elenca algumas modalidades/espécies de alteração no contrato de trabalho, sendo que nos limitaremos a citar aquelas que possuem relevância para a aprovação do leitor em concursos ou exame da OAB, quais sejam: alteração objetiva e subjetiva; alteração unilateral e bilateral.

A) Alterações Subjetivas

Tais alterações dizem respeito à entrada ou saída de um empregado ou empregador da relação jurídica contratual de trabalho.

Já vimos que em face da pessoalidade da relação empregatícia é impossível existir sucessão de empregados em um mesmo contrato de emprego. Quando um trabalhador ingressa em uma função no lugar de outro (que foi dispensado, por exemplo), existirá, respectivamente, a extinção de um contrato de trabalho seguido da celebração de outro.

Ao revés, em face da despersonalização/impessoalidade do empregador, torna-se plenamente possível a alteração do sujeito passivo da relação laboral (o patrão), não implicando tal situação em extinção do contrato de emprego, mas sim em sucessão de empregadores, conforme artigos 10 e 448 da CLT:

> Artigo 10 da CLT: Qualquer **alteração na estrutura jurídica da empresa não afetará os direitos adquiridos por seus empregados.**
>
> Artigo 448 da CLT: A mudança na propriedade ou na estrutura jurídica da empresa **não afetará os contratos de trabalho dos respectivos empregados.** – Grifos nossos.

Vale salientar que as únicas exceções à característica da impessoalidade/despersonalização do empregador reside nas figuras do **empregador doméstico** e do **empregador pessoa física**, vez que nesses casos, vislumbra-se a pessoalidade também em face do empregador, circunstância que também impede a alteração no polo passivo (empregador), tal qual ocorre com o empregado, que não pode ser substituído por outro.

B) Alterações Objetivas

São transformações ocorridas em quaisquer cláusulas contratuais que não digam respeito aos sujeitos da relação jurídica de trabalho, por exemplo, alteração salarial do obreiro ou mesmo de sua função.

Existem alguns exemplos clássicos de alterações objetivas que merecem ser analisados para facilitar a aprovação do leitor em concursos e prova do exame da OAB.

B.1) Promoção

Sempre que a empresa possuir Quadro Organizado de Carreira, tem predominado na doutrina a opinião de que o empregado não poderá recusar promoção, seja por antiguidade e/ou merecimento, vez que no ato da contratação o trabalhador já tinha ciência do quadro, bem como da possibilidade de sua promoção.

No entanto, se, cumulativamente, inexistir Quadro Organizado de Carreira e o obreiro demonstrar que não se encontra apto para o exercício da nova função, poderá validamente **recusar** a promoção, até porque o empregador, de forma sagaz, poderia estar promovendo o obreiro para uma função para a qual saiba, previamente, que o empregado não possui aptidão, tentando, forçosamente, fazer brotar uma hipótese de justa causa ou um pedido demissão.

B.2) Rebaixamento

O ordenamento jurídico trabalhista proíbe o rebaixamento, sendo, portanto, alteração ilícita do contrato de trabalho, salvo a hipótese de **reversão** (estudada no próximo tópico).

Mesmo que o rebaixamento não traga redução salarial, o que dificilmente não ocorrerá, ainda assim será ilícito, pois, certamente, virá acompanhado de prejuízo moral, afinal a autoestima do empregado ficará abalada por lhe ser determinado trabalhar em atividade inferior na hierarquia da empresa, como se em vez de crescer na vida, estivesse decrescendo.

Por fim, a doutrina também tem entendido, com nossa total adesão, que o rebaixamento jamais poderá servir como uma forma de punir o trabalhador.

B.3) Reversão

O parágrafo primeiro do artigo 468 da CLT permite que o empregador determine ao obreiro que ocupa função de confiança que retorne à função anteriormente ocupada. Tal alteração, apesar de configurar um rebaixamento, é lícita, pois, como já dito, existe excepcional permissão legal.

Segue a transcrição do artigo 468, § 1º, da CLT:

> § 1º Não se considera alteração unilateral a determinação do empregador para que o respectivo empregado reverta ao cargo efetivo, anteriormente ocupado, deixando o exercício de função de confiança.

Na hipótese do trabalhador, no ato de sua admissão ao emprego, já ter sido contratado para exercer uma função de confiança, um cargo de gerente por exemplo, não há possibilidade jurídica de reversão, vez que reversão significa retornar à função anteriormente ocupada e, nessa hipótese, não existe uma função anteriormente ocupada.

Segue uma questão sobre reversão:

▸ Aplicação em Concurso e/ou OAB:

(VUNESP - Prefeitura de São José dos Campos - SP - Procurador - 2017) Nos termos da Consolidação das Leis do Trabalho, a alteração contratual

a) não depende de mútuo consentimento, quando for benéfica ao empregado.

b) não depende de consentimento do empregado, quando se tratar de reversão ao cargo efetivo.

c) pode ser prejudicial ao empregado, desde que haja notificação do sindicato da categoria.

d) é nula de pleno direito, quando não acarreta benefício ao empregado.

e) depende de convenção coletiva ou acordo coletivo de trabalho, em face da prevalência do negociado sobre o legislado.

Resposta: B

B.4) Aproveitamento

Por vezes algumas empresas extinguem algumas funções, nessas hipóteses os obreiros que as ocupavam podem ter seus contratos de trabalho extintos, ou então serem aproveitados em outras funções que se enquadrem na mesma escala hierárquica, configurando-se o aproveitamento.

Calha observar que o aproveitamento sempre ocorrerá quando o empregado for utilizado em outra função de mesma hierarquia, afinal se o mesmo for remanejado para posição hierárquica superior ou inferior haverá, respectivamente, promoção ou rebaixamento.

O aproveitamento é absolutamente lícito, haja vista que confere efetividade ao Princípio da Continuidade da Relação de Emprego.

B.5) Readaptação

Alguns empregados, em razão de acidentes ou doenças, contraem limitações físicas ou psíquicas que lhes impedem de voltar a exercer a função anteriormente ocupada, motivo pelo qual o INSS recomenda sua readaptação em outra função, compatível com as limitações do trabalhador.

No caso de readaptação a doutrina tem visto como legal o fato do empregado ocupar uma função de menor importância, não havendo que se cogitar sobre a existência de prejuízo moral, desde que seja mantido o valor do salário, que não poderá ser reduzido, salvo a hipótese excepcional de negociação coletiva.

B.6) Redução do Salário via Redução da Jornada

Em regra não se admite a redução do salário, nem mesmo via redução da jornada, afinal o salário é irredutível, salvo o disposto em acordo coletivo ou convecção coletiva de trabalho.

Apenas de forma excepcional pode-se falar em redução da jornada com a consequente redução do salário.

A primeira exceção, já citada no início desse capítulo, merece ser repetida neste momento: Pensemos em um trabalhador do comércio submetido à jornada legal de oito horas diárias, que curse a faculdade de direito e que, visando aprofundar-se nos estudos, entra em acordo com o empregador para trabalhar apenas por meio período. Essa alteração contratual embora seja imediatamente lesiva, pois causará redução substancial de seu salário, é mediatamente benéfica ao obreiro, que preferiu renunciar à metade do seu salário para dedicar-se aos estudos acadêmicos. Essa é uma situação onde o empregado possui interesse próprio (extracontratual), tornando lícita a alteração contratual do salário.

A segunda exceção refere-se aos contratos de trabalho em tempo parcial (*part time*). Estamos tratando daquela situação na qual um empregado em tempo integral (*full time*) é convertido em tempo parcial (*part time*), situação que é legal nos termos do artigo 58-A, § 2º, da CLT: *"Para os atuais empregados, a adoção do regime de tempo parcial será feita mediante opção manifestada perante a empresa,* na forma prevista em instrumento decorrente de negociação coletiva.".

A terceira exceção encontra-se na categoria dos professores horistas, os quais recebem o salário por hora aula. Neste caso, havendo redução da quantidade de alunos e, consequentemente, das turmas, poderá haver a respectiva redução do salário, nos termos da OJ nº 244 da SDI-1:

> A redução da carga horária do professor, em virtude da diminuição do número de alunos, não constitui alteração contratual, uma vez que não implica redução do valor da hora-aula.

Vale informar ainda que não há nenhum impedimento em reduzir a jornada de trabalho sem reduzir o salário, por ser mais benéfico para o trabalhador.

B.7) Alteração do Horário de Trabalho

A determinação do horário de trabalho encontra-se inserido no *jus variandi* do empregador.

A expressão *jus variandi* consiste no poder conferido ao empregador, por meio do qual pode alterar unilateralmente (sem concordância do empregado), em hipóteses permitidas pela lei, as condições de trabalho de seus empregados.

Assim sendo, por mais que o empregado não goste de ter seu horário alterado pelo empregador, não poderá questionar tal conduta, afinal a lei assim permite.

Inclusive, o próprio TST, por meio da Súmula nº 265, permite a alteração do horário noturno, para o diurno, hipótese na qual haverá a perda do adicional noturno: *"A transferência para o período diurno de trabalho implica a perda do direito ao adicional noturno."*.

De outro lado, a alteração do turno diurno para o noturno é vedada pela lei, por ser prejudicial ao empregado, que terá que submeter seu organismo a uma inversão biológica, trabalhando durante a noite e dormindo durante o dia.

B.8) Alteração Contratual no Âmbito Público

No âmbito público, mais frequentemente no âmbito municipal, é comum que alguns servidores aprovados em concursos com jornada de 20 ou 30 horas mensais, tenham sua jornada majorada para 44 horas (com o consequente aumento dos salários) por determinado gestor municipal, em razão de terem atuado ativamente na campanha eleitoral.

Essas situações, não raramente, perduram por elevado período de tempo, isso porque o prefeito se reelege ou então se reelegem seus candidatos.

Todavia, em determinada eleição o candidato da oposição obtém a vitória, sendo que uma de suas primeiras medidas é majorar a jornada daqueles servidores que lhe apoiaram e, pelo mesmo ato, reduzir a jornada daqueles servidores que não lhe apoiaram para a jornada prevista no edital do concurso.

Diante desse quadro, a dúvida que atordoa alguns pensadores da área jurídica consiste em saber se a jornada de trabalho e consequentemente os salários podem ser reduzidos após serem recebidos por largo período de tempo.

O TST responde a essa dúvida por meio da OJ nº 308 da SDI-1:

> O retorno do servidor público (administração direta, autárquica e fundacional) à jornada inicialmente contratada não se insere nas vedações do art. 468 da CLT, sendo a sua jornada definida em lei e no contrato de trabalho firmado entre as partes.

Portanto, a jornada pode ser reduzida para adequar-se ao quanto previsto no edital do concurso, que foi o ato legal que modulou o contrato de trabalho firmado entre o servidor público e a administração pública.

C) Alteração Unilateral e Alteração Bilateral

A doutrina costuma se referir ao poder diretivo do empregador, isto é, ao poder de comando, gestão e fiscalização das rotinas empresariais, como uma forma de manifestação da alteração contratual unilateral patronal, que tem como sinônimo a expressão latina *jus variandi* (alterações unilaterais).

A alteração promovida pelo empregador será unilateral, decorrente do seu *jus variandi*, quando for realizada independentemente da concordância do empregado.

É exemplo de aplicação do *jus variandi* (alteração unilateral), conforme estudado no tópico anterior, a alteração do trabalho do empregado do horário noturno para o diurno.

O empregado, por seu turno, pode lançar mão do chamado "direito de resistência" (*jus resistentiae*) sempre que o empregador utilizando-se do *jus variandi* intentar alterações abusivas e gravosas ao obreiro.

A alteração bilateral, por sua vez, decorre de um encontro de vontade das partes (empregado e empregador), as quais chegam a um consenso sobre determinado tema. Em razão do Princípio da Inalterabilidade Contratual Lesiva, desse consenso de vontades não pode advir um prejuízo ao empregado.

9.2. Transferência do Empregado

9.2.1. Distinção entre Transferência e Remoção

O artigo 469 da CLT afirma textualmente, em sua parte final, que não se considera *"transferência a que não acarretar necessariamente a mudança do seu domicílio"*. Portanto, quaisquer mudanças topográficas relativas ao local da prestação dos serviços do empregado, que não acarrete necessariamente mudança da residência do obreiro não será considerada transferência.

Nessa vereda, sempre que ocorrer a mudança do local da prestação dos serviços, isto é, sempre que o obreiro for removido de um estabelecimento empresarial para outro, sem que se faça presente a alteração da residência do empregado, teremos **remoção.**

Em síntese: onde existir transferência, existirá, obrigatoriamente, mudança de domicílio do obreiro. Já a remoção, por não trazer consigo alteração residencial, é ato unilateral do empregador, que não precisa de consentimento do empregado, pois faz parte do *jus variandi* deste.

Embora a remoção seja uma alteração contratual lícita algumas peculiaridades devem ser observadas. É que a Súmula nº 29 do TST dispõe que *"o empregado transferido, por ato unilateral do empregador, para local mais distante de sua residência, tem direito a suplemento salarial correspondente ao acréscimo da despesa de transporte."*.

De se notar que a súmula do TST carece de precisão terminológica, afinal trata remoção e transferência como se sinônimos fossem. Ademais, também é comum ver algumas questões de concurso que destoam da melhor técnica, confundindo as expressões remoção e transferência, motivo pelo qual o leitor deverá ficar atento ao contexto da questão, para saber quando se estará diante de transferência ou remoção.

9.2.2. Transferência Lícita e ilícita

A importância da distinção entre transferência lícita e ilícita é tão grande que o legislador celetista possibilitou ao trabalhador vítima de transferência ilícita a possibilidade de pleitear em reclamação trabalhista uma medida liminar com o escopo de tornar sem efeito tal transferência, conforme artigo 659, inciso IX da CLT: *"conceder medida liminar, até decisão final do processo, em reclamações trabalhistas que visem a tornar sem efeito transferência disciplinada pelos parágrafos do artigo 469 desta Consolidação."*.

Em regra, é vedado ao empregador transferir o empregado sem seu consentimento, conforme *caput* do artigo 469 da CLT:

> **Ao empregador é vedado transferir o empregado, sem a sua anuência, para localidade diversa da que resultar do contrato**, não se considerando transferência a que não acarretar necessariamente a mudança do seu domicílio. – Grifo nosso.

Assim sendo, apenas em hipóteses excepcionais, especialmente previstas na CLT, admite-se a realização da transferência. Quando a transferência for realizada dentro das hipóteses permitidas por lei, será legal. Por exclusão, quando a transferência for realizada fora das hipóteses permissivas legais, a mesma será ilegal.

Abaixo estudaremos todas as hipóteses nas quais se permite a realização da transferência. Logo, qualquer transferência fora das hipóteses abaixo presume-se ilegal.

A) Extinção do Estabelecimento

Nesse caso, o único requisito para se verificar a legalidade da transferência é a extinção do estabelecimento em que trabalhava o obreiro. Temos aqui uma aplicação lógica do Princípio da Continuidade da Relação de Emprego, afinal se o empregado não aceitar a transferência após a extinção do estabelecimento, seu vínculo contratual irá se encerrar.

O artigo 469, § 2º, da CLT, aplica-se ao caso: *"É licita a transferência quando ocorrer extinção do estabelecimento em que trabalhar o empregado."*.

B) Empregados que Exerçam Cargo de Confiança

Nessa hipótese, para que seja lícita a transferência, são necessários dois requisitos: que o empregado esteja investido em **cargo de confiança** e que exista **real necessidade de transferência** do obreiro, consoante artigo 469, § 1º, da CLT:

> **Não estão compreendidos na proibição deste artigo**: os empregados que **exerçam cargo de confiança** e aqueles cujos contratos tenham como condição, implícita ou explícita, a transferência, quando esta decorra de **real necessidade de serviço**. – Grifo nosso.

A Súmula nº 43 do TST reforça o entendimento sobre a real necessidade do serviço: *"Presume-se abusiva a transferência de que trata o § 1º do art. 469 da CLT, sem comprovação da necessidade do serviço."*.

A real necessidade de serviço se faz necessária para evitar transferência com fito persecutório (perseguição), assim não basta, por exemplo, que o laborante exerça um cargo de confiança, a empregadora deve comprovar que, realmente, é necessária sua transferência.

Segue uma questão sobre as alterações no contrato de trabalho:

▸ Aplicação em Concurso e/ou OAB:

(FCC – Analista Judiciário – Área Judiciária – TRT 2/2018) Mauro trabalha na sede da empresa Cristal Ltda, localizada em São Paulo, e ocupa o cargo de Gerente de Produtos, enquadrado como cargo de confiança. O setor em que Mauro trabalha será totalmente desativado e passará a ser desenvolvido na filial da empresa, localizada na cidade de Campinas, interior do Estado de São Paulo. Nesse caso, nos termos da lei trabalhista vigente e do entendimento sumulado do TST, é correto afirmar que a empresa Cristal Ltda

a) poderá transferir Mauro e qualquer outro empregado da empresa, unilateralmente, pois a transferência de empregado para outra localidade diversa da que resultar o contrato sempre será permitida, ainda que não haja anuência do empregado.

b) não poderá, apesar de Mauro exercer cargo de confiança, unilateralmente, transferi-lo para a cidade de Campinas, ainda que haja comprovação da necessidade do serviço, pois não houve extinção do estabelecimento.

c) poderá transferir Mauro, unilateralmente, para a cidade de Campinas, visto que exerce cargo de confiança, desde que haja comprovação da necessidade do serviço.

d) somente poderá transferir Mauro para a cidade de Campinas/SP, unilateralmente, se houver previsão explícita no contrato de trabalho.

e) poderá transferir Mauro, unilateralmente, para a cidade de Campinas, pois exerce cargo de confiança, independentemente da comprovação da necessidade do serviço.

Resposta: C

C) *Empregados com Cláusula de Transferência Implícita ou Explícita no Contrato de Trabalho*

Da mesma forma, os empregados que possuírem no seu contrato cláusula expressa ou implícita (tácita) permitindo a transferência, também poderão ser transferidos desde que exista real necessidade do serviço.

Mais uma vez o fundamento legal é o artigo 469, § 1º, da CLT:

> **Não estão compreendidos na proibição deste artigo**: os empregados que exerçam cargo de confiança e aqueles **cujos contratos tenham como condição, implícita ou explícita, a transferência**, quando esta decorra de **real necessidade de serviço**. – Grifo nosso.

Aqui também se aplica a Súmula nº 43 do TST: "*Presume-se abusiva a transferência de que trata o § 1º do art. 469 da CLT, sem comprovação da necessidade do serviço.*".

Vejamos uma questão que requer alguns conhecimentos estudados neste capítulo:

▶ Aplicação em Concurso e/ou OAB:

(FCC - TST - Juiz do Trabalho Substituto - 2017) Icaro ajustou um pacto laboral para trabalhar na sede da empresa Gama Logística situada no município de Belo Horizonte/MG, localidade onde o trabalhador fixou sua residência. Foi estipulada uma cláusula assegurando a transferência como condição explícita do contrato, em razão da execução das atividades de Analista de Tecnologia da Informação – TI, especialista na implantação de sistemas virtuais. Durante o primeiro ano do contrato, o local contratual do trabalho de Icaro foi alterado em duas ocasiões: a primeira, por quatro meses, para a filial de Curitiba/PR, com objetivo de instalar um sistema informatizado, atividade esta que não poderia ser exercida por outro empregado da empresa; a segunda, por dois meses, para a filial da empresa em município contíguo a Belo Horizonte/MG, pertencente à mesma região metropolitana, sem que houvesse a real necessidade do serviço, bem como não implicando mudança da residência de Icaro. Nessa situação,

a) a primeira remoção é lícita diante da real necessidade dos serviços do trabalhador, situação que não ocorreu com a segunda, ainda que tenha sido pactuada cláusula assecuratória da transferência como condição explícita do contrato, razão pela qual o pagamento do adicional de transferência é devido somente na segunda situação.

b) o primeiro deslocamento se deu por remoção relevante lícita em razão da cláusula contratual prevendo essa condição de transferência e da real necessidade de serviço; o segundo implicou alteração circunstancial que não caracteriza transferência, devendo ser pago adicional de transferência apenas na primeira situação.

c) independentemente da necessidade do serviço, ambas as alterações são consideradas transferências lícitas em razão da cláusula assecuratória da transferência como condição explícita do contrato e as duas importam no pagamento de adicional de transferência.

d) a primeira remoção não é lícita porque causou prejuízos ao trabalhador em relação ao seu convívio familiar, sendo nula a cláusula contratual de transferência; a segunda é regular porque a alteração se deu em município pertencente à mesma região metropolitana, cabendo adicional de transferência em ambas, porque provisórias.

e) ambas as alterações configuram transferência lícita em razão da cláusula contida no contrato prevendo essa condição de alteração contratual dentro do jus variandi empresarial, razão pela qual não cabe adicional de transferência em quaisquer delas.

Resposta: B

D) Transferência Provisória

A transferência provisória independe do consentimento do obreiro, estando inserida no *jus variandi* do empregador, o único requisito que se faz necessário é que exista real necessidade dos serviços e o pagamento nunca inferior a 25% dos salários contratuais enquanto perdurar a transferência provisória, conforme dicção do artigo 469, §3º, da CLT:

> Em caso de necessidade de serviço o empregador poderá transferir o empregado para localidade diversa da que resultar do contrato, não obstante as restrições do artigo anterior, mas, nesse caso, ficará obrigado a um pagamento suplementar, nunca inferior a 25% (vinte e cinco por cento) dos salários que o empregado percebia naquela localidade, **enquanto durar essa situação**. (Grifo nosso)

Vale lembrar ainda a Orientação Jurisprudencial nº 113 da SDI-1 do TST, que afirma que o pressuposto legal para que o obreiro receba o adicional de transferência é que esta seja provisória. Calha conferir o teor da referida Orientação Jurisprudencial:

> O fato de o empregado exercer cargo de confiança ou a existência de previsão de transferência no contrato de trabalho não exclui o direito ao adicional. **O**

pressuposto legal apto a legitimar a percepção do mencionado adicional é a transferência provisória. – Grifo nosso.

Assim, ainda que o empregado seja, por exemplo, portador de cargo de confiança, se a transferência for provisória, faz-se necessário o pagamento do adicional de 25% do salário contratual.

A seguir, uma questão sobre os detalhes do adicional de transferência:

▸ **Aplicação em Concurso e/ou OAB:**

(FGV – Exame de Ordem 2016.2) Maria trabalha para a sociedade empresária Alfa S.A. como chefe de departamento. Então, é informada pelo empregador que será transferida de forma definitiva para uma nova unidade da empresa, localizada em outro estado da Federação. Para tanto, Maria, obrigatoriamente, terá de alterar o seu domicílio. Diante da situação retratada e do entendimento consolidado do TST, assinale a afirmativa correta.

a) Maria receberá adicional de, no mínimo, 25%, mas tal valor, por ter natureza indenizatória, não será integrado ao salário para fim algum.

b) A empregada não fará jus ao adicional de transferência porque a transferência é definitiva, o que afasta o direito.

c) A obreira terá direito ao adicional de transferência, mas não à ajuda de custo, haja vista o caráter permanente da alteração.

d) Maria receberá adicional de transferência de 25% do seu salário enquanto permanecer na outra localidade.

Resposta: B

E) Qualquer Transferência que Conte com a "Anuência" do Trabalhador

O *caput* do artigo 469, de forma genérica, afirma ser vedado transferir o empregado sem a sua anuência. Devemos fugir de uma interpretação meramente gramatical desse dispositivo, afinal o obreiro, sendo hipossuficiente, pode, por receio de ser dispensado, oferecer seu consentimento/anuência.

Assim, faz-se necessária uma interpretação teleológica, isto é, que tenha em vista os fins almejados pelo legislador. Portanto, partindo da premissa de que a vontade obreira é naturalmente tolhida, temos seguido interpretação que vê na expressão celetista "consentimento" a equivalência da necessidade de efetivo interesse obreiro, tendo alguma vantagem (contratual ou extracontratual).

A interpretação além de teleológica é óbvia, afinal, por que o trabalhador aceitaria ser transferido, isto é, consentiria, sem que lhe adviesse alguma vantagem contratual ou extracontratual?

Logo, onde se lê na cabeça do artigo 469 da CLT a expressão *"anuência"*, deve ler-se "efetivo interesse obreiro". Esse interesse do empregado pode ser contratual, caso em que teremos, por exemplo, um aumento salarial, ou extracontratual, caso em que o empregado aceita a transferência em virtude da proximidade da família ou para morar perto da noiva que se encontra distante.

Como o assunto da transferência é bastante exigido em concursos e prova da OAB, trouxemos mais uma questão que envolve o assunto:

▸ Aplicação em Concurso e/ou OAB:

(FCC – Analista Judiciário – Área Administrativa – TRT 11/2017) No tocante à alteração do contrato de trabalho, considere:

I. Empregado transferido, por ato unilateral do empregador, para local mais distante de sua residência, tem direito a suplemento salarial correspondente ao acréscimo da despesa de transporte.

II. Considera-se alteração unilateral a determinação do empregador para que o respectivo empregado reverta ao cargo efetivo, anteriormente ocupado, deixando o exercício de função de confiança.

III. Ao empregador é vedado transferir o empregado com a mudança de seu domicílio, sem a sua anuência, para localidade diversa da que resultar do contrato. Esta proibição estende-se para os empregados que exerçam cargo de confiança.

IV. Não é licita a transferência quando ocorrer extinção do estabelecimento em que trabalhar o empregado, devendo ocorrer a rescisão contratual ante a previsão expressa da Consolidação das Leis do Trabalho.

Está correto o que se afirma APENAS em

a) I, III e IV.

b) II.

c) I, II e III.

d) I.

e) II, III e IV.

Resposta: D

9.2.3. Ajuda de Custo por Transferência

Nos termos do artigo 470 da CLT todas as despesas resultantes da transferência do empregado correrão por conta do empregador.

Esta ajuda de custo tem nítida natureza indenizatória, visto que tem em mira antecipar os gastos decorrentes da mudança residencial ou então ressarcir o empregado dos gastos efetuados.

Apesar de óbvio, calha registrar, que a ajuda de custo a ser fornecida pelo empregador deve abranger não só os gastos do empregado individualmente considerado, mas sim todas as despesas decorrentes do deslocamento de toda a família do obreiro.

9.2.4. Empregados que não Podem ser Transferidos

Existem empregados que, em virtude da função social que exercem ou mesmo de direitos historicamente adquiridos, são insuscetíveis de sofrer transferência. Entre eles estão os **dirigentes sindicais** e os **empregados portadores da antiga estabilidade decenal** (estabilidade após 10 anos de trabalho).[1]

Neste último caso a proteção antigamente deferida era por demais vasta, tanto que a lei não só previa a estabilidade, mas também que este obreiro, mesmo nos casos de extinção do estabelecimento, teria direito a uma indenização celetista em dobro (artigo 497). A estabilidade decenal e as demais espécies de estabilidade serão estudadas em capítulo próprio.

No que tange ao **dirigente sindical**, dois são os motivos justificadores da impossibilidade de transferência: **a) a garantia de emprego; b) a base territorial do sindicato.** Este último motivo, a nosso ver, é o primordial, afinal como poderia o diretor do sindicato exercer sua função social fora da base territorial em que foi eleito. Não é por acaso que a CLT prevê a perda do mandato pelo dirigente que requerer ou aceitar transferência para fora de sua base territorial.

Em relação ao assunto, a Súmula nº 369, IV, do TST se posiciona da seguinte maneira: *"Havendo extinção da atividade empresarial no âmbito da base territorial do sindicato, não há razão para subsistir a estabilidade."*.

Resta, por fim, indagar quais os efeitos da extinção do estabelecimento empresarial em que trabalha o diretor de sindicato. Existem três posições doutrinárias dignas de registro[2].

A primeira que entende serem devidos os pagamentos a título indenizatório das verbas contratuais devidas até o final da garantia de emprego, ou seja, um ano após o término do mandato.

1. Com igual pensamento: DELGADO, Mauricio Godinho. *Curso de Direito do Trabalho*. 15ª ed. São Paulo: LTr, 2016, pp. 310.
2. Todas estas posições foram citadas por: DELGADO, Mauricio Godinho. *Curso de Direito do Trabalho*. 15ª ed. São Paulo: LTr, 2016, pp. 311.

A segunda vertente afirma que essa indenização só seria devida até o período restante do mandato do sindicalista. Para essa corrente, a razão de ser primordial da garantia de emprego se estenderia apenas ao efetivo prazo do mandato.

Enfim, **a terceira posição**, reprovável jurídica e socialmente, entende que é indevida qualquer indenização ao dirigente sindical em virtude da extinção da atividade empresarial. Essa corrente doutrinária esquece-se que a extinção da atividade empresarial é um efeito exclusivo do poder intraempresarial do empregador e transferir esse ônus ao obreiro seria equivalente a extirpar a alteridade, característica inerente a todo contrato de trabalho.

9.2.5. Empregados que não Podem ser Transferidos – Zona Grise

Existem classes de obreiros em relação aos quais a doutrina tem divergido quanto à possibilidade de serem transferidos ou não. Tal divergência resulta da falta de texto legal expresso em favor ou desfavor destes trabalhadores, que são: o cipeiro, o acidentado, a gestante, o empregado menor de 18 anos e qualquer outro laborante portador de estabilidade provisória.

Apesar de parte da doutrina entender que tais trabalhadores não são intransferíveis, somos obrigados a discordar desse entendimento[3].

A ciência do direito, há anos, já lançou por terra o dogma da completude do ordenamento jurídico, é por isto que os pensadores do direito criaram várias formas de integração das normas, de preenchimento das lacunas. Uma das mais difundidas é a analogia, por meio da qual se aplica a determinada hipótese não prevista em lei, uma norma prevista para situações semelhantes.

Logo, a resposta de uma questão, na Ciência Jurídica, não é tão simples como possa parecer. Assim, o primeiro passo é verificar se existe norma específica, caso não exista não podemos simplesmente negar a tutela jurídica sob o argumento de que falta lei nesse sentido, principalmente, no Direito do Trabalho, ramo jurídico criado para diminuir gritantes desigualdades fáticas.

Devemos, pois, andar rumo ao segundo passo: integração jurídica, que no presente caso é feita via analogia, aplicando-se o sistema de garantias e intransferibilidade do diretor sindical, analogicamente, ao cipeiro, ao acidentado, a gestante etc., haja vista que todos são portadores de estabilidade.

3. Nos filiamos, neste particular, ao pensamento de: DELGADO, Mauricio Godinho. *Curso de Direito do Trabalho*. 15ª ed. São Paulo: LTr, 2016, pp. 313.

De saída, em relação aos menores de 18 anos, também existe a proibição da transferência, salvo se houver interesse extracontratual envolvido, por exemplo, transferência do obreiro aprendiz com 16 anos para a mesma cidade dos pais.

A proibição de transferência nesse último caso não decorre de qualquer estabilidade provisória, mas sim do sistema de garantias fundamentais especialmente criadas para tutelar o menor, cujo escopo fundamental é possibilitar o desenvolvimento mental, educacional, físico, etc. Portanto, possibilitar a transferência seria o equivalente a privilegiar os interesses do empregador em detrimento da formação global do menor.

10

INTERRUPÇÃO E SUSPENSÃO DO CONTRATO DE TRABALHO

Sumário: 10. Interrupção e Suspensão do Contrato de Trabalho – **10.1**. Hipóteses de Interrupção do Contrato de Trabalho: **A)** Faltas Justificadas – **B)** Férias, Feriados, Repouso Semanal Remunerado e Licença Remunerada – **C)** *Lockout* – **D)** Incapacidade para o Trabalho por até **15**. dias – **E)** Membro de Comissão de Conciliação Prévia (CCP) – **F)** Aborto não Criminoso – **G)** Licença-Maternidade – **H)** Afastamento por Interesse da Segurança Nacional – **10.1.1**. Retorno ao Trabalho – **10.2**. Hipóteses de Suspensão do Contrato de Trabalho: **A)** Suspensão Disciplinar – **B)** Falta Injustificada – **C)** Afastamento de Dirigente Sindical – **D)** Participação em Greve – **E)** Empregado Eleito Diretor – **F)** Acidente e Doença com Nexo Ocupacional – **G)** Acidente e Doença sem Nexo Ocupacional – **H)** Serviço Militar Obrigatório – **I)** Aposentadoria por Invalidez ou Auxílio por Incapacidade Permanente para o Trabalho – **J)** Participação em Curso de Qualificação – **K)** Mulher em Situação de Violência Doméstica - **L)** Prisão Preventiva do Empregado - **10.2.1**. Retorno ao Trabalho – **10.3**. Consequências da Interrupção e da Suspensão do Contrato de Trabalho.

Tanto na suspensão, quanto na interrupção do contrato de trabalho existe o sobrestamento (cessação) de alguns efeitos desse negócio jurídico, tratando-se, portanto, de institutos que possuem certa semelhança, mas que igualmente detém importantes distinções, as quais são "peça chave" para o êxito em provas de concursos e exame da OAB.

Com efeito, na **suspensão** do contrato de trabalho o empregado deixa de prestar serviços e, durante esse período, permanece sem receber salários. O período de suspensão não conta como tempo de serviço. Vale lembrar que, tecnicamente, salário é aquilo que "sai do bolso do empregador", ou seja, é contraprestação paga pelo empregador.

Na **interrupção** do contrato de trabalho, por sua vez, o empregado deixa de prestar serviços, mas continua recebendo normalmente seus salários durante o referido período. O período de interrupção conta como tempo de serviço.

Os efeitos práticos de afirmarmos que o período de interrupção conta como tempo de serviço consiste na obrigação de **recolher INSS** e de **depositar FGTS** ao longo do período de interrupção.

O quadro abaixo foi concebido especialmente para facilitar a memorização das diferenças acima explicadas:

	Suspensão	Interrupção
Salário	Não existe	Existe
Trabalho	Não Existe	Não Existe
Tempo de Serviço (FGTS/INSS)	Não Conta	Conta

Esse quadro resolve a maioria das questões de concurso e exame da OAB, todavia, alguns casos especiais fogem a essa regra geral nele resumida. A seguir vamos estudar várias hipóteses de interrupção e suspensão do contrato de trabalho, analisando-as detalhadamente de acordo com suas peculiaridades. Informamos, desde logo, que este assunto tem elevada incidência em provas de concurso e OAB.

Agora que já podemos distinguir interrupção e suspensão do contrato de trabalho, cabe frisar, por ser muito cobrado em concursos públicos, que *"nos* ***contratos por prazo determinado****, o tempo de afastamento, se assim acordarem as partes interessadas, não será computado na contagem do prazo para a respectiva terminação."*, conforme artigo 472, parágrafo 2º da CLT. Este dispositivo legal ensina que o tempo de afastamento do empregado (seja interrupção ou suspensão do contrato), caso assim acordem as partes, não será contabilizado no prazo de duração do contrato a termo (ou por prazo determinado).

10.1. Hipóteses de Interrupção do Contrato de Trabalho

A) Faltas Justificadas

Nas hipóteses de faltas justificadas ao serviço, o empregado obviamente não trabalha, porém receberá o pagamento pelo dia não trabalhado e também será computado como tempo de serviço, tratando-se de clara hipótese de interrupção.

O artigo 473 da CLT é o mais importante dispositivo sobre o tema de faltas justificadas, devendo o leitor ter bastante atenção ao mesmo, pois suas hipóteses de faltas justificadas são cobradas literalmente nas provas. O artigo é claro e autoexplicativo:

Art. 473 – O empregado poderá deixar de comparecer ao serviço sem prejuízo do salário:

I – **até 2 (dois) dias consecutivos**, em caso de **falecimento** do cônjuge, ascendente, descendente, irmão ou pessoa que, declarada em sua carteira de trabalho e previdência social, viva sob sua dependência econômica;

II – até **3 (três) dias consecutivos**, em virtude de **casamento**;

III – por **um dia**, em caso de nascimento de filho no decorrer da primeira semana;

IV – por **um dia**, em cada 12 (doze) meses de trabalho, em caso de **doação voluntária de sangue** devidamente comprovada;

V – **até 2 (dois) dias consecutivos ou não**, para o fim de se **alistar eleitor**, nos termos da lei respectiva.

VI – no período de tempo em que tiver de cumprir **as exigências do Serviço Militar** referidas na letra "c" do art. 65 da Lei nº 4.375, de 17 de agosto de 1964 (Lei do Serviço Militar).

VII – nos dias em que estiver comprovadamente realizando **provas de exame vestibular** para ingresso em estabelecimento de ensino superior.

VIII – pelo tempo que se fizer necessário, **quando tiver que comparecer a juízo.**

IX – pelo tempo que se fizer necessário, quando, na qualidade de **representante de entidade sindical, estiver participando de reunião oficial de organismo internacional do qual o Brasil seja membro.**

X – **até 2 (dois) dias** para acompanhar **consultas médicas e exames complementares durante o período de gravidez de sua esposa ou companheira**;

XI – **por 1 (um) dia por ano** para acompanhar **filho de até 6 (seis) anos em consulta médica.** – Grifos nossos.

XII – até 3 (três) dias, em cada 12 (doze) meses de trabalho, em caso de realização de exames preventivos de câncer devidamente comprovada.

Sobre o artigo acima faremos algumas ponderações importantes para concursos e exame da OAB.

Quando o artigo fala em dias consecutivos, são dias consecutivos corridos e não dias úteis, afinal, quando a lei quer um prazo em dias úteis deve ser clara e expressa a esse respeito.

O inciso I do artigo 473 da CLT previu prazo de até dois dias consecutivos em caso de falecimento de cônjuge, ascendente, descendente, irmão ou pessoa que, declarada em sua carteira de trabalho e previdência social, viva sob sua dependência econômica.

Todavia, para a categoria dos professores existe norma específica que prevê prazo de nove dias em caso de falecimento de **cônjuge, pai, mãe ou filho.** Vale notar que o artigo voltado aos professores limita a falta justificada apenas aos cônjuges (e companheiros também, embora não esteja na lei), pai, mãe e filho. Logo, para os parentes não citados na norma específica dos professores, aplica-se a regra geral de 02 dias consecutivos.

O inciso II do artigo 473 da CLT criou prazo de até três dias consecutivos, em virtude de casamento. Entretanto, mais uma vez, no caso dos docentes existe prazo diferenciado de 09 dias.

O inciso III do artigo 473 da CLT não foi recepcionado pela nossa Carta Constitucional, afinal esta prevê um prazo de cinco dias para licença paternidade (artigo 10, § 1º, Atos das Disposições Constitucional Transitória – ADCT), o qual é superior ao prazo de um dia conferido pela CLT. A propósito, o artigo 611-B, inciso XIV, da CLT, afirma que são nulas as cláusulas de acordos ou convenções coletivas que suprimam ou reduzam a licença paternidade.

Os incisos IV e V do artigo 473 da CLT diante da clareza que possuem, dispensam comentários.

O inciso VI do artigo 473 da CLT refere-se ao período de tempo em que o empregado tiver de cumprir as exigências do Serviço Militar, assim não está tratando do serviço militar obrigatório (que, inclusive, é hipótese de suspensão), mas sim dos procedimentos preliminares/anteriores ao serviço militar obrigatório, como é o caso do alistamento, por exemplo.

O inciso VII do artigo 473 da CLT relaciona-se ao período de tempo em que o empregado estiver comprovadamente realizando provas de exame vestibular para ingresso em estabelecimento de ensino superior, segundo a doutrina, deve ser interpretado de forma restritiva, não podendo ser ampliado para abranger a realização de provas de concurso e outras semelhantes.

O inciso VIII do artigo 473 da CLT tem como objetivo justificar a ausência, pelo tempo que se fizer necessário, quando o empregado tiver que comparecer a Juízo. Como exemplo temos o empregado que comparece ou como parte, ou como testemunha ou ainda como jurado.

Se o empregado comparece como testemunha e utiliza apenas o turno matutino para desenvolver sua função, ele deverá retornar ao labor para trabalhar no turno vespertino, vez que somente abona-se (justifica-se) o tempo utilizado em Juízo e não o dia todo.

A Súmula nº 155 do TST segue a mesma linha de pensamento:

> **As horas** em que o empregado falta ao serviço para comparecimento necessário, como parte, à Justiça do Trabalho não serão descontadas de seus salários (ex-Prejulgado nº 30). – Grifo nosso.

O inciso IX do artigo 473 da CLT é voltado para os representantes sindicais, os quais poderão se ausentar pelo tempo que se fizer necessário, quando, na qualidade de representante de entidade sindical, estiverem participando de reunião oficial de organismo internacional do qual o Brasil seja membro. Para a doutrina, essa ausência justificada não só a duração da reunião no organismo internacional, mas também o tempo utilizado na viagem de ida e de retorno.

Quanto aos incisos X e XI do artigo 473 da CLT possuem uma literalidade clara e sem pormenores, dispensando comentários.

Finalmente, o inciso XII, inserido pela Lei 13.767/2018, ao permitir até 3 dias de faltas justificadas, em cada 12 meses de trabalho, em caso de realização de exames preventivos de câncer devidamente comprovados, pautou-se pela valorização da dignidade humana do trabalhador, especialmente porque, todos sabemos, que o diagnóstico precoce de neoplasias malignas aumenta consideravelmente as chances de cura.

Particularmente, parabenizamos essa inovação legal, a qual, ironicamente, veio a surgir justamente em um momento histórico onde direitos trabalhistas tem sido paulatinamente revogados por alterações legais.

Vamos agora conferir uma questão sobre o assunto:

▸ **Aplicação em Concurso e/ou OAB:**

(FAUEL - Prefeitura de Mandaguari - PR - Advogado - 2019) Conforme a Consolidação das Leis do Trabalho, o empregado poderá deixar de comparecer ao serviço sem prejuízo do salário:

a) Até 3 (três) dias, em cada 12 (doze) meses de trabalho, em caso de realização de exames preventivos de câncer devidamente comprovada.

b) Por 1 (um) dia para acompanhar consultas médicas e exames complementares durante o período de gravidez de sua esposa ou companheira;

c) Até 2 (dois) dias por ano para acompanhar filho de até 6 (seis) anos em consulta médica.

d) Por 1 (um) dia para o fim de se alistar eleitor, nos termos da lei respectiva.

Resposta: A

B) Férias, Feriados, Repouso Semanal Remunerado e Licença Remunerada

Em todos esses casos o empregado não trabalha, mas recebe pelos dias não laborados, bem como integra a contagem do tempo de serviço, tratando-se de hipótese de interrupção.

C) Lockout

Também conhecido pela expressão Locaute, consiste na recusa por parte do empregador de fornecer aos empregados os instrumentos de trabalho indispensáveis para a sua atividade profissional. Em síntese, o empregador suspende sua atividade empresarial no todo ou em parte, fato que normalmente ocorre para desarticular o movimento operário. Didaticamente, é como se o empregador estivesse "fazendo greve".

A vedação de *lockout* consta no artigo 17 da Lei 7.783/89 (Lei de Greve):

> Art. 17. Fica vedada a paralisação das atividades, por iniciativa do empregador, com o objetivo de frustrar negociação ou dificultar o atendimento de reivindicações dos respectivos empregados (lockout).

Caso o empregador insista em realizar locaute, ficará assegurado aos trabalhadores o direito à percepção dos salários durante o período de paralisação, motivo pelo qual se caracteriza como de interrupção.

D) Incapacidade para o Trabalho por até 15 dias

Quando o empregado for acometido por alguma doença ou acidente (com nexo ocupacional ou não, tanto faz) que pela sua gravidade requeira um afastamento superior a 15 dias, ele será encaminhado para o INSS, a fim de que essa autarquia previdenciária conceda ou não o benefício previdenciário.

O fato é que os primeiros 15 dias de afastamento serão custeados pelo empregador, que pagará o salário diretamente ao empregado, tratando-se, portanto, de interrupção.

Vale salientar que caso ocorra novo afastamento, pelo mesmo motivo que gerou a incapacidade, no prazo de 60 dias, contados do encerramento do benefício anterior, a empresa fica desobrigada de pagar novamente pelos primeiros 15 dias, conforme artigo 75, § 3º, do Decreto nº 3.048/1999:

> Se concedido novo benefício decorrente do mesmo motivo que gerou a incapacidade no prazo de sessenta dias, contado da data da cessação do benefício anterior, a empresa ficará desobrigada do pagamento relativo aos quinze primeiros dias de afastamento, prorrogando-se o benefício anterior e descontando-se os dias trabalhados, se for o caso.

Da mesma forma, se o segurado empregado, por motivo de incapacidade, afastar-se do trabalho, durante 15 dias, **retornando à atividade no 16º dia**, e se dela voltar a se afastar, dentro de 60 dias, em decorrência do mesmo motivo que gerou a incapacidade, fará jus ao auxílio por incapacidade temporária, a partir da data do novo afastamento (art. 75, § 4º, RPS). Cabe salientar que o auxílio-doença, após a Emenda Constitucional nº 103/2019 ("Reforma da Previdência"), passou a ser chamado, no texto constitucional, de auxílio por incapacidade temporária para o trabalho, em que pese os textos legais continuarem a utilizar a terminologia anterior.

E) Membro de Comissão de Conciliação Prévia (CCP)

As Comissões de Conciliação Prévia são estudadas no Direito Processual do Trabalho, entretanto para que o leitor fique contextualizado, é oportuno informar que as mesmas foram criadas para tentar desafogar a Justiça do Trabalho, ou seja, tentar diminuir a quantidade de processos trabalhistas, afinal quando as partes (empregado e empregador) celebram um acordo no âmbito das referidas comissões com cláusula de quitação geral, nada mais poderá ser reclamado perante o Poder Judiciário Trabalhista.

Essas Comissões de Conciliação Prévia são constituídas por representantes dos empregados e representantes dos empregadores.

Os trabalhadores que atuem como representantes dos empregados desenvolverão seu trabalho normal na empresa **afastando-se de suas atividades apenas quando convocados para atuarem como conciliadores, sendo computado como tempo de trabalho efetivo o despendido nessa atividade** (artigo 625-B, § 2º, da CLT).

Logo, trata-se de hipótese interruptiva, pois apesar de não haver trabalho, existe salário e conta-se como tempo de serviço.

F) Aborto não Criminoso

Em caso de aborto não criminoso, comprovado mediante atestado médico, a segurada terá direito ao salário-maternidade correspondente a duas semanas (art. 93, § 5º, RPS, aprovado pelo Decreto 3.048/99).

Nessa hipótese não há trabalho, mas a empregada recebe salário-maternidade, que é diferente de salário (aquele que "sai do bolso do empregador").

O salário-maternidade é um benefício previdenciário custeado pela Previdência Social, pois a empresa pode se reembolsar dos valores pagos durante o período de afastamento do trabalho em razão aborto não criminoso, do valor devido à Previdência Social, relativo às contribuições previdenciárias.

Percebe-se aqui uma peculiaridade, pois diferente dos outros casos de interrupção do contrato de trabalho, durante o período de afastamento, em vez de receber salário, a empregada vai receber salário-maternidade (que é benefício previdenciário). Em que pese essa diferença, continua sendo hipótese de **interrupção para a doutrina majoritária**.

As questões de concurso seguem a mesma linha de raciocínio:

▸ **Aplicação em Concurso e/ou OAB:**

(FCC – TRT 11ª Região – Técnico Judiciário – Área Administrativa – 2017) Lucila, em razão da abertura involuntária do colo do útero, de forma prematura, comprovada por atestado médico oficial, sofreu um aborto na segunda semana de gestação. Neste caso, o contrato de trabalho de Lucila será

a) interrompido e ela terá direito a dez dias de repouso.

b) suspenso e ela terá direito a duas semanas de repouso.

c) interrompido e ela terá direito a duas semanas de repouso.

d) suspenso e ela terá direito a quinze dias de repouso.

e) suspenso e ela terá direito a uma semana de repouso.

Resposta: C

G) *Licença-Maternidade*

Assegura-se à empregada gestante um **salário-maternidade** de, no mínimo, 120 dias, cujo início poderá ocorrer entre o 28º dia antes do parto e a ocorrência deste.

Como dito acima, o salário-maternidade é um benefício previdenciário custeado pela Previdência Social, pois a empresa pode se reembolsar dos salários pagos durante o período de afastamento do trabalho em razão do parto (licença-maternidade), do valor devido à Previdência Social, relativo às contribuições previdenciárias.

Assim, para sermos didáticos, vamos diferenciar os institutos do salário--maternidade e da licença-maternidade:

1) Salário-maternidade – benefício previdenciário concedido à empregada em razão do parto, natimorto, aborto ou adoção, que consiste do pagamento de valor correspondente ao período autorizado legalmente pela Autarquia Previdenciária.

2) Licença-maternidade – período da legislação trabalhista em que se permite a ausência laboral da trabalhadora em razão do parto, natimorto, aborto ou adoção.

Para as empregadas que trabalhem em empresas que aderiram ao Programa Empresa Cidadã (de adesão facultativa), será possível prorrogar a licença-maternidade por mais 60 dias, desde que a empregada faça um requerimento nesse sentido até o final do primeiro mês após o parto, podendo o custo adicional ser abatido do imposto de renda das empresas tributadas pelo lucro real.

O salário-maternidade, espécie de benefício previdenciário, não sofreu qualquer alteração com o citado programa. Ressalte-se que a prorrogação opcional de 60 dias não tem natureza de benefício previdenciário, vez que não é financiada pela Previdência Social.

Nesse caso, o salário-maternidade é de apenas 120 dias, enquanto a licença-maternidade é prorrogada em mais 60 dias, totalizando 180 dias, devendo a empresa se ressarcir do custo adicional gerado com valor a pagar de imposto de renda.

Em caso de aborto não criminoso, comprovado mediante atestado médico, a segurada terá direito ao salário-maternidade correspondente a duas semanas (art. 93, § 5º, Regulamento da Previdência Social, aprovado pelo Decreto 3.048/99). Em caso de **natimorto**, comprovado por atestado de óbito, será garantido o salário-maternidade por 120 dias (art. 343, § 5º, da IN 77/2015 do INSS/PRES).

A empregada ou empregado que **adotar ou obtiver guarda judicial** para fins de adoção de criança (até o limite de 12 anos), e em decorrência desse evento se afastar de suas atividades, fará jus ao salário-maternidade, que também terá o prazo de 120 dias, sendo que em caso de adoção ou guarda judicial conjunta ocorrerá a concessão de licença-maternidade a **APENAS** um dos adotantes ou guardiães empregado ou empregada. Salienta-se, ainda dentro do tema, que a empregada que adotar ou obtiver guarda judicial **não terá direito à estabilidade da gestante.**

Chamamos a atenção do leitor para o fato de que a partir da Lei 12.873/2013, os homens que adotarem crianças ou obtiverem guarda para fins de adoção também fazem jus ao salário-maternidade pelo prazo de 120 dias.

O **posicionamento predominante na doutrina** caminha no sentido de que essas hipóteses de recebimento de salário-maternidade, aproximam-se mais do instituto da interrupção do contrato de trabalho, devendo ser tratadas como tal. **É assim que deve ser tratado para fins de concursos públicos e exame da OAB, conforme se infere da questão seguinte:**

▸ Aplicação em Concurso e/ou OAB:

(VUNESP - AVAREPREV-SP - Procurador Jurídico - 2020) Assinale a alternativa que trata de caso de interrupção de contrato de trabalho:

a) Licença maternidade

b) Afastamento por motivo de doença a partir do 16º dia;

c) Afastamento em decorrência de aposentadoria por invalidez

d) Participação pacífica em greve;

e) Encargo público não obrigatório;

Resposta: A

H) Afastamento por Interesse da Segurança Nacional

De acordo com o artigo 472, parágrafo terceiro, da CLT, *"ocorrendo motivo relevante de interesse para a segurança nacional, poderá a autoridade competente solicitar o afastamento do empregado do serviço ou do local de trabalho, sem que se configure a suspensão do contrato de trabalho."*.

O afastamento acima mencionado será solicitado pela autoridade competente diretamente ao empregador, em representação fundamentada com audiência da Procuradoria Regional do Trabalho, que providenciará desde logo a instauração do competente inquérito administrativo.

Durante os primeiros noventa dias desse afastamento, o empregado continuará percebendo sua remuneração, logo, ao menos nesses primeiros noventa dias, inexiste dúvida de que se trata de uma hipótese de interrupção do contrato de trabalho.

No gráfico abaixo vamos sistematizar as hipóteses de interrupção do contrato de trabalho, para facilitar a visualização de todas e a consequente memorização:

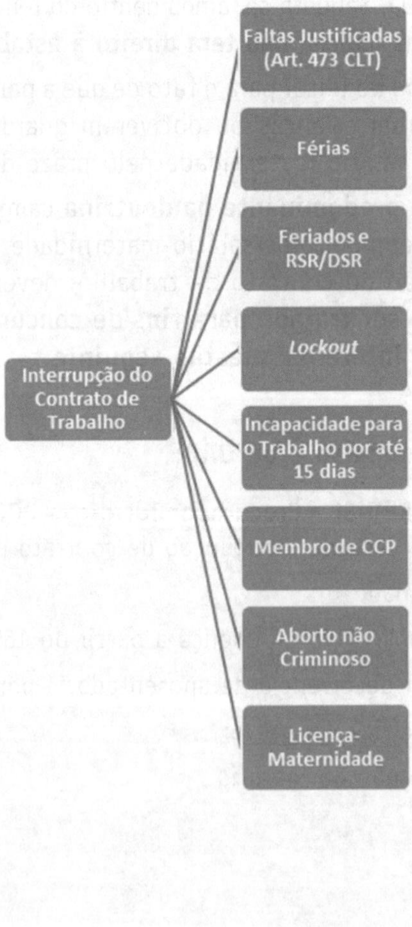

10.1.1. Retorno ao Trabalho

Encerrado o período interruptivo do contrato de trabalho, o empregado deve reapresentar-se imediatamente, sob pena de cometer faltas injustificadas (que geram descontos salariais) e, até mesmo, poder incorrer em abandono de emprego.

10.2. Hipóteses de Suspensão do Contrato de Trabalho

A) Suspensão Disciplinar

Cabe ao empregador, no exercício do seu poder disciplinar, aplicar advertências (para infrações leves), suspensões disciplinares (para infrações médias) e justa causa (para infrações graves).

Pois bem, sempre que o empregador optar por aplicar uma suspensão disciplinar ocorrerá também a suspensão do contrato de trabalho, pois nesses dias o empregado não trabalha e também não recebe salário.

Vale lembrar que o artigo 474 da CLT prevê que a suspensão será de no máximo 30 dias, pois uma suspensão maior do que esse prazo gerará a rescisão do contrato sem justa causa, segue a literalidade do artigo: *"A suspensão do empregado por mais de 30 (trinta) dias consecutivos importa na rescisão injusta do contrato de trabalho."*.

B) Falta Injustificada

Quando o empregado falta ao trabalho e não fornece uma justificativa legal para tanto, o referido dia será descontado do seu salário mensal. Logo, não há trabalho e também não há salário.

C) Afastamento de Dirigente Sindical

Ordinariamente, o afastamento de empregado eleito para cargo de direção sindical ou representação profissional a fim de desempenhar seu mandato, enquadra-se na hipótese de suspensão do contrato de trabalho, vez que o artigo 543, § 2º, da CLT trata o caso como hipótese de licença não remunerada (sem salários).

Ocorre que a própria norma permite às partes negociarem em sentido oposto, ou seja, no sentido do pagamento de salário, o que acabaria por transformar a presente hipótese em causa de interrupção.

Portanto, o leitor deverá ficar atento aos detalhes da questão de concurso, pois caso a mesma indique cláusula contratual, regulamento de empresa ou acordo/convenção coletiva no sentido de pagamento de salário, a hipótese será de interrupção. Caso a questão seja silente, não concedendo maiores detalhes, segue-se a regra: hipótese de suspensão do contrato.

Segue o artigo de lei sobre o tema:

> Art. 543 – O empregado eleito para cargo de administração sindical ou representação profissional, inclusive junto a órgão de deliberação coletiva, não poderá ser impedido do exercício de suas funções, nem transferido para lugar ou mister que lhe dificulte ou torne impossível o desempenho das suas atribuições sindicais
>
> (...)
>
> § 2º – **Considera-se de licença não remunerada, salvo assentimento da empresa ou cláusula contratual**, o tempo em que o empregado se ausentar do trabalho no desempenho das funções a que se refere este artigo. – Grifo nosso.

D) Participação em Greve

O artigo 7º da Lei de Greve (Lei nº 7.783/89) dispõe que:

> Observadas as condições previstas nesta Lei, **a participação em greve suspende o contrato de trabalho, devendo as relações obrigacionais, durante o período, ser regidas pelo acordo, convenção, laudo arbitral ou decisão da Justiça do Trabalho.** – Grifo nosso.

Nesses termos, em regra, a participação em greve é hipótese de suspensão do contrato de trabalho, todavia se houver estipulação em norma coletiva, laudo arbitral ou decisão da Justiça do Trabalho determinando o pagamento de salários durante a duração da greve, então a hipótese passará a ser de interrupção do contrato de trabalho.

Assim sendo, o leitor deverá atentar-se para os detalhes de cada questão de concurso ou exame da OAB.

Vale conferir uma questão sobre a greve, enquanto hipótese de suspensão do contrato de trabalho:

▸ Aplicação em Concurso e/ou OAB:

(FMP – PGE – AC – 2017) Considerando as hipóteses de suspensão e suspensão parcial do contrato individual de trabalho, é CORRETO afirmar que

a) as férias são consideradas exemplo de suspensão do contrato.

b) a greve é tida como suspensão do contrato, por expressa previsão legal.

c) o descanso semanal não é computado no tempo de serviço do empregado.

d) a suspensão disciplinar é exemplo de interrupção do contrato de trabalho.

e) os intervalos para descanso e alimentação são computados na jornada de trabalho.

Resposta: B

E) Empregado Eleito Diretor

Sempre que um empregado for eleito para ocupar o cargo de diretor de uma sociedade anônima ocorrerá a hipótese de suspensão do contrato de trabalho, conforme Súmula nº 269 do TST:

> **O empregado eleito para ocupar cargo de diretor tem o respectivo contrato de trabalho <u>suspenso</u>**, não se computando o tempo de serviço desse período, salvo se permanecer a subordinação jurídica inerente à relação de emprego. – Grifo nosso.

Caso permaneça a subordinação jurídica não se aplica a presente hipótese de suspensão, afinal se houver subordinação o empregado nunca foi diretor de fato, mas sim um típico empregado mascarado/ocultado sob o nome de diretor e, consequentemente, existia o dever de pagar salários e a hipótese seria de interrupção.

É que diretor e empregado são opostos, afinal o diretor participa do comando da empresa, não sendo subordinado. Ademais, diretor não recebe salário, mas sim pró-labore, ao passo que empregado recebe salário.

Por fim, o artigo 16 da Lei de FGTS (Lei nº 8.036/90) possibilita (mera faculdade) às sociedades anônimas equipararem seus diretores não empregados a serem sujeitos ao regime de FGTS, ou seja, por opção da empresa seus diretores poderão ter o FGTS recolhido, mesmo assim a hipótese seria de suspensão contratual.

F) Acidente e Doença <u>com</u> Nexo Ocupacional

O empregado pode contrair alguma doença em razão das peculiaridades do seu trabalho (doenças ocupacionais) ou então se acidentar enquanto executa suas tarefas.

Se em razão da doença ou acidente com nexo ocupacional o empregado tiver que se afastar por mais de 15 dias, do 16ª dia em diante será considerado hipótese de suspensão do contrato de trabalho. Os primeiros quinzes dias, como já estudado, configuram hipótese de interrupção do contrato de trabalho, já que são pagos pelo empregador.

Apesar de ser uma hipótese de suspensão do contrato de trabalho, neste caso temos uma peculiaridade: existe a contagem do tempo de serviço, enquanto perdurar o afastamento, logo o empregador deverá depositar o FGTS.

Nessas hipóteses de concessão de benefícios previdenciários em razão de doença ocupacional ou acidente de trabalho, a autarquia previdenciária (INSS) concede o **auxílio-doença acidentário, código 91**. Vale registrar que o auxílio--doença acidentário, após a Emenda Constitucional nº 103/2019 ("Reforma da Previdência"), passou a ser chamado, no texto constitucional, de **auxílio por incapacidade temporária acidentário**, em que pese os textos legais continuarem a utilizar a terminologia anterior.

Acidente do trabalho é o que ocorre pelo exercício do trabalho a serviço da empresa ou de empregador doméstico ou pelo exercício do trabalho dos segurados especiais, provocando lesão corporal, perturbação funcional que cause a morte e a perda ou redução, permanente ou temporária, da capacidade para o trabalho.

As doenças ocupacionais equiparam-se a acidente de trabalho e os acidentes de trajeto, aqueles ocorridos no deslocamento casa/trabalho/casa, também são considerados acidentes do trabalho.

Até a publicação da Lei Complementar nº 150, de 01/06/2015, apenas o empregado e o trabalhador avulso poderiam sofrer acidente do trabalho. Com a regulamentação da chamada PEC das Domésticas pela referida lei, os empregados domésticos passaram a fazer jus aos benefícios acidentários.

Exemplo de acidente típico: Segurado eletricista cai da escada durante a reparação da iluminação da empresa.

Doenças ocupacionais são as doenças ocorridas em virtude da atividade do trabalhador. São equiparadas ao acidente de trabalho, dividindo-se em doença profissional e do trabalho, conforme a seguinte conceituação legal:

- **Doença profissional** é a produzida ou desencadeada pelo exercício do trabalho peculiar a determinada atividade e constante da respectiva relação elaborada pelo Ministério da Previdência Social (atualmente, o Ministério do Desenvolvimento Social e Agrário absorveu toda a estrutura do INSS, após a reforma ministerial promovida pela Lei nº 13.341, de 29/09/2016); **Exemplo:** LER – a lesão por esforço repetitivo, sofrida pelo digitador.
- **Doença do trabalho** é a adquirida ou desencadeada em função de condições especiais em que o trabalho é realizado, e com ele se relaciona

diretamente. **Exemplo:** A disacusia neurossensorial (perda da audição induzida por ruído) do trabalhador da construção civil.

A empresa é responsável pela adoção e uso das medidas coletivas e individuais de proteção e segurança da saúde do trabalhador, constituindo contravenção penal, deixar a empresa de cumprir as normas de segurança e higiene do trabalho.

Vale esclarecer que não são consideradas doenças do trabalho:

- A doença degenerativa;
- A inerente a grupo etário;
- A que não produza incapacidade para o trabalho;
- A doença endêmica adquirida por segurado habitante de região em que ela se desenvolva, salvo comprovação de que é resultante de exposição ou contato direto determinado pela natureza do trabalho.

Vamos a um exemplo dessa última hipótese (doença endêmica): Não se pode considerar o segurado, habitante da região amazônica, atingido por doença do trabalho, quando picado pelo mosquito transmissor da malária, eis que se trata de doença endêmica da região. A situação, entretanto, poderia gerar a caracterização de doença do trabalho, se o referido segurado, por força do seu trabalho, teve de se expor ao contato direto com os citados insetos, hipótese aplicável aos "caça-mosquitos" (trabalhadores que possuem a tarefa de exterminar os referidos mosquitos).

Vale mencionar ainda que existe certa polêmica na doutrina em razão da existência do Decreto nº 99.684/1990 (regulamento do FGTS), o qual em seu artigo 28, inciso III, daria a entender que o afastamento por doença ocupacional ou acidente do trabalho seria motivo de interrupção do contrato.

Em que pese a existência da referida polêmica, para fins de concursos e exame da OAB, o leitor deverá considerar a hipótese em estudo como sendo de suspensão do contrato de trabalho.

Em remate, a Súmula 440 do TST assegura o direito à manutenção do plano de saúde ou assistência médica aos empregados com contrato suspenso em face de auxílio-doença acidentário. Não é demais repetir que o auxílio-doença acidentário, após a Emenda Constitucional nº 103/2019 ("Reforma da Previdência"), passou a ser chamado, no texto constitucional, de **auxílio por incapacidade temporária acidentário**, em que pese alguns textos legais continuarem a utilizar a terminologia antiga. Vejamos agora a dicção da Súmula 440 do TST:

> Assegura-se o direito à manutenção de plano de saúde ou de assistência médica oferecido pela empresa ao empregado, não obstante suspenso o contrato de trabalho em virtude de auxílio-doença acidentário ou de aposentadoria por invalidez.

Vejamos uma questão sobre as hipóteses de suspensão e interrupção do contrato de trabalho:

▸ Aplicação em Concurso e/ou OAB:

(FCC – Técnico Judiciário – Área Administrativa – TRT 12/2017) Alberto, empregado da empresa União Ltda., sofreu acidente de trabalho e se encontra em fruição de auxílio-doença acidentário. É correto afirmar, à luz da legislação trabalhista, que:

a) o FGTS não deverá ser recolhido porque Alberto não está trabalhando;

b) o contrato encontra-se interrompido, pelo que é devido o FGTS, mas o período não será considerado para fim algum;

c) o FGTS deve ser depositado e haverá garantia no emprego para Alberto até cinco meses após o retorno;

d) está suspenso o contrato de trabalho, sendo devido o recolhimento do FGTS e o cômputo do respectivo lapso temporal no período aquisitivo de férias, salvo se perdurar por mais de seis meses, ainda que descontínuos;

e) em virtude do afastamento ter ocorrido em razão de acidente do trabalho, a Lei determina o pagamento de metade do FGTS e o cômputo de metade do período de afastamento para fins de férias.

Resposta: D

G) Acidente e Doença sem Nexo Ocupacional

O empregado também pode contrair alguma doença sem qualquer ligação com o trabalho, afinal, ficar enfermo, infelizmente, faz parte da vida. Da mesma forma, o empregado pode ser acometido por acidente sem qualquer ligação com seu trabalho, por exemplo, quebrar a perna enquanto joga uma partida de futebol.

Se em razão da doença ou acidente sem nexo ocupacional o empregado tiver que se afastar por mais de 15 dias, do 16ª dia em diante será considerado hipótese de suspensão do contrato de trabalho. Os primeiros quinzes dias, como já estudado, configuram hipótese de interrupção do contrato de trabalho, já que são pagos pelo empregador.

Nesse caso não existe polêmica doutrinária, é hipótese de suspensão contratual mesmo, sem divergências.

A concessão de benefícios previdenciários em razão de doenças ou acidentes **sem** nexo ocupacional (sem ligação com o trabalho) leva a autarquia previdenciária (INSS) a conceder o **auxílio-doença, código 31**. Como já afirmado em outros momentos desta obra, o auxílio-doença, após a Emenda Constitucional nº 103/2019 ("Reforma da Previdência"), passou a ser chamado, no texto constitucional, de **auxílio por incapacidade temporária ordinário**, em que pese alguns textos legais continuarem a utilizar terminologia pretérita à alteração na Lei Maior.

Segue uma questão sobre as hipóteses de suspensão e interrupção do contrato de trabalho:

▸ Aplicação em Concurso e/ou OAB:

(FCC - TRT - 6ª Região (PE) - Técnico Judiciário - Área Administrativa – 2018) Interrupção e suspensão do contrato empregatício são institutos que tratam da sustação, restrita ou ampliada, dos efeitos contratuais durante certo lapso temporal. Assim, enquadram-se como modalidades de interrupção e suspensão, respectivamente:

a) afastamento por doença até o 15º dia – aposentadoria por invalidez.

b) descanso semanal remunerado – depoimento como testemunha judicial ao tempo que for necessário.

c) qualificação profissional para participação do empregado promovido pelo empregador – férias anuais.

d) dias em que estiver realizando exame vestibular para ingresso no ensino superior – licença paternidade.

e) encargo público não obrigatório – doação de sangue voluntária por um dia a cada 12 meses.

Resposta: A

H) Serviço Militar Obrigatório

Apesar de ser uma hipótese de suspensão do contrato de trabalho, vez que após estar engajado no serviço militar (sem possibilidade de trabalhar) e, consequentemente, sem receber salários, existe nesse caso uma peculiaridade: ocorre a contagem do tempo de serviço, enquanto perdurar o afastamento, logo o empregador deverá depositar o FGTS durante o serviço militar obrigatório.

Vale mencionar ainda que existe certa polêmica na doutrina em razão da existência do Decreto nº 99.684/1990 (regulamento do FGTS), o qual em seu artigo 28, inciso I, daria a entender que o afastamento para prestação do serviço militar seria motivo de interrupção do contrato. Assim, o mencionado debate doutrinário, gira em torno do enquadramento do serviço militar obrigatório como hipótese de suspensão ou de interrupção do contrato de trabalho.

Em que pese a existência da referida divergência, para fins de concursos e exame da OAB, o leitor deverá considerar a hipótese em estudo como sendo de suspensão do contrato de trabalho.

Em relação aos **efeitos** do afastamento do empregado em virtude das exigências do serviço militar, ou de outro encargo público, destacamos que tais hipóteses não constituirão motivo para alteração ou rescisão do contrato de trabalho por parte do empregador (artigo 472 da CLT).

I) Aposentadoria por Invalidez ou Auxílio por Incapacidade Permanente para o Trabalho

Essa modalidade de aposentadoria é um benefício devido ao trabalhador permanentemente incapaz de exercer qualquer atividade laborativa e que também não pode ser reabilitado em outra profissão, de acordo com a avaliação da perícia médica do INSS. O benefício é pago enquanto durar a incapacidade e pode ser revisto pelo INSS a qualquer tempo.

O artigo 475 da CLT afirma que:

> O empregado que for aposentado por invalidez terá **suspenso** o seu contrato de trabalho durante o prazo fixado pelas leis de previdência social para a efetivação do benefício. – Grifo nosso.

Segundo a Súmula nº 160 do TST, depois do cancelamento da aposentadoria por invalidez, mesmo após cinco anos, o empregado terá direito de retornar ao emprego, facultado, porém, ao empregador, indenizá-lo na forma da lei.

A Súmula 440 do TST assegura o direito à manutenção do plano de saúde ou assistência médica aos empregados com contrato suspenso em face de aposentadoria por invalidez:

> Assegura-se o direito à manutenção de plano de saúde ou de assistência médica oferecido pela empresa ao empregado, não obstante suspenso o contrato de trabalho em virtude de auxílio-doença acidentário ou de aposentadoria por invalidez.

Essa modalidade de suspensão do contrato possibilita, ainda, a movimentação da conta vinculada ao FGTS do trabalhador, por ser hipótese de aposentadoria concedida pela Previdência Social, nos termos do art. 20, inciso III da Lei 8.036/90.

De saída, cabe informar que a aposentadoria por invalidez, após a Emenda Constitucional nº 103/2019 ("Reforma da Previdência"), passou a ser chamada, no texto constitucional, de **auxílio por incapacidade permanente para o trabalho**, em que pese alguns textos legais continuarem a utilizar a terminologia anterior.

A seguir uma questão sobre a aposentadoria por invalidez:

▸ **Aplicação em Concurso e/ou OAB:**

(VUNESP - Prefeitura de São Roque - SP - Advogado - 2020) A aposentadoria por invalidez acarreta a

a) extinção do contrato de trabalho e possibilita a liberação dos depósitos do fundo de garantia do tempo de serviço.

b) suspensão do contrato de trabalho e não possibilita a liberação dos depósitos do fundo de garantia do tempo de serviço.

c) suspensão do contrato de trabalho e possibilita a liberação dos depósitos do fundo de garantia do tempo de serviço.

d) interrupção do contrato de trabalho nos primeiros 15 (quinze) dias e possibilita a liberação dos depósitos do fundo de garantia do tempo de serviço.

e) interrupção do contrato de trabalho e não possibilita a liberação dos depósitos do fundo de garantia do tempo de serviço.

Resposta: C

J) Participação em Curso de Qualificação

À luz do artigo 476-A da CLT, o contrato de trabalho poderá ser **suspenso**, por um período de **dois a cinco meses**, para participação do empregado em curso ou programa de qualificação profissional oferecido pelo empregador, com duração equivalente à suspensão contratual, mediante **previsão em convenção ou acordo coletivo de trabalho** e **aquiescência (concordância) formal do empregado.**

Após a existência de autorização concedida por intermédio de convenção ou acordo coletivo, o empregador deverá notificar o respectivo sindicato, com antecedência mínima de quinze dias da suspensão contratual.

Essa hipótese de suspensão contratual não poderá ser utilizada pelo empregador mais de uma vez no período de dezesseis meses.

O empregador poderá conceder ao empregado **ajuda compensatória mensal, sem natureza salarial**, durante o período de suspensão contratual, com valor a ser definido em norma coletiva.

Durante o período de suspensão contratual em análise, o empregado fará jus aos benefícios voluntariamente concedidos pelo empregador, incidindo aqui o Princípio da Condição mais Benéfica.

Se ocorrer a dispensa do empregado no transcurso do período de suspensão contratual ou nos três meses subsequentes ao seu retorno ao trabalho, o empregador pagará ao empregado, além das parcelas indenizatórias previstas na legislação em vigor, multa a ser estabelecida em convenção ou acordo coletivo, sendo de, no mínimo, 100% sobre o valor da última remuneração mensal anterior à suspensão do contrato.

Caso durante a suspensão do contrato não seja ministrado o curso ou programa de qualificação profissional, ou o empregado permanecer prestando serviços para o empregador, ficará descaracterizada a suspensão, sujeitando o empregador ao pagamento imediato dos salários e dos encargos sociais referentes ao período, às penalidades cabíveis previstas na legislação em vigor, bem como às sanções previstas em convenção ou acordo coletivo.

Por fim, o prazo limite/máximo de 05 meses previsto no *caput* do artigo 476-A da CLT, para essa hipótese de suspensão contratual, poderá ser prorrogado mediante instrumento coletivo negociado e aquiescência formal do empregado, desde que o empregador arque com o ônus correspondente ao valor da bolsa de qualificação profissional, no respectivo período.

Analisemos agora uma questão sobre o assunto:

▸ **Aplicação em Concurso e/ou OAB:**

(FCC – TRT 20ª Região – Técnico Administrativo – Área Administrativa – 2016) A empresa onde Orpheu trabalha pretende incrementar sua linha de produção, oferecendo a ele a participação em curso de qualificação profissional, com duração de quatro meses, conforme previsão contida em convenção coletiva de trabalho. Orpheu assinou documento concordando com a oferta de seu empregador. Nessa situação, preenchidos os requisitos legais previstos na Consolidação das Leis do Trabalho, o contrato de trabalho ficará

a) suspenso, não fazendo jus ao pagamento de salários durante o período de afastamento.

b) interrompido, fazendo jus ao pagamento de salários durante o período de afastamento.

c) suspenso, sem o pagamento de salários durante o período de afastamento, mas com uma ajuda de custo de 50% do valor do salário, conforme previsão legal.

d) interrompido, tendo direito legal a ajuda compensatória mensal no valor das refeições, despesas com transporte e 50% do valor do salário durante o afastamento.

e) rescindido, sem caracterizar suspensão ou interrupção e sem qualquer consequência de ordem financeira para as partes durante o afastamento, com novação do contrato a partir do retorno ao serviço normal.

Resposta: A

K) Mulher em Situação de Violência Doméstica

O artigo 9º, § 2º, II, da Lei nº 11.340/2006 (Lei Maria da Penha) dispõe que o juiz assegurará à mulher vítima de violência doméstica e familiar, para preservar sua integridade física e também psicológica, a manutenção do vínculo trabalhista, quando for necessário o afastamento do local de trabalho, por até 06 (seis) meses.

Temos aqui outra clara hipótese de suspensão do contrato de trabalho.

L) Prisão Preventiva do Empregado

A prisão preventiva, que é uma espécie de prisão cautelar, trata-se de outro claro motivo de suspensão do contrato de trabalho, conforme permite uma interpretação extensiva e teleológica do artigo 131, inciso V, da CLT.

Neste sentido, segue a jurisprudência[1]:

> RECURSO ORDINÁRIO. PRISÃO DO EMPREGADO. SUSPENSÃO DO CONTRATO DE TRABALHO. INTERRUPÇÃO DA PRESCRIÇÃO DURANTE O CONFINAMENTO. 1) Tendo o autor sido preso em 28 de dezembro de 2012 e sendo beneficiado por livramento condicional em 9 de outubro de 2014, esteve com seu contrato de trabalho suspenso durante esse período, afastando o curso da prescrição bienal prevista no inciso XXIX do artigo 7º da Constituição Federal. 2) Recurso ordinário do autor ao qual se concede provimento.

No gráfico abaixo vamos resumir as hipóteses de suspensão do contrato de trabalho, para facilitar a visualização de todas e a consequente memorização:

1. TRT-1 - RO: 00104250220155010069 RJ, Data de Julgamento: 21/06/2016, Nona Turma, Data de Publicação: 19/07/2016).

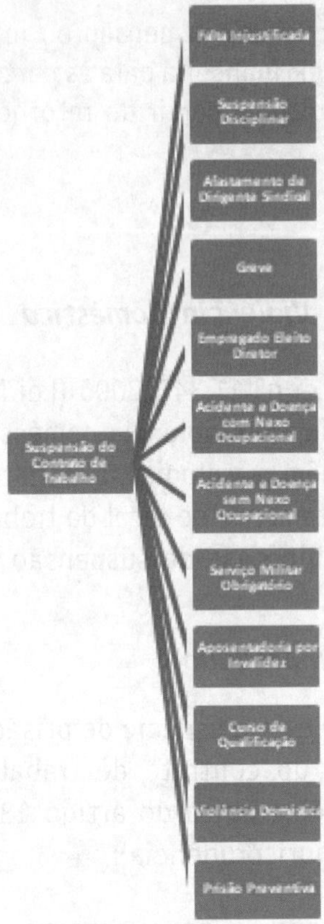

10.2.1. Retorno ao Trabalho

Encerrado o período suspensivo do contrato de trabalho, o empregado deve reapresentar-se imediatamente, sob pena de cometer faltas injustificadas (que geram descontos salariais) e, até mesmo, poder incorrer em abandono de emprego.

No caso específico do serviço militar obrigatório, o artigo 472, § 1º, da CLT, prevê que para o empregado ter direito a voltar a exercer o cargo do qual se afastou, é indispensável que **notifique** o empregador dessa intenção, por telegrama ou carta registrada, dentro do prazo máximo de 30 dias, contados da data em que se verificar a respectiva baixa ou a terminação do encargo a que estava obrigado.

Uma vez feita a notificação acima citada, o empregado terá prazo de 90 dias, contado da baixa do serviço militar, para retornar ao trabalho. Observando-se esse prazo, o empregado poderá computar o tempo anterior ao início do serviço militar obrigatório para fins de integração do período aquisitivo de férias (artigo 132 da CLT).

10.3. Consequências da Interrupção e da Suspensão do Contrato de Trabalho

A CLT, no seu capítulo IV, ao tratar da suspensão e interrupção do contrato de trabalho, criou duas consequências/efeitos demasiadamente importantes que incidem tanto sobre os contratos de trabalho suspensos, quanto sobre os contratos de trabalho interrompidos.

O primeiro efeito reside na garantia ao empregado, quando do seu retorno da causa interruptiva ou suspensiva, não só de laborar na mesma função antes ocupada, mas também o direito de auferir todas as vantagens que sua categoria porventura tenha recebido enquanto o mesmo esteve afastado.

O artigo 471 da CLT é bem claro sobre o assunto:

> Ao empregado afastado do emprego, são asseguradas, por ocasião de sua volta, todas as vantagens que, em sua ausência, tenham sido atribuídas à categoria a que pertencia na empresa.

O segundo efeito traduz-se na impossibilidade de rescindir o contrato de trabalho sem justa causa enquanto perdurar a suspensão ou interrupção do contrato de trabalho.

Se houver motivo de justa causa durante o período de suspensão ou interrupção permite-se a realização da rescisão com justa causa.

Da mesma forma, o empregado pode demitir-se durante a suspensão ou interrupção, afinal estamos em um país livre.

Existe outro efeito/consequência que se aplica **apenas para as interrupções contratuais e para algumas hipóteses especiais de suspensão do contrato de trabalho (todas especificadas ao tratar das hipóteses de suspensão)**: o fato de haver a contagem do tempo de serviço, o que gera a obrigação de depositar FGTS e, apenas no caso do salário-maternidade, de recolher também o INSS, nos termos do artigo 28, § 9º, alínea "a", da Lei nº 8.212/91.

Sobre as consequências/efeitos oriundas da suspensão ou interrupção do contrato de trabalho, encontramos a seguinte questão:

▸ Aplicação em Concurso e/ou OAB:

(INAZ do Pará - CRF-AC - Advogado - 2019) Acerca da suspensão e interrupção do contrato de trabalho, é correto afirmar:

a) O empregado que for aposentado por invalidez terá interrompido o seu contrato de trabalho durante o prazo fixado pelas leis de previdência social para a efetivação do benefício.

b) Se ocorrer a dispensa do empregado no transcurso do período de suspensão contratual ou nos três meses subsequentes ao seu retorno ao trabalho, o empregador pagará ao empregado, além das parcelas indenizatórias previstas na legislação em vigor, multa a ser estabelecida em convenção ou acordo coletivo, sendo de, no mínimo, 100% (cem por cento) sobre o valor da última remuneração mensal anterior à suspensão do contrato.

c) O empregado afastado do emprego, não terá direito as vantagens que, em sua ausência, tenham sido atribuídas à categoria a que pertencia na empresa.

d) Nos contratos por prazo determinado, o tempo de afastamento, será normalmente computado na contagem do prazo para a respectiva terminação, não podendo haver estipulação contratual em contrário, por se tratar de determinação legal.

e) O empregado poderá deixar de comparecer ao serviço sem prejuízo do salário até 7 (sete) dias consecutivos, em caso de falecimento do cônjuge, ascendente, descendente, irmão ou pessoa que, declarada em sua carteira de trabalho e previdência social, viva sob sua dependência econômica.

Resposta: B

11

EXTINÇÃO DO CONTRATO DE TRABALHO

Sumário: 11. Extinção do Contrato de Trabalho - **11.1.** Extinção nos Contratos por Prazo Determinado: **A)** Extinção Antecipada sem Cláusula Assecuratória – **B)** Extinção Antecipada com Cláusula Assecuratória – **11.2.** Extinção nos Contratos por Prazo Indeterminado: Demissão – **11.3.** Extinção nos Contratos por Prazo Indeterminado: Dispensa sem Justa Causa – **11.4.** Distrato: Produto da Reforma Trabalhista – **11.5.** Plano de Desligamento Voluntário (PDV) e a Reforma Trabalhista – **11.6.** Dispensa por Justa Causa ou Justo Motivo: **11.6.1.** Verbas Rescisórias Pagas na Justa Causa – **11.6.2.** Hipóteses de Justa Causa e a Reforma Trabalhista – **A)** Ato de Improbidade – **B)** Incontinência de Conduta ou Mau Procedimento – **C)** Negociação Habitual – **D)** Condenação Criminal – **E)** Desídia – **F)** Embriaguez Habitual ou em Serviço – **G)** Violação de Segredo de Empresa – **H)** Indisciplina e Insubordinação – **I)** Abandono de Emprego – **J)** Ato Lesivo da Honra ou da Integridade Física Praticado contra Qualquer Pessoa – **K)** Ato Lesivo da Honra ou da Integridade Física Praticado contra o Empregador ou sua Pessoa – **L)** Jogos de azar – **M)** Perda Dolosa de Habilitação para o Exercício Profissional – **N)** Atos Atentatórios à Segurança Nacional – **O)** Descumprimento de Normas de Saúde e Segurança do Trabalho – **11.7.** Extinção do Contrato por Despedida ou Rescisão Indireta – **11.7.1.** Verbas Rescisórias Pagas na Despedida Indireta – **11.7.2.** Hipóteses de Despedida Indireta: **A)** Serviços Superiores às suas Forças, Defesos por Lei, Contrários aos Bons Costumes, ou Alheios ao Contrato – **B)** Rigor Excessivo – **C)** Perigo Manifesto de Mal Considerável – **D)** Não Cumprir o Empregador as Obrigações do Contrato – **E)** Ato Lesivo da Honra do Empregado ou seus Familiares – **F)** Ofensas Físicas ao Empregado – **G)** Redução do Trabalho para Afetar o Salário – **11.7.3.** Imediatidade na Rescisão Indireta – **11.7.4.** Necessidade de Afastamento ou não do Trabalho – **11.7.5.** Improcedência da Ação de Rescisão Indireta – **11.8.** Extinção por Culpa Recíproca – **11.9.** Extinção por Força Maior ou Caso Fortuito – **11.10.** *Factum Principis* – **11.11.** Falência e Recuperação de Empresas – **11.12.** Aposentadoria Espontânea – **11.13.** Morte do Empregador Constituído em Empresa Individual – **11.14.** Dispensa Coletiva ou em Massa: Produto da Reforma Trabalhista – **11.15.** Homologação da Rescisão Contratual e a Reforma Trabalhista – **11.15.1.** Limites aos Descontos sobre as Verbas Rescisórias – **11.16.** O Artigo **477** da CLT e a Reforma Trabalhista – **11.17.** Termo de Quitação Anual: Produto da Reforma Trabalhista – **11.18.** Multa do Artigo 467. da CLT.

A extinção do contrato de trabalho simboliza aquele momento em que se encerra o vínculo entre empregado e empregador. A doutrina criou vários nomes para detalhar as possibilidades de extinção do contrato de trabalho, a saber: rescisão contratual, resilição contratual e resolução contratual.

A verdade é que essa gama de nomes criados pela doutrina não possuem tanta importância para fins de concurso público, eis que o contexto da questão leva o candidato a entender o motivo do rompimento do vínculo de emprego, daí porque utilizaremos apenas a expressão mais consagrada: **rescisão contratual**. Esse é o termo técnico que vamos utilizar para nos referimos à extinção do contrato de trabalho.

Da mesma forma, na prática trabalhista, essa variedade de nomes sobre a extinção do contrato de trabalho, igualmente não possui repercussões relevantes, haja vista que a prática consagrou o termo **rescisão contratual**, que vem sendo usado majoritária e indistintamente, tanto nas petições, quanto nos atos decisórios.

Informamos também que a expressão **verbas rescisórias** referem-se ao montante que o empregado irá receber em razão da extinção do seu vínculo empregatício, sendo que o valor das verbas rescisórias sofrerá variação de acordo com a modalidade de extinção contratual, por exemplo, se a dispensa foi com justa causa ou sem justa causa.

As **verbas rescisórias** correspondem àquilo que os trabalhadores, vulgarmente, chamam de *"meus tempos"*. Quando um empregado pede ao advogado trabalhista que *"calcule seus tempos"*, em verdade o mesmo está se referindo às verbas rescisórias.

Feitos esses esclarecimentos iniciais, passemos ao estudo das várias possibilidades de extinção do contrato de trabalho.

11.1. Extinção nos Contratos por Prazo Determinado

A) Extinção Antecipada ***sem*** *Cláusula Assecuratória*

Caso o contrato a termo seja rescindido (encerrado) antes do prazo, sem justa causa, por iniciativa do empregador, este deverá pagar metade dos valores das remunerações a que teria direito o empregado até o final do contrato de trabalho (artigo 479 da CLT). Segue a transcrição do artigo:

> Art. 479 – Nos contratos que tenham termo estipulado, o empregador que, sem justa causa, despedir o empregado **será obrigado a pagar-lhe, a titulo de indenização, e por metade, a remuneração a que teria direito até o termo do contrato.** – Grifo nosso.

> Parágrafo único – Para a execução do que dispõe o presente artigo, o cálculo da parte variável ou incerta dos salários será feito de acordo com o prescrito para o cálculo da indenização referente à rescisão dos contratos por prazo indeterminado.

Quando o **empregador** é o responsável pelo rompimento antecipado do contrato de emprego, sem que exista cláusula assecuratória no mesmo, serão devidas as seguintes verbas rescisórias:

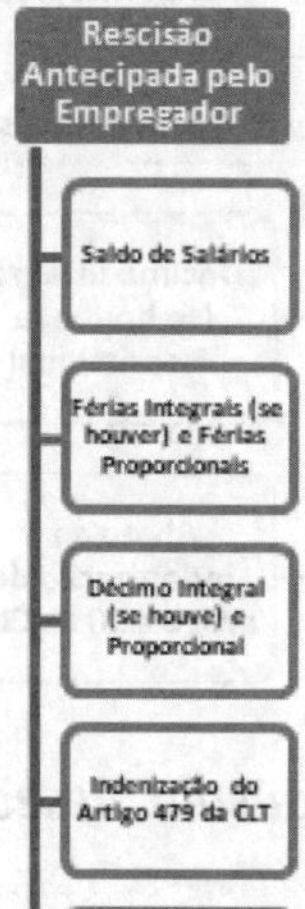

Na hipótese da rescisão antecipada do contrato ser promovida pelo empregado, sem motivo justo, caberá a ele indenizar o empregador pelos prejuízos que este vier a sofrer.

A CLT, no artigo 480, não quantifica o valor dessa indenização devida pelo empregado, limitando-se a afirmar que a indenização devida pelo mesmo não poderá exceder àquela que teria direito caso a rescisão antes do prazo tivesse sido concretizada pelo empregador. Vejamos a literalidade do artigo:

> Art. 480 – Havendo termo estipulado, o empregado não se poderá desligar do contrato, sem justa causa, sob pena de ser obrigado a indenizar o empregador dos prejuízos que desse fato lhe resultarem.
>
> § 1º – A indenização, porém, não poderá exceder àquela a que teria direito o empregado em idênticas condições.

Quando o **empregado** é o responsável pelo rompimento antecipado do contrato de emprego, receberá as seguintes verbas rescisórias:

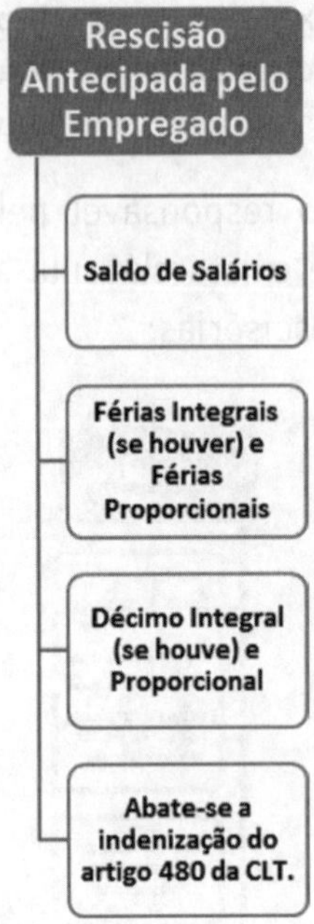

B) Extinção Antecipada com Cláusula Assecuratória

O artigo 481 da CLT permite que os contratos por prazo determinado possuam **cláusula assecuratória do direito recíproco de rescisão**.

Se existente essa cláusula, significa que a rescisão antecipada por uma das partes, faz com que sejam aplicadas as regras da rescisão do contrato por prazo indeterminado, conforme se infere do dispositivo legal aplicado ao caso:

> Art. 481 – Aos contratos por prazo determinado, que contiverem cláusula assecuratória do direito recíproco de rescisão antes de expirado o termo ajustado, **aplicam-se, caso seja exercido tal direito por qualquer das partes, os princípios que regem a rescisão dos contratos por prazo indeterminado**. – Grifo nosso.

Resumindo, se uma das partes extinguir o contrato a termo de forma antecipada (sem justo motivo) deve-se observar se existe ou não cláusula assecuratória do direito recíproco de rescisão.

Não existindo a cláusula assecuratória, deverá o empregador pagar metade dos salários que seriam devidos até o fim do contrato. Mas, se existir a cláusula que assegura o direito recíproco de rescisão, as partes serão regidas pelas regras relativas aos contratos por prazo indeterminado. Nessa hipótese não há que se falar em pagamento dos salários pela metade (artigo 479 da CLT), vez que existe a referida cláusula.

Vale conferir uma questão sobre o tema:

▸ **Aplicação em Concurso e/ou OAB:**

(FGV – OAB – Exame de Ordem Unificado XXI – 2016) Verônica foi contratada, a título de experiência, por 30 dias. Após 22 dias de vigência do contrato, o empregador resolveu romper antecipadamente o contrato, que não possuía cláusula assecuratória do direito recíproco de rescisão. Sobre o caso, de acordo com a Lei de Regência, assinale a opção correta.

a) O contrato é irregular, pois o contrato de experiência deve ser feito por 90 dias.

b) Verônica terá direito à remuneração, e por metade, a que teria direito até o termo do contrato.

c) Verônica, como houve ruptura antecipada, terá direito ao aviso prévio e à sua integração ao contrato de trabalho.

d) O contrato se transformou em contrato por prazo indeterminado, porque ultrapassou metade da sua vigência.

Resposta: B

Havendo cláusula assecuratória do direito recíproco de rescisão, quer seja o empregado, quer seja o empregador o responsável pelo rompimento antecipado do contrato de emprego, o trabalhador receberá as seguintes verbas rescisórias:

11.2. Extinção nos Contratos por Prazo Indeterminado: Demissão

A demissão somente pode ser pedida pelo empregado, tratando-se de um ato personalíssimo. Derruba-se, nesses termos, aquele mito popular de que *"o patrão demitiu o empregado"*, afinal, repetimos, apenas o empregado pode pedir demissão.

O pedido de demissão pode ser feito a qualquer momento, afinal trata-se de um direito potestativo que expressa o direito fundamental à liberdade.

O empregado, ao pedir demissão, deverá conceder aviso prévio ao seu empregador de, no mínimo, 30 dias. Caso não o faça, permite-se ao empregador descontar nas verbas rescisórias o valor relativo aos salários devidos no período do aviso prévio não concedido (existe um capítulo próprio sobre aviso prévio).

O empregado que pede demissão tem direito às seguintes verbas rescisórias:

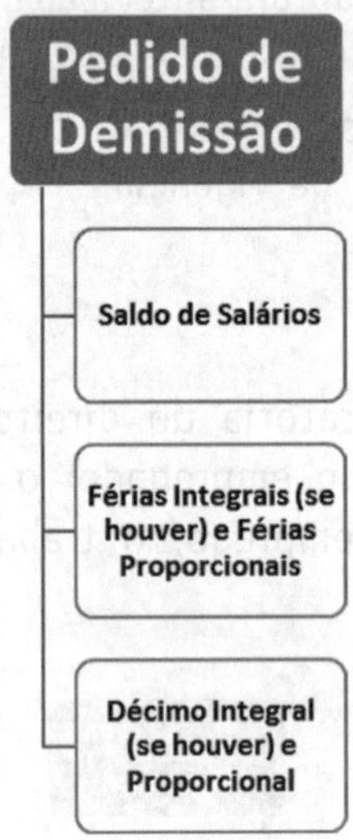

Ao pedir demissão o empregado perde o direito de receber o seguro desemprego, à multa de 40% do FGTS e também não poderá sacar o FGTS depositado.

Vejamos uma questão sobre o tema:

▸ Aplicação em Concurso e/ou OAB:

(CESGRANRIO - LIQUIGÁS - Assistente Administrativo I - 2015) Um empregado está trabalhando em uma empresa há seis meses. Seu contrato de trabalho está sob o regime da CLT, e é por tempo indeterminado. Considerando-se que esse empregado quer pedir demissão de seu emprego, nesse caso, ele terá direito, dentre outras, à seguinte verba rescisória:

a) saldo de salário referente aos dias trabalhados
b) aviso prévio não trabalhado
c) férias vencidas
d) 13º salário integral
e) multa de 40% sobre o saldo do FGTS.

Resposta: A

11.3. Extinção nos Contratos por Prazo Indeterminado: Dispensa sem Justa Causa

Tal qual ocorre no pedido de demissão, a dispensa sem justa causa (ou dispensa imotivada) trata-se de um direito potestativo do empregador, o qual pode ser exercido a qualquer momento, salvo as hipóteses de estabilidade.

Na dispensa sem justa causa o empregado não cometeu nenhum ato ilícito (ato faltoso). O empregador, nesse caso, está rompendo o vínculo ou porque não está satisfeito com o rendimento do empregado ou porque está cortando gastos, por exemplo.

O empregador, ao dispensar de forma imotivada, terá que arcar com as seguintes verbas rescisórias:

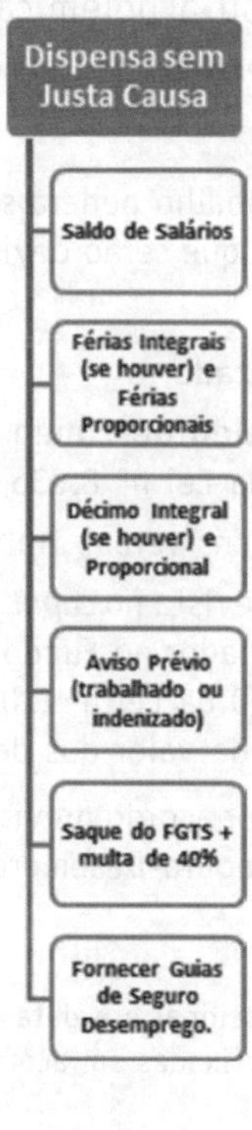

Quando a dispensa sem justa causa ocorrer no trintídio, isto é, no período de trinta dias que antecede a data-base[1] da categoria, o empregado terá direito a uma **indenização adicional** no valor de um salário mensal (artigo 9º da Lei nº 7.238/1984).

A finalidade dessa **indenização adicional** é impedir que o empregador dispense o obreiro nas proximidades da negociação coletiva de sua categoria, afinal, normalmente, o empregado adquire mais direitos após a vigência de nova norma coletiva, a qual sempre melhora o piso salarial.

Esta **indenização adicional** corresponde ao valor do salário mensal, na data do despedimento, integrado pelos adicionais legais ou convencionais, não se computando no valor a gratificação natalina (Súmula nº 242 do TST).

De saída, a Súmula nº 182 do TST afirma que o tempo do aviso prévio, mesmo indenizado, conta para efeito da indenização adicional em estudo.

11.4. Distrato: Produto da Reforma Trabalhista

A CLT não possuía previsão legal sobre o distrato (acordo entre empregado e empregador), motivo pelo qual a doutrina polemizava o assunto, sendo que a posição majoritária caminhava no sentido de não se admitir o distrato no direito do trabalho.

A Lei nº 13.467/2017 encerrou a polêmica contrariando a doutrina majoritária, pois inseriu o artigo 484-A na CLT, regulando o instituto do distrato, na forma que segue:

> Art. 484-A. O contrato de trabalho poderá ser extinto **por acordo entre empregado e empregador**, caso em que serão devidas as seguintes verbas trabalhistas:
>
> **I – por metade:**
>
> a) **o aviso prévio, se indenizado**; e
>
> b) **a indenização sobre o saldo do Fundo de Garantia do Tempo de Serviço**, prevista no § 1º do art. 18 da Lei nº 8.036, de 11 de maio de 1990;
>
> II – na integralidade, as demais verbas trabalhistas.
>
> § 1º A extinção do contrato prevista no *caput* deste artigo permite a movimentação da conta vinculada do trabalhador no Fundo de Garantia do Tempo de Serviço na forma do inciso I-A do art. 20 da Lei nº 8.036, de 11 de maio de 1990, limitada até 80% (oitenta por cento) do valor dos depósitos.
>
> § 2º A extinção do contrato por acordo prevista no *caput* deste artigo não autoriza o ingresso no Programa de Seguro-Desemprego.

1. A data base de uma categoria profissional é a data destinada a correção salarial, discussão e revisão das condições de trabalho fixadas em acordo, convenção ou dissídio coletivo.

No caso do distrato, segundo as regras inseridas pela **Reforma Trabalhista**, o empregado receberá metade do aviso prévio (caso indenizado) e metade da multa de 40% do FGTS, ou seja, a multa do FGTS será de 20%. As demais verbas serão recebidas integralmente.

Por meio do distrato fica permitido ao trabalhador sacar o FGTS depositado em sua conta vinculada, acrescido da multa reduzida do FGTS (multa devida de 20%). Além disso, ele pode movimentar no máximo 80% do valor depositado pela empresa na conta do FGTS e não terá direito ao seguro-desemprego.

Com a criação do distrato, na prática, evita-se uma frequente lesão financeira aos cofres públicos, haja vista que era comum que o empregado desejasse sair do emprego, todavia, mancomunado com o empregador, este simulava uma dispensa sem justa causa depositando a multa de 40%, a qual após sacada era devolvida pelo empregado. Tudo isso apenas para que o trabalhador recebesse de forma indevida o seguro desemprego e sacasse o saldo do FGTS.

Transcrevemos a seguinte questão para que o candidato possa testar seu conhecimento sobre o instituto do distrato:

▸ Aplicação em Concurso e/ou OAB:

(UPENET/IAUPE - UPE - Advogado - 2019) O contrato de trabalho poderá ser extinto por acordo entre empregado e empregador, caso em que serão devidas as seguintes verbas trabalhistas:

a) o aviso prévio, se indenizado, e a indenização, sobre o saldo do Fundo de Garantia do Tempo de Serviço.

b) as mesmas verbas da despedida sem justa causa.

c) pela metade: o aviso prévio, se indenizado, e a indenização sobre o saldo do Fundo de Garantia do Tempo de Serviço; e na integralidade, as demais verbas trabalhistas.

d) pela metade, a indenização sobre o saldo do Fundo de Garantia do Tempo de Serviço e na integralidade, as demais verbas trabalhistas, contudo não terá direito a aviso prévio.

e) o aviso prévio, indenização sobre o saldo do Fundo de Garantia do Tempo de Serviço e as demais verbas trabalhistas, tudo na integralidade.

Resposta: C

11.5. Plano de Desligamento Voluntário (PDV) e a Reforma Trabalhista

Os empregados antigos (com muito tempo no serviço) de algumas empresas públicas (exemplo: Caixa Econômica Federal) e sociedades de economia mista (exemplo: Petrobras) ganham o dobro ou o triplo do que outro empregado contratado para a mesma função nos dias atuais.

Isso ocorre porque outrora essas pessoas jurídicas concediam muitos direitos em seus regulamentos internos que não são concedidos atualmente.

Portanto, para essas instituições é prejuízo manter um empregado antigo na ativa, trabalhando. Esses empregados antigos, por sua vez, sabem que são muito bem pagos, motivo pelo qual não pretendem pedir demissão, ao contrário desejam permanecer trabalhando até completarem, no mínimo, o tempo necessário para a aposentadoria.

A solução encontrada por tais empregadores foi a criação de um incentivo financeiro para que esses trabalhadores antigos peçam demissão, eis a principal finalidade da criação do PDV ou PDI (Plano de Dispensa Incentivada).

Por exemplo, os Correios podem lançar um PDV informando que o empregado que pedir desligamento vai receber todas as verbas rescisórias normais, bem como um valor extra de R$ 100.000,00 (cem mil reais), que serve de incentivo para que o mesmo solicite seu desligamento. Esse valor extra é concedido em razão da adesão ao PDV e não possui natureza salarial.

O Supremo Tribunal Federal (RE 590415) entende que a cláusula de quitação geral existente no PDV/PDI é válida e, consequentemente, o empregado que adere ao PDV ou PDI não teria mais qualquer direito a ser questionado na Justiça do Trabalho, vez que houve quitação ampla e irrestrita por meio da cláusula de quitação existente no PDV ou PDI.

Por fim, a **Reforma Trabalhista**, seguindo o entendimento do STF sobre assunto, inseriu na CLT o artigo 477-B, segundo o qual:

> Plano de Demissão Voluntária ou Incentivada, para dispensa individual, plúrima ou coletiva, previsto em convenção coletiva ou acordo coletivo de trabalho, **enseja quitação plena e irrevogável dos direitos decorrentes da relação empregatícia, salvo disposição em contrário estipulada entre as partes.** – Grifo nosso.

11.6. Dispensa por Justa Causa ou Justo Motivo

A justa causa ocorrerá sempre que o empregado praticar um ato ilícito trabalhista (ou ato faltoso), entendendo-se como tal aquelas condutas que estiverem previstas (**tipificadas**) em algum artigo da CLT. O principal artigo da CLT sobre a matéria em análise é o artigo 482, o qual prevê, taxativamente, as principais hipóteses de justa causa.

Além da justa causa existem outras duas punições: suspensão (para ilícitos de gravidade média) e advertência (para ilícitos de menor gravidade). Seguindo a mesma linha de raciocínio, percebe-se que a justa causa está reservada para **ilegalidades mais graves**. Salta aos olhos que deve haver uma **proporcionalidade** entre o ato ilegal cometido pelo empregado e a respectiva punição/sanção aplicada.

Obviamente, além do ato ilícito estar previamente inserido em algum dispositivo legal (**tipicidade**) e se tratar de algo mais grave, faz-se necessário não só a existência de provas sobre a presença desse ato (**materialidade**), mas também sobre sua **autoria**.

O empregador, ao ter conhecimento do ato faltoso, tem o dever de puni-lo **imediatamente**, vez que a ausência de punição imediata gera o perdão tácito do ato ilegal, que não poderá ser punido posteriormente. Isso é o que se chama de **imediatidade ou atualidade**.

A **vedação à discriminação** também finca raízes nesse tema, isso porque é proibido que para uma mesma falta (idêntico ato ilegal) o mesmo empregador aplique punições diferentes, beneficiando um dos trabalhadores e, consequentemente, tratando de forma discriminatória (ou anti-isonômica) o outro.

Para cada ato faltoso cometido pelo empregado, o empregador pode aplicar apenas uma punição. Sendo totalmente proibido aplicar-se duas ou mais punições em face de um mesmo fato. Aplica-se aqui o famoso princípio do Direito Penal do ***non bis in idem***, segundo o qual uma pessoa não pode ser punida duas vezes pelo mesmo fato.

Relatamos acima os principais requisitos para a aplicação de uma justa causa dentro da legalidade. Antes de aplicar uma justa causa o empregador deve ponderar sobre os requisitos para a aplicação da mesma, os quais seguem sistematizados abaixo para facilitar a memorização:

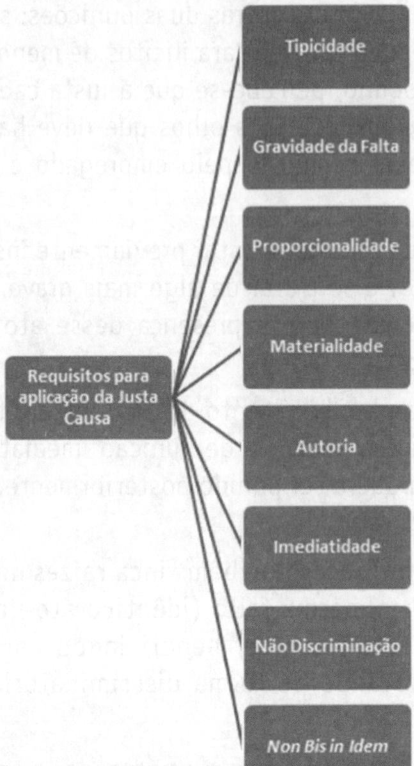

De saída, calha chamar a atenção para o teor da Convenção nº 158 da OIT, artigo 5º, segundo o qual não constituirão causa justificada (ou motivo de justa causa) para o término da relação de trabalho as seguintes situações:

- Filiação a um sindicato ou a participação em atividades sindicais fora das horas de trabalho ou, com o consentimento do empregador, durante as horas de trabalho;
- Ser candidato a representante dos trabalhadores ou atuar ou ter atuado nessa qualidade;
- Apresentar uma queixa ou participar de um procedimento estabelecido contra um empregador por supostas violações de leis ou regulamentos, ou recorrer perante as autoridades administrativas competentes;
- A raça, a cor, o sexo, o estado civil, as responsabilidades familiares, a gravidez, a religião, as opiniões políticas, ascendência nacional ou a origem social;
- A ausência do trabalho durante a licença-maternidade.

11.6.1. Verbas Rescisórias Pagas na Justa Causa

Na dispensa por justa causa o empregado perde todos os direitos em processo de aquisição (que ainda não foram adquiridos), mantendo no seu patrimônio jurídico apenas os direitos já adquiridos.

Assim, o empregado dispensado por justa causa perde o direito ao aviso prévio, ao décimo terceiro proporcional, às férias proporcionais, não poderá sacar o FGTS (e não recebe a multa de 40%) e também não tem direito ao seguro desemprego.

De outro lado, por serem direitos adquiridos, o empregado receberá, por exemplo:

- Saldo de salários (pois a cada dia trabalhado adquire o direito ao pagamento daquele dia);
- Férias integrais (pois ao trabalhar por um ano, adquire-se direito às férias);
- Décimo terceiro integral (se o empregado trabalhou do início do ano até, pelo menos, 15 de dezembro);
- Vales-Transportes dos dias trabalhados (afinal, a cada dia trabalhado adquire-se o direito ao vale-transporte daquele dia).

11.6.2. Hipóteses de Justa Causa e a Reforma Trabalhista

As principais hipóteses de justa causa estão taxativamente previstas no artigo 482 da CLT, sendo que a **Reforma Trabalhista** criou uma nova hipótese por meio da inserção da letra "m" ao artigo 482, a seguir transcrito:

> Art. 482 – Constituem justa causa para rescisão do contrato de trabalho pelo empregador:
>
> a) ato de improbidade;
>
> b) incontinência de conduta ou mau procedimento;
>
> c) negociação habitual por conta própria ou alheia sem permissão do empregador, e quando constituir ato de concorrência à empresa para a qual trabalha o empregado, ou for prejudicial ao serviço;
>
> d) condenação criminal do empregado, passada em julgado, caso não tenha havido suspensão da execução da pena;
>
> e) desídia no desempenho das respectivas funções;
>
> f) embriaguez habitual ou em serviço;
>
> g) violação de segredo da empresa;
>
> h) ato de indisciplina ou de insubordinação;

i) abandono de emprego;

j) ato lesivo da honra ou da boa fama praticado no serviço contra qualquer pessoa, ou ofensas físicas, nas mesmas condições, salvo em caso de legítima defesa, própria ou de outrem;

k) ato lesivo da honra ou da boa fama ou ofensas físicas praticadas contra o empregador e superiores hierárquicos, salvo em caso de legítima defesa, própria ou de outrem;

l) prática constante de jogos de azar.

m) perda da habilitação ou dos requisitos estabelecidos em lei para o exercício da profissão, em decorrência de conduta dolosa do empregado. (**Inserido pela Reforma Trabalhista**) – Acréscimo nosso.

Parágrafo único – Constitui igualmente justa causa para dispensa de empregado a prática, devidamente comprovada em inquérito administrativo, de atos atentatórios à segurança nacional.

Todas essas hipóteses serão estudas, uma a uma, facilitando a absorção de conhecimentos pelo leitor. Já antecipamos que se trata de um assunto bastante exigido nos concursos e exame da OAB, mas também felicitamos o leitor com a informação de que se trata um assunto intuitivo e relativamente fácil.

A) Ato de Improbidade

Improbidade significa desonestidade, má índole, mau-caráter, falta de probidade, isto é, falta de honradez, de integridade e de lisura[2].

São exemplos clássicos dessa hipótese de justa causa: empregado que falsifica atestado médico e que furta ou rouba seu empregador.

B) Incontinência de Conduta ou Mau Procedimento

A incontinência de conduta refere-se aos atos imoderados com algum tipo de conotação sexual. O empregado incontinente é aquele que não consegue se conter, isto é, que não consegue refrear seus institutos sexuais, o que o leva, por exemplo, a praticar algum ato libidinoso (atos que envolvem lascívia) no ambiente de trabalho, ou então a ligar para o disk sexo por meio do telefone empresarial ou ainda a acessar conteúdo pornográfico por meio do terminal de computador da empresa.

Já o mau procedimento refere-se também a atos imoderados, todavia nesse caso não poderão ter conotação sexual. Aqui também se ofende a moral, mas

2. Conceito retirado de: https://www.significados.com.br/improbidade/

jamais a moral em seu viés sexual. A doutrina cita os seguintes exemplos de mau procedimento[3]: utilização de tóxico no ambiente de trabalho; pichar paredes do estabelecimento; danificar equipamentos empresariais, etc.

Segue o gráfico abaixo para treinar a memória visual:

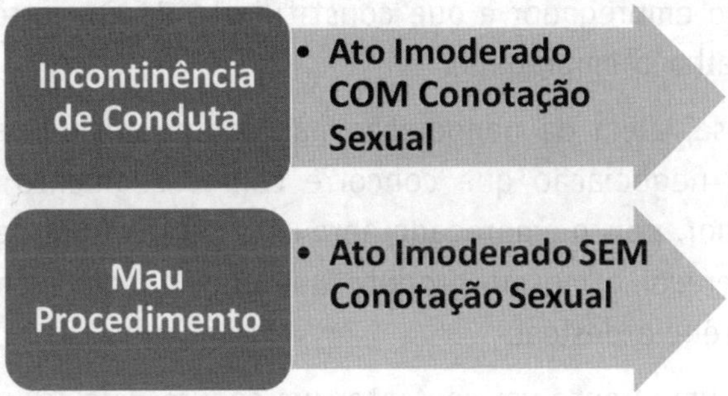

Analisemos uma questão sobre o tema em estudo:

▸ Aplicação em Concurso e/ou OAB:

(CESPE – Prefeitura de Belo Horizonte/MG – Procurador Municipal) A dispensa do trabalhador por justa causa é direito do empregador, garantido pela legislação brasileira. Entretanto, há empregados e empregadores que ainda não conhecem os possíveis cenários em que a demissão por justa causa pode acontecer. No art. 482 da CLT, estão previstos diversos motivos de dispensa por justa causa. Uma hipótese ocorre quando o empregado apresenta habitualmente um comportamento irregular e incompatível com a moral, com demonstrações de desregramento da conduta sexual, libertinagem, pornografia ou assédio sexual. Nessa hipótese, a espécie de justa causa é caracterizada por

a) improbidade.

b) indisciplina.

c) incontinência de conduta.

d) mau procedimento.

e) mau procedimento ou incontinência de conduta

Resposta: C

3. Exemplo dado por: DELGADO, Mauricio Godinho. *Curso de Direito do Trabalho*. 15ª ed. São Paulo: LTr, 2016, pp. 1264.

C) Negociação Habitual

O artigo 482, na alínea "c", também prevê duas hipóteses de justa causa que merecem ser diferenciadas.

A primeira refere-se à negociação habitual por conta própria ou alheia sem permissão do empregador e que constitui ato de concorrência à empresa para a qual trabalha o empregado.

Nessa hipótese, além da negociação não ser permitida pelo empregador, trata-se de uma negociação que concorre com o segmento de mercado do próprio empregador, pois o empregado aproveita-se da clientela angariada pela empresa para oferecer o mesmo produto que ela negocia. Vemos aqui o caso típico de concorrência desleal.

Por exemplo, um cliente vai contratar um seguro veicular no banco, mas o atendente oferece os serviços de outro banco, indicando que lá os preços são melhores para o consumidor.

A segunda previsão refere-se à negociação habitual por conta própria ou alheia sem permissão do empregador e que é prejudicial ao serviço. Não verificamos neste caso uma concorrência com o empregador, mas sim atividades que são praticadas no ambiente de trabalho e que prejudicam o andamento dos serviços, sendo por tal motivo proibido pelo patrão.

Por exemplo, empregados de um consultório médico que ficam vendendo doces para colegas de trabalho e clientes. Ora, o tempo gasto oferecendo doces poderia estar sendo utilizado para executar as atividades da função ocupada. Aqui não existe concorrência com os negócios do empregador, mas a negociação de outros objetos prejudica o serviço.

Segue uma questão sobre essa hipótese de justa causa:

▸ Aplicação em Concurso e/ou OAB:

(FCC – Técnico Judiciário – Área Administrativa – TRT 24/2017) O contrato de trabalho cumpre um ciclo existencial: nasce em determinado momento e chega ao seu final, extinguindo-se por vários motivos. No tocante à rescisão do contrato de trabalho, modalidades e indenização devida, responda:

a) o pagamento das parcelas constantes do instrumento de rescisão ou recibo de quitação deverá ser efetuado, em qualquer caso, até o décimo dia, contado da data da notificação da demissão.

b) não há necessidade de o instrumento de rescisão ou recibo de quitação, no caso de pedido de demissão e dispensa por justa causa, ter especificada a natureza e discriminado o valor de cada parcela paga ao empregado.

c) havendo culpa recíproca no ato que determinou a rescisão do contrato de trabalho, a indenização devida ao empregado poderá ser reduzida até o limite de 1/3 daquela que seria devida em caso de culpa exclusiva do empregador.

d) o empregado poderá considerar rescindido o contrato e pleitear a devida indenização quando, em qualquer hipótese, o empregador reduzir o seu trabalho, mesmo que essa redução não afete sensivelmente a importância dos salários.

e) constituem justa causa para rescisão do contrato de trabalho pelo empregador, entre outras, a negociação habitual por conta própria ou alheia sem permissão do empregador, e quando constituir ato de concorrência à empresa para a qual trabalha o empregado, ou for prejudicial ao serviço.

Resposta: E

D) Condenação Criminal

Não é qualquer condenação criminal que é motivo para justa causa, mas tão somente aquela que tenha transitado em julgado (passado em julgado) e para a qual não tenha sido concedida suspensão da execução da pena (*sursis*).

A lógica aqui é muita clara, quando o empregado comete algum delito, sua punição na esfera criminal é a retribuição pelo mal que ele fez, isso é suficiente. Puni-lo, também na área trabalhista, seria trazer uma dupla punição pelo mesmo fato e ainda retirar-lhe a chance de se ressocializar, afinal o trabalho é a mais importante ferramenta de ressocialização.

Percebe-se, destarte, que a justa causa é aplicada não pela existência do delito em si, mas pela impossibilidade de cumprir a pena em local fechado (sistema fechado) e, ao mesmo tempo, trabalhar. Tanto que, se houver sursis (suspensão da execução da pena), já não existirá motivo para justa causa, até porque o sursis dispensa do cumprimento de uma pena, no todo ou em parte, possibilitando assim a existência de uma jornada de trabalho.

O gráfico abaixo auxiliará na memorização dos detalhes desta hipótese de justa causa:

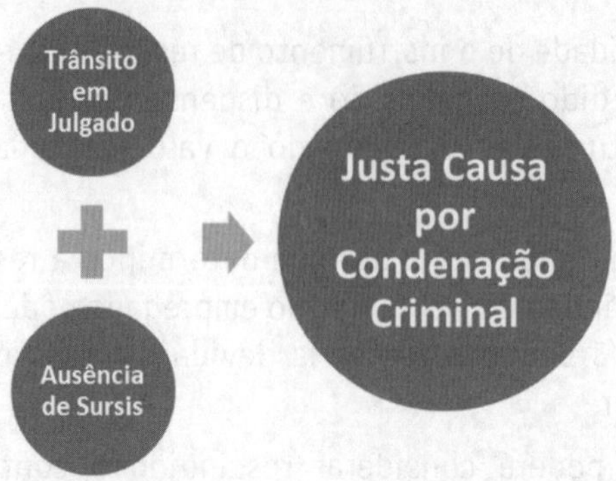

Para a configuração dessa hipótese de justa causa não se faz necessário que o delito praticado tenha alguma ligação com a relação de emprego. Qualquer ilícito se amolda a esse tipo de justa causa, desde que os requisitos sejam preenchidos.

Passemos a uma questão sobre o tema:

▸ **Aplicação em Concurso e/ou OAB:**

(FCC - TRT - 2ª REGIÃO (SP) - Técnico Judiciário - Tecnologia da Informação - 2018) Henrique e Bruno são empregados da Lanchonete "R" Ltda. Em razão da prática de crimes diversos alheios ao ambiente de trabalho, ambos estão sendo processados criminalmente, mas continuam trabalhando normalmente, não faltando sem justificativa ao serviço. Esta semana a sentença penal condenatória de ambos transitou em julgado, e Henrique terá que cumprir pena em regime inicial fechado; já Bruno foi condenado à pena de reclusão mas com suspensão da execução da pena. Nesse caso, de acordo com a Consolidação das Leis do Trabalho, a empregadora

a) poderá rescindir por justa causa ambos os contratos de trabalho em razão do trânsito em julgado das sentenças penais condenatórias.

b) poderá rescindir por justa causa apenas o contrato de trabalho de Henrique.

c) não poderá rescindir por justa causa nenhum dos contratos de trabalho, uma vez que não se trata de hipótese legal autorizadora da rescisão contratual nesta modalidade.

d) poderá rescindir por justa causa o contrato de trabalho tanto de Henrique quanto de Bruno, uma vez que, por terem cometido crimes, é configurado ato de improbidade, bem como mau procedimento, condutas autorizadoras da rescisão contratual nesta modalidade.

e) não poderá rescindir por justa causa nenhum dos contratos de trabalho, uma vez que são hipóteses específicas que caracterizam interrupção contratual.

Resposta: B

E) Desídia

Desidioso é aquele empregado negligente, que não faz suas tarefas com o devido zelo, tratando-se de trabalhador descompromissado com a diligência que se espera de um empregado.

Como exemplo, temos aquele trabalhador que falta sem justificativa com certa frequência (mas não falta tanto a ponto de caracterizar abandono de emprego) ou então aquele empregado que normalmente chega atrasado.

Vejamos como a desídia é exigida em concursos públicos e exame da OAB:

▸ **Aplicação em Concurso e/ou OAB:**

(FCC – Analista Judiciário – Área Judiciária – TRT 24/2017) Diana frequentemente chegava atrasada no início de sua jornada de trabalho, atingia produção bem inferior àquela realizada pelos colegas de sua equipe, além de apresentar um número elevado de faltas injustificadas. Por tais razões, a empregada foi advertida, verbalmente e por escrito, além de receber suspensão disciplinar por 2 dias. Na situação apresentada, Diana cometeu falta grave que ensejaria a dispensa por justa causa na modalidade de

a) incontinência de conduta.

b) ato de insubordinação.

c) atitude de indisciplina.

d) ato de improbidade.

e) desídia no desempenho das funções.

Resposta: E

F) Embriaguez Habitual ou em Serviço

Temos aqui duas hipóteses de justa causa, **a primeira** é a **embriaguez habitual,** que se refere ao estado patológico que acomete algumas pessoas, as quais se tornam dependentes da bebida. Pela letra de lei, aspecto importante para concursos, é uma indiscutível hipótese de justa causa.

Todavia, as decisões mais recentes do TST têm entendido que a embriaguez habitual, por ser considerada uma doença pela Organização Mundial de Saúde, não poderia ser hipótese de justa causa, afinal o correto seria afastar o empregado para gozar de auxílio-doença por meio do INSS e não lançá-lo ao desemprego por justa causa, o que somente agravaria seu transtorno.

A propósito, afigura-se importante pontuar, que o auxílio-doença comum, código 31, após a Emenda Constitucional nº 103/2019 ("Reforma da Previdência"), foi denominado, no texto constitucional, de **auxílio por incapacidade temporária ordinário**, em que pese os textos legais continuarem a utilizar a terminologia antiga.

A segunda tem em mira a *"embriaguez em serviço"*. Aqui não existe patologia, mas sim um empregado que, em determinado dia, bebe nas dependências da empresa, ficando entregue ao álcool. A situação em apreço é gravíssima, até porque um empregado embriagado, normalmente, comete outras hipóteses de justa causa, pois pode desrespeitar colegas de trabalho, causar acidentes de trabalho etc.

Por fim, embora o artigo 482, letra "f", da CLT, fale em bebidas alcoólicas, a doutrina tem aplicado interpretação extensiva para incluir também os usuários de drogas ilícitas.

G) Violação de Segredo de Empresa

É inerente à relação de emprego a confiança existente entre as partes, motivo pelo qual o empregado será punido com justa causa quando vier a revelar segredos aos quais teve acesso em razão da função desempenhada.

Por exemplo, algumas indústrias de refrigerante ficariam muito felizes de ter acesso à fórmula da Coca-Cola ou do Guaraná Antártica, as quais são valiosos segredos de mercado.

H) Indisciplina e Insubordinação

No senso comum, ou seja, na linguagem não jurídica, indisciplina e insubordinação são utilizadas como palavras sinônimas.

Entretanto, no mundo jurídico, as referidas palavras assumem significados distintos, sendo que tal diferença é primordial para concursos e exame da OAB.

Com efeito, a **indisciplina** consiste na desobediência de **ordens gerais**, dirigidas a todos os empregados da empresa. Por exemplo, empresa que possui a proibição de fumar voltada para todos os empregados, mas algum deles, agindo com indisciplina, usa o fumo.

Ao passo que a **insubordinação** consiste na desobediência de **ordens específicas**, dirigidas a empregado certo e determinado ou, pelo menos, a pequeno grupo de empregados certos e determinados. Por exemplo, deixar de elaborar um relatório que havia sido determinado especificamente pelo empregador em face de esquecimento.

Segue o gráfico abaixo para treinar a memória visual:

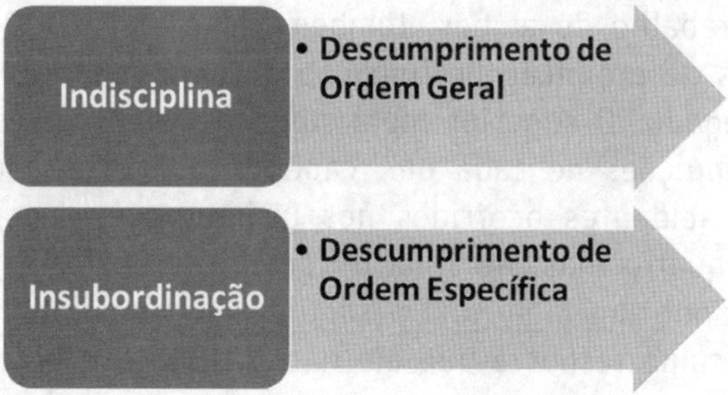

Segue uma questão:

▸ Aplicação em Concurso e/ou OAB:

(FCC – Analista Judiciário – Oficial de Just. Avaliador – TRT 20/2016) A empregada Héstia trabalhou na escola de educação infantil Pequeno Polegar como instrutora de dança contemporânea e jazz. Nos intervalos das aulas, Héstia acessava sites pornográficos em seu celular e praticava atos libidinosos com o porteiro da escola no banheiro dos funcionários. Além disso, Héstia frequentemente fumava em local proibido onde havia risco de incêndio e placas de sinalização proibitivas. Tais atitudes podem ser consideradas figuras de justa causa, respectivamente, nas modalidades:

a) desídia; incontinência de conduta.

b) incontinência de conduta; insubordinação.

c) improbidade; incontinência de conduta.

d) incontinência de conduta; indisciplina.

e) mau procedimento; indisciplina.

Resposta: D

Responda outra questão sobre o tema:

▶ Aplicação em Concurso e/ou OAB:

(FGV – Exame de Ordem 2016.2) Josué e Marcos são funcionários da sociedade empresária Empreendimento Seguro Ltda., especializada em consultoria em segurança do trabalho e prevenção de acidentes. No ambiente de trabalho de ambos, também ficam outros 10 funcionários, havendo placas de proibição de fumar, o que era frisado na contratação de cada empregado. O superior hierárquico de todos esses funcionários dividiu as atribuições de cada um, cabendo a Marcos a elaboração da estatística de acidentes ocorridos nos últimos dois anos, tarefa a ser executada em quatro dias. Ao final do prazo, ao entrar na sala, o chefe viu Josué fumando um cigarro. Em seguida, ao questionar Marcos sobre a tarefa, teve como resposta que ele não a tinha executado porque não gostava de fazer estatísticas.

Diante do caso, assinale a afirmativa correta.

a) Josué e Marcos são passíveis de ser dispensados por justa causa, respectivamente por atos de indisciplina e insubordinação.

b) Ambos praticaram ato de indisciplina.

c) Ambos praticaram ato de insubordinação.

d) A conduta de ambos não encontra tipificação legal passível de dispensa por justa causa.

Resposta: A

I) Abandono de Emprego

A caracterização do abandono de emprego requer o preenchimento de dois requisitos, um objetivo e outro subjetivo.

O **requisito objetivo** constitui-se no fato do empregado estar faltando, o que pode ser provado por meio dos cartões de ponto, onde existirá a comprovação das faltas.

O **requisito subjetivo** refere-se ao fato do empregado estar faltando com a intenção de abandonar o emprego e não por estar doente ou sequestrado, por exemplo.

Para provar o requisito subjetivo, basta que o empregador envie, por exemplo, uma notificação ou carta com aviso de recebimento, convocando o empregado para retornar, sob pena de abandono de emprego. A utilização de convocações em jornais para retornar ao emprego só será admitida, após esgotarem-se as tentativas por meio de convocações diretas e, comprovar-se, por exemplo, que o empregado mudou de domicílio e não comunicou a empresa.

O requisito subjetivo pode ser preenchido com qualquer quantidade de faltas injustificadas, sendo um equívoco afirmar-se que o abandono de emprego só ocorre com 30 dias. Por exemplo, se o empregado faltar por 5 dias sem justificativa e o empregador logo enviar uma carta com aviso de recebimento, convocando-o para o retorno e, mesmo assim, o empregado não retornar, estará preenchido o requisito subjetivo.

A partir de 30 dias simplesmente presume-se o requisito subjetivo, mas nada impede que esse requisito seja preenchido antes dos trinta dias. Sobre a presunção de abandono de emprego a partir de 30 dias, segue a Súmula nº 32 do TST: "Presume-se *o abandono de emprego se o trabalhador não retornar ao serviço no prazo de 30 (trinta) dias após a cessação do benefício previdenciário nem justificar o motivo de não o fazer.*".

Vamos a uma questão sobre abandono de emprego:

▸ **Aplicação em Concurso e/ou OAB:**

(FCC – Analista Judiciário – Área Judiciária – TRT 11/2017) A empresa de calçados Chão Azul Ltda. rescindiu o contrato de trabalho com justa causa da empregada Lívia que estava afastada do emprego gozando de auxílio doença previdenciário. Na última perícia médica Lívia teve alta do INSS, mas transcorridos cinquenta e cinco dias, ela não retornou ao trabalho e não justificou o motivo de não retornar. Neste caso, de acordo com entendimento sumulado do TST, a empresa

a) agiu corretamente, uma vez que Lívia possuía o prazo de quinze dias após a cessação do benefício previdenciário para retornar ao trabalho ou justificar o motivo de não o fazer.

b) agiu corretamente, uma vez que Lívia possuía o prazo de trinta dias após a cessação do benefício previdenciário para retornar ao trabalho ou justificar o motivo de não o fazer.

c) não agiu corretamente, uma vez que Lívia possui o prazo de sessenta dias após a cessação do benefício previdenciário para retornar ao trabalho ou justificar o motivo de não o fazer, não havendo transcorrido, ainda este lapso temporal.

d) não agiu corretamente, uma vez que Lívia possui o prazo de noventa dias após a cessação do benefício previdenciário para retornar ao trabalho ou justificar o motivo de não o fazer, não havendo transcorrido, ainda este lapso temporal.

e) não agiu corretamente, neste caso, em razão do gozo do benefício previdenciário, independentemente do lapso temporal, não se configura a hipótese de abandono de emprego, sendo vedada a dispensa com justa causa.

Resposta: B

J) Ato Lesivo da Honra ou da Integridade Física Praticado contra Qualquer Pessoa

também comete justa causa aquele empregado que pratica ato lesivo da honra ou da boa fama no serviço **contra qualquer pessoa**, ou ofensas físicas, nas mesmas condições, **salvo em caso de legítima defesa, própria ou de outrem.**

Quando o empregado ofende a integridade física ou moral de qualquer pessoa no serviço, ele estará incidindo em clara hipótese de justa causa, salvo se estiver apenas se defendendo ou defendendo outra pessoa (*"legítima defesa, própria ou de outrem"*).

K) Ato Lesivo da Honra ou da Integridade Física Praticado contra o Empregador ou sua Pessoa

Igualmente comete justa causa aquele empregado que pratica ato lesivo da honra ou da boa fama ou ofensas físicas **contra o empregador e superiores hierárquicos, salvo em caso de legítima defesa, própria ou de outrem.**

Nesse caso não importa se o empregador ou superior hierárquico foi vítima (moralmente ou fisicamente) nas dependências da empresa, pois a lei não exige esse requisito. Assim sendo, empregado e superior hierárquico, por exemplo, podem ter se encontrado na praça do bairro, local em que o primeiro proferiu insultos morais ao segundo, caracterizando a hipótese.

L) Jogos de azar

A doutrina majoritária tem defendido que os jogos de azar aos quais se refere a CLT são aqueles praticados no ambiente de trabalho ou então aqueles que apesar de serem praticados foram do ambiente de trabalho, tragam repercussões negativas para o labor.

A hipótese em análise refere-se à prática **<u>constante</u>** de jogos de azar, o que denota tratar-se de um vício e não de jogos eventuais.

M) Perda Dolosa de Habilitação para o Exercício Profissional

Essa nova hipótese de justa causa foi criada pela **Reforma Trabalhista** e tem em mira aqueles empregados que perdem a habilitação ou os requisitos estabelecidos em lei para o exercício da profissão, em decorrência de própria conduta dolosa.

A conduta dolosa é aquela em que o ato é praticado de forma intencional. Então é pressuposto dessa modalidade de justa causa a existência de uma conduta intencional no sentido de perder a habilitação profissional.

Precisam de habilitação profissional, por exemplo, o médico e o advogado, os quais se perderem a referida habilitação não poderão mais exercer a profissão. E se forem empregados poderão ser dispensado por justa causa, caso a perda da habilitação tenha ocorrido de forma dolosa.

Acreditamos que esse dispositivo também se aplicará, por exemplo, aos motoristas profissionais que venham a perder a habilitação (permissão para dirigir) em razão da existência de multas de trânsito. Nesse caso, é difícil defender que a multa foi culposa, pois, a nosso ver, quase sempre decorrerá de uma falta de atenção que se inseriria no conceito de **dolo eventual.**

O dolo eventual ocorre quando o agente, mesmo sem querer efetivamente o resultado, assume o risco de produzi-lo. Portanto, serviria para enquadrar aquele motorista que por dirigir de forma desatenciosa assume o risco de receber multas de trânsito.

Interessante é a situação de um motorista que ultrapassa o sinal vermelho por estar fugindo de um assaltante. Vemos aí uma situação excepcional na qual a multa não poderá ser imputada ao motorista, pois neste caso não existe dolo e, além disso, pode-se argumentar que o profissional estava agindo em **estado de necessidade** (que é uma excludente de ilicitude no Direito Penal).

Colacionamos a seguinte questão para que o leitor possa fixar mais seu conhecimento sobre as alterações promovidas pela **Reforma Trabalhista:**

▸ **Aplicação em Concurso e/ou OAB:**

(Crescer Consultorias - Prefeitura de Uruçuí - PI - Procurador do Município - 2018) Constituem justa causa para rescisão do contrato individual de trabalho pelo empregador, exceto:

a) Condenação criminal do empregado, passada em julgado, caso não tenha havido suspensão da execução da pena;

b) Embriaguez habitual ou em serviço;

c) Suspensão disciplinar do empregado por mais de 30 (trinta) dias consecutivos;

d) Perda da habilitação ou dos requisitos estabelecidos em lei para o exercício da profissão, em decorrência de conduta dolosa do empregado.

Resposta: C

Outra questão sobre o tema:

▸ **Aplicação em Concurso e/ou OAB:**

(VUNESP - UNICAMP - Procurador de Universidade Assistente – 2018) Considerando as expressas disposições da Consolidação das Leis do Trabalho, a perda da carteira nacional de habilitação, por conduta culposa do motorista empregado,

a) faculta ao empregador a despedida por justa causa.

b) poderá autorizar a despedida por justa causa, se houver previsão contratual.

c) impõe a extinção automática do contrato de trabalho.

d) impõe ao empregador o dever de transferir o empregado para outra função.

e) não é motivo para a despedida por justa causa.

Resposta: E

N) Atos Atentatórios à Segurança Nacional

Constitui também motivo para justa causa a prática, **devidamente comprovada em inquérito administrativo**, de atos atentatórios à segurança nacional.

A doutrina trabalhista predominante argumenta no sentido de que essa hipótese de justa causa não foi recepcionada pela atual Constituição, vez que busca punir criminalmente um cidadão por meio de inquérito administrativo, o que é inadmissível em nosso ordenamento jurídico, onde não pode haver punição criminal sem um prévio processo judicial.

Essa hipótese de justa causa trata-se de uma herança indesejada da ditadura militar.

O) Descumprimento de Normas de Saúde e Segurança do Trabalho

O artigo 158, parágrafo único, afirma que se consideram atos faltosos dos empregados a recusa injustificada de:

- Cumprir as instruções/precauções determinadas pelo empregador no sentido de evitar acidentes do trabalho ou doenças ocupacionais;
- Usar os equipamentos de proteção individual (EPI) fornecidos pela empresa.

Embora a CLT, de forma expressa, tipifique tais condutas como faltosas, parece-nos claro que as mesmas também se amoldam ao conceito de insubordinação ou indisciplina, conforme se configure, respectivamente, desobediências a ordens específicas ou gerais.

11.7. Extinção do Contrato por Despedida ou Rescisão Indireta

Enquanto na justa causa é o empregado quem comete o ato (comissivo ou omissivo) considerado ilícito, na despedida ou rescisão indireta pressupõe-se que o ato (comissivo ou omissivo) ilícito foi cometido pelo empregador.

No cenário da justa causa, é o próprio empregador quem a aplica, cabendo ao empregado, caso discorde da punição, recorrer ao judiciário para tentar reverter a punição. Já na despedida indireta, compete ao empregado ingressar com uma ação judicial perante a Justiça do Trabalho para conseguir o reconhecimento judicial de uma das hipóteses de despedida indireta, vez que, incontestavelmente, o empregado não tem como punir o empregador.

Caso a ação judicial proposta pelo empregado buscando o reconhecimento da despedida indireta seja acolhida pelo Juiz do Trabalho, julgando-a procedente, o contrato de trabalho será extinto e o empregador deverá pagar todas as verbas rescisórias incidentes em uma dispensa sem justa causa.

11.7.1. Verbas Rescisórias Pagas na Despedida Indireta

Como acabamos de ver, na despedida ou rescisão indireta o empregado receberá suas verbas rescisórias tal qual fosse dispensado sem justa causa. Assim sendo, nessa situação, o empregador terá que arcar com as seguintes verbas rescisórias:

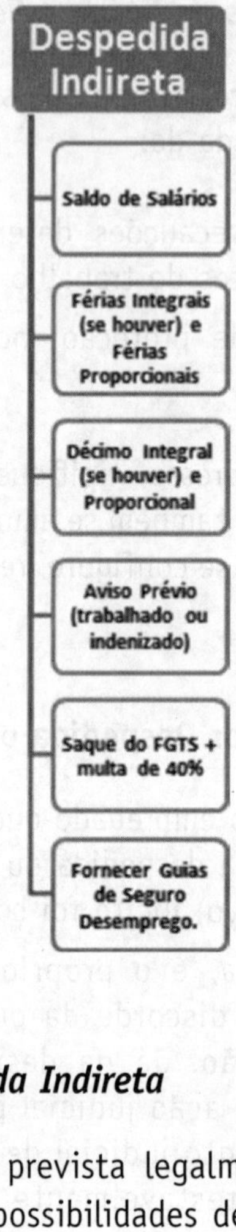

11.7.2. Hipóteses de Despedida Indireta

A despedida indireta está prevista legalmente no artigo 483 da CLT, o qual enumerou cada uma das possibilidades de aplicação da mesma. Segue a transcrição do artigo supracitado:

> Art. 483 – O empregado poderá considerar rescindido o contrato e pleitear a devida indenização quando:
>
> a) forem exigidos serviços superiores às suas forças, defesos por lei, contrários aos bons costumes, ou alheios ao contrato;
>
> b) for tratado pelo empregador ou por seus superiores hierárquicos com rigor excessivo;
>
> c) correr perigo manifesto de mal considerável;
>
> d) não cumprir o empregador as obrigações do contrato;
>
> e) praticar o empregador ou seus prepostos, contra ele ou pessoas de sua família, ato lesivo da honra e boa fama;
>
> f) o empregador ou seus prepostos ofenderem-no fisicamente, salvo em caso de legítima defesa, própria ou de outrem;

g) o empregador reduzir o seu trabalho, sendo este por peça ou tarefa, de forma a afetar sensivelmente a importância dos salários.

Todas essas hipóteses serão estudas, uma a uma, facilitando a absorção de conhecimentos pelo leitor. Assim como na justa causa, antecipamos que se trata de um assunto bastante exigido nos concursos e exame da OAB, mas também informamos ao leitor que se trata um assunto intuitivo e relativamente fácil.

A) *Serviços Superiores às suas Forças, Defesos por Lei, Contrários aos Bons Costumes, ou Alheios ao Contrato*

A alínea "a" do artigo 483, de uma só vez, previu três hipóteses de despedida indireta.

A primeira refere-se aos *"serviços superiores à suas forças"*. De fato, sempre que o empregador exige serviços superiores às forças físicas ou intelectuais do empregado, incide essa hipótese de despedida indireta.

Com efeito, não pode uma empresa educacional exigir que um empregado braçal ministre aulas, pois estaria acima de suas forças, no sentido intelectual.

Da mesma forma, o artigo 390 da CLT proíbe a mulher de carregar mais de 20 quilos para trabalhos contínuos, bem como mais de 25 quilos para trabalhos ocasionais. Logo, o empregador que exija que uma mulher transporte peso superior ao permitido pela lei, estaria exigindo serviços superiores às suas forças, no sentido físico.

A segunda previsão legal consiste na proibição do empregador exigir serviços defesos (proibidos) por lei e contrários aos bons costumes. Como exemplo de serviço defeso por lei, podemos citar aquele empregador que exija que seus empregados façam vendas casadas (proibidas pelo Código de Defesa do Consumidor) para aumentar o lucro da empresa ou então que exija que o empregado venda produto defeituoso, sem o cliente ter conhecimento.

Como serviços contrários à moral, podemos exemplificar, aquele empregador que exige que uma empregada que exerce a função de vendedora se aproxime intimamente dos clientes a fim de aumentar as vendas.

A terceira hipótese refere-se à vedação de prestação de serviços *"alheios aos contratos"*. Reside aqui, em outras palavras, a proibição de o empregado realizar o famoso acúmulo de funções, afinal se o empregado foi contratado para exercer, por exemplo, a função de caixa, mostra-se ilegal exigir que ele labore adicionalmente como empacotador, por se tratar de serviços alheios ao contrato.

Vejamos uma questão sobre o assunto:

> ▸ **Aplicação em Concurso e/ou OAB:**
>
> **(Cespe – Analista Judiciário – Área Administrativa – TRT 8/2016 – Adaptado)** Em relação à rescisão do contrato de trabalho, ao aviso prévio, à jornada de trabalho e às horas extras, julgue o item:
>
> I – A exigência, pelo empregador, ao empregado de realização de serviços proibidos por lei constitui causa de rescisão indireta do contrato de trabalho.
>
> *Resposta:* Item correto

B) Rigor Excessivo

Quando o empregado for tratado pelo empregador ou por seus superiores hierárquicos com rigor excessivo, teremos outra hipótese de despedida indireta.

Sabemos que o empregador tem o direito de dar ordens aos empregados, entretanto essas ordens devem ser externadas de acordo com os devidos modos urbanos, com as regras de cortesia existentes na sociedade e não com "gritos", "brados", afinal o Princípio da Dignidade da Pessoa Humana não se compatibiliza com tal tratamento.

C) Perigo Manifesto de Mal Considerável

O empregador não tem o direito de expor o empregado a perigo manifesto de mal considerável, entendendo-se como tal sempre que o empregado, por exemplo, estiver submetido a níveis exorbitantes de insalubridade; ou ainda sempre que o empregado trabalhar em ambiente insalubre ou perigoso sem, todavia, receber os Equipamentos de Proteção Individual exigidos por lei.

O risco inerente à própria função exercida não configura a presente hipótese de despedida indireta, por exemplo, um vigilante exerce profissão arriscada, mas se trata de um risco inerente à própria função, logo não se encaixa na hipótese em estudo.

Assim sendo, apenas os riscos anormais/incomuns se inserem no conceito de perigo manifesto de mal considerável. Voltando ao caso do vigilante, caso o empregador exija que ele faça a segurança de numerário, mas não lhe entregue a arma de fogo e o colete apropriado, cria-se um risco incomum, que passa a se adequar ao conceito de perigo manifesto de mal considerável.

A propósito, o artigo 13 da Convenção nº 155 da OIT empresta ainda mais força e sentido a esta hipótese de despedida indireta, pois seu texto prevê o seguinte: "*Em conformidade com a prática e as condições nacionais deverá ser protegido, de consequências injustificadas, **todo trabalhador que julgar necessário interromper uma situação de trabalho por considerar, por motivos razoáveis, que ela envolve um perigo iminente e grave para sua vida ou sua saúde.***".

Em epítome, a direito à vida e a uma saúde equilibrada constituem-se em verdadeiros pré-requisitos para exercermos quaisquer outros direitos, motivo pelo qual esta hipótese de despedida indireta merece especial proteção dos aplicadores da norma.

D) Não Cumprir o Empregador as Obrigações do Contrato

Qualquer descumprimento contratual operado pelo empregador se amolda a essa hipótese de despedida indireta.

Entretanto, a doutrina costuma referir-se ao descumprimento contratual de uma das principais obrigações do empregador: a obrigação de pagar salário.

Assim sendo, quando o empregador deixa de pagar salários ou os atrasa de forma frequente, incide a presente hipótese de despedida indireta.

Registramos ainda que não deve ser aceito o entendimento ultrapassado que ensina que a mora salarial apta a ensejar a presente hipótese de despedida indireta é aquela que ultrapasse três meses de salários. Chegou-se a este entendimento por meio da aplicação analógica do artigo 2º, § 1º, do Decreto Lei nº 368/1968. Ocorre que o referido Decreto foi criado para motivar sanções de âmbito penal e fazendário[4], não tendo qualquer semelhança com os princípios que regem o direito do trabalho, daí porque não cabe aplicação analógica.

E) Ato Lesivo da Honra do Empregado ou seus Familiares

Quando o empregador ou seus prepostos praticarem ato lesivo da honra e boa fama contra o empregado ou seus familiares, incide a presente previsão de justa causa.

Qualquer ofensa ao patrimônio imaterial (nome, imagem, honra etc) dos empregados ou seus familiares enquadra-se nessa hipótese.

4. Neste sentido: SAAD, Eduardo Gabriel. *Consolidação das Leis do Trabalho Comentada*. 30ª ed. São Paulo: Ltr, 1997, pp.361.

F) Ofensas Físicas ao Empregado

Quando o empregador ou seus prepostos ofenderem o empregado fisicamente, incide mais uma hipótese de despedida indireta, salvo em caso de legítima defesa do próprio empregador ou de outrem.

Esse tipo restringe-se às ofensas físicas sofridas pelo empregado (não abarca familiares) por parte do empregador ou seus prepostos. A legítima defesa do próprio ofensor ou de terceiro exclui a ilegalidade do ato.

Finalmente, a lei não exige, para fins de rescisão indireta, o prévio registro de boletim de ocorrência ou qualquer outra formalidade.

Vamos ver abaixo a aplicação prática em uma prova:

> ▸ **Aplicação em Concurso e/ou OAB:**
>
> **(Cespe – Técnico Judiciário – Área Administrativa – TRT 8/2016 - Adaptada)** Acerca da alteração e da rescisão do contrato de trabalho, julgue o item:
>
> I – No caso de ofensa, pelo empregador, da integridade física do empregado, a rescisão indireta do contrato de trabalho está condicionada ao registro de ocorrência policial.
>
> *Resposta:* Item errado

G) Redução do Trabalho para Afetar o Salário

Quando o empregador reduzir o trabalho do empregado, sendo este por peça ou tarefa, de forma a afetar sensivelmente a importância (o valor) dos salários, teremos a última hipótese de despedida indireta.

Nesse caso, o empregado tem o salário variável, por produção, motivo pelo qual o empregador aproveita-se dessa condição de vulnerabilidade e, por algum motivo espúrio (ilegítimo, desonesto), diminui a produtividade do empregado apenas para afetar seu salário, diminuindo-o.

Reduzir o salário do empregado é extremamente danoso, afinal retirará dele a possibilidade de arcar com o pagamento de suas despesas fixas mensais, sujeitando-o a um estado de indignidade e miséria.

Colacionamos a seguinte questão para testar o conhecimento e a atenção do leitor até esse ponto do tópico sob análise:

▸ **Aplicação em Concurso e/ou OAB:**

(DIRECTA - Câmara de Cosmópolis - SP - Procurador Legislativo - 2019)
O empregado poderá considerar rescindido o contrato e pleitear a devida indenização, exceto quando:

a) praticar o empregador ou seus prepostos, contra ele ou pessoas de sua família, ato lesivo da honra e boa fama.
b) for tratado pelo empregador ou por seus superiores hierárquicos com rigor excessivo.
c) correr perigo manifesto de mal considerável.
d) o empregador ou seus prepostos ofenderem-no fisicamente, salvo em caso de legítima defesa, própria ou de outrem.
e) o empregador reduzir o seu trabalho, sendo este exclusivamente por peça, de forma a afetar sensivelmente a importância dos salários.

Resposta: E

11.7.3. Imediatidade na Rescisão Indireta

A doutrina predominante tem entendido que a imediatidade ou atualidade é um dos requisitos da despedida ou rescisão indireta, motivo pelo qual sempre que o empregado estiver sendo vítima de uma conduta patronal que se amolde a algumas das hipóteses de rescisão indireta, ele deve buscar o reconhecimento judicial da despedida indireta de forma imediata, sob pena de entender-se que houve perdão tácito.

Todavia, excepcionalmente, em alguns casos pode-se afastar a imediatidade. Por exemplo[5], imagine-se uma empregada vítima de assédio sexual perpetrado pelo empregador. Em tal situação, a empregada, naturalmente, precisa de tempo para decidir se lhe será conveniente submeter-se à exposição processual decorrente da revelação de fatos de sua vida íntima no processo.

11.7.4. Necessidade de Afastamento ou não do Trabalho

Embora exista certa polêmica doutrinária sobre esse tópico, a CLT é demasiadamente clara sobre o assunto, sendo que o leitor deverá considerar a literalidade da lei para fins de prova objetiva de concurso público.

5. Exemplo retirado de: DELGADO, Mauricio Godinho. *Curso de Direito do Trabalho*. 13ª ed. São Paulo: LTr, 2014, pp. 1297.

Em **quase todas** as hipóteses de despedida indireta o empregado deverá se afastar do trabalho para requerer judicialmente o reconhecimento da despedida indireta. É dizer, o empregado deixa de ir ao trabalho em determinado dia, mas ingressa com ação judicial requerendo que se reconheça que o mesmo cessou suas idas ao trabalho porque o empregador incidiu em uma das hipóteses de despedida indireta.

Excepcionalmente, nas hipóteses das alíneas "d" e "g" do artigo 483 da CLT, que são respectivamente "não cumprir o empregador as obrigações do contrato" e "o empregador reduzir o seu trabalho, sendo este por peça ou tarefa, de forma a afetar sensivelmente a importância dos salários", caberá ao empregado **optar** entre permanecer ou não no trabalho até a decisão final do processo. É o que se infere do artigo 483, § 3º, da CLT:

> Nas hipóteses das letras "d" e "g", poderá o empregado pleitear a rescisão de seu contrato de trabalho e o pagamento das respectivas indenizações, **permanecendo ou não no serviço até final decisão do processo**. – Grifo nosso.

Colacionamos uma questão que mostra como o assunto tem sido exigido:

▸ Aplicação em Concurso e/ou OAB:

(FGV – Exame de Ordem 2016.3 – Adaptada) Plínio é empregado da empresa Vigilância e Segurança Ltda., a qual não lhe paga salário há dois meses e não lhe fornece vale transporte há cinco meses. Plínio não tem mais condições de ir ao trabalho e não consegue prover seu sustento e de sua família. Na qualidade de advogado(a) de Plínio, de acordo com a CLT, assinale a opção que melhor atende aos interesses do seu cliente.

a) Propor uma ação trabalhista pedindo a rescisão indireta em razão do descumprimento do contrato por não concessão do vale transporte e mora salarial, podendo permanecer, ou não, no serviço até decisão do processo.

b) Propor uma ação trabalhista pedindo a rescisão indireta apenas em face do descumprimento do contrato por mora salarial, sem possibilidade de outro pedido.

c) Propor uma ação trabalhista pedindo a rescisão indireta em razão do descumprimento do contrato por não concessão do vale transporte, mas deverá continuar trabalhando até a data da sentença.

d) Propor uma ação trabalhista pedindo as parcelas decorrentes da ruptura contratual por pedido de demissão, além do vale transporte e salários atrasados e indenização por dano moral, mas seu cliente deve pedir demissão.

Resposta: A

11.7.5. Improcedência da Ação de Rescisão Indireta

Já sabemos que se a ação de despedida indireta for procedente o empregado receberá suas verbas rescisórias tal qual fosse dispensado sem justa causa.

No caso de improcedência, porque o empregado, por exemplo, não conseguiu provar o ato ilícito do empregador, abrem-se duas possibilidades:

- **1ª possibilidade**: o empregado não permaneceu no serviço quando da postulação da despedida indireta, situação na qual sua ausência no trabalho deve ser considerada como pedido de demissão;
- **2ª possibilidade**: o empregado continuou trabalhando enquanto postulou a despedida indireta. Nessa situação, a improcedência não lhe afetará, pois como continuou trabalhando o contrato não se extinguiu.

11.8. Extinção por Culpa Recíproca

Já vimos que na justa causa o empregado praticou ato ilícito, ao passo que na despedida indireta o empregador foi o autor do ato ilegal.

Agora vamos estudar a extinção do contrato de trabalho quando ambos cometeram atos ilegais, atuando com concorrência de culpas ou culpa recíproca.

O artigo 484 da CLT ensina que havendo culpa recíproca no ato que determinou a rescisão do contrato de trabalho, o empregado terá direito à indenização que lhe seria devida em caso de culpa exclusiva do empregador, **por metade**.

A Súmula nº 14 do TST, por sua vez, afirma que:

> Reconhecida a culpa recíproca na rescisão do contrato de trabalho (art. 484 da CLT), o empregado tem direito **a 50% do valor do aviso prévio, do décimo terceiro salário e das férias proporcionais.** – Grifo nosso.

No caso da culpa recíproca a multa rescisória do FGTS que, em regra, é de 40%, também será reduzida pela metade, ficando no importe de 20%.

> **▸ Fique Atento!**
>
> Relativamente ao FGTS depositado ao longo do vínculo, o empregado receberá tudo que estiver depositado, sem qualquer desconto. O abatimento de 50% incide apenas sobre a multa de 40%.

Resumindo: os únicos direitos que serão pagos de forma integral são aqueles que já haviam sido adquiridos antes da ocorrência do motivo que gerou a culpa recíproca.

O gráfico abaixo resume as verbas rescisórias pagas pela metade:

O leitor deve sempre ficar atento ao enunciado da questão de concurso ou exame da OAB. Por exemplo, o enunciado da questão abaixo exigiu o entendimento do TST, daí porque na resposta devemos nos restringir à literalidade da Súmula nº 14 do TST. Vejamos:

▸ **Aplicação em Concurso e/ou OAB:**

(VUNESP - IPSM - Procurador - 2018) Na hipótese de extinção do contrato de trabalho, por culpa recíproca de empregado e empregador,

A) as verbas rescisórias devem ser quitadas no prazo estabelecido em acordo coletivo de trabalho.

B) as verbas rescisórias correspondem à metade do que seria devido na hipótese de despedida sem justa causa.

C) não é devida a liberação dos depósitos do fundo de garantia do tempo de serviço.

D) as verbas rescisórias devem ser quitadas no prazo de trinta dias contados a partir do término do contrato.

E) o empregado tem os mesmos direitos que decorreriam de um pedido de demissão.

Resposta: B

11.9. Extinção por Força Maior ou Caso Fortuito

Os conceitos de caso fortuito e força maior estão longe de ser algo pacífico, entretanto podemos afirmar, seguindo a maior parte da doutrina, que o **caso fortuito** é aquele **fato imprevisível** (lugar onde cairá um raio), ao passo que a **força maior** é aquele evento que até pode ser previsto, mas que será **inevitável**, como é o caso de um furacão ou tsunami, os quais já podem ser previstos, mas não podem ser evitados.

A verdade é que a CLT não trouxe previsão para a extinção do contrato por caso fortuito, regulamentando apenas a extinção do contrato por força maior. Entretanto, na prática trabalhista, podemos aplicar aos casos fortuitos as previsões legais existentes para a força maior, dada a inegável semelhança entre os institutos.

O artigo 501 da CLT define força maior como *"todo acontecimento* inevitável, *em relação à vontade do empregador, e para a realização do qual este não concorreu, direta ou indiretamente."*.

Em seguida, o artigo 502 da CLT regula a extinção do contrato por força maior (que se aplica também aos casos fortuitos). Assim, havendo **motivo de força maior** que determine a extinção da empresa, ou de um dos estabelecimentos, e consequentemente a extinção dos respectivos contratos de trabalho, assegura-se aos empregados, uma indenização na forma seguinte:

- Sendo um empregado comum (sem estabilidade), receberá metade do que lhe seria devido em caso de rescisão sem justa causa, **tal qual ocorre na culpa recíproca** (inclusive em relação ao FGTS);
- Sendo um empregado inserido em contrato por prazo determinado, receberá aquela indenização do artigo 479 da CLT[6], reduzida igualmente à metade.

Segue uma questão sobre o tema:

▶ **Aplicação em Concurso e/ou OAB:**

(FGV – TRT 12ª Região/SC – Analista Judiciário – Área Judiciária – 2017 – Adaptada) Eduardo teve seu contrato extinto em face de um furacão

6. Esse é o artigo que defere o pagamento de metade dos salários até o fim do contrato por prazo determinado que seja rompido antes do prazo pelo empregador e que também não possua cláusula assecuratória do direito recíproco de rescisão. Para maiores detalhes vide item 11.1 desta obra.

que devastou o único estabelecimento que a empresa possuía e no qual ele trabalhava. À luz da legislação e da jurisprudência uniforme do TST, é correto afirmar que:

a) o empregado receberá todas as verbas regularmente, nos mesmos moldes da dispensa sem justa causa;

b) a lei determina que o juiz analise o grau de culpabilidade de cada litigante para definir se o trabalhador merece, ou não, receber alguma indenização;

c) nenhuma verba será devida, porque houve reconhecimento judicial de culpa do empregado;

d) é devido o pagamento de 50% do aviso prévio, do 13º salário e das férias proporcionais, assim como 20% da indenização compensatória do FGTS;

e) somente haverá pagamento de indenização se o empregado tiver mais de doze meses no serviço.

Resposta: D

Vale registrar que na hipótese de vir a ser comprovada a falsa alegação do motivo de força maior, é garantida a reintegração aos empregados estáveis, e aos não-estáveis o complemento da indenização já percebida, assegurado a ambos o pagamento da remuneração atrasada (artigo 504 da CLT).

Por fim, o artigo 503 da CLT, **que não foi recepcionado pela nossa Constituição**, permite que o empregador, **em caso de força maior ou prejuízos devidamente comprovados**, realize a redução geral dos salários dos empregados da empresa, proporcionalmente aos salários de cada um, não podendo, entretanto, tal redução ser superior a 25%, respeitado, em qualquer caso, o salário mínimo. Frisamos: esta previsão legal não tem aplicabilidade, por não ter sido recepcionada pela nossa Carta Magna, a qual só permite, de forma excepcional, a redução salarial, por meio de acordo coletivo ou convenção coletiva de trabalho.

11.10. *Factum Principis*

O fato do príncipe ou *factum principis* ocorre quando em razão de um ato oriundo do poder público (municipal, estadual ou federal) houver a necessidade de se paralisar de forma definitiva ou temporária as atividades de uma empresa e, consequentemente, ocasionar a extinção dos contratos de trabalho.

Nessa hipótese, caberá ao ente público responsável pelo ato o pagamento da "indenização".

O artigo 486 da CLT se aplica ao caso:

> No caso de paralisação temporária ou definitiva do trabalho, motivada por ato de autoridade municipal, estadual ou federal, ou pela promulgação de lei ou resolução que impossibilite a continuação da atividade, prevalecerá **o pagamento da indenização, que ficará a cargo do governo responsável**. – Grifo nosso.

De forma bastante genérica, o artigo afirma que o ente público responsável arcará com *"o pagamento da indenização"*. A nosso ver a expressão "indenização" refere-se[7] à multa compensatória de 40% do FGTS e ao aviso prévio indenizado, sendo as demais verbas de responsabilidade dos empregadores.

Como exemplo, imagine-se uma fazenda produtiva que, apesar disso, por meio de ato administrativo do Poder Público Federal teve declarada a sua desapropriação, motivo pelo qual cessaram as atividades econômicas da fazenda e extinguiram-se os contratos de trabalho então vigentes.

É importante registrar que se o empregador de alguma forma concorreu para suspensão temporária ou definitiva de sua própria atividade, o Poder Público não responderá por nenhuma indenização, afinal em tais situações houve clara imprevidência (desleixo, descuido) do empregador.

Por exemplo, uma lanchonete que é interditada pela vigilância sanitária por não estar devidamente higienizada. Aqui não existe fato do príncipe, mas sim a clara imprevidência do empregador, motivo pelo qual a extinção do contrato de trabalho será sem justa causa, também chamada de dispensa injusta.

Segue uma questão sobre o tema:

▶ Aplicação em Concurso e/ou OAB:

(TRT 1º – Juiz do Trabalho Substituto 1ª região/2016) O acontecimento decorrente de imprevidência, que leva à cessação das atividades da empresa e ao término dos contratos dos trabalhadores da empresa, à luz da CLT, é classificado como:

a) força maior.

b) caso fortuito.

c) fato do príncipe.

7. No mesmo sentido uma decisão do TRT 18ª Região: http://www.trt18.jus.br/portal/bases-juridicas/jurisprudencia/jurisprudencia-tematica/1-12-rescisao-do-contrato/1-factum-principis/

d) dispensa injusta.

e) culpa qualificada.

Resposta: D

Sobre este assunto, mostra-se pertinente fazer uma análise da **pandemia do Covid-19**, vez que em razão da mesma diversos Prefeitos e Governadores, por meio de Decretos, determinaram a paralisação temporária de algumas atividades, fazendo com que muitos empregadores promovessem a rescisão de contratos de trabalho.

Diante desta situação, a dúvida existente era a seguinte: a extinção do contrato de trabalho, por iniciativa do empregador, em tais circunstâncias, enquadra-se como motivo de força maior ou fato do princípio?

Tal polêmica foi solucionada pelo artigo 29 da Lei 14.020/2020, segundo o qual não se aplica o disposto no art. 486 da CLT (fato do príncipe), na hipótese de paralisação ou suspensão de atividades empresariais determinada por ato de autoridade municipal, estadual ou federal para o enfrentamento do estado de calamidade pública e da emergência de saúde pública de importância internacional decorrente do coronavírus.

Portanto, a extinção do contrato de trabalho no contexto acima delineado enquadra-se como motivo de força maior.

11.11. Falência e Recuperação de Empresas

O artigo 449 da CLT afirma que *"os direitos oriundos da existência do contrato de trabalho subsistirão em caso de falência, concordata ou dissolução da empresa."*.

A expressão concordata foi substituída pelo termo "recuperação de empresas", que pode ser judicial ou extrajudicial, em quaisquer das hipóteses trata-se de uma medida legal utilizada para tentar evitar a falência de uma empresa.

Portanto, diante de falência, recuperação de empresas ou dissolução (extinção) da empresa, os direitos oriundos do contrato de trabalho permanecem inalterados.

Ressalva-se, contudo, que a Lei de Falências (Lei nº 11.101/2005) limitou este privilégio a 150 salários mínimos por trabalhador. Toda empresa falida possui muitos credores e, por tal motivo, talvez alguns fiquem sem receber. O legislador, ciente dessa realidade, criou uma ordem de pagamento dos credores, privilegiando os créditos mais importantes, dentre os quais se encontra o crédito trabalhista, como "primeiro da fila" de credores. Ocorre que, como dito, esse privilégio de ser o "primeiro da fila" limita-se a 150 salários mínimos por trabalhador.

Na prática, quando um empregado processa uma empresa em estado falimentar (falida), caso ele ganhe no processo trabalhista valor superior a 150 salários mínimos, apenas o montante de 150 salários mínimos terá a prioridade na lista de credores que a empresa falida possui. O valor que ultrapassar 150 salários mínimos ficará entre os "últimos da fila", com o nome de "crédito quirografário", que é um crédito simples, sem privilégios/vantagens.

Outra ressalva consiste na multa prevista no artigo 477, § 8º, da CLT, que se aplica quando os valores constantes do instrumento de rescisão ou recibo de quitação não forem efetuados até dez dias contados a partir do término do contrato. A referida multa não incide contra empresas em estado de falência (massa falida ou estado falimentar).

Da mesma forma, não incide contra a massa falida a multa do artigo 467 da CLT, que afirma que quando o empregado acionar judicialmente a empresa requerendo o pagamento de verbas rescisórias, a empresa deverá pagar, quando da primeira audiência, os valores incontroversos, isto é, os valores que a própria empresa reconhecer como devidos, sob pena de ser condenada, em sentença, a pagar com acréscimo de 50%.

A Súmula nº 388 do TST esclarece o assunto: *"A Massa Falida não se sujeita à penalidade do art. 467 e nem à multa do § 8º do art. 477, ambos da CLT."*.

Analisemos uma questão sobre a massa falida:

▸ Aplicação em Concurso e/ou OAB:

(FCC – Juiz do Trabalho Substituto 15ª região - 2016 - Adaptada) Em relação à multa prevista no artigo 477, § 8º da CLT, considere:

I. Marina ingressou com reclamação trabalhista contra massa falida de Tudo Azul Segurança Patrimonial Ltda., para recebimento de suas verbas rescisórias, tendo em vista que, passados seis meses do encerramento das atividades da empresa, nada recebeu. Em razão da falência da empresa não incide a multa por atraso de pagamento das verbas rescisórias.

Resposta: Item correto.

11.12. Aposentadoria Espontânea

O STF, nos autos da Ação Direta de Inconstitucionalidade (ADIN) nº 1.721-3, julgou inconstitucional o § 2º do artigo 453 da CLT, vinculando o entendimento de que a aposentadoria espontânea/voluntária não extingue o contrato de trabalho.

Portanto, se um empregado, por exemplo, se aposenta aos 65 anos e continua trabalhando, seu contrato de trabalho é único (é um só), não sofrendo qualquer interferência em razão da aposentadoria.

Logo, qualquer questão de concurso ou exame da OAB que diga que existem dois contratos de trabalho, sendo um antes da aposentadoria espontânea e outro após a mesma aposentadoria, encontra-se completamente equivocada.

A principal consequência do reconhecimento de que a aposentadoria não extingue o contrato de trabalho, encontra-se na multa de 40% do FGTS, afinal, quando da dispensa do empregado aposentado, a referida multa incidirá sobre a totalidade dos depósitos efetuados ao longo de todo o vínculo laboral, conforme OJ nº 361 da SDI-1:

> **A aposentadoria espontânea não é causa de extinção do contrato de trabalho se o empregado permanece prestando serviços ao empregador após a jubilação.** Assim, por ocasião da sua dispensa imotivada, o empregado tem direito **à multa de 40% do FGTS sobre a totalidade dos depósitos efetuados no curso do pacto laboral.** – Grifo nosso.

A única aposentadoria que põe fim ao contrato de trabalho é a aposentadoria compulsória, considerando-se como data da rescisão do contrato de trabalho aquela imediatamente anterior ao início da aposentadoria.

A aposentadoria compulsória para os trabalhadores vinculados ao Regime Geral de Previdência Social, administrado pelo INSS, está previsto no artigo 51 da Lei nº 8.213/91. Vejamos:

> Art. 51. A aposentadoria por idade pode ser **requerida pela empresa**, desde que o segurado empregado tenha cumprido o período de carência e completado 70 (setenta) anos de idade, se do sexo masculino, ou 65 (sessenta e cinco) anos, se do sexo feminino, **sendo compulsória, caso em que será garantida ao empregado a indenização prevista na legislação trabalhista**, considerada como data da rescisão do contrato de trabalho a imediatamente anterior à do início da aposentadoria – Grifo nosso.

A indenização em caso de aposentadoria compulsória por falta de regulamentação de regras especiais, no entanto, é a mesma que deve ser paga pelo empregador em caso de despedida arbitrária, tendo caído por isso em desuso, pois o empregador que deseje afastar o empregado das suas funções o despedirá.

11.13. Morte do Empregador Constituído em Empresa Individual

Vejamos o que diz o § 2º do artigo 483 da CLT: *"No caso de morte do empregador constituído em empresa individual, é facultado ao empregado rescindir o contrato de trabalho."*.

O dispositivo legal acima citado está tratando do falecimento de empregador que atuava por meio de empresa individual, sendo que a morte do titular da empresa não levou à sua extinção.

Em síntese, o titular da empresa morreu, todavia, a atividade negocial continuou, o que pode ter ocorrido, por exemplo, porque os herdeiros vislumbraram a possibilidade de lucrar com o negócio.

Nesse contexto, a CLT possibilitou ao empregado a faculdade de encerrar o contrato, caso não tenha interesse de continuar com os novos proprietários dos meios de produção. Nessa situação, optando o empregado pela rescisão do contrato, ele receberá as mesmas verbas rescisórias incidentes em um pedido de demissão, a saber:

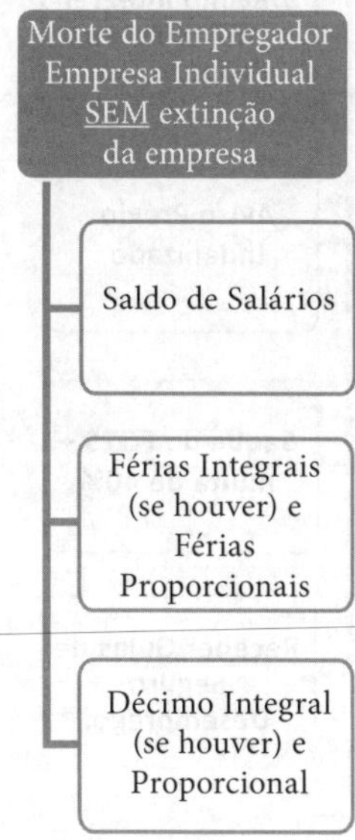

Caso a morte do empregador leve à extinção da empresa, pois ninguém desejou prosseguir com a mesma, o empregado receberá suas verbas rescisórias como se tivesse sido dispensado sem justa causa. Isso vale para a extinção de qualquer empresa em face da morte do empregador e não apenas para as empresas individuais.

Portanto, quando a **morte do empregador leva à extinção da empresa** e consequentemente dos contratos de trabalho, o empregado deverá receber os mesmos direitos incidentes em uma dispensa sem justa causa[8]:

8. Com este entendimento: DELGADO, Mauricio Godinho. *Curso de Direito do Trabalho*. 13ª ed. São Paulo: LTr, 2014, pp. 1301.

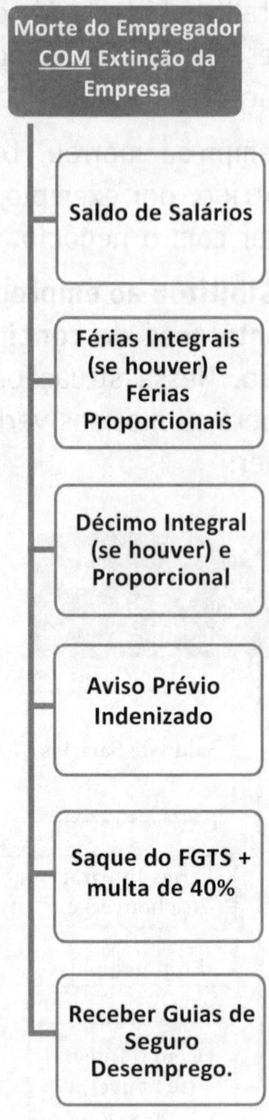

11.14. Dispensa Coletiva ou em Massa: Produto da Reforma Trabalhista

Não havia na CLT qualquer dispositivo legal relativo ao tema da dispensa coletiva ou em massa, a qual ocorre quando o empregador extingue, ao mesmo tempo, o contrato de trabalho de vários empregados.

Diante da omissão legal, as decisões do TST trilhavam o entendimento de que as dispensas coletivas eram nulas, caso não tivesse havido prévia negociação com o sindicato da categoria.

Com a **Reforma Trabalhista** inseriu-se na CLT o artigo 477-A, que passou a disciplinar a dispensa coletiva, permitindo-a independentemente de prévia negociação sindical ou celebração de norma coletiva que a autorize. Segue o referido artigo de lei:

Art. 477-A da CLT: As dispensas imotivadas individuais, plúrimas ou **coletivas equiparam-se para todos os fins, não havendo necessidade de autorização prévia de entidade sindical ou de celebração de convenção coletiva ou acordo coletivo de trabalho para sua efetivação.** – Grifo nosso.

Desenvolvemos uma questão simulada sobre este ponto da **Reforma Trabalhista:**

▸ **Aplicação em Concurso e/ou OAB:**

(FCC - TST - Analista Judiciário - Taquigrafia - 2017 - ADAPTADA) No tocante à rescisão do contrato de trabalho, considere:

I. Nas dispensas imotivadas plúrimas há necessidade de autorização prévia de entidade sindical ou de celebração de convenção ou acordo coletivo de trabalho para sua efetivação.

II. As dispensas imotivadas individuais, plúrimas ou coletivas equiparam-se para todos os fins, não havendo necessidade de autorização prévia de entidade sindical ou de celebração de convenção coletiva ou acordo de trabalho para sua efetivação.

Resposta: item I incorreto,
item II correto

11.15. Homologação da Rescisão Contratual e a Reforma Trabalhista

Anteriormente à vigência da Lei 13.467/2017, os preceitos para a formalização da rescisão de contrato de trabalho, isto é, as normas para formalização do pagamento das verbas rescisórias, obedeciam a dois mandamentos bem claros, conforme artigo 477, § 1º, da CLT:

- Para empregados **com menos de um ano serviço**, o pagamento das verbas rescisórias poderia ocorrer **sem** a homologação da Termo de Rescisão do Contrato de Trabalho (TRCT) junto ao sindicato da categoria profissional;
- Para empregados **com mais de um ano serviço**, o pagamento das verbas rescisórias só poderia ocorrer **com** a homologação da Termo de Rescisão do Contrato de Trabalho (TRCT) junto ao sindicato da categoria profissional.

O Termo de Rescisão do Contrato de Trabalho (TRCT) é o documento por meio qual se faz o pagamento das verbas rescisórias ao trabalhador.

O instrumento de rescisão ou recibo de quitação, qualquer que seja a causa ou forma de dissolução do contrato, **deve ter especificada a natureza de cada parcela paga ao empregado e discriminado o seu valor**, sendo válida a quitação, apenas, relativamente às mesmas parcelas (artigo 477, §2º, CLT).

Ocorre que o § 1º do artigo 477 da CLT foi revogado pela **Reforma Trabalhista**, retirando-se a necessidade de homologação do TRCT (Termo de Rescisão do Contrato de Trabalho) pelo Sindicato ou pelo Ministério do Trabalho para aqueles empregados com mais de um ano de serviço.

A **Reforma Trabalhista**, por meio dessa alteração, retirou a assistência sindical gratuita prestada ao trabalhador no momento da rescisão, o que era primordial para conferir se os valores estavam sendo pagos de forma correta, o que propiciava mais segurança ao empregado para assinar o TRCT.

Após a **Reforma Trabalhista** caberá ao trabalhador, diante da ausência de assistência gratuita do sindicato, contratar um advogado para acompanha-lo e fazer a conferência das suas verbas rescisórias, tendo, obviamente, que remunerar o advogado por tal ato cedendo um percentual de suas verbas rescisórias.

11.15.1. Limites aos Descontos sobre as Verbas Rescisórias

Caso o empregador deseje fazer algum desconto incidente sobre as verbas rescisórias do empregado, deverá observar que o mesmo não pode ser superior ao valor de um mês de remuneração do empregado.

Por exemplo, o empregado dolosamente quebrou um computador da empresa que custava R$ 3.000,00, tendo sido dispensado por causa desse fato. O salário mensal do referido empregado é de R$ 1.000,00. Quando da elaboração do TRCT não se poderá descontar o valor integral de três mil reais, afinal o § 5º do artigo 477 limita o desconto sobre as verbas rescisórias ao valor de uma remuneração mensal do empregado que, no caso, era de R$ 1.000,00.

Segue a transcrição do artigo de lei:

> Artigo 477, § 5º: Qualquer compensação no pagamento de que trata o parágrafo anterior **não poderá exceder o equivalente a um mês de remuneração do empregado**. – Grifo nosso.

11.16. O Artigo 477 da CLT e a Reforma Trabalhista

As multas previstas no artigo 477, § 8º, da CLT, se aplicam quando os valores e documentos constantes do instrumento de rescisão não forem, respectivamente, efetuados e entregues dentro do prazo legal, ou seja, quando as verbas rescisórias não forem adimplidas no tempo/prazo previsto em lei ou quando os documentos relativos à rescisão não forem concedidos ao empregado no prazo legal.

Antes da **Reforma Trabalhista** existiam dois prazos para o pagamento das verbas rescisórias, conforme o aviso prévio fosse trabalhado ou indenizado.

Com a **Reforma Trabalhista** essa multa foi simplificada, afinal passou a existir um único prazo, que é de **até 10 dias corridos a partir do término do contrato**, seja esse término precedido de um aviso prévio trabalhado ou indenizado. Segue o artigo 477, § 6º e 8º, da CLT:

> §6º: A entrega ao empregado de documentos que comprovem a comunicação da extinção contratual aos órgãos competentes, **bem como o pagamento dos valores constantes do instrumento de rescisão ou recibo de quitação deverão ser efetuados até dez dias contados a partir do término do contrato**. – Grifo nosso.
>
> §8º: A inobservância do disposto no § 6º deste artigo sujeitará o infrator à multa de 160 BTN, por trabalhador, bem assim ao pagamento da multa a favor do empregado, em valor equivalente ao seu salário, devidamente corrigido pelo índice de variação do BTN, salvo quando, comprovadamente, o trabalhador der causa à mora.

Salienta-se que **o valor da multa em estudo consiste no importe de um salário do empregado.** Logo, se o empregado tem salário de 2 mil reais, esse será o valor da multa. Da mesma forma, se o empregado recebe salário mínimo, esse será o valor da multa.

Além desta multa, que será revertida em favor do empregado, **existe outra multa que irá para os cofres públicos (citada no parágrafo 8º), em razão do mesmo atraso por parte do empregador**, por cada empregado que tenha sido, vítima de atraso no pagamento das verbas rescisórias.

Sobre a contagem do prazo de dez dias corridos, para fins de aplicação da multa aqui estudada, o leitor deve conhecer a OJ nº 162 da SBDI-1: *"A contagem do prazo para quitação das verbas decorrentes da rescisão contratual prevista no artigo 477 da CLT exclui necessariamente o dia da notificação da demissão e inclui o dia do vencimento, em obediência ao disposto no artigo 132 do Código Civil de 2002."*.

Exemplificando, se o empregado for dispensado em 23/11/2020, tal data não será computada na contagem do prazo de 10 dias corridos, vez que exclui-se o dia da notificação da dispensa. Logo, o prazo se iniciará em 24/11/2020.

Colacionamos abaixo a seguinte questão específica sobre o prazo para pagamento previsto no art. 477, §6º da CLT:

▶ **Aplicação em Concurso e/ou OAB:**

(VUNESP - Prefeitura de Itapevi - SP - Analista de Gestão de Pessoas - 2019) De acordo com a Lei n° 13.467/2017, que alterou o art. 477 da

PARTE II • *Direito Individual do Trabalho*

CLT, no caso de rescisão do contrato de trabalho, o pagamento dos valores devidos deverá ser feito

a) até o primeiro dia útil imediato ao término do contrato.
b) até 10 (dez) dias contados a partir do término do contrato.
c) no ato da homologação da rescisão do contrato de trabalho.
d) até o décimo dia, contado da data da notificação da demissão, quando da ausência do aviso prévio, indenização do mesmo ou dispensa de seu cumprimento.
e) até 10 (dez) dias úteis contados a partir da homologação do contrato.

Resposta: B

Segue outra questão que aborda esta temática para auxiliar na fixação da matéria:

▸ Aplicação em Concurso e/ou OAB:

(FCC - Analista Judiciário - Área Administrativa - TRT 15 - 2018) Na extinção do contrato de trabalho,

a) o pagamento a que fizer jus o empregado será efetuado em dinheiro, depósito bancário ou cheque visado, conforme acordem as partes; ou somente em dinheiro quando o empregado for analfabeto.
b) qualquer compensação no pagamento não poderá exceder o equivalente ao período do aviso prévio devido ao empregado.
c) a entrega ao empregado de documentos que comprovem a comunicação da extinção contratual aos órgãos competentes, bem como o pagamento dos valores constantes do instrumento de rescisão ou recibo de quitação, deverão ser efetuados até dez dias contados a partir do término do contrato.
d) o pagamento das parcelas constantes do instrumento de rescisão ou recibo de quitação deverá ser efetuado até o primeiro dia útil imediato ao término do contrato; ou até o décimo dia, contado da data da notificação da demissão, quando da ausência do aviso prévio, indenização do mesmo ou dispensa de seu cumprimento.
e) as dispensas imotivadas individuais, plúrimas ou coletivas dependem de autorização prévia de entidade sindical ou de celebração de convenção coletiva ou acordo coletivo de trabalho para sua efetivação.

Resposta: C

A **Reforma Trabalhista** também alterou o § 4º do artigo 477, que trata sobre o pagamento das verbas rescisórias, estabelecendo que, em regra, o pagamento das verbas rescisórias será em dinheiro, depósito bancário ou cheque visado, **conforme acordem as partes.** Excepcionalmente, no caso de empregado analfabeto, o pagamento deverá ser em dinheiro ou depósito bancário. Vejamos o § 4º do artigo 477 da CLT.

> § 4º O pagamento a que fizer jus o empregado será efetuado:
>
> I – **em dinheiro, depósito bancário ou cheque visado, conforme acordem as partes**; ou
>
> II – **em dinheiro ou depósito bancário quando o empregado for analfabeto.** – Grifo nosso.

A **Reforma Trabalhista** também incluiu o § 10º no artigo 477 da CLT, o qual descomplicou o saque do FGTS e o pedido de habilitação para recebimento dos benefícios do seguro desemprego, afinal passou a exigir apenas a existência de baixa na Carteira de Trabalho, desde que o empregador tenha feito a comunicação da dispensa aos órgãos competentes (especialmente o CAGED – Cadastro Geral de Empregados e Desempregados), vejamos a literalidade do dispositivo:

> § 10. **A anotação da extinção do contrato na Carteira de Trabalho e Previdência Social é documento hábil para requerer o benefício do seguro desemprego e a movimentação da conta vinculada no Fundo de Garantia do Tempo de Serviço**, nas hipóteses legais, desde que a comunicação prevista no *caput* deste artigo tenha sido realizada – Grifo nosso.

Formulamos mais uma questão simulada sobre as mudanças existentes no artigo 477 da CLT, em razão da **Reforma Trabalhista:**

▸ Aplicação em Concurso e/ou OAB:

(QUESTÃO DO MESTRE – SIMULAÇÃO DE PROVA FUTURA) A Reforma Trabalhista inseriu diversas alterações no artigo 477 da CLT. Sobre tais alterações julgue os itens seguintes:

I – O pagamento das verbas rescisórias será em dinheiro, depósito bancário ou cheque visado, conforme acordem as partes e, excepcionalmente, em dinheiro ou depósito bancário quando o empregado for analfabeto.

II – A anotação da extinção do contrato na Carteira de Trabalho e Previdência Social é documento hábil para requerer o benefício do seguro desemprego e a movimentação da conta vinculada no Fundo de Garantia do Tempo de Serviço, nas hipóteses legais, desde que o empregador tenha comunicado os órgãos competentes.

III – A multa em razão do atraso ou falta de pagamento das verbas rescisórias terá o valor um salário do empregado.

IV – Considera-se como existente o atraso no pagamento das verbas rescisórias quando ultrapassados 10 dias contados do término do contrato.

Assinale a alternativa correta:

a) Todas estão corretas;

b) Todas estão erradas;

c) II, III e IV estão corretas;

d) I, II e III estão corretas;

e) I, II e IV estão corretas.

Resposta: A

11.17. Termo de Quitação Anual: Produto da Reforma Trabalhista

Antes de falarmos especificamente sobre o Termo de Quitação Anual, mostra-se necessário contextualizar o leitor com uma antiga polêmica sobre a Súmula nº 330 do TST.

A Súmula nº 330 do TST, produzida para interpretar o § 2º do artigo 477 da CLT, sedimentou o entendimento que existe eficácia liberatória em relação às parcelas constantes do Termo de Rescisão do Contrato de Trabalho (TRCT). Frisamos, segundo o entendimento sumulado, **a eficácia liberatória existe em relação às parcelas e não aos valores de cada parcela.**

Nesses termos, se houver menção no TRCT à parcela "Horas Extras" e constar um pagamento de R$ 500,00 a título das referidas horas extras, existe quitação total (eficácia liberatória) em relação ao pagamento de horas extras, ainda que, de fato, o empregado tivesse dez mil reais de horas extras para receber. Salvo se houver uma ressalva expressa e específica no TRCT impugnando o valor da parcela.

O efeito prático deste entendimento do TST consiste no fato de que se o empregado ingressar com uma reclamação trabalhista requerendo o pagamento de horas extras, a empresa irá alegar em defesa/contestação que nada deve ser pago a esse título, vez que a eficácia liberatória confere quitação geral à parcela mencionada e não aos valores. Vejamos a Súmula nº 330 do TST:

> **A quitação passada pelo empregado, com assistência de entidade sindical de sua categoria**, ao empregador, com observância dos requisitos exigidos nos parágrafos do art. 477 da CLT, **tem eficácia liberatória em relação às parcelas**

expressamente consignadas no recibo, salvo se oposta ressalva expressa e especificada ao valor dado à parcela ou parcelas impugnadas – Grifo nosso.

I – A quitação não abrange parcelas não consignadas no recibo de quitação e, consequentemente, seus reflexos em outras parcelas, ainda que estas constem desse recibo.

II – Quanto a direitos que deveriam ter sido satisfeitos durante a vigência do contrato de trabalho, a quitação é válida em relação ao período expressamente consignado no recibo de quitação.

Particularmente, discordamos do entendimento do TST, afinal esse entendimento gera enriquecimento sem causa do empregador, privilegiando uma formalidade em detrimento da primazia da realidade. Mas, para concursos e exame da OAB, é o entendimento do TST que deve ser seguido.

Acreditamos ser importante informar que esse entendimento do TST é altamente polêmico na doutrina[9] e na jurisprudência. Inclusive o próprio TST já fez algumas alterações no conteúdo da Súmula nº 330, antes de chegar ao conteúdo atual, o que demonstra que nem o próprio Tribunal tem tanta segurança quanto ao seu posicionamento, nesse particular.

Pois bem, a criação do **Termo de Quitação Anual** pela **Reforma Trabalhista** remonta esta polêmica sobre a eficácia liberatória e por certo fará surgir os mesmos debates, isto é, se o Termo de Quitação Anual dará quitação às parcelas expressamente consignadas ou apenas aos valores das parcelas.

Entendemos que a criação do referido Termo de Quitação Anual não possui a mínima coerência, afinal os recibos assinados pelo empregado ao longo do ano (recibos de salários, recibos de férias e outros) já se constituem na prova de quitação das verbas especificadas nos recibos (salvo a primazia da realidade). É como se o Termo de Quitação Anual fosse uma "quitação da quitação", buscando dar quitação das verbas que o empregado já quitou ao assinar outros recibos durante o ano.

Ademais, entendemos que seja no mínimo questionável a criação de um Termo de Quitação Anual que venha a ser elaborado durante a vigência do vínculo, enquanto o empregado ainda se encontra subordinado e com o natural receio de perder o emprego, mesmo que firmado perante o sindicato.

Salta aos olhos que a intenção da criação do multicitado Termo de Quitação Anual foi realmente o de conferir quitação às parcelas neles especificadas e

9. Boa parte da doutrina e da jurisprudência contrariam o entendimento do TST. Por todos: ROMITA, Arion Sayão. *O princípio da proteção em xeque*. São Paulo: LTr, 2003.

não apenas aos valores descritos. Só o tempo dirá como os Tribunais interpretarão esse instituto.

Em que pese a importância das reflexões aqui traçadas, para efeito de concurso e exame da OAB, mostra-se especialmente importante a literalidade do artigo 507-B da CLT:

> Art. 507-B. É facultado a empregados e empregadores, **na vigência ou não do contrato de emprego, firmar o termo de quitação anual de obrigações trabalhistas, perante o sindicato dos empregados da categoria.**
>
> Parágrafo único. O termo discriminará as obrigações de dar e fazer cumpridas mensalmente e **dele constará a quitação anual dada pelo empregado, com eficácia liberatória das parcelas nele especificadas** – Grifos nossos.

Trouxemos a seguinte questão sobre o polêmico Termo de Quitação Anual, a fim de que o leitor exercite seus conhecimentos:

▸ Aplicação em Concurso e/ou OAB:

(FGV - OAB - Exame de Ordem Unificado - XXVIII - 2019) Uma sociedade empresária consultou você, como advogado(a), para encontrar uma maneira de, periodicamente, firmar com seus empregados uma quitação de direitos, de modo a prevenir conflitos trabalhistas. Diante disso, na qualidade de advogado(a) da empresa, assinale a opção que indica a solução proposta.

a) Poderá ser firmado termo de quitação anual de obrigações trabalhistas, perante o sindicato da categoria dos empregados.

b) Os termos de quitação firmados entre empregados e empregadores nada valem, apenas sendo válidos os acordos judiciais; logo, a empresa nada pode fazer.

c) Poderá ser firmado termo anual de quitação de obrigações trabalhistas no sindicato profissional ou no sindicato patronal.

d) Basta firmar termo de quitação anual das obrigações trabalhistas por mútuo consentimento.

Resposta: A

11.18. Multa do Artigo 467 da CLT

Quando um empregado é dispensado surge, automaticamente, o dever de pagamento das verbas rescisórias. Caso o empregador não cumpra com sua obrigação de dar, o empregado poderá acioná-lo judicialmente para realizar o pagamento.

Diante da propositura de uma reclamação trabalhistas onde exista pedido de pagamento das verbas rescisórias inadimplidas, o empregador tem a obrigação de pagar ao empregado, quando da primeira audiência (data do seu primeiro comparecimento à Justiça do Trabalho), as verbas rescisórias incontroversas, isto é, aquelas verbas rescisórias que o empregador reconheça que realmente são devidas, sob pena de ser condenado a pagar em sentença o valor das verbas rescisórias incontroversas com acréscimo de 50%.

Segue a transcrição do artigo 467 da CLT:

> Em caso de rescisão de contrato de trabalho, **havendo controvérsia sobre o montante das verbas rescisórias, o empregador é obrigado a pagar ao trabalhador, <u>à data do comparecimento à Justiça do Trabalho</u>, a parte incontroversa dessas verbas, sob pena de pagá-las acrescidas de cinquenta por cento.** – Grifo nosso.

12

AVISO PRÉVIO

Sumário: 12. Aviso Prévio - **12.1.** Incidência do Aviso Prévio – **12.2.** Contagem do Prazo – **12.3.** Aviso Prévio Concedido pelo Empregador e Redução do Trabalho – **12.4.** Aviso Prévio Concedido pelo Empregado – **12.5.** (I)rrenunciabilidade do Aviso Prévio – **12.6.** Natureza do Aviso Prévio e Efeito Projetivo – **12.7.** As Garantias de Emprego e o Aviso Prévio – **12.8.** Retratação do Aviso Prévio – **12.9.** Justa Causa e Despedida Indireta Durante o Aviso Prévio – **12.10.** Aviso Prévio Proporcional ao Tempo de Serviço – **12.11.** Aviso Prévio dos Trabalhadores Rurais.

O instituto do aviso prévio constitui uma manifestação de vontade que **uma das partes** direciona à outra, informando-a de sua intenção de por fim ao contrato, no nosso caso, do contrato de trabalho.

Pelo próprio conceito, percebe-se que o aviso prévio deverá ser comunicado tanto pelo empregado, quanto pelo empregador, conforme seja a intenção de um ou outro de finalizar o vínculo empregatício.

O artigo 7º, inciso XXI da CF/88, traz a seguinte previsão sobre esse instituto: *"aviso prévio proporcional ao tempo de serviço, sendo no mínimo de trinta dias, nos termos da lei;"*.

Nota-se que a Constituição previu um **prazo mínimo de 30 dias** para o aviso prévio, estabelecendo ainda que deveria existir uma proporcionalidade entre o tempo de serviço e o tamanho do aviso prévio, ou seja, quanto maior o vínculo de emprego, maior deverá ser o aviso prévio. Falaremos sobre esta proporcionalidade ainda nesse capítulo.

Não existe nenhum dispositivo constitucional ou legal que determine que o aviso prévio deverá ser concedido por escrito, todavia, por cautela, a fim de facilitar a prova de que o mesmo foi concedido, recomenda-se sua formalização por escrito.

Em remate, o valor das **horas extraordinárias habituais** integra o aviso prévio indenizado, ou seja, no cálculo deste, deve-se levar em consideração não só o valor do salário, mas também a média de horas extras.

12.1. Incidência do Aviso Prévio

A princípio, o aviso prévio é devido apenas nos contratos por prazo indeterminado, não tendo aplicabilidade nos contratos por prazo determinado.

Entretanto, de forma excepcional, naqueles contratos por prazo determinado que possuam cláusula assecuratória do direito recíproco de rescisão e que uma das partes resolva encerrar o contrato antes do prazo, incide também o instituto do aviso prévio, vez que em tais situações o contrato será regido pelas regras do contrato por prazo indeterminado. A Súmula nº 163 do TST confirma nosso ensinamento: *"Cabe aviso prévio nas rescisões antecipadas dos contratos de experiência, na forma do art. 481 da CLT."*.

Vale lembrar também que nas hipóteses de despedida/rescisão indireta aplica-se igualmente o aviso prévio, afinal em tais situações o empregado tem os mesmos direitos existentes para a dispensa sem justa causa.

Igualmente incide o aviso prévio quando o contrato é extinto por culpa recíproca, sendo que, em tal situação, o aviso prévio será devido por metade.

O gráfico abaixo contempla as hipóteses de incidência aviso prévio:

12.2. Contagem do Prazo

A contagem do prazo do aviso prévio segue a tradicional regra civilista existente no *caput* do artigo 132 do Código Civil: *"Salvo disposição legal ou convencional em contrário, computam-se os prazos,* excluído o dia do começo, e incluído o do vencimento.".

A Súmula nº 380 do TST acolheu a referida regra de forma expressa, nos seguintes termos: *"Aplica-se a regra prevista no "caput" do art. 132 do Código Civil de 2002 à contagem do prazo do aviso prévio, excluindo-se o dia do começo e incluindo o do vencimento."*.

12.3. Aviso Prévio Concedido pelo Empregador e Redução do Trabalho

O empregador tem o dever de avisar previamente o empregado dispensado de forma imotivada (sem justa causa), pois caso assim não proceda deverá pagar os salários relativos ao tempo de duração do aviso prévio.

O fundamento legal desse ensinamento reside no artigo 487, § 1º, da CLT:

> Art. 487 – Não havendo prazo estipulado, a parte que, sem justo motivo, quiser rescindir o contrato deverá avisar a outra da sua resolução com a antecedência mínima de:
>
> (...)
>
> § 1º – **A falta do aviso prévio por parte do empregador dá ao empregado o direito aos salários correspondentes ao prazo do aviso, garantida sempre a integração desse período no seu tempo de serviço.** – Grifo nosso.

Quando o empregado é avisado de forma prévia sobre o encerramento do vínculo empregatício e inclusive trabalha durante o período do aviso prévio, esse instituto passa a ser chamado de **aviso prévio trabalhado**.

No **aviso prévio trabalhado cabe ao empregador decidir** o seguinte:

- Se o empregado terá direito a uma redução na jornada de 02 horas diárias ao longo de todo o aviso prévio; **ou**
- Se faltará por 07 dias corridos.

Essa redução na jornada ou os 07 dias de ausência justificada existem para que o empregado, por meio desse tempo livre, busque uma recolocação no mercado de trabalho.

A redução de 02 horas na jornada diária, durante o aviso prévio, aplica-se, segundo a doutrina majoritária, a todos os empregados, independentemente do tempo da jornada. Dessa forma, ainda que o empregado tenha jornada diária de 06 horas ou 04 horas, por exemplo, mesmo assim terá direito à redução de 02 horas por dia no seu trabalho.

A redução da jornada durante o aviso prévio ou a concessão de 07 dias corridos sem trabalho mostram-se tão relevantes, que não se admite sequer que o empregador exija trabalho em tempo integral do empregado e remunere as horas não reduzidas em decorrência do aviso prévio como extraordinárias. Neste sentido a Súmula nº 230 do TST: *"É ilegal substituir o período que se reduz da jornada de trabalho, no aviso prévio, pelo pagamento das horas correspondentes."*.

Nessa ordem de ideias, quando o empregador não concede a folga de 07 dias corridos ou remunera como extras as horas que, em verdade, deveriam ser deduzidas da jornada, considera-se que o aviso prévio foi nulo, equivalendo a não ter sido concedido, daí porque a empresa pode ser demandada judicialmente para pagar o aviso prévio nulo.

Quando o empregador não deseja que o empregado lhe preste serviços durante o período do aviso prévio, ocorre o que se convencionou chamar de **aviso prévio indenizado**. Nesse caso, o empregado recebe os salários relativos ao período do aviso prévio, não podendo trabalhar durante o mesmo.

Segue uma questão que aborda o que já foi tratado até esse momento:

▶ **Aplicação em Concurso e/ou OAB:**

(Crescer Consultorias - Prefeitura de São Domingos do Azeitão - MA - Procurador - 2018) Sobre o aviso prévio, assinale a alternativa INCORRETA:

a) Não havendo prazo estipulado, a parte que, sem justo motivo, quiser rescindir o contrato deverá avisar a outra da sua resolução com a antecedência mínima de trinta dias aos que perceberem por quinzena ou mês, ou que tenham mais de 12 (doze) meses de serviço na empresa.

b) Não é devido o aviso prévio na despedida indireta.

c) O valor das horas extraordinárias habituais integra o aviso prévio indenizado.

d) A falta de aviso prévio por parte do empregado dá ao empregador o direito de descontar os salários correspondentes ao prazo respectivo.

Resposta: B

Novamente, mais uma questão sobre o tema:

▸ **Aplicação em Concurso e/ou OAB:**

(FCC – Analista Judiciário – Área Judiciária – TRT 24/2017) Em relação ao instituto jurídico do aviso prévio, nos termos das normas contidas na Consolidação das Leis do Trabalho e da jurisprudência sumulada do Tribunal Superior do Trabalho,

a) havendo aplicação da dispensa do empregado por justa causa em razão de desídia no desempenho de suas funções deverá ser concedido aviso prévio.

b) em caso de despedida indireta e rescisão por culpa recíproca não é devido o aviso prévio.

c) o pagamento relativo ao período de aviso prévio trabalhado está sujeito à contribuição para o FGTS, o que não ocorre quando o mesmo for indenizado.

d) o horário normal de trabalho do empregado, durante o prazo do aviso, será reduzido em duas horas diárias, sem prejuízo do salário integral, independentemente de quem tenha promovido a rescisão.

e) é incorreto substituir o período que se reduz da jornada de trabalho, no aviso prévio, pelo pagamento das horas correspondentes.

Resposta: E

Vale informar para o leitor que o item "c" da questão acima será detalhado no capítulo sobre FGTS. Mesmo assim, registramos logo que o FGTS incide sobre aviso prévio, ainda que indenizado.

Da mesma forma, as alternativas "d" das questões acima serão complementadas no próximo tópico desse capítulo, onde se esclarecerá que quando o empregado concede o aviso prévio, o mesmo não tem direito nem a redução da jornada e nem à folga de 07 dias.

12.4. Aviso Prévio Concedido pelo Empregado

O empregado que deseja pedir demissão também tem o dever de avisar previamente o empregador, a fim de que este possa se preparar para recolocar outro trabalhador em seu posto de trabalho, caso necessário.

Caso o empregado ponha fim ao vínculo sem conceder o aviso prévio determinado por lei, o empregador poderá descontar em suas verbas rescisórias os valores salariais relativos ao período do aviso prévio.

O artigo 487, § 2º, da CLT ratifica nosso ensinamento: *"A falta de aviso prévio por parte do empregado dá ao empregador o direito de descontar os salários correspondentes ao prazo respectivo."*.

Na hipótese em análise inexiste redução da jornada diária em 02 horas ou a concessão de 07 dias corridos, pois nesse caso presume-se que o empregado já possui novo emprego ou então que não precisa mais trabalhar para sobreviver (porque recebeu uma herança milionária, por exemplo).

Novamente, mais uma questão sobre o tema:

▸ **Aplicação em Concurso e/ou OAB:**

(FCC – Analista Judiciário – Área Judiciária – Oficial de Justiça Avaliador – TRT 9 - 2015) Em relação ao aviso prévio, é INCORRETO o entendimento adotado por

a) Roberval, que presta horas extras habituais, e pleiteia que as mesmas integrem seu aviso prévio indenizado.

b) Salomão, que, requerendo a rescisão do contrato de trabalho por justa causa praticada pelo empregador, pretende receber o valor correspondente ao aviso prévio.

c) Juvêncio, que, tendo sido dispensado sem justa causa, recusa-se a aceitar a reconsideração pelo empregador do aviso prévio.

d) Severiano, que recebe salário pago na base de tarefa, e pretende que o cálculo do aviso prévio seja feito de acordo com a média dos últimos doze meses de serviço.

e) Aníbal, que, tendo pedido demissão, requer a redução de duas horas diárias durante o aviso prévio, sem prejuízo do salário integral.

Resposta: E

12.5. (I)rrenunciabilidade do Aviso Prévio

Quando o empregador vai conceder o aviso prévio, por exemplo porque vai concretizar uma dispensa sem justa causa, trata-se de um direito irrenunciável por parte do empregado, afinal esse instituto é necessário para facilitar sua reinserção no mercado de trabalho.

A única exceção que torna válida a renúncia ao aviso prévio por parte do empregado ocorrerá quando o mesmo conseguir um novo emprego no curso do aviso prévio.

A Súmula nº 276 do TST resume nosso ensinamento:

> **O direito ao aviso prévio é irrenunciável pelo empregado.** O pedido de dispensa de cumprimento não exime o empregador de pagar o respectivo valor, **salvo comprovação de haver o prestador dos serviços obtido novo emprego.** – Grifo nosso.

Atenção, pois a regra se inverte quando é o empregado quem tem o dever de conceder o aviso prévio, ou seja, o empregador poderá renunciar ao seu direito de receber o aviso prévio, por ser uma condição mais benéfica ao trabalhador.

12.6. Natureza do Aviso Prévio e Efeito Projetivo

Quando o aviso prévio é trabalhado, ele possui típica natureza salarial, afinal o empregado trabalha durante o curso do mesmo e recebe seu respectivo salário.

Quando o empregador opta pelo aviso prévio indenizado, como o próprio nome indica, sua natureza é claramente indenizatória.

É importante salientar que quando o aviso prévio é indenizado surge o chamado efeito projetivo, por meio do qual se considera como último dia de trabalho aquele no qual se encerraria o aviso prévio, caso tivesse sido trabalhado.

Por exemplo, o empregado "A" tem direito a um aviso prévio de 30 dias, tendo sido dispensado sem justa causa em 01.09.2017, mediante aviso prévio indenizado. Em que pese seu último dia de trabalho ter sido em 01.09.2017, projeta-se o período de aviso prévio, que no caso era de 30 dias, para o futuro, motivo pelo qual a baixa em sua CTPS[1] constará como sendo 01.10.2017.

No mesmo sentido se pronunciou o TST por meio da OJ nº 82 da SDI-1: "*A data de saída a ser anotada na CTPS deve corresponder à do término do prazo do aviso prévio, ainda que indenizado.*".

Como consequência da data de baixa da CTPS ter que corresponder ao dia do término do aviso prévio, ainda que indenizado, a prescrição também só

1. Vale repetir que a anotação de toda e qualquer CTPS se dará, preferencialmente, por meios informatizados, vez que a Lei nº 13.874, de 20 de setembro de 2019 ("Lei da Liberdade Econômica"), determinou, através da reformulação do artigo 14 da CLT, que a CTPS será emitida pelo Ministério da Economia, preferencialmente, em meio eletrônico. Logo, a data de admissão ou baixa, por exemplo, deverão constar no sistema informatizado da CTPS.

começará a correr a partir do último dia do aviso prévio, ainda que indenizado. Nesse sentido a OJ nº 83 da SDI-1 do TST: *"A prescrição começa a fluir no final da data do término do aviso prévio. Art. 487, § 1º, da CLT."*.

Caso exista um reajuste salarial coletivo, determinado no curso do aviso prévio, beneficiará também o empregado pré-avisado da despedida, mesmo que tenha recebido antecipadamente os salários correspondentes ao período do aviso, afinal, como vimos acima, o aviso prévio integra o tempo de serviço para todos os efeitos legais (artigo 487, §6º, CLT).

Por fim, vale registrar que se recolhe FGTS normalmente sobre o período relativo ao aviso prévio, ainda que indenizado, conforme Súmula nº 305 do TST: *"O pagamento relativo ao período de aviso prévio, trabalhado ou não, está sujeito a contribuição para o FGTS."*

Segue uma questão sobre o assunto em estudo:

▸ Aplicação em Concurso e/ou OAB:

(FCC – Técnico Judiciário – Área Administrativa – TRT 4 - 2015) Marta, Carla e Camila eram empregadas da empresa Y. Marta requereu a rescisão de seu contrato de trabalho, cumprindo o período de aviso prévio. Carla teve seu contrato de trabalho rescindido sem justa causa sendo que seu aviso prévio foi indenizado. Camila teve também seu contrato de trabalho extinto sem justa causa, mas seu aviso prévio foi trabalhado. Nestes casos, conforme súmula do TST, o pagamento relativo ao período de aviso prévio está sujeito a contribuição para o FGTS na rescisão contratual de

a) Carla e Camila, apenas.

b) Marta e Camila, apenas.

c) Camila, apenas.

d) Marta, Carla e Camila.

e) Carla, apenas.

Resposta: D

12.7. As Garantias de Emprego e o Aviso Prévio

Em regra, não se adquire estabilidade no curso do aviso prévio, até porque quando da concessão do mesmo, o empregado passa a ter ciência de que seu vínculo se findará ao fim do aviso prévio.

Isso ocorre porque a projeção do contrato de trabalho para o futuro, pela concessão do aviso prévio, **tem efeitos limitados às vantagens econômicas obtidas no período de pré-aviso, ou seja, salários, reflexos e verbas rescisórias.** Logo, o que importa é o que ocorreu no período anterior ao aviso prévio e não o que ocorreu durante a sua fluência.

A Súmula nº 369, item V, do TST possui manifestação clara sobre o tema. Embora a Súmula se refira especificamente ao dirigente sindical, seu conteúdo pode ser aplicado às categorias que estejam inseridas na regra geral, ora estudada:

> O registro da candidatura do empregado a cargo de dirigente sindical durante o período de aviso prévio, ainda que indenizado, não lhe assegura a estabilidade, visto que inaplicável a regra do § 3º do art. 543 da Consolidação das Leis do Trabalho.

As exceções encontram-se na figura da **empregada gestante** e do(a) **empregado(a) acidentado(a), vez que esses dois adquirem estabilidade mesmo no curso do aviso prévio. Por exemplo, se uma mulher engravidar durante o aviso prévio, ela só poderá ser dispensada após se encerrar o período de estabilidade.**

De igual forma, caso um empregado se acidente, sem ligação com o trabalho, no período do aviso prévio, ele terá seu contrato suspenso e só poderá ser dispensado após seu retorno ao trabalho, consoante Súmula nº 371 do TST:

> A projeção do contrato de trabalho para o futuro, pela concessão do aviso prévio indenizado, tem efeitos limitados às vantagens econômicas obtidas no período de pré-aviso, ou seja, salários, reflexos e verbas rescisórias. No caso de concessão de auxílio-doença no curso do aviso prévio, todavia, só se concretizam os efeitos da dispensa depois de expirado o benefício previdenciário.

Se, no entanto, o acidente sofrido no curso do aviso prévio tiver nexo com a atividade do trabalhador (acidente do trabalho), somente poderá ser despedido 12 meses após a cessação do benefício por incapacidade, devido à estabilidade prevista no art. 118, da Lei 8.213/91.

Finalmente, não há possibilidade de se conceder aviso prévio na fluência da garantia de emprego, pois são institutos incompatíveis entre si. Logo, o empregador deverá esperar se encerrar o período de garantia de emprego e, somente após, conceder o aviso prévio, conforme Súmula nº 348 do TST: *"É inválida a concessão do aviso prévio na fluência da garantia de emprego, ante a incompatibilidade dos dois institutos."*.

Resolvamos uma questão para testar nosso entendimento sobre o assunto:

▸ Aplicação em Concurso e/ou OAB:

(FGV – OAB XIX – 2016) Jonas é empregado da sociedade empresária Ômega. Entendendo seu empregador por romper seu contrato de trabalho, optou por promover sua imediata demissão, com pagamento do aviso prévio na forma indenizada. Transcorridos 10 dias de pagamento das verbas rescisórias, Jonas se candidatou a dirigente do sindicato da sua categoria e foi eleito presidente na mesma data. Sobre a hipótese apresentada, de acordo com o entendimento consolidado do TST, assinale a afirmativa correta.

a) Jonas poderá ser desligado ao término do aviso prévio, pois não possui garantia no emprego.

b) Jonas tem garantia no emprego por determinação legal, porque, pelo fato superveniente, o aviso prévio perde seu efeito.

c) Jonas passou a ser portador de garantia no emprego, não podendo ter o contrato rompido.

d) Jonas somente poderá ser dispensado se houver concordância do sindicato de classe obreiro.

Resposta: A

12.8. Retratação do Aviso Prévio

Ocorre a retratação ou reconsideração do aviso prévio quando a parte que o concedeu deseja "voltar atrás", isto é, deseja desistir do aviso prévio concedido.

A legislação celetista permite que a parte que concedeu o aviso prévio busque uma retratação ou reconsideração, todavia a mesma somente surtirá efeito caso a outra parte concorde com a retratação/reconsideração.

Vamos a um exemplo: o empregado Falcão recebeu aviso prévio da empresa Topada. Durante o curso do aviso prévio, a empresa Topada percebeu que havia se equivocado e que o ideal seria que Falcão continuasse trabalhando, motivo pelo qual informou a Falcão que estava se retratando quanto ao aviso prévio. Diante desse cenário abrem-se duas possibilidades: ou Falcão aceita a retratação e tudo ocorrerá como se nunca tivesse existido aviso prévio; ou Falcão não aceita o pedido de reconsideração e o aviso prévio continuará sua fluência, até chegar ao fim do contrato de trabalho.

O artigo 489 da CLT se aplica ao caso:

> Artigo 489: Dado o aviso prévio, a rescisão torna-se efetiva depois de expirado o respectivo prazo, mas, **se a parte notificante reconsiderar o ato, antes de seu termo, à outra parte é facultado aceitar ou não a reconsideração.**
>
> Parágrafo único – **Caso seja aceita a reconsideração ou continuando a prestação depois de expirado o prazo, o contrato continuará a vigorar, como se o aviso prévio não tivesse sido dado.** – Grifo nosso.

Segue uma questão para verificação de aprendizado:

▶ **Aplicação em Concurso e/ou OAB:**

(FCC - TST - Analista Judiciário - Área Administrativa - 2017) Após ter dispensado o empregado Glauber, que trabalhou na empresa por 8 anos, Flecha de Ouro Transportes Ltda. resolve reconsiderar o aviso prévio, informando ao empregado que, em razão disso, o contrato de trabalho permanecerá vigorando normalmente. Glauber não concorda com o empregador e, considerando o contrato de trabalho rescindido, requer que o mesmo lhe pague as verbas rescisórias devidas. Em relação à situação de Glauber

a) considerando que o contrato de trabalho dele é por prazo indeterminado, não há que se falar em reconsideração do aviso prévio, eis que tal possibilidade refere-se aos contratos por prazo determinado, em relação aos quais o legislador privilegia seu cumprimento até o prazo fixado pelas partes quando da contratação.

b) dado o aviso prévio, não há que se falar em reconsideração do mesmo, pois o contrato de trabalho é considerado extinto quando da concessão do aviso, sendo que a projeção do seu prazo se refere apenas a pagamentos de verbas trabalhistas e rescisórias.

c) a reconsideração do aviso prévio é possível e caracteriza ato unilateral da parte que teve a iniciativa na rescisão do contrato de trabalho, não havendo que se falar em aceitação da outra parte.

d) a reconsideração do aviso prévio pelo empregador é possível e independe da concordância do empregado, tendo em vista que revela situação mais benéfica ao trabalhador e privilegia o princípio da continuidade da relação de emprego.

e) a aceitação da reconsideração do aviso prévio dado por uma das partes é faculdade da outra parte e, portanto, com a recusa de Glauber o contrato de trabalho será extinto ao término do período do aviso prévio, sendo devidas as verbas rescisórias.

Resposta: E

12.9. Justa Causa e Despedida Indireta Durante o Aviso Prévio

É importante deixar claro que durante o aviso prévio o contrato de trabalho continua em vigor, portanto permanecem inalterados os deveres e direitos das partes, salvo a redução da jornada em duas horas diárias ou folga de 07 dias corridos (e consecutivos).

Assim sendo, se o empregado praticar alguma hipótese de justa causa durante o aviso prévio, o empregador poderá aplicá-la normalmente. Da mesma forma, se o empregador incidir em alguma hipótese de despedida indireta, o empregado poderá pleitear a rescisão indireta judicialmente.

Sobre o tema, mostra-se relevante o conhecimento dos artigos 490 e 491 do TST:

> Art. 490 – O empregador que, durante o prazo do aviso prévio dado ao empregado, **praticar ato que justifique a rescisão imediata do contrato**, sujeita-se ao pagamento da remuneração correspondente ao prazo do referido aviso, sem prejuízo da indenização que for devida. – Grifo nosso.
>
> Art. 491 – O empregado que, durante o prazo do aviso prévio, cometer qualquer das faltas consideradas pela lei como justas para a rescisão, **perde o direito ao restante do respectivo prazo**. – Grifo nosso.

Ainda dentro da mesma temática, afigura-se relevante o conhecimento da Súmula 73 do TST, segundo a qual:

> A ocorrência de justa causa, salvo a de abandono de emprego, no decurso do prazo do aviso prévio dado pelo empregador, retira do empregado qualquer direito às verbas rescisórias de natureza indenizatória.

A Súmula acima transcrita deixa claro que, realmente, o empregado pode ser alvo de justa causa durante o aviso prévio, **salvo o caso de abandono de emprego.**

A exceção relativa ao abandono de emprego justifica-se porque pode ser que o empregado tenha conseguido novo emprego durante o aviso prévio, motivo pelo qual deixou as dependências de sua antiga empregadora para trabalhar na nova empregadora. Quando isso ocorre não existe ilegalidade, afinal o objetivo do aviso prévio é justamente propiciar novo emprego ao trabalhador.

Seguindo nossa metodologia, a qual visa facilitar sua aprovação, eis mais uma questão:

▸ Aplicação em Concurso e/ou OAB:

(FCC – Analista Judiciário – Área Judiciária – TRT 4/2015) Sobre o instituto jurídico do aviso prévio no Direito Individual do Trabalho, é correto afirmar que:

a) na modalidade de ruptura contratual denominada 'rescisão indireta' não cabe o aviso prévio.

b) o horário normal de trabalho do empregado, durante o prazo do aviso, e se a rescisão tiver sido promovida pelo empregador, será reduzido de uma hora diária, sem prejuízo do salário integral.

c) o valor das horas extraordinárias, ainda que habituais, não integra o aviso prévio indenizado, diante da imprevisibilidade da sua execução.

d) a falta de aviso prévio por parte do empregado dá ao empregador o direito de descontar a metade dos salários correspondentes ao prazo respectivo, em razão do princípio protetor.

e) o empregado que, durante o prazo do aviso prévio, cometer qualquer das faltas consideradas pela lei como justas para a rescisão, perde o direito ao restante do respectivo prazo.

Resposta: E

12.10. Aviso Prévio Proporcional ao Tempo de Serviço

O artigo 7º, inciso XXI da CF/88, traz a seguinte previsão sobre o aviso prévio: *"aviso prévio proporcional ao tempo de serviço, sendo no mínimo de trinta dias, nos termos da lei;"*.

Nota-se que a Constituição previu um **prazo mínimo de 30 dias** para o aviso prévio, estabelecendo ainda que deveria haver uma proporcionalidade entre o tempo de serviço e a duração do aviso prévio, ou seja, quanto maior o vínculo de emprego, maior deverá ser o aviso prévio.

Buscando efetivar a proporcionalidade do aviso prévio almejada pelo texto constitucional, foi editada a Lei nº 12.506/2011 (Lei do Aviso Prévio Proporcional), a qual trouxe a seguinte previsão em seu artigo 1º:

> Artigo 1º: O aviso prévio, de que trata o Capítulo VI do Título IV da Consolidação das Leis do Trabalho – CLT, aprovada pelo Decreto-Lei no 5.452, de 1º de maio de 1943, será concedido na proporção de 30 (trinta) dias aos empregados que contem até 1 (um) ano de serviço na mesma empresa.
>
> Parágrafo único. **Ao aviso prévio previsto neste artigo serão acrescidos 3 (três) dias por ano de serviço prestado na mesma empresa, até o máximo de 60 (sessenta) dias, perfazendo um total de até 90 (noventa) dias.** – Grifo nosso.

A interpretação do referido artigo de lei, para fins de concurso e exame da OAB, caminha no sentido de que os 3 dias adicionais, por ano, ao aviso prévio, incidem a partir do primeiro ano. Nesse sentido também se encontra a Nota Técnica nº 184/2012 do Ministério do Trabalho e do Emprego, a qual sistematizou a contagem do aviso prévio por meio da tabela abaixo:

MENOS DE 1 ANO DE SERVIÇO	30 DIAS
A PARTIR DE 1 ANO DE SERVIÇO	33 DIAS
A PARTIR DE 2 ANOS DE SERVIÇO	36 DIAS
A PARTIR DE 3 ANOS DE SERVIÇO	39 DIAS
A PARTIR DE 4 ANOS DE SERVIÇO	42 DIAS
A PARTIR DE 5 ANOS DE SERVIÇO	45 DIAS
E ASSIM SUCESSIVAMENTE	...

E essa proporcionalidade de 3 dias para cada ano de trabalho segue sucessivamente até que o empregado complete 20 anos de serviço na mesma empresa, momento em que terá de cumprir 90 dias de aviso prévio, sendo esse o período máximo do instituto. Logo, após 20 anos de empresa, o empregado não aumenta o período do seu aviso prévio, pois já chegou à duração máxima (90 dias).

O direito ao aviso prévio proporcional ao tempo de serviço, conforme acima estudado, somente é assegurado nas rescisões de contrato de trabalho ocorridas a partir da publicação da Lei nº 12.506, em 13 de outubro de 2011, de acordo com o entendimento da Súmula 441 do TST.

Por fim, o benefício do aviso prévio proporcional se estende não só aos empregados, mas também aos empregadores, os quais terão que receber aviso prévio dos seus empregados com a mesma proporcionalidade fixada em lei.

Segue uma questão sobre o tema:

▸ Aplicação em Concurso e/ou OAB:

(Quadrix - CRF-PR - Analista de RH - 2019) Marcos trabalha em uma organização há 24 anos. Hoje ele recebeu aviso de dispensa sem justa causa. Com base nessa situação hipotética, é correto afirmar que Marcos terá direito a aviso prévio de

a) trinta dias.

b) 45 dias.

c) sessenta dias.

d) noventa dias.

e) 120 dias.

Resposta: D

12.11. Aviso Prévio dos Trabalhadores Rurais

O artigo 15 da Lei nº 5.889/73 prevê para os rurícolas o instituto do aviso prévio: *"Durante o prazo do aviso prévio, se a rescisão tiver sido promovida pelo empregador, o empregado rural terá direito a um dia por semana, sem prejuízo do salário integral, para procurar outro trabalho."*

Nota-se, portanto, clara divergência das disposições celetistas, afinal o artigo 488 da CLT determina que o empregado optará entre sair duas horas mais cedo diariamente ou se ausentar por 07 dias corridos/consecutivos quando do cumprimento do aviso prévio. Como visto acima, a Lei dos Rurais, por sua vez, determina a liberação do empregado um dia por semana durante o aviso prévio.

A Lei nº 12.506/2011 regulamentou o aviso prévio proporcional ao tempo de serviço, prevendo o aviso prévio mínimo de trinta dias para contratos inferiores a 01 ano, bem como o acréscimo de mais 03 dias para cada ano de trabalho, a partir do primeiro ano.

Em que pese a lei em questão ser omissa quanto à possibilidade de aplicação aos rurícolas, a doutrina vem entendendo pela sua extensão aos mesmos, motivo pelo qual os trabalhadores rurais permanecerão com o direito a uma folga semana por todo o período de aviso prévio proporcional ao tempo de serviço.

13

PRESCRIÇÃO NO DIREITO DO TRABALHO

Sumário: 13. Prescrição no Direito do Trabalho - **13.1.** Prazos Prescricionais e a Reforma Trabalhista – **13.2.** Reconhecimento de Ofício ou não da Prescrição – **13.3.** Direito Imprescritível – **13.4.** Prescrição Total, Parcial e a Reforma Trabalhista: **A)** Supressão e Alteração de Comissões – **B)** Equiparação Salarial – **C)** Horas Extras – **D)** Gratificação Semestral – **13.5.** Interrupção, Suspensão da Prescrição e a Reforma Trabalhista – **13.5.1.** Suspensão da Prescrição e Decadência na Pandemia do COVID-19 - **13.6.** Prescrição Intercorrente e a Reforma Trabalhista – **13.7.** Prescrição do FGTS.

A prescrição é um instituto jurídico que instrumentaliza, na prática, aquela máxima que afirma *"que o direito não socorre aos que dormem"*, afinal atinge aquelas pessoas que tiveram direitos violados, mas que demoraram demasiadamente para recorrer ao Poder Judiciário pedindo uma reparação pela ilegalidade sofrida.

Tecnicamente, o artigo 189 do Código Civil, refere-se à prescrição da seguinte forma: *"Violado o direito, nasce para o titular a pretensão, a qual se extingue, pela prescrição (...)"*

A prescrição tem vários fundamentos, valendo citar, para os fins dessa obra, os mais importantes, a saber: por causa da prescrição evita-se a necessidade de se arquivar para sempre contracheques, recibos, cartões de ponto etc.; serve também como um castigo para as pessoas negligentes na defesa de suas pretensões; e ainda porque existe um interesse social de que as relações jurídicas não fiquem eternamente pendentes.

De acordo com a Súmula nº 153 do TST a prescrição só pode ser arguida nas instâncias ordinárias (1º e 2º graus de jurisdição), não sendo cabível sua alegação nas instâncias extraordinárias (3º grau de jurisdição).

13.1. Prazos Prescricionais e a Reforma Trabalhista

A **Reforma Trabalhista** não alterou os prazos prescricionais, apenas os reorganizou dentro do artigo 11 da CLT, o qual, em seu *caput*, passou a definir os prazos prescricionais trabalhistas da seguinte forma:

> A pretensão quanto a créditos resultantes das relações de trabalho prescreve em cinco anos para os trabalhadores urbanos e rurais, até o limite de dois anos após a extinção do contrato de trabalho.

Pela leitura do dispositivo legal, percebe-se que existem dois prazos prescricionais, um **prazo bienal** (dois anos) e um **prazo quinquenal** (cinco anos).

A **prescrição bienal** conta-se a partir da extinção do contrato de trabalho, ou seja, após o encerramento do contrato de trabalho o empregado terá dois anos para postular judicialmente o pagamento de algum valor que entenda devido. Caso estes dois anos, contados da extinção do vínculo, transcorram sem que o empregado ajuíze uma ação judicial trabalhista, ocorrerá a prescrição bienal.

Vale lembrar, por ser oportuno, a OJ nº 82 da SDI-1 do TST: *"A data de saída a ser anotada na CTPS deve corresponder à do término do prazo do aviso prévio, ainda que indenizado."*. Como a data de baixa da CTPS deve corresponder ao dia do término do aviso prévio, ainda que indenizado, **a prescrição bienal também só começará a correr a partir do último dia do aviso prévio, ainda que indenizado**. Nesse sentido a OJ nº 83 da SDI-1 do TST: *"A prescrição começa a fluir no final da data do término do aviso prévio. Art. 487, § 1º, da CLT."*.

A **prescrição quinquenal**, por sua vez, refere-se ao período em que o empregado tem a faculdade de reivindicar as verbas trabalhistas inadimplidas pelo empregador durante o contrato de trabalho. Ocorre que o empregado não pode reclamar de forma ilimitada no tempo, afinal só poderá reclamar os direitos violados e não pagos relativos aos últimos cinco anos do vínculo (por isso quinquenal), **contados da propositura/ajuizamento da demanda trabalhista.**

Em outras palavras, a prescrição bienal refere-se ao prazo para ingressar com a demanda trabalhista, cujo marco inicial de contagem é a extinção do contrato de trabalho. Já a prescrição quinquenal refere-se ao prazo para reclamar as verbas trabalhistas inadimplidas, o qual será computado a partir do ajuizamento da demanda.

É importante que o leitor perceba que o empregado tem o prazo de dois anos (bienal) para ajuizar a reclamação trabalhista, sendo que, dentro desses dois anos, no momento em que ação for ajuizada/proposta conta-se cinco anos para trás, pois todos os direitos violados que estejam acobertados por esse lapso temporal não estarão fulminados pela prescrição quinquenal.

A Súmula nº 308, item I e II do TST, tratam deste tema:

> I – Respeitado o biênio subsequente à cessação contratual, a prescrição da ação trabalhista concerne às pretensões imediatamente anteriores a cinco anos, contados da data do ajuizamento da reclamação e, não, às anteriores ao quinquênio da data da extinção do contrato.

II – A norma constitucional que ampliou o prazo de prescrição da ação trabalhista para 5 (cinco) anos é de aplicação imediata e não atinge pretensões já alcançadas pela prescrição bienal quando da promulgação da CF/1988.

Vejamos esta questão:

▸ **Aplicação em Concurso e/ou OAB:**

(IBFC - Prefeitura de Divinópolis - MG - Advogado da Assistência Social - 2018) Relativamente à prescrição no Direito do Trabalho, assinale a alternativa correta:

a) Respeitado o biênio subsequente à cessação contratual, a prescrição da ação trabalhista concerne às pretensões imediatamente anteriores a cinco anos, contados da data do ajuizamento da reclamação e, não, às anteriores ao quinquênio da data da extinção do contrato

b) Extinto o contrato de trabalho, o prazo para ajuizar reclamação trabalhista será de 5 (cinco) anos

c) A norma constitucional que ampliou o prazo de prescrição da ação trabalhista é de aplicação diferida e atinge pretensões já alcançadas pela prescrição bienal quando da promulgação da Constituição Federal de 1988

d) Considerando-se vigente o contrato de trabalho, caso ocorra lesão a direito líquido e certo, o trabalhador terá direito a buscar reparação do dano no prazo de 2 (dois) anos contados da data em que houve a violação do direito.

Resposta: A

Segue mais outra questão para memorizar os detalhes tratados neste tópico:

▸ **Aplicação em Concurso e/ou OAB:**

(FCC – Juiz do Trabalho Substituto 6ª região/2015 – ADAPTADA) Em relação à contagem do prazo prescricional trabalhista, de acordo com o entendimento pacificado da jurisprudência do TST, julgue o item:

I – Da data do término do aviso-prévio começa a fluir a prescrição.

Resposta: Item correto

13.2. Reconhecimento de Ofício ou não da Prescrição

A doutrina trabalhista tem divergido sobre a possibilidade de aplicação supletiva ao Direito Processual do Trabalho do Código Processo Civil, o qual no seu artigo 332, § 1º, diz que *"O juiz também poderá julgar liminarmente improcedente o pedido se verificar, desde logo, a ocorrência de decadência ou prescrição."*.

Esse dispositivo de Código de Processo Civil de 2015 permite ao juiz reconhecer a existência da prescrição de ofício, isto é, ainda que não tenha sido alegada pela parte que se beneficiaria da referida alegação.

Como dito acima, a doutrina trabalhista tem se dividido sobre o tema, havendo quem defenda que o juiz do trabalho também tem o dever de reconhecer a prescrição de ofício nos processos trabalhistas, bem como quem defenda que é incompatível com o direito processual do trabalho o reconhecimento de ofício da prescrição.

O TST tem jurisprudência firmada sobre assunto, segundo a qual não se aplica ao Direito Processual do Trabalho os preceitos do processo civil relativos ao reconhecimento de ofício da prescrição. Segue o entendimento do TST[1]:

> Ao determinar a atuação judicial em franco desfavor dos direitos sociais laborativos, a regra civilista entra em choque com vários princípios constitucionais, como o da valorização do trabalho e do emprego, o da norma mais favorável e o da submissão da propriedade à sua função socioambiental, além do próprio princípio da proteção.

A Instrução Normativa nº 39/2016 do TST, em seu artigo 7º, parágrafo único, afirma que *"o juiz também poderá julgar liminarmente improcedente o pedido se verificar, desde logo, a ocorrência de* decadência.". Diante disto, fica ainda mais claro o entendimento do TST, consistente em não admitir o reconhecimento liminar (ou de ofício) da prescrição, afinal a referida Instrução Normativa permite o reconhecimento liminar **apenas** da decadência, vez que não houve qualquer referência ao instituto da prescrição.

Diante da considerável divergência doutrinária, o entendimento do TST deverá ser utilizado para fins de concurso e exame da OAB.

13.3. Direito Imprescritível

O artigo 11, § 1º, da CLT, afirma que as regras prescricionais *"não se aplicam às ações que tenham por objeto anotações para fins de prova junto à Previdência Social."*.

---

1. Informação disponível em: http://www.tst.jus.br/noticias/-/asset_publisher/89Dk/content/prescricao-de-oficio-nao-e-compativel-com-direito-do-trabalho.

Explicando o conteúdo do referido artigo, podemos afirmar que são imprescritíveis as ações judiciais que tenham como pedido o reconhecimento de um vínculo de emprego, em face da natureza declaratória da mesma.

O leitor deve ficar atento para o fato de que a prescrição atingirá somente direitos violados que sejam apreciáveis economicamente, entretanto o mero reconhecimento de um vínculo de emprego, para fins de anotação da CPTS e posterior apresentação à autarquia previdenciária (INSS) trata-se de um direito imprescritível.

Segue uma questão sobre o direito trabalhista imprescritível:

▸ **Aplicação em Concurso e/ou OAB:**

(FGV – Exame de Ordem 2016.2) João pretende se aposentar e, para tal fim, dirigiu-se ao órgão previdenciário. Lá ficou sabendo que o seu tempo de contribuição ainda não era suficiente para a aposentadoria, necessitando computar, ainda, 18 meses de contribuição. Ocorre que João, 25 anos antes, trabalhou por dois anos como empregado para uma empresa, mas não teve a CTPS assinada. De acordo com a CLT, sobre uma eventual reclamação trabalhista, na qual João viesse a postular a declaração de vínculo empregatício para conquistar a aposentadoria, assinale a afirmativa correta.

a) Se a empresa arguir a prescrição a seu favor, ela será conhecida pelo juiz, já que ultrapassado o prazo de 2 anos para ajuizamento da ação.

b) Não há o instituto da prescrição na seara trabalhista porque prevalece o princípio da proteção ao empregado.

c) O prazo, na hipótese, seria de 5 anos e já foi ultrapassado, de modo que a pretensão estaria fulminada pela prescrição total.

d) Não haverá prescrição, pois a demanda tem por objeto anotações para fins de prova junto à Previdência Social.

Resposta: D

13.4. Prescrição Total, Parcial e a Reforma Trabalhista

Mostra-se importante diferenciar os conceitos de prescrição total e prescrição parcial.

A **prescrição total** surge diante do **inadimplemento de parcelas não previstas em lei**, decorrendo, destarte, da supressão de parcelas que deveriam ter sido pagas em razão do contrato de trabalho.

A Súmula nº 294 do TST define a prescrição total:

> Tratando-se de ação que envolva pedido de **prestações sucessivas decorrente de alteração do pactuado**, a prescrição é total, **exceto quando o direito à parcela esteja também assegurado por preceito de lei**. – Grifo nosso.

Diante de um caso de prescrição total, o prazo prescricional de cinco anos é contado da data da supressão da parcela.

Por exemplo, se um 14º salário (que não tem previsão legal) foi unilateralmente suprimido em janeiro de 2008 o trabalhador poderia reclamar judicialmente o pagamento do mesmo até janeiro de 2013. Todavia, se o referido trabalhador foi dispensado no ano de 2015 e só ajuizou reclamação no mencionado ano, a pretensão já estará fulminada pela prescrição total.

A **prescrição parcial**, por seu turno, **decorre do não pagamento de parcelas previstas em lei. Diante de um caso de prescrição parcial, o prazo prescricional de cinco anos é contado da data do ajuizamento da ação trabalhista e não da data da supressão da parcela.**

Por exemplo, o 13º salário (que tem previsão em lei) de um trabalhador foi unilateralmente suprimido em janeiro de 2008 e nunca mais foi pago. Considerando que o referido trabalhador foi dispensado em maio de 2015, ano em que ajuizou sua reclamação trabalhista, o mesmo poderá requerer o pagamento do décimo terceiro salário dos últimos cincos anos, contados do ajuizamento da ação judicial trabalhista.

Outro exemplo de prescrição parcial pode ser encontrado na Súmula nº 452 do TST, a qual dispõe: *"Tratando-se de pedido de pagamento de diferenças salariais decorrentes da inobservância dos critérios de promoção estabelecidos em Plano de Cargos e Salários criado pela empresa, a prescrição aplicável é a parcial, pois a lesão é sucessiva e se renova mês a mês."*.

Essas diferenciações entre prescrição total e parcial tinham sua origem apenas na doutrina e na jurisprudência. A **Reforma Trabalhista** inseriu no artigo 11 da CLT o § 2º, o qual acolheu na letra da lei os detalhes relativos à prescrição total e à prescrição parcial:

> Tratando-se de pretensão que envolva pedido de prestações sucessivas decorrente de alteração ou descumprimento do pactuado, a prescrição é total, exceto quando o direito à parcela esteja também assegurado por preceito de lei.

Segue o gráfico abaixo para treinar a memória visual:

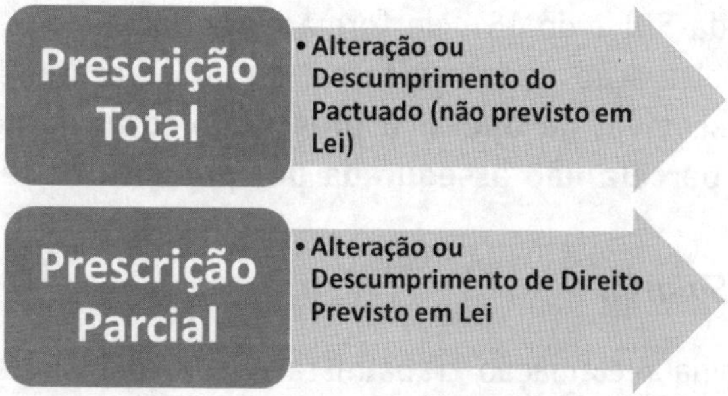

Colacionamos a seguinte questão sobre esse assunto da **Reforma Trabalhista**, a fim de propiciar um treino mental para nosso leitor:

▸ **Aplicação em Concurso e/ou OAB:**

(IADES - BRB – Advogado - 2019) No que tange à prescrição e decadência no Direito do Trabalho, assinale a alternativa correta.

a) Tratando-se de pretensão que envolva pedido de prestações sucessivas decorrente de alteração ou descumprimento do pactuado, a prescrição é total, exceto quando o direito à parcela esteja também assegurado por preceito de lei.

b) Adota-se o prazo quinquenal no caso de declaração de prescrição intercorrente, independentemente de o contrato estar extinto.

c) As ações declaratórias estão sujeitas, em princípio, à prescrição, e as ações constitutivas com prazo previsto em lei para o seu ajuizamento estão sujeitas, quanto ao direito potestativo a ser exercido, à decadência.

d) Na esfera trabalhista, permanece o entendimento jurisprudencial de que o juiz pode reconhecer, de ofício, a prescrição na fase de conhecimento, porque trata-se de matéria de ordem pública.

e) Em relação à pré-contratação de horas extras do trabalhador bancário, o entendimento sumulado pelo Tribunal Superior do Trabalho é no sentido de que se opera a prescrição parcial se a ação não for ajuizada no prazo de cinco anos, a partir da data em que tais horas extras foram suprimidas.

Resposta: A

Vamos agora ao estudo de algumas súmulas e orientações jurisprudenciais do TST que necessitam do prévio conhecimento do conceito de prescrição total e parcial.

A) Supressão e Alteração de Comissões

A OJ nº 175 da SDI-1 do TST, de forma clara, afirma que a supressão das comissões, ou a alteração quanto à forma ou ao percentual, em prejuízo do empregado, **é suscetível de operar a prescrição total da ação, em virtude de cuidar-se de parcela não assegurada por preceito de lei.**

B) Equiparação Salarial

No caso de uma reclamação trabalhista que esteja pleiteando diferenças salariais decorrentes de equiparação salarial, a prescrição é parcial, só alcançando as diferenças salariais vencidas no período de 5 anos que precedeu o ajuizamento.

A prescrição é parcial mesmo, vez que o amparo legal da equiparação salarial se encontra no artigo 461 da CLT.

C) Horas Extras

Se uma reclamação trabalhista contém pedido de pagamento de horas extras, a prescrição será parcial, afinal as horas extras estão asseguradas tanto pela Constituição, quanto pela CLT.

Todavia, caso o que se pleiteie for a **incorporação das horas extras ao salário**, teremos prescrição total, afinal não existe previsão legal para incorporação ao salário do respectivo adicional (OJ nº 242 da SDI-1).

Na mesma linha de ideias, a Súmula nº 199, item II, do TST afirma que em relação **às horas extras pré-contratadas** por um bancário, opera-se a prescrição total se a ação não foi ajuizada no prazo de cinco anos, contado da data de supressão da parcela.

Como se trata de horas extras pré-contratadas, salta aos olhos que sua origem não veio da lei, mas sim do contrato/pactuado, tratando-se de hipótese de prescrição total.

D) Gratificação Semestral

A CLT não prevê esse direito, o qual está previsto, em regra, em cláusulas contratuais ou regulamentares, daí porque o pedido de pagamento de gratificação semestral sujeita-se à prescrição total.

Entretanto, especificamente quanto ao pedido de pagamento das diferenças de uma gratificação semestral que teve seu **valor congelado**, o TST entende que a prescrição é parcial (Súmula nº 373 do TST), pois implicitamente é como se tivesse sido violada a lei que trata de reajustes.

Apenas para explicar melhor, vale informar que *"congelar"* uma gratificação semestral equivale a continuar pagando o valor da mesma, sem estar acrescido dos reajustes cabíveis.

Vamos conferir uma questão sobre o assunto:

▸ **Aplicação em Concurso e/ou OAB:**

(TRT 8 – Juiz do Trabalho Substituto 8ª região/2016 – adaptada) Sobre prescrição, é INCORRETO afirmar que:

a) Para o bancário, em se tratando de horas extras pré-contratadas, opera-se a prescrição total se a ação não for ajuizada no prazo de dois anos, a partir da data em que foram suprimidas.

b) O pedido de a incorporação das horas extras ao salário sujeita-se à prescrição total.

c) O pedido de pagamento das diferenças de uma gratificação semestral que teve seu valor congelado sujeita-se à prescrição parcial.

d) Em uma reclamação trabalhista onde esteja sendo pleiteado diferenças salariais decorrentes de equiparação salarial, a prescrição é parcial.

Resposta: A

13.5. Interrupção, Suspensão da Prescrição e a Reforma Trabalhista

Classicamente, os casos de interrupção e suspensão da prescrição estavam previstos no Código Civil entre os artigos 197 e 202, os quais se aplicavam de forma subsidiária ao Direito do Trabalho.

Todavia, a **Reforma Trabalhista** tratou de forma expressa apenas da interrupção da prescrição, conforme veremos ainda nesse tópico, mas, antes disso, vamos diferenciar os institutos interrupção e suspensão da prescrição.

A **interrupção** do prazo prescricional ocorre quando, depois de iniciado seu curso, em razão de um motivo legal (previsto em lei), tal prazo se reinicia, ou seja, todo o prazo decorrido até então é desconsiderado.

Logo, na interrupção, temos um prazo que estava fluindo ("correndo"), mas que para de fluir ("correr") em razão de um óbice legal. Cessado este óbice legal, o prazo prescricional recomeça sua contagem do zero.

Existem vários motivos para a interrupção do prazo prescricional listados no artigo 202 do Código Civil, o qual se aplicava integralmente ao Direito do Trabalho diante da omissão da CLT sobre o tema.

Ocorre que a **Reforma Trabalhista** inseriu o § 3º ao artigo 11 da CLT que passou a dispor sobre o tema da seguinte forma:

> **A interrupção da prescrição somente ocorrerá pelo ajuizamento de reclamação trabalhista**, mesmo que em juízo incompetente, ainda que venha a ser extinta sem resolução do mérito, **produzindo efeitos apenas em relação aos pedidos idênticos.** – Grifo nosso.

A referida alteração legislativa fez com que a CLT passasse a prever o tema de forma expressa, motivo pelo qual não há mais que se falar e aplicação subsidiária do Código Civil, inclusive porque o referido § 3º do artigo 11 da CLT, de forma expressa e taxativa, inseriu a expressão "*somente*", deixando claro que a única hipótese de interrupção da prescrição consiste no ajuizamento da reclamação trabalhista, ainda que em Juízo incompetente.

A clara finalidade da **Reforma Trabalhista**, neste ponto, foi impedir a interrupção da prescrição por meio de ações judiciais de protesto, as quais eram muito comuns no Direito Processual do Trabalho, principalmente por meio de sindicatos de empregados.

Sobre a atuação sindical, cabe citar a Orientação Jurisprudencial nº 359 da SDI-1: *"A ação movida por sindicato, na qualidade de substituto processual, **interrompe a prescrição**, ainda que tenha sido considerado parte ilegítima 'ad causam'."*.

A Súmula nº 268 do TST, que existia desde muito antes da **Reforma Trabalhista**, foi seguida na parte final do multicitado § 3º do artigo 11 da CLT, já que a súmula mencionada afirma que: *"A ação trabalhista, ainda que arquivada, interrompe a prescrição somente em relação aos pedidos idênticos."*.

Segue uma questão simples sobre a interrupção da prescrição, já de acordo com a **Reforma Trabalhista:**

▸ Aplicação em Concurso e/ou OAB:

(FCC - TST - Técnico Judiciário - Área Administrativa – 2017 - Adaptada) No tocante à prescrição, considere:

II. Quanto a créditos resultantes das relações de trabalho, a interrupção da prescrição somente ocorrerá pelo ajuizamento de reclamação trabalhista, mesmo que em juízo incompetente, ainda que venha a ser extinta sem resolução do mérito, produzindo efeitos apenas em relação aos pedidos idênticos.

Resposta: Item correto

A **suspensão** (ou **impedimento)** do prazo prescricional, por sua vez, impede o início da contagem do prazo prescricional ou paralisa/suspende o prazo prescricional que já esteja em curso. Cessado o motivo que impediu o início do prazo prescricional ou que suspendeu a sua contagem, o prazo prescricional, respectivamente, iniciará sua contagem ou continuará sua contagem de onde havia parado.

Como a **Reforma Trabalhista** não tratou sobre a suspensão do prazo prescricional, continuam plenamente aplicáveis os artigos 197 a 201 do Código Civil.

Por exemplo, o artigo 198, inciso I, do Código Civil, afirma que não corre a prescrição contra os absolutamente incapazes. Em sentido semelhante o artigo 440 da CLT dispõe que: *"Contra os menores de 18 (dezoito) anos não corre nenhum prazo de prescrição."*.

Logo, para um empregado de 16 anos, por exemplo, que teve direitos violados, o prazo prescricional só começa sua contagem quando ele completar 18 anos.

Outro exemplo consiste nos artigos 625-F e 625-G da CLT, que tratam sobre alguns prazos relativos à comissão de conciliação de prévia:

> Art. 625-G. O **prazo prescricional será suspenso** a partir da provocação da Comissão de Conciliação Prévia, recomeçando a fluir, pelo que lhe resta, a partir da tentativa frustrada de conciliação ou do esgotamento do prazo previsto no artigo 625-F. – Grifo nosso.
>
> 625-F. As Comissões de Conciliação Prévia têm prazo de dez dias para a realização da sessão de tentativa de conciliação a partir da provocação do interessado.

De saída, pedimos atenção ao leitor para a OJ nº 375 da SDI-1 do TST, que descreve uma hipótese que não configura caso de interrupção e nem suspensão da prescrição:

> A suspensão do contrato de trabalho, em virtude da percepção do **auxílio-doença** ou da **aposentadoria por invalidez**, **não impede a fluência da prescrição quinquenal, ressalvada a hipótese de absoluta impossibilidade de acesso ao Judiciário**. – Grifo nosso.

Vamos ver como os concursos exigem esse assunto:

▸ Aplicação em Concurso e/ou OAB:

(Cespe – Técnico Judiciário – Área Administrativa – TRT 8/2016) A respeito da prescrição e da decadência no direito do trabalho, assinale a opção correta.

a) Não se aplica a prescrição contra os menores de dezoito anos de idade.

b) Prescrição refere-se ao prazo quinquenal para a propositura da ação trabalhista.

c) O prazo de decadência refere-se à reclamação das verbas rescisórias, sendo de dois anos.

d) Os prazos de prescrição e decadência não podem ser suspensos ou interrompidos.

e) Inicia-se a contagem da prescrição na data da assinatura do contrato de trabalho.

Resposta: A

13.5.1. Suspensão da Prescrição e Decadência na Pandemia do COVID-19

A pandemia do COVID-19 motivou a criação de uma hipótese que, a depender da situação, pode se enquadrar tanto como interrupção, quanto como suspensão do prescrição e da decadência.

Com efeito, a **Lei nº 14.010/2020 de 10/06/2020**, que rege as relações jurídicas de direito privado (Direito do Trabalho é ramo do direito privado), previu o seguinte sobre prescrição e decadência:

> Art. 3º **Os prazos prescricionais consideram-se impedidos ou suspensos**, conforme o caso, a partir da entrada em vigor desta Lei até 30 de outubro de 2020.
>
> § 1º Este artigo não se aplica enquanto perdurarem as hipóteses específicas de impedimento, suspensão e interrupção dos prazos prescricionais previstas no ordenamento jurídico nacional.
>
> § 2º **Este artigo aplica-se à decadência**, conforme ressalva prevista no art. 207 da Lei nº 10.406, de 10 de janeiro de 2002 (Código Civil).

Portanto, a legislação criou uma hipótese específica de suspenção/impedimento do prazo prescricional ou decadencial exclusivamente em razão da pandemia do corona vírus e sua consequente necessidade de distanciamento social.

Na prática advocatícia, entendemos que seja possível defender que a prescrição e/ou decadência esteja com sua contagem suspensa/impedida desde **06/02/2020**, em razão da Lei nº 13.979/2020, que *"Dispõe sobre as medidas para enfrentamento da emergência de saúde pública de importância internacional decorrente do coronavírus responsável pelo surto de 2019"* ou, pelo menos, desde **20/03/2020**, em razão do Decreto Legislativo nº 6/2020, que foi o primeiro a reconhecer o estado de calamidade em razão desse desastroso vírus.

13.6. Prescrição Intercorrente e a Reforma Trabalhista

A prescrição intercorrente é a que ocorre durante o curso do processo judicial. Tem cabimento quando a parte deixa de providenciar o andamento do processo, não realizando a diligência que lhe competia. O prazo da prescrição intercorrente é idêntico ao prazo para ajuizar a ação, sendo, portanto, bienal.

A aplicação da prescrição intercorrente ao processo do trabalho era controvertida, pois, por um lado a Súmula nº 327 do STF defende a sua aplicação, enquanto, por outro lado, a Súmula nº 114 do TST possui sentido oposto, afirmando que esse tipo de prescrição não é aplicável ao processo do trabalho.

A **Reforma Trabalhista** encerrou essa polêmica, vez que inseriu na CLT o artigo 11-A, o qual afirma não só que a prescrição intercorrente é aplicável ao processo do trabalho, mas também que a mesma pode ser requerida pela parte ou reconhecida de ofício pelo juiz. Segue a literalidade do artigo 11-A:

> Art. 11-A. Ocorre a prescrição intercorrente no processo do trabalho no prazo de dois anos.
>
> § 1º A fluência do prazo prescricional intercorrente inicia-se quando o exequente deixa de cumprir determinação judicial no curso da execução.
>
> § 2º A declaração da prescrição intercorrente pode ser requerida ou declarada de ofício em qualquer grau de jurisdição.

Por fim, o início da contagem do prazo da prescrição intercorrente ocorre quando o exequente deixa de cumprir determinação judicial no curso da execução.

Como de costume, segue uma questão sobre as alterações oriundas da **Reforma Trabalhista**:

▸ Aplicação em Concurso e/ou OAB:

(FUNDATEC - Prefeitura de Campo Bom - RS - Procurador - 2019) De acordo com a consolidação das leis do trabalho, analise as assertivas a seguir:

I. Ocorre a prescrição intercorrente no processo do trabalho no prazo de cinco anos.

II. A fluência do prazo prescricional intercorrente inicia-se quando o exequente deixa de cumprir determinação judicial no curso da execução.

III. A declaração da prescrição intercorrente pode ser requerida ou declarada de ofício em qualquer grau de jurisdição.

Quais estão corretas?

a) Apenas I.

b) Apenas II.

c) Apenas III.

d) Apenas II e III.

e) I, II e III.

Resposta: D

13.7. Prescrição do FGTS

Tradicionalmente, aplicava-se à prescrição do FGTS o artigo 23, § 5º, da Lei nº 8.036/1990 e o artigo 55 do Decreto nº 99.684/1990, os quais previam um prazo trintenário (30 anos) para que o FGTS não pago fosse atingido pelo cutelo prescricional.

Entretanto, em novembro de 2014, ao julgar o Recurso Extraordinário com Agravo (ARE) nº 709212, com repercussão geral, o Plenário do STF declarou a inconstitucionalidade do artigo 23, § 5º, da Lei nº 8.036/1990 e do artigo 55 do Decreto nº 99.684/1990 no trecho em que estabeleciam a prescrição trintenária para FGTS.

Assim sendo, o STF passou a entender que a prescrição do FGTS é quinquenal (cinco anos). Calha registrar que os efeitos da referida decisão do STF foram modulados para que o novo entendimento só se aplique a partir da data de publicação da referida decisão, ou seja, efeitos *ex nunc* (que não retroagem).

Para os prazos prescricionais que já estavam fluindo (em curso) quando da mencionada decisão do STF, continua valendo a prescrição trintenária, a não ser que ainda falte mais de cinco anos para o encerramento do prazo prescricional, hipótese na qual se aplicaria a prescrição quinquenal.

O TST, por meio da Súmula nº 362, adequou-se ao entendimento do STF:

> I – Para os casos em que a ciência da lesão ocorreu a partir de 13.11.2014, é quinquenal a prescrição do direito de reclamar contra o não-recolhimento de contribuição para o FGTS, observado o prazo de dois anos após o término do contrato;
>
> II – Para os casos em que o prazo prescricional já estava em curso em 13.11.2014, aplica-se o prazo prescricional que se consumar primeiro: trinta anos, contados do termo inicial, ou cinco anos, a partir de 13.11.2014.

Finalmente, a Lei nº 13.932 de 2019 alterou a redação do §5º do art. 23 da Lei 8.036/90 que passou a ter a seguinte redação: *"§ 5º O processo de fiscalização, de autuação e de imposição de multas reger-se-á pelo disposto no Título VII da CLT."*.

Mostra-se importante registrar ainda o entendimento da Súmula nº 206 do TST, segundo a qual a prescrição da pretensão relativa às parcelas remuneratórias alcança o respectivo recolhimento da contribuição para o FGTS. Por exemplo, uma vez prescrito o direito de requerer horas extras (que é uma parcela remuneratória ou salarial), também estará automaticamente prescrito o direito de requerer o FGTS que incidiria caso o trabalhador tivesse recebido as horas extras.

É que nesse exemplo o FGTS relativo ao recebimento das horas extras só persistiria caso o empregado tivesse o direito de receber as mencionadas horas extras, entretanto, como estas prescreveram, o direito ao FGTS restou igualmente prescrito.

Para revisar, vamos resolver agora uma questão que trata do tema:

▸ Aplicação em Concurso e/ou OAB:

(COPEVE-UFAL - Prefeitura de Roteiro - AL - Procurador - 2017) A Constituição Federal de 1988 assegura diversos direitos aos trabalhadores urbanos e rurais. Quanto ao prazo para cobrança dos créditos resultantes das relações de trabalho, assinale a alternativa correta.

a) O prazo prescricional, em matéria trabalhista, é de cinco anos para os trabalhadores urbanos e de dois anos para os rurais, nos termos da lei.

b) Segundo o Supremo Tribunal Federal, aplica-se à cobrança de valores não pagos a título de Fundo de Garantia do Tempo de Serviço o prazo prescricional quinquenal.

c) Aplica-se a prescrição trintenária aos créditos decorrentes da relação de trabalho relativos ao Fundo de Garantia do Tempo de Serviço, nos termos do Art. 7º da Constituição Federal.

d) A Lei nº 13.467/2017 alterou a Consolidação das Leis do Trabalho, reduzindo de trinta para três anos o prazo prescricional para cobrança dos débitos relativos ao Fundo de Garantia do Tempo de Serviço.

e) prazo prescricional para cobrança de créditos relativos ao Fundo de Garantia do Tempo de Serviço é de trinta anos, quanto aos créditos resultantes das relações de trabalho, com prazo prescricional de cinco anos para os trabalhadores urbanos e rurais, até o limite de dois anos após a extinção do contrato de trabalho.

Resposta: B

14

DECADÊNCIA NO DIREITO DO TRABALHO

Sumário: 14. Decadência no Direito do Trabalho - **14.1.** Principais Diferenças entre Prescrição e Decadência – **14.2.** Hipóteses de Decadência no Direito do Trabalho.

Assim como a prescrição, a decadência é um instituto ligado à negligência do sujeito, o qual não exerceu seu **direito potestativo** no prazo previsto em lei ou em outro instrumento fruto da vontade das partes.

Os direitos potestativos são aqueles que não dependem da outra parte para se concretizarem, basta que o titular o exerça para que surja os seus efeitos naturais.

É o caso, por exemplo, do direito assegurado ao empregador de despedir um empregado, trata-se de típico direito potestativo, afinal cabe ao empregado apenas aceitar esta condição (salvo as hipóteses de estabilidade).

14.1. Principais Diferenças entre Prescrição e Decadência

Os prazos prescricionais são fixados apenas pela lei, ao passo que os prazos decadências são fixados pela lei (decadência legal) e também pela vontade das partes (decadência convencional).

Enquanto os prazos prescricionais podem ter sua contagem influenciada pelas hipóteses de interrupção e suspensão/impedimento, os prazos decadenciais, em regra, não se sujeitam a tais fatores, pois uma vez iniciada sua contagem prosseguem sem interrupção e suspensão/impedimento até seu término.

A prescrição, após consumada, pode ser renunciada pela parte que se beneficiaria dela, ao passo que a decadência legal não pode ser objeto de renúncia.

14.2. Hipóteses de Decadência no Direito do Trabalho

As hipóteses de decadência são raras no Direito do Trabalho, sendo seu grande exemplo o prazo de 30 dias para instaurar a ação judicial de inquérito para apuração de falta grave de empregado estável. Nesse sentido a Súmula 403 do STF: "*É de decadência o prazo de trinta dias para instauração do inquérito judicial, a contar da suspensão, por falta grave, de empregado estável.*".

A ação de inquérito judicial para apuração de falta grave tem como objetivo desconstituir (extinguir/romper) a estabilidade que impede alguns empregados de serem dispensados, como é o caso do dirigente sindical. Essa ação serve para provar que os referidos empregados cometeram alguma falta grave, motivo pelo qual até mesmo a estabilidade deve ser desconsiderada.

Outro exemplo de decadência, no Direito do Trabalho, reside nos documentos de adesão aos PDV's (Plano de Demissão Voluntário), onde normalmente consta um prazo para que os empregados possam aderir ou não.

Com efeito, os regulamentos empresariais que instituem PDV's, comumente, estabelecem, por exemplo, um prazo de 180 dias para que os empregados interessados adiram (concordem) com o referido PDV. O prazo em tela constitui-se, claramente, em hipótese de decadência convencional.

Não podemos esquecer ainda que o prazo para propor uma ação rescisória, previsto no CPC, aplica-se de forma subsidiária ao Direito do Trabalho, sendo que a referida hipótese também se constitui em prazo decadencial.

Por fim, vale afirmar que como a decadência também pode ser criada pela vontade das partes, nada impede que surjam em questões de concurso e exame da OAB outras hipóteses de decadência convencional (criadas pelas partes). Por exemplo, o prazo para o empregado desligado da empresa optar pela manutenção do plano de saúde, trata-se de clara hipótese de decadência.

Segue uma questão para o nosso habitual exercício de revisão:

▸ **Aplicação em Concurso e/ou OAB:**

(TRT 4 - Juiz do Trabalho Substituto 4ª região - 2016) Considerando a distinção entre direitos a uma prestação e direitos potestativos, bem como a jurisprudência dos Tribunais Superiores, identifique se os prazos abaixo são de prescrição (P) ou de decadência (D).

( ) Prazo para promover a desconstituição da sentença por meio de ação rescisória.

( ) Prazo para o empregado pleitear o reenquadramento funcional.

( ) Prazo, previsto em acordo coletivo, para adesão ao programa de demissão voluntária.

( ) Prazo para o empregado desligado da empresa optar pela manutenção do plano de saúde.

A coluna dos prazos deverá ser preenchida, de cima para baixo, com:

a) D P; D D
b) D P; D P
c) D P; P P
d) D P; P D
e) P D; P P

Resposta: A

15

FGTS

Sumário: 15. FGTS - **15.1.** Beneficiários do FGTS e casos peculiares: **A)** Servidores Públicos: **A.1)** Ingresso Irregular no Serviço Público – **B)** Domésticos – **C)** Diretores sem Vínculo de Emprego – **15.2.** Alíquotas, Base de Cálculo e Multa Compensatória – **15.3.** Prazo para Recolhimento, Atualização e Juros – **15.4.** Hipóteses de Movimentação da Conta Vinculada – **15.5.** Administração do FGTS: Conselho Curador – **15.6.** Gestão da Aplicação do FGTS – **15.7.** Agente Operador do FGTS: Caixa Econômica Federal (CEF) – **15.8.** Reforma Trabalhista, Distrato e FGTS.

Quando a CLT foi promulgada pelo então Presidente Getúlio Vargas, em 01 de maio de 1943, os empregados passaram a contar com uma forte proteção contra a extinção do vínculo de emprego, já que possuíam, de uma só vez, dois grandes direitos:

- Uma **indenização por antiguidade**, equivalente a um mês de remuneração para cada ano de serviço ou fração igual ou superior a seis meses, caso dispensado sem justa causa;
- E ainda uma estabilidade que ocorria pelo fato do empregado permanecer por 10 anos ou mais da mesma empresa, chamada de "**estabilidade decenal**", a qual impedia o empregador de dispensar o empregado, salvo cometimento de falta grave pelo empregado ou motivo de força maior (artigo 492 da CLT).

Com a criação do FGTS por meio da Lei nº 5.107/66 os empregados deveriam optar, desde então, pelo regime de FGTS ou pelo regime da estabilidade decenal em conjunto com a indenização por antiguidade.

Com a atual Constituição, promulgada em 05.10.1988, tornou-se obrigatório o regime de FGTS, substituindo-se definitivamente o sistema conjunto de indenização por antiguidade mais estabilidade celetista, ressalvando-se, obviamente, os empregados que já haviam adquirido direito ao antigo regime antes da promulgação da Constituição.

Para regular os efeitos desta transição de regimes o TST editou a Súmula nº 98, que segue:

> Súmula nº 98 do TST
>
> I – A equivalência entre os regimes do Fundo de Garantia do Tempo de Serviço e da estabilidade prevista na CLT é meramente jurídica e não econômica, sendo indevidos valores a título de reposição de diferenças.
>
> II – A estabilidade contratual ou a derivada de regulamento de empresa são compatíveis com o regime do FGTS. Diversamente ocorre com a estabilidade legal (decenal, art. 492 da CLT), que é renunciada com a opção pelo FGTS.

O primeiro item da súmula citada deixa claro que não existe equivalência (igualdade) do ponto de vista financeiro entre o regime de estabilidade decenal e o regime de FGTS, existe meramente equivalência no sentido jurídico. Com tal esclarecimento, o TST deixa claro que não há possibilidade do empregado pedir eventuais diferenças financeiras entre os regimes.

O segundo item esclarece o que já dissemos acima, ou seja, que a opção pelo FGTS exclui o regime de estabilidade decenal, pois são institutos incompatíveis. Lembrando que desde a CF/88 deixou de existir essa opção, pois o regime de FGTS passou a ser obrigatório (salvo empregados com direitos adquiridos). O item II da súmula também esclarece que não existe incompatibilidade entre o regime de FGTS e outras estabilidades, vez que a incompatibilidade, frisamos, é apenas com a estabilidade decenal.

Modernamente o FGTS possui como fundamento jurídico a Lei nº 8.036/1990. Segue um exercício:

▸ Aplicação em Concurso e/ou OAB:

(FCC – Analista Judiciário – Área Judiciária – TRT 11/2017 – adaptada) Com relação ao FGTS, julgue o item:

I. A equivalência entre os regimes do Fundo de Garantia do Tempo de Serviço e da estabilidade prevista na CLT é meramente jurídica e não econômica, sendo indevidos valores a título de reposição de diferenças.

Resposta: Verdadeiro

15.1. Beneficiários do FGTS e casos peculiares

O recolhimento do FGTS é obrigatório para todos os empregados que possuam seu vínculo registrado na CTPS (Carteira de Trabalho e Previdência Social), a exemplo de urbanos, rurais, domésticos, avulsos etc. Entretanto, mostra-se importante tecer algumas considerações sobre alguns empregados em especial para fins de concurso e exame da OAB.

De acordo com o artigo 18 da Lei nº 8.036/1990, ocorrendo rescisão do contrato de trabalho, por parte do empregador, ficará este obrigado a depositar na conta vinculada do trabalhador ao FGTS os valores relativos aos depósitos referentes ao mês da rescisão e ao imediatamente anterior, que ainda não houver sido recolhido, sem prejuízo das cominações legais.

A) Servidores Públicos

Em relação aos servidores públicos, didaticamente, podemos dividi-los em **servidores públicos celetistas** (regidos pela CLT), **servidores públicos estatutários** (regidos por lei diversa da CLT, um estatuto próprio) e **empregados públicos** (também regidos pela CLT).

Os **servidores públicos estatutários** não possuem direito ao FGTS e adquirem estabilidade no serviço público após três anos de efetivo exercício. Essa categoria de servidores poderá trabalhar na administração direta, autárquica ou fundacional.

Os **servidores públicos celetistas**, por sua vez, possuem direito ao FGTS e adquirem estabilidade no serviço público após três anos de efetivo exercício. Esta categoria de servidores também poderá trabalhar na administração direta, autárquica ou fundacional.

Já os **empregados públicos** possuem direito ao FGTS e <u>não</u> adquirem estabilidade no serviço público após três anos de efetivo exercício, mesmo sendo admitidos por concurso público. **Essa categoria de empregados trabalha em uma sociedade de economia mista ou em uma empresa pública.**

A Súmula nº 390 do TST repete parte do que expusemos acima:

> Súmula nº 390 do TST
>
> I – O **servidor público celetista** da administração direta, autárquica ou fundacional é beneficiário da estabilidade prevista no art. 41 da CF/1988. (Este item trata do servidor público celetista)

II – Ao **empregado de empresa pública ou de sociedade de economia mista**, ainda que admitido mediante aprovação em concurso público, não é garantida a estabilidade prevista no art. 41 da CF/1988. (Este item trata do empregado público)

A sequência de 03 gráficos abaixo facilitará a memorização do leitor:

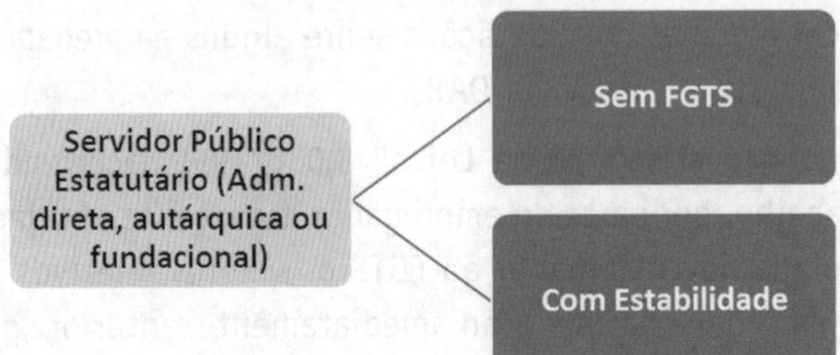

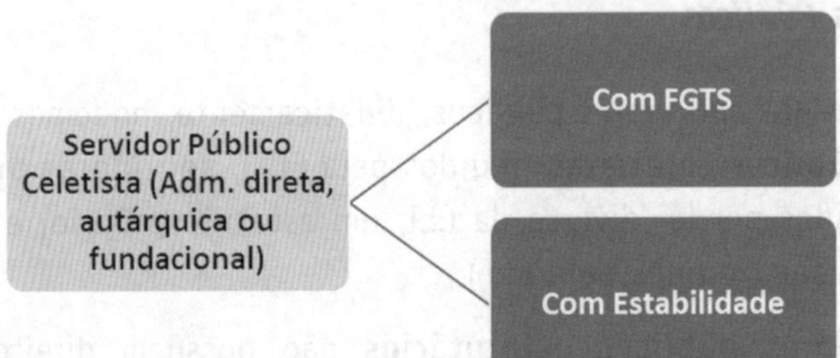

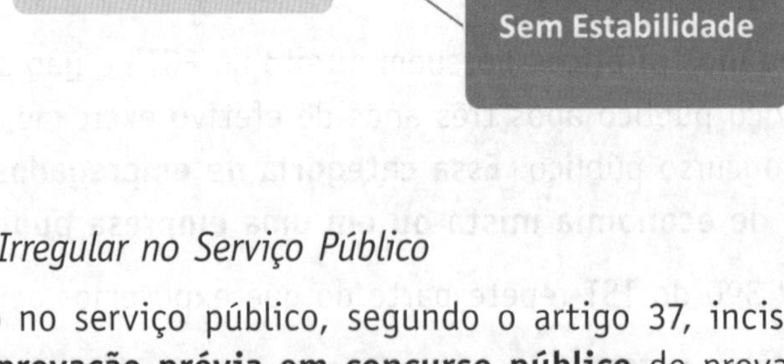

A.1) Ingresso Irregular no Serviço Público

O ingresso no serviço público, segundo o artigo 37, inciso II, da CF/88, depende de **aprovação prévia em concurso público** de provas ou de provas e títulos, de acordo com a natureza e a complexidade do cargo ou emprego, na forma prevista em lei, ressalvadas as nomeações para cargo em comissão declarado em lei de livre nomeação e exoneração.

Assim sendo, a investidura em cargo ou emprego público depende de aprovação em concurso, esta é a regra. A exceção fica por conta dos cargos em comissão ou comissionados, pois estes são escolhidos e/ou exonerados de acordo com a vontade, por exemplo, do gestor público, que tem como única barreira para esta escolha o nepotismo[1].

Logo, a contratação de servidor público, após a CF/1988 , sem prévia aprovação em concurso público regular gera a nulidade do contrato de trabalho. Reconhecida judicialmente esta hipótese de nulidade contratual, em face da ausência de concurso público para a admissão do empregado, a este só é devido o pagamento da contraprestação pactuada, em relação ao número de horas trabalhadas, respeitado o salário-mínimo/hora, e aos valores referentes aos depósitos do FGTS, conforme Súmula nº 363 do TST:

> A contratação de servidor público, após a CF/1988, sem prévia aprovação em concurso público, encontra óbice no respectivo art. 37, II e § 2º, somente lhe conferindo direito ao pagamento da contraprestação pactuada, em relação ao número de horas trabalhadas, respeitado o valor da hora do salário mínimo, e dos valores referentes aos depósitos do FGTS.

B) Domésticos

Com a Lei Complementar nº 150/2015 regulamentou-se o pagamento obrigatório do FGTS ao empregado doméstico, sendo que mensalmente o empregador depositará 8% sobre a remuneração mensal do empregado doméstico e ainda mais 3,2% também mensalmente, sobre a mesma base.

O percentual de 3,2% refere-se à multa de 40% do FGTS, a qual, por estratégia do legislador, em vez de ser paga de uma só vez no final do contrato, foi parcelada ao longo do vínculo com estes pequenos aportes mensais de 3,2%, deixando mais fácil para o empregador doméstico arcar com o pagamento da possível multa em suaves parcelas.

Caso o empregado doméstico peça demissão ou seja dispensado com justa causa, os depósitos de 3,2% serão restituídos ao empregador (ou movimentados pelo empregador), vez que nessas hipóteses não existe multa de 40% do FGTS.

Na hipótese de encerramento do contrato por culpa recíproca, como a multa de FGTS fica reduzida para metade (20%), o empregador terá direito a restituir-se de metade dos valores recolhidos mensalmente no percentual de 3,2% (artigo 22,

1. Nepotismo é o termo utilizado para designar o favorecimento de parentes (ou amigos próximos) em detrimento de pessoas mais qualificadas, especialmente no que diz respeito à nomeação ou elevação de cargos públicos.

§ 2º, da Lei nº 150/2015). Entendemos que esse pensamento, por analogia, aplica-se igualmente aos contratos extintos por força maior ou ao distrato (novidade da **Reforma Trabalhista** já explicada no capítulo sobre extinção do contrato de emprego), em que pese haver omissão legal neste sentido.

C) Diretores sem Vínculo de Emprego

O artigo 16 da Lei nº 8.036/90 deixa patente que as empresas sujeitas ao regime da legislação trabalhista **poderão (uma faculdade) equiparar seus diretores não empregados aos demais trabalhadores sujeitos ao regime do FGTS.**

Considera-se diretor aquele que, de fato, exerça cargo de administração previsto em lei, estatuto ou contrato social, independente da denominação do cargo.

Vamos a uma aplicação em concurso público:

▸ **Aplicação em Concurso e/ou OAB:**

(FCC – Analista Judiciário – Área Judiciária – Oficial de Justiça Avaliador – TRT 9/2015) Para fins de recolhimento do FGTS,

a) incluem-se na remuneração as importâncias recebidas a título de incentivo à demissão.

b) não é considerado o período em que o empregado fica afastado do trabalho para prestação do serviço militar obrigatório.

c) os contratos de aprendizagem terão alíquota incidente de cinco por cento.

d) as empresas sujeitas ao regime da legislação trabalhista poderão equiparar seus diretores não empregados aos demais trabalhadores sujeitos ao regime do FGTS, considerando-se diretor aquele que exerça cargo de administração previsto em lei, estatuto ou contrato social, independente da denominação do cargo.

e) inclui-se na remuneração, para os fins de recolhimento do FGTS, as importâncias recebidas a título de abono de férias.

Resposta: D

Já tratamos sobre o assunto no capítulo sobre interrupção e suspensão do contrato de trabalho, mas lembramos ao leitor que para fins de depósito do

FGTS é considerado o período em que o empregado fica afastado do trabalho para prestação do serviço militar obrigatório e licença por acidente do trabalho (Artigo 15, § 5º, da Lei nº 8.036/90).

Da mesma forma, no capítulo sobre remuneração e salário explicamos as parcelas com e sem natureza salarial, cabendo lembrar que não possuem natureza salarial e, consequentemente, não integram a base de cálculo para incidência do FGTS os valores recebidos a título de abono de férias, valores pagos em PDV (Plano de Demissão Voluntária) ou PDI (Plano de Demissão Incentivada), diárias etc.

15.2. Alíquotas, Base de Cálculo e Multa Compensatória

O FGTS, em regra, tem alíquota de 8% incidente sobre a remuneração mensal do empregado, devidamente integrada/acrescida de todas as parcelas de natureza salarial (horas extras, insalubridade/periculosidade, por exemplo), até mesmo salário *in natura* (habitação, veículo etc.) e média de gorjetas que receber, conforme artigo 15, *caput*, da Lei nº 8.036/90.

A Súmula nº 63 do TST afirma que *"a contribuição para o Fundo de Garantia do Tempo de Serviço incide sobre a remuneração mensal devida ao empregado, inclusive horas extras e adicionais eventuais."*. O leitor deve ficar atento para a literalidade desta Súmula, que é comumente cobrada nas provas. Entretanto, vale salientar que a referida Súmula apenas citou de forma exemplificativa algumas parcelas sobre as quais incide o FGTS, afinal, como dito no parágrafo anterior, o FGTS incidirá sobre todas as parcelas com natureza salarial.

Em sentido contrário, no caso de parcelas com natureza não salarial ou indenizatória inexiste incidência do FGTS, a exemplo de abono de férias, valores pagos em PDV (Plano de Demissão Voluntária) ou PDI (Plano de Demissão Incentivada), diárias, prêmios/bônus, férias indenizadas etc. A exceção é o aviso prévio indenizado, que mesmo sendo parcela tipicamente indenizatória, compõe a base de cálculo para incidência do FGTS.

Excepcionalmente, no caso dos aprendizes, a alíquota é reduzida para 2%, a qual também incidirá sobre a remuneração mensal do empregado, devidamente integrada/acrescida de todas as parcelas de natureza salarial, salário *in natura* e eventual média de gorjetas.

Caso o empregado seja dispensado sem justa causa ou consiga a extinção contratual por meio de uma despedida/rescisão indireta, o empregador deverá pagar uma multa de 40% sobre o valor de todos os depósitos que deveriam ter sido efetuados durante o contrato de trabalho, inclusive sobre os valores eventualmente sacados, conforme item I da OJ nº 42 da SDI-1:

I – É devida a multa do FGTS sobre os saques corrigidos monetariamente ocorridos na vigência do contrato de trabalho. Art. 18, § 1º, da Lei nº 8.036/90 e art. 9º, § 1º, do Decreto nº 99.684/90.

II – O cálculo da multa de 40% do FGTS deverá ser feito com base no saldo da conta vinculada na data do efetivo pagamento das verbas rescisórias, desconsiderada a projeção do aviso prévio indenizado, por ausência de previsão legal.

O item II da referida Orientação Jurisprudencial merece ser entendido com algumas ponderações, afinal devemos deixar claro que o FGTS incide sobre o valor do aviso prévio, ainda que indenizado (Súmula nº 305 do TST).

Portanto, o item II busca comunicar que a multa de 40% será calculada sobre o saldo da conta vinculada na data do efetivo pagamento das verbas rescisórias, não se considerando para fins de pagamento da referida multa a projeção do aviso prévio indenizado.

É importante registrar, em relação à multa compensatória de 40%, que a mesma não é devida em caso de falecimento do empregado.

Na hipótese do empregado ser dispensado por culpa recíproca, força maior ou distrato (hipótese criada pela **Reforma Trabalhista**), a alíquota da multa compensatória de FGTS será de 20%.

Mostra-se curial esclarecer ainda que os valores devidos a título de FGTS jamais serão descontados do empregado, ao contrário serão depositados em sua conta vinculada. É importante esclarecer isso, pois algumas questões tentam confundir os candidatos, afirmando que o FGTS é descontado do contracheque. Isso não pode ocorrer, caso seja feito pelo empregador existirá um ilícito trabalhista.

As contribuições previdenciárias ("INSS") são descontadas no contracheque, mas o FGTS jamais.

Segue uma questão que trata sobre a multa compensatória do FGTS e uma hipótese de movimentação (saque) da conta vinculada:

▸ Aplicação em Concurso e/ou OAB:

(FGV – Exame de Ordem 2017.1) Um aprendiz de marcenaria procura um advogado para se inteirar sobre o FGTS que vem sendo depositado mensalmente pelo empregador na sua conta vinculada junto à CEF, na razão de 2% do salário, e cujo valor é descontado juntamente com o INSS. Com relação ao desconto do FGTS, assinale a afirmativa correta.

a) O FGTS deveria ser depositado na ordem de 8% e não poderia ser descontado.

b) A empresa, por se tratar de aprendiz, somente poderia descontar metade do FGTS depositado.

c) A empresa está equivocada em relação ao desconto, pois o FGTS é obrigação do empregador.

d) A conduta da empresa é regular, tanto em relação ao percentual quanto ao desconto.

Resposta: C

15.3. Prazo para Recolhimento, Atualização e Juros

À luz do artigo 15 da Lei 8.036/90, o FGTS deverá ser recolhido até o dia sete de cada mês, em conta bancária vinculada, aberta na Caixa Econômica Federal (chamada de **agente operador**), a importância correspondente a oito por cento da remuneração paga ou devida, no mês anterior.

De acordo com o artigo 13 da Lei nº 8.036/90, os depósitos efetuados nas contas vinculadas serão **corrigidos monetariamente** com base nos parâmetros fixados para atualização dos saldos dos depósitos de **poupança** e **capitalização juros de 3% por cento ao ano**.

Cabe salientar que a correção monetária acima informada refere-se aos valores de FGTS existentes na conta vinculada e não aos valores inadimplidos pelo empregador e que foram alvo de cobrança e condenação judicial, vez que nesse último caso a correção é a mesma aplicável aos débitos trabalhistas, de acordo com a OJ nº 302 da SDI-1: *"Os créditos referentes ao FGTS, decorrentes de condenação judicial, serão corrigidos pelos mesmos índices aplicáveis aos débitos trabalhistas."*.

Os empregadores tinham a obrigação de comunicar mensalmente aos trabalhadores os valores recolhidos ao FGTS e repassar-lhes todas as informações sobre suas contas vinculadas recebidas da Caixa Econômica Federal ou dos bancos depositários, por força da antiga redação do art. 17 da Lei nº 8.036/90. Contudo, a Lei nº 13.392/2019 alterou radicalmente o referido dispositivo que passou a ter a seguinte redação:

> Art. 17. O Poder Executivo assegurará a prestação de serviços digitais:
>
> I - aos trabalhadores, que incluam a prestação de informações sobre seus créditos perante o Fundo e o acionamento imediato da inspeção do trabalho em caso de inadimplemento do empregador, de forma que seja possível acompanhar a evolução de eventuais cobranças administrativas e judiciais dos valores não recolhidos;

> II - aos empregadores, que facilitem e desburocratizem o cumprimento de suas obrigações perante o Fundo, incluídos a geração de guias, o parcelamento de débitos, a emissão sem ônus do Certificado de Regularidade do FGTS e a realização de procedimentos de restituição e compensação.
>
> Parágrafo único. O desenvolvimento, a manutenção e a evolução dos sistemas e ferramentas necessários à prestação dos serviços a que se refere o caput deste artigo serão custeados com recursos do FGTS. (Incluído pela Lei nº 13.932, de 2019)

A novel legislação incluiu ainda o art. 17-A ao texto da Lei nº 8.036/90, o qual aduz que o empregador ou o responsável fica obrigado a elaborar folha de pagamento e a declarar os dados relacionados aos valores do FGTS e outras informações de interesse do Ministério da Economia, por meio de sistema de escrituração digital, na forma, no prazo e nas condições estabelecidos em regulamento do Conselho Curador.

Essas informações, prestadas em conformidade com o determinado acima, constituem declaração e reconhecimento dos créditos delas decorrentes, caracterizam confissão de débito e constituem instrumento hábil e suficiente para a cobrança do crédito de FGTS. De saída, insta esclarecer que o lançamento da obrigação principal e das obrigações acessórias relativas ao FGTS será efetuado de ofício pela autoridade competente, no caso de o empregador não apresentar a declaração na forma instituída, e será revisto de ofício, nas hipóteses de omissão, erro, fraude ou sonegação.

15.4. Hipóteses de Movimentação da Conta Vinculada

O artigo 20 da Lei 8.036/90, atualizado pela Lei nº 13.932/2019, trouxe o rol de hipóteses para movimentação (ou saque) da conta vinculada ao FGTS pelo trabalhador, abaixo destacaremos as mais comuns em concursos e exame da OAB:

- **Despedida sem justa causa, inclusive a indireta, de culpa recíproca e de força maior;**
- **Distrato (novidade da Reforma Trabalhista);**
- **Extinção total da empresa, fechamento de quaisquer de seus estabelecimentos, filiais ou agências e supressão de parte de suas atividades**, sempre que dessas ocorrências implique rescisão de contrato de trabalho, comprovada por declaração escrita da empresa, suprida, quando for o caso, por decisão judicial transitada em julgado;
- **Declaração de nulidade do contrato de trabalho** na hipótese de pessoal contratado pelo serviço público, sem o devido concurso público, sempre

que dessa ocorrência implique rescisão de contrato de trabalho, comprovada por declaração escrita do ente público, suprida, quando for o caso, por decisão judicial transitada em julgado;

- **Falecimento do empregador individual sempre que dessa ocorrência implique rescisão de contrato de trabalho**, comprovada por declaração escrita da empresa, suprida, quando for o caso, por decisão judicial transitada em julgado;
- **Aposentadoria concedida pela Previdência Social;**
- **Falecimento do trabalhador**, sendo o saldo pago a seus dependentes, para esse fim habilitados perante a Previdência Social, segundo o critério adotado para a concessão de pensões por morte. **Na falta de dependentes**, farão jus ao recebimento do saldo da conta vinculada os seus sucessores previstos na lei civil, indicados em alvará judicial, expedido a requerimento do interessado, independente de inventário ou arrolamento;
- **Pagamento de parte das prestações decorrentes de financiamento habitacional** concedido no âmbito do Sistema Financeiro da Habitação (SFH), desde que se preencham 3 requisitos: primeiro, o mutuário (pessoa que recebe empréstimo) conte com o mínimo de 3 (três) anos de trabalho sob o regime do FGTS, na mesma empresa ou em empresas diferentes; segundo, o valor bloqueado seja utilizado, no mínimo, durante o prazo de 12 (doze) meses; terceiro, o valor do abatimento atinja, no máximo, 80 (oitenta) por cento do montante da prestação;
- **Pagamento total ou parcial do preço de aquisição de moradia própria, ou lote urbanizado de interesse social não construído**, observadas as seguintes condições: primeiro, o mutuário deverá contar com o mínimo de 3 (três) anos de trabalho sob o regime do FGTS, na mesma empresa ou empresas diferentes; segundo, seja a operação financiável nas condições vigentes para o SFH, terceiro, este direito só poderá ser exercido para um único imóvel;
- **quando o trabalhador permanecer três anos ininterruptos fora do regime do FGTS;**
- **Extinção normal do contrato a termo;**
- **Suspensão total do trabalho avulso** por período igual ou superior a 90 (noventa) dias, comprovada por declaração do sindicato representativo da categoria profissional;
- Quando o trabalhador ou qualquer de seus dependentes for acometido de **neoplasia maligna (câncer)**;

- Quando o trabalhador ou qualquer de seus dependentes for portador do **vírus HIV**;
- Quando o trabalhador ou qualquer de seus dependentes estiver em **estágio terminal, em razão de doença grave**, nos termos do regulamento;
- **Quando o trabalhador tiver idade igual ou superior a setenta anos**;
- **Necessidade pessoal, cuja urgência e gravidade decorra de desastre natural**, conforme disposto em regulamento, observadas as seguintes condições: primeiro, o trabalhador deverá ser residente em áreas comprovadamente atingidas de Município ou do Distrito Federal em situação de emergência ou em estado de calamidade pública, formalmente reconhecidos pelo Governo Federal; segundo, a solicitação de movimentação da conta vinculada será admitida até 90 (noventa) dias após a publicação do ato de reconhecimento, pelo Governo Federal, da situação de emergência ou de estado de calamidade pública; terceiro, o valor máximo do saque da conta vinculada será definido na forma do regulamento;
- **Integralização de cotas do FI-FGTS** (financiamento do FGTS), permitida a utilização máxima de 30% (trinta por cento) do saldo existente e disponível na data em que exercer a opção;
- **Quando o trabalhador com deficiência, por prescrição médica, necessite adquirir órtese ou prótese** para promoção de acessibilidade e de inclusão social.
- Anualmente, no mês de aniversário do trabalhador, por meio da aplicação dos valores percentuais estabelecidos no anexo da lei da FGTS. Não é necessário memorizar este anexo, pois traz tão somente o valor percentual a ser sacado, o qual tem correlação inversa com o saldo da conta, isto é, quanto maior o saldo, menor o percentual a ser sacado;
- Quando o trabalhador ou qualquer de seus dependentes for, nos termos do regulamento, pessoa com doença rara, consideradas doenças raras aquelas assim reconhecidas pelo Ministério da Saúde, que apresentará, em seu sítio na internet, a relação atualizada dessas doenças;
- a qualquer tempo, quando seu saldo for inferior a R$ 80,00 (oitenta reais) e não houver ocorrido depósitos ou saques por, no mínimo, 1 (um) ano. Esta hipótese só não se aplicará, caso o Conselho Curador tenha

creditado na conta vinculada do trabalhador parte da distribuição do resultado positivo auferido valores do FGTS.

Para fins de concurso público e exame da OAB, afigura-se importante destacar que quando um servidor público celetista tem o seu regime modificado para o estatutário não se configura qualquer das hipóteses específicas de movimentação da conta vinculada do FGTS.

O que ocorre é que ao tornar-se um servidor público estatutário ficará fora do regime de FGTS, afinal os servidores públicos estatutários não possuem direito ao FGTS. Assim sendo, após 3 anos ininterruptos fora do regime do FGTS, o servidor poderá realizar o saque do valor contido na conta inativa. Essa sim é uma hipótese de movimentação da conta vinculada.

Já com relação a aquisição de moradia com recursos do FGTS pelo trabalhar, essa possibilidade só poderá ser exercido para um único imóvel, conforme determina o art. 20, §3º da Lei nº 8.036/90.

Segue uma questão que trata sobre a multa compensatória do FGTS e uma hipótese de movimentação (saque) da conta vinculada:

▸ **Aplicação em Concurso e/ou OAB:**

(FGV – Exame de Ordem 2016.3 – adaptada) O empregado Júlio foi vítima de um assalto, fora do local de trabalho, sem qualquer relação com a prestação das suas atividades, sendo baleado e vindo a falecer logo após. O empregado deixou viúva e quatro filhos, sendo dois menores impúberes e dois maiores e capazes. Sobre o FGTS e considerando a hipótese a narrada diga se a proposição abaixo é verdadeira ou falsa:

I – A indenização de 40% sobre o FGTS não é devida e os valores devidos ao falecido serão pagos aos dependentes habilitados perante a Previdência Social.

Resposta: Verdadeiro

15.5. Administração do FGTS: Conselho Curador

A administração do FGTS cabe ao Conselho Curador, o qual é formado pelos três setores interessados na gestão do fundo, ou seja, representantes dos empregadores, dos empregados e representantes dos órgãos e entidades governamentais. O esquema abaixo resume esta representação:

Os representantes dos trabalhadores e dos empregadores e seus suplentes serão indicados pelas respectivas centrais sindicais e confederações nacionais, serão nomeados pelo Poder Executivo, terão mandato de 2 (dois) anos e poderão ser reconduzidos uma única vez, **vedada a permanência de uma mesma pessoa como membro titular, como suplente ou, de forma alternada**, como titular e suplente, por período consecutivo superior a 4 (quatro) anos no Conselho, conforme nova redação dada pela Lei 13.932/2019 ao §3º do art. 3º da Lei 8.036/90.

A Presidência do Conselho Curador será exercida pelo Ministro de Estado da Economia ou por representante, por ele indicado, da área fazendária do governo[2].

As **decisões** do Conselho serão tomadas com a presença da maioria simples de seus membros, tendo o Presidente voto de qualidade, o qual consiste no poder de desempatar a votação.

As **reuniões** do Conselho Curador podem ser ordinárias e extraordinárias. Aquelas (ordinárias) ocorrem bimestralmente, devendo ser convocadas pelo presidente do Conselho. Na omissão desse, qualquer membro poderá convocar a reunião no prazo de 15 dias, contados após dois meses da última reunião. As reuniões extraordinárias, por sua vez, podem ser convocadas por qualquer membro, desde que exista uma necessidade real.

Os membros do Conselho Curador, representantes dos empregados, titulares e suplentes gozam de **estabilidade** desde a nomeação até um ano após o fim do mandato (essa e outras estabilidades serão estudadas no próximo capítulo).

2. A Lei nº 13.932 de 2019 alterou §1º, do art. 3º da Lei 8.036/90 para se adequá-lo as alterações produzidas pela Lei nº 13.844/2019, que estabeleceu a nova organização básica dos órgãos da Presidência e dos Ministérios, tendo extinguido o referido Ministério, atrelando-o ao Ministério da Economia, sob o nome de Secretaria de Trabalho.

A Lei nº 13.932/2019 também incluiu o § 10 ao art. 3º, o qual dispõe que os **membros** do Conselho Curador do FGTS serão escolhidos dentre cidadãos de reputação ilibada e de notório conhecimento, e deverão ser atendidos os seguintes requisitos:

- ter formação acadêmica superior;
- não se enquadrar nas hipóteses de inelegibilidade previstas nas alíneas "a" a "q" do inciso I do caput do art. 1º da LC nº 64/90.

As diretrizes, finalidades ou competências do Conselho Curador do FGTS estão estabelecidas no artigo 5º da Lei 8.036/90, a seguir transcrito:

> Art. 5º Ao Conselho Curador do FGTS compete:
>
> I – estabelecer as diretrizes e os programas de alocação de todos os recursos do FGTS, de acordo com os critérios definidos nesta lei, em consonância com a política nacional de desenvolvimento urbano e as políticas setoriais de habitação popular, saneamento básico e infra-estrutura urbana estabelecidas pelo Governo Federal;
>
> II – acompanhar e avaliar a gestão econômica e financeira dos recursos, bem como os ganhos sociais e o desempenho dos programas aprovados;
>
> III – apreciar e aprovar os programas anuais e plurianuais do FGTS;
>
> IV - aprovar as demonstrações financeiras do FGTS, com base em parecer de auditoria externa independente, antes de sua publicação e encaminhamento aos órgãos de controle, bem como da distribuição de resultados;
>
> V - adotar as providências cabíveis para a correção de atos e fatos do gestor da aplicação e da CEF que prejudiquem o desempenho e o cumprimento das finalidades no que concerne aos recursos do FGTS;
>
> VI – dirimir dúvidas quanto à aplicação das normas regulamentares, relativas ao FGTS, nas matérias de sua competência;
>
> VII – aprovar seu regimento interno;
>
> VIII – fixar as normas e valores de remuneração do agente operador e dos agentes financeiros;
>
> IX – fixar critérios para parcelamento de recolhimentos em atraso;
>
> X – fixar critério e valor de remuneração para o exercício da fiscalização;
>
> XI – divulgar, no Diário Oficial da União, todas as decisões proferidas pelo Conselho, bem como as contas do FGTS e os respectivos pareceres emitidos.
>
> XII – fixar critérios e condições para compensação entre créditos do empregador, decorrentes de depósitos relativos a trabalhadores não optantes, com contratos extintos, e débitos resultantes de competências em atraso, inclusive aqueles que forem objeto de composição de dívida com o FGTS.
>
> XIII – em relação ao Fundo de Investimento do Fundo de Garantia do Tempo de Serviço – FI-FGTS:
>
> a) aprovar a política de investimento do FI-FGTS por proposta do Comitê de Investimento;

b) decidir sobre o reinvestimento ou distribuição dos resultados positivos aos cotistas do FI-FGTS, em cada exercício;

c) definir a forma de deliberação, de funcionamento e a composição do Comitê de Investimento;

d) estabelecer o valor da remuneração da Caixa Econômica Federal pela administração e gestão do FI-FGTS, inclusive a taxa de risco;

e) definir a exposição máxima de risco dos investimentos do FI-FGTS;

f) estabelecer o limite máximo de participação dos recursos do FI-FGTS por setor, por empreendimento e por classe de ativo, observados os requisitos técnicos aplicáveis;

g) estabelecer o prazo mínimo de resgate das cotas e de retorno dos recursos à conta vinculada, observado o disposto no § 19 do art. 20 desta Lei;

h) aprovar o regulamento do FI-FGTS, elaborado pela Caixa Econômica Federal; e

i) autorizar a integralização de cotas do FI-FGTS pelos trabalhadores, estabelecendo previamente os limites globais e individuais, parâmetros e condições de aplicação e resgate.

XIV - Este inciso foi revogado, conforme redação dada pela Lei nº 13.932, de 2019;

XV - autorizar a aplicação de recursos do FGTS em outros fundos de investimento, no mercado de capitais e em títulos públicos e privados, com base em proposta elaborada pelo agente operador, devendo o Conselho Curador regulamentar as formas e condições do investimento, vedado o aporte em fundos nos quais o FGTS seja o único cotista;

XVI - estipular limites às tarifas cobradas pelo agente operador ou pelos agentes financeiros na intermediação da movimentação dos recursos da conta vinculada do FGTS, inclusive nas hipóteses de que tratam os incisos V, VI e VII do caput do art. 20 desta Lei;

Vamos agora analisar uma questão sobre o Conselho Curador do FGTS:

▸ Aplicação em Concurso e/ou OAB:

(FCC - TRT - 2ª REGIÃO (SP) - Analista Judiciário - Área Administrativa – 2018) De acordo com a Lei no 8.036/1990, o Conselho Curador estabelece normas e diretrizes que regem o Fundo de Garantia do Tempo de Serviço (FGTS). Representantes dos trabalhadores e dos empregadores

a) fazem parte da composição deste Conselho Curador, sendo que terão mandato de dois anos, vedada a recondução, inclusive para os suplentes.

b) fazem parte da composição deste Conselho Curador, sendo que terão mandato de dois anos, podendo ser reconduzidos uma única vez, inclusive os suplentes.

c) não fazem parte da composição deste Conselho Curador, tratando-se de um órgão governamental que possui apenas integrantes indicados pela autoridade competente do Poder Executivo.

d) não fazem parte da composição deste Conselho Curador, tratando-se de um órgão governamental que possui apenas integrantes indicados pelas autoridades competentes dos Poderes Executivo e Legislativo.

e) fazem parte da composição deste Conselho Curador, sendo que terão mandato de três anos, vedada a recondução, inclusive para os suplentes

Resposta: B

15.6. Gestão da Aplicação do FGTS

O gestor da aplicação dos recursos do FGTS será o órgão do Poder Executivo responsável pela política de habitação, que tem como uma de suas competências praticar todos os atos necessários à gestão da aplicação do Fundo, de acordo com as diretrizes e programas estabelecidos pelo Conselho Curador.

Compete também ao gestor da aplicação expedir atos normativos relativos à alocação dos recursos para implementação dos programas aprovados pelo Conselho Curador.

Da mesma forma deverá elaborar orçamentos anuais e planos plurianuais de aplicação dos recursos, discriminando-os por região geográfica e submetê-los até 31 de julho ao Conselho Curador do FGTS.

Outra competência do gestor da aplicação do FGTS reside no acompanhamento da execução dos programas de habitação popular, saneamento básico e infraestrutura urbana previstos no orçamento do FGTS e implementados pela CEF, no papel de agente operador.

Da mesma forma, o órgão gestor deverá submeter as contas do FGTS à apreciação do Conselho Curador.

É dever/competência do gestor da aplicação **subsidiar o Conselho Curador com estudos técnicos** necessários ao aprimoramento operacional dos programas de habitação popular, saneamento básico e infraestrutura urbana.

A última competência elencada do multicitado gestor consiste em **definir as metas** a serem alcançadas nos programas de habitação popular, saneamento básico e infraestrutura urbana.

Por fim, no que tange às **operações de crédito destinadas às entidades hospitalares** filantrópicas, bem como a **instituições que atuem no campo para pessoas com deficiência**, sem fins lucrativos, que participem de forma complementar do Sistema Único de Saúde (SUS), **caberá ao Ministério da Saúde** regulamentar, acompanhar a execução e subsidiar o Conselho Curador com estudos técnicos necessários ao seu aprimoramento operacional, além de definir as metas a serem alcançadas.

15.7. Agente Operador do FGTS: Caixa Econômica Federal (CEF)

Compete à Caixa Econômica Federal, na qualidade de agente operador, a finalidade gerir os valores recebidos oriundos dos depósitos de FGTS.

Igualmente compete à CEF expedir atos normativos referentes aos procedimentos administrativo-operacionais dos bancos depositários, dos agentes financeiros, dos empregadores e dos trabalhadores, integrantes do sistema do FGTS.

Por meio da instituição de um único agente operador centralizaram-se os recursos do FGTS, facilitando a manutenção e controle das contas vinculadas, inclusive no que tange à emissão de extratos individuais correspondentes às contas vinculadas de cada empregado.

Cabe ao agente operador definir procedimentos operacionais necessários à execução dos programas estabelecidos pelo Conselho Curador, com base nas normas e diretrizes de aplicação elaboradas pelo gestor da aplicação.

Deverá o agente operador elaborar as análises jurídica e econômico-financeira dos projetos de habitação popular, infraestrutura urbana e saneamento básico a serem financiados com recursos do FGTS.

Os Certificados de Regularidade do FGTS somente poderão ser expedidos pelo agente operador.

A elaboração das demonstrações financeiras do FGTS, incluídos o Balanço Patrimonial, a Demonstração do Resultado do Exercício e a Demonstração de Fluxo de Caixa, em conformidade com as Normas Contábeis Brasileiras, bem como o seu encaminhamento até 30 de abril do exercício subsequente, ao gestor de aplicação, também é uma competência da Caixa Econômica Federal.

Cabe à CEF implementar atos emanados do gestor da aplicação relativos à alocação e à aplicação dos recursos do FGTS, de acordo com as diretrizes estabelecidas pelo Conselho Curador.

Ainda, compete ao agente operador garantir que os recursos alocados ao FI-FGTS (Fundo de Investimento do Fundo de Garantia do Tempo de Serviço) possuam a remuneração aplicável às contas vinculadas, atualização dos saldos dos depósitos de poupança e capitalização juros de três por cento ao ano.

Finalmente, também compete a CEF realizar todas as aplicações com recursos do FGTS por meio de sistemas informatizados e auditáveis. E, colocar à disposição do Conselho Curador, em formato digital, as informações gerenciais que estejam sob gestão do agente operador e que sejam necessárias ao desempenho das atribuições daquele colegiado.

Vejamos agora uma questão envolvendo vários temas tratados nesse capítulo, a fim de que o leitor faça uma releitura do mesmo, revisando-o:

> **▸ Aplicação em Concurso e/ou OAB:**
>
> **(FCC – Analista Judiciário – Área Administrativa – TRT 4 - 2016)** No tocante ao FGTS, considere:
>
> I. O FGTS será regido por normas e diretrizes estabelecidas por um Conselho Curador, sendo que as suas decisões serão tomadas com a presença, no mínimo, de sete de seus membros, tendo o Presidente voto de qualidade.
>
> II. À Caixa Econômica Federal, na qualidade de agente operador, cabe expedir atos normativos relativos à alocação dos recursos para implementação dos programas aprovados pelo Conselho Curador.
>
> III. A conta vinculada do trabalhador no FGTS poderá ser movimentada na hipótese de despedida indireta e de culpa recíproca.
>
> IV. A conta vinculada do trabalhador no FGTS poderá ser movimentada quando o trabalhador tiver idade igual ou superior a setenta anos.
>
> Está correto o que se afirma APENAS em
>
> a) II e III.
>
> b) I e II.
>
> c) I, III e IV.
>
> d) III e IV.
>
> e) I e IV
>
> *Resposta:* D

15.8. Reforma Trabalhista, Distrato e FGTS

A CLT não possuía previsão legal sobre o distrato (acordo entre empregado e empregador), motivo pelo qual a doutrina polemizava o assunto, sendo que a posição majoritária caminhava no sentido de não se admitir o distrato no direito do trabalho.

A lei nº 13.467/2017 encerrou a polêmica contrariando a doutrina majoritária, pois inseriu o artigo 484-A na CLT, regulando o instituto do distrato, na forma que segue:

> Art. 484-A. O contrato de trabalho poderá ser extinto **por acordo entre empregado e empregador**, caso em que serão devidas as seguintes verbas trabalhistas:

I – por metade:

a) **o aviso prévio, se indenizado**; e

b) **a indenização sobre o saldo do Fundo de Garantia do Tempo de Serviço**, prevista no § 1º do art. 18 da Lei nº 8.036, de 11 de maio de 1990;

II – na integralidade, as demais verbas trabalhistas.

§ 1º A extinção do contrato prevista no caput **deste artigo permite a movimentação da conta vinculada do trabalhador no Fundo de Garantia do Tempo de Serviço na forma do inciso I-A do art. 20 da Lei nº 8.036, de 11 de maio de 1990, limitada até 80% (oitenta por cento) do valor dos depósitos.**

§ 2º A extinção do contrato por acordo prevista no *caput* deste artigo não autoriza o ingresso no Programa de Seguro-Desemprego. – Grifos nossos.

No caso do distrato, segundo as regras inseridas pela **Reforma Trabalhista**, o empregado receberá metade do aviso prévio (caso indenizado) e metade da multa de 40% do FGTS, ou seja, a multa do FGTS será de 20%. As demais verbas serão recebidas integralmente.

Por meio do distrato fica permitido ao trabalhador sacar até 80% do saldo de FGTS depositado em sua conta vinculada, acrescido da multa reduzida do FGTS (de 20%) e não terá direito ao seguro-desemprego.

Segue uma questão para que o candidato possa testar seu conhecimento sobre o instituto do distrato relacionado ao FGTS:

▸ Aplicação em Concurso e/ou OAB:

(FCC - TST - Analista Judiciário - Taquigrafia - 2017) Considerando a nova modalidade de rescisão do contrato de trabalho, introduzida pela Lei n°13.467/2017, em havendo extinção por acordo entre empregado e empregador, será permitido o saque pelo empregado do valor dos depósitos do FGTS, bem como será devida pelo empregador a indenização sobre seu saldo, nas seguintes proporções, respectivamente:

a) 100% e a metade.

b) 80% e a metade.

c) 50% e a integralidade.

d) 100% e a integralidade.

e) 20% e a metade.

Resposta: B

16

ESTABILIDADE

Sumário: 16. Estabilidade - **16.1.** Estabilidade nos Contratos por Prazo Determinado e no Aviso Prévio – **16.2.** A Polêmica das Nomenclaturas – **16.3.** Estabilidade Decenal – **16.4.** Estabilidade do Servidor Público Celetista – **16.5.** Dirigente Sindical: **A)** Administração do Sindicato e Delegado Sindical – **B)** Necessidade de Comunicação para o Empregador – **C)** Categoria Diferenciada – **D)** Aviso Prévio e Extinção da Empresa – **E)** Transferência do Dirigente Sindical – **16.6.** Diretores de Cooperativa – **16.7.** Cipeiros Eleitos: **A)** Extinção da Estabilidade dos Cipeiros Eleitos – **16.8.** Estabilidade da Gestante: **A)** Irrenunciabilidade – **B)** Contrato por Prazo Determinado e Aviso Prévio – **C)** Exames Pré-contratuais, Contratuais e Pós-contratuais – **D)** Aborto, Natimorto, Adoção e Falecimento da Mãe – **16.9.** Empregado Acidentado – **A)** Estabilidade Fora dos Requisitos Clássicos – **B)** Contrato por Prazo Determinado e Aviso Prévio – **16.10.** Conselho Nacional de Previdência (CNP) – **16.11.** Conselho Curador do FGTS – **16.12.** Comissão de Conciliação Prévia (CCP) – **16.13.** Pessoas com Deficiência e Reabilitados – **16.14.** Portadores de Doenças Graves – **16.15.** Comissão de Representantes dos Empregados: Produto da Reforma Trabalhista – **16.16.** Consequências do Desrespeito aos Casos de Estabilidade: **A)** Casos que Requerem Inquérito Judicial para Apuração de Falta Grave – **16.17.** A Questão da Prescrição.

Sabemos que o empregador possui o direito potestativo de, em regra, por fim ao vínculo de emprego quando lhe aprouver, não havendo necessidade sequer de informar ao empregado o motivo do seu desligamento.

As estabilidades representam a exceção a essa regra, acima enunciada, pela qual o empregador poderia encerrar o vínculo de acordo com sua vontade, afinal a estabilidade serve justamente para assegurar a manutenção do emprego, ainda que contra a vontade pura e simples do empregador.

Vale salientar, desde já, que o instituto da estabilidade é incompatível com o instituto do aviso prévio, motivo pelo qual o empregado estável só poderá receber aviso prévio após o transcurso de todo o período de estabilidade.

Vamos começar esse capítulo citando logo uma questão sobre o tema:

▸ **Aplicação em Concurso e/ou OAB:**

(FCC – Analista Judiciário – Área Judiciária – Oficial de Justiça Avaliador – TRT 23/2016 – adaptada) Em relação à estabilidade, considere:

I – Aviso prévio e garantia de emprego são dois institutos incompatíveis, razão pela qual somente após o final do período desta pode ser concedido aquele.

Resposta: Item correto

16.1. Estabilidade nos Contratos por Prazo Determinado e no Aviso Prévio

Ordinariamente, não se adquire estabilidade em contratos por prazo determinado ou a termo, entretanto, excepcionalmente, o TST reconhece duas exceções: empregadas gestantes e empregados(as) vítimas de acidente do trabalho, os quais adquirem estabilidade mesmo em contratos a termo, conforme Súmulas abaixo transcritas:

> Súmula nº 244 do TST
>
> (...)
>
> III – A empregada gestante tem direito à estabilidade provisória prevista no art. 10, inciso II, alínea "b", do Ato das Disposições Constitucionais Transitórias, **mesmo na hipótese de admissão mediante contrato por tempo determinado.** – Grifo nosso.
>
> Súmula nº 378 do TST
>
> (...)
>
> III – O empregado submetido **a contrato de trabalho por tempo determinado goza da garantia provisória de emprego decorrente de acidente de trabalho** prevista no art. 118 da Lei nº 8.213/91. – Grifo nosso.

As mesmas regras e exceções aplicam-se ao **aviso prévio.** Com efeito, não se adquire estabilidade no curso do aviso prévio, salvo nas hipóteses de empregada gestante (artigo 391-A da CLT) e empregados acidentados.

Salientamos, todavia, que, para as gestantes, a referida estabilidade, excepcionalmente, não existirá nos contratos por prazo determinado regidos pela lei nº 6.019/74 (Lei de Trabalho Temporário e Terceirização), uma vez que em 18/11/2019, o Pleno do Tribunal Superior do Trabalho, no julgamento do IAC-5639-31.2013.5.12.0051, fixou a tese de que "é inaplicável ao regime de trabalho temporário, disciplinado pela Lei n.º 6.019/74, a garantia de estabilidade provisória à empregada gestante, prevista no art. 10, II, b, do Ato das Disposições Constitucionais Transitórias.".

16.2. A Polêmica das Nomenclaturas

Como se percebe pelo nome desse tópico da obra, existe uma grande divergência sobre o uso das terminologias estabilidade, estabilidade provisória e garantia de emprego. Essa "confusão doutrinária" se reflete nas provas de concurso e exame da OAB, as quais utilizam, comumente, de forma indistinta, todas as expressões.

Portanto, para acertar as questões relativas ao assunto estabilidade o importante é focar nas hipóteses concretas de estabilidade, pois é isso que se explora nas questões e não a terminologia.

Mesmo cientes de que essa precisão terminológica, nesse assunto, não é tão relevante para o objetivo dessa obra (fazer você ser aprovado), vamos destacar a nomenclatura que julgamos correta.

Nesta ordem de ideias, concordamos com o setor doutrinário que utiliza as expressões estabilidade definitiva, estabilidade provisória e garantia de emprego.

A **estabilidade definitiva** é aquela que tem data para se iniciar, mas não tem para se encerrar, pois é por prazo indeterminado. O rompimento desse tipo de estabilidade só ocorre mediante prévio ajuizamento de Inquérito Judicial para Apuração de Falta Grave. Os dois exemplos dessa hipótese referem-se à estabilidade do servidor público celetista e aos remanescentes da estabilidade decenal.

Já a **estabilidade provisória** existe por prazo determinado. Tem dia de início e dia de encerramento, só podendo ser rompida mediante prévio ajuizamento de Inquérito Judicial para Apuração de Falta Grave. Como exemplo temos, entre outros, o dirigente sindical.

Na **garantia de emprego** o empregado também é protegido contra a despedida arbitrária, todavia essa proteção não é tão forte quanto nas outras hipóteses, afinal não se exige o ajuizamento de um Inquérito Judicial para Apuração de Falta Grave. Exemplos: empregado acidentado, gestante etc.

Por fim, em que pese nossa classificação, acima apresentada, sobre as terminologias que entendemos corretas, ao longo deste manual utilizaremos as expressões de forma indistinta e sem apego ao rigor das nomenclaturas, já que assim tem sido na maioria dos concursos e exames da OAB.

Vamos agora ao estudo das estabilidades em espécie.

16.3. Estabilidade Decenal

Segundo o artigo 492 da CLT, o empregado que contar mais de 10 anos de serviço na mesma empresa não poderá ser despedido senão por motivo de falta grave ou circunstância de força maior, devidamente comprovadas.

Logo, pela estabilidade decenal, após dez anos de serviço na mesma empresa, o empregador adquiriria estabilidade.

Essa hipótese de estabilidade já não existe em nosso país, pois foi extinta com a atual Constituição Nacional, todavia como a mesma Constituição protegeu aqueles que já tivessem adquirido o direito à referida estabilidade antes de sua vigência, podem existir alguns empregados antigos que ainda trabalhem atualmente e que estejam protegidos por esse direito, por já tê-lo adquirido desde antes da atual Carta Constitucional.

Trata-se de uma hipótese de estabilidade definitiva, logo o empregado por ela protegido só poderá ser dispensado se o empregador previamente ajuizar um Inquérito Judicial para Apuração de Falta Grave, onde venha a ficar comprovado a falta grave do empregado.

16.4. Estabilidade do Servidor Público Celetista

A Súmula nº 390 do TST deixa claro que os servidores públicos celetistas da administração direta, autárquica ou fundacional possuem estabilidade, isso após três anos de efetivo exercício do cargo de provimento efetivo.

Diversamente, os empregados de empresas públicas (Caixa Econômica e Petrobrás, por exemplo) e sociedades de economia mista (Banco do Brasil e Banco do Nordeste), mesmo admitidos mediante concurso público, não possuem estabilidade.

Vejamos a súmula:

> Súmula nº 390 do TST
>
> I – O servidor público celetista da administração direta, autárquica ou fundacional é beneficiário da estabilidade prevista no art. 41 da CF/1988.
>
> II – Ao empregado de empresa pública ou de sociedade de economia mista, ainda que admitido mediante aprovação em concurso público, não é garantida a estabilidade prevista no art. 41 da CF/1988.

Os empregados de empresas públicas e sociedades de economia mista, como visto acima, não possuem estabilidade. Na verdade, não existe nem mesmo necessidade de motivar/justificar o ato de dispensa desses trabalhadores, salvo os empregados da Empresa Brasileira de Correios e Telégrafos (que é uma empresa pública), os quais, apesar de não possuírem estabilidade, devem ter seu ato de dispensa motivado/justificado, conforme OJ nº 247 da SDI-1 do TST:

> OJ nº 247 da SDI-1 do TST:
>
> I – A despedida de empregados de empresa pública e de sociedade de economia mista, mesmo admitidos por concurso público, independe de ato motivado para sua validade;

II – **A validade do ato de despedida do empregado da Empresa Brasileira de Correios e Telégrafos (ECT) está condicionada à motivação**, por gozar a empresa do mesmo tratamento destinado à Fazenda Pública em relação à imunidade tributária e à execução por precatório, além das prerrogativas de foro, prazos e custas processuais. – Grifo nosso.

É imprescindível mencionar ainda que os servidores celetistas de **fundações instituídas por lei e subvencionadas pelo Poder Público**, mesmo que tenham personalidade jurídica de direito privado, também terão direito à estabilidade. Nesse sentido a OJ nº 364 da SDI-1 do TST:

> Fundação instituída por lei e que recebe dotação ou subvenção do Poder Público para realizar atividades de interesse do Estado, ainda que tenha personalidade jurídica de direito privado, ostenta natureza de fundação pública. Assim, seus servidores regidos pela CLT são beneficiários da estabilidade excepcional prevista no art. 19 do ADCT.

16.5. Dirigente Sindical

O artigo 8º, inciso VIII, da CF/88 veda a dispensa do empregado sindicalizado a partir do **registro da candidatura a cargo de direção ou representação sindical e, se eleito, ainda que suplente, até um ano após o final do mandato**, salvo se cometer falta grave nos termos da lei.

A CLT no artigo 543, § 3º também trata da mesma hipótese de estabilidade, estendendo-a não somente aos candidatos e representantes das **entidades sindicais**, mas também aos candidatos e representantes das **associações profissionais**.

Para parte da doutrina, o trecho do referido artigo que estende a estabilidade aos dirigentes de associações profissionais não foi recepcionado pela nossa Constituição, motivo pelo qual subsistiria apenas a estabilidade dos dirigentes sindicais.

Nosso entendimento é oposto, pensamos que o fato da regra celetista ser mais abrangente do que a constitucional, tutelando dirigentes sindicais e de associações profissionais, mantenha-a de acordo com o Princípio da Norma Mais Benéfica.[1] Ademais, para concursos públicos, a literalidade da CLT, nesse caso, tem sido utilizada.

Em remate, convém conhecer a Súmula nº 379, que ensina que *"o dirigente sindical somente poderá ser dispensado por falta grave mediante a apuração em inquérito judicial."*.

A) Administração do Sindicato e Delegado Sindical

Segundo o artigo 522 da CLT, a administração do sindicato será exercida por uma **Diretoria** constituída por no **máximo de sete** e no **mínimo de três membros.**

1. Com entendimento idêntico ao nosso: MARTINS, Sérgio Pinto. *Comentários à CLT*. 14ª ed. São Paulo: Atlas, 2010, p.604.

Deverá existir também um **Conselho Fiscal** composto de **três membros**, com a finalidade de fiscalizar a movimentação/gestão financeira do sindicato.

A estabilidade em análise abrange apenas a diretoria, a qual terá o mesmo número de titulares e suplentes. Logo se a diretoria tiver o máximo de sete membros, haverá também sete suplentes, todos protegidos pela estabilidade.

Nem o Conselho Fiscal e nem os Delegados Sindicais são protegidos pela estabilidade. Os primeiros porque não atuam na defesa dos trabalhadores, mas tão somente na fiscalização financeira. Os segundos porque são escolhidos, não participando de processo eleitoral. As Orientações Jurisprudenciais que seguem ratificam nosso entendimento:

> OJ nº 365 da SDI-1
>
> Membro de **conselho fiscal** de sindicato não tem direito à estabilidade prevista nos arts. 543, § 3º, da CLT e 8º, VIII, da CF/1988, porquanto não representa ou atua na defesa de direitos da categoria respectiva, tendo sua competência limitada à fiscalização da gestão financeira do sindicato (art. 522, § 2º, da CLT).
>
> OJ nº 369 da SDI-1
>
> O **delegado sindical** não é beneficiário da estabilidade provisória prevista no art. 8º, VIII, da CF/1988, a qual é dirigida, exclusivamente, àqueles que exerçam ou ocupem cargos de direção nos sindicatos, submetidos a processo eletivo.

B) Necessidade de Comunicação para o Empregador

O artigo 543, § 5º, da CLT, determina que a entidade sindical comunicará por escrito ao empregador, dentro de 24 horas, o dia e a hora do registro da candidatura do seu empregado e, em igual prazo, sua eleição e posse.

Essa regra é óbvia, afinal se a empresa não receber uma comunicação do sindicato não terá conhecimento sobre quais empregados estão concorrendo ao pleito e consequentemente protegidos pela estabilidade.

O prazo de 24 horas previsto na CLT foi relativizado pelo TST, por meio da Súmula nº 369, item I, a qual afirma que a estabilidade persiste mesmo que a comunicação ocorra fora do prazo de 24 horas, o que importa é que a comunicação ocorra na vigência do contrato de trabalho. Segue a Súmula:

> Súmula nº 369 do TST
>
> I – É assegurada a estabilidade provisória ao empregado dirigente sindical, **ainda que a comunicação do registro da candidatura ou da eleição e da posse seja realizada fora do prazo previsto no art. 543, § 5º, da CLT**, desde que a ciência ao empregador, por qualquer meio, ocorra na vigência do contrato de trabalho. – Grifo nosso.

C) *Categoria Diferenciada*

À luz do artigo 511, § 3º, da CLT, considera-se categoria profissional diferenciada aquela relativa aos empregados que exerçam profissões ou funções diferenciadas por força de estatuto (ou lei) profissional especial ou em consequência de condições de vida singulares. Por exemplo, professores constituem categoria profissional diferenciada.

Feito esse esclarecimento inicial, vamos ao centro do debate.

Um empregado que integra uma categoria diferenciada, caso eleito dirigente sindical, só gozará de estabilidade caso atue na empresa em função pertinente à sua categoria profissional diferenciada.

Portanto, um professor eleito dirigente sindical do sindicato dos professores, mas que trabalhe como assessor de um empresário não será protegido pela estabilidade, afinal está atuando em setor totalmente diverso daquele para o qual foi eleito como dirigente sindical.

A Súmula nº 369, item III, trilha esse entendimento:

> III – O empregado de categoria diferenciada eleito dirigente sindical só goza de estabilidade se exercer na empresa atividade pertinente à categoria profissional do sindicato para o qual foi eleito dirigente.

D) *Aviso Prévio e Extinção da Empresa*

Caso o dirigente sindical seja eleito durante o aviso prévio não existirá qualquer tipo de estabilidade.

Se houver extinção da atividade empresarial na base territorial do sindicato, os dirigentes sindicais perdem sua estabilidade, afinal a finalidade desta estabilidade é conferir uma proteção para lutar pela categoria. Logo, se a atividade empresaria foi extinta, não existem mais empregados e muitos menos categoria profissional, ou seja, não existe mais por quem lutar.

A Súmula nº 369, item IV e V, confirma nossa visão:

> Súmula nº 369
>
> (...)
>
> IV – Havendo extinção da atividade empresarial no âmbito da base territorial do sindicato, não há razão para subsistir a estabilidade.
>
> V – O registro da candidatura do empregado a cargo de dirigente sindical durante o período de aviso prévio, ainda que indenizado, não lhe assegura a estabilidade, visto que inaplicável a regra do § 3º do art. 543 da Consolidação das Leis do Trabalho.

A questão a seguir serve para revisar alguns detalhes sobre a estabilidade do dirigente sindical tratados ao longo deste tópico:

▸ **Aplicação em Concurso e/ou OAB:**

(VUNESP - DAEM - Procurador Jurídico - 2019) Com relação à estabilidade provisória do dirigente sindical, assinale a alternativa correta.

a) A estabilidade subsiste ainda que tenha sido extinta a atividade empresarial no âmbito da base territorial do sindicato.

b) A estabilidade provisória é garantida ao dirigente sindical ainda que seu registro tenha ocorrido no curso do aviso prévio indenizado.

c) A estabilidade dos dirigentes sindicais, titulares e suplentes é limitada ao número de oito dirigentes por estabelecimento empresarial.

d) A estabilidade provisória do dirigente sindical de categoria diferenciada goza de estabilidade independentemente da função exercida em seu empregador e da relação com o sindicato ao qual foi eleito dirigente.

e) A estabilidade provisória é assegurada ao dirigente sindical, desde que a ciência de sua candidatura pelo empregador tenha ocorrido no curso do contrato de trabalho, excepcionando-se o período do aviso prévio trabalhado ou indenizado.

Resposta: E

E) Transferência do Dirigente Sindical

O artigo 543 da CLT pontua que o empregado eleito para cargo de administração sindical ou representação profissional, inclusive junto a órgão de deliberação coletiva, não poderá ser impedido do exercício de suas funções, nem transferido para lugar ou mister (função) que lhe dificulte ou torne impossível o desempenho das suas atribuições sindicais. Essa é uma regra que deve ser seguida pelo empregador.

Entretanto, caso o próprio dirigente sindical solicite ao empregador transferência para base territorial distinta daquela onde exerce seu mandato, tal situação corresponde a uma **renúncia tácita** à estabilidade da qual é detentor.

Vamos analisar uma questão que requer conhecimentos não só sobre esse tópico, mas também sobre tópicos pretéritos deste mesmo capítulo:

▸ **Aplicação em Concurso e/ou OAB:**

(FCC – TST – Juiz do Trabalho – 2017) Observadas as normas aplicáveis e a jurisprudência dominante junto ao Tribunal Superior do Trabalho, caracteriza estabilidade e garantia provisória de emprego:

a) O empregado de empresa pública ou de sociedade de economia mista, desde que admitido mediante aprovação em concurso público, tem assegurada a estabilidade prevista no artigo 41 da Constituição de República de 1988.

b) O empregado membro da Comissão Interna de Prevenção de Acidentes – CIPA que foi indicado pelo empregador é detentor de garantia de emprego por até um ano após o final de seu mandato, constituindo-se tal garantia em vantagem pessoal que prevalece mesmo em caso de extinção do estabelecimento.

c) A empregada dispensada com aviso-prévio indenizado informa ao ex-empregador, no dia seguinte à dispensa, o seu estado gravídico de quatro semanas. Nesse caso, o desconhecimento do estado gravídico pelo empregador no momento da rescisão afasta o direito ao pagamento da indenização decorrente da estabilidade constitucional.

d) É possível a transferência do dirigente sindical para outro município vizinho da mesma região metropolitana e base territorial do seu sindicato que não dificulte ou torne impossível o desempenho de suas atribuições sindicais, mantida a estabilidade prevista em lei.

Resposta: D

16.6. Diretores de Cooperativa

O artigo 55 da Lei nº 5.764/71 (Lei de Cooperativismo) afirma que os empregados de empresas que sejam eleitos diretores de sociedades cooperativas pelos mesmos criadas, gozarão das garantias asseguradas aos dirigentes sindicais.

A legislação, a olhos vistos, deferiu aos diretores de cooperativa as vantagens estabilitárias de um dirigente de sindicato. Assim sendo, os diretores de cooperativa terão seu período de estabilidade provisória iniciado com o **registro da candidatura e até um ano após o término do mandato.**

Da mesma forma, eventual falta grave cometida pelo diretor de cooperativa deverá ser apurada mediante prévio ajuizamento de **Inquérito Judicial para Apuração de Falta Grave.**

O empregado que esteja se candidatando à direção de uma cooperativa deverá comunicar ao seu empregador não só o registro de sua candidatura, mas também eventual eleição.

A única diferença que existe entre os diretores de cooperativa e os dirigentes sindicais, no que toca à estabilidade, refere-se aos **suplentes**, afinal os suplentes dos dirigentes sindicais possuem a mesma estabilidade que os titulares, **já os suplentes dos diretores de cooperativa não possuem estabilidade** (OJ nº 253 da SDI-1 do TST).

Analisemos uma questão sobre os Diretores de Cooperativa:

▸ **Aplicação em Concurso e/ou OAB:**

(TRT 8 – Juiz do Trabalho Substituto 8ª região - 2015 - Adaptada) A respeito da estabilidade e das garantias provisórias de emprego, analise as proposições abaixo e assinale a alternativa CORRETA:

I – São detentores de garantia de emprego os empregados de empresas que sejam eleitos diretores de sociedades cooperativas pelos mesmos criadas.

Resposta: Item correto

16.7. Cipeiros Eleitos

Os Cipeiros são os trabalhadores que fazem parte da CIPA (Comissão Interna de Prevenção de Acidentes). A CIPA, por sua vez, é um órgão paritário, formado por representantes dos empregados (que foram por estes **eleitos**) e por representantes do empregador (que foram por estes **indicados**).

Na atuação como membros da CIPA, os representantes eleitos pelos empregados, naturalmente, entram em conflito de interesses com o empregador, vez que atuam exigindo/reivindicando medidas de cautela e prevenção contra acidentes de trabalho e doenças ocupacionais, motivo pelo qual foram protegidos pela Constituição, no Ato das Disposições Constitucionais Transitórias (ADCT), que lhes presenteou com essa estabilidade, nos seguintes termos:

> Art. 10. Até que seja promulgada a lei complementar a que se refere o art. 7º, I, da Constituição:
>
> (...)
>
> II – **fica vedada a dispensa arbitrária ou sem justa causa**:
>
> a) do **empregado eleito** para cargo de direção de comissões internas de prevenção de acidentes, **desde o registro de sua candidatura até um ano após o final de seu mandato**;

Pela leitura do artigo, salta aos olhos que a estabilidade existe apenas para os **Cipeiros eleitos**, isto é, para aqueles que representam os empregados (por exemplo, vice-presidente da CIPA), não havendo que se falar em estabilidade dos Cipeiros indicados pelo empregador, a exemplo do Presidente da CIPA (que é indicado).

A estabilidade dos Cipeiros surge desde o registro de sua candidatura e se estende até um ano após o final do mandato. Em que pese a omissão Constitucional, a estabilidade abrange também os Cipeiros eleitos como suplentes.

Como a estabilidade ora estudada existe para proteger os Cipeiros na luta por melhores condições de saúde e segurança no trabalho, caso o estabelecimento empresarial deixe de existir, obviamente se extinguirá a estabilidade em análise, afinal não existem mais empregados para que a CIPA possa zelar por um ambiente de trabalho seguro.

A Súmula nº 339 do TST confirma nossos ensinamentos:

> I – O suplente da CIPA goza da garantia de emprego prevista no art. 10, II, "a", do ADCT a partir da promulgação da Constituição Federal de 1988.
>
> II – A estabilidade provisória do cipeiro não constitui vantagem pessoal, mas garantia para as atividades dos membros da CIPA, que somente tem razão de ser quando em atividade a empresa. Extinto o estabelecimento, não se verifica a despedida arbitrária, sendo impossível a reintegração e indevida a indenização do período estabilitário.

O mandato dos membros da CIPA tem duração de um ano, sendo permitida uma reeleição ou recondução.

Por fim, é bom saber que as Normas Regulamentadoras (NR) do MTE, relativas à segurança e medicina do trabalho, são de observância obrigatória pelas empresas privadas e públicas e pelos órgãos públicos da administração direta e indireta, bem como pelos órgãos dos Poderes Legislativo e Judiciário, que possuam empregados regidos pela Consolidação das Leis do Trabalho (NR 1 – item 1.1).

Vamos analisar uma questão sobre o tema:

▶ **Aplicação em Concurso e/ou OAB:**

(CESPE - 2018 - PGM - João Pessoa - PB - Procurador do Município) Acerca da estabilidade dos membros da CIPA, assinale a opção correta.

a) O empregado que tiver registrado a candidatura e tiver sido eleito membro da CIPA durante a vigência de contrato de experiência não terá o direito à estabilidade.

b) A extinção do estabelecimento onde o empregado eleito membro da CIPA trabalhe não acarreta a extinção da estabilidade, visto que o empregado terá direito ao recebimento de todas as garantias até o final da projeção do seu mandato.

c) Terão direito à estabilidade os membros da CIPA representantes dos empregados e dos empregadores, sejam eles titulares ou suplentes.

d) Em regra, a estabilidade dos membros da CIPA permanece até o final do mandato, ainda que o empregado renuncie ao cargo de membro da CIPA.

e) Não existe limite para reeleição de empregado como membro da CIPA, de forma que a estabilidade permanece até o final do último mandato.

Resposta: A

A) Extinção da Estabilidade dos Cipeiros Eleitos

O artigo 165 da CLT traça as hipóteses de extinção da estabilidade de um Cipeiro:

> Art. 165 – Os titulares da representação dos empregados nas CIPA(s) não poderão sofrer despedida arbitrária, entendendo-se como tal a que não se fundar em motivo disciplinar, técnico, econômico ou financeiro.
>
> Parágrafo único – Ocorrendo a despedida, caberá ao empregador, em caso de reclamação à Justiça do Trabalho, comprovar a existência de qualquer dos motivos mencionados neste artigo, sob pena de ser condenado a reintegrar o empregado

O *caput* do artigo 165 deixa transparecer que o Cipeiro poderá ter seu contrato de trabalho extinto caso exista algum motivo disciplinar, técnico, econômico ou financeiro.

Como **motivo disciplinar** devemos entender aquele Cipeiro que pratica ato de indisciplina (desobediência de ordens gerais) ou insubordinação (desobediência de ordens específicas).

O **motivo técnico** pode estar ligado à evolução tecnológica da empresa, por exemplo, o empregador adquire maquinário de ponta que vem a substituir todos os empregados de determinado setor, o que acaba levando à dispensa dos mesmos, sendo que o Cipeiro também trabalhava no referido setor.

A **motivação financeira ou econômica** está ligada à existência de crise financeira na empresa ou então de crise financeira do país, sendo que uma ou outra leva à necessidade de redução do quadro de empregados.

Quaisquer das hipóteses de rompimento dessa garantia de emprego deverá ser comprovada pelo empregador, o qual tem o ônus probatório de demonstrar a existência do motivo alegado, caso seja acionado judicialmente pelo empregado.

Nesse caso não se faz necessário o ajuizamento de Inquérito Judicial para Apuração de Falta Grave.

16.8. Estabilidade da Gestante

Essa estabilidade foi criada para proteger não só a gestante, mas também o nascituro, afinal durante a gestação e nos primeiros meses de vida do novo ser, existe uma necessidade de paz de espírito e de recursos financeiros para uma alimentação especializada, os quais podem ser obtidos pela existência de um vínculo empregatício.

A estabilidade da gestante surge pela simples confirmação da gravidez, seja durante a relação de emprego ou mesmo após a extinção do vínculo, sendo que nesse último caso a contagem retroativa das semanas de vida intrauterina deverá retrooperar ao tempo em que ainda existia contrato de trabalho.

Em síntese, nessa modalidade de estabilidade existe o que a doutrina chama de **responsabilidade objetiva**, por meio da qual pouco importa se o empregador ou mesmo a gestante sabiam da existência do estado gravídico quando do rompimento do vínculo, pois em qualquer caso existe o dever de reintegrá-la ao trabalho ou, caso não seja possível, indenizá-la pelo período estabilitário.

O que a Constituição exige é que o estado gravídico seja confirmado, não se exigindo prévia comunicação ao empregador sobre a existência do mesmo. Vejamos o dispositivo abaixo do Ato das Disposições Constitucionais Transitórias (ADCT):

> Art. 10. Até que seja promulgada a lei complementar a que se refere o art. 7º, I, da Constituição:
>
> (...)
>
> II – fica vedada a dispensa arbitrária ou sem justa causa:
>
> (...)
>
> b) da empregada gestante, **desde a confirmação da gravidez** até cinco meses após o parto.

Essa estabilidade, repetimos, se inicia desde a confirmação da gravidez até cinco meses após o parto.

Assim como ocorre com o Cipeiro, a gestante poderá ter sua garantia de emprego afastada quando houver algum motivo disciplinar, técnico, econômico ou financeiro. Sendo que, em quaisquer das referidas hipóteses, não se faz necessário o ajuizamento de Inquérito Judicial para Apuração de Falta Grave.

A) Irrenunciabilidade

A doutrina em geral defende a irrenunciabilidade dessa modalidade de estabilidade, vez que a gestante não poderia renunciar ao que não lhe pertence de forma exclusiva, afinal o nascituro também está envolvido no processo.

Nem mesmo por meio de norma coletiva essa estabilidade poderia ser renunciada, conforme se infere da OJ nº 30 da SDC (Sessão de Dissídios Coletivos) do TST:

> Nos termos do art. 10, II, "b", do ADCT, a proteção à maternidade foi erigida à hierarquia constitucional, pois retirou do âmbito do direito potestativo do empregador a possibilidade de despedir arbitrariamente a empregada em estado gravídico. Portanto, a teor do artigo 9º, da CLT, **torna-se nula de pleno direito a cláusula que estabelece a possibilidade de renúncia ou transação, pela gestante, das garantias referentes à manutenção do emprego e salário.** – Grifo nosso.

B) Contrato por Prazo Determinado e Aviso Prévio

Como já dito ao longo de outras passagens dessa obra, mesmo no curso do aviso prévio ou na existência de contrato por prazo determinado, a gestante adquirirá a garantia de emprego, conforme artigo 391-A da CLT:

> Art. 391-A. A confirmação do estado de gravidez advindo no curso do contrato de trabalho, **ainda que durante o prazo do aviso prévio trabalhado ou indenizado**, garante à empregada gestante a estabilidade provisória prevista na alínea b do inciso II do art. 10 do Ato das Disposições Constitucionais Transitórias.
>
> Parágrafo único. O disposto no caput deste artigo aplica-se ao empregado adotante ao qual tenha sido concedida guarda provisória para fins de adoção.

Salientamos, todavia, que a referida estabilidade, excepcionalmente, não existirá nos contratos por prazo determinado regidos pela lei nº 6.019/74 (Lei de Trabalho Temporário), uma vez que em 18/11/2019, o Pleno do Tribunal Superior do Trabalho, no julgamento do IAC-5639-31.2013.5.12.0051, fixou a tese de que "*é inaplicável ao regime de trabalho temporário, disciplinado pela Lei n.º 6.019/74, a garantia de estabilidade provisória à empregada gestante, prevista no art. 10, II, b, do Ato das Disposições Constitucionais Transitórias.*".

C) Exames Pré-contratuais, Contratuais e Pós-contratuais

O artigo 373-A, inciso IV, da CLT, proíbe o empregador de exigir atestado ou exame, de qualquer natureza, para comprovação de esterilidade ou gravidez, na **admissão** (período pré-contratual) ou **permanência** no emprego (período contratual).

Por exclusão, percebe-se que o legislador não proibiu a realização de exames no período pós-contratual, isto é, após a dispensa e antes de pagamento das verbas rescisórias.

Concordamos com o silêncio eloquente do legislador, afinal fazer um exame de gravidez após a dispensa (pós-contratual) e, por exemplo, antes do recebimento das verbas rescisórias não é prejudicial à empregada, ao contrário, pois caso seja constatada a gravidez o empregador poderá reintegrá-la de forma rápida.

De saída, vale citar a Súmula nº 244 do TST, a qual repete alguns ensinamentos já passados ao longo deste tópico:

> Súmula nº 244 do TST:
>
> I – O desconhecimento do estado gravídico pelo empregador não afasta o direito ao pagamento da indenização decorrente da estabilidade (art. 10, II, "b" do ADCT).
>
> II – A garantia de emprego à gestante só autoriza a reintegração se esta se der durante o período de estabilidade. Do contrário, a garantia restringe-se aos salários e demais direitos correspondentes ao período de estabilidade.
>
> III – A empregada gestante tem direito à estabilidade provisória prevista no art. 10, inciso II, alínea "b", do Ato das Disposições Constitucionais Transitórias, mesmo na hipótese de admissão mediante contrato por tempo determinado.

D) Aborto, Natimorto, Adoção e Falecimento da Mãe

No caso de **aborto não criminoso**, comprovado por atestado médico oficial, a mulher terá um repouso remunerado de duas semanas, ficando-lhe assegurado o direito de retornar à função que ocupava antes de seu afastamento, mas **não existe direito à garantia de emprego.**

Se a criança nasce morta (**natimorto**) existe considerável divergência doutrinária sobre a extensão temporal do período de estabilidade. Determinado setor da doutrina entende que a estabilidade, no caso do natimorto, se estende desde a concepção até a data do óbito do feto e não até cinco meses após o parto.

Outro setor doutrinário, por sua vez, entende que mesmo no caso do natimorto, existe a garantia da emprego clássica da gestante, que impede a dispensa arbitrária ou sem justa causa desde a confirmação da gravidez até cinco meses após o parto. Esta vertente ganhou mais força, afinal em 09 de julho de 2019, a 2ª Turma do TST endossou esta tese, conforme se observa da citação abaixo[2]:

2. Íntegra do acórdão disponível no site do TST: file:///C:/Users/Ant%C3%B4nio/Downloads/RR-1001880-03_2016_5_02_0023.pdf

> O art. 10, inciso II, alínea "b", do ADCT, ao prever a estabilidade "desde a confirmação da gravidez até cinco meses após o parto", não faz qualquer ressalva ao natimorto. Logo, é forçoso concluir que a garantia provisória ao emprego prevista no referido dispositivo não está condicionada ao nascimento com vida. Indenização substitutiva do período de estabilidade devida desde a data seguinte à dispensa até cinco meses após o parto. Recurso de revista conhecido e provido. (Processo nº TST-RR-1001880-03.2016.5.02.0023, 2ª Turma)

Relativamente à **mãe adotante**, por falta de previsão legal, inexiste direito à garantia de emprego.

Em remate, nos casos em que ocorrer o **falecimento da genitora**, será assegurado a quem detiver a guarda do filho, o direito à garantia de emprego pelo tempo remanescente (artigo 1º da Lei Complementar nº 146/2014).

A questão a seguir serve para revisar vários detalhes sobre a garantia de emprego da gestante tratados ao longo deste tópico:

▸ **Aplicação em Concurso e/ou OAB:**

(Cespe – Analista Judiciário – Área Administrativa – TRT 8/2016 – ADAPTADA) Quanto à estabilidade da gestante, julgue os itens:

I – A garantia de emprego da gestante desde a confirmação da gravidez até cinco meses após o parto foi estendida à adotante, nos termos da lei federal.

II. A empregada gestante tem direito à estabilidade provisória prevista no art. 10, inciso II, alínea ' 'b", do Ato das Disposições Constitucionais Transitórias, mesmo na hipótese de admissão mediante contrato por tempo determinado.

III. O desconhecimento do estado gravídico pelo empregador não afasta o direito ao pagamento da indenização decorrente da estabilidade (art. 10, II, "b" do ADCT).

IV. A garantia de emprego à gestante só autoriza a reintegração se esta se der durante o período de estabilidade. Do contrário, a garantia restringe-se aos salários e demais direitos correspondentes ao contrato de trabalho.

Resposta: Itens II e III corretos; Itens I e IV errados

Vamos enfrentar mais uma questão sobre a estabilidade da gestante:

▸ **Aplicação em Concurso e/ou OAB:**

(FCC – Analista Judiciário – Área Administrativa – TRF 3/2016) Judith Cristina, assistente administrativo na empresa Sem Rumo Representação

Comercial, foi dispensada sem justa causa em 14/10/2015, sendo quitadas todas as verbas rescisórias inerentes ao contrato de trabalho. No dia 30/10/2015, após um mal estar, Judith Cristina passou por uma consulta médica quando, então, foi constatado que estava grávida, com 6 semanas de gestação. Após seis meses do nascimento da criança, Judith Cristina procurou a empresa Sem Rumo Representação Comercial e informou que, no momento da rescisão do contrato de trabalho, estava grávida. Diante dos fatos e de acordo com o entendimento sumulado pelo TST, Judith Cristina

a) deve ser reintegrada, com o pagamento dos salários e demais verbas relativas ao período posterior à reintegração.

b) deve ser reintegrada, com pagamento de todos os salários e demais direitos correspondentes ao período de estabilidade.

c) tem direito apenas aos salários e demais verbas correspondentes ao período de estabilidade, tendo em vista o término do período relativo à garantia de emprego.

d) não tem direito aos salários e demais verbas correspondentes ao período de estabilidade, uma vez que não comunicou a empresa antes do nascimento da criança.

e) não tem direito à reintegração e aos salários, em razão do término da garantia de emprego.

Resposta: C

16.9. Empregado Acidentado

Acidente do trabalho é o que ocorre pelo exercício do trabalho a serviço da empresa ou de empregador doméstico ou pelo exercício do trabalho dos segurados especiais, provocando lesão corporal, perturbação funcional que cause a morte e a perda ou redução, permanente ou temporária, da capacidade para o trabalho.

As doenças ocupacionais equiparam-se a acidente de trabalho e os acidentes de trajeto, aqueles ocorridos no deslocamento casa/trabalho/casa, também são considerados acidentes do trabalho.

Até a publicação da Lei Complementar nº 150, de 01/06/2015, apenas o empregado e o trabalhador avulso poderiam sofrer acidente do trabalho. Com a regulamentação da chamada PEC das Domésticas pela referida lei, os empregados domésticos passaram a fazer jus aos benefícios acidentários.

Exemplo de acidente típico: Segurado eletricista cai da escada durante a reparação da iluminação da empresa.

Doenças ocupacionais são as doenças ocorridas em virtude da atividade do trabalhador. São equiparadas ao acidente de trabalho, dividindo-se em doença profissional e do trabalho, conforme a seguinte conceituação legal:

- **Doença profissional** é a produzida ou desencadeada pelo exercício do trabalho peculiar a determinada atividade e constante da respectiva relação elaborada pelo Ministério da Previdência Social (atualmente, o Ministério do Desenvolvimento Social e Agrário absorveu toda a estrutura do INSS, após a reforma ministerial promovida pela Lei nº 13.341, de 29/09/2016); **Exemplo:** LER – a lesão por esforço repetitivo, sofrida pelo digitador.
- **Doença do trabalho** é a adquirida ou desencadeada em função de condições especiais em que o trabalho é realizado, e com ele se relaciona diretamente. **Exemplo:** A disacusia neurossensorial (perda da audição induzida por ruído) do trabalhador da construção civil.

A empresa é responsável pela adoção e uso das medidas coletivas e individuais de proteção e segurança da saúde do trabalhador, constituindo contravenção penal, deixar a empresa de cumprir as normas de segurança e higiene do trabalho.

Vale esclarecer que não são consideradas doenças do trabalho:

- A doença degenerativa;
- A inerente a grupo etário;
- A que não produza incapacidade para o trabalho;
- A doença endêmica adquirida por segurado habitante de região em que ela se desenvolva, salvo comprovação de que é resultante de exposição ou contato direto determinado pela natureza do trabalho.

Vamos a um exemplo dessa última hipótese (doença endêmica): Não se pode considerar o segurado, habitante da região amazônica, atingido por doença do trabalho, quando picado pelo mosquito transmissor da malária, eis que se trata de doença endêmica da região. A situação, entretanto, poderia gerar a caracterização de doença do trabalho, se o referido segurado, por força do seu trabalho, teve de se expor ao contato direto com os citados insetos, hipótese aplicável aos "caça-mosquitos" (trabalhadores que possuem a tarefa de exterminar os referidos mosquitos).

O artigo 118 da Lei 8.213/1991, o qual é totalmente constitucional, delineia esta hipótese de estabilidade:

O segurado que sofreu acidente do trabalho tem garantida, pelo **prazo mínimo de doze meses, a manutenção do seu contrato de trabalho na empresa, após a cessação do auxílio-doença acidentário**, independentemente de percepção de auxílio-acidente. – Grifo nosso.

Afigura-se necessário pontuar que não é qualquer acidente de trabalho, doença ocupacional ou acidente de trajeto que faz surgir a estabilidade acidentária, mas tão somente aqueles mais graves, entendidos como tais os que incapacitem o trabalhador por mais de 15 dias, pois quando o afastamento é superior a tal período, o empregado deverá ser encaminhado para o INSS, onde receberá auxílio-doença acidentário (código 91).

Após a Emenda Constitucional nº 103/2019 ("Reforma da Previdência"), o auxílio-doença acidentário, código 91, passou a ser chamado, no texto constitucional, de **auxílio por incapacidade temporária acidentário**, em que pese a legislação infraconstitucional continuar a utilizar a terminologia antiga.

Sistematizando, segue um gráfico com os requisitos tradicionais para o surgimento da estabilidade em comento:

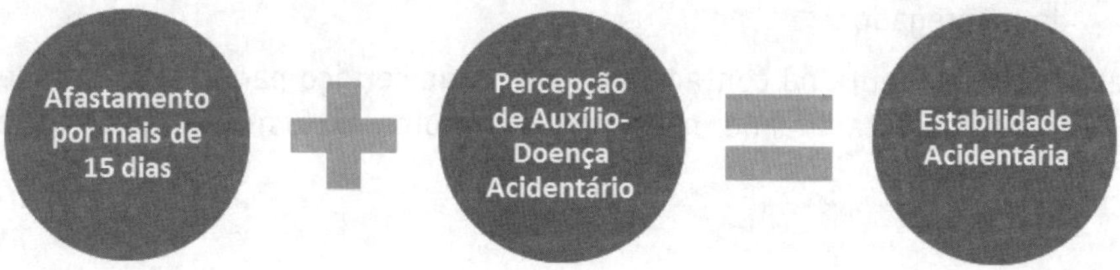

Os primeiros 15 dias tratam-se de hipótese de interrupção do contrato do trabalho, pois são custeados pelo empregador. O período seguinte aos 15 dias deverá ser considerado como de suspensão do contrato de trabalho.

A Súmula nº 378 do TST, itens I e II, falam respectivamente sobre o período de estabilidade e sobre os requisitos para a aquisição da estabilidade:

Súmula nº 378 do TST

I – É constitucional o artigo 118 da Lei nº 8.213/1991 que assegura o direito à estabilidade provisória por período de 12 meses após a cessação do auxílio-doença ao empregado acidentado.

II – São pressupostos para a concessão da estabilidade o afastamento superior a 15 dias e a consequente percepção do auxílio-doença acidentário, salvo se constatada, após a despedida, doença profissional que guarde relação de causalidade com a execução do contrato de emprego.

III – O empregado submetido a contrato de trabalho por tempo determinado goza da garantia provisória de emprego decorrente de acidente de trabalho prevista no art. 118 da Lei nº 8.213/91.

O empregado em gozo de estabilidade acidentária só poderá ter sua garantia de emprego afastada quando vier a praticar algum ato faltoso enquadrado como hipótese de justa causa, sendo que não se faz necessário o ajuizamento de Inquérito Judicial para Apuração de Falta Grave.

Segue uma questão sobre o tema:

▸ **Aplicação em Concurso e/ou OAB:**

(VUNESP - UNICAMP - Procurador de Universidade Assistente - 2018) O período de afastamento do empregado, por motivo de acidente do trabalho,

a) enseja a estabilidade no emprego por, no mínimo, doze meses, após a alta médica, mesmo quando inferior a quinze dias.

b) computa-se na contagem do tempo de serviço apenas para efeito de indenização.

c) computa-se na contagem do tempo de serviço, para efeito de indenização e estabilidade.

d) enseja a estabilidade no emprego, tão-somente, na hipótese de culpa do empregador.

e) não se computa na contagem de tempo de serviço para efeito de indenização e estabilidade, na hipótese de culpa exclusiva do empregado.

Resposta: C

Vamos verificar outra questão sobre o assunto:

▸ **Aplicação em Concurso e/ou OAB:**

(FCCT 2 – SEGEP – MA – Procurador do Estado – 2016) Sandra foi contratada, em janeiro de 2013, pela empresa Uni Dune S/A, para trabalhar como faxineira, das 08h00 às 17h00, com uma hora de intervalo para refeição e descanso. Em abril de 2014, Sandra sofreu acidente do trabalho quando caiu da escada e torceu seu tornozelo, ao limpar uma das janelas do escritório da empresa, ficando afastada de suas atividades por quinze dias. Em dezembro de 2014, Sandra foi dispensada sem justa causa, quando recebeu corretamente todas as verbas rescisórias. Em janeiro de 2016, Sandra propôs reclamação trabalhista em face da empresa Uni Dune S/A, pretendendo a reintegração ao trabalho e o pagamento de indenização por danos sofridos. Neste caso, Sandra

a) é estável, pois apesar de não ter percebido auxílio doença acidentário, sofreu acidente do trabalho que, por si só, garante o direito à estabilidade provisória.

b) não poderia ser dispensada, pois tinha direito à estabilidade provisória por período de doze meses, contado a partir do retorno ao trabalho.

c) tem direito à estabilidade provisória, podendo ser reintegrada a qualquer tempo, mesmo exaurido o período estabilitário.

d) não tem direito à estabilidade, uma vez que não ficou afastada por período superior a quinze dias e não percebeu benefício previdenciário acidentário.

e) não tem direito à reintegração, mas apenas ao pagamento de indenização pelo período estabilitário.

Resposta: D

A) Estabilidade Fora dos Requisitos Clássicos

O final do item II da Súmula nº 378, criou uma exceção no que toca aos requisitos para aquisição da estabilidade no caso daqueles empregados que só constatam a existência de doença profissional após serem dispensados, afirmando que nesse caso o empregado também terá direito à estabilidade.

Essa exceção é muito comum em processos judiciais trabalhistas, onde o empregado adoecido pelo tipo de trabalho desenvolvido busca o reconhecimento judicial de que sua doença tem nexo com o trabalho, mas que, apesar disso, nunca recebeu auxílio-doença acidentário do INSS, o qual, após a "Reforma da Previdência", passou a ser chamado de auxílio por incapacidade temporária acidentário. Nesse tipo de processo o empregado, obrigatoriamente, deverá se submeter a uma perícia médica.

Caso o *expert* (perito) constate que o empregado está enfermo e que sua enfermidade tem nexo ocupacional, na prática, o juiz acaba acatando o laudo pericial (apesar de liberdade para discordar do laudo) e determinando que o empregado seja reintegrado ao trabalho ou, caso tenha cessado o período de estabilidade, o que inviabiliza a reintegração, o juiz determinará o pagamento da indenização relativa ao período estabilitário.

B) Contrato por Prazo Determinado e Aviso Prévio

Como já dito ao longo de outras passagens dessa obra, mesmo no curso do aviso prévio ou na existência de contrato por prazo determinado, o empregado acidentado adquirirá a garantia de emprego, conforme Súmula nº 378, Item III, do TST:

> Súmula nº 378 do TST
>
> (...)
>
> III – O empregado submetido a contrato de trabalho por tempo determinado goza da garantia provisória de emprego decorrente de acidente de trabalho prevista no art. 118 da Lei nº 8.213/91.

A Súmula citada trata apenas do contrato a termo, todavia doutrina e jurisprudência têm deferido a referida estabilidade também na hipótese de aviso prévio.

16.10. Conselho Nacional de Previdência (CNP)

A Lei nº 8.213/91, em seu artigo 3º, instituiu o Conselho Nacional de Previdência Social – CNPS, atualmente chamado de Conselho Nacional de Previdência (Lei 13.341/2016), que é um órgão superior de deliberação colegiada, que tem várias finalidades, valendo destacar a competência de acompanhar a aplicação da legislação pertinente à Previdência Social.

É Importante frisar que esta mudança de nomenclatura do Conselho Nacional de Previdência Social para simplesmente Conselho Nacional de Previdência foi promovida pelo artigo 7º, parágrafo único, inciso III, da Lei nº 13.341/2016 (Reforma Ministerial do Governo Temer), sem ter alterado o antigo nome na Lei nº 8.213/91. Assim, caso as questões de concurso ainda continuem utilizando o antigo nome, os candidatos **não** devem considerar errado. Nesta obra, todavia, utilizaremos o nome atualizado.

O CNP possui 15 membros, sendo 6 representantes do Governo Federal e 9 representantes da sociedade civil, os quais se distribuem da seguinte forma: 3 representantes dos aposentados e pensionistas; 3 representantes dos trabalhadores em atividades; 3 representantes dos empregadores.

Os integrantes do CNP e seus respectivos suplentes serão **nomeados pelo Presidente da República**, tendo os representantes titulares da sociedade civil mandato de 2 anos, podendo ser reconduzidos, de imediato, uma única vez.

Os representantes dos trabalhadores em atividade, dos aposentados, dos empregadores e seus respectivos suplentes serão indicados pelas respectivas centrais sindicais e confederações nacionais.

Apenas aos membros representantes dos trabalhadores em atividade, titulares e suplentes, é assegurada a estabilidade no emprego, da nomeação até um ano após o término do mandato de representação, somente podendo ser dispensados por motivo de falta grave, regularmente comprovada através de processo judicial.

As ausências ao trabalho dos representantes dos trabalhadores em atividade, decorrentes das atividades do Conselho, serão abonadas, computando-se como jornada efetivamente trabalhada para todos os fins e efeitos legais.

O CNP reunir-se-á, **ordinariamente**, uma vez por mês, por convocação de seu Presidente, não podendo ser adiada a reunião por mais de 15 dias se houver requerimento nesse sentido da maioria dos conselheiros.

Poderá ser convocada **reunião extraordinária** por seu Presidente ou a requerimento de um terço de seus membros, conforme dispuser o regimento interno do CNP.

Abaixo destacamos as principais características desta modalidade de estabilidade:

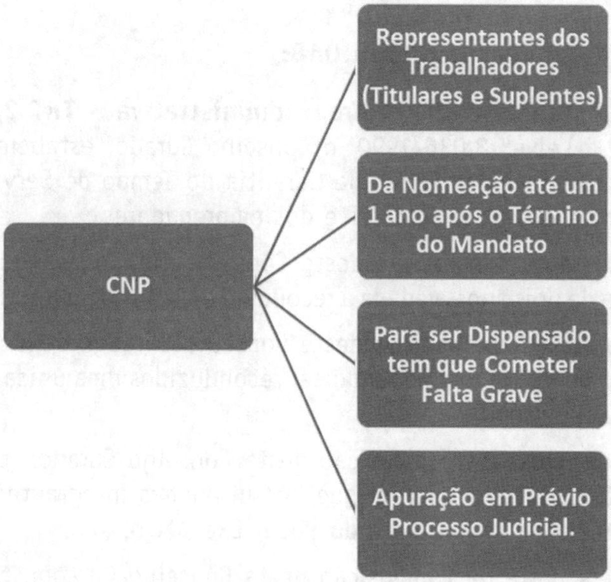

16.11. Conselho Curador do FGTS

O artigo 3º da Lei 8.036/90 prevê o Conselho Curador de FGTS, o qual cria normas e diretrizes para reger o fundo e é composto por representação de trabalhadores, empregadores e órgãos/entidades governamentais.

A Presidência do Conselho Curador será exercida pelo Ministro de Estado da Economia ou por representante, por ele indicado, da área fazendária do governo.

Os representantes dos trabalhadores e dos empregadores e seus suplentes serão indicados pelas respectivas centrais sindicais e confederações nacionais, serão nomeados pelo Poder Executivo, terão mandato de 2 (dois) anos e poderão ser reconduzidos uma única vez, vedada a permanência de uma mesma pessoa como membro titular, como suplente ou, de forma alternada, como titular e suplente, por período consecutivo superior a 4 (quatro) anos no Conselho.

As ausências ao trabalho dos representantes dos trabalhadores no Conselho Curador, decorrentes das atividades desse órgão, serão abonadas, computando-se como jornada efetivamente trabalhada para todos os fins e efeitos legais.

Apenas aos membros representantes dos trabalhadores, efetivos e suplentes, é assegurada a estabilidade no emprego, da **nomeação até um ano após o término do mandato de representação**, somente podendo ser dispensados por motivo de falta grave, regularmente comprovada através de **PROCESSO SINDICAL**.

Eis uma aplicação prática do tema em estudo:

▸ **Aplicação em Concurso e/ou OAB:**

(FCC – Analista Judiciário – Área Administrativa – TRT 2/2018) De acordo com a Lei nº 8.036/1990, o Conselho Curador estabelece normas e diretrizes que regem o Fundo de Garantia do Tempo de Serviço (FGTS). Representantes dos trabalhadores e dos empregadores

a) fazem parte da composição deste Conselho Curador, sendo que terão mandato de dois anos, vedada a recondução, inclusive para os suplentes.

b) fazem parte da composição deste Conselho Curador, sendo que terão mandato de dois anos, podendo ser reconduzidos uma única vez, inclusive os suplentes.

c) não fazem parte da composição deste Conselho Curador, tratando-se de um órgão governamental que possui apenas integrantes indicados pela autoridade competente do Poder Executivo.

d) não fazem parte da composição deste Conselho Curador, tratando-se de um órgão governamental que possui apenas integrantes indicados pelas autoridades competentes dos Poderes Executivo e Legislativo.

e) fazem parte da composição deste Conselho Curador, sendo que terão mandato de três anos, vedada a recondução, inclusive para os suplentes.

Resposta: B

16.12. Comissão de Conciliação Prévia (CCP)

As Comissões de Conciliação Prévia constituem-se em meio alternativo de resolução de conflitos, as quais podem aderir empregados e empregadores para a tentativa de celebrar acordo. Caso o acordo seja efetivado, existirá eficácia liberatória para o empregador.

Com efeito, as empresas e os sindicatos podem instituir Comissões de Conciliação Prévia, de composição paritária (igual números de representantes de empregados e empregadores), com a atribuição de tentar conciliar os conflitos individuais de trabalho.

A Comissão instituída no âmbito da empresa será composta de, no mínimo, dois e, no máximo, dez membros. Já a Comissão instituída no âmbito do sindicato terá sua constituição e normas de funcionamento definidas em convenção ou acordo coletivo.

O mandato dos membros da CCP, titulares e suplentes, é de um ano, permitida uma recondução. Haverá na Comissão tantos suplentes quantos forem os representantes titulares.

É vedada a dispensa dos representantes dos empregados membros da CCP, titulares e suplentes, até um ano após o final do mandato, salvo se cometerem falta grave, nos termos da lei.

Os representantes dos empregados desenvolverão seus trabalhos normalmente na empresa, afastando-se de suas atividades apenas quando convocado para atuar como conciliador na CCP, sendo computado como tempo de trabalho efetivo o despendido nessa atividade.

A doutrina majoritária tem entendido, pois a lei é omissa neste ponto, que a estabilidade se inicia desde quando o empregado registra sua candidatura à membro da CCP, sendo esse o entendimento a ser utilizado para provas de concursos e exame da OAB.

Outra polêmica reside na forma pela qual a presente estabilidade poderá ser rompida, havendo bastante divergência na doutrina.

Um segmento doutrinário defende que a mera existência de falta grave, incidindo em uma hipótese de justa causa, seria suficiente para romper a referida estabilidade.

Outro segmento argumenta que a lei, teleologicamente, exigiria o prévio ajuizamento de Inquérito Judicial para Apuração de Falta Grave.

Como existe grande divergência na doutrina sobre esse ponto, qualquer questão objetiva seria passível de anulação, cabendo a exploração da divergência apenas em questões abertas.

Literalmente, o artigo 625-B, § 1º, da CLT assim se expressa: *"É vedada a dispensa dos representantes dos empregados membros da Comissão de Conciliação Prévia, titulares e suplentes, até um ano após o final do mandato,* salvo se cometerem falta grave, nos termos da lei.". Normalmente, as questões exigem de forma literal, como consta no dispositivo retro transcrito.

Abaixo destacamos as principais características dessa hipótese de estabilidade:

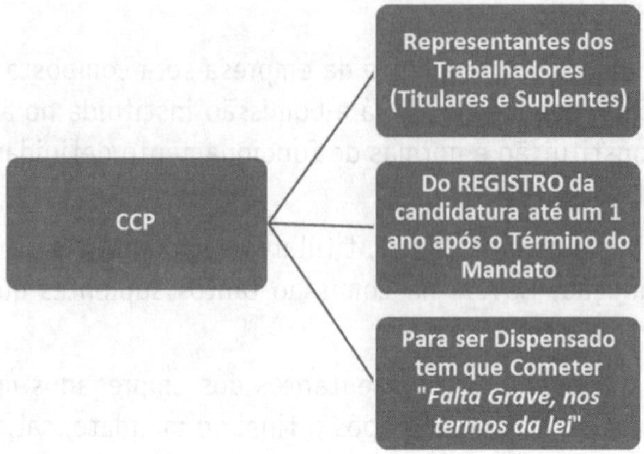

Eis uma aplicação prática do tema em estudo:

▸ **Aplicação em Concurso e/ou OAB:**

(Cespe – Técnico Judiciário – Área Administrativa – TRT 8/2016 – adaptado) Acerca das comissões de conciliação prévia, julgue os itens:

I – Membro suplente dos empregados de comissão de conciliação prévia não possui estabilidade.

II – Será descontado da sua folha de pagamento o valor equivalente ao período em que empregado designado a atuar como conciliador em data de expediente esteve ausente do trabalho.

III – O mandato dos membros das comissões de conciliação prévia é de dois anos, vedada a recondução.

Resposta: Todos os itens errados.

16.13. Pessoas com Deficiência e Reabilitados

Buscando a inclusão social das pessoas com deficiência e dos beneficiários reabilitados da Previdência Social, a Lei nº 8.213/91, em seu artigo 93, estabeleceu que as empresas com mais de 100 trabalhadores deverão ter quantitativos mínimos de empregados "portadores de deficiência" ou "reabilitados", na forma do quadro que segue:

Entre 100 e 200 empregados	2% pessoas com deficiência ou reabilitados
Entre 201 e 500 empregados	3% pessoas com deficiência ou reabilitados
Entre 501 e 1000 empregados	4% pessoas com deficiência ou reabilitados
Mais de 1000 empregados	5% pessoas com deficiência ou reabilitados

O § 1º do referido artigo 93, assevera que a dispensa de pessoa com deficiência ou reabilitado somente poderá ocorrer após a contratação de outro trabalhador com deficiência ou beneficiário reabilitado da Previdência Social.

Logo, se uma empresa dispensa um empregado com deficiência ou reabilitado, mas não contrata outro com condição equiparada em seu lugar, surge para o empregado dispensado a possibilidade de requerer sua reintegração ao trabalho.

Tecnicamente, não se trata de uma hipótese própria de garantia de emprego. No máximo, poderíamos chamar de uma hipótese de garantia de emprego por equiparação, por isso está sendo tratada nesse capítulo.

Segue a transcrição do dispositivo legal sobre o assunto:

> Artigo 93, § 1º, da Lei nº 8.213/91
>
> A dispensa de pessoa com deficiência ou de beneficiário reabilitado da Previdência Social ao final de contrato por prazo determinado de mais de 90 (noventa) dias e a dispensa imotivada em contrato por prazo indeterminado somente poderão ocorrer após a contratação de outro trabalhador com deficiência ou beneficiário reabilitado da Previdência Social

Por fim, importante trazer à baila, ainda, que o § 3º desse artigo 93 aduz que para a reserva de cargos será considerada somente a contratação direta de pessoa com deficiência, excluído o aprendiz com deficiência de que trata a Consolidação das Leis do Trabalho (CLT).

16.14. Portadores de Doenças Graves

A Súmula nº 443 do TST criou uma nova forma de garantia de emprego:

> Presume-se discriminatória a despedida de empregado portador do vírus HIV ou de outra doença grave que suscite estigma ou preconceito. **Inválido o ato, o empregado tem direito à reintegração no emprego.** – Grifo nosso.

Consta nas entrelinhas da súmula que quando o empregado possuir alguma doença grave (câncer, por exemplo) ele não pode ser dispensado de forma arbitrária (sem justificativa), sob pena de presumir-se que a mesma foi discriminatória.

Forte em tais razões, podemos afirmar que é ônus do empregador comprovar que a dispensa não foi discriminatória, pois milita presunção em seu desfavor, daí porque deve motivar/justificar o ato de dispensa nesta hipótese.

Ademais, conforme artigo 4º da Lei nº 9.029/95, o rompimento da relação de trabalho por ato discriminatório, além do direito à reparação pelo dano moral, faculta ao empregado optar entre:

- A reintegração com ressarcimento integral de todo o período de afastamento, mediante pagamento das remunerações devidas, corrigidas monetariamente e acrescidas de juros legais; **ou**
- A percepção, em dobro, da remuneração do período de afastamento, corrigida monetariamente e acrescida dos juros legais;

Segue uma questão sobre o tema:

▸ **Aplicação em Concurso e/ou OAB:**

(FUNDATEC – Prefeitura de Porto Alegre – Procurador – 2016 – adaptada) De acordo com a Lei e a jurisprudência atual dos Tribunais Superiores, julgue os itens:

I – Presume-se discriminatória a despedida de empregado portador do vírus HIV ou de outra doença grave que suscite estigma ou preconceito; inválido o ato, o empregado tem direito à reintegração no emprego.

II – Empregado despedido por ato discriminatório, além do direito à reparação pelo dano moral, poderá optar entre a reintegração com ressarcimento integral de todo o período de afastamento, mediante pagamento das remunerações devidas, corrigidas monetariamente e acrescidas de juros legais ou a percepção, em dobro, da remuneração do período de afastamento, corrigida monetariamente e acrescida dos juros legais.

Resposta: Todos os itens corretos.

16.15. Comissão de Representantes dos Empregados: Produto da Reforma Trabalhista

A Lei nº 13.467/2017 (**Reforma Trabalhista**) criou na CLT o Título IV-A, com o nome "Da Representação dos Empregados", inserindo vários artigos com a finalidade de criar um novo canal de comunicação entre empregados e empregadores: uma Comissão de Empregados.

Com efeito, de acordo com o artigo 510-A da CLT, nas empresas com **mais de duzentos empregados**, é assegurada a **eleição de uma comissão** para representá-los, com a finalidade de promover-lhes o entendimento direto com os empregadores.

A Comissão de Empregados terá a seguinte composição:

- Nas empresas com mais de duzentos e até três mil empregados, por três membros;
- Nas empresas com mais de três mil e até cinco mil empregados, por cinco membros;
- Nas empresas com mais de cinco mil empregados, por sete membros.

No caso das grandes empresas, assim consideradas aquelas que possuírem empregados em vários Estados da Federação e no Distrito Federal, será assegurada a eleição de uma comissão de representantes dos empregados para cada Estado ou no Distrito Federal, observados os quantitativos acima especificados.

Consideramos essa alteração da **Reforma Trabalhista** positiva, haja vista que, na prática, se criou mais uma forma de autocomposição que servirá para desestimular as lides entre empregados e empregadores.

Ademais, esta Comissão de Empregados não exclui a participação dos sindicatos da categoria profissional (sindicado dos empregados), até porque os sindicatos possuem previsão constitucional.

O mandato dos membros da comissão de representantes dos empregados será de um ano, sendo que o membro que houver exercido a função de representante dos empregados na comissão não poderá ser candidato nos dois períodos subsequentes.

Logo, um empregado eleito pode se candidatar novamente, vez que seu impedimento é provisório, limitado aos dois pleitos subsequentes.

Os empregados eleitos para a comissão continuarão trabalhando normalmente, haja vista que o referido mandato não implica suspensão ou interrupção do contrato de trabalho.

É especialmente importante destacar que desde o **registro da candidatura até um ano após o fim do mandato**, o membro da comissão de representantes dos empregados não poderá sofrer despedida arbitrária, entendendo-se como tal a que não se fundar em motivo disciplinar, técnico, econômico ou financeiro.

Percebe-se que os membros da comissão em estudo poderão ter a garantia de emprego rompida exatamente nas mesmas hipóteses dos Cipeiros.

Os documentos relativos ao processo eleitoral da comissão em estudo devem ser emitidos em duas vias, as quais permanecerão nos arquivos dos empregados e da empresa pelo prazo de cinco anos, à disposição para consulta de qualquer trabalhador interessado, do Ministério Público do Trabalho e do Ministério do Trabalho.

Esse assunto será um pouco mais aprofundado na Parte III (Direito Coletivo) dessa obra, no capítulo 3, onde trataremos de outras questões além da estabilidade.

Segue uma questão simulada sobre o assunto:

▸ Aplicação em Concurso e/ou OAB:

(VUNESP - SERTPREV - SP - Procurador Jurídico - 2019) O membro da comissão de representantes dos empregados

a) possui estabilidade provisória idêntica àquela destinada aos dirigentes sindicais.

b) possui estabilidade provisória idêntica àquela dos empregados eleitos para a comissão interna de prevenção de acidentes.

c) não possui estabilidade provisória.

d) poderá ter estabilidade provisória se houver previsão em aditivo contratual.

e) poderá ter estabilidade provisória se houver previsão em convenção ou acordo coletivo de trabalho.

Resposta: B

16.16. Consequências do Desrespeito aos Casos de Estabilidade

Em que pese todas as hipóteses de estabilidade acima estudadas, não raramente algum empregador as infringe/viola, dispensando aquele empregado portador da estabilidade fora das hipóteses permissivas legais.

Sempre que o empregador promover uma dispensa arbitrária de um empregado estável, surge para este a possibilidade jurídica de pleitear sua reintegração ao trabalho. Apenas quando a reintegração for desaconselhável, em face do grau de litigiosidade entre empregado e empregador, poderá o juiz converter a reintegração na indenização referente ao período estabilitário.

É bom que fique claro: o que deve ser requerido pelo advogado do empregado, nesses casos, é a reintegração, pois essa é a finalidade da estabilidade. Apenas quando a reintegração for inviável, converte-se no pagamento da indenização equivalente.

Neste sentido o artigo 496 da CLT:

> Quando a **reintegração** do empregado estável for desaconselhável, dado o grau de incompatibilidade resultante do dissídio, especialmente quando for o empregador pessoa física, o tribunal do trabalho poderá converter aquela obrigação em indenização devida nos termos do artigo seguinte.

A indenização equivalente consiste no pagamento de todos os salários relativos ao período de estabilidade.

A conversão da reintegração em pagamento da indenização equivalente também ocorrerá quando aquela for determinada após o decurso do período de estabilidade.

Por exemplo, uma empregada gestante é dispensada quatro meses após o parto, sendo que sua estabilidade deveria ter se estendido até cinco meses após o parto.

A referida empregada procura um advogado que, por sua vez, processa a empresa. Ocorre que o tempo entre a empregada procurar o advogado, este fazer a petição inicial para dar entrada na ação e, por fim, o Juiz do Trabalho analisar o pedido liminar[3] para determinar a reintegração já poderá ter passado mais de um mês, ou seja, já terá transcorrido o período de estabilidade, restando à empregada receber a indenização equivalente ao período de estabilidade que lhe restava.

A Súmula nº 396 do TST confirma nosso ensinamento:

> Súmula nº 396
>
> I – **Exaurido o período de estabilidade, são devidos ao empregado apenas os salários do período compreendido entre a data da despedida e o final do período de estabilidade**, não lhe sendo assegurada a reintegração no emprego.
>
> II – Não há nulidade por julgamento "extra petita" da decisão que deferir salário quando o pedido for de **reintegração**, dados os termos do art. 496 da CLT. – Grifo nosso.

O julgamento *extra petita* existe quando uma parte faz um pedido e o juiz defere outro pedido (que não foi realizado pela parte). Por exemplo, o empre-

3. Didaticamente, podemos afirmar que o pedido liminar é um tipo de pedido que provoca uma decisão judicial logo no início do processo, não se sujeitando à demora natural de um processo judicial.

gado pede horas extras e o juiz defere danos morais. Isso é *extra petita*, ou seja, defere-se algo diverso do que foi pedido. Esse tipo de julgamento é nulo.

A súmula em destaque deixou claro que quando a parte pede a reintegração e o juiz, no lugar da reintegração, defere o pagamento da indenização relativa ao período estabilitário, não existe, excepcionalmente, julgamento *extra petita,* afinal tal procedimento é autorizado expressamente pelo artigo 496 da CLT.

Mostra-se oportuno citar o artigo 729 da CLT que, além do pagamento dos salários do empregado, estabelece multa diária em caso de descumprimento da decisão passada em julgado sobre a readmissão ou reintegração de empregado.

Analisemos uma questão sobre o assunto:

▸ **Aplicação em Concurso e/ou OAB:**

(TRT 2 - Juiz do Trabalho Substituto 2ª região - 2016 – Adaptada) A respeito da estabilidade e das garantias provisórias de emprego, analise as proposições abaixo e assinale a alternativa CORRETA:

I – Ajuizada a ação trabalhista após exaurido o período de estabilidade provisória, é facultado ao empregado que foi ilicitamente dispensado optar pelo pagamento dos salários do período compreendido entre a data da despedida e o final do período de estabilidade, ou pela reintegração ao emprego, com a garantia de permanência mínima equivalente ao período da estabilidade.

II – Exaurido o período de estabilidade, são devidos ao empregado apenas os salários do período compreendido entre a data da despedida e o final do período de estabilidade, não lhe sendo assegurada a reintegração no emprego.

Resposta: Item "I" errado; Item "II correto.

A) Casos que Requerem Inquérito Judicial para Apuração de Falta Grave

Nas hipóteses de estabilidade que requerem o prévio ajuizamento de Inquérito Judicial para Apuração de Falta Grave, como ocorre, por exemplo, com o dirigente sindical e portador de estabilidade decenal, o empregador tem a **faculdade** de suspender o empregado até a decisão final do processo de Inquérito.

Caso o empregador opte pela suspensão, ele terá o **prazo decadencial de 30 dias**, contado da data da suspensão, para propor o Inquérito Judicial para Apuração de Falta Grave. Se esse prazo decadencial não for observado, o Inquérito Judicial será julgado improcedente.

Na hipótese do Inquérito Judicial para Apuração de Falta Grave ser julgado **procedente**, a estabilidade do empregado será rompida.

De outro lado, na hipótese do Inquérito Judicial para Apuração de Falta Grave ser julgado **improcedente**, o empregado será readmitido, bem como receberá todos os salários relativos ao período em que esteve suspenso, conforme dicção do artigo 495 da CLT: "*Reconhecida a inexistência de falta grave praticada pelo empregado, fica o empregador obrigado a* readmiti-lo *no serviço e a* pagar-lhe os salários a que teria direito no período da suspensão.".

Vamos testar o conhecimento adquirido pela leitura deste tópico com a questão que segue:

▸ **Aplicação em Concurso e/ou OAB:**

(TRT 2 – Juiz do Trabalho Substituto 2ª região - 2016 - Adaptada) Com fundamento na legislação e no entendimento sumulado do Tribunal Superior do Trabalho, quanto à prescrição e decadência no Direito do Trabalho é correto afirmar que:

I – É prescricional o prazo de 30 (trinta) dias, contados da data da suspensão do empregado, para a instauração do inquérito visando a apuração de falta grave contra empregado garantido com estabilidade, ocasião em que o empregador apresentará reclamação por escrito à Justiça do Trabalho.

Resposta: Item errado

16.17. A Questão da Prescrição

É comum ler-se na doutrina que o empregado deveria ajuizar sua reclamação trabalhista, quando violado seu direito à estabilidade, dentro do prazo da própria estabilidade, sob pena de desvirtuamento do instituto e abuso de direito, pois assim estaria forçando uma situação para receber os salários relativos ao período de estabilidade, sem a respectiva prestação de serviços.

Ocorre que esse posicionamento, por via oblíqua, parece criar um novo prazo prescricional, isso sem o necessário respaldo legal, motivo pelo qual divergimos desse pensamento e nos filiamos à OJ nº 399 da SDI-1 do TST, até porque a interpretação da referida Orientação Jurisprudencial privilegia o Princípio Protetivo:

OJ nº 399 da SDI-1 do TST: O ajuizamento de ação trabalhista após decorrido o período de garantia de emprego não configura abuso do exercício do direito de ação, pois este está submetido apenas ao prazo prescricional inscrito no art. 7º, XXIX, da CF/1988, sendo devida a indenização desde a dispensa até a data do término do período estabilitário.

17

DIREITOS DIFUSOS, COLETIVOS E INDIVIDUAIS HOMOGÊNEOS

Sumário: 17. Direitos Difusos, Coletivos e Individuais Homogêneos: **A)** Direitos Difusos – **B)** Direitos Coletivos em Sentido Estrito (*Stricto Sensu*) – **C)** Direitos Individuais Homogêneos.

A Lei nº 8.078/90, mais conhecida como Código de Defesa do Consumidor (CDC), foi a primeira legislação de nosso país a definir direitos difusos, direitos coletivos e individuais homogêneos. Tal definição está registrada no artigo 81, parágrafo único, do CDC, o qual é importante para provas de concurso e exame da OAB:

> Parágrafo único. A defesa coletiva será exercida quando se tratar de:
>
> I – **interesses ou direitos difusos**, assim entendidos, para efeitos deste código, os transindividuais, de natureza indivisível, de que sejam titulares pessoas indeterminadas e ligadas por circunstâncias de fato;
>
> II – **interesses ou direitos coletivos**, assim entendidos, para efeitos deste código, os transindividuais, de natureza indivisível de que seja titular grupo, categoria ou classe de pessoas ligadas entre si ou com a parte contrária por uma relação jurídica base;
>
> III – **interesses ou direitos individuais homogêneos**, assim entendidos os decorrentes de origem comum. – Grifo nosso.

Agora vamos tecer alguns comentários sobre cada um desses direitos.

A) Direitos Difusos

Esses direitos possuem **natureza indivisível** e seus titulares estão ligados por alguma circunstância fática que não possui a delimitação necessária para que sejam identificados (individualizados), daí porque seus **titulares são pessoas indeterminadas.**

Existe um exemplo que tem ocorrido com certa frequência em nosso país: algumas pessoas jurídicas de direito público necessitam de mão de obra para complementar seu quadro, o que, constitucionalmente, em regra, só poderia ser feito via concurso público. Todavia, para burlar o princípio do concurso público, as referidas pessoas jurídicas fazem contratações temporárias, sem concurso, fora dos requisitos legais.

Essa prática lesa uma possível massa pessoas que desejam que o concurso ocorra, a fim de concorrer a uma vaga no serviço público. Essa massa de potenciais trabalhadores fica impedida de se habilitar no certame, em razão da fraude da contratação temporária.

Temos aí um típico **direito ou interesse difuso**, vez que a circunstância fática que liga as pessoas que estão sendo lesadas, por estarem impedidas de participar de um concurso público, não é capaz de trazer detalhes para que essas vítimas da violação do princípio do concurso público sejam identificadas, tratando-se, portanto, de titulares indeterminados.

Outro exemplo reside na greve ilegal, que expõe parcela indeterminada e considerável da população aos seus efeitos.

De saída, um último exemplo reside na vaga de emprego cujo critério para preenchimento seja permeado de requisitos discriminatórios, o que faz surgir uma parcela indeterminada de pessoas que são afastadas da vaga em face de sua natureza discriminatória.

B) Direitos Coletivos em Sentido Estrito (Stricto Sensu)

O nome de direito coletivo *stricto sensu*, existe para contrapô-lo ao direito coletivo *lato sensu* (em sentido amplo), o qual é visto por parte da doutrina como gênero, do qual são espécie justamente os direitos difusos, coletivos em sentido estrito e individuais homogêneos.

Esses direitos também possuem natureza indivisível, mas seus titulares são pessoas determinadas ou determináveis. Entretanto, em que pese serem determináveis, as mesmas não podem demandar sozinhas (individualmente), já que o direito coletivo pertence ao grupo.

Em sede de direito coletivo existem duas possibilidades de relação jurídica base que podem ligar as partes: o vínculo mantido com o empregador ou o vínculo mantido com a entidade sindical.

A doutrina afirma que esses direitos possuem algumas características, sendo que duas são primordiais:

- Transindividuais: estão limitados a um grupo ou categoria;

- Determinabilidade dos sujeitos;

Um bom exemplo foi encontrado na doutrina de José Cairo Júnior[1], o qual fazemos questão de transcrever:

> A título de exemplo cita-se a determinação contida no art. 172 da Consolidação das Leis do Trabalho: "Os pisos dos locais de trabalho não deverão apresentar saliências nem depressões que prejudiquem a circulação de pessoas ou a movimentação de materiais.".
>
> Ora, se o empregador não observa o mandamento legal acima transcrito lesaria o direito do grupo de trabalhadores que presta serviços na empresa ou estabelecimento respectivo.
>
> Todos os empregados da unidade empresarial têm direito de prestar serviços em local onde não existam saliências nem depressões. Há possibilidade de identificar os titulares do direito coletivo, mas torna-se impossível destacar e individualizar esse direito porque ele é geral e não pertence, apenas, a um ou alguns empregados.

C) Direitos Individuais Homogêneos

São aqueles que, em verdade, são tipicamente individuais, mas que por possuírem origem em um fato comum a muitas pessoas, passam a ser tratados como individuais homogêneos. Não é por acaso que a doutrina consumerista especializada, afirma se tratar *acidentalmente* de um direito com índole coletiva.

Vamos primeiro a um exemplo fora do Direito do Trabalho e, após, daremos um exemplo dentro da seara trabalhista, para facilitar o entendimento do leitor.

Pensemos em vários consumidores que adquiriram veículos, de determinado lote, com defeito de série. Trata-se, em princípio, de um direito tipicamente individual, mas que por possuírem origem em fato comum, passam a ser revestidos de natureza homogênea, podendo ser tutelado processualmente de forma coletiva e não apenas de maneira individual.

No caso do Direito do Trabalho, basta imaginarmos um empregador que não esteja cumprindo os reajustes salariais da categoria. Temos aí um direito individual, que obviamente pode ser reclamado individualmente. Entretanto, por ter origem em um fato comum, ganha ares de homogeneidade e, por isso, também pode ser tutelado de forma coletiva pelo Ministério Público do Trabalho ou pelo sindicato da categoria, o que é extremamente recomendável, pois diminui o número de processos judiciais e resolve vários problemas de uma só vez, com uma só sentença.

1. CAIRO JÚNIOR, José Cairo. *Curso de Direito do Trabalho: direito individual e coletivo do trabalho.* 12ª ed. rev. e atual. Salvador: Juspodivm, 2016, pp. 1001.

Trata-se, claramente, de um direito de natureza divisível, que pode ser requerido não só pelo Ministério Público do Trabalho, mas também pelo sindicato, sendo que os valores eventualmente angariados poderão ser distribuídos a cada integrante do grupo de pessoas que teve seu direito violado.

18

DIREITOS CONSTITUCIONAIS DOS TRABALHADORES

Sumário: 18. Direitos Constitucionais dos Trabalhadores - **18.1.** Artigo 7º da Constituição Nacional – **18.1.1.** Inciso I – **18.1.2.** Inciso II – **18.1.3.** Inciso III – **18.1.4.** Inciso IV – **18.1.5.** Inciso V – **18.1.6.** Inciso VI – **18.1.7.** Inciso VII – **18.1.8.** Inciso VIII – **18.1.9.** Inciso IX – **18.1.10.** Inciso X – **18.1.11.** Inciso XI – **18.1.12.** Inciso XII – **18.1.13.** Inciso XIII – **18.1.14.** Inciso XIV – **18.1.15.** Inciso XV – **18.1.16.** Inciso XVI – **18.1.17.** Inciso XVII – **18.1.18.** Inciso XVIII – **18.1.19.** Inciso XIX – **18.1.20.** Inciso XX – **18.1.21.** Inciso XXI – **18.1.22.** Inciso XXII – **18.1.23.** Inciso XXIII – **18.1.24.** Inciso XXIV – **18.1.25.** Inciso XXV – **18.1.26.** Inciso XXVI – **18.1.27.** Inciso XXVII – **18.1.28.** Inciso XXVIII – **18.1.29.** Inciso XXIX – **18.1.30.** Inciso XXX – **18.1.31.** Inciso XXXI – **18.1.32.** Inciso XXXII – **18.1.33.** Inciso XXXIII – **18.1.34.** Inciso XXXIV – **18.2.** Direitos Constitucionais dos Domésticos – **18.3.** Artigo 8º da Constituição Nacional – **18.4.** Artigo 9º da Constituição Nacional – **18.5.** Artigo 10 da Constituição Nacional – **18.6.** Artigo 11 da Constituição Nacional.

Todos os direitos constitucionais dos trabalhadores já foram alvo de explicação pormenorizada em diversas passagens desse livro, sempre de forma contextualizada com outros temas.

Entretanto, considerando que diversos editais de concursos públicos trazem um tópico sobre *"direitos constitucionais dos trabalhadores"*, resolvemos agrupá-los em um só capítulo, com explicações mais breves, para facilitar o estudo e aprovação do nosso leitor.

Como direitos constitucionais dos trabalhadores, o leitor deverá entender que estamos tratando do Capítulo II da Constituição ("Dos Direitos Sociais"), o qual compreende as disposições existentes entre os artigos 7º e 11 de nossa Carta Magna atual.

Convém salientar ainda que os referidos direitos constitucionais dos trabalhadores se estendem apenas a alguns trabalhadores empregados (com vínculo de emprego), a saber: **trabalhadores urbanos (regidos pela CLT), trabalhadores rurais e avulsos.**

Em relação aos **empregados domésticos**, mesmo com a Emenda Constitucional nº 72/2013, os mesmos não são titulares de todos os direitos constitucionais dos trabalhadores, isso porque o parágrafo único do artigo 7º da CF/88 enumerou de forma taxativa os direitos que também foram deferidos a essa categoria profissional (os quais serão citados mais a frente).

Os Direitos Sociais, a seguir estudados, estão inclusos na lista de Direitos e Garantias Fundamentais (Título II da CF/88), motivo pelo qual salta aos olhos a opção do legislador constituinte em alçá-los à condição de cláusula pétrea constitucional, daí porque, em tese, os referidos direitos não podem ser alvo de supressão ou restrição por parte do poder reformador derivado.

Por fim, os referidos direitos constitucionais dos trabalhadores costumam ser cobrados de forma literal, conforme consta na constituição, todavia nos casos em que se fizer necessário uma explicação mais profunda estaremos remetendo o leitor para o tópico do livro onde o direito foi aprofundando.

18.1. Artigo 7º da Constituição Nacional

18.1.1. Inciso I

O *caput* do artigo 7º afirma o seguinte:

> Artigo 7º CF/88: são direitos dos trabalhadores urbanos e rurais, além de outros que visem à melhoria de sua condição social:
>
> I – relação de emprego protegida contra despedida arbitrária ou sem justa causa, nos termos de lei complementar, que preverá indenização compensatória, dentre outros direitos;

Esse inciso pôs fim à antiga estabilidade decenal prevista na CLT, ressalvando-se o direito para aqueles empregados que já o tivessem adquirido, substituindo-a pelo regime do FGTS e sua indenização compensatória de 40% quando do rompimento do vínculo de emprego sem justa causa ou por despedida indireta.

Caso o leitor deseje aprofundar este estudo, dirija-se à Parte II, capítulo 15 e capítulo 16, item 16.3.

18.1.2. Inciso II

Esse inciso traz a seguinte redação: *"seguro-desemprego, em caso de desemprego involuntário;"*. Embora faça parte do conteúdo de Direito do Trabalho, o seguro-desemprego se constitui em típico benefício previdenciário, o qual é devido para aquelas hipóteses de desemprego involuntário, ou seja, dispensa sem justa causa e despedida indireta, desde que preenchidos os requisitos legais.

18.1.3. Inciso III

Trouxe a previsão sobre o *"fundo de garantia do tempo de serviço"*. O direito ao FGTS foi instituído de forma compulsória com a CF/88, substituindo o antigo sistema de estabilidade decenal.

Caso o leitor deseje aprofundar este estudo, dirija-se à Parte II, capítulo 15 e capítulo 16, item 16.3.

18.1.4. Inciso IV

Este inciso refere-se ao salário mínimo da seguinte forma:

> IV – salário mínimo, fixado em lei, nacionalmente unificado, capaz de atender a suas necessidades vitais básicas e às de sua família com moradia, alimentação, educação, saúde, lazer, vestuário, higiene, transporte e previdência social, com reajustes periódicos que lhe preservem o poder aquisitivo, sendo vedada sua vinculação para qualquer fim;

O salário só pode ser fixado por lei, não podendo ser fixado por meio de decreto. O valor do salário mínimo foi nacionalmente unificado, não existindo, portanto, um salário mínimo fixado para cada região do país.

O salário mínimo é o menor valor que pode ser recebido por um empregado, valendo lembrar que proporcionalmente à quantidade de horas trabalhadas o empregado poderá receber valor inferior ao salário mínimo, mas sempre respeitado o valor do salário mínimo hora, como pode ocorrer, por exemplo, com os trabalhadores em regime intermitente e ainda com os trabalhadores em jornada *part time*.

18.1.5. Inciso V

O presente inciso fala em *"piso salarial proporcional à extensão e à complexidade do trabalho."*. O **piso salarial** é o menor valor que pode ser pago a um empregado no Brasil, constitui-se em um gênero composto pelas seguintes espécies: salário profissional, piso normativo, salário mínimo e piso da categoria.

O **salário profissional** é a menor contraprestação devida aos empregados de determinada categoria profissional que seja regulamentada por lei. Por exemplo, os médicos não podem receber menos de 03 salários mínimos, conforme artigo 5º da Lei nº 3.999/61, trata-se de típico salário profissional.

Piso da categoria, por sua vez, refere-se ao menor valor possível de ser pago aos trabalhadores de determinada categoria profissional. O piso da categoria normalmente é superior ao salário mínimo, sendo fruto da luta dos sindicatos da categoria profissional, vindo a constar em acordo coletivo ou convenção coletiva de trabalho.

Quando não existe um consenso entre os sindicatos da categoria profissional e da categoria econômica, o que geraria uma convenção coletiva; bem como, quando não existe consenso entre o sindicato da categoria profissional e determinada empresa, o que geraria um acordo coletivo, cabe aos litigantes, de comum acordo, proporem um dissídio coletivo perante a Justiça do Trabalho para resolver o impasse nas negociações coletivas.

A Justiça do Trabalho, por seu turno, ao julgar o dissídio coletivo, proferirá uma sentença normativa, a qual fixará o menor salário devido aos membros daquela categoria econômica. Como nesse caso o pagamento foi fixado por meio de sentença normativa, a doutrina tem chamado o instituto de **salário normativo.**

O **salário mínimo**, por fim, possui valor nacionalmente unificado, sendo o menor valor possível de ser pago a um empregado que não esteja abrangido por um salário profissional, por um piso normativo ou por um piso da categoria.

Todas estas formas de retribuição salarial deverão ser proporcionais à extensão e a complexidade do trabalho.

18.1.6. Inciso VI

Esse inciso traz a previsão do Princípio da Irredutibilidade Salarial e sua única exceção: "*irredutibilidade do salário,* salvo o disposto em convenção ou acordo coletivo.".

18.1.7. Inciso VII

Mesmo aqueles empregados que recebam salário variável (salário por tarefa, por produção e por comissão, por exemplo) deverão ter assegurado o direito de receber, pelo menos, um salário mínimo.

Assim, se o empregado não conseguiu produzir o suficiente para receber pelo menos um salário mínimo, o empregador deverá pagar a diferença para que se chegue a esse valor, conforme se infere do texto constitucional: *"garantia de salário, nunca inferior ao mínimo, para os que percebem remuneração variável."*.

18.1.8. Inciso VIII

Sobre esse inciso vale lembrar que se garante décimo terceiro não só aos trabalhadores empregados, mas também aos aposentados: *"décimo terceiro salário com base na remuneração integral ou no valor da aposentadoria."*.

Maiores esclarecimentos sobre o décimo terceiro na Parte II, capítulo 8, item 8.2, subitem "B.2".

18.1.9. Inciso IX

Esse inciso trata sobre o adicional noturno: *"remuneração do trabalho noturno superior à do diurno."*. Calha relembrar, neste ponto, as principais diferenças relativas ao horário noturno:

EMPREGADO	Horário Noturno	Adicional Noturno	Hora Noturna
URBANO	22h às 05h	20%	52min30s
RURAL	Pecuária 20h às 04h	25%	60 minutos
	Agricultura 21h às 05h		

Maiores esclarecimentos sobre o adicional noturno no capítulo 8, item 8.2, subitem "A.2".

18.1.10. Inciso X

Este inciso refere-se ao Princípio da Intangibilidade Salarial, segundo o qual fica vedado ao empregador efetuar descontos aleatórios, salvo aqueles decorrentes de adiantamento, previstos em lei ou no contrato de trabalho, conforme artigo 462 do CLT.

Segue a transcrição: *"proteção do salário na forma da lei, constituindo crime sua retenção dolosa."*. Sobre o crime de retenção dolosa, trata-se, ainda, de um fato penalmente atípico, pois depende de norma regulamentadora.

Maiores esclarecimentos sobre os descontos salariais, vide capítulo 8, item 8.7.

18.1.11. Inciso XI

Este inciso trata sobre a participação nos lucros e sobre a participação na gestão da empresa, sendo que esta última nunca foi regulamentada. Já a participação nos lucros é uma verba de natureza não salarial.

Maiores esclarecimentos sobre a Participação nos Lucros e Resultados (PLR), vide capítulo 8, item 8.3, subitem "C".

18.1.12. Inciso XII

Vale lembrar que o Tribunal Superior do Trabalho, por meio da Súmula nº 254, tem entendido que o termo inicial para a percepção do benefício do **salário família** é a apresentação da certidão de nascimento ("prova da filiação") ou, por extensão, documentação relativa ao equiparado ou inválido. Vejamos o entendimento sumulado:

> O termo inicial do direito ao salário-família coincide com a prova da filiação. Se feita em juízo, corresponde à data de ajuizamento do pedido, salvo se comprovado que anteriormente o empregador se recusara a receber a respectiva certidão.

Segue o dispositivo constitucional do inciso XII: *"salário-família pago em razão do dependente do trabalhador de baixa renda nos termos da lei."*.

Maiores esclarecimentos sobre o salário família, vide a Parte II, capítulo 8, item 8.3, subitem "E".

Segue questão sobre o tema:

▸ Aplicação em Concurso e/ou OAB:

(FCC – TRT 20ª Região – Técnico Judiciário – Administrativo – 2016) Dentre os direitos dos trabalhadores urbanos e rurais inseridos no artigo 7° da Constituição Federal do Brasil de 1988, com objetivo de garantir e aprimorar a sua condição social, está:

a) a assistência gratuita aos filhos e dependentes desde o nascimento até sete anos de idade em creches e pré-escolas.

b) o salário-família pago em razão do dependente do trabalhador de baixa renda, nos termos da lei.

c) o repouso semanal remunerado, obrigatoriamente aos domingos, salvo determinação diversa ajustada em convenção coletiva de trabalho em razão da especificidade da atividade.

d) a participação nos lucros, ou resultados, vinculada a remuneração e, obrigatoriamente, na gestão das empresas com mais de duzentos empregados.

e) a proibição de trabalho noturno, perigoso ou insalubre a menores de dezesseis e de qualquer trabalho a menores de quatorze anos, salvo na condição de aprendiz, a partir de doze anos.

Resposta: B

18.1.13. Inciso XIII

Eis o inciso: *"duração do trabalho normal não superior a oito horas diárias e quarenta e quatro semanais, facultada a compensação de horários e a redução da jornada, mediante acordo ou convenção coletiva de trabalho."*.

O inciso em análise instituiu a jornada de trabalho padrão, a mais comum, isto é, aquela de 08 horas por dia e 44 horas por semana, permitindo ainda que o empregador realize compensação de horários (pode ser uma compensação típica ou banco de horas).

Maiores esclarecimentos sobre a jornada de trabalho e seus sistemas compensatórios, vide a Parte II, capítulo 5, item 5.3.4.

18.1.14. Inciso XIV

O presente inciso possui a seguinte redação: *"jornada de seis horas para o trabalho realizado em turnos ininterruptos de revezamento,* salvo negociação coletiva.".

Cabe recordar que se configura o regime de revezamento pela união de dois requisitos: que o empregado trabalhe em alternância de turnos, integral ou parcialmente; e que a empresa funcione 24 horas por dia, em turnos ininterruptos. Os dois requisitos são imprescindíveis, todavia o principal deles é o primeiro, afinal o empregado que trabalha alternando turnos, ora durante o dia, ora durante a noite, submete seu organismo a uma constante inversão do horário biológico, o que é prejudicial para a saúde, motivo que justificaria uma jornada mais benéfica, de 06 horas por dia, salvo negociação coletiva.

Embora o nome desse instituto seja turno ininterrupto de revezamento, não se pode interpretar a expressão "ininterrupto" de forma literal e rigorosa, afinal o fato da empresa paralisar suas atividades para o intervalo de descanso (intrajornada) ou mesmo para o descanso semanal remunerado, não descaracteriza o instituto.

Maiores esclarecimentos sobre os turnos ininterruptos de revezamento, vide a Parte II, capítulo 5, item 5.6.

18.1.15. Inciso XV

Esse inciso cita o descanso hebdomadário: *"repouso semanal remunerado, preferencialmente aos domingos."*.

Maiores esclarecimentos sobre o descanso preferencial aos domingos, vide a Parte II, capítulo 6, item 6.1.

18.1.16. Inciso XVI

O mencionado inciso afirma que o pagamento das horas extras será de, no mínimo, 50%. Segue o inciso: *"remuneração do serviço extraordinário superior, no mínimo, em cinquenta por cento à do normal."*.

Maiores esclarecimentos sobre o tema, vide a Parte II, capítulo 5, item 5.3.

18.1.17. Inciso XVII

Esse inciso refere-se ao pagamento das férias aos empregados, devidamente acrescidas do terço constitucional, na forma que segue: *"gozo de férias anuais remuneradas com, pelo menos, um terço a mais do que o salário normal."*.

Maiores esclarecimentos sobre o tema, vide a Parte II, capítulo 7, item 7.4.

18.1.18. Inciso XVIII

O mencionado inciso tem como alvo a licença à gestante: *"licença à gestante, sem prejuízo do emprego e do salário, com a duração de cento e vinte dias."*.

Assegura-se à empregada gestante um **salário-maternidade** de, no mínimo, 120 dias, cujo início poderá ocorrer entre o 28º dia antes do parto e a ocorrência deste.

Como dito acima, o salário-maternidade é um benefício previdenciário custeado pela Previdência Social, pois a empresa pode se reembolsar dos salários pagos durante o período de afastamento do trabalho em razão do parto (licença-maternidade), do valor devido à Previdência Social, relativo às contribuições previdenciárias.

Assim, para sermos didáticos, vamos diferenciar os institutos do salário-maternidade e da licença-maternidade:

1) Salário-maternidade – benefício previdenciário concedido à empregada em razão do parto, natimorto, aborto ou adoção, que consiste do pagamento de valor correspondente ao período autorizado legalmente pela Autarquia Previdenciária.
2) Licença-maternidade – período da legislação trabalhista em que se permite a ausência laboral da trabalhadora em razão do parto, natimorto, aborto ou adoção.

Para as empregadas que trabalhem em empresas que aderiram ao Programa Empresa Cidadã (de adesão facultativa), será possível prorrogar a licença-maternidade por mais 60 dias, desde que a empregada faça um requerimento nesse sentido até o final do primeiro mês após o parto, podendo o custo adicional ser abatido do imposto de renda das empresas tributadas pelo lucro real.

O salário-maternidade, espécie de benefício previdenciário, não sofreu qualquer alteração com o citado programa. Ressalte-se que a prorrogação opcional de 60 dias não tem natureza de benefício previdenciário, vez que não é financiada pela Previdência Social. Nesse caso, o salário-maternidade é de apenas 120 dias, enquanto a licença-maternidade é prorrogada em mais 60 dias, totalizando 180 dias, devendo a empresa se ressarcir do custo adicional gerado com valor a pagar de imposto de renda.

Maiores esclarecimentos sobre o tema, vide a Parte II, capítulo 1, item 1.3, subitem "J.1".

18.1.19. Inciso XIX

A licença paternidade, que possui, em regra, 5 dias, vem prevista nesse inciso da seguinte forma: *"licença-paternidade, nos termos fixados em lei."*.

Vale pontuar que para as empresas que tiverem aderido ao Programa Empresa Cidadã, a licença paternidade poderá ser prorrogada por 15 dias de duração, além dos 5 dias estabelecidos no § 1º do art. 10 do Ato das Disposições Constitucionais Transitórias.

O empregado terá direito à licença paternidade de 20 dias desde que a requeira no prazo de dois dias úteis após o parto e, concomitantemente, comprove participação em programa ou atividade de orientação sobre paternidade responsável.

18.1.20. Inciso XX

O inciso em apreço busca efetivar a isonomia substancial entre homens e mulheres, determinando que exista uma *"proteção do mercado de trabalho da mulher, mediante incentivos específicos, nos termos da lei."*. Trata-se de uma norma constitucional de eficácia limitada, já que necessita de regulamentação para produzir seus efeitos.

Maiores esclarecimentos sobre o trabalho da mulher, vide a Parte II, capítulo 1, item 1.3, subitem "J".

18.1.21. Inciso XXI

Esse inciso informa que o aviso prévio é proporcional ao tempo de serviço, sendo que seu prazo mínimo é 30 dias. O referido instituto, em regra, não incide nos contratos por prazo determinado.

Segue a literalidade do inciso: *"aviso prévio proporcional ao tempo de serviço, sendo no mínimo de trinta dias, nos termos da lei."*.

Maiores esclarecimentos sobre o aviso prévio, vide a Parte II, capítulo 12.

18.1.22. Inciso XXII

Esse inciso cria uma verdadeira meta para todos os empregadores, qual seja: *"redução dos riscos inerentes ao trabalho, por meio de normas de saúde, higiene e segurança."*.

Maiores esclarecimentos sobre este tema podem ser encontrados, por exemplo: Parte II, capítulo 8, item 8.2, subitem "A.3" e "A.4" (insalubridade e periculosidade).

18.1.23. Inciso XXIII

O referido inciso realça de importância o pagamento dos adicionais de atividades insalubres, perigosas e penosas, sendo que esse último ainda não possui aplicabilidade, pois até hoje nosso Congresso Nacional não editou norma regulamentadora definindo o que vem a ser um trabalho penoso. Segue o texto do inciso: *"adicional de remuneração para as atividades penosas, insalubres ou perigosas, na forma da lei."*.

Maiores esclarecimentos a esse tema podem ser encontrados, por exemplo: Parte II, capítulo 8, item 8.2, subitem "A.3" e "A.4" (insalubridade e periculosidade).

Vejamos a seguinte questão:

▸ **Aplicação em Concurso e/ou OAB:**

(VUNESP – MPE – SP – Analista Técnico Científico – 2016) A Constituição Federal estabelece, entre os direitos sociais dos trabalhadores urbanos e rurais, alguns pertinentes à segurança e à saúde no trabalho, como o direito

a) à informação acerca dos riscos à saúde existentes em processos, substâncias e equipamentos utilizados em seu ambiente de trabalho.

b) à representação, na forma definida em lei específica, em comitês, grupos de trabalho ou afins que tenham como objetivo a definição e a implementação de política de segurança e saúde no trabalho no estabelecimento.

c) à percepção de adicional de remuneração para atividades penosas, insalubres ou perigosas, na forma da lei.

d) à recusa ou interrupção de atividade quando entender, por motivos razoáveis, que aquela situação de trabalho implica risco grave e iminente a sua saúde.

e) de livre acesso a todo e qualquer resultado de exame médico, avaliação psicológica ou teste de aptidão física a que tenha sido submetido por exigência do empregador.

Resposta: C

18.1.24. Inciso XXIV

O inciso em epígrafe cita simplesmente a *"aposentadoria"*, o qual não é tema de Direito do Trabalho, mas sim de Direito Previdenciário.

Para fins trabalhistas, resta lembrar os tópicos do livro onde tratamos sobre os efeitos da aposentadoria sobre o contrato de trabalho: Parte II, capítulo 10, item 10.2, subitem "I" (aposentadoria por invalidez ou auxílio por incapacidade permanente para o trabalho) e, na mesma parte, capítulo 11, item 11.12 (Aposentadoria Espontânea).

18.1.25. Inciso XXV

Vejamos o texto do inciso: *"assistência gratuita aos filhos e dependentes desde o nascimento até 5 (cinco) anos de idade em creches e pré-escolas."*.

Insta relembrar que para aquelas empresas que possuam **estabelecimentos com mais de 30 empregadas** torna-se obrigatório a existência de local apropriado onde seja permitido às empregadas guardar sob vigilância e assistência os seus filhos no período da amamentação. Sendo que os locais destinados à guarda dos filhos das trabalhadoras durante esse período deverão possuir, no mínimo, **um berçário, uma saleta de amamentação, uma cozinha dietética e uma instalação sanitária (banheiro).**

A exigência acima descrita poderá ser suprida por meio de creches mantidas, diretamente ou mediante convênios, com outras entidades públicas ou privadas, pelas próprias empresas, em regime comunitário, ou a cargo do SESI (Serviço Social da Indústria), do SESC (Serviço Social do Comércio), da LBA (Legião Brasileira de Assistência) ou de entidades sindicais.

Maiores esclarecimentos sobre as peculiaridades do trabalho da mulher, vide Parte II, capítulo 1, item 1.3, subitem "J".

18.1.26. Inciso XXVI

Segue a transcrição: "*reconhecimento das convenções e acordos coletivos de trabalho.*". O referido inciso não só reconhece a importâncias das normas coletivas, mas também a importância dos sindicatos, uma vez que sua participação é obrigatória na criação das retro citadas normas.

Maiores informações sobre o tema, vide o capítulo 4, da Parte III, Direito Coletivo do Trabalho.

18.1.27. Inciso XXVII

Analisemos o texto constitucional: "*proteção em face da automação, na forma da lei.*".

A substituição do trabalho humano pelas máquinas já é uma realidade inafastável e sem retorno. Ciente disso, o constituinte determinou ao legislador infraconstitucional que criasse alguma forma de proteger o ser humano da automação, ocorre que até hoje ainda não foi criada nenhuma lei específica sobre o tema.

Segue questão sobre o tema:

▸ **Aplicação em Concurso e/ou OAB:**

(FCC – TRT 24ª Região – Analista Judiciário – Oficial de Justiça Avaliador – 2017) A doutrina considera como uma das inovações marcantes da Constituição Federal do Brasil de 1988 em relação às anteriores a previsão no seu artigo 7° de um rol de direitos dos trabalhadores que visam à melhoria de sua condição social, dentre os quais:

a) prazo prescricional trintenário para reclamação de FGTS; seguro-desemprego para situações gerais de desemprego.

b) prevalência do negociado sobre o legislado; piso salarial desvinculado da extensão e da complexidade do trabalho.

c) décimo terceiro salário com base na remuneração integral ou no valor da aposentadoria; proteção em face da automação, na forma da lei.

d) liberdade sindical mitigada; seguro contra acidentes de trabalho, a cargo do empregador, como excludente da indenização a que este estaria obrigado, quando incorresse em dolo ou culpa.

e) igualdade de direitos entre o trabalhador com vínculo empregatício permanente e o trabalhador avulso desde que sindicalizado; possibilidade de distinção entre trabalho manual, técnico e intelectual ou entre os profissionais respectivos.

Resposta: C

18.1.28. Inciso XXVIII

Segue o inciso: *"seguro contra acidentes de trabalho, a cargo do empregador, sem excluir a indenização a que este está obrigado, quando incorrer em dolo ou culpa."*.

O **Seguro contra Acidentes do Trabalho (SAT)** é uma obrigação/responsabilidade da autarquia previdenciária, cabendo ao empregador tão somente o dever de recolher uma contribuição social para que seu empregado goze desta proteção. Assim, na eventualidade de ocorrer um acidente de trabalho, o empregado vitimado poderá receber o benefício previdenciário devido pelo INSS.

Por fim, a existência do SAT não exclui outras indenizações devidas pelo empregador, conforme o leitor poderá verificar na Parte II, capítulo 2, item 2.6, subitem "B.6".

18.1.29. Inciso XXIX

Este inciso relembra os prazos prescricionais: *"ação, quanto aos créditos resultantes das relações de trabalho, com prazo prescricional de cinco anos para os trabalhadores urbanos e rurais, até o limite de dois anos após a extinção do contrato de trabalho."*.

Maiores informações sobre o tema vide a Parte II, capítulo 13, sobre prescrição no Direito do Trabalho.

18.1.30. Inciso XXX

Segue o texto do inciso: *"proibição de diferença de salários, de exercício de funções e de critério de admissão por motivo de sexo, idade, cor ou estado civil."*.

O dispositivo em estudo exalta o Princípio da Isonomia, bem como o da não discriminação, especialmente, neste inciso no caso de sexo, idade, cor ou estado civil.

18.1.31. Inciso XXXI

Segue o texto do inciso: *"proibição de qualquer discriminação no tocante a salário e critérios de admissão do trabalhador portador de deficiência."*.

O inciso em análise, mais uma vez, exalta o Princípio da Isonomia, bem como o da não discriminação, enfatizando, nesse caso, a proibição da discriminação do deficiente.

18.1.32. Inciso XXXII

Novamente o texto desse inciso toca o tema da não discriminação: *"proibição de distinção entre trabalho manual, técnico e intelectual ou entre os profissionais respectivos."*.

O parágrafo único, do artigo 3º da CLT reforça a previsão constitucional: *"Não haverá distinções relativas à espécie de emprego e à condição de trabalhador, nem entre o trabalho intelectual, técnico e manual."*.

18.1.33. Inciso XXXIII

Esse inciso tem como finalidade máxima proteger os trabalhadores menores de idade, nos seguintes termos: *"proibição de trabalho noturno, perigoso ou insalubre a menores de dezoito e de qualquer trabalho a menores de dezesseis anos, salvo na condição de aprendiz, a partir de quatorze anos."*.

Maiores informações sobre o tema vide a Parte II, capítulo 1, item 1.3, subitem "K".

18.1.34. Inciso XXXIV

O inciso em tela equiparou em direitos o trabalhador avulso aos demais trabalhadores empregados. Segue o texto do inciso XXXIV: *"igualdade de direitos entre o trabalhador com vínculo empregatício permanente e o trabalhador avulso."*.

Maiores informações sobre o tema vide a Parte II, capítulo 1, item 1.4, subitem "A".

18.2. Direitos Constitucionais dos Domésticos

A seguir citaremos todos os direitos listados no artigo 7º da CF/88 que foram estendidos aos domésticos, afinal muitas questões de Concursos e do exame da OAB são respondidas apenas com o conhecimento dos mesmos, vejamos:

- Salário mínimo, fixado em lei, nacionalmente unificado, capaz de atender a suas necessidades vitais básicas e às de sua família com moradia, alimentação, educação, saúde, lazer, vestuário, higiene, transporte e previdência social, com reajustes periódicos que lhe preservem o poder aquisitivo, sendo vedada sua vinculação para qualquer fim;
- Irredutibilidade do salário, salvo o disposto em convenção ou acordo coletivo;
- Garantia de salário, nunca inferior ao mínimo, para os que percebem remuneração variável;
- Décimo terceiro salário com base na remuneração integral ou no valor da aposentadoria;
- Proteção do salário na forma da lei, constituindo crime sua retenção dolosa;
- Duração do trabalho normal não superior a oito horas diárias e quarenta e quatro semanais, facultada a compensação de horários e a redução da jornada, mediante acordo ou convenção coletiva de trabalho;
- Repouso semanal remunerado, preferencialmente aos domingos;
- Remuneração do serviço extraordinário superior, no mínimo, em cinquenta por cento à do normal;
- Gozo de férias anuais remuneradas com, pelo menos, um terço a mais do que o salário normal;
- Licença à gestante, sem prejuízo do emprego e do salário, com a duração de cento e vinte dias;
- Licença-paternidade, nos termos fixados em lei;
- Aviso prévio proporcional ao tempo de serviço, sendo no mínimo de trinta dias, nos termos da lei;
- Redução dos riscos inerentes ao trabalho, por meio de normas de saúde, higiene e segurança;

- Aposentadoria;
- Reconhecimento das convenções e acordos coletivos de trabalho;
- Proibição de diferença de salários, de exercício de funções e de critério de admissão por motivo de sexo, idade, cor ou estado civil;
- Proibição de qualquer discriminação no tocante a salário e critérios de admissão do trabalhador portador de deficiência;
- Proibição de trabalho noturno, perigoso ou insalubre a menores de dezoito e de qualquer trabalho a menores de dezesseis anos, salvo na condição de aprendiz, a partir de quatorze anos;
- Relação de emprego protegida contra despedida arbitrária ou sem justa causa, nos termos de lei complementar, que preverá indenização compensatória, dentre outros direitos;
- Seguro-desemprego, em caso de desemprego involuntário;
- Fundo de garantia do tempo de serviço;
- Remuneração do trabalho noturno superior à do diurno;
- Salário-família pago em razão do dependente do trabalhador de baixa renda nos termos da lei;
- Assistência gratuita aos filhos e dependentes desde o nascimento até 5 (cinco) anos de idade em creches e pré-escolas;
- Seguro contra acidentes de trabalho, a cargo do empregador, sem excluir a indenização a que este está obrigado, quando incorrer em dolo ou culpa;

Segue questão sobre as domésticas e seus direitos constitucionais:

▸ Aplicação em Concurso e/ou OAB:

(FCC – TST – Juiz do Trabalho Substituto – 2017) Na redação vigente do parágrafo único do art. 7° da Constituição Federal, tal como conferida pela Emenda Constitucional n° 72 de 2013, são assegurados aos trabalhadores domésticos os direitos a

a) licença à gestante, sem prejuízo do emprego e do salário, com a duração de cento e vinte dias; e proteção em face da automação, na forma da lei.

b) piso salarial proporcional à extensão e à complexidade do trabalho; e irredutibilidade do salário, salvo o disposto em convenção ou acordo coletivo.

c) reconhecimento das convenções e acordos coletivos de trabalho; e proibição de qualquer discriminação no tocante a salário e critérios de admissão do trabalhador portador de deficiência.

d) proteção do salário na forma da lei, constituindo crime sua retenção dolosa; e participação nos lucros, ou resultados, desvinculada da remuneração.

e) duração do trabalho normal não superior a dez horas diárias e quarenta e quatro semanais, facultada a compensação de horários; e a redução da jornada, mediante acordo ou convenção coletiva de trabalho.

Resposta: C

18.3. Artigo 8º da Constituição Nacional

O artigo em epígrafe fala sobre a livre associação profissional ou sindical, prevendo alguns direitos para os entes coletivos e traçando limites para a atuação estatal.

Segue a redação dos incisos I e II, do artigo 8º:

> Art. 8º É livre a associação profissional ou sindical, observado o seguinte:
>
> I – A lei não poderá exigir autorização do Estado para a fundação de sindicato, ressalvado o registro no órgão competente, vedadas ao Poder Público a interferência e a intervenção na organização sindical.
>
> II – É vedada a criação de mais de uma organização sindical, em qualquer grau, representativa de categoria profissional ou econômica, na mesma base territorial, que será definida pelos trabalhadores ou empregadores interessados, não podendo ser inferior à área de um Município;

De acordo com o inciso I, **a lei não poderá exigir autorização do Estado para a fundação de sindicato**, ressalvado o registro no órgão competente, para fins de fiscalização da unicidade sindical.

O inciso II, por sua vez, é a base constitucional da mencionada unicidade sindical, segundo a qual é proibida a criação de mais de um sindicato que represente a mesma categoria dentro da mesma base territorial. Sendo que a base territorial de um sindicato não poderá ser inferior a um município, não se permitindo, destarte, sindicato de bairros.

No inciso III a norma constitucional assevera que cabe *"ao sindicato a defesa dos direitos e interesses coletivos ou individuais da categoria, inclusive em questões judiciais ou administrativas."*.

O artigo 8º, inciso IV de nossa Constituição prevê a Contribuição Confederativa da seguinte forma:

> A assembleia geral fixará a **contribuição que, em se tratando de categoria profissional, será descontada em folha, para custeio do sistema confederativo** da representação sindical respectiva, independentemente da contribuição prevista em lei;

Como o próprio nome indica, trata-se de uma contribuição direcionada ao sistema confederativo, a qual **será devida apenas pelos trabalhadores filiados ao sindicato.**

O inciso V refere-se à liberdade sindicalização ou filiação, que é uma das vertentes da liberdade sindical. Segue o texto do inciso: *"ninguém será obrigado a filiar-se ou a manter-se filiado a sindicato."*.

Em seguida, o inciso VI, afirma a interveniência obrigatória dos sindicatos nas negociações coletivas de trabalho: *"é obrigatória a participação dos sindicatos nas negociações coletivas de trabalho."*.

O inciso VII garante ao filiado, mesmo aposentado, o direito de votar e ser votado nas entidades sindicais. Vejamos: *"o aposentado filiado tem direito a votar e ser votado nas organizações sindicais."*.

Finalmente, o inciso VIII, traz a previsão constitucional da estabilidade provisória dos dirigentes sindicais:

> É vedada a dispensa do empregado sindicalizado a partir do registro da candidatura a cargo de direção ou representação sindical e, se eleito, ainda que suplente, até um ano após o final do mandato, salvo se cometer falta grave nos termos da lei.

Não é demais lembrar que todos os incisos acima estudados se aplicam à organização de sindicatos rurais e de colônias de pescadores, atendidas as condições que a lei vier a estabelecer (parágrafo único do artigo 8º).

Para maiores informações sobre os assuntos previstos nesse artigo vide a Parte III, capítulo 1, itens 1.1.1 e 1.1.2 e também o capítulo 2.

18.4. Artigo 9º da Constituição Nacional

O artigo 9º da Constituição Pátria refere-se ao instituto da greve da seguinte forma:

> Art. 9º É assegurado o direito de greve, competindo aos trabalhadores decidir sobre a oportunidade de exercê-lo e sobre os interesses que devam por meio dele defender.

§ 1º A lei definirá os serviços ou atividades essenciais e disporá sobre o atendimento das necessidades inadiáveis da comunidade.

§ 2º Os abusos cometidos sujeitam os responsáveis às penas da lei.

Para um maior aprofundamento sobre a greve vide a Parte III, capítulo 5.

18.5. Artigo 10 da Constituição Nacional

O artigo 10 da CF/88 afirma que *"é assegurada a participação dos trabalhadores e empregadores* nos colegiados dos órgãos públicos em que seus interesses profissionais ou previdenciários sejam objeto de discussão e deliberação.".

Existem dois exemplos bem claros desse mandamento constitucional, a participação de empregados e empregadores no Conselho Curador do FGTS e no Conselho Nacional de Previdência.

18.6. Artigo 11 da Constituição Nacional

Enfim, o artigo 11 da CF/88 afirma que "nas empresas de mais de duzentos empregados, *é assegurada a eleição de um representante destes com a finalidade exclusiva de promover-lhes o entendimento direto com os empregadores.".*

Convém salientar que a eleição desse representante dos empregados, não se confunde com a figura do dirigente sindical e nem mesmo do Delegado Sindical.

A **Reforma Trabalhista** tratou sobre esse tema, criando inclusive uma garantia de emprego desde o registro da candidatura até um ano após o fim do mandato. O membro da comissão de representantes dos empregados não poderá sofrer despedida arbitrária, entendendo-se como tal a que não se fundar em motivo disciplinar, técnico, econômico ou financeiro, tal qual ocorre com o **Cipeiro.**

Vamos analisar uma questão sobre o tema:

▸ **Aplicação em Concurso e/ou OAB:**

(FCC – TRT 9ª Região – Analista Judiciário – Oficial de Justiça Avaliador – 2016) Considerando os direitos assegurados aos trabalhadores pela Constituição Federal, é correto afirmar:

a) O repouso semanal remunerado dos empregados rurais, em razão das peculiaridades do trabalho, deve ser necessariamente aos domingos.

b) O seguro contra acidentes do trabalho pago pelo empregador o isenta do pagamento de indenização a empregado que sofre o infortúnio.

c) A proteção ao mercado de trabalho da mulher é norma de aplicação imediata que, tendo em vista o princípio da igualdade estabelecido como garantia fundamental, não depende de regulamentação infraconstitucional.

d) A assistência gratuita em creches e pré-escolas é assegurada aos filhos e dependentes do empregado, desde o nascimento até dez anos de idade.

e) A eleição de um representante dos trabalhadores com a finalidade, exclusiva de promover o entendimento direto com o empregador é assegurada nas empresas com mais de duzentos empregados.

Resposta: E

PARTE III

DIREITO COLETIVO DO TRABALHO

1

INTRODUÇÃO

Sumário: 1. Introdução **- 1.1.** Princípios do Direito Coletivo do Trabalho – **1.1.1.** Liberdade Sindical: **A)** Convenção nº 87 da OIT – **1.1.2.** Interveniência Sindical – **1.1.3.** Prevalência do Negociado Sobre o Legislado: Reforma Trabalhista: **A)** O Artigo 611-A da CLT: Produto da Reforma Trabalhista – **B)** O Artigo 611-B da CLT: Produto da Reforma Trabalhista – **1.1.4.** Princípio da Adequação Setorial Negociada – **1.1.5.** Poder Normativo das Normas Coletivas – **1.1.6.** Lealdade e Transparência das Negociações Sindicais.

O **Direito Coletivo** ou **Direito Sindical do Trabalho** é peculiarmente distinto do Direito Individual do Trabalho, já que neste parte-se do pressuposto da hipossuficiência do empregado frente ao empregador no contrato de trabalho.

Ao passo que no Direito Coletivo do Trabalho entende-se que as partes envolvidas (organizações sindicais do empregado e do empregador) encontram-se em pé de igualdade, afinal os dirigentes sindicais, protegidos pela estabilidade, possuem autonomia para lutar pela sua classe sem receio de sofrer uma dispensa do empregador. Essa igualdade substancial entre as partes é chamada de **Princípio da Equivalência dos Contratantes Coletivos.**

Em razão dessa marcante diferença, o Direito Coletivo do Trabalho possui regras e princípios próprios para traçar os direitos e deveres envolvidos na organização sindical, bem como todos os reflexos daí decorrentes, a exemplo das negociações coletivas e greves.

Vale informar, para nortear o entendimento do leitor, que a expressão **categoria profissional** refere-se à categoria dos empregados, enquanto a expressão **categoria econômica** significa a categoria patronal.

1.1. Princípios do Direito Coletivo do Trabalho

1.1.1. Liberdade Sindical

O Artigo 8º, *caput*, de nossa Constituição afirma que é livre a associação profissional ou sindical, salientando em seus incisos que **a lei não poderá**

exigir autorização do Estado para a fundação de sindicato, ressalvado o registro no órgão competente, vedadas ao Poder Público a interferência e a intervenção na organização sindical. Isto é o que a doutrina denomina de **liberdade de constituição e de organização/administração.**

O inciso V do referido artigo 8º de nossa Carta Magna ensina ainda que *"ninguém será obrigado a filiar-se ou a manter-se filiado a sindicato."*. Portanto, a legislação não pode impedir alguém de se filiar e nem mesmo obrigar alguém que esteja filiado a assim manter-se. Aqui reside a **liberdade de filiação.**

A OJ nº 17 da Seção de Dissídios Coletivos (SDC) do TST constitui-se em outro postulado útil à defesa da liberdade sindical, pois deixa implícito em seu texto que somente se filiará às entidades sindicais aqueles trabalhadores que assim desejarem, motivo pelo qual são nulas as cláusulas de normas coletivas que obriguem trabalhadores não sindicalizados a fazer pagamentos que, em regra, somente seriam devidos pelos trabalhadores sindicalizados. Segue o conteúdo da referida OJ:

> As cláusulas coletivas que estabeleçam contribuição em favor de entidade sindical, a qualquer título, obrigando trabalhadores não sindicalizados, são ofensivas ao direito de livre associação e sindicalização, constitucionalmente assegurado, e, portanto, nulas, sendo passíveis de devolução, por via própria, os respectivos valores eventualmente descontados.

Pelas mesmas razões, a OJ nº 20 da SDC do TST, afirma que *"viola o art. 8º, V, da CF/1988 cláusula de instrumento normativo que estabelece a preferência, na contratação de mão de obra, do trabalhador sindicalizado sobre os demais."*. Obviamente, é inconstitucional qualquer cláusula que favoreça determinado trabalhador pelo simples fato de ser sindicalizado, pois se assim fosse a liberdade de associação/filiação estaria comprometida.

A) Convenção nº 87 da OIT

Antes de falarmos sobre a referida norma internacional faz necessário explicar ao leitor que o sistema sindical no Brasil é o da **unicidade sindical**, vez que o artigo 8º, II, da CF/88 afirma o seguinte:

> **É vedada a criação de mais de uma organização sindical, em qualquer grau, representativa de categoria profissional ou econômica, na mesma base territorial**, que será definida pelos trabalhadores ou empregadores interessados, não podendo ser inferior à área de um Município. – Grifo nosso

Com efeito, a norma constitucional, deixa claro que na mesma base territorial (que não poderá ser inferior à área de um município) não pode haver mais de um sindicato da mesma categoria. Logo, não se permite que existam dois sindicatos dos trabalhadores de supermercados em uma mesma cidade, pois violaria a unicidade sindical.

A Convenção nº 87 da OIT, que não foi ratificada pelo Brasil, trata primordialmente sobre a liberdade sindical e o faz em sentido diametralmente oposto ao de nossa Constituição, daí porque não foi ratificada.

Nesses termos, a norma internacional em estudo permite a instituição de mais de um sindicato representativo da mesma categoria, na mesma base territorial, rejeitando a unicidade sindical e instituindo um **pluralismo** ou **pluralidade sindical,** o que é inadmissível no Brasil por vedação constitucional.

Segue uma questão sobre o assunto:

> ▸ **Aplicação em Concurso e/ou OAB:**
>
> **(MPT – Procurador do Trabalho - 2015 - Adaptada)** Julgue o item:
>
> I – A Convenção nº 87 da OIT, não ratificada pelo Brasil, adota a pluralidade sindical, ao passo que a Constituição brasileira adota a unicidade sindical.
>
> *Resposta:* Item correto.

1.1.2. Interveniência Sindical

A base desse princípio está no artigo 8º, inciso VI da Constituição, onde se afirma que *"é obrigatória a participação dos sindicatos nas negociações coletivas de trabalho."*.

Sobre esse princípio, cabe salientar que a doutrina tem interpretado a referida obrigatoriedade no que toca à interveniência dos sindicatos apenas em relação aos empregados, vez que para os empregadores existe uma exceção.

Desta forma, as empresas podem participar da negociação coletiva relativa a um acordo coletivo, bem como firmá-lo, afinal o acordo coletivo requer, de um lado, a participação do sindicato da categoria profissional, e, do outro, a participação da empresa, sem qualquer auxílio de um sindicato.

1.1.3. Prevalência do Negociado Sobre o Legislado: Reforma Trabalhista

A Lei nº 13.467/2017, também conhecida como **Reforma Trabalhista**, inseriu o § 3º no artigo 8º da CLT, que segue transcrito:

> § 3º No exame de convenção coletiva ou acordo coletivo de trabalho, a Justiça do Trabalho analisará exclusivamente a conformidade dos elementos essenciais

do negócio jurídico, respeitado o disposto no art. 104 da Lei nº 10.406, de 10 de janeiro de 2002 (Código Civil), **e balizará sua atuação pelo princípio da intervenção mínima na autonomia da vontade coletiva.** – Grifo nosso.

Esse artigo busca privilegiar o **Princípio da Prevalência do Negociado Sobre o Legislado**, buscando-se deixar claro que na área do Direito Coletivo do Trabalho as partes estão em posição isonômica, não havendo que se falar em hipossuficiência do trabalhador, vez que o mesmo sempre estará representado por seu sindicato.

A referida alteração seguiu a linha de pensamento das duas últimas decisões do STF sobre a matéria: uma reconhecendo a validade da quitação geral na adesão ao Plano de Desligamento Voluntário (PDV), conforme Recurso Extraordinário (RE) 590.415; e outra reconhecendo a validade da supressão das horas *in itinere,* consoante Recurso Extraordinário (RE) 895.759.

Em ambos os casos, o Supremo Tribunal Federal reconheceu a validade de cláusulas de normas coletivas que eram claramente prejudiciais aos trabalhadores, vez que, segundo a retro mencionada Corte, no processo de negociação coletiva seria comum/normal que as partes abrissem mão de algum direito, para ter uma contrapartida em outro.

Nesse contexto, para o STF, apenas a existência de algum vício de consentimento na celebração da negociação coletiva, poderia invalidá-la. Foi justamente este entendimento que ficou positivado no § 3º do artigo 8º da CLT.

Por conseguinte, ao analisar a validade ou invalidade de uma norma coletiva, deverá a Justiça do Trabalho, inicialmente, limitar-se a verificar os requisitos de validade de um negócio jurídico, presente no artigo 104 do Código Civil, a saber: agente capaz (onde se pressupõe uma vontade manifestada livremente); objeto lícito, possível, determinado ou determinável; forma prescrita ou não defesa em lei.

A) O Artigo 611-A da CLT: Produto da Reforma Trabalhista

Complementando o que consta no artigo 8º, § 3º, da CLT, a **Reforma Trabalhista** inseriu na Consolidação das Leis do Trabalho o artigo 611-A, o qual de forma expressa pontua diversos assuntos nos quais a convenção coletiva e o acordo coletivo de trabalho terão prevalência sobre a lei quando, **entre outros (a enumeração do artigo é apenas exemplificativa)**, dispuserem sobre:

- Pacto quanto à jornada de trabalho, observados os limites constitucionais;

- Banco de horas anual;
- Intervalo intrajornada, **respeitado o limite mínimo de trinta minutos para jornadas superiores a seis horas;**
- Adesão ao Programa Seguro-Emprego (PSE);
- **Plano de cargos, salários e funções** compatíveis com a condição pessoal do empregado, bem como identificação dos cargos que se enquadram como funções de confiança;
- Regulamento empresarial;
- Representante dos trabalhadores no local de trabalho;
- **Teletrabalho, regime de sobreaviso, e trabalho intermitente;**
- **Remuneração por produtividade, incluídas as gorjetas percebidas pelo empregado, e remuneração por desempenho individual;**
- Modalidade de registro de jornada de trabalho;
- Troca do dia de feriado;
- enquadramento do grau de insalubridade;
- **prorrogação de jornada em ambientes insalubres**, sem licença prévia das autoridades competentes do Ministério do Trabalho;
- **Prêmios de incentivo** em bens ou serviços, eventualmente concedidos em programas de incentivo;
- **Participação nos lucros** ou resultados da empresa.

Todos os direitos acima listados se inserem na órbita do Princípio da Prevalência do Negociado sobre o Legislado, conforme disposição expressa do artigo 611-A. Aconselhamos ao candidato memorizar essa lista.

Como visto nesse tópico, já havia algumas decisões do STF validando cláusulas de normas coletivas prejudiciais aos trabalhadores, como ocorreu nos casos de supressão das horas *in itinere* (RE nº 895.759) e na adesão ao Plano de Desligamento Voluntário (RE nº 590.415). Todavia, a fundamentação do STF para validar tais cláusulas consistiu no reconhecimento de que no processo de negociação coletiva seria comum/normal que as partes abrissem mão de algum direito, para ter uma contrapartida em outro direito. Em simples palavras: **perde-se de um lado, para ganhar de outro.**

Esse entendimento do STF, para os padrões do Direito do Trabalho, já era considerado prejudicial para o trabalhador, daí porque recebia críticas da doutrina.

Ocorre que a **Reforma Trabalhista** conseguiu ser ainda mais prejudicial do que o entendimento do STF, pois inseriu no artigo 611-A, o § 2º, para o qual "***A inexistência de expressa indicação de contrapartidas recíprocas*** *em convenção coletiva ou acordo coletivo de trabalho não ensejará sua nulidade por não caracterizar um vício do negócio jurídico.*".

Assim sendo, ainda que não existam contrapartidas da classe empresarial expressas na norma coletiva, a perda de direitos por meio da negociação coletiva, nos temas arrolados no artigo 611-A, será plenamente permitida, salvo a ausência dos requisitos de validade do negócio jurídico.

O mesmo artigo supracitado em seu § 3º dispôs que "*se for pactuada cláusula que reduza o salário ou a jornada, a convenção coletiva ou o acordo coletivo de trabalho deverão prever a proteção dos empregados contra dispensa imotivada durante o prazo de vigência do instrumento coletivo.*".

O dispositivo mencionado acima impede que os empregados sejam dispensados de forma arbitrária, isto é, sem um motivo justificado, de acordo com as previsões das normas coletivas, sempre que houver cláusula que reduza o salário ou a jornada.

O óbice criado para a dispensa, nesse caso, não tem tanto efeito protetivo, afinal os empregadores estarão em posição jurídica de vantagem, com normas coletivas que permitem redução salarial e de jornada, circunstância na qual realmente inexiste interesse na dispensa, pois a mão de obra está abaixo do seu custo normal.

O § 4º do artigo 611-A dispõe que "*na hipótese de procedência de ação anulatória de cláusula de convenção coletiva ou de acordo coletivo de trabalho, quando houver a cláusula compensatória, esta deverá ser igualmente anulada, sem repetição do indébito.*".

A verdade é que raras serão as hipóteses de procedência de ações anulatória, diante das permissões para transacionar e renunciar a tantos direitos via norma coletiva. Apenas nas poucas hipóteses onde se logre demonstrar que os requisitos de validade do negócio jurídico foram desrespeitados é que surgirá o ambiente propício para a anulação da norma coletiva ou de algumas de suas cláusulas.

Ademais, anulando-se a norma coletiva ou alguma de suas cláusulas, obviamente anula-se a respectiva cláusula compensatória.

Finalmente, o § 5º do artigo 611-A, determina que os sindicatos subscritores de convenção coletiva ou de acordo coletivo de trabalho deverão participar, como litisconsortes necessários, em ação individual ou coletiva, que tenha como objeto a anulação de cláusulas desses instrumentos.

Ora, como os sindicatos foram responsáveis pela elaboração da cláusula cuja tentativa de anulação está tramitando no Poder Judiciário, afigura-se correta a exigência processual de que os mesmos integrem o processo, como litisconsortes necessários, afinal poderão prestar esclarecimentos sobre o porquê da cláusula debatida judicialmente.

Colacionamos uma questão com vários tópicos, a fim de que o leitor possa revisar diversos aspectos importantes sobre a **Reforma Trabalhista:**

▸ **Aplicação em Concurso e/ou OAB:**

(FCC - 2017 - Analista Judiciário - Taquigrafia - TST) A convenção coletiva e o acordo coletivo de trabalho têm prevalência sobre a lei, podendo ser livremente acordado, inclusive com a redução ou a supressão, quando dispuserem sobre:

a) seguro contra acidentes do trabalho, a cargo do empregador, plano de cargos, salários e funções compatíveis com a condição pessoal do empregado, bem como identificação dos cargos que se enquadram como funções de confiança.

b) teletrabalho, regime de sobreaviso e trabalho intermitente e valor nominal do décimo terceiro salário.

c) remuneração do trabalho noturno superior à do diurno, regulamento empresarial e participação nos lucros ou resultados da empresa.

d) adesão ao Programa Seguro-Emprego – PSE, repouso semanal remunerado, remuneração por produtividade, incluídas gorjetas percebidas pelo empregado, e remuneração por desempenho individual.

e) banco de horas anual, intervalo intrajornada, respeitado o limite mínimo de trinta minutos para jornadas superiores a seis horas e troca do dia de feriado.

Resposta: E

B) O Artigo 611-B da CLT: Produto da Reforma Trabalhista

Esse artigo enumera direitos básicos do trabalhador, bem como deixa claro que os mesmos não podem ser reduzidos ou suprimidos por meio de convenção ou acordo coletivo de trabalho.

Portanto, os direitos constantes no alegado artigo não são alcançados pelo Princípio da Prevalência do Negociado sobre o Legislado, até porque, sequer podem ser objeto de negociação. Segue abaixo alguns exemplos de direitos inegociáveis constantes do artigo 611-B da CLT:

- Normas de identificação profissional, inclusive as anotações na Carteira de Trabalho e Previdência Social;
- Seguro-desemprego, em caso de desemprego involuntário;
- Valor dos depósitos mensais e da indenização rescisória do FGTS;
- Salário mínimo;
- Valor nominal do décimo terceiro salário;
- Remuneração do trabalho noturno superior à do diurno;
- Proteção do salário na forma da lei, constituindo crime sua retenção dolosa;
- Salário-família;
- Repouso semanal remunerado;
- Remuneração do serviço extraordinário superior, no mínimo, em 50% à do normal;
- Número de dias de férias devidas ao empregado;
- Gozo de férias anuais remuneradas com, pelo menos, um terço a mais do que o salário normal;
- Licença-maternidade com a duração mínima de cento e vinte dias;
- Licença-paternidade nos termos fixados em lei;
- Proteção do mercado de trabalho da mulher, mediante incentivos específicos, nos termos da lei;
- Aviso prévio proporcional ao tempo de serviço, sendo no mínimo de trinta dias, nos termos da lei;
- Normas de saúde, higiene e segurança do trabalho previstas em lei ou em normas regulamentadoras do Ministério do Trabalho;
- Adicional de remuneração para as atividades penosas, insalubres ou perigosas;
- Aposentadoria;
- Seguro contra acidentes de trabalho, a cargo do empregador;
- Ação, quanto aos créditos resultantes das relações de trabalho, com prazo prescricional de cinco anos para os trabalhadores urbanos e rurais, até o limite de dois anos após a extinção do contrato de trabalho;

- Proibição de qualquer discriminação no tocante a salário e critérios de admissão do trabalhador com deficiência;
- Proibição de trabalho noturno, perigoso ou insalubre a menores de dezoito anos e de qualquer trabalho a menores de dezesseis anos, salvo na condição de aprendiz, a partir de quatorze anos;
- Medidas de proteção legal de crianças e adolescentes;
- Igualdade de direitos entre o trabalhador com vínculo empregatício permanente e o trabalhador avulso;
- Liberdade de associação profissional ou sindical do trabalhador, inclusive o direito de não sofrer, sem sua expressa e prévia anuência, qualquer cobrança ou desconto salarial estabelecidos em convenção coletiva ou acordo coletivo de trabalho;
- Direito de greve, competindo aos trabalhadores decidir sobre a oportunidade de exercê-lo e sobre os interesses que devam por meio dele defender;
- Definição legal sobre os serviços ou atividades essenciais e disposições legais sobre o atendimento das necessidades inadiáveis da comunidade em caso de greve;
- Tributos e outros créditos de terceiros;
- Normas que representem preconceitos contra mulher ou qualquer outro preconceito;
- Limite máximo de peso para a mulher;
- Concessão de licença-maternidade para mães e adotantes;
- Possibilidade da mulher, desde que com atestado, romper o contrato de trabalho do empregador, caso seu serviço seja prejudicial à gestação;
- Intervalos especiais de 30 minutos para as mulheres, destinados à amamentação dos filhos.

O parágrafo único do artigo 611-B deixou claro que regras sobre duração do trabalho e intervalos não são consideradas como normas de saúde, higiene e segurança do trabalho, daí porque podem ser objeto de transação via norma coletiva.

Segue uma questão adequada às novidades da Lei nº 13.467/2017, para que o leitor teste seus conhecimentos:

▶ Aplicação em Concurso e/ou OAB:

(EXATUS - Câmara de Candói - PR - Advogado - 2019) De acordo com a Consolidação das Leis do Trabalho, com as alterações introduzidas pela

Lei nº 13.467/2017, é correto afirmar que a convenção coletiva e o acordo coletivo de trabalho têm prevalência sobre a lei quando, entre outros, dispuserem sobre:

a) Enquadramento do grau de insalubridade.

b) Salário mínimo.

c) Remuneração do trabalho noturno superior à do diurno.

d) Repouso semanal remunerado.

e) Seguro contra acidentes de trabalho, a cargo do empregador.

Resposta: A

1.1.4. Princípio da Adequação Setorial Negociada

O princípio[1] em tela busca criar limites para a criação do conteúdo das normas coletivas, de forma a delimitar o que pode e o que não pode ser flexibilizado por meio das mesmas.

Esse princípio ensina que, em regra, as normas coletivas nasceram para proporcionar aos trabalhadores a conquista de mais direitos além daqueles previstos pela legislação heterônoma.

Assim sendo, apenas de forma setorial e excepcional admite-se a renúncia de direitos dos trabalhadores via norma coletiva nos casos em que a própria legislação heterônoma traz alguma permissão neste sentido.

Esse princípio sempre foi muito cobrado em concursos públicos e exame da ordem, entretanto pensamos que a **Reforma Trabalhista** e o **Princípio da Prevalência do Negociado sobre o Legislado** o lançaram por terra, até porque o artigo 611-A criou um lista imensa de direitos que podem ser transacionados, fazendo com que a possibilidade de renúncia via norma coletiva deixasse de ser setorial e passasse a ser possível em inúmeros direitos que sequer eram imagináveis à luz do Princípio da Adequação Setorial Negociada.

1.1.5. Poder Normativo das Normas Coletivas

Também chamado pela doutrina de Princípio da Força Normativa ou Criatividade Jurídica da Negociação Coletiva, serve apenas para afirmar que as normas coletivas possuem poder normativo, constituindo-se em típica fonte do

1. Princípio criado por: DELGADO, Maurício Godinho. *Direito Coletivo do Trabalho*. 3ª ed. São Paulo, LTr, 2008, p.61.

Direito do Trabalho, motivo pelo qual suas cláusulas podem criar novos direitos e suprimir ou atenuar direitos existentes, observadas as restrições legais.

Este princípio é também conhecido pelo nome de Princípio da Criatividade das Normas Coletivas.

1.1.6. Lealdade e Transparência das Negociações Sindicais

A lealdade e a transparência são requisitos de qualquer negociação, inclusive da negociação coletiva/sindical.

2

ORGANIZAÇÃO SINDICAL

Sumário: 2. Organização Sindical – **2.1.** Estrutura Sindical: **A)** Sindicatos: **A.1)** Diferença entre Prerrogativa e Dever do Sindicato – **A.2)** Diferença entre Sindicato e Associação - **A.3)** Condições de Funcionamento do Sindicato - **B)** Federações – **C)** Confederações – **D)** Centrais Sindicais – **2.2.** Custeio da Estrutura Sindical: **A)** Contribuição Confederativa – **B)** Contribuição Assistencial – **C)** Contribuição Sindical ou Imposto Sindical e a Reforma Trabalhista: **C.1)** Contribuição Sindical ou Imposto Sindical e a posição do STF – **2.3.** A Classificação em Categorias: **A)** Categoria Profissional e Categoria Econômica – **B)** Categorias Similar e Conexas – **C)** Categoria Profissional Diferenciada.

2.1. Estrutura Sindical

A estrutura sindical nacional compõe-se das seguintes entidades sindicais: Sindicatos, Federações, Confederações e Centrais Sindicais.

A) Sindicatos

São também conhecidos como entidades sindicais simples ou de primeiro grau e, dentre as existentes, são aquelas que possuem uma proximidade maior com o trabalhador, não tendo nenhum fim lucrativo.

Justamente por possuir esta ligação mais direta com o trabalhador e, consequentemente, conhecer seus anseios e necessidades, detém a primazia ou prevalência na condução das negociações coletivas.

Sua natureza jurídica é de **pessoa jurídica de direito privado.**

Os sindicatos devem respeitar a regra da **unicidade sindical** e da **base territorial mínima**, segundo a qual ao sindicato é vedado possuir área territorial inferior a um município.

Normalmente os sindicatos da categoria profissional (dos trabalhadores) existem para proteger os interesses de típicos empregados (empregados subordinados), **entretanto nosso modelo sindical permite igualmente a criação de sindicatos de trabalhadores autônomos e profissionais liberais**, conforme artigo 511 da CLT:

> É lícita a associação para fins de estudo, defesa e coordenação dos seus interesses econômicos ou profissionais de todos os que, como empregadores, empregados, **agentes ou trabalhadores autônomos ou profissionais liberais** exerçam, respectivamente, a mesma atividade ou profissão ou atividades ou profissões similares ou conexas. – Grifo nosso.

Quanto à constituição (criação) de um sindicato, o artigo 8ª, inciso I, de nossa Carta Constitucional ensina que *"a lei não poderá exigir autorização do Estado para a fundação de sindicato,* ressalvado o ***registro*** no órgão competente, vedadas ao Poder Público a interferência e a intervenção na organização sindical.".

O registro dos atos constitutivos do sindicato deverá ser realizado no Ministério do Trabalho e Emprego, o qual tem a incumbência de velar pela unicidade sindical.

A Súmula nº 677 do STF reconhece que o registro deverá ser feito no Ministério do Trabalho e Emprego, conforme a referida Súmula: *"Até que lei venha a dispor a respeito, incumbe ao Ministério do Trabalho proceder ao registro das entidades sindicais e zelar pela observância do princípio da unicidade."*.[1]

Quanto aos órgãos de um sindicato, cabe pontuar que possui uma **assembleia geral**, uma **diretoria** e um **conselho fiscal**.

A **assembleia geral** é o órgão de cúpula (de liderança) do sindicato, competindo-lhe tomar decisões de suma importância, a exemplo de deflagração de greve e celebração de normas coletivas.

Da mesma forma, salientamos que o artigo 524 da CLT determinou que alguns temas só poderão ser votados por meio de Assembleia Geral dos Trabalhadores, por escrutínio secreto (votação secreta). Os temas restritos à assembleia geral são os seguintes:

- Eleição de associado para representação da respectiva categoria prevista em lei;
- Tomada e aprovação de contas da diretoria;

1. A Lei nº 13.844, de 18.06.2019, estabeleceu a nova organização básica dos órgãos da Presidência e dos Ministérios, tendo extinguido o referido Ministério, atrelando-o ao Ministério da Economia, sob o nome de Secretaria de Trabalho. Entretanto, como parte da legislação trabalhista não foi atualizada neste detalhe, optamos por continuar utilizando a terminologia que continua constando na maioria das leis laborais, ou seja, Ministério do Trabalho.

- Aplicação do patrimônio;
- Julgamento dos atos da Diretoria, relativos a penalidades impostas a associados;
- Pronunciamento sobre relações ou dissídio de trabalho. Neste caso, as deliberações da Assembleia Geral só serão consideradas válidas quando ela tiver sido especialmente convocada para esse fim, de acordo com as disposições dos estatutos da entidade sindical.

A **diretoria** de um sindicato é aquela protegida pela estabilidade, podendo possuir entre 3 e 7 membros.

O **conselho fiscal**, por seu turno, tem a função de fiscalizar a entrada e saída de valores do sindicato, analisando, assim, a movimentação financeira do mesmo. É constituído por três membros, todos eleitos pela assembleia geral, sendo que nenhum deles possui direito à estabilidade, tal qual ocorre com o Delegado Sindical.

Por fim, segundo o artigo 547 da CLT, é exigida a **qualidade de sindicalizado** para o exercício de qualquer função representativa de categoria econômica ou profissional, em órgão oficial de deliberação coletiva, bem como para o gozo de favores ou isenções tributárias, salvo em se tratando de atividades não econômicas.

A.1) Diferença entre Prerrogativa e Dever do Sindicato

O candidato ao exame da OAB e/ou concursos públicos deve ficar atento aos artigos 513 e 514 da CLT, os quais enumeram, respectivamente, as prerrogativas e os deveres de um sindicato. As provas costumam tentar confundir o rol (lista) de deveres e o rol de prerrogativas.

Seguem os artigos, para que o leitor se atente para as diferenças na literalidade da lei:

> Art. 513. São **prerrogativas** dos sindicatos :
>
> a) representar, perante as autoridades administrativas e judiciárias os interesses gerais da respectiva categoria ou profissão liberal ou interesses individuais dos associados relativos á atividade ou profissão exercida;
>
> b) celebrar contratos coletivos de trabalho;
>
> c) eleger ou designar os representantes da respectiva categoria ou profissão liberal;
>
> d) colaborar com o Estado, como orgãos técnicos e consultivos, na estudo e solução dos problemas que se relacionam com a respectiva categoria ou profissão liberal;
>
> e) impor contribuições a todos aqueles que participam das categorias econômicas ou profissionais ou das profissões liberais representadas.

Parágrafo Único. Os sindicatos de empregados terão, outrossim, a prerrogativa de fundar e manter agências de colocação.

Art. 514. São **deveres** dos sindicatos :

a) colaborar com os poderes públicos no desenvolvimento da solidariedade social;

b) manter serviços de assistência judiciária para os associados;

c) promover a conciliação nos dissídios de trabalho.

d) sempre que possível, e de acordo com as suas possibilidades, manter no seu quadro de pessoal, em convênio com entidades assistenciais ou por conta própria, um assistente social com as atribuições específicas de promover a cooperação operacional na empresa e a integração profissional na Classe.

Parágrafo único. Os sindicatos de empregados terão, outrossim, o dever de:

a) promover a fundação de cooperativas de consumo e de crédito;

b) fundar e manter escolas do alfabetização e prevocacionais. – Grifo nosso.

Segue uma questão para ilustrar o que informamos acima:

▸ Aplicação em Concurso e/ou OAB:

(Instituto Consulplan - Prefeitura de Suzano - SP - Procurador Jurídico - 2019 - Adaptada) Em relação à organização sindical, analise as afirmativas a seguir.

II. É dever dos sindicatos manter serviços de assistência judiciária, médica e escolar para os associados.

III. Os sindicatos de empregados terão, outrossim, o dever de fundar e manter escolas de alfabetização e pré-vocacionais.

IV. É prerrogativa dos sindicatos representar, perante as autoridades administrativas e judiciárias, os interesses gerais da respectiva categoria ou profissão liberal ou interesses individuais dos associados relativos à atividade ou profissão exercida. Estão corretas apenas as afirmativas.

Resposta: Item II incorreto; Itens III e IV corretos

A.2) Diferença entre Sindicato e Associação

As associações profissionais não são sindicatos, mas sim simples associações civis regidas pelo direito civil e sem nenhuma prerrogativa sindical, como por exemplo a prerrogativa de celebrar normas coletivas.

O artigo 515 da CLT prescreve que as associações profissionais deverão satisfazer os seguintes requisitos para serem reconhecidas como sindicatos:

- Reunião de um terço, no mínimo, de empresas legalmente constituídas, sob a forma individual ou de sociedade, se se tratar de associação de empregadores; ou
- Reunião de um terço dos que integrem a mesma categoria ou exerçam a mesma profissão liberal se se tratar de associação de empregados ou de trabalhadores ou agentes autônomos ou de profissão liberal;
- Duração de 3 (três) anos para o mandato da diretoria;
- Exercício do cargo de presidente por brasileiro nato, e dos demais cargos de administração e representação por brasileiros.

A.3) Condições de Funcionamento do Sindicato

O artigo 521 da CLT enumera as condições para o funcionamento do Sindicato:

- Proibição de qualquer propaganda de doutrinas incompatíveis com as instituições e os interesses da Nação, bem como de candidaturas a cargos eletivos estranhos ao sindicato;
- Proibição de exercício de cargo eletivo cumulativamente com o de emprego remunerado pelo sindicato ou por entidade sindical de grau superior;
- Gratuidade do exercício dos cargos eletivos;
- Proibição de quaisquer atividades não compreendidas nas finalidades de estudo, defesa e coordenação de interesses econômicos ou profissionais, inclusive as de caráter político-partidário;
- Proibição de cessão gratuita ou remunerada da respectiva sede a entidade de índole político-partidária.

Quando, para o exercício de mandato, tiver o associado de sindicato de empregados, de trabalhadores autônomos ou de profissionais liberais de se afastar do seu trabalho, poderá ser-lhe arbitrada pela assembleia geral uma gratificação nunca excedente da importância de sua remuneração na profissão respectiva.

B) Federações

São constituídas pela união de, pelo menos, **cinco sindicatos da mesma categoria** (quer seja profissional, econômica ou diferenciada), conforme artigo 534 da CLT:

> É facultado aos Sindicatos, **quando em número não inferior a 5 (cinco)**, desde que representem a maioria absoluta de um grupo de atividades ou profissões idênticas, similares ou conexas, organizarem-se em federação. – grifo nosso.

As Federações e Confederações (abaixo estudadas) são também chamadas de entidades sindicais complexas ou de grau superior.

A constituição (criação) das Federações, tal qual ocorre com os sindicatos, requer o registro dos atos constitutivos perante o Ministério do Trabalho e Emprego, o qual tem a incumbência de velar pela unicidade sindical, **acrescendo-se ainda** a necessidade de se entregar ao MTE as cópias das atas das assembleias de cada sindicato que autorizou a filiação.

C) Confederações

Essas normalmente possuem âmbito nacional e sua sede se localiza no Distrito Federal (Brasília). Seu surgimento decorre da união de, no mínimo, três federações.

Como vimos, a prevalência das negociações coletivas pertencem ao sindicato, todavia diante da ausência deste em um município, por exemplo, o direito de negociar coletivamente passa, respectivamente, para as federações e confederações, consoante artigo 611, § 2º da CLT:

> § 2º As Federações e, na falta desta, as Confederações representativas de categorias econômicas ou profissionais poderão celebrar convenções coletivas de trabalho para reger as relações das categorias a elas vinculadas, inorganizadas em Sindicatos, no âmbito de suas representações.

As Federações e Confederações também assumirão a dianteira nas negociações coletivas quando o sindicato for inerte, injustificadamente, na condução, vide artigo 617, § 1º da CLT:

> Art. 617 – Os empregados de uma ou mais empresas que decidirem celebrar Acordo Coletivo de Trabalho com as respectivas empresas darão ciência de sua resolução, por escrito, ao Sindicato representativo da categoria profissional, que terá o prazo de 8 (oito) dias para assumir a direção dos entendimentos entre os interessados, devendo igual procedimento ser observado pelas empresas interessadas com relação ao Sindicato da respectiva categoria econômica.
>
> § 1º Expirado o prazo de 8 dias sem que o Sindicato tenha se desincumbido do encargo recebido, **poderão os interessados dar conhecimento do fato à Federação a que estiver vinculado o Sindicato e, em falta dessa, à correspondente Confederação, para que, no mesmo prazo, assuma a direção dos entendimentos. Esgotado esse prazo, poderão os interessados prosseguir diretamente na negociação coletiva até final.** – Grifo nosso.

Percebe-se pelo artigo acima que se as Federações e Confederações continuarem com a mesma inércia dos sindicatos, poderão os interessados prosseguir diretamente na negociação coletiva até o final.

Finalmente, **a constituição (criação) das Confederações**, tal qual ocorre com os sindicatos e federações, requer o registro dos atos constitutivos perante o Ministério do Trabalho e Emprego, o qual tem a incumbência de velar pela unicidade sindical, **acrescendo-se ainda** a necessidade de se entregar ao MTE as cópias das atas das assembleias de cada Federação que autorizou a filiação.

Vejamos uma questão sobre o tema:

▸ **Aplicação em Concurso e/ou OAB:**

(FCC – Analista Judiciário – Área Judiciária – TRT 20/2016 – ADAPTADA) O direito coletivo do trabalho é o segmento do Direito do Trabalho responsável por tratar da organização sindical, da negociação coletiva, dos contratos coletivos, da representação dos trabalhadores e da greve. Considerando essa definição doutrinária, a legislação pertinente e o entendimento sumulado do Tribunal Superior do Trabalho,

I – As confederações organizar-se-ão com o mínimo de sete federações e terão sede na Capital de República.

II – As Federações e, na falta destas, as Confederações representativas de categorias econômicas ou profissionais poderão celebrar acordos coletivos de trabalho para reger as relações das categorias a elas vinculadas, organizadas em sindicatos, no âmbito de suas representações.

Resposta: Itens errados.

D) Centrais Sindicais

De acordo com o artigo 1º da Lei nº 11.648/2008, trata-se de entidade de representação geral dos trabalhadores, composta por organizações sindicais de trabalhadores, constituída em âmbito nacional (não sendo possível sua instituição em âmbito regional), possuindo as seguintes atribuições e prerrogativas:

- Coordenar a representação dos trabalhadores por meio das organizações sindicais a ela filiadas; e
- Participar de negociações em fóruns, colegiados de órgãos públicos e demais espaços de diálogo social que possuam composição tripartite, nos quais estejam em discussão assuntos de interesse geral dos trabalhadores.

Assim como todas as entidades sindicais anteriores possui natureza jurídica de direito privado.

Os requisitos para a criação de uma Central Sindical estão presentes no artigo 2º da Lei nº 11.648/2008, a saber:

- Filiação de, no mínimo, 100 sindicatos distribuídos nas 5 (cinco) regiões do País;
- Filiação em pelo menos três regiões do País de, no mínimo, 20 sindicatos em cada uma;
- Filiação de sindicatos em, no mínimo, cinco setores de atividade econômica;
- Filiação de sindicatos que representem, no mínimo, 5% do total de empregados sindicalizados em âmbito nacional.

Diversamente das Federações e Confederações, as Centrais não possuem legitimidade para celebrar norma coletiva em substituição aos sindicatos.

Em razão da autonomia das entidades sindicais, as Centrais Sindicais não se sujeitam ao controle do Tribunal de Contas da União.

Por fim, diversamente das Federações e Confederações, as Centrais sindicais não são consideradas entidades sindicais complexas ou de grau superior.

Vejamos uma questão sobre o tema:

▸ Aplicação em Concurso e/ou OAB:

(TRT 1 – Juiz do Trabalho Substituto 1ª região - 2016 – Adaptada) Em relação à organização sindical, considere:

I – Constituem associações de grau superior as federações, as confederações e as centrais sindicais.

II – Os profissionais liberais somente podem constituir entidades sindicais patronais.

III – A associação sindical é livre, sendo, no entanto, vedada a criação de mais de uma entidade sindical, de qualquer grau, representativa de categoria profissional ou econômica, na mesma base territorial.

Resposta: Itens "I" e "II" errados;
Item "III" correto.

2.2. Custeio da Estrutura Sindical

Existem três fontes de custeio da estrutura sindical: contribuição confederativa; contribuição assistencial e contribuição sindical (imposto sindical).

A) Contribuição Confederativa

O artigo 8º, inciso IV de nossa Constituição prevê a Contribuição Confederativa da seguinte forma:

> A assembleia geral fixará a **contribuição que, em se tratando de categoria profissional, será descontada em folha, para custeio do sistema confederativo** da representação sindical respectiva, independentemente da contribuição prevista em lei;

Como o próprio nome indica, trata-se de uma contribuição direcionada ao sistema confederativo, a qual **será devida apenas pelos trabalhadores filiados ao sindicato**, sendo passível de devolução caso não preenchidos os requisitos legais para desconto.

A Súmula Vinculante nº 40 do STF disciplina a matéria: *"A contribuição confederativa de que trata o art. 8º, IV, da Constituição Federal, só é exigível dos filiados ao sindicato respectivo."*.

Vejamos uma questão sobre o tema:

▸ **Aplicação em Concurso e/ou OAB:**

(FCC – Analista Judiciário – Área Judiciária – Oficial de Justiça Avaliador – TRT 23 - 2016 – Adaptada) Em relação aos descontos nos salários dos empregados, julgue o item:

I – é válido o desconto no salário de empregado correspondente à contribuição confederativa prevista em cláusula de convenção coletiva de trabalho, tendo em vista os inegáveis benefícios que, em decorrência da atuação do sindicato, são gerados a todos os empregados da categoria, sindicalizados ou não.

Resposta: Item errado.

B) Contribuição Assistencial

Do mesmo modo que a contribuição confederativa, a contribuição assistencial só será paga pelos trabalhadores filiados ao sindicato, sendo passível de devolução caso descontada indevidamente.

Por meio da contribuição assistencial as entidades sindicais oferecem serviços aos seus associados, tais como cortes de cabelo gratuitos, atendimento médico-odontológico etc. Por tal razão, parte da doutrina a tem chamado de **taxa de reversão**, tendo em vista que existe uma contraprestação muito clara e imediata em seu pagamento.

Segue uma aplicação em prova:

▸ Aplicação em Concurso e/ou OAB:

(FGV – Analista Judiciário – Área Judiciária – TRT 12/2017) Determinada empresa, atendendo à solicitação do sindicato representativo da categoria profissional, efetuou os descontos da contribuição assistencial prevista em instrumento coletivo nos salários de todos os seus empregados, independentemente de serem ou não filiados à respectiva entidade sindical. À luz da legislação e da jurisprudência uniforme do TST, é correto afirmar que:

a) a dedução em tela somente poderia ser feita em relação aos não sindicalizados, pois os filiados já pagam mensalidade ao sindicato;

b) o desconto nos salários dos empregados não sindicalizados viola o direito de livre associação e sindicalização, sendo passíveis de devolução;

c) todos os empregados, filiados ou não, devem pagar a contribuição assistencial, mesmo porque todos são beneficiados quando é ultimada a convenção coletiva;

d) o desconto é ilícito em relação a todos os empregados, sendo possível a devolução em dobro daquilo que foi indevidamente subtraído dos trabalhadores;

e) o desconto é válido porque aquele que não quiser colaborar deve manifestar seu desejo nesse sentido, presumindo-se na omissão que deseje colaborar com o seu sindicato.

Resposta: B

C) Contribuição Sindical ou Imposto Sindical e a Reforma Trabalhista

Sempre foi a mais importante fonte de custeio da estrutura sindical brasileira, em razão da sua compulsoriedade/obrigatoriedade, afinal todos os trabalhadores, empregadores ou profissionais liberais vinculados a alguma categoria tinham que fazer o seu pagamento, **fossem associados ao sindicato ou não.**

Ocorre que a **Reforma Trabalhista** alterou o artigo 578 e, mais especificamente, o artigo 579 da CLT, retirando a obrigatoriedade de pagamento da referida contribuição:

> Art. 578. As contribuições devidas aos sindicatos pelos participantes das categorias econômicas ou profissionais ou das profissões liberais representadas pelas referidas entidades serão, sob a denominação de **contribuição sindical**, pagas, recolhidas e aplicadas na forma estabelecida neste Capítulo, desde que prévia e expressamente autorizadas.
>
> Art. 579. O **desconto da contribuição sindical está condicionado à autorização prévia e expressa dos que participarem de uma determinada categoria econômica ou profissional, ou de uma profissão liberal**, em favor do sindicato representativo da mesma categoria ou profissão ou, inexistindo este, na conformidade do disposto no art. 591 desta Consolidação.

Portanto, com a **Reforma Trabalhista** o pagamento da contribuição sindical passou a exigir autorização prévia e expressa dos empregados, empregadores e profissionais liberais que estiverem vinculados a alguma categoria. Na ausência de um sindicato representativo da categoria, os valores oriundos do imposto sindical, desde que devidamente autorizados de forma expressa, serão recolhidos à federação correspondente à mesma categoria econômica ou profissional.

A contribuição sindical será recolhida, de uma só vez, anualmente, e consistirá na importância correspondente à remuneração de um dia de trabalho, para os empregados, qualquer que seja a forma da referida remuneração.

Já para os empregadores, o valor da contribuição sindical, consistirá numa importância proporcional ao capital social da firma ou empresa, registrado nas respectivas Juntas Comerciais ou órgãos equivalentes, mediante a aplicação de alíquotas previstas na CLT.

Os empregadores são obrigados a **descontar** da folha de pagamento de seus empregados relativa ao **mês de março de cada ano** a contribuição sindical dos empregados que autorizaram prévia e expressamente o seu recolhimento aos respectivos sindicatos.

Os trabalhadores que não estiverem exercendo seu labor no mês destinado ao desconto da contribuição sindical e que venham a autorizar prévia e expressamente o recolhimento serão descontados no primeiro mês subsequente ao do retorno do trabalho.

Os valores pagos a título de contribuição sindical, pelos **empregadores**, serão distribuídos da seguinte forma:

- 5% para a confederação correspondente;
- 15% para a federação;

- 60% para o sindicato respectivo;
- 20% para a Conta Especial Emprego e Salário.

Os valores pagos a título de contribuição sindical, pelos **empregados**, serão distribuídos da seguinte forma:

- 5% para a confederação correspondente;
- 10% para a central sindical;
- 15% para a federação;
- 60% para o sindicato respectivo;
- 10% para a Conta Especial Emprego e Salário.

Trouxemos uma questão sobre as inovações da **Reforma Trabalhista** relativas a este tema:

▶ Aplicação em Concurso e/ou OAB:

(MPT - MPT - Procurador do Trabalho - 2020) Acerca das fontes de custeio das entidades sindicais, assinale a alternativa INCORRETA:

a) A contribuição sindical do trabalhador equivale a 1 (um) dia de trabalho por ano.

b) A contribuição sindical patronal varia conforme o capital social da pessoa jurídica.

c) Os valores arrecadados com a contribuição sindical do trabalhador são divididos dentro do sistema sindical da seguinte forma: 60% para o sindicato base, 20% para a federação, 15% para a confederação e 5% para as centrais sindicais.

d) A Lei 13.467/2017 não extinguiu a contribuição sindical.

Resposta: C

Segue mais uma questão, agora sobre a contribuição confederativa:

▶ Aplicação em Concurso e/ou OAB:

(FCC - TRT - 6ª Região (PE) - Analista Judiciário - Área Administrativa - 2018) A Empresa Céu Azul Cobertores Ltda., sem qualquer comunicado prévio, descontou de todos os seus empregados, sindicalizados e não sindicalizados, contribuição confederativa de 1,5% sobre o salário-base nos meses de janeiro e fevereiro, conforme cláusula de Convenção Coletiva da categoria, destinando tais valores ao sindicato que representa os trabalhadores. A empresa agiu

a) corretamente, podendo efetuar tal desconto com base na Convenção Coletiva da categoria, cujas cláusulas foram amplamente debatidas e aprovadas.

b) incorretamente, só podendo efetuar tal desconto dos empregados sindicalizados, devendo restituir tais valores aos não sindicalizados.

c) incorretamente, pois o desconto de todos os empregados é legítimo se tivesse sido celebrado através de Acordo Coletivo de Trabalho, uma vez que teria sido aprovado pela maioria dos empregados da empresa.

d) incorretamente, pois, somente mediante autorização prévia e expressa de todos os empregados, a empresa poderia descontar a contribuição confederativa, devendo restituir tais valores aos trabalhadores.

e) corretamente, equiparando-se a contribuição confederativa à contribuição sindical, esta referente a um dia de salário por ano do empregado, que pode ser descontada de todos, sem qualquer comunicado prévio e destinada ao sindicato que representa os trabalhadores.

Resposta: B

Agora uma outra questão que aborda especificamente a alteração trazida pela Reforma:

▸ **Aplicação em Concurso e/ou OAB:**

(VUNESP - 2019 - Prefeitura de Arujá - SP - Advogado) A empresa Lux Serviços Ltda. foi intimada pelo Sindicato Profissional ao qual seus empregados estão vinculados, a recolher a contribuição sindical correspondente a 1 (um) dia de serviço de cada empregado. Considerando os dispositivos legais e que não há qualquer disposição expressa em convenção coletiva de trabalho, assinale a alternativa correta.

a) A contribuição sindical não é devida, salvo se o desconto foi expressamente e individualmente autorizados pelos empregados da empresa.

b) A contribuição sindical é devida, porque decorre de disposição expressa em lei.

c) A contribuição sindical não é devida, vez que deveria estar inserida em cláusula coletiva de trabalho.

d) A contribuição sindical é devida, desde que haja autorização verbal dos empregados da empresa.

e) A contribuição sindical não é devida, salvo se o desconto foi autorizado coletivamente pelos empregados.

Resposta: A

C.1) Contribuição Sindical ou Imposto Sindical e a posição do STF

O artigo 579 da CLT, como vimos no tópico anterior, foi o responsável por **condicionar** o pagamento da contribuição sindical à existência de autorização prévia e expressa dos empregados, empregadores e profissionais liberais que estiverem vinculados a alguma categoria.

Esta necessidade de autorização prévia e expressa para efetivação do desconto do "imposto sindical" foi questionada em 18 Ações Diretas de Inconstitucionalidade, as quais tramitaram de forma conjunta, tendo sido decididas pelo STF, em 29 de junho de 2018, onde reconheceu-se a **constitucionalidade do dispositivo**.

Prevaleceu o entendimento do Ministro Luiz Fux, que foi seguido pela maioria. Entre os argumentos vencedores apresentados, está o de não se poder admitir que a contribuição sindical seja imposta a trabalhadores e empregadores quando a Constituição determina que ninguém é obrigado a se filiar ou a se manter filiado a uma entidade sindical.

Para o Ministro Barroso, que também votou pela constitucionalidade do artigo 579 da CLT, o princípio constitucional envolvido no caso é o da liberdade sindical, o direito de o trabalhador filiar-se ou não, ou de contribuir ou não, a uma entidade. Nesse sentido, ele considera o modelo de contribuição compulsória ruim porque não estimula a competitividade e a representatividade. Nas palavras de Barroso, *"O sistema é bom para os sindicalistas, mas não é bom para os trabalhadores."*

Outra polêmica, sobre o tema em análise, consiste em saber se a autorização prévia e expressa referida pelo artigo 579 da CLT, para permitir o desconto da contribuição sindical, poderia ser suprida por uma autorização concedida em assembleia sindical convocada especialmente para este fim.

Tal debate foi enfrentado pelo STF, em 29 de maio de 2019, por meio de decisão liminar proferida pela Ministra Carmen Lúcia na Reclamação 34889, **onde se suspendeu decisão** em que o Tribunal Regional do Trabalho da 4ª Região (RS) havia determinado o desconto em folha de salário dos trabalhadores de valores relativos à contribuição sindical, por entender que a autorização concedida por meio de assembleia sindical, convocada especialmente para este fim, seria válida.

Logo, com base na referida decisão liminar, pode-se concluir que a autorização proferida por assembleias sindicais, ainda que especialmente convocadas para esta finalidade, não supre a **autorização individual prévia e expressa de cada trabalhador** para que se permita o desconto da contribuição sindical.

Vejamos um exemplo de como essa divergência é cobrada em provas de concurso e exames da OAB:

▶ **Aplicação em Concurso e/ou OAB:**

(VUNESP - DAEM - Procurador Jurídico - 2019) A empresa Comercial Vende Tudo foi notificada pelo Sindicato dos Empregados do Comércio para proceder o desconto da contribuição sindical da folha de pagamento de seus empregados, prevista em convenção coletiva de trabalho, no valor equivalente a um dia de trabalho, repassando os valores ao sindicato no mês subsequente ao desconto.

Considerando essa assertiva, é correto afirmar que a empresa deve proceder ao desconto da contribuição sindical

a) de todos os empregados, pois a previsão coletiva é norma cogente.

b) apenas dos empregados sindicalizados, respeitando o disposto na convenção coletiva de trabalho.

c) de todos os seus empregados, inclusive das categorias diferenciadas, desde que exista manifestação autorizativa prévia e expressa dos empregados.

d) apenas dos empregados sindicalizados que manifestaram a autorização de desconto prévia e expressamente, independentemente do disposto na convenção coletiva de trabalho.

e) dos empregados sindicalizados, que manifestarem a autorização de desconto por escrito, independentemente do tempo e do disposto na convenção coletiva de trabalho.

Resposta: C

2.3. A Classificação em Categorias

A) Categoria Profissional e Categoria Econômica

O artigo 511, § 2º, da CLT, afirma que a similitude de condições de vida oriunda da profissão ou trabalho em comum, em situação de emprego na mesma atividade econômica ou em atividades econômicas similares ou conexas, compõe a expressão social elementar compreendida como **categoria profissional**, *ex vi*:

> Art. 511, §2º, CLT: A similitude de condições de vida oriunda da profissão ou trabalho em comum, em situação de emprego na mesma atividade econômica ou em atividades econômicas similares ou conexas, compõe a expressão social elementar compreendida como categoria profissional.

Pela leitura acima, percebe-se que os empregados se agrupam em sindicato, em regra, pela "(...) *similitude de condições de vida oriundas da profissão ou trabalho em comum, em situação de emprego* ***na mesma atividade econômica ou em atividades econômicas similares ou conexas*** (...)", ou seja, o conceito de categoria profissional leva em consideração o fato de que os trabalhadores se associam em sindicato, em regra, levando em consideração a atividade desenvolvida pelo empregador.

Mostra-se oportuna, em relação ao tema estudado, a opinião de Mauricio Godinho Delgado:

> O ponto de agregação na categoria profissional é a similitude laborativa, em função da vinculação a empregadores que tenham atividades econômicas idênticas, similares ou conexas. A categoria profissional, regra geral, identifica-se, pois, não pelo preciso tipo de labor ou atividade que exerce o obreiro (e nem por sua exata profissão), mas pela vinculação a certo tipo de empregador. Se o empregado da indústria metalúrgica labora como porteiro na planta empresarial (e não em efetivas atividades metalúrgicas), é, ainda assim, representado, legalmente, pelo sindicato de metalúrgicos, uma vez que seu ofício de porteiro não o enquadra como categoria diferenciada.

Reside nesse ensinamento o **Princípio do Paralelismo Sindical Simétrico**, haja vista que o enquadramento sindical da categoria profissional é um espelho (ou um paralelo) da enquadramento sindical do empregador.

Nossa jurisprudência, de forma pacífica, segue esse entendimento:

> ENQUADRAMENTO SINDICAL - PRINCÍPIO DO PARALELISMO SIMÉTRICO - O sistema sindical brasileiro adotou o princípio do paralelismo sindical simétrico, por força do qual a representação da categoria profissional se identifica pela categoria econômica do empregado. Nesse prisma, considerando que foi definida a categoria econômica do empregador, por meio de decisão transitada em julgado e não se tratando de hipótese de categoria diferenciada ou enquadramento sindical múltiplo (arts. 511 e 581 da CLT), a categoria profissional de seus empregados deve guardar correspondência simétrica. (TRT-3 - RO: 00108688620175030081 MG 0010868-86.2017.5.03.0081, Relator: Anemar Pereira Amaral, Data de Julgamento: 17/05/2018, Sexta Turma, Data de Publicação: 21/05/2018.)

A **categoria econômica**, segundo o § 1º do artigo 511 da CLT, surge da solidariedade de interesses econômicos dos empregadores que empreendem atividades idênticas, similares ou conexas, o que os leva a formar um sindicato.

Pelo que foi exposto, pode-se perceber que o enquadramento sindical brasileiro tem como parâmetro, principalmente, a **atividade preponderante da empresa**, não sendo tão relevante a atividade profissional do empregado, salvo no caso das categorias profissionais diferenciadas (que serão estudadas nos tópicos seguintes).

Por exemplo, pensemos em uma Loja de Confecções, típico comércio. Nesse caso os empregados são comerciários, atividade preponderante da empresa, sendo abrangidos, obviamente, pelo sindicato dos comerciários. Os empregados do setor administrativo (que não é a atividade preponderante) também serão tratados como comerciários para fins coletivos.

Segue questão sobre o assunto:

▸ Aplicação em Concurso e/ou OAB:

(FCC – Analista Judiciário – Oficial de Just. Avaliador – TRT 20/2016) Conforme norma sobre organização sindical contida na Consolidação das Leis do Trabalho, a similitude de condições de vida oriunda da profissão ou trabalho em comum, em situação de emprego na mesma atividade econômica ou em atividades econômicas similares ou conexas, compõe a expressão social elementar compreendida como:

a) dissídio coletivo de trabalho.

b) categoria econômica.

c) categoria profissional.

d) categoria profissional diferenciada.

e) convenção coletiva de trabalho.

Resposta: C

Segue uma questão que aborda esse tema:

▸ Aplicação em Concurso e/ou OAB:

(CESPE - PGE-SE - Procurador do Estado - 2017) O sistema sindical brasileiro foi estabelecido para manter a correspondência entre a classe trabalhadora e a empresarial, de modo que, para cada sindicato representativo da categoria profissional, deve existir um sindicato representativo da categoria econômica correspondente. Essa regra, que não se aplica à categoria profissional diferenciada, denomina-se

a) dissociação sindical.
b) desmembramento sindical.
c) paralelismo simétrico sindical.
d) adequação setorial negociada.
e) unicidade sindical.

Resposta: C

B) Categorias Similar e Conexas

Lembramos que essa é uma hipótese excepcional, afinal a regra é agrupar de acordo com identificação entre as categorias.

Considera-se uma **atividade** como **similar** quando estão todas encaixadas no ramo de atividade do empregador. Por exemplo, em muitas cidades do Brasil existem normas coletivas que abarcam de uma só vez as atividades econômicas dos bares, restaurantes e hotéis, em face da semelhança/similitude entre os mesmos.

As **atividades conexas**, por sua vez, são aquelas que apesar de serem diferentes, possuem algum elo de ligação, complementando-se entre si. São atividades conexas, por exemplo, ajudante de cozinha, cozinheiro, churrasqueiro e garçom, pois são atividades que se complementam em face da conexão.

Analisemos uma questão sobre o assunto:

▸ **Aplicação em Concurso e/ou OAB:**

(IBFC - EBSERH - Advogado - 2020 - Adaptada) A Consolidação das Leis do Trabalho, garante a liberdade de associação em sindicato. Dispõe que é lícita a associação para fins de estudo, defesa e coordenação dos seus interesses econômicos ou profissionais de todos os que, como empregadores, empregados, agentes ou trabalhadores autônomos ou profissionais liberais exerçam, respectivamente, a mesma atividade ou profissão ou atividades ou profissões similares ou conexas. Sobre a associação em sindicato, analise a afirmativa abaixo.

II. A similitude de condições de vida oriunda da profissão ou trabalho em comum, em situação de emprego na mesma atividade econômica ou em atividades econômicas similares ou conexas, compõe a expressão social elementar compreendida como categoria profissional.

Resposta: Item correto.

C) Categoria Profissional Diferenciada

De acordo com o § 3º do artigo 511 da CLT, entende-se categoria profissional diferenciada como a que se forma dos empregados que exerçam profissões ou funções diferenciadas **por força de estatuto profissional especial (lei própria) ou em consequência de condições de vida singulares.**

Nas categorias profissionais diferenciadas, para fins de enquadramento sindical, o que prepondera é a profissão e não a atividade econômica da empresa.

Com efeito, em um comércio podem existir os comerciários (regidos pelo seu sindicato) e os vigilantes, que por serem de categoria profissional diferenciada serão regidos por norma coletiva própria, pois no caso deste tipo categoria (diferenciada) pouco importa a atividade preponderante do empregador.

A Orientação Jurisprudencial nº 36 da SDC do TST auxilia ainda mais no entendimento desse tópico:

> É por lei e não por decisão judicial, que as categorias diferenciadas são reconhecidas como tais. De outra parte, no que tange aos profissionais da informática, o trabalho que desempenham sofre alterações, de acordo com a atividade econômica exercida pelo empregador.

Por fim, a Súmula nº 374 do TST deixa claro que o empregado de categoria profissional diferenciada não poderá exigir do seu empregador o pagamento de direitos previsto em norma coletiva na qual o empregador não foi representado pelo órgão de classe de sua categoria:

> Empregado integrante de categoria profissional diferenciada não tem o direito de haver de seu empregador vantagens previstas em instrumento coletivo no qual a empresa não foi representada por órgão de classe de sua categoria.

Não poderíamos encerrar este tópico sem nossa costumeira verificação de aprendizagem:

▸ Aplicação em Concurso e/ou OAB:

(TRT 8 – Juiz do Trabalho Substituto 8ª região/2015) Com relação ao modelo sindical brasileiro, julgue os itens:

I – São integrantes de categoria diferenciada apenas os trabalhadores que tenham lei que regulamente sua profissão. A convenção coletiva só atingirá a categoria diferenciada se o sindicato que a representa tiver participado, já que o negócio jurídico só faz lei entre as partes convenentes

II – A organização sindical brasileira concentra-se na representação sindical por categoria, admitindo, também, o sindicalismo de profissões, que no Brasil é denominado de sindicatos por categoria diferenciada, no qual prepondera a profissão e não a atividade econômica da empresa para fins de enquadramento sindical.

Resposta: Item "I" errado;
Item "II" correto.

3

COMISSÃO DE REPRESENTANTES DOS EMPREGADOS: PRODUTO DA LEI Nº 13.467/2017

Sumário: 3. Comissão de Representantes dos Empregados: Produto da Lei nº 13.467/2017 – **3.1**. Atribuições da Comissão de Empregados – **3.2**. Metodologia de Eleição da Comissão de Empregados – **3.3**. Garantia de Emprego dos Empregados Eleitos e Mandato.

A Lei nº 13.467/2017 (**Reforma Trabalhista**) criou na CLT o Título IV-A, com o nome "Da Representação dos Empregados", inserindo vários artigos com a finalidade de criar um novo canal de comunicação entre empregados e empregadores: uma Comissão de Empregados.

Com efeito, de acordo com o artigo 510-A da CLT, nas empresas com **mais de duzentos empregados**, é assegurada a **eleição de uma comissão** para representá-los, com a finalidade de promover-lhes o entendimento direto com os empregadores.

A Comissão de Empregados terá a seguinte composição:

- Nas empresas com mais de duzentos e até três mil empregados, por três membros;
- Nas empresas com mais de três mil e até cinco mil empregados, por cinco membros;
- Nas empresas com mais de cinco mil empregados, por sete membros.

No caso das grandes empresas, assim consideradas aquelas que possuírem empregados em vários Estados da Federação e no Distrito Federal, será assegurada a eleição de uma comissão de representantes dos empregados para cada Estado ou no Distrito Federal, observados os quantitativos acima especificados.

Consideramos essa alteração da **Reforma Trabalhista** positiva, haja vista que, na prática, se criou mais uma forma de autocomposição que servirá para desestimular as lides entre empregados e empregadores.

Ademais, esta Comissão de Empregados não exclui a participação dos sindicatos da categoria profissional (sindicado dos empregados), até porque os sindicatos possuem expressa previsão constitucional.

Segue uma questão sobre o tema:

▸ **Aplicação em Concurso e/ou OAB:**

(VUNESP - FAPESP - Procurador - 2018) A eleição de uma comissão de representantes dos empregados

a) é assegurada nas empresas com mais de cem empregados.

b) depende de previsão em convenção ou acordo coletivo de trabalho nas empresas com mais de duzentos empregados.

c) depende de previsão em convenção ou acordo coletivo de trabalho nas empresas com até quinhentos empregados.

d) é assegurada nas empresas com mais de duzentos empregados.

e) depende de fiscalização do sindicato da categoria profissional, conforme disposto em convenção ou acordo coletivo de trabalho.

Resposta: D

3.1. Atribuições da Comissão de Empregados

As principais atribuições da comissão de representantes dos empregados podem ser assim elencadas, conforme artigo 510-B da CLT:

- Representar os empregados perante a administração da empresa;
- Aprimorar o relacionamento entre a empresa e seus empregados com base nos princípios da boa-fé e do respeito mútuo;
- Promover o diálogo e o entendimento no ambiente de trabalho com o fim de prevenir conflitos;
- Buscar soluções para os conflitos decorrentes da relação de trabalho, de forma rápida e eficaz, visando à efetiva aplicação das normas legais e contratuais;

- Assegurar tratamento justo e imparcial aos empregados, impedindo qualquer forma de discriminação por motivo de sexo, idade, religião, opinião política ou atuação sindical;
- Encaminhar reivindicações específicas dos empregados de seu âmbito de representação;
- Acompanhar o cumprimento das leis trabalhistas, previdenciárias e das convenções coletivas e acordos coletivos de trabalho.

A comissão organizará sua atuação de forma independente. Contudo, visando evitar decisões arbitrárias dos empregados eleitos para integrar a Comissão de Empregados, restou estabelecido **que as decisões da referida comissão serão sempre colegiadas, observada a maioria simples.**

Veja se aprendeu o assunto com a seguinte questão:

▸ Aplicação em Concurso e/ou OAB:

(FCC - TST - Técnico Judiciário – Área Administrativa – 2017) Nas empresas com mais de duzentos empregados, é assegurada a eleição de uma comissão para representá-los, com a finalidade de promover-lhes o entendimento direto com os empregadores. De acordo com as alterações da CLT, introduzidas pela Lei n° 13.467/2017, são atribuições da referida comissão de empregados, EXCETO

a) acompanhar o cumprimento das leis trabalhistas, previdenciárias e das convenções e acordos coletivos de trabalho.

b) promover o diálogo e o entendimento no ambiente de trabalho com o fim de prevenir conflitos.

c) encaminhar reivindicações específicas dos empregados de seu âmbito de representação.

d) solicitar a comprovação da empresa dos recolhimentos fiscais, previdenciários e depósitos do FGTS.

e) representar os empregados perante a administração da empresa.

Resposta: D

3.2. Metodologia de Eleição da Comissão de Empregados

O ensinamento do artigo 510-C da CLT reza que a eleição será convocada, com antecedência de pelo menos de trinta dias, contados do término do mandato anterior, por meio de **edital** que deverá ser fixado na empresa, com ampla publicidade, para inscrição de candidatura.

Para assegurar a lisura do procedimento eleitoral, a legislação impõe a formação de uma comissão eleitoral, integrada por cinco empregados, não candidatos, para a organização e o acompanhamento de todo a eleição, **vedada a interferência da empresa e do sindicato da categoria.**

Em regra, qualquer empregado da empresa poderá candidatar-se, salvo: aqueles que estejam inseridos na relação de emprego por meio de contrato de trabalho por prazo determinado; aqueles que estejam com contrato suspenso; e aqueles que estejam em período de aviso prévio, ainda que indenizado.

Não é difícil perceber que os empregados impedidos de se candidatarem já estão com seus dias contados na empresa, pois avizinha-se a extinção do seu vínculo, o que cria uma clara incompatibilidade com o prazo de mandato, que é de 01 ano.

A eleição será realizada com votos secretos, sendo proibido o voto por representação. Os empregados eleitos para integrarem a comissão de representantes dos empregados serão aqueles que forem mais votados.

Conforme artigo 510-C, § 4º, define que *"a comissão tomará posse no primeiro dia útil seguinte à eleição ou ao término do mandato anterior."*.

Caso não existam candidatos suficientes para compor o quantitativo mínimo citado no início desse capítulo, a comissão de representantes dos empregados poderá ser formada com número de membros inferior ao previsto. Na remota hipótese de não existir qualquer registro de candidatura, será lavrada ata sobre o fato e convocada nova eleição no prazo de um ano.

Finalmente, todos os documentos referentes à regularidade do processo eleitoral deverão ser emitidos em duas vias, para que uma das vias fique sob a guarda dos empregados e a outra em posse da empresa pelo prazo de cinco anos. Dentro desse prazo, os documentos permanecerão à disposição para consulta de qualquer trabalhador interessado, do Ministério Público do Trabalho e do Ministério do Trabalho e Previdência Social[1].

---

1. A Lei nº 13.844, de 18.06.2019, estabeleceu a nova organização básica dos órgãos da Presidência e dos Ministérios, tendo extinguido o referido Ministério, atrelando-o ao Ministério da Economia, sob o nome de Secretaria de Trabalho. Entretanto, como a legislação trabalhista não foi atualizada neste detalhe, optamos por continuar utilizando a terminologia que continua constando nas leis laborais, ou seja, Ministério do Trabalho e Previdência Social.

Veja se aprendeu o assunto com a seguinte questão:

▸ Aplicação em Concurso e/ou OAB:

(FCC - TRT - 21ª Região (RN) - Analista Judiciário - Área Judiciária - 2017) Em relação à representação dos empregados na empresa, prevista no art. 11 da Constituição Federal e regulamentada pela Lei nº 13.467/2017,

a) a composição da comissão de representação depende do número total de empregados da empresa, sendo no máximo de dez membros para as empresas com mais de cinco mil empregados.

b) entre as atribuições da comissão está a de promover o diálogo e o entendimento no ambiente de trabalho, visando uma facilitação na solução de conflitos e a assinatura de acordo coletivo de trabalho.

c) a eleição da comissão será convocada com antecedência mínima de trinta dias, contados do término do mandato anterior, por meio de assembleia, durante a qual os candidatos deverão fazer sua inscrição para o pleito.

d) a comissão eleitoral será integrada por cinco empregados, não candidatos, para a organização e o acompanhamento do processo eleitoral, vedada a interferência da empresa e do sindicato da categoria.

e) a votação será secreta, permitido o voto por representação, e serão considerados eleitos os mais votados, a partir de critério de maioria absoluta.

Resposta: D

3.3. Garantia de Emprego dos Empregados Eleitos e Mandato

O mandato dos membros da comissão de representantes dos empregados será de um ano, sendo que o membro que houver exercido a função de representante na comissão não poderá ser candidato nos dois períodos subsequentes.

Logo, um empregado eleito pode se candidatar novamente, vez que seu impedimento é provisório, limitado aos dois pleitos subsequentes.

Os empregados eleitos para a comissão de representantes dos empregados continuarão trabalhando normalmente, haja vista que o referido mandato não implica suspensão ou interrupção do contrato de trabalho.

Por fim, e especialmente importante, desde o **registro da candidatura até um ano após o fim do mandato**, o membro da comissão de representantes dos empregados não poderá sofrer despedida arbitrária, entendendo-se como tal a que não se fundar em motivo disciplinar, técnico, econômico ou financeiro.

Percebe-se que os membros da comissão em estudo poderão ter a garantia de emprego rompida exatamente nas mesmas hipóteses dos Cipeiros.

Colacionamos mais uma questão para testar o conhecimento do leitor:

▸ Aplicação em Concurso e/ou OAB:

(FCC - TRT - 6ª Região (PE) - Analista Judiciário - Área Administrativa - 2018) Nestor foi eleito representante dos empregados na comissão para representá-los junto à sua empresa, que conta com mais de duzentos empregados. Neste caso,

a) o mandato de Nestor implica em suspensão do contrato de trabalho, para que possa desempenhar a contento seus afazeres na comissão.

b) Nestor não poderá sofrer despedida arbitrária, desde o registro da candidatura até um ano após o fim do mandato.

c) o mandato de Nestor implica em interrupção do contrato de trabalho, para que possa desempenhar a contento seus afazeres na comissão.

d) faz parte das atribuições de Nestor, entre outras, representar os empregados perante a administração da empresa, o Ministério Público do Trabalho e perante o INSS.

e) Nestor não poderá ser candidato novamente no período subsequente àquele em que houver exercido a função de representante dos empregados na comissão.

Resposta: B

4

ACORDO E CONVENÇÃO COLETIVA

Sumário: 4. Acordo e Convenção Coletiva: **A)** Convenção e Acordo Coletivo de Trabalho na Reforma Trabalhista – **B)** Mais Alterações da Reforma Trabalhista neste Assunto – **C)** Prazo e Vedação de Ultratividade: Reforma Trabalhista – **D)** Conteúdo Mínimo de uma Norma Coletiva - **E)** Disposições da OIT sobre a matéria.

Eis aqui mais um traço peculiar do direito do trabalho. Por meio das convenções e acordos coletivos do trabalho permite-se a resolução de lides coletivas entre empregadores e empregados.

A **convenção coletiva de trabalho** é o acordo formal coletivo pelo qual dois ou mais sindicatos, representativos dos patrões e empregados, estipulam condições de trabalho aplicáveis durante certo lapso temporal aos sujeitos representados pelos sindicatos.

O **acordo coletivo de trabalho**, por seu turno, se formalizará sempre que o sindicato representativo da categoria profissional (ou seja, dos empregados) celebrar um contrato formal com uma ou mais empresas de determinada categoria econômica, estipulando condições de trabalho aplicáveis no âmbito da empresa ou das empresas participantes do referido acordo coletivo.

Nota-se que na convenção coletiva faz-se necessário a presença de pelo menos dois sindicatos (um da categoria profissional e outro da categoria econômica), ao passo que para a existência válida de um acordo coletivo basta a existência do sindicato profissional entabulando acordo com uma ou mais empresas. Infere-se, ainda, que o âmbito de aplicação do acordo coletivo é mais restrito do que na convenção coletiva.

Sistematizando:

<u>**Convenção Coletiva:**</u> Sindicato dos Empregados + Sindicato Patronal (tem que ter dois sindicatos)

<u>**Acordo Coletivo:**</u> Sindicato dos empregados + Empresa

Pela importância que as normas coletivas possuem no cenário trabalhista, existe uma formalidade a ser seguida para que elas existam de forma válida no mundo jurídico.

À luz do artigo 612 da CLT, os sindicatos só poderão celebrar convenções ou acordos coletivos de trabalho, por deliberação de **assembleia geral especialmente convocada para esse fim**, de acordo com o disposto nos respectivos estatutos, dependendo a validade da mesma do comparecimento e votação, em primeira convocação, de 2/3 (dois terços) dos associados da entidade, no caso de Convenção, e dos interessados, no caso de Acordo, bem como, em segunda convocação, de 1/3 (um terço) dos mesmos.

Vale consignar que os empregados e as empresas, ao celebrarem contratos individuais de trabalho, não poderão estabelecer condições contrárias ao que tiver sido ajustado em convenção ou acordo que lhes for aplicável, sob pena de multa a ser fixada na própria norma coletiva. Sendo que a multa a ser imposta ao empregado não poderá exceder da metade daquela que, nas mesmas condições seja estipulada para a empresa (artigo 622, *caput* e parágrafo único, da CLT).

Como consequência, nenhuma disposição de contrato individual de trabalho que contrarie normas de convenção ou acordo coletivo de trabalho poderá prevalecer na execução deste, sendo considerada nula de pleno direito (artigo 619 da CLT).

As Convenções e os Acordos só entrarão em vigor 3 (três) dias após a data da entrega dos mesmos no órgão competente.

A) Convenção e Acordo Coletivo de Trabalho na Reforma Trabalhista

A Lei nº 13.467/2017, também conhecida como **Reforma Trabalhista**, inseriu o § 3º no artigo 8º da CLT, que segue transcrito:

> § 3º No exame de convenção coletiva ou acordo coletivo de trabalho, a Justiça do Trabalho analisará exclusivamente a conformidade dos elementos essenciais do negócio jurídico, respeitado o disposto no art. 104 da Lei nº 10.406, de 10 de janeiro de 2002 (Código Civil), e balizará sua atuação pelo princípio da intervenção mínima na autonomia da vontade coletiva.

Esse artigo visa privilegiar o **Princípio da Prevalência do Negociado Sobre o Legislado**, buscando deixar claro que na área do Direito Coletivo do Trabalho as partes estão em posição isonômica, não havendo que se falar em hipossuficiência do trabalhador, vez que ele sempre estará representado por seu sindicato.

Remetemos o leitor para as considerações tecidas quando da abordagem do Princípio da Prevalência do Negociado Sobre o Legislado, vez que se aplica perfeitamente nesse tópico também.

Segue uma questão sobre essa inovação da **Reforma Trabalhista**, a fim de propiciar um treino mental para nosso leitor:

▸ Aplicação em Concurso e/ou OAB:

(COSEAC - Prefeitura de Maricá - RJ - Procurador do Município - 2018 - Adaptada) A Lei nº 13.467/2017 modificou diversos aspectos da Consolidação das Leis do Trabalho, dentre os quais dispositivos sobre interpretação e aplicação do Direito do Trabalho. A respeito dessas modificações, julgue o item a seguir:

III - No exame de convenção coletiva ou acordo coletivo de trabalho, a Justiça do Trabalho analisará exclusivamente a conformidade dos elementos essenciais do negócio jurídico, respeitado o disposto no art. 104 da Lei nº 10.406, de 10 de janeiro de 2002 (Código Civil), e balizará sua atuação pelo princípio da intervenção mínima na autonomia da vontade coletiva.

Resposta: Item correto

B) Mais Alterações da Reforma Trabalhista neste Assunto

O Direito do Trabalho é norteado pelo Princípio da Norma mais Favorável, que foi criado com a finalidade de balancear a desigualdade existente entre empregado e empregador, fortalecendo aquele através da possibilidade de aplicar-lhe a norma que mais lhe favorecer e não necessariamente aquela que se encontre hierarquicamente superior na pirâmide normativa.

Nesses termos, diante de um caso concreto aplicar-se-á a norma que mais beneficiar o obreiro, que passará a ocupar automaticamente o ápice da pirâmide normativa.

Logo, infere-se que o vértice da pirâmide de normas é variável, pois não será ocupado permanentemente pela Carta Magna, mas sim pela norma mais favorável ao empregado.

Para ilustrar, a doutrina costuma utilizar a seguinte pirâmide:

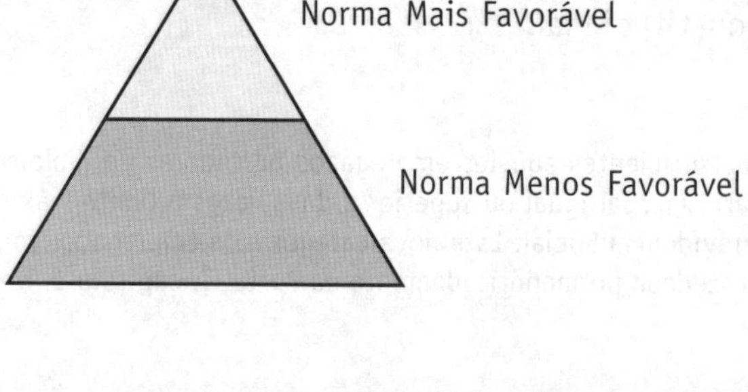

Impende citar uma hipótese em que não se aplica o critério hierárquico especial trabalhista, aplicando-se consequentemente o critério hierárquico tradicional do direito, é o caso das normas estatais heterônomas proibitivas. Neste sentido dispõe o artigo 623 da CLT:

> Será nula de pleno direito disposição de Convenção ou Acordo que, direta ou indiretamente, contrarie proibição ou norma disciplinadora da política econômico--financeira do Governo ou concernente à política salarial vigente, não produzindo quaisquer efeitos perante autoridades e repartições públicas, inclusive para fins de revisão de preços e tarifas de mercadorias e serviços.

Outra exceção à aplicação desse princípio foi introduzida pela **Reforma Trabalhista**, especificamente no artigo 620 da CLT, que dispõe: *"As condições estabelecidas em acordo coletivo de trabalho sempre prevalecerão sobre as estipuladas em convenção coletiva de trabalho"*.

O referido artigo prevê, expressamente, a prevalência do acordo coletivo sobre a convenção coletiva, ainda que aquele não seja o mais benéfico ao trabalhador, o que espelha a intenção do legislador na flexibilização.

Por fim, mais uma exceção ao princípio em estudo encontra-se nos **empregados hipersuficientes**[1]. Isso porque as convenções, acordos e contratos destes podem conter determinações menos favoráveis, mas que serão aplicadas no caso concreto.

Idealizamos uma questão simulada sobre esse ponto da **Reforma Trabalhista**:

▸ Aplicação em Concurso e/ou OAB:

(Quadrix - CRF-PR - Advogado - 2019) Após a reforma trabalhista, ocorrida com a Lei n.º 13.467/2017, iniciou-se o questionamento sobre a continuidade da aplicação do princípio da norma mais favorável no conflito entre as fontes. Um dos pontos que levantou discussão foi a alteração realizada acerca dos acordos e das convenções coletivas de trabalho. Sendo assim, de acordo com a Consolidação das Leis do Trabalho (CLT), assinale a alternativa correta.

a) Se a previsão na legislação específica for mais benéfica que a Constituição Federal de 1988, ela não poderá mais prevalecer sobre o disposto no texto constitucional.

---

1. Consideram-se hipersuficientes aqueles empregados portadores de diploma de nível superior e que percebam salário mensal igual ou superior a duas vezes o limite máximo dos benefícios do Regime Geral de Previdência Social. Esta nova categoria de empregados foi produto da **Reforma Trabalhista** e foi estudada pormenorizadamente na Parte II, capítulo 1, item 1.3 e subitem A.3.

b) As condições estabelecidas em acordo coletivo de trabalho sempre prevalecerão sobre as estipuladas em convenção coletiva de trabalho.

c) Em relação ao banco de horas anual, a lei tem prevalência sobre a convenção coletiva e o acordo coletivo de trabalho.

d) Pactos quanto à jornada de trabalho, observados os limites constitucionais, serão estabelecidos por lei, sem possibilidade de esse tema ser tratado por meio de convenção ou acordo coletivo.

e) Apenas quando mais favoráveis, as condições estabelecidas em convenção coletiva prevalecerão sobre as estipuladas em acordo coletivo.

Resposta: B

C) Prazo e Vedação de Ultratividade: Reforma Trabalhista

A Reforma Trabalhista alterou o artigo 614, § 3º da CLT, que passou a ser assim redigido: *"Não será permitido estipular duração de convenção coletiva ou acordo coletivo de trabalho superior a dois anos,* sendo vedada a ultratividade.".

A vedação de ultratividade veio para derrubar a Súmula nº 277 do TST, a qual permite que as cláusulas normativas dos acordos coletivos ou convenções coletivas integrem os contratos individuais de trabalho e somente possam ser modificadas ou suprimidas mediante negociação coletiva de trabalho.

Por tal entendimento, ainda que a norma coletiva esteja expirada, subsiste a obrigação dos atores envolvidos de observarem as disposições legais até que seja negociada nova norma coletiva que estabeleça novas condições. Isso é ultratividade, afinal permite-se a aplicação de uma norma coletiva que já expirou enquanto uma nova não seja elaborada.

Com a redação oriunda da **Reforma Trabalhista** resta claro que os deveres e direitos criados por normas coletivas ou determinados por sentença normativa, vigoram apenas pelo prazo estipulado nelas, observando-se a limitação legal de dois anos, sem qualquer chance de ultratividade.

Elaboramos uma questão simulada para que o leitor não fique sem treinar o que foi estudado:

▸ **Aplicação em Concurso e/ou OAB:**

(VUNESP - UNICAMP - Procurador de Universidade Assistente – 2018) A convenção ou acordo coletivo de trabalho

a) não pode ter prazo superior a dois anos, sendo vedada a ultratividade.

b) não pode ter prazo superior a um ano, sendo vedada a ultratividade.

c) não pode ter prazo superior a três anos, sendo permitida a ultratividade.

d) pode disciplinar a redução do prazo de licença-maternidade, desde que haja uma vantagem adicional à empregada.

e) pode disciplinar a redução do prazo de licença-paternidade, desde que haja a expressa concordância do empregado e concessão de vantagem.

Resposta: A

D) Conteúdo Mínimo de uma Norma Coletiva

De acordo com o artigo 613 da CLT, as Convenções e os Acordos serão celebrados por escrito, sem emendas nem rasuras, em tantas vias quantos forem os Sindicatos envolvidos ou as empresas acordantes, além de uma destinada a registro no MTE.

As normas coletivas deverão conter obrigatoriamente, pelo menos, as seguintes informações:

- Designação dos Sindicatos convenentes ou dos Sindicatos e empresas acordantes;
- Prazo de vigência;
- Categorias ou classes de trabalhadores abrangidas pelos respectivos dispositivos;
- Condições ajustadas para reger as relações individuais de trabalho durante sua vigência;
- Normas para a conciliação das divergências sugeridas entre os convenentes por motivos da aplicação de seus dispositivos;
- Disposições sobre o processo de sua prorrogação e de revisão total ou parcial de seus dispositivos;
- Direitos e deveres dos empregados e empresas;
- Penalidades para os Sindicatos convenentes, os empregados e as empresas em caso de violação de seus dispositivos.

E) Disposições da OIT sobre a matéria

É fato notório que as convenções da Organização Internacional do Trabalho são extremamente relevantes para o Direito do Trabalho e, especialmente, para o Direito Coletivo do Trabalho, motivo pelo provas de concurso público e o exame da OAB exigem com frequência conhecimento sobre as mesmas.

Neste passo, a Convenção nº 154 da OIT, em seu artigo 2º, afirma que a expressão "negociação coletiva" compreende todas as negociações que tenham lugar entre, de uma parte, um empregador, um grupo de empregadores ou uma organização ou várias organizações de empregadores, e, de outra parte, uma ou várias organizações de trabalhadores, com fim de:

- fixar as condições de trabalho e emprego; ou
- regular as relações entre empregadores e trabalhadores; ou
- regular as relações entre os empregadores ou suas organizações e uma ou várias organizações de trabalhadores, ou alcançar todos estes objetivos de uma só vez.

O artigo 7º da mesma convenção, por sua vez, afirma que as "*medidas adotadas pelas autoridades públicas para estimular o desenvolvimento da negociação coletiva deverão ser objeto de consultas prévias e, quando possível, de acordos entre as autoridades públicas e as organizações patronais e as de trabalhadores.*".

Finalmente, no mesmo sentido, a Declaração da OIT Sobre os Princípios e Direitos Fundamentais no Trabalho afirma que:

> Todos os Membros, ainda que não tenham ratificado as convenções aludidas, têm um compromisso derivado do fato de pertencer à Organização de respeitar, promover e tornar realidade, de boa fé e de conformidade com a Constituição, os princípios relativos aos direitos fundamentais que são objeto dessas convenções, isto é: a) **a liberdade sindical e o reconhecimento efetivo do direito de negociação coletiva.**

5

GREVE

Sumário: 5. Greve – **5.1.** Procedimentos Preliminares Indispensáveis para a Greve: **A)** Tentativa de Negociação/Conciliação – **B)** Deliberação Autorizativa em Assembleia – **C)** Aviso Prévio sobre o Início da Greve – **5.2.** Efeitos da Greve Sobre o Contrato de Trabalho – **5.3.** Greve e Dispensa do Empregado: **A)** Greve Abusiva – **B)** Serviços cuja Paralisação Total Traga Prejuízos Irreparáveis – **5.4.** Greve e atos Criminosos – **5.5.** Greve em Atividades Essenciais – **5.6.** Militares e Servidores Públicos – **5.7.** *Lockout* ou Locaute - **5.8.** Greve Ambiental e Pandemia COVID-19.

Delgado[1] conceitua a greve como uma paralisação coletiva provisória, parcial ou total, das atividades dos trabalhadores em face de seus empregadores ou tomadores de serviços, com o objetivo de exercer pressão, visando à defesa ou conquista de interesses coletivos, ou com objetivos sociais mais amplos.

O artigo 2º da Lei de Greve (Lei nº 7.783/1989), por sua vez, traça um conceito mais simples e objetivo: "*Para os fins desta Lei, considera-se legítimo exercício do direito de greve a suspensão coletiva, temporária e pacífica, total ou parcial, de prestação pessoal de serviços a empregador.*".

A greve é **coletiva**, afinal não existe greve individual, de uma só pessoa, salvo a greve de fome, a qual é a cessação voluntária da alimentação, cuja motivação, normalmente, reside em um protesto político. A greve de fome não é objeto de estudo do Direito Coletivo do Trabalho.

O movimento paredista (grevista) também tem caráter **temporário**, afinal a legislação não tutela (protege) uma greve eterna, para sempre, até porque significaria praticamente a extinção do vínculo de emprego.

O artigo 5º, inciso XVI da Constituição afirma que "todos podem reunir-se pacificamente, *sem armas, em locais abertos ao público, independentemente de autorização, desde que não frustrem outra reunião anteriormente convocada para*

1. DELGADO, Maurício Godinho. *Direito Coletivo do Trabalho*. 6ª ed., São Paulo: LTr, 2010, p. 149.

o mesmo local, sendo apenas exigido prévio aviso à autoridade competente.". A lei de greve repete esse requisito relativo à **pacificidade** dos movimentos.

Uma greve não necessita, necessariamente, paralisar toda a empresa, haja vista que, na prática, pode ser que apenas os trabalhadores de determinado setor estejam descontentes com algo, cabendo a esses exercer, coletivamente, o direito de greve. Por isso a Lei de Greve afirma que o movimento pode ser **total** ou **parcial**.

Por meio das explicações acima expostas fica fácil perceber as principais caraterísticas de uma greve:

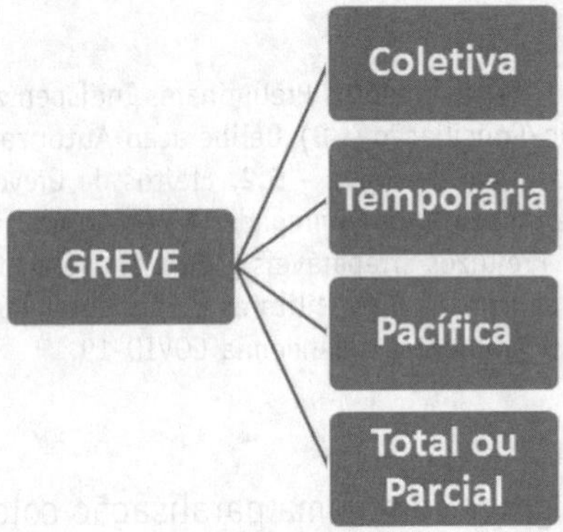

A importância da greve, enquanto instituto do Direito Coletivo do Trabalho, mostra-se tão grande, que possui inclusive fundamento constitucional, conforme se infere da leitura do artigo 9º da CF/88:

> Artigo 9º: É assegurado o direito de greve, competindo aos trabalhadores decidir sobre a oportunidade de exercê-lo e sobre os interesses que devam por meio dele defender.
>
> § 1º A lei definirá os serviços ou atividades essenciais e disporá sobre o atendimento das necessidades inadiáveis da comunidade.
>
> § 2º Os abusos cometidos sujeitam os responsáveis às penas da lei.

Finalmente, cabe à Justiça do Trabalho, por iniciativa de qualquer das partes ou do Ministério Público do Trabalho, decidir sobre a procedência, total ou parcial, ou improcedência das reivindicações, cumprindo ao Tribunal publicar, de imediato, o competente acórdão (decisão do Tribunal), conforme artigo 8º da Lei de Greve.

5.1. Procedimentos Preliminares Indispensáveis para a Greve

A Lei de Greve prevê alguns requisitos (ou procedimentos preliminares) que devem ser implementados antes da deflagração do movimento paredista, sob pena de considerar-se como ilegal o movimento. A seguir citaremos e explicaremos os três requisitos.

A) Tentativa de Negociação/Conciliação

O movimento grevista só pode ser iniciado após as partes tentarem resolver o impasse pela via da negociação coletiva, a qual poderá ocorrer entre sindicato da categoria profissional e sindicato da categoria econômica ou entre sindicato da categoria profissional e empresa.

O artigo 3º da Lei de Greve afirma que *"frustrada a negociação ou verificada a impossibilidade de recursos via arbitral, é facultada a cessação coletiva do trabalho."*. Portanto, a greve só poderá ocorrer após a tentativa frustrada de negociação coletiva.

Da mesma forma, a Orientação Jurisprudencial da Seção de Dissídios Coletivos do TST nº 11 prevê o seguinte: *"É abusiva a greve levada a efeito sem que as partes hajam tentado, direta e pacificamente, solucionar o conflito que lhe constitui o objeto."*.

B) Deliberação Autorizativa em Assembleia

De acordo com o artigo 4º da Lei nº 7.783/89, caberá à entidade sindical convocar, na forma do seu estatuto, assembleia geral que definirá as reivindicações da categoria e **deliberará sobre a paralisação coletiva da prestação de serviços, autorizando-a ou não.**

O próprio estatuto da entidade sindical preverá as formalidades para convocação da assembleia (se por edital, jornal etc.), bem como o *quórum* para a deliberação autorizando ou não a greve. O mesmo *quórum* será utilizado para definir o momento da cessação da greve.

Na falta de entidade sindical, os trabalhadores poderão se reunir em assembleia, a qual constituirá comissão de negociação para deliberar sobre a conveniência ou não da greve.

C) Aviso Prévio sobre o Início da Greve

O empregador não poderá ser surpreendido com uma greve repentina, motivo pelo qual a legislação exige que ele seja avisado previamente sobre o início da greve. Esse aviso é importante, afinal poderá o empregador, ao perceber a iminência do movimento paredista, ceder nas negociações e, enfim, resolver o impasse.

Esse aviso prévio, em regra, será de 48 horas para as atividades em geral. Excepcionalmente, no caso das atividades essenciais (que serão estuadas mais adiante), exige-se um aviso prévio de 72 horas. Segue um gráfico para auxiliar na memorização:

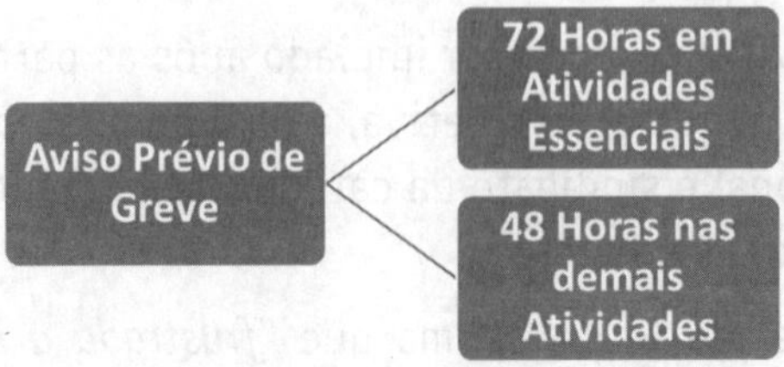

5.2. Efeitos da Greve Sobre o Contrato de Trabalho

Como dito no capítulo sobre interrupção e suspensão do contrato de trabalho, o artigo 7º da Lei de Greve (Lei nº 7.783/89) dispõe que:

> Observadas as condições previstas nesta Lei, **a participação em greve <u>suspende</u> o contrato de trabalho, devendo as relações obrigacionais, durante o período, ser regidas pelo acordo, convenção, <u>laudo arbitral</u> ou decisão da Justiça do Trabalho**. – Grifo nosso.

Nesses termos, em regra, a participação em greve é hipótese de suspensão do contrato de trabalho, todavia se houver estipulação em norma coletiva, laudo arbitral ou decisão da Justiça do Trabalho determinando o pagamento de salários durante a duração da greve, então a hipótese passará a ser de interrupção do contrato de trabalho.

Vamos conferir agora uma questão sobre o tema:

> ▸ **Aplicação em Concurso e/ou OAB:**
>
> **(MPT – Procurador do Trabalho/2015 – adaptada)** Sobre os institutos da arbitragem e da greve, julgue o item:
>
> I – As relações obrigacionais inerentes ao contrato de trabalho suspenso no curso da greve podem ser regidas por laudo arbitral, caso as partes em conflito, frustrada a negociação coletiva, queiram adotar a arbitragem como método de solução do conflito.
>
> *Resposta:* Item correto.

5.3. Greve e Dispensa do Empregado

Em regra, o empregado não pode ser dispensado durante a greve, exceto em duas situações: **greve abusiva** e **serviços cuja paralisação total traga prejuízos irreparáveis.**

A) Greve Abusiva

As hipóteses nas quais a greve é considerada abusiva estão delineadas no artigo 14 da Lei nº 7.783/1989, a seguir transcrito:

> Art. 14 Constitui abuso do direito de greve a inobservância das normas contidas na presente Lei, bem como a manutenção da paralisação após a celebração de acordo, convenção ou decisão da Justiça do Trabalho.

Primeiro, de forma genérica, o *caput* do artigo declara que o descumprimento de qualquer norma da Lei de Greve, configura abuso do direito de greve.

Segundo, afirma que a manutenção da paralisação após a celebração de acordo, convenção ou decisão da Justiça do Trabalho, também configura ato abusivo, o que nos parece óbvio, afinal a celebração de uma norma coletiva ou a prolação de uma sentença normativa pela Justiça do Trabalho tem justamente a finalidade de pacificar a greve.

Entretanto, existem duas situações onde a existência de greve na vigência de acordo, convenção ou sentença normativa não constitui abuso do exercício do direito de greve:

- Quando a greve for realizada justamente para exigir o cumprimento das cláusulas da norma coletiva ou sentença normativa;
- Quando ocorrerem fatos novos ou acontecimento imprevisto que modifique substancialmente a relação de trabalho.

Existe também uma hipótese de abusividade reconhecida pela jurisprudência que, a nosso ver, está absolutamente correta: **abusividade de greve com finalidade política.** Com efeito, uma greve com bandeiras eminentemente políticas acaba se dissociando do debate trabalhista, motivo pelo qual seria uma deturpação deste valioso instrumento dos trabalhadores. Sobre o assunto, segue precedente do TST:

> **Abusivo o movimento grevista deflagrado pela categoria profissional contra a privatização das empresas que compõem o sistema Eletrobras, pois não se verifica dissídio trabalhista, ou seja, conflito entre empresa e trabalhadores. A política de privatização do setor elétrico não é de autoria da Eletrobras,**

nem das empresas estatais, mas do poder público, de modo que as reivindicações dos trabalhadores não podem ser negociadas pelas empresas. (TST-DCG-1000418-66.2018.5.00.0000, SDC, Red. p/ acórdão Min. Ives Gandra da Silva Martins Filho, 11.2.2019)

Por fim, é indiscutível que a competência para declarar a abusividade ou não da greve de trabalhadores celetistas é da Justiça do Trabalho.

B) Serviços cuja Paralisação Total Traga Prejuízos Irreparáveis

À Luz do artigo 9º da Lei nº 7.783/89, durante a greve, o sindicato ou a comissão de negociação, mediante acordo com a entidade patronal ou diretamente com o empregador, **deverá manter em atividade equipes de empregados com o propósito de assegurar os serviços cuja paralisação resulte em prejuízo irreparável.**

Considera-se que a paralisação total gerará prejuízo irreparável quando:

- Houver deterioração irreversível de bens, máquinas e equipamentos; ou
- Porque se mostra necessária a manutenção daqueles bens, máquinas e equipamentos essenciais à retomada das atividades da empresa quando da cessação do movimento.

A literalidade do artigo 9º, com outras palavras, leva-nos à mesma conclusão:

> Durante a greve, o sindicato ou a comissão de negociação, mediante acordo com a entidade patronal ou diretamente com o empregador, manterá em atividade equipes de empregados com o propósito de assegurar os serviços cuja paralisação resultem em prejuízo irreparável, pela deterioração irreversível de bens, máquinas e equipamentos, bem como a manutenção daqueles essenciais à retomada das atividades da empresa quando da cessação do movimento.

Não havendo acordo com o sindicato da categoria profissional ou com a comissão de empregados (naqueles casos onde não existe sindicato), fica assegurado ao empregador, enquanto perdurar a greve, o direito de contratar diretamente os serviços necessários para evitar os prejuízos oriundos da paralisação total dos trabalhos.

É vedada a rescisão de contrato de trabalho durante a greve, bem como a contratação de trabalhadores substitutos, exceto na ocorrência das hipóteses dos artigos 9º (paralisação que gera prejuízo irreparável) e 14º (greve abusiva), acima estudados.

Segue uma questão que aborda vários pontos relativos importantes para revisão:

▸ **Aplicação em Concurso e/ou OAB:**

(FCC – Analista Judiciário – Área Judiciária – TRT 9/2016) Considerando-se as regras legais sobre a greve, é correto afirmar:

a) O empregador está terminantemente proibido de contratar novos empregados durante a greve.

b) A greve prescinde de comunicado geral nos serviços e atividades essenciais à comunidade.

c) A manutenção da greve após a decisão da Justiça do Trabalho é abusiva; não o é, entretanto, aquela que, na vigência de acordo, convenção ou sentença normativa, tenha por objetivo exigir o cumprimento de cláusula ou condição.

d) Durante a greve, nos processos contínuos de produção (altos fornos, por exemplo), a eventual perda do equipamento é risco único e exclusivo do empregador.

e) Não é vedada a demissão de empregados durante a greve, e a Justiça do Trabalho, se provocada, dirá se a mesma é procedente ou não.

Resposta: C

5.4. Greve e atos Criminosos

Os excessos eventualmente cometidos por empregados ou empregadores durante a greve, por si ou por seus sindicatos, podem se sujeitar a alguns delitos previstos no Código Penal.

O primeiro deles está no artigo 197 do Código Penal, o qual deixa claro que se constitui em crime forçar (constranger) alguém, por meio de violência ou grave ameaça, a aderir ao movimento paredista ou então a fechar ou abrir o estabelecimento empresarial:

> Art. 197 – **Constranger alguém, mediante violência ou grave ameaça:**
>
> I – a exercer ou não exercer arte, ofício, profissão ou indústria, ou **a trabalhar ou não trabalhar durante certo período ou em determinados dias:**
>
> Pena – detenção, de um mês a um ano, e multa, além da pena correspondente à violência;
>
> II – **a abrir ou fechar o seu estabelecimento de trabalho, ou a participar de parede ou paralisação de atividade econômica:**
>
> Pena – detenção, de três meses a um ano, e multa, além da pena correspondente à violência. Grifo nosso.

O segundo deles está no artigo 200 do Código Penal, o qual assevera que a prática de violência durante é greve constitui-se em tipo penal:

> Art. 200 – Participar de suspensão ou abandono coletivo de trabalho, **praticando violência contra pessoa ou contra coisa**:
>
> Pena – detenção, de um mês a um ano, e multa, além da pena correspondente à violência.
>
> Parágrafo único – Para que se considere coletivo o abandono de trabalho é indispensável o concurso de, pelo menos, três empregados. – Grifo nosso.

O terceiro e último consta no artigo 201 do Código Penal. Esse tipo penal informa que a participação no movimento grevista não poderá provocar a interrupção de obra pública ou serviço de interesse coletivo:

> Art. 201 – Participar de suspensão ou abandono coletivo de trabalho, provocando a interrupção de obra pública ou serviço de interesse coletivo:
>
> Pena – detenção, de seis meses a dois anos, e multa.

Todos os tipos penais acima citados são exemplos de excessos cometidos no movimento grevista, os quais sujeitam os respectivos empregados e empregadores não só às sanções criminais, mas também às punições trabalhistas, a saber: advertência, suspensão e justa causa para empregados e despedida indireta para os empregadores.

5.5. Greve em Atividades Essenciais

Os serviços ou atividades essenciais estão listados, de forma taxativa (para a maioria da doutrina), no artigo 10 da Lei de Greve:

> Art. 10 São considerados serviços ou atividades essenciais:
>
> I – tratamento e abastecimento de água; produção e distribuição de energia elétrica, gás e combustíveis;
>
> II – assistência médica e hospitalar;
>
> III – distribuição e comercialização de medicamentos e alimentos;
>
> IV – funerários;
>
> V – transporte coletivo;
>
> VI – captação e tratamento de esgoto e lixo;
>
> VII – telecomunicações;
>
> VIII – guarda, uso e controle de substâncias radioativas, equipamentos e materiais nucleares;
>
> IX – processamento de dados ligados a serviços essenciais;
>
> X - controle de tráfego aéreo e navegação aérea;
>
> XI – compensação bancária.

> XII - atividades médico-periciais relacionadas com o regime geral de previdência social e a assistência social;
>
> XIII - atividades médico-periciais relacionadas com a caracterização do impedimento físico, mental, intelectual ou sensorial da pessoa com deficiência, por meio da integração de equipes multiprofissionais e interdisciplinares, para fins de reconhecimento de direitos previstos em lei, em especial na Lei nº 13.146, de 6 de julho de 2015 (Estatuto da Pessoa com Deficiência);
>
> XIV - outras prestações médico-periciais da carreira de Perito Médico Federal indispensáveis ao atendimento das necessidades inadiáveis da comunidade.
>
> XV - atividades portuárias.

O artigo acima é cobrado com frequência em concurso público, cabendo ao leitor memorizar a maior quantidade possível de atividades essenciais.

Como visto em outro tópico desse capítulo, na greve, em serviços ou atividades essenciais, ficam as entidades sindicais ou os trabalhadores, conforme o caso, obrigados a comunicar a decisão **aos empregadores** e **aos usuários** com antecedência mínima de **72 horas** da paralisação.

É importante chamar a atenção para o fato de que em serviços ou atividades essenciais, os sindicatos, os empregadores e os trabalhadores ficam obrigados, de **comum acordo**, a garantir, durante a greve, **a prestação dos serviços indispensáveis ao atendimento das necessidades inadiáveis da comunidade.**

O artigo 11, parágrafo único, informa que se consideram *"necessidades inadiáveis,* da comunidade *aquelas que, não atendidas, coloquem em perigo iminente a sobrevivência, a saúde ou a segurança da população."*.

Na hipótese dos grevistas não atenderem à determinação legal sobre a manutenção de prestação de serviços indispensáveis ao atendimento das necessidades inadiáveis da comunidade, caberá ao Poder Público assegurar a prestação dos serviços indispensáveis (artigo 12 da Lei nº 7.783/89).

Caso os grevistas não atendam às necessidades inadiáveis da comunidade em atividade essenciais, a greve se configurará como abusiva, conforme OJ nº 38 da SDC do TST:

> É abusiva a greve que se realiza em setores que a lei define como sendo essenciais **à comunidade**, se não é assegurado o atendimento básico das necessidades inadiáveis dos usuários do serviço, na forma prevista na Lei nº 7.783/89.

Em caso de greve em atividade essencial, com risco de lesão do interesse público, o Ministério Público do Trabalho poderá ajuizar dissídio coletivo, competindo à Justiça do Trabalho decidir o conflito (artigo 114, § 3º, CF/88).

Cabe ressaltar que em razão da **pandemia do coronavírus** os peritos médicos do INSS, em que pese estarem elencados entre as atividades essenciais, suspenderam a realização de perícias presenciais por mais de seis meses, conduta, a nosso ver, claramente ilegal. O Governo convocou o trabalho dos referidos peritos, sob pena do corte de ponto.

Em 23 de setembro de 2020 o juiz Márcio de França Moreira suspendeu o corte de ponto dos peritos que não atenderam à convocação, atendendo a pedido liminar postulado pela Associação Nacional dos Peritos Médicos Federais (ANMP).

Em 24 de setembro de 2020, conforme portal de notícias "Agência Brasil", a referida decisão liminar de 1º grau foi cassada pelo Tribunal Regional Federal da 1ª Região, que acolheu pedido da Advocacia-Geral da União. O vice-presidente em exercício do Tribunal, desembargador Francisco de Assis Betti, também determinou a volta do corte de ponto dos médicos faltosos.

Vamos conferir agora uma questão sobre o tema:

▸ Aplicação em Concurso e/ou OAB:

(FGV – Exame de Ordem 2016.3 – adaptada) O órgão do Ministério Público do Trabalho foi procurado por um grupo de trabalhadores da construção civil. Eles denunciam que o sindicato de classe obreiro está sendo omisso na busca de direitos e vantagens para a categoria, tanto assim que há cinco anos eles não têm reajuste salarial nem é elaborada uma convenção coletiva. Na hipótese narrada, sobre a situação do MPT, de acordo com o entendimento do TST e do STF, julgue o item:

I – O órgão do Ministério Público não poderá ajuizar dissídio coletivo, pois sua atribuição fica limitada ao caso de greve em serviço essencial, o que não é o caso.

II – os empregadores e os trabalhadores ficam obrigados, de comum acordo, a garantir, durante a greve, a prestação dos serviços indispensáveis ao atendimento das necessidades inadiáveis da comunidade.

Resposta: Itens corretos.

Pela importância do assunto, segue outra questão:

▸ Aplicação em Concurso e/ou OAB:

(FCC – Analista Judiciário – Oficial de Justiça Avaliador – TRT 4/2015) Nos serviços ou atividades essenciais, deve-se garantir, durante a greve, a prestação dos serviços indispensáveis ao atendimento das necessidades inadiáveis da comunidade. Assim, a Lei de Greve, considera serviços ou atividades essenciais, EXCETO:

a) serviços dos cartórios notariais.

b) tratamento e abastecimento de água.

c) controle de tráfego aéreo.

d) compensação bancária.

e) telecomunicações.

Resposta: A

Finalmente, uma última questão sobre o rol de atividades ou serviços essenciais:

▸ **Aplicação em Concurso e/ou OAB:**

(FCC – Juiz do Trabalho Substituto 24ª região/2016) De acordo com a Lei de Greve (Lei nº 7.783/89) são considerados serviços ou atividades essenciais:

a) abastecimento de água e esgoto; distribuição de energia elétrica, equipamentos e materiais espaciais.

b) distribuição e comercialização de remédios, alimentos e aplicação de vacinas.

c) assistência médica e odontológica.

d) guarda, uso e controle de substâncias radioativas, equipamentos e materiais espaciais.

e) processamento de dados ligados a serviços essenciais.

Resposta: E

5.6. Militares e Servidores Públicos

Ao militar são proibidas a sindicalização e greve, conforme artigo 142, § 3º, inciso IV de nossa Constituição.

Em relação aos servidores públicos, o artigo 37, VII, da Carta Constitucional, ensina que o direito de greve será exercido nos termos e nos limites definidos em lei específica. Ocorre que, até hoje, essa "lei específica" ainda não foi feita pelo Congresso Nacional.

Diante desse cenário, o STF firmou entendimento, por meio do julgamento dos Mandados de Injunção nº 708/DF e 712/PA, no sentido de que a norma constitucional acima citada é de **eficácia contida** e que em razão da inércia do Poder Legislativo para confeccionar a lei própria dos servidores públicos, os mesmos seriam regidos pela Lei de Greve existente para a iniciativa privada, ou seja, Lei nº 7.783/89.

5.7. *Lockout* ou Locaute

O *Lockout* ou Locaute consiste na recusa por parte do empregador de fornecer aos empregados os instrumentos de trabalho indispensáveis para a sua atividade profissional. Em síntese, o empregador suspende sua atividade empresarial no todo ou em parte, fato que normalmente ocorre para desarticular o movimento operário. Didaticamente, é como se o empregador estivesse "fazendo greve".

A vedação de *lockout* consta no artigo 17 da Lei 7.783/89 (lei de greve): *"Fica vedada a paralisação das atividades, por iniciativa do empregador, com o objetivo de frustrar negociação ou dificultar o atendimento de reivindicações dos respectivos empregados (lockout)."*.

Caso o empregador insista em realizar locaute, ficará assegurado aos trabalhadores o direito à percepção dos salários durante o período de paralisação, motivo pelo qual se caracteriza como de interrupção.

5.8. Greve Ambiental e Pandemia COVID-19

A pandemia do coronavírus deixou em evidência alguns movimentos paredistas em que os empregados reivindicavam apenas e tão somente **condições seguras de trabalho**, a fim de diminuir a possibilidade de contaminação viral.

É pacífico, tanto no Direito Ambiental, quanto no Direito Laboral, que no termo "meio ambiente" engloba o meio ambiente do trabalho. Tal lembrete afigura-se importante, haja vista que nossa Constituição Federal, em seu artigo 225, assegura o seguinte: *"**todos** têm direito ao meio ambiente ecologicamente equilibrado, bem de uso comum do povo e essencial à sadia qualidade de vida, impondo-se ao Poder Público e à coletividade o dever de defendê-lo e preservá-lo para as presentes e futuras gerações."*.

Da mesma forma, o artigo 7º, inciso XXI, elenca como direito fundamental do trabalhador a *"redução dos riscos inerentes ao trabalho, por meio de normas de saúde, higiene e segurança."*.

Diante do arcabouço constitucional citado, parece-nos ser induvidoso que existe suporte jurídico para a greve ambiental.

Raimundo Simão de Melo já se manifestava, desde muito antes da pandemia do COVI-19, sobre a greve ambiental da seguinte forma: *"paralisação coletiva ou individual, temporária, parcial ou total da prestação do trabalho a um tomador, qualquer que seja a relação de trabalho,* ***com a finalidade de preservar e defender o meio ambiente do trabalhador****."*.[2]

Existe um precedente muito pertinente no TST, Processo nº 1001747-35.2013.5.02.0000, que pode nos ajudar a balizar os limites e requisitos para caracterização de uma greve ambiente.

No mencionado processo, a greve foi realizada em razão das seguintes reivindicações: participação nos lucros e resultados; fornecimento gratuito do convênio médico a todos os trabalhadores e seus dependentes; imediata melhoria na qualidade das cestas básicas; regularização dos documentos inerentes à CIPA; imediata regularização no vestiário e sanitários da Empresa; melhoria no refeitório; carga horária de 12 (doze) horas e banco de horas.

Sem muita dificuldade, notamos que a maior parte das reivindicações não dizem respeito ao meio ambiente de trabalho, daí porque não seria possível falar em greve ambiental.

A Seção de Dissídios Coletivos do TST rechaçou a legalidade da greve nos seguintes termos:

> Infere-se que, ainda que se possa considerar que a paralisação dos trabalhadores está relacionada com a preservação da saúde física e psicológica da categoria, as reivindicações da categoria, que motivaram a eclosão da greve, ou são de discutível configuração do que tem sido chamado pela doutrina de "greve ambiental" ou não se enquadram nas hipóteses de risco grave e iminente, a ponto de legitimar a deflagração da greve sem a observância dos requisitos formais da Lei nº 7.783/89.

Assim sendo, partindo da decisão acima citada, caso exista uma greve ambiental calcada em um meio ambiente de trabalho que apresente riscos graves e iminentes, a greve poderia ser deflagrada até mesmo sem observância dos requisitos formais da lei de greve. Por fim, pensamos que um ambiente laboral que não observe as regras preconizadas pela Organização Mundial da Saúde e/ou legislação nacional sobre saúde e segurança do trabalho na pandemia, caracteriza risco grave e iminente para a saúde dos trabalhadores, atraindo, consequentemente a possibilidade de greve ambiental.

2. MELO, Raimundo Simão. A Greve do Direito Brasileiro. São Paulo: LTR, 2006, p. 98.

QUESTÕES POR PARTE

QUESTÕES DA PARTE I

Subtema 1 – História

01) (FCC – MANAUSPREV – Procurador Autárquico – 2015) Em relação à Formação Histórica do Direito do Trabalho, considere:

I. O Direito do Trabalho apresenta como uma de suas características a restrição da liberdade contratual que impõe limitações à autonomia da vontade através de normas cogentes e de garantias sociais.

II. A Encíclica *Rerum Novarum* do Papa Leão XIII que considerou o trabalho como um elemento de dignidade humana preconizando por um salário justo é considerada um marco da doutrina social da Igreja Católica e suas ideias tiveram grande relevância no surgimento do Direito do Trabalho.

III. Os defensores da natureza jurídica de Direito Público para o Direito do Trabalho ponderam que ele surgiu como vertente do Direito Civil, inspirado na locação de serviços e a principal relação que é objeto de seu estudo possui natureza contratual.

IV. Todas as Constituições do Brasil apresentaram normas de Direito do Trabalho e de proteção ao trabalhador, sendo que a Constituição de 1946 ficou marcada pela valorização do direito coletivo com a proibição de interferência do Poder Público na organização sindical e enumerou uma série de disposições referentes aos direitos individuais dos trabalhadores no Título da Ordem Social.

V. O Direito do Trabalho é um instrumento de realização da justiça social e de tutela do trabalhador e suas funções somente podem ser cumpridas se previstas em uma estrutura jurídica formal que molde seu conteúdo e fixe os preceitos e as sanções determinantes dos comportamentos autorizados ou proibidos nas relações entre trabalhadores e empregadores.

Está correto o que se afirma APENAS em

a) III, IV e V.

b) I, III e V.

c) I e IV.

d) I, II e V.

e) II e IV.

02) (TRT 1º Região – Juiz do Trabalho Substituto – 2016 – ADAPTADA) Considere as assertivas abaixo sobre a formação e a evolução histórica do Direito do Trabalho:

I. A Constituição brasileira de 1946 expressou o intervencionismo estatal com características do sistema corporativo, instituindo o sindicato único, vinculado ao Estado e proibindo a greve, vista como recurso antissocial e nocivo à economia nacional e restringindo direitos trabalhistas previstos nas constituições anteriores.

II. No Tratado de Versalhes, 1919, foi fixado o princípio de que o trabalho não deve ser considerado como simples mercadoria ou artigo de comércio, mas como colaboração livre e eficaz na produção das riquezas, sendo este valor reafirmado na Declaração da Filadélfia, 1944;.

III. O nome de "constitucionalismo social" é dado ao movimento da inclusão das leis trabalhistas nas Constituições de alguns países, sendo que a primeira Constituição do mundo que dispõe sobre Direito do Trabalho é a do México de 1917.

IV. O marco da inserção constitucional de normas de Direito do Trabalho ocorreu com a Constituição Federal do Brasil de 1934, culminando com a valorização do direito coletivo e introdução de regras que favorecem o caminho da normatização autônoma na Constituição de 1988.

Está correto o que se afirma APENAS em

a) II e IV.

b) I, II e IV.

c) I e II.

d) II, III e IV.

e) III.

03) (TRT 1º Região – Juiz do Trabalho Substituto – 2011 – ADAPTADA) Sobre a evolução histórica do Direito do Trabalho, de 1500 até a Constituição da República de 1988, considere as seguintes proposições:

I. Até a Proclamação da República não houve qualquer norma no quadro legislativo referente ao trabalho, o que é compatível com o panorama social escravocrata, só abolido no ano anterior.

ll. Em 1930, cria-se o Ministério do Trabalho, apresentado pela doutrina como marco do aparecimento do Direito do Trabalho no Brasil.

III. Em 1943, surge o diploma mais importante para a disciplina, que é a Consolidação das Leis do Trabalho.

IV. A Constituição do Império, de 1824, limita-se a assegurar a liberdade de trabalho, ao passo que a Constituição de 1891 assegura a liberdade de associação.

Responda:

a) Apenas as assertivas I, ll e lll são corretas.
b) Apenas as assertivas I, ll e IV são corretas
c) Apenas as assertivas I, lll e IV são corretas.
d) Apenas as assertivas II, III e IV são corretas.
e) Todas as assertivas são corretas.

GABARITO

GAB		no Direito	no Livro	Observação
1	D	I. Princípio da Imperatividade das Normas Trabalhistas	I. Parte I, Subtema 6, alínea "D"	A Constituição Imperial de 1824, sequer chegou a tratar sobre o Direito do Trabalho, até porque, nesse período, ainda existia a escravidão.
		II. Documento histórico	II. Subtema 1	
		III. Doutrina	III. Subtema 1.2	
		IV. Constituições do Brasil	IV. Subtema 1.1	
		V. Princípio Protetivo ou da Proteção	V. Parte I, Subtema 6, alínea "A"	
2	D	I. Constituições do Brasil	I. Subtema 1.1	A Constituição de 1937 foi marcada por forte intervencionismo estatal, inclusive nos sindicatos. Aqui nasceu a unicidade sindical, que vigora até os dias atuais.
		II. Documento histórico	II. Subtema 1	
		III. Doutrina	III. Subtema 1	
		IV. Constituições do Brasil	IV. Subtema 1.1	

GAB		no Direito	no Livro	Observação
3	D	I. Documento histórico	I. Subtema 1.1	
		II. Doutrina	II. Subtema 1.1	
		III. Decreto-lei n.º 5.452, de 1º de maio de 1943 – CLT	III. Subtema 1.1	
		IV. Constituições do Brasil	IV. Subtema 1.1	

Subtema 2 – Fontes

01) (TRT – 24ª REGIÃO – FCC – Analista Judiciário – Área Judiciária – 2011) Maria, estudante de direito, está discutindo com o seu colega de classe, Denis, a respeito das Fontes do Direito do Trabalho. Para sanar a discussão, indagaram ao professor da turma sobre as fontes autônomas e heterônomas. O professor respondeu que as Convenções Coletivas de Trabalho, as Sentenças Normativas e os Acordos Coletivos são fontes

a) autônomas.
b) heterônomas, autônomas e heterônomas, respectivamente.
c) autônomas, autônomas e heterônomas, respectivamente.
d) autônomas, heterônomas e autônomas, respectivamente.
e) heterônomas.

02) (TRT 2R SP – TRT 2ª Região – Juiz do Trabalho – 2013) Quanto às teorias que dizem respeito à interpretação das normas jurídicas trabalhistas, destaca-se a do conglobamento, que consiste em:

a) Fracionamento do conteúdo dos textos normativos, retirando-se os preceitos e institutos singulares de cada um que se destaquem por seu sentido mais favorável ao trabalhador.
b) Apreender globalmente cada conjunto normativo, considerado o mesmo universo temático.
c) Pirâmide normativa construída de modo plástico e variável, elegendo a seu vértice dominante a norma que mais se aproxime do caráter teleológico do ramo justrabalhista.
d) Conciliação da eventual contradição entre as regras heterônomas estatais e as regras autônomas privadas coletivas, prevalecendo aquela que disciplinar a questão de modo mais benéfico.
e) Nenhuma das anteriores.

03) (TRT – 16ª REGIÃO – FCC – Analista Judiciário – Área Judiciária – 2014) No tocante as fontes do Direito do Trabalho considere:

I. As fontes formais traduzem a exteriorização dos fatos por meio da regra jurídica.

II. São fontes formais do Direito do Trabalho as portarias ministeriais e a Constituição Federal brasileira.

III. A sentença normativa e as leis são fontes materiais autônomas.

Está correto o que se afirma APENAS em:

a) I e II.
b) I e III.
c) II e III.
d) III.
e) II.

04) (TRT 4º Região – Analista Judiciário – Área Judiciária – FCC – 2016) Em sentido genérico, 'fontes do direito' consubstancia a expressão metafórica para designar a origem das normas jurídicas. Na Teoria Geral do Direito do Trabalho, são consideradas fontes formais autônomas:

a) fatores econômicos e geopolíticos.
b) fatores sociais e religiosos.
c) Constituição Federal e leis complementares.
d) medidas provisórias e jurisprudência.
e) acordo coletivo de trabalho e convenção coletiva de trabalho.

05) (TRT 14º Região – Analista Judiciário – Área Judiciária – 2017) O termo "fonte do direito" é empregado metaforicamente no sentido de origem primária do direito ou fundamento de validade da ordem jurídica. No Direito do Trabalho, o estudo das fontes é de relevada importância, subdividindo-se em algumas modalidades. Assim sendo, considera-se fonte formal heterônoma do Direito do Trabalho:

a) As convenções coletivas de trabalho firmadas entre sindicatos de categorias profissional e econômica.
b) Os acordos coletivos de trabalho firmados entre uma determinada empresa e o sindicato da categoria profissional.
c) As greves de trabalhadores por reajuste salarial de toda a categoria.
d) Os fenômenos sociais, políticos e econômicos que inspiram a formação das normas juslaborais.
e) A sentença normativa proferida em dissídio coletivo.

06) (VUNESP - IPSM – Procurador - 2018) A Reforma Trabalhista flexibilizou a nos termos da Consolidação das Leis do Trabalho, as condições estabelecidas em acordo coletivo de trabalho

a) prevalecem sobre as estipuladas em convenção coletiva de trabalho, quando mais favoráveis ao trabalhador.
b) sempre prevalecem sobre as estipuladas em convenção coletiva de trabalho.
c) não prevalecem durante a vigência de convenção coletiva de trabalho aplicável aos integrantes da categoria profissional.
d) dependem de homologação judicial para ter eficácia erga omnes.
e) não podem ser estipuladas pelo prazo máximo de um ano.

07) (Instituto Águia - CEAGESP - Advogado - Trabalhista - 2018) Indique abaixo qual das alternativas não compõe as fontes de lei formais no Direito do Trabalho:

a) Contrato de Trabalho.
b) Tratados Internacionais.
c) Constituição Federal.
d) Fatores econômicos, sociais, políticos, culturais, religiosos, biológicos, que influenciaram a produção da norma.

08) (Método Soluções Educacionais - Prefeitura de Nortelândia - MT - Advogado - 2019) As seguintes fontes de Direito do Trabalho são autônomas, exceto:

a) Costumes.
b) Acordos Coletivos de Trabalho.
c) Tratados e Convenções Internacionais favorecidos por ratificação e adesão internas.
d) Convenções Coletivas de Trabalho.

09) (IBFC - FSA-SP - Assistente Administrativo de Contratos e Convênios - 2019) Leia o fragmento abaixo sobre as Fontes e a Natureza do Direito do Trabalho.

"As fontes_______________ são os fatos sociais, políticos e econômicos que fazem nascer a regra jurídica. As Normas do Direito do Trabalho pertencem ao direito_______________ quando referentes ao contrato de trabalho e ao direito _________ quando referentes ao processo trabalhista.

Assinale a alternativa que preencha correta e respectivamente as lacunas

a) Materiais / privado / público
b) Formais / privado / público
c) Formais / público / privado
d) Materiais / público / privado

GABARITO

GAB		no Direito	no Livro	Observação
1	D	Convenções Coletivas de Trabalho – Fonte Autônoma	Subtema 2.2.2, alínea "A"	
		Sentenças Normativas – Fonte Heterônoma	Subtema 2.2.1, alínea "E"	
		Acordos Coletivos – Fonte Autônoma	Subtema 2.2.2, alínea "A"	
2	B	a) Teoria da Acumulação	a) Subtema 2.3.2	
		b) Teoria do Conglobamento	b) Subtema 2.3.2	
		c) Princípio da Norma mais Favorável	c) Parte I, Subtema 6.1, alínea "B"	
		d) Princípio da Norma mais Favorável	d) Parte I, Subtema 6.1, alínea "B"	
3	A	I. Doutrina	I. Subtema 2.1	
		II. Doutrina	II. Subtema 2.2.1, alíneas "A" e "B"	
		III. Doutrina	III. Subtema 2.2.1, alíneas "E" e "B"	
4	E	a) Fontes Materiais Autônomas	a) Subtema 2.1	**No sentido material, as fontes do direito correspondem aos fenômenos e ideias que pressupõem ou antecedem a criação da norma jurídica.**
		b) Fontes Materiais Autônomas	b) Subtema 2.1	
		c) Fontes Formais Heterônomas	c) Subtema 2.2.1, alíneas "A" e "B"	
		d) Fonte Formal Heterônoma e Método de Integração	d) Subtema 2.2.1, alíneas "C" e Subtema 4.1, alínea "A"	
		e) Fontes Formais Autônomas	e) Subtema 2.2.2, alínea "A"	
5	E	Fontes Heterônomas	Subtema 2.1	**Heterônomas** são as regras cujos destinatários não possuem nenhuma participação imediata. **Autônomas** são as regras cujos destinatários imediatos participam ativamente da elaboração do conteúdo.
		Fontes Autônomas	Subtema 2.1	

GAB		no Direito	no Livro	Observação
6	B	CLT. Art. 620	I. Subtema 2.3.1	
7	D	a) Fonte Formal Autônoma	a) Subtema 2.2.2., alínea "C"	
		b) Fonte Formal Heterônoma	b) Subtema 2.2.1., alínea "D"	
		c) Fonte Formal Heterônoma	c) Subtema 2.2.1., alínea "A"	
		d) Fonte Material	d) Subtema 2.1.	
8	C	a) Fonte Material Autônoma	a) Subtema 2.2.2., alínea "C"	
		b) Fonte Formal Autônoma	b) Subtema 2.2.2., alínea "A"	
		c) Fonte Formal Heterônoma	c) Subtema 2.2.1., alínea "D"	
		d) Fonte Formal Autônoma	d) Subtema 2.2.2., alínea "A"	
9	A	Fonte Formal e Material	Subtema 2.1.	No caso do Processo do Trabalho a natureza jurídica é de direito público por disciplinar uma função estatal, a jurisdição.
		Natureza Jurídica	Subtema 1.2.	

Subtema 3 – Interpretação do Direito do Trabalho

01) (FCC – SEFAZ – PB – Auditor Fiscal de Tributos Estaduais – 2006 – Adaptada) O método de interpretação segundo o qual se procura identificar a finalidade da norma, levando-se em consideração o seu fundamento racional, é o método

a) literal.
b) gramatical.
c) histórico.
d) sistemático.
e) teleológico.

GABARITO

GAB		no Direito	no Livro	Observação
1	E	a) Literal ou Gramatical	a) Subtema 3, alínea "A"	
		b) Gramatical	b) Subtema 3, alínea "A"	
		c) Histórica	c) Subtema 3, alínea "D"	
		d) Sistemática	d) Subtema 3, alínea "C"	
		e) Teleológica	e) Subtema 3, alínea "B"	

Subtema 4 – Integração do Direito do Trabalho

01) (FCC – TRT 22ª Região – Analista Judiciário – 2004) Na ausência de disposições legais ou contratuais, são formas de integração do Direito do Trabalho:

a) analogia, equidade, princípios de Direito e do Direito do Trabalho.
b) analogia, equidade, os costumes e pareceres do Ministério Público do Trabalho.
c) analogia, equidade, jurisprudência e sentença normativa.
d) princípios e normas gerais de Direito, jurisprudência e sentença normativa.
e) princípios e normas gerais de Direito, equidade e sentença normativa.

02) (VUNESP - IPSM - Procurador - 2018) Nos termos da Consolidação das Leis do Trabalho, súmulas e outros enunciados de jurisprudência do Tribunal Superior do Trabalho

a) não poderão criar obrigações que não estejam previstas em lei.
b) poderão criar obrigações que não estejam previstas em lei.
c) poderão criar obrigações desde que não haja violação das normas de ordem pública.
d) poderão restringir direitos legalmente previstos, desde que haja contrapartida em favor do trabalhador.
e) poderão criar obrigações que não estejam previstas em lei, desde que fiquem excepcionadas as empresas em recuperação judicial.

03) (FCC - TRT - 6ª Região (PE) - Técnico Judiciário - Área Administrativa - 2018) O artigo 8º da Consolidação das Leis do Trabalho elenca algumas fontes subsidiárias ou supletivas do Direito do trabalho, NÃO se incluindo

a) direito comparado.
b) jurisprudência.
c) analogia.
d) usos e costumes.
e) convenção coletiva de trabalho.

GABARITO

GAB		no Direito	no Livro	Observação
1	A	CLT. Art. 8º, caput	Subtema 4.1	Para auxiliar no aprendizado, segue MNEMÔNICO: **"PED JUDA"** **P** rincípios e normas gerais do direito **E** quidade **D** ireito do trabalho **J** urisprudência **U** sos e costumes **D** ireito comparado **A** nalogia
2	A	CLT. Art. 8º, §2º	Subtema 4.2. Alínea "A.1"	
3	E	CLT. Art. 8º, caput	Subtema 4.1	

Subtema 5 – Aplicação do Direito do Trabalho

01) (TRT 2R – TRT 2ª Região – Juiz do Trabalho – 2012) Analise as proposições sobre a interpretação e a eficácia das normas trabalhistas no tempo e no espaço e ao final responda.

I. Segundo o princípio da irretroatividade, a lei nova não se aplica aos contratos de trabalho já terminados, nem mesmo aos atos jurídicos já praticados nos contratos de trabalho em curso no dia do início da sua vigência.

II. De acordo com o princípio do efeito imediato, quando um ato jurídico, num contrato em curso, não tiver sido praticado, o será segundo as regras da lei nova.

III. Em razão do princípio da territorialidade ao estrangeiro contratado por empresa multinacional em seu país e que preste serviços no Brasil, será aplicável a legislação do seu país de origem ou a legislação do Brasil, cabendo a escolha ao empregador.

IV. No ramo justrabalhista prevalece à técnica de interpretação teleológica que estabelece uma conexão entre os diferentes textos legais, onde o intérprete busca o significado, a coerência e harmonia do texto legal, socorrendo-se de técnicas da lógica formal.

V. O direito do trabalho tem marcada função social, o que influi na interpretação, bem como na aplicação das normas, de modo que a utilização do princípio da norma mais favorável ao trabalhador prevalece sobre a teoria de Kelsen sobre a hierarquia das normas.

Estão corretas apenas as proposituras:

a) I, II e V.
b) II e IV.
c) III e V.
d) I, II e III.
e) IV e V.

02) (CESP – TRT 5ª Região – Juiz do Trabalho – 2013) Considerando que o contrato de trabalho de determinado empregado contratado no Brasil tenha sido mantido no país mesmo após esse trabalhador, depois de prestar serviços em território nacional, ter sido transferido para a Argentina e, sucessivamente, para os Estados Unidos da América, assinale a opção correta.

a) Se o referido empregado for brasileiro nato, as normas do direito brasileiro sempre serão aplicadas ao contrato de trabalho por ele celebrado.

b) Considerando-se o disposto na Lei de Introdução às Normas do Direito Brasileiro, as obrigações trabalhistas, nesse caso, são regidas pelo direito estadunidense, último local em que o trabalhador prestou serviços.

c) Considerando-se que o entendimento jurisprudencial sumulado do TST adota o princípio da *lex loci executionis*, aplicam-se integralmente, nesse caso, as regras do país onde se dá a prestação de serviço, e não as regras brasileiras.

d) No caso de haver conflito normativo no espaço, as normas do direito argentino prevalecerão, em detrimento das normas brasileiras, se forem consideradas mais favoráveis ao empregado.

e) Tendo sido o empregado contratado no Brasil, as normas do direito brasileiro prevalecerão se houver eventual conflito normativo no espaço.

03) (FCC - TST - Juiz do Trabalho Substituto - 2017) A legislação sobre a aplicação de leis trabalhistas no espaço e eventual conflito de normas estabelece que

a) a relação de trabalhadores contratados ou transferidos para prestar serviços no exterior é regida pela lei brasileira, quando for mais favorável do que a legislação territorial, no conjunto de normas e em relação a cada matéria.

b) o Direito do Trabalho brasileiro aplica-se às relações empregatícias que ocorram dentro do espaço interno do território brasileiro, à exceção da hipótese de técnico estrangeiro domiciliado ou residente no exterior e alocado para prestação de serviços especializados no Brasil, em caráter provisório, ainda que com estipulação de pagamento em moeda brasileira.

c) a relação de trabalhador contratado no Brasil para prestar serviços no exterior é regida pela lei vigente no país em que ocorrerá a prestação de serviços, e não pela lei brasileira, salvo na hipótese de contrato para prestação de serviços de natureza transitória, por período não superior a noventa dias.

d) a relação de trabalhador contratado no Brasil, mas posteriormente cedido à empresa sediada no estrangeiro para trabalhar no exterior, ainda que mantido o vínculo com o empregador brasileiro, passa a ser regida pela lei vigente no país da prestação de serviços, e não mais pela lei brasileira.

e) as relações de trabalho marítimo, em rotas internacionais, são regidas pela lei do pavilhão do navio, independentemente de limitações impostas pela lei do lugar da execução do contrato ou pela lei do lugar em que foi celebrado.

04) (MPT - MPT - Procurador do Trabalho - 2017) Sobre a aplicação da lei trabalhista no espaço, analise as assertivas seguintes:

I - O princípio da Lei do Pavilhão ou da Bandeira (constante da Convenção de Direito Internacional Privado de Havana, ratificada pelo Decreto n. 18.871/1929 – Código de Bustamante) dispõe que as relações de trabalho da tripulação de navios regem-se pelas leis do local da matrícula da embarcação.

II - O princípio do centro de gravidade ou, como chamado no direito norte-americano, *most significant relationship*, afirma que as regras de Direito Internacional Privado deixarão de ser aplicadas, excepcionalmente, quando, observadas as circunstâncias do caso, for verificado que a causa tem um vínculo substancial mais significativo com outro Estado, passando-se a aplicar a lei desse país em detrimento da Lei do Pavilhão.

III - A Convenção das Nações Unidas sobre Direitos do Mar afirma que, em alto mar, os navios se submetem à jurisdição exclusiva do Estado da bandeira, mesmo que não haja um vínculo substancial entre o Estado e o navio, impedindo, assim, a aplicação do princípio do centro da gravidade para os países convenentes, entre eles, o Brasil.

05) (CESGRANRIO - Transpetro - Advogado Júnior- 2018) Para os contratos de trabalho regidos pela Lei n° 7.064/1982, respeitadas as disposições especiais desta Lei, aplicar-se-á a legislação brasileira sobre o Programa de

a) Apoio Estratégico
b) Contribuição Seletiva
c) Coordenação Nacional
d) Integração Social
e) Participação Popular

GABARITO

GAB		no Direito	no Livro	Observação
1	A	I. Doutrina	I. Subtema 5.1	
		II. Doutrina	II. Subtema 5.1	
		III. Princípio da Norma Mais Favorável e Lei n° 7.064/83. Art. 3°, caput e inciso II	III. Subtema 5.3	
		IV. Sistemática	IV. Subtema 3, alínea "C"	
		V. Princípio da Norma Mais Favorável	V. Subtemas 5.1 e Parte I, 6.1, alínea "A.1"	

<table>
<tr><th colspan="2">GAB</th><th>no Direito</th><th>no Livro</th><th>Observação</th></tr>
<tr><td>2</td><td>D</td><td>Doutrina e Lei nº 7.064/83. Art. 3º, caput e inciso II</td><td>Subtema 5.3</td><td>Para trabalhadores contratados no Brasil, para prestar serviços fora ou mesmo transferidos, aplica-se a lei brasileira, salvo se a estrangeira for mais benéfica. Aplicação do Princípio da Norma Mais Favorável.</td></tr>
<tr><td rowspan="5">3</td><td rowspan="5">A</td><td>a) Lei nº 7.064/83. Art. 3º, inciso II</td><td>a) Subtema 5.3</td><td rowspan="5"></td></tr>
<tr><td>b) Lei nº 7.064/83. Art. 1º, parágrafo único</td><td>b) Subtema 5.3</td></tr>
<tr><td>c) Lei nº 7.064/83. Art. 1º, parágrafo único c/c art. 3º, inciso II</td><td>c) Subtema 5.3</td></tr>
<tr><td>d) Lei nº 7.064/83. Art. 2º, inciso II e art. 3º, inciso II</td><td>d) Subtema 5.3</td></tr>
<tr><td>e) Doutrina</td><td>e) Subtema 5.3</td></tr>
<tr><td rowspan="3">4</td><td rowspan="3">I e II</td><td>I. Correta. Doutrina</td><td>I. Subtema 5.3</td><td rowspan="3">Deve existir um vínculo substancial entre o Estado e o navio. Bem como, a Convenção prevê a possibilidade de exceções em tratados e nela própria.</td></tr>
<tr><td>II. Correta. Doutrina</td><td>II. Subtema 5.3</td></tr>
<tr><td>III. Incorreta. Convenção das Nações Unidas sobre o Direito do Mar. Arts. 91, inciso 1 e 92, inciso 1</td><td>III. Subtema 5.3</td></tr>
<tr><td>5</td><td>D</td><td>Lei nº 7.064/82. Art. 3º, parágrafo único</td><td>Subtema 5.3</td><td></td></tr>
</table>

Subtema 6 – Princípios

01) (VUNESP - OAB-SP - 2007) Tendo em vista o princípio da irrenunciabilidade de direitos trabalhistas, é correto afirmar que se

a) veda a renúncia, mas aceita-se a transação sobre determinados direitos quando houver expressa previsão legal para tanto.
b) veda tanto a renúncia quanto a transação.
c) aceita a renúncia se formalizada por escrito, por ocasião da admissão.
d) aceita a renúncia se o empregado for maior e capaz.

02) (SHDIAS – CEASA – CAMPINAS – Advogado – 2014) Esse princípio é de âmbito internacional, não vigora apenas no Brasil, mas também em outros países. As regras do Direito do Trabalho são interpretadas mais favoravelmente ao empregado, assegurando superioridade jurídica ao empregado devido sua inferioridade econômica. Estamos falando de qual princípio?

a) Princípio da simplicidade.
b) Princípio da proteção.
c) Princípio da celeridade.
d) Princípio da oralidade

03) (QUADRIX – Procurador Jurídico – CRO-PR – 2016) No campo do Direito do Trabalho, presume-se que o contrato de trabalho terá validade por tempo indeterminado, em razão do:

a) Princípio da irrenunciabilidade de direitos.
b) Princípio da continuidade da relação de emprego.
c) Princípio da proteção.
d) Princípio da primazia da realidade.
e) Princípio da boa-fé

04) (IBEJ – IPREV – Procurador Previdenciário – 2017) Acerca dos princípios específicos do Direito do Trabalho, podemos afirmar o que se segue, exceto:

a) a adoção de medidas tendentes a facilitar o acesso ao mercado de trabalho às mulheres e aos negros constitui violação ao princípio da não discriminação, que proíbe diferença de critério de admissão por motivo de religião, crença, raça ou sexo;

b) o princípio da continuidade da relação de emprego confere suporte teórico ao instituto da sucessão de empregadores;

c) de acordo com a jurisprudência consolidada do Tribunal Superior do Trabalho, o ônus de provar o término do contrato de trabalho, quando negados a prestação de serviço e o despedimento, é do empregador, pois o princípio da continuidade da relação de emprego constitui presunção favorável ao empregado;

d) o princípio da primazia da realidade sobre a forma autoriza a descaracterização de um contrato de prestação civil de serviços, desde que despontem, ao longo de sua execução, todos os elementos fático-jurídicos da relação de emprego;

e) dentre os mais importantes princípios especiais do Direito Individual do Trabalho indicados pela doutrina, incluem-se o princípio da proteção, o princípio da irrenunciabilidade dos direitos trabalhistas e o princípio da norma mais favorável;

05) (FCC – TRT 24ª Região – Analista Judiciário – 2017) No estudo da Teoria Geral do Direito do Trabalho é correto afirmar que na hipótese de um instrumento coletivo de trabalho dispor sobre norma prevista na Consolidação das Leis do Trabalho – CLT, porém com determinação de multa com valor superior em caso de infração, é de se aplicar aquela norma em detrimento desta, com fundamento no princípio da

a) primazia da realidade.
b) boa-fé contratual objetiva.
c) intangibilidade contratual objetiva.
d) aplicação da norma mais favorável.
e) leal contraprestação.

06) (FGV – OAB XXIII – 2017) Um grupo econômico é formado pelas sociedades empresárias X, Y e Z. Com a crise econômica que assolou o país, todas as empresas do grupo procuraram formas de reduzir o custo de mão de obra. Para evitar dispensas, a sociedade empresária X acertou a redução de 10% dos salários dos seus empregados por convenção coletiva; Y acertou a mesma redução em acordo coletivo; e Z fez a mesma redução, por acordo individual escrito com os empregados.

Diante da situação retratada e da norma de regência, assinale a afirmativa correta.

a) As empresas estão erradas, porque o salário é irredutível, conforme previsto na Constituição da República.

b) Não se pode acertar redução de salário por acordo coletivo nem por acordo individual, razão pela qual as empresas Y e Z estão erradas.

c) A empresa Z não acertou a redução salarial na forma da lei, tornando-a inválida.

d) As reduções salariais em todas as empresas do grupo foram negociadas e, em razão disso, são válidas.

07) (FCC – TRT 24ª Região – Analista Judiciário – 2017) O advogado Hércules pretende fundamentar uma tese na petição inicial de reclamatória trabalhista utilizando o ditame segundo o qual, ainda que haja mudanças vertiginosas no aspecto de propriedade ou de alteração da estrutura jurídica da empresa, não pode haver afetação quanto ao contrato de trabalho já estabelecido. Tal valor está previsto no princípio de Direito do Trabalho denominado

a) razoabilidade.
b) disponibilidade subjetiva.
c) responsabilidade solidária do empregador.
d) asserção empresarial negativa.
e) continuidade da relação de emprego.

08) (COSEAC - Prefeitura de Maricá - RJ - Procurador do Município - 2018) Princípio concernente ao Direito do Trabalho, segundo o qual a verba salarial merece garantias diversificadas da ordem jurídica, de modo a assegurar seu valor, montante e disponibilidade em benefício do empregado:

a) primazia da realidade.
b) condição mais benéfica.
c) inalterabilidade contratual lesiva.
d) intangibilidade salarial.
e) continuidade.

09) (INSTITUTO AOCP - TRT - 1ª REGIÃO (RJ) - Analista Judiciário - Área Judiciária - 2018) No que diz respeito aos princípios do direito material do trabalho, assinale a alternativa INCORRETA.

a) O direito comum é fonte subsidiária do direito do trabalho.

b) Em razão da vigência do princípio da proteção no direito do trabalho, é correto afirmar que, em havendo a coexistência de dois regulamentos em determinada empresa, a opção do empregado por um deles tem efeito jurídico de renúncia às regras do sistema do outro.

c) Em razão da vigência do princípio da proteção e da norma mais favorável no direito do trabalho, é correto afirmar que, em havendo a coexistência de dois regulamentos em determinada empresa, o empregado poderá aderir às regras mais benéficas de um ou de outro, não estando obrigado a fazer opção por apenas um deles.

d) O princípio da aplicação da norma mais favorável é um desdobramento do princípio da proteção.

e) O princípio da proteção pressupõe a proibição de alterações contratuais lesivas ao empregado, razão pela qual as cláusulas de regulamento de empresa que revoguem ou alterem vantagens deferidas anteriormente somente atingirão os trabalhadores admitidos após a revogação ou alteração respectiva.

10) (VUNESP - PGE-SP - Procurador do Estado - 2018) Em relação aos princípios aplicáveis ao Direito do Trabalho, assinale a alternativa correta.

a) Havendo a coexistência de dois regulamentos de empresa, a opção do empregado por um deles, com prejuízo às regras do sistema do outro, não afronta o princípio da irrenunciabilidade.

b) Não fere o princípio da isonomia condicionar o recebimento de participação nos lucros e resultados ao fato de estar o contrato de trabalho em vigor na data prevista para a distribuição dos lucros. Por conseguinte, é lícito negar o pagamento proporcional aos meses trabalhados em caso de rescisão contratual ocorrida durante o período de apuração do benefício.

c) A contribuição confederativa de que trata o art. 8°, inciso IV, da Constituição da República, é exigível de todos os integrantes da categoria profissional. Por essa razão, seu desconto pode ser feito, independentemente de filiação sindical, não havendo que se falar, nesse caso, em violação ao princípio da intangibilidade salarial.

d) O princípio da inalterabilidade contratual in pejus (art. 468 da Consolidação das Leis do Trabalho) assegura ao empregado ocupante de função de confiança o direito à manutenção da gratificação correspondente após a reversão ao emprego efetivo, independentemente da existência de justo motivo a fundamentar tal reversão.

e) Por força do princípio da primazia da realidade, a contratação irregular de trabalhador, mediante empresa interposta, gera vínculo de emprego com os órgãos da administração pública direta, das autarquias, fundações públicas ou empresas estatais.

11) (INAZ do Pará - CORE-PE - Assistente Jurídico - 2019) Os princípios peculiares do direito do trabalho têm como funções informar o legislador, orientar o juiz na sua atividade interpretativa e, por fim, integrar o direito, que é sua função normativa. Dentre eles, temos o princípio da proteção, que:

a) Está fundamentado no princípio da norma mais flexível que indica a existência de duas ou mais normas, cuja preferência na aplicação é objeto de polêmica. Esse princípio autoriza a aplicação da norma mais favorável, dependendo da hierarquia a qual está sendo submetido.

b) Respaldado pela norma mais flexível, apresenta alguns problemas de ordem técnica em sua aferição dada a existência de dois critérios para sua comparação, onde um deles é intitulado como teoria do englobamento orgânico, em que se prefere a norma mais flexível, após o confronto das normas em comparação.

c) Dá respaldo às relações jurídicas co-trabalhistas, definindo-as pela situação de fato, isto é, pela forma como se realizou a prestação de serviços, pouco importando o nome que lhes foi atribuído pelas partes. Diz-se que deve ser prevalecido o ato em si, desprezando-se a ficção jurídica.

d) Em coligação com o princípio da primazia da realidade tem como objetivo limitar a autonomia da vontade das partes, pois não seria viável que o ordenamento jurídico, impregnado de normas de tutela do trabalhador, permitisse que o empregado se despojasse desses direitos.

e) É consubstanciado na norma e na condição mais favorável, cujo fundamento se subsume à essência do Direito do Trabalho. Seu propósito consiste em tentar corrigir desigualdades, criando uma superioridade jurídica em favor do empregado, diante da sua condição hipossuficiente.

12) (INSTITUTO AOCP - TRT - 1ª REGIÃO (RJ) - Analista Judiciário - Oficial de Justiça Avaliador Federal – 2018 - ADAPTADA)

I. Segundo o princípio da primazia da realidade no Direito do Trabalho, predomina a verdade real em face da verdade formal, ou seja, predomina a verdade da forma em face da verdade dos fatos.

13) (IPEFAE - Prefeitura de São João da Boa Vista - SP – Procurador - 2020) Segundo a clássica doutrina trabalhista e a atual regra prevista na CLT, havendo, sobre um mesmo tema, vários diplomas, dentre legais e contratuais, qual deles deverá ser aplicado na relação de emprego?

a) sempre o mais benéfico, independentemente de onde esteja previsto o instituto.

b) a regra legal, ainda que mais prejudicial.

c) o mais benéfico porém, com a reforma trabalhista, ainda que mais prejudicial, prevalecerá a previsão do acordo coletivo de trabalho sobre a convenção coletiva de trabalho.

d) o mais benéfico porém, com a reforma trabalhista, ainda que mais prejudicial, prevalecerá a previsão da convenção coletiva de trabalho sobre o acordo coletivo de trabalho.

14) (Dédalus Concursos - COREN-SC – Advogado - 2020) O chamado jus variandi refere-se a casos excepcionais previstos expressamente no ordenamento jurídico, nos quais o empregador poderá alterar o contrato de trabalho unilateralmente, mesmo que em prejuízo ao trabalhador. Tais situações são exceções ao seguinte princípio trabalhista:

a) Princípio da condição mais benéfica.

b) Princípio da indisponibilidade dos direitos trabalhistas.

c) Princípio da imperatividade das normas trabalhistas.

d) Princípio da norma mais favorável.

e) Princípio da inalterabilidade contratual lesiva ao obreiro.

GABARITO

<table>
<tr><th colspan="2">GAB</th><th>no Direito</th><th>no Livro</th><th>Observação</th></tr>
<tr><td>1</td><td>A</td><td>Princípio da Irrenunciabilidade dos Direitos Trabalhistas</td><td>Subtema 6.1, alínea "C"</td><td></td></tr>
<tr><td rowspan="4">2</td><td rowspan="4">B</td><td>a) Princípio da Simplicidade</td><td>a) Princípio do Direito Processual do Trabalho</td><td rowspan="4"></td></tr>
<tr><td>b) Princípio da Proteção</td><td>b) Subtema 6.1, alínea "A"</td></tr>
<tr><td>c) Princípio da Celeridade</td><td>c) Princípio do Direito Processual do Trabalho</td></tr>
<tr><td>d) Princípio da oralidade</td><td>d) Princípio do Direito Processual do Trabalho</td></tr>
</table>

GAB		no Direito	no Livro	Observação
3	B	a) Princípio da Irrenunciabilidade de Direitos.	a) Subtema 6.1., alínea "C"	
		b) Princípio da Continuidade das Relações de Emprego	b) Subtema 6.1, alínea "F"	
		c) Princípio Protetivo ou da Proteção	c) Subtema 6.1., alínea "A"	
		d) Princípio da Primazia da Realidade.	d) Subtema 6.1., alínea "E"	
		e) Princípio da boa-fé	e) Subtema 6.2., alínea "B"	
4	A	a) Princípio da Não Discriminação e CF/88. Art. 7º, XX	a) Subtema 6.2, alínea "C" e Parte II, Subtema 1.3, alínea "J"	
		b) Princípio da Continuidade das Relações de Emprego	b) Subtema 6.1, alínea "F"	
		c) TST. Súmula nº 212	c) Subtema 6.1, alínea "F"	
		d) Princípio da Primazia da Realidade sobre a Forma	d) Subtema 6.1, alínea "E"	
		e) Doutrina	e) Subtema 6.1, alíneas "A", "C" e "A.1"	
5	D	a) Princípio da Primazia da Realidade sobre a Forma	b) Subtema 6.1, alínea "E"	
		b) Princípio Geral do Direito – Boa-fé	b) Subtema 6.2, alínea "B"	
		c) Princípio da Inalterabilidade Contratual Lesiva	c) Subtema 6.1, alínea "B"	
		d) Princípio da Norma mais Favorável	d) Subtema 6.1, alínea "A.1"	
		e) Princípio Geral do Direito – Razoabilidade	b) Subtema 6.2, alínea "A"	
6	C	Princípio da Irredutibilidade Salarial. CF. Art. 7º, VI	Subtema 6.1, alínea "G"	

GAB		no Direito	no Livro	Observação
		a) Princípio Geral do Direito – Razoabilidade	a) Subtema 6.2, alínea "A"	
		b) CLT. Art. 3º, caput	b) Parte II, Subtema 1.1, alínea "D"	
7	E	c) CLT. Art. 448-A, §2º	c) Parte II, Subtema 3.8, alínea "A"	
		d) Doutrina	d) Tema de Direito Empresarial	
		e) Princípio da Continuidade das Relações de Emprego	e) Subtema 6.1, alínea "F"	
		a) Princípio da Primazia da Realidade sobre a Forma	b) Subtema 6.1, alínea "E"	O Princípio da Irredutibilidade Salarial também pode ser chamado de Princípio da Intangibilidade Salarial.
		b) Princípio da Cláusula ou Condição mais Favorável/Benéfica	b) Subtema 6.1, alínea "A.2"	
8	D	c) Princípio da Inalterabilidade Contratual Lesiva	c) Subtema 6.1, alínea "B"	
		d) Princípio da Irredutibilidade Salarial	d) Subtema 6.1, alínea "G"	
		e) Princípio da Continuidade das Relações de Emprego	e) Subtema 6.1, alínea "F"	
		a) CLT. Art. 8º, §1º	a) Subtema 4.1.1.	
		b) Princípio da Irrenunciabilidade dos Direitos Trabalhistas. TST. Súmula nº 51, II	b) Subtema 6.1, alínea "C"	
9	C	c) Princípio da Irrenunciabilidade dos Direitos Trabalhistas. TST. Súmula nº 51, II	c) Subtema 6.1, alínea "C"	
		d) Princípio da Norma mais Favorável	d) Subtema 6.1, alínea "A.1"	
		e) Princípio da Irrenunciabilidade dos Direitos Trabalhistas. TST. Súmula nº 51, I	c) Subtema 6.1, alínea "B"	
		a) Princípio da Irrenunciabilidade dos Direitos Trabalhistas. TST. Súmula nº 51, II	a) Subtema 6.1, alínea "C"	
		b) TST. Súmula nº 451	b) Parte II, Subtema 8.3, alínea "C"	
10	A	c) STF. Súmula Vinculante nº 40	c) Parte III, Subtema 2.2, alínea "A"	
		d) Princípio da Inalterabilidade Contratual Lesiva. CLT. Art. 468, § 2º	d) Subtema 6.1, alínea "B" e Parte II, Subtema 8.2, alínea "B.3"	
		e) Princípio da Primazia da Realidade sobre a Forma. TST. Súmula nº 331, II	e) Subtema 6.1, alínea "E"	

<table>
<tr><th colspan="2">GAB</th><th>no Direito</th><th>no Livro</th><th>Observação</th></tr>
<tr><td rowspan="5">11</td><td rowspan="5">E</td><td>a) Princípio da Norma mais Favorável</td><td>a) Subtema 6.1, alínea "A.1"</td><td>Não importa a hierarquia.</td></tr>
<tr><td>b) Doutrina</td><td>b) Subtema 6.1, alínea "A.1"</td><td rowspan="4"></td></tr>
<tr><td>c) Princípio da Primazia da Realidade sobre a Forma</td><td>c) Subtema 6.1, alínea "E"</td></tr>
<tr><td>d) Princípio da Irrenunciabilidade dos Direitos Trabalhistas</td><td>d) Subtema 6.1, alínea "C"</td></tr>
<tr><td>e) Princípio Protetivo ou da Proteção</td><td>e) Subtema 6.1 alínea "A"</td></tr>
<tr><td>12</td><td>F</td><td>Princípio da Primazia da Realidade sobre a Forma</td><td>Subtema 6.1, alínea "E"</td><td></td></tr>
<tr><td>13</td><td>C</td><td>Princípio da Norma mais Favorável c/c CLT. Art. 620</td><td>a) Subtema 6.1, alínea "A.1"</td><td></td></tr>
<tr><td rowspan="5">14</td><td rowspan="5">E</td><td>a) Princípio da Cláusula ou Condição mais Favorável/Benéfica</td><td>a) Subtema 6.1, alínea "A.2"</td><td rowspan="5">A expressão jus variandi consiste no poder conferido ao empregador, por meio do qual pode alterar unilateralmente (sem concordância do empregado), em hipóteses permitidas pela lei, as condições de trabalho de seus empregados.</td></tr>
<tr><td>B) Princípio da Irrenunciabilidade ou Indisponibilidade de Direitos.</td><td>b) Subtema 6.1., alínea "C"</td></tr>
<tr><td>c) Princípio da Imperatividade</td><td>c) Subtema 6.1, alínea "D"</td></tr>
<tr><td>d) Princípio da Norma mais Favorável</td><td>d) Subtema 6.1, alínea "A.1"</td></tr>
<tr><td>e) Princípio da Inalterabilidade Contratual Lesiva</td><td>e) Subtema 6.1, alínea "B"</td></tr>
</table>

QUESTÕES DA PARTE II

Subtema 1 – Relação de Trabalho e Relação de Emprego – Diferenciação

01) (OAB - FGV - 2011) Paulo possuía uma casa de campo, situada em região rural da cidade de Muzambinho - MG, onde costumava passar todos os finais de semana e as férias com a sua família. Contratou Francisco para cuidar de algumas cabeças de gado destinadas à venda de carne e de leite ao mercado local. Francisco trabalhava com pessoalidade e subordinação, de segunda a sábado, das 11h às 21h, recebendo um salário mínimo mensal. Dispensado sem justa causa, ajuizou reclamação trabalhista em face de Paulo, postulando o pagamento de horas extraordinárias, de adicional noturno e dos respectivos reflexos nas verbas decorrentes da execução e da ruptura do contrato de trabalho. Aduziu, ainda, que não era observada pelo empregador a redução da hora noturna. Diante dessa situação hipotética e considerando que as verbas postuladas não foram efetivamente pagas pelo empregador, assinale a alternativa correta.

a) Francisco tem direito ao pagamento de horas extraordinárias e de adicional noturno, não lhe assistindo o direito à redução da hora noturna.

b) Francisco tem direito ao pagamento de horas extraordinárias, mas não lhe assiste o direito ao pagamento de adicional noturno, já que não houve prestação de serviços entre as 22h de um dia e as 5h do dia seguinte.

c) Francisco não tem direito ao pagamento de horas extraordinárias e de adicional noturno, por se tratar de empregado doméstico.

d) A redução da hora noturna deveria ter sido observada pelo empregador.

02) (CS - UFG – CELG/D – GO – Analista de Gestão – Advogado – 2014) Conforme a conceituação do artigo 3º da Consolidação das Leis do Trabalho empregado é

a) toda pessoa física que presta serviços eventuais a pessoa física ou jurídica, mediante pagamento

b) empregado é toda pessoa física que presta serviços permanentes a pessoa jurídica, mediante pagamento e sem subordinação.

c) toda pessoa jurídica que presta serviços a pessoa física, mediante pagamento e sem dependência do empregador.

d) toda pessoa física que presta serviços de natureza não eventual a empregador, sob dependência deste e mediante salário.

e) toda pessoa física que presta serviços de natureza não habitual a empregador, mediante salário.

03) (Procurador Autárquico – FCC – ManausPrev – 2015) Sobre o trabalhador rural e as normas que tutelam a sua atividade, é INCORRETO afirmar:

a) O desconto salarial pelo fornecimento de alimentação sadia e farta, atendidos os preços vigentes na região, terá por base o salário mínimo e o limite máximo de 25%, desde que previamente autorizado pelo empregado.

b) Em caso de cessão pelo empregador de moradia, rescindido ou findo o contrato de trabalho, o empregado será obrigado a desocupar a casa em trinta dias.

c) Além dos requisitos gerais que devem estar presentes na relação de emprego, é considerado requisito essencial específico que o trabalho, como regra, seja desenvolvido para o empregador rural e explore atividade agroeconômica e em propriedade rural ou prédio rústico.

d) A jornada noturna rural para trabalho na lavoura será a executada entre as 22 horas de um dia e as 05 horas do dia seguinte, considerada a hora noturna reduzida de 52 minutos e 30 segundos.

e) Todo trabalho rural noturno será acrescido do adicional de 25% sobre a remuneração normal.

04) (TRT 2º Região – Juiz do Trabalho Substituto – 2016) Sobre o trabalho rural, à luz da legislação vigente, assinale a alternativa correta:

a) Considera-se trabalho noturno o executado entre as vinte e duas horas de um dia e às cinco horas do dia seguinte, na lavoura, e entre as vinte e três horas de um dia e às seis horas do dia seguinte, na atividade pecuária.

b) E empregado rural a pessoa física que presta serviços em área rural, ainda que destinada exclusivamente ao descanso e entretenimento do empregador e de sua família.

c) Durante o prazo do aviso prévio, se a rescisão tiver sido promovida pelo empregador, o horário normal do empregado rural será reduzido de 2 (duas) horas diárias, sem prejuízo do salário integral, ou por 7 (sete) dias corridos, caso opte por trabalhar a jornada integral.

d) O produtor rural pessoa física poderá realizar contratação de trabalhador rural por pequeno prazo para o exercício de atividades de natureza temporária. A contratação de trabalhador rural por pequeno prazo que, dentro do período de 1 (um) ano, superar 2 (dois) meses fica convertida em contrato de trabalho por prazo indeterminado, observando-se os termos da legislação aplicável.

e) Salvo as hipóteses de autorização legal ou decisão judiciária, poderá ser descontada do empregado rural, calculada sobre o salário mínimo, até o limite de 30% (trinta por cento) pela ocupação da morada; rescindido ou findo o contrato de trabalho, o empregado será obrigado a desocupar a casa de imediato.

05) (FCC – TRT 14ª Região – Analista Judiciário – Área Judiciária – 2016) Quanto aos institutos jurídicos denominados "relação de trabalho" e "relação de emprego" é correto afirmar:

a) A relação de emprego é uma espécie do gênero relação de trabalho.

b) Possuem características idênticas, podendo se afirmar que são expressões sinônimas.

c) A relação de trabalho é modalidade derivada da relação de emprego.

d) Não há relação de trabalho se não houver relação de emprego.

e) São institutos independentes e não guardam nenhuma relação entre si.

06) (FCC – TRT 23ª Região – Analista Judiciário – Área Judiciária – 2016) Em relação aos trabalhadores movimentadores de carga avulsos, regidos pela Lei nº 12.023/2009, é dever do sindicato que faz a intermediação do trabalho

a) firmar acordo coletivo de trabalho com os tomadores de serviço contendo previsão expressa do direito a horas extras, sem o que não será efetuado o pagamento de eventuais horas extras prestadas pelos trabalhadores.

b) firmar documento específico indicando a cada trabalhador avulso o prazo que o mesmo terá para levantar as parcelas referentes ao 13º salário e às férias e o FGTS depositados na respectiva conta individual vinculada.

c) repassar aos respectivos beneficiários, no prazo máximo de 72 horas úteis, contadas a partir de seu arrecadamento, os valores devidos e pagos pelos tomadores do serviço, relativos à remuneração do trabalhador avulso.

d) entregar ao tomador de serviços as escalas de trabalho, a quem caberá informá-la aos trabalhadores com antecedência de 24 horas.

e) recolher os valores devidos ao FGTS, acrescidos dos percentuais relativos ao 13ºsalário, férias, encargos fiscais, sociais e previdenciários, observando o prazo legal.

07) FCC – TRT 3ª Região – Analista Judiciário – Área Judiciária – 2016) Maria, durante três anos, prestou serviços ao Clube de Mães Madalena Arraes, que é uma entidade sem fins lucrativos instituída para desenvolver atividades culturais e filantrópicas com a comunidade carente. Cumpria jornada de trabalho diário das 8 às 17 horas, com uma hora de intervalo para repouso e alimentação, devidamente controlada, e, enquanto estava trabalhando era obrigada a usar uniforme. Entregava relatórios semanais sobre as suas atividades e os resultados obtidos com as crianças e recebia mensalmente um valor fixo pelo trabalho prestado. Em relação à situação descrita,

a) presentes as características da relação de emprego na relação mantida entre Maria e o Clube de Mães, deve ser reconhecido o vínculo de emprego entre as partes, não sendo óbice para tal reconhecimento o fato de o Clube de Mães ser entidade filantrópica sem finalidade lucrativa.

b) embora presentes as características da relação de emprego, o fato de o Clube de Mães ser entidade filantrópica sem finalidade lucrativa impede o reconhecimento do vínculo de emprego entre as partes.

c) somente seria possível o reconhecimento do vínculo de emprego entre as partes se presente a subordinação de Maria em relação ao Clube de Mães, o que não se verifica no presente caso.

d) os serviços prestados à entidade sem fins lucrativos, desde que instituída para desenvolver atividades culturais e filantrópicas, não caracteriza vínculo de emprego, mas sim trabalho voluntário, sendo irrelevante estarem presentes as características da relação de emprego.

e) a finalidade lucrativa do empregador e o recebimento de participação do trabalhador nesse lucro é essencial para a caracterização do vínculo de emprego.

08) (Banca: TRT 4º Região – Juiz do Trabalho Substituto do TRT 4ª Região – 2016) Considere as assertivas abaixo sobre contrato de estágio.

I – Entidades concedentes de estágio que possuam 6 (seis) empregados em seu quadro de pessoal poderão contratar no máximo 2 (dois) estagiários, limite que não se aplica aos estágios de nível superior e de nível médio profissional.

II – As pessoas portadoras de deficiência têm assegurado o percentual de 5% (cinco por cento) das vagas oferecidas pela parte concedente do estágio.

III – A jornada de atividade em estágio deve constar do termo de compromisso, ser compatível com as atividades escolares e não ultrapassar 6 (seis) horas diárias e 36 (trinta e seis) horas semanais no caso de estudantes do ensino superior, da educação profissional de nível médio e do ensino médio regular.

Quais são corretas?

a) Apenas I
b) Apenas II
c) Apenas III
d) Apenas I e II
e) I, II e III

09) (IBEJ - IPREV - Contador - 2017) Os principais elementos da relação de emprego gerada pelo Contrato de Trabalho são...

Analise a validade das suposições abaixo e assinale a alternativa CORRETA.

I. Pessoalidade, um dos sujeitos (o empregado) tem o dever jurídico de prestar os serviços em favor de outrem pessoalmente.

II. Natureza não eventual dos serviços, isto é, ele deverá ser necessário à atividade normal do empregador.

III. Remuneração do trabalho a ser executado pelo empregado.

IV. Subordinação jurídica da prestação de serviços ao empregador.

a) I, II e III
b) II e III
c) I e IV
d) III e IV
e) Todas estão corretas.

10) (VUNESP – Prefeitura de Andradina – SP Assistente Jurídico e Procurador Jurídico – 2017) O empregado aprendiz se vincula ao empregador por contrato de trabalho por prazo determinado, não superior a dois anos,

a) não se sujeitando ao trabalho em atividades ou locais insalubres.
b) salvo quando se tratar de aprendiz portador de deficiência.
c) mas se admite uma prorrogação, desde que não supere 04 anos.
d) com jornada de 8 horas, sendo facultada a prorrogação e compensação.
e) tendo os mesmos direitos do trabalhador temporário.

11) (CESGRANRIO - LIQUIGÁS - Assistente Administrativo – 2018) Para a validação do contrato de aprendizagem de um menor aprendiz numa empresa industrial, o assistente administrativo anotou na sua Carteira de Trabalho e Previdência Social (CTPS): o seu número de matrícula, a frequência à escola onde ele está concluindo o ensino fundamental, assim como o número de inscrição em programa de aprendizagem desenvolvido sob orientação do Serviço Nacional de Aprendizagem Industrial (SENAI).

Esses registros são fundamentais porque

a) o contrato de aprendizagem é um contrato de trabalho especial, ajustado por escrito e por prazo estipulado de mais de 2 (dois) anos, em que o empregador se compromete a assegurar ao maior de quatorze e menor de vinte e quatro anos, inscrito em programa de aprendizagem, formação técnico-profissional metódica, compatível com o seu desenvolvimento físico, moral e psicológico.

b) o descumprimento da legislação e regulamento importará na nulidade do contrato de aprendizagem, estabelecendo vínculo empregatício diretamente com a empresa.

c) a contratação de aprendizes deverá atender, prioritariamente, aos adolescentes entre dezoito e vinte e quatro anos, exceto quando as atividades práticas da aprendizagem ocorrerem fora do estabelecimento, sujeitando os aprendizes à insalubridade ou à periculosidade, sem que se possa elidir o risco ou realizá-las integralmente em ambiente simulado.

d) os estabelecimentos de qualquer natureza são obrigados a empregar e matricular nos cursos dos Serviços Nacionais de Aprendizagem (SESI, SENAI, SENAC, etc) número de aprendizes equivalente a 20% (vinte por cento), no mínimo, e 40% (quarenta por cento), no máximo, dos trabalhadores existentes em cada estabelecimento, cujas funções demandem formação profissional.

e) os estabelecimentos necessitam formalizar que a duração do trabalho do aprendiz excederá de 6 horas diárias até 8 horas diárias para os aprendizes que estejam cursando o ensino fundamental, se nelas forem computadas as horas destinadas à aprendizagem teórica.

12) (FUMARC - COPASA - Analista de Saneamento – Psicólogo - 2018) Lúcia é funcionária da empresa Celemi Ltda. há 5 anos. Na última semana, descobriu que está grávida. Imediatamente ela procurou uma advogada que lhe informou sobre os direitos previstos na Consolidação das Leis Trabalhistas.

São direitos da funcionária, EXCETO:

a) Ela poderá se ausentar do trabalho sem necessidade de justificativa para consultas médicas e demais exames complementares (em número de seis consultas) como o pré-natal, apresentando o atestado médico posteriormente.

b) Ela tem estabilidade no emprego, o que significa que, do momento da confirmação da gravidez até cento e oitenta dias após o parto, a gestante não poderá ser demitida sem justa causa.

c) Ela terá direito a cento e vinte dias de repouso, sem prejuízo do emprego e do salário.

d) Se a atividade desempenhada pela mulher grávida ou lactante oferecer riscos a sua saúde ou à do bebê, ela pode pedir a mudança de cargo ou transferência de setor a qualquer momento.

13) **(INAZ do Pará - CORE-MS - Assistente Jurídico- 2018)** Em razão disso, doutrinariamente se diz que, para que haja a formação de uma relação de emprego, é necessária a existência de quatro requisitos cumulativos. São eles:

a) Habitualidade, pessoalidade, onerosidade e subordinação.

b) Onerosidade, eventualidade, subordinação e pessoalidade.

c) Impessoalidade, habitualidade, subordinação e onerosidade.

d) Eventualidade, pessoalidade, insubordinação e onerosidade.

14) **(FCC - TRT - 15ª Região (SP) - Técnico Judiciário - Área Administrativa - 2018)** Cícero é policial militar e cumpre escala 12 × 36 horas no seu batalhão. Nas folgas, presta serviço como segurança de um supermercado, recebendo ordens do gerente e um valor fixo mensal, não podendo se fazer substituir no desempenho de suas funções. Nesse caso, de acordo com o entendimento sumulado do TST,

a) Cícero poderá ter o vínculo de emprego reconhecido, desde que presentes os requisitos legais, independentemente do eventual cabimento de penalidade disciplinar prevista no Estatuto do Policial Militar.

b) haverá a imediata exoneração de Cícero de suas funções como policial militar, não ocorrendo também o reconhecimento do vínculo de emprego.

c) Cícero não poderá ter o vínculo empregatício reconhecido, mesmo que presentes os requisitos legais, por ser servidor público militar, o que impede o contrato de emprego com empresa privada.

d) trata-se de trabalho proibido, portanto, não gera vínculo empregatício, além de Cícero vir a sofrer penalidade administrativa prevista no Estatuto do Policial Militar.

e) Cícero poderá ter o vínculo de emprego reconhecido, desde que presentes os requisitos legais, ficando impedida a Administração pública, neste caso, de aplicar penalidade disciplinar prevista no Estatuto do Policial Militar.

15) (FCC - TRT - 2ª REGIÃO (SP) - Analista Judiciário - Área Judiciária – 2018) Acerca do teletrabalho, de acordo com a legislação vigente,

a) somente dependerão de previsão em contrato escrito as disposições relativas ao reembolso de despesas arcadas pelo empregado, podendo aquelas que dizem respeito à responsabilidade pela aquisição, manutenção ou fornecimento dos equipamentos tecnológicos e da infraestrutura necessária e adequada à prestação do trabalho remoto ser negociadas por qualquer meio, inclusive verbalmente.

b) considera-se teletrabalho a prestação de serviços realizada integralmente fora das dependências do empregador, com a utilização de tecnologias de informação e de comunicação, ainda que possa, por sua natureza, ser considerada como trabalho externo.

c) o comparecimento às dependências do empregador para a realização de atividades específicas que exijam a presença do empregado no estabelecimento descaracteriza por completo o regime de teletrabalho.

d) a prestação de serviços na modalidade de teletrabalho deverá constar expressamente do contrato individual de trabalho, que especificará as atividades que serão realizadas pelo empregado.

e) o empregador, a seu exclusivo critério, poderá instruir os empregados, de maneira expressa, tácita, por escrito ou verbalmente, quanto às precauções a tomar a fim de evitar doenças e acidentes de trabalho.

16) (FCC - TRT - 6ª Região (PE) - Analista Judiciário - Área Judiciária – 2018) Em relação ao teletrabalho,

a) a responsabilidade pela aquisição, manutenção ou fornecimento dos equipamentos tecnológicos e da infraestrutura necessária e adequada à prestação do trabalho remoto, bem como ao reembolso de despesas arcadas pelo empregado, serão acordadas entre empregado e empregador, através de previsão em contrato escrito.

b) o comparecimento do empregado às dependências do empregador para a realização de atividades específicas descaracteriza o regime de teletrabalho.

c) o fato de o empregador instruir os empregados, de maneira expressa e ostensiva, quanto às precauções a tomar a fim de evitar doenças e acidentes do trabalho, impede a responsabilização do mesmo em caso de infortúnio com o teletrabalhador.

d) a alteração do regime de teletrabalho para o presencial depende da concordância do empregado sob pena de nulidade.

e) é considerada como teletrabalho a prestação de serviços fora das dependências do empregador, com a utilização de tecnologias de informação e de comunicação de propriedade do empregado, que também tem a responsabilidade em relação à sua conservação e manutenção.

17) (VUNESP - IPSM – Procurador - 2018) Sobre Quando devidamente pactuada, a arbitragem é forma de solução de conflitos de trabalho

a) exclusivamente coletivos.

b) individuais e coletivos, sem restrições.

c) individuais e coletivos, desde que haja previsão em convenção coletiva de trabalho.

d) advindos da rescisão do contrato de trabalho, desde que o trabalhador esteja assistido pelo sindicato da categoria profissional.

e) individuais, quando a remuneração do empregado for superior a duas vezes o limite máximo estabelecido para os benefícios da Previdência Social.

18) (VUNESP - FAPESP – Procurador - 2018) Considera-se trabalhador avulso aquele que, sindicalizado ou não, presta serviços

a) eventuais para uma empresa, sem a intermediação do sindicato da categoria profissional.

b) eventuais ou temporários para uma ou mais empresas, com intermediação da empresa prestadora de serviços.

c) de natureza urbana ou rural, a diversas empresas, sem vínculo empregatício, com intermediação obrigatória do órgão de gestão de mão de obra ou do sindicato da categoria profissional.

d) na condição de trabalhador intermitente ou terceirizado, com registro em carteira de trabalho e previdência social.

e) de natureza exclusivamente urbana, a diversas empresas, sem vínculo empregatício, com intermediação obrigatória do sindicato da categoria profissional.

19) (UNESP - Câmara de Campo Limpo Paulista - SP - Procurador Jurídico – 2018) De acordo com o que dispõe a Consolidação das Leis do Trabalho (CLT), em relação ao trabalho da mulher, é vedado

a) exigir atestado ou exame, de qualquer natureza, para comprovação de esterilidade ou gravidez, na admissão ou permanência no emprego e na demissão.

b) publicar ou fazer publicar anúncio de emprego no qual haja referência ao sexo, à idade, à cor ou situação familiar, ainda que a natureza da atividade a ser exercida, pública e notoriamente, assim o exigir.

c) recusar emprego, promoção ou motivar a dispensa do trabalho em razão de sexo, idade, cor, situação familiar ou estado de gravidez, independentemente do fato de que a natureza da atividade seja notória e publicamente incompatível.

d) considerar o sexo, a idade, a cor ou situação familiar como variável determinante para fins de remuneração, formação profissional e oportunidades de ascensão profissional, salvo condição ajustada no contrato de trabalho.

e) impedir o acesso ou adotar critérios subjetivos para deferimento de inscrição ou aprovação em concursos, em empresas privadas, em razão de sexo, idade, cor, situação familiar ou estado de gravidez.

20) (VUNESP - DAEM - Procurador Jurídico - 2019) José dos Reis foi admitido pela empresa Vendas Diretas Ltda, em fevereiro de 2018, para exercer a função de vendedor, em regime presencial. Em setembro de 2018, José dos Reis passou a prestar serviços na modalidade de teletrabalho.

Considerando que o contrato individual de trabalho celebrado com a empregadora especifica expressamente as atividades que são realizadas por José dos Reis, em relação à anuência do empregado e ao período de adaptação, é correto afirmar que é válida a alteração do regime presencial para o de teletrabalho:

a) desde que haja acordo mútuo entre empregado e empregador, e seja respeitado o prazo de adaptação de 15 (quinze) dias.

b) independentemente de anuência do empregado, desde que respeitado o prazo de adaptação de 30 (trinta) dias.

c) independentemente da anuência do empregado, desde que respeitado o prazo de adaptação de 15 (quinze) dias.

d) desde que haja acordo mútuo entre empregado e empregador, e não há prazo de adaptação.

e) independentemente de anuência prévia do empregado, e não há prazo de adaptação.

21) (IPEFAE - Prefeitura de São João da Boa Vista - SP – Procurador - 2020) Analise o caso abaixo e responda corretamente, segundo prevê a lei sobre o assunto:

João foi contratado como engenheiro químico com salário mensal de R$ 20.000,00. Como tinha contato com produtos químicos, no contrato de emprego, feito expressamente na forma escrita, ficou consignado que perceberia adicional de insalubridade de 30% sobre seu salário, não obstante fosse sua exposição confirmada a um agente químico enquadrado como sendo de grau máximo. Fora essa cláusula específica, nenhuma outra diferenciada foi inserida naquele documento.

Após 5 anos de prestação de serviço, João foi dispensado. O mesmo ajuizou ação trabalhista na Vara do Trabalho local reclamando a diferença do adicional de insalubridade, qual seja, os 10% restantes, já que, por lei, o adicional em grau máximo é de 40%.

Em defesa, a reclamada arguiu preliminar alegando convenção de arbitragem, pois sendo João considerado um "alto empregado" deveria submeter a ação previamente a câmara arbitral, conforme havia sido combinado com o mesmo quando da sua contratação. Alegou, ainda, que por ser João um "alto empregado", a cláusula diferenciada referente ao adicional de insalubridade é válida.

Em manifestação a contestação, alegou o reclamante que, quando da sua contratação, foi informado da cláusula compromissória de arbitragem pelo chefe do departamento de recursos humanos e que concordou com a mesma, assinando documento nesse sentido.

Com base nos fatos acima, pode-se afirmar que afirmar que:

a) assiste razão a empresa, pois João aufere remuneração superior a duas vezes o limite máximo estabelecido para os benefícios do Regime Geral de Previdência Social bem como manifestou expressamente sua concordância com a cláusula compromissória de arbitragem.

b) não assiste razão a empresa, já que a cláusula compromissória de arbitragem não é válida na justiça do trabalho para dirimir conflitos individuais de trabalho, mas apenas conflitos coletivos. No entanto, quanto a pretensão sobre o adicional de insalubridade, assiste razão a empresa, já que sendo o reclamante um alto empregado, tem liberdade para negociar o referido adicional.

c) não assiste razão a empresa, já que a cláusula compromissória de arbitragem não é válida, pois feita sem assistência do sindicato da categoria profissional. No entanto, quanto a pretensão sobre o adicional de insalubridade, assiste razão a empresa, já que sendo o reclamante um alto empregado, tem liberdade para negociar o referido adicional.

d) não assiste razão a empresa, já que a cláusula compromissória de arbitragem não é válida já que a lei exige manifestação por escrito e previsão em acordo ou convenção coletiva. Também não assiste razão sobre o adicional de insalubridade, já que este tipo de direito é infenso a negociação, ainda que sendo o empregado considerado hipersuficiente, pois se trata de norma cogente, insuscetível de ser negociada um percentual abaixo do valor mínimo já fixado em lei.

22) (MPT – Procurador do Trabalho – MPT/2020) Assinale a alternativa INCORRETA:

a) A Convenção n° 29 da Organização Internacional do Trabalho (OIT) definiu trabalho forçado e impôs a todo País-membro que a ratificasse a obrigação de abolir a utilização do trabalho forçado, em todas as suas formas, não o admitindo para nenhum fim ou sob nenhum pretexto.

b) O Supremo Tribunal Federal já entendeu que a caracterização do trabalho escravo contemporâneo é mais sutil do que a escravidão do século XIX, não sendo necessária a coação física da liberdade de ir e vir, bastando que a vítima seja submetida a trabalhos forçados ou à jornada exaustiva ou a condições degradantes de trabalho, condutas alternativamente previstas no tipo penal.

c) Para a Organização das Nações Unidas (ONU), o trabalho escravo contemporâneo é passível de ocorrer fora do contexto da relação de trabalho clássica, vale dizer, em relações jurídicas diversas da relação de emprego em que ocorram graves violações de Direitos Humanos, como na escravidão para fins sexuais, no tráfico de seres humanos, no comércio de órgãos e no tráfico e exploração sexual de crianças.

d) O trabalho degradante, para fins de caracterização do trabalho análogo ao de escravo, é passível de ocorrer quando comprovado que os trabalhadores são mantidos em alojamento precário, sem acesso a água potável, sem local adequado para as refeições, sem banheiro, sem equipamentos de proteção individual, com transporte em veículos precários, com submissão à jornada de trabalho exaustiva e sem transporte para retorno aos locais de contratação, em razão da violação à dignidade da pessoa humana.

e) Não respondida.

23) (MPT – Procurador do Trabalho – MPT/2020) À luz da Recomendação n° 198 da Organização Internacional do Trabalho (OIT), sobre a relação de trabalho, assinale a alternativa INCORRETA:

a) Considerando as dificuldades de estabelecer se existe ou não relação de trabalho em determinadas situações, a referida Recomendação dispõe acerca de indicadores específicos da existência de uma relação de trabalho.

b) A determinação da existência de uma relação de trabalho deve ser guiada primordialmente pelos fatos relacionados com o tipo de trabalho e a remuneração do trabalhador.

c) Entre os indicadores específicos da existência de uma relação de trabalho podem ser incluídos: o fato de que o trabalho envolve a integração do trabalhador na organização da empresa; o pagamento periódico da remuneração para o trabalhador; e o fato de que tal remuneração constitui a única ou principal fonte de renda do trabalhador.

d) Infere-se, da Recomendação mencionada, a inviabilidade de se adotar a dependência econômica como um dos critérios definidores do conceito de subordinação e caracterizador da relação de trabalho.

e) Não respondida.

24) (MPT – Procurador do Trabalho – MPT/2020) Considerando as regras de aderência das normas coletivas e a Convenção n° 141 da Organização Internacional do Trabalho (OIT), que dispõe sobre a Organização de Trabalhadores Rurais, analise as seguintes proposições:

I - Quanto às regras de aderência das normas coletivas, a teoria da aderência irrestrita pauta-se, entre outros fundamentos, na utilização, por analogia, do artigo 468 da Consolidação das Leis do Trabalho, que prevê a inalterabilidade contratual lesiva, enquanto a corrente mista, que prevê a aderência limitada por revogação, defende a manutenção dos efeitos das normas coletivas até que novo diploma negocial os revogue.

II - A Súmula n° 277 do Tribunal Superior do Trabalho, que alberga a teoria da aderência irrestrita, foi suspensa pelo Supremo Tribunal Federal em sede de medida cautelar.

III - De acordo com a Convenção n° 141 da OIT, todas as categorias de trabalhadores rurais deverão ter o direito de constituir, sem autorização prévia, organizações de sua própria escolha, assim como o de se afiliar a essas organizações, com a única condição de se sujeitarem aos seus estatutos.

IV - Considerando a Convenção n° 141 da OIT, o pequeno proprietário cuja principal fonte de renda seja a agricultura e que trabalhe a terra por conta própria ou exclusivamente com a ajuda de seus familiares, em região rural, também é considerado "trabalhador rural", ainda que não seja assalariado.

Assinale a alternativa CORRETA:

a) Todas as assertivas estão corretas.

b) Apenas as assertivas I, III e IV estão corretas.

c) Apenas as assertivas II e III estão corretas.

d) Apenas as assertivas I e IV estão corretas.

e) Não respondida.

25) (MPT – Procurador do Trabalho – MPT/2020) Assinale a alternativa INCORRETA:

a) Segundo a Consolidação das Leis do Trabalho, os meios telemáticos e informatizados de comando, controle e supervisão se equiparam, para fins de subordinação jurídica, aos meios pessoais e diretos de comando, controle e supervisão do trabalho alheio.

b) A reforma trabalhista, introduzida pela Lei nº13.467/2017, objetivando flexibilizar a concepção de subordinação, importou, do direito italiano, o conceito de parassubordinação, introduzindo algumas formas específicas de contrato, como o trabalho por colaboração ocasional.

c) A Lei Complementar nº 150/2015, que dispõe sobre o contrato de trabalho doméstico, prevê, em relação ao empregado responsável por acompanhar o empregador prestando serviços em viagem, que serão consideradas apenas as horas efetivamente trabalhadas no período, e que a remuneração-hora do serviço em viagem será, no mínimo, 25% superior ao valor do salário-hora normal.

d) A ocupação de profissional do sexo está expressamente descrita na Classificação Brasileira de Ocupações - CBO.

e) Não respondida.

26) (MPT – Procurador do Trabalho – MPT/2020) Acerca da aprendizagem social, assinale a alternativa INCORRETA:

a) O estabelecimento contratante cujas peculiaridades da atividade ou dos locais de trabalho constituam embaraço à realização das aulas práticas, além de poder ministrá-las exclusivamente nas entidades qualificadas em formação técnico profissional, poderá requerer junto à unidade descentralizada da Secretaria do Trabalho a assinatura de termo de compromisso para o cumprimento da cota em entidade concedente da experiência prática do aprendiz.

b) Consideram-se entidades concedentes da experiência prática do aprendiz: órgãos públicos, organizações da sociedade civil e unidades do sistema nacional de atendimento socioeducativo.

c) A seleção dos aprendizes será realizada a partir do cadastro público de emprego, disponível no sítio eletrônico Emprega Brasil, da Secretaria do Trabalho, e deverá priorizar a inclusão de jovens e adolescentes em situação de vulnerabilidade ou risco social, tais como adolescentes egressos do sistema socioeducativo ou em cumprimento de medidas socioeducativas; jovens em cumprimento de pena no sistema prisional; jovens e adolescentes cujas famílias sejam beneficiárias de programas de transferência de renda; jovens e adolescentes em situação de acolhimento institucional; jovens e adolescentes egressos do trabalho infantil; jovens e adolescentes com deficiência; jovens e adolescentes matriculados em instituição de ensino da rede pública, em nível fundamental, médio regular ou médio técnico, incluída a modalidade de Educação de Jovens e Adultos; e jovens desempregados e com ensino fundamental ou médio concluído em instituição de ensino da rede pública, desde que obedecida a cota racial.

d) Estão dispensadas da contratação de aprendizes as microempresas, as empresas de pequeno porte e as entidades sem fins lucrativos que tenham por objetivo a educação profissional.

e) Não respondida.

27) (IBADE - Câmara de São Felipe D'Oeste - RO - Advogado - 2020) Francisca trabalha na residência de Olivia três vezes na semana como passadeira. Normalmente, o combinado é comparecer ao trabalho às terças, quintas e sextas, mas, quando é necessário, mediante prévia comunicação, comparece em outro dia da semana, desde que não sejam sábados, domingos ou feriados, nem datas comemorativas. Sua remuneração é feita e calculada por dia de trabalho e sua CTPS não foi assinada. Quando Francisca não comparece, não recebe o pagamento e não sofre nenhum tipo de sanção; entretanto, Olivia sempre solicita que a ausência seja previamente comunicada. Francisca procura você como advogado (a), para sanar uma dúvida acerca da sua situação de relação de trabalho. De acordo com a legislação específica em vigor, a alternativa que contempla a situação de Francisca é:

a) Francisca é empregada eventual.

b) Francisca é diarista, pois trabalha apenas 3 vezes na semana.

c) Francisca é empregada doméstica.

d) Francisca é autônoma, porque gerencia seu próprio trabalho, dias e horário.

e) Francisca **pertence a categoria dos trabalhadores liberais.**

28) (IPEFAE - Prefeitura de São João da Boa Vista - SP - Procurador - 2020) Sérgio, cadeirante, 25 anos, foi contratado como aprendiz na loja de peças automotivas Ferru Hugem Ltda. Após 3 anos de prestação de serviço, foi dispensado por justa causa por ato de improbidade, por haver furtado R$ 1.500,00 do caixa da empresa. Antes desse incidente, Sérgio nunca teve uma advertência sequer em seu histórico.

Com base no relato acima, responda corretamente.

a) o contrato de aprendizagem é nulo por dois motivos: a um, porque a idade máxima para se contratar um aprendiz é até 24 anos; a dois, porque o prazo máximo do contrato é de dois anos. Desta feita, sendo nulo o contrato de aprendizagem, deverá ser reconhecido o vínculo de emprego como empregado urbano normal.

b) o contrato de aprendizagem é válido, mas a justa causa aplicada deverá ser anulada, haja vista a ofensa ao princípio da proporcionalidade e razoabilidade, já que o empregado não praticou ato faltoso de tamanha gravidade a ponto de justificar a aplicação de penalidade tão severa. Deve-se considerar, ainda, a não existência de advertências prévias e gradativas.

c) o contrato de aprendizagem é válido e a dispensa por justa causa também.

d) o contrato de aprendizagem é válido, mas a dispensa por justa causa não pois, por ser o empregado um portador de necessidade especial, a dispensa deverá ocorrer judicialmente através de decisão proferida em inquérito para apuração de falta grave.

29) (IBADE - Câmara de São Felipe D'Oeste - RO - Advogado - 2020) Mévio foi contratado, em 12/03/2018, em uma empresa responsável por aluguel de barcos, sendo funcionário responsável pela elaboração dos contratos e, por esse motivo, não necessitava comparecer diariamente à empresa. Mesmo assim, comparecia à empresa toda quinta feira para verificar se havia alguma documentação pendente de alguma locação, além de observar a existência de reclamação de algum cliente, com uma possível insatisfação do produto. Dessa forma, seu trabalho era efetuado na sua residência com todo seu equipamento de trabalho fornecido pelo empregador, que sempre se atentava em verificar a necessidade de manutenção e, caso necessário, troca de equipamento, a fim de Mévio poder cumprir seu trabalho da melhor forma possível. No seu contrato de trabalho é possível observar expressamente o tipo de trabalho remoto à distância e as atividades desempenhadas. Se passando um ano trabalhando desse modo, o empregador entendeu que Mévio seria mais útil trabalhando nas dependências da empresa. Essa decisão foi previamente comunicada a

Mévio, por meio de termo aditivo ao contrato de trabalho assinado por ele, com 45 dias de antecedência. Em momento posterior, ao ser dispensado, Mévio procurou você como advogado(a), questionando a possibilidade de possível ação trabalhista mediante toda essa situação. Sobre a hipótese de ajuizamento, ou não, da referida ação, a alternativa correta é:

a) tratando-se de teletrabalho, o comparecimento na empresa deverá ser pago como hora extraordinária ao funcionário.
b) não se tratando da modalidade de teletrabalho, deverá ser requerida a desconsideração do trabalho em domicílio, já que havia comparecimento semanal nas dependências do empregador.
c) deverá ser requerido que os valores correspondentes aos equipamentos usados para o trabalho em domicílio sejam considerados salário-utilidade.
d) em vista da modalidade de teletrabalho, a narrativa não demonstra qualquer irregularidade a ser requerida em eventual demanda trabalhista.
e) o teletrabalho não tem amparo em nosso ordenamento jurídico.

GABARITO

GAB		no Direito	no Livro	Observação
1	A	a) CF/88. Art. 7º, inciso XIII; Lei nº 5.889/73. Art. 7º, caput; e ausente previsão legal	a) Subtema 18.1.13 e Subtema 1.3, alínea "H.4"	Atividade exercida ligada a pecuária – noturno: das 20h às 4h. O rurícola não goza da denominada hora ficta noturna de 52min30s.
		b) CF/88. Art. 7º, inciso XIII e Lei nº 5.889/73. Art. 7º, caput	b) Subtema 18.1.13 e subtema 1.3, alínea "H.4"	
		c) Lei nº 5.889/73. Art. 3º	c) Subtema 1.3, alínea "H"	
		d) Ausente previsão legal	d) Subtema 1.3, alínea "H.4"	
2	D	CLT. Art. 3º, caput	Subtema 1.1	
3	D	a) Lei nº 5.889/73. Art. 9º, alínea "b"	a) Subtema 1.3, alínea "H.6"	
		b) Lei nº 5.889/73. Art. 9º, § 3º	b) Subtema 1.3, alínea "H.6"	
		c) Lei nº 5.889/73. Art. 3º	c) Subtema 1.3, alínea "H"	
		d) Lei nº 5.889/73. Art. 7º, caput	d) Subtema 1.3, alínea "H.4"	
		e) Lei nº 5.889/73. Art. 7º, parágrafo único	e) Subtema 1.3, alínea "H.4"	

GAB		no Direito	no Livro	Observação
4	D	a) Lei nº 5.889/73. Art. 7º, caput	a) Subtema 1.3, alínea "H.4"	
		b) Lei nº 5.889/73. Art. 2º	b) Subtema 1.3, alínea "H"	
		c) Lei nº 5.889/73. Art. 15	c) Subtema 1.3, alínea "H.5"	
		d) Lei nº 5.889/73. Art. 14-A, caput e § 1º	d) Subtema 1.3, alínea "H.8"	
		e) Lei nº 5.889/73. Art. 9º, alínea "a" e § 3º	e) Subtema 1.3, alínea "H.6"	
5	A	Doutrina	Subtema 1	
6	C	a) Lei nº 12.023/09. Art. 5º, inciso VI	a) Subtema 1.4, alínea "A.1"	Com relação a alternativa "a" o direito ao recebimento de horas extras é uma garantia constitucional prevista no art. 7º, inciso XVI, não necessitando, portanto, de regulamentação pela via de instrumentos coletivos de trabalho.
		b) Lei nº 12.023/09. Art. 6º, inciso I	b) Subtema 1.4, alínea "A.1"	
		c) Lei nº 12.023/09. Art. 5º, inciso III	c) Subtema 1.4, alínea "A.1"	
		d) Lei nº 12.023/09. Art. 5º, inciso I	d) Subtema 1.4, alínea "A.1"	
		e) Lei nº 12.023/09. Art. 6º, inciso II	e) Subtema 1.4, alínea "A.1"	
7	A	CLT. Art. 2º, § 1º, e art. 3º, caput	Subtemas 1 e Parte II, Subtema 3.1	O art. 2º, § 1º aduz que se equipara a condição de empregador as instituições sem fins lucrativos, dessa forma não haveria óbice ao reconhecimento da relação de emprego. Ademais estão presentes todos os requisitos de uma relação de emprego.
8	A	I – Certa. Lei nº 11.788/08. Art. 17, inciso II e §4º	I – Subtema 1.3., alínea "E"	
		II – Errada. Lei nº 11.788/08. Art. 17, §5º	II - Subtema 1.3., alínea "E"	
		III - Errada. Lei nº 11.788/08. Art. 10, caput e inciso II	III - Subtema 1.3., alínea "E"	
9	E	CLT. Art. 3º, caput	Subtema 1.1	
10	B	a) CLT. Art. 405, inciso I	a) Subtema 1.3, alínea "K"	Esta alternativa está incorreta pois trata de maneira genérica do empregado aprendiz, quando essa proibição somente seria para os menores de 18 anos.
		b) CLT. Art. 428, §3º	b) Subtema 1.3, alínea "D.3"	

GAB		no Direito	no Livro	Observação
10	B	c) CLT. Art. 428, §3º	c) Subtema 1.3, alínea "D.3"	
		d) CLT. Art. 432, caput	d) Subtema 1.3, alínea "D.3"	
		e) CLT. Arts. 424 ao 433	e) Subtema 1.3, alínea "D"	O empregado aprendiz possui particularidades e normas jurídicas próprias.
11	B	a) CLT. Art. 428, caput e §3º	a) Subtema 1.3, alínea "D.2 e D.3"	
		b) Doutrina	b) Subtema 1.3, alínea "D.2"	
		c) CLT. Art. 428, caput	c) Subtema 1.3, alínea "D.3"	
		d) CLT. Art. 429, caput	d) Subtema 1.3, alínea "D.2"	
		e) CLT. Art. 432, §1º	e) Subtema 1.3, alínea "D.3"	
12	B	a) CLT. Art. 392, §4º, inciso II	a) Subtema 1.3, alínea "J.1"	
		b) CF. ADCT. Art. 10, inciso II, alínea "b"	b) Subtema 1.3, alínea "J.1"	
		c) CLT. Art. 392, caput	c) Subtema 1.3, alínea "J.1"	
		d) CLT. Art. 392, §4º, inciso I	d) Subtema 1.3, alínea "J.1"	
13	A	CLT. Art. 3º, caput	Subtema 1.1	Requisitos estabelecidos nos artigos 2º e 3º da CLT, que são: pessoalidade, onerosidade, subordinação, não eventualidade e, para alguns doutrinadores, ainda existiria cumulativamente o requisito da alteridade.
14	A	TST. Súmula nº 386	Subtema 1.3, alínea "M"	
15	D	a) CLT. Art. 75-D, caput	a) Subtema 1.3, alínea "G.3"	O erro da alternativa "a" está em restringir o caso em que haverá necessidade de contrato escrito.
		b) CLT. Art. 75-B, caput	b) Subtema 1.3, alínea "G"	
		c) CLT. Art. 75-B, parágrafo único	c) Subtema 1.3, alínea "G"	
		d) CLT. Art. 75-C, caput	d) Subtema 1.3, alínea "G"	
		e) CLT. Art. 75-E, caput	e) Subtema 1.3, alínea "G"	
16	A	a) CLT. Art. 75-D, caput	a) Subtema 1.3, alínea "G.3"	
		b) CLT. Art. 75-B, parágrafo único	b) Subtema 1.3, alínea "G"	
		c) CLT. Art. 75-E, caput e parágrafo único	c) Subtema 1.3, alínea "G"	
		d) CLT. Art. 75-C, § 2º	d) Subtema 1.3, alínea "G.2"	
		e) CLT. Art. 75-B, caput e 75-D, caput	e) Subtema 1.3, alínea "G" e "G.3"	

GAB		no Direito	no Livro	Observação
17	**E**	CLT. Art. 507-A	Subtema 1.3., alínea "A.3"	
18	**C**	Decreto nº 3.048/99. Art. 9º, inciso VI, alínea "a"	Subtema 1.4, alínea "A"	
19	**E**	a) CLT. Art. 373-A, inciso IV	a) Subtema, 1.3, alínea "J.1"	
		b) CLT. Art. 373-A, inciso I	b) Subtema 1.3, alínea "J"	
		c) CLT. Art. 373-A, inciso II	c) Subtema 1.3, alínea "J"	
		d) CLT. Art. 373-A, inciso III	d) Subtema 1.3, alínea "J"	
		e) CLT. Art. 373-A, inciso V	e) Subtema 1.3, alínea "J"	
20	**D**	CLT. Art. 75-C, §§ 1º e 2º	Subtema 1.3, alínea "G.2"	Importante saber que a mudança do regime **presencial para teletrabalho** necessita tão somente de acordo mútuo e do registro aditivo ao contrato. Já a mudança do regime de **teletrabalho para o presencial** pode ser determinada pelo empregador (*jus variandi*), sem necessidade de acordo mútuo, com devido registro e necessidade de período para transição no mínimo de 15 dias
21	**A**	CLT. Art. 507-A	Subtema 1.3., alínea "A.3"	
22	**A**	a) OIT. Convenção nº 29, Art. 1 e art. 10	a) Subtema 1.6	O erro da alternativa "a" está no trecho "não o admitindo para nenhum fim ou sob nenhum pretexto", já que existem algumas exceções no artigo 10 da Convenção.
		b) Inquérito 3.412, STF	b) Subtema 1.6	
		c) Artigo científico	c) Subtema 1.6	
		d) Artigo científico	d) Subtema 1.6	
23	**D**	a) Recomendação 198 da OIT. Preâmbulo e art. 13	a) Subtema 1	
		b) Recomendação 198 da OIT. Artigo 9º	b) Subtema 1	
		c) Recomendação 198 da OIT. Artigo 13, alíneas "a" e "b"	c) Subtema 1	
		d) Recomendação 198 da OIT. Artigo 12	d) Subtema 1	

GAB		no Direito	no Livro	Observação
24	B	I - Aplicação do Direito do Trabalho no Tempo	I - Parte I. Subtema 5.1	
		II - TST. Súmula nº 277 - APLICAÇÃO SUSPENSA POR CAUTELAR NA ADPF Nº 323/ DF. "As cláusulas normativas dos acordos coletivos ou convenções coletivas integram os contratos individuais de trabalho e somente poderão ser modificadas ou suprimidas mediante negociação coletiva de trabalho."	II - Parte III. Subtema 4	o erro do item II é afirmar que o TST, na súmula 277, adere à teoria da aderência irrestrita, quando na verdade, acolhe a teoria da aderência limitada por revogação.
		III - Convenção 141 da OIT. Artigo 2º - 1.	III - Subtema 1.3, alínea "H.4"	
		IV - Convenção 141 da OIT. Artigo 3º	IV - Subtema 1.3, alínea "H.4"	
25	B	a) CLT. Art. 6º, parágrafo único	a) Subtema 1.3, alínea "G.1"	
		b) Doutrina	b) Subtema 1.3, alínea "A.2"	
		c) LC nº 150/2015. Artigo 11, §2º	c) Subtema 1.3, alínea "F.2"	
		d) CBO. 5198-05 - Profissional do sexo	d) A CBO é o documento que reconhece, nomeia e codifica os títulos e descreve as características das ocupações do mercado de trabalho brasileiro.	
26	C	a) Decreto 9.579/2018. Art. 66, caput	a) Subtema 1.3, alínea "D"	Os erros da alternativa "c" estão em "da Secretaria do Trabalho", quando de fato é "do Ministério do Trabalho", assim como no final da alternativa consta "desde que obedecida a cota racial" quando não há essa delimintação.
		b) Decreto 9.579/2018. Art. 66, §2º, incisos I a III	b) Subtema 1.3, alínea "D"	
		c) Decreto 9.579/2018. Art. 66, §5º, incisos I a VIII	c) Subtema 1.3, alínea "D"	
		d) Decreto 9.579/2018. Art. 56, I e II	d) Subtema 1.3, alínea "D.1"	
27	C	LC 150/2015. Art. 1º, caput	Subtema 1.3, alínea "F"	
28	C	a) CLT. Art. 428, §§3º e 5º	a) Subtema 1.3, alínea "D.3"	
		b) CLT. Art. 433, II	b) Subtema 1.3, alínea "D.4"	
		c) CLT. Art. 428, §§3º e 5º e Art. 433, II	c) Subtema 1.3, alínea "D.3" e "D.4"	
		d) CLT. Art. 433, II	d) Subtema 1.3, alínea "D.4"	

GAB		no Direito	no Livro	Observação
29	D	a) CLT. Art. 62, III c/c Art. 75-B, parágrafo único	a) Subtema 1.3, alínea "G"	
		b) CLT. Art. 75-B, parágrafo único	b) Subtema 1.3, alínea "G"	
		c) CLT. Art. 75-D, caput e parágrafo único	c) Subtema 1.3, alínea "G.3"	
		d) CLT. Arts. 75-A a 75-E	d) Subtema 1.3, alínea "G"	
		e) CLT. CAPÍTULO II-A	e) Subtema 1.3, alínea "G"	

Subtema 2 – Formalização e Análise do Contrato de Emprego

01) (CESPE - OAB - 2009) Assinale a opção correta de acordo com o contrato individual de trabalho regido pela CLT.

a) O referido contrato somente poderá ser acordado de forma expressa.

b) É exigida forma especial para a validade e eficácia do contrato em apreço, motivo pelo qual não é permitida a forma verbal.

c) Um contrato de trabalho por prazo determinado de dois anos poderá ser prorrogado uma única vez, por igual período.

d) No contrato mencionado, o contrato de experiência poderá ser prorrogado uma única vez, porém não poderá exceder o prazo de noventa dias.

02) (CESPE – OAB - 2009) A respeito de contrato de trabalho, assinale a opção correta.

a) O contrato de experiência não poderá exceder o prazo de 90 dias.

b) O contrato de trabalho por prazo determinado poderá ser estipulado por prazo superior a 2 anos, desde que exista interesse das partes.

c) A mudança na propriedade ou na estrutura jurídica da empresa deverá, necessariamente, alterar os contratos de trabalho de seus empregados.

d) A justiça do trabalho não reconhece, em nenhuma hipótese, o contrato de trabalho verbal.

03) (FCC – TRT 18° Região – Juiz Substituto – 2014) Entre os diversos efeitos conexos que o contrato de trabalho pode ter estão os direitos intelectuais devidos ao empregado em razão de invenção ou da execução de obra intelectual. Nesse contexto, e nos termos da legislação aplicável,

a) o empregador, titular da patente, poderá conceder ao empregado, autor de invento, participação nos ganhos econômicos resultantes da exploração da patente, limitada a 10% do referido valor

b) a invenção decorrente do contrato de trabalho pertence exclusivamente ao empregador, tendo o empregado direito ao recebimento de parcela salarial denominada "propriedade intelectual", sobre a qual incidem todos os direitos trabalhistas.

c) a propriedade da invenção desenvolvida será comum, em partes iguais, quando resultar da contribuição pessoal do empregado e de recursos, meios, dados, materiais, instalações ou equipamentos do empregador, ressalvada expressa disposição contratual em contrário.

d) considera-se invenção desenvolvida na vigência do contrato de trabalho aquela cuja patente seja requerida pelo empregado até dois anos após a extinção do vínculo empregatício.

04) (ESAF – Analista Técnico – 2016) Sobre o contrato individual de trabalho previsto na Consolidação das Leis do Trabalho (CLT), é correto afirmar:

a) o contrato de trabalho por prazo determinado não poderá ser estipulado por mais de 4 (quatro) anos.

b) o contrato de trabalho por prazo determinado que, tácita ou expressamente, for prorrogado mais de duas vezes passará a vigorar sem determinação de prazo.

c) considera-se por prazo indeterminado todo contrato que suceder, dentro de 6 (seis) meses, outro contrato por prazo determinado, salvo se a expiração deste dependeu da execução de serviços especializados ou da realização de certos acontecimentos.

d) a mudança na propriedade ou na estrutura jurídica da empresa afetará os contratos de trabalho dos respectivos empregados.

e) o contrato individual de trabalho deverá ser acordado expressamente, por escrito e por prazo determinado ou indeterminado.

05) (FCC - TRT - 6ª Região (PE) - Analista Judiciário - Área Judiciária – 2018) Visando apurar desvios que estão ocorrendo no setor de compras da empresa, o Gerente responsável contrata empresa de auditoria e a autoriza a utilizar um polígrafo (detector de mentiras) para apurar quais empregados estavam prestando informações erradas à investigação. A situação concreta apontada

a) inclui-se no poder de direção do empregador, mais especificamente no poder de controle, sendo autorizada pelo ordenamento jurídico, desde que não exponha os empregados a situação vexatória.

b) inclui-se no poder de direção do empregador, mais especificamente no poder disciplinar, sendo autorizada pelo ordenamento jurídico de forma ampla.

c) inclui-se no poder de direção do empregador, mais especificamente no poder de organização, mas somente terá validade se os questionamentos realizados por meio do polígrafo restringirem-se a questões de trabalho, não abrangendo questionamentos sobre a vida privada dos empregados.

d) viola a intimidade e a vida privada dos empregados, tendo em vista que a utilização do polígrafo está sendo feita por terceiro, alheio à relação de emprego, a quem não é atribuído o poder de direção, que é inerente à figura do empregador.

e) viola a intimidade e a vida privada dos empregados, causando danos à sua honra e à sua imagem, uma vez que a utilização do polígrafo extrapola o exercício do poder diretivo do empregador, por não ser reconhecido pelo ordenamento jurídico brasileiro como forma de controle de empregados.

06) (COSEAC - Prefeitura de Maricá - RJ - Procurador do Município – 2018)
A Lei no 13.467, de 2017, estabeleceu parâmetros para as indenizações por dano extrapatrimonial decorrentes de atividade de trabalho. No caso de ofensa grave, o juiz fixará indenização até o limite de:

a) vinte vezes o valor do último salário contratual do ofendido.
b) dez vezes o valor do salário mínimo à época da sentença.
c) cinco vezes o valor do último salário contratual do ofendido.
d) cinco vezes o valor do salário mínimo à época da sentença
e) vinte vezes o valor do salário mínimo à época da sentença

07) (VUNESP - Prefeitura de São Bernardo do Campo - SP – Procurador – 2018)
Sobre a reparação de danos decorrentes da relação de trabalho prevista no texto da CLT, é certo afirmar:

a) dano de natureza extrapatrimonial é aquele causado por ação ou omissão que ofenda exclusivamente a esfera moral do empregado ou do empregador.
b) a etnia, a idade, a nacionalidade, a honra, a imagem, a intimidade, a liberdade de ação, a autoestima, o gênero, a orientação sexual, a saúde, o lazer e a integridade física são os bens juridicamente tutelados inerentes à pessoa natural.
c) a indenização por danos materiais poderá ser pedida cumulativamente com reparação por danos extrapatrimoniais, salvo se decorrentes do mesmo ato lesivo.
d) se julgado procedente o pedido de reparação de danos extrapatrimoniais, o juízo fixará a indenização baseando-se no valor do limite máximo dos benefícios do Regime Geral de Previdência Social.
e) os danos emergentes não interferem na avaliação dos danos extrapatrimoniais.

08) (FCC - TRT - 2ª REGIÃO (SP) - Analista Judiciário - Área Judiciária – 2018)
Márcia ingressou com reclamação trabalhista contra sua ex-empregadora, pessoa jurídica Luz Nova Ltda., com pedido de indenização por danos morais, ao argumento de que restou prejudicado o seu direito ao lazer, pois era obrigada a trabalhar em períodos extensos, fazendo horas extras diariamente, o que

lhe impossibilitava o convívio social e familiar. Luz Nova Ltda. contestou a ação e apresentou reconvenção, com pedido de indenização por danos morais, argumentando que Márcia havia violado a imagem da empresa, ao publicar ofensas contra ela nas redes sociais. Neste caso, nos termos da lei trabalhista vigente que regula o dano extrapatrimonial,

a) o lazer não é bem juridicamente tutelado inerente ao empregado, pois se trata de direito fundamental oponível apenas contra o Estado e não contra o empregador.

b) a pessoa jurídica não é titular do direito à reparação, pois a sua esfera moral não é tutelável.

c) a imagem, a marca, o nome, o segredo empresarial e o sigilo da correspondência são bens juridicamente tutelados inerentes à pessoa jurídica.

d) a Consolidação das Leis do Trabalho não prevê a reparação de danos de natureza extrapatrimonial decorrentes da relação de trabalho, sendo utilizada a lei civil, subsidiariamente sempre.

e) ao apreciar o pedido de reparação por danos extrapatrimoniais, o juízo não considerará os reflexos sociais da ação ou omissão e a situação social das partes envolvidas, mas, apenas, os reflexos pessoais da ação ou omissão e a situação econômica das partes.

09) (INAZ do Pará - FunGota de Araraquara - SP – Advogado – 2018) Em hipótese de um empregado desenvolver inventos, no seu exercício profissional, e a empresa começar a comercializar tais inovações e auferir lucro com isso, deve o empregado receber ....

Assinale a alternativa que completa o enunciado corretamente.

a) participação nos lucros da venda da inovação, pois só foi possível graças ao seu invento.

b) apenas o seu salário, caso seu contrato de trabalho não preveja participação nos lucros.

c) 50% dos lucros, pois o invento deve ser patenteado conjuntamente por ele e pela empresa.

d) além de seu salário, acréscimo de horas extras como forma de compensação.

10) (CESGRANRIO - Petrobras - Advogado Júnior – 2018) No exame de acordo coletivo de trabalho, a Justiça do Trabalho balizará sua atuação pelo princípio da intervenção na autonomia da vontade coletiva

a) efetiva
b) positiva
c) contributiva
d) mínima
e) Protetiva

11) **(UPENET/IAUPE - UPE – Advogado - 2019)** Nos casos de danos extrapatrimoniais trabalhistas recentemente positivados pela reforma, se julgar procedente o pedido, o juízo fixará a indenização a ser paga a cada um dos ofendidos, em um dos seguintes parâmetros, vedada a acumulação:

a) ofensa de natureza leve, até seis vezes o último salário contratual do ofendido.
b) ofensa de natureza média, até sete vezes o último salário contratual do ofendido.
c) ofensa de natureza grave, até vinte vezes o último salário contratual do ofendido.
d) ofensa de natureza grave, até quinze vezes o último salário contratual do ofendido.
e) ofensa de natureza gravíssima, até trinta vezes o último salário contratual do ofendido.

12) **(EXATUS - Câmara de Candói - PR - Advogado - 2019)** Nos termos da Consolidação das Leis do Trabalho, com a redação dada pela Lei nº 13.874/2019, acerca da Carteira de Trabalho e Previdência Social – CTPS, é correto afirmar que:

a) A CTPS será emitida pelo Ministério do Trabalho preferencialmente em meio eletrônico.
b) A Carteira de Trabalho e Previdência Social será emitida pelas Delegacias Regionais do Trabalho ou, mediante convênio, pelos órgãos federais, estaduais e municipais da administração direta ou indireta.
c) Para obtenção da Carteira de Trabalho e Previdência Social o interessado comparecerá pessoalmente ao órgão emitente, onde será identificado e prestará as declarações necessárias.
d) A CTPS terá como identificação única do empregado o número de inscrição no Cadastro de Pessoas Físicas (CPF).
e) O empregador terá o prazo de cinco dias para anotar na CTPS, em relação aos trabalhadores que admitir, a data de admissão, a remuneração e as

condições especiais, se houver, facultada a adoção de sistema manual, mecânico ou eletrônico, conforme instruções a serem expedidas pelo Ministério do Trabalho.

GABARITO

GAB		no Direito	no Livro	Observação
1	D	a) CLT. Art. 442, caput	a) Subtema 2	
		b) CLT. Art. 443, caput	b) Subtema 2	
		c) CLT. Arts. 445, caput e 451	c) Subtema 2.4, alínea "C.1.1"	
		d) CLT. Art. 445, parágrafo único	d) Subtema 2.4, alínea "C.1.1"	
2	A	a) CLT. Art. 445, parágrafo único	a) Subtema 2.4, alínea "C.1.1"	
		b) CLT. Arts. 445, caput e 451	b) Subtema 2.4, alínea "C.1.1"	
		c) CLT. Arts. 10 e 448	c) Subtema 3, alínea "A"	
		d) CLT. Art. 443, caput	d) Subtema 2	
3	C	a) Lei nº 9.279/96. Art. 89, caput	a) Subtema 2.5, alínea "B.1.1"	
		b) Lei nº 9.279/96. Art. 90	b) Subtema 2.5, alínea "B.1.2"	
		c) Lei nº 9.279/96. Art. 91	c) Subtema 2.5, alínea "B.1.3"	
		d) Lei nº 9.279/96. Art. 88, § 2º	d) Subtema 2.5, alínea "B.1.1"	
4	C	a) CLT. Arts. 445, caput e 451	a) Subtema 2.4, alínea "C.1.1"	
		b) CLT. Art. 451	b) Subtema 2.4, alínea "C.1.1"	
		c) CLT. Art. 452	c) Subtema 2.4, alínea "C.1.1"	
		d) CLT. Arts. 10 e 448	d) Subtema 3, alínea "A"	
		e) CLT. Art. 443, caput	e) Subtema 2	
5	E	Informativo nº 170 do TST	Subtema 2.5, alínea "A.1.1"	
6	A	CLT. Art. 223-G, § 1º, inciso III	Subtema 2.5, alínea "B.2"	

GAB		no Direito	no Livro	Observação
7	E	a) CLT. Art. 223-B, caput	a) Subtema 2.5, alínea "B.2"	
		b) CLT. Art. 223-C	b) Subtema 2.5, alínea "B.2"	
		c) CLT. Art. 223-F	c) Subtema 2.5, alínea "B.2"	
		d) CLT. Art. 223-G, § 1º	d) Subtema 2.5, alínea "B.2"	
		e) CLT. Art. 223-F, § 2º	e) Subtema 2.5, alínea "B.2"	
8	C	a) CLT. Art. 223-C	a) Subtema 2.5, alínea "B.2"	
		b) CLT. Art. 223-D	b) Subtema 2.5, alínea "B.2"	
		c) CLT. Art. 223-D	c) Subtema 2.5, alínea "B.2"	
		d) CLT. Art. 223-A	d) Subtema 2.5, alínea "B.2.1"	
		e) CLT. Art. 223-G, inciso IV	e) Subtema 2.5, alínea "B.2"	
09	B	Lei nº 9.279/1996. Art. 88, caput e § 1º	Subtema 2.5, alínea "B.1.1"	
10	D	CLT. Art. 8º, § 3º	Subtema 2.2.2, alínea "A.1"	
11	C	a) CLT. Art. 223-G, § 1º, inciso I	a) Subtema 2.5, alínea "B.2"	
		b) CLT. Art. 223-G, § 1º, inciso II	b) Subtema 2.5, alínea "B.2"	
		c) CLT. Art. 223-G, § 1º, inciso III	c) Subtema 2.5, alínea "B.2"	
		d) CLT. Art. 223-G, § 1º, inciso III	d) Subtema 2.5, alínea "B.2"	
		e) CLT. Art. 223-G, § 1º, inciso IV	e) Subtema 2.5, alínea "B.2"	
12	D	a) CLT. Art. 14, caput	a) Subtema 2	Atenção a troca de Ministério da Economia, como dispõe a norma celetista, por Ministério do Trabalho
		b) CLT. Art. 14, parágrafo único, I e II	b) Subtema 2	
		c) CLT. Art. 15	c) Subtema 2.1	
		d) CLT. Art. 16	d) Subtema 2.1	
		e) CLT. Art. 29	e) Subtema 2.1	

Subtema 3 – Empregador

01) (TRT 24ª Região – FCC – Analista Judiciário – 2017 – adaptada) Atenas foi empregada da empresa Delta Operadora Cambial que é dirigida, administrada e controlada pela empresa Delta Empreendimentos S/A, situação esta que também caracteriza a existência de grupo econômico para fins trabalhistas. Após dois anos de contrato de trabalho Atenas foi dispensada sem justa causa, mas não recebeu as verbas rescisórias devidas. Nessa situação, conforme previsão contida na Consolidação das Leis do Trabalho, a responsabilidade pelo pagamento será:

a) das empresas Delta Operadora Cambial e Delta Empreendimentos S/A de forma solidária.

b) da empresa empregadora Delta Operadora Cambial e subsidiariamente da empresa controladora Delta Empreendimentos S/A.

c) da empresa controladora Delta Empreendimentos S/A e subsidiariamente da empresa empregadora Delta Operadora Cambial.

d) apenas da empresa Delta Operadora Cambial porque era a efetiva empregadora.

e) apenas a empresa Delta Empreendimentos S/A porque é a principal, que dirige, administra e controla.

02) (TRT 20ª Região – FCC – Analista Judiciário – 2016) A Rede de Drogarias Ômega sucedeu a Farmácia Delta por incorporação, ocupando o mesmo local, as mesmas instalações e o fundo de comércio, mantendo ainda as mesmas atividades e empregados. Nessa situação, os contratos de trabalho dos empregados da empresa sucedida

a) permanecerão inalterados e seguirão seu curso normal, visto que as alterações na propriedade da empresa não afetam os contratos de trabalho dos empregados nem os direitos adquiridos por eles.

b) continuarão vigentes desde que as obrigações trabalhistas anteriores recaiam sobre a empresa sucedida, e as posteriores sobre a sucessora.

c) passarão por obrigatória repactuação com o novo empregador quanto às cláusulas e condições estabelecidas originalmente.

d) serão automaticamente extintos, fazendo surgir novas relações contratuais com a empresa sucessora.

e) permanecem vigentes e inalterados pelo prazo de um ano, mas a transferência de obrigações trabalhistas dependerá das condições em que a sucessão foi pactuada.

03) (Procurador Jurídico – VUNESP – Prefeitura de Alumínio – 2016) Para os efeitos exclusivos da relação de emprego, nos moldes expressos na Consolidação das Leis do Trabalho (CLT), equiparam-se ao empregador:

a) a empresa, individual ou coletiva, que, assumindo os riscos da atividade econômica, admite, assalaria e dirige a prestação pessoal de serviços.

b) as associações recreativas e as empresas coletivas que admitirem trabalhadores como empregados.

c) as instituições de beneficência, os profissionais liberais e as associações recreativas que admitirem trabalhadores como empregados.

d) a instituição sem fins lucrativos e a empresa individual, que, assumindo os riscos da atividade econômica, admite, assalaria e dirige a prestação pessoal de serviços.

e) a empresa, individual ou coletiva, e as associações recreativas que admitirem trabalhadores como empregados.

04) (Advogado – FAUEL – CISMEPAR – 2016) Em janeiro de 2015, a empresa "X" adquiriu o fundo de comércio e os maquinários da empresa "Y", que encerrou suas atividades devido a dificuldades financeiras. A empresa "X" continuou a exercer a mesma atividade da empresa "Y, no mesmo endereço e utilizando-se dos mesmos empregados. Luís, que trabalhou durante 12 anos no local, foi demitido sem justa causa em março de 2015, sendo que, no seu entender, não foram pagas diversas verbas trabalhistas devidas. Diante dessa situação, é correto afirmar que:

a) Caso Luís pretenda discutir fatos e pleitear direitos oriundos de situações ocorridas antes de janeiro de 2014, deverá demandar somente contra a empresa "Y".

b) Luís poderá demandar contra a empresa "X" e pleitear somente os direitos devidos e não pagos relativos ao período posterior a janeiro de 2015.

c) Luís poderá demandar contra a empresa "X", já que no caso houve evidente sucessão de empregadores, sendo a empresa sucessora responsável pelas verbas passadas, presentes e futuras.

d) Luis deverá demandar contra a empresa "Y" cobrando débitos oriundos de fatos anteriores a janeiro de 2015 e contra a empresa "X" relativa ao período posterior, uma vez que a mudança na propriedade ou na estrutura jurídica da empresa afeta os contratos de trabalho dos respectivos empregados.

05) (FCC – TRT 19ª Região – Analista Judiciário – Área Administrativa – 2014) As empresas integrantes de grupo econômico são, para os efeitos da relação de emprego, responsáveis pelos direitos trabalhistas dos empregados. Essa responsabilidade é de natureza

a) subsidiária.

b) unitária.

c) concorrente.

d) solidária.

e) exclusiva.

06) (FCC – TRT 15ª Região – Analista Judiciário – Oficial de Justiça Avaliador – 2014) Regis é empregado da empresa "FGF Ltda.". Regis presta serviços, durante a mesma jornada de trabalho, para a empresa empregadora e para a empresa "FTT Ltda.", empresa esta pertencente ao mesmo grupo econômico da empresa "FGF Ltda.". De acordo com entendimento sumulado do Tribunal Superior do Trabalho, em regra, a prestação de serviços de Regis para a empresa "FGF Ltda." e para a empresa "FTT Ltda.", durante a mesma jornada de trabalho,

a) só configura a coexistência de dois contratos de trabalho, se Regis trabalhar mais de vinte e cinco horas semanais para a empresa "FTT Ltda", havendo controle de horário.

b) caracteriza a coexistência de dois contratos de trabalho em razão da simultaneidade na prestação de serviços.

c) só caracteriza a coexistência de dois contratos de trabalho, se Regis trabalhar mais de vinte horas semanais para a empresa "FTT Ltda", havendo controle de horário.

d) não configura a coexistência de dois contratos de trabalho.

e) só configura a coexistência de dois contratos de trabalho, se Regis receber ordens direta de superior hierárquico contratado pela empresa "FTT Ltda", bem como houver controle de horário.

07) (FCC – TRT 5ª Região – Analista Judiciário – Área Judiciária – 2013) Os sócios proprietários da panificadora Sonhos do Olimpo transferiram a totalidade de suas cotas sociais para terceiros. Após a mudança de propriedade, os contratos de trabalhos dos empregados da empresa

a) se encerram automaticamente, cabendo aos antigos proprietários o pagamento das verbas rescisórias.

b) se encerram automaticamente, cabendo aos novos proprietários o pagamento das verbas rescisórias.

c) não se alteram, visto que a mudança na propriedade ou na estrutura jurídica da empresa não afetará os contratos de trabalho dos respectivos empregados.

d) se mantém apenas pelo prazo de dois anos, período em que os antigos proprietários respondem pelos contratos dos empregados de sua época.

e) se encerram após dois anos, cabendo solidariamente aos antigos e aos novos proprietários o pagamento das verbas rescisórias.

08) (FCC – TRT 5ª Região – Analista Judiciário – Oficial de Justiça Avaliador – 2013) O empregador é um dos sujeitos da relação de emprego, com definição legal contida na Consolidação das Leis do Trabalho. Sobre tal figura do contrato de trabalho é correto afirmar que

a) havendo formação de grupo econômico, a responsabilidade da empresa controladora do grupo em relação aos direitos trabalhistas de empregados das empresas subordinadas é subsidiária.

b) em caso de sucessão de empregadores, os contratos de trabalho são interrompidos, iniciando-se novo vínculo de emprego com os sucessores.

c) o empregador deverá assumir, exclusivamente, todos os riscos da atividade econômica, não podendo transferi-los aos empregados.

d) tanto no caso de grupo econômico como em situação de sucessão de empregadores não incidirá responsabilidade solidária ou subsidiária por débitos trabalhistas.

e) as instituições de beneficência sem fins lucrativos, em nenhuma situação se equiparam ao empregador para efeitos da relação de emprego.

09) (UPENET/IAUPE - UPE – Advogado – 2019) De acordo com as novas conformações da Consolidação das Leis do Trabalho, sobre o que é necessário à configuração do grupo econômico, assinale a alternativa CORRETA.

a) A demonstração do interesse integrado, a efetiva comunhão de interesses e a atuação conjunta das empresas dele integrantes.

b) As empresas não podem guardar autonomia entre si.

c) A mera identidade de sócios.

d) É indispensável que as empresas estejam sob direção, controle ou administração de outra, considerada empresa-mãe.

e) Nas empresas organizadas em grupo econômico, a responsabilidade pelas obrigações decorrentes das relações de emprego será subsidiária.

10) (VUNESP - Prefeitura de São Bernardo do Campo - SP – Procurador – 2018) Conforme a Consolidação das Leis do Trabalho, a respeito da figura do Empregador, é corretor afirmar:

a) não caracteriza grupo econômico a mera identidade de sócios, sendo desnecessária, para a configuração do grupo, a atuação conjunta das empresas dele integrantes.

b) sempre que uma ou mais empresas, tendo, embora, cada uma delas, personalidade jurídica própria, estiverem sob a direção, controle ou administração de outra, ou ainda quando, mesmo guardando cada uma sua autonomia, integrem grupo econômico, serão responsáveis solidariamente pelas obrigações decorrentes da relação de emprego.

c) considera-se empregador a empresa, individual ou coletiva, que, assumindo os riscos da atividade econômica, admite, assalaria e dirige a prestação exclusiva de serviço.

d) equiparam-se ao empregador, para os efeitos exclusivos da relação de emprego, os profissionais liberais, as instituições de beneficência, as associações recreativas ou outras instituições com fins lucrativos, que admitirem trabalhadores como empregados e prestadores de serviços.

e) caracterizada a sucessão empresarial ou de empregadores, as obrigações trabalhistas, inclusive as contraídas à época em que os empregados trabalhavam para a empresa sucedida, serão de responsabilidade do sucedido.

11) (TRT 24ª Região – FCC – Analista Judiciário – 2017) Em razão de problemas de saúde os sócios proprietários da empresa Celestial Peças e Componentes Eletrônicos transferiram todas as suas cotas sociais para seus sobrinhos. Houve alteração da razão social da empresa, mas permaneceram explorando o mesmo ramo de atividades, sem alteração de endereço e com a utilização dos mesmos maquinários e empregados. A situação caracterizou a sucessão de empregadores. Nesse sentido, em relação aos contratos de trabalho dos empregados da empresa sucedida,

a) as obrigações anteriores à alteração recairão sobre a empresa sucedida, e as posteriores sobre a sucessora.

b) as cláusulas e condições estabelecidas no contrato de trabalho deverão ser repactuadas entre os empregados e o novo empregador, com participação do ente sindical.

c) a mudança na propriedade da empresa não afetará os contratos de trabalho dos respectivos empregados.

d) a transferência de obrigações dependerá das condições em que a sucessão foi pactuada entre as partes.

e) os contratos de trabalho serão extintos, devendo haver novos registros em carteira profissional em razão das novas relações contratuais.

12) (FCC - TRT - 15ª Região (SP) - Analista Judiciário - Área Judiciária - Oficial de Justiça Avaliador Federal – 2018) A empresa Marco Inicial Engenharia Ltda. foi vendida em agosto de 2017. Por ocasião da venda, a empresa estava em situação financeira difícil e, há mais de um ano, não recolhia o FGTS dos empregados, estando também atrasado o pagamento do 13o salário de 2016. Havia, ainda, muitas horas extras sem pagamento e sem a devida compensação. Os novos proprietários que assumiram a direção da empresa não quitaram os direitos anteriores dos trabalhadores e, pior, passaram a atrasar o pagamento dos salários, sendo que desde janeiro de 2018 deixaram de quitar os salários. Alguns trabalhadores resolveram ingressar em juízo pleiteando a rescisão indireta dos contratos de trabalho, cobrando os direitos não quitados e, buscando informações sobre os novos proprietários e sobre a venda da empresa, verificaram que estes não têm qualquer patrimônio pessoal, o que os levou a suspeitar de fraude na transferência da empresa. A responsabilidade pelos direitos trabalhistas, nesse caso, é dos

a) antigos proprietários, que, na condição de empregadores originais, poderão cobrar dos novos proprietários as obrigações contraídas após a sucessão da empresa.

b) novos proprietários, mas de forma parcial, pois, na condição de sucessores, respondem pelas obrigações trabalhistas contraídas após a aquisição da empresa, sendo que os direitos anteriores à venda são de responsabilidade dos sucedidos.

c) antigos proprietários, pois, havendo fraude na transferência da empresa, não há que se falar em sucessão.

d) novos proprietários, na condição de sucessores, sendo que os antigos proprietários, sucedidos, têm responsabilidade solidária com os sucessores se ficar comprovada fraude na transferência.

e) novos proprietários, na condição de sucessores, sendo que os antigos proprietários, sucedidos, têm responsabilidade subsidiária com os sucessores se ficar comprovada fraude na transferência.

13) (FCC - TRT - 15ª Região (SP) - Analista Judiciário - Área Administrativa – 2018) Sobre grupo econômico e implicações no contrato de trabalho, considere:

I. As empresas que integram um grupo econômico respondem solidariamente pelas obrigações decorrentes da relação de emprego, quando, mesmo guardando cada uma delas personalidade jurídica própria, estiverem sob a direção, controle ou administração de outra, exceto se possuírem cada uma sua autonomia.

II. Para a configuração do grupo econômico, é necessário que haja identidade de sócios, independentemente da demonstração de interesse integrado, comunhão de interesses e a atuação conjunta das empresas dele integrantes.

III. O sócio retirante responde subsidiariamente pelas obrigações trabalhistas da sociedade relativas ao período em que figurou como sócio, somente em ações ajuizadas até dois anos depois de averbada a modificação do contrato, observada a ordem de preferência.

IV. O sócio retirante responderá subsidiariamente com os demais quando ficar comprovada fraude na alteração societária decorrente da modificação do contrato.

Está correto o que consta de

a) II, apenas.
b) I e III, apenas.
c) I e IV, apenas.
d) III, apenas.
e) I, II, III e IV.

14) (FCC - TRT - 2ª REGIÃO (SP) - Analista Judiciário - Oficial de Justiça Avaliador Federal – 2018) Luiz, empregado da empresa Alfa, ingressou com reclamação trabalhista contra a mesma e também contra as empresas Beta e Gama, que não estão sob a direção, controle ou administração de outra, ao argumento de que integram grupo econômico, pois possuem identidade de sócios. Na mesma reclamação trabalhista, Luiz pede o reconhecimento de sucessão por parte da empresa Delta. Neste caso, nos termos da lei vigente,

a) caracterizada a sucessão empresarial ou de empregadores, as obrigações trabalhistas, salvo as contraídas à época em que os empregados trabalhavam para a empresa sucedida, são de responsabilidade do sucessor. A empresa sucedida responderá solidariamente com a sucessora quando ficar comprovada fraude na transferência.
b) a mera identidade de sócios, por si só, caracteriza grupo econômico, independentemente da demonstração do interesse integrado, efetiva comunhão de interesses e atuação conjunta das empresas dele integrantes.

c) não é possível o reconhecimento de existência de grupo econômico se as empresas não estiverem sob a direção, controle ou administração de outra.

d) as empresas integrantes do mesmo grupo econômico sempre serão responsáveis subsidiariamente pelas obrigações decorrentes da relação de emprego.

e) sempre que uma ou mais empresas, tendo, embora, cada uma delas, personalidade jurídica própria, estiverem sob a direção, controle ou administração de outra, ou ainda quando, mesmo guardando cada uma sua autonomia, integrem grupo econômico, serão responsáveis solidariamente pelas obrigações decorrentes da relação de emprego.

15) **(INSTITUTO AOCP - TRT - 1ª REGIÃO (RJ) - Analista Judiciário - Área Administrativa - 2018)** Antônio foi admitido, com registro em CTPS, na função de entregador, na empresa Roupa Bonita Confecções Ltda. em 1 de dez. de 2017 e foi demitido, sem justa causa, em 30 de mar. de 2018. Cumpria horário das 8h às 18h. Não recebeu as verbas rescisórias e outros direitos trabalhistas. Os sócios da empregadora são Paulo e Pedro, os quais também são sócios da empresa Roupa Bonita Tecelagem Ltda. A qual fabrica e fornece os tecidos para a Roupa Bonita Confecções. Paulo e Pedro são sócios, também, da Livraria Boa Leitura Ltda. e Delícia Bolos e da Doces Finos Ltda. Dessa última empresa, fazem parte do quadro social, também, José e João. Ocorre que Antônio prestava serviços com registro em CTPS para a empresa Roupa Bonita Confecções Ltda., mas, diariamente, desde o início do pacto laboral, auxiliava o entregador da Roupa Bonita Tecelagem Ltda. das 18h15 às 20h15. Diante do exposto, assinale a alternativa que apresenta quais empresas são legítimas para integrar o polo passivo da reclamatória trabalhista ajuizada pelo ex-empregado, bem como com qual ou quais empresas este poderá ver declarado o vínculo empregatício.

a) As empresas Roupa Bonita Confecções e Roupa Bonita Tecelagem serão responsáveis solidárias pelo crédito perseguido na reclamatória trabalhista. Nesse caso, Antônio terá direito à declaração de vínculo empregatício também em face da Roupa Bonita Tecelagem, pois o fato de que este, habitualmente, prestou serviços a essa empresa gerou a existência de um segundo contrato de trabalho, coexistente com o primeiro.

b) As quatro empresas listadas no enunciado, tendo em vista que Pedro e Paulo integram o quadro social de todas, serão responsáveis solidárias pelo crédito perseguido na reclamatória trabalhista. Nesse caso, Antônio não terá direito à declaração de vínculo empregatício em face da Roupa Bonita Tecelagem.

c) As empresas Roupa Bonita Confecções e Roupa Bonita Tecelagem serão responsáveis solidárias pelo crédito perseguido na reclamatória trabalhista. Todavia, Antônio não terá direito à declaração de vínculo empregatício em face da empresa Roupa Bonita Tecelagem, pois a prestação de serviços a mais de uma empresa do mesmo grupo econômico não caracteriza a coexistência de mais de um contrato de trabalho.

d) As quatro empresas listadas no enunciado, tendo em vista que Pedro e Paulo integram o quadro social de todas. Nesse caso, Antônio terá direito à declaração de vínculo empregatício também em face da Roupa Bonita Tecelagem, pois o fato de que este, habitualmente, prestava serviços para essa empresa gerou a existência de um segundo contrato de trabalho.

e) As empresas Roupa Bonita Confecções e Roupa Bonita Tecelagem e Livraria Boa Leitura serão responsáveis solidárias, tendo em vista que Pedro e Paulo integram o quadro social de todas. Nesse caso, Antônio não terá direito à declaração de vínculo empregatício também em face da Roupa Bonita Tecelagem, pois o fato de que este, habitualmente, prestava serviços para essa empresa gerou a existência de um segundo contrato de trabalho.

16) (VUNESP - FAPESP – Procurador - 2018) Nos termos da Consolidação das Leis do Trabalho, para a configuração do grupo econômico

a) basta a identidade de sócios e atuação conjunta das empresas.

b) é suficiente a atuação conjunta das empresas e a coincidência de domicílio.

c) é necessária a demonstração do interesse integrado, a efetiva comunhão de interesses e a atuação conjunta das empresas dele integrantes.

d) as empresas não podem guardar autonomia entre si, sendo imprescindível a efetiva comunhão de interesses e atuação conjunta.

e) há necessidade de as empresas estarem sob direção, controle ou administração de outra, constituindo uma espécie de holding.

17) (FUMARC - COPASA - Analista de Saneamento – Advogado – 2018) Segundo a vigente legislação trabalhista, sobre a responsabilidade trabalhista, em razão da caracterização de grupo econômico, é CORRETO afirmar

a) Sendo caracterizada a relação de emprego em face de uma empresa, as demais empresas integrantes do mesmo grupo econômico são subsidiariamente responsáveis.

b) Não pode ser caracterizado grupo econômico se cada empresa integrante mantém sua autonomia.

c) Caracterizando grupo econômico, as empresas que o integrem são consideradas solidariamente responsáveis pelas obrigações trabalhistas.

d) A identidade de sócios entre empresas caracteriza grupo econômico.

18) (VUNESP - PauliPrev - SP - Procurador Autárquico - 2018) A sucessão de empregadores está prevista nos artigos 10 e 448 da Consolidação das Leis do Trabalho. Em relação à matéria, é correto afirmar:

a) qualquer alteração na estrutura jurídica da empresa afetará os direitos adquiridos por seus empregados.

b) caracterizada a sucessão empresarial ou de empregadores, as obrigações trabalhistas não são de responsabilidade do sucessor.

c) a empresa sucedida responderá subsidiariamente pela sucessora quando ficar comprovada fraude na transferência.

d) o sócio retirante responde subsidiariamente pelas obrigações trabalhistas da sociedade, relativas ao período em que figurou como sócio em ações ajuizadas em até cinco anos depois de averbada a modificação do contrato.

e) no caso dos bancos, as obrigações trabalhistas, inclusive as contraídas à época em que os empregados trabalhavam para o banco sucedido, são de responsabilidade do sucessor.

19) (FCC - TRT - 6ª Região (PE) - Analista Judiciário - Área Administrativa – 2018) Lucas vendeu sua parte na sociedade Posto de Gasolina Boa Viagem Ltda. em 17/02/2017, data em que foi feita a averbação da modificação do contrato. Tendo em vista a responsabilidade do sócio retirante e esgotados os meios de execução da pessoa jurídica e dos sócios atuais, responde

a) subsidiariamente pelas obrigações trabalhistas da sociedade relativas ao período em que figurou como sócio, somente em ações ajuizadas até dois anos depois de averbada a modificação do contrato.

b) solidariamente pelas obrigações trabalhistas da sociedade relativas ao período em que figurou como sócio, somente em ações ajuizadas até dois anos depois de averbada a modificação do contrato.

c) subsidiariamente pelas obrigações trabalhistas da sociedade relativas ao período dos últimos dois anos em que figurou como sócio, somente em ações ajuizadas até dois anos depois de averbada a modificação do contrato.

d) solidariamente pelas obrigações trabalhistas da sociedade relativas ao período dos últimos dois anos em que figurou como sócio, somente em ações ajuizadas até dois anos depois de averbada a modificação do contrato.

e) subsidiariamente pelas obrigações trabalhistas da sociedade relativas ao período em que figurou como sócio, somente em ações ajuizadas até cinco anos depois de averbada a modificação do contrato.

20) (CESGRANRIO – Transpetro – Advogado Júnior – 2018) O sócio retirante, nos termos da Consolidação das Leis do Trabalho, responde subsidiariamente pelas obrigações trabalhistas da sociedade, relativas ao período em que figurou como sócio, depois de averbada a modificação do contrato, somente em ações ajuizadas até

a) um ano

b) dois anos

c) três anos

d) quatro anos

e) cinco anos

21) (CETREDE - EMATERCE - Agente de ATER – Direito – 2018) Analise o seguinte caso.

A empresa de confecção "Malha Boa" estava passando por dificuldades financeiras. Por esta razão demitiu 8 (oito) de seus 20 (vinte) funcionários, sem arcar com os direitos trabalhistas rescisórios dos mesmos. Três (03) dias após estas demissões, a empresa foi vendida a um grande grupo industrial do ramo de tecidos. No ato da compra, o novo empregador demitiu mais 2 (dois) funcionários do quadro antigo, manteve 10 (dez) e contratou outros 15 (quinze) novos funcionários. O novo empregador, manteve ainda, o maquinário antigo, comprou novas máquinas e mudou a razão social da empresa.

Diante desta sucessão empresarial, marque a assertiva CORRETA.

a) Os créditos trabalhistas devidos aos 02 (dois) funcionários demitidos no ato da compra da empresa, são de responsabilidade do antigo empregador, pois aquele que comprou a empresa não tem obrigação de manter os empregados antigos.

b) Os créditos trabalhistas devidos aos primeiros 08 (oito) funcionários demitidos são de responsabilidade do antigo empregador, enquanto cabe à empresa sucessora somente os créditos trabalhistas dos outros 02 (dois) funcionários que ela própria demitiu.

c) Os créditos trabalhistas devidos aos 08 (oito) funcionários demitidos antes da sucessão, bem como os devidos aos 02 (dois) funcionários demitidos no ato da compra da empresa serão de responsabilidade exclusiva do antigo empregador.

d) Os créditos trabalhistas devidos aos 08 (oito) funcionários demitidos antes da sucessão, bem como os devidos aos 02 (dois) funcionários demitidos no ato da compra da empresa serão de responsabilidade da empresa sucessora.

e) Os créditos trabalhistas devidos aos 08 (oito) funcionários demitidos antes da sucessão, bem como os devidos aos 02 (dois) funcionários demitidos no ato da compra da empresa serão de responsabilidade do antigo empregador, desde que o contrato de compra e venda pactue expressamente cláusula remetendo a responsabilidade à empresa sucessora.

22) **(FCC - AFAP - Analista de Fomento – Advogado – 2019)** Gustavo era proprietário de um posto de gasolina, tendo vendido o empreendimento para Paulo e Rafael, com a devida averbação da modificação do contrato nos órgãos competentes. Não se confirmou nenhuma fraude na alteração societária. Tendo em vista a responsabilidade de Gustavo por eventuais obrigações trabalhistas dos empregados do posto de gasolina, nos termos da legislação vigente, é correto afirmar que a responsabilidade do sócio retirante é

a) subsidiária, relativa ao período em que figurou como sócio, somente em ações ajuizadas até dois anos depois de averbada a modificação do contrato, desde que observada a ordem de preferência de cobrança, primeiramente, da empresa devedora, depois dos sócios atuais e por último dos sócios retirantes.

b) subsidiária, relativa ao período em que figurou como sócio, somente em ações ajuizadas até cinco anos depois de averbada a modificação do contrato, desde que observada a ordem de preferência de cobrança, primeiramente, da empresa devedora, depois dos sócios atuais e por último dos sócios retirantes.

c) solidária, relativa ao período em que figurou como sócio, somente em ações ajuizadas até dois anos depois de averbada a modificação do contrato, desde que observada a ordem de preferência de cobrança, primeiramente, da empresa devedora, depois dos sócios atuais e por último dos sócios retirantes.

d) solidária, relativa ao período em que figurou como sócio, somente em ações ajuizadas até cinco anos depois de averbada a modificação do contrato, desde que observada a ordem de preferência de cobrança, primeiramente, da empresa devedora, depois dos sócios atuais e por último dos sócios retirantes.

e) subsidiária, relativa ao período em que figurou como sócio, somente em ações ajuizadas até dois anos de sua saída, desde que observada a ordem de preferência de cobrança, primeiramente, da empresa devedora, depois dos sócios atuais e por último dos sócios retirantes.

GABARITO

GAB		no Direito	no Livro	Observação
1	A	CLT. Art. 2º, § 2º	Subtema 3.4	
2	A	CLT. Arts. 10 e 448	Subtema 3.8, alínea "A"	
3	C	CLT. Art. 2º, § 1º	Subtema 3.1	
4	C	CLT. Art. 448-A, caput	Subtema 3.8, alínea "A"	
5	D	CLT. Art. 2º, § 2º	Subtema 3.4	
6	D	TST. Súmula nº 129	Subtema 3.4	
7	C	CLT. Arts. 10 e 448	Subtema 3.8, alínea "A"	
8	C	a) CLT. Art. 2º, § 2º	a) Subtema 3.4	
		b) CLT. Arts. 10 e 448	b) Subtema 3.8, alínea "A"	
		c) CLT. Art. 2º, caput	c) Subtema 3	
		d) CLT. Art. 2º, § 2º	d) Subtema 3.4	
		e) CLT. Art. 2º, § 1º	e) Subtema 3.1	
9	A	a) CLT. Art. 2º, § 2º	a) Subtema 3.4	**Após a Reforma Trabalhista, a CLT adotou tanto o conceito de grupo econômico por subordinação ou vertical, quanto o conceito de grupo econômico por coordenação ou horizontal, nesta há autonomia.**
		b) CLT. Art. 2º, § 2º	b) Subtema 3.4	
		c) CLT. Art. 2º, § 3º	c) Subtema 3.4	
		d) CLT. Art. 2º, § 2º	d) Subtema 3.4	
		e) CLT. Art. 2º, § 2º	e) Subtema 3.4	
10	B	e) Subtema 3.4	a) Subtema 3.4, alínea "A"	
		b) CLT. Art. 2º, § 2º	b) Subtema 3.4	
		c) CLT. Art. 2º, caput	c) Subtema 3.1	
		d) CLT. Art. 2º, § 1º	d) Subtema 3.1	
		e) CLT. Art. 448-A, caput	e) Subtema 3.8, alínea "A"	

GAB		no Direito	no Livro	Observação
11	C	a) CLT. Art. 448-A, caput	a) Subtema 3.8, alínea "A"	
		b) CLT. Art. 10	b) Subtema 3.8, alínea "A"	
		c) CLT. Art. 10	c) Subtema 3.8, alínea "A"	
		d) CLT. Art. 448-A, caput	d) Subtema 3.8, alínea "A"	
		e) CLT. Arts. 10 e 448	e) Subtema 3.8, alínea "A"	
12	D	CLT. Art. 448, parágrafo único	Subtema 3.8, alínea "A"	
13	D	I. CLT. Art. 2º, § 2º	I. Subtema 3.4	
		II. CLT. Art. 2º, § 3º	II. Subtema 3.4	
		III. CLT. Art. 10-A, caput	III. Subtema 3.8	
		IV. CLT. Art. 10-A, parágrafo único	IV. Subtema 3.8	
14	E	a) CLT. Art. 448-A, caput e parágrafo único	a) Subtema 3.8, alínea "A"	
		b) CLT. Art. 2º, § 3º	b) Subtema 3.4	
		c) CLT. Art. 2º, § 2º	c) Subtema 3.4	
		d) CLT. Art. 2º, § 2º	d) Subtema 3.4	
		e) CLT. Art. 2º, § 2º	e) Subtema 3.4	
15	A	CLT. Art. 2º, § 2º e § 3º. TST. Súmula nº 129	Subtema 3.4 e alínea "A"	**No caso sob análise o funcionário prestava seus serviços para a outra empresa do grupo, fora do horário de serviço. Vale ressaltar, também, que a mera identidade de sócios não configura grupo econômico.**
16	C	a) CLT. Art. 2º, § 3º	a) Subtema 3.4, alínea "A"	
		b) CLT. Art. 2º, § 2º	b) Subtema 3.4	
		c) CLT. Art. 2º, § 2º	c) Subtema 3.4	
		d) CLT. Art. 2º, § 2º	d) Subtema 3.4	
		e) CLT. Art. 2º, § 2º	e) Subtema 3.4	
17	C	a) CLT. Art. 2º, § 2º	a) Subtema 3.4	
		b) CLT. Art. 2º, § 2º	b) Subtema 3.4	
		c) CLT. Art. 2º, § 2º	c) Subtema 3.4	
		d) CLT. Art. 2º, § 3º	d) Subtema 3.4, alínea "A"	

GAB		no Direito	no Livro	Observação
18	E	a) CLT. Art. 10	a) Subtema 3.8, alínea "A"	
		b) CLT. Art. 448-A, caput	b) Subtema 3.8, alínea "A"	
		c) CLT. Art. 448-A, caput e parágrafo único	c) Subtema 3.8, alínea "A"	
		d) CLT. Art. 10-A, caput	c) Subtema 3.8, alínea "A"	
		e) TST. OJ da SDI1 nº 261	e) Subtema 3.8, alínea "A"	
19	A	CLT. Art. 10-A, caput	Subtema 3.8	
20	B	CLT. Art. 10-A, caput	Subtema 3.8	
21	D	CLT. Art. 448-A, caput	Subtema 3.8, alínea "A"	**Ressalta-se que os contratos de trabalho não sofrem alteração em função de modificações jurídicas ou proprietárias da empresa contratante.**
22	A	CLT. Art. 10-A, caput e incisos I, II e III	Subtema 3.8	

Subtema 4 – Terceirização

01) (FCC - Câmara Legislativa do Distrito Federal - Consultor Legislativo - Direitos Humanos, Minorias, Cidadania e Sociedade – 2018) Pelo marco legal hoje vigente em relação à terceirização, o contratante é definido como a pessoa física ou jurídica que celebra contrato com empresa de prestação de serviços determinados e específicos. Segundo a lei,

a) é vedada ao contratante a utilização dos trabalhadores da empresa de prestação de serviços que exerçam atividades idênticas às de outros trabalhadores diretamente contratados por ela.

b) é vedada a contratação de trabalhadores por meio de empresa de prestação de serviços determinados para exercício das atividades-fim da contratante.

c) é responsabilidade da empresa de prestação de serviços garantir as condições de segurança, higiene e salubridade dos trabalhadores quando o trabalho for realizado nas dependências da contratante.

d) o contratante deverá estender ao trabalhador da empresa de prestação de serviços o mesmo atendimento médico, ambulatorial e de refeição destinado aos seus empregados, existente nas dependências da contratante, ou local por ela designado.

e) a empresa contratante é subsidiariamente responsável pelas obrigações trabalhistas referentes ao período em que ocorrer a prestação de serviços.

02) (FCC - TRT - 15ª Região (SP) - Analista Judiciário - Área Administrativa – 2018) Quanto à terceirização,

a) considera-se prestação de serviços a terceiros a transferência feita pela contratante da execução de quaisquer de suas atividades, exceto sua atividade principal, à pessoa jurídica de direito privado prestadora de serviços que possua capacidade econômica compatível com a sua execução.

b) o capital social mínimo exigido para o funcionamento de empresa de prestação de serviços a terceiros, com mais de vinte e até cinquenta empregados, é de R$ 25.000,00.

c) são asseguradas aos empregados da empresa prestadora de serviços a terceiros, quando e enquanto os serviços, que podem ser de qualquer uma das atividades da contratante, forem executados nas dependências da tomadora, as mesmas condições relativas à alimentação garantidas aos empregados da contratante, desde que não oferecida em refeitórios.

d) o empregado que for demitido não poderá prestar serviços para esta mesma empresa na qualidade de empregado de empresa prestadora de serviços antes do decurso de prazo de dezoito meses, contados a partir da demissão do empregado.

e) nos contratos que impliquem mobilização de empregados da contratada em número igual ou superior a 25% dos empregados da contratante, esta poderá disponibilizar aos empregados da contratada os serviços de alimentação e atendimento ambulatorial em outros locais apropriados e com igual padrão de atendimento, com vistas a manter o pleno funcionamento dos serviços existentes.

03) (INSTITUTO AOCP - TRT - 1ª REGIÃO (RJ) - Técnico Judiciário - Área Administrativa – 2018) Apolinário foi contratado, no dia 20 de nov. de 2017, pela empresa Terceirize Aqui Ltda. para exercer a função de operador de telemarketing. Essa empresa fornece os serviços de seus trabalhadores para outras empresas, como Telefonia Ltda. e Ligações Ilimitadas Ltda., as quais têm como função basilar a venda de planos de telefonia e atendimento às reclamações de serviços já prestados. Há cinco meses, a empresa Terceirize Aqui Ltda. realizou contrato com a empresa Telefonia Ltda., terceirizando os serviços de Apolinário na função de operador de telemarketing. Com base na Lei nº 13.429/2017, que dispõe, dentre outras peculiaridades, sobre as relações de trabalho na empresa de prestação de serviços a terceiros, e na Lei nº 13.467/2017, que alterou a Consolidação das Leis Trabalhistas, assinale a alternativa correta sobre a temática da terceirização.

a) Caso Apolinário seja dispensado sem justa causa e não receba as verbas rescisórias devidas pela empresa Terceirize Aqui Ltda., ele terá direito de pleitear as referidas verbas junto à empresa Telefonia Ltda., pois Apolinário encontra-se laborando efetivamente nesta última, o que a torna solidariamente responsável pelas obrigações trabalhistas referentes ao período em que ocorrer a prestação de serviços, tendo respaldo na Lei que trata da organização da seguridade social no que se refere ao recolhimento das contribuições previdenciárias.

b) Na posição das empresas contratantes Telefonia Ltda. e Ligações Ilimitadas Ltda., também poderiam estar pessoas físicas celebrando contratos com a empresa Terceirize Aqui Ltda.

c) A empresa Telefonia Ltda. irá remunerar e dirigir o trabalho de Apolinário enquanto este estiver prestando serviços no local.

d) Apolinário não poderia ser direcionado como empregado terceirizado para as empresas Telefonia Ltda. e Ligações Ilimitadas Ltda., pois as atividades exigidas por essas empresas do prestador de serviço é atividade principal, e a terceirização é permitida exceto para a realização da atividade principal da empresa.

e) A empresa Telefonia Ltda. pode requisitar a Apolinário que também exerça as atividades de limpeza e higienização do ambiente de trabalho, pois trata-se de atividades-meio da empresa.

04) (CESGRANRIO - Petrobras - Advogado Júnior – 2018) São asseguradas aos empregados da empresa prestadora de serviços terceirizados as mesmas condições relativas à alimentação garantida aos empregados da contratante, quando e enquanto os serviços, que podem ser de qualquer uma das atividades da contratante, forem executados nas dependências da tomadora, e quando a alimentação for oferecida em

a) estabelecimentos conveniados
b) estabelecimentos comerciais
c) refeitórios
d) restaurantes próximos
e) pensões

05) (CESPE - PGE-PE - Analista Judiciário de Procuradoria – 2019) Órgão de imprensa oficial de determinado estado contratou uma empresa para fazer a distribuição dos diários oficiais por intermédio de motoboys. Recentemente, a empresa contratada demitiu um desses empregados, sem cumprir com o devido pagamento de verbas rescisórias a ele.

Com relação a essa situação hipotética, julgue o próximo item.

Nessa situação, está caracterizada a terceirização do serviço, sendo cabível ao motoboy demitido solicitar a responsabilização subsidiária do órgão de imprensa oficial para o pagamento das verbas rescisórias não adimplidas pela empresa contratada.

06) (NC-UFPR - Prefeitura de Curitiba - PR - Procurador - 2019) A chamada reforma trabalhista, implementada pelas Leis nº 13.429 e nº 13.467, ambas de 2017, entre outros objetivos, visou a alterar e flexibilizar as possibilidades de terceirização na contratação de serviços por empresas interpostas. No âmbito da administração pública, a terceirização é admitida com base no art. 37, inc. XXI, da Constituição da República, para execução indireta, observando-se as normas da Lei nº 8.666/1993[1]. Levando em consideração tais premissas, assinale a alternativa correta.

1. Vale lembrar que a Lei nº 8.666/93 ainda não está totalmente revogada. Sua revogação integral ocorrerá apenas em 01.04.2023, quando então será substituída pela nova Lei de Licitações (Lei

a) Diante da nova realidade legal, a Administração Pública deve terceirizar as atividades, mantendo os cargos de gestão, em atendimento aos diplomas legais mencionados e aos princípios da economia, moralidade e eficiência.

b) A terceirização encontra óbice no inc. II do art. 37 da Constituição, que condiciona o ingresso no serviço público a prévia aprovação em concurso público, o que inviabiliza a sua utilização prática.

c) A Administração procurará desobrigar-se da realização material de tarefas executivas, recorrendo, sempre que possível, à execução indireta mediante contrato, desde que exista, na área, iniciativa privada suficientemente desenvolvida e capacitada para tal fim.

d) Ante a realidade econômica nacional e considerados os princípios da legalidade, impessoalidade, moralidade, publicidade e eficiência, no âmbito da Administração Pública direta, autárquica e fundacional, podem ser objeto de execução indireta atividades materiais, principais ou acessórias, instrumentais ou complementares aos assuntos que constituem área de competência legal do órgão das entidades.

e) Na Administração Pública, as atividades de conservação, limpeza, segurança, vigilância, transportes, informática, copeiragem, recepção, reprografia, telecomunicações e manutenção de prédios, equipamentos e instalações têm de ser prestadas por empresas terceirizadas.

07) (IF-SC - IF-SC - Docente - Administração - 2019) A Lei nº 13.429/2017, conhecida como a nova Lei da Terceirização, alterou de forma significativa o conteúdo da Lei nº 6.019/1974, que regulamentava apenas o trabalho temporário. Com o advento da chamada nova Lei da Terceirização, serviços afetos a qualquer atividade da empresa contratante, sejam elas atividades-meio ou fim, podem ser terceirizados.

Com relação às principais mudanças nas relações de trabalho decorrentes da chamada nova Lei da Terceirização (Lei nº 13.429/2017) marque (V) para as afirmativas verdadeiras e (F), para as falsas.

( ) Conforme prevê o Art. 4º , § 1º da Lei 13.429/2017, a empresa prestadora de serviços contrata, remunera e dirige o trabalho realizado por seus trabalhadores, porém, não pode subcontratar outras empresas para realização desses serviços.

( ) Conforme prevê o Art. 4º , § 2º da Lei 13.429/2017, não se configura vínculo empregatício entre os trabalhadores, ou sócios das empresas prestadoras de serviços, qualquer que seja o seu ramo, e a empresa contratante.

---

nº 14.133/21). Até que a substituição integral ocorra, estamos em um período de transição, conforme artigo 193 da Lei nº 14.133/21.

( ) Conforme prevê o Art. 5º , § 3º da Lei 13.429/2017, é responsabilidade da contratante garantir as condições de segurança, higiene e salubridade dos trabalhadores, quando o trabalho for realizado em suas dependências ou local previamente convencionado em contrato.

( ) Conforme prevê o Art. 5º , § 4º da Lei 13.429/2017, a contratante não poderá estender ao trabalhador da empresa de prestação de serviços o mesmo atendimento médico, ambulatorial e de refeição destinado aos seus empregados, existente nas dependências da contratante, ou local por ela designado.

( ) Conforme prevê o Art. 5º , § 5º da Lei 13.429/2017, a empresa contratante é subsidiariamente responsável pelas obrigações trabalhistas referentes ao período em que ocorrer a prestação de serviços, e o recolhimento das contribuições previdenciárias observará o disposto no art. 31 da Lei nº 8.212, de 24 de julho de 1991."

Fonte: LEI No 13.429, DE 31 DE MARÇO DE 2017.

Assinale a alternativa que contém a sequência CORRETA de cima para baixo.

a) F, V, F, V, V
b) V, F, F, V, F
c) F, V, V, F, V
d) F, F, V, V, F
e) V, F, V, F, F

GABARITO

<table>
<tr><th colspan="2">GAB</th><th>no Direito</th><th>no Livro</th><th>Observação</th></tr>
<tr><td rowspan="5">1</td><td rowspan="5">E</td><td>a) Lei nº 6.019/74. Art. 5º-A, § 1º</td><td>a) Subtema 4.2</td><td rowspan="5">Na alternativa "d" a pegadinha consiste no verbo. O artigo mencionado como fonte afirma que a contratante poderá, ou seja, trata-se de uma faculdade.</td></tr>
<tr><td>b) Lei nº 6.019/74. Art.4º-A, caput</td><td>b) Subtema 4.2</td></tr>
<tr><td>c) Lei nº 6.019/74. Art. 5º-A, § 3º</td><td>c) Subtema 4.2, alínea "A"</td></tr>
<tr><td>d) Lei nº 6.019/74. Art. 5º-A, § 4º</td><td>d) Subtema 4.2, alínea "A"</td></tr>
<tr><td>e) Lei nº 6.019/74. Art. 5º-A, § 5º</td><td>e) Subtema 4.2</td></tr>
<tr><td rowspan="5">2</td><td rowspan="5">D</td><td>a) Lei nº 6.019/74. Art.4º-A, caput</td><td>a) Subtema 4.2</td><td rowspan="5"></td></tr>
<tr><td>b) Lei nº 6.019/74. Art.4º-B, alínea "c"</td><td>b) Subtema 4.2, alínea "C"</td></tr>
<tr><td>c) Lei nº 6.019/74. Art. 4º-C, inciso I, alínea "a"</td><td>c) Subtema 4.2, alínea "A"</td></tr>
<tr><td>d) Lei nº 6.019/74. Art. 5º-D</td><td>d) Subtema 4.2</td></tr>
<tr><td>e) Lei nº 6.019/74. Art. 4º-C, § 2º</td><td>e) Subtema 4.2, alínea "A"</td></tr>
</table>

GAB		no Direito	no Livro	Observação
3	B	a) Lei nº 6.019/74. Art. 5º-A, § 5º	a) Subtema 4.2	
		b) Lei nº 6.019/74. Art.5º-A, caput	b) Subtema 4.2	
		c) Lei nº 6.019/74. Art. 4º-A, § 1º	c) Subtema 4.2, alínea "B"	
		d) Lei nº 6.019/74. Art.4º-A, caput	d) Subtema 4.2	
		e) Lei nº 6.019/74. Art. 5º-A, §1º	e) Subtema 4.2, alínea "A"	
4	C	Lei nº 6.019/74. Art. 4º-C, inciso I, alínea "a"	Subtema 4.2, alínea "A"	
5	E	Item incorreto. TST. Súmula nº 331, inciso V c/c ADC nº 16/2010 e Recurso Extraordinário nº 760931	Subtema 4.3	
6	C	a) Decreto nº 9.507/2018. Art. 3º, §1º c/c art. 4º	a) Subtema 4.4	
		b) Decreto nº 9.507/2018. Art. 1º	b) Subtema 4.4	
		c) Decreto nº 9.507/2018. Art. 2º	c) Subtema 4.4	
		d) Decreto nº 9.507/2018. Art. 3º, II	d) Subtema 4.4	
		d) Decreto nº 9.507/2018. Art. 3º, II, §1º	e) Subtema 4.4	
7	C	I. Lei 13.429/2017. Art. 2º = Lei nº 6.019/74. Art. 4º-A, §1º	I. Subtema 4.2, alínea "B"	
		II. Lei 13.429/2017. Art. 2º = Lei nº 6.019/74. Art. 4º-A, §2º	II. Subtema 4.2	
		III. Lei 13.429/2017. Art. 2º = Lei nº 6.019/74. Art. 5º-A, §3º	III. Subtema 4.2, alínea "A"	
		IV. Lei 13.429/2017. Art. 2º = Lei nº 6.019/74. Art. 5º-A, §4º	IV. Subtema 4.2, alínea "A"	
		V. Lei 13.429/2017. Art. 2º = Lei nº 6.019/74. Art. 5º-A, §5º	V. Subtema 4.2	

Subtema 5 – Jornada de Trabalho

01) (FUNDEP – Gestão de Concursos – Prefeitura de Nossa Senhora do Socorro – SE – Procurador do Município – 2014) Para o cálculo do valor do salário-hora de empregados em qualquer atividade, cuja duração normal do trabalho não exceda 08 horas diárias, ao longo de 05 dias na mesma semana, aplica-se o divisor:

a) 40.

b) 44.

c) 180.

d) 200.

e) 220.

02) (TRT 2 – Juiz do Trabalho Substituto 2ª região/2016) Analise as assertivas quanto à tutela geral e especial do trabalho à luz da previsão legal e da jurisprudência sumulada do TST e responda.

I – No regime de revezamento, as horas trabalhadas em seguida ao repouso semanal de 24 (vinte e quatro) horas, com prejuízo do intervalo mínimo de 11 (onze) horas consecutivas para descanso entre jornadas, não serão remuneradas como extraordinárias visto que ocorreu mera infração de caráter administrativo.

II – Cumprida integralmente a jornada no período noturno e prorrogada esta, devido é também o adicional noturno quanto às horas prorrogadas.

III – A duração normal do trabalho dos empregados em bancos será de 6 (seis) horas contínuas nos dias úteis, com exceção dos sábados, perfazendo 30 (trinta) horas semanais e ficará compreendida entre 7 (sete) e 22 (vinte e duas) horas, assegurando-se ao empregado, no horário diário, um intervalo de 15 (quinze) minutos para alimentação.

IV – O empregado que não labore em câmara frigorífica e apenas esteja submetido a trabalho contínuo em ambiente artificialmente frio, nos termos previstos na CLT, não faz jus ao intervalo intrajornada de 20 (vinte) minutos a cada 1 (uma) hora e 40 (quarenta) minutos de trabalho contínuo.

V – A interrupção do trabalho destinada a repouso e alimentação, dentro de cada turno, ou o intervalo para repouso semanal, não descaracteriza o turno de revezamento com jornada de 6 (seis) horas previsto no art. 7º, XIV, da CF.

Estão corretas apenas as assertivas:

a) I, II e III.
b) II, III e V.
c) III, IV e V.
d) II, IV e V.
e) I, IV e V.

03) (FCC - TRT - 2ª REGIÃO (SP) - Analista Judiciário - Área Administrativa - 2018) Considere as seguintes hipóteses:

I. Trabalho de 28 horas semanais, sem a possibilidade de horas suplementares semanais.

II. Trabalho de 30 horas semanais, com a possibilidade de horas suplementares semanais.

III. Trabalho de 25 horas semanais, com a possibilidade de acréscimo de até seis horas suplementares semanais.

IV. Trabalho de 27 horas semanais, com a possibilidade de acréscimo de até seis horas suplementares semanais.

De acordo com a Consolidação das Leis do Trabalho, consideram-se trabalho em regime de tempo parcial aqueles indicados APENAS em

a) III e IV.
b) I e II.
c) I e III.
d) I, II e IV.
e) II, III e IV.

04) (COSEAC - Prefeitura de Maricá - RJ - Procurador do Município – 2018) A respeito da jornada de trabalho, é correto afirmar que:

a) o regime previsto na Consolidação da Leis do Trabalho aplica-se a gerentes se o salário do cargo de confiança for inferior ao valor do respectivo salário acrescido de 50% (cinquenta por cento).
b) o limite de oito horas diárias é aplicável ao regime de teletrabalho.
c) os intervalos de descanso intrajornada são computados na duração do trabalho.
d) é ilícito o regime de compensação de jornada estabelecido por acordo tácito, em qualquer hipótese.

e) a não concessão ou a concessão parcial do intervalo intrajornada mínimo, para repouso e alimentação, a empregados urbanos e rurais, implica o pagamento, de natureza indenizatória, apenas do período suprimido, com acréscimo de 50% (cinquenta por cento) sobre o valor da remuneração da hora normal de trabalho.

05) (FEPESE - CELESC – Advogado – 2018) É correto afirmar acerca da jornada de trabalho:

a) A jornada de trabalho em regime de tempo parcial poderá ser acrescida de horas extras, em número não excedente de duas.

b) O trabalho em regime de tempo parcial é aquele cuja jornada de trabalho não exceda a trinta horas mensais, sem a possibilidade de horas suplementares semanais.

c) É lícito o regime de compensação de jornada estabelecido por acordo individual, tácito ou escrito, para a compensação no mesmo mês.

d) Não poderá haver distinção entre o salário a ser pago aos empregados sob o regime de tempo parcial, em relação aos empregados que cumprem, nas mesmas funções, tempo integral.

e) É vedado ao empregado contratado sob regime de tempo parcial converter o período de férias a que tiver direito em abono pecuniário.

06) (CS-UFG - SANEAGO - GO – Advogado – 2018) No ato da celebração de um Contrato Individual de Trabalho foi pactuado entre empregado e empregador acordo individual escrito, prevendo a possibilidade de prorrogação e compensação da jornada de trabalho pelo sistema do banco de horas. Considerando as disposições contidas na Consolidação das Leis do Trabalho,

a) o acordo não é válido, pois a compensação pelo sistema do banco de horas deve ser ajustada mediante acordo ou convenção coletiva de trabalho.

b) o acordo é desnecessário, pois a prorrogação e compensação da jornada independe da anuência do empregado.

c) o acordo é válido, desde que a compensação ocorra no período máximo de seis meses.

d) o acordo é válido, mas a compensação por este sistema dever ser efetuada dentro do mesmo mês em que houve a prorrogação.

07) (FCC - TRT - 2ª REGIÃO (SP) - Técnico Judiciário - Tecnologia da Informação – 2018) Silvana, estudante de direito, está muito interessada nas modificações introduzidas na Consolidação das Leis do Trabalho através da

Lei nº 13.467/2017, lendo diariamente todas as notícias de jornais e revistas para debatê-las com o seu pai, grande empresário do ramo alimentício. Assim, ela verificou importantes mudanças relativas ao tempo de deslocamento do empregado até o seu local de trabalho, afirmando ao seu pai que, após a mudança legislativa, o tempo despendido pelo empregado desde a sua residência até a efetiva ocupação do posto de trabalho e para o seu retorno,

a) por qualquer meio de transporte, inclusive o fornecido pelo empregador, será computado na jornada de trabalho, por ser considerado tempo à disposição do empregador, excetuando-se o tempo despendido caminhando.

b) caminhando ou por qualquer meio de transporte, exceto o fornecido pelo empregador, não será computado na jornada de trabalho, por não ser tempo à disposição do empregador.

c) caminhando ou por qualquer meio de transporte, inclusive o fornecido pelo empregador, será computado na jornada de trabalho, por ser considerado tempo à disposição do empregador.

d) caminhando ou por qualquer meio de transporte, inclusive o fornecido pelo empregador, não será computado na jornada de trabalho, por não ser tempo à disposição do empregador.

e) por qualquer meio de transporte, exceto o fornecido pelo empregador, será computado na jornada de trabalho, por ser considerado tempo à disposição do empregador, excetuando-se o tempo despendido caminhando.

08) (INAZ do Pará - FunGota de Araraquara - SP – Advogado – 2018) Laís é empregada da empresa de confecções de roupa Linda Menina LTDA desde 05 de dezembro de 2017, ao ser demitida sem justa causa em 20 de janeiro de 2018, resolve ingressar com Reclamação Trabalhista pleiteando, dentre outras coisas, horas extras, com a justificativa de que comumente ficava em média 2 (duas) horas além de sua jornada de trabalho na empresa às quartas-feiras, pois participava de culto religioso, de presença não obrigatória, realizado no auditório da Empresa.

Com base na situação narrada, assinale a alternativa correta.

a) Laís não faz jus às horas extras, pois atividade religiosa não se considera tempo à disposição do empregador.

b) Laís faz jus às horas extras, pois mesmo em atividade religiosa, encontrava-se dentro da empresa.

c) Laís faz jus às horas extras, pois a atividade religiosa é considerada tempo à disposição do empregador.

d) Laís não faz jus às horas extras, pois a atividade religiosa é considerada tempo à disposição do empregador.

09) (FCC – Técnico Judiciário – TI – TRT 2/2018) Cândida, Felícia e Gilberto são empregados da empresa "AL". Todos os dias, Cândida, Felícia e Gilberto chegam à empresa aproximadamente quinze minutos antes do início da jornada de trabalho. Durante esse período, Cândida alimenta-se com o seu café da manhã, Felícia estuda para o curso de alemão que está fazendo e Gilberto utiliza o tempo para colocar o uniforme, mesmo não sendo obrigatória a realização da troca na empresa, uma vez que não se sente confortável em usar o uniforme em seu trajeto. De acordo com a Consolidação das Leis do Trabalho, não se considera tempo à disposição do empregador, NÃO computando, portanto, como período extraordinário, o mencionado tempo gasto por

a) Cândida para alimentação e Gilberto para troca de roupa, apenas.

b) Cândida para alimentação e Felícia para estudo, apenas.

c) Cândida para alimentação, Felícia para estudo e Gilberto para troca de roupa.

d) Felícia para estudo e Gilberto para troca de roupa, apenas.

e) Felícia para estudo, apenas.

10) (Método Soluções Educacionais - Prefeitura de Planalto da Serra - MT - Procurador Jurídico -2019) Análise os itens a seguir:

I - Jornada de trabalho é o lapso temporal diário em que o empregado se coloca à disposição do empregador em virtude do respectivo contrato.

II - Embora jornada seja palavra que tem magnetizado as referências culturais diversas feitas ao tempo de trabalho ou disponibilidade obreira em face do contrato, a expressão duração do trabalho é que, na verdade, abrange os distintos e crescentes módulos temporais de dedicação do trabalhador à empresa em decorrência do contrato empregatício.

III - A expressão horário de trabalho traduz, rigorosamente, o lapso temporal entre o início e o fim de certa jornada laborativa.

Assinale a alternativa correta:

a) I e II estão corretas;

b) I, II e III estão corretas;

c) Apenas I está correta;

d) Apenas II está correta.

11) **(Prova: INAZ do Pará - Prefeitura de Terra Alta - PA - Procurador Municipal - 2019)** A respeito da jornada de trabalho, com fulcro na Consolidação das Leis do Trabalho, marque a alternativa que apresenta a alternativa ERRADA:

a) O tempo despendido pelo empregado até o local de trabalho e para o seu retorno, por qualquer meio de transporte, não será computado na jornada de trabalho, salvo quando, tratando-se de local de difícil acesso ou não servido por transporte público, o empregador fornecer a condução;

b) É facultado ao empregado contratado sob regime de tempo parcial converter um terço do período de férias a que tiver direito em abono pecuniário;

c) Considera-se trabalho em regime de tempo parcial aquele cuja duração não exceda a trinta horas semanais, sem a possibilidade de horas suplementares semanais, ou, ainda, aquele cuja duração não exceda a vinte e seis horas semanais, com a possibilidade de acréscimo de até seis horas suplementares semanais;

d) É lícito o regime de compensação de jornada estabelecido por acordo individual, tácito ou escrito, para a compensação no mesmo mês;

e) As horas suplementares à duração do trabalho semanal normal serão pagas com o acréscimo de 50% (cinquenta por cento) sobre o salário-hora normal.

12) **(Prova: EXATUS - Câmara de Candói - PR - Advogado - 2019)** Nos termos da Consolidação das Leis do Trabalho, com a redação dada pela Lei nº 13.874/2019, acerca da duração do trabalho, é correto afirmar que:

a) Considera-se teletrabalho a prestação de serviços preponderantemente fora das dependências do empregador, com a utilização de tecnologias de informação e de comunicação que, por sua natureza, se constituam como trabalho externo.

b) Para os estabelecimentos com mais de dez trabalhadores será obrigatória a anotação da hora de entrada e de saída, em registro manual, mecânico ou eletrônico, conforme instruções expedidas pela Secretaria Especial de Previdência e Trabalho, permitida a préassinalação do período de repouso.

c) Fica permitida a utilização de registro de ponto por exceção à jornada regular de trabalho, mediante acordo individual escrito, convenção coletiva ou acordo coletivo de trabalho.

d) A prestação de serviços na modalidade de teletrabalho deverá constar expressamente do contrato individual de trabalho, que especificará as atividades que serão realizadas pelo empregado. Poderá ser realizada a alteração do regime de teletrabalho para o presencial por determinação do empregador, garantido prazo de transição mínimo de trinta dias, com correspondente registro em aditivo contratual.

e) Salvo nos casos de revezamento semanal ou quinzenal, o trabalho noturno terá remuneração superior a do diurno e, para esse efeito, sua remuneração terá um acréscimo de 25% (vinte e cinco por cento), pelo menos, sobre a hora diurna.

13) (FUNDATEC - IMESF - Assessor Jurídico - 2019) A jornada de trabalho de 12 horas de trabalho e 36 horas de descanso:

a) Somente é admitida nos casos excepcionais previstos em lei.

b) Somente é admitida se prevista em convenção coletiva.

c) Pode ser prevista, por escrito, nos contratos individuais de trabalho.

d) Pode ser acertada verbalmente nos contratos individuais de trabalho.

e) Pode ser prevista nos contratos individuais de trabalho, desde que homologada pelo sindicato da categoria.

14) (Prova: IBADE - Câmara de São Felipe D'Oeste - RO - Advogado - 2020) Sobre a duração da jornada de trabalho é correto afirmar que:

a) os intervalos são computados na duração do trabalho.

b) o tempo do empregado doméstico que mora no local de trabalho e nele permaneça, tais como os intervalos, o tempo de repouso, as horas não trabalhadas, os feriados e domingos livres serão computados na duração do trabalho.

c) a soma da duração diária do trabalho (jornada) com o intervalo (intrajornada) perfaz o horário de trabalho.

d) o horário de trabalho de cada empregado não necessita ser anotado em um livro de registro de funcionários.

e) os estabelecimentos com mais de cinquenta trabalhadores deverão ter livro ou cartão de ponto, mas é facultativo a pré - assinalação do período para alimentação e repouso.

GABARITO

GAB		no Direito	no Livro	Observação
1	D	TST. Súmula nº 431	Subtema 5.3.8, alínea "A"	

GAB		no Direito	no Livro	Observação
2	B	a) TST. Súmula nº 257	a) Subtema 5.10	
		b) CLT. Art. 193, inciso II	b) Subtema 8.2, alínea "A.4"	
		c) TST. Súmula nº 257	c) Subtema 5.10	
		d) TST. Súmula nº 257	d) Subtema 5.10	
3	C	CLT. Art. 58-A, caput	Subtema 5.7	1. Aquele cuja duração não exceda 30 horas semanais, sem possibilidade de horas suplementares; 2. Aquele cuja duração não exceda 26 horas semanais, com possibilidade de até 06 horas suplementares;
4	E	a) CLT. Art. 62, parágrafo único	a) Subtema 5.10, alínea "A"	
		b) CLT. Art. 58, caput c/c Art. 62, inciso III	b) Subtema 5.2.2	
		c) CLT. Art. 71, § 2º	c) Parte II, Subtema 7.1, alínea "A"	
		d) CLT. Art. 59, § 6º	d) Subtema 5.3.4	
		e) CLT. Art. 71, § 4º	e) CLT. Art. 71, § 4º	
5	C	a) CLT. Art. 58-A, caput	a) Subtema 5.7	
		b) CLT. Art. 58-A, caput	b) Subtema 5.7	
		c) CLT. Art. 59, § 6º	c) Subtema 5.3.4	
		d) CLT. Art. 58-A, § 1º	d) Subtema 5.7	
		e) CLT. Art. 58-A, § 6º	e) Subtema 5.7	
6	C	CLT. Art. 59, § 5º	Subtema 5.3.4	
7	D	CLT. Art. 58, § 2º	Subtema 5.9	
8	A	CLT. Art. 4º, § 2º, inciso I	Subtema 5.1	
9	C	CLT. Art. 4º, § 2º, incisos IV, V e VIII	Subtema 5.1	
10	B	I. Doutrina	I. Subtema 5 e 5.1	
		II. Doutrina	II. Subtema 5	
		III. Doutrina	III. Subtema 5	

GAB		no Direito	no Livro	Observação
11	A	a) CLT. Art. 58, § 2º	a) Subtema 5.9	
		b) CLT. Art. 58-A, § 6º	b) Subtema 5.7	
		c) CLT. Art. 58-A, caput	c) Subtema 5.7	
		d) CLT. Art. 59, § 6º	d) Subtema 5.3.4	
		e) CLT. Art. 59, § 1º	e) Subtema 5.3.1	
12	C	a) CLT. Art. 75-B, caput	a) Subtema 1.3, alínea "G"	
		b) CLT. Art. 74, §2º	b) Subtema 5.2.1	
		c) CLT. Art. 74, §4º	c) Subtema 5.2.1, alínea "A"	
		d) CLT. Art. 75-C, caput e §1º	d) Subtema 1.3, alínea "G"	
		e) CLT. Art. 73, caput	e) Subtema 8.2, alínea "A.2"	
13	C	CLT. Art. 59-A, caput	Subtema 5.3.6	
14	C	a) CLT. Art. 71, §2º	a) Subtema 7.1	
		b) LC nº 150/2015. Art. 2º, §7º	b) Subtema 1.3, alínea "F.2"	
		c) Doutrina	c) Subtema 5	
		d) CLT. Art. 74, caput	d) Subtema 5.2.1	
		e) CLT. Art. 74, §2º	e) Subtema 5.2.1	

Subtema 6 – Repouso Semanal Remunerado

01) (OAB - XIV - 2014) Dentre as opções listadas a seguir, assinale aquela que indica o empregado que já tem os dias de repouso remunerados em seu salário, sem que haja o acréscimo da remuneração do seu repouso semanal

a) Germano, que é empregado horista.

b) Gabriela, que é empregada diarista.

c) Robson, que é empregado mensalista.

d) Diego, que é empregado comissionista puro.

02) (CREA – São Paulo – Advogado – 2017) A remuneração do repouso semanal corresponderá para

a) os que trabalham por dia, semana, quinzena ou mês, à de um dia de serviço, não computadas as horas suplementares.

b) os que trabalham por hora, à de sua jornada normal de trabalho, excluídas as horas complementares.

c) os que trabalham por tarefa ou peça, o equivalente ao salário correspondente às tarefas ou peças feitas durante a semana, no horário normal de trabalho, dividido pelos dias de serviço efetivamente prestados ao empregador.

d) o empregado em domicílio, o equivalente ao quociente da divisão por 2 (dois) da importância total da sua produção no mês.

e) o empregado em domicílio, o equivalente ao quociente da divisão por 4 (quatro) da importância total da sua produção na semana.

03) (FGV - COMPESA - Analista de Gestão - Analista de Gestão de Pessoas (Habilitação em Administração) – 2018) Conforme a legislação trabalhista brasileira, o repouso semanal remunerado é:

a) obrigatório desde que previsto no contrato.

b) obrigatório e compulsoriamente aos domingos.

c) opcional e exclusivamente aos domingos.

d) opcional e preferencialmente nos finais de semana.

e) obrigatório e preferencialmente aos domingos.

04) (CESPE - PGE-PE - Analista Judiciário de Procuradoria – 2019) Acerca do repouso semanal remunerado, julgue o seguinte item.

Empregado que exerce cargo de confiança em uma empresa não possui direito ao repouso semanal remunerado, em razão de exercer função diferenciada e receber remuneração adequada a essa função.

05) (IADES - CRN - 3ª Região (SP e MS) - Auxiliar Administrativo - 2019) No que concerne ao descanso semanal remunerado (DSR), assinale a alternativa correta.

a) O cálculo do valor do DSR independe do tipo de jornada do trabalhador.

b) Não se paga DSR ao trabalhador rural com vínculo empregatício.

c) O DSR corresponde a uma pausa no trabalho de 24 horas consecutivas ou fracionadas ao longo da semana.

d) Em caso de faltas injustificadas do empregado, o valor correspondente ao DSR pode ser descontado, além do dia não trabalhado.

e) É obrigatório que o DSR ocorra aos domingos para o caso de empregado em relação de trabalho mensalista.

GABARITO

GAB		no Direito	no Livro	Observação
1	C	Lei nº 605/49. Art. 7º, § 2º	Subtema 6.2	
2	C	a) Lei nº 605/49. Art. 7º, alínea "a"	a) Subtema 6.2	
		b) Lei nº 605/49. Art. 7º, alínea "b"	b) Subtema 6.2	
		c) Lei nº 605/49. Art. 7º, alínea "c"	c) Subtema 6.2	
		d) Lei nº 605/49. Art. 7º, alínea "d"	d) Subtema 6.2	
		e) Lei nº 605/49. Art. 7º, alínea "d"	e) Subtema 6.2	
3	E	CF. Art. 7º, inciso XV e Lei nº 605/49. Art. 1º	Subtema 6.1	
4	E	Item Incorreto. CF. Art. 7º, inciso XV	Subtema 6.1	DESCANSO SEMANAL REMUNERADO. [...] O direito ao repouso semanal remunerado – além de historicamente garantido pela CLT aos ocupantes de cargo de confiança [...] está previsto da Constituição da República (art. 7º, XV), e [...] que não fazem qualquer restrição no sentido de excluir o referido benefício dos que exercem alto poder de mando e gestão (RR-1.320/2004-015-03-40.6)

GAB		no Direito	no Livro	Observação
5	D	a) Lei nº 605/49. Art. 7º	a) Subtema 6.2	
		b) CF. Art. 7º, XV e Lei nº 605/49. Art. 2º	b) Subtema 6.1	
		c) Lei nº 605/49. Art. 1º	c) Subtema 6	
		d) Lei nº 605/49. Art. 6º	d) Subtema 6	
		e) CF. Art. 7º, XV e Lei nº 605/49. Art. 1º	e) Subtema 6.1	

Subtema 7 – Intervalos para Repouso e Férias

01) (FCC – TRT – 4ª Região – Analista Judiciário – Área Judiciária – 2015) Zeus, em determinado período aquisitivo de férias, deixou de comparecer ao serviço por 4 dias consecutivos em razão de falecimento de seu irmão; 5 dias consecutivos para sua lua de mel; 2 dias alternados para doação de sangue. Nesse caso, em relação ao período aquisitivo em análise, ele terá direito a férias de

a) 15 dias corridos.
b) 24 dias corridos.
c) 18 dias corridos.
d) 30 dias corridos.
e) 12 dias corridos.

02) (Quadrix – CRF – RJ – Agente Administrativo – 2015) Conforme disposto na CLT, não terá direito a férias o empregado que, no curso do período aquisitivo:

a) deixar o emprego e não for readmitido dentro de 90 (noventa) dias subsequentes à sua saída.
b) receber auxílio-enfermidade por período superior a seis meses, embora descontínuo.
c) permanecer em gozo de licença, com percepção de salários, por mais de 30 (trinta) dias.
d) deixar de trabalhar, com percepção do salário, por mais de 60 (sessenta) dias, em virtude de paralisação total dos serviços da empresa.
e) tiver percebido da Previdência Social prestações de acidente de trabalho ou de auxílio-doença por mais de 6 (seis) meses, a não ser que descontínuos.

03) (VUNESP – CRO – SP – Advogado Junior – 2015) De acordo com o art. 130 da CLT, empregado contratado para exercer jornada de 8 horas diárias e 44 horas semanais que, durante o período aquisitivo de férias, faltou 8 dias injustificadamente, tem direito a usufruir:

a) 6 dias de férias.
b) 12 dias de férias.
c) 18 dias de férias.
d) 24 dias de férias.
e) 30 dias de férias.

04) (BANPARÁ – Advogado – 2017) A respeito da jornada de trabalho e dos períodos de descanso, assinale a alternativa CORRETA:

a) Entre 2 (duas) jornadas de trabalho haverá um período mínimo de 12 (doze) horas consecutivas para descanso.

b) Não excedendo de 6 (seis) horas o trabalho, será obrigatório um intervalo de 15 (quinze) minutos quando a duração ultrapassar 4 (quatro) horas.

c) Os intervalos de descanso de até 1 (uma) hora serão computados na duração do trabalho.

d) A duração normal do trabalho, para os empregados em qualquer atividade privada, não excederá de 8 (oito) horas diárias e 48 (quarenta e oito) horas semanais, desde que não seja fixado expressamente outro limite.

05) (FGV – TRT – 12ª Região – Analista Judiciário – Área Judiciária - 2017) Dalva é empregada da empresa Estrela do Sul S.A. e possui um filho menor de 18 anos, que frequenta regularmente a escola. Requereu ao seu empregador que pudesse gozar as suas férias em período coincidente com as férias escolares de seu filho

À luz da CLT, é correto afirmar que:

a) Dalva tem direito àquilo que reivindica, pois tendo filho estudante menor de 18 anos, pode fazer coincidir as suas férias com as escolares;

b) para que a empregada possa fruir do direito perseguido, deverá assim requerer ao empregador em até 15 dias antes do término do período aquisitivo;

c) somente se a empregada também fosse estudante é que poderia tirar férias no mesmo período das férias escolares de seu filho;

d) caso Dalva seja casada com empregado da Estrela do Sul S.A., a família poderá tirar as férias no recesso escolar de seu filho;

e) o empregador não está obrigado a conceder as férias em período coincidente com as férias escolares do filho menor de sua empregada.

06) (CESGRANRIO - LIQUIGÁS - Assistente Administrativo – 2018) O contrato individual de trabalho prevê intervalos que são períodos de paralisação das atividades. Esses períodos se caracterizam como intrajornada quando ocorrem dentro da mesma jornada de trabalho e interjornada quando ocorrem entre as jornadas de trabalho.

STUCHI, V. H. N. Prática Trabalhista. Rio de Janeiro: Forense. 2017.

Um trabalhador, que exerce suas atividades no período interjornadas, encerrou sua primeira jornada de trabalho às 7 horas.

Considerando-se o número mínimo de horas consecutivas a que ele tem direito para descanso, a sua segunda jornada deverá ter início às

a) 10 horas
b) 12 horas
c) 14 horas
d) 18 horas
e) 22 horas

07) (CESGRANRIO - LIQUIGÁS - Assistente Administrativo – 2018) Por férias anuais entende-se um certo número de dias consecutivos, durante os quais, a cada ano, o trabalhador que cumpriu certas condições de serviço interrompe o seu trabalho, recebendo, não obstante sua remuneração.

NASCIMENTO, 2009 apud STUCHI, V. H. N. Prática trabalhista. Rio de Janeiro: Forense; 2017, p. 79.

A conversão de 1/3 do período de férias a que o trabalhador tem direito, no valor da remuneração que lhe seria devida nos dias correspondentes, é considerada

a) bônus
b) prêmio
c) dividendos
d) gratificação
e) abono pecuniário

08) (VUNESP - IPSM – Procurador – 2018) Determinada empresa celebrou acordo coletivo de trabalho com o sindicato da categoria profissional, objetivando a redução do intervalo intrajornada de seus empregados para 30 (trinta) minutos. Diante da situação proposta, assinale a alternativa correta, considerando a legislação atual.

a) O acordo coletivo de trabalho é ilegal, pois a redução do intervalo depende de autorização do Ministério do Trabalho e Previdência Social.
b) O acordo coletivo de trabalho é ilegal, pois não está em conformidade com o entendimento sumulado do Supremo Tribunal Federal.
c) Não há óbice legal à mencionada redução do intervalo por meio de acordo coletivo de trabalho.
d) O acordo coletivo de trabalho é ilegal, mas o empregador ficará obrigado apenas a remunerar o período remanescente do intervalo não usufruído regularmente.

e) O acordo coletivo de trabalho é legal, mas depende de homologação judicial.

09) (FUNDATEC - SULGÁS - Assistente de Serviços Administrativos – 2018) A Lei nº 13.467/2017 introduziu alterações na Consolidação das Leis do Trabalho – CLT, e entre essas alterações estava a que modificou o §1º do Art. 134, que passou a ter a seguinte redação:

"Art. 134 – As férias serão concedidas por ato do empregador, em um só período, nos 12 (doze) meses subsequentes à data em que o empregado tiver adquirido o direito. (Redação dada pelo Decreto-lei nº 1.535, de 13.4.1977)

§ 1º Desde que haja concordância do empregado, as férias poderão ser usufruídas em até três períodos, sendo que um deles não poderá ser inferior a __________ dias corridos e os demais não poderão ser inferiores a _______ dias corridos, cada um. (Redação dada pela Lei nº 13.467, de 2017) (...)."

Assinale a alternativa que preenche, correta e respectivamente, as lacunas do trecho acima.

a) dez – cinco
b) dez - seis
c) doze – cinco
d) doze – seis
e) quatorze – cinco

10) (FEPESE - PGE-SC - Procurador do Estado – 2018) De acordo com legislação trabalhista, após cada período de 12 meses de vigência do contrato de trabalho, o empregado terá direito a férias de 18 dias corridos quando:

a) houver tido de 6 a 14 faltas.
b) houver tido de 15 a 23 faltas.
c) houver tido de 24 a 32 faltas.
d) não houver faltado ao serviço mais de 5 vezes.
e) não houver faltado ao serviço mais de 10 vezes.

11) (MetroCapital Soluções - Prefeitura de Conchas - SP - Assistente Administrativo III – 2018) Camila já trabalha para sua empregadora há mais de 1 ano, durante este período, por problemas pessoas injustificáveis faltou por 14 dias ao serviço; ocorre que ante o tempo de seu labor, sua empregadora obedecendo as regras da Consolidação das Leis Trabalhistas deu-lhe férias. Assim, assinale a alternativa correta quanto a quantidade de dias que deveria a empregadora dar de férias à Camila com base na CLT:

a) 30 dias corridos, pois todo empregado tem direito anualmente ao gozo de férias,

b) 24 dias corridos, ante os 14 dias de faltas.

c) 18 dias corridos, ante os 14 dias de faltas.

d) 12 dias de corridos, ante os 14 dias de faltas.

e) Por ter faltado 14 dias, Camila perde o direito a férias e sua empregadora não deveria ter lhe dado tal direito.

12) **(COSEAC - Prefeitura de Maricá - RJ - Procurador do Município – 2018)** Pela Consolidação das Leis do Trabalho, o empregado que tiver faltado, no período aquisitivo, por até cinco vezes, terá direito ao período de férias de:

a) doze dias corridos.

b) vinte e quatro dias corridos.

c) dez dias corridos.

d) trinta dias corridos.

e) dezoito dias corridos.

13) **(VUNESP - Prefeitura de Sorocaba - SP - Procurador do Município – 2018)** Desde que haja concordância do empregado, as férias poderão ser usufruídas em até

a) 2 (dois) períodos, exceto para o empregado adolescente.

b) 3 (três) períodos, exceto para o maior de 60 (sessenta) anos de idade.

c) 2 (dois) períodos, exceto para o maior de 50 (cinquenta) anos de idade.

d) 3 (três) períodos, sendo que um deles não poderá ser inferior a 14 (quatorze) dias corridos, e os demais não poderão ser inferiores a 5 (cinco) dias corridos, cada um.

e) 2 (dois) períodos, sendo que um deles não poderá ser inferior a 10 (dez) dias corridos.

14) **(INAZ do Pará - CORE-MS - Assistente Jurídico – 2018)** As férias consistem em uma paralisação temporária na prestação dos serviços, com o objetivo de proporcionar a recuperação física e mental do empregado.

Sobre o período de férias, pode-se afirmar:

a) Durante as férias, o empregado não poderá prestar serviços a outro empregador, mesmo se estiver obrigado a fazê-lo em virtude de contrato de trabalho regularmente mantido com aquele.

b) Em regra, as férias serão concedidas em 2 (dois) períodos, um dos quais não poderá ser inferior a 10 (dez) dias corridos.

c) A época da concessão das férias será a que melhor consulte os interesses do empregado.

d) Os membros de uma família, que trabalharem no mesmo estabelecimento ou empresa, terão direito a gozar férias no mesmo período, se assim o desejarem e se disto não resultar prejuízo para o serviço.

15) (FCC - TRT - 15ª Região (SP) - Analista Judiciário - Área Administrativa – 2018) Sandra Feitosa, nascida em 01/03/1959, foi contratada, juntamente com seu marido, João Feitosa, nascido em 07/01/1958, para trabalhar na empresa Zigma. Sandra ocupava o cargo de Gerente Comercial e João, o cargo de Vendedor, estando subordinado à sua esposa. Sandra e João programaram uma viagem de férias de 30 dias, prevista para dezembro, e solicitaram ao departamento de recursos humanos a concessão das férias nesse período. O departamento de recursos humanos da empresa negou o pedido de férias, sob o fundamento de que as férias conjuntas prejudicariam a área comercial, em razão da ausência de dois empregados e do aumento das vendas no mês de dezembro. Em função disso, a empresa Zigma determinou que Sandra e João usufruíssem as férias em três períodos, sendo o primeiro de 15 dias, o segundo de 10 dias e o último de 5 dias.

Diante do exposto,

a) a empresa não pode negar o pedido de concessão de férias, uma vez que os membros de uma família, que trabalharem no mesmo estabelecimento ou empresa, terão direito a gozar férias no mesmo período, se assim o desejarem.

b) a empresa não pode negar o pedido de concessão de férias, porque compete aos empregados escolher a época que melhor consulte seus interesses para descansar.

c) o fracionamento da concessão das férias de Sandra e João depende da concordância dos empregados.

d) aos maiores de 50 anos de idade, como Sandra e João, as férias serão sempre concedidas de uma só vez.

e) o fracionamento da concessão das férias de Sandra e João poderá ocorrer apenas em casos excepcionais e desde que cada período não seja inferior a 10 dias.

16) (FCC - TRT - 2ª REGIÃO (SP) - Analista Judiciário - Área Judiciária – 2018) Carlos, Alessandra e Augusto trabalham na empresa Flor de Lótus Ltda. Luana, por sua vez, acabou de ser dispensada por justa causa. Carlos, trabalhou durante 7 meses e, em seguida, ausentou-se para a apresentação ao serviço militar obrigatório. Já Alessandra, no seu período aquisitivo, se ausentou injustificadamente por 8 dias. Augusto acabou de receber comunicação de concessão de férias. Nesses casos, de acordo com a legislação vigente e entendimento sumulado do TST, é correto o que se afirma em:

a) Alessandra terá direito às férias, na proporção de 18 dias corridos.

b) Não há proibição legal para que as férias de Augusto se iniciem imediatamente antes de feriados ou dia de descanso semanal remunerado.

c) Augusto poderá entrar no gozo das férias antes de apresentar ao empregador a sua Carteira de Trabalho e Previdência Social, para que nela seja anotada a concessão das férias. Nesse caso, deverá apresentá-la para a devida anotação em até 15 dias após o término do período de férias e seu retorno ao trabalho.

d) O tempo de trabalho anterior à apresentação de Carlos para o serviço militar obrigatório será computado no período aquisitivo, desde que ele compareça ao estabelecimento dentro de 120 dias da data em que se verificar a respectiva baixa.

e) Luana não terá direito ao recebimento da remuneração das férias proporcionais.

17) (FCC - TRT - 2ª REGIÃO (SP) - Técnico Judiciário - Tecnologia da Informação - 2018) Com relação às férias, considere:

I. Desde que haja concordância do empregado, as férias poderão ser usufruídas em até 3 períodos, sendo que um deles não poderá ser inferior a 14 dias corridos e os demais não poderão ser inferiores a 5 dias corridos, cada um.

II. É vedado o início das férias no período de 2 dias que antecede feriado ou dia de repouso semanal remunerado.

III. A época da concessão das férias será a que melhor consulte os interesses do empregado, sendo que os membros de uma família, que trabalharem no mesmo estabelecimento ou empresa, terão direito a gozar férias no mesmo período, se assim o desejarem e se disto não resultar prejuízo para o serviço.

IV. Os empregados maiores de 60 anos de idade gozarão das férias sempre de uma só vez, assim como o empregado estudante, menor de 18 anos, terá direito a fazer coincidir suas férias com as férias escolares.

De acordo com a Consolidação das Leis do Trabalho, está correto o que se afirma APENAS em

a) I e II.
b) I, II e III.
c) I, III e IV.
d) II e IV.
e) III e IV.

18) (INSTITUTO AOCP - TRT - 1ª REGIÃO (RJ) - Analista Judiciário - Área Judiciária – 2018) Tereza iniciou o contrato de trabalho, na função de secretária, na empresa Boa Viagem Turismo Ltda. em 12 de jan. de 2017, sendo que, no período aquisitivo de férias, faltou sem justificativa 2 vezes e, justificadamente, 4 vezes. Nesse caso, é correto afirmar que

a) o termo final do período aquisitivo de férias da empregada é 12 de jan. de 2018, e ela terá direito a 30 dias corridos de descanso.
b) o termo final do período aquisitivo de férias da empregada é 11 de jan. de 2018, e ela terá direito a 24 dias corridos de descanso.
c) o termo final do período aquisitivo de férias da empregada é 12 de jan. de 2018, e ela terá direito a 24 dias corridos de descanso.
d) o termo final do período aquisitivo de férias da empregada é 11 de jan. de 2018, e ela terá direito a 30 dias corridos de descanso.
e) o termo final do período aquisitivo de férias da empregada é 11 de jan. de 2018, e ela terá direito a 18 dias corridos de descanso.

19) (VUNESP - Prefeitura de Arujá - SP – Advogado – 2019) Carlos Eduardo, empregado da Serviços Gerais Ltda., trabalhou no período de dezembro de 2017 a janeiro de 2019, e pretende ingressar com Reclamatória Trabalhista. Para tanto, procura um advogado para saber se possui direito a receber algum valor por supressão do horário de intervalo intrajornada, vez que gozava apenas de 30 minutos diários. Com base nessas informações, assinale a alternativa correta.

a) Carlos Eduardo faz jus ao pagamento de uma hora diária com 50% de acréscimo sobre a hora normal, com natureza salarial.
b) Carlos Eduardo faz jus ao pagamento de 30 minutos diários com 50% de acréscimo sobre a hora normal, com natureza indenizatória.
c) Carlos Eduardo faz jus ao pagamento de uma hora diária com 100% de acréscimo sobre a hora normal, com natureza indenizatória.
d) Carlos Eduardo faz jus ao pagamento de 30 minutos diários com 100% de acréscimo sobre a hora normal, com natureza indenizatória.

e) Carlos Eduardo faz jus ao pagamento de 30 minutos diários com 50% de acréscimo sobre a hora normal, com natureza salarial.

20) **(CESPE - PGE-PE - Analista Judiciário de Procuradoria – 2019)** À luz do entendimento jurisprudencial do Tribunal Superior do Trabalho (TST) a respeito do direito de férias, julgue o item seguinte.

O empregado que se demite antes de completar doze meses de serviço não terá direito ao recebimento de indenização relativa a férias.

21) **(INAZ do Pará - CORE-SP - Assistente Jurídico – 2019)** No que diz respeito às férias anuais, reguladas pela Consolidação das Leis do Trabalho, marque a alternativa correta:

a) Não terá direito a férias o empregado que, no curso do período aquisitivo, deixar o emprego e não for readmitido dentro dos sessenta dias subsequentes à sua saída.
b) Desde que haja concordância do empregado, as férias poderão ser usufruídas em quantos períodos forem, sendo que um deles não poderá ser inferior a dez dias corridos e os demais não poderão ser inferiores a cinco dias corridos, cada um.
c) A época de concessão de férias será a que melhor consulte os interesses do trabalhador.
d) Durante as férias o empregado poderá livremente prestar serviços a outros empregadores.
e) Se as férias forem concedidas após os 12 (doze) meses subsequentes à data em que o empregado tiver adquirido o direito, o empregador pagará o valor das férias acrescido de multa de 40% (quarenta por cento).

22) **(CIEE - TRT - 10ª REGIÃO (DF e TO) - Estagiário - Direito – 2019)** Sobre os períodos de descanso entre as jornadas de trabalho, disciplinados na Consolidação das Leis do Trabalho, assinale a alternativa correta.

a) Os intervalos de descanso serão computados na duração do trabalho.
b) Entre 2 jornadas de trabalho haverá um período mínimo de 12 horas consecutivas para descanso.
c) Não excedendo de 6 horas o trabalho, será obrigatório um intervalo de 15 minutos quando a duração ultrapassar 4 horas.
d) A não concessão do intervalo intrajornada mínimo, para repouso e alimentação, a empregados urbanos e rurais, implica o pagamento, de

natureza indenizatória, apenas do período suprimido, com acréscimo de 70% sobre o valor da remuneração da hora normal de trabalho.

23) (CESPE - PGM - Campo Grande - MS - Procurador Municipal - 2019) No que diz respeito ao intervalo para repouso e alimentação, a grupo econômico e à proteção ao trabalho da mulher, julgue o item subsequente, considerando a jurisprudência do TST.

Em casos específicos de empregados contratados para jornada de trabalho de seis horas diárias e trinta horas semanais, mas que habitualmente prorrogam essa jornada, a jurisprudência tem-se posicionado no sentido de reconhecer, no mínimo, uma hora de intervalo para repouso e alimentação.

24) (VUNESP - FITO - Analista de Gestão - Recursos Humanos - 2020) Quanto às férias, a Lei nº 13.467/2017 estabelece que elas poderão ser fracionadas, por acordo entre gestor e funcionário, em até

a) 2 períodos, com no mínimo 20 dias em uma das frações.

b) 3 períodos, com no mínimo 14 dias corridos para uma das frações e 5 dias no mínimo para as outras duas.

c) 3 períodos, com no mínimo 15 dias úteis em uma das frações.

d) 4 períodos, com no mínimo 7 dias corridos para três das frações e os dias restantes para a última fração.

e) 4 períodos, com 10 dias corridos para duas das frações e 5 dias para as outras duas.

GABARITO

GAB		no Direito	no Livro	Observação
1	D	CLT. Art. 131, I, C/c Art. 473, incisos I, III e IV, e Art. 130, inciso I	Subtema 7.4.2	Apesar de ter excedido em alguns dias as hipóteses de faltas abonadas, esse total foi de 5 dias, sem justificativa, limite máximo para ter o direito a 30 dias de férias.
2	C	a) CLT. Art. 133, inciso I	a) Subtema 7.4.5	

GAB		no Direito	no Livro	Observação
2	C	b) CLT. Art. 133, inciso IV	b) Subtema 7.4.5	
		c) CLT. Art. 133, inciso II	c) Subtema 7.4.5	
		d) CLT. Art. 133, inciso III	d) Subtema 7.4.5	
		e) CLT. Art. 133, inciso IV	e) Subtema 7.4.5	
3	D	CLT. Art. 130, inciso II	Subtema 7.4.2	
4	B	a) CLT. Art. 66	a) Subtema 7.3	
		b) CLT. Art. 71, § 1º	b) Subtema 7.1	
		c) CLT. Art. 71, § 2º	c) Subtema 7.1	
		d) CF/88. Art. 7º, inciso XIII	d) Subtema 18.1.13	
5	E	a) CLT. Art. 136, § 1º e §2º	a) Subtema 7.4	
		b) CLT. Art. 136, caput	b) Subtema 7.4	
		c) CLT. Art. 136, § 1º e §2º	c) Subtema 7.4	
		d) CLT. Art. 136, § 1º	d) Subtema 7.4	
		e) CLT. Art. 136, § 1º	e) Subtema 7.4	
6	D	CLT. Art. 66	Subtema 7.3	
7	E	CLT. Art. 143, caput	Subtema 7.4.6	
8	C	CLT. Art. 611-A, inciso III	Subtema 7.1	
9	E	CLT. Art. 134, § 1º	Subtema 7.4.3	
10	B	CLT. Art. 13, inciso III	Subtema 7.4.2	
11	B	CLT. Art. 13, inciso II	Subtema 7.4.2	
12	D	CLT. Art. 13, inciso I	Subtema 7.4.2	
13	D	CLT. Art. 134, § 1º	Subtema 7.4.3	
14	D	a) CLT. Art. 138	a) Subtema 7.4	**Em relação a alternativa "b", as férias são concedidas em um só período.**
		b) CLT. Art. 134, caput	b) Subtema 7.4	
		c) CLT. Art. 136, caput	c) Subtema 7.4	
		d) CLT. Art. 136, § 1º	d) Subtema 7.4	
15	C	a) CLT. Art. 136, § 1º	a) Subtema 7.4	**Em relação a alternativa "a", como a empresa alegou prejuízo ao serviço, não persiste o direito as férias conjuntas.**
		b) CLT. Art. 136, caput	b) Subtema 7.4	
		c) CLT. Art. 134, § 1º	c) Subtema 7.4.3	
		d) O artigo que respaldava esta alternativa foi revogado pela Reforma Trabalhista	d) Subtema 7.4	
		e) CLT. Art. 134, § 1º	e) Subtema 7.4.3	

GAB		no Direito	no Livro	Observação
16	E	a) CLT. Art. 130, inciso II	a) Subtema 7.4.2	**Importante observar que Luana foi demitida por justa causa o que causa a perda ao direito de férias proporcionais.**
		b) CLT. Art. 134, § 3º	b) Subtema 7.4.4	
		c) CLT. Art. 135, § 1º	c) Subtema 7.4	
		d) CLT. Art. 132, caput	d) Subtema 7.4.7	
		e) TST. Súmula nº 261	e) Subtema 7.4.1	
17	A	I. CLT. Art. 134, § 1º	I. Subtema 7.4.3	**No item IV a primeira parte está errada, por dois motivos: o dispositivo que assegurava o gozo das férias em uma única parcela tutelava os maiores de 50, mas também houve o seu cancelamento pela reforma.**
		II. CLT. Art. 134, § 3º	II. Subtema 7.4.4	
		III. CLT. Art. 136, caput e § 1º	III. Subtema 7.4	
		IV. CLT. Art. 136, § 2º	IV. Subtema 7.4	
18	D	CLT. Art. 130, caput e § 1º	Subtema 7.4	
19	B	CLT. Art. 71, § 4º	Subtema 7.1, alínea "B"	
20	F	TST. Súmula nº 261	Subtema 7.4.1	**Nessa questão o termo indenização advém da conversão do direito ao gozo de férias pela pecúnia relativa.**
21	A	a) CLT. Art. 133, inciso I	a) Subtema 7.4.5	
		b) CLT. Art. 134, § 1º	b) Subtema 7.4.3	
		c) CLT. Art. 136, caput	c) Subtema 7.4	
		d) CLT. Art. 138	d) Subtema 7.4	
		e) CLT. Art. 134 c/c 137	e) Subtema 7.4.1, alínea "A"	
22	C	a) CLT. Art. 71, § 2º	a) Subtema 7.1, alínea "A"	
		b) CLT. Art. 66	b) Subtema 7.3	
		c) CLT. 71, § 1º	c) Subtema 7.1	
		d) CLT. Art. 71, § 4º	d) Subtema 7.1, alínea "B"	
23	C	TST. Súmula nº 437, item IV	Subtema 7.1	
24	D	CLT. Art. 134, § 1º	Subtema 7.4.3	

Subtema 8 – Salário e Remuneração

01) (FCC – Analista Judiciário – Área Administrativa – TRT 4/2015) Bernardo, empregado da empresa G, exerce a função X há onze anos ininterruptos, recebendo adicional de insalubridade pelo exercício desta função. Este mês Bernardo, se surpreendeu porque passou a não receber mais o referido adicional, uma vez que foi descaracterizada a insalubridade pelo exercício da função X por ato de autoridade competente. Neste caso, de acordo com entendimento sumulado do TST,

a) a descaracterização da insalubridade repercute na satisfação do respectivo adicional, sem ofensa a direito adquirido ou ao princípio da irredutibilidade salarial.

b) ocorreu flagrante ofensa ao direito adquirido, bem como ao princípio da irredutibilidade salarial, em razão do exercício da função por mais de cinco anos ininterruptos.

c) ocorreu flagrante ofensa ao direito adquirido, bem como ao princípio da irredutibilidade salarial, em razão do exercício da função por mais de dez anos ininterruptos.

d) a empresa G não poderia ter deixado de efetuar o pagamento do referido adicional sem prévio aviso com antecedência mínima de trinta dias.

e) a empresa G deveria continuar a pagar o referido adicional por seis meses após a descaracterização, podendo somente após este período deixar de efetuar o pagamento.

02) (OAB – FGV – Exame XVII – 2015) Maria trabalha para a sociedade empresária Alfa S.A. como chefe de departamento. Então, é informada pelo empregador que será transferida de forma definitiva para uma nova unidade da empresa, localizada em outro estado da Federação. Para tanto, Maria, obrigatoriamente, terá de alterar o seu domicílio.

Diante da situação retratada e do entendimento consolidado do TST, assinale a afirmativa correta.

a) Maria receberá adicional de, no mínimo, 25%, mas tal valor, por ter natureza indenizatória, não será integrado ao salário para fim algum.

b) A empregada não fará jus ao adicional de transferência porque a transferência é definitiva, o que afasta o direito.

c) A obreira terá direito ao adicional de transferência, mas não à ajuda de custo, haja vista o caráter permanente da alteração.

d) Maria receberá adicional de transferência de 25% do seu salário enquanto permanecer na outra localidade.

03) **(OAB – FGV – Exame XII – 2016)** Lívia trabalha em uma empresa de jornalismo, cumprindo jornada de 23h00min às 5h00min, recebendo regularmente o adicional noturno. Após 12 meses nessa jornada, o empregador resolveu transferi-la para o horário de 10h00min às 16h00min. Diante do caso e do entendimento consolidado do TST, assinale a afirmativa correta.

a) Lívia tem direito adquirido ao adicional noturno porque nele permaneceu 12 meses, de modo que o seu pagamento não pode ser suprimido.

b) A supressão do adicional noturno exigiria, no caso, o pagamento de uma indenização de 1 mês de adicional noturno.

c) O adicional noturno poderá ser suprimido porque Lívia não mais se ativa em horário noturno.

d) O adicional noturno deva ser pago pela metade, segundo determinação do TST.

04) **(OAB – FGV – Exame XXII – 2017)** Lino trabalha como diagramador na sociedade empresária XYZ Ltda., localizada em um grande centro urbano, e recebe do empregador, além do salário, moradia e plano de assistência odontológica, graciosamente.

Sobre o caso narrado, de acordo com a CLT, assinale a afirmativa correta.

a) Ambos os benefícios serão incorporados ao salário de Lino.

b) Somente o benefício da habitação será integrado ao salário de Lino.

c) Nenhum dos benefícios será incorporado ao salário de Lino.

d) Somente o benefício do plano de assistência odontológica será integrado ao salário de Lino.

05 **(IADES – Analista I – Advogado – CRF – DF/2017)** Tendo em vista a Consolidação das Leis do Trabalho no que se refere à remuneração, assinale a alternativa correta.

a) O pagamento do salário, qualquer que seja a modalidade do trabalho, não deve ser estipulado por período superior a 45 dias.

b) Compreendem-se na remuneração do empregado, para todos os efeitos legais, além do salário devido e pago diretamente pelo empregador como contraprestação do serviço, as gorjetas que receber.

c) Considera-se gorjeta apenas a importância espontaneamente dada pelo cliente ao empregado.

d) Não integram o salário as diárias para viagens e abonos pagos pelo empregador.

e) Não se compreendem no salário a alimentação, a habitação, o vestuário ou outras prestações in natura que a empresa fornecer habitualmente ao empregado.

06) (INAZ do Pará - CREFITO-16ª Região (MA) – Advogado – 2018) Carla é secretária na Empresa Sucesso Ltda. e recebe do seu patrão, além do salário, benefício moradia e plano de saúde.

Diante desta situação, de acordo com a CLT, pode-se afirmar que:

a) Com a reforma trabalhista, tais benefícios foram suspensos por parte do empregador.

b) Ambos os benefícios serão incorporados.

c) Apenas o benefício da moradia será integrado ao salário.

d) Não há possibilidade de nenhum benefício ser incorporado ao salário de Carla.

e) Apenas o benefício do plano de saúde será integrado ao salário.

07) (FEPESE - PGE-SC - Procurador do Estado – 2018) Analise as afirmativas abaixo a respeito da remuneração, conforme preconizado pela legislação trabalhista.

1. Com o advento da chamada "reforma trabalhista", passaram a integrar o salário apenas a importância fixa estipulada, as gratificações de função e as comissões pagas pelo empregador.
2. O pagamento dos salários ao empregado deve ser efetuado em dia útil e no local do trabalho, dentro do horário do serviço ou imediatamente após o encerramento deste, exceto quando efetuado por meio de depósito bancário.
3. Com as alterações legais promovidas pela "reforma trabalhista", consagrou-se que, sendo idêntica a função exercida, a todo trabalho de igual valor, prestado ao mesmo empregador, numa mesma localidade, corresponderá igual salário, sem distinção de sexo, etnia, nacionalidade ou idade.
4. Quando o pagamento houver sido estipulado por mês, deverá ser efetuado, o mais tardar, até o quinto dia útil do mês subsequente ao vencido.

Assinale a alternativa que indica todas as afirmativas corretas.

a) São corretas apenas as afirmativas 2 e 4.

b) São corretas apenas as afirmativas 1, 2 e 4.

c) São corretas apenas as afirmativas 1, 3 e 4.

d) São corretas apenas as afirmativas 2, 3 e 4.

e) São corretas as afirmativas 1, 2, 3 e 4.

08) (IADES - APEX Brasil - Analista - Aspectos Organizacionais Internos – 2018) Considerando o disposto na Consolidação das leis do Trabalho (CLT) e as alterações advindas da Lei nº 13.467/2017, é correto afirmar que

a) consideram-se gorjetas as liberalidades concedidas pelo empregador em forma de bens, serviços ou valor em dinheiro a empregado ou a grupo de empregados, em razão de desempenho superior ao ordinariamente esperado no exercício de suas atividades.

b) está previsto legalmente a integrar o salário, além da importância fixa estipulada, apenas as comissões pagas pelo empregador.

c) as importâncias pagas a título de ajuda de custo, prêmios e abonos, ainda que habituais, integrarão a remuneração, sendo incorporados ao contrato de trabalho e constituindo base de incidência de encargo trabalhista e previdenciário.

d) considera-se prêmio não só a importância espontaneamente dada pelo cliente ao empregado, como também o valor cobrado pela empresa, como serviço ou adicional, a qualquer título, e destinado à distribuição aos empregados.

e) compreendem-se na remuneração, para todos os efeitos legais, além do salário devido e pago diretamente pelo empregador, como contraprestação do serviço, as gorjetas que receber.

09) (VUNESP - UNICAMP - Procurador de Universidade Assistente – 2018) Nos termos da Consolidação das Leis do Trabalho, integram o salário do empregado

a) as diárias para viagem e os prêmios pagos habitualmente pelo empregador.

b) os prêmios e abonos pagos habitualmente pelo empregador.

c) as diárias que excedem a 50% da remuneração e os abonos pagos habitualmente pelo empregador.

d) os abonos e as gratificações legais pagas com habitualidade pelo empregador.

e) as gratificações legais e as comissões pagas pelo empregador.

10) (COPESE - UFT - Câmara de Palmas - TO - Analista em Recursos Humanos – 2018) Considerando as normas do Direito Laboral, em especial quanto ao trabalho noturno, assinale a alternativa INCORRETA.

a) O acréscimo referente ao adicional noturno, em se tratando de empresas que não mantêm, pela natureza de suas atividades, trabalho noturno habitual, será feito, tendo em vista os quantitativos pagos por trabalhos diurnos de natureza semelhante.
b) A transferência do empregado para o período diurno de trabalho implica a perda do direito ao adicional noturno.
c) Salvo nos casos de revezamento semanal ou quinzenal, o trabalho noturno terá remuneração superior a do diurno e, para esse efeito, sua remuneração terá um acréscimo de 30 % (trinta por cento), pelo menos, sobre a hora diurna.
d) Considera-se noturno, para os efeitos da lei, o trabalho executado entre as 22 (vinte e duas) horas de um dia e as 5 (cinco) horas do dia seguinte.

11) (CESPE - PGM - João Pessoa - PB - Procurador do Município – 2018) Considerando-se o entendimento dos tribunais superiores acerca das atividades insalubres ou perigosas, é correto afirmar que

a) os tripulantes de uma aeronave que permanecerem a bordo enquanto ocorre o abastecimento devem receber o adicional de periculosidade em razão do risco a que estão expostos.
b) caso a perícia ateste a atividade como insalubre, este fato é suficiente para que o empregado possua o direito de receber o respectivo adicional.
c) o trabalho exercido em condições perigosas, mas de forma intermitente, não gera ao empregado o direito ao recebimento do adicional de periculosidade, uma vez que o risco nesse caso é reduzido.
d) em uma demanda judicial para a concessão e pagamento de adicional de insalubridade, caso seja constatado pela perícia agente nocivo diverso do apontado na inicial, o pedido deverá ser julgado improcedente.
e) no caso de a empresa ter efetuado, de forma espontânea, o pagamento do adicional de periculosidade, não é necessária a realização de perícia tendo em vista que o fato se tornou incontroverso.

12) (INSTITUTO AOCP - TRT - 1ª REGIÃO (RJ) - Analista Judiciário - Área Administrativa – 2018) José é funcionário do Bar e Petiscaria Hora Feliz Ltda. na função de garçom, com registro em CTPS. Recebe o salário previsto em convenção coletiva da categoria. Além disso, recebe gorjetas pagas espontaneamente pelos clientes. O estabelecimento ainda cobra dos clientes taxa de serviço, à razão de 10% dos itens consumidos, cujo valor é destinado à distribuição aos empregados. A empresa fornece, também, uniforme a todos os empregados, a ser utilizado no local de trabalho para a prestação do serviço.

Diante do exposto, no que se refere à remuneração do empregado, é correto afirmar que

a) tanto a importância dada pelos clientes espontaneamente a José quanto o valor cobrado pela empregadora a título de taxa de serviço são considerados gorjeta.

b) o uniforme fornecido pela empresa a José integra sua remuneração.

c) as gorjetas recebidas por José dos clientes não integram sua remuneração.

d) somente é considerada gorjeta a importância dada pelos clientes espontaneamente a José.

e) a taxa de serviço cobrada pelo estabelecimento, nos termos do enunciado, não integra a remuneração do empregado.

13) (FCC - TRT - 15ª Região (SP) - Analista Judiciário - Área Judiciária - Oficial de Justiça Avaliador Federal – 2018) A caracterização e a classificação da insalubridade dependem de perícia, sendo que as atividades ou operações insalubres são aquelas que, por sua natureza, condições ou métodos de trabalho, exponham os empregados a agentes nocivos à saúde, acima dos limites de tolerância. O adicional de insalubridade, ainda que recebido por longo período, não se incorpora à remuneração do empregado, podendo deixar de ser pago. Segundo a previsão legal, a perícia de insalubridade

a) deve ser feita por engenheiro de segurança do trabalho; os limites de tolerância são fixados em razão da natureza e da intensidade do agente, sendo indiferente o tempo de exposição a seus efeitos; há possibilidade de o adicional deixar de ser pago com a eliminação do risco à integridade física.

b) deve ser feita por engenheiro de segurança do trabalho; os limites de tolerância são fixados em razão da natureza e da intensidade do agente, e do tempo de exposição a seus efeitos; a possibilidade de o adicional deixar de ser pago depende da eliminação do risco à saúde.

c) pode ser feita por médico do trabalho ou engenheiro do trabalho, registrados no Ministério do Trabalho; os limites de tolerância são fixados em razão da natureza e da intensidade do agente, e do tempo de exposição a seus efeitos; há possibilidade de o adicional deixar de ser pago com a eliminação do risco à saúde nos termos previstos pela lei e nas normas expedidas pelo Ministério do Trabalho.

d) pode ser feita por médico do trabalho, desde que registrado no Ministério do Trabalho; os limites de tolerância são fixados em razão da intensidade do agente e do tempo de exposição a seus efeitos; há possibilidade de o adicional deixar de ser pago com a eliminação do risco à saúde nos termos previstos pela lei e nas normas expedidas pelo Ministério do Trabalho.

e) pode ser feita por médico do trabalho ou engenheiro do trabalho, registrados no Ministério do Trabalho; os limites de tolerância são fixados em razão da natureza e do tempo de exposição a seus efeitos; há possibilidade de o adicional deixar de ser pago com a eliminação do risco à saúde e à integridade física, comprovada por meio de perícia judicial.

14) **(FCC - TRT - 2ª REGIÃO (SP) - Analista Judiciário - Área Administrativa – 2018)** Segundo entendimento Sumulado do Tribunal Superior do Trabalho, o trabalho executado em condições insalubres, em caráter intermitente, só por essa circunstância,

a) aumenta o respectivo adicional para 40%.
b) afasta o direito à percepção do respectivo adicional.
c) reduz o respectivo adicional para 10%.
d) reduz o respectivo adicional para 20%.
e) não afasta o direito à percepção do respectivo adicional.

15) **(INSTITUTO AOCP - TRT - 1ª REGIÃO (RJ) - Analista Judiciário - Área Administrativa – 2018)** Em relação às atividades consideradas perigosas e o direito ao adicional de periculosidade, assinale a alternativa INCORRETA.

a) O empregado exposto permanentemente ou que, de forma intermitente, sujeita-se a condições de risco, faz jus ao recebimento do adicional de periculosidade. O adicional de periculosidade é indevido tão somente quando o contato ou exposição a atividades ou operações perigosas ocorre eventualmente, ou seja, de forma fortuita, ou mesmo que seja habitual, ocorra por período de tempo muito reduzido.

b) O empregado exposto permanentemente ou que, de forma intermitente ou eventual, assim considerada a fortuita, sujeita-se a condições de risco faz jus ao recebimento do adicional de periculosidade.

c) O adicional de periculosidade legalmente estabelecido é de 30% sobre o salário do trabalhador, sem os acréscimos resultantes de gratificações, prêmios ou participações nos lucros da empresa e, quando pago com habitualidade, integra o salário do empregado para todos os efeitos.

d) O trabalhador que desempenha suas funções em motocicleta, como os motoboys, tem direito ao recebimento do adicional de periculosidade.

e) É inválida a cláusula de acordo ou convenção coletiva de trabalho fixando o adicional de periculosidade em percentual inferior ao estabelecido em lei, ainda que proporcional ao tempo de exposição ao risco.

16) (FCC - TRT - 2ª REGIÃO (SP) - Analista Judiciário - Oficial de Justiça Avaliador Federal – 2018) Acerca do salário e remuneração, de acordo com a legislação vigente e o entendimento sumulado do Tribunal Superior do Trabalho (TST),

a) terá força de recibo o comprovante de depósito em conta bancária, aberta para esse fim em nome de cada empregado, com o consentimento deste, em estabelecimento de crédito próximo ao local de trabalho.

b) para os trabalhadores urbanos, a habitação e a alimentação fornecidas como salário-utilidade deverão atender aos fins a que se destinam e não poderão exceder, respectivamente, a 20% e 25% do salário-mínimo.

c) as gorjetas, cobradas pelo empregador na nota de serviço ou oferecidas espontaneamente pelos clientes, integram a remuneração do empregado, não servindo de base de cálculo apenas para as parcelas de 13o salário, adicional noturno e horas extras.

d) consideram-se prêmios as liberalidades concedidas pelo empregador em forma de bens ou serviços, a empregado ou a grupo de empregados, em razão de desempenho superior ao ordinariamente esperado no exercício de suas atividades, sendo vedada a sua concessão em dinheiro.

e) o pagamento do salário, dependendo de qual seja a modalidade do trabalho, não deve ser estipulado por período superior a um mês, inclusive no que concerne a comissões, percentagens e gratificações.

17) (FEPESE - PGE-SC - Procurador do Estado – 2018) Analise as afirmativas abaixo a respeito do direito individual do trabalho:

1. O pagamento de adicional de periculosidade efetuado por mera liberalidade da empresa, ainda que de forma proporcional ao tempo de exposição ao risco ou em percentual inferior ao máximo legalmente previsto, dispensa a realização da prova técnica exigida pela lei, pois torna incontroversa a existência do trabalho em condições perigosas.
2. É do empregador o ônus de comprovar que o empregado não satisfaz os requisitos indispensáveis para concessão do vale-transporte ou não pretenda fazer uso do benefício.
3. A constatação da insalubridade por meio de laudo pericial é suficiente para que o empregado tenha direito ao respectivo adicional, sendo desnecessária a classificação da atividade insalubre na relação oficial elaborada pelo Ministério do Trabalho.
4. Aplica-se às sociedades de economia mista a regra da equiparação salarial, porquanto, ao admitirem empregados sob o regime da CLT, equiparam-se ao empregador privado.

Assinale a alternativa que indica todas as afirmativas corretas.

a) São corretas apenas as afirmativas 1, 2 e 3.
b) São corretas apenas as afirmativas 1, 2 e 4.
c) São corretas apenas as afirmativas 1, 3 e 4.
d) São corretas apenas as afirmativas 2, 3 e 4.
e) São corretas as afirmativas 1, 2, 3 e 4.

18) (FCC - TRT - 2ª REGIÃO (SP) - Analista Judiciário - Oficial de Justiça Avaliador Federal - 2018) Jonas é auxiliar de produção na Metalúrgica Sincera S/A, e suas férias foram agendadas para serem gozadas em março. Ocorre que dois dias antes de sair de férias, requereu ao seu empregador o adiantamento de seu 13o salário. Tendo em vista que, além do salário em dinheiro, Jonas também recebe sua remuneração em utilidades, no tocante ao seu 13o salário é correto o que se afirma em:

a) Jonas terá direito ao adiantamento de seu 13o salário juntamente com suas férias, por ter requerido no período de dois dias que antecedeu seu gozo, bem como para seu cálculo serão computados tanto o salário em dinheiro, quanto as utilidades recebidas.
b) Jonas terá direito ao adiantamento de seu 13o salário juntamente com suas férias, por ter requerido no período de dois dias que antecedeu seu gozo, mas, para cálculo da sua remuneração, somente será computado o valor em dinheiro, não fazendo jus às utilidades recebidas.
c) Quando parte da remuneração for paga em utilidades, o valor da quantia efetivamente descontada e correspondente a essas será computado para fixação da respectiva gratificação natalina, não tendo direito Jonas ao adiantamento em suas férias, pois é do empregador a prerrogativa de antecipar tal pagamento.
d) Quando parte da remuneração for paga em utilidades, o valor da quantia efetivamente descontada e correspondente a essas será computado para fixação da respectiva gratificação natalina, não tendo direito Jonas ao adiantamento em suas férias, pois o mesmo deveria ter sido requerido até janeiro do ano correspondente.
e) Quando parte da remuneração for paga em utilidades, o valor da quantia efetivamente descontada e correspondente a essas será computado para fixação da respectiva gratificação natalina, tendo direito Jonas ao adiantamento da mesma em suas férias, pois sempre que o empregado o requerer, sem limite temporal, o empregador deverá adiantá-la.

19) (UPENET/IAUPE - UPE – Advogado – 2019) Pode-se afirmar acerca da remuneração do trabalhador, EXCETO:

a) Além do pagamento em dinheiro, compreende-se no salário, para todos os efeitos legais, a alimentação, habitação, vestuário ou outras prestações "in natura" que a empresa, por força do contrato ou do costume, fornecer habitualmente ao empregado. Em caso algum, será permitido o pagamento com bebidas alcoólicas ou drogas nocivas.

b) Os valores atribuídos às prestações "in natura" deverão ser justos e razoáveis, não podendo exceder, em cada caso, os dos percentuais das parcelas componentes do salário-mínimo.

c) Excepcionalmente serão considerados como salário os vestuários, equipamentos e outros acessórios fornecidos ao empregado e utilizados no local de trabalho, para a prestação dos respectivos serviços.

d) Não serão consideradas como salário as seguintes utilidades concedidas pelo empregador: educação em estabelecimento de ensino próprio ou de terceiros, compreendendo os valores relativos à matrícula, mensalidade, anuidade, aos livros e ao material didático.

e) O transporte destinado ao deslocamento para o trabalho e retorno, em percurso servido ou não por transporte público, não será considerado como salário.

20) (NC-UFPR - ITAIPU BINACIONAL - Profissional de Nível Universitário Jr – Direito – 2019) Sobre a remuneração do trabalho, identifique como verdadeiras (V) ou falsas (F) as seguintes afirmativas:

( ) Quando o pagamento houver sido estipulado por mês, deverá ser efetuado, o mais tardar, até o quinto dia útil do mês subsequente ao vencido.

( ) Não serão considerados como salário vestuários, equipamentos e outros acessórios fornecidos aos empregados e utilizados no local de trabalho, para a prestação do serviço.

( ) As importâncias habituais pagas a título de ajuda de custo, diárias para viagem, prêmios e abonos integram a remuneração do empregado, se incorporam ao contrato de trabalho e constituem base de incidência de qualquer encargo trabalhista e previdenciário.

( ) O pagamento dos salários será efetuado em dia útil e no local do trabalho, dentro do horário do serviço ou imediatamente após o encerramento deste, salvo quando efetuado por depósito em conta bancária.

Assinale a alternativa que apresenta a sequência correta, de cima para baixo.

a) V – V – F – V.

b) F – F – V – V.

c) V – V – F – F.

d) F – V – V – V.

e) V – F – V – F.

21) **(FCC - AFAP - Analista de Fomento – Advogado – 2019)** Eduardo é empregado da empresa de entregas Zas Trás Ltda., prestando serviços como motociclista, entregando todo tipo de encomendas, até mesmo material inflamável. No caso hipotético narrado e de acordo com a CLT, Eduardo tem direito ao adicional de

a) periculosidade, no percentual de 30% sobre o salário base, por se tratar de trabalhador em motocicleta e insalubridade, no percentual de 40% sobre o salário mínimo, pela exposição a inflamável.

b) periculosidade, no percentual de 30% sobre o salário base, por se tratar de trabalhador em motocicleta.

c) insalubridade, no percentual de 30% sobre o salário base, pela exposição a inflamável.

d) penosidade, no percentual de 40% sobre o salário mínimo, pelo trabalho sujeito às intempéries climáticas e a acidente de trânsito.

e) periculosidade, no percentual de 40% sobre o salário base, por se tratar de trabalhador em motocicleta.

22) **(IPEFAE - Prefeitura de Andradas - MG - Advogado - 2019)** Joaquina trabalha como garçonete na lanchonete “Hamburgueria Ltda”. No fim do último mês, recebe um total de R$ 3.500,00, sendo R$ 2.000,00 referente ao pagamento feito diretamente pelo empregador e R$ 1.500,00 pago pelos clientes como doação ante o atendimento gracioso e atencioso por ela prestado. Diante dessa situação, é correto afirmar que:

a) R$ 3.500,00 é o salário de Joaquina.

b) R$ 2.000,00 é o salário de Joaquina.

c) R$ 1.500,00 é a remuneração de Joaquina.

d) R$ 2.000,00 é a remuneração de Joaquina.

23) **(IESES - Prefeitura de São José - SC - Procurador Municipal - 2019)** Analise as seguintes assertivas, com base na Consolidação das Leis do Trabalho (CLT) e entendimentos sumulados do Tribunal Superior do Trabalho (TST): **I.** O trabalhador readaptado em nova função poderá servir de paradigma para fins de

equiparação salarial, salvo quando por motivo de deficiência mental atestada pelo órgão competente da Previdência Social. **II.** Trabalho de igual valor, será o que for feito com igual produtividade e com a mesma perfeição técnica, entre pessoas cuja diferença de tempo de serviço para o mesmo empregador não seja superior a quatro anos e a diferença de tempo na função não seja superior a dois anos. **III.** Sendo idêntica a função, a todo trabalho de igual valor, prestado ao mesmo empregador, no mesmo estabelecimento empresarial, corresponderá igual salário, sem distinção de sexo, etnia, nacionalidade ou idade. No caso de comprovada discriminação por motivo de sexo ou etnia, o juízo determinará, além do pagamento das diferenças salariais devidas, multa, em favor do empregado discriminado, no valor de 50% (cinquenta por cento) do limite máximo dos benefícios do Regime Geral de Previdência Social. **IV.** A equiparação salarial só será possível entre empregados contemporâneos no cargo ou na função, ficando vedada a indicação de paradigmas remotos, ainda que o paradigma contemporâneo tenha obtido a vantagem em ação judicial própria.

Assinale a resposta correta:

a) Apenas as assertivas II, III e IV estão corretas.
b) Apenas as assertivas I e II estão corretas.
c) Apenas as assertivas I, II e III estão corretas.
d) Apenas a assertiva IV está correta.

24) (VUNESP - Prefeitura da Estância Turística de Guaratinguetá - Procurador - 2019) Para efeitos legais, serão consideradas como salário as seguintes utilidades concedidas pelo empregador:

a) vestuários, equipamentos e outros acessórios fornecidos aos empregados e utilizados no local de trabalho, para a prestação do serviço.
b) educação, em estabelecimento de ensino próprio ou de terceiros, compreendendo os valores relativos a matrícula, mensalidade, anuidade, livros e material didático.
c) a alimentação, habitação, vestuário que a empresa, por força do contrato ou do costume, fornecer habitualmente ao empregado.
d) seguros de vida e de acidentes pessoais.
e) previdência privada.

25) (DIRECTA - Câmara de Cosmópolis - SP - Procurador Legislativo - 2019) Todas as afirmativas abaixo estão de acordo com a CLT, exceto:

a) São consideradas atividades ou operações perigosas em virtude de exposição permanente do trabalhador a roubos ou outras espécies de violência física nas atividades profissionais de segurança pessoal ou patrimonial.

b) O exercício de trabalho em condições insalubres, acima dos limites de tolerância estabelecidos pelo Ministério do Trabalho, assegura a percepção de adicional respectivamente de 40%, 20% e 10% do salário-mínimo da região, segundo se classifiquem nos graus máximo, médio e mínimo.

c) A eliminação ou a neutralização da insalubridade ocorrerá somente com a adoção de medidas que conservem o ambiente de trabalho dentro dos limites de tolerância.

d) Caberá às Delegacias Regionais do Trabalho, comprovada a insalubridade, notificar as empresas, estipulando prazos para sua eliminação ou neutralização.

e) São consideradas atividades ou operações perigosas em virtude de exposição permanente do trabalhador a inflamáveis, explosivos ou energia elétrica.

26) (NC-UFPR - Prefeitura de Curitiba - PR - Procurador - 2019) Concernente à isonomia salarial dos empregados públicos, assinale a alternativa correta.

a) Para os fins previstos no § 2º do art. 461 da CLT, só é válido o quadro de pessoal organizado em carreira quando homologado pelo Ministério do Trabalho.

b) Para efeito de equiparação de salários em caso de trabalho igual, conta-se o tempo de serviço no emprego público, e não na função.

c) A cessão de empregados exclui a equiparação salarial se a função for exercida em órgão governamental estranho à cedente, e se este responde pelos salários do paradigma e do reclamante.

d) A equiparação salarial só é possível se o empregado e o paradigma exercerem a mesma função, desempenhando as mesmas tarefas e em cargos com denominação idêntica ou similar.

e) É vedada a equiparação de qualquer natureza para o efeito de remuneração do pessoal do serviço público, sendo juridicamente impossível a aplicação da norma infraconstitucional prevista no art. 461 da CLT quando se pleiteia equiparação salarial entre servidores públicos, independentemente de terem sido contratados pela CLT.

27) (MPT - MPT - Procurador do Trabalho - 2020) Pedro foi contratado por uma universidade para lecionar (16) dezesseis horas por semana, às segundas e quintas-feiras, das 19h às 23h. Às terças e sextas-feiras, por sua vez, trabalhava das 07h às 11h. Não houve pactuação, nem coletiva nem individual, para estipular regra distinta acerca das horas fictas ou de qualquer um dos intervalos. Diante dessa narrativa, analise as seguintes assertivas:

I – A Universidade poderá ser autuada pela fiscalização do trabalho por descumprimento de normas atinentes à duração do trabalho.

II – Em reclamação individual, o empregado poderá cobrar apenas 15 minutos de horas extras por semana.

III – Em reclamação individual, o empregado poderá cobrar 7 minutos e 30 segundos de horas extras por dia de trabalho.

IV – Em reclamação individual, o empregado poderá cobrar 6 horas extras e 15 minutos por semana.

Assinale a alternativa CORRETA:

a) Apenas a assertiva I está correta.

b) Apenas as assertivas I e IV estão corretas.

c) Apenas as assertivas I, III e IV estão corretas.

d) Todas as assertivas estão corretas.

28) (MPT – Procurador do Trabalho – MPT/2020) Analise as assertivas abaixo:

I - A Convenção n° 100 da Organização Internacional do Trabalho estabelece que o salário in natura e todas as outras vantagens pagas direta ou indiretamente pelo empregador ao trabalhador em razão da relação de emprego são consideradas remuneração, no que se harmoniza com os artigos 457 e 458 da Consolidação das Leis do Trabalho.

II - A distinção entre salário e remuneração é meramente semântica, não apresentando importância prática.

III - A base de cálculo do Fundo de Garantia do Tempo de Serviço compreende apenas o salário, não sendo integrado pelas gorjetas pagas ao empregado por terceiros.

IV - A base de cálculo da contribuição para o Instituto Nacional da Seguridade Social compreende o salário pago diretamente pelo empregador e as gorjetas.

Assinale a alternativa CORRETA:

a) Apenas a assertiva I está correta.

b) Apenas as assertivas I, III e IV estão corretas.

b) Apenas as assertivas I e II estão corretas.
d) Apenas as assertivas I e IV estão corretas.
e) Não respondida.

GABARITO

GAB		no Direito	no Livro	Observação
1	A	TST. Súmula nº 248	Subtema 8.2, alínea "A.3.1"	
2	B	TST. OJ nº 113 da SDI1 e CLT. Art. 470	Subtema 8.2, alínea "A.5"	
3	C	TST. Súmula nº 265	Subtema 8.2, alínea "A.2"	
4	B	Moradia – CLT. Art. 458, caput e Súmula nº 367, I do TST	Subtema 8.5	No caso sob análise o empregador não fornece a **<u>moradia</u>** por força do contrato, mas sim por "luxo", o que a faz possuir natureza salarial
		Plano de Assistência Odontológica – CLT. Art. 458, § 2º, IV	Subtema 8.5.1	
5	B	a) CLT. Art. 459, caput	a) Subtema 8	Com a Reforma Trabalhista, os Prêmios e os Abonos passaram a ter natureza não salarial.
		b) CLT. Art. 457, caput	b) Subtema 8	
		c) CLT. Art. 457, § 3º	c) Subtema 8.1	
		d) CLT. Art. 457, § 2º	d) Subtema 8.2	
		e) CLT. Art. 458, caput	e) Subtema 8.5	
6	C	CLT. Art. 458, caput e § 2º, inciso IV	Subtema 8.5 e 8.5.1	
7	A	1. CLT. Art. 457, § 1º	1. Subtema 8	
		2. CLT. Art. 465	2. Subtema 8.9	
		3. CLT. Art. 461, caput	3. Subtema 8.11	
		4. CLT. Art. 459, § 1º	4. Subtema 8.9	
8	E	a) CLT. Art. 457, § 3º	a) Subtema 8.1	
		b) CLT. Art. 457, § 1º	b) Subtema 8	
		c) CLT. Art. 457, § 2º	c) Subtema 8.3	
		d) CLT. Art. 457, § 4º	d) Subtema 8.3, alínea "D"	
		e) CLT. Art. 457, caput	e) Subtema 8	
9	E	CLT. Art. 457, §§ 1º e 2º	Subtema 8 e 8.3	

GAB		no Direito	no Livro	Observação
10	C	a) CLT. Art. 73, § 3º	a) Subtema 8.2, alínea "A.2"	
		b) TST. Súmula nº 265	b) Subtema 8.2, alínea "A.2"	
		c) CLT. Art. 73, caput	c) Subtema 8.2, alínea "A.2"	
		d) CLT. Art. 73, § 2º	d) Subtema 8.2, alínea "A.2"	
11	E	a) TST. Súmula nº 447	a) Subtema 8.2, alínea "A.4.5"	
		b) TST. Súmula nº 448, I	b) Subtema 8.2, alínea "A.3"	
		c) TST. Súmula nº 364, I	c) Subtema 8.2, alínea "A.4.4"	
		d) TST. Súmula nº 293	d) Subtema 8.2, alínea "A.3"	
		e) TST. Súmula nº 453	e) Subtema 8.2, alínea "A.4"	
12	A	CLT. Art. 457, caput e § 3º e Art. 458, § 2º, inciso I	Subtemas 8, 8.1 e 8.5.1	
13	C	CLT. Arts. 195, caput, 189 e 194	Subtema 8.2, alínea "A.3"	
14	E	TST. Súmula nº 364, I	Subtema 8.2, alínea "A.4.4"	
15	B	a) TST. Súmula nº 364, I	a) Subtema 8.2, alínea "A.4.4"	
		b) TST. Súmula nº 364, I	b) Subtema 8.2, alínea "A.4.4"	
		c) CLT. Art. 193, § 1º	c) Subtema 8.2, alínea "A.4"	
		d) CLT. Art. 193, § 4º	d) Subtema 8.2, alínea "A.4"	
		e) CLT. Art. 611-B, inciso XVIII	e) Parte III, Subtema 1.1.1, alínea "B"	
16	A	a) CLT. Art. 464, parágrafo único	a) Subtema 8.9	
		b) CLT. Art. 458, § 3º	b) Subtema 8.5.3	
		c) TST. Súmula nº 354	c) Subtema 8.1, alínea "A"	
		d) CLT. Art. 457, § 4º	d) Subtema 8.3, alínea "D"	
		e) CLT. Art. 459, caput	e) Subtema 8	

GAB		no Direito	no Livro	Observação
17	B	1. TST. Súmula nº 453	1. Subtema 8.2, alínea "A.4"	
		2. TST. Súmula nº 460	2. Subtema 8.5.4, alínea "B"	
		3. TST. Súmula nº 448, I	3. Subtema 8.2, alínea "A.3"	
		4. TST. Súmula nº 455	4. Subtema 8.11.4	
18	D	Do pedido de Adiantamento do 13º Salário - Decreto nº 57.155/1965. Art. 4º	Subtema 8.2, alínea "B.2"	
		Do cálculo da Remuneração - Decreto nº 57.155/1965. Art. 5º	Subtema 8.2, alínea "B.2"	
19	C	a) CLT. Art. 458, caput	a) Subtema 8.5	
		b) CLT. Art. 458, § 1º	b) Subtema 8.5	
		c) CLT. Art. 458, § 2º, inciso I	c) Subtema 8.5.1	
		d) CLT. Art. 458, § 2º, inciso II	d) Subtema 8.5.1	
		e) CLT. Art. 458, § 2º, inciso III	e) Subtema 8.5.1	
20	A	1. CLT. Art. 459, § 1º	1. Subtema 8.9	
		2. CLT. Art. 458, § 2º, inciso I	2. Subtema 8.5.1	
		3. CLT. Art. 457, § 2º	3. Subtema 8.3	
		4. CLT. Art. 465	4. Subtema 8.9	
21	B	CLT. Art. 193, inciso I, §§ 1º, 2º e 4º	Subtema 8.2, alínea "A.4"	
22	A	CLT. Art. 457, caput	Subtema 8.2	
23	A	I. CLT. Art. 461, §4º	I. Subtema 8.11.1	
		II. CLT. Art. 461, §1º	II. Subtema 8.11, alínea "A", "B" e "C"	
		III. CLT. Art. 461, caput e §6º	III. Subtema 8.11.3	
		IV. CLT. Art. 461, §5º	IV. Subtema 8.11.2	
24	C	a) CLT. Art. Art. 458, § 2º, I	a) Subtema 8.5.1	
		b) CLT. Art. Art. 458, § 2º, II	b) Subtema 8.5.1	
		c) CLT. Art. Art. 458, caput	c) Subtema 8.5.3	
		d) CLT. Art. Art. 458, § 2º, V	d) Subtema 8.5.1	
		e) CLT. Art. Art. 458, § 2º, VI	e) Subtema 8.5.1	

GAB		no Direito	no Livro	Observação
25	C	a) CLT. Art. 193, caput e II	a) Subtema 8.2, alínea "A.4"	
		b) CLT. Art. 192	b) Subtema 8.2, alínea "A.3"	
		c) CLT. Art. 191, caput e incisos I e II	c) Subtema 8.2, alínea "A.3.1"	
		d) CLT. Art. 191, parágrafo único	d) Subtema 8.2, alínea "A.3.1"	
		e) CLT. Art. 193, caput e I	e) Subtema 8.2, alínea "A.4"	
26	E	a) CLT. Art. 461, §2º	a) Subtema 8.11, alínea "D"	
		b) TST. Súmula nº 455 c/c Art. 461, §1º	b) Subtema 8.11.4	
		c) TST. Súmula nº 6, V	c) Subtema 8.11.5	
		d) TST. Súmula nº 6, III	d) Subtema 8.2, alínea "A"	
		e) TST. OJ nº 297 da SDI-1.	e) Subtema 8.11.4	
27	B	CLT. Art. 73, §1º c/c Art. 66	Subtema 8.2, alínea "A.2" e Subtema 7.3	Entre as jornadas havia apenas 08h de descanso. Logo, 03horas extras x 2 (duas vezes por semana) = 06 horas excedentes, por desrespeito o descanso mínimo de 11 horas na interjornada. Ainda, labora 01h a partir das 22h. Assim, tendo em vista a hora ficta, sobravam 7 min e 30 seg de horas extras, também 2x na semana = 15 minutos. Por semana o total era de 06H15.
28	D	I. Convenção nº 100 da OIT. Art. 1, alínea "a" c/c CLT. arts. 457 e 458	I. Subtema 8 e 8.2	
		II. CLT. arts. 457 e 458	II. Subtema 8.2 e 8.3	
		III. Lei nº 8.036/90. Art. 15	III. Subtema 15.2	
		IV. Lei nº 8.212/91. Art. 28, I	IV. Subtema 8.2, alínea "A"	

Subtema 9 – Alteração do Contrato de Trabalho

01) (FCC – Analista Judiciário – Área Judiciária – TRT 3/2015) Relativamente às alterações do contrato de trabalho,

a) é considerada alteração unilateral vedada por lei a determinação do empregador para que o empregado com mais de dez anos no exercício de função de confiança, reverta ao cargo efetivo anteriormente ocupado.

b) o empregador pode, sem a anuência do empregado exercente de cargo de confiança, transferi-lo, com mudança de domicílio, para localidade diversa da que resultar do contrato de trabalho, independentemente de real necessidade de serviço.

c) o adicional de 25% do salário do empregado é devido nas hipóteses de transferência provisória e definitiva.

d) a extinção do estabelecimento não é causa de transferência do empregado, sendo obrigatória, nesse caso, a extinção do contrato de trabalho.

e) o empregador pode, sem a anuência do empregado cujo contrato de trabalho tenha condição, implícita ou explícita de transferência, transferi-lo, com mudança de domicílio, para localidade diversa da que resultar do contrato, desde que haja real necessidade de serviço.

02) (FCC – Analista Judiciário – Área Judiciária – TRT 4/2015) O *jus variandi* é um conceito doutrinário embasado na faculdade-poder conferida ao empregador de dirigir a prestação de serviços, como reflexo do "dirigismo contratual", nos termos previstos no artigo 2o da Consolidação das Leis do Trabalho. Assim, conforme a doutrina, a legislação e a jurisprudência sumulada do TST, o jus variandi será exercido de forma lícita em caso de

a) alteração do horário de trabalho noturno para diurno, ocasionando ao empregado apenas o prejuízo material da supressão do pagamento de adicional noturno.

b) redução salarial por motivo de crise econômica da empresa para evitar demissão, independente de acordo ou convenção coletiva de trabalho.

c) transferência do empregado, por ato unilateral do empregador, para local mais distante de sua residência, sem o suplemento salarial correspondente ao acréscimo da despesa de transporte.

d) supressão da jornada extraordinária prestada com habitualidade durante dois anos sem assegurar ao empregado o direito à indenização em razão das horas suprimidas.

e) transferência do empregado contratado com cláusula explícita de transferência, sem a sua anuência, para localidade diversa da que resultar do contrato, implicando em mudança de domicílio, independente da comprovação de real necessidade do serviço.

03) (CESPE – TRT – 8ª Região – PA e AP – Analista Judiciário – Área Judiciária – 2016) No que se refere à alteração ou à extinção do contrato de emprego, assinale a opção correta.

a) O adicional de transferência é devido na transferência provisória e na definitiva, sendo equivalente a, no mínimo, 25% dos salários que o empregado percebia na localidade de origem.

b) Em caso de extinção do estabelecimento, é lícita a transferência do empregado, dado o princípio da continuidade da relação de emprego.

c) As despesas resultantes da transferência que acarretem mudança de domicílio correm por conta do empregado.

d) É lícita a rescisão por justa causa do contrato individual de trabalho ante a negativa do empregado à efetivação de qualquer alteração no contrato de trabalho proposta de forma unilateral pelo empregador.

e) Constitui alteração unilateral ilícita a determinação do empregador para que o empregado deixe função de confiança e reverta a cargo efetivo anteriormente ocupado.

04) (FCC – Técnico Judiciário – Área Administrativa – TRT 24/2017) As alterações do contrato de trabalho são disciplinadas na Consolidação das Leis do Trabalho e a preocupação do legislador centrou-se nos aspectos das vontades das partes, da natureza da alteração e dos efeitos que esta gerará para determinar se será válida ou não. Em razão disso, excluem-se naturalmente da análise da legalidade as alterações obrigatórias, que são imperativamente impostas por lei ou por normas coletivas. No tocante às alterações do contrato de trabalho, estabelece a legislação vigente:

a) Nos contratos individuais de trabalho só é lícita a alteração das respectivas condições por mútuo consentimento, mesmo que resultem, direta ou indiretamente, prejuízos ao empregado.

b) Não se considera alteração unilateral a determinação do empregador para que o respectivo empregado reverta ao cargo efetivo, anteriormente ocupado, deixando o exercício de função de confiança.

c) É ilícita a transferência quando ocorrer extinção do estabelecimento em que trabalhar o empregado.

d) Mesmo que não haja necessidade de serviço o empregador poderá transferir o empregado para localidade diversa da que resultar do contrato, mas, nesse caso, ficará obrigado a um pagamento suplementar, sempre superior a 25% dos salários que o empregado percebia naquela localidade, enquanto durar essa situação.

e) É vedada, em qualquer hipótese, a transferência de empregados que exerçam cargo de confiança.

05) (Gestão Concurso - EMATER-MG - Assessor Jurídico – 2018) O artigo 468, do Decreto-Lei n.º 5.452, de 1º de maio de 1943, que trata da Consolidação das Leis do Trabalho, referente ao tópico Alteração do Contrato de Trabalho, afirma que:

Artigo 468 - Nos contratos individuais de trabalho só é lícita a alteração das respectivas condições por mútuo consentimento, e ainda assim desde que não resultem, direta ou indiretamente, prejuízos ao empregado, sob pena de nulidade da cláusula infringente desta garantia.

Considerando o exposto, analise as assertivas a seguir.

I. Veda-se ao empregador transferir o empregado para localidade diversa da que resultar do contrato, mesmo em caso de necessidade de serviço e mesmo com a oferta de qualquer pagamento suplementar.

II. Veda-se ao empregador transferir o empregado, sem a sua anuência, para localidade diversa da que resultar do contrato, não se considerando transferência a que não acarretar necessariamente a mudança do seu domicílio.

III. Permite-se ao empregador transferir o empregado, sem a sua anuência, para localidade diversa da que resultar do contrato, quando ocorrer extinção do estabelecimento em que trabalhar o empregado, sendo que as despesas resultantes da transferência correrão por conta do empregador.

IV. Considera-se alteração unilateral a determinação do empregador para que o respectivo empregado reverta ao cargo efetivo, anteriormente ocupado, deixando o exercício de função de confiança, e assegura ao empregado o direito à manutenção do pagamento da gratificação correspondente, que não será incorporada, independentemente do tempo de exercício da respectiva função.

Está correto apenas o que se afirma em

a) I e II.

b) II e III.

c) I, II e IV.

d) II, III e IV.

06) (VUNESP - Prefeitura da Estância Turística de Guaratinguetá - Procurador - 2019) Consoante texto expresso na CLT, assinale a alternativa correta.

a) Considera alteração unilateral a determinação do empregador para que o respectivo empregado reverta ao cargo efetivo, anteriormente ocupado, deixando o exercício de função de confiança.

b) Percebida a gratificação de função por dez ou mais anos pelo empregado, se o empregador, sem justo motivo, revertê-lo a seu cargo efetivo, não poderá retirar-lhe a gratificação tendo em vista o princípio da estabilidade financeira.

c) É ilícita a transferência do empregado, mesmo quando ocorrer extinção do estabelecimento em que trabalhar.

d) Ao empregador não é vedado transferir o empregado, para localidade diversa da que resultar do contrato, salvo aquela que acarretar a mudança de sua residência.

e) O empregador poderá transferir o empregado para localidade diversa da que resultar do contrato, em caso de necessidade de serviço, mas ficará obrigado a um pagamento suplementar, nunca inferior a 25% (vinte e cinco por cento) dos salários que o empregado percebia naquela localidade, enquanto durar essa situação.

07) (INTEGRI - FIEC - Procurador Jurídico - 2019) De acordo com as normas trabalhistas, analise as informações abaixo:

I – Nos contratos individuais de trabalho só é lícita a alteração das respectivas condições por mútuo consentimento, e ainda assim desde que não resultem, direta ou indiretamente, prejuízos ao empregado, sob pena de nulidade da cláusula infringente desta garantia.

II - Ao empregador é vedado transferir o empregado, sem a sua anuência, para localidade diversa da que resultar do contrato, salvo se a transferência não acarretar necessariamente a mudança do seu domicílio.

III - Em caso de necessidade de serviço o empregador poderá transferir o empregado para localidade diversa da que resultar do contrato, não obstante as restrições do artigo anterior, mas, nesse caso, ficará obrigado a um pagamento suplementar, nunca inferior a 40% (quarenta por cento) dos salários que o empregado percebia naquela localidade, enquanto durar essa situação.

a) somente a afirmativa I está correta

b) somente a afirmativa II está correta

c) somente a afirmativa III está correta

d) todas as afirmativas estão corretas

e) todas as afirmativas estão incorretas

08) (Instituto Consulplan - CODESG - SP - Advogado - 2019) Sobre a alteração no contrato de trabalho, assinale a afirmativa correta.

a) Se torna ilícita a transferência quando ocorrer extinção do estabelecimento em que trabalhar o empregado.

b) Ao empregador é permitido transferir qualquer empregado, mesmo sem a sua anuência, para localidade diversa da que resultar do contrato.

c) O funcionário que exerça cargo de confiança poderá ser transferido unilateralmente para outra cidade, desde que haja comprovação da necessidade do serviço.

d) Mesmo que exerça cargo de confiança, o funcionário não poderá ser transferido unilateralmente para outra cidade, ainda que haja comprovação da necessidade do serviço, se o atual posto não tiver sido extinto do estabelecimento onde presta serviço.

09) (MPT – Procurador do Trabalho – MPT/2020) Com base na Lei 7.064/1982, assinale a alternativa CORRETA:

a) Para ser considerada transitória, a transferência não pode ser superior 120 (cento e vinte) dias, o empregado transferido tem que ter ciência da transitoriedade e o empregador deve custear as passagens de ida e retorno.

b) Para ser considerada transitória, a transferência não pode ser superior a 90 (noventa) dias, o empregado transferido tem que ter ciência da transitoriedade e o empregador deve custear as passagens de ida e retorno.

c) O adicional de transferência transitória foi estabelecido por lei em 25% (vinte e cinco por cento) da remuneração.

d) Em caso de transferência transitória o empregador está dispensado do custeio das passagens de ida e retorno do empregado transferido.

e) Não respondida.

GABARITO

GAB		no Direito	no Livro	Observação
1	E	a) CLT. Art. 468, § 1º	a) Subtema 9.1, alínea "B.3"	
		b) CLT. Art. 469, § 1º	b) Subtema 9.2.2, alínea "B"	
		c) TST. OJ nº 113 da SDI1	c) Subtema 9.2.2, alínea "D"	
		d) CLT. Art. 469, § 2º	d) Subtema 9.2.2, alínea "A"	
		e) CLT. Art. 469, § 1º e Súmula nº 43 do TST	e) Subtema 9.2.2, alínea "C"	
2	A	a) TST. Súmula nº 265	a) Subtema 9.1, alínea "B.7"	
		b) CF/88. Art. 7º, inciso VI	b) Subtema 9.1, alínea "B.6"	
		c) TST. Súmula nº 29	c) Subtema 9.2.1	
		d) TST. Súmula nº 291	d) Subtema 5.3.9	
		e) CLT. Art. 469, § 1º e Súmula nº 43 do TST	e) Subtema 9.2.2, alínea "C"	
3	B	a) CLT. Art. 469, § 3º	a) Subtema 9.2.2, alínea "D"	As despesas resultantes de transferência correm por conta do **empregador**
		b) CLT. Art. 469, § 2º	b) Subtema 9.2.2, alínea "A"	
		c) CLT. Art. 470	c) Subtema 9.2.3	
		d) CLT. Art. 468, caput	d) Subtema 9	
		e) CLT. Art. 468, § 1º	e) Subtema 9.1, alínea "B.3"	
4	B	a) CLT. Art. 468, caput	a) Subtema 9	
		b) CLT. Art. 468, § 1º	b) Subtema 9.1, alínea "B.3"	
		c) CLT. Art. 469, § 2º	c) Subtema 9.2.2, alínea "A"	
		d) CLT. Art. 469, § 3º	d) Subtema 9.2.2, alínea "D"	
		e) CLT. Art. 469, § 1º	e) Subtema 9.2.2, alínea "B"	
5	B	I. CLT. Art. 469, § 3º	I. Subtema 9.2.2	
		II. CLT. Art. 469, caput	II. Subtema 9.2.1	
		III. CLT. Art. 469, § 2º e art. 470	III. Subtema 9.2.2, alínea "A" e 9.2.3	
		IV. CLT. Art. 468, §§ 1º e 2º	IV. Subtema 9.1, alínea "B.3"	
6	E	a) CLT. Art. 468, § 1º	a) Subtema 9.1, alínea "B.3"	
		b) CLT. Art. 468, § 2º	b) Subtema 8.2, alínea "B.3"	
		c) CLT. Art. 469, §2º	c) Subtema 9.2.2, alínea "A"	
		d) CLT. Art. 469, caput	d) Subtema 9.2.1	
		e) CLT. Art. 469, §3º	e) Subtema 9.2.2, alínea "D"	

<table>
<tr><th colspan="2">GAB</th><th>no Direito</th><th>no Livro</th><th>Observação</th></tr>
<tr><td rowspan="3">7</td><td rowspan="3">A</td><td>I. CLT. Art. 468, caput</td><td>I. Subtema 9</td><td rowspan="3"></td></tr>
<tr><td>II. CLT. Art. 469, caput</td><td>II. Subtema 9.2.1</td></tr>
<tr><td>III. CLT. Art. 469, §3º</td><td>III. Subtema 9.2.2, alínea "D"</td></tr>
<tr><td rowspan="4">8</td><td rowspan="4">C</td><td>a) CLT. Art. 469, §2º</td><td>a) Subtema 9.2.2, alínea "A"</td><td rowspan="4"></td></tr>
<tr><td>b) CLT. Art. 469, caput</td><td>b) Subtema 9.2.1</td></tr>
<tr><td>c) CLT. Art. 469, §1º</td><td>c) Subtema 9.2.2, alínea "A"</td></tr>
<tr><td>d) CLT. Art. 469, §1º</td><td>d) Subtema 9.2.2, alínea "A"</td></tr>
<tr><td rowspan="4">9</td><td rowspan="4">B</td><td>a) Lei 7.064/82. Art. 1º, parágrafo único</td><td>a) Parte I, Subtema 5.3</td><td rowspan="2"></td></tr>
<tr><td>b) Lei 7.064/82. Art. 1º, parágrafo único c/c Art. 470 da CLT</td><td>b) Parte I, Subtema 5.3 e Subtema 9.2.3</td></tr>
<tr><td>c) CLT. Art. 469, §3º</td><td>c) Subtema 9.2.2, alínea "D"</td><td>Em relação a alternativa "c" o erro está em colocar o adicional de transferência como sendo de no máximo 25%, quando na verdade esse é o patamar mínimo.</td></tr>
<tr><td>d) CLT. Art. 470</td><td>d) Subtema 9.2.3</td><td></td></tr>
</table>

Subtema 10 – Interrupção e Suspensão do Contrato de Trabalho

01) (FEPESE – Prefeitura de Lages – SC – Procurador – 2016) Assinale a alternativa correta sobre o contrato de trabalho.

a) A suspensão do empregado sem o pagamento da sua remuneração importa na rescisão injusta do contrato de trabalho.

b) O empregado poderá deixar de comparecer ao serviço sem prejuízo do salário toda vez que precisar acompanhar filho de até seis anos em consulta médica.

c) O empregado que for aposentado por invalidez terá suspenso o seu contrato de trabalho durante o prazo fixado pelas leis de previdência social para a efetivação do benefício.

d) A cada período de cinco anos trabalhados, o empregado poderá se afastar do serviço por noventa dias percebendo até metade da sua remuneração.

e) O empregado que se afastar do serviço em virtude das exigências do serviço militar terá seu contrato de trabalho rescindido de forma indireta.

02) (Quadrix – CRO – PR – Procurador Jurídico – 2016) Com relação à interrupção e suspensão do contrato de trabalho, assinale a alternativa que não está correta.

a) A maioria da doutrina esclarece que na suspensão do contrato de trabalho o empregador não deve pagar salários, nem contar o tempo de serviço do empregado que está afastado.

b) Segundo doutrina majoritária, na interrupção, há necessidade do pagamento dos salários no afastamento do trabalhador e, também, a contagem do tempo de serviço.

c) Quando o empregado se afasta em razão de ter sido incorporado ao serviço militar, não há pagamento de salário pelo empregador. Configura-se, portanto, hipótese de suspensão dos efeitos do contrato de trabalho.

d) Como no repouso semanal remunerado o empregador é obrigado a pagar salário e contar o tempo de serviço do empregado, configura-se hipótese de interrupção do contrato de trabalho.

e) A licença remunerada seria uma hipótese típica de interrupção dos efeitos do contrato de trabalho, pois o empregador terá de pagar salários e computar tempo de serviço, muito embora não haja prestação de serviço pelo empregado.

03) (FUNRIO – Prefeitura de Itupeva – SP – Procurador Municipal - 2016) Pedro, funcionário regido pela Consolidação das Leis do Trabalho requer ao seu empregador licença com suspensão do contrato de trabalho para realizar curso de qualificação profissional pelo período previsto em convenção coletiva. Nesse caso, deferido o pedido:

a) desnecessária a comunicação ao sindicato

b) deve ocorrer no período de estudo pagamento de indenização fixado pelo empregador

c) o contrato de trabalho não poderá ser suspenso mais de uma vez no período de dezesseis meses.

d) deve ser aprovado posteriormente por comissão paritária organizada na empresa

e) o período de estudo poderá ser prorrogado a critério do empregado

04) (FCC – TRT 24ª Região – Analista Judiciário – Área Judiciária – 2017) Sócrates foi aposentado por invalidez pelo INSS após ter trabalhado por dez anos na empresa Deuses Imortais. Em razão desse fato o plano de saúde do trabalhador foi cancelado pela empregadora uma vez que ela arcava integralmente com os respectivos custos. Nesta situação, conforme legislação aplicável e entendimento sumulado pelo Tribunal Superior do Trabalho,

a) a opção pela manutenção do plano de saúde constitui uma faculdade da empregadora, mas não há obrigação legal neste sentido.

b) há determinação legal para que a empregadora mantenha o plano de saúde pelo prazo mínimo de 12 meses, quando então ocorreria o término da estabilidade do trabalhador.

c) o plano de saúde deve ser mantido pela empregadora porque o contrato de trabalho está suspenso diante da aposentadoria por invalidez.

d) a empregadora atuou de forma correta uma vez que com a aposentadoria por invalidez houve a ruptura do contrato de trabalho, não ensejando mais nenhuma obrigação contratual.

e) a aposentadoria por invalidez interrompe o contrato de trabalho pelo prazo de 24 meses, razão pela qual o plano de saúde deve ser mantido até o término deste prazo.

05) (FCC – Analista Judiciário – Oficial de Justiça Avaliador – TRT 24/2017) Urano teve o seu contrato de trabalho suspenso em razão de licença por gozo do benefício previdenciário de auxílio-doença previdenciário comum (código B-31). Neste período de suspensão do contrato, o empregado terá direito

a) aos depósitos do FGTS durante a paralisação dos serviços.

b) ao pagamento dos salários pelo empregador do período de afastamento.

c) a computar o tempo de afastamento para todos os efeitos legais.

d) às vantagens ocorridas na sua ausência que tenham sido atribuídas à categoria que pertencia.

e) à prorrogação do final do contrato por prazo determinado, mesmo que não tenha havido prévio acordo com o empregador.

06) (FCC – Técnico Judiciário – Área Administrativa – TRT 12/2017) Um caso de interrupção e um caso de suspensão do contrato de trabalho são, respectivamente:

a) prestação de serviço militar e falta injustificada;

b) greve e aposentadoria por invalidez;

c) férias e auxílio-doença;

d) repouso semanal remunerado e falta justificada;

e) prisão cautelar do empregado e feriados.

07) (FCC - TRT - 2ª REGIÃO (SP) - Analista Judiciário - Área Administrativa – 2018) Considere as seguintes hipóteses:

I. Camila, irmã de Vânia, faleceu hoje em razão de complicações decorrentes de uma cirurgia estética.

II. Fernanda se casou hoje às 19:00 horas. A cerimônia está marcada na casa da família na cidade de Itapetininga.

III. Norberto pretende se alistar eleitor, nos termos da legislação pertinente.

IV. Sônia está grávida. Gilberto, seu marido, pretende acompanhar suas consultas médicas para possibilitar um contato próximo com seu filho.

Nesses casos, de acordo com a Consolidação das Leis do Trabalho, Vânia, Fernanda, Norberto e Gilberto poderão deixar de comparecer ao serviço, sem prejuízo do salário, respectivamente, por até

a) três dias consecutivos, três dias consecutivos, dois dias consecutivos ou não, cinco dias.

b) dois dias consecutivos, dois dias consecutivos, três dias consecutivos ou não, dois dias.

c) dois dias consecutivos, três dias consecutivos, três dias consecutivos, três dias.

d) três dias consecutivos, dois dias consecutivos, três dias consecutivos, três dias.

e) dois dias consecutivos, três dias consecutivos, dois dias consecutivos ou não, dois dias.

08) (INSTITUTO AOCP - TRT - 1ª REGIÃO (RJ) - Analista Judiciário - Área Administrativa - 2018) No que se refere à licença paternidade, assinale a alternativa correta.

a) Ao empregado é garantido o direito de ausentar-se do trabalho por 3 dias consecutivos quando do nascimento do filho, no decorrer da primeira semana, sendo o período de licença irredutível. Tal direito é indisponível, não podendo ser alterado por legislação infraconstitucional, tampouco negociado pelas partes, individualmente ou através de acordos ou convenções coletivas de trabalho.

b) O empregado tem direito de ausentar-se do trabalho por 5 dias úteis, alternados ou corridos, à sua escolha, no decorrer do primeiro mês de nascimento do filho. Tal direito é indisponível e a quantidade de dias de licença é irredutível.

c) O empregado poderá deixar de comparecer ao serviço por 5 dias consecutivos em caso de nascimento do filho, no decorrer da primeira semana. Contudo, tal direito pode ser reduzido ou até suprimido totalmente por acordos ou convenções coletivas de trabalho.

d) É garantido ao empregado o direito de ausentar-se do trabalho por 5 dias consecutivos quando do nascimento do filho, no decorrer da primeira semana, sendo o período de licença irredutível. Tal direito é indisponível, não podendo ser alterado por legislação infraconstitucional, tampouco negociado pelas partes, individualmente ou através de acordos ou convenções coletivas de trabalho.

e) Ao empregado é garantido o direito de ausentar-se do trabalho por 5 dias quando do nascimento do filho, no decorrer da primeira semana, sendo o período de licença irredutível. Todavia, o empregador poderá descontar do salário do trabalhador os dias correspondentes à licença, que serão equiparados a faltas injustificadas.

09) (INSTITUTO AOCP - TRT - 1ª REGIÃO (RJ) - Técnico Judiciário - Área Administrativa – 2018) Mário e José são funcionários da Empresa Eletrônicos Ltda. Em uma conversa, Mário contou que irá precisar ser afastado de seu cargo, pois assumirá um mandato como dirigente sindical, e José informou ao colega de trabalho que irá se casar no mês seguinte. Considerando os casos ora apresentados, em qual situação devem permanecer os contratos de trabalho de Mário e José, respectivamente?

a) Mário tem direito à suspensão contratual e José tem direito à interrupção contratual.

b) Ambos têm direito à suspensão contratual.

c) Mário tem direito à interrupção contratual e José tem direito à suspensão contratual.

d) Ambos têm direito à interrupção contratual.

e) Mário terá seu contrato rescindido por parte do empregador, pois não é sabido o período em que o mesmo permanecerá como dirigente sindical, e José tem direito à suspensão contratual.

10) **(INSTITUTO AOCP - TRT - 1ª REGIÃO (RJ) - Analista Judiciário - Área Judiciária - 2018)** Plínio foi intimado, por carta com aviso de recebimento, para ser testemunha em uma audiência de instrução ação de despejo, designada para a data de 04 de jul. de 2018 às 13h30. Diante da questão fática, assinale a alternativa correta.

a) Plínio poderá se ausentar do trabalho pelo tempo que se fizer necessário para estar em juízo, sem prejuízo do salário, pois o comparecimento perante a justiça, para depor como testemunha, caracteriza encargo público. Trata-se de hipótese de interrupção do contrato de trabalho.

b) Ao empregador é facultado computar o período em que Plínio estará em juízo como 01 falta injustificada.

c) Plínio poderá se ausentar do trabalho pelo tempo que se fizer necessário para estar em juízo sem prejuízo do salário, pois o comparecimento perante a justiça, para depor como testemunha, caracteriza encargo público. Trata-se de hipótese de suspensão do contrato de trabalho.

d) Embora a audiência tenha sido designada em data e horário certos e determinados, Plínio poderá se ausentar do trabalho por 02 dias consecutivos, a iniciar-se no dia imediatamente anterior à audiência, a fim de consultar os autos e reunir-se com a parte que o intimou e seu procurador, sem prejuízo do salário, pois o comparecimento perante a justiça, para depor como testemunha, caracteriza encargo público. Trata-se de hipótese de interrupção do contrato de trabalho.

e) Plínio não poderá se ausentar do trabalho para comparecer à audiência, devendo requerer a dispensa do encargo, tendo em vista que o regulamento interno da empresa veda o comparecimento de seus empregados em juízo a fim de prestar depoimento como testemunha.

11) **(FCC - TRT - 2ª REGIÃO (SP) - Analista Judiciário - Área Judiciária – 2018)** Acerca da suspensão e interrupção do contrato de trabalho, de acordo com a legislação vigente e entendimento sumulado do TST:

a) o empregado poderá deixar de comparecer ao serviço sem prejuízo do salário por 1 dia por ano para acompanhar filho de até 5 anos em consulta médica ou exames complementares.

b) para a proteção do emprego, o contrato de trabalho poderá ser suspenso, por um período improrrogável de 2 a 5 meses, para participação do empregado em curso ou programa de qualificação profissional oferecido pelo empregador, desde que haja concordância formal do empregado e independentemente de previsão em convenção ou acordo coletivo de trabalho.

c) o afastamento do empregado em virtude das exigências do serviço militar, ou de outro encargo público, constituirá motivo para alteração ou rescisão do contrato de trabalho por parte do empregador, não se configurando hipótese de suspensão ou interrupção do contrato de trabalho.

d) durante o período de suspensão contratual para participação em curso ou programa de qualificação profissional, o empregado não fará jus aos benefícios voluntariamente concedidos pelo empregador.

e) assegura-se o direito à manutenção de plano de saúde ou de assistência médica oferecido pela empresa ao empregado, não obstante suspenso o contrato de trabalho em virtude de auxílio-doença acidentário ou de aposentadoria por invalidez.

12) (FCC - TRT - 2ª REGIÃO (SP) - Técnico Judiciário - Área Administrativa – 2018) Vânia, empregada regularmente contratada da empresa Embalagens "D" Ltda., quando estava grávida de 22 semanas, infelizmente sofreu um aborto espontâneo, comprovado por atestado médico oficial. Neste caso, seu contrato de trabalho será

a) suspenso, e Vânia terá direito a um repouso remunerado de 10 dias.

b) interrompido, e Vânia terá direito a um repouso remunerado de 10 dias.

c) suspenso, e Vânia terá direito a um repouso remunerado de 15 dias.

d) interrompido, e Vânia terá direito a um repouso remunerado de 2 semanas.

e) interrompido, e Vânia terá direito a um repouso remunerado de 15 dias.

13) (FCC - Prefeitura de Caruaru - PE - Procurador do Município – 2018) Considere as seguintes assertivas:

I. Janete foi eleita dirigente sindical e durante seu mandato não compareceu na sua empregadora para que pudesse desempenhar a contento seu encargo sindical, deixando de perceber salário e passando a receber um auxílio do sindicato, com anuência da empresa.

II. Fausto sofreu acidente do trabalho e, após afastamento previdenciário, seu benefício foi convertido para aposentadoria por invalidez, continuando a receber o plano de saúde mantido pela empresa.

III. Lígia foi dispensada sem justa causa, sendo que trabalhará durante o período do aviso prévio, tendo optado por sair duas horas mais cedo diariamente.

Diante das situações hipotéticas narradas, são considerados exemplos de interrupção, suspensão e um caso híbrido de ambos os institutos o que está descrito, respectivamente, em:

a) I, II e III.
b) I, III e II.
c) III, I e II.
d) II, III e I.
e) III, II e I.

14) (CETREDE - EMATERCE - Agente de ATER – Direito – 2018) Sobre interrupção e suspensão do contrato de trabalho, marque (V) para as afirmativas VERDADEIRAS e (F) para as FALSAS.

( ) O contrato de trabalho é interrompido quando o empregado passa a perceber benefício previdenciário de auxilio doença, após o 15º dia de afastamento.

( ) Falta justificada é hipótese de suspensão do contrato de trabalho.

( ) A ocorrência de aborto criminoso é hipótese de suspensão do contrato de trabalho.

( ) As hipóteses de greve interrompem o contrato de trabalho.

( ) Na licença maternidade o contrato de trabalho é interrompido.

Marque a opção que apresenta a sequência CORRETA.

a) V – V – V – F – V.
b) F – F – V – F – V.
c) V – F – V – F – V.
d) V – V – F – V – F.
e) F – F – F – F – V.

15) (IADES - APEX Brasil - Analista – Jurídico – 2018) Isabel sofreu violência doméstica e o juiz, para preservar sua integridade física, assegurou o seu afastamento do local de trabalho por cinco meses. Thiago foi aposentado por invalidez. Maria ficou dois meses participando de curso de qualificação profissional oferecido pelo empregador mediante previsão em convenção coletiva de trabalho e aquiescência formal da empregada.

Nesses casos hipotéticos, os contratos de Isabel, Thiago e Maria, ficarão

a) interrompido, suspenso e suspenso, respectivamente.
b) suspensos.
c) suspenso, interrompido e suspenso, respectivamente.
d) interrompidos.
e) suspenso, suspenso e interrompido, respectivamente.

16) (COSEAC - Prefeitura de Maricá - RJ - Procurador do Município – 2018) Hipótese de suspensão do contrato de trabalho:

a) falecimento de cônjuge, por até dois dias consecutivos.
b) prisão provisória do empregado.
c) doação voluntária de sangue, por um dia a cada doze meses de trabalho
d) alistamento eleitoral, por até dois dias, na forma da lei.
e) comparecimento em juízo, pelo tempo necessário.

17) (UPENET/IAUPE - UPE – Advogado – 2019) Nos termos da lei, o empregado poderá deixar de comparecer ao serviço sem prejuízo do salário

a) por ocasião dos movimentos paredistas.
b) nos casos de prisões cautelares.
c) por 2 (dois) dias consecutivos em virtude de casamento.
d) por 1 (um) dia por ano para acompanhar filho de até 7 (sete) anos em consulta médica.
e) até 3 (três) dias, em cada 12 (doze) meses de trabalho, em caso de realização de exames preventivos de câncer devidamente comprovada.

18) (FCC - AFAP - Analista de Fomento – Advogado – 2019) Felipe, auxiliar administrativo, completou 18 anos e pretende se alistar como eleitor; Silmara, recepcionista, necessita ausentar-se do emprego para acompanhar consulta médica de seu filho de 5 anos de idade; Gerson, gerente, pretende acompanhar sua esposa grávida em consulta médica pré-natal. Considerando que todos são empregados, pela lei vigente, é correto dizer que podem faltar ao serviço, sem prejuízo do salário, considerando-se interrupção do contrato de trabalho, pelos seguintes períodos, respectivamente, por

a) até 5 dias consecutivos ou não; por 3 dias por ano e até 3 dias.

a) até 3 dias consecutivos ou não; por 2 dias por ano e até 2 dias.

c) até 2 dias consecutivos ou não; por 1 dia por ano e até 2 dias.

d) até 2 dias consecutivos ou não; por 2 dias por ano e até 3 dias.

e) até 2 dias consecutivos ou não; por 1 dia por ano e até 5 dias.

19) **(VUNESP - Prefeitura de São José dos Campos - SP - Analista em Gestão Municipal - Direito – 2019)** Constitui causa de suspensão do contrato de trabalho:

a) o período de afastamento por motivo de licença-maternidade.

b) o período de afastamento superior a 15 (quinze) dias, por motivo de doença.

c) o gozo de férias anuais remuneradas.

d) o gozo do descanso semanal remunerado.

e) os primeiros 15 (quinze) dias de afastamento por motivo de acidente do trabalho.

20) **(INAZ do Pará - CRF-AC - Advogado - 2019)** Poderá o empregado deixar de comparecer ao serviço sem prejuízo do salário, EXCETO:

a) Até 2 (dois) dias consecutivos ou não, para o fim de se alistar eleitor, nos termos da lei respectiva.

b) Nos dias em que estiver comprovadamente realizando provas de exame vestibular para ingresso em estabelecimento de ensino superior.

c) Até 7 (sete) dias consecutivos, em virtude de casamento.

d) Pelo tempo que se fizer necessário, quando tiver que comparecer a juízo.

e) Por 1 (um) dia por ano para acompanhar filho de até 6 (seis) anos em consulta médica.

21) **(CONSULPLAN - CFC - Bacharel em Ciências Contábeis - 2º Exame - 2019)** Quando da suspensão ou da interrupção do contrato de trabalho, não há a prestação de serviços para o empregador. Um contador responsável pelas rotinas trabalhistas de determinada empresa sabe que, em linhas gerais, na interrupção do contrato de trabalho, o empregado continua recebendo sua remuneração e há a contagem do tempo de serviço, o que não ocorre no caso de suspensão do contrato. Neste contexto, as seguintes hipóteses são de interrupção de contrato de trabalho para um empregado, EXCETO:

a) Afastamento para exercício de cargo público.

b) Necessidade de o empregado comparecer a juízo.

c) Licença de três dias consecutivos, em virtude de casamento.

d) Doação voluntária de sangue devidamente comprovada, por um dia, em cada doze meses de trabalho.

22) (Quadrix - CRF-PR - Advogado - 2019) Interrupção e suspensão contratuais são figuras justrabalhistas que sustam, de modo restrito ou amplo, mas provisoriamente, os efeitos das cláusulas componentes do respectivo contrato. Não se confundem as duas figuras com as alterações objetivas do contrato de trabalho. É que elas não envolvem, de maneira direta, a modificação de cláusulas do contrato, mas apenas a efetiva sustação provisória de seus efeitos. Não se confundem, ainda, as referidas figuras com as garantias de emprego. Maurício Godinho Delgado. Curso de direito do trabalho. 16.ª ed., rev. e ampl. São Paulo: LTr, 2017 (com adaptações).

Segundo a CLT, assinale a alternativa correta acerca desses institutos.

a) O afastamento do empregado em virtude das exigências do serviço militar constituirá motivo para rescisão do contrato de trabalho por parte do empregador.

b) Quando tiver que comparecer a juízo, o empregado poderá deixar de comparecer ao serviço, sem prejuízo do salário, por, no máximo, cinco dias consecutivos.

c) No caso de doação voluntária de sangue devidamente comprovada, a cada três meses, o empregado poderá deixar de comparecer ao serviço por um dia, sem prejuízo do salário.

d) Ocorrendo motivo relevante de interesse para a segurança nacional, poderá a autoridade competente solicitar o afastamento do empregado do serviço ou do local de trabalho, sem que se configure a suspensão do contrato de trabalho.

e) O empregado afastado do emprego, por ocasião de sua volta, não terá direito a todas as vantagens que, em sua ausência, tenham sido atribuídas à categoria a que pertencia na empresa.

23) (IBFC - EBSERH - Advogado - 2020) Um dos princípios do direito do trabalho é a continuidade da relação de emprego. Previsto por meio de dispositivos que determinam a manutenção da relação laboral, também reconhece situações em que ocorre a inexecução provisória da prestação de serviços. Sobre a suspensão e a interrupção do contrato de trabalho, assinale a alternativa correta.

a) Ao empregado afastado do emprego, não são asseguradas, por ocasião da sua volta, todas as vantagens que, em sua ausência, tenham sido atribuídas à categoria a que pertencia na empresa

b) O empregado poderá deixar de comparecer ao serviço sem prejuízo do salário até 5 (cinco) dias consecutivos, em virtude de casamento

c) A interrupção do contrato de trabalho por mais de 30 (trinta) dias consecutivos importa na rescisão injusta do contrato de trabalho

d) O empregado que for aposentado por invalidez terá interrompido o seu contrato de trabalho durante o prazo fixado pelas leis de previdência social para a efetivação do benefício

e) O mandato de membro de comissão de representantes dos empregados não implica suspensão ou interrupção do contrato de trabalho, devendo o empregado permanecer no exercício de suas funções

GABARITO

GAB		no Direito	no Livro	Observação
1	C	a) CLT. Art. 474	a) Subtema 10.2, alínea "A"	A letra "d" faz referência a "Licença Prêmio", na Lei 8.112/90 era prevista no art. 81, inciso V, mas foi posteriormente revogada.
		b) CLT. Art. 473, XI	b) Subtema 10.1, alínea "A"	
		c) CLT. Art. 475, caput	c) Subtema 10.2, alínea "I"	
		d) Sem previsão legal na CLT	-	
		e) CLT. Art. 472, caput	e) Subtema 10.2, alínea "H"	
2	C	a) Doutrina	a) Subtema 10	
		b) Doutrina	b) Subtema 10	
		c) CLT. Art. 472, caput	c) Subtema 10.2, alínea "H"	
		d) Doutrina	d) Subtema 10.1, alínea "B"	
		e) Doutrina	e) Subtema 10.1, alínea "B"	
3	C	a) CLT. Art. 476-A, § 1º	a) Subtema 10.2, alínea "J"	
		b) CLT. Art. 476-A, § 3º	b) Subtema 10.2, alínea "J"	
		c) CLT. Art. 476-A, § 2º	c) Subtema 10.2, alínea "J"	
		d) CLT. Art. 476-A, caput	d) Subtema 10.2, alínea "J"	
		e) CLT. Art. 476-A, § 7º	e) Subtema 10.2, alínea "J"	
4	C	TST. Súmula nº 440	Subtema 10.2, alínea "I"	

GAB		no Direito	no Livro	Observação
5	D	a) Lei nº 8.036/90. Art. 15, §5º	a) Subtema 15.1, alínea "C"	O direito ao recolhimento de FGTS e ao cômputo do tempo de serviço ocorre no caso de afastamento por auxílio por incapacidade temporária acidentário (código B91), e não por auxílio por incapacidade temporária ordinário, que não decorreu do trabalho (código B31).
		b) Decreto nº 3.048/1999. Art. 75, caput	b) Subtema 10.2, alínea "G"	
		c) CLT. Art. 4º, §1º	c) Subtema 10.2, alínea "G"	
		d) CLT. Art. 471	d) Subtema 10.3	
		e) CLT. Art. 472, § 2º	e) Subtema 10.2	
6	C	a) Lei nº 4374/64. Art. 60, § 1º. Doutrina	a) Subtema 10.2, alíneas "H" e "B"	
		b) Lei nº 7.783/89. Art. 7º, caput e CLT. Art. 475, caput	b) Subtema 10.2, alíneas "D" e "I"	
		c) Doutrina e CLT. Art. 476	c) Subtema 10.1, alínea "B" e Subtema 10.2, alínea "F"	
		d) Doutrina e CLT. Art. 473	d) Subtema 10.1, alínea "A" e "B"	
		e) CLT. Art. 131, inciso V e Doutrina	e) Subtema 10.1, alínea "B" e Subtema 10.2	
7	E	I. CLT. Art. 473, inciso I	I. Subtema 10.1, alínea "A"	
		II. CLT. Art. 473, inciso II	II. Subtema 10.1, alínea "A"	
		III. CLT. Art. 473, inciso V	III. Subtema 10.1, alínea "A"	
		IV. CLT. Art. 473, inciso X	IV. Subtema 10.1, alínea "A"	
8	D	CF. ADCT art. 10, § 1º. CLT. Art. 611-B, inciso XIV	Subtema 10.1, alínea "A"	
9	A	Mário - CLT. Art. 543, § 2º	Subtema 10.2, alínea "C"	
		José - CLT. Art. 473, inciso II	Subtema 10.1, alínea "A"	
10	A	CLT. Art. 473, inciso VIII	Subtema 10.1, alínea "A"	
11	E	a) CLT. Art. 473, inciso XI	a) Subtema 10.1, alínea "A"	
		b) CLT. Art. 476-A, caput	b) Subtema 10.2, alínea "J"	
		c) CLT. Art. 472, caput e § 5º	c) Subtema 10.2, alínea "H"	
		d) CLT. Art. 476-A, § 4º	d) Subtema 10.2, alínea "J"	
		e) TST. Súmula nº 440	e) Subtema 10.2, alínea "F"	
12	D	CLT. Art. 395	Subtema 10.1, alínea "F"	

GAB		no Direito	no Livro	Observação
13	C	I. CLT. Art. 543, § 2º	I. Subtema 10.2, alínea "C"	
		II. Decreto nº 3.048/1999. Art. 75, caput e §2º. TST. Súmula nº 440	II. Subtema 10.1, alínea "D" e 10.2, alínea "F"	
		III. Doutrina	III. Subtema 10	
14	B	I. Decreto nº 3.048/1999. Art. 75, caput e §2º	I. Subtema 10.1, alínea "D"	
		II. CLT. Art. 473	II. Subtema 10.1, alínea "A"	
		III. Doutrina	III. Subtema 10.1, alínea "F"	
		IV. Lei nº 7.783/89. Art. 7º, caput	IV. Subtema 10.2, alínea "D"	
		V. CLT. Art. 392, caput	V. Subtema 10.1, alínea "G"	
15	B	Isabel – Lei nº 11.340/2006. Art. 9º, § 2º, inciso II	I. Subtema 10.2, alínea "K"	
		Thiago – CLT. Art. 475, caput	II. Subtema 10.2, alínea "I"	
		Maria – CLT. Art. 476-A, caput	III. Subtema 10.2, alínea "J"	
16	B	a) CLT. Art. 473, inciso I	a) Subtema 10.1, alínea "A"	
		b) CLT. Art. 131, inciso V	b) Subtema 10.2, alínea "L"	
		c) CLT. Art. 473, inciso IV	c) Subtema 10.1, alínea "A"	
		d) CLT. Art. 473, inciso V	d) Subtema 10.1, alínea "A"	
		e) CLT. Art. 473, inciso VIII	e) Subtema 10.1, alínea "A"	
17	E	a) Lei nº 7.783/89. Art. 7º, caput	a) Subtema 10.2, alínea "D"	
		b) CLT. Art. 131, inciso V	b) Subtema 10.2, alínea "L"	
		c) CLT. Art. 473, inciso II	c) Subtema 10.1, alínea "A"	
		d) CLT. Art. 473, inciso XI	d) Subtema 10.1, alínea "A"	
		e) CLT. Art. 473, inciso XII	e) Subtema 10.1, alínea "A"	
18	C	Felipe – CLT. Art. 473, inciso V	a) Subtema 10.1, alínea "A"	
		Silmara - CLT. Art. 473, inciso XI	b) Subtema 10.1, alínea "A"	
		Gerson - CLT. Art. 473, inciso X	c) Subtema 10.1, alínea "A"	
19	B	a) CLT. Art. 392, caput	a) Subtema 10.1, alínea "G"	
		b) Decreto nº 3.048/1999. Art. 75, caput e §2º e CLT. Art. 476	b) Subtema 10.2, alínea "G"	
		c) Doutrina	c) Subtema 10.1, alínea "B"	
		d) Doutrina	d) Subtema 10.1, alínea "B"	
		e) Decreto nº 3.048/1999. Art. 75, caput e §2º	e) Subtema 10.1, alínea "D"	

GAB		no Direito	no Livro	Observação
20	C	a) CLT. Art. 473, V	a) Subtema 10.1, alínea "A"	O erro da alternativa "c" está na quantidade de dias. Até 03 dias a hipótese será de interrupção, contudo os outros 04 dias será de suspensão.
20	C	b) CLT. Art. 473, VII	b) Subtema 10.1, alínea "A"	
20	C	c) CLT. Art. 473, II	c) Subtema 10.1, alínea "A"	
20	C	d) CLT. Art. 473, VIII	d) Subtema 10.1, alínea "A"	
20	C	e) CLT. Art. 473, XI	e) Subtema 10.1, alínea "A"	
21	A	a) CLT. Art. 472	a) Subtema 10	
21	A	b) CLT. Art. 473, VIII	b) Subtema 10.1, alínea "A"	
21	A	c) CLT. Art. 473, II	c) Subtema 10.1, alínea "A"	
21	A	d) CLT. Art. 473, IV	d) Subtema 10.1, alínea "A"	
22	D	a) CLT. Art. 472	a) Subtema 10.2, alínea "H"	
22	D	b) CLT. Art. 473, VIII c/c TST. Súmula nº 155	b) Subtema 10.1, alínea "A"	
22	D	c) CLT. Art. 473, IV	c) Subtema 10.1, alínea "A"	
22	D	d) CLT. Art. 472, §3º e §5º	d) Subtema 10	
22	D	e) CLT. Art. 471	e) Subtema 10.3	
23	C	a) CLT. Art. 471	a) Subtema 10.3	
23	C	b) CLT. Art. 473, II	b) Subtema 10.1, alínea "A"	
23	C	c) CLT. Art. 474	c) Subtema 10.2, alínea "A"	
23	C	d) CLT. Art. 475	d) Subtema 10.2, alínea "I"	
23	C	e) CLT. Art. 625-B, §2º	e) Subtema 10.1, alínea "E"	

Subtema 11 – Extinção do Contrato de Trabalho

01) (FCC - TRT 9ª REGIÃO - Técnico Judiciário - Área Administrativa - 2015) Mário, empregado da Empresa X, foi despedido por justa causa por ter praticado ofensas físicas contra seu chefe. Ingressou com ação trabalhista contra sua ex-empregadora, mas não comprovou suas alegações de que agiu desta maneira por ter sido ofendido em sua honra por seu superior hierárquico, razão pela qual a sentença trabalhista manteve a justa causa aplicada como motivo da rescisão do contrato de trabalho. Neste caso, Mário terá direito, além do saldo de salário, a:

a) férias vencidas + 1/3 que já tinha adquirido.

b) aviso prévio, 50% de 13º salário proporcional e 50% das férias vencidas + 1/3, sem direito ao saque dos depósitos do FGTS e da multa de 40%.

c) todas as verbas rescisórias como dispensa sem justa causa, pois ofensas físicas contra seu chefe não se configuram como motivo de justa causa, estando errada a sentença proferida.

d) 13º salário proporcional e férias vencidas + 1/3, além do saque dos depósitos do FGTS, sem a multa de 40%.

e) nenhuma outra verba rescisória, em razão da prática de conduta tipificadora da justa causa.

02) (FCC – TRT 9ª REGIÃO – Analista Judiciário – Área Judiciária – 2015) Somente podem ser consideradas justas causas os atos que se encaixem em uma das hipóteses taxativamente indicadas pela lei. Nesse contexto, há correspondência entre a conduta e o tipo legal:

a) Walter subtrai para si o relógio de Alcides, após abrir seu armário no vestiário da empresa. Foi dispensado por mau procedimento

b) Juvenal, encarregado de seção, discute com os empregados Sílvio, Janete e Guilherme, chamando-os de ladrão, piranha e caloteiro, respectivamente. Foi dispensado por desídia.

c) Celestino agride fisicamente Wilson, seu colega de trabalho, causando-lhe lesões corporais leves. Foi dispensado por incontinência de conduta.

d) Rivaldo recebe ordem direta de seu supervisor para realização de determinada tarefa. A ordem não é cumprida. Foi dispensado por insubordinação.

e) Ricardo, Maurício e Luiz, ajudantes de manutenção, são pegos pela quinta vez jogando dados, a dinheiro, na oficina. Foram dispensados por indisciplina.

03) (PUC-PR – Prefeitura de Maringá – Procurador Município – 2015) Referente à rescisão contratual, analise as seguintes proposições e assinale a alternativa CORRETA.

I. O *factum principis* dá-se sempre que houver paralisação temporária ou definitiva do trabalho, motivada por ato de autoridade municipal, estadual ou federal, ou pela promulgação de lei ou resolução que impossibilite a continuação da atividade.

II. O empregado que acessa sites com conteúdo pornográfico no local de trabalho incorre em falta grave que justifica sua dispensa por justa causa por desídia.

III. Presume-se discriminatória a dispensa do empregado soropositivo.

IV. O abandono de emprego demanda, unicamente, o afastamento injustificado do empregado por mais de trinta dias consecutivos.

a) Somente as proposições I e III estão corretas.
b) Somente as proposições I e II estão corretas.
c) Somente as proposições I, II e IV estão corretas.
d) Somente as proposições I, III e IV estão corretas.
e) Todas as proposições estão incorretas.

04) (FUMARC – Câmara de Conceição do Mato – Advogado – 2016) Constituem justa causa para rescisão do contrato de trabalho pelo empregador, nos termos expressos da CLT:

a) A paralisação temporária ou definitiva do trabalho, motivada por ato de autoridade municipal, estadual ou federal, ou pela promulgação de lei ou resolução que impossibilite a continuação da atividade.
b) A violação de segredo da empresa e a prática constante de jogos de azar.
c) Ato lesivo da honra ou da boa fama praticado no serviço contra qualquer pessoa, ou ofensas físicas, nas mesmas condições, ainda que em legítima defesa, própria ou de outrem.
d) O não cumprimento, pelo empregador, das obrigações do contrato.

05) (VUNESP – IPSMI – Procurador – 2016) A despedida por justa causa

a) pressupõe prática, pelo empregado, de ato faltoso grave que torna inviável a manutenção do vínculo de emprego.
b) depende da ocorrência de punições anteriores para o mesmo ato faltoso, tais como advertências e suspensões.

c) depende do ajuizamento de inquérito judicial para apuração de falta grave.

d) acarreta a perda do direito aos valores do fundo de garantia do tempo de serviço depositados pelo empregador.

e) não se aplica ao empregado que goza de estabilidade provisória no emprego.

06) (FCC – Prefeitura de São Luiz – MA – Procurador do Município – 2016) O regulamento interno da empresa G prevê que é proibido a consulta de e-mails pessoais durante a jornada de trabalho sob pena de caracterizar falta grave. Jorge, ciente do regulamento, descumpriu tal proibição e teve seu contrato de trabalho rescindido por justa causa. Neste caso, Jorge

a) praticou ato de indisciplina tipificado na Consolidação das Leis do Trabalho.

b) praticou ato de desídia tipificado na Consolidação das Leis do Trabalho.

c) não praticou qualquer ato que pudesse caracterizar a rescisão do contrato de trabalho com justa causa.

d) praticou ato de insubordinação tipificado na Consolidação das Leis do Trabalho.

e) praticou ato de incontinência de conduta tipificado na Consolidação das Leis do Trabalho.

07) (FCC – TRT 14ª Região – Técnico Judiciário – Área Administrativa – 2016) A Consolidação das Leis do Trabalho prevê algumas hipóteses em que ocorrerá a resolução do contrato de trabalho em razão de falta grave cometida pelo trabalhador. Assim, na terminologia legal, são motivos que constituem a justa causa para extinção do contrato de trabalho pelo empregador, EXCETO:

a) ato de indisciplina.

b) incontinência de conduta.

c) desídia no desempenho das respectivas funções.

d) violação de segredo da empresa.

e) recusa em realizar serviços defesos por lei ou alheios ao contrato.

08) (CESPE – TRT – 8ª Região – Analista Judiciário – Área Administrativa - 2016) Em relação à rescisão do contrato de trabalho, ao aviso prévio, à jornada de trabalho e às horas extras, assinale a opção correta.

a) O aviso prévio será concedido no prazo máximo de oitenta dias, conforme a situação de cada trabalhador.

b) Os empregados que exercem cargos de gestão estão sempre sujeitos à jornada de quarenta e quatro horas semanais, sendo credores das horas excedentes de trabalho bem como dos respectivos adicionais.

c) Em decorrência do princípio da autonomia das partes, o acordo individual para a compensação de horas é válido ainda que haja norma coletiva em sentido contrário.

d) Empregado que labora como vendedor e percebe como salário uma parte fixa e outra variável consistente em comissões não tem direito ao recebimento de horas extras laboradas, uma vez que a comissão pelas vendas já o remunera conforme o seu esforço.

e) A exigência, pelo empregador, ao empregado de realização de serviços proibidos por lei constitui causa de rescisão indireta do contrato de trabalho.

09) **(FCC – TRT 23ª Região – MT – Técnico Judiciário – Área Administrativa – 2016)** Carina, empregada da empresa X, estava em gozo de licença maternidade. Após 45 dias da cessação do referido benefício previdenciário, Carina não retornou ao serviço, nem justificou o motivo de não o fazer. Neste caso, de acordo com entendimento Sumulado do TST,

a) ocorrerá a imediata rescisão do contrato de trabalho de Carina, tendo em vista que o prazo máximo para o seu retorno após a cessação do benefício previdenciário é de quinze dias.

b) somente após sessenta dias da cessação do benefício previdenciário sem o retorno injustificado de Carina é que presumir-se-á o abandono de emprego.

c) somente após noventa dias da cessação do benefício previdenciário sem o retorno injustificado de Carina é que presumir-se-á o abandono de emprego.

d) a empresa X deverá notificar formalmente Carina para que retorne ao trabalho, enviando obrigatoriamente cópia da referida notificação ao INSS.

e) presume-se abandono de emprego, podendo ocorrer a rescisão do contrato de trabalho de Carina com justa causa.

10) **(INSTITUTO CIDADES – Prefeitura de Itauçu – GO – Procurador do Município – 2016)** Nos termos do art. 482, da CLT, assinale a opção que NÃO contém uma hipótese de justa causa para rescisão do contrato de trabalho pelo empregador:

a) Ato lesivo da honra ou da boa fama praticado no serviço contra qualquer pessoa, ou ofensas físicas, nas mesmas condições, salvo em caso de legítima defesa, própria ou de outrem.
b) Violação de segredo da empresa.
c) Negociação habitual por conta própria ou alheia sem permissão do empregador, e quando constituir ato de concorrência à empresa para a qual trabalha o empregado, ou for prejudicial ao serviço.
d) Nenhuma das hipóteses anteriores.

11) **(FCC – Técnico Judiciário – Área Administrativa – TRT 4 - 2016)** A Justiça do Trabalho reconheceu a culpa recíproca na rescisão do contrato de trabalho de Gabriela. Em consonância com Súmula do TST, Joana, advogada de Gabriela, comunicará a sua cliente que ela possuirá direito a receber:

a) cinquenta por cento do valor do aviso prévio, do décimo terceiro salário e das férias proporcionais.
b) aviso prévio integral de acordo com a nova legislação vigente, décimo terceiro salário e férias proporcionais.
c) aviso prévio integral de acordo com a nova legislação vigente, apenas.
d) décimo terceiro salário e férias proporcionais, apenas.
e) cinquenta por cento do valor do aviso prévio, bem como o décimo terceiro salário e as férias proporcionais na sua integralidade.

12) **(VUNESP – Prefeitura de São José dos Campos – Procurador – 2017)** A despedida por justa causa pressupõe a

a) prática de ato faltoso grave, devidamente tipificado na legislação trabalhista ou na convenção coletiva de trabalho.
b) aplicação de punições anteriores para faltas menos graves.
c) apuração em Inquérito Judicial para Apuração de Falta Grave.
d) prática de ato faltoso grave previsto na Consolidação das Leis do Trabalho.
e) tentativa de rescisão do contrato mediante acordo extrajudicial.

13) **(FGV – TRT – 12ª Região – Analista Judiciário – Área Judiciária – 2017)** Eduardo foi dispensado por justa causa pela empresa Esperança S.A. Ajuizou ação trabalhista postulando a conversão da ruptura em dispensa imotivada e o pagamento de verbas decorrentes da resilição unilateral do contrato de trabalho. Na sentença prolatada pelo juízo da 30ª Vara do Trabalho de Palhoça (SC), foi reconhecida a resolução bilateral contratual, em razão da

prática de atos faltosos por ambos os contratantes. À luz da legislação e da jurisprudência uniforme do TST, é correto afirmar que:

a) o empregado receberá todas as verbas regularmente, nos mesmos moldes da dispensa sem justa causa;

b) a lei determina que o juiz analise o grau de culpabilidade de cada litigante para definir se o trabalhador merece, ou não, receber alguma indenização;

c) nenhuma verba será devida, porque houve reconhecimento judicial de culpa do empregado;

d) é devido o pagamento de 50% do aviso prévio, do 13º salário e das férias proporcionais, assim como 20% da indenização compensatória do FGTS;

e) somente haverá pagamento de indenização se o empregado tiver mais de doze meses no serviço.

14) **(INSTITUTO AOCP - TRT - 1ª REGIÃO (RJ) - Analista Judiciário - Área Judiciária – 2018)** Felipe, vendedor há 03 anos na empresa Águia Dourada Automóveis Ltda., descumpriu, em data de 24 de abr. de 2018, a determinação da empresa de não fumar no interior do local de trabalho, dirigida a todos os empregados, os quais detinham pleno conhecimento da regra. Ainda, quando abordado pelo gerente geral, em particular e adequadamente, para que não mais repetisse a conduta, agrediu-o fisicamente, desferindo-lhe um soco no rosto e dirigindo-lhe palavras de baixo calão. Tais fatos foram presenciados por 6 funcionários da empresa. Assinale, diante da situação posta, a alternativa correta.

a) À empresa é permitida a rescisão do contrato de trabalho por justo motivo em face de Felipe, devendo fazê-lo imediatamente, sendo que este não terá direito ao recebimento de qualquer valor.

b) À empresa é permitida a rescisão do contrato do trabalho por justa causa, podendo fazêlo no prazo de 60 dias a partir da data dos fatos.

c) Felipe poderá ser demitido por justa causa, mas somente após a instalação de inquérito para apuração de falta grave, no prazo de 30 dias.

d) É vedado à empresa demitir Felipe por justa causa, devendo aplicar-lhe tão somente suspensão disciplinar de 03 dias, quando então ele perderá a remuneração correspondente aos dias de suspensão e a do descanso semanal remunerado correspondente, pois se trata de falta injustificada.

e) À empresa é permitida a rescisão do contrato de trabalho por justa causa. Nesse caso, Felipe não terá direito ao recebimento de férias proporcionais acrescidas de um terço e do décimo terceiro salário proporcional, tampouco à indenização sobre o saldo da conta vinculada do FGTS.

15) **(CESPE - PGE-PE - Procurador do Estado - 2018)** Joana trabalha em uma padaria e, há algum tempo, o seu empregador vem demonstrando insatisfação com o serviço prestado por ela. Por sua vez, Joana também está insatisfeita com as medidas que vêm sendo adotadas pelo seu empregador. Por tais razões, o empregador e Joana decidiram, por mútuo acordo, extinguir o contrato de trabalho.

Nessa situação hipotética, Joana terá direito

a) à integralidade de todas as verbas trabalhistas.

b) a metade do aviso prévio, se indenizado, além da habilitação no programa de seguro-desemprego.

c) a metade da indenização sobre o saldo do FGTS, além da movimentação da conta vinculada desse fundo, limitada a 50% do valor dos depósitos.

d) a metade de todas as verbas trabalhistas, mas não terá direito a habilitação no programa de seguro-desemprego.

e) a metade da indenização sobre o saldo do FGTS, cuja conta vinculada poderá ser movimentada até o limite de 80%, e metade do aviso prévio, se indenizado, bem como à integralidade das demais verbas trabalhistas, mas não terá direito a habilitação no programa de seguro-desemprego.

16) **(CONSULPLAN - Câmara de Belo Horizonte - MG – Procurador – 2018)** Em relação ao término do contrato por prazo determinado no Direito do Trabalho, analise as afirmativas a seguir.

I. Aos contratos por prazo determinado, que contiverem cláusula assecuratória do direito recíproco de rescisão antes de expirado o termo ajustado, aplicam-se, caso seja exercido tal direito por qualquer das partes, os princípios que regem a rescisão dos contratos por prazo indeterminado.

II. Se o empregado der causa ao término do contrato, antes do prazo fixado, deverá pagar indenização ao empregador, pelos prejuízos que esse desligamento antecipado causar à empresa.

III. Havendo termo estipulado, o empregado não poderá se desligar do contrato, sem justa causa, sob pena de ser obrigado a indenizar o empregador dos prejuízos que desse fato lhe resultarem.

Estão corretas as afirmativas

a) I, II e III.

b) I e II, apenas.

c) I e III, apenas.

d) II e III, apenas.

17) (FCC - TRT - 6ª Região (PE) - Analista Judiciário - Área Administrativa – 2018) Maurício e a empresa LXG Tratores Ltda. chegaram a um acordo para rescindirem o contrato de trabalho, em vigor há cinco anos. A empresa pagou a Maurício, a título de verbas rescisórias, metade do aviso prévio indenizado e das férias proporcionais + 1/3; já o saldo de salário, as férias vencidas + 1/3 e o 13o salário proporcional foram pagos integralmente, com o saque de 50% dos depósitos do FGTS acrescidos da multa de 20%. Sobre as verbas rescisórias

a) foram pagas de forma errada, uma vez que o 13o salário proporcional também é devido pela metade e não integralmente.

b) foram pagas corretamente, não tendo direito o obreiro a gozar do Programa do Seguro-Desemprego.

c) foram pagas corretamente, mas tendo direito o obreiro a gozar do Programa do Seguro-Desemprego, devendo o empregador lhe entregar as respectivas guias.

d) foram pagas de forma errada, uma vez que são devidas as férias proporcionais + 1/3 de forma integral e o saque de 80% dos depósitos do FGTS.

e) não existe esta modalidade de rescisão do contrato de trabalho na legislação vigente, tendo em vista a impossibilidade de saque de apenas 50% dos depósitos.

18) (VUNESP - PauliPrev - SP - Procurador Autárquico – 2018) Assinale a alternativa correta sobre a extinção do contrato de trabalho.

a) A entrega ao empregado de documentos que comprovem a comunicação da extinção contratual aos órgãos competentes, bem como o pagamento dos valores constantes do instrumento de rescisão ou recibo de quitação, deverão ser efetuados até dez dias contados a partir do término do contrato.

b) O pagamento a que fizer jus o empregado será efetuado em dinheiro, depósito bancário ou cheque visado, independentemente de o trabalhador ser ou não analfabeto.

c) As dispensas imotivadas individuais, plúrimas ou coletivas, equiparam-se para todos os fins, sendo necessária autorização prévia de entidade sindical ou de celebração de convenção coletiva ou acordo coletivo de trabalho para sua efetivação.

d) Aos contratos por prazo determinado aplicam-se os princípios que regem a rescisão dos contratos por prazo indeterminado.

e) O instrumento de rescisão ou recibo de quitação, em dispensas sem justa causa, deve ter especificada a natureza de cada parcela paga ao empregado e discriminado o seu valor, sendo válida a quitação, apenas, relativamente, às mesmas parcelas.

19) (FCC - TRT - 6ª Região (PE) - Analista Judiciário - Oficial de Justiça Avaliador Federal – 2018) Aristóteles é empregado da empresa Grécia Iluminada Ltda., recebendo como salário a importância de R$ 2.800,00 mensais. Possui na sua conta vinculada do FGTS o montante de R$ 4.000,00. Aristóteles e sua empregadora pretendem celebrar acordo para a rescisão contratual. Nesse caso, o empregado terá direito de receber aviso prévio indenizado, indenização sobre o saldo do FGTS e saque do FGTS, respectivamente, nos valores de

a) R$ 1.400,00; R$ 1.600,00; R$ 2.000,00.

b) R$ 2.240,00; R$ 800,00; R$ 3.200,00.

c) R$ 2.800,00; R$ 800,00; R$ 4.000,00.

d) R$ 1.400,00; R$ 1.280,00; R$ 3.200,00.

e) R$ 1.400,00; R$ 800,00; R$ 3.200,00.

20) (INSTITUTO AOCP - TRT - 1ª REGIÃO (RJ) - Analista Judiciário - Oficial de Justiça Avaliador Federal – 2018) A respeito da rescisão do contrato de trabalho, assinale a alternativa INCORRETA.

a) No caso de empregado que falta reiterada e injustificadamente ao trabalho, é motivo o bastante para ser causa à rescisão contratual por desídia.

b) Dentre as hipóteses previstas na CLT para a justa causa da rescisão do contrato de trabalho, estão a incontinência de conduta ou mau procedimento, bem como o ato de indisciplina e de insubordinação.

c) Constitui faculdade do empregado rescindir o contrato de trabalho em caso de morte do empregador constituído em empresa individual.

d) Constitui justa causa para a rescisão do contrato de trabalho pelo empregador a incontinência de conduta ou mau procedimento, a exemplo de faltas reiteradas e injustificadas pelo empregado.

e) Havendo culpa recíproca no ato que determinou a rescisão do contrato de trabalho, o tribunal de trabalho reduzirá a indenização à que seria devida em caso de culpa exclusiva do empregador, por metade.

21) (FUNDEP (Gestão de Concursos) - CODEMIG - Analista de Pessoal - 2018) Constituem justa causa para rescisão do contrato de trabalho, pelo empregador, os seguintes motivos, EXCETO:

a) Ato de improbidade, incontinência de conduta, mau procedimento, violação de segredo da empresa, abandono de emprego, prática constante de jogos de azar ou desídia no desempenho das respectivas funções.

b) Negociação por conta própria, mesmo que esporádica, sem permissão do empregador, quando constituir ato de concorrência à empresa para a qual trabalha ou para uma de suas parceiras comerciais.

c) Embriaguez habitual ou em serviço, ato de indisciplina ou de insubordinação, condenação criminal passada em julgado, caso não tenha havido suspensão da execução da pena.

d) Ato lesivo da honra ou da boa fama praticado no serviço contra qualquer pessoa ou ofensas físicas, nas mesmas condições, salvo em caso de legítima defesa, própria ou de outrem.

22) (FUNDEP (Gestão de Concursos) - CODEMIG - Analista de Pessoal – 2018) Assinale a alternativa que não corresponde a uma situação na qual o empregado pode considerar rescindido o contrato e pleitear a devida indenização.

a) Forem exigidos serviços superiores às suas forças, defesos por lei, contrários aos bons costumes ou alheios ao contrato.

b) Correr perigo manifesto de mal considerável ou não concordar com as obrigações do contrato de trabalho.

c) O empregador ou seus prepostos ofenderem-no fisicamente, salvo em caso de legítima defesa, própria ou de outrem.

d) O empregador reduzir o seu trabalho, sendo este por peça ou tarefa, de forma a afetar sensivelmente o valor dos salários.

23) (FCC - TRT - 2ª REGIÃO (SP) - Analista Judiciário - Oficial de Justiça Avaliador Federal – 2018) Juliana, secretária, e sua empregadora Móveis Luxo Só Ltda. resolveram, de comum acordo, extinguir o contrato de trabalho que durou por 10 anos. A empregadora informou à Juliana que a mesma terá direito às verbas rescisórias, inclusive à indenização sobre o saldo do FGTS, pela metade. Entretanto, receberá pela metade o aviso prévio que será indenizado e poderá sacar metade dos seus depósitos fundiários, não tendo direito ao ingresso no Programa de Seguro-Desemprego. Com base em tais informações e, de acordo com a legislação vigente, a informação prestada pela empresa está

a) incorreta, uma vez que Juliana terá direito ao saque de 80% dos seus depósitos fundiários.

b) totalmente correta.

c) incorreta, uma vez que Juliana terá direito ao saque dos depósitos fundiários na sua integralidade.

d) incorreta, pois além de sacar metade dos seus depósitos fundiários, Juliana terá direito ao ingresso no Programa do Seguro-Desemprego.

e) incorreta no tocante ao aviso prévio indenizado, que será devido integralmente.

24) (FCC - Prefeitura de Caruaru - PE - Procurador do Município – 2018) Na empresa X, Valter, que presta serviços como ajudante geral, apresentou um atestado médico para abono de falta ao serviço, constatado como falso; Solange, auxiliar de almoxarifado, recusou-se a usar o uniforme com o logotipo da empresa, regra especificada no Regulamento Interno. Por fim, Arnaldo, motorista da caminhonete, perdeu sua carteira de habilitação por não ter seguido as regras de trânsito, ultrapassando o limite de multas e pontuação. Nos casos hipotéticos, a empresa X poderia dispensar por justa causa:

a) Valter por improbidade; Solange por insubordinação e Arnaldo por perda da habilitação.

b) somente Valter por incontinência de conduta e Solange por insubordinação.

c) Valter por improbidade; Solange por indisciplina e Arnaldo por perda da habilitação.

d) somente Valter por improbidade.

e) somente Solange por indisciplina e Arnaldo por perda da habilitação.

25) (UPENET/IAUPE - UPE – Advogado – 2019) Orlando trabalha como motorista de uma empresa de transportes urbanos. Por ocasião do carnaval, na quarta-feira de cinzas, após voltar de um bloco conduzindo seu veículo, foi apreendido pela blitz da lei seca. Ocorre que, somando essa infração com outras que já possuía, foi decretada a perda de sua Carteira Nacional de Habilitação. Diante de tal situação, de acordo com a CLT,

a) poderá ser decretada a despedida por justa causa de Orlando, desde que haja previsão no contrato de trabalho.

b) poderá ser decretada a despedida por justa causa de Orlando.

c) será decretada a nulidade do contrato de trabalho de Orlando.

d) o contrato de trabalho de Orlando será suspenso.

e) a perda da habilitação não constitui motivo para dispensa por justa causa.

26) **(INAZ do Pará - CORE-PE - Assistente Jurídico – 2019)** Dentro do contexto do direito do trabalho e previdenciário, pode-se observar a presença de diversas modalidades de término de contrato de trabalho entre empregador e empregado. Analise o trecho textual abaixo que retrata uma dessas modalidades.

"É uma rescisão contratual onde o empregador/empresa dispensa os serviços do empregado sem motivo específico. Essa dispensa pode ser com a exigência de cumprimento do aviso prévio (neste caso trabalhado) ou sem a exigência deste (neste caso indenizado). Entre as verbas decorrentes dessa rescisão temos: saldo de salário, férias com 1/3 e 13º salário".

A modalidade em apreço é:

a) Dispensa indenizatória.
b) Dispensa sem justa causa.
c) Demissão prévia contratual.
d) Dispensa culposa.
e) Demissão indireta.

27) **(VUNESP - Prefeitura de Arujá - SP – Advogado – 2019)** Augusto César, segurança noturno do Mercado Vende Tudo Ltda., foi flagrado pelas câmaras de segurança dormindo em serviço. Após ter sido advertido por seu empregador, reincidiu no ato, mas ocorreu um assalto à empresa em seu turno. Ao constatar o fato, o empregador entendeu por rescindir seu contrato de trabalho por justa causa.

Essa demissão é

a) inválida, pois dormir em serviço não é motivo justo para a dispensa.
b) válida, pois o empregado praticou ato de insubordinação ao dormir em serviço, ante as atribuições de sua função.
c) válida, pois o empregado praticou ato de indisciplina ao dormir em serviço, ante as atribuições de sua função.
d) válida, pois o empregado praticou ato de desídia ao dormir em serviço, ante as atribuições de sua função.
e) inválida, pois o empregador deveria aplicar penas gradativas antes da ruptura do contrato.

28) **(FAUEL - Prefeitura de Assis Chateaubriand - PR - Advogado - 2020)** Assinale a alternativa CORRETA, de acordo com a Consolidação das Leis do Trabalho e a jurisprudência do Tribunal Superior do Trabalho.

a) Presume-se discriminatória a despedida de empregado portador do vírus HIV ou de qualquer outra doença grave, de modo que, inválido o ato, o empregado tem direito à reintegração no emprego.

b) O fato de o empregado participar, ainda que de forma habitual, de jogos de azar, como o "jogo do bicho", não pode fundamentar sua demissão por justa causa.

c) As dispensas imotivadas individuais, plúrimas ou coletivas equiparam-se para todos os fins, não havendo necessidade de autorização prévia de entidade sindical ou de celebração de convenção coletiva ou acordo coletivo de trabalho para sua efetivação.

d) O empregado poderá deixar de comparecer ao serviço sem prejuízo do salário por 1 (um) dia por semestre para acompanhar filho de até 6 (seis) anos em consulta médica.

29) (MPT - Procurador do Trabalho - MPT - 2020) Tendo em vista as Convenções n° 155 e 158 da Organização Internacional do Trabalho (OIT), que dispõem, respectivamente, sobre a saúde e segurança dos trabalhadores e sobre o término da relação por iniciativa do empregador, assinale a alternativa INCORRETA:

a) Segundo a Convenção n° 155 da OIT, deverá ser protegido, de consequências injustificadas, todo trabalhador que julgar necessário interromper uma situação de trabalho por considerar, por motivos razoáveis, que ela envolve um perigo iminente e grave para sua vida ou sua saúde.

b) A Convenção n° 158 da OIT prevê que não se dará término à relação de trabalho de um trabalhador a menos que exista para isso uma causa justificada relacionada com sua capacidade ou seu comportamento ou baseada nas necessidades de funcionamento da empresa, estabelecimento ou serviço.

c) A Convenção n° 155 da OIT considera que a expressão "local de trabalho" abrange todos os lugares onde os trabalhadores devem permanecer ou onde têm que comparecer, e que estejam sob o controle, direto ou indireto, do empregador. Considera, ainda, que o termo "trabalhadores" abrange todas as pessoas empregadas, incluindo os funcionários públicos.

d) Entre os motivos expressamente previstos pela Convenção n° 158 da OIT, que não constituirão causa justificada para o término da relação do trabalho, encontra-se a recusa, pelo trabalhador, a prestar trabalho em ambiente que possa envolver grave e iminente perigo para sua vida ou sua saúde.

e) Não respondida.

30) (VUNESP - FITO - Técnico em Gestão - Recursos Humanos - 2020) A Lei nº 13.467/2017 revogou alguns dispositivos da CLT quanto ao prazo para pagamento das verbas rescisórias, que passou a ser de até

a) 10 dias contados a partir do término do contrato, incluindo-se o dia do começo e excluindo-se o do vencimento.
b) 15 dias contados a partir do término do contrato, incluindo-se o dia do começo e excluindo-se o do vencimento.
c) 10 dias contados a partir do término do contrato, incluindo-se o dia do começo e também o do vencimento.
d) 10 dias contados a partir do término do contrato, excluindo-se o dia do começo e incluindo-se o do vencimento.
e) 30 dias contados a partir do término do contrato, excluindo-se o dia do começo e incluindo-se o do vencimento.

31) (VUNESP - FITO - Técnico em Gestão - Recursos Humanos - 2020) De acordo com as novas regras trabalhistas, a demissão em comum acordo entre empresa e empregado é legal e

a) permanece a multa de 40% do saldo do FGTS, e o aviso prévio indenizado fica restrito a 15 dias.
b) a multa de 40% do FGTS é reduzida a 20% do saldo, e o aviso prévio indenizado fica restrito a 15 dias.
c) agora é permitido que as mesmas bases que eram aplicadas à demissão sem justa causa sejam aplicadas no acordo de demissão.
d) a multa de 40% do FGTS é reduzida a 30% do saldo, e o aviso prévio indenizado permanece como era, 30 dias.
e) a multa de 40% do FGTS é reduzida a 20% do saldo, e o aviso prévio indenizado fica restrito a 20 dias.

32) (IBFC - EBSERH - Advogado - 2020) Assinale a alternativa que não contêm hipótese de justa causa para rescisão do contrato de trabalho pelo empregador.

a) Ato de improbidade
b) Confirmação de gravidez na primeira semana de trabalho
c) Incontinência de conduta ou mau procedimento
d) Desídia no desempenho das respectivas funções
e) Ato de indisciplina ou de insubordinação

GABARITO

GAB		no Direito	no Livro	Observação
1	A	Doutrina	Subtema 11.6.1	
2	D	a) CLT. Art. 482, alínea "a"	a) Subtema 11.6.2, alínea "A"	
		b) CLT. Art. 482, alínea "j"	b) Subtema 11.6.2, alínea "J"	
		c) CLT. Art. 482, alínea "j"	c) Subtema 11.6.2, alínea "J"	
		d) CLT. Art. 482, alínea "h"	d) Subtema 11.6.2, alínea "H"	
		e) CLT. Art. 482, alínea "l"	e) Subtema 11.6.2, alínea "L"	
3	A	I. CLT. Art. 486, caput	I. Subtema 11.10	
		II. CLT. Art. 482, alínea "b"	II. Subtema 11.6.2, alínea "B"	
		III. TST. Súmula nº 443	III. Subtema 16.14	
		IV. TST. Súmula nº 32	IV. Subtema 11.6.2, alínea "I"	
4	B	a) CLT. Art. 486, caput	a) Subtema 11.10	No caso da letra "c" o erro está na parte: "... **<u>ainda que</u>** em legítima defesa".
		b) CLT. Art. 482, alíneas "g" e "l"	b) Subtema 11.6.2, alíneas "G" e "L"	
		c) CLT. Art. 482, alínea "j"	c) Subtema 11.6.2, alínea "J"	
		d) CLT. Art. 483, alínea "d"	d) Subtema 11.7.2, alínea "D"	
5	A	Doutrina – Requisito da Tipicidade (ex.: CLT. Art. 482)	Subtema 11.6	
6	A	CLT. Art. 482, alínea "h"	Subtema 11.6.2, alínea "H"	
7	E	a) CLT. Art. 482, alínea "h"	a) Subtema 11.6.2, alínea "H"	
		b) CLT. Art. 482, alínea "b"	b) Subtema 11.6.2, alínea "B"	
		c) CLT. Art. 482, alínea "e"	c) Subtema 11.6.2, alínea "E"	
		d) CLT. Art. 482, alínea "g"	d) Subtema 11.6.2, alínea "G"	
		e) CLT. Art. 483, alínea "a"	e) Subtema 11.7.2, alínea "A"	

GAB		no Direito	no Livro	Observação
8	E	a) Lei nº 12.506/11. Art. 1º, parágrafo único	a) Subtema 12.10	
		b) CLT. Art. 62, caput e inciso II	b) Subtema 5.2.2	
		c) TST. Súmula nº 85, II	c) Subtema 5.3.4	
		d) TST. OJ nº 397 da SDI1	d) Subtema 5.3.8, alínea "A"	
		e) CLT. Art. 483, alínea "a"	e) Subtema 11.7.2, alínea "A"	
9	E	TST. Súmula nº 32	Subtema 11.6.2, alínea "I"	
10	D	a) CLT. Art. 482, alínea "j"	a) Subtema 11.6.2, alínea "J"	
		b) CLT. Art. 482, alínea "g"	b) Subtema 11.6.2, alínea "G"	
		c) CLT. Art. 482, alínea "c"	c) Subtema 11.6.2, alínea "C"	
11	A	TST. Súmula nº 14	Subtema 11.8	
12	D	Doutrina - Requisito da Tipicidade (CLT. Art. 482)	Subtema 11.6	
13	D	CLT. Art. 484 e Súmula nº 14 do TST	Subtema 11.8	
14	E	CLT. Art. 482, alínea "h" e "K"	Subtema 11.6.1 e 11.6.2, alínea "H" e "K"	
15	E	CLT. Art. 484-A	Subtema 11.4	
16	C	I. CLT. Art. 481	I. Subtema 11.1, alínea "B"	
		II. CLT. Art. 480, caput	II. Subtema 11.1, alínea "A"	
		III. CLT. Art. 480, caput	III. Subtema 11.1, alínea "A"	
17	D	CLT. Art. 484-A	Subtema 11.4	
18	A	a) CLT. Art. 477, § 6º	a) Subtema 11.16	
		b) CLT. Art. 477, § 4º, incisos I e II	b) Subtema 11.16	
		c) CLT. Art. 477-A	c) Subtema 11.14	
		d) CLT. Art. 481	d) Subtema 11.1, alínea "B"	
		e) CLT. Art. 477, § 2º	e) Subtema 11.17	
19	E	CLT. Art. 484-A	Subtema 11.4	

GAB		no Direito	no Livro	Observação
20	D	a) CLT. Art. 482, alínea “e”	a) Subtema 11.6.2, alínea “E”	
		b) CLT. Art. 482, alíneas “b” e “h”	b) Subtema 11.6.2, alínea “B” e “H”	
		c) CLT. Art. 483, § 2º	c) Subtema 11.13	
		d) CLT. Art. 482, alínea “e”	d) Subtema 11.6.2, alínea “E”	
		e) CLT. Art. 484	e) Subtema 11.8	
21	B	a) CLT. Art. 482, alíneas “a”, “b”, “g”, “i”, “l” e “e”	a) Subtema 11.6.2, alíneas “A”, “B”, “G”, “I”, “L” E “E”	**A negociação deve ser habitual.**
		b) CLT. Art. 482, alínea “c”	b) Subtema 11.6.2, alínea “C”	
		c) CLT. Art. 482, alíneas “f”, “h” e “d”	c) Subtema 11.6.2, alíneas “F”, “H” E “D”	
		d) CLT. Art. 483, alínea “”	d) Subtema 11.6.2, alínea “J”	
22	B	a) CLT. Art. 483, alínea “a”	a) Subtema 11.7.2, alínea “A”	O erro da alternativa “b” está na parte final: “...não concordar com as obrigações do contrato de trabalho”. Não existe tal previsão.
		b) CLT. Art. 483, alínea “c”	b) Subtema 11.7.2, alínea “C”	
		c) CLT. Art. 483, alínea “f”	c) Subtema 11.7.2, alínea “F”	
		d) CLT. Art. 483, alínea “g”	d) Subtema 11.7.2, alínea “G”	
23	A	CLT. Art. 484-A	Subtema 11.4	
24	C	Valter – CLT. Art. 482, alínea “a”	a) Subtema 11.6.2, alínea “A”	
		Solange – CLT. Art. 482, alínea “h”	b) Subtema 11.6.2, alínea “H”	
		Arnaldo – CLT. Art. 482, alínea “m”	c) Subtema 11.6.2, alínea “M”	
25	A	CLT. Art. 482, alínea “m”	c) Subtema 11.6.2, alínea “M”	
26	B	Doutrina	Subtema 11.3	**Quando a dispensa ocorre sem se enquadrar nos requisitos do artigo 482 da CLT.**
27	D	CLT. Art. 482, alínea “e”	Subtema 11.6.2, alínea “E”	

GAB		no Direito	no Livro	Observação
28	C	a) TST. Súmula nº 443	a) Subtema 16.14	O erro na alternativa "a" está na supressão da necessidade de que a doença suscite estigma ou preconceito.
		b) CLT. Art. 482, alínea "l"	b) Subtema 11.6.2, alínea "L"	
		c) CLT. Art. 477-A	c) Subtema 11.14	
		d) CLT. Art. 473, inciso X	d) Subtema 10.1, alínea "A"	
29	D	a) OIT. Convenção nº 155. Art. 13	a) Subtema 11.7.2, alínea "C"	
		b) OIT. Convenção nº 155. Art. 4º	b) subtema 11	
		c) OIT. Convenção nº 155, Art. 3º, alínea "b" e "c"	c) Subtema 1 e 1.3, alínea "F.2"	
		d) OIT. Convenção nº 158. Art. 5º	d) Subtema 11.6	
30	D	CLT. Art. 477, §6º c/c TST. OJ nº 162 da SDI-1	Subtema 11.16	
31	B	CLT. Art. 484-A, inciso I	Subtema 11.4	
32	B	a) CLT. Art. 482, alínea "a"	a) Subtema 11.6.2, alínea "A"	
		b) CF. ADCT. Art. 10, inciso II, alínea "b"	b) Parte II, Subtema 1.3, alínea "J.1"	
		c) CLT. Art. 482, alínea "b"	c) Subtema 11.6.2, alínea "B"	
		d) CLT. Art. 482, alínea "e"	d) Subtema 11.6.2, alínea "E"	
		e) CLT. Art. 482, alínea "h"	e) Subtema 11.6.2, alínea "H"	

Subtema 12 – Aviso Prévio

01) (FCC – TRT – 20ª Região – Analista Judiciário – Área: Judiciária – 2016) A notificação ou comunicação antecipada que uma das partes faz à outra manifestando a sua intenção em romper o contrato de trabalho é conceituada como aviso prévio. Conforme previsão legal e sumulada pelo Tribunal Superior do Trabalho,

a) é permitido por lei substituir o período que se reduz da jornada de trabalho, no aviso prévio, pelo pagamento das horas correspondentes, desde que acrescida do adicional de horas extras em dobro.

b) após a comunicação do aviso prévio, a rescisão torna-se efetiva depois de expirado o respectivo prazo, mas, se a parte notificante reconsiderar o ato, antes de seu termo, a outra parte fica obrigada a aceitar a reconsideração.

c) o empregado que, durante o prazo do aviso prévio, cometer quaisquer das faltas consideradas pela lei como justa causa para a rescisão, perde o direito ao restante do respectivo prazo.

d) a ocorrência de qualquer motivo de justa causa no decurso do prazo do aviso prévio dado pelo empregador, retira do empregado qualquer direito às verbas rescisórias de natureza indenizatória.

e) é devido o aviso prévio na despedida indireta, mas nesse caso o valor das horas extraordinárias habituais não integrará o aviso prévio indenizado.

02) (FUNDATEC – Prefeitura de Porto Alegre – RS – Procurador Municipal – 2016) A respeito do instituto do aviso prévio, no âmbito do Direito do Trabalho, assinale a alternativa correta.

a) O período de aviso prévio de 30 dias será acrescido de três dias por ano de serviço trabalhado na mesma empresa até o máximo de 60 dias, perfazendo um total de até 90 dias.

b) O período de aviso prévio de 30 dias será acrescido de três dias por ano ou fração igual ou superior a seis meses de trabalho na mesma empresa até o limite total de 60 dias.

c) O período de aviso prévio de 30 dias será acrescido de três dias por ano de serviço trabalhado na mesma empresa até o limite total de 60 dias.

d) O período de aviso prévio de 30 dias será acrescido de três dias por ano ou fração igual ou superior a seis meses de trabalho na mesma empresa até o limite total de 90 dias.

e) Inexiste na lei critério de proporcionalidade entre o tempo de serviço prestado e o período de aviso prévio em nosso ordenamento jurídico.

03) (FCC – Prefeitura de São Luiz – MA – Procurador do Município – 2016) A empresa C deu aviso prévio para a empregada Laura, porém, antes do término do referido aviso, a empresa reconsiderou o aviso e Laura aceitou. Neste caso, de acordo com a Consolidação das Leis do Trabalho, o contrato de trabalho de Laura

a) será rescindido, uma vez que não há previsão legal de reconsideração de aviso prévio, devendo ser elaborado novo contrato de trabalho, com intervalo mínimo de 90 dias.

b) continuará a vigorar, mas o aviso prévio deverá ser anotado na CTPS do empregado para efeito de fiscalização administrativa, considerando-se válido para todos os efeitos.

c) será rescindido, uma vez que não há previsão legal de reconsideração de aviso prévio, devendo ser elaborado novo contrato de trabalho, com intervalo mínimo de 30 dias.

d) continuará a vigorar, como se o aviso prévio não tivesse sido dado.

e) será rescindido, uma vez que não há previsão legal de reconsideração de aviso prévio, devendo ser elaborado novo contrato de trabalho, não havendo intervalo mínimo necessário entre os dois contratos.

04) (FCC – TRT 24ª Região – Analista Judiciário – Área Judiciária – 2017) Em relação ao instituto jurídico do aviso prévio, nos termos das normas contidas na Consolidação das Leis do Trabalho e da jurisprudência sumulada do Tribunal Superior do Trabalho,

a) havendo aplicação da dispensa do empregado por justa causa em razão de desídia no desempenho de suas funções deverá ser concedido aviso prévio.

b) em caso de despedida indireta e rescisão por culpa recíproca não é devido o aviso prévio.

c) o pagamento relativo ao período de aviso prévio trabalhado está sujeito à contribuição para o FGTS, o que não ocorre quando o mesmo for indenizado.

d) o horário normal de trabalho do empregado, durante o prazo do aviso, será reduzido em duas horas diárias, sem prejuízo do salário integral, independentemente de quem tenha promovido a rescisão.

e) é incorreto substituir o período que se reduz da jornada de trabalho, no aviso prévio, pelo pagamento das horas correspondentes.

05) (FCC - SABESP – Advogado – 2018) O aviso prévio

a) é direito irrenunciável pelo empregado. O pedido de dispensa de cumprimento não exime o empregador de pagar o respectivo valor, salvo comprovação de haver o prestador de serviço obtido novo emprego.

b) não é devido o aviso prévio na despedida indireta, havendo expressa disposição legal neste sentido.

c) é devido na proporção de 50% na despedida indireta, havendo expressa disposição legal neste sentido.

d) será de cinco dias quando o pagamento for efetuado por semana ou tempo inferior.

e) indenizado, não possui como integrante de sua base de cálculo horas extras habituais.

06) (FCC - TRT - 6ª Região (PE) - Técnico Judiciário - Área Administrativa – 2018) Em relação ao instituto jurídico denominado aviso prévio, as normas da Consolidação das Leis do Trabalho estipulam que

a) a parte que, sem justo motivo, quiser rescindir o contrato por prazo determinado, deverá avisar a outra da sua resolução com a antecedência mínima de 30 dias.

b) o horário normal de trabalho do empregado, durante o prazo do aviso e se a rescisão tiver sido promovida pelo empregador, será reduzido de duas horas diárias, sem prejuízo do salário integral.

c) será proporcional pela metade na despedida indireta, salvo se houver ajuste em contrário.

d) a falta do aviso prévio por parte do empregador dá ao empregado o direito aos salários correspondentes ao prazo do aviso, sem a integração do período no seu tempo de serviço.

e) o empregado que cometer falta grave por desídia, considerada como justa para a rescisão, durante o prazo do aviso prévio, não perde o direito ao restante do respectivo prazo.

07) (FCC - TRT - 6ª Região (PE) - Analista Judiciário - Área Administrativa – 2018) No tocante ao aviso prévio, considere:

I. O aviso prévio proporcional ao tempo de serviço é aquele de trinta dias para os empregados com até um ano de serviço na mesma empresa, acrescidos de três dias por ano de serviço até o máximo de sessenta dias, perfazendo um total de noventa dias.

II. O pagamento relativo ao período do aviso prévio indenizado não está sujeito à contribuição do FGTS.

III. Em caso de aviso prévio cumprido em casa, o prazo para pagamento das verbas rescisórias é até o décimo dia da notificação da demissão.

Está correto o que se afirma em

a) II e III, apenas.
b) I, II e III.
c) I e III, apenas.
d) I e II, apenas.
e) I, apenas.

08) (FCC - TRT - 2ª REGIÃO (SP) - Técnico Judiciário - Área Administrativa - 2018) Com relação ao aviso prévio, considere:

I. Conta-se o prazo do aviso prévio excluindo-se o dia do começo e incluindo o do vencimento.

II. Ao aviso prévio serão acrescidos 3 dias por ano de serviço prestado na mesma empresa, até o máximo de 30 perfazendo um total de até 60 dias.

III. É possível e legal substituir o período que se reduz da jornada de trabalho no aviso prévio trabalhado, pelo pagamento das horas correspondentes.

IV. O direito ao aviso prévio é irrenunciável pelo empregado. O pedido de dispensa de cumprimento não exime o empregador de pagar o respectivo valor, salvo comprovação de haver o prestador dos serviços obtido novo emprego.

De acordo com a legislação competente, bem como com entendimento sumulado do TST, está correto o que se afirma APENAS em

a) II e III.
b) I, II e IV.
c) II, III e IV.
d) I e III.
e) I e IV.

09) (VUNESP - PGE-SP - Procurador do Estado – 2018) Nos termos dos enunciados sumulares do Tribunal Superior do Trabalho, é correto afirmar a respeito do aviso prévio:

a) o direito ao aviso prévio proporcional ao tempo de serviço somente é assegurado nas rescisões de contrato de trabalho ocorridas a partir da publicação da Lei n° 12.506, em 13 de outubro de 2011.

b) não cabe aviso prévio nas rescisões antecipadas dos contratos de experiência.

c) reconhecida a culpa recíproca na rescisão do contrato de trabalho (art. 484 da Consolidação das Leis do Trabalho), o empregado não tem direito a receber valores a título de aviso prévio.

d) o pagamento relativo ao período de aviso prévio trabalhado não está sujeito à contribuição para o FGTS.

e) no caso de concessão de auxílio-doença no curso do aviso prévio, concretizam-se os efeitos da dispensa depois de expirado o prazo do aviso prévio, independentemente da vigência do benefício previdenciário.

10) (IBFC - Câmara de Feira de Santana - BA - Procurador Jurídico Adjunto – 2018) Assinale a alternativa correta sobre a noção de aviso prévio no ordenamento jurídico brasileiro.

a) Consiste na obrigação que tem qualquer das partes do contrato de trabalho por tempo determinado de notifcar à outra de sua intenção de romper o vínculo contratual, em data futura e certa

b) Consiste na obrigação que tem qualquer das partes do contrato de trabalho por tempo indeterminado de notifcar à outra de sua intenção de romper o vínculo contratual, em data futura e certa

c) Consiste na obrigação reservada apenas ao empregador de notifcar à outra de sua intenção de romper o vínculo contratual, em data futura e certa

d) Consiste na obrigação reservada apenas ao empregado de notifcar à outra de sua intenção de romper o vínculo contratual, em data futura e incerta

11) (CESPE - PGM - Manaus - AM - Procurador do Município – 2018 – ADAPTADA) A respeito do direito de greve, da proteção ao trabalho da mulher, da alteração da relação de trabalho, da aplicação de justa causa e da equiparação salarial, julgue o item que se segue.

Se uma empregada, antes do término do cumprimento de aviso prévio de desligamento sem justa causa, apresentar ao empregador atestado médico probatório de que, na data da dispensa, ela já estava grávida, tal fato não lhe dará o direito à estabilidade prevista no texto constitucional, pois, quando foi dado o aviso prévio, o empregador desconhecia o estado gravídico da empregada.

12) (NC-UFPR - Câmara de Quitandinha - PR – Advogado – 2018) Sobre o aviso prévio, é correto afirmar:

a) O aviso prévio será de 20 dias quando o empregado receber por quinzena ou mês.

b) A falta de aviso prévio por parte do empregador dá ao empregado o direito aos salários correspondentes ao prazo do aviso, garantida sempre a integração desse período no seu tempo de serviço.

c) Não é devido o aviso prévio na despedida indireta.

d) O valor das horas extraordinárias habituais não integra o aviso prévio indenizado.

e) O horário normal de trabalho do empregado, durante o prazo do aviso, e se a rescisão tiver sido promovida pelo empregador, será reduzido de 1 (uma) hora diária, sendo o salário a ser pago proporcional pelas horas trabalhadas.

13) (IBFC - MGS – Advogado – 2019) Determinado empregado celetista foi dispensado sem justa causa pelo seu empregador. Sobre este assunto, assinale a alternativa correta que apresenta o horário de trabalho durante o prazo de aviso prévio:

a) O horário normal de trabalho do empregado, durante o prazo do aviso, será reduzido de 2 (duas) horas diárias, sem prejuízo do salário integral

b) O empregado deverá, obrigatoriamente ser dispensado, na última semana de aviso prévio

c) É facultado ao empregador dar 7 (sete) dias corridos ou 2 (duas) horas a menos durante o período de aviso prévio

d) O empregado que, durante o prazo do aviso prévio, cometer qualquer das faltas consideradas pela lei como justas para a rescisão, receberá apenas a metade restante do respectivo prazo

14) (GUALIMP - Prefeitura de Porciúncula - RJ - Procurador Adjunto - 2019) Sobre o aviso prévio, assinale V para Verdadeiro e F para Falso com base na Consolidação das Leis do Trabalho:

I. A falta do aviso prévio por parte do empregador dá ao empregado o direito aos salários correspondentes ao prazo do aviso, garantida sempre a integração desse período no seu tempo de serviço.

II. A falta de aviso prévio por parte do empregado dá ao empregador o direito de descontar os salários correspondentes ao prazo respectivo.

III. Em se tratando de salário pago na base de tarefa, o cálculo, para os efeitos dos parágrafos anteriores, será feito de acordo com a média dos últimos 12 (doze) meses de serviço.

IV. É devido o aviso prévio na despedida indireta.

Assinale a alternativa que corresponde à sequência CORRETA:

a) V – V – F – V.

b) F – V – F – V.

c) F – F – V – V.

d) V – V – V – V.

15) (Quadrix - CRF-PR - Analista de RH - 2019) A respeito do aviso prévio, julgue os itens seguintes.

I. É devido o aviso prévio na despedida direta.

II. O valor das horas extraordinárias habituais não integra o aviso prévio indenizado.

III. A falta de aviso prévio por parte do empregado não dá ao empregador o direito de descontar os salários correspondentes ao prazo respectivo.

IV. O reajustamento salarial coletivo, determinado no curso do aviso prévio, beneficia o empregado pré avisado da despedida, mesmo que tenha recebido antecipadamente os salários correspondentes ao período do aviso, que integra seu tempo de serviço para todos os efeitos legais.

A quantidade de itens certos é igual a

a) 0.

b) 1

c) 2.

d) 3.

e) 4.

GABARITO

<table>
<tr><th colspan="2">GAB</th><th>no Direito</th><th>no Livro</th><th>Observação</th></tr>
<tr><td rowspan="5">1</td><td rowspan="5">C</td><td>a) TST. Súmula nº 230</td><td>a) Subtema 12.3</td><td rowspan="5"></td></tr>
<tr><td>b) CLT. Art. 489, caput</td><td>b) Subtema 12.8</td></tr>
<tr><td>c) CLT. Art. 491</td><td>c) Subtema 12.9</td></tr>
<tr><td>d) TST. Súmula nº 73</td><td>d) Subtema 12.9</td></tr>
<tr><td>e) CLT. Art. 487, §§ 4º e 5º</td><td>e) Tema 12</td></tr>
<tr><td>2</td><td>A</td><td>Lei nº 12.506/2011. Art. 1º, caput e parágrafo único</td><td>Subtema 12.10</td><td></td></tr>
<tr><td>3</td><td>D</td><td>CLT. Art. 489, parágrafo único</td><td>Subtema 12.8</td><td></td></tr>
<tr><td rowspan="5">4</td><td rowspan="5">E</td><td>a) CLT. Art. 487, caput</td><td>a) Subtema 12.3</td><td rowspan="5"></td></tr>
<tr><td>b) CLT. Art. 487, § 4º e Súmula nº 14 do TST</td><td>b) Subtemas 12.1 e 11.8</td></tr>
<tr><td>c) TST. Súmula nº 305</td><td>c) Subtema 12.6</td></tr>
<tr><td>d) CLT. Art. 488, caput</td><td>d) Subtema 12.3</td></tr>
<tr><td>e) TST. Súmula nº 230</td><td>e) Subtema 12.3</td></tr>
<tr><td rowspan="5">5</td><td rowspan="5">A</td><td>a) TST. Súmula nº 276</td><td>a) Subtema 12.5</td><td rowspan="5">É devido pela metade, se indenizado, no caso de acordo entre as partes para extinção do contrato.</td></tr>
<tr><td>b) CLT. Art. 487, § 4º</td><td>b) Subtema 12.4</td></tr>
<tr><td>c) CLT. Art. 487, § 4º</td><td>c) Subtema 12.4</td></tr>
<tr><td>d) CLT. Art. 487, inciso I</td><td>d) Subtema 12.10</td></tr>
<tr><td>e) CLT. Art. 487, § 5º</td><td>e) Tema 12</td></tr>
<tr><td rowspan="5">6</td><td rowspan="5">B</td><td>a) CLT. Art. 487, inciso II</td><td>a) Subtema 12.10</td><td rowspan="5"></td></tr>
<tr><td>b) CLT. Art. 488, caput</td><td>b) Subtema 12.3</td></tr>
<tr><td>c) CLT. Art. 487, § 4º</td><td>c) Subtema 12.4</td></tr>
<tr><td>d) CLT. Art. 487, § 1º</td><td>d) Subtema 12.3</td></tr>
<tr><td>e) CLT. Art. 491</td><td>e) Subtema 12.9</td></tr>
<tr><td rowspan="3">7</td><td rowspan="3">C</td><td>I. Lei nº 12.506/2011. Art. 1º, caput e parágrafo único</td><td>I. Subtema 12.10</td><td rowspan="3">Essa OJ é anterior a Reforma Trabalhista e visou dar tratamento, ao aviso prévio cumprido em casa, ao o indenizado. Atualmente, com a Reforma, o prazo para pagamento foi unificado em 10 dias, seja o aviso trabalhado ou indenizado.</td></tr>
<tr><td>II. TST. Súmula nº 305</td><td>II. Subtema 12.6</td></tr>
<tr><td>III. TST. OJ da SDI1 nº 14</td><td>III. Subtema 12.3</td></tr>
</table>

GAB		no Direito	no Livro	Observação
8	E	I. TST. Súmula nº 380	I. Subtema 12.2	
		II. Lei nº 12.506/2011. Art. 1º, parágrafo único	II. Subtema 12.10	
		III. TST. Súmula nº 230	III. Subtema 12.3	
		IV. TST. Súmula nº 276	IV. Subtema 12.5	
9	A	a) TST. Súmula nº 441	a) Subtema 12.10	
		b) TST. Súmula nº 163	b) Subtema 12.1	
		c) TST. Súmula nº 14	c) Parte II, Subtema 11.8	
		d) TST. Súmula nº 305	d) Subtema 12.6	
		e) TST. Súmula nº 371	e) Subtema 12.7	
10	B	CLT. Art. 487, caput	Subtema 12.3	
11	F	CLT. Art. 391-A, caput	Subtema 12.7	
12	B	a) CLT. Art. 487, inciso II	a) Subtema 12.10	
		b) CLT. Art. 487, § 1º	b) Subtema 12.3	
		c) CLT. Art. 487, § 4º	c) Subtema 12.4	
		d) CLT. Art. 487, § 5º	d) Tema 12	
		e) CLT. Art. 488, caput e parágrafo único	e) Subtemas 12.3	
13	A	CLT. Art. 488, caput e parágrafo único e Art. 490	Subtemas 12.3 e 12.9	
14	D	I. CLT. Art. 487, §1º	I. Subtema 12.3	
		II. CLT. Art. 487, § 2º	II. Subtema 12.4	
		III. CLT. Art. 487, § 3º	III. Subtema 12.	
		IV. CLT. Art. 487, § 4º	IV. Subtema 12.4	
15	B	I. CLT. Art. 487, § 4º	I. Subtema 12.4	O erro do item I está em dizer que incide aviso prévio na despedida **direta**, quando de fato incide na indireta.
		II. CLT. Art. 487, § 5º	II. Tema 12	
		III. CLT. Art. 487, § 2º	III. Subtema 12.4	
		IV. CLT. Art. 487, § 6º	IV. Subtema 12	

Subtema 13 e 14 – Prescrição e Decadência no Direito do Trabalho

01) (FCC - TRT 20ª Região - Técnico Judiciário - Administrativa - 2016) Athenas trabalhou por oito anos na empresa Netuno Produções como secretária. Em razão de crise econômica, o contrato foi extinto após o aviso prévio trabalhado até 10/10/2015, sem receber as verbas da rescisão contratual, incluindo diferenças de depósitos do FGTS com a multa rescisória de 40%. Nesse caso, o prazo prescricional para ajuizar reclamação trabalhista termina em 10 de outubro de

a) 2017, exceto quanto às diferenças de FGTS com 40%, cuja prescrição é trintenária.

b) 2020 para todos os direitos trabalhistas.

c) 2020, exceto quanto às diferenças de FGTS com 40%, cuja prescrição é decenal.

d) 2018 para todos os direitos trabalhistas.

e) 2017 para todos os direitos trabalhistas.

02) (FGV – COMPESA – Analista de Gestão – Advogado – 2016) Hélio, que trabalhava como operador de máquinas, foi aposentado por invalidez em 2007, quando tinha 35 anos de idade, e ajuizou ação em 2015 postulando o pagamento de horas extras relativas ao período em que ainda se ativava na empresa. Sobre a situação retratada, e de acordo com a legislação em vigor e o entendimento consolidado do TST, assinale a afirmativa correta.

a) Caso arguida, a prescrição parcial deverá ser acolhida e o pedido julgado improcedente.

b) Não há prescrição porque a aposentadoria suspendeu o contrato e a contagem da prescrição.

c) Considerando que após o prazo 5 anos a aposentadoria torna-se irreversível, o contrato de trabalho foi extinto em 2012, havendo prescrição total.

d) Haverá o fenômeno jurídico da decadência por se tratar de direito potestativo puro.

e) A declaração da existência de horas extras não prescreve em razão da sua natureza, mas a condenação ao seu pagamento sim, em razão do ato único do empregador.

03) (CESPE – TRT 8ª Região – Técnico Judiciário – Área Administrativa – 2016) A respeito da prescrição e da decadência no direito do trabalho, assinale a opção correta.

a) Não se aplica a prescrição contra os menores de dezoito anos de idade.
b) Prescrição refere-se ao prazo quinquenal para a propositura da ação trabalhista.
c) O prazo de decadência refere-se à reclamação das verbas rescisórias, sendo de dois anos
d) Os prazos de prescrição e decadência não podem ser suspensos ou -interrompidos.
e) Inicia-se a contagem da prescrição na data da assinatura do contrato de trabalho.

04) (COPESE – UFT – Prefeitura de Palmas – TO Procurador Municipal – 2016) Analise as afirmativas a seguir em relação à Prescrição e a Decadência trabalhista.

I. A Prescrição é a perda do direito de ação, pela ausência do seu titular em um decurso de tempo, e opera-se no prazo de cinco anos, independentemente da existência ou não do vínculo trabalhista.

II. Constitui-se Decadência contratual a perda do direito material trabalhista, pela inércia do seu titular em um prazo de cinco anos, respeitado o biênio constitucional de dois anos, da extinção do contrato de trabalho.

III. A prescrição dos créditos do FGTS opera-se no prazo de trinta anos, respeitando o biênio constitucional após a extinção do contrato de trabalho.

IV. Prescrição é a perda da pretensão da exigibilidade do direito, em um decurso de tempo de cinco anos, pela inércia do titular do direito material, respeitado o limite de dois anos, após extinção de contrato de trabalho.

Estão INCORRETAS as afirmativas:

a) Apenas as afirmativas I, II e III estão incorretas.
b) Apenas as afirmativas II, III e IV estão incorretas.
c) Apenas as afirmativas I, III e IV estão incorretas.
d) Apenas as afirmativas I, II e IV estão incorretas.

05) (VUNESP - Prefeitura de São José dos Campos - Procurador - 2017) A prescrição trabalhista

a) não se aplica às ações que tenham por objeto anotações para fins de prova junto à Previdência Social.
b) pode ser reconhecida *ex officio*, inclusive quando se tratar de empregado menor de 18 anos.

c) só pode ser reconhecida se houver alegação, quando se tratar de empregado menor de 18 anos.

d) não se aplica aos contratos de aprendizagem, independentemente da idade do empregado.

e) tem idêntico tratamento ao da decadência.

06) (FMP Concursos – PGE-AC – Procurador do Estado – 2017) De acordo com o entendimento sumulado pelo Tribunal Superior do Trabalho, quanto ao instituto da prescrição, é CORRETO afirmar que

a) pode ser pronunciado de ofício pelo órgão julgador.

b) não se conhece, uma vez não arguido na instância ordinária.

c) pode ser arguido em sede de recurso de revista.

d) é matéria exclusiva da defesa trabalhista.

e) é próprio de vir a ser arguido em preliminar na contestação.

07) (IESES – CRMV – SC – Advogado – 2017) Podemos afirmar sobre prescrição e decadência no direito do trabalho:

a) Respeitado o biênio subsequente à cessação contratual, a prescrição da ação trabalhista concerne às pretensões imediatamente anteriores a cinco anos, contados da data do ajuizamento da reclamação e, não, às anteriores ao quinquênio da data da extinção do contrato. (ex-OJ nº 204 - Inserida em 08.11.2000)

b) Assim, caso haja lesão a determinado direito, o trabalhador terá direito a buscar reparação no prazo de 5 (cinco) anos contados da data em que houve a violação do direito. Isto frise-se, na extinção do contrato de trabalho ou quando este estiver suspenso.

c) A prescrição, na esfera trabalhista, ocorre e é computada (flui) a partir de dois lapsos temporais: Na vigência do contrato de trabalho: prazo prescricional de 2 (dois) anos (é a denominada prescrição bienal) e A partir da extinção do contrato de trabalho: 5 (cinco) anos (é a denominada prescrição quinquenal).

d) A norma constitucional que ampliou o prazo de prescrição da ação trabalhista para 5 (cinco) anos não possui aplicação imediata e pode atingir pretensões já alcançadas pela prescrição bienal quando da promulgação da CF/1988. (ex-Súmula nº 308 - Res 6/1992, DJ 05.11.1992).

08) (FCC – TRT – 24ª REGIÃO – Analista Judiciário – Oficial de Justiça Avaliador Federal – 2017) Hera está trabalhando como secretária na Clínica

Odontológica Sorriso desde 10/04/2009. Ocorre que a empresa não pagou as horas extraordinárias devidas em relação ao período de um mês do contrato. Nessa situação, para não haver incidência da prescrição, Hera deve ajuizar ação trabalhista para reclamar seus créditos devidos até

a) 2 anos após a rescisão contratual, atingindo lesão ao direito anterior ao quinquênio da data da extinção do contrato.

b) 5 anos da lesão ao direito, independentemente da data da rescisão contratual.

c) 5 anos após a rescisão contratual, independentemente de quando ocorreu a lesão ao direito.

d) 2 anos após a rescisão contratual, independentemente de quando ocorreu a lesão ao direito.

e) 2 anos após a rescisão contratual, atingindo lesão ao direito anterior a cinco anos, contados da data do ajuizamento da reclamação.

09) (FCC - TRT - 15ª Região (SP) - Técnico Judiciário - Área Administrativa – 2018) No tocante à prescrição no Direito do Trabalho, considere:

I. O direito de reclamar a concessão das férias ou o pagamento da respectiva remuneração é contado do término do prazo do período concessivo ou, se for o caso, da cessação do contrato de trabalho.

II. No tocante ao pedido de pagamento de diferenças salariais decorrentes da inobservância pelo empregador dos critérios de promoção estabelecidos em Plano de Cargos e Salários, a prescrição é parcial, pois a lesão é sucessiva e se renova mês a mês.

III. Para o empregado urbano ou rural ingressar com reclamação trabalhista, deve-se observar o prazo de dois anos contados da data da cessação do contrato de trabalho e serão abrangidas as verbas pretendidas imediatamente anteriores a cinco anos da data do ajuizamento da ação, exceto o pedido de danos morais, que abrange apenas os últimos três anos.

Está correto o que consta de

a) I, II e III.

b) I e II, apenas.

c) II e III, apenas.

d) I e III, apenas.

e) II, apenas.

10) **(INSTITUTO AOCP - TRT - 1ª REGIÃO (RJ) - Técnico Judiciário - Área Administrativa – 2018)** Rita trabalhou para uma joalheria, denominada Joias Raras, de 10 de maio de 2012 até 10 de jun. de 2016, ocasião em que foi dispensada sem justa causa. Considerando que Rita, por meio de seu advogado Mário, ingressou com ação no dia 10 de maio de 2018, para pleitear alguns direitos violados na relação de trabalho, assinale a alternativa correta tendo ainda como base a Lei nº 13.467/2017.

a) Rita terá prazo de prescrição intercorrente de cinco anos, a partir da data do ingresso com a reclamação trabalhista.

b) Caso Mário tenha ajuizado a ação em um juízo incompetente, não haverá interrupção da prescrição, pois ainda que a ação venha a ser extinta sem resolução do mérito, não produzirá efeitos a qualquer dos pedidos.

c) O prazo para Rita ingressar com ação é de dois anos após a extinção do contrato de trabalho, podendo Rita, se tivesse trabalhado por mais tempo na empresa, pleitear até os últimos 30 (trinta) anos de Fundo de Garantia do Tempo de Serviço.

d) A declaração da prescrição intercorrente somente poderá ser requerida pela parte no momento da contestação ou declarada de ofício pelo juiz de primeiro grau de jurisdição.

e) Caso Rita tenha seus pleitos reconhecidos em sentença, no curso da execução desta, a fluência do prazo prescricional intercorrente inicia-se quando Rita deixa de cumprir determinação judicial.

11) **(FCC - PGE-TO - Procurador do Estado – 2018)** Hermes pretende propor reclamação trabalhista em face de sua empregadora Empresa Alpha para postular indenização por danos morais em razão de humilhação sofrida por xingamentos proferidos por seu superior, além do pagamento de horas extraordinárias. Neste caso, o prazo prescricional será de

a) dois anos contados da data em que ocorreu o fato que gerou o dano moral e cinco anos para as horas extras contados do encerramento do contrato.

b) dois anos na vigência do contrato, até o limite de cinco anos após a extinção para ambos os pedidos.

c) cinco anos na vigência do contrato, até o limite de dois anos após a extinção do contrato de trabalho para ambos os pedidos.

d) dois anos para o dano moral e cinco anos para as horas extras, sempre contados da extinção do contrato de trabalho.

e) cinco anos para o dano moral e dois anos para as horas extras, sempre contados após a extinção do contrato de trabalho.

12) (VUNESP - IPSM – Procurador – 2018) Nos termos da Consolidação das Leis do Trabalho, a prescrição intercorrente

a) não se aplica ao direito do trabalho.

b) não pode ser declarada de ofício.

c) tem início da contagem após três anos de inércia do exequente.

d) ocorre depois de cinco anos de inércia do exequente.

e) pode ser requerida ou declarada de ofício em qualquer grau de jurisdição.

13) (IBGP - Prefeitura de Santa Luzia - MG - Procurador Municipal- 2018) Sobre a prescrição no Direito Processual do Trabalho, assinale a alternativa INCORRETA:

a) A pretensão quanto aos créditos resultantes das relações de trabalho prescreve em cinco anos para os trabalhadores urbanos e rurais, até o limite de 2 anos após a extinção do contrato de trabalho.

b) A prescrição é total quando se tratar de pretensão que envolva pedido de prestações sucessivas decorrente de alteração ou descumprimento do pactuado, exceto quando o direito à parcela esteja também assegurado por preceito de lei.

c) A interrupção da prescrição somente ocorrerá pelo ajuizamento de reclamação trabalhista no juízo competente, ainda que venha a ser extinta sem resolução do mérito, produzindo efeitos apenas em relação aos pedidos idênticos.

d) A prescrição ocorrerá intercorrente no prazo de dois anos e sua fluência se iniciará quando o exequente deixar de cumprir determinação judicial no curso da execução, podendo ser requerida ou declarada de ofício em qualquer grau de jurisdição.

14) (NC-UFPR - Prefeitura de Curitiba - PR – Procurador – 2019) O instituto da prescrição trabalhista curva-se aos princípios gerais de direito da segurança das relações jurídicas, em nome da paz social e para garantir sua consolidação. Com relação ao assunto, identifique como verdadeiras (V) ou falsas (F) as seguintes afirmativas:

( ) A ação trabalhista, ainda que arquivada, interrompe a prescrição em relação a todo o contrato de trabalho.

( ) O protesto judicial é medida aplicável no processo do trabalho, por força do art. 769 da CLT, sendo que o seu ajuizamento, por si só, interrompe o prazo prescricional.

( ) A ação movida por sindicato, na qualidade de substituto processual, não interrompe a prescrição.

( ) Da extinção do último contrato, começa a fluir o prazo prescricional do direito de ação em que se objetiva a soma de períodos descontínuos de trabalho.

Assinale a alternativa que apresenta a sequência correta, de cima para baixo.

a) V – V – F – V.
b) F – F – V – V.
c) V – F – V – F.
d) F – V – F – V.
e) V – V – V – F.

15) **(FADESP - Prefeitura de Marabá - PA - Procurador Municipal - 2019)** Considerando a Reforma Trabalhista instituída pela Lei nº 13.467/2017 e a prescrição intercorrente da Execução, é correto afirmar que

a) tal instituto não foi recepcionado pela reforma em tela, porquanto incompatível com os princípios basilares e informativos do Direito Material e Processual do Trabalho, máxime o Princípio da Proteção, o qual, por uma cristalina questão de essência, veda a aplicação de todo e qualquer instituto jurídico em desfavor do obreiro.
b) é hodiernamente compatível, pois que o exequente, uma vez formalmente notificado a dar prosseguimento na execução, se não diligencia em juízo no particular, após dois anos de inércia, terá o processo findo, com resolução de mérito.
c) é absolutamente incompatível em razão do que dispõe a Súmula nº 114 do Colendo TST, sobremaneira considerando o manifesto prejuízo em desfavor do obreiro, via de regra, hipossuficiente.
d) tal instituto é incompatível com os princípios basilares e informativos do direito material e processual do trabalho, máxime o princípio da proteção, o qual é considerado um dos fundamentos de existência deste ramo do direito, pelo qual é vedada a aplicação de todo e qualquer instituto jurídico em desfavor do obreiro, conforme reza a Súmula nº 327 do STF.

16) **(FCC - AL-AP - Advogado Legislativo - Procurador - 2020)** Em relação ao instituto jurídico da prescrição no Direito do Trabalho, conforme normas contidas na Consolidação das Leis do Trabalho,

a) as pretensões quanto a créditos resultantes das relações de trabalho prescrevem em cinco anos para os trabalhadores urbanos e em dois anos para os rurais.

b) o limite a ser considerado para aplicação da prescrição ao trabalhador urbano é de três anos após a extinção do contrato de trabalho.

c) o prazo prescricional de dois anos após a extinção do contrato de trabalho se aplica para as ações que tenham por objeto anotações para fins de prova junto à Previdência Social.

d) não há aplicação da prescrição intercorrente na execução de processos que envolvam verbas oriundas de contratos de trabalho.

e) a interrupção da prescrição somente ocorrerá pelo ajuizamento de reclamação trabalhista, mesmo que em juízo incompetente, ainda que venha a ser extinta sem resolução do mérito, produzindo efeitos apenas em relação aos pedidos idênticos.

17) (IPEFAE - Prefeitura de São João da Boa Vista - SP - Procurador - 2020) Analise o caso abaixo e responda corretamente, conforme legislação celetista:

João trabalhou na empresa Barriga D´Água por 15 anos. O contrato se encerrou em 10 de junho de 2017, último dia este do aviso prévio cumprido. Em 07 de junho de 2019 apresentou reclamação trabalhista perante a Comissão de Conciliação Prévia existente naquela empresa, reclamando horas extras e férias não pagas por todo o período. No dia 15 de junho de 2019 foi expedido o termo negativo de acordo. Participaram da tentativa de mediação os funcionários Carlos, representante dos empregados e Sérgio, representante do empregador. Inconformado, João então ajuizou ação trabalhista no dia 16 de junho de 2019 fazendo os mesmos pedidos. Citada, a empresa compareceu em audiência. Oferecida a tentativa de acordo, esta foi negativa. Na defesa oferecida pela Reclamada, consta apenas a alegação de prescrição do direito de ação, tanto a bienal como a quinquenal. Nesse caso, pode-se afirmar que:

a) o juiz deve acolher a alegação de prescrição do direito de ação e extinguir o processo com julgamento do mérito, pois a provocação da Comissão de Conciliação Prévia não causa a interrupção ou a suspensão no prazo prescricional do direito de ação. Além disso, destaca-se que, tanto Carlos como Sérgio são detentores de estabilidade de emprego.

b) o juiz deve afastar a alegação de prescrição bienal, pois a provocação da Comissão de Conciliação Prévia suspendeu sua fruição. Destaca-se que, apenas Carlos é detentor de estabilidade de emprego.

c) o juiz deve afastar a alegação de prescrição bienal, pois a provocação da Comissão de Conciliação Prévia interrompeu sua fruição. Destaca-se que, apenas Carlos é detentor de estabilidade de emprego.

d) deve o juiz afastar a alegação de prescrição bienal, pois esta restou suspensa. Contudo, será aplicada a pena de revelia a empresa, pois deixou de impugnar os pedidos feitos na inicial, já que apenas se limitou a alegar a prescrição de dois anos. Por fim, apenas Carlos será detentor de estabilidade no emprego.

GABARITO

GAB		no Direito	no Livro	Observação
1	E	CLT. Art. 11, caput; TST. Súmulas nº 308, I e 362, I	Subtemas 13.1 e 13.7	
2	A	a) TST. Súmula nº 294 c/c OJ nº 242 da SDI1	Subtema 13.4, alínea "C"	
		b) TST. OJ nº 375 da SDI1	b) Subtema 13.5	
		c) CLT. Art. 475, caput	c) Subtema 10.2, alínea "I"	
		d) Doutrina	d) Subtema 13.4, alínea "C"	
		e) TST. Súmula nº 294 c/c OJ nº 242 da SDI1	e) Subtema 13.4, alínea "C"	
3	A	a) CLT. Art. 440	a) Subtema 13.5	Enquanto os prazos prescricionais podem ter sua contagem influenciada pelas hipóteses de interrupção e suspensão, os prazos decadenciais, em regra, uma vez iniciada sua contagem prosseguem sem interrupção e suspensão até seu término.
		b) TST. Súmula nº 308, I	b) Subtema 13.1	
		c) TST. Súmula nº 308, I	c) Subtema 13.1	
		d) Doutrina	d) Subtema 14.1	
		e) Código Civil. Art. 189	e) Subtema 13	
4	A	I. TST. Súmula nº 308, I	I. Subtema 13.1	
		II. Doutrina	II. Subtema 14	
		III. TST. Súmula nº 362	III. Subtema 13.7	
		IV. TST. Súmula nº 308, I	IV. Subtema 13.1	

GAB		no Direito	no Livro	Observação
5	A	a) CLT. Art. 11, § 1º	a) Subtema 13.3	Se aplica ao contrato de aprendizagem caso o aprendiz tenha mais de 18 anos. Caso contrário, o prazo prescricional só começa sua contagem quando ele completar 18 anos.
		b) CLT. Art. 440	b) Subtema 13.5	
		c) CLT. Art. 440	c) Subtema 13.5	
		d) CLT. Art. 440	d) Subtema 13.5	
		e) Doutrina	e) Subtema 13	
6	B	a) Doutrina	a) Subtema 13.2	
		b) TST. Súmula nº 153	b) Subtema 13	
		c) TST. Súmula nº 153	c) Subtema 13	
		d) Tema de Processo do Trabalho	-	
		e) Tema de Processo do Trabalho	-	
7	A	a) TST. Súmula nº 308, I	a) Subtema 13.1	
		b) TST. Súmula nº 308, I	b) Subtema 13.1	
		c) TST. Súmula nº 308, I	c) Subtema 13.1	
		d) TST. Súmula nº 308, II	d) Subtema 13.1	
8	E	CLT. Art. 11, caput e TST. Súmula nº 308, I	Subtema 13.1	
9	B	I. CLT. Art. 149	I. Subtema 13.1	**Não há exceção aos Danos Morais.**
		II. TST. Súmula nº 452	II. Subtema 13.4	
		III. CLT. Art. 11, caput e TST. Súmula nº 308, I	III. Subtema 13.1	
10	E	a) CLT. Art. 11-A, caput	a) Subtema 13.6	
		b) CLT. Art. 11, § 3º	b) Subtema 13.5	
		c) CLT. Art. 11, caput, e TST. Súmula nº 362, I	c) Subtemas 13.1 e 13.7	
		d) CLT. Art. 11-A, § 2º	d) Subtema 13.5	
		e) CLT. Art. 11-A, § 1º	e) Subtema 13.5	
11	C	CLT. Art. 11, caput	Subtema 13.1	
12	E	a) CLT. Art. 11-A, caput	a) Subtema 13.5	
		b) CLT. Art. 11-A, § 2º	b) Subtema 13.5	
		c) CLT. Art. 11-A, § 1º	c) Subtemas 13.5	
		d) CLT. Art. 11-A, caput	d) Subtema 13.6	
		e) CLT. Art. 11-A, § 2º	e) Subtema 13.5	

GAB		no Direito	no Livro	Observação
13	C	a) CLT. Art. 11, caput	a) Subtema 13.1	
		b) CLT. Art. 11, § 2º	b) Subtema 13.4	
		c) CLT. Art. 11, § 3º	c) Subtema 13.5	
		d) CLT. Art. 11-A, caput e §§ 1º e 2º	d) Subtema 13.6	
14	D	I. TST. Súmula nº 268	I. Subtema 13.5	
		II. TST. OJ da SDI1 nº 392	II. Subtema 13.5	
		III. TST. OJ da SDI1 nº 359	III. Subtema 13.5	
		IV. TST. Súmula nº 156	IV. Subtema 13.1	
15	B	a) CLT. Art. 11-A	a) Subtema 13.6	
		b) CLT. Art. 11-A, caput e §1º	b) Subtema 13.6	Em que pese a súmula nº 114 do TST não tenha sido oficialmente revogada, deixou de produzir efeitos mediante as alterações trazidas pela Reforma Trabalhista.
		c) TST. Súmula nº 114	c) Subtema 13.6	Antes mesmo da Lei nº 13.467 incluir o art. 11-A na CLT a Súmula nº 327 do STF já admitiu a prescrição intercorrente no âmbito trabalhista.
		d) STF. Súmula nº 327	d) Subtema 13.6	
16	E	a) CLT. Art. 11, caput	a) Subtema 13.1	
		b) CLT. Art. 11, caput	b) Subtema 13.1	
		c) CLT. Art. 11, §1º	c) Subtema 13.3	
		d) CLT. Art. 11-A	d) Subtema 13.6	
		e) CLT. Art. 11, §3º	e) Subtema 13.5	
17	B	a) CLT. Art. 625-G	a) Subtema 13.5	O erro da alternativa "c" está na troca de suspensão por interrupção. O artigo 625-G é claro ao aduzir que: "O prazo prescricional será **suspenso** a partir da provocação da Comissão de Conciliação Prévia"
		b) CLT. Art. 625-G c/c 625-B, §1º	b) Subtema 13.5 e Subtema 16.12	
		c) CLT. Art. 625-G c/c 625-B, §1º	c) Subtema 13.5 e Subtema 16.12	
		d) CLT. Art. 844, caput	Tema de Processo do Trabalho	

Subtema 15 – FGTS

01) (FCC – TRT – 1ª REGIÃO – Juiz do Trabalho Substituto – 2016) Em relação ao Fundo de Garantia do Tempo de Serviço, com base na Lei n° 8.036/90, é correto afirmar:

a) A critério da empresa, seus diretores, apenas os que forem empregados, poderão ser incluídos no regime do FGTS.

b) As pessoas jurídicas de direito privado, sem fins lucrativos, reconhecidas na forma da lei como entidades beneficentes de assistência social, estão dispensadas do recolhimento do FGTS.

c) É direito dos trabalhadores, a qualquer tempo da vigência do contrato, optar por retornar ao antigo sistema de estabilidade decenal.

d) Na hipótese de dispensa sem justa causa, a sociedade anônima empregadora pagará, juntamente com as demais parcelas devidas pelo distrato, diretamente ao empregado, importância igual a 40% do montante de todos os depósitos realizados na conta vinculada durante o contrato de trabalho, atualizados monetariamente e acrescidos os respectivos juros.

e) É hipótese de movimentação pelo trabalhador de sua conta vinculada, no curso do contrato de trabalho, quando algum dependente seu for portador do vírus HIV.

02) (FCC – Analista Judiciário – Área Administrativa – TRT 4 - 2016) Com relação ao FGTS, no tocante ao Conselho Curador, considere:

I. Os representantes dos trabalhadores e dos empregadores e seus respectivos suplentes serão indicados pelas respectivas centrais sindicais e confederações e terão mandato de dois anos, vedada a recondução.

II. O Conselho Curador reunir-se-á ordinariamente, a cada bimestre, por convocação de seu Presidente e não havendo convocação nesse período, qualquer de seus membros poderá fazê-la.

III. As decisões do Conselho serão tomadas com a presença de no mínimo 1/3 de seus membros, não possuindo o Presidente direito a voto.

IV. Compete ao Conselho Curador do FGTS fixar critérios para parcelamento de recolhimentos em atraso.

Está correto o que se afirma APENAS em

a) I, II e III.

b) I e II.

c) II, III e IV.

d) I e IV.

e) II e IV.

03) (IBFC – EMBASA – Contador/Analista de Gestão – 2017) No que diz respeito ao FGTS, assinale a alternativa incorreta.

a) Na hipótese de despedida pelo empregador sem justa causa, depositará este, na conta vinculada do trabalhador no FGTS, importância igual ou superior a cinquenta por cento do montante de todos os depósitos realizados na conta vinculada durante a vigência do contrato de trabalho, atualizados monetariamente e acrescidos dos respectivos juros.

b) O empregador é obrigado a depositar, até o dia 7 de cada mês, em conta bancária vinculada, a importância correspondente a 8% da remuneração paga ou devida, no mês anterior, a cada trabalhador, incluídas na remuneração as parcelas de que tratam os arts. 457 e 458 da CLT e a gratificação de Natal a que se refere a Lei nº 4.090/62, com as modificações da Lei nº 4.749/65.

c) O empregador é obrigado a comunicar mensalmente aos trabalhadores os valores recolhidos ao FGTS e repassar-lhes todas as informações sobre suas contas vinculadas recebidas da Caixa Econômica Federal ou dos bancos depositários.

d) Ocorrendo rescisão do contrato de trabalho, por parte do empregador, ficará este obrigado a depositar na conta vinculada do trabalhador no FGTS os valores relativos aos depósitos referentes ao mês da rescisão e ao imediatamente anterior, que ainda não houver sido recolhido, sem prejuízo das cominações legais.

04) (IADES – CRF – DF – Analista l – Advogado – 2017) Tendo em vista as Súmulas do Tribunal Superior do Trabalho no que se refere ao Fundo de Garantia por Tempo de Serviço (FGTS), assinale a alternativa correta.

a) A contribuição para o FGTS incide apenas sobre a remuneração mensal devida ao empregado.

b) A contribuição para o FGTS incide apenas sobre a remuneração mensal devida ao empregado e as eventuais horas extras, não incluindo qualquer espécie de adicional.

c) A contribuição para o FGTS incide apenas sobre a remuneração mensal devida ao empregado e os adicionais, sem recair sobre horas extras trabalhadas.

d) O pagamento relativo ao período de aviso prévio, trabalhado ou não, não está sujeito à contribuição para o FGTS.

e) A contribuição para o FGTS incide sobre a remuneração mensal devida ao empregado, incluindo horas extras e adicionais eventuais.

05) (FCC – TRT – 24ª REGIÃO – Analista Judiciário – Área Judiciária – 2017) Quanto ao Fundo de Garantia por Tempo de Serviço – FGTS, segundo ordenamento jurídico e jurisprudência sumulada do Tribunal Superior do Trabalho:

a) A contribuição para o Fundo de Garantia do Tempo de Serviço incide sobre a remuneração mensal devida ao empregado, inclusive horas extras e adicionais, desde que habituais.

b) É trintenária a prescrição do direito de reclamar contra a falta de recolhimento de contribuição para o FGTS, observado o prazo de cinco anos após o término do contrato.

c) Quando ocorrer despedida por culpa recíproca ou força maior, reconhecida pela Justiça do Trabalho, o percentual da multa rescisória será reduzido para dez por cento.

d) A prescrição da pretensão relativa às parcelas remuneratórias alcança o respectivo recolhimento da contribuição para o FGTS.

e) A conta vinculada do trabalhador no FGTS poderá ser movimentada quando houver suspensão total do trabalho avulso por período igual ou superior a sessenta dias, comprovada por declaração do sindicato representativo da categoria profissional.

06) (EXATUS – Ceron – RO Direito – 2017) No que tange ao entendimento jurisprudencial do Tribunal Superior do Trabalho, referente ao FGTS, é correto afirmar:

a) A prescrição da pretensão relativa às parcelas remuneratórias alcança o respectivo recolhimento da contribuição para o FGTS.

b) É trintenária a prescrição do direito de reclamar contra o não-recolhimento da contribuição para o FGTS, observado o prazo de 2 (dois) anos após o término do contrato de trabalho.

c) A estabilidade contratual ou a derivada de regulamento de empresa são compatíveis com o regime do FGTS, bem como a estabilidade decenal prevista no art. 492 da CLT.

d) A equivalência entre os regimes do Fundo de Garantia do Tempo de Serviço e da estabilidade prevista na CLT é meramente econômica, sendo devidos valores a título de reposição de diferenças.

07) (TRT 4º Região - TRT - 4ª - Juiz do Trabalho Substituto - 2017) Assinale a assertiva correta sobre Fundo de Garantia por Tempo de Serviço – FGTS.

a) É devido o acréscimo de 40% (quarenta por cento) sobre o montante dos depósitos do FGTS efetuados na conta vinculada do trabalhador na rescisão antecipada e sem justa causa do contrato temporário pelo empregador.

b) O depósito do FGTS é obrigatório nos casos de afastamento do trabalhador para prestação de serviço militar obrigatório e de gozo de auxílio-doença previdenciário.

c) A nulidade do contrato, por força art. 37, inc. II e § 2º , da Constituição Federal de 1988, confere ao trabalhador o direito ao pagamento das horas trabalhadas e dos valores referentes aos depósitos do FGTS, incluindo o acréscimo de 40% (quarenta por cento).

d) À Caixa Econômica Federal, na qualidade de agente operador do FGTS, não cabe expedir atos normativos referentes aos procedimentos administrativo-operacionais dos bancos depositários, dos agentes financeiros, dos empregadores e dos trabalhadores, integrantes do sistema do FGTS.

e) A conta vinculada do trabalhador no FGTS poderá ser movimentada, dentre outras situações, no caso de extinção normal do contrato a termo, inclusive o dos trabalhadores temporários regidos pela Lei no 6.019/1974, e suspensão total do trabalho avulso por período igual ou superior a 60 (sessenta) dias, comprovada por declaração do sindicato representativo da categoria profissional.

08) (Prefeitura de Fortaleza - CE - Prefeitura de Fortaleza - Analista de Planejamento e Gestão - Direito - 2017) Em relação ao Conselho Curador do FGTS, marque o item correto.

a) A Presidência do Conselho Curador será exercida pelo representante do Ministério Público do Trabalho.

b) O Conselho Curador reunir-se-á extraordinariamente, a cada bimestre, por convocação de seu Presidente.

c) As ausências ao trabalho dos representantes dos trabalhadores no Conselho Curador, decorrentes das atividades desse órgão, não serão abonadas.

d) As decisões do Conselho serão tomadas com a presença da maioria simples de seus membros, tendo o Presidente voto de qualidade.

09) (FCC - Prefeitura de Caruaru - PE - Procurador do Município - 2018) Considere os quatro casos hipotéticos a seguir:

Mercedez ficou viúva e, como herdeira legal, terá direito a sacar os depósitos do FGTS de seu marido, que teve um ataque cardíaco fulminante quando jogava bola com seus amigos no final de semana. Ernesto fez um acordo com seu empregador para rescindirem seu contrato de trabalho e poderá sacar os depósitos do FGTS. Vilma foi injustamente dispensada e Marcelo ingressou com reclamação trabalhista ficando caracterizada a rescisão indireta de seu contrato de trabalho por culpa do empregador. No tocante à indenização sobre o saldo do FGTS, para o empregado,

a) Mercedez não terá direito à referida multa; Ernesto tem direito a 20% e tanto Vilma como Marcelo terão direito à multa de 40%.
b) todos terão direito à multa de 20%, exceto Vilma que tem direito a 40%.
c) todos terão direito à multa de 40%, exceto Mercedez, que não tem direito à referida multa.
d) Mercedez e Marcelo não terão direito à referida multa; Ernesto tem direito a 20% e Vilma a 40%.
e) Mercedez e Marcelo terão direito à multa de 20%; Ernesto e Vilma terão direito a 20%.

10) **(COSEAC - Prefeitura de Maricá - RJ - Procurador do Município – 2018)** Acerca do FGTS, é correto afirmar que:

a) em caso de rescisão de contrato por culpa recíproca, cabe ao empregador depositar na conta vinculada importância igual a quarenta por cento do montante de todos os depósitos realizados na conta vinculada durante a vigência do contrato de trabalho.
b) em havendo nulidade do contrato de trabalho em razão de inobservância do concurso público, é devido o depósito na conta vinculada do trabalho, quando mantido o direito ao salário.
c) entre as hipóteses de possibilidade de movimentação da conta vinculada no FGTS pelo empregado, está a aquisição de veículo para deslocamento ao trabalho.
d) o trabalhador poderá adquirir mais de um imóvel, simultaneamente, utilizando recursos do FGTS.
e) de acordo com o entendimento do Colendo Supremo Tribunal Federal, o direito de o trabalhador postular o pagamento das verbas decorrentes dos depósitos fundiários prescreve em dez anos.

11) **(INAZ do Pará - CORE-MS - Assistente Jurídico – 2018)** Dentre os direitos dos trabalhadores, encontra-se o Fundo de Garantia por Tempo de

Serviço, conhecido como FGTS. O FGTS é uma poupança forçada suportada exclusivamente pelo empregador, ou seja, mensalmente, o empregador vai ser obrigado a efetuar um depósito específico.

Quanto ao instituto do FGTS, pode-se afirmar que:

a) A conta do trabalhador vinculada no FGTS não pode ser movimentada para compra da casa própria.

b) Nos contratos por prazo determinado, o empregado não terá direito ao depósito de valores a título de FGTS.

c) O FGTS não incide sobre as parcelas de natureza salarial pagas ao empregado em virtude de prestação de serviços no exterior.

d) O pagamento relativo ao período de aviso prévio, trabalhado ou não, está sujeito à contribuição para o FGTS.

12) (SELECON - Prefeitura de Boa Vista - RR - Analista - Administrador - 2019) Gisela é médica e foi contratada para atuar no município ZX em programa regulamentado pela União Federal, sendo submetida às regras da Consolidação das Leis do Trabalho e tendo direito ao recolhimento do Fundo de Garantia por Tempo de Serviço (FGTS). Sendo um direito social, o FGTS, na interpretação do Supremo Tribunal Federal, tem natureza:

a) estatutária

b) contratual

c) especial

d) Laboral

13) (Método Soluções Educacionais - Prefeitura de Planalto da Serra - MT - Procurador Jurídico - 2019) Acerca da jurisprudência do TST, assinale a alternativa correta.

a) É do empregador o ônus da prova em relação á regularidade dos depósitos do FGTS, pois o pagamento é fato extintivo do direito do autor;

b) É do empregado o ônus da prova em relação à regularidade dos depósitos do FGTS, pois o pagamento é fato extintivo do direito do autor;

c) É do empregador o ônus da prova em relação à regularidade dos depósitos do FGTS, pois o pagamento é fato declaratório do direito do autor;

d) É do empregador o ônus da prova em relação á regularidade dos depósitos do FGTS, pois o pagamento é fato condenatório ao réu;

14) **(VUNESP - UNIFAI - Procurador Jurídico - 2019)** Determinada empresa pública contratou empregado para exercer as funções de auxiliar administrativo, na data de 05/10/2015, sem a realização de concurso público. Nessa situação, considerando a jurisprudência do Tribunal Superior do Trabalho, é correto afirmar que

a) o empregado terá assegurado todos os direitos trabalhistas, tendo em vista o princípio da primazia da realidade.

b) o contrato de trabalho será anulável e, por esse motivo, o referido empregado terá direito a todas as verbas trabalhistas.

c) o contrato de trabalho será nulo de pleno direito, assegurando-se ao empregado apenas o salário pactuado, enquanto perdurar a prestação laboral.

d) o empregado terá direito apenas aos salários, férias anuais remuneradas e gratificações natalinas.

e) o empregado terá direito aos valores referentes aos depósitos do fundo de garantia do tempo de serviço.

15) **(FCC - SANASA Campinas - Analista Administrativo - Serviços Jurídicos - 2019)** Netuno é empregado da empresa Luz Divina Ltda. e percebe salário de R$ 2.000,00, não tendo ainda completado um ano na empresa. Desgostoso com a violência da cidade grande, pretende celebrar acordo com a sua empregadora para a rescisão contratual e se mudar com a família para o campo. Seu saldo na conta vinculada do FGTS é de R$ 1.400,00. Anuindo a empregadora com a rescisão de Netuno por mútuo acordo, deverá a mesma pagar ao empregado R$ ..I.. de aviso prévio indenizado, R$ ..II.. de indenização sobre o saldo de FGTS, podendo Netuno levantar ..III.. a título de FGTS.

Conforme previsão na CLT, preenchem, correta e respectivamente, as lacunas I, II e III:

a) R$ 1.000,00 – R$ 280,00 – R$ 1.120,00

b) R$ 1.600,00 – R$ 560,00 – R$ 700,00

c) R$ 2.000,00 – R$ 280,00 – R$ 1.400,00

d) R$ 1.000,00 – R$ 140,00 – R$ 1.120,00

e) R$ 1.600,00 – R$ 560,00 – R$ 1.400,00

16) **(VUNESP - AVAREPREV-SP - Procurador Jurídico - 2020)** Assinale a alternativa com a situação em que o FGTS não poderá ser sacado.

a) Aposentadoria por invalidez.

b) Suspensão do trabalho avulso por período igual ou superior a 60 (sessenta) dias.

c) Rescisão do contrato por culpa recíproca ou força maior.

d) Rescisão do contrato por falecimento do empregador individual.

e) Rescisão do contrato por extinção total ou parcial da empresa.

GABARITO

GAB		no Direito	no Livro	Observação
1	E	a) Lei nº 8.036/90. Art. 16	a) Subtema 15.1, alínea "C"	
		b) Lei nº 8.036/90. Art. 15, caput	b) Subtema 15.3	
		c) Lei nº 8.036/90. Art. 14, § 4º	c) Subtema 15	
		d) Lei nº 8.036/90. Art. 18, § 1º	d) Subtema 15.2	
		e) Lei nº 8.036/90. Art. 20, inciso XIII	e) Subtema 15.4	
2	E	I. Lei nº 8.036/90. Art. 3º, § 3º	I. Subtema 15.5	
		II. Lei nº 8.036/90. Art. 3º, § 4º	II. Subtema 15.5	
		III. Lei nº 8.036/90. Art. 3º, § 5º	III. Subtema 15.5	
		IV. Lei nº 8.036/90. Art. 5º, inciso IX	IV. Subtema 15.5	
3	A	a) Lei nº 8.036/90. Art. 18, § 1º	a) Subtema 15.2	
		b) Lei nº 8.036/90. Art. 15, caput	b) Subtema 15.3	
		c) Lei nº 8.036/90. Art. 17	c) Subtema 15.3	
		d) Lei nº 8.036/90. Art. 18, caput	d) Subtema 15.2	
4	E	a) TST. Súmula nº 63	a) Subtema 15.2	
		b) TST. Súmula nº 63	b) Subtema 15.2	
		c) TST. Súmula nº 63	c) Subtema 15.2	
		d) TST. Súmula nº 305	d) Subtema 12.6	
		e) TST. Súmula nº 63	e) Subtema 15.2	
5	D	a) TST. Súmula nº 63	a) Subtema 15.2	
		b) TST. Súmula nº 362	b) Subtema 13.7	
		c) Lei nº 8.036/90. Art. 18, § 2º e TST. Súmula nº 14	c) Subtemas 15.2 e 11.8	
		d) TST. Súmula nº 206	d) Subtema 13.7	
		e) Lei nº 8.036/90. Art. 20, inciso X	e) Subtema 15.4	

GAB		no Direito	no Livro	Observação
6	A	a) TST. Súmula nº 206	a) Subtema 13.7	
		b) TST. Súmula nº 362	b) Parte II, Subtema 13.7	
		c) TST. Súmula nº 98, II	c) Subtema 15	
		d) TST. Súmula nº 98, I	d) Subtema 15	
7	A	a) Decreto nº 99.684/90. Art. 9º, caput e § 1º	a) Subtema 15.2	
		b) Lei nº 8.036/90. Art. 15, § 5º	b) Subtema 15.1, alínea "C"	
		c) TST. Súmula nº 363	c) Subtema 15.1, alínea "A.1"	
		d) Lei nº 8.036/90. Art. 7º, inciso II	d) Subtema 15.7	
		e) Lei nº 8.036/90. Art. 20, inciso X	e) Subtema 15.4	
8	D	a) Lei nº 8.036/90. Art. 3º, § 1º	a) Subtema 15.5	
		b) Lei nº 8.036/90. Art. 3º, § 4º	b) Subtema 15.5	
		c) Lei nº 8.036/90. Art. 3º, § 7º	c) Subtema 16.11	
		d) Lei nº 8.036/90. Art. 3º, § 5º	d) Subtema 15.5	
9	A	Mercedez – Lei nº 8.036/90. Art. 18, § 1º	Subtema 15.2	**Como a extinção do contrato ocorreu em função da morte do trabalhador sem qualquer relação com o trabalho, não persiste direito a multa.**
		Ernesto – CLT. Art. 484-A, inciso primeiro, alínea "b"	Subtema 15.8	
		Vilma - Lei nº 8.036/90. Art. 18, § 1º	Subtema 15.2	
		Marcelo - Lei nº 8.036/90. Art. 18, § 1º	IV. Subtema 15.2	
10	E	a) Lei nº 8.036/90. Art. 18, § 2º	a) Subtema 15.2	
		b) TST. Súmula nº 363	b) Subtema 15.1, alínea "A.1"	
		c) Lei nº 8.036/90. Art. 20	c) Subtema 15.4	
		d) Lei nº 8.036/90. Art. 20, § 3º	d) Subtema 15.4	
		e) TST. Súmula nº 362	e) Parte II, Subtema 13.7	
11	E	a) Lei nº 8.036/90. Art. 20, inciso VII	a) Subtema 15.4	
		b) Lei nº 8.036/90. Art. 20, inciso IX	b) Subtema 15.4	
		c) Lei nº 7.064/82. Art. 3º, parágrafo único	c) Parte I, Subtema 5.3 e Subtema 15.1	
		d) TST. Súmula nº 305	d) Subtema 15.2	
12	A	STF. RE nº 226.855/RS	Subtema 15	
13	A	TST. Súmula nº 461	Subtema 15.3	

GAB		no Direito	no Livro	Observação
14	E	a) CF. Art. 37, II	a) Subtema 15.1, alínea "A.1"	Com relação a alternativa "b" o caso é de nulidade e não de anulabilidade.
		b) CF. Art. 37, §2º	b) Subtema 15.1, alínea "A.1"	
		c) TST. Súmula nº 363	c) Subtema 15.1, alínea "A.1"	
		d) TST. Súmula nº 363	d) Subtema 15.1, alínea "A.1"	
		e) TST. Súmula nº 363	e) Subtema 15.1, alínea "A.1"	
15	A	CLT. Art. 484-A, inciso I, alínea "a" e "b" e §1º	Subtema 15.8	
16	B	a) Lei nº 8.036/90. Art. 20, III	a) Subtema 15.4	
		b) Lei nº 8.036/90. Art. 20, X	b) Subtema 15.4	
		c) Lei nº 8.036/90. Art. 20, I	c) Subtema 15.4	
		d) Lei nº 8.036/90. Art. 20, II	d) Subtema 15.4	
		e) Lei nº 8.036/90. Art. 20, II	e) Subtema 15.4	

Subtema 16 – Estabilidade

01) (FCC – TST – Juiz do Trabalho Substituto – 2017) Observadas as normas aplicáveis e a jurisprudência dominante junto ao Tribunal Superior do Trabalho, caracteriza estabilidade e garantia provisória de emprego:

a) O empregado que sofre acidente do trabalho no curso do contrato de experiência não goza da garantia provisória de emprego, decorrente de acidente de trabalho, prevista no artigo 118 da Lei n° 8.213/1991, em razão da modalidade de contrato a termo firmado.

b) O empregado de empresa pública ou de sociedade de economia mista, desde que admitido mediante aprovação em concurso público, tem assegurada a estabilidade prevista no artigo 41 da Constituição de República de 1988.

c) O empregado membro da Comissão Interna de Prevenção de Acidentes – CIPA que foi indicado pelo empregador é detentor de garantia de emprego por até um ano após o final de seu mandato, constituindo-se tal garantia em vantagem pessoal que prevalece mesmo em caso de extinção do estabelecimento.

d) A empregada dispensada com aviso-prévio indenizado informa ao ex-empregador, no dia seguinte à dispensa, o seu estado gravídico de quatro semanas. Nesse caso, o desconhecimento do estado gravídico pelo empregador no momento da rescisão afasta o direito ao pagamento da indenização decorrente da estabilidade constitucional.

e) É possível a transferência do dirigente sindical para outro município vizinho da mesma região metropolitana e base territorial do seu sindicato que não dificulte ou torne impossível o desempenho de suas atribuições sindicais, mantida a estabilidade prevista em lei.

02) (FGV – TRT – 12ª Região – Analista Judiciário – Oficial de Justiça Avaliador Federal – 2017) Pedro é Presidente da CIPA existente na empresa Gralha Turismo Ltda.; Jorge é o Vice-Presidente da mesma CIPA; Vicente é membro do Conselho Fiscal do seu sindicato de classe e Cristóvão é Delegado do mesmo sindicato. Todos foram dispensados sem justa causa. De acordo com a CLT e o entendimento consolidado pelo TST, deverá(ão) ser reintegrado(s) judicialmente:

a) Jorge;

b) Vicente e Cristóvão;

c) Jorge, Vicente, Cristóvão e Pedro;

d) Vicente;

e) Pedro e Jorge.

03) (FCC – TRT – 24ª Região – Analista Judiciário – Oficial de Justiça Avaliador Federal – 2017) Ícaro trabalha no Hotel Sossego como analista do setor de recursos humanos, filiado ao sindicato de sua categoria profissional. Registrou-se como candidato a dirigente sindical para o biênio 2016/2017 e foi vitorioso. Com fundamento na legislação e no entendimento sumulado do Tribunal Superior do Trabalho, em relação à estabilidade provisória e ao exercício na função de dirigente sindical,

a) a estabilidade de Ícaro fica assegurada a partir do momento do registro de sua candidatura a cargo de direção de entidade sindical, até dois anos após o final do seu mandato.

b) caso houvesse a extinção da atividade empresarial no âmbito da base territorial do sindicato, não haveria razão para subsistir a estabilidade.

c) a estabilidade estaria assegurada a Ícaro ainda que ele estivesse cumprindo aviso prévio por ocasião do registro de sua candidatura.

d) o empregado eleito para cargo de representação profissional, não poderá ser impedido do exercício de suas funções, mas poderá ser transferido para qualquer filial da empresa ainda que lhe dificulte o desempenho das suas atribuições sindicais.

e) se Ícaro pertencesse à categoria diferenciada e fosse eleito dirigente sindical gozaria de estabilidade ainda que não exercesse na empresa atividade pertinente à categoria profissional do sindicato para o qual foi eleito dirigente.

04) (IBFC – EBSERH – Médico – Medicina do Trabalho – 2017) Quanto às relações trabalhistas e garantia do emprego, assinale a alternativa incorreta:

a) É vedada a dispensa do empregado sindicalizado a partir do registro da candidatura a cargo de direção ou representação sindical e, se eleito, até um ano após o fnal do mandato, salvo se cometer falta grave nos termos da lei. Este dispositivo não se aplica aos eleitos na condição de suplente

b) É vedada a dispensa arbitrária ou sem justa causa de empregado eleito para cargo de Comissão Interna de Prevenção de Acidentes – CIPA, desde de o registro de sua candidatura até um ano depois após o mandato

c) Fica vedada a dispensa arbitrária ou sem justa causa de empregada gestante, desde a confirmação da gravidez até cinco meses após o parto

d) O acidentado tem garantia, pelo prazo mínimo de 12 meses, da manutenção de seu contrato de trabalho na empresa, após a cessão do auxílio-doença acidentário, independentemente de percepção de auxílio-acidente

e) O desconhecimento do estado gravídico pelo empregador não afasta o direito ao pagamento da indenização decorrente da estabilidade

05) (VUNESP – Prefeitura de Andradina – SP – Assistente Jurídico e Procurador Jurídico – 2017) A estabilidade provisória do empregado dirigente da Comissão Interna de Prevenção de Acidentes (CIPA)

a) não subsiste no caso de extinção do estabelecimento do empregador, mas o empregado tem direito a uma indenização compensatória.

b) incorpora-se ao patrimônio pessoal do empregado, podendo ser reclamada mesmo na hipótese de extinção do estabelecimento.

c) não beneficia o suplente, conforme jurisprudência sumulada do Tribunal Superior do Trabalho.

d) não beneficia a figura do presidente, o qual pode ser despedido sem justa causa pelo empregador, salvo a condição de estável por outro fundamento.

e) não se aplica aos órgãos da Administração Pública, pois estes não estão sujeitos às mesmas normas de medicina e segurança do trabalho.

06) (VUNESP – Prefeitura de Mogi das Cruzes – SP – Procurador Jurídico – 2017) Joana tem confirmado seu estado de gravidez advindo durante o aviso-prévio indenizado. Diante da situação, é correto afirmar que Joana

a) não terá direito à estabilidade, posto que já informada da extinção do contrato de trabalho.

b) não terá direito à estabilidade em razão da ausência de norma reguladora acerca de gravidez iniciada durante o período do aviso-prévio.

c) terá direito à estabilidade provisória de 3 meses após o parto em razão de construção jurisprudencial e doutrinária a esse respeito, direito esse que somente será alcançado se pleiteado judicialmente.

d) terá direito à estabilidade provisória, desde a confirmação da gravidez até 5 meses após o parto, com fundamento em previsão expressa na Consolidação das Leis do Trabalho.

e) terá direito à estabilidade provisória e proporcional de 1 mês após o parto, tendo em vista já se encontrar no período de aviso-prévio.

07) (FCC - TRT - 2ª REGIÃO (SP) - Técnico Judiciário - Área Administrativa – 2018) Considere hipoteticamente que Camila foi admitida pela Fábrica de Colchões "T" Ltda. para trabalhar na recepção da empresa, tendo sido celebrado contrato de experiência pelo prazo de 60 dias. Após dez dias da celebração do contrato, Camila descobre que está grávida e comunica tal fato ao seu empregador. Nesse caso, de acordo com entendimento Sumulado do Tribunal Superior do Trabalho, Camila

a) terá direito à estabilidade provisória prevista para a gestante, sendo vedada a sua dispensa arbitrária ou sem justa causa desde a confirmação da gravidez até 5 meses após o parto.
b) não terá direito à estabilidade provisória prevista para a gestante uma vez que o contrato foi celebrado por prazo determinado.
c) terá direito à estabilidade provisória prevista para a gestante, sendo vedada a sua dispensa arbitrária ou sem justa causa desde a confirmação da gravidez até os 60 dias previstos para encerramento do contrato.
d) terá direito à estabilidade provisória prevista para a gestante, sendo vedada a sua dispensa arbitrária ou sem justa causa desde a confirmação da gravidez até o dobro do prazo do contrato, ou seja 120 dias.
e) terá direito à estabilidade provisória prevista para a gestante, sendo vedada a sua dispensa arbitrária ou sem justa causa desde a comunicação da gravidez para seu empregador até 4 meses após o parto.

08) (FGV - Câmara de Salvador - BA - Especialista - Advogado Legislativo – 2018) Numa indústria farmacêutica, há a seguinte situação: Maria é empregada no setor de vendas e engravidou; Pedro, que atua no setor de faturamento, foi eleito suplente de dirigente sindical; Rosa, que atua no setor fabril, foi indicada como representante do empregador na CIPA.

Considerando os ditames legais, é correto afirmar que:

a) todos os empregados terão estabilidade, por motivos variados;
b) somente Maria e Pedro terão garantia no emprego;
c) Pedro não terá garantia no emprego por ser suplente, já que a Lei garante estabilidade somente ao titular;
d) nenhum dos empregados citados terá garantia no emprego;
e) todos os membros que integram a CIPA possuem estabilidade durante todo o mandato e até 1 ano após.

09) (FCC - TRT - 6ª Região (PE) - Analista Judiciário - Área Judiciária – 2018) Considere as afirmações abaixo.

I. Matheus trabalha na filial da empresa X, na cidade de Caruaru. Em 25 de abril de 2017 foi eleito membro da CIPA. Entretanto, no dia 28 de outubro de 2017, o estabelecimento em que trabalhava foi extinto e ele foi dispensado sem justa causa. A dispensa é válida, em razão da extinção do estabelecimento.

II. Uma empregada gestante foi despedida sem justa causa no primeiro mês de gravidez. O empregador desconhecia a gravidez da empregada. A dispensa é válida, em razão do desconhecimento do estado gravídico pelo empregador.

III. Uma empresa constituiu em 15 de setembro de 2017 Comissão de Conciliação Prévia com atribuição de tentar conciliar os conflitos individuais de trabalho havidos em seu âmbito. Um dos representantes que a compõe, eleito pelos empregados, foi dispensado sem justa causa em 23 de janeiro de 2018. A dispensa é válida porque somente são detentores de estabilidade no emprego, até o término do mandato, os integrantes de Comissão de Conciliação Prévia instituída no âmbito do sindicato.

IV. Uma empresa que possui 500 empregados promoveu, em 23 de janeiro de 2018, eleição para a composição e instituição de comissão de representação dos trabalhadores. Um dos três membros que compõem a comissão foi dispensado arbitrariamente dois dias após a eleição e um dia antes de tomar posse. A dispensa é inválida, tendo em vista que os integrantes da comissão têm estabilidade no emprego desde o registro da candidatura até um ano após o término do mandato.

Está correto o que se afirma APENAS em

a) I e III.
b) I e IV.
c) III e IV.
d) II e III.
e) II e IV.

10) (FCC - ALESE - Analista Legislativo - Apoio Jurídico – 2018) Considere:

I. Helena foi injustamente dispensada, sendo informada que seu aviso prévio seria indenizado, razão pela qual deixou de prestar serviços imediatamente. Ocorre que, passados dois meses, descobriu que estava grávida de aproximadamente dez semanas, ficando configurada que a gravidez se deu no curso do aviso prévio indenizado.

II. Tomás e Jonas integraram a Comissão Interna de Prevenção de Acidentes - CIPA de sua empresa, sendo que Tomás foi eleito pelos empregados e Jonas designado pelo empregador.

III. João trabalha numa empresa, situada em Alagoas, com 250 empregados e registrou sua candidatura à eleição para compor Comissão de Representantes de Empregados, com a finalidade de promover o entendimento direto com seu empregador, dentre os quais, buscar soluções para os conflitos decorrentes da relação de trabalho, de forma rápida e eficaz, visando à efetiva aplicação das normas legais e contratuais.

De acordo com a legislação vigente e o entendimento sumulado do Tribunal Superior do Trabalho, possuem estabilidade provisória no emprego

a) Tomás e Jonas, apenas.
b) Helena, Tomás, Jonas e João.
c) Helena, Tomás e João, apenas.
d) Jonas e João, apenas.
e) Helena e João, apenas.

11) (FUMARC - COPASA - Analista de Saneamento - Psicólogo – 2018) A respeito da estabilidade provisória do trabalhador em empresas privadas, previstas na Consolidação das Leis Trabalhistas, analise as assertivas abaixo:

I. Cargo como dirigente sindical só poderá ser demitido, se cometer alguma falta grave, e, mesmo assim, a empresa deverá abrir um inquérito para apurar a ocorrência.

II. Os empregados cipeiros que foram eleitos para participar da Comissão Interna de Prevenção de Acidentes gozam de estabilidade provisória em seus empregos, desde o momento do registro de suas candidaturas até um ano após o término do mandato.

III. O empregado segurado que sofreu acidente do trabalho tem garantida, pelo prazo mínimo de seis meses, a manutenção do seu contrato de trabalho na empresa.

IV. Quando o trabalhador está perto de se aposentar, seja por modalidade integral ou proporcional, desde que haja previsão nesse sentido nas normas coletivas da categoria, ele conquista "estabilidade pré-aposentadoria".

Está CORRETO apenas o que consta em:

a) I, II e IV.
b) I e II.
c) III e IV.
d) III.

12) (FCC - TRT - 15ª Região (SP) - Analista Judiciário - Área Judiciária - Oficial de Justiça Avaliador Federal – 2018) Considerando as disposições legais e o entendimento pacífico do Tribunal Superior do Trabalho (TST) a respeito das hipóteses de estabilidade provisória no emprego, considere:

I. Mariano, membro do conselho fiscal do Sindicato dos Comerciários de Presidente Prudente e Região, por atuar na defesa de direitos da categoria respectiva, tem estabilidade no emprego desde o registro da candidatura até um ano após o término do mandato.

II. Antonia, eleita como suplente de diretor da Cooperativa criada e gerida pelos empregados das Indústrias Reunidas Laterman Ltda, tem estabilidade no emprego desde o registro da candidatura até um ano após o término do mandato.

III. Embora, em razão do acidente de trabalho sofrido, tenha ficado afastado do trabalho por mais de 15 dias e tenha percebido auxílio-doença acidentário, Zelindo não tem direito à garantia de emprego decorrente de acidente de trabalho, pois foi contratado por prazo determinado.

IV. Bernardo, empregado de categoria diferenciada eleito dirigente sindical, goza de estabilidade provisória, pois exerce na empresa atividade pertinente à categoria profissional do sindicato para o qual foi eleito dirigente.

V. Cleide, empregada doméstica que ficou grávida no curso do contrato de experiência, tem direito a estabilidade provisória do emprego desde o registro da candidatura até 120 dias após o parto, por disposição expressa da Lei Complementar no 150/2015.

Está correto o que consta APENAS de

a) I e IV.
b) II e III.
c) II e V.
d) III.
e) IV.

13) (FCC - Câmara Legislativa do Distrito Federal - Técnico Legislativo - Agente de Polícia Legislativa – 2018) Saulo, empregado sindicalizado, foi dispensado, sem justa causa, da empresa onde trabalhava, nove meses após o término do exercício do mandato de cargo de direção no sindicato de sua categoria. Na mesma empresa trabalhou Jacira, também sindicalizada, que foi dispensada, sem justa causa, dois dias após o registro de sua candidatura a cargo de direção no sindicato da sua categoria. De acordo com a Constituição Federal, a dispensa de Saulo

a) e a de Jacira teriam sido realizadas corretamente, desde que não se tratasse de sindicato rural, único caso em que não poderiam ser realizadas.

b) foi incorretamente realizada, porque vedada, e a de Jacira teria sido realizada corretamente, desde que não se tratasse de sindicato rural.

c) foi realizada corretamente, porque permitida, e a de Jacira incorretamente, porque vedada.

d) e a de Jacira foram realizadas corretamente, porque permitidas.

e) e a de Jacira foram incorretamente realizadas, porque vedadas.

14) (FCC - TRT - 2ª REGIÃO (SP) - Técnico Judiciário - Tecnologia da Informação – 2018) Camila e Soraya são estudantes, trabalham em sindicatos e são muito interessadas na legislação trabalhista. Vizinhas, frequentemente se reúnem para tomar um café e colocar a conversa em dia. No último encontro, as amigas começaram a discutir sobre as recentes mudanças ocorridas na Consolidação das Leis do Trabalho e sobre as Comissões de Conciliação Prévia. Camila afirmou corretamente para Soraya que as recentes mudanças ocorridas na Consolidação da Leis do Trabalho

a) não alteraram as disposições legais referentes à Comissão de Conciliação Prévia e o mandato dos seus membros, titulares e suplentes continua sendo de dois anos, vedada a recondução.

b) não alteraram as disposições legais referentes à Comissão de Conciliação Prévia, que é instituída no âmbito da empresa sendo composta de, no mínimo, dois e, no máximo, dez membros.

c) alteraram as disposições legais referentes à Comissão de Conciliação Prévia e o mandato dos seus membros, titulares e suplentes passou a ser de dois anos, permitida uma única recondução.

d) alteraram as disposições legais referentes à Comissão de Conciliação Prévia, sendo vedada a dispensa dos representantes dos empregados membros da Comissão, titulares e suplentes, até três meses após o final do mandato, salvo se cometerem falta grave.

e) não alteraram as disposições legais referentes à Comissão de Conciliação Prévia sendo que haverá na Comissão dois suplentes para cada representante titular.

15) (VUNESP - Prefeitura de Arujá - SP – Advogado – 2019 - ADAPTADA) É correto afirmar que a estabilidade provisória,

a) garantida aos membros indicados da CIPA, expira em um ano após o término do mandato.

b) decorrente de acidente de trabalho, é condicionada ao afastamento médico por período superior a 15 dias e ao recebimento do benefício auxílio doença acidentário.

c) decorrente de acidente de trabalho, é aplicada a todas as modalidades de contrato de trabalho, exceto aos contratos por prazo determinado.

d) do dirigente sindical, cessa na ocorrência de falta grave e pode ser rescindido por justa causa, independente da instauração de inquérito judicial para apuração da falta grave.

16) (DIRECTA - Câmara de Cosmópolis - SP - Procurador Legislativo - 2019) Sobre a estabilidade no contrato de trabalho é incorreto afirmar:

a) Reconhecida a inexistência de falta grave praticada pelo empregado, fica o empregador obrigado a readmiti-lo no serviço e a pagar-lhe os salários a que teria direito no período da suspensão.

b) Extinguindo-se a empresa, sem a ocorrência de motivo de força maior, ao empregado estável despedido é garantida a indenização por rescisão do contrato por prazo indeterminado, paga em dobro.

c) O empregado acusado de falta grave poderá ser suspenso de suas funções, mas a sua despedida só se tornará efetiva após o inquérito e que se verifique a procedência da acusação.

d) O empregado que contar mais de 15 anos de serviço na mesma empresa não poderá ser despedido senão por motivo de falta grave ou circunstância de força maior, devidamente comprovadas.

e) Não haverá estabilidade no exercício dos cargos de diretoria, gerência ou outros de confiança imediata do empregador, ressalvado o cômputo do tempo de serviço para todos os efeitos legais.

17) (MPT – Procurador do Trabalho – MPT/2020) Analise a seguinte proposição e assinale a alternativa CORRETA:

A empresa "X" metalúrgica possui 303 (trezentos e três) empregados, sendo 101 em cada estabelecimento, localizados em Minas Gerais, São Paulo e Rio Grande do Norte. Do total de empregados, 10 (dez) são pessoas com deficiência, sendo 8 (oito) empregados e 2 (dois) aprendizes de 50 (cinquenta) anos de idade cada. Além destes, também contratou 2 estagiários pessoas com deficiência. Todas estas pessoas com deficiência trabalham em São Paulo.

a) A empresa cumpre a cota legal de contratação de pessoas com deficiência.

b) A empresa não cumpre a cota legal, porque todas as pessoas com deficiência laboravam no mesmo estabelecimento.

c) A empresa não cumpre a cota legal de pessoas com deficiência, porque os aprendizes não são computados para efeito de seu cumprimento.

d) A empresa está dispensada de cumprir a cota legal de pessoas com deficiência porque atua no ramo metalúrgico.

e) Não respondida.

18) (VUNESP - AVAREPREV-SP - Procurador Jurídico - 2020) Felicio é empregado de uma empresa e foi presidente do sindicato dos trabalhadores da sua categoria. Mas, findo o seu mandato, teve que retornar ao seu posto de trabalho. Seis meses após o seu retorno, o seu empregador pretende demiti-lo. Segundo o disposto na Constituição da República, nessa situação hipotética, é correto afirmar que

a) Felício não poderá ser demitido do emprego, ainda que tenha cometido falta grave, em razão da sua estabilidade, que perdura por até um ano após o final do seu mandato.

b) o empregador poderá demitir Felício, se este tiver cometido falta grave, uma vez que a estabilidade de ex-dirigente sindical não o protege nessa situação.

c) Felício poderá ser demitido do emprego a qualquer momento, independentemente de ter ou não cometido falta grave, pois a sua estabilidade não o protege após o fim do mandato.

d) o empregador somente poderá demitir Felício após um ano do fim do mandato, tenha ele cometido ou não falta grave.

e) Felício somente poderá ser demitido após dois anos do fim do mandato ou então, antes disso, se cometer falta grave, na forma da lei.

GABARITO

GAB		no Direito	no Livro	Observação
1	E	a) TST. Súmula nº 378, III	a) Subtema 16.1	O entendimento da alternativa "E" deve ser feito através de uma interpretação a contrario sensu do artigo 543 da CLT.
		b) TST. Súmula nº 390, I	b) Subtema 16.4	
		c) CLT. Art. 165, caput e TST. Súmula nº 339, II	c) Subtema 16.7	
		d) TST. Súmula nº 244, I	d) Subtema 16.8, alínea "C"	
		e) CLT. Art. 543, caput	e) Subtema 16.5, alínea "E"	
2	A	Pedro – CLT. Art. 164, caput e § 5º	Subtema 16.7	Pedro por ser indicado pelos empregadores não tem direito a estabilidade.
		Jorge – CLT. Art. 164, caput e § 5º	Subtema 16.7	
		Vicente – TST. OJ nº 365 da SDI1	Subtema 16.5, alínea "A"	
		Cristóvão – TST. OJ nº 369 da SDI1	Subtema 16.5, alínea "A"	

GAB		no Direito	no Livro	Observação
3	B	a) CLT. Art. 543, § 3º	a) Subtema 16.5	
		b) TST. Súmula nº 369, IV	b) Subtema 16.5, alínea "D"	
		c) TST. Súmula nº 369, V	c) Subtema 16.5, alínea "D"	
		d) CLT. Art. 543, caput	d) Subtema 16.5, alínea "E"	
		e) TST. Súmula nº 369, III	e) Subtema 16.5, alínea "C"	
4	A	a) CF/88. Art. 8º, inciso VIII	a) Subtema 16.5	
		b) ADCT. Art. 10, inciso II, alínea "a"	b) Subtema 16.7	
		c) ADCT. Art. 10, inciso II, alínea "b"	c) Subtema 16.8	
		d) Lei nº 8.213/91. Art. 118	d) Subtema 16.9	
		e) TST. Súmula nº 244, I	e) Subtema 16.8, alínea "C"	
5	D	a) TST. Súmula nº 339, II	a) Subtema 16.7	
		b) TST. Súmula nº 339, II	b) Subtema 16.7	
		c) TST. Súmula nº 339, I	c) Subtema 16.7	
		d) CLT. Art. 164, caput e § 5º	d) Subtema 16.7	
		e) MTE. NR-1. 1.1	Subtema 16.7 e também Subtema 2.5, alínea "B.6"	
6	D	CLT. Art. 391-A	Subtema 16.1	
7	A	TST. Súmula nº 244, III	Subtema 16.8, alínea "C"	
8	B	Maria – CF. ADCT Art. 10, inciso II, alínea "b"	a) Subtema 16.8	**Como Rosa foi indicada pelo Empregador, não terá direito a estabilidade.**
		Pedro - b) TST. Súmula nº 339, I	b) Subtema 16.7	
		Rosa – CLT. Art. 165, caput	c) Subtema 16.7, alínea "A"	
9	B	I. TST. Súmula nº 339, II	I. Subtema 16.7	
		II. CF. ADCT Art. 10, inciso II, alínea "b"	II. Subtema 16.8	
		III. CLT. Art. 625-B, § 1º	III. Subtema 16.12	
		IV. CLT. Art. 510-D, § 3º	IV. Subtema 16.15	
10	C	I. CLT. Art. 391-A, caput	I. Subtema 16.8	
		II. CLT. Art. 165, caput	II. Subtema 16.7, alínea "A"	
		III. CLT. Art. 510-D, § 3º	III. Subtema 16.15	

GAB		no Direito	no Livro	Observação
11	A	I. TST. Súmula nº 379 e CLT. Art. 543, § 3º	I. Subtema 16.5	
		II. CF. ADCT Art. 10, inciso II, alínea "a"	II. Subtema 16.7	
		III. Lei nº 8.213/91. Art. 118	III. Subtema 16.9	
		IV. TST. Precedente Normativo nº 85	IV. Subtema 16	
12	E	I. TST. OJ da SDI1 nº 365	I. Subtema 16.5, alínea "A"	
		II. TST. OJ da SDI1 nº 253	II. Subtema 16.6	
		III. TST. Súmula nº 378, III	III. Subtema 16.9, alínea "B"	
		IV. TST. Súmula nº 369, III	IV. Subtema 16.5, alínea "C"	
		V. LC 150/15. Art. 25, caput	V. Subtema 16.8	
13	E	CF. Art. 8º, inciso VIII	Subtema 16.8	
14	B	a) CLT. Art. 625-B, inciso III	a) Subtema 16.12	
		b) CLT. Art. 625-B, caput	b) Subtema 16.12	
		c) CLT. Art. 625-B, inciso III	c) Subtema 16.12	
		d) CLT. Art. 625-B, § 1º	d) Subtema 16.12	
		d) CLT. Art. 625-B, I	d) Subtema 16.12	
15	B	a) ADCT. Art. 10, inciso II, alínea "a"	a) Subtema 16.7	
		b) TST. Súmula nº 378, I	b) Subtema 16.9	
		c) ADCT. Art. 10, inciso II, alínea "b"	c) Subtema 16.8	
		d) Súmula nº 378, III	d) Subtema 16.9	
16	D	a) CLT. Art. 495	a) Subtema 16.16, alínea "A"	
		b) CLT. Art. 497	b) Subtema 9.2.4	
		c) CLT. Art. 494	c) Subtema 16.16, alínea "A"	
		d) CLT. Art. 492	d) Subtema 16.3	
		e) CLT. 499	e) Subtemas 16.7, 16.10, 16.12	
17	C	Lei 8.213/91. Art. 93	Subtema 16.13	
18	B	CF. Art. 8º, VIII c/c CLT. Art. 543, §3º c/c TST. Súmula nº 379	Subtema 16.5	

Subtema 17 – Direitos Difusos, Coletivos e Individuais Homogêneos

01) (TRT – 3ª Região – MG – Juiz do Trabalho – 2010) No que toca aos direitos difusos, coletivos e individuais homogêneos, marque a proposição INCORRETA:

a) Para a caracterização dos direitos difusos de modo a serem aplicáveis no âmbito do direito do trabalho teríamos de enquadrar a situação jurídica existente para que os direitos trabalhistas fossem compreendidos como os transindividuais, de natureza indivisível, de que fossem titulares pessoas indeterminadas e ligadas por circunstância de fato.

b) Ao contrário do que ocorre com os direitos difusos, os direitos coletivos permitem que se identifique, em um conjunto de pessoas, um núcleo determinado de sujeitos como titular.

c) Os direitos individuais homogêneos são também transidividuais e indivisíveis, mas permitem uma perfeita identificação de cada um dos interessados.

d) Ao estabelecer cláusula genérica de aplicação subsidiária de outras legislações, a CLT autorizou inclusive a possibilidade de aplicação da norma do código de defesa do consumidor e da lei de ação civil pública, quando pertinentes e compatíveis, no âmbito do direito do trabalho brasileiro.

02) (CESPE - DPE-AC - Defensor Público – 2012) Assinale a opção correta acerca dos interesses difusos, coletivos e individuais homogêneos.

a) As lesões a direitos individuais homogêneos e disponíveis podem ser investigadas pelo MP.

b) A revista íntima praticada pelo empregador constitui lesão ao direito individual homogêneo, no âmbito da relação jurídica de emprego.

c) Direitos coletivos são os de natureza indivisível, de que sejam titulares pessoas indeterminadas e ligadas por circunstâncias de fato.

d) Os direitos difusos são determináveis porque os seus titulares são identificados conforme o grupo, categoria ou classe em que estejam inseridos.

e) Os direitos individuais homogêneos, derivados de relação jurídica idêntica, são indivisíveis, e seus titulares, indeterminados.

03) (FCC - DPE-AM - Defensor Público – 2013) São hipóteses de causas de interesses difusos, coletivos e individuais homogêneos, respectivamente,

a) instituição de reserva legal em área particular, convenção coletiva que viola direito dos trabalhadores de uma empresa de montagem de veículos e recall de veículo do tipo A.

b) área de preservação permanente em bem público, área de preservação permanente em loteamento e área de preservação permanente em propriedade particular individual.

c) propaganda enganosa veiculada em jornal de pequena circulação, regularização de loteamento clandestino e poluição sonora do bairro X.

d) poluição causada por indústria multinacional, poluição causada por indústria nacional e poluição causada por indústria municipal.

e) regularização de loteamento clandestino, poluição de córrego na cidade Y e cláusula abusiva em contrato de adesão de financiamento da instituição financeira Z.

04) (VUNESP - Prefeitura de Andradina - SP - Assistente Jurídico – 2017) Quanto aos direitos coletivos em sentido amplo, assinale a alternativa correta.

a) Interesses ou direitos difusos são os transindividuais de natureza indivisível de que seja titular grupo, categoria ou classe de pessoas ligadas entre si ou com a parte contrária por uma relação jurídica base.

b) Interesses ou direitos coletivos em sentido estrito são os transindividuais, de natureza indivisível, de que sejam titulares pessoas indeterminadas e ligadas por circunstâncias de fato.

c) Interesses ou direitos individuais homogêneos são os de natureza indivisível, de que sejam titulares pessoas indeterminadas.

d) Interesses ou direitos difusos são aqueles que possuem elevado grau de transindividualidade, não sendo possível determinar todos os sujeitos titulares, nem são divisíveis, podendo atingir alguém em particular e simultaneamente a todos.

e) Interesses ou direitos coletivos em sentido estrito são aqueles cujos titulares não são determináveis, mas o objeto ou bem jurídico protegido é divisível.

GABARITO

GAB		no Direito	no Livro	Observação
1	C	a) CDC. Art. 81, parágrafo único, inciso I	a) Subtema 17, alínea "A"	
		b) CDC. Art. 81, parágrafo único, inciso II	b) Subtema 17, alínea "B"	
		c) CDC. Art. 81, parágrafo único, inciso III	c) Subtema 17, alínea "C"	
		d) CLT. Art. 8º, caput	d) Parte I, subtema 4.1	

GAB		no Direito	no Livro	Observação
2	A	a) CDC. Art. 81, parágrafo único, inciso III c/c Art. 82, inciso I	a) Tema 17, alínea "C"	**Em relação a alternativa "b", por se tratar de uma relação jurídica entre empregador e empregados, ou seja, grupo de empregados e parte contrária, o direto violado em questão foi o coletivo *strictu sensu* e não individual homogêneo.**
		b) CDC. Art. 81, parágrafo único, inciso III	b) Tema 17, alínea "C"	
		c) CDC. Art. 81, parágrafo único, inciso II	c) Tema 17, alínea "B"	
		d) CDC. Art. 81, parágrafo único, inciso I	d) Tema 17, alínea "A"	
		e) CDC. Art. 81, parágrafo único, inciso III	e) Tema 17, alínea "C"	
3	A	Difusos - CDC. Art. 81, parágrafo único, inciso I	a) Tema 17, alínea "A"	
		Coletivos - CDC. Art. 81, parágrafo único, inciso II	b) Tema 17, alínea "B"	
		Individuais Homogêneos - CDC. Art. 81, parágrafo único, inciso III	c) Tema 17, alínea "C"	
4	D	Difusos - CDC. Art. 81, parágrafo único, inciso I	a) Tema 17, alínea "A"	
		Coletivos - CDC. Art. 81, parágrafo único, inciso II	b) Tema 17, alínea "B"	
		Individuais Homogêneos - CDC. Art. 81, parágrafo único, inciso III	c) Tema 17, alínea "C"	

Subtema 18 – Direitos Constitucionais dos Trabalhadores

01) (Instituto AOCP- UFPB - Advogado - 2014) Nos termos do art. 7º da Constituição Federal, assinale a alternativa INCORRETA. São direitos dos trabalhadores urbanos e rurais, além de outros que visem à melhoria de sua condição social:

a) proteção do salário na forma da lei, constituindo contravenção sua retenção dolosa.

b) jornada de seis horas para o trabalho realizado em turnos ininterruptos de revezamento, salvo negociação coletiva.

c) licença à gestante, sem prejuízo do emprego e do salário, com a duração de cento e vinte dias.

d) aviso prévio proporcional ao tempo de serviço, sendo no mínimo de trinta dias, nos termos da lei.

e) assistência gratuita aos filhos e dependentes desde o nascimento até 5 (cinco) anos de idade em creches e pré-escolas.

02) (SHDIAS - CEASA - CAMPINAS - 2014) A Emenda Constitucional nº 20, de 15 de dezembro de 1998, alterou o artigo 7º (São direitos dos trabalhadores urbanos e rurais, além de outros que visem à melhoria de sua condição social), da Constituição federal de 1988, com a seguinte redação:

a) Garantia de salário, nunca inferior ao mínimo, para os que percebem remuneração variável.

b) Remuneração do serviço extraordinário superior, no mínimo, em cinquenta por cento à do normal.

c) Salário-família pago em razão do dependente do trabalhador de baixa renda nos termos da lei.

d) Proteção do mercado de trabalho da mulher, mediante incentivos específicos, nos termos da lei.

03) (TRT 14 Região - RO e AC - Juiz do Trabalho - 2014) O *caput* do art. 7º da Constituição Federal de 1988, tem a seguinte redação: "São direitos dos trabalhadores (...), além de outros que visem à melhoria de sua condição social: ". Com base nesse preceito e considerando o regramento constitucional acerca de trabalhares urbanos, rurais e domésticos, é INCORRETO afirmar que os empregados:

a) Urbanos e rurais possuem igualdade na integralidade dos direitos;

b) Urbanos, rurais e domésticos possuem igualdade na integralidade dos direitos;

c) Urbanos, rurais e trabalhadores avulsos possuem igualdade na integralidade dos direitos;

d) Urbanos, rurais e servidores públicos celetistas possuem igualdade na integralidade dos direitos;

e) Urbanos, rurais e Policial Militar que tem reconhecimento de vínculo empregatício com empresa privada possuem igualdade na integralidade dos direitos.

04) (INSTITUTO AOCP – UFSMP – Advogado – 2014) Analise as assertivas e assinale a alternativa que aponta as corretas. São direitos dos trabalhadores urbanos e rurais:

I. repouso semanal remunerado, preferencialmente aos sábados.

II. reconhecimento das convenções e acordos coletivos de trabalho.

III. proteção em face da automação, na forma da lei.

IV. seguro contra acidentes de trabalho, a cargo do empregador, sem excluir a indenização a que este está obrigado, quando incorrer em dolo ou culpa.

a) Apenas I e III.

b) Apenas II, III e IV.

c) Apenas I, II e III.

d) Apenas I, II e IV.

e) I, II, III e IV.

05) (INSTITUTO AOCP – UFMT – Advogado – 2014) Analise as assertivas e assinale a alternativa que aponta as corretas. De acordo com a Constituição Federal, são direitos dos trabalhadores urbanos e rurais, além de outros que visem à melhoria de sua condição social:

I. proteção do salário na forma da lei, constituindo contravenção penal sua retenção dolosa.

II. gozo de férias anuais remuneradas com, pelo menos, um terço a mais do que o salário normal.

III. licença-paternidade, nos termos fixados em lei.

IV. aviso prévio proporcional ao tempo de serviço, sendo no mínimo de sessenta dias, nos termos da lei.

a) Apenas I, II e III
b) Apenas II e III
c) Apenas I, II e IV
d) Apenas III e IV

06) (INSTITUTO AOCP – UFS – Advogado – 2014) Analise as assertivas e assinale a alternativa que aponta as corretas. De acordo com a Constituição Federal, são direitos dos trabalhadores urbanos e rurais, além de outros que visem à melhoria de sua condição social:

I. garantia de salário, nunca inferior ao mínimo, para os que percebem remuneração variável.

II. décimo terceiro salário com base na remuneração integral ou no valor da aposentadoria.

III. participação nos lucros, ou resultados, desvinculada da remuneração, e, excepcionalmente, participação na gestão da empresa, conforme definido em lei.

IV. jornada de oito horas para o trabalho realizado em turnos ininterruptos de revezamento, salvo negociação coletiva

a) Apenas I e III.
b) Apenas III e IV.
c) Apenas I, II e III.
d) Apenas I e IV.
e) I, II, III e IV.

07) (FGV – COMPESA – Analista de Gestão – Gestão de Pessoas 2014 – adaptado) A licença paternidade e a licença maternidade são benefícios de caráter previdenciário, introduzidos pela Constituição Federal de 1998. Com relação a essas licenças, analise as afirmativas a seguir.

I. A licença paternidade é de 5 dias úteis.

II. O salário maternidade da empregada afastada é pago pelo empregador e descontado por ele dos recolhimentos habituais devidos à Previdência Social.

Assinale:

a) se somente a afirmativa I estiver correta.
b) se nenhuma estiver correta.

c) se I e II estiverem corretas.

d) se somente a afirmativa II estiver correta.

08) (IESES – IFC – SC – Direito – 2015) Constitucionalmente, são direitos dos trabalhadores urbanos e rurais, além de outros que visem à melhoria de sua condição social:

I. Fundo de garantia do tempo de serviço- FGTS.

II. Remuneração do trabalho noturno superior à do diurno.

III. Participação nos lucros, ou resultados, desvinculada da remuneração, e, excepcionalmente, participação na gestão da empresa, conforme definido em lei.

IV. Repouso semanal remunerado, exclusivamente aos domingos.

A sequência correta é:

a) As assertivas I, II, III e IV estão corretas.

b) Apenas as assertivas I, II e III estão corretas.

c) Apenas as assertivas I e II estão corretas.

d) Apenas as assertivas I e IV estão corretas.

09) (IESES – IFC –SC Direito – 2015) Em relação a distinção de tratamento e política remuneratória pode-se afirmar que a legislação trabalhista, em específico o texto Constitucional aponta a:

I. Proibição de diferença de salários, de exercício de funções e de critério de admissão por motivo de sexo, idade, cor ou estado civil.

II. Proibição de distinção de salários por motivo de nível de escolaridade e/ou qualificação profissional diversos, de acordo com o plano de cargos e salários.

III. Proibição de qualquer discriminação no tocante a salário e critérios de admissão do trabalhador portador de deficiência.

IV. Proibição de distinção entre trabalho manual, técnico e intelectual ou entre os profissionais respectivos.

A sequência correta é:

a) Apenas as assertivas I e IV estão corretas.

b) Apenas as assertivas I e II estão corretas.

c) As assertivas I, II, III e IV estão corretas.

d) Apenas as assertivas I, III e IV estão corretas.

10) **(Instituto AOCP – UFMS – Advogado – 2015)** Nos termos do art. 7º da Constituição Federal, são direitos dos trabalhadores urbanos e rurais, além de outros que visem à melhoria de sua condição social, EXCETO

a) seguro-desemprego, em caso de desemprego involuntário.
b) fundo de garantia do tempo de serviço.
c) piso salarial proporcional à extensão e à complexidade do trabalho.
d) irredutibilidade do salário, salvo o disposto em convenção ou acordo coletivo.
e) remuneração do trabalho noturno igual à do diurno.

11) **(IADES – CONAB – Administração – 2015)** A relação de direitos sociais contida no art. 7º da Constituição Federal vigente é

a) a mesma somente para os trabalhadores urbanos, rurais e servidores públicos.
b) exemplificativa.
c) a mesma para os trabalhadores urbanos, rurais e domésticos.
d) taxativa.
e) a mesma para os trabalhadores urbanos e domésticos.

12) **(Prefeitura de Fortaleza – CE – Prefeitura de Fortaleza – Advogado - 2015)** Com fulcro nas normas constitucionais que regem as associações sindicais, indique a alternativa correta.

a) Não é obrigatória a participação dos sindicatos nas negociações coletivas de trabalho.
b) Ninguém será obrigado a filiar-se ou a manter-se filiado a sindicato.
c) O aposentado filiado não tem direito a votar e ser votado nas organizações sindicais.
d) É permitida a dispensa do empregado sindicalizado a partir do registro da candidatura a cargo de direção ou representação.

13) **(CESPE – Analista Judiciário – Área Administrativa – TRT 8/2016)** Assinale a opção correta de acordo com a CF.

a) O seguro contra acidentes de trabalho a cargo do empregador rural somente será devido ao empregado nos casos em que o empregador estiver obrigado ao pagamento de indenização por ter incorrido em dolo ou culpa.
b) Por meio de negociação coletiva pode-se alterar a jornada de seis horas para o trabalho realizado em turnos ininterruptos de revezamento.

c) É proibido o trabalho noturno, perigoso ou insalubre a menores de dezoito anos de idade e de qualquer trabalho a menores de dezessete anos de idade, salvo na condição de aprendiz, a partir de dezesseis anos de idade.

d) Em virtude da complexidade, o trabalho intelectual necessariamente possui maior valor que o manual.

e) Conforme norma expressa na CF, os direitos dos trabalhadores com vínculo empregatício permanente e os dos trabalhadores avulsos são diferentes em virtude da situação peculiar de cada um.

14) (FCC – Técnico Judiciário – Área Administrativa – TRT 24ª Região – 2017) A Constituição Federal de 1988 prevê expressamente uma série de disposições normativas trabalhistas que, segundo a doutrina, pode ser considerada como patamar mínimo civilizatório do trabalhador. Entre outros direitos trabalhistas, a Constituição Federal de 1988 prevê, expressamente, o direito:

a) ao adicional de sobreaviso e de prontidão e a redução dos riscos inerentes ao trabalho, por meio de normas de saúde, higiene e segurança.

b) ao adicional de horas extras e observância da proporcionalidade para contratação de empregado estrangeiro.

c) ao seguro-desemprego, em caso de desemprego voluntário ou não, e gozo de intervalo para refeição e descanso na forma da lei.

d) à proteção do mercado de trabalho da mulher, mediante incentivos específicos, nos termos da lei, e ao aviso prévio proporcional ao tempo de serviço, sendo no mínimo de trinta dias, conforme previsão legal.

e) ao intervalo intrajornada e interjornada.

15) (FCC - MPE-PE - Técnico Ministerial – Administrativa – 2018) É direito dos trabalhadores urbanos e rurais, assegurado na Constituição Federal, além de outros que visem à melhoria de sua condição social,

a) a remuneração do serviço extraordinário superior, no mínimo, em sessenta por cento à do normal.

b) a irredutibilidade do salário, salvo o disposto em convenção coletiva ou acordo individual de trabalho.

c) a jornada de quatro horas para o trabalho realizado em turnos ininterruptos de revezamento, salvo negociação coletiva.

d) a proibição de distinção entre trabalho manual, técnico e intelectual ou entre os profissionais respectivos.

e) o seguro contra acidentes de trabalho, a cargo do Fundo de Amparo ao Trabalhador, quando averiguado o dolo ou a culpa do empregador.

16) **(FCC - SEMEF Manaus - AM - Assistente Técnico Fazendário – 2019)** Depois de um longo período de desemprego, José da Silva foi contratado pela empresa Lar Doce Lar Ltda. para trabalhar como vendedor em uma loja de materiais de construção. Dentre os direitos sociais previstos na Constituição Federal, José da Silva fará jus

a) à participação nos lucros, ou resultados, vinculada à sua remuneração, e, excepcionalmente, participação na gestão da empresa, conforme definido em lei.

b) à duração do trabalho normal não superior a oito horas diárias e quarenta e oito semanais, facultada a compensação de horários e a redução da jornada, mediante acordo ou convenção coletiva de trabalho.

c) ao seguro contra acidentes de trabalho, a cargo do empregador, sem excluir a indenização a que este está obrigado, quando incorrer em dolo ou culpa.

d) à assistência gratuita aos filhos e dependentes desde o nascimento até 6 anos de idade em creches e pré-escolas.

e) ao aviso prévio proporcional ao tempo de serviço, sendo no mínimo de trinta e cinco dias, nos termos da lei.

17) **(SELECON - Prefeitura de Niterói - RJ - Guarda Civil Municipal – 2019)** A Constituição Federal brasileira em vigor elenca inúmeros direitos sociais que visam a melhoria da condição social dos trabalhadores urbanos e rurais. Nesse passo, configuram-se como direitos sociais desses trabalhadores:

a) o seguro-desemprego, em caso de desemprego involuntário

b) garantia de salário, nunca inferior ao mínimo, salvo para os que percebem remuneração variável

c) piso salarial independentemente da proporcionalidade aplicável à extensão e à complexidade do trabalho

d) irredutibilidade do salário em qualquer hipótese, independentemente de disposto em convenção ou acordo coletivo

e) o salário mínimo, fixado em lei, nacionalmente unificado, capaz de atender às suas necessidades vitais básicas e às de sua família com moradia, alimentação, dentre outras, sendo possível sua vinculação para qualquer fim, com reajustes periódicos que lhe preservem o poder aquisitivo

18) **(INSTITUTO AOCP - UFPB - Administrador – 2019)** Considerando os direitos sociais expressamente previstos na Constituição Federal vigente, assinale a alternativa correta.

a) O aposentado filiado não tem direito a votar e ser votado nas organizações sindicais.

b) São proibidos o trabalho noturno, perigoso ou insalubre a menores de dezesseis anos e qualquer trabalho a menores de quatorze anos, salvo na condição de aprendiz.

c) É direito do trabalhador a proteção do salário na forma da lei, constituindo crime sua retenção dolosa.

d) É direito do trabalhador o repouso semanal remunerado, sem qualquer preferência quanto ao dia da sua concessão.

e) É livre a associação profissional ou sindical, cabendo ao sindicato a defesa dos direitos e interesses coletivos ou individuais da categoria, exclusivamente em questões administrativas.

19) (INSTITUTO PRÓ-MUNICÍPIO - CRP - 11ª Região (CE) – Psicólogo – 2019) São direitos sociais a educação, a saúde, a alimentação, o trabalho, a moradia, o transporte, o lazer, a segurança, a previdência social, a proteção à maternidade e à infância, a assistência aos desamparados. Acerca dos direitos sociais, marque a alternativa correta:

a) O Fundo de Garantia por Tempo de Serviço (FGTS) é direito dos trabalhadores urbanos, dos trabalhadores rurais, assim como os servidores públicos, têm acesso a esse benefício;

b) Por ser uma atividade mais desgastante, o trabalhador rural tem direito a remuneração noturna superior à diurna; o trabalhador urbano não faz jus à esse benefício;

c) É um direito social dos trabalhadores urbanos e rurais perceber diferença salarial, de exercício de funções e de critério de admissão por motivo de sexo, idade, cor ou estado civil;

d) Tanto ao trabalhador urbano quanto ao rural, é vedado o trabalho noturno, perigoso ou insalubre a menores de dezoito e de qualquer trabalho a menores de dezesseis anos, salvo na condição de aprendiz, a partir de quatorze anos de idade.

20) (UPENET/IAUPE - UPE – Advogado – 2019) São direitos sociais dos trabalhadores urbanos e rurais, EXCETO

a) salário mínimo regionalizado, capaz de atender a suas necessidades vitais básicas e às de sua família, como moradia, alimentação, educação, saúde, lazer, vestuário, higiene, transporte e previdência social, com reajustes periódicos que lhes preservem o poder aquisitivo, sendo vedada sua vinculação para qualquer fim.

b) piso salarial proporcional à extensão e à complexidade do trabalho.

c) irredutibilidade do salário, salvo o disposto em convenção ou acordo coletivo.

d) garantia de salário, nunca inferior ao mínimo, para os que percebem remuneração variável.

e) remuneração do trabalho noturno superior à do diurno.

21) (INSTITUTO AOCP - PC-ES - Auxiliar Perícia Médico-Legal – 2019) A Constituição Federal determina que é livre a associação profissional ou sindical, observado o seguinte:

a) a lei poderá exigir autorização do Estado para a fundação de sindicato, sendo admitidas, ao Poder Público, a interferência e a intervenção na organização sindical nos casos previstos em lei.

b) é facultativa a participação dos sindicatos nas negociações coletivas de trabalho.

c) o aposentado filiado tem direito a votar e ser votado nas organizações sindicais.

d) é vedada a dispensa do empregado sindicalizado a partir do registro da candidatura a cargo de direção ou representação sindical e, se eleito, ainda que suplente, até dois anos após o final do mandato, salvo se cometer falta grave nos termos da lei.

e) a assembleia geral fixará a contribuição que, em se tratando de categoria profissional, será descontada em folha, para custeio do sistema confederativo da representação sindical respectiva, caso em que será dispensada a contribuição prevista em lei.

GABARITO

GAB		no Direito	no Livro	Observação
1	A	a) CF/88. Art. 7º, inciso X	a) Subtema 18.1.10	A retenção dolosa do salário constitui **crime**, e não contravenção.
		b) CF/88. Art. 7º, inciso XIV	b) Subtema 18.1.14	
		c) CF/88. Art. 7º, inciso XVIII	c) Subtema 18.1.18	
		d) CF/88. Art. 7º, inciso XXI	d) Subtema 18.1.21	
		e) CF/88. Art. 7º, inciso XXV	e) Subtema 18.1.25	

GAB		no Direito	no Livro	Observação
2	C	a) CF/88. Art. 7º, inciso VII	a) Subtema 18.1.7	
		b) CF/88. Art. 7º, inciso XVI	b) Subtema 18.1.16	
		c) CF/88. Art. 7º, inciso XII	c) Subtema 18.1.12	
		d) CF/88. Art. 7º, inciso XX	d) Subtema 18.1.20	
3	B	CF/88. Art. 7º, caput e parágrafo único	Subtema 18.1	O caput equipara os trabalhadores urbanos e rurais, enquanto o parágrafo único delimita os direito relativos aos trabalhadores domésticos.
4	B	I. CF/88. Art. 7º, inciso XV	I. Subtema 18.1.15	
		II. CF/88. Art. 7º, inciso XXVI	II. Subtema 18.1.26	
		III. CF/88. Art. 7º, inciso XXVII	III. Subtema 18.1.27	
		IV. CF/88. Art. 7º, inciso XXVIII	IV. Subtema 18.1.28	
5	B	I. CF/88. Art. 7º, inciso X	I. Subtema 18.1.10	
		II. CF/88. Art. 7º, inciso XVII	II. Subtema 18.1.17	
		III. CF/88. Art. 7º, inciso XIX	III. Subtema 18.1.19	
		IV. CF/88. Art. 7º, inciso XXI	IV. Subtema 18.1.21	
6	C	I. CF/88. Art. 7º, inciso VII	I. Subtema 18.1.7	
		II. CF/88. Art. 7º, inciso VIII	II. Subtema 18.1.8	
		III. CF/88. Art. 7º, inciso XI	III. Subtema 18.1.9	
		IV. CF/88. Art. 7º, inciso XIV	IV. Subtema 18.1.14	
7	D	I. ADCT. Art. 10, § 1º	I. Subtema 18.1.19	O dispositivo do ADCT não aduz que os dias são úteis.
		II. Lei nº 8.213. Arts. 71-A, § 1º, e 72, § 1º	II. Subtema 1.3, alínea "J.1"	
8	B	I. CF/88. Art. 7º, inciso III	I. Subtema 18.1.3	
		II. CF/88. Art. 7º, inciso IX	II. Subtema 18.1.9	
		III. CF/88. Art. 7º, inciso XI	III. Subtema 18.1.11	
		IV. CF/88. Art. 7º, inciso XV	IV. Subtema 18.1.15	

GAB		no Direito	no Livro	Observação
9	D	I. CF/88. Art. 7º, inciso XXX	I. Subtema 18.1.30	
		II. CF/88. Art. 7º, inciso XXX	II. Subtema 18.1.30	
		III. CF/88. Art. 7º, inciso XXXI	III. Subtema 18.1.31	
		IV. CF/88. Art. 7º, inciso XXXII	IV. Subtema 18.1.32	
10	E	a) CF/88. Art. 7º, inciso II	a) Subtema 18.1.2	
		b) CF/88. Art. 7º, inciso III	b) Subtema 18.1.3	
		c) CF/88. Art. 7º, inciso V	c) Subtema 18.1.5	
		d) CF/88. Art. 7º, inciso VI	d) Subtema 18.1.6	
		e) CF/88. Art. 7º, inciso IX	e) Subtema 18.1.9	
11	B	CF/88. Art. 7º, caput	Subtema 18.1	É exemplificativo pois aduz em seu caput: "... **além de outros** ..."
12	B	a) CF/88. Art. 8º, inciso VI	a) Subtema 18.3	
		b) CF/88. Art. 8º, inciso V	b) Subtema 18.3	
		c) CF/88. Art. 8º, inciso VII	c) Subtema 18.3	
		d) CF/88. Art. 8º, inciso VIII	d) Subtema 18.3	
13	B	a) CF/88. Art. 7º, inciso XXVIII	a) Subtema 18.1.18	
		b) CF/88. Art. 7º, inciso XIV	b) Subtema 18.1.14	
		c) CF/88. Art. 7º, inciso XXXIII	c) Subtema 18.1.33	
		d) CF/88. Art. 7º, inciso XXXII	d) Subtema 18.1.32	
		e) CF/88. Art. 7º, inciso XXXIV	e) Subtema 18.1.34	
14	D	a) CLT. Art. 244, §§ 2º e 3º e CF/88. Art. 7º, inciso XXII	a) Subtema 18.1.22	**Não há previsão sobre a remuneração do estrangeiro.**
		b) CF/88. Art. 7º, inciso XVI	b) Subtema 18.1.16	
		c) CLT. Art. 71, caput e § 1º e CF/88. Art. 7º, inciso II	c) Subtema 18.1.2	
		d) CF/88. Art. 7º, inciso XX e XXI	d) Subtema 18.1.20 e 18.1.21	
		e) CLT. Art. 71, caput e § 1º e Art. 66	e) Parte II, Subtemas 7.1 e 7.3	
15	D	a) CF/88. Art. 7º, inciso XVI	a) Subtema 18.1.16	
		b) CF/88. Art. 7º, inciso VI	b) Subtema 18.1.6	
		c) CF/88. Art. 7º, inciso XIV	c) Subtema 18.1.14	
		d) CF/88. Art. 7º, inciso XXXII	d) Subtema 18.1.32	
		e) CF/88. Art. 7º, inciso XXVIII	e) Subtema 18.1.28	

GAB		no Direito	no Livro	Observação
16	C	a) CF/88. Art. 7º, inciso XI	a) Subtema 18.1.11	
		b) CF/88. Art. 7º, inciso XIII	b) Subtema 18.1.13	
		c) CF/88. Art. 7º, inciso XXVIII	c) Subtema 18.1.28	
		d) CF/88. Art. 7º, inciso XXV	d) Subtema 18.1.25	
		e) CF/88. Art. 7º, inciso XXI	e) Subtema 18.1.21	
17	A	a) CF/88. Art. 7º, inciso XI	a) Subtema 18.1.2	
		b) CF/88. Art. 7º, inciso VII	b) Subtema 18.1.7	
		c) CF/88. Art. 7º, inciso V	c) Subtema 18.1.5	
		d) CF/88. Art. 7º, inciso VI	d) Subtema 18.1.6	
		e) CF/88. Art. 7º, inciso IV	e) Subtema 18.1.4	
18	C	a) CF/88. Art. 8º, inciso VII	a) Subtema 18.3	
		b) CF/88. Art. 7º, inciso XXXIII	b) Subtema 18.1.33	
		c) CF/88. Art. 7º, inciso X	c) Subtema 18.1.10	
		d) CF/88. Art. 7º, inciso XV	d) Subtema 18.1.15	
		e) CF/88. Art. 8º, caput e inciso III	e) Subtema 18.1.21	
19	D	a) CF/88. Art. 7º, caput e inciso III c/c Art. 39, § 3º	a) Parte II, Subtema 15.1, alínea "A"	
		b) CF/88. Art. 7º, caput e inciso IX	b) Subtema 18.1.9	
		c) CF/88. Art. 7º, inciso XXX	c) Subtema 18.1.30	
		d) CF/88. Art. 7º, inciso XXXIII	d) Subtema 18.1.33	
20	A	a) CF/88. Art. 7º, inciso IV	a) Subtema 18.1.4	
		b) CF/88. Art. 7º, inciso V	b) Subtema 18.1.7	
		c) CF/88. Art. 7º, inciso VI	c) Subtema 18.1.6	
		d) CF/88. Art. 7º, inciso VII	d) Subtema 18.1.7	
		e) CF/88. Art. 7º, inciso IX	e) Subtema 18.1.9	
21	C	a) CF/88. Art. 8º, inciso I	a) Subtema 18.3	
		b) CF/88. Art. 8º, inciso VI	b) Subtema 18.3	
		c) CF/88. Art. 8º, inciso VII	c) Subtema 18.3	
		d) CF/88. Art. 8º, inciso VIII	d) Subtema 18.3	
		e) CF/88. Art. 8º, inciso IV	e) Subtema 18.3	

QUESTÕES DA PARTE III

Subtema 1 – Princípios do Direito Coletivo do Trabalho

01) (TRT – 23ª Região – Juiz do Trabalho – 2011) Sobre os princípios que regem o direito coletivo do trabalho, assine a altemativa incorreta:

a) O princípio da liberdade sindical pode ser visto sob o aspecto coletivo, quando um grupo tem liberdade para constituir o sindicato e sob o aspecto individual, quando um trabalhador tem a liberdade de associar-se ou de manter-se associado.

b) O principio da autonomia, também conhecido como da criatividade jurídica consiste em admitir que entes sindicais possam criar, suprimir ou alterar normas entre si e que vinculam as partes, sem que haja intervenção estatal.

c) Não há previsão legal para que as negociações coletivas sejam realizadas sem a intervenção dos sindicatos, em virtude do princípio da intervenção obrigatória dos sindicatos.

d) O princípio da equivalência implica o reconhecimento de que há uma paridade jurídica e econômica entre as partes convenentes da negociação coletiva, diferentemente do que ocorre no direito individual do trabalho.

02) (TRT – 2ª Região – Juiz do Trabalho – 2011) São considerados princípios específicos de Direito Coletivo do Trabalho, exceto:

a) Princípio da liberdade de associação.

b) Princípio da autonomia sindical.

c) Princípio do desnível dos contratantes coletivos.

d) Princípio da interveniência sindical na negociação coletiva.

e) Princípio da lealdade e transparência da negociação coletiva.

03) (ESPP – TRT – 9ª Região – Juiz do Trabalho – 2012) Visando a fomentar maior participação no sindicato, o acordo coletivo de trabalho estabelece que a empresa dará preferência à contratação de trabalhadores sindicalizados. Assinale a alternativa correta:

a) A cláusula é válida, eis que um dos objetivos trazidos com a emenda constitucional n° 45 foi o incentivo a sindicalização.

b) A cláusula é nula, eis que ninguém é obrigado a filiar-se ou a manter-se filiado a sindicato.

c) A cláusula é nula, pois sua adoção seria passível de ajuste apenas em convenção coletiva de trabalho, dando condições de igualdade a todos os empregadores do setor.

d) A cláusula é válida, desde que seja aprovada pela maioria absoluta dos presentes na assembleia da categoria.

e) A cláusula é válida, pois a Constituição da República reconhece a validade de convenções e acordos coletivos de trabalho.

04) (VUNESP – SPTrans – Advogado Pleno – 2012 – Adaptada) São princípios do direito coletivo do trabalho:

a) unicidade e livre associação sindical.

b) pluralidade e livre associação sindical.

c) pluralidade e autonomia privada coletiva.

d) pluralidade e associação sindical compulsória.

05) (FCC – TRT – 1ª Região – Juiz do Trabalho – 2012) Quanto aos princípios de Direito Coletivo do Trabalho:

I. O princípio da interveniência sindical na negociação coletiva propõe que a validade do processo negocial coletivo submeta-se à necessária intervenção do ser coletivo institucionalizado obreiro. No caso brasileiro, o sindicato.

II. O princípio da criatividade jurídica da negociação coletiva traduz a noção de liberdade das partes para criar cláusulas contratuais, que por serem inseridas em um instrumento negocial, não possuem força normativa.

III. O princípio da adequação setorial negociada trata da possibilidade de os sindicatos e empresas estabelecerem entre si, cláusulas normativas específicas para a aplicação em determinado setor da empresa, atendendo aos seus interesses particulares.

Está correto o que se afirma em

a) I, II e III.

b) I e II, apenas.

c) II e III, apenas.

d) I, apenas.

e) III, apenas.

06) (FMP Concursos – PGE – AC – Procurador do Estado – 2014) Tratando-se de Direito Coletivo do Trabalho em especial do Direito Sindical e de Greve, assinale a afirmativa correta.

a) O sistema adotado pela Constituição Federal de 1988 (artigo 8º e incisos) combina o princípio da Liberdade Sindical e da Unicidade Sindical, definindo a natureza do sindicato como de uma associação que não pode sofrer interferência ou intervenção do Poder público.

b) O exercício do direito de greve, quer na iniciativa privada, quer no setor público, garante aos trabalhadores paralisados o pagamento de salários, na medida em que constitui uma interrupção legítima do contrato de trabalho.

c) O dirigente sindical goza de garantia de emprego, ainda que o registro de sua candidatura ocorra no período do aviso prévio, conforme entendimento consubstanciado na Súmula 369 do TST, a fim de ficar assegurado o amplo exercício da atividade sindical e porque o período do aviso prévio integra o contrato de trabalho para todos os efeitos.

d) Apesar da liberdade filiação, todos os trabalhadores devem se sindicalizar, afinal apenas assim os sindicatos terão força em suas negociações. Por isso, a liberdade de filiação tem valor apenas teórico

07) (MPT – Procurador do Trabalho – 2014) Leia e analise os itens abaixo:

I – A adequação setorial negociada faz prevalecer as normas coletivas sobre as estatais em relação a direitos de indisponibilidade absoluta, quando estiver promovendo transação, e não renúncia a direitos.

II – A liberdade de associação sindical compreende uma dimensão positiva, ligada à livre vinculação ao sindicato, e uma negativa, ligada à prerrogativa de livre desfiliação, pela liberdade para manter-se associado, ambas com expressa previsão constitucional.

Marque a alternativa CORRETA:

a) todas as assertivas estão corretas;

b) apenas a assertiva I está correta;

c) nenhuma está correta;

d) apenas a assertiva II está correta;

e) não respondida.

08) (TRT – 23ª Região – Juiz do Trabalho Substituto – 2016) Acerca dos princípios que informam o Direito Coletivo do Trabalho, marque a alternativa CORRETA:

a) O Princípio da Adequação Setorial Negociada explicita o poder que possuem os entes sindicais de estabelecer normas coletivas de trabalho que são aplicadas às relações trabalhistas;

b) A exigência de contribuição confederativa de trabalhador não associado ao sindicato fere o Princípio da Autonomia Coletiva Privada;

c) Fere o princípio da liberdade sindical a exigência de sindicalização do trabalhador para ter acesso aos benefícios previstos nos acordos ou convenções coletivas;

d) O princípio da Liberdade Sindical encontra-se regulado pela Convenção 87 da OIT, ratificada pelo Brasil;

e) O Princípio da Autonomia Coletiva Privada constitui-se na possibilidade dos entes coletivos firmarem normas que irão regular os conflitos trabalhistas, tendo ampla liberdade de flexibilização dos direitos e deveres dos trabalhadores.

09) (MPT – Procurador do Trabalho – 2017 – Adaptada) Analise as assertivas abaixo expostas:

I – Entre os princípios do Direito Coletivo do Trabalho situa-se o da liberdade sindical, que deve ser interpretado essencialmente apenas a partir da perspectiva de a pessoa poder ou não se filiar ou se desligar de certo sindicato, não ostentando, dessa maneira, dimensão coletiva.

II – O princípio da adequação setorial negociada propugna que a negociação coletiva trabalhista, como expressão dos princípios da liberdade e da autonomia sindicais e desde que conduzida pelo sindicato profissional, deve prevalecer, de maneira geral, sobre as regras heterônomas estatais.

III – O princípio da interveniência sindical na negociação coletiva trabalhista afasta, necessariamente, segundo a jurisprudência da Seção de Dissídio Coletivo do Tribunal Superior do Trabalho, a validade de acordo coletivo de trabalho pactuado entre o empregador e grupo de empregados da empresa, sem a participação do sindicato profissional.

Assinale a alternativa CORRETA:

a) Apenas as assertivas I e III estão incorretas.

b) Apenas as assertivas I, II e IV estão incorretas.

c) Apenas as assertivas II e IV estão incorretas.

d) Todas as assertivas estão incorretas.

e) Não respondida.

10) (FGV – TRT – 12ª Região – Analista Judiciário – Área Judiciária - 2017) Determinada empresa, atendendo à solicitação do sindicato representativo da categoria profissional, efetuou os descontos da contribuição assistencial prevista em instrumento coletivo nos salários de todos os seus empregados, independentemente de serem ou não filiados à respectiva entidade sindical. À luz da legislação e da jurisprudência uniforme do TST, é correto afirmar que:

a) a dedução em tela somente poderia ser feita em relação aos não sindicalizados, pois os filiados já pagam mensalidade ao sindicato;

b) o desconto nos salários dos empregados não sindicalizados viola o direito de livre associação e sindicalização, sendo passíveis de devolução;

c) todos os empregados, filiados ou não, devem pagar a contribuição assistencial, mesmo porque todos são beneficiados quando é ultimada a convenção coletiva;

d) o desconto é ilícito em relação a todos os empregados, sendo possível a devolução em dobro daquilo que foi indevidamente subtraído dos trabalhadores;

e) o desconto é válido porque aquele que não quiser colaborar deve manifestar seu desejo nesse sentido, presumindo-se na omissão que deseje colaborar com o seu sindicato.

11) (VUNESP - UNICAMP - Procurador de Universidade Assistente – 2018) Determinado empregado, admitido, em dezembro de 2017, para o exercício da função de engenheiro químico, com o salário de R$ 14.000,00 mensais, pactuou com seu empregador o banco de horas anual, a redução do intervalo para 30 minutos e o enquadramento do grau de insalubridade. Considerando a situação proposta e a legislação trabalhista atual, é possível afirmar que a pactuação é

a) nula apenas em relação ao banco de horas anual, que depende de negociação coletiva.

b) nula em relação ao banco de horas anual e o enquadramento do grau de insalubridade, que dependem de negociação coletiva.

c) nula apenas em relação ao enquadramento do grau de insalubridade, pois se trata de questão afeta a normas de ordem pública.

d) válida, pois a situação relatada não depende de negociação coletiva.

e) válida apenas se houver convenção ou acordo coletivo de trabalho disciplinando a possibilidade mencionada.

12) (CESPE - EMAP - Analista Portuário - Área Jurídica – 2018) Conforme as disposições da Consolidação das Leis do Trabalho (CLT), julgue o seguinte item.

A convenção coletiva de trabalho que dispuser sobre banco de horas anual, enquadramento de grau de insalubridade e modalidade de registro de jornada de trabalho terá prevalência sobre a lei.

13) (VUNESP - FAPESP – Procurador – 2018) Nos termos da Consolidação das Leis do Trabalho, a convenção e o acordo coletivo de trabalho tem prevalência sobre a lei quando dispuserem sobre

a) normas de identificação profissional e banco de horas anual.

b) seguro-desemprego e intervalo intrajornada, respeitado o limite mínimo de trinta minutos para jornadas superiores a seis horas.

c) remuneração do trabalho noturno superior à do diurno e regulamento empresarial.

d) número de dias de férias ao empregado e plano de cargos e salários.

e) adesão ao Programa Seguro-Emprego e modalidade de registro de jornada de trabalho.

14) (CESPE - PGE-PE - Procurador do Estado – 2018) De acordo com a legislação trabalhista em vigor, quando determinada categoria econômica, na fase de negociação coletiva, estiver debatendo as cláusulas da convenção coletiva, será vedado às partes negociarem acerca da supressão ou redução

a) do enquadramento do grau de insalubridade e da prorrogação de jornada em locais insalubres.

b) da participação nos lucros da empresa.

c) do intervalo intrajornada, respeitado o limite de trinta minutos para jornadas superiores a seis horas.

d) do percentual mínimo de acréscimo de 50% à hora normal para remunerar o serviço extraordinário.

e) da troca do dia de feriado.

15) (FEPESE - CELESC – Advogado – 2018) Observados os limites constitucionais, a convenção coletiva ou o acordo coletivo terão prevalência sobre a lei quando dispuserem sobre:

a) participação nos lucros ou resultados da empresa, modalidade de registro de jornada de trabalho e seguro-desemprego, em caso de desemprego involuntário.

b) banco de horas anual, modalidade de registro de jornada de trabalho e participação nos lucros ou resultados da empresa.

c) banco de horas anual, modalidade de registro de jornada de trabalho e número de dias de férias devidas ao empregado.

d) participação nos lucros ou resultados da empresa, repouso semanal remunerado e salário mínimo.

e) modalidade de registro de jornada de trabalho, participação nos lucros ou resultados da empresa e seguro-desemprego, em caso de desemprego involuntário.

16) (FEPESE - PGE-SC - Procurador do Estado – 2018) Com base na legislação laboral, a convenção coletiva e o acordo coletivo de trabalho têm prevalência sobre a lei quando dispuserem sobre:

1. banco de horas mensal.
2. teletrabalho, regime de sobreaviso, e trabalho intermitente.
3. troca do dia de feriado.
4. participação nos lucros ou resultados da empresa.

Assinale a alternativa que indica todas as afirmativas corretas.

a) São corretas apenas as afirmativas 1, 2 e 3.
b) São corretas apenas as afirmativas 1, 2 e 4.
c) São corretas apenas as afirmativas 1, 3 e 4.
d) São corretas apenas as afirmativas 2, 3 e 4.
e) São corretas as afirmativas 1, 2, 3 e 4.

17) (FCC - TRT - 6ª Região (PE) - Analista Judiciário - Oficial de Justiça Avaliador Federal – 2018) A convenção coletiva e o acordo coletivo de trabalho têm prevalência sobre o disposto em lei, de acordo com a recente alteração da CLT promovida pela Lei n° 13.467/2017 e Medida Provisória n° 808/2017. Constitui objeto lícito da convenção coletiva ou do acordo coletivo a

a) redução do intervalo intrajornada, desde que observe o intervalo mínimo de 15 minutos para jornada superior a 6 horas.

b) definição da modalidade de registro da jornada de trabalho.

c) redução temporária, limitada a 6 meses, do percentual de depósito do FGTS.

d) redução do prazo do aviso prévio, podendo ser inferior a 30 dias, com no mínimo 23 dias.

e) diminuição do número de dias de férias, podendo ser inferior a 30 dias, com no mínimo 15 dias.

18) (INSTITUTO AOCP - TRT - 1ª REGIÃO (RJ) - Analista Judiciário - Oficial de Justiça Avaliador Federal – 2018) Um sindicato patronal e um sindicato obreiro do Rio de Janeiro resolveram discutir as disposições de convenção coletiva para uma determinada categoria, estipulando que a vigência se daria no ano seguinte à discussão. As cláusulas convencionais foram pactuadas nos seguintes termos: haverá supressão do valor nominal do décimo terceiro salário; o prazo máximo para o gozo de licença-maternidade será de cem dias; as férias anuais remuneradas serão acrescidas de metade do salário normal; haverá o aumento de cem reais ao adicional para atividades perigosas.

Quanto à Convenção e licitude/ilicitude das cláusulas, assinale a alternativa correta.

a) A convenção é nula de pleno direito, já que as cláusulas ora apresentadas constituem objeto ilícito.

b) A convenção é parcialmente válida, pois, dentre as cláusulas, constitui objeto lícito aquelas quanto às férias serem acrescidas de metade do salário normal e quanto ao aumento referente ao adicional para atividades perigosas.

c) A convenção é parcialmente válida, pois, dentre as cláusulas, constituem objetos ilícitos a vigência do prazo para o gozo de licença maternidade e as férias serem acrescidas de metade do salário normal.

d) A convenção deverá subsistir por ser válida e por se tratar de condição benéfica ao empregado, bem como por estar em observância ao princípio do Pacta Sunt Servanda.

e) A convenção é válida, pois apresenta concessões mútuas de ambas as partes, não constituindo objeto ilícito as cláusulas que tratam acerca do valor nominal do décimo terceiro salário e do prazo para o gozo de licença-maternidade.

19) (INSTITUTO AOCP - TRT - 1ª REGIÃO (RJ) - Analista Judiciário - Área Administrativa – 2018) A data-base da categoria dos empregados das empresas do setor de confecção na cidade de Cerro Azul é 1 de junho e, assim, iniciaram-se as negociações entre as entidades patronal e obreira para que seja firmada a convenção coletiva da categoria, a viger a partir de 1 de jun. de 2018. Poderão ser firmados, ainda, eventuais acordos coletivos de trabalho entre a entidade sindical dos trabalhadores e determinadas empresas. As partes envolvidas em tais negociações deverão ter ciência de que a convenção coletiva e o acordo coletivo de trabalho têm prevalência sobre a lei em caso de

a) regime de sobreaviso; adicional por remuneração para as atividades penosas, insalubres ou perigosas; repouso semanal remunerado.

b) troca do dia de feriado; remuneração por produtividade; prorrogação de jornada em ambientes insalubres, sem licença prévia das autoridades competentes do Ministério do Trabalho.

c) número de dias de férias devidos ao empregado; participação nos lucros ou resultados da empresa; banco de horas anual.

d) remuneração do serviço extraordinário superior, no mínimo, em 50% (cinquenta por cento) à do normal; pacto quanto à jornada de trabalho, observados os limites constitucionais; plano de cargos, salários e funções compatíveis com a condição pessoal do empregado.

e) teletrabalho; trabalho intermitente; seguro contra acidente de trabalho, a cargo do empregador.

20) (FCC - Prefeitura de Caruaru - PE - Procurador do Município – 2018) De acordo com a Reforma Trabalhista introduzida pela Lei n° 13.467, de 2017, que alterou artigos da CLT, a convenção e o acordo coletivo de trabalho prevalecem sobre a lei quando dispuserem sobre:

a) regulamento empresarial; troca do dia de feriado e teletrabalho, regime de sobreaviso e trabalho intermitente.

b) participação nos lucros ou resultados; seguro-desemprego, em caso de desemprego involuntário e banco de horas anual.

c) valor nominal do 13° salário; pacto quanto à jornada de trabalho, observados os limites constitucionais e representante dos trabalhadores no local de trabalho.

d) intervalo intrajornada, respeitado o limite mínimo de trinta minutos para as jornadas superiores a seis horas; remuneração do trabalho noturno superior ao diurno e participação nos lucros ou resultados.

e) prêmios de incentivo em bens ou serviços eventualmente concedidos em programas de incentivo; regulamento empresarial e repouso semanal remunerado.

21) (NC-UFPR - ITAIPU BINACIONAL - Profissional de Nível Universitário Jr – Direito – 2019) Sobre a convenção coletiva de trabalho (CCT) e o acordo coletivo de trabalho (ACT), é correto afirmar:

a) Tem prevalência sobre a lei a CCT ou ACT que disponha sobre banco de horas anual.

b) Tem prevalência sobre a lei a CCT ou ACT que disponha sobre intervalo intrajornada, respeitado o limite mínimo de quinze minutos para jornadas superiores a seis horas.

c) Tem prevalência sobre a lei a CCT ou ACT que disponha sobre a supressão ou a redução do valor nominal do décimo terceiro salário.

d) Constitui objeto ilícito de CCT ou de ACT a prorrogação de jornada em ambientes insalubres, sem licença prévia das autoridades competentes do Ministério do Trabalho.

e) Tem prevalência sobre a lei a CCT ou ACT que disponha sobre a remuneração do trabalho noturno superior à do diurno.

22) (VUNESP - EBSERH - Advogado - 2020) A organização sindical brasileira observa, dentre outros, os seguintes princípios:

a) unicidade e filiação sindical obrigatória.

b) pluralidade e centrais sindicais como órgãos de cúpula.

c) unicidade e autonomia sindical.

d) pluralidade e filiação sindical facultativa.

e) unidade e pluralidade sindical.

GABARITO

GAB		no Direito	no Livro	Observação
1	C	a) CF/88. Art. 8º, caput e inciso V	a) Subtema 1.1.1, alínea "A"	
		b) Princípio da Criatividade das Normas Coletivas.	b) Subtema 1.1.5	
		c) CLT. Art. 617	c) Subtema 2.1, alínea "C"	
		d) Doutrina	d) Parte III, Tema 1	
2	C	a) Princípio da Liberdade de Associação	a) Subtema 1.1.1	A lealdade e a transparência são requisitos de qualquer negociação, inclusive da negociação coletiva.
		b) Princípio da Autonomia Sindical	b) Subtema 2.1, alínea "A"	
		c) Doutrina	c) Parte III, Tema 1	
		d) Princípio da Interveniência Sindical	d) Subtema 1.1.2	
		e) Doutrina	e) Subtema 1.1.6	
3	B	TST. OJ nº 20 da SDC	Subtema 1.1.1	
4	A	CF/88. Art. 8º, incisos II e V	Subtema 1.1.1	

GAB		no Direito	no Livro	Observação
5	D	I. Princípio da Interveniência Sindical	I. Subtema 1.1.2	
		II. Princípio da Criatividade das Normas Coletivas.	II. Subtema 1.1.5	
		III. Princípio da Adequação Setorial Negociada	III. Subtema 1.1.4	
6	A	a) CF/88. Art. 8º, incisos I e II	a) Subtema 1.1.1	
		b) Lei nº 7.783/89. Art. 7º, caput	b) Subtema 5.2	
		c) TST. Súmula nº 369, V	c) Parte II, subtema 16.5, alínea "B"	
		d) CF/88. Art. 8º, inciso V	d) Subtema 1.1.1	
7	D	I. Princípio da Adequação Setorial Negociada	I. Subtema 1.1.4	
		II. CF/88. Art. 8º, caput e inciso V	II. Subtema 1.1.1, alínea "A"	
8	C	a) Princípio da Adequação Setorial	a) Subtema 1.1.4	A Convenção nº 87 da OIT, que não foi ratificada pelo Brasil, trata primordialmente sobre a liberdade sindical e o faz em sentido diametralmente oposto ao de nossa Constituição, daí porque não foi ratificada.
		b) STF. Súmula Vinculante nº 40	b) Parte III, Subtema 2.2, alínea "A"	
		c) TST. OJ nº 17 da SDC	c) Subtema 1.1.1	
		d) CF/88. Art. 8º, caput e inciso V	d) Subtema 1.1.1, alínea "A"	
		e) Doutrina	e) Subtema 1.1.3	
9	D	I. Princípio da Liberdade Sindical	I. Subtema 1.1.1	
		II. Princípio da Adequação Setorial Negociada e CLT. Art. 611-B	II. Subtemas 1.1.4 e 1.1.3, alínea "B"	
		III. CLT. Art. 617, caput	III. Parte III, Subtema 2.1, alínea "C"	
10	B	TST. OJ nº 17 da SDC	Subtema 1.1.1	
11	D	CLT. Art. 444, parágrafo único c/c Art. 611-A, incisos II, III e XII	Subtema 1.1.3, alínea "A"	
12	V	Item Correto. CLT. Art. 611-A, incisos II, XII e X	Subtema 1.1.3, alínea "A"	
13	E	a) CLT. Art. 611-B, inciso I	a) Subtema 1.1.3, alínea "B"	
		b) CLT. Art. 611-B, inciso II	b) Subtema 1.1.3, alínea "B"	
		c) CLT. Art. 611-B, inciso VI	c) Subtema 1.1.3, alínea "B"	
		d) CLT. Art. 611-B, inciso XI	d) Subtema 1.1.3, alínea "B"	
		e) CLT. Art. 611-A, incisos IV e X	e) Subtema 1.1.3, alínea "A"	

GAB		no Direito	no Livro	Observação
14	D	a) CLT. Art. 611-A, incisos XII e XIII	a) Subtema 1.1.3, alínea "A"	
		b) CLT. Art. 611-A, inciso XV	b) Subtema 1.1.3, alínea "A"	
		c) CLT. Art. 611-A, inciso III	c) Subtema 1.1.3, alínea "A"	
		d) CLT. Art. 611-B, inciso X	d) Subtema 1.1.3, alínea "B"	
		e) CLT. Art. 611-A, inciso XI	e) Subtema 1.1.3, alínea "A"	
15	B	a) CLT. Art. 611-B, inciso II	a) Subtema 1.1.3, alínea "B"	
		b) CLT. Art. 611-A, incisos II, X e XV	b) Subtema 1.1.3, alínea "A"	
		c) CLT. Art. 611-B, inciso XI	c) Subtema 1.1.3, alínea "B"	
		d) CLT. Art. 611-B, inciso IV e IX	d) Subtema 1.1.3, alínea "B"	
		e) CLT. Art. 611-B, inciso II	e) Subtema 1.1.3, alínea "B"	
16	D	1. CLT. Art. 611-A, inciso II	1. Subtema 1.1.3, alínea "A"	O banco de horas mensal pode ser negociado por acordo individual. O banco de horas tratado pelo artigo sob análise é o anual.
		2. CLT. Art. 611-A, inciso VIII	2. Subtema 1.1.3, alínea "A"	
		3. CLT. Art. 611-A, inciso XI	3. Subtema 1.1.3, alínea "A"	
		4. CLT. Art. 611-A, inciso XV	4. Subtema 1.1.3, alínea "A"	
17	B	a) CLT. Art. 611-A, incisos III	a) Subtema 1.1.3, alínea "A"	O limite mínimo do intervalo intrajornada é de 30 minutos para jornadas superiores a seis horas.
		b) CLT. Art. 611-A, inciso X	b) Subtema 1.1.3, alínea "A"	
		c) CLT. Art. 611-B, inciso III	c) Subtema 1.1.3, alínea "B"	
		d) CLT. Art. 611-B, inciso XVI	d) Subtema 1.1.3, alínea "B"	
		e) CLT. Art. 611-B, inciso XI	e) Subtema 1.1.3, alínea "B"	

<table>
<tr><th colspan="2">GAB</th><th>no Direito</th><th>no Livro</th><th>Observação</th></tr>
<tr><td rowspan="4">18</td><td rowspan="4">B</td><td>Valor nominal do 13º - CLT. Art. 611-B, incisos V</td><td>a) Subtema 1.1.3, alínea "B"</td><td rowspan="4">Em relação as férias, foi superado o valor mínimo, tornando a alteração cabível. Já em relação ao valor do adicional houve um plus. Desse modo, por não configurarem supressão ou redução, as alteração são lícitas.</td></tr>
<tr><td>Licença-maternidade - CLT. Art. 611-B, inciso XIII</td><td>b) Subtema 1.1.3, alínea "B"</td></tr>
<tr><td>Férias - CLT. Art. 611-B, inciso XII</td><td>c) Subtema 1.1.3, alínea "B"</td></tr>
<tr><td>Adicional de periculosidade - CLT. Art. 611-B, inciso XVIII</td><td>d) Subtema 1.1.3, alínea "B"</td></tr>
<tr><td rowspan="5">19</td><td rowspan="5">B</td><td>a) CLT. Art. 611-B, incisos XVIII e XI</td><td>a) Subtema 1.1.3, alínea "B"</td><td rowspan="5"></td></tr>
<tr><td>b) CLT. Art. 611-A, incisos XI, IX e XIII</td><td>b) Subtema 1.1.3, alínea "A"</td></tr>
<tr><td>c) CLT. Art. 611-B, inciso XI</td><td>c) Subtema 1.1.3, alínea "B"</td></tr>
<tr><td>d) CLT. Art. 611-B, inciso X</td><td>d) Subtema 1.1.3, alínea "B"</td></tr>
<tr><td>e) CLT. Art. 611-B, inciso XX</td><td>e) Subtema 1.1.3, alínea "B"</td></tr>
<tr><td rowspan="5">20</td><td rowspan="5">A</td><td>a) CLT. Art. 611-A, incisos VI, XI e VIII</td><td>a) Subtema 1.1.3, alínea "A"</td><td rowspan="5"></td></tr>
<tr><td>b) CLT. Art. 611-B, incisos II</td><td>b) Subtema 1.1.3, alínea "B"</td></tr>
<tr><td>c) CLT. Art. 611-B, inciso V</td><td>c) Subtema 1.1.3, alínea "B"</td></tr>
<tr><td>d) CLT. Art. 611-B, inciso VI</td><td>d) Subtema 1.1.3, alínea "B"</td></tr>
<tr><td>e) CLT. Art. 611-B, inciso IX</td><td>e) Subtema 1.1.3, alínea "B"</td></tr>
<tr><td rowspan="5">21</td><td rowspan="5">A</td><td>a) CLT. Art. 611-A, incisos II</td><td>a) Subtema 1.1.3, alínea "A"</td><td rowspan="5"></td></tr>
<tr><td>b) CLT. Art. 611-A, inciso III</td><td>b) Subtema 1.1.3, alínea "A"</td></tr>
<tr><td>c) CLT. Art. 611-B, inciso V</td><td>c) Subtema 1.1.3, alínea "B"</td></tr>
<tr><td>d) CLT. Art. 611-A, inciso XIII</td><td>d) Subtema 1.1.3, alínea "A"</td></tr>
<tr><td>e) CLT. Art. 611-B, inciso VI</td><td>e) Subtema 1.1.3, alínea "B"</td></tr>
</table>

GAB		no Direito	no Livro	Observação
22	C	a) CF. Art. 8º, incisos II e V	a) Subtema 1.1.1, e alínea "A"	
		b) CF. Art. 8º, incisos II e Lei nº 11.648/2008. Art. 1º	b) Subtema 1.1.1, alínea "A" e Subtema 2.1, alínea "D"	
		c) CF. Art. 8º, caput e inciso II	c) Subtema 1.1.1, e alínea "A"	
		d) CF. Art. 8º, incisos II e V	d) Subtema 1.1.1, e alínea "A"	
		e) CF. Art. 8º, incisos II e V	e) Subtema 1.1.1, e alínea "A"	

Subtema 2 – Organização Sindical

01) (IADHED – Prefeitura de Araguari – MG – Procurador Municipal – 2016) Assinale a opção que não constitui uma prerrogativa dos sindicatos:

a) Celebrar contratos coletivos de trabalho;

b) Impor contribuições a todos aqueles que participam das categorias econômicas ou profissionais ou das profissões liberais representadas;

c) Promover a conciliação nos dissídios de trabalho;

d) Fundar e manter agências de colocação.

02) (VUNESP – Prefeitura de Alumínio – SP – Procurador Jurídico – 2016) É prerrogativa dos Sindicatos:

a) colaborar com os poderes públicos no desenvolvimento da solidariedade social.

b) manter serviços de assistência judiciária para os associados.

c) eleger ou designar os representantes da respectiva categoria ou profissão liberal.

d) promover a fundação de cooperativas de consumo e de crédito.

e) julgar os atos da Diretoria relativos a penalidades impostas a associados.

03) (FCC – TRT – 1ª Região – Juiz do Trabalho Substituto – 2016) Em relação à organização sindical, considere:

I. Constituem associações de grau superior as federações, as confederações e as centrais sindicais.

II. Os profissionais liberais somente podem constituir entidades sindicais patronais.

III. A associação sindical é livre, sendo, no entanto, vedada a criação de mais de uma entidade sindical, de qualquer grau, representativa de categoria profissional ou econômica, na mesma base territorial.

IV. Os sindicatos de empregadores têm as prerrogativas de criar agências de colocação.

Com base na CLT e na Constituição Federal, está correto o que se afirma em

a) I e II, apenas.

b) I, II, III e IV.

c) II e III, apenas.

d) II e IV, apenas.

e) III, apenas.

04) **(FCC – TRT – 20ª Região – Analista Judiciário – Área Judiciária Especialidade Oficial de Justiça Avaliador Federal – 2017)** Conforme norma sobre organização sindical contida na Consolidação das Leis do Trabalho, a similitude de condições de vida oriunda da profissão ou trabalho em comum, em situação de emprego na mesma atividade econômica ou em atividades econômicas similares ou conexas, compõe a expressão social elementar compreendida como

a) dissídio coletivo de trabalho.
b) categoria econômica.
c) categoria profissional.
d) categoria profissional diferenciada.
e) convenção coletiva de trabalho.

05) **(FUMARC - COPASA - Analista de Saneamento – Psicólogo – 2018)** Com relação à contribuição sindical, a nova Consolidação das Leis trabalhistas - CLT (2018) prevê que passa a ser

a) obrigatória, ou seja, haverá o desconto de 01(um) dia de salário sem autorização do empregado.
b) obrigatória, ou seja, haverá o desconto de 02 (dois) dias de salário na folha de pagamento do empregado.
c) opcional, ou seja, haverá o desconto de 02 (dois) dias de salário somente se o próprio empregado autorizar.
d) opcional, ou seja, só haverá o desconto de 01 (um) dia de salário se o próprio empregado autorizar expressamente.

06) **(FCC - TRT - 15ª Região (SP) - Analista Judiciário - Área Administrativa – 2018 - ADAPTADA)** Acerca do direito coletivo do trabalho e da organização sindical,

a) dentre outros requisitos, as associações profissionais, para serem reconhecidas como sindicatos, deverão reunir um terço, no mínimo, de empresas legalmente constituídas, sob a forma individual ou de sociedade, se se tratar de associação de empregadores; ou um terço dos que integrem a mesma categoria ou exerçam a mesma profissão liberal se se tratar de associação de empregados ou de trabalhadores ou agentes autônomos ou de profissão liberal.

b) excepcionalmente, o Ministro do Trabalho poderá autorizar o reconhecimento de mais de um sindicato representativo da mesma categoria econômica ou profissional em uma dada base territorial.

c) o ocupante de cargo eletivo no sindicato poderá, mediante autorização do Presidente, cumular seu exercício com o emprego remunerado pelo sindicato ou por entidade sindical de grau superior.

d) é exigida a qualidade de sindicalizado para o exercício de qualquer função representativa de categoria econômica ou profissional, em órgão oficial de deliberação coletiva, bem como para o gozo de favores ou isenções tributárias, inclusive em se tratando de atividades não econômicas.

07) (VUNESP - Prefeitura de São Roque - SP - Advogado - 2020) Considerando a organização sindical brasileira, é possível afirmar que

a) as centrais sindicais ostentam personalidade sindical de grau superior, com função negocial em caráter supletivo.

b) a contribuição sindical é compulsória quando o empregado não se opõe expressamente ao desconto em folha de pagamento.

c) vigora no ordenamento jurídico pátrio o princípio da pluralidade sindical, tendo em vista as diversas categorias econômicas e profissionais devidamente organizadas.

d) vigora o princípio da unicidade sindical, em face de comando expresso na Constituição da República.

e) a assistência jurídica prestada pelos sindicatos é direito exclusivo dos associados.

08) (FCC - AL-AP - Advogado Legislativo - Procurador - 2020) Quanto ao Direito Coletivo do Trabalho, envolvendo questões relativas à organização sindical, fonte de custeio das entidades sindicais e ao Direito de Greve,

a) a solidariedade de interesses econômicos dos que empreendem atividades idênticas, similares ou conexas compõe a expressão social elementar compreendida como categoria profissional.

b) é facultado aos Sindicatos, quando em número não inferior a três, desde que representem a maioria absoluta de um grupo de atividades ou profissões idênticas, similares ou conexas, organizarem-se em federação.

c) o desconto da contribuição sindical está condicionado à autorização prévia e expressa dos que participarem de uma determinada categoria econômica ou profissional, ou de uma profissão liberal, em favor do sindicato representativo da mesma categoria ou profissão.

d) o empregador exigirá do empregado no ato da sua admissão a apresentação da prova de quitação da contribuição sindical.

e) as atividades médico periciais relacionadas com o regime geral de previdência social e assistência social não estão elencadas no rol legal dos serviços ou atividades essenciais.

GABARITO

GAB		no Direito	no Livro	Observação
1	C	a) CLT. Art. 513, alínea "b"	a) Subtema 2.1, alínea "A.1"	
		b) CLT. Art. 513, alínea "e"	b) Subtema 2.1, alínea "A.1"	
		c) CLT. CLT. Art. 514, alínea "c"	c) Subtema 2.1, alínea "A.1"	
		d) CLT. Art. 513, parágrafo único	d) Subtema 2.1, alínea "A.1"	
2	C	a) CLT. Art. 514, alínea "a"	a) Subtema 2.1, alínea "A.1"	
		b) CLT. Art. 514, alínea "b"	b) Subtema 2.1, alínea "A.1"	
		c) CLT. Art. 513, alínea "c"	c) Subtema 2.1, alínea "A.1"	
		d) CLT. Art. 514, parágrafo único, alínea "a"	d) Subtema 2.1, alínea "A.1"	
		e) CLT. Art. 524, alínea "d"	e) Subtema 2.1, alínea "A"	
3	E	I. CLT. Art. 533	I. Subtema 2.1, alínea "B"	Em relação ao item IV: não são somente os sindicatos dos empregadores que possuem essa prerrogativa, mas sim qualquer sindicato.
		II. CLT. Art. 511, caput	II. Subtema 2.1, alínea "A"	
		III. CF/88. Art. 8º, caput e inciso II	III. Subtemas 1.1.1 e 2.1, alínea "A"	
		IV. CLT. Art. 513, parágrafo único	IV. Subtema 2.1, alínea "A.1"	
4	C	CLT. Art. 511, § 2º	Subtema 2.3, alínea "A"	
5	D	CLT. Art. 579, caput c/c Art. 580, inciso I	Subtema 2.2, alínea "C"	

GAB		no Direito	no Livro	Observação
6	A	a) CLT. Art. 515, alínea "a"	a) Subtema 2.1, alínea "A"	
		b) CLT. Art. 516	b) Subtema 2.1, alínea "A"	
		c) CLT. Art. 521, alínea "b"	c) Subtema 2.1	
		d) CLT. CLT. Art. 547, caput	d) Subtema 2.1	
7	D	a) CLT. Art. 533	a) Subtema 2.1 alínea "D"	
		b) CLT. Art. 579	b) Subtema 2.2, alínea "C"	
		c) CF. Art. 8º, II	c) Subtema 2.1, alínea "A"	
		d) CF. Art. 8º, II	d) Subtema 2.1, alínea "A"	
		e) CF. Art. 8º, III	e) Parte II, Subtema 18.3	
8	C	a) CLT. Art. 511, §1º	a) Subtema 2.3, alínea "A"	A Reforma Trabalhista revogou o texto do art. 601 que previa a exigência do empregador para que o empregado apresentasse prova de quitação do imposto sindical. Com revogação total do texto infere-se que tal exigência não se traduz mais em prerrogativa.
		b) CLT. Art. 534	b) Subtema 2.1, alínea "B"	
		c) CLT. Art. 578	c) Subtema 2.2, alínea "C"	
		d) Antiga redação do art. 601 da CLT.	-	
		e) Lei nº 7.783/89. Art. 10, XII	e) Subtema 5.5	

Subtema 3 – Comissão de Representantes dos Empregados: Produto da Lei nº 13.467/2017

01) (FCC - TST - Analista Judiciário - Taquigrafia - 2017) No tocante à representação dos empregados, considere:

I. Nas empresas, independentemente do número de empregados, é assegurada a eleição de uma comissão para representá-los, com a finalidade de promover-lhes o entendimento direto com os empregadores.

II. No caso de a empresa possuir empregados em vários Estados da Federação e no Distrito Federal, será assegurada a eleição de uma comissão de representantes de empregados por Estado ou no Distrito Federal.

III. São atribuições dos representantes dos empregados além de encaminhar reivindicações específicas dos empregados de seu âmbito de representação, acompanhar o cumprimento das leis trabalhistas, previdenciárias e das convenções e acordos coletivos de trabalho.

IV. A eleição será convocada, com antecedência mínima de noventa dias, contados do término do mandato anterior, por meio de edital que deverá ser fixado na empresa, com ampla publicidade, para inscrição da candidatura.

Tendo em vista a CLT, com as alterações introduzidas pela Lei nº 13.467/2017, está correto o que consta APENAS em

a) I e IV.
b) I e III.
c) II e III.
d) II, III e IV.
e) I, II e IV.

02) (FCC - TRT - 6ª Região (PE) - Analista Judiciário - Oficial de Justiça Avaliador Federal – 2018) Nas empresas com mais de duzentos empregados, é assegurada a eleição de uma comissão para representá-los, com a finalidade de promover-lhes o entendimento direto com os empregadores. Referida comissão será composta de um número mínimo e máximo de membros, com mandato, respectivamente, de

a) 7 e 9; 1 ano.
b) 3 e 7; 1 ano.
c) 3 e 5; 2 anos.

d) 5 e 7; 1 ano.

e) 3 e 7; 2 anos.

03) (VUNESP - EBSERH - Advogado - 2020) Nos termos da Consolidação das Leis do Trabalho, os membros da comissão de representantes dos trabalhadores

a) são designados pelo sindicato da categoria profissional.

b) precisam estar filiados ao sindicato da categoria profissional.

c) gozam de estabilidade no emprego desde o registro da candidatura.

d) estão incumbidos de solucionar os conflitos individuais de trabalho por meio da arbitragem.

e) acumulam a condição de membros da comissão interna de prevenção de acidentes.

GABARITO

GAB		no Direito	no Livro	Observação
1	C	I. CLT. Art. 510-A, caput	I. Tema 3	
		II. CLT. Art. 510-A, §2°	II. Tema 3	
		III. CLT. Art. 510-B, incisos VI e VII	III. Subtema 3.1	
		IV. CLT. Art. 510-C, caput	IV. Subtema 3.2	
2	B	CLT. Art. 510-A, § 1°, incisos de I a III c/c Art. 510-D	Subtemas 3 e 3.3	
3	C	a) CLT. Art. 510-A, caput, c/c 510-C, caput e §1°	a) Subtema 3.2	
		b) CLT. Art. 510-A, caput, c/c 510-C, caput e §1°	b) Subtema 3.2	
		c) CLT. Art. 510-D, §3°	c) Subtema 3.3	
		d) CLT. Art. 510-B, inciso IV	d) Subtema 3.1	
		e) CLT. Art. 510-B, §2°	e) Subtema	

Subtema 4 – Acordo e Convenção Coletiva

01) (VUNESP – Prefeitura de São José dos Campos – SP – Procurador – 2017 – Adaptada) As convenções coletivas de trabalho

a) podem ser celebradas pelos sindicatos, independentemente de qualquer formalidade.

b) só podem ser celebradas pelos sindicatos por deliberação de Assembleia Geral, especialmente convocada para essa finalidade.

c) podem vigorar por prazo indeterminado, desde que esta seja a vontade dos sindicatos convenentes.

d) não podem prever penalidades aos trabalhadores.

02) (IADES – CRF – DF – Analista I – Advogado – 2017) Considerando a Consolidação das Leis do Trabalho, assinale a alternativa correta a respeito de condições de trabalho.

a) Convenção coletiva de trabalho é o acordo de caráter normativo pelo qual dois ou mais sindicatos representativos de categorias econômicas e profissionais estipulam condições de trabalho aplicáveis, no âmbito das respectivas representações, às relações individuais de trabalho.

b) É proibido aos sindicatos representativos de categorias profissionais celebrar acordos coletivos, com uma ou mais empresas da correspondente categoria econômica, que estipulem condições de trabalho aplicáveis no âmbito da empresa ou das acordantes respectivas relações de trabalho.

c) O regime especial de seis horas de trabalho não se aplica aos empregados de portaria e de limpeza, tais como porteiros, telefonistas de mesa, contínuos e serventes.

d) Convenção e acordo coletivo, no fundo, são a mesmas coisas, daí porque pode-se utilizar as expressões como sinônimas.

03) (INSTITUTO AOCP – EBSERH – Advogado – 2017 – Adaptada) Com base nos enunciados previstos na CLT acerca de convenção e acordo coletivos, assinale a alternativa correta.

a) Convenção coletiva de Trabalho é o acordo de caráter normativo, pelo qual no mínimo cinco sindicatos representativos de categorias econômicas e profissionais estipulam condições de trabalho aplicáveis às relações individuais de trabalho.

b) As condições estabelecidas em acordo coletivo sempre prevalecerão em relação às estipuladas em convenção coletiva de trabalho.

c) Os empregados e as empresas que celebrarem contratos individuais de trabalho, estabelecendo condições contrárias ao que tiver sido ajustado em Convenção ou Acordo que lhes for aplicável, estarão passíveis de responder por processo crime.

d) Os Acordos ou Convenções coletivos não possuem forma para sua celebração, podendo ser, inclusive, um acordo verbal.

e) A cláusula de contrato individual de trabalho que contraria norma da Convenção ou Acordo Coletivo de Trabalho poderá ser válida, vez que é a expressão da vontade das partes, nos moldes do pacta sunt servanda.

04) (COSEAC - Prefeitura de Maricá - RJ - Procurador do Município – 2018) A Lei n 13.467/2017 modificou diversos aspectos da Consolidação das Leis do Trabalho, dentre os quais dispositivos sobre interpretação e aplicação do Direito do Trabalho. A respeito dessas modificações, julgue os itens a seguir:

I A convenção coletiva e o acordo coletivo de trabalho não têm prevalência sobre a lei quando dispuser sobre teletrabalho.

II Súmulas e outros enunciados de jurisprudência editados pelo Tribunal Superior do Trabalho e pelos Tribunais Regionais do Trabalho não poderão restringir direitos legalmente previstos, nem criar obrigações que não estejam previstas em lei.

III No exame de convenção coletiva ou acordo coletivo de trabalho, a Justiça do Trabalho analisará exclusivamente a conformidade dos elementos essenciais do negócio jurídico, respeitado o disposto no art. 104 da Lei n 10.406, de 10 de janeiro de 2002 (Código Civil), e balizará sua atuação pelo princípio da intervenção mínima na autonomia da vontade coletiva.

IV O juízo não pode considerar nula de pleno direito convenção coletiva de trabalho que verse sobre remuneração do trabalho noturno superior à do diurno.

Dos itens apresentados, estão corretos apenas:

a) I e IV.
b) II e IV.
c) II e III.
d) I e III.
e) I e II.

05) (VUNESP - Prefeitura de Bauru - SP - Procurador Jurídico – 2018) Acordo de caráter normativo, pelo qual dois ou mais Sindicatos representativos de categorias econômicas e profissionais estipulam condições de trabalho aplicáveis, no âmbito das respectivas representações, às relações individuais de trabalho, equivale a

a) acordo coletivo de trabalho.
b) sentença normativa.
c) acordo individual.
d) convenção coletiva de trabalho.
e) precedente normativo.

06) (VUNESP - IPSM – Procurador – 2018) Nos termos da Consolidação das Leis do Trabalho, as condições estabelecidas em acordo coletivo de trabalho

a) prevalecem sobre as estipuladas em convenção coletiva de trabalho, quando mais favoráveis ao trabalhador.
b) sempre prevalecem sobre as estipuladas em convenção coletiva de trabalho.
c) não prevalecem durante a vigência de convenção coletiva de trabalho aplicável aos integrantes da categoria profissional.
d) dependem de homologação judicial para ter eficácia erga omnes.
e) não podem ser estipuladas pelo prazo máximo de um ano.

07) (VUNESP - Câmara de Nova Odessa - SP - Assessor Jurídico I – 2018) De acordo com o disposto na Consolidação das Leis do Trabalho, é correto afirmar que

a) as convenções e os acordos entrarão em vigor 2 (dois) dias após a data da entrega dos mesmos no órgão competente.
b) não será permitido estipular duração de convenção coletiva ou acordo coletivo de trabalho superior a dois anos, sendo vedada a ultratividade.
c) as condições estabelecidas em convenção coletiva de trabalho sempre prevalecerão sobre as estipuladas em acordo coletivo de trabalho.
d) constitui objeto lícito de convenção coletiva ou de acordo coletivo de trabalho, a supressão ou redução relativa a repouso semanal remunerado.
e) a convenção coletiva e o acordo coletivo de trabalho têm prevalência sobre a lei quando, entre outros, dispuserem sobre número de dias de férias devidas ao empregado.

08) (VUNESP - Prefeitura de Arujá - SP – Advogado – 2019) A convenção coletiva da categoria dos comerciários, firmada entre os sindicato patronal e profissional, para o período de 2018/2019, em determinado município, prevê o pagamento de adicional de 70% sobre as horas extraordinárias. A empresa Comércio Valor Ltda., situada no mesmo município, firmou acordo coletivo com o sindicato da categoria profissional, para o mesmo período, convencionando o adicional de 60% para o pagamento das horas extras.

Analise a situação e responda qual o adicional deve prevalecer.

a) Prevalecerá o adicional de 70%, porque consta da Convenção Coletiva de Trabalho.

b) Prevalecerá o adicional de 50%, porque é o previsto na Consolidação das Leis do Trabalho e na Constituição Federal.

c) Prevalecerá o adicional de 60%, visto que o Acordo Coletivo de Trabalho prevalece sobre a Convenção Coletiva de Trabalho.

d) Prevalecerá a média entre os adicionais convencionados.

e) Prevalecerá o adicional de 70% porque o convencionado se sobrepõe ao legislado.

09) (MPT – Procurador do Trabalho – MPT - 2020) Analise as seguintes assertivas:

I - Nos termos da Convenção n° 154 da Organização Internacional do Trabalho (OIT), a expressão "negociação coletiva" compreende todas as negociações que tenham lugar entre, de uma parte, um empregador, um grupo de empregadores ou uma organização ou várias organizações de empregadores e, de outra parte, uma ou várias organizações de trabalhadores, com o fim de alcançar um ou todos os seguintes objetivos: fixar as condições de trabalho e emprego; regular as relações entre empregadores e trabalhadores; regular as relações entre os empregadores ou suas organizações e uma ou várias organizações de trabalhadores.

II - Segundo precedentes do Comitê de Liberdade Sindical da OIT, o direito de negociar livremente com empregadores a respeito das condições de trabalho constitui um elemento essencial da liberdade sindical, e sindicatos deveriam ter o direito, pela via da negociação coletiva e outros meios legais, de procurar melhorar as condições de vida e de trabalho daqueles que o sindicato representa. Tal entendimento coaduna-se com a ideia de desenvolvimento progressivo, prevista expressamente na Convenção Americana sobre Direitos Humanos.

III - Segundo a Consolidação das Leis do Trabalho (CLT), com texto incluído pela Reforma Trabalhista (Lei n° 13.467/2017), a convenção coletiva e o acordo coletivo de trabalho têm prevalência sobre a lei quando, entre outros, dispuserem sobre aviso prévio proporcional ao tempo de serviço.

IV - Considerando exclusivamente as disposições constantes da CLT, com texto incluído pela Reforma Trabalhista (Lei nº13.467/2017), não se pode considerar como ilícito o objeto de convenção ou acordo coletivo de trabalho que estabeleça licença-maternidade inferior a 120 (cento e vinte) dias à empregada que obtiver guarda judicial para fins de adoção de criança ou adolescente, haja vista que tal objeto não se insere no rol do artigo 611-B, que elenca hipóteses exclusivas de supressão ou redução de direitos.

a) Apenas as assertivas I e IV estão corretas.

b) Apenas as assertivas I e II estão corretas.

c) Apenas as assertivas II e III estão corretas.

d) Apenas as assertivas III e IV estão corretas.

e) Não respondida.

10) (MPT - Procurador do Trabalho - 2020) Analise as proposições abaixo:

I - A Declaração da Organização Internacional do Trabalho sobre Princípios e Direitos Fundamentais do Trabalho contempla a liberdade sindical, mas não expressamente o reconhecimento efetivo do direito de negociação coletiva, o que não impede o seu acolhimento implícito.

II - A unicidade sindical, a eficácia erga omnes dos instrumentos normativos negociados (acordo ou convenção coletiva do trabalho), bem como a prevalência do negociado sobre o legislado permitem inferir que as normas coletivas negociadas são capazes de criar direitos e também obrigações aplicáveis aos não associados do sindicato representante da categoria respectiva, o que, por si só, não viola a liberdade sindical negativa.

III - A Convenção nº 154 da Organização Internacional do Trabalho é expressa quanto à necessidade de consulta prévia às organizações patronais e às de trabalhadores, pelas autoridades públicas, quando desejarem adotar medidas para estimular o desenvolvimento da negociação coletiva.

Assinale a alternativa CORRETA:

a) Apenas as assertivas II e III estão corretas.

b) Apenas as assertivas I e III estão corretas.

c) Apenas as assertivas I e II estão corretas.

d) Todas as assertivas estão corretas.

e) Não respondida.

GABARITO

GAB		no Direito	no Livro	Observação
1	B	a) CLT. Art. 612, caput	a) Subtema 4	
		b) CLT. Art. 612, caput	b) Subtema 4	
		c) CLT. Art. 614, § 3º	c) Subtema 4, alínea "C"	
		d) CLT. Art. 613, inciso VIII	d) Subtema 4, alínea "D"	
2	A	a) CLT. Art. 611, caput	a) Subtema 4	
		b) CLT. Art. 611, § 1º	b) Subtema 4	
		c) CLT. Art. 226, caput	c) Parte II, subtema 5.10	
		d) CLT. Art. 868, caput	d) Subtema 4	
3	B	a) CLT. Art. 611, caput	a) Subtema 4	
		b) CLT. Art. 620	b) Subtema 4, alínea "B"	
		c) CLT. Art. 622, caput	c) Subtema 4	
		d) CLT. Art. 613, parágrafo único	d) Subtema 4, alínea "D"	
		e) CLT. Art. 619	e) Subtema 4	
4	C	I. CLT. Art. 611-A, inciso VIII	I. Parte III, Subtema 1.1.3, alínea "A"	
		II. CLT. Art. 8º, § 3º	II. Tema 4, alínea "B"	
		III. CLT. Art. 622, caput	III. Tema 4, alínea "A"	
		IV. CLT. Art. 611-B, inciso VI	IV. Parte III, Subtema 1.1.3, alínea "B"	
5	D	CLT. Art. 611, caput	Tema 4	
6	B	CLT. Art. 614, § 3º	Tema 4, alínea "C"	
7	B	a) CLT. Art. 614, § 1º	a) Subtema 4, alínea "C"	
		b) CLT. Art. 614, § 3º	b) Subtema 4, alínea "C"	
		c) CLT. Art. 620	c) Subtema 4, alínea "B"	
		d) CLT. Art. 611-B, inciso IX	d) Parte III, Subtema 1.1.3, alínea "B"	
		e) CLT. Art. 611-B, inciso XI	e) Parte III, Subtema 1.1.3, alínea "B"	
8	C	CLT. Art. 620	Subtema 4, alínea "B"	

GAB		no Direito	no Livro	Observação
9	B	I. OIT. Convenção nº 154. Art. 2º	I. Subtema 4	
		II. OIT. *Recopilacion* de 1985, Parágrafo 583	II. Subtema 4	
		III. CLT. 611-B, XVI	III. Subtema 1.1.3, alínea "B"	
		IV. CLT. 611-B, XIII	IV. Subtema 1.1.3, alínea "B"	
10	A	I. DECLARAÇÃO DA OIT SOBRE OS PRINCÍPIOS E DIREITOS FUNDAMENTAIS NO TRABALHO. Ponto 2	I. Subtema 4	
		II. TST. OJ nº 17 da SDC.	II. Subtema 1.1.1	
		III. OIT. Convenção nº 154. Art. 7º	III. Subtema 4	

Subtema 5 – Greve

01) (FCC – TRT 24ª Região – Juiz do Trabalho Substituto – 2014) De acordo com a Lei de Greve (Lei no 7.783/89) são considerados serviços ou atividades essenciais:

a) guarda, uso e controle de substâncias radioativas, equipamentos e materiais espaciais.

b) processamento de dados ligados a serviços essenciais.

c) abastecimento de água e esgoto; distribuição de energia elétrica, equipamentos e materiais espaciais

d) distribuição e comercialização de remédios, alimentos e aplicação de vacinas.

e) assistência médica e odontológica.

02) (TRT 8ª Região – PA e AP – Juiz do Trabalho – 2014) Em relação ao direito de greve do setor privado, previsto na Lei nº 7.783/89, assinale a alternativa INCORRETA:

a) Cabe à entidade sindical correspondente convocar, na forma do seu estatuto, assembleia geral que definirá as reivindicações da categoria e deliberará sobre a paralisação coletiva da prestação de serviços.

b) É vedada a rescisão de contrato de trabalho durante a greve, bem como a contratação de trabalhadores substitutos, salvo se mantida a paralisação após a celebração de acordo, convenção ou decisão da Justiça do Trabalho.

c) Em caso de greve dos serviços dos empregados moto-taxistas de uma empresa privada, a entidade sindical profissional deve comunicar a decisão aos empregadores e aos usuários com antecedência mínima de 72 (setenta e duas) horas da paralisação.

d) Não constitui abuso do direito de greve, quando na vigência de acordo coletivo de trabalho, ocorre a paralisação visando exigir o cumprimento de cláusulas da norma coletiva.

e) Compete à Justiça do Trabalho julgar ação promovida pelo empregador em face do sindicato profissional, demandando reparação material por destruição de seu patrimônio, em razão do movimento grevista.

03) (TRT 2ª Região – Juiz do Trabalho – 2014) Quanto ao exercício do direito de greve, aponte a alternativa correta:

a) Em caso de greve prolongada que interrompa totalmente as atividades do empregador, poderá este, para o cumprimento de obrigações inadiáveis com terceiros, contratar diretamente os serviços necessários

b) Nos serviços ou atividades essenciais os sindicatos de categoria econômica e os trabalhadores grevistas deverão estabelecer percentual de trabalhadores que permanecerão em atividade para atendimento das necessidades inadiáveis da comunidade.

c) É legitimado para ajuizar dissídio coletivo de greve o sindicato profissional que a fomentou

d) Não constitui abuso do direito de greve a manutenção da paralisação aprovada por assembleia após a celebração de acordo, convenção ou decisão da Justiça do Trabalho.

e) A participação em greve é hipótese de suspensão do contrato devendo as relações entre empregado e empregador ser regidas no período por acordo, convenção, laudo arbitrai ou decisão judicial

04) (FCC – TRT – 9ª REGIÃO – Analista Judiciário – Área Judiciária – 2015) Considerando-se as regras legais sobre a greve, é correto afirmar:

a) O empregador está terminantemente proibido de contratar novos empregados durante a greve.

b) A greve prescinde de comunicado geral nos serviços e atividades essenciais à comunidade.

c) A manutenção da greve após a decisão da Justiça do Trabalho é abusiva; não o é, entretanto, aquela que, na vigência de acordo, convenção ou sentença normativa, tenha por objetivo exigir o cumprimento de cláusula ou condição.

d) Durante a greve, nos processos contínuos de produção (altos fornos, por exemplo), a eventual perda do equipamento é risco único e exclusivo do empregador.

e) Não é vedada a demissão de empregados durante a greve, e a Justiça do Trabalho, se provocada, dirá se a mesma é procedente ou não.

05) (FCC – TRT – 23ª Região – Juiz do Trabalho Substituto – 2015) Em razão do não atendimento pelo empregador de reivindicações no que tange a aumento salarial e a concessão de benefícios, após assembleia geral que deliberou sobre a paralisação coletiva da prestação de serviços, os empregados iniciam uma greve. Considerando-se tratar-se de empresa farmacêutica que produz, distribui e comercializa medicamentos, e que, embora as reivindicações decorressem de fato novo, havia acordo coletivo em vigor, a greve caracteriza-se como abuso de direito porque

a) não foi comunicada ao empregador com antecedência mínima de quarenta e oito horas da paralisação.

b) o sindicato deveria primeiramente levar o conflito à arbitragem, eis que não se trata de hipótese em que há impossibilidade justificada de recurso a via arbitral.

c) foi deflagrada na vigência de acordo coletivo, não importando que as reivindicações sejam motivadas pela superveniência de fato novo.

d) não foi deflagrada imediatamente após a comunicação do empregador sobre o não atendimento das reivindicações, tendo sido iniciada somente após a assembleia sindical.

e) não foi comunicada ao empregador e aos usuários dos serviços com antecedência mínima de setenta e duas horas da paralisação.

06) (TRT – 8ª Região – PA e AP – Juiz do Trabalho Substituto – 2015) Quanto ao exercício do direito de greve, aponte a alternativa CORRETA:

a) No caso de lockout, o pagamento, ou não, dos salários dos trabalhadores durante o período de paralisação será estabelecido em cláusula inserida no acordo, convenção ou decisão da Justiça do Trabalho.

b) Na vigência de sentença normativa, constitui abuso do direito de greve a paralisação que seja motivada pela superveniência de fatos novos ou acontecimento imprevisto que modifique substancialmente a relação de trabalho.

c) A lei de greve considera serviços e atividades essenciais o tratamento e abastecimento de água, transporte coletivo, serviços bancários, distribuição de energia elétrica e controle de tráfego aéreo.

d) É vedada a rescisão do contrato de trabalho durante a greve, bem como a contratação de trabalhadores substitutos, salvo se mantida a paralisação após a celebração de acordo, convenção ou sentença normativa.

e) Os empregados da construção civil devem dar o aviso prévio da greve à parte adversa com antecedência mínima de 72 horas.

07) (FCC – AL-MS – Consultor de Processo Legislativo – 2016) A greve nos serviços funerários e a greve nos serviços de telecomunicações devem, obrigatoriamente, ser comunicadas pelas entidades sindicais ou pelos trabalhadores aos empregadores e aos usuários com antecedência mínima de

a) setenta e duas horas da paralisação.

b) quarenta e oito horas da paralisação.

c) vinte e quatro horas da paralisação.

d) setenta e duas horas e quarenta e oito horas da paralisação, respectivamente.

e) quarenta e oito horas e setenta e duas horas da paralisação, respectivamente.

08) (FCC – TST – Juiz do Trabalho Substituto – 2017) A Constituição Federal de 1988 assegurou o direito de greve no capítulo dos direitos sociais, inserido no título dos direitos e garantias fundamentais. Sobre esse direito, no ordenamento jurídico brasileiro e conforme jurisprudência dominante do Tribunal Superior do Trabalho,

a) não constitui abuso do direito de greve, na vigência de Acordo Coletivo de Trabalho, a paralisação motivada por acontecimento imprevisto que modifique substancialmente a relação de trabalho.

b) tratando-se de um direito fundamental de caráter coletivo, compete aos sindicatos das respectivas categorias econômica ou profissional a decisão sobre o momento conveniente para deflagrar greve ou lockout, assim como para definir os interesses que devam ser defendidos.

c) é abusiva a greve envolvendo serviços funerários, quando não assegurado o atendimento básico aos usuários e não forem notificados da paralisação a entidade patronal correspondente ou os empregadores interessados, com antecedência mínima de quarenta e oito horas.

d) a iniciativa da instauração do dissídio coletivo de greve é exclusiva do Ministério Público do Trabalho, cabendo ao Tribunal do Trabalho decidir sobre o exercício abusivo ou não do direito de greve.

e) uma vez firmado Acordo Coletivo de Trabalho encerrando a greve, haverá direito ao pagamento dos salários do período de afastamento aos trabalhadores que aderiram ao movimento grevista, em não havendo cláusula expressa quanto aos efeitos do período de paralisação nos contratos individuais de trabalho.

09) (BANPARÁ – BANPARÁ – Advogado – 2017) A respeito da greve no direito brasileiro, assinale a alternativa CORRETA:

a) São considerados, entre outros, serviços ou atividades essenciais: tratamento e abastecimento de água; produção e distribuição de energia elétrica, gás e combustíveis.

b) É vedada a rescisão de contrato de trabalho durante a greve, bem como a contratação de trabalhadores substitutos, salvo decisão da Justiça do Trabalho.

c) Nos serviços ou atividades essenciais, os sindicatos, os empregadores, os trabalhadores e o Poder público ficam obrigados, de comum acordo, a garantir, durante a greve, a prestação dos serviços indispensáveis ao atendimento das necessidades inadiáveis da comunidade.

d) Na vigência de acordo, convenção ou sentença normativa não constitui abuso do exercício do direito de greve a paralisação que tenha por objetivo exigir o cumprimento de cláusula ou condição não pactuada, mas que tenha constado da pauta de reivindicações.

10) **(CESPE - PGM - Manaus - AM - Procurador do Município – 2018 - ADAPTADA)** A respeito do direito de greve, da proteção ao trabalho da mulher, da alteração da relação de trabalho, da aplicação de justa causa e da equiparação salarial, julgue o item que se segue.

De acordo com o TST, a greve é um exemplo de interrupção do contrato de trabalho, e os dias parados devem ser pagos normalmente, a não ser que o ato seja considerado ilegal pela justiça do trabalho.

11) **(CESPE - EBSERH - Advogado – 2018 - ADAPTADA)** Julgue o item seguinte, no que tange a trabalho da mulher, segurança e higiene do trabalho, direito de greve e processo trabalhista.

Em caso de greve do serviço médico e hospitalar, as entidades sindicais ou os trabalhadores são obrigados a comunicar a decisão aos empregadores e aos usuários com antecedência mínima de setenta e duas horas da paralisação.

12) **(FCC - Prefeitura de Caruaru - PE - Procurador do Município – 2018)** Determinada categoria de trabalhadores em empresas de transporte coletivo está em plena negociação coletiva com a entidade patronal. Ocorre que, pretende utilizar seu direito constitucional de deflagrar a greve da categoria. Assim, nos termos da legislação vigente, deverá observar a comunicação da decisão aos empregadores e aos usuários com antecedência mínima de

a) 96 horas.
b) 24 horas.
c) 36 horas.
d) 48 horas.
e) 72 horas.

13) **(CESGRANRIO - LIQUIGÁS - Profissional Júnior – Direito – 2018)** Nos termos da lei de greve, Lei n° 7.783/1989, fica vedada a paralisação das atividades, por iniciativa do empregador, com o objetivo de frustrar negociação ou dificultar o atendimento de reivindicações dos respectivos empregados a qual se denomina

a) dia bloqueado
b) pagamento adiado

c) parte do tempo
d) lockout
e) dia bom

14) **(FCC - TRT - 15ª Região (SP) - Analista Judiciário - Área Judiciária - Oficial de Justiça Avaliador Federal – 2018)** O direito de greve, assegurado constitucionalmente, não é absoluto. Os serviços e atividades essenciais são definidos por lei, que também disporá sobre o atendimento das necessidades inadiáveis da comunidade. Nesse sentido, nos serviços e atividades essenciais,

a) caso empregadores e trabalhadores não cumpram a exigência de prestação, durante a greve, dos serviços indispensáveis ao atendimento das necessidades inadiáveis da comunidade, o Poder Público deverá assegurar tal prestação.
b) os sindicatos, os empregadores e os trabalhadores ficam obrigados, de comum acordo, a garantir, durante a greve, a prestação de pelo menos 70% dos serviços indispensáveis ao atendimento das necessidades inadiáveis da comunidade.
c) são necessidades inadiáveis da comunidade aquelas que, se não atendidas, trazem prejuízos financeiros às empresas e à população.
d) as entidades sindicais ou os trabalhadores, conforme o caso, ficam obrigados a comunicar a decisão de deflagração da greve aos empregadores e aos usuários com antecedência mínima de 48 horas da paralisação.
e) as entidades sindicais são responsáveis por comunicar a decisão de deflagração da greve aos empregadores, aos usuários e ao Ministério do Trabalho com antecedência mínima de 72 horas da paralisação.

15) **(VUNESP - Prefeitura da Estância Turística de Guaratinguetá - Procurador - 2019)** Em relação à greve, assinale a alternativa correta.

a) Não se considera atividade essencial o transporte coletivo.
b) É proibida a contratação de trabalhadores substitutos para os trabalhadores em greve, salvo nos casos previstos em lei.
c) A entidade patronal correspondente ou os empregadores diretamente interessados serão notificados, com antecedência mínima de 24 (vinte e quatro) horas, da paralisação.
d) Em serviços ou atividades essenciais, ficam as entidades sindicais ou os trabalhadores, conforme o caso, obrigados a comunicar a decisão aos empregadores e aos usuários, com antecedência mínima de 48 (quarenta e oito) horas da paralisação.

e) O direito de greve será exercido na forma estabelecida em norma coletiva de trabalho.

16) (MPT - Procurador do Trabalho – 2020 - Adaptada) Analise as seguintes proposições:

I - A greve ambiental pode ser entendida como a paralisação temporária, parcial ou total da prestação de trabalho a um tomador, com a finalidade de preservar e defender o meio ambiente de trabalho e a saúde do trabalhador, a fim de implementar adequadas e seguras condições de trabalho.

III - Conforme entendimento consolidado do Tribunal Superior do Trabalho, não é necessária a prévia tentativa, pelas partes, da solução do conflito, como requisito para a possibilidade de deflagração da greve, não podendo esta, apenas por esse fato, ser considerada abusiva.

17) (MPT – Procurador do Trabalho – 2020) Sobre o direito de greve é INCORRETO afirmar:

a) A greve deflagrada com o objetivo de exigir o cumprimento de cláusula ou condição de norma coletiva não é considerada abusiva.

b) São considerados serviços ou atividades essenciais o atendimento a todas atividades relacionadas com o regime geral de previdência social e a assistência social.

c) A Constituição de 1988 assegura o direito de greve, competindo aos trabalhadores decidir sobre oportunidade de exercê-lo e sobre os interesses que devam por meio dele defender.

d) Segundo o entendimento majoritário atual do Tribunal Superior do Trabalho, são consideradas abusivas as greves com caráter político.

e) Não respondida.

GABARITO

GAB		no Direito	no Livro	Observação
1	B	a) Lei nº 7.783/89. Art. 10, inciso VIII	a) Subtema 5.5	Os materiais espaciais, a aplicação das vacinas e a assistência odontológica não são serviços ou atividades essenciais de acordo com a Lei de Greve.
		b) Lei nº 7.783/89. Art. 10, inciso IX	b) Subtema 5.5	
		c) Lei nº 7.783/89. Art. 10, inciso I	c) Subtema 5.5	
		d) Lei nº 7.783/89. Art. 10, inciso III	d) Subtema 5.5	
		e) Lei nº 7.783/89. Art. 10, inciso II	e) Subtema 5.5	

GAB		no Direito	no Livro	Observação
2	C	a) Lei nº 7.783/89. Art. 4º, caput	a) Subtema 5.1, alínea "B"	O serviço de mototáxi não constitui atividade essencial (não previsto no art. 10 da Lei de Greve), logo o prazo é de 48 horas
		b) Lei nº 7.783/89. Art. 7º, parágrafo único	b) Subtema 5.3, alínea "B"	
		c) Lei nº 7.783/89. Art. 3º, parágrafo único	c) Subtema 5.1, alínea "C"	
		d) Lei nº 7.783/89. Art. 14, parágrafo único, inciso I	d) Subtema 5.3	
		e) CF/88. Art. 114, inciso VI	Assunto de Direito Processual do Trabalho	
3	E	a) Lei nº 7.783/89. Art. 9º, caput e parágrafo único	a) Subtema 5.3, alínea "B"	
		b) Lei nº 7.783/89. Art. 11, caput	b) Subtema 5.5	
		c) Lei nº 7.783/89. Art. 8º	c) Tema 5.1, alínea "B"	
		d) Lei nº 7.783/89. Art. 14, caput	d) Subtema 5.3, alínea "A"	
		e) Lei nº 7.783/89. Art. 7º, caput	e) Subtema 5.2	
4	C	a) Lei nº 7.783/89. Art. 7º, parágrafo único	a) Subtema 5.3, alínea "B"	
		b) Lei nº 7.783/89. Art. 13	b) Subtema 5.5	
		c) Lei nº 7.783/89. Art. 14, parágrafo único, inciso I	c) Subtema 5.3	
		d) Lei nº 7.783/89. Art. 9º, caput	d) Subtema 5.3, "B"	
		e) Lei nº 7.783/89. Art. 7º, parágrafo único, e art. 8º	e) Tema 5 e Subtema 5.3, alínea "B"	
5	E	a) Lei nº 7.783/89. Art. 10, inciso III, e art. 13	a) Subtema 5.5	
		b) CF/88. Art. 114, § 1º e Lei nº 7.783/89. Art. 3º	b) Subtema 5.1, alínea "A"	
		c) Lei nº 7.783/89. Art. 14, parágrafo único, inciso II	c) Subtema 5.3, alínea "A"	
		d) Lei nº 7.783/89. Art. 4º, caput	d) Subtema 5.1, alínea "B"	
		e) Lei nº 7.783/89. Art. 10, inciso III, e art. 13	e) Subtema 5.5	

GAB		no Direito	no Livro	Observação
6	D	a) Lei nº 7.783/89. Art. 17, parágrafo único	a) Subtema 5.7	O serviços bancários não são considerados essenciais como um todo, apenas a compensação bancária.
		b) Lei nº 7.783/89. Art. 14, parágrafo único, inciso II	b) Subtema 5.3, alínea "A"	
		c) Lei nº 7.783/89. Art. 10, incisos I, V, XI e X	c) Subtema 5.5	
		d) Lei nº 7.783/89. Art. 7º, parágrafo único	d) Subtema 5.3, alínea "B"	
		e) Lei nº 7.783/89. Art. 3º, parágrafo único	e) Subtema 5.1, alínea "C"	
7	A	Lei nº 7.783/89. Art. 10, caput e incisos IV e VII, e art. 13	Subtema 5.5	
8	A	a) Lei nº 7.783/89. Art. 14, parágrafo único, inciso II	a) Subtema 5.3, alínea "A"	O erro da alternativa "c" está no tamanho do prazo, que é de 72 horas e não de 48 horas.
		b) Lei nº 7.783/89. Art. 17, caput	b) Subtema 5.7	
		c) Lei nº 7.783/89. Art. 10, inciso IV, e art. 13	c) Subtema 5.5	
		d) Lei nº 7.783/89. Art. 8º	d) Tema 5	
		e) Lei nº 7.783/89. Art. 7º, caput	e) Subtema 5.2	
9	A	a) Lei nº 7.783/89. Art. 10, inciso I	a) Subtema 5.5	
		b) Lei nº 7.783/89. Art. 7º, parágrafo único	b) Subtema 5.3, alínea "B"	
		c) Lei nº 7.783/89. Arts. 11 e 12	c) Subtema 5.5	
		d) Lei nº 7.783/89. Art. 14, parágrafo único, inciso I	d) Subtema 5.3, alínea "A"	
10	F	Item Incorreto. Decisão do TST	Subtema 5.2	**"A greve, não obstante ser direito constitucionalmente garantido aos trabalhadores, configura hipótese de suspensão do contrato de trabalho, razão pela qual a regra geral é de que os dias de paralisação não sejam remunerados." (TST - AIRR: 28600702009521001З 28600-70.2009.5.21.0013, Relator: Luiz Philippe Vieira de Mello Filho, Data de Julgamento: 16/10/2013, 7ª Turma, Data de Publicação: DEJT 18/10/2013)**

GAB		no Direito	no Livro	Observação
11	V	Item Correto. Lei nº 7.783/89. Art. 10, inciso II, e Art. 13	Subtema 5.5	
12	E	Lei nº 7.783/89. Art. 10, inciso V, e Art. 13	Subtema 5.5	
13	D	Lei nº 7.783/89. Art. 17, caput	Subtema 5.7	
14	A	a) Lei nº 7.783/89. Art. 11, caput e parágrafo único, e Art. 12	a) Subtema 5.5	
		b) Lei nº 7.783/89. Art. 11, caput	b) Subtema 5.5	
		c) Lei nº 7.783/89. Art. 11, parágrafo único	c) Subtema 5.5	
		d) Lei nº 7.783/89. Art. 13	d) Subtema 5.5	
		e) Lei nº 7.783/89. Art. 13	e) Subtema 5.5	
15	B	a) Lei nº 7.783/89. Art. 10, inciso V	a) Subtema 5.5	
		b) Lei nº 7.783/89. Art. 7º, parágrafo único	b) Subtema 5.3, alínea "B"	
		c) Lei nº 7.783/89. Art. 3º, parágrafo único	c) Subtema 5.1, alínea "C"	
		d) Lei nº 7.783/89. Art. 13	d) Subtema 5.5	
		e) CLT. Art. 1º, parágrafo único	e) Tema 5	
16	I – V III - F	I. Verdadeiro. Doutrina e Jurisprudência	I. Tópico 5	O erro do item III é afirmar a necessidade de exaurimento, quando a OJ aduz tão somente tentativa direta e pacifica.
		III. Falso. TST. OJ nº 11 da SDC	II. Subtema 5.1, alínea "A"	
17	B	a) Lei nº 7.783/89. Art. 14, parágrafo único, inciso I	a) Subtema 5.3, alínea "A"	
		b) Lei nº 7.783/89. Art. 10	b) Subtema 5.5	
		c) CF. Art. 9º, caput	c) Tema 5	
		d) Jurisprudência	d) Subtema 5.3, alínea "A"	

REFERÊNCIAS BIBLIOGRÁFICAS

BARROS, Alice Monteiro de. Curso de Direito do Trabalho. 7ª ed. São Paulo: LTr, 2011.

BOMFIM, Vólia. Direito do Trabalho. 8ª ed. rev. e atual. Rio de Janeiro: Forense, 2013.

CAIRO JÚNIOR, José Cairo. Curso de Direito do Trabalho: direito individual e coletivo do trabalho. 12ª ed. rev. e atual. Salvador: Juspodivm, 2016.

COELHO, Fábio Ulhoa. Curso de Direito Comercial: direito de empresa. São Paulo: Saraiva, 2011.

CARRION, Valentin. Comentários à Consolidação das Leis do Trabalho, 30ª ed. São Paulo: Saraiva, 2005.

DALLEGRAVE NETO, José Afonso. Responsabilidade Civil no direito do trabalho. 2º ed. São Paulo: LTr, 2007.

DELGADO, Maurício Godinho. Curso de direito do trabalho. 15ª ed. São Paulo: LTr, 2016.

DELGADO, Maurício Godinho. Direito Coletivo do Trabalho. 6ª ed., São Paulo: LTr, 2010.

MARCHETTI, Maurizio. Analogia e criação judicial. São Paulo: Komedi. 1998.

MARTINS, Sérgio Pinto. Comentários à CLT. 14ª ed. São Paulo: Atlas, 2010.

MELO, Raimundo Simão de. Direito ambiental do trabalho e a saúde do trabalhador: responsabilidades legais, dano material, dano moral, dano estético, indenização pela perda de uma chance, prescrição. 5. ed. São Paulo: LTr, 2013.

PAMPLONA FILHO, Rodolfo. Noções Conceituais sobre o Assédio Moral na Relação de Emprego. Revista Ltr, São Paulo, ano 70, set-2006, p. 1079-1089.

REALE, Miguel. Lições preliminares de direito. 27ª ed. São Paulo: Saraiva, 2002.

ROMITA, Arion Sayão. O princípio da proteção em xeque. São Paulo: LTr, 2003.

SAAD, Eduardo Gabriel. Consolidação das Leis do Trabalho Comentada. 30ª ed. São Paulo: Ltr, 1997.

REFERÊNCIAS ELETRÔNICAS

http://www.ambito-juridico.com.br

http://www.correiobraziliense.com.br

http://www.dicionarioinformal.com.br

http://www.oitbrasil.org.br/content/constituição-oit-e-declaração-de-filadélfia

http://www.priberam.pt

http://www.trt5.jus.br

http://www.trt18.jus.br

http://www.tst.jus.br

ANOTAÇÕES

ANOTAÇÕES

ANOTAÇÕES

ANOTAÇÕES

ANOTAÇÕES

ANOTAÇÕES

ANOTAÇÕES

EDITORA
JusPODIVM
www.editorajuspodivm.com.br

Impressão e Acabamento
PlenaPrint
Indústria Gráfica